IFRS®サステナビリティ開示基準

IFRS S1号

「Part A」

サステナビリティ関連財務情報の開示に関する全般的要求事項

「Part B」

「サステナビリティ関連財務情報の開示に関する全般的要求事項」
　に関する付属ガイダンス

「Part C」

結論の根拠

IFRS S2号

「Part A」

気候関連開示

「Part B」

「気候関連開示」に関する付属ガイダンス

「気候関連開示」の適用に関する産業別ガイダンス

「Part C」

結論の根拠

© IFRS Foundation

2023年 IFRS®サステナビリティ開示基準
日本語訳の出版にあたって

国際サステナビリティ基準審議会（ISSB）は、投資者及びその他の資本市場参加者のニーズを満たすために、公益のため、高品質で理解可能な執行力のあるグローバルで受け入れられるサステナビリティ開示基準を開発することを公約している。

2021年11月にISSBの設立が公表されて以来、世界中の法域が、サステナビリティ関連の開示要求を法令の枠組みに導入するための措置を講じている。

IFRS®財団（当財団）は、IFRSサステナビリティ開示基準のアドプションを促進し支援することに重点を置いている。

翻訳は多くの法域にとってアドプションのプロセスの不可欠の一部である。この日本語訳は、サステナビリティ開示の専門家により構成される委員会によりレビューされており、そのメンバーは、IFRSサステナビリティ開示基準についての証明された知識と専門性をもった翻訳先言語のネイティブ・スピーカーである。IFRSサステナビリティ開示基準の翻訳は下記の手続に従っている。

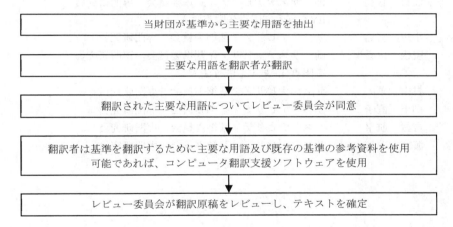

本出版物に収録されている最終版の翻訳は、時間と専門性を進んで提供したレビュー委員会メンバーと、委員会メンバーのさまざまな意見に耳を傾け最終的な本文についての合意に導いたコーディネーターの協力と努力の成果である。翻訳に関する各種調整を担当されたサステナビリティ基準委員会（SSBJ）を傘下に置く公益財団法人財務会計基準機構と、全体の品質を確保するために日本語における基準の用語、その翻訳及び基準本文を検討されたレビュー委員会に感謝の意を表する。

当財団のウェブサイト（www.ifrs.org）をご覧いただき、オンライン購読、教育的資料及びIFRSサステナビリティ開示基準の翻訳を含む、その他のサービス及び製品について知ってくださるようお願いしたい。

IFRS財団

［レビュー委員会メンバー］

委員長	高村	ゆかり	東京大学未来ビジョン研究センター　教授
副委員長	川西	安喜	サステナビリティ基準委員会　委員長（常勤）
委員	川﨑	武史	EY新日本有限責任監査法人　プリンシパル
委員	小林	永明	有限責任監査法人トーマツ　パートナー
委員	吉岡	亨	PwC Japan有限責任監査法人　パートナー
委員	由田	周大	有限責任 あずさ監査法人　パートナー
委員	荻原	正佳	企業会計基準委員会　トランスレーション・プロジェクト・マネージャー

【サステナビリティ基準委員会内部レビュアー】（五十音順）

桐原	和香	サステナビリティ基準委員会　ディレクター
小西	健太郎	サステナビリティ基準委員会　ディレクター
朝田	正剛	前　サステナビリティ基準委員会　専門研究員
		JFEホールディングス株式会社
今井	優里	サステナビリティ基準委員会　専門研究員
江口	智美	前　サステナビリティ基準委員会　専門研究員
		EY新日本有限責任監査法人
小川	智之	サステナビリティ基準委員会　専門研究員
曽根	由香里	前　サステナビリティ基準委員会　専門研究員
		有限責任 あずさ監査法人
村山	華	サステナビリティ基準委員会　専門研究員
栁下	直子	サステナビリティ基準委員会　専門研究員
吉村	航平	サステナビリティ基準委員会　専門研究員
渡部	瑞穂	サステナビリティ基準委員会　専門研究員

目　　　次

IFRS S1号

　PART A

　サステナビリティ関連財務情報の開示に関する全般的要求事項 ……………………… 1

　PART B

　「サステナビリティ関連財務情報の開示に関する全般的要求事項」に関する

　付属ガイダンス ………………………………………………………………………… 45

　PART C

　結論の根拠 ……………………………………………………………………………… 61

IFRS S2号

　PART A

　気候関連開示 …………………………………………………………………………… 113

　PART B

　「気候関連開示」に関する付属ガイダンス …………………………………………… 155

　「気候関連開示」の適用に関する産業別ガイダンス ………………………………… 177

　PART C

　結論の根拠 ……………………………………………………………………………… 705

© IFRS Foundation

v

PART A

IFRS S1号

サステナビリティ関連財務情報の開示
に関する全般的要求事項

© IFRS Foundation

IFRS S1 *General Requirements for Disclosure of Sustainability-related Financial Information* together with its accompanying documents is issued by the International Sustainability Standards Board (ISSB).

Disclaimer: To the extent permitted by applicable law, the ISSB and the IFRS Foundation (Foundation) expressly disclaim all liability howsoever arising from this publication or any translation thereof whether in contract, tort or otherwise to any person in respect of any claims or losses of any nature including direct, indirect, incidental or consequential loss, punitive damages, penalties or costs.

Information contained in this publication does not constitute advice and should not be substituted for the services of an appropriately qualified professional.

© IFRS Foundation 2023

Reproduction and use rights are strictly limited to personal non-commercial use, such as corporate disclosure.

Any other use, such as – but not limited to – reporting software, investment analysis, data services and product development is not permitted without written consent. Please contact the Foundation for further details at sustainability_licensing@ifrs.org.

All rights reserved.

This Japanese translation of the IFRS S1 *General Requirements for Disclosure of Sustainability-related Financial Information* has been prepared by the Financial Accounting Standards Foundation (FASF), the mother organisation of the Sustainability Standards Board of Japan (SSBJ) and approved by a Review Committee appointed by the IFRS Foundation. The Japanese translation is published by the FASF in Japan with the permission of the IFRS Foundation. The Japanese translation is the copyright of the IFRS Foundation.

The Foundation has trade marks registered around the world (Marks) including 'IAS®', 'IASB®', the IASB® logo, 'IFRIC®', 'IFRS®', the IFRS® logo, 'IFRS for SMEs®', the IFRS for SMEs® logo, 'International Accounting Standards®', 'International Financial Reporting Standards®', the 'Hexagon Device', 'NIIF®', 'SIC®' and SASB®'. Further details of the Foundation's Marks are available from the Foundation on request.

The Foundation is a not-for-profit corporation under the General Corporation Law of the State of Delaware, USA and operates in England and Wales as an overseas company (Company number: FC023235) with its principal office in the Columbus Building, 7 Westferry Circus, Canary Wharf, London, E14 4HD.

PART A

IFRS S1号

サステナビリティ関連財務情報の開示に関する全般的要求事項

IFRS S1号「サステナビリティ関連財務情報の開示に関する全般的要求事項」は、その付属文書とともに国際サステナビリティ基準審議会（ISSB）が公表している。

注意書き： 適用される法律が認める範囲で、ISSB及びIFRS財団（当財団）は、本出版物又はその翻訳から生じるすべての責任を、契約、不法行為、その他いかなる者に対するいかなる性質の請求若しくは損害（直接、間接、付随的又は結果的な損害、懲罰的賠償、罰金又はコストを含む。）に関するものであれ、拒絶する。

本出版物に含まれている情報は、助言を構成するものではなく、適切な資格を有する専門家のサービスの代用とすべきではない。

© IFRS財団 2023

複製及び使用の権利は、企業開示などの個人的な非商業的使用に厳しく制限されている。

報告用ソフトウェア、投資分析、データ・サービス、製品開発など（ただし、これらに限定されない。）その他の使用は、書面による同意がない限り認められない。詳細については当財団に連絡されたい（sustainability_licensing@ifrs.org）。

不許複製・禁無断転載

IFRS S1号「サステナビリティ関連財務情報の開示に関する全般的要求事項」の日本語訳は、サステナビリティ基準委員会（SSBJ）を傘下に置く財務会計基準機構（FASF）により作成され、IFRS財団が指名したレビュー委員会が承認している。日本語訳は、IFRS財団の許可の下に日本において財務会計基準機構により出版される。日本語訳はIFRS財団の著作物である。

⊛IFRS®

当財団は、世界中で登録された商標を有しており、これには'IAS®', 'IASB®', the IASB®ロゴ, 'IFRIC®', 'IFRS®', the IFRS®ロゴ, 'IFRS for SMEs®', the IFRS for SMEs®ロゴ, 'International Accounting Standards®', 'International Financial Reporting Standards®', 'Hexagon Device', 'NIIF®', 'SIC®' 及び 'SASB®' が含まれている。当財団の登録商標の詳細については、請求に応じて当財団から入手可能である。

当財団は、米国デラウェア州の一般会社法に基づく非営利法人であり、主たる事務所をColumbus Building, 7 Westferry Circus, Canary Wharf, London E14 4HDに置いて、イングランド及びウェールズで外国会社（会社番号：FC023235）として活動している。

IFRS S1号「サステナビリティ関連財務情報の開示に関する全般的要求事項」

目　　　次

開始する項

IFRSサステナビリティ開示基準書S1号
サステナビリティ関連財務情報の開示に関する全般的要求事項

目　的 ………………………………………………………………………… 1
範　囲 ………………………………………………………………………… 5
概念的基礎 …………………………………………………………………… 10
　適正な表示 ………………………………………………………………… 11
　重要性（materiality） …………………………………………………… 17
　報告企業 …………………………………………………………………… 20
　つながりのある情報 ……………………………………………………… 21
コア・コンテンツ …………………………………………………………… 25
　ガバナンス ………………………………………………………………… 26
　戦　略 ……………………………………………………………………… 28
　リスク管理 ………………………………………………………………… 43
　指標及び目標（targets） ………………………………………………… 45
全般的要求事項 ……………………………………………………………… 54
　ガイダンスの情報源 ……………………………………………………… 54
　開示の記載場所 …………………………………………………………… 60
　報告のタイミング ………………………………………………………… 64
　比較情報 …………………………………………………………………… 70
　準拠表明 …………………………………………………………………… 72
判断、不確実性及び誤謬 …………………………………………………… 74
　判　断 ……………………………………………………………………… 74
　測定の不確実性 …………………………………………………………… 77
　誤　謬 ……………………………………………………………………… 83
付　録
　A　用語の定義
　B　適用ガイダンス
　C　ガイダンスの情報源
　D　有用なサステナビリティ関連財務情報の質的特性
　E　発効日及び経過措置
ISSBによるIFRS S1号（2023年6月公表）の承認

下記の付属ガイダンスについては、本版のPart B参照

例示的ガイダンス

設　例

結論の根拠については、本版のPart C参照

結論の根拠

© IFRS Foundation

IFRS S1号「サステナビリティ関連財務情報の開示に関する全般的要求事項」は、第1項から第86項及び付録Aから付録Eに示されている。すべての項は同等の権威を有する。**太字**で表示している項は主要な原則を示している。付録Aで定義された用語は、本基準書で初出の際には下線付（原文は斜体）で表示している。他の用語の定義は、他のIFRSサステナビリティ開示基準に示している。本基準書は、その目的及び結論の根拠に照らして解釈すべきである。

IFRS S1号

サステナビリティ関連財務情報の開示に関する全般的要求事項

目　的

1　　IFRS S1号「サステナビリティ関連財務情報の開示に関する全般的要求事項」の目的は、<u>一般目的財務報告書の主要な利用者</u>が企業への資源の提供に関する意思決定を行うにあたり有用な、当該企業のサステナビリティ関連のリスク及び機会に関する情報を開示することを当該企業に要求することにある[1]。

2　　短期、中期及び長期にわたり企業がキャッシュ・フローを生み出す能力（ability）は、企業と、当該企業の<u>バリュー・チェーン</u>を通じて利害関係者、社会、経済及び自然環境との間の相互作用と密接につながっているため、サステナビリティ関連のリスク及び機会に関する情報は、主要な利用者にとって有用なものである。企業と、当該企業のバリュー・チェーンを通じての資源及び関係は、これらをあわせて、当該企業が事業を営む相互依存的なシステムを形成する。それらの資源及び関係に対する企業の依存関係並びにそれらの資源及び関係に対する当該企業のインパクトは、当該企業に対してサステナビリティ関連のリスク及び機会を生じさせる。

3　　本基準は、短期、中期又は長期にわたり、企業のキャッシュ・フロー、当該企業のファイナンスへのアクセス又は資本コストに影響を与える（affect）と合理的に見込み得る、すべてのサステナビリティ関連のリスク及び機会に関する情報を開示することを企業に要求している。本基準の目的において、これらのリスク及び機会をあわせて「企業の見通しに影響を与える（affect）と合理的に見込み得るサステナビリティ関連のリスク及び機会」という。

4　　本基準はまた、企業が<u>サステナビリティ関連財務開示</u>をどのように作成し、報告するかを規定している。本基準は、開示される情報が、主要な利用者が企業への資源の提供に関する意思決定を行うにあたり有用なものとなるように、それらの開示の内容及び表示についての全般的な要求事項を示している。

範　囲

5　　企業は、「<u>IFRSサステナビリティ開示基準</u>」に従ってサステナビリティ関連財務開示を作成し、報告するにあたり、本基準を適用しなければならない。

6　　企業の見通しに影響を与える（affect）と合理的に見込み得ないサステナビリティ関連のリスク及び機会は、本基準の範囲外である。

7　　他の「IFRSサステナビリティ開示基準」は、具体的なサステナビリティ関連のリスク及び機会に関して企業が開示することが要求される情報を定めている。

8　　企業は、当該企業の関連する一般目的財務諸表（「財務諸表」という。）が「IFRS会計基準」又はその他の一般に認められた会計原則又は実務（GAAP）に準拠して作成されているかどうか

---

[1]　本基準全体を通じて、「主要な利用者」と「利用者」という用語は、同じ意味で互換的に使用されている。

© IFRS Foundation

にかかわらず、「IFRSサステナビリティ開示基準」を適用することができる。

9 　本基準は、パブリック・セクターの営利事業体を含む、営利目的の企業に適した用語を使用している。民間セクター又はパブリック・セクターで非営利活動を行っている企業が本基準を適用する場合、「IFRSサステナビリティ開示基準」の適用にあたり、特定の情報項目について、用いられている記述を修正する必要がある場合がある。

概念的基礎

10 　サステナビリティ関連財務情報が有用であるためには、当該情報は関連性があり、表現しようとしている対象を忠実に表現しなければならない。これらは有用なサステナビリティ関連財務情報の基本的な質的特性である。サステナビリティ関連財務情報の有用性は、当該情報が比較可能で、検証可能で、適時で、理解可能であれば、補強される。これらは有用なサステナビリティ関連財務情報の補強的な質的特性である（付録D参照）。

適正な表示

11 　完全な1組のサステナビリティ関連財務開示は、企業の見通しに影響を与える（affect）と合理的に見込み得る、すべてのサステナビリティ関連のリスク及び機会を適正に表示しなければならない。

12 　企業の見通しに影響を与える（affect）と合理的に見込み得るサステナビリティ関連のリスク及び機会を識別するために、企業はB1項からB12項を適用しなければならない。

13 　適正な表示は、企業の見通しに影響を与える（affect）と合理的に見込み得るサステナビリティ関連のリスク及び機会に関する関連性がある情報を開示することと、本基準で示された原則に従って忠実に表現することを要求する。忠実な表現を達成するために、企業はこれらのサステナビリティ関連のリスク及び機会について、完全で、中立的で、正確な描写を提供しなければならない。

14 　重要性（materiality）は、関連性の企業固有の一側面であり、当該企業のサステナビリティ関連財務開示の文脈において、その情報が関連する項目の性質若しくは規模（又はその両方）に基づくものである。

15 　適正な表示は、企業に次のいずれも要求する。

(a) 比較可能で、検証可能で、適時で、理解可能な情報を開示すること

(b) 「IFRSサステナビリティ開示基準」において具体的に適用される要求事項に準拠するだけでは、一般目的財務報告書の利用者が、短期、中期及び長期にわたる企業のキャッシュ・フロー、当該企業のファイナンスへのアクセス及び資本コストにサステナビリティ関連のリスク及び機会が与える影響（effects）を理解できるようにするうえで不十分である場合には、追加的な情報を開示すること

16 　「IFRSサステナビリティ開示基準」を適用し、必要に応じて追加的な情報を開示すること（第15項(b)参照）で、適正な表示を達成するサステナビリティ関連財務開示をもたらすものと推定される。

© IFRS Foundation

IFRS S1号「サステナビリティ関連財務情報の開示に関する全般的要求事項」

重要性（materiality）

17 　企業は、企業の見通しに影響を与える（affect）と合理的に見込み得るサステナビリティ関連のリスク及び機会に関して<u>重要性がある（material）</u>情報を開示しなければならない。

18 　サステナビリティ関連財務開示の文脈において、情報は、それを省略したり、誤表示したり、不明瞭にしたりしたときに、一般目的財務報告書の主要な利用者が、財務諸表及びサステナビリティ関連財務開示を含む、特定の<u>報告企業</u>に関する情報を提供する当該報告書に基づいて行う意思決定に、当該情報が影響を与える（influence）と合理的に見込み得る場合には、重要性がある（material）。

19 　重要性がある（material）情報を識別し開示するために、企業は、B13項からB37項を適用しなければならない。

報告企業

20 　企業のサステナビリティ関連財務開示は、関連する財務諸表と同じ報告企業に関するものでなければならない（B38項参照）。

つながりのある情報

21 　企業は、一般目的財務報告書の利用者が、次の種類のつながりを理解できるようにする情報を提供しなければならない。

(a) その情報が関連する項目の間のつながり（企業の見通しに影響を与える（affect）と合理的に見込み得る、さまざまなサステナビリティ関連のリスク及び機会の間のつながりなど）

(b) 企業が提供する次の開示の間のつながり

(i) サステナビリティ関連財務開示内のつながり（ガバナンス、戦略、リスク管理並びに指標及び目標（targets）に関する開示の間のつながりなど）

(ii) サステナビリティ関連財務開示と、企業が公表するその他の<u>一般目的財務報告書</u>（関連する財務諸表など）との間のつながり（B39項からB44項参照）

22 　企業は、サステナビリティ関連財務開示が関連する財務諸表を識別しなければならない。

23 　サステナビリティ関連財務開示の作成に用いるデータ及び仮定は、「IFRS会計基準」又はその他の適用される会計基準を考慮したうえで可能な限り、関連する財務諸表の作成に用いるデータ及び仮定と整合していなければならない（B42項参照）。

24 　サステナビリティ関連財務開示において、通貨が測定単位として特定されている場合、企業は、関連する財務諸表の表示通貨を使用しなければならない。

コア・コンテンツ

25 　「IFRSサステナビリティ開示基準」が他の具体的な状況において容認又は要求している場合を除き、企業は、次の事項に関する開示を提供しなければならない。

© IFRS Foundation

(a) ガバナンス ― 企業がサステナビリティ関連のリスク及び機会をモニタリングし、管理するために用いるガバナンスのプロセス、統制及び手続（第26項から第27項参照）

(b) 戦略 ― 企業がサステナビリティ関連のリスク及び機会を管理するために用いるアプローチ（第28項から第42項参照）

(c) リスク管理 ― 企業がサステナビリティ関連のリスク及び機会を識別し、評価し、優先順位付けし、モニタリングするために用いるプロセス（第43項から第44項参照）

(d) 指標及び目標（targets） ― サステナビリティ関連のリスク及び機会に関連する企業のパフォーマンス（企業が設定した目標（targets）又は法令により満たすことが要求されている目標（targets）がある場合には、当該目標（targets）に向けた進捗を含む。）（第45項から第53項参照）

ガバナンス

26　　　ガバナンスに関するサステナビリティ関連財務開示の目的は、一般目的財務報告書の利用者が、サステナビリティ関連のリスク及び機会をモニタリングし、管理し、監督するために企業が用いるガバナンスのプロセス、統制及び手続を理解できるようにすることにある。

27　　　この目的を達成するため、企業は、次の事項に関する情報を開示しなければならない。

(a) サステナビリティ関連のリスク及び機会の監督に責任を負うガバナンス機関（取締役会、委員会又はガバナンスの責任を負う同等の機関が含まれることがある。）又は個人。具体的には、企業は、その機関又は個人を特定し、次の事項に関する情報を開示しなければならない。

(i) サステナビリティ関連のリスク及び機会に関する責任が、その機関又は個人に適用される、付託事項、使命、役割の記述及びその他の関連する方針にどのように反映されているか

(ii) その機関又は個人が、サステナビリティ関連のリスク及び機会に対応するために設計された戦略を監督するための適切なスキル及びコンピテンシーが利用可能であるかどうか又は開発する予定であるかどうかを、どのように判断しているか

(iii) その機関又は個人に、サステナビリティ関連のリスク及び機会について、どのように、また、どの頻度で情報がもたらされているか

(iv) その機関又は個人が、企業の戦略、主要な取引に関する当該企業の意思決定並びに当該企業のリスク管理のプロセス及び関連する方針を監督するにあたり、サステナビリティ関連のリスク及び機会をどのように考慮しているか（その機関又は個人が、それらのリスク及び機会に関連するトレードオフを考慮しているかどうかを含む。）

(v) その機関又は個人が、サステナビリティ関連のリスク及び機会に関連する目標（targets）の設定をどのように監督し、それらの目標（targets）に向けた進捗をどのようにモニタリングしているか（第51項参照）（関連するパフォーマンス指標が報酬に関する方針に含まれているかどうか、また、含まれている場合、どのように含まれているかを含む。）

(b) サステナビリティ関連のリスク及び機会をモニタリング、管理、監督するために用いる、ガ

10　　　　　　　　　　　　　© IFRS Foundation

バナンスのプロセス、統制及び手続における経営者の役割。これには、次の事項に関する情報を含む。

 (i) 当該役割が具体的な経営者レベルの地位又は経営者レベルの委員会に委任されているかどうか、及び当該地位又は委員会に対し、どのように監督が実施されているか

 (ii) 経営者が、サステナビリティ関連のリスク及び機会の監督を支援するために、統制及び手続を用いているかどうか、また、用いている場合、これらの統制及び手続がその他の内部機能とどのように統合されているか

戦　略

28 戦略に関するサステナビリティ関連財務開示の目的は、一般目的財務報告書の利用者が、サステナビリティ関連のリスク及び機会を管理する企業の戦略を理解できるようにすることにある。

29 具体的には、企業は、一般目的財務報告書の利用者が、次の事項を理解できるようにする情報を開示しなければならない。

 (a) 企業の見通しに影響を与える（affect）と合理的に見込み得るサステナビリティ関連のリスク及び機会（第30項から第31項参照）

 (b) それらのサステナビリティ関連のリスク及び機会が企業の<u>ビジネス・モデル</u>及びバリュー・チェーンに与える現在の及び予想される（anticipated）影響（effects）（第32項参照）

 (c) それらのサステナビリティ関連のリスク及び機会が企業の戦略及び意思決定に与える影響（effects）（第33項参照）

 (d) それらのサステナビリティ関連のリスク及び機会が報告期間における企業の財政状態、財務業績及びキャッシュ・フローに与えた影響（effects）、並びに、短期、中期及び長期にわたり企業の財政状態、財務業績及びキャッシュ・フローに与えると予想される（anticipated）影響（effects）（それらのサステナビリティ関連のリスク及び機会がどのように企業の財務計画に組み込まれているかを考慮する。）（第34項から第40項参照）

 (e) それらのサステナビリティ関連のリスクに対する企業の戦略及びビジネス・モデルのレジリエンス（第41項から第42項参照）

サステナビリティ関連のリスク及び機会

30 企業は、一般目的財務報告書の利用者が、企業の見通しに影響を与える（affect）と合理的に見込み得るサステナビリティ関連のリスク及び機会を理解できるようにする情報を開示しなければならない。具体的には、企業は、次のことを行わなければならない。

 (a) 企業の見通しに影響を与える（affect）と合理的に見込み得るサステナビリティ関連のリスク及び機会を記述する。

 (b) それらのサステナビリティ関連のリスク及び機会のそれぞれの影響（effects）が発生すると合理的に見込み得る時間軸（短期、中期又は長期）を特定する。

© IFRS Foundation

(c) 企業がどのように「短期」、「中期」及び「長期」を定義し、これらの定義がどのように企業の戦略的意思決定に用いる計画期間とつながっているかを説明する。

31 短期、中期及び長期の時間軸は、企業によって異なることがあり、それは、キャッシュ・フロー、投資及びビジネスのサイクルなどの産業固有の特性、企業が属する産業において戦略的意思決定及び資本配分計画に通常用いられる計画期間、並びにその産業において一般目的財務報告書の利用者が企業の評価を行う時間軸といった多くの要因に依存する。

ビジネス・モデル及びバリュー・チェーン

32 企業は、一般目的財務報告書の利用者が、サステナビリティ関連のリスク及び機会が企業のビジネス・モデル及びバリュー・チェーンに与える現在の及び予想される（anticipated）影響（effects）を理解できるようにする情報を開示しなければならない。具体的には、企業は、次の事項を開示しなければならない。

(a) サステナビリティ関連のリスク及び機会が企業のビジネス・モデル及びバリュー・チェーンに与える現在の及び予想される（anticipated）影響（effects）の記述

(b) 企業のビジネス・モデル及びバリュー・チェーンのどの部分にサステナビリティ関連のリスク及び機会が集中しているか（例えば、地域、施設及び資産の種類）の記述

戦略及び意思決定

33 企業は、一般目的財務報告書の利用者が、サステナビリティ関連のリスク及び機会が企業の戦略及び意思決定に与える影響（effects）を理解できるようにする情報を開示しなければならない。具体的には、企業は、次の事項に関する情報を開示しなければならない。

(a) 企業が、企業自身の戦略及び意思決定において、サステナビリティ関連のリスク及び機会にどのように対応してきたか及び対応する計画であるか

(b) 企業が過去の報告期間に開示した計画に対する進捗（定量的及び定性的情報を含む。）

(c) 企業が考慮した、サステナビリティ関連のリスク及び機会の間のトレードオフ（例えば、新たな事業を営む場所に関する意思決定を行うにあたり、企業はそれらの事業による環境上のインパクト及び当該事業がコミュニティに生み出す雇用の機会を考慮している場合がある。）

財政状態、財務業績及びキャッシュ・フロー

34 企業は、一般目的財務報告書の利用者が、次の事項を理解できるようにする情報を開示しなければならない。

(a) サステナビリティ関連のリスク及び機会が、報告期間における企業の財政状態、財務業績及びキャッシュ・フローに与えた影響（effects）（現在の財務的影響（effects））

(b) サステナビリティ関連のリスク及び機会が企業の財務計画にどのように含まれているかを考慮したうえで、サステナビリティ関連のリスク及び機会が、短期、中期及び長期にわたり、企業の財政状態、財務業績及びキャッシュ・フローに与えると予想される（anticipated）影響（effects）（予想される（anticipated）財務的影響（effects））

IFRS S1号「サステナビリティ関連財務情報の開示に関する全般的要求事項」

35 具体的には、企業は、次の事項に関する定量的及び定性的情報を開示しなければならない。

(a) サステナビリティ関連のリスク及び機会が、当報告期間における企業の財政状態、財務業績及びキャッシュ・フローにどのような影響を与えた（affected）か

(b) 翌年次報告期間中に関連する財務諸表で報告される資産及び負債の帳簿価額に重要性がある（material）修正が生じる重大な（significant）リスクがある、第35項(a)において識別されたサステナビリティ関連のリスク及び機会

(c) サステナビリティ関連のリスク及び機会を管理する企業の戦略を踏まえ、短期、中期及び長期にわたり、企業が、企業自身の財政状態について、どのように変化すると見込んでいるか。これには、次の事項を考慮する。

(i) 企業の投資計画及び処分計画（例えば、資本的支出、主要な買収及びダイベストメント、共同支配企業、事業変革、イノベーション、新たな事業領域並びに資産の除却についての計画）。企業が契約上約束していない計画も含む。

(ii) 企業の戦略を遂行するために計画している資金源

(d) サステナビリティ関連のリスク及び機会を管理するための企業の戦略を踏まえ、短期、中期及び長期にわたり、企業が、企業自身の財務業績及びキャッシュ・フローについて、どのように変化すると見込んでいるか

36 定量的情報を提供するにあたり、企業は、単一の数値又は数値の範囲を開示することができる。

37 サステナビリティ関連のリスク又は機会に関する予想される（anticipated）財務的影響（effects）に関する開示を作成するにあたり、企業は、次のことを行わなければならない。

(a) 報告日時点で企業が過大なコストや労力をかけずに利用可能な、すべての合理的で裏付け可能な情報を用いる（B8項からB10項参照）。

(b) それらの開示を作成するために企業が利用可能なスキル、能力（capabilities）及び資源に見合ったアプローチを用いる。

38 企業が次のいずれかであると判断する場合、企業は、サステナビリティ関連のリスク又は機会に関する現在の又は予想される（anticipated）財務的影響（effects）に関する定量的情報を提供する必要はない。

(a) 影響（effects）が区分して識別できない。

(b) 影響（effects）を見積るにあたり測定の不確実性の程度があまりにも高いために、もたらされる定量的情報が有用でない（第77項から第82項参照）。

39 また、企業が定量的情報を提供するスキル、能力（capabilities）又は資源を有していない場合、当該企業は、サステナビリティ関連のリスク又は機会に関する予想される（anticipated）財務的影響（effects）に関する定量的情報を提供する必要はない。

40 企業が、第38項から第39項に示す条件（criteria）を適用し、サステナビリティ関連のリスク又は機会に関する現在の又は予想される（anticipated）財務的影響（effects）に関する定量的

© IFRS Foundation

情報を提供する必要はないと判断する場合、企業は、次のことを行わなければならない。

(a) 企業が定量的情報を提供していない理由を説明する。

(b) それらの財務的影響（effects）に関する定性的情報を提供する（サステナビリティ関連のリスク又は機会が影響を与える（affected）可能性が高いか、又は影響を与えた（affected）、関連する財務諸表の行項目、合計及び小計を識別することを含む。）。

(c) そのサステナビリティ関連のリスク又は機会と、他のサステナビリティ関連のリスク又は機会及びその他の要因との複合的な財務的影響（effects）に関する定量的情報を提供する（複合的な財務的影響（effects）に関する定量的情報が有用でないと企業が判断する場合を除く。）。

レジリエンス

41 企業は、一般目的財務報告書の利用者が、サステナビリティ関連のリスクから生じる不確実性に対して調整するための企業の能力（capacity）を理解できるようにする情報を開示しなければならない。企業は、サステナビリティ関連のリスクに関連する、戦略及びビジネス・モデルのレジリエンスに関する定性的評価と、該当ある場合には定量的評価について、どのように評価を実施したのか及び時間軸に関する情報を含め、開示しなければならない。定量的情報を提供するにあたり、企業は、単一の数値又は数値の範囲を開示することができる。

42 他の「IFRSサステナビリティ開示基準」が、シナリオ分析が要求されるかどうかを含め、具体的なサステナビリティ関連のリスクに対する企業のレジリエンスに関して企業が開示することが要求される情報の種類及びそれらの開示をどのように作成するかを特定する場合がある。

リスク管理

43 リスク管理に関するサステナビリティ関連財務開示の目的は、一般目的財務報告書の利用者が、次のことをできるようにすることにある。

(a) サステナビリティ関連のリスク及び機会を識別し、評価し、優先順位付けし、モニタリングする企業のプロセス（それらのプロセスが企業の全体的なリスク管理プロセスに統合され、情報をもたらすかどうか、また、統合され、情報をもたらす場合、どのように統合され、情報をもたらすかを含む。）を理解できるようにすること

(b) 企業の全体的なリスク・プロファイル及び全体的なリスク管理プロセスを評価すること

44 この目的を達成するため、企業は、次の事項に関する情報を開示しなければならない。

(a) 企業がサステナビリティ関連のリスクを識別し、評価し、優先順位付けし、モニタリングするために用いるプロセス及び関連する方針。これには、次の事項に関する情報を含む。

(i) 企業が用いるインプット及びパラメータ（例えば、データ・ソース及び当該プロセスの対象となる事業の範囲に関する情報）

(ii) 企業がサステナビリティ関連のリスクの識別に情報をもたらすために、シナリオ分析を用いているかどうか、また、用いている場合、どのように用いているか

14   © IFRS Foundation

IFRS S1号「サステナビリティ関連財務情報の開示に関する全般的要求事項」

(iii) それらのリスクの影響（effects）の性質、発生可能性及び規模を企業がどのように評価しているか（例えば、企業が定性的要因、定量的閾値又はその他の規準（criteria）を考慮しているかどうか。）

(iv) 企業が他の種類のリスクと比べてサステナビリティ関連のリスクを優先順位付けしているかどうか、また、優先順位付けしている場合、どのように優先順位付けしているか

(v) 企業がサステナビリティ関連のリスクをどのようにモニタリングしているか

(vi) 前報告期間と比較して、企業が用いるプロセスを変更したかどうか、また、変更した場合、どのように変更したか

(b) 企業がサステナビリティ関連の機会を識別し、評価し、優先順位付けし、モニタリングするために用いるプロセス

(c) サステナビリティ関連のリスク及び機会を識別し、評価し、優先順位付けし、モニタリングするためのプロセスが、企業の全体的なリスク管理プロセスと統合され、情報をもたらす程度及びどのように統合され、情報をもたらしているか

指標及び目標（targets）

45   指標及び目標（targets）に関するサステナビリティ関連財務開示の目的は、一般目的財務報告書の利用者が、サステナビリティ関連のリスク及び機会に関連する企業のパフォーマンス（企業が設定した目標（targets）及び法令により企業が満たすことが要求されている目標（targets）がある場合には、当該目標（targets）に向けた進捗を含む。）を理解できるようにすることにある。

46   企業は、企業の見通しに影響を与える（affect）と合理的に見込み得るサステナビリティ関連のリスク及び機会のそれぞれについて、次の事項を開示しなければならない。

(a) 適用される「IFRSサステナビリティ開示基準」で要求されている指標

(b) 企業が次のそれぞれについて測定し、モニタリングするために用いている指標

    (i) 当該サステナビリティ関連のリスク又は機会

    (ii) 当該サステナビリティ関連のリスク又は機会に関連する企業のパフォーマンス（企業が設定した目標（targets）及び法令により企業が満たすことが要求されている目標（targets）がある場合には、当該目標（targets）に向けた進捗を含む。）

47   サステナビリティ関連のリスク又は機会に具体的に適用される「IFRSサステナビリティ開示基準」が存在しない場合、企業は適用される指標を識別するために、第57項から第58項を適用しなければならない。

48   企業が第45項から第46項を適用することによって開示した指標は、特定のビジネス・モデル、活動、又は産業への参加を特徴付ける（characterise）他の共通の特徴（features）に関連する指標を含めなければならない。

49   企業が「IFRSサステナビリティ開示基準」以外の情報源から得た指標を開示する場合、企業は、当該情報源及びその得た指標を識別しなければならない。

© IFRS Foundation

15

50 　指標が企業により作成されたものである場合、企業は、次の事項に関する情報を開示しなければならない。

(a) 指標がどのように定義されているか（当該指標が「IFRSサステナビリティ開示基準」以外の情報源から得た指標を調整することにより得られたものかどうか、また、そのように得られたものである場合、どの情報源からであり、企業が開示する指標がその情報源で定める指標とどのように異なるかを含む。）

(b) 指標が、絶対指標（absolute measure）であるか、その他の指標との関連で表現されている指標であるか、定性的な指標（赤、黄、緑のRAGステータスなど）であるか

(c) 指標が第三者によって検証されているかどうか、また、検証されている場合は誰によって検証されているか

(d) 指標の算定に用いた方法及びその算定に用いたインプット（用いた算定方法の限界及び置いた重大な（significant）仮定を含む。）

51 　企業は、戦略的目標（goals）の達成に向けた進捗をモニタリングするために企業自身が設定した目標（targets）及び法令により満たすことが要求されている目標（targets）がある場合には、当該目標（targets）に関する情報を開示しなければならない。目標（target）のそれぞれについて、企業は次の事項を開示しなければならない。

(a) 目標（target）を設定し、当該目標（target）の達成に向けた進捗をモニタリングするために用いる指標

(b) 企業が設定したか、又は満たすことが要求されている、具体的な定量的又は定性的目標（target）

(c) 目標（target）が適用される期間

(d) 進捗が測定される基礎となる期間（base period）

(e) 該当ある場合、マイルストーン及び中間目標（targets）

(f) 目標（target）のそれぞれに対するパフォーマンス、及び企業のパフォーマンスのトレンド又は変化についての分析

(g) 該当ある場合、目標（target）の見直し及びそれらの見直しの説明

52 　指標（企業の目標（targets）の設定及びそれらの達成に向けた進捗のモニタリングに用いられる指標を含む。）の定義及び算定方法は、時間の経過とともに一貫性がなければならない。指標が再定義されるか、又は置き換えられた場合、企業は、B52項を適用しなければならない。

53 　企業は、指標及び目標（targets）について、意味のある、明瞭かつ正確な（precise）名称及び記述を用いて名付け、定義しなければならない。

全般的要求事項

ガイダンスの情報源

サステナビリティ関連のリスク及び機会の識別

54　企業の見通しに影響を与える（affect）と合理的に見込み得るサステナビリティ関連のリスク及び機会を識別するにあたり、企業は、「IFRSサステナビリティ開示基準」を適用しなければならない。

55　「IFRSサステナビリティ開示基準」に加え、

(a) 企業は、「SASBスタンダード」における<u>開示トピック</u>を参照し、その適用可能性を考慮しなければならない。企業は、「SASBスタンダード」における開示トピックが当該企業の状況に照らして適用されないと結論付ける場合がある。

(b) 企業は、次のものを参照し、その適用可能性を考慮することができる。

(i) 「水関連開示のためのCDSBフレームワーク適用ガイダンス」及び「生物多様性関連開示のためのCDSBフレームワーク適用ガイダンス」（あわせて「CDSBフレームワーク適用ガイダンス」という。）

(ii) 一般目的財務報告書の利用者の情報ニーズを満たすように要求事項が設計されている他の基準設定主体による直近の公表文書

(iii) 同じ産業又は地理的地域において事業を営む企業によって識別されたサステナビリティ関連のリスク及び機会

適用される開示要求の識別

56　企業の見通しに影響を与える（affect）と合理的に見込み得るサステナビリティ関連のリスク又は機会に関する適用される開示要求を識別するにあたり、企業は、そのサステナビリティ関連のリスク又は機会に具体的に適用される「IFRSサステナビリティ開示基準」を適用しなければならない。

57　サステナビリティ関連のリスク又は機会に具体的に適用される「IFRSサステナビリティ開示基準」が存在しない場合、企業は、次のような情報を識別するために判断を適用しなければならない。

(a) 一般目的財務報告書の利用者の意思決定に関連性がある情報

(b) そのサステナビリティ関連のリスク又は機会を忠実に表現する情報

58　第57項で記述された判断を行うにあたり、

(a) 企業は、「SASBスタンダード」に含まれる開示トピックに関連する指標を参照し、その適用可能性を考慮しなければならない。企業は、「SASBスタンダード」で定められた指標が当該企業の状況に照らして適用されないと結論付ける場合がある。

© IFRS Foundation

(b) 企業は、これらの情報源が「IFRSサステナビリティ開示基準」と矛盾しない範囲で、次のものを参照し、その適用可能性を考慮することができる。

(i) 「CDSBフレームワーク適用ガイダンス」

(ii) 一般目的財務報告書の利用者の情報ニーズを満たすように要求事項が設計されている他の基準設定主体による直近の公表文書

(iii) 同じ産業又は地理的地域において事業を営む企業によって開示された情報（指標を含む。）

(c) 企業は、これらの情報源が本基準の目的（第1項から第4項参照）を達成するにあたり企業を支援する範囲で、また、「IFRSサステナビリティ開示基準」と矛盾しない範囲で、付録Cに識別されている情報源を参照し、その適用可能性を考慮することができる。

ガイダンスの情報源に関する情報の開示

59   企業は、次の事項を識別しなければならない。

(a) 企業がサステナビリティ関連財務開示の作成（該当ある場合には、「SASBスタンダード」における開示トピックの識別を含む。）にあたり適用した、具体的な基準、公表文書、産業の実務及び他のガイダンスの情報源

(b) 企業がサステナビリティ関連財務開示の作成（適用される指標の識別を含む。）にあたり適用した、「IFRSサステナビリティ開示基準」、「SASBスタンダード」又は特定の産業に関連するその他のガイダンスの情報源によって特定された産業

開示の記載場所

60   **企業は、「IFRSサステナビリティ開示基準」で要求される開示について、企業の一般目的財務報告書の一部として提供することが要求される。**

61   企業に適用される規制又はその他の要求事項に従うことを条件に、企業の一般目的財務報告書の中で、サステナビリティ関連財務情報を開示するための場所は、さまざまなものが考えられる。サステナビリティ関連財務開示は、経営者による説明（management commentary）又は類似の報告書が企業の一般目的財務報告書の一部を構成している場合には、これに含まれることがある。経営者による説明（management commentary）又は類似の報告書は、多くの法域において要求される報告書である。経営者による説明（management commentary）又は類似の報告書は、「マネジメント・レポート」、「経営者による検討及び分析（MD&A）」、「経営及び財務のレビュー」、「統合報告書」、又は「戦略報告書」など、さまざまな名称で知られているか、そのような名称の報告書に含まれている場合がある。

62   企業は、「IFRSサステナビリティ開示基準」により要求される情報について、規制当局が要求する情報など、他の要求事項を満たすために開示する情報と同じ場所に開示する場合がある。企業は、サステナビリティ関連財務開示が明瞭に識別可能であり、当該追加的な情報によって不明瞭にならないことを確保しなければならない（B27項参照）。

63   「IFRSサステナビリティ開示基準」で要求される情報は、企業が公表した他の報告書との相

IFRS S1号「サステナビリティ関連財務情報の開示に関する全般的要求事項」

互参照により、サステナビリティ関連財務開示に含められる場合がある。企業が情報を相互参照により含める場合、B45項からB47項における要求事項を適用しなければならない。

報告のタイミング

64 企業は、サステナビリティ関連財務開示について、関連する財務諸表と同時に報告しなければならない。企業のサステナビリティ関連財務開示は、関連する財務諸表と同じ報告期間を対象としなければならない。

65 通常、企業は、12か月にわたる期間についてサステナビリティ関連財務開示を作成する。しかし、実務上の理由から、例えば、52週間にわたる期間について報告することを選好する企業もある。本基準は、そのような実務を妨げない。

66 企業が報告期間の末日を変更して、12か月よりも長い期間又は短い期間についてサステナビリティ関連財務開示を提供する場合、次の事項を開示しなければならない。

(a) サステナビリティ関連財務開示の対象期間

(b) 12か月よりも長い期間又は短い期間を使用している理由

(c) サステナビリティ関連財務開示で開示された数値が完全には比較可能ではない旨

67 企業が、報告期間の末日後であるがサステナビリティ関連財務開示の公表が承認される日より前に、報告期間の末日現在で存在していた状況について情報を入手した場合、新たな情報に照らして、その状況に関連する開示を更新しなければならない。

68 企業は、報告期間の末日後であるがサステナビリティ関連財務開示の公表が承認される日より前に発生する取引、その他の事象及び状況に関する情報について、その情報を開示しないことにより、一般目的財務報告書の主要な利用者がその報告書に基づいて行う意思決定に影響を与える（influence）と合理的に見込み得る場合には、その情報を開示しなければならない。

69 本基準は、どの企業に期中のサステナビリティ関連財務開示の提供を求めるか、どれくらいの頻度で求めるか、又は期中期間終了後どれくらいの期間で求めるかを義務付けていない。しかし、政府、証券規制当局、証券取引所及び会計に関する団体が、負債証券又は持分証券を上場している企業に対して、一般目的期中財務報告書の公表を要求する場合がある。企業は、「IFRSサステナビリティ開示基準」に従って期中のサステナビリティ関連財務開示を公表することを要求されているか、これを選択している場合には、B48項を適用しなければならない。

比較情報

70 他の「IFRSサステナビリティ開示基準」においてそうしないことが容認又は要求されている場合を除き、企業は、報告期間に開示されるすべての数値について、前期に係る比較情報を開示しなければならない。また、説明的及び記述的なサステナビリティ関連財務情報に関する比較情報が、報告期間におけるサステナビリティ関連財務開示を理解するうえで有用である場合、企業は、これを開示しなければならない（B49項からB59項参照）。

71 サステナビリティ関連財務開示において報告される数値は、例えば、指標及び目標（targets）、又はサステナビリティ関連のリスク及び機会に関する現在の及び予想される

© IFRS Foundation

19

(anticipated) 財務的影響（effects）に関連する場合がある。

準拠表明

72 　サステナビリティ関連財務開示が、「IFRSサステナビリティ開示基準」のすべての要求事項に準拠する企業は、準拠に関する明示的かつ無限定の表明を行わなければならない。企業は、「IFRSサステナビリティ開示基準」のすべての要求事項に準拠しない限り、サステナビリティ関連財務開示が「IFRSサステナビリティ開示基準」に準拠していると記述してはならない。

73 　本基準は、「IFRSサステナビリティ開示基準」で要求されている情報であっても、法令によって企業が開示することが禁止されている場合に、企業に当該情報を開示することを免除している（B33項参照）。本基準はまた、情報が、本基準で説明する商業上の機密に該当する場合、「IFRSサステナビリティ開示基準」で要求されているサステナビリティ関連の機会に関する情報を開示することを免除している（B34項からB37項参照）。これらの免除を利用している企業は、「IFRSサステナビリティ開示基準」に準拠していることを主張することを妨げられない。

判断、不確実性及び誤謬

判　断

74 　企業は、一般目的財務報告書の利用者が、数値の見積りを伴うもの（第77項参照）とは別に、サステナビリティ関連財務開示を作成する過程で企業が行った判断のうち、これらの開示に含まれる情報に最も重大な（significant）影響（effect）を与える判断を理解できるようにする情報を開示しなければならない。

75 　サステナビリティ関連財務開示を作成する過程で、企業は、見積りを伴うものとは別に、企業のサステナビリティ関連財務開示で報告される情報に重大（significantly）な影響を与える（affect）可能性のあるさまざまな判断を行う。例えば、企業は、次のような判断を行う。

(a) 企業の見通しに影響を与える（affect）と合理的に見込み得るサステナビリティ関連のリスク及び機会の識別

(b) 第54項から第58項に従ってどのガイダンスの情報源を適用するかの決定

(c) サステナビリティ関連財務開示に含める重要性がある（material）情報の識別

(d) 事象又は状況の変化が重大であり（significant）、企業のバリュー・チェーンを通じて影響を受ける（affected）すべてのサステナビリティ関連のリスク及び機会の範囲の再評価が要求されるかどうかの評価（B11項参照）

76 　他の「IFRSサステナビリティ開示基準」において、第74項に従って企業が開示することが要求される情報の一部について、開示を要求する場合がある。

測定の不確実性

77 　企業は、一般目的財務報告書の利用者が、サステナビリティ関連財務開示で報告される数値に影響を与える（affecting）最も重大な（significant）不確実性を理解できるようにする情報を開示しなければならない。

IFRS S1号「サステナビリティ関連財務情報の開示に関する全般的要求事項」

78　企業は、次のことを行わなければならない。

(a) 開示された数値のうち、測定の不確実性の程度が高いものを識別する。

(b) 第78項(a)で識別されたそれぞれの数値に関連して、次の情報を開示する。

　　(i) 測定の不確実性の源泉。例えば、将来の事象の結果（outcome）、測定技法又は企業の
バリュー・チェーンからのデータの利用可能性及び品質に数値が依存していること

　　(ii) 企業が数値を測定するにあたり行った仮定、概算及び判断

79　サステナビリティ関連財務開示において報告される数値を直接測定することができず、見積ることしかできない場合、測定の不確実性が生じる。場合によっては、見積りには、結果（outcomes）が不確実な、将来起こり得る事象についての仮定を伴う。合理的な見積りの使用は、サステナビリティ関連財務開示を作成するうえで不可欠な要素であり、見積りが正確に記述され、説明されていれば、情報の有用性が損なわれることはない。測定の不確実性の程度が高くても、そのような見積りによって有用な情報を提供することが必ずしも妨げられるわけではない。

80　企業がサステナビリティ関連財務開示において報告される数値に影響を与える（affecting）不確実性に関する情報を開示するという第77項の要求事項は、企業の最も困難な、主観的又は複雑な判断が必要となる見積りに関連している。変数及び仮定の数が多くなれば、それらの判断はより主観的で複雑となり、それに応じてサステナビリティ関連財務開示で報告される数値に影響を与える（affecting）不確実性も増大する。

81　企業が開示する必要がある場合がある情報の種類及び範囲は、サステナビリティ関連財務開示で報告される数値の性質、すなわち不確実性及びその他の状況の源泉並びにそのような不確実性及びその他の状況に寄与する要因によって異なる。企業が開示する必要がある場合がある情報の種類の例には、次のようなものがある。

(a) 仮定又はその他の測定の不確実性の源泉の性質

(b) 開示された数値の、その計算の基礎となる手法、仮定及び見積りに対する感応度（その感応度の理由を含む。）

(c) 不確実性について見込み得る解消方法及び開示された数値に対して合理的に考えられる結果（outcomes）の範囲

(d) 開示された数値に関する過去の仮定について行った変更の説明（その不確実性が未解消のままである場合）

82　他の「IFRSサステナビリティ開示基準」において、第77項から第78項に従って企業が開示することを要求される情報の一部について、開示を要求する場合がある。

誤　謬

83　企業は、重要性がある（material）過去の期間の誤謬について、そうすることが<u>実務上不可能</u>でない限り、開示された過去の期間の比較対象の数値を修正再表示することによって訂正しなければならない。

© IFRS Foundation

84 過去の期間の誤謬とは、過去の1期以上の期間に係る企業のサステナビリティ関連財務開示における脱漏又は誤表示をいう。このような誤謬は、次のような信頼性の高い情報の不使用又は誤用から生じる。

(a) 当該期間のサステナビリティ関連財務開示の公表が承認されるときに利用可能であった情報

(b) 当該開示を作成するにあたり入手し考慮すると合理的に見込み得る情報

85 誤謬の訂正は、見積りの変更とは区別される。見積りは、追加的な情報が知られるに従い、企業が更新する必要がある場合がある概算である。

86 企業は、過去の期間のサステナビリティ関連財務開示に重要性がある（material）誤謬を識別した場合、B55項からB59項を適用しなければならない。

付録A

用語の定義

この付録は、IFRS S1号の不可欠な一部であり、本基準書の他の部分と同じ権威を有する。

ビジネス・モデル（business model）

　企業の戦略上の目的を達成し、当該企業にとっての価値を生み出し、結果として短期、中期及び長期にわたりキャッシュ・フローを生み出すことを目的とした、企業の活動を通じてインプットをアウトプット及び結果（outcomes）に変換する企業のシステム

開示トピック（disclosure topic）

　「IFRSサステナビリティ開示基準」又は「SASBスタンダード」において示された、特定の産業における企業が行う活動に基づく、具体的なサステナビリティ関連のリスク又は機会

一般目的財務報告書（general purpose financial reports）

　主要な利用者が企業への資源の提供に関連する意思決定を行うにあたり有用な、**報告企業**に関する財務情報を提供する報告書。それらの意思決定には、次のいずれかに関する意思決定を伴う。

(a) 資本性金融商品及び負債性金融商品の購入、売却又は継続保有

(b) 貸付金及び他の形態による信用の供与又は決済

(c) 企業の経済的資源の利用に影響を与える（affect）当該企業の経営者の行動に対して投票を行うか又は他の方法で影響を与える（influence）権利の行使

　一般目的財務報告書には、企業の一般目的財務諸表及び**サステナビリティ関連財務開示**が含まれるが、これらに限定されない。

IFRSサステナビリティ開示基準（IFRS Sustainability Disclosure Standards）

　国際サステナビリティ基準審議会が公表した、その名称の基準

実務上不可能である（impracticable）

　企業がある要求事項を適用するためにあらゆる合理的な努力を払った後にも、適用することができない場合、その要求事項の適用は実務上不可能である。

重要性がある情報（material information）

　サステナビリティ関連財務開示の文脈において、情報は、それを省略したり、誤表示したり、不明瞭にしたりしたときに、**一般目的財務報告書の主要な利用者**が、財務諸表及びサステナビリティ関連財務開示を含む、特定の**報告企業**に関する情報を提供する当該報告書に基づいて行う意思決定に、当該情報が影響を与える（influence）と合理的に見込み得る場合には、重要性がある（material）。

一般目的財務報告書の主要な利用者（主要な利用者）（primary users of general purpose financial reports （primary users））

現在の及び潜在的な投資者、融資者及びその他の債権者

報告企業（reporting entity）

一般目的財務諸表の作成を要求されるか又はこれを選択する企業

シナリオ分析（scenario analysis）

不確実性のある状況のもとで、将来の事象の結果（outcomes）の考えられる範囲を識別し、評価するためのプロセス

サステナビリティ関連財務開示（sustainability-related financial disclosures）

短期、中期又は長期にわたる企業のキャッシュ・フロー、当該企業のファイナンスへのアクセス又は資本コストに影響を与える（affect）と合理的に見込み得る、**報告企業**のサステナビリティ関連のリスク及び機会についての情報（それらのリスク及び機会に関連する企業のガバナンス、戦略及びリスク管理、並びに関連する指標及び目標（targets）に関する情報を含む。）を提供する**一般目的財務報告書**の特定の一様式

一般目的財務報告書の利用者（利用者）（users of general purpose financial reports （users））

一般目的財務報告書の主要な利用者（主要な利用者）を参照。これらの定義は、同じ母集団を説明している。

バリュー・チェーン（value chain）

報告企業のビジネス・モデル及び当該企業が事業を営む外部環境に関連する、相互作用、資源及び関係の全範囲

バリュー・チェーンには、製品又はサービスの構想から提供、消費及び終了（end-of-life）まで、企業が使用し依存する相互作用、資源及び関係が含まれる。これには、企業の事業における相互作用、資源及び関係（人的資源（human resource）など）、企業の供給チャネル、マーケティング・チャネル及び流通チャネルにおけるもの（材料及びサービスの調達並びに製品及びサービスの販売及び配送など）、並びに企業が事業を営む財務的環境、地理的環境、地政学的環境及び規制環境が含まれる。

IFRS S1号「サステナビリティ関連財務情報の開示に関する全般的要求事項」

付録B

適用ガイダンス

この付録は、IFRS S1号の不可欠な一部であり、本基準書の他の部分と同じ権威を有する。

サステナビリティ関連のリスク及び機会（第11項から第12項）

B1　本基準は、短期、中期又は長期にわたり、企業のキャッシュ・フロー、当該企業のファイナンスへのアクセス又は資本コストに影響を与える（affect）と合理的に見込み得る、すべてのサステナビリティ関連のリスク及び機会（「企業の見通しに影響を与える（affect）と合理的に見込み得るサステナビリティ関連のリスク及び機会」という。）に関する情報を開示することを企業に要求している（第3項参照）。

B2　企業のサステナビリティ関連のリスク及び機会は、企業と、当該企業のバリュー・チェーンを通じての利害関係者、社会、経済及び自然環境との相互作用から生じる。これらの相互作用は、直接的であることもあれば間接的であることもあり得るが、企業の戦略上の目的を追求する当該企業のビジネス・モデルの運用及び企業が事業を営む外部環境から生じる。これらの相互作用は、企業がキャッシュ・フローを生み出すためにバリュー・チェーンを通じての資源及び関係に依存し、かつ当該企業の活動及びアウトプットを通じてそれらの資源及び関係に影響を与える（affects）、相互依存的なシステムの中で行われ、それらの資源及び関係の維持、再生及び発展又は劣化及び枯渇に寄与する。これらの依存関係及びインパクトは、短期、中期及び長期にわたり、企業のキャッシュ・フロー、当該企業のファイナンスへのアクセス及び資本コストに影響を与える（affect）と合理的に見込み得るサステナビリティ関連のリスク及び機会を生じさせる場合がある。

B3　例えば、企業のビジネス・モデルが（水のような）天然資源に依存している場合、企業は当該資源の質、利用可能性及び購入可能性に影響を与える（affect）と同時に影響を受ける（affected）可能性がある。具体的には、その資源の劣化又は枯渇（企業自身の活動及びその他の要因から生じるものを含む。）は、企業の事業に混乱をもたらすリスクを生み出し、企業のビジネス・モデル又は戦略に影響を与える（affect）可能性があり、また、究極的には企業の財務業績及び財政状態にネガティブな影響を与える（affect）可能性がある。対照的に、その資源の再生及び維持（企業自身の活動及びその他の要因から生じるものを含む。）は、企業にポジティブな影響を与える（affect）可能性がある。同様に、企業が、競争が非常に激しい市場で事業を営んでおり、その戦略上の目的を達成するために高度に専門的な労働力（workforce）を必要とする場合、企業の将来の成功は、その資源を惹きつけて維持する企業の能力（ability）に依存する可能性が高い。同時に、その能力（ability）は、企業が従業員の研修及び福利に投資しているかどうかなどの企業の雇用慣行並びに従業員の満足度、対話及び定着率のレベルに部分的に依存する。これらの例は、企業が他者のために生み出し、維持し、又は毀損する価値と、企業が成功し目標（goals）を達成する企業自身の能力（ability）との間の密接な関係を示している。

B4　企業がその活動及びアウトプットによって依存し、また影響を与える（affects）資源及び関係は、自然なもの、製造されたもの、知的なもの、人的なもの、社会的なもの又は財務的なものなど、さまざまな形をとり得る。これらは、企業の労働力（workforce）、ノウハウ又は組織プロ

© IFRS Foundation

25

セスなど、内部的なものであることもあれば、企業がアクセスする必要がある材料及びサービス、又はサプライヤー、流通業者及び顧客との関係など、外部的なものであることもある。さらに、資源及び関係には、企業の財務諸表において資産として認識される資源及び関係が含まれるが、これらに限定されない。

B5　企業の依存関係及びインパクトは、当該企業が直接関与する資源や、当該企業の直接的な関係に限定されない。それらの依存関係及びインパクトは、バリュー・チェーンを通じての当該企業の資源及び関係にも関連する。例えば、企業の供給チャネル及び流通チャネル、企業の製品の消費及び廃棄の影響（effects）並びに関連会社及び共同支配企業への投資を含む企業の資金源及び投資に関連する可能性がある。企業のバリュー・チェーンを通じてのビジネス・パートナーがサステナビリティ関連のリスク及び機会に直面した場合、企業自身も関連する結果（consequences）にさらされる可能性がある。

サステナビリティ関連のリスク及び機会の識別

B6　企業は、次のことを行うために、報告日時点で企業が過大なコストや労力をかけずに利用可能な、すべての合理的で裏付け可能な情報を用いなければならない（B8項からB10項参照）。

(a)　企業の見通しに影響を与える（affect）と合理的に見込み得るサステナビリティ関連のリスク及び機会の識別

(b)　サステナビリティ関連のリスク及び機会のそれぞれに関連して、その幅広さ及び構成を含むバリュー・チェーンの範囲の決定

B7　企業の見通しに影響を与える（affect）と合理的に見込み得るサステナビリティ関連のリスク及び機会を識別するにあたり、企業は第54項から第55項のガイダンスの情報源に関する要求事項を適用しなければならない。

合理的で裏付け可能な情報

B8　サステナビリティ関連財務開示を作成するにあたり企業が用いる合理的で裏付け可能な情報は、外部環境の一般的な状況のみならず、当該企業に固有の要因も対象としなければならない。企業の見通しに影響を与える（affect）と合理的に見込み得るサステナビリティ関連のリスク及び機会を識別する場合など、場合によっては、合理的で裏付け可能な情報には、過去の事象、現在の状況及び将来の状況の予想（forecasts）に関する情報が含まれる。他の「IFRSサステナビリティ開示基準」は、具体的な場合において何が合理的で裏付け可能な情報であるかを特定する場合がある。

B9　企業は、内部的なものも外部的なものもある、さまざまなデータ・ソースを用いる場合がある。考えられるデータ・ソースには、企業のリスク管理プロセス、産業及び同業者グループの経験並びに外部の格付け、レポート及び統計情報が含まれる。企業が財務諸表の作成、ビジネス・モデルの運用、戦略の策定並びに企業のリスク及び機会の管理に用いる情報は、過大なコストや労力をかけずに利用可能であるとみなされる。

B10　企業は、企業の見通しに影響を与える（affect）と合理的に見込み得るサステナビリティ関連のリスク及び機会を識別するために、情報の網羅的な探索を行う必要はない。何が過大なコストや労力を構成するかの評価は企業の固有の状況によって異なり、企業のコスト及び労力並びに結果

_26_

© IFRS Foundation

IFRS S1号「サステナビリティ関連財務情報の開示に関する全般的要求事項」

として得られる情報の主要な利用者にとっての便益をバランスよく考慮することが要求される。状況の変化に応じて、その評価は時間の経過とともに変わることがある。

バリュー・チェーンを通じてのサステナビリティ関連のリスク及び機会の範囲の再評価

B11　重大な（significant）事象が発生した場合、又は状況に重大な（significant）変化が発生した場合、企業はバリュー・チェーンを通じて、影響を受ける（affected）すべてのサステナビリティ関連のリスク及び機会の範囲を再評価しなければならない。重大な（significant）事象又は状況の重大な（significant）変化は、企業がその事象若しくは状況の変化に関与していなくても発生することがあり、又は企業が一般目的財務報告書の利用者にとって重要である（important）と評価する内容の変化の結果（result）として発生することがある。例えば、そのような重大な（significant）事象又は状況の重大な（significant）変化には、次のものが含まれる場合がある。

(a)　企業のバリュー・チェーンにおける重大な（significant）変化（例えば、企業のバリュー・チェーンにおけるサプライヤーが、サプライヤーの温室効果ガス排出を著しく（significantly）変える（alters）ような変更を行うこと）

(b)　企業のビジネス・モデル、活動又は企業構造の重大な（significant）変化（例えば、企業のバリュー・チェーンを拡張する合併又は買収）

(c)　サステナビリティ関連のリスク及び機会への企業のエクスポージャーの重大な（significant）変化（例えば、企業のバリュー・チェーンにおけるサプライヤーが、企業が予想していなかった（not anticipated）新たな規制の導入の影響を受ける（affected）こと）

B12　企業は、バリュー・チェーンを通じてのサステナビリティ関連のリスク又は機会の範囲を、B11項で要求されているよりも頻繁に再評価することが容認されるが、要求されない。

重要性（materiality）（第17項から第19項）

B13　第17項は、企業の見通しに影響を与える（affect）と合理的に見込み得るサステナビリティ関連のリスク及び機会に関して重要性がある（material）情報を開示することを企業に要求している。情報の重要性（materiality）は、その情報を省略したり、誤表示したり、不明瞭にしたりしたときに、特定の報告企業に関する情報を提供する一般目的財務報告書の主要な利用者の意思決定に影響を与える（influence）と合理的に見込み得るかどうかに関連して判断される。

B14　主要な利用者の意思決定は企業への資源の提供に関連しており、次のいずれかに関する意思決定を伴う。

(a)　資本性金融商品及び負債性金融商品の購入、売却又は継続保有

(b)　貸付金及び他の形態による信用の供与又は決済

(c)　企業の経済的資源の利用に影響を与える（affect）当該企業の経営者の行動に対して投票を行うか又は他の方法で影響を与える（influence）権利の行使

B15　B14項に記載されている意思決定は、主要な利用者が期待するリターン、例えば、配当、元本及

© IFRS Foundation

び利息の支払又は市場価格の上昇に依存する。それらの期待は、企業への将来の正味キャッシュ・フローの金額、時期及び不確実性に関する主要な利用者の評価、並びに企業の経営者及びガバナンス機関又は個人による企業の経済的資源に係る受託責任に関する主要な利用者の評価に依存する。

B16　情報が主要な利用者の意思決定に影響を与える（influence）と合理的に見込み得るかどうかを評価するにあたり、それらの利用者の特性及び企業自身の状況を考慮することが要求される。

B17　サステナビリティ関連財務開示は、事業及び経済活動についての合理的な知識を有し、情報を勤勉さをもってレビューし分析する主要な利用者のために作成される。時には、十分な情報を持った勤勉な利用者であっても、サステナビリティ関連財務情報を理解するために助言者の支援を求める必要がある場合もある。

B18　個々の主要な利用者は、情報へのニーズや要求が異なっており、時にはそれらが相反する場合もある。主要な利用者の情報ニーズは、時間の経過とともに進展する場合もある。サステナビリティ関連財務開示は、主要な利用者の共通の情報ニーズを満たすことを意図している。

重要性がある（material）情報の識別

B19　重要性（materiality）の判断は企業に固有のものである。したがって、本基準では、重要性（materiality）についての量的閾値を特定することや、特定の状況において何が重要性がある（material）ものとなり得るかを前もって決定することはしていない。

B20　サステナビリティ関連のリスク又は機会に関する重要性がある（material）情報を識別するために、企業は、出発点として、そのサステナビリティ関連のリスク又は機会に具体的に適用される「IFRSサステナビリティ開示基準」の要求事項を適用しなければならない。サステナビリティ関連のリスク又は機会に具体的に適用される「IFRSサステナビリティ開示基準」が存在しない場合、企業は、第57項から第58項に定めるガイダンスの情報源に関する要求事項を適用しなければならない。これらの情報源は、特定のサステナビリティ関連のリスク又は機会、特定の産業、又は特定の状況において、関連性がある場合がある情報（指標を含む。）を特定している。

B21　企業は、B20項を適用して識別された情報が、個別に又は他の情報と組み合わせて、企業のサステナビリティ関連財務開示全体の文脈において重要性がある（material）かどうかを評価しなければならない。情報に重要性がある（material）かどうかを評価するにあたり、企業は、定量的要因及び定性的要因の両方を考慮しなければならない。例えば、企業は、当該企業に対するサステナビリティ関連のリスク又は機会の影響（effect）の規模及び性質を考慮する場合がある。

B22　場合によっては、「IFRSサステナビリティ開示基準」は、結果（outcomes）が不確実な、将来起こり得る事象に関する情報開示を要求する。そのような将来起こり得る事象に関する情報に重要性がある（material）かどうかを判断するにあたり、企業は、次の事項を考慮しなければならない。

(a) 短期、中期及び長期にわたり、企業の将来キャッシュ・フローの金額、時期及び不確実性に与える、その事象の潜在的な影響（effects）（「考えられる結果（outcome）」という。）

(b) 考えられる結果（outcome）の範囲及びその範囲内での考えられる結果（outcomes）の発生可能性

IFRS S1号「サステナビリティ関連財務情報の開示に関する全般的要求事項」

B23　考えられる結果（outcomes）を考慮するにあたり、企業は、すべての関連する事実及び状況を考慮しなければならない。将来起こり得る事象に関する情報は、潜在的な影響（effects）が重大であり（significant）、その事象が発生する可能性が高い場合、重要性がある（material）と判断される可能性がより高くなる。ただし、企業は、発生可能性は低いもののインパクトの大きい結果（outcomes）に関する情報が、個別に、又は、他の発生可能性は低いもののインパクトの大きい結果（outcomes）に関する情報と組み合わせて、重要性がある（material）場合があるかどうかも考慮しなければならない。例えば、企業は複数のサステナビリティ関連のリスクにさらされている場合があるが、それらのリスクは、それぞれ同じ種類の混乱（例えば、企業のサプライ・チェーンの混乱）を引き起こす可能性がある。個々のリスクの源泉に関する情報は、そのリスクの源泉により混乱が発生する可能性が非常に低い場合、重要性がない（not material）場合がある。しかし、集約されたリスク（すべての源泉からのサプライ・チェーンの混乱のリスク）に関する情報は、重要性がある（material）場合がある。

B24　将来起こり得る事象が企業のキャッシュ・フローに影響を与える（affect）ことが見込まれるものの、それが何年も先のことである場合、通常、その事象に関する情報は、より早く発生すると見込まれる、同様の影響（effects）を伴う将来起こり得る事象に関する情報よりも、重要性がある（material）と判断される可能性は低い。ただし、状況によっては、将来の事象の潜在的な影響（effects）の規模又はその事象の発生時期に関係なく、情報項目が主要な利用者の意思決定に影響を与える（influence）と合理的に見込み得ることがある。例えば、特定のサステナビリティ関連のリスク又は機会に関する情報が、企業の一般目的財務報告書の主要な利用者によって厳しく精査されている場合、これが発生する場合がある。

B25　企業は、情報に重要性がない（not material）場合、「IFRSサステナビリティ開示基準」で要求される情報であっても、これを開示する必要はない。このことは、「IFRSサステナビリティ開示基準」が特定の要求事項のリスト又は最低限の要求事項を定めている場合であっても該当する。

B26　「IFRSサステナビリティ開示基準」において具体的に適用される要求事項に準拠するだけでは、一般目的財務報告書の利用者が、短期、中期及び長期にわたる企業のキャッシュ・フロー、当該企業のファイナンスへのアクセス及び資本コストにサステナビリティ関連のリスク及び機会が与える影響（effects）を理解できるようにするうえで不十分である場合には、企業は、追加的な情報を開示しなければならない。

B27　企業は、サステナビリティ関連財務開示を明瞭に識別し、企業が提供する他の情報と区別しなければならない（第62項参照）。企業は重要性がある（material）情報を不明瞭にしてはならない。情報を省略したり誤表示したりするのと同様の影響（effect）を主要な利用者に与えるような方法で情報が伝達される場合、その情報は不明瞭になる。重要性がある（material）情報が不明瞭となる場合がある状況の例には、次のようなものが含まれる。

(a)　重要性がある（material）情報が、重要性がない（not material）追加的な情報と明瞭に区別されていない。

(b)　重要性がある（material）情報がサステナビリティ関連財務開示において開示されているが、使用されている言葉遣いがあいまい又は不明確である。

(c)　サステナビリティ関連のリスク又は機会に関する重要性がある（material）情報が、サステナビリティ関連財務開示全体に散らばっている。

© IFRS Foundation

29

(d) 類似していない情報項目が、不適切に集約されている。

(e) 類似した情報項目が、不適切に分解されている。

(f) どの情報に重要性がある（material）のかを主要な利用者が判断できないほどに、重要性がある（material）情報が重要性がない（immaterial）情報によって隠されている結果（result）として、サステナビリティ関連財務開示の理解可能性が低下している。

B28 企業は状況及び仮定の変化を考慮し、各報告日時点で重要性（materiality）の判断を再評価しなければならない。企業の個別の状況又は外部環境の変化により、過去の期間の企業のサステナビリティ関連財務開示に含まれていた一部の種類の情報が、もはや重要性がない（no longer material）場合がある。逆に、過去に開示されていなかった一部の種類の情報に重要性がある（material）ようになる場合がある。

集約及び分解

B29 企業が「IFRSサステナビリティ開示基準」を適用するにあたり、企業は、すべての事実及び状況を考慮し、サステナビリティ関連財務開示において情報をどのように集約及び分解するかを決定しなければならない。企業は、重要性がある（material）情報を重要性がない（immaterial）情報で不明瞭にしたり、類似していない重要性がある（material）情報項目を集約したりすることによって、サステナビリティ関連財務開示の理解可能性を低下させてはならない。

B30 企業は、情報を集約することにより重要性がある（material）情報が不明瞭になる場合は、情報を集約してはならない。情報は、情報項目が共有する特性を有している場合は集約しなければならず、共有する特性を有していない場合は集約してはならない。企業は、サステナビリティ関連のリスク及び機会に関する情報を、例えば、地理的な場所によって、又は地政学的な環境を考慮して、分解する必要がある場合がある。例えば、重要性がある（material）情報が不明瞭にならないことを確実にするために、企業は水の使用に関する情報を分解し、豊富な源泉から取水される水と水ストレス下にある地域から取水される水とを区別する必要がある場合がある。

法令との相互作用

B31 法令が、企業に対し、一般目的財務報告書においてサステナビリティ関連情報を開示するよう要求事項を定める場合がある。そのような状況において、企業は情報に重要性がない（not material）場合であっても、法令の要求事項を満たすために、その情報をサステナビリティ関連財務開示に含めることが容認される。しかしながら、そのような情報は、重要性がある（material）情報を不明瞭にしてはならない。

B32 企業は、法令によって企業がそのような情報を開示しないことが容認される場合であっても、重要性がある（material）サステナビリティ関連財務情報を開示しなければならない。

B33 「IFRSサステナビリティ開示基準」で要求される情報が、法令によって企業が当該情報を開示することが禁止されている場合、企業は、これを開示する必要はない。その理由で重要性がある（material）情報を省略する場合、企業は、開示しない情報の種類を識別し、その制約の源泉を説明しなければならない。

© IFRS Foundation

IFRS S1号「サステナビリティ関連財務情報の開示に関する全般的要求事項」

商業上の機密情報

B34 企業が、B35項で記述されている限定的な状況において、サステナビリティ関連の機会についての情報が商業上の機密であると判断した場合、企業は、その情報を企業のサステナビリティ関連財務開示から省略することが容認される。そのような省略は、情報が「IFRSサステナビリティ開示基準」によって要求され、当該情報に重要性がある（material）場合であっても容認される。

B35 次の要件を満たす場合、かつ、その場合に限り、企業はB34項で定められている免除が適用される。

(a) サステナビリティ関連の機会についての情報が、既に一般に利用可能となっているものではない。

(b) その情報を開示することにより、企業が当該機会を追求することで実現できる経済的便益を著しく毀損すると合理的に見込み得る。

(c) 企業が当該機会を追求することで実現できる経済的便益を著しく毀損することなく、企業が開示要求の目的を達成することができるように（例えば、集約されたレベルで）その情報を開示することが不可能であると企業が判断している。

B36 企業がB34項で定める免除を用いることを選択した場合、企業は、省略した情報項目のそれぞれについて、次のことを行わなければならない。

(a) 企業が当該免除を用いている旨を開示する。

(b) 各報告日時点で、当該情報について免除が適用されるかどうかを再評価する。

B37 企業は、サステナビリティ関連のリスクに関連して、又は幅広くサステナビリティ関連財務情報の開示を省略する根拠として、B34項で定める免除を用いることが禁止される。

報告企業（第20項）

B38 第20項は、サステナビリティ関連財務開示は、関連する財務諸表と同じ報告企業に関するものでなければならないことを要求している。例えば、「IFRS会計基準」に従って作成された連結財務諸表は、親会社及びその子会社についての情報を単一の報告企業として提供する。したがって、その企業のサステナビリティ関連財務開示は、一般目的財務報告書の利用者が、親会社及びその子会社の短期、中期及び長期にわたるキャッシュ・フロー、ファイナンスへのアクセス及び資本コストにサステナビリティ関連のリスク及び機会が与える影響（effects）を理解できるようにするものでなければならない。

つながりのある情報（第21項から第24項）

B39 第21項は、その情報が関連する項目の間のつながり及び企業が一般目的財務報告書で提供する開示の間のつながりの両方を一般目的財務報告書の利用者が理解できるようにする情報を企業が提供することを要求している。

B40 つながりのある情報は、その情報が関連する項目の間のつながりに関する洞察を提供する。例えば、次が挙げられる。

© IFRS Foundation

31

(a) 企業が特定のサステナビリティ関連の機会を追求し、その結果、企業の売上高が増加した場合、つながりのある情報は、企業の戦略と財務業績との間の関係を描写する。

(b) 企業が、企業自身がさらされている2つのサステナビリティ関連のリスクの間にトレードオフを識別し、当該トレードオフの評価を基礎として行動を取った場合、つながりのある情報は、それらのリスクと企業の戦略との間の関係を描写する。

(c) 企業が特定のサステナビリティ関連の目標（target）を約束しているが、適用される認識規準を満たしていないため、当該約束がまだ企業の財政状態又は財務業績に影響を与えていない（not yet affected）場合、つながりのある情報はその関係を描写する。

B41 つながりのある情報は、次のものを含む。

(a) 特定のサステナビリティ関連のリスク又は機会についてのさまざまな種類の情報の間のつながり。例えば、次のものがある。

(i) ガバナンス、戦略及びリスク管理についての開示の間のつながり

(ii) 記述的な情報と定量的な情報との間のつながり（関連する指標及び目標（targets）並びに関連する財務諸表に含まれる情報を含む。）

(b) さまざまなサステナビリティ関連のリスク及び機会についての開示の間のつながり。例えば、企業がサステナビリティ関連のリスク及び機会の監督を統合している場合、当該企業は、それぞれのサステナビリティ関連のリスク及び機会について、ガバナンスの開示を個別に提供するのではなく、ガバナンスの開示を統合しなければならない。

B42 開示の間のつながりの描写は、必要な説明及び相互参照を提供すること並びに一貫性があるデータ、仮定及び測定単位を用いることを伴うが、これらに限定されない。つながりのある情報を提供するにあたり、企業は、次のことを行わなければならない。

(a) 開示の間のつながりを明瞭かつ簡潔に説明する。

(b) 「IFRSサステナビリティ開示基準」が、共通の情報項目の開示を要求する場合、不必要な重複を避ける。

(c) 企業がサステナビリティ関連財務開示を作成するにあたり用いたデータ及び仮定と、関連する財務諸表を作成するにあたり用いたデータ及び仮定との間の重大な（significant）差異についての情報を開示する。

B43 例えば、つながりのある情報を提供するにあたり、企業は、企業の戦略が財務諸表及び財務計画に与えている影響（effect）又は可能性のある影響（effect）について説明する必要がある場合があったり、企業の戦略が目標（targets）に向けた進捗を測定するために企業が用いる指標とどのように関連しているかについて説明したりする必要がある場合がある。別の企業は、天然資源の使用又は企業のサプライ・チェーン内の変化によって、企業のサステナビリティ関連のリスク及び機会がどのように増幅され得るか又は、逆に、縮小され得るかを説明する必要がある場合がある。企業は、天然資源の使用又はサプライ・チェーン内の変化についての情報を、企業の製造コストへの現在の又は予想される（anticipated）財務的影響（effects）、それらのリスクを緩和するための企業の戦略的な対応並びに新たな資産への関連投資についての情報とつなげる必要がある場合がある。企業は、記述的な情報を、関連する指標及び目標（targets）とつなげ、また、

関連する財務諸表における情報とつなげる必要がある場合がある。

B44 つながりのある情報のその他の例は、次のものを含む。

(a) 企業のサステナビリティ関連のリスク及び機会並びに企業の戦略が、短期、中期及び長期にわたり企業の財政状態、財務業績及びキャッシュ・フローに与える複合的な影響（effects）についての説明。例えば、企業は、低炭素の代替品を選好する消費者により、企業の製品の需要の減少に直面する場合がある。企業は、主要な工場の閉鎖などの企業の戦略的な対応が労働力（workforce）及び地域コミュニティにどのような影響を与える（affect）可能性があるかについて説明する必要がある場合があり、また、そのような閉鎖が資産の耐用年数及び減損の評価に与える影響（effect）について説明する必要がある場合がある。

(b) サステナビリティ関連のリスク及び機会に対応する戦略を策定するにあたり、企業が評価した代替案の記述（企業が考慮したそれらのリスク及び機会の間のトレードオフについての記述を含む（第33項(c)参照）。）。例えば、サステナビリティ関連のリスクに対応するための事業再編に関する意思決定について、企業の労働力（workforce）の将来の規模及び構成への潜在的な影響（effects）について説明する必要がある場合がある。

相互参照により含まれる情報（第63項）

B45 「IFRSサステナビリティ開示基準」で要求される情報は、企業が公表した他の報告書において利用可能である場合がある。例えば、要求される情報が、関連する財務諸表において開示されている可能性がある。重要性がある（material）情報は、次のことを満たすことを条件として、相互参照により企業のサステナビリティ関連財務開示に含めることができる。

(a) 相互参照される情報が、サステナビリティ関連財務開示と同じ条件で同時に利用可能である。

(b) 完全な1組のサステナビリティ関連財務開示が、相互参照により情報を含めることによって理解が難しくならない。

B46 相互参照により含まれる情報は、完全な1組のサステナビリティ関連財務開示の一部となり、「IFRSサステナビリティ開示基準」の要求事項に準拠しなければならない。例えば、当該情報は、関連性があり、忠実な表現であり、比較可能で、検証可能で、適時で、理解可能であることが必要である。一般目的財務報告書を承認する機関又は個人は、相互参照により含められる情報について、直接含められる情報と同じ責任を負う。

B47 「IFRSサステナビリティ開示基準」で要求される情報が、相互参照により含められる場合、次のことを行わなければならない。

(a) サステナビリティ関連財務開示において、当該情報が所在している報告書を明瞭に識別し、当該報告書へのアクセス方法を説明しなければならない。

(b) 相互参照は、当該報告書の正確に（precisely）特定された部分に対して行われなければならない。

期中報告（第69項）

B48 適時性とコストを考慮する観点から、また、既に報告済みの情報との繰り返しを避けるため、企業は期中報告日において、年次のサステナビリティ関連財務開示で提供される情報と比較して少ない情報を提供することが求められたり、そうすることを選択したりする場合がある。期中のサステナビリティ関連財務開示は、直近の完全な1組のサステナビリティ関連財務情報に関する年次開示の更新を提供することを意図している。これらの開示は、新たな情報、事象及び状況に焦点を当てており、既に報告した情報を繰り返さない。期中のサステナビリティ関連財務開示で提供される情報は、年次のサステナビリティ関連財務開示と比較して要約されている場合があるが、企業が一般目的期中財務報告書の一部として本基準に特定されているような完全な1組のサステナビリティ関連財務開示を公表することが禁止されたり、これが妨げられたりすることはない。

比較情報（第52項、第70項及び第83項から第86項）

B49 第70項は、企業に対して、報告期間に開示されるすべての数値について、前期に係る比較情報を開示することを要求している。

指　標

B50 場合によっては、指標について開示された数値は見積りである。B51項で定める場合を除き、企業は、前期に開示された見積られた数値に関連する新たな情報を識別し、当該情報がその期間に存在していた状況に関する証拠を提供する場合、次のことを行わなければならない。

(a) 新たな情報を反映して更新された比較対象の数値を開示する。

(b) 前期に開示された数値と更新された比較対象の数値との差異を開示する。

(c) 比較対象の数値を更新した理由を説明する。

B51 企業は、B50項の要求事項を適用するにあたり、次の場合には、更新された比較対象の数値を開示する必要はない。

(a) そうすることが実務上不可能である場合（B54項参照）

(b) 指標が将来予測的なものである場合。将来予測的な指標は、将来起こり得る取引、事象及び他の状況に関連するものである。企業は、そうすることが事後的判断の使用を伴わない場合には、将来予測的な指標に関する比較対象の数値を更新することが容認される。

B52 企業が報告期間において指標を再定義するかこれを置き換える場合、企業は、次のことを行わなければならない。

(a) 実務上不可能でない限り、更新された比較対象の数値を開示する。

(b) 変更の内容を説明する。

(c) 変更の理由（再定義されたか、又は置き換えられた指標がより有用な情報を提供する理由を含む。）を説明する。

B53 企業は、報告期間において新たな指標を導入する場合、そうすることが実務上不可能でない限

IFRS S1号「サステナビリティ関連財務情報の開示に関する全般的要求事項」

り、当該指標に関する比較対象の数値を開示しなければならない。

B54 報告期間との比較可能性を達成するために比較対象の数値を更新することが、実務上不可能である場合がある。例えば、指標に関する新たな定義の遡及適用を可能とする方法で前期においてデータが収集されておらず、データを再構築することが実務上不可能である場合がある。前期の比較対象の数値を更新することが実務上不可能である場合、企業は、その旨を開示しなければならない。

誤　謬

B55 第83項は、企業に対し、重要性がある（material）過去の期間の誤謬を訂正することを要求している。

B56 このような誤謬には、計算上の誤り、指標又は目標（targets）の定義の適用の誤り、事実の見落し又は解釈の誤り及び不正行為の影響（effects）が含まれる。

B57 当報告期間に発見されたその期間における潜在的な誤謬は、サステナビリティ関連財務開示の公表が承認されるまでに訂正される。しかし、重要性がある（material）誤謬の中には、後の期間まで発見されないものもある。

B58 企業は、企業の過去の期間のサステナビリティ関連財務開示に重要性がある（material）誤謬を識別した場合、次の事項を開示しなければならない。

(a) 過去の期間の誤謬の性質

(b) 開示されている過去の各期間について、実務上可能な範囲で訂正した内容

(c) 誤謬の訂正が実務上不可能である場合、その状態が存在するに至った状況及び誤謬がどのように、また、いつから訂正されているかの説明

B59 表示されている過去のすべての期間について誤謬の影響（effect）を判断することが実務上不可能である場合には、企業は、実務上可能な最も古い日付から誤謬を訂正して比較情報を修正再表示しなければならない。

© IFRS Foundation

_35_

付録C

ガイダンスの情報源

この付録は、IFRS S1号の不可欠な一部であり、本基準書の他の部分と同じ権威を有する。

C1 本基準は、サステナビリティ関連のリスク又は機会に具体的に適用される「IFRSサステナビリティ開示基準」が存在しない場合、企業は、次のような情報を識別するために判断を適用しなければならないと要求している（第57項参照）。

(a) 一般目的財務報告書の利用者の意思決定に関連性がある。

(b) そのサステナビリティ関連のリスク又は機会を忠実に表現する。

C2 その判断を行うにあたり、これらの情報源が、本基準の目的（第1項から第4項参照）を達成するにあたり企業を支援する範囲で、また、「IFRSサステナビリティ開示基準」と矛盾しない範囲で、企業は次のものを参照し、適用可能性を考慮することができる。

(a) 「グローバル・レポーティング・イニシアティブ・スタンダード」

(b) 「欧州サステナビリティ報告基準」

C3 C2項に定めるガイダンスの情報源を適用するにあたり、企業は「IFRSサステナビリティ開示基準」で要求されている重要性がある（material）情報を不明瞭にしてはならない（B27項参照）。企業が「IFRSサステナビリティ開示基準」の要求事項を適用することなく、C2項に定めるガイダンスの情報源を適用する場合、企業は「IFRSサステナビリティ開示基準」の準拠に関する明示的かつ無限定の表明を行ってはならない。

IFRS S1号「サステナビリティ関連財務情報の開示に関する全般的要求事項」

付録D

有用なサステナビリティ関連財務情報の質的特性

この付録は、IFRS S1号の不可欠な一部であり、本基準書の他の部分と同じ権威を有する。

はじめに

D1 「財務報告に関する概念フレームワーク」(「概念フレームワーク」) は、「国際会計基準審議会 (IASB)」により公表された。「概念フレームワーク」は、一般目的財務報告書の目的及び一般目的財務報告書に適用される概念を記述している。「概念フレームワーク」の目的の1つは、一貫性がある概念に基づく財務諸表の作成のための「IFRS会計基準」をIASBが開発することを支援することにある。

D2 サステナビリティ関連財務開示は、一般目的財務報告書の一部である。したがって、「概念フレームワーク」における質的特性は、サステナビリティ関連財務情報に適用される。しかしながら、本基準の目的(第1項から第4項参照)を達成するために要求される情報の一部の性質は、一部の点で財務諸表において提供される情報とは異なる。

D3 サステナビリティ関連財務情報は、関連性があり、それが表現しようとする対象を忠実に表現する場合に有用である。関連性及び忠実な表現は、有用なサステナビリティ関連財務情報の基本的な質的特性である。サステナビリティ関連財務情報の有用性は、その情報が比較可能で、検証可能で、適時で、理解可能であれば、補強される。比較可能性、検証可能性、適時性及び理解可能性は、有用なサステナビリティ関連財務情報の補強的な特性である。

有用なサステナビリティ関連財務情報の基本的な質的特性

関連性

D4 関連性があるサステナビリティ関連財務情報は、主要な利用者が行う意思決定に相違を生じさせることができる。情報は、一部の利用者がその情報を利用しないことを選択する場合や、既に他の情報源から知っている場合であっても、意思決定に相違を生じさせることができる場合がある。サステナビリティ関連財務情報は、予測価値、確認価値(又はその両方)を有する場合に、利用者の意思決定に相違を生じさせることができる。

D5 サステナビリティ関連財務情報は、主要な利用者が将来の結果(outcomes)を予測するために用いるプロセスへのインプットとして使用できる場合に、予測価値を有する。サステナビリティ関連財務情報が予測価値を有するためには、予測又は予想(forecast)である必要はない。予測価値のあるサステナビリティ関連財務情報は、主要な利用者が自らの予測を行うにあたり使用される。例えば、水質情報(汚染されている水に関する情報を含むことがある。)は、地域の水質に関する要求事項を満たすための企業の能力(ability)に関して利用者が行う予想(expectations)に情報をもたらす可能性がある。

D6 サステナビリティ関連財務情報は、過去の評価に関するフィードバックを提供する(確認するか又は変更する)場合には、確認価値を有する。

© IFRS Foundation

37

D7 サステナビリティ関連財務情報の予測価値及び確認価値は、相互に関連している。予測価値を有する情報は、確認価値も有することが多い。例えば、当年度の温室効果ガス排出に関する情報は、将来の年度の温室効果ガス排出を予測するための基礎として利用できるが、過去の年度に行った当年度についての温室効果ガス排出に関する予測と比較することもできる。そうした比較の結果（results）は、それらの過去の予測に使用されたプロセスを利用者が修正し改善することに役立つ可能性がある。

重要性（materiality）

D8 情報は、それを省略したり、誤表示したり、不明瞭にしたりしたときに、特定の報告企業に関する情報を提供する当該報告書に基づいて一般目的財務報告書の主要な利用者が行う意思決定に影響を与える（influence）と合理的に見込み得る場合には、重要性がある（material）。言い換えれば、重要性（materiality）は関連性の企業固有の一側面である。情報の重要性（materiality）は、企業のサステナビリティ関連財務開示の文脈において評価され、その情報が関連する項目の性質若しくは規模（又はその両方）に基づくものである。

忠実な表現

D9 サステナビリティ関連財務情報は、現象を言葉と数字で表現するものである。有用であるためには、情報は関連性がある現象を表現するだけでなく、表現しようとしている現象の実質を忠実に表現しなければならない。

D10 忠実な表現であるためには、描写は完全で、中立的で、正確なものとなる。一般目的財務報告書の目的は、これらの特性を可能な限り、最大化することにある。

D11 サステナビリティ関連のリスク又は機会の完全な描写には、主要な利用者が当該リスク又は機会を理解するうえで必要なすべての重要性がある（material）情報が含まれる。

D12 サステナビリティ関連財務情報は中立的でなければならない。中立的な描写は、情報の選択又は開示に偏りがない。情報は、当該情報が主要な利用者に有利又は不利に受け取られる蓋然性を増大させるように、歪曲、重視、強調、抑制又はその他の操作が行われていなければ中立的である。中立的な情報は、目的がない情報でも、行動に影響（influence）を与えない情報でもない。その反対に、関連性がある情報は、その定義により、利用者の意思決定に相違を生じさせることができる。

D13 サステナビリティ関連財務情報の一部（例えば、目標（targets）又は計画）は野心的である。このような事項に関する中立的な議論は、野心と、これらの野心を企業が達成することを妨げ得る要因の両方を扱う。

D14 中立性は、慎重性の行使によって支えられる。慎重性とは、不確実性がある状況下で判断を行うにあたり警戒心を働かせることをいう。慎重性を行使することは、機会が過大評価されず、リスクが過小評価されないことを意味する。同様に、慎重性の行使は、機会の過小評価又はリスクの過大評価を認めない。

D15 サステナビリティ関連財務情報は正確でなければならない。情報は、すべての点で完璧に精密で（precise）なくても正確であることがある。必要で達成可能な精密性（precision）、及び情報を正確なものとする要因は、情報の性質及び情報が関連する事項の性質に依存する。例えば、正確

IFRS S1号「サステナビリティ関連財務情報の開示に関する全般的要求事項」

性は次のことを要求する。

(a) 事実に関する情報に、重要性がある（material）誤謬がない。

(b) 記述が精密である（precise）。

(c) 見積り、概算及び予想（forecasts）が、そのようなものとして明確に識別されている。

(d) 見積り、概算又は予想（forecast）を行うための適切なプロセスを選択し適用するにあたり、重要性がある（material）誤謬が生じていない。

(e) 見積りを行うために用いられたアサーション及びインプットが合理的で、質的及び量的に十分な情報に基づいている。

(f) 将来についての判断に関する情報が、当該判断及び当該判断が基づいている情報の両方を忠実に反映している。

有用なサステナビリティ関連財務情報の補強的な質的特性

D16 サステナビリティ関連財務情報の有用性は、比較可能で、検証可能で、適時で、理解可能である場合に補強される。

比較可能性

D17 一般目的財務報告書の主要な利用者の意思決定は、代替案の間の選択を伴う。例えば、投資を売却するか継続保有するか、又は、ある報告企業に投資するか別の企業に投資するかである。比較可能性は、項目間の類似点と相違点を利用者が識別し理解できるようにする特性である。他の質的特性とは異なり、比較可能性は単一の項目に関連するものではない。比較には少なくとも2つの項目が必要となる。情報は、比較可能でもある場合、すなわち、次のものと比較できる場合には、利用者にとってより有用である。

(a) 過去の期間に企業が提供した情報

(b) 他の企業、特に類似した活動を行っている企業又は同じ産業で事業を営んでいる企業が提供した情報

D18 サステナビリティ関連財務開示は、比較可能性を高める方法で提供しなければならない。

D19 一貫性は、比較可能性に関連しているが、これと同じではない。一貫性は、報告企業及び他の企業の両方が、複数の期間を通じて、同じサステナビリティ関連のリスク及び機会に関する開示を提供するにあたり、同じアプローチ又は方法を用いることをいう。比較可能性が目標（goal）であり、一貫性はその目標（goal）の達成に役立つものである。

D20 比較可能性は画一性ではない。情報が比較可能であるためには、同様のものは同様に見え、異なるものは異なるように見えなければならない。サステナビリティ関連財務情報の比較可能性は、同様のものを異なるように見せることで比較可能性が高められないのと同様に、同様でないものを同様のように見せることで高められるものではない。

© IFRS Foundation

39

検証可能性

D21 検証可能性は、情報が完全で、中立的で、正確であるという自信を利用者に与えるのに役立つ。情報は、その情報自体又はそれを導き出すために利用したインプットのいずれかを裏付けることが可能である場合に、検証可能である。検証可能な情報は、検証可能でない情報よりも主要な利用者にとって有用である。

D22 検証可能性は、知識を有する独立したさまざまな観察者が、必ずしも完全な一致ではないとしても、特定の描写が忠実な表現であるという合意に達することができることを意味する。定量化された情報が検証可能であるためには、単一の推定値である必要はない。考えられる数値の範囲とそれに関連する確率も検証可能である。

D23 サステナビリティ関連財務情報は、検証可能性を高める方法で提供しなければならない。検証可能性は、例えば、次のようにして高めることができる。

    (a) 企業の事業、他の事業、又は企業が事業を営む外部環境に関して、主要な利用者が利用可能な他の情報と比較することで裏付けられる情報を含める。

    (b) 見積値又は概算値を作成するために用いたインプット及び計算方法に関する情報を提供する。

    (c) 企業の取締役会、取締役により構成される委員会又は同等の機関がレビューし、合意した情報を提供する。

D24 サステナビリティ関連財務情報の一部は、説明又は将来予測的情報として表示される。そのような情報は、例えば、事実に基づいた戦略、計画及びリスク分析を忠実に表現することで裏付けることができる場合がある。主要な利用者がそのような情報を利用すべきかどうかを決定するのに役立てるため、企業は、当該情報の基礎となっている仮定及び情報の作成方法について、その情報が企業の実際の計画又は決定を反映している証拠を提供する他の要因とともに記述しなければならない。

適時性

D25 適時性とは、意思決定者の意思決定に影響を与える（influencing）ことができるように遅滞なく情報を利用可能にすることを意味する。一般的に、情報は古くなればなるほど、有用性は低くなる。しかし、情報によっては、報告期間の末日からかなり期間が経過しても引き続き適時性を有することがある。これは、例えば、利用者によっては、トレンドを識別し、評価する必要があることがあるためである。

理解可能性

D26 サステナビリティ関連財務情報は、明瞭かつ簡潔でなければならない。サステナビリティ関連財務開示が簡潔であるためには、次のことが必要となる。

    (a) 企業に固有ではない一般的な（generic）情報（「ボイラープレート」と呼ばれることがある。）を避ける。

    (b) 一般目的財務報告書における情報の重複（関連する財務諸表においても提供される情報との

IFRS S1号「サステナビリティ関連財務情報の開示に関する全般的要求事項」

不必要な重複を含む。）を避ける。

(c) 明瞭な言葉遣い、並びに、明瞭に構成された文及び段落を用いる。

D27 開示がとり得る最も明瞭な様式は、その情報の性質によって決まり、記述的な文言に加えて、表、グラフ又は図表を含む場合がある。グラフ又は図表を使用する場合、重要性がある（material）詳細が不明瞭にされることを避けるために、追加的な文言又は表が必要となる場合がある。

D28 明瞭性は、報告期間内における進展に関する情報を、複数の期間にわたって変化しない、又は変化がほとんどない「常態の」情報と区別することで、高められる場合がある。例えば、前報告期間以降に変更された企業のサステナビリティ関連のガバナンス及びリスク管理のプロセスの特徴を別個に記述するなどである。

D29 開示は、重要性がある（material）情報のみを含む場合に簡潔である。重要性がない（immaterial）情報が含まれる場合、重要性がある（material）情報を不明瞭にすることを避ける方法で提供しなければならない。

D30 サステナビリティ関連のリスク及び機会によっては、本質的に複雑で、理解しやすい方法で表示することが困難なことがあるものもある。企業は、そのような情報について、可能な限り明瞭に表示しなければならない。しかし、一般目的財務報告書をより理解しやすくするために、これらのリスク及び機会に関する複雑な情報を除外してはならない。そのような情報を除外すれば、そうした報告書は不完全になり、したがって、誤解を招く可能性がある。

D31 サステナビリティ関連財務情報の完全性、明瞭性及び比較可能性は、情報が一体的な全体として表示されることに依存している。サステナビリティ関連財務情報が一体的であるためには、そのような情報は、文脈及び関連する情報項目の間のつながりを説明する方法で表示しなければならない。

D32 企業の一般目的財務報告書のある部分に記載されたサステナビリティ関連のリスク及び機会が、他の部分において開示された情報と関係している場合、企業は利用者がそれらの関係を評価するうえで必要な情報を含めなければならない。

D33 また、一体性は、利用者が企業のサステナビリティ関連のリスク及び機会に関する情報を財務諸表における情報と関連付けることができるような方法で、情報を提供することを企業に要求する。

© IFRS Foundation

付録E

発効日及び経過措置

この付録は、IFRS S1号の不可欠な一部であり、本基準書の他の部分と同じ権威を有する。

発効日

E1 企業は、2024年1月1日以後に開始する年次報告期間より本基準を適用しなければならない。早期適用は認められる。企業が本基準を早期に適用する場合、その旨を開示し、IFRS S2号「気候関連開示」を同時に適用しなければならない。

E2 E3項からE6項を適用するにあたり、適用開始日は企業が最初に本基準を適用する年次報告期間の期首となる。

経過措置

E3 企業は、適用開始日より前のいかなる期間についても、本基準において定められた開示を提供することは要求されない。したがって、企業は、本基準を適用する最初の年次報告期間において、比較情報の開示は要求されない。

E4 企業が本基準を適用する最初の年次報告期間において、企業は、関連する財務諸表を公表した後に、サステナビリティ関連財務開示を報告することが容認される。この経過的な救済措置を適用するにあたり、企業はサステナビリティ関連財務開示を次のいずれかで報告しなければならない。

    (a) 企業に一般目的期中財務報告書の提供が要求されている場合、次の第2四半期又は半期の一般目的期中財務報告書と同時に報告する。

    (b) 企業が任意で一般目的期中財務報告書を提供する場合、次の第2四半期又は半期の一般目的中間財務報告書と同時に報告する。ただし、企業が最初に本基準を適用する年次報告期間の末日から9か月以内とする。

    (c) 企業に一般目的期中財務報告書の提供が要求されておらず、任意でこれを提供しない場合、企業が最初に本基準を適用する年次報告期間の末日から9か月以内に報告する。

E5 企業が本基準を適用する最初の年次報告期間において、企業は、(「IFRS S2号」に準拠して)気候関連のリスク及び機会のみについての情報を開示し、気候関連のリスク及び機会についての情報の開示に関連する限りにおいて、本基準の要求事項を適用することが容認される。企業がこの経過的な救済措置を用いる場合、その旨を開示しなければならない。

E6 企業がE5項の経過的な救済措置を用いる場合、次のことは要求されない。

    (a) 企業が本基準を適用する最初の年次報告期間における、気候関連のリスク及び機会に関する比較情報の開示(E3項参照)

    (b) 企業が本基準を適用する2年目の年次報告期間における、気候関連のリスク及び機会以外のサステナビリティ関連のリスク及び機会に関する比較情報の開示

ISSBによるIFRS S1号「サステナビリティ関連財務情報の開示に関する全般的要求事項」（2023年6月公表）の承認

IFRS S1号「サステナビリティ関連財務情報の開示に関する全般的要求事項」は、国際サステナビリティ基準審議会の14名のメンバーすべてにより公表が承認された。

エマニュエル・ファベール	議長
ジンドン・ファ	副議長
スザンヌ・ロイド	副議長
リチャード・バーカー	
ジェニー・ボフィンガー=シュスター	
ベリティ・チェガー	
ジェフリー・ヘイルズ	
マイケル・ジャンツィ	
小森　博司	
ビン・レン	
ンディディ・ンノリ=エドジエン	
タエ=ヤン・パイク	
ベロニカ・ポンチェバ	
エリザベス・シーガー	

PART B

IFRS S1号

「サステナビリティ関連財務情報の開示に関する全般的要求事項」に関する付属ガイダンス

S1号 付属ガイダンス

© IFRS Foundation

45

This Accompanying Guidance accompanies IFRS S1 *General Requirements for Disclosure of Sustainability-related Financial Information* (published June 2023; see separate booklet) and is issued by the International Sustainability Standards Board (ISSB).

Disclaimer: To the extent permitted by applicable law, the ISSB and the IFRS Foundation (Foundation) expressly disclaim all liability howsoever arising from this publication or any translation thereof whether in contract, tort or otherwise to any person in respect of any claims or losses of any nature including direct, indirect, incidental or consequential loss, punitive damages, penalties or costs.

Information contained in this publication does not constitute advice and should not be substituted for the services of an appropriately qualified professional.

© IFRS Foundation 2023

Reproduction and use rights are strictly limited to personal non-commercial use, such as corporate disclosure.

Any other use, such as – but not limited to – reporting software, investment analysis, data services and product development is not permitted without written consent. Please contact the Foundation for further details at sustainability_licensing@ifrs.org.

All rights reserved.

This Japanese translation of the Accompanying Guidance on IFRS S1 *General Requirements for Disclosure of Sustainability-related Financial Information* has been prepared by the Financial Accounting Standards Foundation (FASF), the mother organisation of the Sustainability Standards Board of Japan (SSBJ) and approved by a Review Committee appointed by the IFRS Foundation. The Japanese translation is published by the FASF in Japan with the permission of the IFRS Foundation. The Japanese translation is the copyright of the IFRS Foundation.

The Foundation has trade marks registered around the world (Marks) including 'IAS®', 'IASB®', the IASB® logo, 'IFRIC®', 'IFRS®', the IFRS® logo, 'IFRS for SMEs®', the IFRS for SMEs® logo, 'International Accounting Standards®', 'International Financial Reporting Standards®', the 'Hexagon Device', 'NIIF®', 'SIC®' and SASB®'. Further details of the Foundation's Marks are available from the Foundation on request.

The Foundation is a not-for-profit corporation under the General Corporation Law of the State of Delaware, USA and operates in England and Wales as an overseas company (Company number: FC023235) with its principal office in the Columbus Building, 7 Westferry Circus, Canary Wharf, London, E14 4HD.

PART B

IFRS S1号

「サステナビリティ関連財務情報の開示に関する全般的要求事項」
に関する付属ガイダンス

S1号 付属ガイダンス

この付属ガイダンスは、IFRS S1 号「サステナビリティ関連財務情報の開示に関する全般的要求事項」（2023 年 6 月公表、PART A 参照）に付随するものであり、国際サステナビリティ基準審議会（ISSB）が公表している。

注意書き： 適用される法律が認める範囲で、ISSB及びIFRS財団（当財団）は、本出版物又はその翻訳から生じるすべての責任を、契約、不法行為、その他いかなる者に対するいかなる性質の請求若しくは損害（直接、間接、付随的又は結果的な損害、懲罰的賠償、罰金又はコストを含む。）に関するものであれ、拒絶する。

本出版物に含まれている情報は、助言を構成するものではなく、適切な資格を有する専門家のサービスの代用とすべきではない。

© IFRS財団 2023

複製及び使用の権利は、企業開示などの個人的な非商業的使用に厳しく制限されている。

報告用ソフトウェア、投資分析、データ・サービス、製品開発など（ただし、これらに限定されない。）その他の使用は、書面による同意がない限り認められない。詳細については当財団に連絡されたい（sustainability_licensing@ifrs.org）。

不許複製・禁無断転載

IFRS S1号「サステナビリティ関連財務情報の開示に関する全般的要求事項」に関する付属ガイダンスの日本語訳は、サステナビリティ基準委員会（SSBJ）を傘下に置く財務会計基準機構（FASF）により作成され、IFRS財団が指名したレビュー委員会が承認している。日本語訳は、IFRS財団の許可の下に日本において財務会計基準機構により出版される。日本語訳はIFRS財団の著作物である。

当財団は、世界中で登録された商標を有しており、これには'IAS®', 'IASB®', the IASB®ロゴ, 'IFRIC®', 'IFRS®', the IFRS®ロゴ, 'IFRS for SMEs®', the IFRS for SMEs®ロゴ, 'International Accounting Standards®', 'International Financial Reporting Standards®', 'Hexagon Device', 'NIIF®', 'SIC®' 及び 'SASB®' が含まれている。当財団の登録商標の詳細については、請求に応じて当財団から入手可能である。

当財団は、米国デラウェア州の一般会社法に基づく非営利法人であり、主たる事務所をColumbus Building, 7 Westferry Circus, Canary Wharf, London E14 4HDに置いて、イングランド及びウェールズで外国会社（会社番号：FC023235）として活動している。

IFRS S1号「サステナビリティ関連財務情報の開示に関する全般的要求事項」IG

目　　次

開始する項

例示的ガイダンス ……………………………………………………………………… IG1

主要な利用者 …………………………………………………………………………… IG1

　主要な利用者の情報ニーズを満たすこと ……………………………………… IG2

　一般に利用可能である情報の使用 ……………………………………………… IG7

ガイダンスの情報源の適用 ……………………………………………………… IG8

　「SASBスタンダード」 ………………………………………………………………… IG11

　「CDSBフレームワーク適用ガイダンス」 ……………………………………… IG25

設　　例 ……………………………………………………………………………… IE1

「SASBスタンダード」 ……………………………………………………………… IE2

　設例1—単一のビジネス・ラインを有する企業 ……………………………… IE3

　設例2—多様な活動を行っている大規模なコングロマリット企業 ……… IE9

S1号 付属ガイダンス

© IFRS Foundation

IFRS S1号「サステナビリティ関連財務情報の開示に関する全般的要求事項」

例示的ガイダンス

このガイダンスは、IFRS S1号に付属しているが、その一部を構成するものではない。本ガイダンスは、IFRS S1号の諸側面を説明するものであるが、解釈上のガイダンスを提供することを意図したものではない。

主要な利用者

IG1 IFRS S1号の目的は、一般目的財務報告書の主要な利用者が企業への資源の提供に関する意思決定を行うにあたり有用な、当該企業のサステナビリティ関連のリスク及び機会に関する情報の開示を当該企業に要求することにある[1]。

主要な利用者の情報ニーズを満たすこと

IG2 情報が、特定の報告企業の一般目的財務報告書の主要な利用者の意思決定に影響を与えると合理的に見込み得るかどうかを評価することは、企業が、企業自身の状況を考慮しながら、それらの利用者の特性を考慮することを要求する。一般目的財務報告書には、企業の一般目的財務諸表及びサステナビリティ関連財務開示が含まれるが、これらに限定されるものではない。

IG3 現在の及び潜在的な投資者、融資者及びその他の債権者は、一般目的財務報告書の対象となる主要な利用者である。一般目的財務報告書は、ビジネス及び経済活動についての合理的な知識を有し、情報を勤勉さをもってレビューし分析する利用者のために作成される。しかしながら、時には、十分な情報を有する勤勉な利用者であっても、サステナビリティ関連財務情報を理解するために助言者の支援を求める必要がある場合もある。

IG4 一般目的財務報告書は、主要な利用者が必要とするすべての情報を提供しているわけではなく、すべてを提供することはできない。したがって、企業は主要な利用者の共通の情報ニーズを満たすことを目指す。企業は特別な情報ニーズ、すなわち特定の利用者の特有の情報ニーズに対処することを目指すものではない。

IG5 主要な利用者の共通の情報ニーズを満たすために、企業は、まず、3種類の主要な利用者のうちの1種類、例えば、（現在の及び潜在的な）投資者の情報ニーズを個別に識別する。その後、企業は、残りの2種類、すなわち、（現在の及び潜在的な）融資者及び（現在の及び潜在的な）その他の債権者について評価を繰り返す。これらの評価により識別された情報ニーズの組み合わせが、企業が満たすことを目指す共通の情報ニーズのセットを形成する。

IG6 言い換えれば、共通の情報ニーズの評価において、企業はすべての利用者に共通する情報ニーズを識別することは要求されない。識別された情報ニーズの一部には、すべての種類の利用者に共通するものもあれば、1種類又は2種類にのみ特有の場合もある。仮に、すべての種類の主

---

[1] IFRS S1号を通じて、「主要な利用者」及び「利用者」という用語は同じ意味で互換的に使われており、現在の及び潜在的な投資者、融資者及びその他の債権者のことをいう。

50

© IFRS Foundation

要な利用者に共通する情報ニーズのみに焦点を当てた場合、1種類の利用者のみのニーズに合致する情報を除外してしまう場合がある。

一般に利用可能である情報の使用

IG7　主要な利用者は情報源を一般目的財務報告書からの情報に限定しているわけではない。例えば、そのような利用者は、企業が事業を営む産業に関する情報、企業の競合他社及び経済状況に関する情報、企業のプレス・リリースや企業が公表している他の文書内の情報も、考慮する場合がある。しかしながら、情報が一般に利用可能であることをもって、短期、中期又は長期にわたり、企業のキャッシュ・フロー、当該企業のファイナンスへのアクセス又は資本コストに影響を与える（affect）と合理的に見込み得る、サステナビリティ関連のリスク及び機会に関する重要性がある（material）情報を企業が開示する責任が免除されるわけではない。これらのリスク及び機会をあわせて「企業の見通しに影響を与える（affect）と合理的に見込み得るサステナビリティ関連のリスク及び機会」という。

ガイダンスの情報源の適用

IG8　本ガイダンスは、IFRS S1号のいくつかの要求事項を適用するための、考えられる方法を提案している。本ガイダンスは、追加的な要求事項を定めるものではない。

IG9　IFRS S1号は、企業が具体的なガイダンスの情報源を参照し、その適用可能性を考慮することを要求している。IFRS S1号はまた、企業が企業自身のサステナビリティ関連財務開示を作成するにあたり参照することを容認されるが要求されないガイダンスの情報源を特定している（IFRS S1号第54項から第59項及び付録C参照）。これらの情報源は、次の識別に情報をもたらすことができる。

(a)　企業の見通しに影響を与える（affect）と合理的に見込み得るサステナビリティ関連のリスク及び機会

(b)　一般目的財務報告書の利用者の意思決定に関連性があり、それらのサステナビリティ関連のリスク及び機会を忠実に表現する、サステナビリティ関連のリスク及び機会に関する情報

IG10　IG11項からIG27項は、IFRS S1号の要求事項を満たすにあたり、企業がどのようにガイダンスの情報源を適用することができるかを例示している。IG11項からIG24項は「SASBスタンダード」に焦点を当てており、IG25項からIG27項は「水関連開示のためのCDSBフレームワーク適用ガイダンス」及び「生物多様性関連開示のためのCDSBフレームワーク適用ガイダンス」（あわせて「CDSBフレームワーク適用ガイダンス」という。）に焦点を当てている。

「SASBスタンダード」

IG11　IFRS S1号に示すとおり、企業の見通しに影響を与える（affect）と合理的に見込み得るサステナビリティ関連のリスク及び機会を識別するにあたり、企業は「SASBスタンダード」における開示トピックを参照し、その適用可能性を考慮することが要求される。

IG12　「SASBスタンダード」は産業別に構成されている。それぞれの「SASBスタンダード」には、次のものが含まれる。

© IFRS Foundation

(a) 産業の説明：当該説明は、ビジネス・モデル、活動及び当該産業への参加を特徴付ける（characterise）他の共通の特徴（features）を説明することにより、企業が適用される産業ガイダンスを識別することを支援することを意図している。

(b) 開示トピック：特定の産業内の企業によって行われる活動に関連する、特定のサステナビリティ関連のリスク又は機会を記述している。

(c) 指標：開示トピックに付随し、個別に又はセットの一部として、特定の開示トピックについての企業のパフォーマンスに関する有用な情報を提供するように設計されている。

(d) 技術的プロトコル：定義、範囲、適用及び関連する指標の表示に関するガイダンスを提供する。

(e) 活動指標：企業による特定の活動又は事業の規模を定量化するものであり、データを正規化して比較を容易にするためにIG12項(c)で参照する指標と組み合わせて使用することを意図している。

IG13　「SASBスタンダード」における開示トピック及び関連する指標は網羅的ではない。IFRS S1号は、企業が企業自身の見通しに影響を与える（affect）と合理的に見込み得る、すべてのサステナビリティ関連のリスク及び機会を忠実に表現することを要求している。

適用される「SASBスタンダード」の識別

IG14　それぞれの「SASBスタンダード」には、産業の名称及び説明が含まれる。産業の名称及び説明は、企業のビジネス・モデル及び関連する活動に適用される可能性が高い「SASBスタンダード」を企業が識別できるようにすることを意図している。産業の名称は、産業はさまざまな慣習により分類され定義されることがあるため、企業自身が属しているとみなす産業と正確に整合しない場合がある。さらに、特定の産業については、それらの活動又は少なくとも類似の活動が他の「SASBスタンダード」において扱われている可能性が高いものの、「SASBスタンダード」によって具体的に扱われていない活動が存在する場合がある。

IG15　適用される「SASBスタンダード」を考慮するために、企業は、特定の「SASBスタンダード」が対象とする活動を理解することが重要（important）である。それぞれの「SASBスタンダード」は、「産業の説明」セクションにおいて、対象とするビジネスを要約している。

IG16　企業によっては、自身のビジネス・モデル及び活動が単一の「SASBスタンダード」の産業の説明と密接に整合していると考えることがある。その場合、企業はその単一の適用される「SASBスタンダード」を参照するだけでよい場合がある（IE3項からIE8項参照）。他の企業は、自身の活動に関連するサステナビリティ関連のリスク及び機会を識別することに役立つように、複数の「SASBスタンダード」を参照し、その適用可能性を考慮する必要がある場合がある（IE9項からIE15項参照）。そのような企業には、その活動が特定の1つの「SASBスタンダード」に反映されているよりも広い範囲の活動にまたがるハイブリッドな又は複雑なビジネス・モデルを有するものが含まれる場合がある。

開示トピック

IG17　企業の活動と最も密接に整合する「SASBスタンダード」を識別した後、企業は次に、識別した

IFRS S1号「サステナビリティ関連財務情報の開示に関する全般的要求事項」IG

「SASBスタンダード」に含まれている開示トピックの企業の活動に対する適用可能性を考慮する。開示トピックは、特定の産業内で企業が実施する活動に関連する具体的なサステナビリティ関連のリスク及び機会を記述する。これらの開示トピックは、企業が一貫して企業自身のビジネス・モデル及び活動に基づくサステナビリティ関連のリスク及び機会を識別できるようにすることを意図している。

IG18　例えば、食肉、家禽及び乳製品事業を営む企業は、「食肉、家禽及び乳製品」産業の「SASBスタンダード」における開示トピックを参照し、その適用可能性を考慮することとなる。この産業の「SASBスタンダード」の適用可能性を考慮するにあたり、企業は、その「SASBスタンダード」における開示トピックが当該企業の状況に照らして適用されると結論付ける場合がある。これには次のような開示トピックを含む。

(a) 食品安全

(b) 労働力（workforce）の健康及び安全

IG19　したがって、企業は、IFRS S1号第55項に従い、サステナビリティ関連のリスク及び機会の識別に情報をもたらすために、この「SASBスタンダード」における開示トピック（IG18項に列挙する開示トピックを含むが、それらに限定されない。）を用いることができる。具体的には、それらの開示トピックを適用することによって、企業は、製品の品質及び安全性を維持できない場合、コストがかかるリコールをもたらし、ブランドの評判を傷つけ、罰金につながり、売上が減少し、貿易制限を課すことを含む規制当局の監視が厳しくなる場合があると説明することができる。また、企業は、IFRS S1号第33項により要求される、企業が識別したリスクをどのように管理するかに関する情報を開示するために、開示トピックを用いることができる。例えば、評判の低下、コストのかかる離職、労働者の士気及び生産性の低下、傷病に対する潜在的な責任に関連するリスク、関連する医療費並びに労災費用を避けるために労働者の安全対策をしっかり行うことに関する情報である。

IG20　企業はこのアプローチを、適用される開示トピックのそれぞれについて繰り返すことができる。「SASBスタンダード」は、特定の産業における「典型的な」企業のサステナビリティ関連のリスク及び機会の識別に情報をもたらす。したがって、場合によっては、「SASBスタンダード」は次のようになる場合がある。

(a) ある特定の産業内の「すべて」の企業について、一般目的財務報告書の利用者にとって有用な情報をもたらさない開示トピックが含まれる。

(b) 有用な情報をもたらすすべての開示トピックが含まれているわけではない。

場合によっては、企業のビジネス・モデルが理由で、企業はある開示トピックが有用な情報をもたらさないと結論付ける場合がある。例えば、企業がその開示トピックが対象とする活動に関与していない場合、それが当てはまる場合がある。したがって、企業の見通しに影響を与える（affect）と合理的に見込み得るサステナビリティ関連のリスク又は機会を識別するために、IFRS S1号第55項(b)において定める追加的なガイダンスの情報源を考慮する必要がある場合もある。

© IFRS Foundation

指　標

IG21　サステナビリティ関連のリスク又は機会に具体的に適用される「IFRSサステナビリティ開示基準」が存在しない場合、IFRS S1号は、企業が「SASBスタンダード」に含まれる開示トピックに関連する指標を参照し、その適用可能性を考慮することを要求している。企業は、「SASBスタンダード」で定められた指標が当該企業の状況に照らして適用されないと結論付ける場合がある。

IG22　仮定として、食肉、家禽及び乳製品企業は、「食肉、家禽及び乳製品」産業の「SASBスタンダード」に含まれる次の指標を参照し、その適用可能性を考慮する場合がある。

　　(a)　食品安全

　　　　(i)　FB-MP-250a.1 －「世界食品安全イニシアティブ（GFSI）」監査(1)不適合率、(2)(a)重大及び(b)軽微な不適合に関する是正措置率

　　　　(ii)　FB-MP-250a.2 －「世界食品安全イニシアティブ（GFSI）」食品安全認証プログラムの認証を受けたサプライヤー施設の割合

　　　　(iii)　FB-MP-250a.3 －(1)リコール件数、(2)リコールされた製品の総重量

　　　　(iv)　FB-MP-250a.4 － 企業の製品の輸入を禁止する市場についての説明

　　(b)　労働力（workforce）の健康及び安全

　　　　(i)　FB-MP-320a.1 －(1)総記録可能事故率（TRIR）及び(2)致死率

　　　　(ii)　FB-MP-320a.2 － 急性及び慢性の呼吸器の健康状態を評価し、モニタリングし、及び緩和する取組み（efforts）の記述

IG23　これらの指標はそれぞれ、定義、範囲、適用及び表示に関する詳細なガイダンスを提供する技術的プロトコルによって支えられている。例えば、仮定上の食肉、家禽及び乳製品企業は、付属する技術的プロトコルを適用するにあたり、所在地及び雇用形態（常勤、非常勤、直接雇用、契約、役員、従業員、給与、時間給又は季節給など）にかかわらず、すべての労働者の労働安全衛生に関連する情報を開示することになる。企業はこの情報を、IFRS S1号第32項(a)の要求事項に準拠するために開示し、労働力の健康及び安全に関するリスクが企業のビジネス・モデル及びバリュー・チェーンに与える影響（effects）を説明する場合がある。さらに、企業はIFRS S1号第32項(b)の要求事項に従って情報を開示するためにこの情報を分解し（例えば、事業の所在地ごとに）、企業のビジネス・モデル及びバリュー・チェーンのどの部分に労働力の健康及び安全に関するリスクが集中しているかを説明する場合がある。技術的プロトコルは、開示する情報を検証することができる規準として機能する場合もある。

IG24　付属する技術的プロトコルはまた、仮定上の企業が、例えば顕著なリコールに関する説明（その原因、数値、改善費用、性質（自発的又は非自発的）、関連する是正措置及びリコールに関連するその他の重大な（significant）結果（法的手続又は消費者の疾病など）に関連する情報を含む。）など、指標を適切な文脈により補足するにあたっての指針ともなる。企業はこの情報を、IFRS S1号第35項の要求事項に準拠するために開示し、食品安全に関するリスクが企業の財政状態、財務業績及びキャッシュ・フローに与える現在の及び予想される（anticipated）財務的影

54　　　　　　　　　　　　　　　　　© IFRS Foundation

IFRS S1号「サステナビリティ関連財務情報の開示に関する全般的要求事項」IG

響（effects）に関する定量的情報及び定性的情報を開示する場合がある。

「CDSBフレームワーク適用ガイダンス」

IG25　IFRS S1号で示すとおり、企業の見通しに影響を与える（affect）と合理的に見込み得るサステナビリティ関連のリスク及び機会を識別するにあたり、企業は「CDSBフレームワーク適用ガイダンス」を参照し、その適用可能性を考慮することができる（IFRS S1号第55項参照）。サステナビリティ関連のリスク又は機会に具体的に適用される「IFRSサステナビリティ開示基準」が存在しない場合、一般目的財務報告書の利用者の意思決定に関連性があり、サステナビリティ関連のリスク又は機会を忠実に表現するような情報を識別する際に、企業は「CDSBフレームワーク適用ガイダンス」を参照し、その適用可能性を考慮することができる（IFRS S1号第57項から第58項参照）。

IG26　「CDSBフレームワーク適用ガイダンス」は、企業が水関連及び生物多様性関連のリスク及び機会を識別するにあたり、当該企業を支援する可能性がある。例えば、「生物多様性関連開示に関するCDSBフレームワーク適用ガイダンス」は、潜在的な物理的な生物多様性関連のリスク（土壌の肥沃さの低下、作物生産のための花粉媒介種の減少及び魚資源の利用可能性の低下など）を識別している。同様に、「水関連開示に関するCDSBフレームワーク適用ガイダンス」は、潜在的な水関連の機会（水効率の改善、新たな製品及びサービスの開発並びに利害関係者との対話及び協力を通じた生態系の保全及び復元など）を識別している。つながりのある情報に関するIFRS S1号第21項の要求事項を適用するにあたり、「CDSBフレームワーク適用ガイダンス」は、水関連及び生物多様性関連のリスクが企業の見通しに影響を与える（affect）と合理的に見込み得るその他のサステナビリティ関連のリスク及び機会とどのようにつながっている場合があるかを説明している。例えば、頻発する洪水などの水関連のリスクは、本質的に気候関連のリスクとつながっていることが多い。

IG27　企業は、IFRS S1号第55項に従い、水関連又は生物多様性関連のリスク及び機会について、「SASBスタンダード」、「CDSBフレームワーク適用ガイダンス」又はその他のガイダンスの情報源に従い識別している場合がある。具体的に適用される「IFRSサステナビリティ開示基準」が存在しない場合、企業は、企業自身の見通しに影響を与える（affect）と合理的に見込み得る水関連又は生物多様性関連のリスク又は機会について、提供すべき情報（指標を含む。）を識別するにあたり、「CDSBフレームワーク適用ガイダンス」の適用可能性を考慮することができる。企業は、IFRS S1号第25項から第53項におけるコア・コンテンツの要求事項を適用する際に、「CDSBフレームワーク適用ガイダンス」を考慮する場合がある。例えば、次のとおりである。

(a)　ガバナンス ― 水関連のリスク及び機会に関連するガバナンスに関する開示を提供するにあたり、「水関連開示に関するCDSBフレームワーク適用ガイダンス」では、水に関する方針、戦略及び情報がどのように経営者に委任されているかに関する情報を企業が提供する場合があることが提案されている。効果的な水管理を実現するための利害関係者との協力に関連して、水関連の規制に準拠していること及び利害関係者との対話を確実にする機能を有する特定の機関、個人又はメカニズムが重大な（significant）水の損失の影響を受ける（affected）場所に所在しているかどうかに関する情報を企業が提供する場合があることも、当該ガイダンスにおいて提案されている。

(b)　戦略 ― 生物多様性関連のリスク及び機会に関連する戦略に関する開示を提供するにあたり、

© IFRS Foundation

55

「生物多様性関連開示に関するCDSBフレームワーク適用ガイダンス」では、企業が例えば生物多様性関連のリスク及び機会の地理的特異性並びにそれらのリスク及び機会が短期、中期及び長期にわたりどのように変化する場合があるかに関する情報を提供する場合があることが提案されている。当該ガイダンスはまた、企業がIFRS S1号第34項から第40項に従って提供することを考慮する場合がある、定量的及び定性的情報の種類も提案している。例えば、事業コスト、コスト削減及び生物多様性管理に関連する売上（汚染流出などの事故の場合における修復コスト又は引当金、従業員教育コスト並びに生物多様性に配慮した（efficient）製品及びサービスからの売上に関する情報など）である。

(c) 指標及び目標（targets） ― 「生物多様性関連開示に関するCDSBフレームワーク適用ガイダンス」は、よくある生物多様性指標の例（廃水中の主要な汚染物質の濃度、収穫された木材及び非木材森林製品の量並びに都市化のために転換された森林、草原若しくは湿地の面積など）を提供している。時間の経過とともに生物多様性は変化するため、当該ガイダンスは企業が目標（targets）を設定した時間軸に関する情報を提供することを提案している。当該ガイダンスはまた、生物多様性の優先順位並びに法令及び規制上の要求事項が地域によって異なることから、特定の所在地にあわせた目標（targets）についても説明している。

IFRS S1号「サステナビリティ関連財務情報の開示に関する全般的要求事項」IE

設　例

これらの設例は、IFRS S1号に付属しているが、その一部を構成するものではない。本設例はIFRS S1号の諸側面を説明するものであるが、解釈上のガイダンスを提供することを意図したものではない。

IE1　これらの設例は、提示している限定的な事実関係に基づいて、企業がどのようにIFRS S1号の要求事項のいくつかを適用する場合があるかを例示する仮想的な状況を描写している。それぞれの例示における分析は、要求事項を適用できる唯一の方法を示すことを意図したものではなく、設例は、例示した特定の産業のみに適用されることを意図しているわけでもない。設例のいくつかの側面は実際の事実パターンに現れる場合があるものの、企業は、IFRS S1号を適用する際には、特定の事実パターンのすべての関連する事実及び状況を評価するべきである。

「SASBスタンダード」

IE2　設例1及び設例2は、企業がどのようにガイダンスの情報源に関連する要求事項を適用する場合があるかを例示している。それらの要求事項には、次のものが含まれる。

(a)　「SASBスタンダード」における開示トピックを参照し、その適用可能性を考慮する（IFRS S1号第55項(a)参照）。

(b)　「SASBスタンダード」に含まれる開示トピックに関連する指標を参照し、その適用可能性を考慮する（IFRS S1号第58項(a)参照）。

(c)　企業がサステナビリティ関連財務開示の作成（該当ある場合には、「SASBスタンダード」における開示トピックの識別を含む。）にあたり適用した、具体的な基準、公表文書、産業の実務及び他のガイダンスの情報源を識別する（IFRS S1号第59項(a)参照）。

(d)　企業がサステナビリティ関連財務開示の作成（適用される指標の識別を含む。）にあたり適用した、「IFRSサステナビリティ開示基準」、「SASBスタンダード」又は特定の産業に関連するその他のガイダンスの情報源によって特定された産業を識別する（IFRS S1号第59項(b)参照）。

(e)　企業が「IFRSサステナビリティ開示基準」以外の情報源から得た指標を開示する場合、企業は当該情報源及びその得た指標を識別する（IFRS S1号第49項参照）。

設例1―単一のビジネス・ラインを有する企業

IE3　企業Yは、地方の旅客航空会社である。企業の見通しに影響を与える（affect）と合理的に見込み得るサステナビリティ関連のリスク及び機会を識別するにあたり、企業YはIFRS S1号第54項に従い、「IFRSサステナビリティ開示基準」を適用することが要求される。「IFRSサステナビリティ開示基準」を適用することに加えて、企業Yは「SASBスタンダード」における開示トピックを参照し、その適用可能性を考慮することが要求される。企業Yは、自身のビジネス・モデル及び活動が、「航空会社」産業の「SASBスタンダード」に最も密接に整合していると結論付ける。

IE4　企業Yは、IFRS S2号「気候関連開示」を適用し、企業の見通しに影響を与える（affect）と合理的に見込み得る気候関連のリスク又は機会を識別する。また、企業YはIFRS S1号第55項(a)に

© IFRS Foundation

57

従い、「航空会社」産業の「SASBスタンダード」における開示トピックを参照し、その適用可能性を考慮する。企業Yは、「航空会社」産業の「SASBスタンダード」における4つすべての開示トピックが自身の活動に適用されると結論付け、それらの開示トピックを、自身の見通しに影響を与える（affect）と合理的に見込み得るサステナビリティ関連のリスク及び機会の識別に情報をもたらすために用いる。

IE5　企業Yは、自身のサステナビリティ関連のリスク及び機会に関する情報を開示するにあたり、識別したサステナビリティ関連のリスク及び機会に具体的に適用される「IFRSサステナビリティ開示基準」を適用する。例えば、企業YはIFRS S2号を適用し、自身の温室効果ガス排出に関する情報を開示する。企業Yが識別したサステナビリティ関連のリスク及び機会に具体的に適用される「IFRSサステナビリティ開示基準」が存在しない場合、企業Yは「航空会社」産業の「SASBスタンダード」における適用される開示トピックに関連する指標を参照し、その適用可能性を考慮する。企業Yは、これらの指標を適用することが、一般目的財務報告書の利用者の意思決定に関連性があり、企業Yが識別したサステナビリティ関連のリスク及び機会を忠実に表現する情報を提供すると結論付ける。例えば、「事故及び安全管理」の開示トピックに関連する指標には、次が含まれる。

(a)　TR-AL-540a.1：「安全管理システム」の導入及び結果についての説明

(b)　TR-AL-540a.2：航空事故の件数

(c)　TR-AL-540a.3：航空安全規制についての政府の強制措置の件数

IE6　提供する情報を識別するにあたり、企業Yは当該指標に付属する技術的プロトコルの適用可能性を考慮する。例えば、「安全管理システム」の導入及び結果についての説明を開示する一方で、企業Yは、自身が識別した安全リスク及び危険な状況を緩和するために導入した措置又は測定値を説明する場合がある。これらの措置又は測定値には、例えば、統制、事業、管理、プロセス、製品、ビジネス・パートナー、研修又は技術の具体的な変更が含まれる。

IE7　企業Yは、IFRS S1号における「コア・コンテンツ」に関する要求事項を適用することが要求される。企業Yは、IFRS S1号が要求する情報（戦略並びに指標及び目標（targets）に関する情報を含む。）を提供するにあたり、「航空会社」産業の「SASBスタンダード」における開示トピック、指標及び関連する技術的プロトコルを考慮する。

IE8　企業Yは、IFRS S1号第49項及び第59項に従い、サステナビリティ関連財務開示を作成するにあたり、「航空会社」産業の「SASBスタンダード」における開示トピック及び指標を適用した旨を開示する。

設例2—多様な活動を行っている大規模なコングロマリット企業

IE9　企業Aは、多様な活動を行っている大規模なコングロマリット企業である。企業Aは、さまざまな産業において用いられる電子機器及び産業機器を製造している。「IFRSサステナビリティ開示基準」に加えて、企業Aはサステナビリティ関連のリスク及び機会を識別するにあたり、「SASBスタンダード」における開示トピックを参照し、その適用可能性を考慮することが要求される。企業の活動が幅広い性質であるため、企業Aは「SASBスタンダード」の適用可能性を考慮するにあたり、「SASBスタンダード」がグループ化されているさまざまなセクターを考慮することから始める。企業Aは「医療」、「資源加工」及び「インフラ」セクターにおける産業の活動を実

IFRS S1号「サステナビリティ関連財務情報の開示に関する全般的要求事項」IE

施しており、場合によっては、製造プロセスにおける特定の部分について、サプライヤーに依存するのではなく所有している。また、企業Aは、「輸送」及び「消費財」セクターにおいてもいくつかの活動を有している。

IE10 企業Aは「SASBスタンダード」における開示トピックを参照し、その適用可能性を考慮する。企業Aは、8つの「SASBスタンダード」が自身のビジネス・モデル及び活動に適用されると結論付ける。企業Aは、当該8つのスタンダードにおける開示トピックを考慮する。企業Aは、それらのすべての開示トピックに関連する活動に関与していると考えるものの、企業Aはそれらの開示トピックの一部は自身の状況に照らして適用されないと結論付ける。例えば、企業Aは、特定の開示トピックにより特徴付けられる（characterised）サステナビリティ関連のリスク又は機会について、当該開示トピックが企業にとって重大ではない（insignificant）活動に関連しているため、短期、中期又は長期にわたり、企業の見通しに影響を与える（affect）と合理的に見込み得るものではないと結論付ける。

IE11 企業Aは、自身が考慮した「SASBスタンダード」における開示トピックのほとんどが、自身の重大な（significant）活動に適用されると結論付ける。比較的重大ではない（less significant）活動を有する一部の場合においては、企業Aは、それらの関連する産業における特定の開示トピックのみが適用されると考えている。例えば、企業Aは、輸送及び小売ビジネスについて考慮した開示トピックのほとんどは、これらのビジネスの規模が比較的小さいため、適用されないと結論付ける。しかしながら、企業Aはこれらのビジネスにおける安全及び労働実務に関連する事故は、短期的には自身のキャッシュ・フローに大きな影響（effect）を与える可能性は低いものの、中期及び長期にわたり企業の評判に大きな影響（effect）を与える可能性があると結論付ける。このレピュテーション・リスクは、中期及び長期の時間軸にわたり、企業Aのより大規模なビジネスのパフォーマンス（企業が人材を惹きつけて維持する能力（ability）を含む。）に影響を与える（affect）可能性があり、これは中期及び長期のキャッシュ・フロー、ファイナンスへのアクセス及び資本コストに影響を与える（affect）と合理的に見込み得る可能性がある。このように、企業Aはこれらのトピックを、企業の見通しに影響を与える（affect）と合理的に見込み得るサステナビリティ関連のリスク及び機会を識別するにあたり考慮する。

IE12 企業Aが識別したサステナビリティ関連のリスク及び機会に具体的に適用される「IFRSサステナビリティ開示基準」が存在しない場合、企業Aは適用される開示トピックに関連する指標を参照し、その適用可能性を考慮する。企業Aは、適用される指標を識別するにあたり、当該指標が一般目的財務報告書の利用者の意思決定に関連性があり、自身が識別したサステナビリティ関連のリスク及び機会を忠実に表現する情報を提供するかどうかを考慮する。

IE13 サステナビリティ関連財務開示を作成するにあたり、企業Aは、重要性がある（material）情報を重要性がない（immaterial）情報で不明瞭にすることを避けるために、一部の情報を集約すべきであると結論付ける。例えば、企業Aは、自身のさまざまな活動において製造する機器に不可欠である材料の調達についての戦略に関する情報は、それらの不可欠である材料のサプライヤーとの関係をまとめて管理しているため、集約すべきであると結論付ける。

IE14 対照的に、他の種類の情報について、企業Aは、集約することによって重要性がある（material）情報が不明瞭になることをもたらすと結論付ける。例えば、「医療」セクターにおける機器に関連するリコールの件数に関連する情報は、それぞれのセクターについての技術、製造プロセス及び市場が異なり、したがって、これらのセクターにおける製品リコールの発生の理由もさま

© IFRS Foundation

59

ざまであるため、「消費財」セクターにおける機器に関するリコールの件数に関する情報と集約するべきでないと結論付ける。

IE15 企業Aは、IFRS S1号第49項及び第59項に従い、サステナビリティ関連財務開示を作成するにあたり適用した「SASBスタンダード」に関する情報を開示する。これには、企業が適用した特定の「SASBスタンダード」、開示トピック及び指標を識別することを含む。企業Aは、IFRS S1号第74項に従い、一般目的財務報告書の利用者が、サステナビリティ関連財務開示を作成する過程で企業が行った判断及びそれらの開示に含まれる情報に最も重大な（significant）影響（effect）を与える判断を理解できるようにする情報も提供する。

_60_　　　© IFRS Foundation

PART C

IFRS S1号

「サステナビリティ関連財務情報の開示に関する全般的要求事項」に関する結論の根拠

S1号 結論の根拠

© IFRS Foundation

This Basis for Conclusions accompanies IFRS S1 *General Requirements for Disclosure of Sustainability-related Financial Information* (published June 2023; see separate booklet) and is issued by the International Sustainability Standards Board (ISSB).

Disclaimer: To the extent permitted by applicable law, the ISSB and the IFRS Foundation (Foundation) expressly disclaim all liability howsoever arising from this publication or any translation thereof whether in contract, tort or otherwise to any person in respect of any claims or losses of any nature including direct, indirect, incidental or consequential loss, punitive damages, penalties or costs.

Information contained in this publication does not constitute advice and should not be substituted for the services of an appropriately qualified professional.

© IFRS Foundation 2023

Reproduction and use rights are strictly limited to personal non-commercial use, such as corporate disclosure.

Any other use, such as – but not limited to – reporting software, investment analysis, data services and product development is not permitted without written consent. Please contact the Foundation for further details at sustainability_licensing@ifrs.org.

All rights reserved.

This Japanese translation of the Basis for Conclusions on IFRS S1 *General Requirements for Disclosure of Sustainability-related Financial Information* has been prepared by the Financial Accounting Standards Foundation (FASF), the mother organisation of the Sustainability Standards Board of Japan (SSBJ) and approved by a Review Committee appointed by the IFRS Foundation. The Japanese translation is published by the FASF in Japan with the permission of the IFRS Foundation. The Japanese translation is the copyright of the IFRS Foundation.

IFRS®

The Foundation has trade marks registered around the world (Marks) including 'IAS®', 'IASB®', the IASB® logo, 'IFRIC®', 'IFRS®', the IFRS® logo, 'IFRS for SMEs®', the IFRS for SMEs® logo, 'International Accounting Standards®', 'International Financial Reporting Standards®', the 'Hexagon Device', 'NIIF®', 'SIC®' and SASB®'. Further details of the Foundation's Marks are available from the Foundation on request.

The Foundation is a not-for-profit corporation under the General Corporation Law of the State of Delaware, USA and operates in England and Wales as an overseas company (Company number: FC023235) with its principal office in the Columbus Building, 7 Westferry Circus, Canary Wharf, London, E14 4HD.

PART C

IFRS S1号

「サステナビリティ関連財務情報の開示
に関する全般的要求事項」
に関する結論の根拠

S1号
結論の根拠

この結論の根拠は、IFRS S1号「サステナビリティ関連財務情報の開示に関する全般的要求事項」（2023年6月公表、PART A参照）に付随するものであり、国際サステナビリティ基準審議会（ISSB）が公表している。

注意書き： 適用される法律が認める範囲で、ISSB及びIFRS財団（当財団）は、本出版物又はその翻訳から生じるすべての責任を、契約、不法行為、その他いかなる者に対するいかなる性質の請求若しくは損害（直接、間接、付随的又は結果的な損害、懲罰的賠償、罰金又はコストを含む。）に関するものであれ、拒絶する。

本出版物に含まれている情報は、助言を構成するものではなく、適切な資格を有する専門家のサービスの代用とすべきではない。

© IFRS財団 2023

複製及び使用の権利は、企業開示などの個人的な非商業的使用に厳しく制限されている。

報告用ソフトウェア、投資分析、データ・サービス、製品開発など（ただし、これらに限定されない。）その他の使用は、書面による同意がない限り認められない。詳細については当財団に連絡されたい（sustainability_licensing@ifrs.org）。

不許複製・禁無断転載

IFRS S1号「サステナビリティ関連財務情報の開示に関する全般的要求事項」に関する結論の根拠の日本語訳は、サステナビリティ基準委員会（SSBJ）を傘下に置く財務会計基準機構（FASF）により作成され、IFRS財団が指名したレビュー委員会が承認している。日本語訳は、IFRS財団の許可の下に日本において財務会計基準機構により出版される。日本語訳はIFRS財団の著作物である。

⊛IFRS®

当財団は、世界中で登録された商標を有しており、これには'IAS®', 'IASB®', the IASB®ロゴ, 'IFRIC®', 'IFRS®', the IFRS®ロゴ, 'IFRS for SMEs®', the IFRS for SMEs®ロゴ, 'International Accounting Standards®', 'International Financial Reporting Standards®', 'Hexagon Device', 'NIIF®', 'SIC®' 及び 'SASB®' が含まれている。当財団の登録商標の詳細については、請求に応じて当財団から入手可能である。

当財団は、米国デラウェア州の一般会社法に基づく非営利法人であり、主たる事務所をColumbus Building, 7 Westferry Circus, Canary Wharf, London E14 4HDに置いて、イングランド及びウェールズで外国会社（会社番号：FC023235）として活動している。

IFRS S1号「サステナビリティ関連財務情報の開示に関する全般的要求事項」BC

目　　次

開始する項

IFRS S1号
「サステナビリティ関連財務情報の開示に関する全般的要求事項」に関する結論の根拠

はじめに	BC1
概　要	BC2
他の会計基準に基づいて作成した財務諸表	BC5
他の「IFRSサステナビリティ開示基準」との関係	BC6
プロポーショナリティ	BC8
背　景	BC18
グローバル・ベースライン並びに各法域及び規制上の取組みとの相互運用可能性	BC27
目　的	BC35
サステナビリティ関連のリスク及び機会	BC42
サステナビリティ関連のリスク及び機会の識別	BC50
概念的基礎	BC63
適正な表示	BC63
重要性（materiality）	BC67
報告企業	BC85
つながりのある情報	BC86
コア・コンテンツ	BC91
ガバナンス	BC95
戦　略	BC100
リスク管理	BC114
指標及び目標（targets）	BC120
全般的要求事項	BC123
ガイダンスの情報源	BC125
開示の記載場所	BC142
報告のタイミング	BC145
比較情報	BC147
準拠表明	BC156
判断、不確実性及び誤謬	BC158
判　断	BC158
測定の不確実性	BC163
誤　謬	BC165
発効日	BC166
経過措置	BC172

S1号
結論の根拠

© IFRS Foundation

IFRS S1号「サステナビリティ関連財務情報の開示に関する全般的要求事項」に関する結論の根拠

この結論の根拠は、IFRS S1号「サステナビリティ関連財務情報の開示に関する全般的要求事項」に付属しているが、その一部を構成するものではない。IFRS S1号の開発にあたっての国際サステナビリティ基準審議会（ISSB）の考慮事項を要約している。個々のISSBメンバーにより議論での重点の置き方は異なっていた。ISSBはIFRS S1号の可能性あるコスト及び便益を記述した「影響分析（Effects Analysis）」も公表している。

はじめに

BC1　IFRS S1号「サステナビリティ関連財務情報の開示に関する全般的要求事項」（IFRS S1号）は、一貫性、完全性、比較可能性及び検証可能性がより高いサステナビリティ関連財務情報を求める一般目的財務報告書の利用者（利用者）からの要望に対応して開発された。利用者はISSBに、この情報は、短期、中期及び長期にわたるサステナビリティ関連のリスク及び機会に対する企業のエクスポージャー及びその管理を利用者が評価できるようにし、企業に資源を提供するかどうかに関する利用者の意思決定に情報をもたらすことになると述べた。そのような情報は、企業の一般目的財務諸表（「財務諸表」という。）における情報を補足し、補完するものである。

概　要

BC2　IFRS S1号は、一般目的財務報告書の利用者への完全な1組のサステナビリティ関連財務開示の提供に関する全体的な要求事項を示している。IFRS S1号は、短期、中期又は長期にわたり、企業のキャッシュ・フロー、当該企業のファイナンスへのアクセス又は資本コストに影響を与える（affect）と合理的に見込み得る、すべてのサステナビリティ関連のリスク及び機会に適用される。これらのリスク及び機会をあわせて「企業の見通しに影響を与える（affect）と合理的に見込み得るサステナビリティ関連のリスク及び機会」という。「国際会計基準審議会」（IASB）が公表している「財務報告に関する概念フレームワーク」（「概念フレームワーク」）と整合的に、IFRS S1号は、一般目的財務報告書の利用者の情報ニーズを満たす情報の開示をもたらすことを意図している。IFRS S1号を開発するにあたり、ISSBは、多くの利用者は、自らに情報を直接提供することを企業に要求することはできず、自らが必要とする情報の多くについて一般目的財務報告書に依拠しなければならないことに留意した。

BC3　IFRS S1号は、一般目的財務報告書の利用者が企業に資源を提供するかどうかに関する意思決定を行うにあたり有用な、当該企業のサステナビリティ関連のリスク及び機会に関する情報を開示することを当該企業に要求している。IFRS S1号が要求している情報は、企業がどのように事業を営んでいるのかの全般的な諸側面（特に、サステナビリティ関連のリスク及び機会に関連する当該企業のガバナンス、戦略、リスク管理並びに指標及び目標（targets））に関するものである。IFRS S1号は、これら4つの側面を「コア・コンテンツ」と呼んでおり、これは、それぞれの情報が、企業がサステナビリティ関連のリスク及び機会をどのように識別し、評価し、優先順位付けし、モニタリングし、管理しているのかについての利用者の理解に不可欠であることを意味している。このようにコア・コンテンツに焦点を当てることは、IFRS財団評議員会

66　　© IFRS Foundation

IFRS S1号「サステナビリティ関連財務情報の開示に関する全般的要求事項」BC

（「評議員会」）が実施したサステナビリティ報告に関する2020年公開協議に対するフィードバックを反映したものであり、「金融安定理事会の気候関連財務開示に関するタスクフォース」（TCFD）の広く受け入れられている提言を基礎としている。

BC4 「IFRSサステナビリティ開示基準」は、パブリック・セクターの営利事業体を含む、営利目的の企業に適した用語を使用している。IFRS S1号は、民間セクター又はパブリック・セクターで非営利活動を行っている企業が本基準を適用する場合、「IFRSサステナビリティ開示基準」の適用にあたり、特定の情報項目について、用いられている記述を修正する必要がある場合があると定めている。ISSBは、パブリック・セクター及び営利事業体以外の企業の間における「IFRSサステナビリティ開示基準」に対する関心に留意した。例えば、ISSBは、IFRS S1号及びIFRS S2号「気候関連開示」（IFRS S2号）に関連する、パブリック・セクターのサステナビリティ報告ガイダンスについての国際公会計基準審議会（IPSASB）の継続中の作業に留意した。ISSBは、各国の測定スキーム、並びに金融市場の安定性を監督する規制当局及び他の機関が表明した関心にも留意した。

他の会計基準に基づいて作成した財務諸表

BC5 IFRS S1号は、企業の一般目的財務報告書の一部として提供されるサステナビリティ関連財務開示に適用される。IFRS S1号は、企業が財務諸表を作成するにあたり、どの一般に認められた会計原則又は実務（GAAP）を用いるのかを問わず、企業の財務諸表を補完する情報の開示を要求するように設計されている。IFRS S1号は、財務報告における確立された実務のいくつかの適用を要求することによって、意思決定に有用で比較可能であるサステナビリティ関連財務情報の報告のための基礎を確立している。IFRS S1号は、該当ある場合には、IASBの「概念フレームワーク」、IAS第1号「財務諸表の表示」及びIAS第8号「会計方針、会計上の見積りの変更及び誤謬」と整合的な定義及び要求事項を用いている。ISSBは、そのようなアプローチが、いかなる方法であっても、「IFRS会計基準」ではない他の会計基準を適用している企業に対して「IFRSサステナビリティ開示基準」の適合性を制限しないことを意図している。

他の「IFRSサステナビリティ開示基準」との関係

BC6 IFRS S1号は、企業が「IFRSサステナビリティ開示基準」に準拠していることを主張するために適用することを要求される全般的な要求事項を示している。IFRS S1号は、完全な1組のサステナビリティ関連財務開示の不可欠な諸要素を識別し、有用なサステナビリティ関連財務情報の質的特性を示している。「IFRSサステナビリティ開示基準」を適用する企業は、IFRS S1号の要求事項を他の基準と組み合わせて適用することとなる（例えば、IFRS S2号を適用する企業は、情報をどのように集約又は分解するかを決定するためにIFRS S1号を参照することになる。）。この結果、IFRS S1号は、将来におけるISSBによる「IFRSサステナビリティ開示基準」の追加的な開発の基礎を確立する。

BC7 サステナビリティ関連財務開示についてのIFRS S1号の目的は、「IFRS会計基準」に従って作成される財務諸表に適用されるIASBの「概念フレームワーク」、IAS第1号及びIAS第8号の目的と同様である。

© IFRS Foundation

67

プロポーショナリティ

BC8　公開草案IFRS S1号「サステナビリティ関連財務情報の開示に関する全般的要求事項」（公開草案）についての協議に対するコメント提出者のほとんどは、提案された要求事項に同意したものの、それらのコメント提出者の多くは、当該提案を適用するにあたり、世界中の企業の能力（capabilities）及び準備状況がさまざまであることをISSBがさらに考慮することを提案した。一部の企業が当該提案に完全に準拠することができない可能性がある理由には、次のものが含まれる。

(a)　「資源の制約」－ 一部の企業において、開示を可能にするために必要なシステム及びプロセスに投資し、それらを運用するコストは、比例的に高い。

(b)　「データの利用可能性」－ 一部の市場、産業及びバリュー・チェーンの一部分では、高品質な外部データの利用可能性が比較的低い。

(c)　「専門家の利用可能性」－ 一部の企業及び一部の市場では、スキル又は専門知識の利用可能性が比較的低い。

BC9　ISSBは、これらの「プロポーショナリティ」の課題に対応するためのさまざまなメカニズムについて議論した。ISSBは、開示の負担を緩和し、企業が「IFRSサステナビリティ開示基準」を適用することを支援することを意図した、いくつかのプロポーショナリティ関連の意思決定を行った。

表1－プロポーショナリティ又はIFRS S1号の適用の支援となるISSBの意思決定の要約

領　域	プロポーショナリティの課題に対処するためのメカニズム		経過的な救済措置	適用を促進するための追加的な明確化及びメカニズム	
	「過大なコストや労力をかけずに…合理的で裏付け可能な情報」の概念	スキル、能力（capabilities）及び資源の考慮		「そうすることができない」の概念[a]	適用を促進するためのガイダンス、教育的資料及びその他の取組み
リスク及び機会の識別	X				X
現在の財務的影響（effects）				X	X
予想される（anticipated）財務的影響（effects）	X	X		X	X
バリュー・チェーンの範囲の決定	X				X

IFRS S1号「サステナビリティ関連財務情報の開示に関する全般的要求事項」BC

領　　域	プロポーショナリティの課題に対処するためのメカニズム		経過的な救済措置	適用を促進するための追加的な明確化及びメカニズム	
	「過大なコストや労力をかけずに…合理的で裏付け可能な情報」の概念	スキル、能力（capabilities）及び資源の考慮		「そうすることができない」の概念[(a)]	適用を促進するためのガイダンス、教育的資料及びその他の取組み
その他の領域－例えば、報告のタイミング及び最初の年次報告期間における比較情報の提供			X		X

(a) 「そうすることができない」という用語は、公開草案では使用されていたが、IFRS S1号ではもはや使用されていない。しかし、この概念は、現在の若しくは予想される（anticipated）財務的影響（effects）が区分して識別できるかどうか、又は、それらの影響（effects）を見積るにあたり測定の不確実性の程度があまりにも高いために、もたらされる定量的情報が有用でないかどうかを通じて表現されている。

合理的で裏付け可能な情報

BC10　高度な判断又は不確実性を伴う要求事項は、サステナビリティ関連財務開示に特有のものではない。「IFRS会計基準」は、測定の不確実性が高い金額を認識し、測定することを企業に要求している。例えば、IFRS第9号「金融商品」は、予想信用損失を将来予測的な情報を使用して会計処理し、見積りを行うにあたり判断を適用することを企業に要求している。

BC11　IASBは、いくつかの最近の「IFRS会計基準」において、「報告日時点で過大なコストや労力をかけずに利用可能な、すべての合理的で裏付け可能な情報」に言及することによって、企業が使用することを要求される情報の種類を定めている。この概念は、「IFRS会計基準」において幅広い原則としては使用されていないが、IASBはそれを特定の状況において、高度の測定の不確実性を伴う要求事項を適用するにあたり企業の指針とするために使用している。

BC12　何が合理的で裏付け可能な情報として適切である（qualify）かを決定することは、企業が次のことを行うことを伴う。

(a) 合理的に利用可能なすべての情報（既に有している情報を含む。）を考慮すること。企業は既知の情報を無視することは禁じられる。

(b) 情報を使用するための適切な基礎を有し、情報が裏付け可能となるようにIFRS S1号における要求事項を満たすこと。

(c) 報告日時点で利用可能な情報（過去の情報、現在の情報又は将来予測的な情報（将来の状況の予想（forecasts）を含む。）など）を考慮すること。

BC13　企業は、そのような情報の網羅的な探索を実施することは要求されない。情報は過大なコスト

© IFRS Foundation

や労力をかけずに利用可能であるべきである。

BC14 ISSBは、「報告日時点で企業が過大なコストや労力をかけずに利用可能な、すべての合理的で裏付け可能な情報」という概念について、IFRS S1号における次の事項に関して導入した。

(a) 企業の見通しに影響を与える（affect）と合理的に見込み得るサステナビリティ関連のリスク及び機会の識別（IFRS S1号B6項(a)）

(b) サステナビリティ関連のリスク及び機会のそれぞれに関連して、その幅広さ及び構成を含むバリュー・チェーンの範囲の決定（IFRS S1号B6項(b)）

(c) サステナビリティ関連のリスク及び機会が企業の財務業績、財政状態及びキャッシュ・フローに与えると予想される（anticipated）財務的影響（effects）に関する開示の作成（IFRS S1号第37項(a)）

BC15 ISSBは、「報告日時点で企業が過大なコストや労力をかけずに利用可能な、すべての合理的で裏付け可能な情報」への言及は、高度の判断又は不確実性を伴う要求事項を企業が適用する場合に有益であると判断した。この概念は、考慮すべき情報の種類及びそのような情報を入手するために要する労力についてのパラメータを確立するためである。

BC16 「報告日時点で企業が過大なコストや労力をかけずに利用可能な、すべての合理的で裏付け可能な情報」への言及は、追加的な開示要求を導入するものではない。この言及は、企業が開示を提供することを免除するものでもない。この言及は、IFRS S1号におけるすべての要求事項に適用されるわけではない。むしろ、企業がサステナビリティ関連財務開示の作成において使用する情報に関して明瞭性を提供するものであり、特定の開示要求のみに適用される。「報告日時点で企業が過大なコストや労力をかけずに利用可能な、すべての合理的で裏付け可能な情報」の概念はまた、関連性があり適切である情報を用いることを企業が要求される旨を強調するものでもある。

BC17 ISSBは、「報告日時点で企業が過大なコストや労力をかけずに利用可能な、すべての合理的で裏付け可能な情報」の概念は、当該概念がなければ「IFRSサステナビリティ開示基準」の要求事項に完全に準拠できないこととなる企業を支援することにもなると判断した。例えば、特定の情報の入手のコストがより多くの資源を有する他の企業にとってよりも当該企業にとって比例的に高い場合、企業は、情報について網羅性のより低い探索を行うことが認められる。企業は依然として開示要求に準拠することが要求されるが、自らの状況に基づいて決定される、過大なコストや労力をかけずに利用可能な情報を用いて当該開示要求に準拠することが認められる。ISSBは、労力は必要ないと企業が主張することが禁じられることに留意した。企業の見通しに影響を与える（affect）と合理的に見込み得るサステナビリティ関連のリスク及び機会に関する情報は、一般目的財務報告書の利用者にとって有用であるためである。サステナビリティ関連のリスク又は機会に関する情報の利用者にとっての有用性が大きいほど、当該情報を入手するための企業の労力が大きくなることが期待される（expected）。全体的に、「報告日時点で企業が過大なコストや労力をかけずに利用可能な、すべての合理的で裏付け可能な情報」の概念は、要求事項の適用にあたってすべての企業を支援することが意図されているが、当該概念がなければIFRS S1号及びIFRS S2号の要求事項を適用することが困難であると考えている企業にとって特に有用である。

背　景

BC18　2021年3月に、評議員会は、ISSBに提言を提供するために、さまざまな報告に関する取組みの
メンバーを起用して、IFRS財団（当財団）が議長を務める「技術的準備ワーキング・グルー
プ」（TRWG）を設置した。TRWGは次の組織の代表者で構成された。

　　(a)　「気候開示基準委員会」（CDSB）

　　(b)　「価値報告財団」（次の組織を含む）

　　　　(i)　「サステナビリティ会計基準審議会」（SASB）

　　　　(ii)　「国際統合報告評議会」

　　(c)　IASB

　　(d)　TCFD

　　(e)　「世界経済フォーラム」（特に、その「ステークホルダー資本主義測定イニシアティブ」）

「証券監督者国際機構」（IOSCO）及びIPSASBが正式なオブザーバーとして参加した。

BC19　サステナビリティ関連財務情報の開示に関する全般的要求事項に関してのTRWGの作業は、「サ
ステナビリティ関連財務情報の開示に関する全般的要求事項」と題したプロトタイプ基準をも
たらし、当財団のウェブサイトで2021年11月に公表された。このプロトタイプ基準は、当財団
の正式な（formal）デュー・プロセス又はTRWGのいずれのメンバーのデュー・プロセスの対
象にもならなかった。

BC20　ISSBの設立は評議員会によって2021年11月に発表された。ISSBの初期の作業を迅速に進める
ため、評議員会は、（経過的な措置として）ISSBのエマニュエル・ファベール議長及びスザン
ヌ・ロイド副議長に、ISSBの定足数が満たされる前に、プロトタイプ基準を基礎として、スタ
ッフと協力して公開草案を公表するための特別の権限を与えた。この決定は、2021年11月に公
表されたIFRS財団「定款」の第56条と整合している。ISSBの議長及び副議長の権利は、評議員
会の「デュー・プロセス監督委員会」（DPOC）による監督の対象とされた。DPOCは、2022年
3月21日の会議で、ISSBの議長及び副議長が公開草案を公表することに反対しないことを確認
した。

BC21　2022年3月に、ISSBの議長及び副議長は、TRWGが開発したプロトタイプ基準を基礎とした公
開草案を公表した。したがって、この公開草案は、それまでの作業が広範な公開協議及び再審
議の対象とされ、市場の大きな関心を集めた、基準設定主体及びフレームワーク提供主体の作
業に基づいたものであった。

BC22　ISSBは、735通のコメント・レター及びアンケートの回答を公開草案に対するフィードバック
として受け取った。コメント提出者は、さまざまな利害関係者グループ及び地域を代表してい
た。最も多数の回答があったのは作成者からであった。一般目的財務報告書の利用者も、公開
草案に高い関心を示し、類似の協議で観察される回答率と比較して、非常に多数の回答を占め
ていた。利用者の回答は、個人の利用者のみならず、投資者の協会などの団体からも寄せられ
た。ISSBはまた、公開協議の期間が2022年7月に終了する前に、328回の個人及びグループとの
イベントを実施した。さらに、2022年8月から12月にかけて、143回の個人及びグループの利害

関係者との会合を行った。

BC23　コメント提出者は、複数の基準及びフレームワークを統合して単一セットの高品質のサステナビリティ開示基準を開発するという計画を歓迎した。フィードバックでは次のことも示された。

(a) ほとんどのコメント提出者が、公開草案の適時の公表を歓迎した。多くのコメント提出者は、ISSBがIFRS S1号及びIFRS S2号の公表にあたって迅速に進み続けることを奨励する一方、一部のコメント提出者は適時性及び品質の両方の重要さ（importance）を強調した。

(b) ほとんどのコメント提出者が、TCFDの提言をIFRS S1号におけるコア・コンテンツに関する要求事項の構造として使用することに賛成した。

(c) ほとんどのコメント提出者が、各法域の取組み及び他のサステナビリティ関連の基準との相互運用可能性の必要性を強調した。コメント提出者は主として、相互運用可能性に関してコメントするにあたり、ISSBの提案と同時期にコメントを求めて公開されていた他の組織による複数の提案に焦点を当てていた。欧州の作成者のほぼすべてが、報告の負担及び複雑性を最小化するため、「欧州財務報告諮問グループ」（エフラグ）のサステナビリティ報告の提案との相互運用可能性の重要さ（importance）を強調した。米国の作成者のほぼすべてが、「米国証券取引委員会」（米国SEC）の「投資者のための気候関連開示の拡充及び標準化」（米国SEC気候提案）における提案との相互運用可能性の重要さ（importance）を強調した。欧州及び米国以外の法域からの多くの作成者は、将来、「IFRSサステナビリティ開示基準」と「エフラグ」又は「米国SEC」の要求事項の対象となったとした場合の潜在的な要求事項の重複及び「二重の報告（double reporting）」に関する懸念を示した。多くのコメント提出者が、マルチ・ステークホルダー向けの基準（特に「グローバル・レポーティング・イニシアティブ」（GRI）スタンダード）との相互運用可能性の重要さ（importance）を強調した。これらのコメント提出者は当財団とGRIとの間の「覚書」（MoU）を歓迎し、ISSBにGRIと引き続き緊密に作業することを奨励した[1]。

(d) ほとんどのコメント提出者が、公開草案で提案されたIFRS S1号の位置付け、すなわち、すべての「IFRSサステナビリティ開示基準」に適用されるよう設計された全般的な要求事項を示す全般的な（overarching）基準とすることを支持した。これらのコメント提出者は、一貫性があり比較可能であるサステナビリティ関連財務情報を提供するにあたっての、要求事項、概念及び原則の案が果たす重要な（important）役割を承知した。

(e) 多くのコメント提出者が、提案を適用するにあたり、世界中の企業の能力（capabilities）及び準備状況がさまざまであることをISSBがさらに考慮することを提案した。

(f) 多くのコメント提出者が、企業が提案を効果的に適用できるようにするためのより多くのサポート、ガイダンス及び設例を要望した。また、サステナビリティ関連財務開示の作成者は、公開草案における要求事項案のいくつかの側面について、一層の明確化を要望した。

(g) 多くのコメント提出者が、ISSBとIASBとの間の緊密な協力の重要さ（importance）を強

---

[1] IFRS財団「IFRS財団とGRIがサステナビリティ開示に対するつながりのあるアプローチを創出するために資本市場とマルチ・ステークホルダー基準を合致させる」、IFRS Foundation, London, IFRS Foundation, 2022, http://www.ifrs.org/news-and-events/news/2022/03/ifrs-foundation-signs-agreement-with-gri1/ （2023年3月13日にアクセス）参照。

IFRS S1号「サステナビリティ関連財務情報の開示に関する全般的要求事項」BC

調した。コメント提出者は、関連する場合には「IFRS会計基準」と同じ定義及び概念を使用することによって「IFRSサステナビリティ開示基準」の理解可能性、一貫性及びつながり（connectivity）を改善することの重要さ（importance）も強調した。一部のコメント提出者は、統合報告を促進することの重要さ（importance）についてコメントし、ISSBとIASBが「統合報告フレームワーク」を基礎とするために共同で作業するという両審議会の議長の発表を歓迎した[2]。

BC24 ISSBは、再審議に対する全般的なアプローチを具体的な提案及び再審議の日程とともに決定するにあたり、フィードバックを考慮した。フィードバックから、ISSBは次の事項を識別した。

(a) 好意的に受け取られた提案

(b) 意見が分かれたフィードバックを受けた提案

(c) 過去に公表されたサステナビリティの基準及びフレームワークによって、比較的十分に確立されたことがわかる提案

(d) ISSBの将来の作業計画を通じて対処する方が適切である場合がある提案

BC25 ISSBは、意見が分かれたフィードバック（要求事項案への追加、削除又は修正の提案を含む。）が寄せられた提案に作業の焦点を当てることを決定した。ISSBはまた、利害関係者が新たな情報を提供したか又は公開草案の開発にあたり依拠した情報とは異なる情報を強調した提案について検討した。IFRS S1号に関連して、ISSBは次の事項について再審議することを決定した。

(a) 「企業価値」

(b) 要求される報告の幅広さ

(c) 「重大な（significant）」サステナビリティ関連のリスク又は機会

(d) 「重大な（significant）」サステナビリティ関連のリスク及び機会並びに開示すべき情報の識別（この文書の後の部分で「ガイダンスの情報源」として言及している、他の基準設定主体の作業の使用を含む。）

(e) 重要性（materiality）の評価の適用

(f) つながりのある情報

(g) 報告の頻度（又は時期）

(h) 比較情報及び更新された見積り

BC26 ISSBは、IFRS S1号とIFRS S2号の両方に関連する1件のトピック及び1件の提案を再審議することも決定した。

(a) 提案のプロポーショナリティ

(b) サステナビリティ関連及び気候関連のリスク及び機会が企業の財務業績、財政状態及びキャ

---

[2] IFRS財団「統合報告ー将来の道筋の明確化」, IFRS Foundation, London, IFRS Foundation, 2022, https://www.ifrs.org/news-and-events/news/2022/05/integrated-reporting-articulating-a-future-path/ （2023年3月13日にアクセス）参照。

© IFRS Foundation

ッシュ・フローに与える現在の及び予想される（anticipated）財務的影響（effects）

グローバル・ベースライン並びに各法域及び規制上の取組みとの相互運用可能性

BC27 「IFRSサステナビリティ開示基準」は、サステナビリティ関連財務開示の包括的なグローバル・ベースラインを確立し、一般目的財務報告書の利用者（したがって、国際資本市場も）のニーズを満たすことを意図している。グローバル・ベースラインが意図しているのは、開示要求の包括的な基盤として機能し、利用者のニーズを満たすように設計されている、比較可能で、費用対効果が高く、意思決定に有用なサステナビリティ関連財務開示をもたらすことである。各法域は、この共通のベースラインを基礎として、必要な追加の開示要求を構築することができる。

BC28 IFRS S1号は、企業が事業を営んでいる法域における法令（情報を開示するための文書、書式及び構造を定める法令を含む。）と両立可能となることを意図している。企業は、「IFRSサステナビリティ開示基準」が要求する情報とともに、各法域の要求事項を満たすために必要とされる追加的な情報を報告することが容認される。ISSBは、比較可能性の観点から、企業のサステナビリティ関連財務開示においてグローバル・ベースラインが可視化されていることが重要である（important）と考えた。IFRS S1号は、「IFRSサステナビリティ開示基準」が要求している情報を不明瞭にしない場合に、追加的な開示を容認している。

BC29 公開草案に対するコメント提出者のほぼすべてが、資本市場のためのサステナビリティ関連財務開示の包括的なグローバル・ベースラインを確立するための「IFRSサステナビリティ開示基準」の開発に同意し、強く歓迎した。

BC30 公開草案に対するコメント提出者からの強いメッセージは、各法域の要求事項（特に「エフラグ」及び「米国SEC」が公表した提案）との高度の相互運用可能性を達成することの重要さ（importance）であった。相互運用可能性についての強く、幅広く保有されている見解に対応して、当財団は複数の取組みを開始した。これにはIFRS S1号及びIFRS S2号並びにサステナビリティ報告に関する各法域の取組みに関連する重要な（important）戦略的事項について議論するための「法域別ワーキング・グループ」（JWG）の結成が含まれる。設立時に、JWGには次のメンバーが含まれていた。

(a) 「中国財政部」

(b) 「欧州委員会」及び「エフラグ」

(c) 日本の「金融庁」及び「サステナビリティ基準委員会」

(d) 英国の「金融行動監視機構」

(e) 米国SEC

(f) IOSCO（オブザーバーとして）

BC31 JWGは、グローバル・ベースライン及び提案されているサステナビリティ報告基準の間の相互運用可能性の達成の緊急性及び重要さ（importance）についてのフィードバックを提供した。JWGへの参加者は、相互運用可能性のあるグローバルの基準が資本市場に不可欠であると述べ、

さまざまな法域でのサステナビリティ関連報告制度の間の相互運用可能性の欠如は企業にコストがかかり、一般目的財務報告書の利用者への明確で一貫した情報の提供を損なうリスクを生じさせると示唆した。参加者は、利用者にとって重要性がある（material）情報が不明瞭にならないように、利用者に関連性がある情報及び利害関係者のより幅広いセットに関連性がある情報を利用者が明確に識別できるようにすることの重要さ（importance）も強調した。

BC32 ISSBは、他者と協力し他者から学ぶための作業を行っている。この協力の一部として、評議員会はサステナビリティ基準アドバイザリー・フォーラム（SSAF）の設置を2022年5月に発表した。そのメンバーは2022年12月に発表された。SSAFはISSBに対する公式の（formal）技術的な諮問機関である。各法域及び地域の団体を代表するメンバーがISSBの基準設定に情報をもたらすための技術的なインプット及び専門知識に貢献するアドバイザリー・フォーラムを提供する。ISSBは、グローバルのサステナビリティ報告の領域において他の組織と引き続き協力する（MoUの一部として、GRIとの協力を含む。）。

BC33 さらに、公開草案の再審議プロセスの間に、ISSBは、IFRS S1号及びIFRS S2号に関連して相互運用可能性の達成にとって重要な（important）事項についての複数の決定を行った。ISSBは、グローバル・ベースラインのいくつかの詳細を明確化した。特に、「IFRSサステナビリティ開示基準」に従った開示は投資者、債権者及びその他の融資者（すなわち、「一般目的財務報告書の主要な利用者」）の情報ニーズを満たすように設計されていること、そのような開示において提供すべき情報は「IFRS会計基準」の適用において使用されるものと整合的な重要性（materiality）の評価に基づくこと、また、当該情報は他の要求事項（具体的な法域の要求事項など）を満たすために開示される情報とともに表示することができるが、その追加的な情報によって不明瞭になってはならないことを明確化した。

BC34 ISSBが相互運用可能性を達成するために行ったその他の決定は、次を含んでいた。

(a) 公開草案で提案された開示要求の構造が、ガバナンス、戦略、リスク管理、並びに指標及び目標（targets）に関してのTCFDの提言（これらを「コア・コンテンツ」という。）と整合していることを確認すること（BC91項からBC122項参照）

(b) 「企業価値」の定義及び「企業価値を評価すること」という文言をIFRS S1号の目的及び重要性（materiality）の評価に関する記述から削除すること（BC35項からBC41項及びBC67項からBC74項参照）

(c) 情報は短期、中期及び長期の時間軸について要求されるが、それらの時間軸は定義されないことを確認すること（BC102項参照）

(d) 公開草案で提案された「バリュー・チェーン」の定義を確認すること（BC52項からBC55項参照）

(e) 企業がサステナビリティ関連のリスク及び機会に関して提供すべき情報を識別するにあたり、「GRIスタンダード」及び「欧州サステナビリティ報告基準」（ESRS）を考慮することを容認するものの、要求はしないという要求事項を導入すること（BC136項からBC139項参照）

目 的

BC35 IFRS S1号の目的は、一般目的財務報告書の主要な利用者が企業に資源を提供するかどうかに関

する意思決定を行うにあたり有用な、当該企業のサステナビリティ関連のリスク及び機会に関する情報の開示を当該企業に要求することである。公開草案に対するコメント提出者のほとんどは、「IFRSサステナビリティ開示基準」が利用者及び利用者の情報ニーズに焦点を当てることに同意した。しかし、コメント提出者は、公開草案における基礎的な概念のいくつかの適用について意見の分かれるフィードバックを提供した。このフィードバックは、「企業価値」、「重要性（materiality）」及び「重大な（significant）」という用語、並びにこれらの用語を利用者の意思決定に潜在的に有用である情報を識別し評価するにあたりどのように適用するかの周辺に集中していた。

BC36　一部のコメント提出者は「企業価値」の概念に関しての明瞭性を高めることを要望し、他のコメント提出者は、「企業価値」はサステナビリティ関連財務開示及び重要性がある（material）情報を決定するにあたり適切な用語なのかどうかを疑問視した。ISSBが公開草案に「企業価値」という用語を含めたのは、財務報告及び開示の範囲を拡大し、より幅広い情報のセットを捕捉することを意図したものであった。この情報は企業の現在の財政状態及び財務業績の範囲を超えて広がることになり、例えば、サステナビリティ関連のリスク及び機会の予想される（anticipated）財務的影響（effects）が含まれる場合がある。また、この用語は、開示の範囲を狭めて、一般目的財務報告書の利用者に有用な、サステナビリティ関連のリスク及び機会についての情報のみを含めるようにすることも意図されていた。しかし、ISSBの意図に反して、この用語の使用は公開草案の目的を制限し一部のコメント提出者に混乱を生じさせた可能性がある。例えば、一部の利用者は、「企業価値」は狭くなりすぎるように定義又は理解される可能性があり、それによりIFRS S1号に従って開示されるサステナビリティ関連財務情報が利用者の目的にとって有用でなくなるリスクを生じさせると述べた。また、「企業価値」の定義も混乱を生じさせており、多くのコメント提出者が、時価総額に言及したことにより、この用語が上場企業のみに適用されることを意味するものと考えていた。一部のコメント提出者は、この用語は欧州の法制では特定の異なる意味を有しているため、この用語の使用は混乱を生じさせる可能性があると述べた。

BC37　一部のコメント提出者は、公開草案において重要性（materiality）の概念を開発するために使用されたIASBの「概念フレームワーク」からの言葉遣いに加えられた手直しに関して懸念を示した。公開草案は、「概念フレームワーク」からの「重要性がある（material）情報」の定義を手直しして、公開草案の第2項で「重要性（materiality）の評価は、一般目的財務報告の利用者が企業価値を評価するために必要な情報の文脈で行わなければならない」と記述していた。重要性（materiality）に関する追加の説明は、BC67項からBC84項を参照されたい。

BC38　コメント提出者は、公開草案の範囲に含まれるサステナビリティ関連のリスク及び機会を決定するための「重大な（significant）」という用語の使用を疑問視した。コメント提出者はこの用語の使用に関して懸念を示し、重要性（materiality）との関係について混乱していた。ほとんどのコメント提出者は、この用語には明確な定義がないと述べ、一部のコメント提出者は「重大な（significant）」と「重要性がある（material）」という用語の使用の間の区別が公開草案では不明確であると述べた。

BC39　このフィードバックに対応して、ISSBは、目的の言葉遣いを変更し、IFRS S1号における重要性（materiality）の定義をIASBが使用しているものとより整合させることを決定した。ISSBはまた、「企業価値」の定義をIFRS S1号付録Aにおける用語の定義のリストから削除し、当該基準において、企業がそれに関する情報を提供することを要求されるサステナビリティ関連の

76　　　　　　　　　　　　　　© IFRS Foundation

IFRS S1号「サステナビリティ関連財務情報の開示に関する全般的要求事項」BC

リスク及び機会を記述するにあたり「重大な（significant）」及び「すべての重大な（all significant）」という用語を削除した。

BC40 ISSBはこれらの用語を使用しないことを決定したが、ISSBのアプローチ及び一般目的財務報告書の利用者に焦点を当てていることは変わっていない。ISSBは、「重要性がある（material）情報」及び「一般目的財務報告書の主要な利用者」の定義について、IASBの定義と整合的な定義の使用を継続することを決定した。さらに、ISSBは、企業が報告することを要求されるサステナビリティ関連のリスク及び機会を記述するにあたり、IFRS S1号において「重大な（significant）」という用語を日常的には使用しないことを決定したが、ISSBの意図は公開草案と整合的なままである。すなわち、その意図は、企業に対して、サステナビリティ関連のリスク及び機会に関する（具体的には、企業の見通しに影響を与える（affect）と合理的に見込み得るサステナビリティ関連のリスク及び機会に関する）重要性がある（material）情報を提供するよう要求することである。ISSBは、「重大な（significant）」という用語は、報告すべきサステナビリティ関連のリスク及び機会を企業が識別するにあたり企業を支援することを意図したものであり、「重要性がある（material）」は提供すべき情報を決定するにあたって使用することを意図していたことに留意した。この区別を明確化するため、ISSBはIFRS S1号付録Bにおいてガイダンスを提供することを決定した。

BC41 このフィードバックに対応して、ISSBは、IFRS S1号における「目的」セクションの内容を明確化した。このセクションには次の内容が含まれる。

(a) 「IFRSサステナビリティ開示基準」が扱うサステナビリティ関連のリスク及び機会についての記述

(b) それらすべてのリスク及び機会に関する情報を企業が提供するという全般的な要求事項

(c) サステナビリティ関連財務開示の内容及び表示についての全般的な要求事項を示すにあたってのIFRS S1号の役割についての記述

IFRS S1号の目的は、「統合報告フレームワーク」を基礎としているが、場合によっては、当該基準は同一の用語を使用していない。

サステナビリティ関連のリスク及び機会

BC42 サステナビリティの概念は「持続可能な開発」と結び付けられることが多い。この概念は1987年に「将来の世代が自身のニーズを満たす能力（ability）を損なうことなしに、現在のニーズを満たす開発」と定義された[3]。国連は、サステナビリティの定義、「持続可能な開発目標」及び国際政策宣言を発表し、サステナビリティを考慮するにあたって重要である（important）と国連が結論を下した事項を識別している。これには次のものが含まれる。

(a) 気候変動（「国連気候変動枠組条約」）

(b) 生物多様性（「国連生物多様性条約」）

(c) 海洋（「海洋法に関する国際連合条約」）

---

[3] World Commission on Environment and Development, The Brundtland Report: Our Common Future, Oxford, Oxford University Press, 1987.

© IFRS Foundation

(d) 砂漠化（「国際連合砂漠化対処条約」）

(e) 人権（「国際人権宣言」）

BC43　したがって、「サステナビリティ」及び「持続可能な開発」という用語は、社会的コミュニティ及び共同体（ecological communities）にわたり幅広く適用され、現在及び将来の世代に適用される。これらの用語は、正義、健康、福祉、維持（preservation）及び地球の限界（planetary boundaries）の認識に関する環境上の及び社会的な概念も包摂している。

BC44　IFRS S1号は、サステナビリティ関連財務情報、すなわち、短期、中期又は長期にわたり、企業のキャッシュ・フロー、当該企業のファイナンスへのアクセス又は資本コストに影響を与える（affect）と合理的に見込み得るサステナビリティ関連のリスク及び機会に関する情報に焦点を当てている。これには、それらのリスク及び機会に関連する、企業のガバナンス、戦略、リスク管理並びに関連する指標及び目標（targets）が含まれる。したがって、サステナビリティ関連のリスク及び機会（サステナビリティ及び持続可能な開発という確立された概念との関係を含む。）を理解することは、IFRS S1号及び「IFRSサステナビリティ開示基準」の範囲をより広く理解するのに軸となるもの（pivotal）である。

BC45　IFRS S1号は、サステナビリティ関連のリスク及び機会は、企業と、当該企業のバリュー・チェーンを通じての利害関係者、社会、経済及び自然環境との相互作用から生じると定めている。この記述は意図的に幅広くしている。さらに、企業のサステナビリティ関連のリスク及び機会（並びにそれらの企業に対する影響（effects）及び影響（effects）の見込み）は時間の経過とともに変化し、また、企業が事業を営んでいる相互依存的なシステムと関連して変化する。IFRS S1号は、企業はバリュー・チェーンを通じての資源及び関係に依存するとともに、それらの資源及び関係に影響も与えて（affects）おり、これはそれらの維持、再生及び発展又はそれらの劣化及び枯渇に寄与すると詳述している。

BC46　サステナビリティ関連のリスク及び機会の基礎となる概念を記述するにあたり、ISSBは、「統合報告フレームワーク」の概念を基礎とすることを決定した。この決定は、フレームワーク提供者及び基準設定主体の既存の作業を基礎とするというISSBの目的と整合的である。「統合報告フレームワーク」における基礎的な概念は、企業が時間の経過とともに企業自身のための価値を生み出し、維持し又は毀損する能力（ability）（結果として、企業の投資者、融資者及びその他の債権者に対するリターンを生み出す能力（ability））は、企業が他者のために生み出し、維持し又は毀損する価値と密接に関係していることを強調する。

BC47　サステナビリティ関連のリスク及び機会の根底にあるこれらの概念は、IASBの公開草案「経営者による説明」における概念及びガイダンスと概ね整合している。例えば、公開草案「経営者による説明」は、企業の活動は、企業の将来キャッシュ・フローの正味現在価値を向上又は維持する場合には、当該企業のための価値を生み出すと説明している。逆に、企業の将来キャッシュ・フローの正味現在価値を減少させる場合、企業の活動は価値を毀損する。また、公開草案は、価値を生み出すことはキャッシュ・フローの生成の前提条件であるとも説明している。逆に、活動の一部は、短期的にはキャッシュ・インフローを増加させても長期的には価値を毀損する場合がある。

BC48　ISSBは、「目的」セクション（IFRS S1号第1項から第3項参照）及び適用ガイダンス（IFRS S1号B1項からB12項参照）におけるサステナビリティ関連のリスク及び機会（並びにサステナビ

IFRS S1号「サステナビリティ関連財務情報の開示に関する全般的要求事項」BC

リティ関連財務情報）の根底にある概念の記述を拡充することを決定した。ISSBはまた、関連する定義（「主要な利用者」及び「重要性がある（material）情報」の定義を含む。）が、サステナビリティ関連のリスク及び機会の理解をさらに強化するのに役立つことにも留意した。

BC49 ISSBは、IFRS S1号が一般目的財務報告書の利用者の情報ニーズに焦点を当てることは、サステナビリティ関連財務情報と、持続可能な開発への企業の貢献に焦点を当てたより幅広いマルチ・ステークホルダー向けの報告とを区別するものであることを強調した。ISSBは、投資者に焦点を当てた開示を超えて範囲を拡大することはしなかった。「IFRSサステナビリティ開示基準」に従い行われる開示は、概念上も実務上も、人々、環境及び経済に対する企業の重大な（significant）インパクトに関する報告を補完するものである（しかし、これを置き換えるものではない。）。IFRS S1号は、利用者が企業への資源を提供するかどうかに関する意思決定を行うにあたり有用な情報に焦点を当てている。

サステナビリティ関連のリスク及び機会の識別

BC50 ISSBは、サステナビリティ関連のリスク及び機会の根底にある概念についてのIFRS S1号における記述を拡充することを決定した。この拡充は、作成者がサステナビリティ関連のリスク及び機会（企業の見通しに影響を与える（affect）と合理的に見込み得るリスク及び機会を含む。）を識別するにあたり作成者を支援することを意図した多くのアプローチのうちの1つであった。ISSBは、企業を支援することを意図した、次を含む、その他のアプローチに留意した。

(a) 気候関連のリスク及び機会に特有のIFRS S2号における要求事項及びガイダンス

(b) サステナビリティ関連のリスク及び機会（さまざまなサステナビリティ関連の論点にまたがるリスク及び機会並びに産業に固有のリスク及び機会を含む。）の識別に関する実務的なガイダンスを提供するIFRS S1号におけるガイダンスの情報源

(c) 「IFRSサステナビリティ開示基準」及び教育的資料の開発を継続するためのISSBの継続中及び将来の作業

BC51 IFRS S1号第3項は、企業の見通しに影響を与える（affect）と合理的に見込み得る、すべてのサステナビリティ関連のリスク及び機会に関する情報を開示することを企業に要求している。ISSBに対するフィードバックの中で、作成者はリスク及び機会の識別にあたっての困難を記述した。企業に影響を与える（affect）可能性のあるすべてのサステナビリティ関連のリスク及び機会をカバーするために必要となる評価の幅広さなどである。これに対応して、ISSBは、サステナビリティ関連のリスク及び機会を識別するにあたり、企業が「報告日時点で企業が過大なコストや労力をかけずに利用可能な、すべての合理的で裏付け可能な情報」（過去の事象、現在の状況及び将来の状況の予想（forecasts）に関する情報を含む。）を使用するという概念を導入した（BC10項からBC17項参照）。ISSBは、この概念を導入することにより、次の事項が明確になると考えた。

(a) 企業は、裏付けられない又は不合理な情報を前提として、機会（又はリスク）を過大に又は過小に記載することは禁止される。

(b) 企業は、報告日時点で企業が利用可能なすべての情報（過去の事象、現在の状況及び将来の状況の予想（forecasts）に関する情報を含む。）を用いることが要求される。

© IFRS Foundation

79

(c) 企業は、報告日時点で利用可能ではない情報を用いることは要求されない。

(d) 企業は、あらゆるサステナビリティ関連のリスク又は機会を識別するために網羅的な探索を実施することは期待されていない（is not expected）。そのような網羅的な探索は「過大なコストや労力」を表すからである。

BC52 企業の見通しに影響を与える（affect）と合理的に見込み得るサステナビリティ関連のリスク及び機会には、企業のバリュー・チェーンを通じて生じるものが含まれる。IFRS S1号は、サステナビリティ関連のリスク及び機会が企業のビジネス・モデル及びバリュー・チェーンに与える現在の及び予想される（anticipated）影響（effects）の記述を開示することを企業に要求している。企業は、企業のビジネス・モデル及びバリュー・チェーンのどの部分にサステナビリティ関連のリスク及び機会が集中しているかの記述を開示することも要求される。企業が提供する場合があるこの種類の情報の例には、次のようなものが含まれる。

(a) 飲料会社が、特に水が希少である地域での水の使用に関連したリスクを開示することが必要となる場合がある。当該企業は、水の使用が事業上のニーズを満たすために利用可能な供給にどのように影響を与える（affects）のかを記述する場合がある。企業の水の消費が、同じ水源に依存している企業の事業の周辺のコミュニティにどのように影響を与える（affects）のかを説明する場合がある。また、それらの場所での水の過剰な消費が、風評被害及び顧客の喪失のリスク、又は課税若しくは資源の使用の制限をどのようにもたらす可能性があるのかも説明する場合がある。これらのリスクがサプライ・チェーンを通じてどのように評価されたのかを記述する可能性がある。

(b) 衣服ブランド会社が、製品及び包装において資源消費がより少ない材料を使用するように変更することに関連した機会を記述する場合がある。潜在的な影響（effects）は、持続可能な事業慣行への企業のコミットメント又は持続可能性がより高いもの若しくはリサイクルされた代替品への顧客の選好が要因となって左右される場合がある。企業は、潜在的にこの機会の影響を最も受ける（affected）バリュー・チェーン及び事業の領域並びに当該機会を評価しモニタリングするために整備されたプロセスを開示する場合がある。

(c) 電子機器製造業者が、サプライ・チェーンにおける人権上の課題のリスク（風評被害及びサプライ・チェーンの混乱を含む。）を記述する場合がある。そうするにあたり、企業は、企業自身の方針への影響（effects）、当該リスクを評価しモニタリングするために行った対応及び識別されている権利の濫用を企業がどのように管理しているかを記述する場合がある。

BC53 再審議のプロセスにおいて、ISSBは、「バリュー・チェーン」の定義は公開草案で提案した定義と同じままとすることを確認した。ISSBは、「バリュー・チェーン」及び「ビジネス・モデル」の定義に軽微な編集上の変更を加えて、それらの用語の定義をIFRS S1号の「目的」セクションに整合させた。

BC54 共同支配企業、関連会社及び投資は、財務諸表において認識されているが、連結財務諸表を表示している報告企業の一部とはみなされない。財務諸表がこれらの投資を認識し、関連会社及び共同支配企業の業績の諸側面を報告するのと同じように、これらの投資に関連するサステナビリティ関連財務情報は、一般目的財務報告書の利用者が、サステナビリティ関連のリスク及び機会が短期、中期及び長期にわたり、企業のキャッシュ・フロー、当該企業のファイナンスへのアクセス及び資本コストに与える影響（effects）を評価するにあたり、一般目的財務報告書

IFRS S1号「サステナビリティ関連財務情報の開示に関する全般的要求事項」BC

の利用者に関連性がある。

BC55 IFRS S1号は、共同支配企業、関連会社及び投資に関するサステナビリティ関連財務情報をどのように含めるかを定めていない。しかし、特定の「IFRSサステナビリティ開示基準」（IFRS S2号を含む。）は、企業のバリュー・チェーンを通じて生じるサステナビリティ関連のリスク及び機会に関する情報の開示に関連する要求事項及びガイダンスを提供している。

BC56 企業は、バリュー・チェーンを通じてのサステナビリティ関連のリスク及び機会に関する情報を開示することを要求される。そうするにあたり、企業は、企業の見通しに影響を与える（affect）と合理的に見込み得るサステナビリティ関連のリスク及び機会を識別し、当該サステナビリティ関連のリスク及び機会のそれぞれに関連して、その幅広さ及び構成を含むバリュー・チェーンの範囲を決定することを要求される。企業は、ビジネス・モデル及びバリュー・チェーンを通じての企業の見通しに影響を与える（affect）と合理的に見込み得るサステナビリティ関連のリスク及び機会の現在の及び予想される（anticipated）影響（effects）を開示すること及びこれらのリスク及び機会がどの部分に集中しているかを記述することも要求される。ISSBへのフィードバックにおいて、コメント提出者は、バリュー・チェーンの考え得る範囲のほか、要求されている開示を作成するにあたっての情報の入手における潜在的な複雑性を理由に、企業のバリュー・チェーンの範囲を決定するために必要な情報の入手に関連する課題を記述した。

BC57 公開草案に対するコメント提出者の一部は、バリュー・チェーンに関する情報を入手するには、企業が支配しておらず、所有持分も有していない者から報告企業が情報を収集することが必要となる場合があると述べた。これらのコメント提出者の一部は、企業が考慮することを要求されるバリュー・チェーンの範囲をISSBが限定することを提案した。ISSBは、企業が考慮することを要求されるバリュー・チェーンの範囲を限定しないことを決定し、企業はバリュー・チェーンを通じて生じるサステナビリティ関連のリスク及び機会に関する重要性がある（material）情報を提供することを要求されることを確認した。例えば、企業の製品の最終的な消費者が当該企業の「スコープ3」の温室効果ガス排出の最も重要な（important）寄与者である場合があり、あるいは、企業のサプライ・チェーンにおけるサプライヤーの雇用実務が、たとえ当該サプライヤーが報告企業と直接的な関係を有していない場合であっても、当該企業の評判に対する影響（effect）を有する可能性がある。

BC58 バリュー・チェーンの範囲を評価する際に情報を入手するにあたり、企業が直面する潜在的な困難に関する懸念に対応して、ISSBは、バリュー・チェーンの範囲を決定する企業は、企業の見通しに影響を与える（affect）と合理的に見込み得る識別されたサステナビリティ関連のリスク及び機会のそれぞれに関連して、「報告日時点で企業が過大なコストや労力をかけずに利用可能な、すべての合理的で裏付け可能な情報」を使用することを要求されることを決定した。ISSBは、「報告日時点で企業が過大なコストや労力をかけずに企業が利用可能な、すべての合理的で裏付け可能な情報」の概念が、バリュー・チェーンに関する開示を作成する際に考慮する情報の種類及びそのような情報を入手するために要求される労力についてのパラメータを確立することによって、企業を支援することに留意した。具体的には、ISSBは、この概念が次のことを明確にすることに留意した。

(a) 企業は、報告日時点で企業が過大なコストや労力をかけずに利用可能な、すべての情報を用いることが要求される。

© IFRS Foundation

81

(b) 企業は、過大なコストや労力を要することとなる、バリュー・チェーンに関連した情報の網羅的な探索を実施することは要求されない。

(c) 企業は、バリュー・チェーンの範囲を合理的で裏付け可能な情報を使用して決定することが要求される。

このことは、バリュー・チェーンを通じての企業から情報を入手することに関連した課題に直面する企業への救済措置も提供する。

バリュー・チェーンを通じてのサステナビリティ関連のリスク及び機会の範囲の再評価

BC59 ISSBは、公開草案においては、企業は報告日ごとに、バリュー・チェーンを通じて生じるサステナビリティ関連のリスク及び機会の範囲を再評価することを要求されることが示唆されていることに留意した。例えば、企業は、報告日ごとに、バリュー・チェーンを通じてどの「スコープ3」の温室効果ガス排出カテゴリー及びどの企業を自身の「スコープ3」の温室効果ガス排出の測定に含めるべきかを再評価することを要求される。

BC60 フィードバックについて議論するにあたり、ISSBは、この論点は「スコープ3」の温室効果ガス排出に特有のものではないことを承知した。ISSBは、バリュー・チェーンを通じてのサステナビリティ関連のリスク及び機会のそれぞれの範囲を各報告日時点で再評価するために企業が負担することになるコストは、通常、重大な（significant）変化が発生した場合にのみ再評価による便益を受ける、一般目的財務報告書の利用者に対する便益を上回るであろうと決定した。したがって、ISSBは、企業が各報告日時点で再評価を行うという要求事項は不要であると決定した。

BC61 その代わりに、フィードバックに対応して、ISSBは、重大な（significant）事象又は状況の重大な（significant）変化が発生した場合にのみ、企業はバリュー・チェーンを通じて生じるすべての影響を受ける（affected）サステナビリティ関連のリスク及び機会の範囲を再評価することを要求されることを決定した。そのような重大な（significant）事象又は状況の重大な（significant）変化は、企業がその事象若しくは状況の変化に関与していなくても、又は企業が一般目的財務報告書の利用者にとって重要である（important）と評価する内容の変化の結果（result）として、発生することがある。例えば、従業員の移動に関連する温室効果ガス排出について企業が予想していなかった規制が導入される場合に、企業はどのカテゴリーを「スコープ3」の温室効果ガス排出の測定に含めるべきかを再評価することを要求される場合がある。しかし、この規制が企業のその他のサステナビリティ関連のリスク及び機会（例えば、企業のサプライ・チェーンにおける水の希少性という企業の識別されたリスク）に影響を与えない（not affect）場合には、企業は当該他のサステナビリティ関連のリスク及び機会の範囲を再評価することを要求されない。ISSBは、重大な（significant）事象又は状況の重大な（significant）変化は、必ずしも企業のバリュー・チェーンの変化から生じるわけではなく、したがって、サステナビリティ関連のリスク又は機会の範囲は、たとえ企業のバリュー・チェーンが変化していなくても変化する場合があると考えた。

BC62 企業は、企業のバリュー・チェーンを通じてのサステナビリティ関連のリスク又は機会の範囲をより頻繁に（例えば、毎年）再評価することを選択できる。

概念的基礎

適正な表示

BC63 IFRS S1号第11項は、「完全な1組のサステナビリティ関連財務開示は、企業の見通しに影響を与える（affect）と合理的に見込み得る、すべてのサステナビリティ関連のリスク及び機会を適正に表示しなければならない」と要求している。適正な表示は、企業の見通しに影響を与える（affect）と合理的に見込み得るサステナビリティ関連のリスク及び機会に関する関連性がある情報の開示並びにIFRS S1号に示された原則に従ったそれらの忠実な表現を要求している。また、適正な表示は、企業が「比較可能で、検証可能で、適時で、理解可能な情報を開示すること」及び『IFRSサステナビリティ開示基準』において具体的に適用される要求事項に準拠するだけでは、一般目的財務報告書の利用者が、短期、中期及び長期にわたる企業のキャッシュ・フロー、当該企業のファイナンスへのアクセス及び資本コストにサステナビリティ関連のリスク及び機会が与える影響（effects）を理解するうえで不十分である場合には、追加的な情報を開示すること」も要求している（IFRS S1号第15項(a)から(b)参照）。適正な表示は、「IFRS会計基準」（その特徴はIAS 第1号に示されている。）及び他の会計基準においてよく理解されている概念である。IFRS S1号における概念及び文言は、IAS 第1号に由来し、サステナビリティ関連財務開示の文脈で手直しされている。

BC64 ISSBは、サステナビリティ関連財務情報に直接適用される別個の概念フレームワークを有していない。IFRS S1号は、付録Dに示されている、有用なサステナビリティ関連財務情報の質的特性に関するガイダンスを含んでいる。このガイダンスはIFRS S1号の不可欠な一部であり、したがってIFRS S1号を使用する企業が適用することを要求されている。付録Dに記述された特性は、IASBの「概念フレームワーク」から手直ししたものであり、一般目的財務報告書（サステナビリティ関連財務開示及び財務諸表の両方を含む。）における情報が当該報告書の利用者に有用であることを確保することを意図している。当該ガイダンスは、サステナビリティ関連財務開示の作成において企業を支援するための情報を提供することも意図している。

BC65 「概念フレームワーク」と同様に、有用なサステナビリティ関連財務情報の基本的な質的特性は、関連性及び忠実な表現である。補強的な質的特性は、比較可能性、検証可能性、適時性及び理解可能性である。IFRS S1号は、これらの概念がサステナビリティ関連財務情報にどのように適用されるのかを説明している。例えば、IFRS S1号は、説明又は将来予測的な文章の形式での情報であっても検証可能であると説明している。

BC66 忠実な表現は、IAS 第1号における「適正な表示」の概念の一構成要素である。「概念フレームワーク」によれば、完璧に忠実な表現であるためには、描写は3つの特性を有することとなる。それは、完全で、中立的で、誤謬がないことである。公開草案を開発するにあたり、ISSBは、サステナビリティ関連財務開示を作成する個人は、財務諸表の作成に関与している個人と同じではない場合があり、「IFRS会計基準」又は「概念フレームワーク」に習熟していない場合があることに留意した。したがって、公開草案の第3項は、企業のサステナビリティ関連財務情報の「完全な描写」を記述するために、「誤謬がない」の代わりに「正確である」という一般的な呼称を使用した。ISSBは、IFRS S1号D10項で使用されている用語をIFRS S1号第13項で使用されている用語と整合させた。

© IFRS Foundation

重要性（materiality）

BC67 公開草案は、重要性（materiality）はサステナビリティ関連のリスク及び機会が企業の企業価値に与える影響（effects）に関連して評価されることを提案した。フィードバックに対応して、ISSBは、「IFRSサステナビリティ開示基準」における重要性（materiality）の定義を、「概念フレームワーク」及びIAS 第1号におけるIASBの「重要性がある（material）情報」及び「重要性がある（material）」の定義（それらは企業価値に言及していない。）にそれぞれ整合させることを確認した。整合性を改善するため、ISSBは「企業価値」を重要性（materiality）についての記述から削除し、「企業価値」の定義をIFRS S1号から削除した。

BC68 ISSBは、IFRS S1号は企業の見通しに影響を与える（affect）と合理的に見込み得るサステナビリティ関連のリスク及び機会に関して重要性がある（material）情報を開示することを企業に要求することを明確化した。ISSBは、重要性がある（material）情報の定義の基礎を「概念フレームワーク」及びIAS 第1号における「重要性がある（material）情報」及び「重要性がある（material）」の定義にそれぞれ置いている。それらの定義はすべて、重要性（materiality）の判断は特定の報告企業に関連して行われるものであることを強調し、一般目的財務報告書の利用者の意思決定に影響を与える（influence）と合理的に見込み得る情報に焦点を当てている。IFRS S1号における定義は、サステナビリティ関連財務開示に固有のものであり、重要性（materiality）の判断は企業のサステナビリティ関連財務開示の文脈において行われると述べている。このアプローチは、IAS 第1号及びIASBの公開草案「経営者による説明」における「重要性がある（material）情報」の定義が、それぞれどのように財務諸表及び経営者による説明に固有のものであるのかと整合している。IFRS S1号における定義はまた、利用者は企業が公表する一般目的財務報告書の1つの様式のみに基づいて意思決定を行うわけではないことを承知している。概念的に整合した定義を用いることは、「IFRS基準」を適用して作成される企業の一般目的財務報告書の全体にわたるつながり（connectivity）を促進する。

BC69 サステナビリティ関連財務開示に関する重要性（materiality）の判断は、財務諸表についての重要性（materiality）の判断と必然的に異なるものとなる。異なる重要性（materiality）の判断が必要であるのは、サステナビリティ関連財務開示と財務諸表とは、それぞれの固有の目的を果たし、報告企業に関する異なる種類の情報を提供するためである。サステナビリティ関連財務開示は、企業の見通しに影響を与える（affect）と合理的に見込み得るサステナビリティ関連のリスク及び機会に関する情報を提供する一方で、財務諸表は、企業の資産、負債、持分、収益及び費用に関する情報を提供する。ISSBは、サステナビリティ関連のリスク及び機会に関する情報は資産及び負債の定義並びにそれらの認識規準による制約を受けないことに留意した。さらに、ISSBは、サステナビリティ関連財務開示を作成するにあたり、企業は財務諸表の作成にあたって考慮する期間よりも長い期間にわたる財務的影響（implications）を考慮しなければならないことが多いと見込んでいる。加えて、サステナビリティ関連財務開示を作成するにあたり、企業はバリュー・チェーンを通じての相互作用の財務的影響（implications）を考慮することが必要となる。最後に、ISSBは、サステナビリティ関連財務情報は、財務諸表に含まれる情報と比較して異なる測定基礎を有する場合があると考えた。

BC70 リスクの深刻さ（severity）は、一般的には、蓋然性及びインパクトの観点から表現される。機会も同じように表現することができる。IFRS S1号は、重要性の判断を行う際に、企業は、発生する可能性は低いものの潜在的に大きなインパクトを与えるリスク及び機会を考慮することを

要求される。企業は、次の事項を考慮することが要求される。

(a) 企業の活動が環境及び社会に与えるインパクトと、環境及び社会が企業のキャッシュ・フロー、資本コスト及びファイナンスへのアクセスに与えるインパクトとの関係

(b) 時間の経過に伴う仮定及び条件の変更

(c) 一般目的財務報告書の利用者の情報ニーズの潜在的な変化

BC71 IFRS S1号における重要性がある（material）情報の定義は、「概念フレームワーク」及びIAS第1号と整合している。しかし、「IFRSサステナビリティ開示基準」はどの会計基準とでも適用されるように設計されており、重要性（materiality）の定義はすべての会計基準において同じであるわけではない。例えば、「米国財務会計基準審議会」（FASB）は、「財務会計概念書」第8号において、重要性（materiality）を次のように定義している。

> 財務報告書におけるある項目の省略又は誤表示は、取り巻く状況に照らして、当該項目の規模が、当該報告書に依拠する合理的な人の判断が当該項目の追加又は訂正によって変化するか又は影響を受ける可能性が高いほどのものである場合には、重要性がある[4]。

BC72 さらに、重要性（materiality）の概念がさまざまな法域においてどのように解釈され、適用され、執行されているのかについては、ある程度のばらつき（some variation）がある。したがって、IFRS S1号における定義を含めることで、「IFRSサステナビリティ開示基準」の要求事項を適用する企業が、同じ文言を適用し、解釈することが確保される。これらの基準を適用するすべての企業は、重要性がある（material）情報について同じ定義を使用することを要求される。

BC73 重要性（materiality）に関する決定を行うにあたり、ISSBは、重要性がある（material）情報を他の情報（IFRSサステナビリティ開示基準の外にある、法令又はその他の要求事項を満たすために提供される情報を含む。）によって不明瞭にしてはならない旨を繰り返してきた。ISSBはIAS第1号と整合した重要性がある（material）情報の定義を使用しているため、IAS第1号におけるガイダンスに基づいて、IFRS S1号に重要性がある（material）情報を不明瞭にすることに関するガイダンスを含めることを決定した。

BC74 ISSBは、重要性がある（material）情報を不明瞭にすることを避けるため、企業は「IFRSサステナビリティ開示基準」で要求されている重要性がある（material）情報を目立たせ、法令又はその他の要求事項を満たすために提供される重要性がない（immaterial）情報と区別できるようにすることを要求されることを強調した。この区別が達成される場合がある方法には、次のものが含まれる。

(a) 一般目的財務報告書の利用者が「IFRSサステナビリティ開示基準」で要求されている情報を抽出できることを確保するためにデジタルなタグ付けを使用する。

(b) 「IFRSサステナビリティ開示基準」で要求されている情報を重要性がない（immaterial）情報とともに単一の報告書に表示したうえで、「IFRSサステナビリティ開示基準」で要求されている情報を区別するための書式を使用する（例えば、ボックス又は影付けを使用して、「IFRSサステナビリティ開示基準」で要求されている情報を強調するか又は区別を明確にす

---

[4] FASB「財務会計概念書」第8号「財務報告に関する概念フレームワーク—第3章『有用な財務情報の質的特性』」（QC11項）（2018年8月修正後）の当該セクション参照。

る。）。

(c) 「IFRSサステナビリティ開示基準」で要求されている情報を別個に表示し、当該情報について重要性がない（immaterial）情報と明確に区別できるようにする（例えば、報告書を複数の部分に分割する。）。

(d) 2セットの情報を提供する。すなわち、区別を設けずに情報の全体パッケージ（「IFRSサステナビリティ開示基準」で要求されている情報と重要性がない（immaterial）情報の両方）を含んだものと、「IFRSサステナビリティ開示基準」で要求されている情報のみを提供する付属の報告書を提供する。

集約及び分解

BC75 IAS 第1号における財務諸表に関連する集約及び分解の概念は、サステナビリティ関連財務開示についても同様に重要である（important）。一般目的財務報告書の利用者が適切に集約され分解されたレベルで情報を提供されることを確保するためである。IFRS S1号は、サステナビリティ関連財務開示における情報をどのように集約し分解するかを決定する際に、すべての事実及び状況を考慮することを企業に要求している。また、開示の理解可能性を「重要性がある（material）情報を重要性がない（immaterial）情報で不明瞭にしたり、類似していない重要性がある（material）情報項目を集約したりすることによって」低下させないことも要求している（IFRS S1号B29項参照）。これらの集約及び分解の原則は、IAS 第1号を基礎としている。

商業上の機密情報

BC76 公開草案に対するフィードバックをレビューするにあたり、商業上の機密である可能性のある機会に関する情報を開示することを要求されることに関する利害関係者の懸念が強いテーマとして浮上した。コメント提出者は、そのような情報の開示が、競争優位に不可欠である、企業の戦略及び計画している行動に関連して、過度の詳細を公開する可能性があることを懸念した。

BC77 一部の作成者は、機会に関する商業上の機密情報を開示することに消極的であると述べた。市場における自らの競争力を低下させるか、あるいは他の形で商業上有害となる可能性があるためである。

BC78 これに対応して、ISSBは、重要性がある（material）情報を一般目的財務報告書の利用者に提供することを企業が免除される状況が限定的となることに留意して、的を絞った免除を導入することを決定した。IFRS S1号における免除は、IFRS S1号B35項に記述された限定的な状況において、企業がサステナビリティ関連の機会に関する情報をサステナビリティ関連財務開示から省略することを容認している。

BC79 ISSBは、この免除を意図的に狭いものとし、機会に関する情報の開示のみに適用することを決定した。ISSBは、この決定が、リスクに関する情報の開示と機会に関する情報の開示との間に非対称を生じさせる場合があることを承知していた。しかし、ISSBは、この情報を報告するという要求事項がないにもかかわらず、多くの企業が既にサステナビリティ関連の機会に関して自発的に報告していることを観察した。少数のコメント提出者がISSBの公開草案に対して述べたように、企業は自らが利用可能な機会を共有することを選好することが多い。対照的に、情報が比較可能で中立的である方法で提供されることを確保するためには、通常、基準において

86

© IFRS Foundation

IFRS S1号「サステナビリティ関連財務情報の開示に関する全般的要求事項」BC

リスクの開示を要求することが必要である。

BC80 企業が免除を適用する状況を評価するにあたり、ISSBは、企業は機会に関する当該情報の開示について、まず、商業上の機密性に関する企業の懸念を解決するのに十分なほど集約されたレベルで、IFRS S1号における開示要求の目的を依然として満たしつつ行うことが可能かどうかを検討することを要求されることに同意した。ISSBは、そのような状況において、企業は競争優位の重大な（significant）喪失を生じさせる場合がある具体的な情報を識別せずに情報を開示する方法を考慮することになると説明した。ISSBは、企業は集約によって重要性がある（material）情報が不明瞭にならないことを確保することを要求される旨を強調した。

BC81 ISSBは、企業がこの免除を適用する場合に、省略したそれぞれの情報項目について適用することを要求される追加的な要求事項をIFRS S1号に含めた。ISSBは、次のことについて議論し、合意した。

(a) この免除を適用する企業は、適用した旨を開示することを要求される。ISSBは、この開示は一般目的財務報告書の利用者に対して、何が省略されたのかに関する情報の開示を企業に要求せずに、特定の情報が商業上の機密性を理由に省略されている旨を伝えることにより、免除の効果を低減させないことを決定した。

(b) 企業は開示しないことについて具体的な理由があることを要求されるが、その理由を開示することは要求されない。ISSBは、IAS 第37号「引当金、偶発負債及び偶発資産」第92項の要求事項と同様に、情報を省略した理由を開示することを企業に要求すべきかどうかを検討した。しかし、ISSBは、企業は商業上の機密情報を公開することなく、その理由についての有用な開示を提供することはできないと判断した。その代わりに、ISSBは、情報が除外されていることを利用者に認知させるため、企業が免除を使用した旨を開示することを企業に要求することを決定した。ISSBは、企業の競争力が開示によって弱められる可能性があるという一般的なリスクは、それ自体では、企業が開示を回避する適切な理由とはならないことに留意した。

(c) 企業は、各報告日時点で、当該情報について依然として免除が適用されるかどうかを再評価することを要求される。企業が免除についてもはや適格ではなくなっている場合には、当該報告日時点で当該情報を開示することを要求される。

BC82 ISSBが採用しているアプローチは、「IFRS会計基準」が採用しているアプローチと概ね整合的である。開示の免除が適切と考えられた特定の状況において、IASBは商業上の機密情報を開示しないことを容認した。また、このアプローチは、「米国SEC」の気候に係る提案及び「エフラグ」の［草案］ESRS 1「全般的要求事項」（2022年11月）で採用されたアプローチと類似している。財務報告における商業上の機密情報の開示は、IASB以外の基準設定主体及び規制当局も検討してきた領域である。例えば、「オーストラリア証券投資委員会」は、「不合理な不利益」を企業にもたらす可能性の高い情報を企業が提供しないことを容認している。

BC83 IFRS S1号における特定の機会に関する情報提供の免除は、既に一般に利用可能となっている情報には適用されない。継続的な開示通知、投資者向け発表、アナリストに対するブリーフィング、又はその他の一般に利用可能な文書に既に含まれている情報の開示は、当該機会の追求にあたって企業の優位を損なう可能性が低い（すなわち、当該開示により、企業が実現できる経済的便益が著しく不利になる可能性が低い。）。この免除は、機会に関する情報を幅広く開示し

© IFRS Foundation

87

ないことを容認することを意図したものではなく、リスクに関する情報を開示しないことについて適用することも容認されていない。

BC84 IFRS S1号における免除は、他の「IFRSサステナビリティ開示基準」において別個に定められている場合を除き、すべての状況におけるサステナビリティ関連の機会に関する情報の開示に適用される。したがって、この免除はIFRS S2号における気候関連の機会に関する情報に適用される。

報告企業

BC85 企業は、サステナビリティ関連財務情報を関連する財務諸表と同じ報告企業に関して開示することを要求される。例えば、親会社が連結財務諸表を作成する場合には、報告企業は当該親会社及びその子会社である。報告企業のサステナビリティ関連財務開示は、サステナビリティ関連のリスク及び機会のうち、短期、中期及び長期にわたり企業のキャッシュ・フロー、当該企業のファイナンスへのアクセス及び資本コストに当該リスク及び機会が与える影響（effects）（すなわち、連結財務諸表とともに表示される情報においては、親会社及びその子会社に対する影響（effects））を一般目的財務報告書の利用者が評価できるように焦点を当てている。財務諸表とサステナビリティ関連財務開示の両方について同じ報告企業であることを要求することは、財務諸表において開示される情報をサステナビリティ関連財務情報とつながりのあるものにできるように設計するためである。

つながりのある情報

BC86 IFRS S1号は、一般目的財務報告書の利用者が次の種類のつながりを理解できるようにする情報を提供することを企業に要求している。

(a) その情報が関連する項目の間のつながり（企業の見通しに影響を与える（affect）と合理的に見込み得る、さまざまなサステナビリティ関連のリスク及び機会の間のつながりなど）

(b) 企業が提供する次の開示の間のつながり

(i) サステナビリティ関連財務開示内のつながり（ガバナンス、戦略、リスク管理並びに指標及び目標（targets）に関する開示の間のつながりなど）

(ii) サステナビリティ関連財務開示と、企業が公表するその他の一般目的財務報告書（関連する財務諸表など）との間のつながり

BC87 IFRS S1号におけるつながりのある情報に関する要求事項は、一般目的財務報告書の利用者に、企業の一般目的財務報告書におけるさまざまな開示の間のつながりに関するより良い理解を、当該情報が関連する項目の間のつながり（さまざまなサステナビリティ関連のリスク及び機会の間のつながり、又は当該リスク及び機会と企業のパフォーマンスとの間のつながりなど）に関する洞察とともに、提供することを意図している。また、企業は、さまざまなサステナビリティ関連のリスク及び機会の間で生じる関係及びトレードオフを説明することを要求される。例えば、企業は環境リスクが企業のレピュテーション又は事業運営能力（ability）にどのように影響を与える（affect）か、及び当該リスクに対応するための新製品の開発が労働力の構成又は企業の財務諸表において報告される財務業績にどのような影響を与える（affects）かを説明する可能性がある。

IFRS S1号「サステナビリティ関連財務情報の開示に関する全般的要求事項」BC

BC88 IFRS S1号が引き出すように設計されているつながりの種類の例には、次のようなものが含まれる。

(a) ある医薬品会社が非倫理的な試験に対するクレームにさらされた。当該企業は、戦略的な対応が財務諸表における引当金及び関連する事業コストの認識をどのようにもたらしたのか、又はもたらさなかったのかを説明することが必要な場合がある。

(b) ある電子機器製造業者が、全社の温室効果ガス排出（主として製造プロセスの中で生み出される。）についてネット・ゼロの目標（target）を一般に発表した。したがって、当該企業は、エネルギーの調達源の再生可能資源への移行及びよりエネルギー効率の高い機械への投資を伴う新たな戦略を採用する。当該企業は、目標（target）を達成するためのこの戦略が、資本的支出の増加及び場合によってはエネルギー効率の低い機械の減損レビューのほか、エネルギー価格の下落（及び変動性の減少）、消費者からの関連する需要増大による売上の増加、及び売上マージンの増加をどのようにもたらしたのかを説明することが必要な場合がある。

(c) あるサプライヤーが、自らの商品に対する需要が、特にこの領域における自社のアプローチが同業他社の多くよりも良いため、労働者の処遇及び労働者の権利の尊重に関する記録により増大していることを発見する。当該企業は、労働者の処遇に関連する戦略及びパフォーマンスがどのように企業に有利な地位を与え、売上高の増大をもたらしているのかを説明することが必要な場合がある。

(d) ある企業が、企業のディーゼル車のフリートを電気自動車に置き換えることに依存する、ネット・ゼロ温室効果ガス排出計画を有している。電気自動車への移行には、ディーゼル車について必要とされていた時よりもずっと多くの資本的投資が必要となる。移行計画は、それぞれの車両の経済的耐用年数が終了した時点で、その車両を置き換えるというものである。企業は、車両は減損しておらず、減価償却率又は耐用年数の見積りの変更を財務諸表に反映する必要はないと結論付ける。当該企業は、移行計画が将来キャッシュ・フローに影響（consequences）を有しており、財務諸表に反映されているとおり、その会計処理は移行計画と整合的であると説明することが必要な場合がある。

BC89 ISSBは、いくつかのサステナビリティ関連のリスク及び機会がつながっていることを承知している。例えば、企業が低炭素代替品への消費者の選好の変化による自社製品への需要の減少に直面し、そのことが企業の労働力及びコミュニティに影響を与える（affecting）場合がある。IFRS S1号は、一方ではサステナビリティ関連のリスク及び機会、他方では関連する財務諸表における財政状態、財務業績及びキャッシュ・フローの間のつながりを示す開示を要求している。例えば、そのようなつながりは、環境へのインパクトを最小化する新製品又は潜在的な製品の予想される（anticipated）財務的影響（effects）に関する開示によって説明される可能性がある。IFRS S1号は、企業が予想される（anticipated）財務的影響（effects）に関する定量的情報を提供する場合、考えられる結果（outcomes）の単一の見積り又は見積りの範囲を開示することが認められると述べている。このことは、考えられる結果（outcomes）の範囲の方が場合によっては単一の見積りよりも有用である可能性があることを承知している。IFRS S1号第38項における要求事項は、さまざまなサステナビリティ関連のリスク及び機会の間のつながりの性質により、企業が個々のリスク及び機会の影響（implications）を分離することが困難である場合があることを承知しているように記述されている。

© IFRS Foundation

89

BC90 公開草案に対するコメント提出者は、企業がサステナビリティ関連財務開示と関連する財務諸表とを作成するために異なるデータ及び仮定を使用する場合に、一般目的財務報告書の利用者は情報項目の間のつながりをどのように引き出すのかに関する明確化を求めた。ISSBは、IFRS S1号第23項において、完全な一致を強制するのではなく、「IFRS会計基準」（又は他の会計基準）の要求事項を考慮することによって、データ及び仮定を可能な限り整合させることを企業は要求されることを明確化した。この要求事項は、サステナビリティ関連財務情報と企業の財務諸表に含まれる情報とのつながりを促進することを意図している。ISSBは、企業のサステナビリティ関連財務開示と財務諸表との間でデータ及び仮定が相違する正当な理由がある可能性があることに留意した。IFRS S1号B42項は、企業がサステナビリティ関連財務開示を作成するにあたり用いたデータ及び仮定と、関連する財務諸表を作成するにあたり用いたデータ及び仮定の間の重大な（significant）差異についての情報を開示することを企業に要求している。

コア・コンテンツ

BC91 「IFRSサステナビリティ開示基準」が他の具体的な状況において容認又は要求している場合を除き、企業は次の事項に関する開示を提供することを要求される。

(a) 「ガバナンス」─ 企業がサステナビリティ関連のリスク及び機会をモニタリングし、管理するために用いるガバナンスのプロセス、統制及び手続

(b) 「戦略」─ 企業がサステナビリティ関連のリスク及び機会を管理するために用いるアプローチ

(c) 「リスク管理」─ 企業がサステナビリティ関連のリスク及び機会を識別し、評価し、優先順位付けし、モニタリングするために用いるプロセス

(d) 「指標及び目標（targets）」─ サステナビリティ関連のリスク及び機会に関連する企業のパフォーマンス（企業が設定した目標（targets）又は法令により満たすことが要求されている目標（targets）がある場合には、当該目標（targets）に向けた進捗を含む。）

BC92 要求される情報には、企業が事業を営んでいる方法の全般的な諸側面（「コア・コンテンツ」という。）が含まれる。コア・コンテンツはTCFD提言に基づいている。ISSBは、公開草案で提案されたこのアプローチが要求されることを確認した。サステナビリティ報告に関する評議員会の2020年協議において、成功のために不可欠な要求事項に関するフィードバックは、TCFDの作業に整合させること及びそれを基礎とすることが重要である（important）と利害関係者が考えていることを示していた。

BC93 したがって、IFRS S1号は、サステナビリティ関連のリスク及び機会に関する情報の開示が、ガバナンス、戦略、リスク管理並びに関連する指標及び目標（targets）に関する考慮を基礎とすることを要求している。このコア・コンテンツに焦点を当てた情報は、一般目的財務報告書の利用者が、サステナビリティ関連のリスク及び機会が短期、中期及び長期にわたり企業のキャッシュ・フロー、当該企業のファイナンスへのアクセス及び資本コストに与える影響（effects）を評価するために必要である。コア・コンテンツに関する開示は、企業がどのように、ガバナンスを行い、リスク及び機会を管理し、ビジネスを管理するにあたっての戦略を設定するのかを定めるのではなく、企業が何を行っているのかの説明を要求している。ISSBは、他の法域の要求事項（ESRSなど）がTCFD提言に基づいて開発されており、このように由来が共通してい

ることで、「IFRSサステナビリティ開示基準」及び他の法域の要求事項を適用する企業についての相互運用可能性を促進するのに役立つことに留意した。

BC94 企業はさまざまなサステナビリティ関連のリスク及び機会にさらされている。IFRS S1号は、開示において情報を繰り返す必要はなく、適切な場合には、企業がコア・コンテンツに関する開示に情報を統合することを容認している。しかし、企業は、当該リスク及び機会の特有の特性を考慮に入れるためのプロセスに加えられた手直しについて、当該情報に重要性がある（material）場合に説明することを要求される。例えば、

(a) 一般目的財務報告書の利用者は、企業の統合されたリスク管理プロセスがサステナビリティ関連のリスク及び機会の特有の特性（より長い時間軸など）に対応してどのように手直しされているのか及びその理由を企業が説明する場合は、当該プロセスがサステナビリティ関連のリスク及び機会にどのように適用されているのかをよりよく理解する。

(b) 企業は、サステナビリティ関連のリスク及び機会のモニタリング及び管理のための全体的なプロセス、統制及び手続を有している旨を開示する場合がある。他の「IFRSサステナビリティ基準」（例えば、IFRS S2号）を適用するにあたり、特定のサステナビリティ関連のリスク及び機会（この例では、気候関連のリスク及び機会）のモニタリング及び管理が、企業の全体的なプロセス、統制及び手続に統合されている旨を説明する場合がある。企業はまた、当該リスク又は機会のガバナンスの諸側面のうち、サステナビリティ関連のリスク及び機会のモニタリング及び管理に対する全体的なアプローチと異なるものを強調する場合もある。

ガバナンス

BC95 一般目的財務報告書の利用者は、企業のガバナンス機関及びそのメンバーの、サステナビリティ関連のリスク及び機会の監督における役割を理解することに関心を示した。また、利用者は、サステナビリティ関連のリスク及び機会の評価及び管理における経営者の役割を理解することに関心がある。そうした情報は、サステナビリティ関連のリスク及び機会が取締役会や経営者などの個人又は機関から注目を受けているかどうかを利用者が理解するのに役立つ可能性がある。

BC96 IFRS S1号第26項は、一般目的財務報告書の利用者が、企業がサステナビリティ関連のリスク及び機会をモニタリングし、管理し、監督するために用いる、ガバナンスのプロセス、統制及び手続を理解できるようにする情報を開示することを企業に要求している。この目的を達成するため、IFRS S1号は、サステナビリティ関連のリスク及び機会を監督しているガバナンス機関又は個人に関する情報を開示すること、並びにサステナビリティ関連のリスク及び機会をモニタリングし、管理し、監督するために用いるガバナンスのプロセス、統制及び手続における経営者の役割に関する情報を開示することを企業に要求している。「ガバナンス機関」には、サステナビリティ関連のリスク及び機会を監督する取締役会、委員会又はガバナンスの責任を負う同等の機関が含まれる。一部の企業におけるサステナビリティ関連のリスク及び機会の監督についての責任を、ガバナンス機関ではなく個人が有している場合がある。例えば、ある個人が、具体的な専門性及び経験により、サステナビリティ関連のリスク及び機会の全体的な監督の責任を有している場合がある。

BC97 これらのガバナンスに関する開示要求は、ほとんどがTCFD提言に基づいているが、いくつかの追加の要求事項がある。例えば、IFRS S1号は、サステナビリティ関連のリスク及び機会につい

© IFRS Foundation

てのガバナンス機関又は個人の責任が、付託事項、使命、役割の記述及び他の関連する方針にどのように反映されているのかを開示することを企業に要求している。TCFD提言を補足するIFRS S1号の開示要求は、一般目的財務報告書の利用者のニーズを満たすために含めている。

BC98 一部の利害関係者は、サステナビリティ関連のリスク及び機会の監督に責任を負っているガバナンス機関又は個人に関する情報は、これらの機関又はそのメンバーがサステナビリティ関連事項に関して有している具体的な専門性に関する情報をも企業が提供することによって拡充される可能性があると述べた。したがって、IFRS S1号は、機関又は個人が、サステナビリティ関連のリスク及び機会に対応するために設計された戦略を監督するための適切なスキル及びコンピテンシーがどのように利用可能であるか又は開発されるのかに関する情報の開示を要求している。このスキル及びコンピテンシーの具体性のレベルは、一部の企業（特に小規模企業の取締役会）には到達することが困難である可能性がある。多くのガバナンス機関については、例えば、洪水が発生しやすい地域で事業を営んでいる企業についての気候変動に関連した物理的リスクなど、必要とされる専門性は特定のサステナビリティ関連のリスク又は機会に焦点を当てる可能性が高い。そのような場合において、産業の経験が専門性の最も関連性のある情報源であることが多い。IFRS S1号は、企業が採用することを要求されるアプローチを定めていないが、採用したアプローチ及び当該アプローチを採用した理由を説明することを企業に要求している。したがって、大手企業よりもガバナンス構造の複雑性が低い小規模企業は、IFRS S1号を適用するにあたり当該構造を説明することになる。

BC99 IFRS S1号は、サステナビリティ関連のリスク及び機会の監督に責任を負っているガバナンス機関及び個人と、同様に責任を負っている経営者レベルの地位又は委員会とを区別している。この区別は、一般目的財務報告書の利用者が、サステナビリティ関連事項に関して責任がどのように委譲されているかを理解することを可能にする。これは、既存の経営及びガバナンスのプロセスの一部として役割及び責任がどのように委譲されているのかに性質が類似している可能性がある。例えば、企業の取締役会（ガバナンス機関）がより幅広いサステナビリティ関連事項に対する監督を提供する場合もあれば、執行機関（経営者）が、特定のサステナビリティ関連のリスク及び機会がどのように評価され管理されるのかに関する運営上の意思決定を行う場合がある。

戦　略

BC100 公開草案は、サステナビリティ関連のリスク及び機会に対処するための戦略に関する情報を企業が提供することを提案した。ISSBは、戦略の開示目的において「対処する」を「管理する」に置き換えることを決定した。サステナビリティ関連のリスク及び機会の識別、評価、管理及びモニタリングに関する開示についての要求事項と整合させるためである。

サステナビリティ関連のリスク及び機会

BC101 IFRS S1号は、企業の見通しに影響を与える（affect）と合理的に見込み得るサステナビリティ関連のリスク及び機会を一般目的財務報告書の利用者が理解できるようにする情報を開示することを企業に要求している。サステナビリティ関連のリスク及び機会についての追加の議論については、BC42項からBC62項を参照されたい。

BC102 公開草案は、短期、中期及び長期の観点を反映する開示を、企業が用いるべき具体的な期間を

定めずに提案した。時間軸は企業固有の概念である。何を短期、中期及び長期とみなすかを企業がどのように定義し評価するのかは、多くの要因（企業が事業を営む産業並びに関連するビジネス及び投資のサイクルを含む。）の結果（result）である。企業固有又は産業固有の時間軸は、継続的な予測の時間軸、予算期間及び戦略計画サイクルなどの管理プロセスに変換されることが多い。ISSBは、企業のサステナビリティ関連のリスク及び機会に関する関連性のある情報は、短期、中期及び長期についての企業固有の評価の文脈において最もよく理解されると判断した。一部の法域はその要求事項において時間軸を定義しているが、ISSBは公開草案で用いたアプローチを確認し、IFRS S1号では時間軸を定義しなかった。企業は、IFRS S1号により、「短期」、「中期」及び「長期」について用いた時間軸に関する情報を提供することを要求される。

現在の及び予想される（anticipated）財務的影響（effects）

BC103 公開草案は、企業はサステナビリティ関連のリスク及び機会が、報告期間における企業の財政状態、財務業績及びキャッシュ・フローに与えた影響（effects）（現在の財務的影響（effects））を開示することを要求されることを提案した。また、サステナビリティ関連のリスク及び機会が企業の財務計画にどのように含まれているかを考慮したうえで、サステナビリティ関連のリスク及び機会が、短期、中期及び長期にわたり、企業の財政状態、財務業績及びキャッシュ・フローに与えると予想される（anticipated）影響（effects）（予想される（anticipated）財務的影響（effects））を開示することを企業に要求することも提案した。公開草案に対するフィードバックは、この提案に対する同意を示したが、コメント提出者は、企業が提供することを要求される定量的情報若しくは定性的情報の種類、あるいは定量的情報が要求される状況についての理解を共有していないことを示唆していた。コメント提出者は、企業が定量的情報を提供することが「できない」とみなされる状況が不明確であると述べた。

BC104 IFRS S1号第34項は、サステナビリティ関連のリスク及び機会と財務諸表において報告される情報との間のつながりを識別し、説明して、関連する財務諸表において提供された情報を補足又は拡張する情報を生み出すように設計されている。

BC105 ISSBは、情報項目の間のつながりは情報を重複させずに説明できると考えた。例えば、状況によっては、財務諸表の注記における情報が、サステナビリティ関連のリスク及び機会が企業の現在の及び予想される（anticipated）財政状態、財務業績及びキャッシュ・フローにどのように影響を与える（affected）のかを開示するという要求事項を満たすことになる。ISSBは、企業が、当該情報をサステナビリティ関連財務開示において、（IFRS S1号B45項からB47項における、相互参照に関する具体的な要求事項が満たされることを条件に）関連する財務諸表との相互参照によって提供することを考慮する場合があることに留意した。

BC106 企業が予想される（anticipated）財務的影響（effects）に関する要求事項を適用するのを支援するため、ISSBは、「報告日時点で企業が過大なコストや労力をかけずに利用可能な、すべての合理的で裏付け可能な情報」を用いるという要求事項を導入した。このことは、次のようになることを明確化している。

(a) 企業は、裏付け可能ではないか又は不合理な情報を前提として、機会又はリスクの予想される（anticipated）財務的影響（effects）を過大に又は過小に記載することが禁止される。

(b) 企業は、リスク又は機会の予想される（anticipated）財務的影響（effects）を決定するにあたり、情報の網羅的な探索を実施することは要求されない。企業は、当該情報の入手に伴

うコスト及び労力に見合った情報探索を実施することが容認される。

    (c) 企業は、予想される（anticipated）財務的影響（effects）を測定するために情報の網羅的な探索を実施することは要求されない。そのようなリスク及び機会の予想される（anticipated）財務的影響（effects）を測定するにあたり、企業は報告日時点で企業が過大なコストや労力をかけずに利用可能な、すべての合理的で裏付け可能な情報を用いることを要求される。

    (d) 企業は、報告日時点で企業が利用可能な情報（過去の事象、現在の状況及び将来の状況の予想（forecasts）を含む。）のみを用いることが容認され、その日よりも後にしか利用可能とならない情報を用いることを要求されない。

BC107 ISSBは、企業がサステナビリティ関連のリスク又は機会の予想される（anticipated）財務的影響（effects）に関する開示を作成するにあたり、当該企業が利用可能なスキル、能力（capabilities）及び資源に見合ったアプローチを使用することを要求されることを決定した。ISSBは、企業がスキル又は能力（capabilities）を獲得又は開発するために利用可能な資源を有している場合には、当該スキル又は能力（capabilities）を有していないからという理由で予想される（anticipated）財務的影響（effects）についての定量的情報を提供することを避けることはできないことに留意した。

BC108 フィードバックは、個々のサステナビリティ関連のリスク及び機会の現在の及び予想される（anticipated）財務的影響（effects）に関する情報を企業が提供することは必ずしも可能ではないことを示した。財務的影響（effects）は多くのリスク又は機会から生じ、財務諸表上の多くの項目に影響を与える（affect）場合があるからである。財務的影響（effects）を個別のサステナビリティ関連のリスク又は機会に帰属させることは困難な場合がある。したがって、ISSBは、次のいずれかに該当すると企業が判断する場合、企業はサステナビリティ関連のリスク又は機会の現在の又は予想される（anticipated）財務的影響（effects）に関する定量的情報の提供を要求されないことを決定した。

    (a) 影響（effects）を区分して識別できない。

    (b) 影響（effects）を見積るにあたり測定の不確実性の程度があまりにも高いために、もたらされる定量的情報が有用でない。

BC109 （BC107項からBC108項で議論したように）企業が定量的情報を提供することを要求されるかどうかを判断するにあたり、ISSBは「IFRS会計基準」における諸概念を参照した。「区分して識別できる」の概念はさまざまな「IFRS会計基準」で見られ、そこでは、この用語は、頑健な測定を支える方法で分離できる項目を記述するために用いられている。ISSBは、IASBの「概念フレームワーク」の測定の不確実性の概念をIFRS S1号のために手直しして、個々のサステナビリティ関連のリスク及び機会の影響（effects）の定量化に関して高度の測定の不確実性を伴う場合には、企業は現在の及び予想される（anticipated）財務的影響（effects）を定量化できない場合がある旨を明確化することができると決定した。

BC110 ISSBは、企業がサステナビリティ関連のリスク又は機会の現在の又は予想される（anticipated）財務的影響（effects）に関する定量的情報を提供することを要求されない場合には、企業は次の事項を要求されることを決定した。

IFRS S1号「サステナビリティ関連財務情報の開示に関する全般的要求事項」BC

(a) 定量的情報を提供していない理由を説明する。

(b) それらの財務的影響（effects）に関する定性的情報を提供する（サステナビリティ関連のリスク若しくは機会が影響を与える（affected）可能性が高い、又は影響を与えた（affected）、関連する財務諸表の行項目、合計及び小計を識別することを含む。）。

(c) サステナビリティ関連のリスク又は機会と、他のサステナビリティ関連のリスク又は機会及びその他の要因との複合的な財務的影響（effects）に関する定量的情報を提供する（複合的な財務的影響（effects）に関する定量的情報が有用でないと企業が判断する場合を除く。）。

BC111 ISSBは、企業は特定のサステナビリティ関連のリスク又は機会の現在の又は予想される（anticipated）財務的影響（effects）に関する定量的情報を提供する状況にない場合があっても、一般目的財務報告書の利用者に有用な他の定量的情報及び定性的情報を提供することを依然として要求されることに留意した。例えば、企業が特定のサステナビリティ関連のリスク又は機会について定量的情報を提供しない場合には、当該リスク又は機会及びそれに影響を与える（affecting）その他の要因との複合的な財務的影響（effects）に関する定量的情報を提供することを要求される（当該情報が有用でない場合を除く。）。ISSBは、現在の及び予想される（anticipated）財務的影響（effects）を開示するという要求事項は、財務諸表がサステナビリティ関連のリスク及び機会の影響をどのように現在受けている（currently affected）か又は受けると予想される（anticipated to be affected）かについての理解を利用者に提供することに留意した。ISSBはまた、財務諸表における影響を受ける（affected）行項目、小計及び合計を識別するという要求事項は、企業が個々のサステナビリティ関連のリスク及び機会の財務的影響（effects）に関する定量的情報を提供できない状況において有用であることにも留意した。この要求事項が有用であるのは、財務諸表上のどの領域がサステナビリティ関連のリスク又は機会の影響を受けた（affected）可能性が非常に高いか、又は受けることになるかを強調するためである。

BC112 ISSBは、現在の及び予想される（anticipated）財務的影響（effects）に関する要求事項において使用している用語のいくつかに関するフィードバックを検討した。ISSBは、「報告期間」という用語を、サステナビリティ関連財務開示が作成される期間を指すとともに、当該報告期間に関して、関連する財務諸表を参照するように、一貫して使用することを決定した。ISSBは、「短期、中期及び長期」という語句をIFRS S1号において一貫して使用することを決定し、公開草案で使用していた「一定の期間にわたり（over time）」という用語を置き換えた。

BC113 ISSBは、レジリエンスに関する情報についての開示要求と、現在の及び予想される（anticipated）財務的影響（effects）に関する情報についての開示要求との関係を明確化することを決定した。ISSBは、この2セットの要求事項は別個のものであり、異なる情報ニーズに役立てることが意図されていることに留意した。企業の戦略及びビジネス・モデルのレジリエンスに関する要求事項は、一般目的財務報告書の利用者に、企業がサステナビリティ関連のリスク及びさまざまなシナリオにおける関連する不確実性の影響（effects）に対処し耐える能力（ability）に関して情報をもたらすことを意図している。サステナビリティ関連のリスク及び機会の現在の及び予想される（anticipated）財務的影響（effects）に関する要求事項は、これらのリスク及び機会が企業の財務業績、財政状態及びキャッシュ・フローに与える影響（effects）に関する情報を提供することを意図している。これらの要求事項は独立して適用できる。企業はサステナビリティ関連のリスク及び機会の予想される（anticipated）財務的影響（effects）

© IFRS Foundation

95

を決定するためにレジリエンスの評価を実施することは要求されない。しかし、企業がレジリエンスの評価を実施する場合には、企業はサステナビリティ関連のリスク及び機会の予想される（anticipated）財務的影響（effects）を決定するにあたり、当該評価を有用で関連性があると考える場合がある。

リスク管理

BC114 IFRS S1号は、サステナビリティ関連のリスク及び機会を識別し、評価し、優先順位付けし、モニタリングするために用いるプロセスに関する情報を開示することを企業に要求している。

BC115 リスク管理の開示要求は、コア・コンテンツの4つの側面を開発するために用いられたTCFD提言に基づいているが、いくつかの変更が加えられている。TCFD提言はリスクに関連したプロセスのみに焦点を当てているが、IFRS S1号は開示を拡張して機会を含めている。この拡張は、リスク及び機会は同じ不確実性の源泉からもたらされるか又はそれに関連している可能性があるという見解を反映している。また、これはリスク管理における一般的な実務の進化も反映しており、それによって、識別、評価、優先順位付け及び対応のためのプロセスが機会も対象とするようにこれまで以上に拡大されている。

BC116 公開草案に対する少数のコメント提出者は、提案されたリスク管理の開示要求について、企業がさらされているサステナビリティ関連のリスク及び機会に関する情報を開示することを当該企業に要求しているものと誤解していた。リスク管理の開示要求は、サステナビリティ関連のリスク及び機会を識別し、評価し、優先順位付けし、モニタリングするために用いるプロセスに関する情報の提供に焦点を当てている。これはコア・コンテンツの要求事項のうちの戦略の開示目的（一般目的財務報告書の利用者がサステナビリティ関連のリスク及び機会を管理するための企業の戦略を理解できるようにすること）とは対照的である。

BC117 IFRS S1号で示している要求事項は、開示要求を重複させずに、コア・コンテンツの各領域（ガバナンス、戦略、リスク管理並びに指標及び目標（targets））の相互に関連した性質を捉えようとしている。したがって、IFRS S1号は、次の両方に関する開示を要求している。

(a) 「リスク管理」― 企業がサステナビリティ関連のリスク及び機会を識別し、評価し、優先順位付けし、モニタリングするために用いるプロセス（あわせて企業のリスク管理プロセスという。）。当該リスク及び機会の管理は企業の戦略の一部である。

(b) 「戦略」― 企業の見通しに影響を与える（affect）と合理的に見込み得るサステナビリティ関連のリスク及び機会、当該サステナビリティ関連のリスク及び機会が企業のビジネス・モデル及びバリュー・チェーンに与える現在の及び予想される（anticipated）影響（effects）、サステナビリティ関連のリスク及び機会が企業の戦略及び意思決定に与える影響（effects）、サステナビリティ関連のリスク及び機会が企業の財政状態、財務業績及びキャッシュ・フローに与える現在の及び予想される（anticipated）財務的影響（effects）、並びにサステナビリティ関連のリスクに対する企業の戦略及びビジネス・モデルのレジリエンス

BC118 リスク管理のコア・コンテンツにおける要求事項の明瞭性を改善するため、ISSBは、企業がサステナビリティ関連のリスク及び機会を識別し、評価し、優先順位付けし、モニタリングするために企業が用いるプロセスに関する開示要求、並びにこれらのプロセスがリスク及び機会を管理するための企業の全体的なプロセスにどのように統合されているのかに関する開示要求を

IFRS S1号「サステナビリティ関連財務情報の開示に関する全般的要求事項」BC

明確化した。企業は、例えば、気候関連のリスク及び機会はリスク及び機会（一般的な戦略上又は事業上のリスク及び機会など）を管理するための全体的なプロセスに統合されているが、他のサステナビリティ関連のリスク及び機会の識別、評価、優先順位付け及びモニタリングは全体的なリスク管理プロセスの一部ではなく別個に行われる旨を開示する場合がある。

BC119 サステナビリティ関連のリスクについての開示要求は、機会についての開示要求よりも詳細である。これはリスク管理プロセスの相対的な成熟度と、一般目的財務報告書の利用者がリスクの識別、評価、優先順位付け及びモニタリングのための企業のプロセスに関する情報を得ることの必要性を反映している。

指標及び目標（targets）

BC120 公開草案に対するコメント提出者の一部は、「指標及び目標（targets）」セクションの目的の言葉遣いは、指標及び目標（targets）に関する開示の意図を十分に反映していないという懸念を示した。フィードバックが示唆したのは、一部のコメント提出者がこれらの開示の目的を、企業が既に用いている指標及び目標（targets）の開示に限定されるものと解釈していたということである。ISSBは、この解釈は、「IFRSサステナビリティ開示基準」で要求されている指標のうち企業が用いていないものは、当該指標を開示することによって提供される情報に重要性がある（material）場合であっても、企業が除外する結果をもたらす可能性があると結論付けた。

BC121 ISSBは、目的は企業に次のことを要求することである旨を明確化することを決定した。

(a) 「IFRSサステナビリティ開示基準」で要求されている指標を開示する（企業がこれらの指標を用いていない場合であっても）。

(b) 企業の見通しに影響を与える（affect）と合理的に見込み得るサステナビリティ関連のリスク及び機会を測定しモニタリングするために企業が用いている指標に関する情報を開示する（これらの指標が「IFRSサステナビリティ開示基準」で要求されていないものであっても）。

(c) 当該リスク及び機会に関連する企業のパフォーマンスに関する情報（企業が設定した目標（targets）又は法令により満たすことを要求されている目標（targets）に向けた進捗を含む。）を開示する。

ISSBは、これらの開示は重要性（materiality）の対象となることに留意した。ISSBは、目的を明確化した意図は、企業が自らのビジネスをどのように管理するのかを定めることではなく、指標及び目標（targets）についての開示要求を明確化して、一般目的財務報告書の利用者にとって重要な（important）情報を示すことであると述べた。同様に、ISSBは企業が特定の目標（targets）を設定することを要求されるとは定めていないが、IFRS S1号は、企業が目標（targets）を設定している場合又は企業が特定の目標（targets）を設定することを法令で要求されている場合には、当該目標（targets）に関する情報を開示することを企業に要求している。

BC122 ISSBは、IFRS S1号第49項から第50項が、「IFRSサステナビリティ開示基準」以外の情報源から得た指標又は企業が作成した指標に関する情報を開示することを企業に要求していることにも留意した。そうするにあたり、ISSBは、IFRS S1号第59項が、企業がサステナビリティ関連財務開示を作成するにあたり適用した、具体的な基準、公表文書、産業の実務及び他のガイダンスの情報源（「IFRSサステナビリティ開示基準」、「SASBスタンダード」又は他のガイダンスの情報源によって特定された産業を含む。）に関する情報を開示することを要求していることを

© IFRS Foundation

97

考えた。ISSBは、他の「IFRSサステナビリティ開示基準」が指標及び目標（targets）に関連して追加の開示要求を提供することに留意した。

全般的要求事項

BC123　IFRS S1号の「全般的要求事項」セクションは、開示の記載場所、報告のタイミング、比較情報、ガイダンスの情報源、及び「IFRSサステナビリティ開示基準」への準拠に関する表明に関連する要求事項を示している。

BC124　IFRS S1号における要求事項の一部は「IFRS会計基準」における諸原則に基づいている。この理由は、これらの原則は財務諸表を作成する企業、特に「IFRS会計基準」に準拠している企業にとってなじみがあるものとなるからである。このアプローチは、一般目的財務報告書におけるすべての情報が適切な場合には一貫して作成されること、及び企業が関連する財務諸表とサステナビリティ関連財務開示とのつながりを作ることを確保するうえで役立つ。

ガイダンスの情報源

BC125　IFRS S1号は、企業の見通しに影響を与える（affect）と合理的に見込み得るサステナビリティ関連のリスク及び機会を識別するためのガイダンスの情報源をどのように用いるかに関して、企業に対する要求事項を含んでいる。これらの要求事項は、さまざまなサステナビリティ関連のリスク及び機会についての報告を促進するために必要である。ガイダンスの情報源は、IFRS S1号の公表時には特に重要である（important）。サステナビリティ関連のリスク及び機会に関する情報の開示についてISSBが公表している具体的な要求事項は、IFRS S2号における気候関連のリスク及び機会に関連するもののみであるからである。さらに、ガイダンスの情報源が重要である（important）のは、IFRS S1号はサステナビリティ関連のリスク及び機会に関連する産業別の指標（すなわち、特定のビジネス・モデル、活動又は産業への参加を特徴付ける（characterise）他の共通の特徴（features）に関連する指標）を開示することを企業に要求しているからである（IFRS S1号第48項参照）。ガイダンスの情報源は、適用のコストを低減させることによってIFRS S1号を適用するにあたり企業を支援することが意図されているが、ガイダンスは、一般目的財務報告書の利用者のニーズを満たすことに焦点を当てたサステナビリティ関連財務開示を過去に報告したことのない企業にとって特に有用である場合がある。

BC126　公開草案は、どのサステナビリティ関連のリスク及び機会に関する情報を提供すべきかを決定するために、「IFRSサステナビリティ開示基準」の適用に加えて、ガイダンスの情報源を参照することを企業は要求される（「考慮しなければならない」）ことを提案した。公開草案はまた、具体的に適用される「IFRSサステナビリティ開示基準」が存在しない場合に、適切な開示要求を識別し一般目的財務報告書の利用者のニーズを満たす情報を提供するために、企業はそのようなガイダンスを参照することを要求されることを提案した。このアプローチはIAS 第8号における同様の要求事項に基づいていた。企業が報告すべきサステナビリティ関連のリスク及び機会を識別し、当該リスク及び機会に関して提供すべき情報を識別するのに役立てるため、企業は「SASBスタンダード」並びに「水関連開示のためのCDSBフレームワーク適用ガイダンス」及び「生物多様性関連開示のためのCDSBフレームワーク適用ガイダンス」（あわせて「CDSBフレームワーク適用ガイダンス」という。）を参照することを要求されることが提案された。これらの基準及びガイダンスは、他のサステナビリティ基準設定主体によって発表され、利用者の情報ニーズを満たすこと及び同じ産業又は地域で事業を営む企業によって識別されたサステ

IFRS S1号「サステナビリティ関連財務情報の開示に関する全般的要求事項」BC

ナビリティ関連のリスク及び機会に焦点を当てている。「考慮しなければならない」という言葉遣いは公開草案で使用され、企業がこれらのガイダンスの情報源を参照することを要求することとしていた。

BC127 公開草案に対するフィードバックにおいて、多くのコメント提出者は提案されたガイダンスの情報源に同意した。コメント提出者は、サステナビリティ報告についての確立された基準及びフレームワーク（「SASBスタンダード」及び「CDSBフレームワーク」を含む。）を基礎とするというISSBのアプローチに同意すると述べた。しかし、一部のコメント提出者は、「考慮しなければならない」という言葉遣いは公開草案に列挙されたすべてのガイダンスの情報源の考慮を要求することになると示唆し、このため、これらの要求事項が企業及び保証提供者に課すこととなる潜在的な大きな負担についてコメントすることにつながった。一部のコメント提出者は、「考慮しなければならない」という要求事項の代わりに、これらの提案を列挙されたガイダンスの情報源の一部又は全部について「考慮することができる」に修正することが考えられると提案した。一部のコメント提出者は、「考慮しなければならない」という指示が実務において何を意味するのか、及びこれらのガイダンスの情報源を適用することが要求されないと企業が決定できるかどうかを質問した。

BC128 他のガイダンスの情報源への参照の提案は、企業が考慮すべきガイダンスの情報源の明確な範囲を提供し、それにより実務上の報告の多様性を減少させ、同業他社が提供する情報の間、及び追加の「IFRSサステナビリティ開示基準」が存在しない場合にもたらされる場合がある情報の間の比較可能性を改善することを意図したものであった。言及されているガイダンスの情報源は、企業がIFRS S1号の目的を達成できるようにする情報の提供をもたらす可能性の高い情報源を識別する目的で選択された。ISSBが追加の「IFRSサステナビリティ開示基準」を開発するにつれて、企業は当初よりもIFRS S1号で言及されたガイダンスの情報源に依存する必要が少なくなる。今後公表される基準は、報告すべきサステナビリティ関連のリスク及び機会を識別し、一般目的財務報告書の利用者のニーズを満たすように設計された開示についての要求事項を示すことになるためである。しかし、より多くの「IFRSサステナビリティ開示基準」が開発されるとしても、ガイダンスの情報源は、企業がサステナビリティ関連のリスク及び機会並びに当該リスク及び機会に関して提供すべき情報を識別するにあたり依然として有用である。

BC129 フィードバックに対応して、ISSBは、追加的な便益のためにガイダンスの情報源の長大なリストを考慮することを企業に要求することが正当化されるかどうかを検討した。ISSBは、企業が参照し考慮することを要求されるIFRS S1号におけるガイダンスの情報源（サステナビリティ関連のリスク及び機会の識別にあたって「IFRSサステナビリティ開示基準」に加えての場合と、当該リスク及び機会に関して提供すべき情報の識別にあたって具体的に適用される「IFRSサステナビリティ開示基準」が存在しない場合の両方）を限定することは、当該要求事項の適用の負担を減らすことになることに留意した。ISSBは、この変更は保証提供者の負担を低減させることにも役立つことになることに留意した。

BC130 産業固有の開示が一般目的財務報告書の利用者にとって重要である（important）というフィードバックにより、ISSBは、サステナビリティ関連のリスク及び機会並びに当該リスクに関して報告すべき情報の識別にあたり、「SASBスタンダード」を参照し、その適用可能性を考慮することを企業は要求される旨を確認することを決定した。この決定の論拠は、「SASBスタンダード」はIFRS S1号と同様の目的で開発されており、「SASBスタンダード」の全体的な設計（すなわち、開示トピック及び関連する指標）はIFRS S1号の要求事項の構成（すなわち、企業の見

© IFRS Foundation

通しに影響を与える（affect）と合理的に見込み得るサステナビリティ関連のリスク及び機会の識別並びに当該リスク及び機会に関する情報（指標を含む。）の提供についての要求事項）と概ね一致していることであった。ISSBは、「SASBスタンダード」の使用が企業にとっての適用コストを低減させ、利用者にとって有用であり比較可能である開示をもたらすと見込まれることに留意した。フィードバック（特に利用者からのもの）は概ね、「SASBスタンダード」を使用することを選好した。さらに、「SASBスタンダード」における開示トピックは、IFRS S1号の範囲に含まれるサステナビリティ関連のリスク及び機会の範囲を企業が理解する助けになるのに有用であり、これはサステナビリティ関連のリスク及び機会の識別において作成者を支援するにあたり特に重要（important）である。

BC131 公開草案に対するフィードバックについて議論するにあたり、ISSBは、企業が特定のガイダンスの情報源を「考慮しなければならない」という提案は、当該ガイダンスの情報源を体系的な方法でレビューし、その使用を考慮するという要求事項を創出することを意図したものであり、当該ガイダンスの情報源の適用を要求することを意図したものではないことに留意した。公開草案の「結論の根拠」は次のように述べていた。

> 本公開草案における提案と整合的に、「SASBスタンダード」及びCDSB公表物の適用は、「IFRSサステナビリティ開示基準」を適用する企業にとって良い実務であると考えられるが、それらの公表物の適用は企業に対する正式な要求事項ではない。例えば、企業がこれらの文書の要求事項を適用しなかったとしても、依然として、第91項に従って「IFRSサステナビリティ開示基準」への準拠を主張することができる。

BC132 ISSBは、ガイダンスの情報源を「考慮する」ことは何を意味するのかを明確化することが有用であると決定した。ISSBは、ガイダンスの情報源の考慮は、一般的に企業が整備しているプロセスを通じて行われると見込まれることに留意した。企業は「SASBスタンダード」を考慮することを要求されるが、「SASBスタンダード」を適用することは要求されない。その代わりに、企業は一般目的財務報告書の利用者の意思決定ニーズに関連性があり、企業のサステナビリティ関連のリスク及び機会を忠実に表現する情報を提供することを要求される。考慮したガイダンスの情報源がIFRS S1号第57項で定めている要求事項を満たす開示をもたらさないと企業が判断する場合には、企業はこれらのガイダンスの情報源を適用することを要求されない。ISSBは、企業が考慮することを要求される（「考慮しなければならない」）情報源と考慮することが容認されるが要求されない（「考慮することができる」）情報源とを区別することが重要である（important）ことに同意した。ISSBは、「SASBスタンダード」を考慮することを企業に要求することは、実務の多様性を限定し比較可能性（特に同業他社との間で）を改善するのに役立つことによって、利用者にとって有益であることに留意した。しかし、ISSBはまた、企業がガイダンスの情報源を「適用する」のではなく「考慮する」ことを要求すると当該便益を低下させることにも留意した。

BC133 「SASBスタンダード」では、開示トピック及び指標は産業別に構成されており、企業のビジネス・モデル及び関連する活動に適用されるサステナビリティ関連のリスク及び機会を企業が識別できるようにしている。「SASBスタンダード」における開示トピックは、当該産業の企業に適用される可能性が高いサステナビリティ関連のリスク及び機会を表現している。関連する指標は、サステナビリティ関連のリスク及び機会が短期、中期及び長期にわたり企業のキャッシュ・フロー、当該企業のファイナンスへのアクセス及び資本コストに与える影響（effects）を評価するにあたり適用される可能性が高い。どのようなサステナビリティ関連のリスク及び機会

IFRS S1号「サステナビリティ関連財務情報の開示に関する全般的要求事項」BC

が、企業の見通しに影響を与える（affect）と合理的に見込み得るのか、並びにどのような情報（指標を含む。）が重要性がある（material）のかに関する判断は、企業固有である。しかし、「SASBスタンダード」における開示トピック及び関連する指標は、所与のビジネス・モデル及び関連する活動を有する企業に通常は適用されるとISSBは見込んでいる。

BC134 ISSBは、すべての企業に適用される全般的要求事項を定めているIFRS S1号と、産業別である「SASBスタンダード」が提供しているガイダンスとの間の補完的な関係に留意した。したがって、企業は、「SASBスタンダード」が提供しているガイダンスが、特定の産業に属する企業の活動に合わせたものであると見込むことができる。「SASBスタンダード」には、ある産業においてバリュー・チェーンを通じて生じるサステナビリティ関連のリスク及び機会に焦点を当てた開示トピックが含まれている。さらに、「SASBスタンダード」における開示トピックに付属する指標は、通常は特定の産業に属する企業の活動に合わせたものである。この結果、「SASBスタンダード」は企業の「IFRSサステナビリティ開示基準」（バリュー・チェーンに関連する要求事項を含む。）の適用を補完するか又は適用に情報をもたらすことができるガイダンスを提供する。しかし、「IFRSサステナビリティ開示基準」の適用を支援するために「SASBスタンダード」を適用するにあたり、企業は「IFRSサステナビリティ開示基準」に準拠していることを主張するためには、当該基準のすべての要求事項に準拠することを要求される。

BC135 フィードバックについて議論するにあたり、ISSBは「CDSBフレームワーク適用ガイダンス」を考慮することを要求するよりも、考慮することを容認する方がより適切であると決定した。ISSBは同様に、一般目的財務報告書の利用者のニーズを満たすように要求事項が設計されている他の基準設定主体の直近の公表文書を参照すること、及び同じ産業又は地理的地域において事業を営む企業によって識別されたサステナビリティ関連のリスク及び機会を参照することについても、当該情報源を考慮することを要求するのではなく、参照することを企業に容認することを決定した。ISSBは、これらの情報源を考慮することを企業に要求しないことで、上限のないガイダンスの情報源の網羅的なリストを考慮するよう企業に要求すること（これは企業にとっての報告の負担を増大させ、保証提供者にとっての複雑性を増大させる。）が回避されることに留意した。ISSBはまた、企業がこれらの情報源を参照することを容認することは、企業が既になじみがある場合がある情報源を使用できるようにすることによって、「IFRSサステナビリティ開示基準」への移行を促進することになることにも留意した。

BC136 ISSBは、公開草案において、一般目的財務報告書の利用者のニーズを満たすように要求事項が設計されている他の基準設定主体による直近の公表文書を参照するにあたり、企業は、ISSBよりも幅広い付託（remit）を有する基準設定主体の資料については、当該基準設定主体が要求している特定の開示が当該利用者のニーズを満たしている場合であっても、参照することが容認されなくなることに留意していた。この制限が公開草案に含められたのは、利用者の情報ニーズを満たさない開示が提供されるリスクを低減させるためであった。ガイダンスの情報源に関する提案について議論するにあたり、ISSBは、企業がサステナビリティ関連のリスク及び機会に関して提供すべき情報（指標を含む。）を識別するために「GRIスタンダード」及びESRSを考慮することを容認することを決定した。しかし、企業は、識別された情報がIFRS S1号の目的を企業が達成するにあたり、当該企業を支援し、これらの情報源が「IFRSサステナビリティ開示基準」と矛盾しない範囲でのみ、これらの情報源を考慮することが容認される。ISSBは、ガイダンスの情報源としての「GRIスタンダード」及びESRSへの参照をIFRS S1号の付録に置くことに同意した。

© IFRS Foundation

101

BC137 ISSBは、公開草案は一般目的財務報告書の「主要な利用者」のニーズを満たすように要求事項が設計されている他の基準設定主体による直近の公表文書のみについて、企業が参照することを容認したことに留意した。そのため、「GRIスタンダード」及びESRSへの参照の追加は、企業がこれらのガイダンスの情報源を参照することを容認するために必要となる。見直したアプローチのもとでは、企業がサステナビリティ関連のリスク及び機会を識別した後に、提供すべき情報を識別するために、当該企業は「GRIスタンダード」及びESRSを参照することが容認される。提供すべき情報を識別するにあたりこれらの基準を参照することを容認するものの、サステナビリティ関連のリスク又は機会を識別するために参照することは容認しないのは、企業が開示する情報が一般目的財務報告書の利用者に関心のあるものとして識別されたトピックに関連するものであることを確保することを意図している。したがって、企業はサステナビリティ関連のリスク及び機会の識別を「IFRSサステナビリティ開示基準」、「SASBスタンダード」、又はIFRS S1号第55項(b)に列挙された他のガイダンスの情報源を用いて行うが、「GRIスタンダード」又はESRSを用いては行わない。

BC138 ISSBは、ガイダンスの情報源において「GRIスタンダード」及びESRSを参照することは、他のサステナビリティ報告の要求事項との相互運用可能性を改善し、企業（特に、既に指標若しくは他の情報を提供するために「GRIスタンダード」を使用している企業又はESRSに準拠することが強制される企業）の負担を軽減させるのに役立つ可能性があることに留意した。ISSBは、GRIとのMoUを有しており、ESRSと「IFRSサステナビリティ開示基準」との間の相互運用可能性を促進するために「欧州委員会」及び「エフラグ」と緊密に協力していることにも留意した。これらの取決めの両方がこれらのガイダンスの情報源を参照することの適切性を判断するにあたっての重要な（important）考慮事項であった。しかし、「SASBスタンダード」及び「CDSBフレームワーク適用ガイダンス」とは異なり、「GRIスタンダード」及びESRSは一般目的財務報告書の利用者よりも幅広い人々の情報ニーズを満たすことを意図している。ISSBは、これらの基準に従って提供される開示の一部が利用者に有用な情報を生み出す可能性があることに留意した。

BC139 ISSBは、「GRIスタンダード」又はESRSを使用する場合、企業は「IFRSサステナビリティ開示基準」で要求されている重要性がある（material）情報を重要性がない（immaterial）情報で不明瞭にすることを禁止されることを強調した。企業は、サステナビリティ関連財務開示の作成にあたって、企業が「IFRSサステナビリティ開示基準」の要求事項を考慮することなく当該ガイダンスの情報源を適用した場合、企業は「IFRSサステナビリティ開示基準」の準拠に関する明示的かつ無限定の表明を行うことを禁止されている。ISSBは、企業は「GRIスタンダード」又はESRSを用いて識別された情報がIFRS S1号の目的を達成していることを確保することを要求されるため、企業は「GRIスタンダード」又はESRSに従って作成された報告書を「IFRSサステナビリティ開示基準」における要求事項を満たすために単純に再利用することは容認されないことに留意した。

BC140 公開草案は、企業が提供した開示について、特定された単一又は複数の産業を開示することを要求されることを提案していた。この要求事項は、開示がどのように作成されたのかに関して一般目的財務報告書の利用者により透明性の高いものを提供することを意図していた。また、この要求事項は、企業が産業別の開示要求の適用（例えば、「IFRSサステナビリティ開示基準」において具体的に適用される要求事項が存在しないときに、企業が「SASBスタンダード」を使用して開示を作成した場合）にあたって行った重要性（materiality）の判断を利用者が理解す

IFRS S1号「サステナビリティ関連財務情報の開示に関する全般的要求事項」BC

るにあたり、利用者を支援することも意図していた。特に、要求されているように産業が開示されると、利用者は、企業が当該産業に属する企業について適用される指標を省略したかどうかがわかる。

BC141 再審議において、ISSBは、企業がサステナビリティ関連財務開示の作成（適用される指標の識別を含む。）にあたって適用した、適用される「IFRSサステナビリティ開示基準」又は「SASBスタンダード」で特定された単一又は複数の産業を開示するという公開草案における要求事項を確認することを決定した。ISSBは、企業がサステナビリティ関連財務開示を作成（該当ある場合には、「SASBスタンダード」における開示トピックの識別を含む。）するにあたり適用したガイダンスの情報源の開示を捕捉するように、公開草案における要求事項を拡張することも決定した。IFRS S1号はまた、企業がサステナビリティ関連財務開示を作成する過程で行った判断及びこれらの開示に含まれる情報に最も重大な（significant）影響（effect）を与える判断に関する情報を開示することも企業に要求している（IFRS S1号第74項参照）。そのような判断の一例は、サステナビリティ関連財務開示の作成にあたり、どのガイダンスの情報源を適用すべきかを企業が決定することである。この要求事項を適用するにあたり、企業は考慮した特定のガイダンスの情報源を適用した旨を開示するとともに、他のガイダンスの情報源を考慮したものの当該他のガイダンスの情報源を適用しなかった旨も開示することが必要となる場合がある。

開示の記載場所

BC142 サステナビリティ関連財務開示は、報告企業の一般目的財務報告書の一部として公表することが要求されている。この要求事項の帰結として、企業はサステナビリティ関連財務開示を関連する財務諸表を公表するのと同時に報告することを要求される（IFRS S1号E4項に記述されているように、経過的な救済措置の対象となる。）。一般目的財務報告書は、報告企業に関して、利用者が企業に資源を提供するかどうかに関する意思決定を行うにあたり有用な財務情報を提供する。ISSBは、一般目的財務報告書の利用者に包括的でつながりのある報告書のパッケージが提供されることを確保するため、サステナビリティ関連財務開示を企業の一般目的財務報告書の一部として公表することを企業に要求することを決定した。この要求事項は、過去に他の利害関係者を意図した報告書においてサステナビリティ関連財務情報を開示してきた企業及び財務諸表よりも後に報告書を公表してきた企業にとっては変更となる。

BC143 企業報告は法域間でさまざまであるが、「一般目的財務報告書」という用語は企業の財務諸表及びサステナビリティ関連財務開示を含んでいる（しかし、それらに限定されない。）。IFRS S1号は、一般目的財務報告書におけるサステナビリティ関連財務開示の正確な記載場所を定めていない。ISSBは、企業がサステナビリティ関連財務開示を提供することを要求される正確な場所を各法域が特定する場合があることを承知している。経営者による説明（又は企業の一般目的財務報告書の一部を構成する場合の類似した報告書）は、サステナビリティ関連財務開示の考えられる記載場所である。IFRS S1号は、経営者による説明がさまざまな名称で知られている場合、又はさまざまな名称の報告書に含まれている場合があると記述している。さまざまな名称は、「マネジメント・レポート」、「経営者による検討及び分析」、「経営及び財務のレビュー」、「統合報告書」又は「戦略報告書」などである。

BC144 IFRS S1号は、IFRS S1号B45項からB47項の要求事項が満たされていることを条件に、サステナビリティ関連財務開示を提供するために報告書間での相互参照を行うことを認めている。例えば、情報を相互参照によって含める場合、当該情報は他のすべてのサステナビリティ関連財

© IFRS Foundation

103

務開示と同じ条件で同時に利用可能としなければならず、当該情報の記載場所が正確に（precisely）特定されなければならない。ほとんどのコメント提出者は、相互参照を認めた公開草案の提案を支持した。多くの作成者が費用対効果についてコメントしたが、一般目的財務報告書の多くの利用者は、相互参照が認められる条件の重要さ（importance）についてコメントし、これはIFRS S1号でさらに明確化された。ISSBは、相互参照によって提供される情報は、企業のサステナビリティ関連財務開示が利用可能である場合にはいつでも利用可能であることを要求されると考えた。当該情報が企業のサステナビリティ関連財務開示と同じ報告書の一部ではない場合には、企業は利用者が当該情報にどのようにアクセスできるのかを説明することになる。

報告のタイミング

BC145 公開草案は、企業はサステナビリティ関連財務開示を関連する財務諸表と同時に報告することを要求されることを提案した。公開草案に対するコメント提出者のほとんどは、サステナビリティ関連財務開示を財務諸表と同時に同じ報告期間について公表するという要求事項案に同意したが、多くのコメント提出者が、企業はこの要求を満たすことを、少なくとも今後の短期間においては、困難と考えることになるとコメントした。それに伴う困難にもかかわらず、ほとんどのコメント提出者は、サステナビリティ関連財務開示を財務諸表と同時に報告することは筋が通っているということに同意した。これらのコメント提出者が同意したのは、同時公表により、一般目的財務報告書の利用者に企業の財政状態及び財務業績の一貫性のある全体でつながりのある像が提供され、包括的な1組のサステナビリティ関連財務開示が利用者に提供され、それにより利用者がより十分な情報に基づく資本配分の意思決定を行うことができるようになるからである。このフィードバックについて議論するにあたり、ISSBは、多くの企業がこれから初めてサステナビリティ関連財務情報の報告を行うことに留意した。このため、ISSBは、企業が提案された要求事項を満たすにあたり、次のことを含む困難に直面することになるとするコメント提出者の見解に同意した。

(a) 報告の負担の増大及び通常よりも高いコストの認知（特に適用初年度において）

(b) 未開発の報告システム（サステナビリティ関連のデータを揃えること及び集約することに時間を要する可能性があることを意味している。）

(c) 一部の指標の計算が、例えば、確定された財務諸表又は第三者であるデータ提供者からの情報を待つ必要があることにより遅延する場合がある。

(d) 各法域の報告要求事項が、提案された要求と不整合である場合がある。

(e) 当報告期間におけるデータを完成させるために、仮定及び見積りへの追加的な依存が必要となる場合があり、そのことがデータの質に影響を与える（affect）可能性がある。

BC146 再審議のプロセスにおいて、ISSBは、企業はサステナビリティ関連財務開示を関連する財務諸表と同時に同じ報告期間について報告することを要求されることを確認した。しかし、ISSBは、作成者の懸念に対応して経過的な救済措置を導入することも決定した（IFRS S1号E4項参照）。

比較情報

BC147 IFRS S1号は、当報告期間において開示するすべての数値について前期に係る比較情報を開示す

IFRS S1号「サステナビリティ関連財務情報の開示に関する全般的要求事項」BC

ることを企業に要求している。使用する言葉遣いは、IAS 第1号第38項の要求事項に手直しし、それに従っている。公開草案は、企業がすべての指標について比較情報を開示することを提案していた。しかし、ISSBは、IFRS S1号が開示を指標に限定せずに「すべての数値」について開示を要求する方が、一般目的財務報告書の利用者にとってより有用となることに留意した。ISSBは、サステナビリティ関連財務開示において報告される数値は、例えば、サステナビリティ関連のリスク及び機会の現在の及び予想される（anticipated）財務的影響（effects）又は指標及び目標（targets）に関連する場合があることを明確化した。

BC148　情報が報告期間の開示の理解のために有用となる場合には、企業は説明的及び記述的なサステナビリティ関連財務開示についても比較情報を開示することが要求される。経過的な救済措置として、比較情報は、企業がIFRS S1号を適用する最初の年次報告期間においては開示することを要求されない（IFRS S1号E3項参照）。

BC149　コメント提出者のほとんどは、比較情報を提供する原則に同意した。しかし、企業は更新した見積りを反映する比較情報を開示することを要求されるという提案については、意見が分かれるフィードバックを提供した。コメントを提供した一般目的財務報告書の利用者のほとんどは、更新した見積りを反映する比較情報を開示することを企業に要求する提案に同意した。しかし、他の多くのコメント提出者（作成者、監査事務所及び会計基準設定主体）は、提案された要求事項に関して懸念を示した。彼らの懸念の一部は次のことであった。

(a)　提案された要求事項は、IAS 第8号に示されている見積りの変更に対するアプローチと不整合であり、この不整合により、サステナビリティ関連財務開示を財務諸表とつなげるにあたり困難が生じる可能性がある。

(b)　見積りの更新に関連したコスト及び複雑性が、状況によっては便益を上回る可能性がある。

(c)　保証プロセスにおける潜在的な困難

(d)　提案は、更新した見積りを反映するための比較情報の更新と誤謬の訂正とをそれぞれ区別すべきかどうか、また、区別する場合、どのように区別するかに関して不明確である。

BC150　比較情報を更新するという要求事項は、「IFRS会計基準」において確立されている財務諸表における見積りの変更に対するアプローチとは異なっている。見積りの変更は、「IFRS会計基準」の要求事項に従って、変更の影響を受ける（affected）当期及び将来の期間に（すなわち、変更のあった期間に）認識される。このアプローチでは、比較情報は変更されず、見積りの変更は報告期間の純損益に反映される。この実務に従うのは、例えば、資産の耐用年数、公正価値、及び予想信用損失の見積りの変更についてである。そのような見積りの変更は報告される資本（equity）にも反映されるが、これは複式簿記モデルの一部であるからである。しかし、サステナビリティ関連財務開示においては、見積り及び指標は資本（equity）に影響を与える（affect）可能性はない。例えば、「スコープ3」の温室効果ガス排出の見積りの変更が影響を与える（affects）のは、当該見積り自体のみである。これが、IFRS S1号においてはサステナビリティ関連の指標について比較情報を更新することを企業に要求すべきであるというISSBの決定の背後にある理由である。企業が更新した見積りを反映するために比較情報を更新するという要求のもう1つの理由は、企業が、一般目的財務報告書の利用者に、トレンドに関する考えられる最善の情報を提供するようにするためである。

BC151　いくつかのサステナビリティ関連の指標の性質により、重大な（significant）見積り（企業のバ

© IFRS Foundation

105

リュー・チェーンに関連する見積りを含む。）の要素が必要となる。ISSBは、企業が報告期間の情報を変更するのではなく、前期に係る見積りの変更を反映するために比較情報を更新した方が、より有用な情報を提供することになると判断した。

BC152 企業は、指標について開示する見積られた数値を更新することを要求されるが、説明的又は記述的な開示を更新することは要求されない。この要求事項が適用されるのは、変更に関する情報に重要性（material）があり、見積りを更新することが実務上不可能でない場合のみである。「実務上不可能である」の意味を明確化するため、ISSBは、IFRS S1号における「実務上不可能である」の定義について、IAS第1号における定義に基づくことを決定し、その際にこの用語が「IFRS会計基準」と一貫性がある方法で用いられることを確認した。したがって、IFRS S1号は、要求事項を満たすことが「実務上不可能である」かどうかを企業がどのように反映するのかについて高い閾値を設けている。要求事項の適用は、企業がその要求事項を適用するためのあらゆる合理的な努力を払った後にも、適用することができない場合に「実務上不可能である」。誤解を避けるために記すと、この閾値はコストと便益の閾値よりも高い[5]。

BC153 フィードバックに対応して、ISSBは比較情報の更新についての要求事項を明確にすることを決定した。ISSBは、企業がある指標について前期に開示した見積られた数値に関連する新たな情報を識別し、当該情報が前期に存在していた状況に関する証拠を提供する場合、企業は当該新たな情報を考慮に入れて、指標について更新した比較対象の数値を開示することを要求されることを決定した。そうするにあたり、企業は当該指標について前期に開示された数値と更新した比較対象の数値との差異を開示し、比較対象の数値が更新された理由を説明することも要求される。

BC154 ISSBは、更新した見積りを反映するために比較情報を更新するという要求事項から、将来予測的な指標を除外することを決定した。しかし、企業は、事後的判断を伴わない場合には、将来予測的な指標について開示される比較対象の数値を更新することが容認される。

BC155 ISSBは、企業が報告期間において指標を再定義するか又はこれを置き換えるかした場合に、企業が何をすることを要求されるのかを確認した。そうした状況において、企業は、実務上不可能でない限り、当該指標について更新された比較対象の数値を開示することを要求される。企業は、指標の変更の内容及び変更の理由（再定義されたか、又は置き換えられた指標が従前の指標よりも有用な情報を提供する理由を含む。）を説明することを要求される。

準拠表明

BC156 企業は、サステナビリティ関連財務開示が「IFRSサステナビリティ開示基準」のすべての要求事項に準拠している場合にのみ、準拠に関する明示的かつ無限定の表明の記述を含めることが容認される。限定付きの「IFRSサステナビリティ開示基準」への準拠に関する表明は禁止されている。この要求事項は、企業がサステナビリティ関連財務情報の報告に対するアプローチにおいて選択的であったかどうか、それとも企業がすべての要求事項を提供したかどうかを一般目的財務報告書の利用者に伝えることの重要さ（importance）を反映したものである。

BC157 IFRS S1号は、戦略的目標（goals）（より低炭素の経済への具体的な移行計画に従うことなど）

---

[5] IASBは、IAS第8号「会計方針、会計上の見積りの変更及び誤謬」の修正の一環として「実務上不可能の閾値をコストと便益の閾値まで引き下げること」を検討した。

IFRS S1号「サステナビリティ関連財務情報の開示に関する全般的要求事項」BC

を導入することを企業に要求していないが、例えば、企業が設定した目標（targets）又は法令によって設定することを要求されている目標（targets）に関する情報を開示することを要求している。したがって、サステナビリティ関連のリスク及び機会の一部を管理していない企業、又は自らの指標及び目標（targets）を設定していない企業は、開示においてその旨を説明すれば、「IFRSサステナビリティ開示基準」に準拠していることを依然として主張できる。同様に、企業は特定のサステナビリティ関連のリスク又は機会をモニタリングし、管理するための整備されたガバナンスのプロセス、統制又は手続を有していない場合がある。企業がそのようなプロセス、統制及び手続を整備していないという事実は、それ自体が一般目的財務報告書の利用者にとって重要性がある（material）情報である可能性が高い。

判断、不確実性及び誤謬

判　　断

BC158 サステナビリティ関連財務開示を作成するにあたり、企業は判断を適用し、自らの状況に沿った具体的な仮定及び見積りを用いることが必要となる。ISSBは、企業がサステナビリティ関連財務開示を作成し、表示するにあたり行った判断、仮定及び見積りを開示するという要求事項を導入することを求めたフィードバックを検討した。コメント提出者は、このような要求事項は、サステナビリティ関連財務開示がどのように作成されたのかを一般目的財務報告書の利用者が理解するのに役立ち、情報の保証及び情報の完全性の評価を支援するものになるという考えを示した。

BC159 IAS 第1号は、企業が自らの会計方針を適用するにあたって行った判断のうち財務諸表に認識した金額に最も重大な（significant）影響（effects）を与えている判断を開示するという要求事項を含んでいる（IAS 第1号第122項から第123項）。ISSBは、この要求事項の原則を、企業がサステナビリティ関連財務情報の作成及び開示のプロセスにおいて行った判断についての開示に関連するIFRS S1号における要求事項に手直しすることを決定した。

BC160 ISSBは、企業が行った判断のうちサステナビリティ関連財務開示で提供される情報に最も重大な（significant）影響（effects）を与える判断を開示するという要求事項を確認することを決定した。この要求事項を満たすために開示される判断は、企業のサステナビリティ関連財務開示において表示される情報についての利用者の理解に寄与することになる。さらに、ISSBは、こうした要求事項は、他の「IFRSサステナビリティ開示基準」において判断に関しての具体的に適用される開示要求がない場合に行った重大な（significant）判断を企業が開示するという全般的な（overarching）要求事項を定めることに留意した。

BC161 重大な（significant）判断に関する情報を開示するという要求事項は、企業がサステナビリティ関連財務情報を作成するにあたり使用した、関連する「IFRSサステナビリティ開示基準」又は産業別の「SASBスタンダード」において特定された産業を開示することを企業に要求するという公開草案の提案を補完するものである。BC140項からBC141項で記述されているように、ISSBは当該要求事項を拡張して、サステナビリティ関連財務開示の作成にあたり適用された具体的なガイダンスの情報源を識別することを企業に要求することを決定した。企業は、「IFRSサステナビリティ開示基準」、「SASBスタンダード」又は他の産業別のガイダンスの情報源で定められた産業の開示に加えて、これらの情報源を識別することを要求される。

© IFRS Foundation

107

BC162 ISSBは、他の「IFRSサステナビリティ開示基準」も判断及び見積りに関する開示を要求する場合があることに留意した。この場合、ISSBは、IFRS S1号における要求事項が他の「IFRSサステナビリティ開示基準」におけるより具体的な要求事項を補完するものになることに留意した。

測定の不確実性

BC163 公開草案は、企業が開示した指標のうち重大な（significant）見積りの不確実性があるものを識別することを提案した。これらの要求事項は、IAS第1号第125項における同様の要求事項に手直ししたものであり、それらと整合的である。コメント提出者からのフィードバックを受けて、ISSBは、測定の不確実性は、指標が直接測定できず見積ることしかできない場合にのみ、生じるものではないことを承知した。測定の不確実性は、例えば、サステナビリティ関連のリスク及び機会が企業の報告期間における財政状態、財務業績及びキャッシュ・フローに与えた影響（effects）、並びに短期、中期及び長期にわたり予想される（anticipated）財務的影響（effects）に関する情報を提供するにあたっても生じる。例えば、企業の資産の一部は気候関連の森林火災によるリスクがますます高くなっている場合があり、したがって、このリスクは当該資産の減損分析及び測定の一部として考慮されることになる。こうした火災の頻度及び深刻さ（severity）が非常に不確実である場合には、利用者はこの不確実性に関する情報を必要とすることになる。これには、翌年次報告期間中にこれらの資産の帳簿価額の重要性がある（material）修正が生じる重大な（significant）リスクがあるという事実が含まれる。

BC164 公開草案は、不確実性に関する開示を提案するにあたり指標に言及していた。しかし、ISSBは、測定の不確実性に関する開示要求は指標に限定されず、サステナビリティ関連財務開示において報告される他の数値（例えば、現在の及び予想される（anticipated）財務的影響（effects）に関する要求事項）も対象になることを決定した。したがって、IFRS S1号は、サステナビリティ関連財務開示において報告される数値に影響を与える（affecting）最も重大な（significant）不確実性を一般目的財務報告書の利用者が理解できるようにするための情報を開示することを企業に要求している。そうするにあたり、企業は開示した数値のうち測定の不確実性の程度が高いものを識別する。これには、当該数値の測定にあたり行った仮定、概算及び判断に関する情報が含まれる。この要求事項はIAS第1号第125項と一貫性があり、それを基礎としている。

誤　謬

BC165 ISSBは、例えば、指標についての見積りの更新又は指標の再定義を行うために比較対象の数値を更新する要求事項と、誤謬による数値の修正再表示に関する要求事項との区別を維持することを決定した。過去の期間の誤謬とは、過去の1期以上の期間に係る企業のサステナビリティ関連財務開示における脱漏又は誤表示をいう。報告期間に発見された当該期間の潜在的な誤謬は、サステナビリティ関連財務開示の公表が承認される前に訂正される。しかし、重要性がある（material）誤謬の中には、後の期間まで発見されないものもある。ISSBは、企業が過去の期間のサステナビリティ関連財務開示に重要性がある（material）誤謬を識別した場合に、企業は次の事項を開示することが要求されることを確認した。

(a) 過去の期間の誤謬の性質

(b) 開示されている過去の各期間について、実務上可能な範囲で訂正した内容

IFRS S1号「サステナビリティ関連財務情報の開示に関する全般的要求事項」BC

(c) 誤謬の訂正が実務上不可能である場合、その状態が存在するに至った状況及び誤謬がどのように、また、いつから訂正されているのかの説明

発効日

BC166 IFRS S1号の発効日を決定するにあたり、ISSBは公開草案に対するフィードバックを考慮した。ほとんどのコメント提出者が、発効日に関する次の提案を示した。

(a) 少数のコメント提出者は、IFRS S1号はできるだけ早く又は公表後1年以内に発効とすべきであると提案した。

(b) ほとんどのコメント提出者は、公表の2年後又はそれ以降の発効日を提案した。

(c) 少数のコメント提出者は、公表の3年後又はそれ以降の発効日を提案した。

BC167 少数の一般目的財務報告書の利用者は、提案された要求事項が十分に確立された基準及びフレームワークを基礎としていることを指摘し、IFRS S1号及びIFRS S2号について公表後12か月以内の発効日を要望した。多数のコメント提出者が、「エフラグ」及び「米国SEC」が開発した同様の提案を考慮して、サステナビリティ関連財務開示のグローバル・ベースラインを創出することの緊急性についてコメントした。

BC168 IASBは一般的に、新しい基準の公表と発効日との間に、12か月から18か月の期間を設けることを慣行としてきた。ISSBは、IASBの初期の基準設定作業においては、新しい「IFRS会計基準」の公表と発効日との間の期間は6か月から12か月であったことに着目した。IASBの直近の「IFRS会計基準」は、基準の公表と発効日との間の期間が3年以内であった。

BC169 しかし、ISSBの状況はIASBとは異なっている。IASBが新しい「IFRS会計基準」の発効日を設定する場合、その日付は「IFRS会計基準」を既に適用している企業に関連性がある。関連性がある理由は、「IFRS会計基準」に準拠していることを引き続き主張するためには、企業はIASBが設定した発効日の要求事項に従って基準を適用することを要求されるためである。通常、「IFRS会計基準」を適用している法域は、IASBが設定した発効日と同じ発効日を使用する。しかし、ISSBは最初の基準を公表するところであるため、各法域が「IFRSサステナビリティ開示基準」を初めて導入し、規制当局がその後に基準の適用を企業に要求する日付は、さまざまになる。

BC170 ISSBは、IFRS S1号及びIFRS S2号の発効日を設定するにあたり、企業の準備状況を考慮に入れることの重要さ（importance）を理解している。要求事項は新規のものとなり、企業は「IFRSサステナビリティ開示基準」で要求される開示を作成するために内部のシステム、プロセス及び統制を創出又は調整する時間が必要となる。この導入期間の長さは、とりわけ、サステナビリティ関連のリスク及び機会並びにこれらの報告に対する企業の現在のアプローチのほか、企業の状況（例えば、規模及び適用される要求事項又は規制）に左右されることになる。ISSBは、そうでなかった場合よりも早い日付で作成者が要求事項を適用し、IFRS S1号及びIFRS S2号に準拠するのを支援するために、多くの決定を行った。ISSBは、経過的な救済措置や、例えば、なじみがあると考えられる他のガイダンスの情報源を企業が考慮することを認める要求事項を導入することを決定した。

BC171 ISSBは、発効日を2024年1月1日以後に開始する年次報告期間に設定することは、サステナビリ

© IFRS Foundation

109

ティ関連及び気候関連の財務開示に対する利用者の緊急のニーズを満たすうえでのISSBの現在のペースと整合的であると判断した。ISSBは、IFRS S1号及びIFRS S2号の早期適用を認めるのは、両方の基準を同時に適用する企業のみとすることも決定した。ISSBは、企業が基準を早期適用する場合には、その旨を開示することを要求されることを決定した。

経過措置

BC172 公開草案に対するフィードバックをレビューするにあたり、ISSBは、データの利用可能性及び作成者の準備状況に関するいくつかの懸念を識別した。これらの懸念に対応して、ISSBは、サステナビリティ関連財務開示と財務諸表の報告を整合させる準備をするための時間をより多く企業に与えるために経過的な救済措置を提供することが有用となることに留意した。ISSBは、企業がサステナビリティ関連財務開示を関連する財務諸表と同時に報告しないことを容認することを決定した（IFRS S1号E4項参照）。この救済措置は、企業が最初にIFRS S1号及びIFRS S2号を適用する日から1年間にわたり利用可能である。ISSBは、この救済措置は単に遅延を容認するのではなく、年次のサステナビリティ関連財務開示を次の第2四半期又は半期の一般目的期中財務報告書とともに提供することを容認することを決定した。報告の時期を特定した理由は、当該情報の重要さ（importance）に鑑み、当該情報がいつ提供されるのかを一般目的財務報告書の利用者が知ることができるようにし、したがってこの情報が利用者に注目されるようにすることであった。この救済措置を利用する企業は、最初の年次報告期間に係るサステナビリティ関連財務開示を次のいずれかの時点で報告することが認められる。

(a) 企業に一般目的期中財務報告書の提供が要求されている場合、次の第2四半期又は半期の一般目的期中財務報告書と同時に報告する。

(b) 企業が任意で一般目的期中財務報告書を提供する場合、次の第2四半期又は半期の一般目的期中財務報告書と同時に報告する。ただし、企業が最初にIFRS S1号を適用する年次報告期間の末日から9か月以内とする。

(c) 企業に一般目的期中財務報告書の提供が要求されておらず、任意でこれを提供しない場合、企業が最初にIFRS S1号を適用する年次報告期間の末日から9か月以内に報告する。

BC173 ISSBは、この救済措置は、適時の報告という目的を維持することを図りつつ企業に救済措置を提供することと、一般目的財務報告書の利用者が投資意思決定のための情報を得るのに必要な情報を入手できるようにすることとの合理的なバランスを取っていると判断した。この救済措置を導入するにあたり、ISSBは、企業が四半期又は半期の報告を提供することを要求されるという提案はしていない。

BC174 ISSBは、IFRS S1号を適用する最初の年次報告期間において比較情報を開示する要求事項からの救済措置を企業に提供することを決定した。当該報告期間についてのみ報告することを企業に容認することで、一般目的財務報告書の利用者に彼らが必要とする情報をより早期に提供できるようになる。したがって、この救済措置は、IFRS S1号の要求事項を比較情報が要求される場合よりも早く発効させることを可能にしている。

BC175 ISSBはまた、企業がIFRS S1号を適用する最初の年次報告期間において、企業が（「IFRS S2号」に準拠して）気候関連のリスク及び機会のみについての情報を開示することを容認する経過的な救済措置を導入することも決定した。したがって、企業はIFRS S1号の要求事項を気候関

IFRS S1号「サステナビリティ関連財務情報の開示に関する全般的要求事項」BC

連のリスク及び機会に関する情報の開示に関連する範囲でのみ適用することになる。企業が
IFRS S1号E5項からE6項における救済措置を適用する場合、企業はIFRS S2号を適用して、情
報を提供すべき気候関連のリスク及び機会を識別する。すなわち、企業はIFRS S2号に示されて
いる気候関連のリスク及び機会に関する情報を開示する。

BC176　企業がこの経過的な救済措置を使用する場合には、その旨を開示することを要求される。ISSB
は、企業がこの経過的な救済措置を企業がIFRS S1号を適用する最初の年次報告期間において用
いる場合には、比較情報の提供の救済措置を延長することを決定した。このため、IFRS S1号を
適用する最初の年次報告期間において気候関連のリスク及び機会の報告のみを行うことを選択
する企業は、（BC174項で述べた救済措置を適用して）気候関連のリスク及び機会に関する比較
情報を開示することを要求されない。企業がIFRS S1号を適用する2年目の年次報告期間におい
ては、気候関連のリスク及び機会以外のサステナビリティ関連のリスク及び機会に関連する比
較情報を開示することを要求されない。したがって、2年目の年次報告期間においては、比較情
報を提供することが要求されるのは気候関連のリスク及び機会に関してのみである。

BC177　ISSBは、企業が、IFRS S1号及びIFRS S2号を適用する最初の年次報告期間において、気候関
連のリスク及び機会に加えて、サステナビリティ関連のリスク及び機会に関する情報を開示し
たいと考える場合があると考えた。当該企業は、IFRS S1号に従い、企業の見通しに影響を与え
る（affect）と合理的に見込み得るすべてのサステナビリティ関連のリスク及び機会に関する情
報を開示しないという範囲で、依然として救済措置を適用する場合がある。そのような状況に
おいて、この救済措置の意図は、企業が一般目的財務報告書の利用者に追加的な情報を提供す
ることを制限することではない。すなわち、企業は、最初の年次報告期間において、気候に加
えて、他のサステナビリティ関連のリスク及び機会に関する情報を開示することを容認され
る。しかし、ISSBは、企業がこの救済措置を使用する場合には、企業は救済措置を使用した旨
を開示するとともに、IFRS S1号及びIFRS S2号に従い提供される気候関連のリスク及び機会に
関する情報が追加的な情報によって不明瞭とならないようにしなければならないと強調した。

BC178　ISSBは、IFRS S1号E5項からE6項における経過的な救済措置が、すべてのサステナビリティ関
連のリスク及び機会に関して報告を行う準備をするためのより多くの時間を企業に提供するこ
とに留意した。また、ISSBは、企業が気候関連のリスク及び機会に関する情報の提供の取組み
（efforts）に焦点を当てつつ、IFRS S1号及びIFRS S2号における文言及び概念についてより習
熟することから便益を得る可能性があるとともに、自身のバリュー・チェーンをよりよく理解
することができることにも留意した。そのような理解は、IFRS S1号に従ったより幅広い報告に
対する企業の準備に有益となることになる。

© IFRS Foundation

111

PART A

IFRS S2号

気候関連開示

© IFRS Foundation

113

IFRS S2 *Climate-related Disclosures* together with its accompanying documents is issued by the International Sustainability Standards Board (ISSB).

Disclaimer: To the extent permitted by applicable law, the ISSB and the IFRS Foundation (Foundation) expressly disclaim all liability howsoever arising from this publication or any translation thereof whether in contract, tort or otherwise to any person in respect of any claims or losses of any nature including direct, indirect, incidental or consequential loss, punitive damages, penalties or costs.

Information contained in this publication does not constitute advice and should not be substituted for the services of an appropriately qualified professional.

© IFRS Foundation 2023

Reproduction and use rights are strictly limited to personal non-commercial use, such as corporate disclosure.

Any other use, such as – but not limited to – reporting software, investment analysis, data services and product development is not permitted without written consent. Please contact the Foundation for further details at sustainability_licensing@ifrs.org.

All rights reserved.

This Japanese translation of the IFRS S2 *Climate-related Disclosures* has been prepared by the Financial Accounting Standards Foundation (FASF), the mother organisation of the Sustainability Standards Board of Japan (SSBJ) and approved by a Review Committee appointed by the IFRS Foundation. The Japanese translation is published by the FASF in Japan with the permission of the IFRS Foundation. The Japanese translation is the copyright of the IFRS Foundation.

The Foundation has trade marks registered around the world (Marks) including 'IAS®', 'IASB®', the IASB® logo, 'IFRIC®', 'IFRS®', the IFRS® logo, 'IFRS for SMEs®', the IFRS for SMEs® logo, 'International Accounting Standards®', 'International Financial Reporting Standards®', the 'Hexagon Device', 'NIIF®', 'SIC®' and SASB®'. Further details of the Foundation's Marks are available from the Foundation on request.

The Foundation is a not-for-profit corporation under the General Corporation Law of the State of Delaware, USA and operates in England and Wales as an overseas company (Company number: FC023235) with its principal office in the Columbus Building, 7 Westferry Circus, Canary Wharf, London, E14 4HD.

PART A

IFRS S2号

気候関連開示

© IFRS Foundation

115

IFRS S2号「気候関連開示」は、その付属文書とともに国際サステナビリティ基準審議会（ISSB）が公表している。

注意書き：　適用される法律が認める範囲で、ISSB及びIFRS財団（当財団）は、本出版物又はその翻訳から生じるすべての責任を、契約、不法行為、その他いかなる者に対するいかなる性質の請求若しくは損害（直接、間接、付随的又は結果的な損害、懲罰的賠償、罰金又はコストを含む。）に関するものであれ、拒絶する。

本出版物に含まれている情報は、助言を構成するものではなく、適切な資格を有する専門家のサービスの代用とすべきではない。

© IFRS財団 2023

複製及び使用の権利は、企業開示などの個人的な非商業的使用に厳しく制限されている。

報告用ソフトウェア、投資分析、データ・サービス、製品開発など（ただし、これらに限定されない。）その他の使用は、書面による同意がない限り認められない。詳細については当財団に連絡されたい（sustainability_licensing@ifrs.org）。

不許複製・禁無断転載

IFRS S2号「気候関連開示」の日本語訳は、サステナビリティ基準委員会（SSBJ）を傘下に置く財務会計基準機構（FASF）により作成され、IFRS財団が指名したレビュー委員会が承認している。日本語訳は、IFRS財団の許可の下に日本において財務会計基準機構により出版される。日本語訳はIFRS財団の著作物である。

⊕ IFRS®

当財団は、世界中で登録された商標を有しており、これには'IAS®', 'IASB®', the IASB®ロゴ, 'IFRIC®', 'IFRS®', the IFRS®ロゴ, 'IFRS for SMEs®', the IFRS for SMEs®ロゴ, 'International Accounting Standards®', 'International Financial Reporting Standards®', 'Hexagon Device', 'NIIF®', 'SIC®' 及び 'SASB®' が含まれている。当財団の登録商標の詳細については、請求に応じて当財団から入手可能である。

当財団は、米国デラウェア州の一般会社法に基づく非営利法人であり、主たる事務所をColumbus Building, 7 Westferry Circus, Canary Wharf, London E14 4HDに置いて、イングランド及びウェールズで外国会社（会社番号：FC023235）として活動している。

IFRS S2号「気候関連開示」

目　　　次

開始する項

IFRSサステナビリティ開示基準書S2号
気候関連開示

目　的 ………………………………………………………………………………………………	1
範　囲 ………………………………………………………………………………………………	3
コア・コンテンツ ………………………………………………………………………………	5
ガバナンス ………………………………………………………………………………………	5
戦　略 ………………………………………………………………………………………………	8
リスク管理 ………………………………………………………………………………………	24
指標及び目標（targets） ……………………………………………………………………	27
付　録	
A　用語の定義	
B　適用ガイダンス	
C　発効日及び経過措置	
ISSBによるIFRS S2号（2023年6月公表）の承認	

下記の付属ガイダンス及び補足資料については、本版のPart B参照

例示的ガイダンス

設　例

IFRS S2号の適用に関する産業別ガイダンス

結論の根拠については、本版のPart C参照

結論の根拠

© IFRS Foundation

117

IFRS S2号

IFRS S2号「気候関連開示」は、第1項から第37項及び付録Aから付録Cに示されている。すべての項は同等の権威を有する。**太字**で表示している項は主要な原則を示している。付録Aで定義された用語は、本基準書で初出の際には下線付（原文は斜体）で表示している。他の用語の定義は、他のIFRSサステナビリティ開示基準に示している。本基準書は、その目的、結論の根拠及びIFRS S1号「サステナビリティ関連財務情報の開示に関する全般的要求事項」に照らして解釈すべきである。

IFRS S2号「気候関連開示」

IFRS S2号

気候関連開示

目　的

1　　IFRS S2号「気候関連開示」の目的は、<u>一般目的財務報告書の主要な利用者</u>が企業への資源の提供に関する意思決定を行うにあたり有用な、当該企業の<u>気候関連のリスク及び機会</u>に関する情報を開示することを当該企業に要求することにある[1]。

2　　本基準は、短期、中期又は長期にわたり、企業のキャッシュ・フロー、当該企業のファイナンスへのアクセス又は資本コストに影響を与える（affect）と合理的に見込み得る気候関連のリスク及び機会に関する情報を開示することを企業に要求している。本基準の目的において、これらのリスク及び機会をあわせて「企業の見通しに影響を与える（affect）と合理的に見込み得る気候関連のリスク及び機会」という。

範　囲

3　　本基準は、次の事項に適用される。

(a) 企業がさらされている気候関連のリスク。すなわち、次のことをいう。

   (i)　<u>気候関連の物理的リスク</u>

   (ii)　<u>気候関連の移行リスク</u>

(b) 企業が利用可能な気候関連の機会

4　　企業の見通しに影響を与える（affect）と合理的に見込み得ない気候関連のリスク及び機会は、本基準の範囲外である。

コア・コンテンツ

ガバナンス

5　　ガバナンスに関する気候関連開示の目的は、一般目的財務報告書の利用者が、気候関連のリスク及び機会をモニタリングし、管理し、監督するために企業が用いるガバナンスのプロセス、統制及び手続を理解できるようにすることにある。

6　　この目的を達成するため、企業は、次の事項に関する情報を開示しなければならない。

(a) 気候関連のリスク及び機会の監督に責任を負うガバナンス機関（取締役会、委員会又はガバナンスの責任を負う同等の機関が含まれることがある。）又は個人。具体的には、企業は、その機関又は個人を特定し、次の事項に関する情報を開示しなければならない。

---

[1] 本基準全体を通じて、「主要な利用者」と「利用者」という用語は、同じ意味で互換的に使用されている。

© IFRS Foundation

(i) 気候関連のリスク及び機会に関する責任が、その機関又は個人に適用される、付託事項、使命、役割の記述及びその他の関連する方針にどのように反映されているか

(ii) その機関又は個人が、気候関連のリスク及び機会に対応するために設計された戦略を監督するための適切なスキル及びコンピテンシーが利用可能であるかどうか又は開発する予定であるかどうかを、どのように判断しているか

(iii) その機関又は個人に、気候関連のリスク及び機会について、どのように、また、どの頻度で情報がもたらされているか

(iv) その機関又は個人が、企業の戦略、主要な取引に関する当該企業の意思決定並びに当該企業のリスク管理のプロセス及び関連する方針を監督するにあたり、気候関連のリスク及び機会をどのように考慮しているか（その機関又は個人が、それらのリスク及び機会に関連するトレードオフを考慮しているかどうかを含む。）

(v) その機関又は個人が、気候関連のリスク及び機会に関連する目標（targets）の設定をどのように監督し、それらの目標（targets）に向けた進捗をどのようにモニタリングしているのか（第33項から第36項参照）（関連するパフォーマンス指標が報酬に関する方針に含まれているかどうか、また、含まれている場合、どのように含まれているかを含む（第29項(g)参照）。）

(b) 気候関連のリスク及び機会をモニタリングし、管理し、監督するために用いる、ガバナンスのプロセス、統制及び手続における経営者の役割。これには、次の事項に関する情報を含む。

(i) 当該役割が具体的な経営者レベルの地位又は経営者レベルの委員会に委任されているかどうか、及び当該地位又は委員会に対し、どのように監督が実施されているか

(ii) 経営者が、気候関連のリスク及び機会の監督を支援するために、統制及び手続を用いているかどうか、また、用いている場合、これらの統制及び手続がその他の内部機能とどのように統合されているか

7　　第6項の要求事項を満たすための開示を作成するにあたり、IFRS S1号「サステナビリティ関連財務情報の開示に関する全般的要求事項」（IFRS S1号）に従い、企業は、不必要な重複を避けなければならない（IFRS S1号B42項(b)参照）。例えば、企業は、第6項で要求される情報を提供しなければならないが、サステナビリティ関連のリスク及び機会の監督が統合的に管理されている場合、企業は、サステナビリティ関連のリスク及び機会それぞれについての個別の開示ではなく、統合されたガバナンスの開示を提供することにより重複を避けることになる。

戦　略

8　　**戦略に関する気候関連開示の目的は、一般目的財務報告書の利用者が、気候関連のリスク及び機会を管理する企業の戦略を理解できるようにすることにある。**

9　　具体的には、企業は、一般目的財務報告書の利用者が、次の事項を理解できるようにする情報を開示しなければならない。

(a) 企業の見通しに影響を与える（affect）と合理的に見込み得る気候関連のリスク及び機会（第10項から第12項参照）

IFRS S2号「気候関連開示」

(b) それらの気候関連のリスク及び機会が企業の<u>ビジネス・モデル及びバリュー・チェーン</u>に与える現在の及び予想される（anticipated）影響（effects）（第13項参照）

(c) それらの気候関連のリスク及び機会が企業の戦略及び意思決定に与える影響（effects）（当該企業の<u>気候関連の移行計画</u>についての情報を含む。）（第14項参照）

(d) それらの気候関連のリスク及び機会が報告期間における企業の財政状態、財務業績及びキャッシュ・フローに与えた影響（effects）、並びに、短期、中期及び長期にわたり企業の財政状態、財務業績及びキャッシュ・フローに与えると予想される（anticipated）影響（effects）（それらの気候関連のリスク及び機会がどのように企業の財務計画に組み込まれているかを考慮する。）（第15項から第21項参照）

(e) 気候関連の変化、進展及び不確実性に対する企業の戦略及びビジネス・モデルの<u>気候レジリエンス</u>（識別された気候関連のリスク及び機会を考慮する。）（第22項参照）

気候関連のリスク及び機会

10 　企業は、一般目的財務報告書の利用者が、企業の見通しに影響を与える（affect）と合理的に見込み得る気候関連のリスク及び機会を理解できるようにする情報を開示しなければならない。具体的には、企業は、次のことを行わなければならない。

(a) 企業の見通しに影響を与える（affect）と合理的に見込み得る気候関連のリスク及び機会を記述する。

(b) 企業が識別した気候関連のリスクのそれぞれについて、当該リスクを企業が気候関連の物理的リスク又は気候関連の移行リスクのいずれと考えているかを説明する。

(c) 企業が識別した気候関連のリスク及び機会のそれぞれについて、当該気候関連のリスク及び機会の影響（effects）がどのような時間軸（短期、中期又は長期）において発生すると合理的に見込み得るかを特定する。

(d) 企業がどのように「短期」、「中期」及び「長期」を定義し、これらの定義がどのように企業の戦略的意思決定に用いる計画期間とつながっているかを説明する。

11 　企業の見通しに影響を与える（affect）と合理的に見込み得る気候関連のリスク及び機会を識別するにあたり、企業は、報告日時点で企業が過大なコストや労力をかけずに利用可能な、すべての合理的で裏付け可能な情報（過去の事象、現在の状況及び将来の状況の予想（forecasts）に関する情報を含む。）を用いなければならない。

12 　企業の見通しに影響を与える（affect）と合理的に見込み得る気候関連のリスク及び機会を識別するにあたり、企業は、「IFRS S2号の適用に関する産業別ガイダンス」に定義されている産業別の<u>開示トピック</u>を参照し、その適用可能性を考慮しなければならない。

ビジネス・モデル及びバリュー・チェーン

13 　企業は、一般目的財務報告書の利用者が、気候関連のリスク及び機会が企業のビジネス・モデル及びバリュー・チェーンに与える現在の及び予想される（anticipated）影響（effects）を理解できるようにする情報を開示しなければならない。具体的には、企業は、次の事項を開示

© IFRS Foundation

121

しなければならない。

(a) 気候関連のリスク及び機会が企業のビジネス・モデル及びバリュー・チェーンに与える現在の及び予想される（anticipated）影響（effects）の記述

(b) 企業のビジネス・モデル及びバリュー・チェーンのどの部分に気候関連のリスク及び機会が集中しているか（例えば、地域、施設及び資産の種類）の記述

戦略及び意思決定

14　企業は、一般目的財務報告書の利用者が、気候関連のリスク及び機会が企業の戦略及び意思決定に与える影響（effects）を理解できるようにする情報を開示しなければならない。具体的には、企業は、次の事項を開示しなければならない。

(a) 企業が、企業自身の戦略及び意思決定において、気候関連のリスク及び機会にどのように対応してきたか及び対応する計画であるか（企業が設定した気候関連の目標（targets）及び法令により企業が満たすことが要求されている目標（targets）がある場合には、当該目標（targets）をどのようにして達成する計画であるかを含む。）に関する情報。具体的には、企業は、次の事項に関する情報を開示しなければならない。

(i) 気候関連のリスク及び機会に対処するための企業のビジネス・モデル（資源配分を含む。）に対する現在の及び予想される（anticipated）変更（例えば、これらの変更には、炭素、エネルギー又は水を多用する事業を管理又はやめる計画、需要又はサプライ・チェーンの変化から生じる資源配分、資本的支出又は研究開発に関する追加的支出を通じた事業開発から生じる資源配分、及び買収又はダイベストメントを含む。）

(ii) 現在の及び予想される（anticipated）直接的な緩和及び適応の取組み（例えば、生産プロセス又は設備の変更、施設の移転、労働力（workforce）の調整、及び製品仕様の変更を通じて）

(iii) 現在の及び予想される（anticipated）間接的な緩和及び適応の取組み（例えば、顧客及びサプライ・チェーンとの協働を通じて）

(iv) 企業が気候関連の移行計画を有している場合の当該移行計画（移行計画の作成に用いた主要な（key）仮定及び移行計画が依拠する依存関係に関する情報を含む。）

(v) 第33項から第36項に従って記述された、気候関連の目標（targets）（温室効果ガス排出目標（targets）を含む。）がある場合、企業は、当該目標（targets）をどのように達成することを計画しているか

(b) 第14項(a)に従って開示される活動について、企業がどのように資源を確保しているか、また、どのように確保する計画であるかに関する情報

(c) 第14項(a)に従って過去の報告期間に開示した計画の進捗に関する定量的及び定性的情報

財政状態、財務業績及びキャッシュ・フロー

15　企業は、一般目的財務報告書の利用者が、次の事項を理解できるようにする情報を開示しなければならない。

122

© IFRS Foundation

IFRS S2号「気候関連開示」

   (a) 気候関連のリスク及び機会が、報告期間における企業の財政状態、財務業績及びキャッシュ・フローに与えた影響（effects）（現在の財務的影響（effects））

   (b) 気候関連のリスク及び機会が企業の財務計画にどのように含まれているかを考慮したうえで、気候関連のリスク及び機会が、短期、中期及び長期にわたり、企業の財政状態、財務業績及びキャッシュ・フローに与えると予想される（anticipated）影響（effects）（予想される（anticipated）財務的影響（effects））

16   具体的には、企業は、次の事項に関する定量的及び定性的情報を開示しなければならない。

   (a) 気候関連のリスク及び機会が、報告期間における企業の財政状態、財務業績及びキャッシュ・フローにどのような影響を与えた（affected）か

   (b) 翌年次報告期間中に関連する財務諸表で報告される資産及び負債の帳簿価額に重要性がある（material）修正が生じる重大な（significant）リスクがある、第16項(a)において識別された気候関連のリスク及び機会

   (c) 気候関連のリスク及び機会を管理する企業の戦略を踏まえ、短期、中期及び長期にわたり、企業が、企業自身の財政状態について、どのように変化すると見込んでいるか。これには、次の事項を考慮する。

      (i) 企業の投資計画及び処分計画（例えば、資本的支出、主要な買収及びダイベストメント、共同支配企業、事業変革、イノベーション、新たな事業領域並びに資産の除却についての計画）。企業が契約上約束していない計画を含む。

      (ii) 企業の戦略を遂行するために計画している資金源

   (d) 気候関連のリスク及び機会を管理する企業の戦略を踏まえ、短期、中期及び長期にわたり、企業が、企業自身の財務業績及びキャッシュ・フローについて、どのように変化すると見込んでいるか（例えば、低炭素経済に即した製品及びサービスによる売上高の増加、気候事象から生じる資産への物理的な損害から生じるコスト、並びに気候への適応又は緩和に関連する費用）

17   定量的情報を提供するにあたり、企業は、単一の数値又は数値の範囲を開示することができる。

18   気候関連のリスク又は機会に関する予想される（anticipated）財務的影響（effects）に関する開示を作成するにあたり、企業は、次のことを行わなければならない。

   (a) 報告日時点で企業が過大なコストや労力をかけずに利用可能な、すべての合理的で裏付け可能な情報を用いる。

   (b) それらの開示を作成するために企業が利用可能なスキル、能力（capabilities）及び資源に見合ったアプローチを用いる。

19   企業が次のいずれかであると判断する場合、企業は、気候関連のリスク又は機会に関する現在の又は予想される（anticipated）財務的影響（effects）に関する定量的情報を提供する必要はない。

   (a) 影響（effects）が区分して識別できない。

© IFRS Foundation

(b) 影響（effects）を見積るにあたり測定の不確実性の程度があまりにも高いために、もたらされる定量的情報が有用でない。

20　また、企業が定量的情報を提供するスキル、能力（capabilities）又は資源を有していない場合、企業は、気候関連のリスク又は機会に関する予想される（anticipated）財務的影響（effects）に関する定量的情報を提供する必要はない。

21　企業が、第19項から第20項に示す条件（criteria）を適用し、気候関連のリスク又は機会に関する現在の又は予想される（anticipated）財務的影響（effects）に関する定量的情報を提供する必要はないと判断する場合、企業は、次のことを行わなければならない。

(a) 企業が定量的情報を提供していない理由を説明する。

(b) それらの財務的影響（effects）に関する定性的情報を提供する（気候関連のリスク又は機会が影響を与える（affected）可能性が高いか、又は影響を与えた（affected）、関連する財務諸表の行項目、合計及び小計を識別することを含む。）。

(c) その気候関連のリスク又は機会と、他の気候関連のリスク又は機会及びその他の要因との複合的な財務的影響（effects）に関する定量的情報を提供する（複合的な財務的影響（effects）に関する定量的情報が有用でないと企業が判断する場合を除く。）。

気候レジリエンス

22　企業は、一般目的財務報告書の利用者が、企業が識別した気候関連のリスク及び機会を考慮したうえで、気候関連の変化、進展及び不確実性に対する企業の戦略及びビジネス・モデルのレジリエンスを理解できるようにする情報を開示しなければならない。企業は、企業自身の気候レジリエンスの評価にあたり、企業の状況に見合ったアプローチを用いて、気候関連のシナリオ分析を用いなければならない（B1項からB18項参照）。定量的情報を提供するにあたり、企業は、単一の数値又は数値の範囲を開示することができる。具体的には、企業は、次の事項を開示しなければならない。

(a) 報告日時点における企業の気候レジリエンスの評価。これは、一般目的財務報告書の利用者が、次の内容を理解できるようにしなければならない。

(i) 企業の戦略及びビジネス・モデルについての評価に影響（implications）がある場合、当該影響（implications）（企業が、気候関連のシナリオ分析において識別された影響（effects）に、どのように対応する必要があるかを含む。）

(ii) 企業の気候レジリエンスの評価において考慮された重大な（significant）不確実性の領域

(iii) 気候変動に対して、短期、中期及び長期にわたり、企業の戦略及びビジネス・モデルを調整又は適応する企業の能力（capacity）。これには、次の事項を含む。

(1) 気候関連のシナリオ分析において識別された影響（effects）に対応する（気候関連のリスクに対処すること及び気候関連の機会を利用することを含む。）ための、企業の既存の金融資源の利用可能性及び柔軟性

(2) 既存の資産を再配置、再利用、性能向上（upgrade）又は廃棄する企業の能力

（ability）

(3) 気候レジリエンスのための気候関連の緩和、適応及び機会に対する、企業の現在の及び計画されている投資の影響（effect）

(b) どのように、また、いつ、気候関連のシナリオ分析を実施したのか。これには、次の事項を含む。

　(i) 企業が用いたインプットに関する情報。これには、次の事項を含む。

　　(1) 企業が分析に用いた気候関連のシナリオ及びそれらのシナリオの情報源

　　(2) 分析に多様な範囲の気候関連のシナリオを含めたかどうか

　　(3) 分析に用いた気候関連のシナリオは、気候関連の移行リスク又は気候関連の物理的リスクのいずれに関連するものか

　　(4) 企業が用いたシナリオの中に、気候変動に関する最新の国際協定と整合する気候関連のシナリオが含まれるかどうか

　　(5) 企業が選択した気候関連のシナリオが、気候関連の変化、進展又は不確実性に対する当該企業のレジリエンスの評価に関連すると判断した理由

　　(6) 企業が分析に用いた時間軸

　　(7) 企業が分析に用いた事業の範囲（例えば、分析に用いられた事業の所在地及び事業単位）

　(ii) 企業が分析において前提とした主要な（key）仮定。これには、次の事項に関する仮定を含む。

　　(1) 企業が事業を営む法域における気候関連の政策

　　(2) マクロ経済のトレンド

　　(3) 国又は地域レベルの変数（例えば、地域の気象パターン、人口統計、土地利用、インフラ及び天然資源の利用可能性）

　　(4) エネルギーの使用及びエネルギー構成

　　(5) 技術の進展

　(iii) 気候関連のシナリオ分析を実施した報告期間（B18項参照）

23　　　第13項から第22項の要求事項を満たす開示を作成するにあたり、企業は、第29項に記載されているような産業横断的指標カテゴリー、及び第32項に記載されているような「IFRS S2号の適用に関する産業別ガイダンス」に定義されている開示トピックに関連する産業別の指標を参照し、その適用可能性を考慮しなければならない。

リスク管理

24　　　リスク管理に関する気候関連開示の目的は、一般目的財務報告書の利用者が、気候関連のリ

スク及び機会を識別し、評価し、優先順位付けし、モニタリングする企業のプロセス（それらのプロセスが企業の全体的なリスク管理プロセスに統合され、情報をもたらすかどうか、また、統合され、情報をもたらす場合、どのように統合され、情報をもたらすかを含む。）を理解できるようにすることにある。

25 　この目的を達成するため、企業は、次の事項に関する情報を開示しなければならない。

(a) 企業が気候関連のリスクを識別し、評価し、優先順位付けし、モニタリングするために用いるプロセス及び関連する方針。これには、次の事項に関する情報を含む。

(i) 企業が用いるインプット及びパラメータ（例えば、データ・ソース及び当該プロセスの対象となる事業の範囲に関する情報）

(ii) 企業が気候関連のリスクの識別に情報をもたらすために、気候関連のシナリオ分析を用いているかどうか、また、用いている場合、どのように用いているか

(iii) それらのリスクの影響（effects）の性質、発生可能性及び規模を企業がどのように評価しているか（例えば、企業が定性的要因、定量的閾値又はその他の規準（criteria）を考慮しているかどうか）

(iv) 企業が他の種類のリスクと比べて気候関連のリスクを優先順位付けしているかどうか、また、優先順位付けしている場合、どのように優先順位付けしているか

(v) 企業が気候関連のリスクをどのようにモニタリングしているか

(vi) 過去の報告期間と比較して、企業が用いるプロセスを変更したかどうか、また、変更した場合、どのように変更したか

(b) 企業が気候関連の機会を識別し、評価し、優先順位付けし、モニタリングするために用いるプロセス（気候関連の機会の識別に情報をもたらすために、企業が気候関連のシナリオ分析を用いているかどうか、また、用いている場合、どのように用いているかに関する情報を含む。）

(c) 気候関連のリスク及び機会を識別し、評価し、優先順位付けし、モニタリングするためのプロセスが、企業の全体的なリスク管理プロセスと統合され、情報をもたらす程度及びどのように統合され、情報をもたらしているか

26 　第25項の要求事項を満たすための開示を作成するにあたり、IFRS S1号に従い、企業は、不必要な重複を避けなければならない（IFRS S1号B42項(b)参照）。例えば、企業は、第25項で要求される情報を提供しなければならないが、サステナビリティ関連のリスク及び機会の監督が統合的に管理されている場合、企業は、サステナビリティ関連のリスク及び機会のそれぞれについての個別の開示ではなく、統合されたリスク管理の開示を提供することにより重複を避けることになる。

指標及び目標（targets）

27 　指標及び目標（targets）に関する気候関連開示の目的は、一般目的財務報告書の利用者が、気候関連のリスク及び機会に関連する企業のパフォーマンス（企業が設定した気候関連の目標（targets）及び法令により企業が満たすことが要求されている目標（targets）がある場合には、

© IFRS Foundation

IFRS S2号「気候関連開示」

当該目標（targets）に向けた進捗を含む。）を理解できるようにすることにある。

28 　この目的を達成するため、企業は、次の事項を開示しなければならない。

(a) 産業横断的指標カテゴリー（第29項から第31項参照）に関連する情報

(b) 特定のビジネス・モデル、活動、又は産業への参加を特徴付ける（characterise）他の共通の特徴（features）に関連する産業別の指標（第32項参照）

(c) 気候関連のリスクの緩和若しくはこれへの適応、又は気候関連の機会の利用のために、企業により設定された目標（targets）及び法令により企業が満たすことが要求されている目標（targets）がある場合には、当該目標（targets）（これにはガバナンス機関又は経営者が、これらの目標（targets）に向けた進捗を測定するために用いる指標を含む。）（第33項から第37項参照）

気候関連の指標

29 　企業は、産業横断的指標カテゴリーに関連する次の情報を開示しなければならない。

(a) 温室効果ガス － 企業は、次のことを行わなければならない。

(i) CO_2相当のメートル・トンで表される、報告期間中に企業が生成した温室効果ガス排出の絶対総量（absolute gross）を開示する（B19項からB22項参照）。これは、次のように分類する。

(1) 「スコープ1」の温室効果ガス排出

(2) 「スコープ2」の温室効果ガス排出

(3) 「スコープ3」の温室効果ガス排出

(ii) 「温室効果ガスプロトコルの企業算定及び報告基準（2004年)」に従って企業の温室効果ガス排出を測定する。ただし、法域の当局又は企業が上場する取引所が、企業の温室効果ガス排出を測定するうえで異なる方法を用いることを要求している場合を除く（B23項からB25項参照）。

(iii) 温室効果ガス排出を測定するために企業が用いたアプローチを開示する（B26項からB29項参照）。これには、次の事項を含む。

(1) 企業が企業自身の温室効果ガス排出を測定するために用いた、測定アプローチ、インプット及び仮定

(2) 企業が企業自身の温室効果ガス排出を測定するために用いた、測定アプローチ、インプット及び仮定を企業が選択した理由

(3) 報告期間において当該測定アプローチ、インプット及び仮定に対して企業が変更を行った場合、その内容及び変更の理由

(iv) 第29項(a)(i)(1)から(2)に従い開示される「スコープ1」の温室効果ガス排出及び「スコープ2」の温室効果ガス排出について、排出を次のように分解する。

© IFRS Foundation

(1) 連結会計グループ（例えば、「IFRS会計基準」を適用している企業については、このグループは親会社及びその連結子会社で構成される。）

(2) 第29項(a)(iv)(1)から除外されるその他の投資先（例えば、「IFRS会計基準」を適用している企業については、これらの投資先には関連会社（associates）、共同支配企業及び非連結子会社が含まれる。）

(v) 第29項(a)(i)(2)に従って開示される「スコープ2」の温室効果ガス排出については、ロケーション基準による「スコープ2」の温室効果ガス排出を開示し、また、企業の「スコープ2」の温室効果ガス排出についての利用者の理解に情報をもたらすために必要な契約証書に関する情報がある場合には、当該情報を提供する（B30項からB31項参照）。

(vi) 第29項(a)(i)(3)に従って開示される「スコープ3」の温室効果ガス排出については、B32項からB57項を参照し、次の事項を開示する。

(1) 「温室効果ガスプロトコルのコーポレート・バリュー・チェーン（スコープ3）基準（2011年）」に記述されている「スコープ3」カテゴリーに従い、企業の「スコープ3」の温室効果ガス排出の測定値（measure）に含めたカテゴリー

(2) 企業の活動が資産運用、商業銀行又は保険を含む場合、企業の「カテゴリー15」の温室効果ガス排出又は企業の投資に関連する排出（ファイナンスド・エミッション）に関する追加的な情報（B58項からB63項参照）

(b) 気候関連の移行リスク － 気候関連の移行リスクに対して脆弱な（vulnerable）資産又は事業活動の数値及びパーセンテージ

(c) 気候関連の物理的リスク － 気候関連の物理的リスクに対して脆弱な（vulnerable）資産又は事業活動の数値及びパーセンテージ

(d) 気候関連の機会 － 気候関連の機会と整合した資産又は事業活動の数値及びパーセンテージ

(e) 資本投下 － 気候関連のリスク及び機会に投下された資本的支出、ファイナンス又は投資の数値

(f) 内部炭素価格 － 企業は、次の事項を開示しなければならない。

(i) 企業が炭素価格を意思決定に適用しているかどうか、また、適用している場合、どのように適用しているのか（例えば、投資判断、移転価格及びシナリオ分析）についての説明

(ii) 企業が企業自身の温室効果ガス排出コストの評価に用いている、温室効果ガス排出のメートル・トン当たりの価格

(g) 報酬 － 企業は、次の事項を開示しなければならない。

(i) 気候関連の考慮事項が役員報酬に組み込まれているかどうか、また、組み込まれている場合、どのように組み込まれているのかについての記述（第6項(a)(v)も参照）

(ii) 当期に認識された役員報酬のうち、気候関連の考慮事項と結び付いているもののパーセンテージ

IFRS S2号「気候関連開示」

30 　第29項(b)から(d)の要求事項を満たす開示を作成するにあたり、企業は、報告日時点で企業が過大なコストや労力をかけずに利用可能な、すべての合理的で裏付け可能な情報を用いなければならない。

31 　第29項(b)から(g)の要求事項を満たす開示を作成するにあたり、企業は、B64項からB65項を参照しなければならない。

32 　企業は、1つ以上の特定のビジネス・モデル、活動、又は産業への参加を特徴付ける（characterise）他の共通の特徴（features）に関連する産業別の指標を開示しなければならない。企業が開示する産業別の指標を決定するにあたり、企業は、「IFRS S2号の適用に関する産業別ガイダンス」に記述されている産業別の開示トピックに関連する産業別の指標を参照し、その適用可能性を考慮しなければならない。

気候関連の目標（targets）

33 　企業は、戦略的目標（goals）の達成に向けた進捗をモニタリングするために企業自身が設定した定量的及び定性的な気候関連の目標（targets）並びに法令により満たすことが要求されている目標（targets）がある場合には、当該目標（targets）を開示しなければならない。これらの目標（targets）には、温室効果ガス排出目標（targets）を含む。目標（target）のそれぞれについて、企業は、次の事項を開示しなければならない。

(a) 目標（target）を設定するために用いる指標（B66項からB67項参照）

(b) 目標（target）の目的（例えば、緩和、適応又は科学的根拠に基づく取組みへの準拠）

(c) 目標（target）が適用される企業の部分（例えば、目標（target）が企業全体に適用されるのか、企業の一部のみ（特定の事業単位又は特定の地理的地域など）に適用されるのか）

(d) 目標（target）が適用される期間

(e) 進捗が測定される基礎となる期間（base period）

(f) 該当ある場合、マイルストーン及び中間目標（targets）

(g) 目標（target）が定量的である場合、それが絶対量目標（absolute target）か、原単位目標（intensity target）か

(h) 気候変動に関する最新の国際協定（その協定から生じる法域のコミットメントを含む。）が目標（target）にどのように情報をもたらしたか

34 　企業は、目標（target）のそれぞれを設定し、レビューするアプローチ、及び目標（target）のそれぞれに対する進捗をどのようにモニタリングするかに関する情報を開示しなければならない。これには、次の事項を含む。

(a) 目標（target）及び目標（target）設定についての方法論が第三者によって認証されたかどうか

(b) 目標（target）をレビューする企業のプロセス

(c) 目標（target）の達成に向けた進捗をモニタリングするために用いる指標

© IFRS Foundation

(d) 該当ある場合、目標（target）の見直し及びそれらの見直しの説明

35 　企業は、気候関連の目標（target）のそれぞれに対するパフォーマンス、及び企業のパフォーマンスのトレンド又は変化についての分析に関する情報を開示しなければならない。

36 　第33項から第35項に従って開示される、温室効果ガス排出目標（target）のそれぞれについて、企業は次のことを開示しなければならない。

(a) どの温室効果ガスが目標（target）の対象となっているか

(b) 「スコープ1」、「スコープ2」又は「スコープ3」の温室効果ガス排出が目標（target）の対象となっているかどうか

(c) 目標（target）がグロス温室効果ガス排出目標（target）か、ネット温室効果ガス排出目標（target）か。企業がネット温室効果ガス排出目標（target）を開示する場合、関連するグロス温室効果ガス排出目標（target）についても別個に開示しなければならない（B68項からB69項参照）。

(d) 目標（target）がセクター別脱炭素アプローチを用いて算定されたかどうか

(e) ネット温室効果ガス排出目標（target）がある場合、当該目標（target）を達成するために温室効果ガス排出をオフセットすることを目的とした、企業によるカーボン・クレジットの計画された使用。企業は、カーボン・クレジットの計画された使用について説明するにあたり、B70項からB71項を参照し、次の事項を含む情報を開示しなければならない。

　(i) ネット温室効果ガス排出目標（target）を達成するために、カーボン・クレジットの使用に依拠する程度及びどのように依拠するか

　(ii) どの第三者スキームによって当該カーボン・クレジットが検証又は認証されるか

　(iii) カーボン・クレジットの種類（基礎となるオフセットが、自然に基づくものなのか、技術的な炭素除去に基づくものなのか、また、基礎となるオフセットが達成されるのは、炭素削減によるものか、炭素除去によるものかを含む。）

　(iv) 企業が使用することを計画するカーボン・クレジットの信頼性（credibility）及び十全性（integrity）を一般目的財務報告書の利用者が理解するために必要なその他の要素（例えば、カーボン・オフセットの永続性に関する仮定）

37 　第33項から第34項に記述された目標（target）を設定し、その達成に向けた進捗をモニタリングするために用いる指標を識別し、開示するにあたり、企業は、産業横断的指標（第29項参照）及び産業別の指標（第32項参照）（適用される「IFRSサステナビリティ開示基準」に記述されているもの又はIFRS S1号の要求事項を満たす他の指標を含む。）を参照し、その適用可能性を考慮しなければならない。

IFRS S2号「気候関連開示」

付録A

用語の定義

この付録は、IFRS S2号の不可欠な一部であり、本基準書の他の部分と同じ権威を有する。

カーボン・クレジット（carbon credit）

カーボン・クレジット・プログラムによって発行され、**温室効果ガス**の排出削減又は除去を表す排出単位。カーボン・クレジットは、電子登録によって一意にシリアル化され、発行され、追跡され、無効化される。

気候レジリエンス（climate resilience）

気候関連の変化、進展又は不確実性に対して調整する企業の能力（capacity）。気候レジリエンスには、**気候関連のリスク**を管理し、**気候関連の機会**から便益を享受する能力（capacity）（**気候関連の移行リスク**及び**気候関連の物理的リスク**に対応し、適応する能力（capacity）を含む。）が含まれる。企業の気候レジリエンスには、気候関連の変化、進展及び不確実性に対する企業の戦略上のレジリエンス及び事業上のレジリエンスの両方が含まれる。

気候関連の物理的リスク（climate-related physical risks）

気候変動からもたらされるリスクで、事象を契機とすることがあるもの（急性の物理的リスク）又は気候パターンの長期的な変化によるもの（慢性の物理的リスク）。急性の物理的リスクは、嵐、洪水、干ばつ又は熱波などの気象関連の事象から生じ、深刻さ及び頻度が増大しているものである。慢性の物理的リスクは、海面上昇、水の利用可能性の低下、生物多様性の喪失及び土壌の生産性の変化をもたらす可能性がある降水量及び気温の変化を含む気候パターンの長期的な変化から生じる。

これらのリスクは、資産への直接的な損害又はサプライ・チェーンの混乱による間接的な影響（effects）の結果として生じるコストなど、企業に財務的影響（implications）を与える可能性がある。また、企業の財務業績は、水の利用可能性、調達及び品質の変化により影響を受ける（affected）可能性があり、また、企業の施設、事業、サプライ・チェーン、輸送ニーズ並びに従業員の健康及び安全に影響を与える（affecting）極端な気温の変化によっても影響を受ける（affected）可能性がある。

気候関連のリスク及び機会（climate-related risks and opportunities）

気候関連のリスクとは、気候変動が企業に与える、潜在的なネガティブな影響（effects）をいう。これらのリスクは、**気候関連の物理的リスク**及び**気候関連の移行リスク**に分類される。

気候関連の機会とは、企業にとっての、気候変動から生じる潜在的なポジティブな影響（effects）をいう。気候変動を緩和し、適応するための取組みは、企業に気候関連の機会を生み出すことがある。

© IFRS Foundation

気候関連の移行計画 (climate-related transition plan)

温室効果ガス排出の削減などの活動を含む、低炭素経済に向けた移行のための企業の目標 (targets)、活動又は資源を示した企業の全体的な戦略の一側面

気候関連の移行リスク (climate-related transition risks)

低炭素経済に移行する取組みから生じるリスク。移行リスクには、政策、法律、技術、市場及びレピュテーション・リスクが含まれる。これらのリスクは、新たな又は修正された気候関連の規制による事業コストの増加又は資産の減損など、企業にとって財務的影響 (implications) をもたらす可能性がある。また、企業の財務業績は、顧客の需要の変化並びに新たな技術の開発及び導入により影響を受ける (affected) 可能性がある。

CO_2相当 (CO_2 equivalent)

それぞれの**温室効果ガス**の<u>地球温暖化係数</u>を示す普遍的な測定単位であり、二酸化炭素の**地球温暖化係数**を1単位として用いて表される。本単位は、さまざまな**温室効果ガス**の放出 (releasing) (又は放出 (releasing) の回避) を共通の基準 (basis) で評価するために使用される。

ファイナンスド・エミッション (financed emissions)

企業が行う融資及び投資に関連して、投資先又は相手方の温室効果ガスの総排出のうち、当該融資及び投資に帰属する部分。これらの排出は「温室効果ガスプロトコルのコーポレート・バリュー・チェーン (スコープ3) 基準 (2011年)」に定義されているとおり、「スコープ3」の「カテゴリー15」(投資) の一部である。

地球温暖化係数 (global warming potential)

1単位の特定の**温室効果ガス**が放射強制力に与えるインパクト (大気への悪影響 (harm) の度合い) について、1単位の二酸化炭素の放射強制力に与えるインパクトと比較して説明する係数

温室効果ガス (greenhouse gases)

「京都議定書」に記載されている7つの温室効果ガス、すなわち、二酸化炭素 (CO_2)、メタン (CH_4)、一酸化二窒素 (N_2O)、ハイドロフルオロカーボン類 (HFCs)、三フッ化窒素 (NF_3)、パーフルオロカーボン類 (PFCs) 及び六フッ化硫黄 (SF_6)

間接的な温室効果ガス排出 (indirect greenhouse gas emissions)

企業の活動の結果 (consequence) であるものの、別の企業が所有又は支配する排出源から生じる排出

内部炭素価格 (internal carbon price)

投資、生産及び消費のパターンの変化並びに潜在的な技術上の進歩及び将来の排出削減コストの財務的影響 (implications) を評価するために企業が使用する価格。企業は、内部炭素価格を、さまざま

IFRS S2号「気候関連開示」

な事業の応用に使用することができる。企業がよく使用する内部炭素価格には、次の2種類がある。

(a) シャドー・プライス、すなわち、理論上のコスト又は名目上の金額であり、企業はそれを請求しないものの、リスクの影響（impacts）、新たな投資、プロジェクトの正味現在価値、及びさまざまな取組みの費用対効果など、経済的な影響（implications）又はトレードオフを理解するために使用することができるもの

(b) 内部税又は手数料、すなわち、事業活動、製品ライン、又は他の事業単位に対して、**温室効果ガス排出**に基づいて請求される炭素価格（これらの内部税又は手数料は、企業内移転価格に類似している。）

気候変動に関する最新の国際協定（latest international agreement on climate change）

気候変動に対処するための「国連気候変動枠組条約」の締約国としての、国家間の協定。この協定は、**温室効果ガス**削減の規範及び目標（targets）を設定している。

「スコープ1」の温室効果ガス排出（Scope 1 greenhouse gas emissions）

企業が所有又は支配する排出源から発生する直接的な**温室効果ガス排出**

「スコープ2」の温室効果ガス排出（Scope 2 greenhouse gas emissions）

企業が消費する、購入又は取得した電気、蒸気、温熱又は冷熱の生成から発生する間接的な温室効果ガス排出

購入及び取得した電気は、購入したか、又は企業の境界内に持ち込まれた電気である。「スコープ2」の温室効果ガス排出は、物理的には電気の生成された施設において発生する。

「スコープ3」の温室効果ガス排出（Scope 3 greenhouse gas emissions）

企業の**バリュー・チェーン**で発生する**間接的な温室効果ガス排出**（「スコープ2」の温室効果ガス排出に含まれないもの）であり、上流及び下流の両方の排出を含む。「スコープ3」の温室効果ガス排出には、「温室効果ガスプロトコルのコーポレート・バリュー・チェーン（スコープ3）基準（2011年)」における、**「スコープ3」**カテゴリーを含む。

「スコープ3」カテゴリー（Scope 3 categories）

「温室効果ガスプロトコルのコーポレート・バリュー・チェーン（スコープ3）基準（2011年)」に記載されているとおり、**「スコープ3」**の温室効果ガス排出は、次の15のカテゴリーに分類される。

(1) 購入した財及びサービス

(2) 資本財

(3) 「スコープ1」の温室効果ガス排出又は「スコープ2」の温室効果ガス排出に含まれない燃料及びエネルギー関連の活動

(4) 上流の輸送及び流通

(5) 事業において発生した廃棄物

(6) 出張

© IFRS Foundation

(7) 従業員の通勤

(8) 上流のリース資産

(9) 下流の輸送及び流通

(10) 販売した製品の加工

(11) 販売した製品の使用

(12) 販売した製品の廃棄処理

(13) 下流のリース資産

(14) フランチャイズ

(15) 投資

他の基準で定義され、本基準において同じ意味で使用されている用語

ビジネス・モデル（business model）

企業の戦略上の目的を達成し、当該企業にとっての価値を生み出し、結果として短期、中期及び長期にわたりキャッシュ・フローを生み出すことを目的とした、企業の活動を通じてインプットをアウトプット及び結果（outcomes）に変換する企業のシステム

開示トピック（disclosure topic）

「IFRSサステナビリティ開示基準」又は「SASBスタンダード」において示された、特定の産業における企業が行う活動に基づく、具体的なサステナビリティ関連のリスク又は機会

一般目的財務報告書（general purpose financial reports）

主要な利用者が企業への資源の提供に関連する意思決定を行うにあたり有用な、報告企業に関する財務情報を提供する報告書。それらの意思決定には、次のいずれかに関する意思決定を伴う。

(a) 資本性金融商品及び負債性金融商品の購入、売却又は継続保有

(b) 貸付金及び他の形態による信用の供与又は決済

(c) 企業の経済的資源の利用に影響を与える（affect）当該企業の経営者の行動に対して投票を行うか又は他の方法で影響を与える（influence）権利の行使

一般目的財務報告書には、企業の一般目的財務諸表及びサステナビリティ関連財務開示が含まれるが、これらに限定されない。

実務上不可能である（impracticable）

企業がある要求事項を適用するためにあらゆる合理的な努力を払った後にも、適用することができない場合、その要求事項の適用は実務上不可能である。

IFRS S2号「気候関連開示」

一般目的財務報告書の主要な利用者（主要な利用者）（primary users of general purpose financial reports（primary users））

現在の及び潜在的な投資者、融資者及びその他の債権者

バリュー・チェーン（value chain）

報告企業の**ビジネス・モデル**及び当該企業が事業を営む外部環境に関連する、相互作用、資源及び関係の全範囲

バリュー・チェーンには、製品又はサービスの構想から提供、消費及び終了（end-of-life）まで、企業が利用し依存する相互作用、資源及び関係が含まれる。これには、企業の事業における相互作用、資源及び関係（人的資源（human resource）など）、企業の供給チャネル、マーケティング・チャネル及び流通チャネルにおける相互作用、資源及び関係（材料及びサービスの調達、製品及びサービスの販売及び配送など）、並びに企業が事業を営む財務的環境、地理的環境、地政学的環境及び規制環境が含まれる。

© IFRS Foundation

135

付録B

適用ガイダンス

この付録は、IFRS S2号の不可欠な一部であり、本基準書の他の部分と同じ権威を有する。

気候レジリエンス（第22項）

B1　第22項は、企業が企業自身の気候レジリエンスの評価にあたり、企業自身の状況に見合ったアプローチを用いて、気候関連のシナリオ分析を用いることを要求している[2]。企業は、報告日時点で企業が過大なコストや労力をかけずに利用可能な、すべての合理的で裏付け可能な情報を考慮することができるような気候関連のシナリオ分析に対するアプローチを用いることが要求される。B2項からB18項は、企業の気候レジリエンスを評価するために、企業がどのようにシナリオ分析を用いるかについてのガイダンスを提供している。具体的には、次のとおりである。

(a)　B2項からB7項は、企業が企業自身の状況を評価するにあたり考慮しなければならない要因を示している。

(b)　B8項からB15項は、企業が気候関連のシナリオ分析に対する適切なアプローチを決定するにあたり考慮しなければならない要因を示している。

(c)　B16項からB18項は、企業が時間の経過とともに気候関連のシナリオ分析に対するアプローチを決定するにあたり考慮する追加的な要因を示している。

状況の評価

B2　企業は、気候関連のシナリオ分析を実施する時点における企業の状況に見合った気候関連のシナリオ分析に対するアプローチを用いなければならない（B3項参照）。企業は、企業自身の状況を評価するにあたり、次の事項を考慮しなければならない。

(a)　気候関連のリスク及び機会に対する企業のエクスポージャー（B4項からB5項参照）

(b)　気候関連のシナリオ分析のために企業が利用可能なスキル、能力（capabilities）及び資源（B6項からB7項参照）

B3　企業は、企業自身の気候関連のシナリオ分析を実施するたびに、企業自身の状況を評価しなければならない。例えば、企業自身の戦略計画サイクルと整合するように3年ごとに気候関連のシナリオ分析を実施している企業（B18項参照）は、気候関連のシナリオ分析を実施するにあたり、その時点での気候関連のリスク及び機会に対するエクスポージャー並びに利用可能なスキル、能力（capabilities）及び資源を再度考慮することが要求される。

---

[2]　本適用ガイダンス（B1項からB18項）は、「気候関連財務開示に関するタスクフォース」（TCFD）が公表した文書（「技術的補足文書：気候関連のリスク及び機会の開示におけるシナリオ分析の利用（2017年）」並びに「非金融会社のためのシナリオ分析に関するガイダンス（2020年）」を含む。）に概説されている実務の範囲を利用している。

IFRS S2号「気候関連開示」

気候関連のリスク及び機会に対するエクスポージャー

B4　企業は、気候関連のシナリオ分析に用いるアプローチを決定するにあたり、企業自身の気候関連のリスク及び機会に対するエクスポージャーを、企業自身の状況の評価において考慮しなければならない。この考慮は、気候関連のシナリオ分析に対する特定のアプローチを用いることによる潜在的な便益を理解するうえで、必要不可欠な文脈を提供するものである。例えば、気候関連のリスクに対するエクスポージャーの度合いが高い企業であれば、より定量的又は技術的に洗練された気候関連のシナリオ分析に対するアプローチは、当該企業及び一般目的財務報告書の利用者にとって、より大きな便益をもたらすこととなる。企業がさらされている気候関連のリスク及び機会がほとんどないか、比較的深刻度が低い場合、一般目的財務報告書の利用者は、定量的又は技術的に洗練された気候関連のシナリオ分析の便益を受ける可能性が低くなる。つまり、他のすべての条件が同じであれば、気候関連のリスク又は機会に対するエクスポージャーが大きい企業ほど、より技術的に洗練された形の気候関連のシナリオ分析が要求されていると企業が判断する可能性が高くなる。

B5　本基準は、企業がさらされている気候関連のリスク及び機会の識別（第10項参照）並びにそれらのリスク及び機会を識別し、評価し、優先順位付けし、モニタリングするために企業が用いるプロセスに関する情報の開示（第25項参照）を要求している。企業が第10項及び第25項に従って開示する情報は、企業自身の気候関連のリスク及び機会に対するエクスポージャーを考慮するにあたり、情報をもたらすことができる。

利用可能なスキル、能力（capabilities）及び資源

B6　企業は、気候関連のシナリオ分析に用いる適切なアプローチを決定するにあたり、利用可能なスキル、能力（capabilities）及び資源を考慮しなければならない。これらのスキル、能力（capabilities）及び資源には、内部及び外部の両方のスキル、能力（capabilities）及び資源が含まれる場合がある。企業の利用可能なスキル、能力（capabilities）及び資源は、気候関連のシナリオ分析に対する特定のアプローチによって要求される潜在的なコスト及び取組みのレベルを企業が検討するのに情報をもたらすための文脈を提供する。例えば、企業自身の気候レジリエンスを評価するために気候関連のシナリオ分析の使用を探究し始めたばかりの企業の場合、過大なコストや労力をかけずに気候関連のシナリオ分析のための定量的又は技術的に洗練されたアプローチを用いることができない場合がある。誤解を避けるために記すと、企業が資源を利用可能である場合、企業は必要なスキル及び能力（capabilities）を入手又は開発するための投資を行うことができる。

B7　気候関連のシナリオ分析は、資源集約的である場合があり、反復的な学習プロセスを通じて、複数の計画サイクルにわたって開発され、精緻化される場合がある。企業が気候関連のシナリオ分析を繰り返すに従い、時間の経過とともに気候関連のシナリオ分析に対するアプローチを強化することを可能にするスキル及び能力（capabilities）が開発される可能性が高い。例えば、企業が気候関連のシナリオ分析をまだ用いていない場合又は気候関連のシナリオ分析があまり用いられていない産業に参加している場合、企業は、企業自身のスキル及び能力（capabilities）を開発するためにより多くの時間を必要とする場合がある。対照的に、気候関連のシナリオ分析が確立された実務であるような産業（例えば、採掘及び鉱物加工）に属している企業は、企業自身の経験を通じて、企業自身のスキル及び能力（capabilities）を強化していることが見込

© IFRS Foundation

137

まれる。

適切なアプローチの決定

B8 企業は、報告日時点で企業が過大なコストや労力をかけずに利用可能な、すべての合理的で裏付け可能な情報を考慮することができるような気候関連のシナリオ分析に対するアプローチを決定しなければならない。アプローチの決定は、企業の気候関連のリスク及び機会に対するエクスポージャー（B4項からB5項参照）並びに企業が利用可能なスキル、能力（capabilities）及び資源（B6項からB7項参照）の評価に基づいて行わなければならない。そのような決定を行うことには、次の事項を伴う。

(a) 気候関連のシナリオ分析に対するインプットの選択（B11項からB13項参照）

(b) 気候関連のシナリオ分析をどのように実施するかについて分析上の選択を行うこと（B14項からB15項参照）

B9 合理的で裏付け可能な情報には、過去の事象、現在の状況及び将来の状況の予想（forecasts）に関する情報が含まれる。また、定量的又は定性的情報並びに外部の情報源から入手した情報又は内部で所有若しくは開発した情報も含まれる。

B10 企業は、報告日時点で企業が過大なコストや労力をかけずに利用可能な、すべての合理的で裏付け可能な情報を考慮することができるように、インプット及び分析上の選択の組み合わせを決定するために判断を用いることが必要となる。要求される判断の程度は、詳細な情報の利用可能性に依存する。時間軸が長くなり、詳細な情報の利用可能性が低下するに従い、要求される判断の程度は高くなる。

インプットの選択

B11 企業が気候関連のシナリオ分析に用いるインプットを選択するにあたり、企業は、報告日時点で過大なコストや労力をかけずに利用可能な、すべての合理的で裏付け可能な情報（シナリオ、変数及びその他のインプットを含む。）を考慮しなければならない。シナリオ分析に用いられるインプットは、定量的又は定性的情報並びに外部の情報源から入手した情報又は内部で開発した情報が含まれる場合がある。例えば、権威ある情報源から一般に利用可能な気候関連のシナリオで、将来のトレンド及びさまざまなもっともらしい（plausible）結果への道筋を記述しているものは、企業が過大なコストや労力をかけずに利用可能とみなされる。

B12 気候関連のシナリオ分析に用いるシナリオ、変数及びその他のインプットを選択するにあたり、企業は、例えば、権威ある情報源から一般にかつ自由に利用可能な、1つ以上の気候関連のシナリオ（国際的なシナリオ及び地域的なシナリオを含む。）を用いる場合がある。企業は、特定のシナリオ又はシナリオのセットを用いるにあたり、合理的で裏付け可能な基礎を有していなければならない。例えば、排出が規制されている（又は将来規制される可能性が高い。）法域に事業が集中している企業は、低炭素経済への秩序ある移行又は気候変動に関する最新の国際協定に対する関連する法域のコミットメントと整合的なシナリオを用いて分析を実施することが適切であると判断する場合がある。また、例えば、物理的な気候関連のリスクに対するエクスポージャーが大きい企業は、現在の政策を考慮した、地域に特化した気候関連のシナリオを用いて分析を実施することが適切であると判断する場合がある。

138　　　　　　　　　　© IFRS Foundation

IFRS S2号「気候関連開示」

B13　企業は、選択されたインプットが合理的で裏付け可能であるかどうかを検討するにあたり、一般目的財務報告書の利用者が、企業が識別した気候関連のリスク及び機会を考慮したうえで、気候関連の変化、進展及び不確実性に対する企業の戦略及びビジネス・モデルのレジリエンスを理解できるようにする情報を開示することを要求している第22項の目的を考慮しなければならない。これは、企業の気候関連のシナリオ分析に対するインプットは、企業の状況、例えば、企業が行う特定の活動及びそれらの活動の地理的な所在地に関連したものでなければならないことを意味する。

分析上の選択の実施

B14　企業のレジリエンスの評価は、気候関連のシナリオ分析に対する個々のインプットのみならず、分析を実施するにあたりそれらのインプットを組み合わせて得られる情報によっても情報がもたらされる。企業は、報告日時点で企業が過大なコストや労力をかけずに利用可能な、すべての合理的で裏付け可能な情報を考慮することができるように、分析上の選択（例えば、定性的な分析を用いるか、定量的なモデル化を用いるか）を優先順位付けしなければならない。例えば、企業が、過大なコストや労力をかけずに、ある結果（outcome）（例えば、摂氏1.5度の結果（outcome））に関連して複数の炭素価格の道筋を組み込むことができる場合、そのようなアプローチが企業のリスク・エクスポージャーによって正当化されると仮定すれば、この分析は、企業のレジリエンスの評価を強化する可能性が高い。

B15　多くの場合、定量的情報によって、企業は、気候レジリエンスについて、より頑健な評価を実施することができるようになる。しかし、定性的情報（シナリオの記述を含む。）は、単独でも定量的データと組み合わせても、企業のレジリエンスの評価に関して合理的で裏付け可能な基礎を提供することがある。

追加の考慮事項

B16　気候関連のシナリオ分析は、実務が発展途上であるため、企業が用いるアプローチは時間の経過とともに変化する可能性が高い。B2項からB7項において記述されているとおり、企業は、気候関連のリスク及び機会に対する企業のエクスポージャー並びにシナリオ分析のために利用可能なスキル、能力（capabilities）及び資源を含む、企業の具体的な状況に基づいて、気候関連のシナリオ分析に対するアプローチを決定しなければならない。また、それらの状況は、時間の経過とともに変化する可能性が高い。したがって、企業の気候関連のシナリオ分析に対するアプローチは、報告期間又は戦略計画サイクルの間で同じである必要はない（B18項参照）。

B17　企業は、当該企業の状況に照らして適切なアプローチである場合、気候関連のシナリオ分析に対して、定性的なシナリオの記述など、より単純なアプローチを用いることがある。例えば、企業が現在、定量的な気候関連のシナリオ分析を実施するスキル、能力（capabilities）又は資源を有していないものの、気候関連のリスクに対するエクスポージャーが大きい場合、最初は気候関連のシナリオ分析に対してより単純なアプローチを用いることがあるが、経験を通じて能力（capabilities）を積み重ね、時間の経過とともに、気候関連のシナリオ分析に対してより高度で定量的なアプローチを適用することになる。気候関連のリスク及び機会に対するエクスポージャーが大きく、必要なスキル、能力（capabilities）又は資源を利用できる企業は、気候関連のシナリオ分析に対してより高度で定量的なアプローチを適用することが要求される。

© IFRS Foundation

139

B18 第22項は、各報告日時点で気候レジリエンスに関する情報を開示することを企業に要求しているが、企業は、複数年の戦略計画サイクル（例えば、3年から5年ごと）を含む戦略計画サイクルに沿って、気候関連のシナリオ分析を実施する場合がある。そのため、企業が毎年、シナリオ分析を実施していない場合、報告期間によっては、第22項(b)に従った企業の開示が、前報告期間から変更されないことがある。企業は、最低限、企業自身の戦略計画サイクルに沿って、気候関連のシナリオ分析を更新しなければならない。しかし、気候の不確実性が企業のビジネス・モデル及び戦略に与える影響（implications）に関する更新された洞察を反映するため、企業のレジリエンスの評価は毎年実施することが要求される。したがって、第22項(a)に従った企業の開示、すなわち、企業のレジリエンス評価の結果（results）は、各報告期間に更新されなければならない。

温室効果ガス（第29項(a)）

温室効果ガス排出

特定の状況における、企業の報告期間と異なる報告期間の情報の使用の容認

B19 企業は、バリュー・チェーン上の一部又は全部の企業と異なる報告期間を有する場合がある。そのような差異は、企業の報告期間における、バリュー・チェーン上のこれらの企業の温室効果ガス排出に関する情報が、企業が企業自身の開示に用いるために容易に利用可能でない場合があることを意味する。そのような状況において、情報が企業の報告期間と異なる報告期間を有するバリュー・チェーン上の各企業から入手したものである場合、企業は、第29項(a)(i)に従って、企業自身の報告期間と異なる報告期間の情報を使用し、企業自身の温室効果ガス排出を測定することが容認される。ただし、次の事項を満たすことを条件とする。

(a) 企業が、企業自身の温室効果ガス排出を測定し、開示するために、過大なコストや労力をかけずに利用可能な、バリュー・チェーン上の各企業の最も直近の（the most recent）データを使用する。

(b) 報告期間の長さが同じである。

(c) 企業が、バリュー・チェーン上の各企業の報告日と企業の一般目的財務報告書の日付の間に発生した、（企業自身の温室効果ガス排出に関連する）重大な（significant）事象及び状況（circumstances）の変化による影響（effects）を開示する。

地球温暖化係数の数値を用いたCO_2相当の温室効果ガスの集約

B20 第29項(a)は、企業が、CO_2相当のメートル・トンで表される、報告期間中に企業が生成した温室効果ガス排出の絶対総量（absolute gross）を開示することを要求している。企業は、当該要求事項を満たすために、7種類の温室効果ガスをCO_2相当量に集約しなければならない。

B21 企業が企業自身の温室効果ガス排出を測定するために直接測定を用いる場合、報告日時点で利用可能な最新の「気候変動に関する政府間パネル」の評価における、100年の時間軸に基づく地球温暖化係数の数値を用いて、7種類の温室効果ガスをCO_2相当量に変換することが要求される。

B22 企業が企業自身の温室効果ガス排出を見積るために排出係数を用いる場合、企業は、企業自身

140

© IFRS Foundation

IFRS S2号「気候関連開示」

の温室効果ガス排出を測定する基礎として、企業の活動を最も表現する排出係数を使用しなければならない（B29項参照）。これらの排出係数により、構成するガスが既にCO_2相当量に変換されている場合、企業は、報告日時点で利用可能な最新の「気候変動に関する政府間パネル」の評価における、100年の時間軸に基づく地球温暖化係数の数値を使用して、排出係数を再計算することは要求されない。しかし、企業がCO_2相当量に変換されていない排出係数を用いる場合、企業は、報告日時点で利用可能な最新の「気候変動に関する政府間パネル」の評価における、100年の時間軸に基づく地球温暖化係数の数値を使用しなければならない。

温室効果ガスプロトコル

B23　第29項(a)(ii)は、企業に対し、「温室効果ガスプロトコルの企業算定及び報告基準（2004年）」に従って測定した、企業自身の温室効果ガス排出を開示することを要求している。誤解を避けるために記すと、企業は、本基準の要求事項に反しない範囲においてのみ、「温室効果ガスプロトコルの企業算定及び報告基準（2004年）」における要求事項を適用しなければならない。例えば、「温室効果ガスプロトコルの企業算定及び報告基準（2004年）」において、企業は企業自身の「スコープ3」の温室効果ガス排出を開示することは要求されないものの、第29項(a)に従い、企業は「スコープ3」の温室効果ガス排出を開示することが要求される。

B24　企業は、法域の当局又は企業が上場する取引所が、企業の温室効果ガス排出を測定するうえで異なる方法を用いることを要求していない限り、「温室効果ガスプロトコルの企業算定及び報告基準（2004年）」を用いることが要求される。企業が法域の当局又は当該企業が上場している取引所によって企業自身の温室効果ガス排出を測定するために異なる方法を用いることが要求される場合、当該法域又は取引所の要求事項が企業に適用される限りにおいて、企業は、「温室効果ガスプロトコルの企業算定及び報告基準（2004年）」を用いるのではなく、当該方法を用いることが容認される。

B25　状況によっては、企業が、当該企業の特定の部分に関する温室効果ガス排出又は企業の温室効果ガス排出の一部（例えば、「スコープ1」及び「スコープ2」の温室効果ガス排出のみ）について開示を行うことについて、当該企業が事業を営む法域の要求事項の対象となる場合がある。そのような状況において、当該法域の要求事項によって、企業全体としての、企業の「スコープ1」、「スコープ2」及び「スコープ3」の温室効果ガス排出を開示することを求める本基準を適用することが企業に免除されるわけではない。

測定アプローチ、インプット及び仮定

B26　第29項(a)(iii)は、企業に対し、企業自身の温室効果ガス排出を測定するために用いた測定アプローチ、インプット及び仮定を開示することを要求している。当該要求事項の一部として、企業は次に関する情報を含めなければならない。

(a)　「温室効果ガスプロトコルの企業算定及び報告基準（2004年）」に従って、企業が使用する測定アプローチ（B27項参照）

(b)　企業が「温室効果ガスプロトコルの企業算定及び報告基準（2004年）」を用いない場合に適用する方法及び企業が使用する測定アプローチ（B28項参照）

(c)　企業が使用する排出係数（B29項参照）

© IFRS Foundation

141

「温室効果ガスプロトコル」に示される測定アプローチ

B27　「温室効果ガスプロトコルの企業算定及び報告基準（2004年）」は、温室効果ガス排出を測定するにあたり企業が使用する場合がある、さまざまな測定アプローチを含む。第29項(a)(iii)に従って情報を開示するにあたり、企業は、使用する測定アプローチについての情報を開示することが要求される。例えば、企業が「温室効果ガスプロトコルの企業算定及び報告基準（2004年）」に従って測定した企業自身の温室効果ガス排出を開示する場合、企業は、持分割合アプローチ又は支配アプローチを使用することが求められる。具体的には、企業は、次の事項を開示しなければならない。

(a) 企業の温室効果ガス排出を決定するために使用するアプローチ（例えば、「温室効果ガスプロトコルの企業算定及び報告基準（2004年）」における持分割合アプローチ又は支配アプローチ）

(b) 測定アプローチを企業が選択した理由及びそのアプローチがどのように第27項の開示目的と関連しているか

他の方法及び測定アプローチ

B28　企業が第29項(a)(ii)、B24項からB25項又はC4項(a)を適用して、別の方法に従って測定した企業自身の温室効果ガス排出を開示する場合、企業は、次の事項を開示しなければならない。

(a) 企業が、企業自身の温室効果ガス排出を決定するために使用する、適用される方法及び測定アプローチ

(b) 方法及び測定アプローチを企業が選択した理由及びそのアプローチがどのように第27項の開示目的と関連しているか

排出係数

B29　企業の測定アプローチ、インプット及び仮定の開示の一部として、企業自身の温室効果ガス排出を測定するにあたりどの排出係数を使用しているかについて、一般目的財務報告書の利用者が理解できるようにする情報を開示しなければならない。本基準は、企業が、企業自身の温室効果ガス排出の測定において使用することが要求される排出係数を特定していない。その代わり、本基準は、企業が企業自身の温室効果ガス排出を測定するにあたり、企業の活動を最も表現する排出係数を使用することを要求している。

「スコープ2」の温室効果ガス排出

B30　第29項(a)(v)は、企業に対し、企業自身のロケーション基準による「スコープ2」の温室効果ガス排出を開示し、また、企業の「スコープ2」の温室効果ガス排出についての利用者の理解に情報をもたらすような、企業が締結する契約証書に関する情報がある場合には、当該情報を提供することを要求している。誤解を避けるために記すと、企業は、企業自身のロケーション基準アプローチを用いた「スコープ2」の温室効果ガス排出を開示することが要求されるとともに、契約証書に関する情報を、これらが存在し、かつ、これらに関する情報が企業の「スコープ2」の温室効果ガス排出についての利用者の理解に情報をもたらす場合においてのみ提供すること

が要求される。

B31 契約証書とは、エネルギー生成に関する属性と一体となったエネルギーの売買、又は分離されたエネルギー属性の訴求権（分離されたエネルギー属性の訴求権は、温室効果ガス属性の契約証書とは区分され、かつ、それぞれに識別される（distinct）エネルギーの売買に関連する。）に関する、企業と第三者の間のあらゆる種類の契約である。異なる市場においてさまざまな種類の契約証書が利用可能であり、企業は、その開示の一部として、マーケット基準による「スコープ2」の温室効果ガス排出についての情報を開示する場合がある。

「スコープ3」の温室効果ガス排出

B32 第29項(a)(vi)に従い、企業は、企業自身の「スコープ3」の温室効果ガス排出についての情報を、一般目的財務報告書の利用者がこれらの排出源を理解できるように開示しなければならない。企業は、企業のバリュー・チェーン全体（上流及び下流）を考慮し、「温室効果ガスプロトコルのコーポレート・バリュー・チェーン（スコープ3）基準（2011年）」に記載されている15個すべての「スコープ3」の温室効果ガス排出のカテゴリーを考慮しなければならない。企業は、第29項(a)(vi)に従い、「スコープ3」の温室効果ガス排出の開示において、これらのカテゴリーのうちどれが含められているかについて開示しなければならない。

B33 誤解を避けるために記すと、企業が温室効果ガス排出を測定するために使用する方法にかかわらず、企業は、第29項(a)(vi)(1)に記述されている、企業自身の「スコープ3」の温室効果ガス排出の測定値（measure）に含めたカテゴリーを開示することが要求される。

B34 企業は、IFRS S1号B11項に従い、重大な（significant）事象が発生した場合、又は状況に重大な（significant）変化が発生した場合、バリュー・チェーンを通じて影響を受ける（affected）すべての気候関連のリスク及び機会を再評価しなければならず、これには企業自身の「スコープ3」の温室効果ガス排出の測定において、「スコープ3」のどのカテゴリー、及びバリュー・チェーンを通じてどの企業を含めるかについての再評価が含まれる。重大な（significant）事象又は状況の重大な（significant）変化は、企業がその事象若しくは状況の変化に関与していなくても発生することがあり、又は企業が一般目的財務報告書の利用者にとって重要である（important）と評価する内容の変化の結果（result）として発生することがある。例えば、重大な（significant）事象又は状況の重大な（significant）変化には、次のものが含まれる場合がある。

(a) 企業のバリュー・チェーンにおける重大な（significant）変化（例えば、企業のバリュー・チェーンにおけるサプライヤーが、サプライヤーの温室効果ガス排出を著しく（significantly）変える（alters）ような変更を行うこと）

(b) 企業のビジネス・モデル、活動又は企業構成の重大な（significant）変化（例えば、企業のバリュー・チェーンを拡張する合併又は買収）

(c) 気候関連のリスク及び機会に対する企業のエクスポージャーの重大な（significant）変化（例えば、企業のバリュー・チェーンにおけるサプライヤーが、企業が予想していなかった（not anticipated）排出規制の導入の影響を受ける（affected）こと）

B35 企業は、バリュー・チェーンを通じての気候関連のリスク又は機会の範囲を、IFRS S1号B11項で要求されているよりも頻繁に再評価することが容認されるが、要求されない。

B36 IFRS S1号B6項(b)に従い、その幅広さ及び構成を含むバリュー・チェーンの範囲を決定するために、企業は、報告日時点で企業が過大なコストや労力をかけずに利用可能な、すべての合理的で裏付け可能な情報を用いなければならない。

B37 資産運用、商業銀行及び保険に関連する金融活動の1つ以上に関与する企業は、企業自身の「スコープ3」の温室効果ガス排出の開示の一部として、それらの活動に関連するファイナンスド・エミッションについての追加的な情報を開示しなければならない（B58項からB63項参照）。

「スコープ3」の測定フレームワーク

B38 企業の「スコープ3」の温室効果ガス排出の測定は、直接測定のみならず、見積りの使用を含む可能性が高い。「スコープ3」の温室効果ガス排出の測定にあたり、企業は、その測定の忠実な表現となる測定アプローチ、インプット及び仮定を使用しなければならない。B40項からB54項に記載されている測定フレームワークは、企業が企業自身の「スコープ3」の温室効果ガス排出の開示を作成するためのガイダンスを提供するものである。

B39 企業は、「スコープ3」の温室効果ガス排出の測定に使用する測定アプローチ、インプット及び仮定を選択するにあたり、報告日時点で企業が過大なコストや労力をかけずに利用可能な、すべての合理的で裏付け可能な情報を用いることが要求される。

B40 企業の「スコープ3」の温室効果ガス排出の測定は、さまざまなインプットに依存する。本基準は、企業が「スコープ3」の温室効果ガス排出の測定に使用することが要求されるインプットを特定していないものの、次の事項の特定のための特性（順不同）を使用して、インプット及び仮定を優先順位付けすることを要求している。

(a) 直接測定に基づくデータ（B43項からB45項参照）

(b) 企業のバリュー・チェーン内の特定の活動からのデータ（B46項からB49項参照）

(c) バリュー・チェーンの活動及びその温室効果ガス排出の法域並びにこれらに用いられる技術を忠実に表現する適時のデータ（B50項からB52項参照）

(d) 検証されたデータ（B53項からB54項参照）

B41 企業は、法域の当局又は企業が上場する取引所が、企業の温室効果ガス排出を測定するうえで「温室効果ガスプロトコルの企業算定及び報告基準（2004年）」とは異なる方法を用いることを要求している場合（B24項からB25項参照）であっても、C4項(a)に記載されている経過的な救済措置を使用する場合であっても、インプット及び仮定を優先順位付けするために「スコープ3」の測定フレームワークを適用することが要求される。

B42 企業による測定アプローチ、インプット及び仮定の優先順位付け並びに企業による関連するトレードオフの考慮（B40項における特性に基づく）には、経営者による判断の適用が要求される。例えば、企業が、適時のデータと、バリュー・チェーンの活動及びその排出の法域並びにこれらに用いられる技術をより表現するデータとの間のトレードオフを考慮することが必要な場合がある。より直近の（more recent）データは、バリュー・チェーンにおいて使用された技術及びその活動の場所を含む当該特定の活動についての詳細をそれほど提供しない場合がある。一方で、頻繁には公表されない古いデータは、当該特定の活動及びその温室効果ガス排出をより表現するものであるとみなされる場合がある。

IFRS S2号「気候関連開示」

直接測定に基づくデータ

B43 「スコープ3」の温室効果ガス排出を定量化するために、直接測定と見積りの2つの方法が使用される。企業は、他のすべての条件が同じであれば、これらの2つの方法のうち、直接測定を優先しなければならない。

B44 「直接測定」は、温室効果ガス排出を直接モニタリングすることをいい、理論的には、最も正確な証拠を提供する。しかし、「スコープ3」の温室効果ガス排出の直接測定には課題があるため、「スコープ3」の温室効果ガス排出データは見積りを含むことが見込まれる。

B45 「スコープ3」の温室効果ガス排出の見積りは、仮定及び適切なインプットに基づくデータの概算を伴う。企業が見積りを使用して「スコープ3」の温室効果ガス排出を測定する場合、次の2種類のインプットを使用する可能性が高い。

(a) 温室効果ガス排出をもたらす企業の活動を表現するデータ（活動データ）。例えば、企業は、バリュー・チェーン内の製品の輸送を表現するために、移動距離を活動データとして使用する場合がある。

(b) 活動データを温室効果ガス排出に変換する排出係数。例えば、企業は、排出係数を使用して、移動距離（活動データ）を温室効果ガス排出データに変換する。

企業のバリュー・チェーン内の特定の活動からのデータ

B46 企業の「スコープ3」の温室効果ガス排出の測定は、企業のバリュー・チェーン内の特定の活動から直接入手されたデータ（1次データ）、企業のバリュー・チェーン内の活動から直接入手されないデータ（2次データ）、又はこれらの組み合わせに基づくことになる。

B47 企業の「スコープ3」の温室効果ガス排出の測定にあたり、1次データは、2次データに比べ、企業のバリュー・チェーンの活動及び温室効果ガス排出をより表現する可能性が高い。したがって、企業は、他のすべての条件が同じであれば、1次データの使用を優先しなければならない。

B48 「スコープ3」の温室効果ガス排出の1次データには、企業のバリュー・チェーン内の特定の活動に関連する、サプライヤー又はバリュー・チェーン上の他の企業から提供されたデータを含む。例えば、1次データは、検針、公共料金の請求書又は企業のバリュー・チェーン内の特定の活動を表現する他の活動から得られる場合がある。1次データは、内部から収集される場合（例えば、企業自身の記録を通じて）も、サプライヤー及び他のバリュー・チェーンのパートナーといった外部から収集される場合（例えば、購入された製品又はサービスに関するサプライヤー固有の排出係数）もある。企業のバリュー・チェーン内の特定の活動からのデータは、企業の特定のバリュー・チェーンの活動のより正確な表現を提供するものであるため、企業の「スコープ3」の温室効果ガス排出の測定においてより良い基礎を提供することになる。

B49 「スコープ3」の温室効果ガス排出の2次データは、企業のバリュー・チェーン内の特定の活動から直接入手されないデータである。2次データは、第三者のデータ・プロバイダーから供給されることが多く、産業平均データ（例えば、公開されたデータベース、政府統計、文献調査及び産業団体からのもの）を含む。2次データは、活動又は排出係数を概算するために使用されるデータを含む。さらに、2次データは、別の活動の温室効果ガス排出を見積るために使用される、特定の活動からの1次データ（代替データ）を含む。企業が、企業自身の「スコープ3」の温室効果ガス排出を見積るために2次データを使用する場合、データが企業の活動をどの程度忠実に

© IFRS Foundation

145

表現するかについて考慮しなければならない。

バリュー・チェーンの活動及びその温室効果ガス排出の法域並びにこれらに用いられる技術を忠実に表現する適時のデータ

B50 企業が2次データを使用する場合、データが表現することを意図しているバリュー・チェーンの活動に用いられる技術に基づく、又はこれを表現する、活動又は排出データの使用を優先しなければならない。例えば、企業はその活動から1次データ（例えば、従業員が移動時に使用した、特定の航空機モデル、移動距離及び搭乗クラス）を入手したうえで、当該1次データを航空移動による温室効果ガス排出の見積りに変換するために、これらの活動から生じる温室効果ガス排出を表現する2次データを使用する場合がある。

B51 企業が2次データを使用する場合、活動が行われた法域に基づく、又はこれを表現する活動若しくは排出データを優先しなければならない。例えば、企業は、企業が事業を営む法域又は当該活動が行われた法域に関連する排出係数を優先しなければならない。

B52 企業が2次データを使用する場合、適時で、報告期間における企業のバリュー・チェーンの活動を表現する活動又は排出データを優先しなければならない。一部の法域では、また、一定の技術については、2次データが年次で収集されるため、当該データは企業の現在の実務を表現するものとなる可能性が高い。しかし、2次データの一部は、企業自身の報告期間とは異なる報告期間に収集された情報に依存する。

検証されたデータ

B53 企業は、検証された「スコープ3」の温室効果ガス排出データを優先しなければならない。検証によって、一般目的財務報告書の利用者に、情報が完全で、中立的で、正確であるという自信を与えることができる。

B54 検証されたデータは、内部又は外部で検証されたデータを含む場合がある。検証は、現場での確認、計算のレビュー又は他の情報源とのデータの照合を含む、いくつかの方法で行われることがある。しかし、場合によっては、企業は、過大なコストや労力をかけずに企業自身の「スコープ3」の温室効果ガス排出を検証することができないことがある。例えば、データ量が多いため、あるいは報告企業から多くの階層を隔てたバリュー・チェーン上の各企業（すなわち、報告企業が直接やり取りをしない各企業）からデータを入手するために、検証されたデータの完全なセットを入手できない場合がある。そのような場合において、企業は、検証されていないデータを使用することが必要となる場合がある。

「スコープ3」の温室効果ガス排出のインプットの開示

B55 企業は、第29項(a)(iii)に従い、企業自身の「スコープ3」の温室効果ガス排出の測定に使用した測定アプローチ、インプット及び仮定についての情報を開示しなければならない。この開示には、B40項に記載されている、データのインプットの特性についての情報を含めなければならない。この開示の目的は、一般目的財務報告書の利用者に、企業が、利用可能なデータのうち最も質の高いもの（すなわち、バリュー・チェーンの活動及びその「スコープ3」の温室効果ガス排出を忠実に表現するもの）をどのように優先順位付けしているかについての情報を提供することである。また、この開示は、一般目的財務報告書の利用者が、企業が企業自身の「スコープ3」の温室効果ガス排出を見積るために使用した測定アプローチ、インプット及び仮定がなぜ

IFRS S2号「気候関連開示」

関連性があるかについて理解することに役立つ。

B56　第29項(a)(iii)における要求事項の一部として、また、企業がB40項からB54項に示した測定フレームワークに基づき、「スコープ3」のデータをどのように優先順位付けしているかを反映するために、企業は、一般目的財務報告書の利用者が次の事項を理解できるようにする情報を開示しなければならない。

(a)　企業のバリュー・チェーン内の特定の活動からのインプットを使用して、企業の「スコープ3」の温室効果ガス排出が測定される程度

(b)　検証されたインプットを使用して、企業の「スコープ3」の温室効果ガス排出が測定される程度

B57　本基準は、「スコープ3」の温室効果ガス排出について、2次データ及び産業平均を使用して、信頼性をもって見積ることができるという前提を含んでいる。企業が、企業自身の「スコープ3」の温室効果ガス排出を見積ることが実務上不可能であると決定する稀な場合、企業はどのように企業自身の「スコープ3」の温室効果ガス排出を管理しているかについて開示しなければならない。企業がある要求事項を適用するためにあらゆる合理的な努力を払った後にも、適用することができない場合、その要求事項の適用は実務上不可能である。

ファイナンスド・エミッション

B58　金融活動に参加する企業は、それらの活動に伴う温室効果ガス排出に関連するリスク及び機会に直面する。温室効果ガス排出の多い相手方、借手又は投資先は、技術的変化、供給及び需要のシフト並びに政策変更に関連するリスクの影響を受けやすく（susceptible）、その結果、これらの企業に金融サービスを提供する金融機関に影響を与える（affect）場合がある。これらのリスク及び機会は、信用リスク、市場リスク、レピュテーション・リスク並びにその他の財務及び事務リスクといった形で発生することがある。例えば、信用リスクは、これまで以上に厳しくなる炭素税、燃費規制又はその他の政策の影響を受ける（affected）顧客への融資に関連して発生する場合があり、信用リスクは、技術シフトによって発生する場合がある。レピュテーション・リスクは、化石燃料プロジェクトへの融資から発生する場合がある。商業銀行、投資銀行、資産運用会社及び保険会社を含む金融活動に参加する企業は、企業自身のファイナンスド・エミッションの測定によって、そのようなリスクをこれまで以上にモニタリングし、管理するようになっている。この測定は、企業の気候関連のリスク及び機会に対するエクスポージャーに関する指標（indicator）、並びに企業が企業自身の金融活動を時間の経過とともにどのように適応させる必要がある場合があるかについての指標（indicator）として機能する。

B59　第29項(a)(i)(3)は、企業に対し、上流及び下流の排出を含め、報告期間中に企業が生成した「スコープ3」の温室効果ガス排出の絶対総量（absolute gross）を開示することを要求している。次の金融活動の1つ以上に参加する企業は、「カテゴリー15」の排出又は「ファイナンスド・エミッション」としても知られる企業の投資に関連するそれらの排出についての追加的で具体的な情報を開示することが要求される。

(a)　資産運用（B61項参照）

(b)　商業銀行（B62項参照）

© IFRS Foundation

147

(c) 保険（B63項参照）

B60 企業は、企業自身のファイナンスド・エミッションについての情報を開示するにあたり、第29項(a)に従い、温室効果ガス排出の開示についての要求事項を適用しなければならない。

資産運用

B61 資産運用活動に参加する企業は、次の事項を開示しなければならない。

(a) 「スコープ1」、「スコープ2」及び「スコープ3」の温室効果ガス排出に分解された、企業自身のファイナンスド・エミッションの絶対総量（absolute gross）

(b) B61項(a)で分解された項目のそれぞれに関連するファイナンスド・エミッションの開示に含まれる運用資産残高（AUM）の総額（企業の財務諸表の表示通貨で表す。）

(c) ファイナンスド・エミッションの計算に含まれる企業のAUM総額の割合。当該割合が100%未満の場合、企業は、除外したことについて説明する情報（資産の種類及び関連するAUMの金額を含む。）を開示しなければならない。

(d) ファイナンスド・エミッションを計算するために用いた方法（投資の規模に関連して企業の排出のシェアを帰属させるために企業が用いた配分方法を含む。）

商業銀行

B62 商業銀行活動に参加する企業は、次の事項を開示しなければならない。

(a) 各産業について、資産クラス別に、「スコープ1」、「スコープ2」及び「スコープ3」の温室効果ガス排出に分解された、企業自身のファイナンスド・エミッションの絶対総量（absolute gross）。ただし、次のとおりとする。

 (i) 産業 － 企業は、報告日時点で入手可能な最新版の分類システムを反映した、「世界産業分類基準」（GICS）の6桁の産業レベルのコードを相手方の分類に使用しなければならない。

 (ii) 資産クラス － 開示には、融資、プロジェクト・ファイナンス、債券、株式投資及び未実行のローン・コミットメントを含めなければならない。企業が、その他の資産クラスについてファイナンスド・エミッションを計算しこれを開示する場合、それらの追加の資産クラスを含めることが、一般目的財務報告書の利用者に、関連する情報を提供する理由についての説明を含めなければならない。

(b) 企業の財務諸表の表示通貨で表される、資産クラス別のそれぞれの産業へのグロス・エクスポージャー。ただし、次のとおりとする。

 (i) 資金提供された金額 － 「IFRS会計基準」又はその他の会計基準に準拠して作成されたかにかかわらず、グロス・エクスポージャーは、資金提供された帳簿価額（該当する場合は、貸倒引当金を控除する前の金額）として計算しなければならない。

 (ii) 未実行のローン・コミットメント － 企業は、実行済みのローン・コミットメントと区別して、コミットメントの総額を開示しなければならない。

(c) ファイナンスド・エミッションの計算に含めた企業のグロス・エクスポージャーの割合。企

業は、次のことを行わなければならない。

    (i) ファイナンスド・エミッションの計算に含めた企業のグロス・エクスポージャーの割合が100%未満の場合、除外された資産の種類を含め、除外したことについて説明する情報を開示する。

    (ii) 資金提供された金額については、該当ある場合、リスク緩和のすべての影響（impacts）をグロス・エクスポージャーから除外する。

    (iii) ファイナンスド・エミッションの計算に含めた未実行のローン・コミットメントの割合を区別して開示する。

(d) 企業が企業自身のファイナンスド・エミッションを計算するために用いた方法（企業のグロス・エクスポージャーの規模に関連して企業自身の排出のシェアを帰属させるために企業が用いた配分方法を含む。）

保険

B63　保険産業に関連する金融活動に参加する企業は、次の事項を開示しなければならない。

(a) 各産業について、資産クラス別に「スコープ1」、「スコープ2」及び「スコープ3」の温室効果ガス排出に分解された、企業自身のファイナンスド・エミッションの絶対総量（absolute gross）。ただし、次のとおりとする。

    (i) 産業 － 企業は、報告日時点で入手可能な最新版の分類システムを反映した、「世界産業分類基準（GICS）」の6桁の産業レベルのコードを相手方の分類に使用しなければならない。

    (ii) 資産クラス － 開示には、融資、債券及び株式投資並びに未実行のローン・コミットメントを含めなければならない。企業が、その他の資産クラスについてファイナンスド・エミッションを計算しこれを開示する場合、それらの追加の資産クラスを含めることが、一般目的財務報告書の利用者に、関連する情報を提供する理由についての説明を含めなければならない。

(b) 企業の財務諸表の表示通貨で表される、資産クラス別のそれぞれの産業へのグロス・エクスポージャー。ただし、次のとおりとする。

    (i) 資金提供された金額 － 「IFRS会計基準」又はその他の会計基準に準拠して作成されたかにかかわらず、グロス・エクスポージャーは、資金提供された帳簿価額（該当する場合は、貸倒引当金を控除する前の金額）として計算しなければならない。

    (ii) 未実行のローン・コミットメント － 企業は、実行済みのローン・コミットメントと区別して、コミットメントの総額を開示しなければならない。

(c) ファイナンスド・エミッションの計算に含めた企業のグロス・エクスポージャーの割合。企業は、次のことを行わなければならない。

    (i) ファイナンスド・エミッションの計算に含めた企業のグロス・エクスポージャーの割合が100%未満の場合、除外された資産の種類を含め、除外したことについて説明する情報を開示する。

(ii) ファイナンスド・エミッションの計算に含めた未実行のローン・コミットメントの割合を区別して開示する。

(d) 企業が企業自身のファイナンスド・エミッションを計算するために用いた方法（企業のグロス・エクスポージャーの規模に関連して企業自身の排出のシェアを帰属させるために企業が用いた配分方法を含む。）

産業横断的指標カテゴリー（第29項(b)から(g)）

B64 企業の温室効果ガス排出についての情報に加え、企業は第29項(b)から(g)に示される産業横断的指標カテゴリーに関連する情報を開示することが要求される。

B65 企業は、第29項(b)から(g)の要求事項を満たすための開示を作成するにあたり、次のようにしなければならない。

(a) 第10項に従い記載されている、気候関連のリスク及び機会による影響（effects）が発生すると合理的に見込み得る時間軸を考慮する。

(b) 企業のビジネス・モデル及びバリュー・チェーンのどの部分に気候関連のリスク及び機会が集中しているかを考慮する（例えば、地域、施設又は資産の種類）（第13項参照）。

(c) 気候関連のリスク及び機会が、報告期間における企業の財政状態、財務業績及びキャッシュ・フローに与えた影響（effects）に関連して、第16項(a)から(b)に従って開示される情報を考慮する。

(d) 第32項に記載されている産業別の指標（適用される「IFRSサステナビリティ開示基準」で定義されているもの又はIFRS S1号の要求事項を満たすものを含む。）が、要求事項の全部又は一部を満たすために用いることができるかどうかを考慮する。

(e) IFRS S1号第21項(b)(ii)に従い、第29項(b)から(g)の要求事項を満たすために開示される情報と関連する財務諸表において開示される情報のつながりを考慮する。これらのつながりには、用いたデータ及び仮定の整合性（可能な限り）並びに第29項(b)から(g)に従い開示される数値と財務諸表において認識及び開示される金額の関連付けを含む。例えば、企業は、使用されている資産の帳簿価額が財務諸表に含まれる金額と整合するかどうかを考慮し、これらの開示における情報と財務諸表における金額のつながりについて説明することになる。

気候関連の目標（targets）（第33項から第37項）

気候関連の目標（target）の特性

B66 第33項は、企業に対し、企業自身が設定した定量的又は定性的な気候関連の目標（targets）及び法令により満たすことが要求されている目標（targets）（温室効果ガス排出目標（targets）を含む。）を開示することを要求している。これらの気候関連の目標（targets）を開示するにあたり、企業は、第33項(a)から(h)に記載されている、これらの目標（targets）の特性についての情報を開示することが要求される。企業は、気候関連の目標（target）が定量的である場合、当該目標（target）が絶対量目標（absolute target）か、原単位目標（intensity target）かについて記述することが要求される。絶対量目標（absolute target）は、測定値（measure）の総量又

150

© IFRS Foundation

は測定値（measure）の総量の変化と定義され、原単位目標（intensity target）は、ビジネス指標に対する測定値（measure）の比率、又はビジネス指標に対する測定値（measure）の比率の変化と定義される。

B67 気候関連の目標（target）を定めるため及び進捗を測定するために用いる指標を識別及び開示するにあたり、企業は産業横断的指標及び産業別の指標を考慮しなければならない。企業は、目標（target）に向けた進捗を測定するために企業自身で指標を作成した場合、IFRS S1号第50項に従い、その指標についての情報を開示しなければならない。

温室効果ガス排出目標（targets）

グロス及びネット温室効果ガス排出目標（targets）

B68 企業が温室効果ガス排出目標（target）を有する場合、企業は、その目標（target）がグロス温室効果ガス排出目標（target）か、又はネット温室効果ガス排出目標（target）かを特定することが要求される。グロス温室効果ガス排出目標（targets）は、企業のバリュー・チェーン内で計画されている温室効果ガス排出の総変化を反映する。ネット温室効果ガス排出目標（targets）は、企業が目標とする（targeted）グロス温室効果ガス排出（gross greenhouse gas emissions）から、計画されているオフセットの取組み（例えば、温室効果ガス排出をオフセットするための、企業によるカーボン・クレジットの計画された使用）を差し引いたものである。

B69 第36項(c)は、企業がネット温室効果ガス排出目標（target）を有する場合、グロス温室効果ガス排出目標（target）についても開示が要求されることを定めている。誤解を避けるために記すと、企業がネット温室効果ガス排出目標（target）を開示する場合、この目標（target）によって、企業自身のグロス温室効果ガス排出目標（targets）についての情報が不明瞭にされてはならない。

カーボン・クレジット

B70 第36項(e)は、企業が設定したあらゆるネット温室効果ガス排出目標（targets）、又は法令によって満たすことが要求されるネット温室効果ガス排出目標（targets）を達成するために、排出をオフセットするためのカーボン・クレジット（譲渡可能又は取引可能な証書）の計画された使用について記述することを企業に要求している。カーボン・クレジットの計画された使用についてのいかなる情報も、ネット温室効果ガス排出目標（targets）を達成するためにカーボン・クレジットにどの程度依拠するかについて明確に説明しなければならない。

B71 第36項(e)に従い、企業は、カーボン・クレジットの計画された使用のみを開示することが要求される。しかし、その情報が一般目的財務報告書の利用者に企業の温室効果ガス排出目標（target）を理解できるようにするものであれば、企業は、この開示の一部として、企業自身のネット温室効果ガス排出目標（target）を満たすために用いることを計画している、既に購入済みのカーボン・クレジットについての情報を含める場合がある。

付録C

発効日及び経過措置

この付録は、IFRS S2号の不可欠な一部であり、本基準書の他の部分と同じ権威を有する。

発効日

C1 企業は、2024年1月1日以後に開始する年次報告期間より本基準を適用しなければならない。早期適用は認められる。企業が本基準を早期に適用する場合、その旨を開示し、IFRS S1号「サステナビリティ関連財務情報の開示に関する全般的要求事項」を同時に適用しなければならない。

C2 C3項からC5項を適用するにあたり、適用開始日は企業が最初に本基準を適用する年次報告期間の期首となる。

経過措置

C3 企業は、適用開始日より前のいかなる期間についても、本基準において定められた開示を提供することは要求されない。したがって、企業は本基準を適用する最初の年次報告期間において、比較情報の開示は要求されない。

C4 企業が本基準を適用する最初の年次報告期間において、企業は、次の救済措置の1つ又は両方を用いることが容認される。

(a) 本基準の適用開始日の直前の年次報告期間において、企業が「温室効果ガスプロトコルの企業算定及び報告基準（2004年）」以外の温室効果ガス排出の測定方法を用いていた場合、企業は当該測定方法を引き続き用いることが容認される。

(b) 企業は、「スコープ3」の温室効果ガス排出（企業が資産運用、商業銀行又は保険の活動に参加している場合の、ファイナンスド・エミッション（第29項(a)(vi)(2)及びB58項からB63項参照）についての追加的な情報を含む。第29項(a)参照）を開示することは要求されない。

C5 企業がC4項(a)又はC4項(b)の救済措置を用いる場合、企業は、その後の報告期間における比較情報として当該情報を表示するうえで、当該救済措置を引き続き用いることが容認される。

ISSBによるIFRS S2号「気候関連開示」（2023年6月公表）の承認

IFRS S2号「気候関連開示」は、国際サステナビリティ基準審議会の14名のメンバーすべてにより公表が承認された。

エマニュエル・ファベール	議長
ジンドン・ファ	副議長
スザンヌ・ロイド	副議長
リチャード・バーカー	
ジェニー・ボフィンガー＝シュスター	
ベリティ・チェガー	
ジェフリー・ヘイルズ	
マイケル・ジャンツィ	
小森　博司	
ビン・レン	
ンディディ・ンノリ＝エドジエン	
タエ＝ヤン・パイク	
ベロニカ・ポンチェバ	
エリザベス・シーガー	

PART B

IFRS S2号

「気候関連開示」
に関する付属ガイダンス

S2号　付属ガイダンス

© IFRS Foundation

155

This Accompanying Guidance accompanies IFRS S2 *Climate related Disclosures* (published June 2023; see separate booklet) and is issued by the International Sustainability Standards Board (ISSB).

Disclaimer: To the extent permitted by applicable law, the ISSB and the IFRS Foundation (Foundation) expressly disclaim all liability howsoever arising from this publication or any translation thereof whether in contract, tort or otherwise to any person in respect of any claims or losses of any nature including direct, indirect, incidental or consequential loss, punitive damages, penalties or costs.

Information contained in this publication does not constitute advice and should not be substituted for the services of an appropriately qualified professional.

© IFRS Foundation 2023

Reproduction and use rights are strictly limited to personal non-commercial use, such as corporate disclosure.

Any other use, such as – but not limited to – reporting software, investment analysis, data services and product development is not permitted without written consent. Please contact the Foundation for further details at sustainability_licensing@ifrs.org.

All rights reserved.

This Japanese translation of the Accompanying Guidance on IFRS S2 *Climate-related Disclosures* has been prepared by the Financial Accounting Standards Foundation (FASF), the mother organisation of the Sustainability Standards Board of Japan (SSBJ) and approved by a Review Committee appointed by the IFRS Foundation. The Japanese translation is published by the FASF in Japan with the permission of the IFRS Foundation. The Japanese translation is the copyright of the IFRS Foundation.

The Foundation has trade marks registered around the world (Marks) including 'IAS®', 'IASB®', the IASB® logo, 'IFRIC®', 'IFRS®', the IFRS® logo, 'IFRS for SMEs®', the IFRS for SMEs® logo, 'International Accounting Standards®', 'International Financial Reporting Standards®', the 'Hexagon Device', 'NIIF®', 'SIC®' and SASB®'. Further details of the Foundation's Marks are available from the Foundation on request.

The Foundation is a not-for-profit corporation under the General Corporation Law of the State of Delaware, USA and operates in England and Wales as an overseas company (Company number: FC023235) with its principal office in the Columbus Building, 7 Westferry Circus, Canary Wharf, London, E14 4HD.

PART B

IFRS S2号

「気候関連開示」
に関する付属ガイダンス

S2号 付属ガイダンス

© IFRS Foundation

157

この付属ガイダンスは、IFRS S2号「気候関連開示」（2023年6月公表、PART A参照）に付随するものであり、国際サステナビリティ基準審議会（ISSB）が公表している。

注意書き： 適用される法律が認める範囲で、ISSB及びIFRS財団（当財団）は、本出版物又はその翻訳から生じるすべての責任を、契約、不法行為、その他いかなる者に対するいかなる性質の請求若しくは損害（直接、間接、付随的又は結果的な損害、懲罰的賠償、罰金又はコストを含む。）に関するものであれ、拒絶する。

本出版物に含まれている情報は、助言を構成するものではなく、適切な資格を有する専門家のサービスの代用とすべきではない。

© IFRS財団 2023

複製及び使用の権利は、企業開示などの個人的な非商業的使用に厳しく制限されている。

報告用ソフトウェア、投資分析、データ・サービス、製品開発など（ただし、これらに限定されない。）その他の使用は、書面による同意がない限り認められない。詳細については当財団に連絡されたい（sustainability_licensing@ifrs.org）。

不許複製・禁無断転載

IFRS S2号「気候関連開示」に関する付属ガイダンスの日本語訳は、サステナビリティ基準委員会（SSBJ）を傘下に置く財務会計基準機構（FASF）により作成され、IFRS財団が指名したレビュー委員会が承認している。日本語訳は、IFRS財団の許可の下に日本において財務会計基準機構により出版される。日本語訳はIFRS財団の著作物である。

❀IFRS®

当財団は、世界中で登録された商標を有しており、これには'IAS®', 'IASB®', the IASB®ロゴ, 'IFRIC®', 'IFRS®', the IFRS®ロゴ, 'IFRS for SMEs®', the IFRS for SMEs®ロゴ, 'International Accounting Standards®', 'International Financial Reporting Standards®', 'Hexagon Device', 'NIIF®', 'SIC®' 及び 'SASB®' が含まれている。当財団の登録商標の詳細については、請求に応じて当財団から入手可能である。

当財団は、米国デラウェア州の一般会社法に基づく非営利法人であり、主たる事務所をColumbus Building, 7 Westferry Circus, Canary Wharf, London E14 4HDに置いて、イングランド及びウェールズで外国会社（会社番号：FC023235）として活動している。

IFRS S2号「気候関連開示」IG

目 次

開始する項

例示的ガイダンス

設 例

温室効果ガス排出の集約及び分解 ………………………………………………………………… IE2

設例1—連結会計グループとその他の投資先との間の「スコープ1」及び「スコープ2」の
　温室効果ガス排出の分解 ………………………………………………………………………… IE3

設例2—「スコープ3」の温室効果ガス排出の「スコープ3」カテゴリーごとの分解 ………… IE6

設例3—温室効果ガス排出の種類ごとの分解 ……………………………………………………… IE13

資産運用におけるファイナンスド・エミッションの分解 ……………………………………… IE25

設例4—アクティブ及びパッシブ戦略による分解 ………………………………………………… IE26

設例5—資産クラスによる分解 ……………………………………………………………………… IE33

IFRS S2号の適用に関する産業別ガイダンス

はじめに ………………………………………………………………………………………………… IB1

構造及び用語 ………………………………………………………………………………………… IB3

適 用 ………………………………………………………………………………………………… IB5

重要性（materiality） ………………………………………………………………………………… IB5

適切な産業（又は複数の産業）の選択 …………………………………………………………… IB8

「SASBスタンダード」との互換性 ………………………………………………………………… IB10

リスク及び機会の識別並びに開示の作成 ………………………………………………………… IB12

産業横断的指標カテゴリーを満たす情報の作成 ………………………………………………… IB14

© IFRS Foundation

159

IFRS S2号「気候関連開示」
例示的ガイダンス

このガイダンスは、IFRS S2号に付属しているが、その一部を構成するものではない。本ガイダンスは、IFRS S2号の諸側面を説明するものであるが、解釈上のガイダンスを提供することを意図したものではない。

IG1　IFRS S2号第29項は、企業が、特定の産業横断的指標カテゴリーに関連する情報を開示することを要求している。次の例[1]は、IFRS S2号第29項(b)から(e)における要求事項についての、そのような情報の例示を提供する。

指標カテゴリー	測定単位	指標の例
気候関連の移行リスク	数値及びパーセンテージ（%）	● 移行リスクに大きくさらされる不動産担保の規模 ● 炭素関連資産に対するクレジット・エクスポージャーの集中 ● 石炭鉱業からの売上高の割合 ● 「国際民間航空のためのカーボン・オフセット及び削減スキーム」でカバーされない有償旅客キロの割合
気候関連の物理的リスク	数値及びパーセンテージ（%）	● 洪水、熱ストレス又は水ストレスにさらされる地域にある不動産、インフラ又はその他の代替資産のポートフォリオの割合 ● 気候関連ハザードにさらされる実物資産の割合 ● 100年確率洪水地帯における住宅ローンの件数及び価値 ● 100年確率洪水地帯に所在する排水処理能力（capacity） ● ベースライン水ストレスが高い又は極めて高い地域における取水及び消費に関連する売上高

---

[1]　「気候関連財務開示に関するタスクフォース」の「指標、目標、移行計画に関するガイダンス（2021年）」C章「気候関連指標」に基づいている。

IFRS S2号「気候関連開示」IG

指標カテゴリー	測定単位	指標の例
気候関連の機会	数値及びパーセンテージ（%）	• 低炭素経済への移行を支援する製品又はサービスからの売上高 • エネルギー効率化及び低炭素化技術に関連する正味収入保険料 • (1) ゼロエミッション車、(2) ハイブリッド車、及び(3) プラグイン・ハイブリッド車の販売台数 • 引き渡した住宅のうち、第三者機関の多属性グリーンビルディング基準で認証されたものの割合
資本投下	表示通貨	• 低炭素製品・サービスの研究開発への投資が年間売上高に占める割合 • 気候適応策への投資（例えば、土壌の健全性、灌漑及びテクノロジー）の割合

© IFRS Foundation

設　例

これらの設例は、IFRS S2号に付属しているが、その一部を構成するものではない。本設例はIFRS S2号の諸側面を説明するものであるが、解釈上のガイダンスを提供することを意図したものではない。

IE1　次の設例は、企業がどのようにIFRS S2号の要求事項のいくつかを適用する場合があるかを例示する仮想的な状況を示している。それぞれの例示における分析は、要求事項を適用できる唯一の方法を示すことを意図したものではなく、設例は、例示した特定の産業のみに適用されることを意図しているわけでもない。例示のため、設例は単純な事実パターンを用いている。企業は、IFRS S2号に従い開示を行うにあたり、特定の事実パターンのすべての関連する事実及び具体的な状況を考慮する必要がある。

温室効果ガス排出の集約及び分解

IE2　設例1から設例5は、IFRS S2号の要求事項に従い温室効果ガス排出を開示するにあたり、情報を分解することが必要かどうかを判断するにあたっての、いくつかの考慮事項を例示している。これらの設例は、温室効果ガス排出を開示するにあたり、情報を分解することが必要な可能性があるすべての理由を例示しているわけではない。関連する場合、これらの設例はIFRS S1号「サステナビリティ関連財務情報の開示に関する全般的要求事項」（IFRS S1号）、「IFRS S2号の適用に関する産業別ガイダンス」及び「温室効果ガスプロトコル：企業算定及び報告基準（2004年版）」（GHGプロトコルのコーポレート基準）を参照している。

設例1—連結会計グループとその他の投資先との間の「スコープ1」及び「スコープ2」の温室効果ガス排出の分解

IE3　設例1は、第29項(a)(i)から(iv)における、企業の連結会計グループと連結会計グループに含まれない投資先との間で、「スコープ1」及び「スコープ2」の温室効果ガス排出を開示し、分解する要求事項について例示する。

IE4　企業は、企業自身の温室効果ガス排出の測定を目的とした組織的な境界を設定するにあたり、「GHGプロトコルのコーポレート基準」に概説されている持分割合アプローチを適用している。企業は、「IFRS会計基準」を適用しており、関連会社（associates）に対する投資として会計処理している投資を1つ有している。持分割合アプローチを適用し、企業は、企業自身の「スコープ1」の温室効果ガス排出を7,350CO_2相当（CO_2e）メートル・トン、「スコープ2」の温室効果ガス排出を1,320 CO_2eと決定した。

IE5　表1は、第29項(a)(iv)を適用するにあたり、企業が開示する「スコープ1」及び「スコープ2」の温室効果ガス総排出の分解を例示している。

IFRS S2号「気候関連開示」IE

表1：連結会計グループとその他の投資先との間の「スコープ1」及び「スコープ2」の温室効果ガス排出の分解

	温室効果ガス排出（CO_2相当メートル・トン）		
	スコープ1	スコープ2	合計
連結会計グループ	4,900	830	5,730
その他の投資先（関連会社（associate）への投資）	2,450	490	2,940
合計（持分割合アプローチ）	7,350	1,320	8,670

設例2―「スコープ3」の温室効果ガス排出の「スコープ3」カテゴリーごとの分解

IE6　設例2は、IFRS S1号（B29項からB30項）に示された集約及び分解の原則を適用し、第29項(a)(i)(3)及び第29項(a)(vi)に従い、「スコープ3」の温室効果ガス排出の分解を例示している。簡単化のため、この設例では、企業が購入した財及びサービスからの「スコープ3」の温室効果ガス排出（「カテゴリー1」）並びに販売した製品の使用による「スコープ3」の温室効果ガス排出（「カテゴリー11」）をどのように開示するかに関する企業の考慮事項のみを例示している。

IE7　企業は、IFRS S2号B32項を適用する。企業は、「GHGプロトコルのコーポレート基準」に従い、購入した財及びサービス並びに販売した製品の使用からの自身の「スコープ3」の温室効果ガス排出を測定する。企業は、IFRS S1号の要求事項（B29項からB30項）を満たすにあたり企業自身の「カテゴリー1」と「カテゴリー11」の「スコープ3」の温室効果ガス排出の分解が必要かどうかを考慮する。

IE8　「カテゴリー1」（購入した財及びサービス）に関して、企業は次のものを考慮する。

(a)　このカテゴリーに関連する温室効果ガス排出は、開示される「スコープ1」、「スコープ2」及び「スコープ3」の温室効果ガス排出の合計の60％を占めている。

(b)　企業は、20Y0年までに温室効果ガス排出の削減目標（target）を達成することを約束しており、「カテゴリー1」の温室効果ガス排出の削減は、この目標（target）を達成するための優先事項である。

(c)　企業は、「カテゴリー1」の温室効果ガス排出を削減するための具体的な温室効果ガス排出の削減目標（targets）を設定している。

(d)　企業のサプライ・チェーンは、国が決定する貢献（nationally determined contributions）を設定している法域に所在しており、その結果、サプライヤーはこれまで以上に厳しくなる排出関連の規制及び税制の対象となる。

IE9　「カテゴリー11」（販売した製品の使用）に関して、企業は次のものを考慮する。

(a)　企業は、企業が販売する製品を顧客が使用する際に発生する温室効果ガス排出（使用段階の排出）を削減する、自社の製品の排出効率を改善するための3か年計画を有している。

© IFRS Foundation

163

(b) このカテゴリーにおける企業の温室効果ガス排出は、開示される「スコープ1」、「スコープ2」及び「スコープ3」の温室効果ガス排出の合計の25%以上を占めている。

IE10 IFRS S2号は、「スコープ3」の温室効果ガス排出をカテゴリーごとに分解することを明示的に要求していないものの、企業は、情報を集約することにより重要性がある（material）情報が不明瞭になる場合には、情報の集約を禁止するというIFRS S1号の要求事項を考慮する。

IE11 IE8項からIE10項において概説された理由により、企業は、「スコープ3カテゴリー1」の温室効果ガス排出と「スコープ3カテゴリー11」の温室効果ガス排出に関する情報を分解することが、一般目的財務報告書の利用者に重要性がある（material）情報を提供するために必要であると決定する。

IE12 企業は、表2に例示するように、「スコープ3」の温室効果ガス排出の開示を補足するための表を含めることを決定する。

表2：「カテゴリー1」と「カテゴリー11」に分解した「スコープ3」の温室効果ガス排出の開示の抜粋

	温室効果ガス排出（CO_2相当メートル・トン）	
	20X1	**20X0**
カテゴリー1 －購入した財及びサービス	34,000	35,000
カテゴリー11－販売した製品の使用	13,000	14,600

設例3—温室効果ガス排出の種類ごとの分解

IE13 設例3A及び設例3Bは、企業の温室効果ガス排出の絶対量を構成する温室効果ガスの種類ごとの分解を例示している。IFRS S2号は、このような分解を明示的に要求していないものの、企業は、IFRS S1号（B29項からB30項）に示された集約及び分解の原則を適用することが要求されている。

設例3A：「スコープ1」の温室効果ガス排出の種類ごとの分解

IE14 簡単化のため、この設例では、メタン排出に関する企業の考慮事項のみを例示する。他の構成ガスに関する考慮事項は無視する。

IE15 企業は石油及びガス産業において事業を営んでいる。企業は、「GHGプロトコルのコーポレート基準」に従い、自身の「スコープ1」の温室効果ガス排出を測定している。企業は、どのように「スコープ1」の温室効果ガス排出に関する情報を開示するかを検討する。企業は当該判断を行うにあたり、次のものを考慮する。

(a) 企業が事業を営む法域において、石油及びガス産業に対して、生産から生じるメタン排出に関する厳格な規制が導入された。

(b) 企業は、「IFRS S2号の適用に関する産業別ガイダンス」の「第11巻－石油及びガス－探査及び生産」を参照し、その適用可能性を考慮することが要求される。このガイダンスには、

メタン排出に由来するグローバルでの「スコープ1」の温室効果ガス総排出の割合の個別の開示に関するガイダンスが含まれる。

(c) 企業のリスク部門は、石油及びガス生産からの「スコープ1」のメタン排出は規制当局によって広く精査されており、管理しなければ、高いレピュテーション・リスク及び規制リスクを生じさせる可能性があると判断している。

(d) 企業は、「スコープ1」のメタン排出を削減するためにプロセスの改善を行い、潜在的な規制上の負債を負うリスクを低減している。

IE16 IFRS S2号は、温室効果ガス排出を温室効果ガスの種類ごとに分解することを明示的に要求していないものの、企業は、情報を集約することにより重要性がある（material）情報が不明瞭になる場合には、情報の集約を禁止するというIFRS S1号の要求事項を考慮する。

IE17 IE15項及びIE16項において概説された理由により、企業は、「スコープ1」のメタン排出に関する情報を分解することが、一般目的財務報告書の利用者に重要性がある（material）情報を提供するために必要であると決定する。

IE18 企業は、IFRS S2号第29項(a)に従い、自身の温室効果ガス排出を開示し、表3に例示するように、自身の「スコープ1」の温室効果ガス排出の開示を補足するための表を含めることを決定した。

表3：種類ごとに分解した「スコープ1」の温室効果ガス排出の開示の抜粋

	温室効果ガス排出（CO_2相当メートル・トン）	
	20X1	20X0
メタン	23,000	24,000

設例3B：ガスの種類ごとの「スコープ3」カテゴリーの分解

IE19 簡単化のため、この設例は、使用段階の排出（「スコープ3カテゴリー11」）、具体的にはCO_2及び窒素酸化物（N_2O）の排出に関連する企業の考慮事項のみを例示している。他の「スコープ3」カテゴリー及び他の構成ガスに関する考慮事項は無視する。

IE20 企業は自動車産業において事業を営んでいる。企業は、「GHGプロトコルのコーポレート基準」に従い、自身の「スコープ3」の温室効果ガス排出を測定している。企業は、どのように使用段階での温室効果ガス排出（「スコープ3カテゴリー11」の温室効果ガス排出）に関する情報を開示するかを考慮する。企業は当該判断を行うにあたり、これらの温室効果ガス排出のかなりの割合が、自動車が道路を走行する際の燃焼及び排気管からの排出から発生していると考慮する。これらの使用段階での排出（具体的にはCO_2及びN_2O）は、企業の自動車が販売されているいくつかの重要な（important）法域において、厳格な規制の対象となっている。この考慮に基づき、企業は使用段階の排出に関する情報は重要性がある（material）と判断する。

IE21 続いて企業は、CO_2及びN_2Oの排出に関する状況も考慮する。これには、次の内容が含まれる。

(a) 政府による補助金が重要な（important）市場法域で導入され、自動車産業の企業が利用できるようになる。この補助金は、N_2O排出水準の低い自動車の生産に充てられる。したがって、企業は、これらの法域においてN_2O排出制限を満たす自動車を生産するインセンティブ

© IFRS Foundation

165

を有している。

 (b) 企業は、「IFRS S2号の適用に関する産業別ガイダンス」の「第63巻－自動車」を参照し、その適用可能性を検討することが要求される。このガイダンスには、乗用車について、キロメートル当たりのCO_2のグラム数を含む、販売台数で加重平均された旅客フリート燃費の指標が含まれる。

 (c) 企業は、「IFRS S2号の適用に関する産業別ガイダンス」の「第63巻－自動車」を参照し、その適用可能性を考慮することが要求される。このガイダンスには、CO_2及びN_2O、揮発性有機化合物、並びに粒子状物質などの使用段階の排出削減の企業の戦略に関する情報の個別の開示に関するガイダンスが含まれる。

 (d) 企業は、自身の自動車の設計及び製造にあたり、使用段階でのCO_2及びN_2Oの排出を測定し、管理し、モニタリングする。企業は、温室効果ガス排出の削減の社内目標（targets）を設定しており、経営陣の変動報酬の一部はこれらの目標（targets）達成と連動している。

IE22 IFRS S2号は「スコープ3カテゴリー11」の温室効果ガス排出を温室効果ガスの種類ごとに分解することを明示的に要求していないものの、企業は、情報を集約することにより重要性がある（material）情報が不明瞭になる場合には、情報の集約を禁止するというIFRS S1号の要求事項を考慮する。

IE23 IE20項からIE22項において概説された理由により、企業は、使用段階でのCO_2及びN_2Oの排出に関する情報を分解することが、一般目的財務報告書の利用者に重要性がある（material）情報を提供するために必要であると決定する。

IE24 企業は、IFRS S2号第29項(a)に従って温室効果ガス排出を開示し、表4に例示するように、「スコープ3」の温室効果ガス排出の開示を補足するための表を含めることを決定する。

表4：「スコープ3カテゴリー11」の温室効果ガス排出の構成ガスごとの開示の抜粋

	温室効果ガス排出（CO_2相当メートル・トン）	
	20X1	20X0
二酸化炭素	46,000	48,000
窒素酸化物	1,000	1,020

資産運用におけるファイナンスド・エミッションの分解

IE25 設例4及び設例5は、資産運用事業を営む企業が、運用資産残高（AUM）総額に関連する温室効果ガス排出を開示するために、IFRS S2号の要求事項（B61項）並びにIFRS S1号の集約及び分解の原則（B29項からB30項）を適用する場合、自身のポートフォリオの「スコープ3」の温室効果ガス排出（「カテゴリー15」）をどのように分解する場合があるかを例示している。

設例4―アクティブ及びパッシブ戦略による分解

IE26 資産運用会社は、CU11十億を7つの社債のポートフォリオで運用している[2]。表5は、当該ポー

---

2 本ガイダンスにおいては、金額は通貨単位（CU）により表されている。

トフォリオの詳細を示している。

表5：資産運用会社のポートフォリオ及び戦略ごとのAUM

ポートフォリオ名称	戦略	AUM （単位 CU）
ファンドA	アクティブ社債	1.9 十億
ファンドB	アクティブ社債	1.9 十億
ファンドC	アクティブ社債	2.2 十億
ファンドD	パッシブ社債	1.5 十億
ファンドE	パッシブ社債	1.3 十億
ファンドF	パッシブ社債	1.05十億
ファンドG	パッシブ社債	1.15十億

IE27 企業は、資産運用会社として、AUM総額に関連する温室効果ガス排出についての情報を提供することが、IFRS S2号により要求される。企業は、自身の7つの社債のポートフォリオに関連する温室効果ガス排出を計算し、その計算にはAUM総額の98%についてポートフォリオ排出を含める。AUM総額の残り2%、CU220百万は現金である。企業は、この現金に関連するポートフォリオ排出を開示しない。企業は、AUM総額レベルの「スコープ1」、「スコープ2」及び「スコープ3」の温室効果ガス排出を開示する。

IE28 企業は、自身のファイナンスド・エミッションについての情報をどのように開示するかを考慮する。当該決定を行うにあたり、企業は次を考慮する。

(a) アクティブ及びパッシブ戦略グループのそれぞれに含まれる企業のポートフォリオが、それらの構成及びリスク・エクスポージャーの点で相当類似している。

(b) アクティブ戦略は、パッシブ戦略よりも手数料総額が高く、企業の収益により大きく貢献している。この傾向は変わらないことが見込まれる。

(c) アクティブ戦略の温室効果ガス排出は、パッシブ戦略の温室効果ガス排出より大幅に少ない。

IE29 さらに、パッシブ戦略はベンチマークのパフォーマンス及び保有資産に追従するのに対し、アクティブ戦略はベンチマークを上回ることを目指すため、企業のアクティブ戦略のポートフォリオ排出は、当該企業の気候関連のリスク分析をよりよく反映している。いずれの戦略もパフォーマンス低下リスクに直面するものの、企業はパッシブ戦略とアクティブ戦略のリスク・エクスポージャーの違いも識別する。これは、アクティブ戦略は、ベンチマークを下回ることにより資金流出に直面する場合があるものの、企業のパッシブ戦略と比較して、ファイナンスド・エミッションを管理又は削減する点において柔軟性が高いためである。

IE30 IFRS S2号は企業のファイナンスド・エミッションをアクティブ及びパッシブ戦略に分解することを明示的に要求していないものの、企業は、情報を集約することにより重要性がある（material）情報が不明瞭になる場合には、情報の集約を禁止するというIFRS S1号の要求事項を考慮する。

IE31 IE28項からIE30項において概説された理由により、企業は、ファイナンスド・エミッションに

ついての情報を、具体的にはアクティブ及びパッシブ戦略に関して分解することが、一般目的財務報告書の利用者に重要性がある（material）情報を提供するために必要であると決定する。

IE32　企業は、表6に例示するように、ポートフォリオ排出をアクティブ及びパッシブ戦略に分解する。

表6：アクティブ戦略及びパッシブ戦略に分解されたファイナンスド・エミッションの開示

	ファイナンスド・エミッション（CO_2相当メートル・トン）		
	アクティブ戦略	パッシブ戦略	合計
スコープ1	12,880,551	27,300,950	40,181,501
スコープ2	2,983,115	8,120,335	11,103,450
スコープ3	43,771,005	103,799,005	147,570,010
合計	**59,634,671**	**139,220,290**	**198,854,961**
含まれるAUM（単位 CU）	5.88十億	4.9十億	10.78十億
含まれるAUM総額の割合(%)（戦略別の含まれるAUMの割合(%)）	53.5%（98%）	44.5%（98%）	98%（該当なし）

　注A：AUMの2.0%、又はCU220百万はファンドの保有現金を表しており、ファイナンスド・エミッションの計算からは除外されている。

設例5—資産クラスによる分解

IE33　資産運用会社は、CU60十億を8つの長期債券及び株式のポートフォリオで運用している。表7は、当該ポートフォリオの詳細を示している。

表7：資産運用会社のポートフォリオ及び資産クラス別のAUM

ポートフォリオ名称	資産クラス	AUM（単位 CU）
ファンドA	長期債券	6.8十億
ファンドB	長期債券	6.9十億
ファンドC	長期債券	8.9十億
ファンドD	株式（上場）	6 十億
ファンドE	株式（上場）	6 十億
ファンドF	株式（上場）	7.9十億
ファンドG	株式（上場）	8.6十億
ファンドH	株式（上場）	8.9十億

IE34　企業は、資産運用会社として、AUM総額に関連する排出についての情報を提供することが、IFRS S2号により要求される。企業は、自身の8つのポートフォリオに関連する温室効果ガス排出を計算し、その計算にはAUM総額の98%についてファイナンスド・エミッションを含める。AUM総額の残り2%、CU1.2十億は現金である。企業は、この現金に関連するファイナンスド・

エミッションを開示しない。企業は、AUM総額レベルの「スコープ1」、「スコープ2」及び「スコープ3」の温室効果ガス排出ごとに、これらの温室効果ガス排出を開示する。

IE35 　企業は、自身のファイナンスド・エミッションについての情報をどのように開示するかを考慮する。当該決定を行うにあたり、企業は次を考慮する。

(a) 長期債券のポートフォリオは長期の資本増価を目指し（平均保有期間7年）、上場株式のポートフォリオは短期の資本増価を目指している（平均保有期間9か月）。

(b) それぞれの資産クラスは、気候関連のリスク及び機会によって異なる影響を受ける（affected）ため、これら2つの資産クラスに影響を与える（affecting）気候関連のリスクの評価は異なる。

(c) それぞれの資産クラスに含まれる企業のポートフォリオは、企業の同じ資産クラスに含まれる他のポートフォリオと、それらの構成及びリスク・エクスポージャーが類似している。これは、長期債券及び上場株式の両方の資産クラスに当てはまる。

IE36 　IFRS S2号は企業のファイナンスド・エミッションを長期債券及び上場株式に分解することを明示的に要求していないものの、企業は、情報を集約することにより重要性がある（material）情報が不明瞭になる場合には、情報の集約を禁止するというIFRS S1号の要求事項を考慮する。

IE37 　IE35項からIE36項において概説された理由により、企業は、ファイナンスド・エミッションについての情報を、具体的には長期債券及び上場株式に関して分解することが一般目的財務報告書の利用者に重要性がある（material）情報を提供するために必要であると決定する。

IE38 　企業は、表8に例示するように、ファイナンスド・エミッションを資産クラス別に分解する。

表8：資産クラス別に分解されたファイナンスド・エミッションの開示

	ファイナンスド・エミッション（CO₂相当メートル・トン）		
	長期債券	上場株式	合計
スコープ1	48,600,415	101,487,332	150,087,747
スコープ2	33,805,025	27,187,765	60,992,790
スコープ3	159,615,008	301,001,718	460,616,726
合計	**242, 020, 448**	**429, 676, 815**	**671, 697, 263**
含まれるAUM（単位 CU）	22.15十億	36.65十億	58.8十億
含まれるAUM総額の割合(%)（資産クラス別の含まれるAUMの割合(%)）	36.9%（98%）	61.1%（98%）	98%（該当なし）

注A：AUMの2.0%、又はCU1.2十億はファンドの保有現金を表しており、ファイナンスド・エミッションの計算からは除外されている。

© IFRS Foundation

IFRS S2号の適用に関する産業別ガイダンス

このガイダンスは、IFRS S2号に付属しているが、その一部を構成するものではない。本ガイダンスは、IFRS S2号の諸側面を説明するものであるが、解釈上のガイダンスを提供することを意図したものではない。

はじめに

IB1 本ガイダンスは、IFRS S2号の開示要求の一部を適用するにあたり考えられる方法を提案している。本ガイダンスは、追加的な要求事項を設けるものではない。具体的には、特定のビジネス・モデル、活動、又は産業への参加を特徴付ける（characterise）他の共通の特徴（features）に関連する、気候関連のリスク及び機会についての情報を識別及び開示するための方法を提案している。IFRS S2号を適用するにあたり、企業は、IFRS S2号第12項及び第32項に従い、本ガイダンスに示された情報を参照し、その適用可能性を考慮することが要求される。

IB2 本産業別ガイダンスは、国際サステナビリティ基準審議会（ISSB）によって維持されている「サステナビリティ会計基準審議会（SASB）スタンダード」に由来している。ガイダンスは産業別であるため、どの企業においても、その一部分しか適用されない可能性が高い。

構造及び用語

IB3 本ガイダンスは、企業がビジネス・モデル及び関連する活動に適用される気候関連のリスク及び機会を識別することを支援するために、産業別に構成されている。

IB4 産業別ガイダンスには、次のものが含まれる。

(a) **産業の説明**：当該説明は、ビジネス・モデル、活動及び当該産業への参加を特徴付ける（characterise）他の共通の特徴（features）を説明することにより、企業が適用される産業ガイダンスを識別することを支援することを意図している。

(b) **開示トピック**：特定の産業内の企業によって行われる活動に関連する、特定のサステナビリティ関連のリスク又は機会を記述している。

(c) **指標**：開示トピックに付随し、個別に又はセットの一部として、特定の開示トピックについて企業のパフォーマンスに関する有用な情報を提供するように設計されている。

(d) **技術的プロトコル**：定義、範囲、適用及び関連する指標の表示に関するガイダンスを提供する。

(e) **活動指標**：企業による特定の活動又は事業の規模を定量化するものであり、データを正規化して比較を容易にするために、IB4項(c)で参照される指標と組み合わせて使用することを意図している。

IFRS S2号「気候関連開示」IB

適　用

重要性（materiality）

IB5　IFRS S2号の目的は、一般目的財務報告書の利用者が企業への資源の提供に関する意思決定を行うにあたり有用な、当該企業の気候関連のリスク及び機会に関する情報を開示することを当該企業に要求することにある。

IB6　本ガイダンス及びその関連する巻に含まれる開示トピック及び関連する指標は、一般目的財務報告書の利用者に有用な情報である可能性が高いものとして識別されている。しかし、「IFRSサステナビリティ開示基準」のすべての要求事項及び本ガイダンスを含む、すべての付属ガイダンスについて、重要性（materiality）の判断及び決定を行う責任は報告企業にある。企業は、その情報が、企業に資源を提供するかどうかに関する意思決定を行ううえで利用者にとって重要性がある（material）と結論付けた場合、情報を開示することが要求される。

IB7　産業別ガイダンスの開示トピック及び関連する指標は網羅的ではない。IFRS S2号は、企業が、本ガイダンスで識別されていないものを含め、直面する気候関連のリスク及び機会の全範囲を考慮することを要求している。企業は、IFRS S2号第10項(a)に従い、短期、中期又は長期にわたり、企業のキャッシュ・フロー、当該企業のファイナンスへのアクセス又は資本コストに影響を与える（affect）と合理的に見込み得る、それらの気候関連のリスク及び機会（「企業の見通しに影響を与える（affect）と合理的に見込み得る気候関連のリスク及び機会」）について記述することが要求される。したがって、企業は、IFRS S2号の要求事項を満たすため、企業によって使用されている産業別ガイダンスに含まれていない追加的なトピック（及び関連する指標）に関連する情報を提供する必要がある場合がある。当該追加的な情報は、企業が、急速に出現しているか、又は企業のビジネス・モデル若しくは状況の固有の側面に関連する気候関連のリスク及び機会に直面している場合に特に必要となる。

適切な産業（又は複数の産業）の選択

IB8　産業別ガイダンスは、「Sustainable Industry Classification System® （SICS®）」に従って構成されている。企業は、産業別ガイダンスに従い開示を作成するにあたり、IFRS S1号第59項(b)に従い、サステナビリティ関連財務開示を作成するうえで適用した、特定の巻を識別することが要求される。出発点として、企業は、「SASBスタンダード」のウェブサイトにおいて主要な産業分類を識別することができる。

IB9　企業によっては、複数の産業にまたがる可能性が高い、さまざまな活動に参加している。事業が産業横断的に水平方向に統合されている企業（コングロマリットなど）又はバリュー・チェーンを通して垂直方向に統合されている企業の場合、完全性のため、複数の産業別ガイダンスの巻が必要となる場合がある。複数の産業別ガイダンスの巻を使用することによって、そのような企業は、当該企業の見通しに影響を与える（affect）と合理的に見込み得る気候関連のリスク及び機会の全範囲を詳細に説明することを可能にする。

「SASBスタンダード」との互換性

IB10　産業別ガイダンスは、「SASBスタンダード」に由来している。過去の報告期間において、開示

© IFRS Foundation

171

を作成するために「SASBスタンダード」を使用していた企業は、本ガイダンスが「SASBスタンダード」と整合的であることに気付くであろう。そのような整合性には、次のものが含まれる。

(a) 産業分類

(b) 開示トピック

(c) 指標及び技術的プロトコル

(d) 活動指標

IB11 該当ある場合、産業別ガイダンスには、「SASBスタンダード」を過去に使用したことがある作成者を支援するために関連するSASB指標コードが付随している。

リスク及び機会の識別並びに開示の作成

IB12 IFRS S2号第10項は、企業の見通しに影響を与える（affect）と合理的に見込み得る気候関連のリスク及び機会を識別し、記述することを企業に要求しており、これには1つ以上の特定のビジネス・モデル、活動又は産業への参加を特徴付ける（characterise）他の共通の特徴（features）に関連するものが含まれる。産業別の開示要求を満たすにあたり、作成者は、気候関連のリスク及び機会を識別するための出発点として、産業別ガイダンスを参照し、その適用可能性を考慮することが要求される。特に、本ガイダンスにおける開示トピックは、特定の産業に属する企業によって行われた活動に関連する具体的な気候関連のリスク又は機会を記述している。

設例1

自動車産業に属する企業は、ガイダンスを確認し、「燃費及び使用段階の排出」に関する開示トピックが自身の状況に適用されると判断する場合がある。その開示トピックは、「自動車による化石燃料の燃焼が、地球規模の気候変動に寄与する温室効果ガス（GHG）排出の重大な（significant）割合を占める」と指摘し、「より厳しい排出基準及び変化する消費者需要が、燃料効率の高い従来車のみならず、電気自動車及びハイブリッド車の市場の拡大を推進している」と指摘している。したがって、開示トピックは、移行リスク（購入者の選好が変化するリスクを緩和し、そのビジネス・モデルを適応させるための行動をとる場合）又は気候関連の機会（企業が規制上の基準を満たすかこれを上回り、発展する市場のシェアの拡大を捉えるためにイノベーションを起こす場合）のいずれかを説明する可能性がある。

IB13 IFRS S2号第13項から第22項は、企業がIFRS S2号第10項で識別され、記述されている気候関連のリスク及び機会について追加の情報を提供することを要求している。自身の気候関連財務開示を作成する際、企業は、IFRS S2号第23項に従い、産業別ガイダンスに関連する指標を参照し、その適用可能性を考慮することが要求される。

設例2

自動車メーカー（設例1を参照）は、産業別ガイダンスに従い、「燃費及び使用段階の排出」の開示トピックに関する情報を開示することとなる。例えば、企業は、フリート燃費（TR-AU-410a.1の指標）及びゼロエミッション車の販売台数（TR-AU-410a.2の指標）を含む、関連する指標を使用することとなる。これらの開示は、産業別の要求事項並びに指標及び目標

（targets）に関連する要求事項を満たすうえで役立つ。ただし、企業は、IFRS S2号第14項(a)に従い開示された計画の進捗に関する定量的情報を開示するというIFRS S2号第14項(c)における要求事項を満たすために、当該開示を利用する場合もある。この情報は、企業が設定した気候関連の目標（targets）をどのように達成することを計画しているかを利用者が理解するうえで役立つこととなる。

産業横断的指標カテゴリーを満たす情報の作成

IB14　産業別ガイダンスは、IFRS S2号第29項(a)から(e)の産業横断的指標カテゴリーに関連する開示の要求事項を満たすにあたり、企業を支援することができる。例えば、次のとおりである。

(a) 第29項(a)は、企業の「スコープ1」の温室効果ガス排出の総量の開示を要求している。半導体産業に属する企業は、パーフルオロ化合物からの「スコープ1」の温室効果ガス排出の数値を開示することによってこれを補強する場合がある（指標TC-SC-110a.1を参照）。

(b) 第29項(c)は、企業の気候関連の物理的リスクに対するエクスポージャーに関連する定量的情報の開示を要求している。農産物産業に属する企業は、水ストレスのある地域から供給される主要作物の割合を開示することによってこれを満たす場合がある（指標FB-AG-440a.2を参照）。

(c) 第29項(d)は、企業の気候関連の機会に関連する定量的情報の開示を要求している。化学製品産業に属する企業は、使用段階の資源効率のために設計された製品からの売上を開示することによってこれを満たす場合がある（指標RT-CH-410a.1を参照）。

(d) 第29項(e)は、企業の気候関連の資本投下に関する定量的情報の開示を要求している。石油及びガス産業に属する企業は、再生可能エネルギーに投資した金額を開示することによってこれを満たす場合がある（指標EM-EP-420a.3を参照）。

IB15　作成者が特定の産業横断的指標カテゴリーと、特定の産業別の開示トピック又はそれに対応する指標との間の直接的又は明示的なつながりを識別するかどうかにかかわらず、企業は、企業がさらされている気候関連のリスク及び機会を適正に表示するために、関連するフル・セットの産業別ガイダンスを参照し、その適用可能性を考慮しなければならない。

IB16　IFRS S2号に関連する産業別ガイダンスは、表1に概説されているように、「IFRS S2号の適用に関する産業別ガイダンス」の第1巻から第68巻として分類された、別個の産業別の巻として公表されている。

表 1-第1巻から第68巻：産業別ガイダンス

SICS® セクター及び産業	IFRS S2号　巻
消費財	
衣服、装飾品及び履物	1（CG-AA）
家電製造	2（CG-AM）
建築用製品及び家具	3（CG-BF）
電子商取引	4（CG-EC）
家庭用及び個人用製品	5（CG-HP）

複合型及び専門型小売及び流通	6 (CG-MR)
おもちゃ・スポーツ用品	

採掘及び鉱物加工	
石炭事業	7 (EM-CO)
工事用資材	8 (EM-CM)
鉄鋼製造業者	9 (EM-IS)
金属及び鉱業	10 (EM-MM)
石油及びガスー探査及び生産	11 (EM-EP)
石油及びガスー中流	12 (EM-MD)
石油及びガスー精製及びマーケティング	13 (EM-RM)
石油及びガスーサービス	14 (EM-SV)

金　融	
資産運用及び管理業務	15 (FN-AC)
商業銀行	16 (FN-CB)
消費者金融	
保　険	17 (FN-IN)
投資銀行及び仲介	18 (FN-IB)
不動産金融	19 (FN-MF)
証券・商品取引所	

食品及び飲料	
農産物	20 (FB-AG)
酒　類	21 (FB-AB)
食品小売及び流通	22 (FB-FR)
食肉、家禽及び乳製品	23 (FB-MP)
清涼飲料	24 (FB-NB)
加工食品	25 (FB-PF)
飲食店	26 (FB-RN)
タバコ	

医　療	
バイオテクノロジー・医薬品	
医薬品小売	27 (HC-DR)
医療提供	28 (HC-DY)
医療品流通	29 (HC-DI)
管理型医療	30 (HC-MC)
医療機器及び消耗品	31 (HC-MS)

インフラ	
電力事業者及び発電事業者	32 (IF-EU)
エンジニアリング及び工事サービス	33 (IF-EN)

ガス事業者及び流通業者	34 (IF-GU)
住宅建築業	35 (IF-HB)
不動産	36 (IF-RE)
不動産サービス	37 (IF-RS)
廃棄物処理	38 (IF-WM)
水道事業及びサービス	39 (IF-WU)

再生可能資源及び代替エネルギー	
バイオ燃料	40 (RR-BI)
森林管理	41 (RR-FM)
燃料電池及び産業用電池	42 (RR-FC)
パルプ及び紙製品	43 (RR-PP)
太陽光技術及びプロジェクト開発業者	44 (RR-ST)
風力技術及びプロジェクト開発業者	45 (RR-WT)

資源加工	
航空宇宙及び防衛	46 (RT-AE)
化学製品	47 (RT-CH)
容器及び包装	48 (RT-CP)
電気及び電子機器	49 (RT-EE)
工業用機械及び製品	50 (RT-IG)

サービス	
広告・マーケティング	
カジノ及びゲーム	51 (SV-CA)
教育	
ホテル及び宿泊施設	52 (SV-HL)
レジャー施設	53 (SV-LF)
メディア＆エンターテイメント	
プロフェッショナル・サービス及び商業サービス	

技術及び通信	
EMS及びODM	54 (TC-ES)
ハードウェア	55 (TC-HW)
インターネット・メディア及びサービス	56 (TC-IM)
半導体	57 (TC-SC)
ソフトウェア及びITサービス	58 (TC-SI)
通信サービス	59 (TC-TL)

輸送	
航空貨物及びロジスティクス	60 (TR-AF)
航空会社	61 (TR-AL)
自動車部品	62 (TR-AP)

自動車	63 (TR-AU)
レンタカー及びカーリース	64 (TR-CR)
クルーズ会社	65 (TR-CL)
海上輸送	66 (TR-MT)
鉄道輸送	67 (TR-RA)
道路輸送	68 (TR-RO)

PART B

IFRS S2号

「気候関連開示」の適用に関する
産業別ガイダンス

S2号
産業別ガイダンス

© IFRS Foundation

177

This Industry-based Guidance accompanies IFRS S2 *Climate-related Disclosures* (published June 2023; see separate booklet) and is issued by the International Sustainability Standards Board (ISSB).

Disclaimer: To the extent permitted by applicable law, the ISSB and the IFRS Foundation (Foundation) expressly disclaim all liability howsoever arising from this publication or any translation thereof whether in contract, tort or otherwise to any person in respect of any claims or losses of any nature including direct, indirect, incidental or consequential loss, punitive damages, penalties or costs.

Information contained in this publication does not constitute advice and should not be substituted for the services of an appropriately qualified professional.

© IFRS Foundation 2023

Reproduction and use rights are strictly limited to personal non-commercial use, such as corporate disclosure.

Any other use, such as – but not limited to – reporting software, investment analysis, data services and product development is not permitted without written consent. Please contact the Foundation for further details at sustainability_licensing@ifrs.org.

All rights reserved.

This Japanese translation of the Industry-based Guidance on implementing *Climate-related Disclosures* has been prepared by the Financial Accounting Standards Foundation (FASF), the mother organisation of the Sustainability Standards Board of Japan (SSBJ) and approved by a Review Committee appointed by the IFRS Foundation. The Japanese translation is published by the FASF in Japan with the permission of the IFRS Foundation. The Japanese translation is the copyright of the IFRS Foundation.

The Foundation has trade marks registered around the world (Marks) including 'IAS®', 'IASB®', the IASB® logo, 'IFRIC®', 'IFRS®', the IFRS® logo, 'IFRS for SMEs®', the IFRS for SMEs® logo, 'International Accounting Standards®', 'International Financial Reporting Standards®', the 'Hexagon Device', 'NIIF®', 'SIC®' and SASB®'. Further details of the Foundation's Marks are available from the Foundation on request.

The Foundation is a not-for-profit corporation under the General Corporation Law of the State of Delaware, USA and operates in England and Wales as an overseas company (Company number: FC023235) with its principal office in the Columbus Building, 7 Westferry Circus, Canary Wharf, London, E14 4HD.

PART B

IFRS S2号

「気候関連開示」の適用に関する
産業別ガイダンス

S2号
産業別ガイダンス

この産業別ガイダンスは、IFRS S2号「気候関連開示」（2023年6月公表、PART A参照）に付随するものであり、国際サステナビリティ基準審議会（ISSB）が公表している。

注意書き： 適用される法律が認める範囲で、ISSB及びIFRS財団（当財団）は、本出版物又はその翻訳から生じるすべての責任を、契約、不法行為、その他いかなる者に対するいかなる性質の請求若しくは損害（直接、間接、付随的又は結果的な損害、懲罰的賠償、罰金又はコストを含む。）に関するものであれ、拒絶する。

本出版物に含まれている情報は、助言を構成するものではなく、適切な資格を有する専門家のサービスの代用とすべきではない。

© IFRS 財団 2023

複製及び使用の権利は、企業開示などの個人的な非商業的使用に厳しく制限されている。

報告用ソフトウェア、投資分析、データ・サービス、製品開発など（ただし、これらに限定されない。）その他の使用は、書面による同意がない限り認められない。詳細については当財団に連絡されたい（sustainability_licensing@ifrs.org）。

不許複製・禁無断転載

「『気候関連開示』の適用に関する産業別ガイダンス」の日本語訳は、サステナビリティ基準委員会（SSBJ）を傘下に置く財務会計基準機構（FASF）により作成され、IFRS財団が指名したレビュー委員会が承認している。日本語訳は、IFRS財団の許可の下に日本において財務会計基準機構により出版される。日本語訳はIFRS財団の著作物である。

当財団は、世界中で登録された商標を有しており、これには'IAS®', 'IASB®', the IASB®ロゴ, 'IFRIC®', 'IFRS®', the IFRS®ロゴ, 'IFRS for SMEs®', the IFRS for SMEs®ロゴ, 'International Accounting Standards®', 'International Financial Reporting Standards®', 'Hexagon Device', 'NIIF®', 'SIC®' 及び 'SASB®' が含まれている。当財団の登録商標の詳細については、請求に応じて当財団から入手可能である。

当財団は、米国デラウェア州の一般会社法に基づく非営利法人であり、主たる事務所をColumbus Building, 7 Westferry Circus, Canary Wharf, London E14 4HDに置いて、イングランド及びウェールズで外国会社（会社番号：FC023235）として活動している。

目　　　次

開始するページ

IFRS S2号「気候関連開示」の適用に関する産業別ガイダンス

消費財セクター ……………………………………………………………………… 183

採掘及び鉱物加工セクター ………………………………………………………… 216

金融セクター ………………………………………………………………………… 294

食品及び飲料セクター ……………………………………………………………… 325

医療セクター ………………………………………………………………………… 399

インフラセクター …………………………………………………………………… 416

再生可能資源及び代替エネルギーセクター …………………………………… 520

資源加工セクター …………………………………………………………………… 571

サービスセクター …………………………………………………………………… 610

技術及び通信セクター ……………………………………………………………… 621

輸送セクター ………………………………………………………………………… 659

はじめに

この巻は、「IFRS S2号『気候関連開示』の適用に関する産業別ガイダンス」の一部である。本ガイダンスは、IFRS S2号における開示要求の一部を適用するための、考えられる方法を提案するものであるが、追加的な要求事項を生み出すものではない。

この巻は、特定のビジネス・モデル、経済活動及びこの産業への参加を特徴付ける（characterise）他の共通の特徴（features）に関連する、気候関連のリスク及び機会に関する情報を識別し、測定し、開示するための考えられる方法を提案するものである。

この産業別ガイダンスは、「サステナビリティ会計基準審議会（SASB）スタンダード」に由来している。この「SASBスタンダード」は、国際サステナビリティ基準審議会（ISSB）によりメンテナンスされている。「SASBスタンダード」において用いられている指標コードは、参照が容易になるように含められている。構造及び用語、適用及び例示を含め、この巻に含められている産業別ガイダンスに関する追加的な文脈については、「IFRS S2号に関する付属ガイダンス」の3つ目のセクションを参照されたい。

「気候関連開示」の適用に関する産業別ガイダンス

消費財セクター

第1巻－衣服、装飾品及び履物

産業の説明

「衣服、装飾品及び履物」産業には、大人用及び子供用の衣類、ハンドバッグ、宝石、時計並びに履物を含む、さまざまな製品の設計、製造、卸売及び小売に関わる企業が含まれる。製品は主に新興市場のベンダーによって製造されるため、この産業に属する企業は設計、卸売、マーケティング、サプライ・チェーンの管理及び小売といった活動に焦点を当てることができる。

サステナビリティ開示トピック及び指標

表1. サステナビリティ開示トピック及び指標

トピック	指標	カテゴリー	測定単位	コード
原材料調達	(1)優先原材料の一覧（それぞれの優先原材料について）、(2)調達を脅かす可能性が最も高い環境的又は社会的要因、(3)環境的又は社会的要因に関連するビジネス・リスク又は機会についての説明、及び(4)ビジネス・リスク及び機会に対処するための経営戦略	説明及び分析	該当なし	CG-AA-440a.3
	(1)購入した優先原材料の数量（原材料ごとに）及び(2)第三者の環境又は社会基準の認証を受けたそれぞれの優先原材料の数量（基準ごとに）	定量	メートル・トン(t)	CG-AA-440a.4

© IFRS Foundation

183

表2. 活動指標

活動指標	カテゴリー	測定単位	コード
(1)Tier 1サプライヤー及び(2)Tier 1以外のサプライヤーの数[1]	定量	数	CG-AA-000.A

原材料調達

トピックサマリー

「衣服、装飾品及び履物」産業は、綿、革、羊毛、ゴム並びに貴重な鉱物及び金属など、最終製品のインプットとして多くの原材料に依存している。当該産業のサプライ・チェーンが事業を営む地域における、気候変動、土地利用、資源不足及び紛争に関連するサステナビリティ・インパクトは、産業において確実に原材料を調達する能力に影響を与える（affect）。潜在的な原材料不足、供給断絶、価格変動及びレピュテーション・リスクを管理する企業の能力は、サプライ・チェーンが透明性を欠く場合、さらに困難になる可能性がある。この問題の効果的な管理を行わないことは、出荷の遅延、収入の下落、利益の減少、収益成長率の抑制又は資本コストの増加につながる可能性がある。原材料の調達に関連するリスクの種類によって、さまざまな解決策が必要となる可能性がある。これには、サプライヤーへの関与、認証基準の使用による透明性の向上、革新的な代替原材料の使用又は循環型経済の実務の導入を含む。積極的な企業は、ブランドのレピュテーションを向上させ、新しい市場機会を開拓する一方で、価格変動や潜在的な供給断絶のエクスポージャーを低減する場合がある。

指標

CG-AA-440a.3. (1)優先原材料の一覧（それぞれの優先原材料について）、(2)調達を脅かす可能性が最も高い環境的又は社会的要因、(3)環境的又は社会的要因に関連するビジネス・リスク又は機会についての説明、及び(4)ビジネス・リスク及び機会に対処するための経営戦略

1　企業は、最終製品のために購入した優先原材料を開示しなければならない。

    1.1　企業は、「Textile Exchange」の「Materials Terminology Guide」の「優先材料（Priority Material）」のセクションに概説されている「優先材料（priority materials）」の定義を利用して、優先原材料を識別しなければならない。

    1.2　優先原材料には、合成繊維、天然繊維、製造されたセルロース原材料、動物由来の原材料、並びに衣服、装飾品又は履物製品の製造に直接使用されるその他の原材料が含まれる場合がある。これには、綿、レーヨン、ビスコース、ポリエステル、アクリル、スパンデックス、

---

[1]　CG-AA-000.Aに関する注記 － Tier 1サプライヤーは、完成品製造業者（例えば、縫製工場）などの企業と直接取引するサプライヤーと定義する。Tier 1以外のサプライヤーは、企業のTier 1サプライヤーにとって重要な（key）サプライヤーであり、製造業者、処理工場及び原材料の提供者（例えば、加工工場、染色工場、洗浄施設、雑貨製造業者、なめし革工場、刺繍業者、スクリーン印刷業者、農場、又は屠殺場（又はこれらの複数のもの））を含めることがある。企業はTier 1以外のサプライヤーのデータが仮定、見積り又は他の不確実性を含む方法に基づいているかを開示しなければならない。

「気候関連開示」の適用に関する産業別ガイダンス

ナイロン、ゴム、発泡材、革、羊毛、カシミア、モヘア、亜麻、絹、麻及びダウンが含まれる場合がある。

1.3 企業は「Textile Exchange」の「Materials Terminology Guide」の「材料ポートフォリオ（Materials Portfolio）」のセクションに示されている分類スキームを利用して優先原材料を識別しなければならない。

1.4 開示の範囲には、最終製品に含まれる優先原材料を含めなければならず、包装及び製造に使用される原材料は除外しなければならない。

1.5 優先原材料には、企業の最終製品を生産する目的で企業又はサプライヤーが購入した材料を含める。

1.6 企業がバリュー・チェーン全体にわたり垂直統合されており、第三者のサプライヤーから優先原材料を購入していない場合、企業は自社が有する事業から調達し最終製品の生産に使用する優先原材料を識別しなければならない。

2 それぞれの優先原材料について、企業は、材料を調達又は購入する能力を脅かす可能性が最も高い重要な（important）環境的又は社会的要因を識別しなければならない。

2.1 環境的要因には次のものを含める場合がある。

2.1.1 気候変動のインパクト（例えば、異常気象又は水ストレス）

2.1.2 温室効果ガス（GHG）に関する規制

2.1.3 サプライヤーに対する環境規制

2.1.4 土地利用の実務

2.1.5 水質汚染、土壌の劣化、森林破壊又は生物多様性の喪失をもたらす生産方法

2.2 社会的要因には次のものを含める場合がある。

2.2.1 サプライヤーの動物福祉、労働及び人権に関する実務

2.2.2 紛争地帯から調達した原材料

2.2.3 労働慣行又は人権に関する規制

3 それぞれの優先原材料について、企業は、環境的又は社会的要因に関連するビジネス・リスク及び機会について説明しなければならない。

3.1 ビジネス・リスク及び機会には次のものを含める場合がある。

3.1.1 優先原材料へのアクセス及びその入手可能性

3.1.2 優先原材料を追跡する能力

3.1.3 優先原材料の価格変動

3.1.4 優先原材料に関連する規制遵守の課題

3.1.5 優先原材料を含む製品に対する顧客の需要

© IFRS Foundation

3.1.6 企業のブランド価値及びレピュテーション

4 それぞれの優先原材料について、企業は、優先原材料の調達能力を脅かす可能性が最も高い環境的又は社会的要因に関連するビジネス・リスク及び機会に対処するための経営戦略を説明しなければならない。

4.1 関連する戦略には次のものを含める場合がある。

4.1.1 デュー・デリジェンスの実務、トレーサビリティについてのリサーチ又はトレーサビリティ・システム、技術、サプライヤーのスクリーニング、サプライヤーの監査若しくは認証の使用、又は企業がそれぞれの優先原材料を調達している国のリストを通じた、原材料サプライヤーのサプライ・チェーンのモニタリング及びトレーサビリティの強化

4.1.2 サプライヤーの研修若しくは対話プログラム又はリジェネラティブ農業の実務（regenerative agricultural practices）の導入を通じた原材料サプライヤーの支援

4.1.3 サプライヤー地域の環境的又は社会的要因に対処するための産業グループ又は非政府組織との連携

4.1.4 環境的及び社会的要因による影響が少ない（less impacted）、代用可能であるか代替する材料を識別するための設計段階又は研究開発への投資

4.2 企業が綿を優先原材料の1つとして識別した場合、水ストレスのある綿花栽培地域に対する脆弱性及びこれらの地域から綿を調達することによる価格変動のリスクをどのように管理しているかについて説明しなければならない。

4.2.1 企業は、「世界資源研究所」（WRI）の「水リスク・アトラス」（Water Risk Atlas）ツールである「Aqueduct」によって、「ベースライン水ストレス」が「高い（40〜80%）」又は「極めて高い（>80%）」であることが知られている綿花の供給源を識別する場合がある。

4.3 企業は、管理アプローチの有効性を評価するために使用される関連するパフォーマンスの測定値又は目標、及びそのような目標に対する進捗状況を開示しなければならない。

4.4 開示は、「Sustainable Apparel Coalition's Higg Brand & Retail Module」に対応している。

5 企業は開示を体系化するために次の表形式を使用する場合がある。

優先原材料（名称）	環境的又は社会的要因	ビジネス・リスク又は機会の説明	経営戦略

「気候関連開示」の適用に関する産業別ガイダンス

CG-AA-440a.4. (1)購入した優先原材料の数量（原材料ごとに）及び(2)第三者の環境又は社会基準の認証を受けたそれぞれの優先原材料の数量（基準ごとに）

1 それぞれの優先原材料について、企業は報告期間中に購入した原材料の数量をメートル・トン単位で開示しなければならない。

   1.1 企業は、「Textile Exchange」の「Materials Terminology Guide」の「優先材料（Priority Material）」のセクションに概説されている「優先材料（priority materials）」の定義を利用して、優先原材料を識別しなければならない。

   1.2 優先原材料には、合成繊維、天然繊維、製造されたセルロース原材料、動物由来の原材料、並びに衣服、装飾品又は履物製品の製造に直接使用されるその他の原材料が含まれる場合がある。これには、綿、レーヨン、ビスコース、ポリエステル、アクリル、スパンデックス、ナイロン、ゴム、発泡材、革、羊毛、カシミア、モヘア、亜麻、絹、麻及びダウンが含まれる場合がある。

   1.3 企業は「Textile Exchange」の「Materials Terminology Guide」の「材料ポートフォリオ（Materials Portfolio）」のセクションに示されている分類スキームを利用して優先原材料を識別しなければならない。

   1.4 企業が未加工の原材料ではなく最終製品を購入する場合、生産に必要な優先原材料の初期投入量をメートル・トン単位で計算しなければならない。

      1.4.1 企業は生産全体を通じた材料の減耗及び廃棄を考慮しなければならず、「Textile Exchange」の「Fibre Uptake Calculations & Reporting Best Practices Guide and Fibre Conversion Methodology」を参照すべきである。

   1.5 企業は原材料の重量を測定しない場合、表面積などの代替の測定値を提供しなければならない。

   1.6 それぞれの優先原材料の購入数量は、元の状態の原材料を反映しなければならない。また、「グローバル・レポーティング・イニシアティブ」（GRI）の「開示301-1 使用原材料の重量又は体積」のガイダンスと整合的に「乾燥重量」として報告するなど、追加的なデータ操作を用いて表現すべきではない。

   1.7 見積りが必要な場合、企業は使用した方法を開示しなければならない。

   1.8 開示の範囲には、最終製品に含まれる優先原材料を含めなければならず、包装及び製造に使用される原材料は除外しなければならない。

   1.9 優先原材料には、企業の最終製品を生産する目的で企業又はサプライヤーが購入した材料を含める。

   1.10 企業がバリュー・チェーン全体にわたり垂直統合されており、第三者のサプライヤーから優先原材料を購入していない場合、企業は自社が有する事業から調達し最終製品の生産に使用する優先原材料を識別しなければならない。

2 それぞれの優先原材料について、企業は第三者の環境又は社会基準の認証を受けた購入数量を、メートル・トン単位で、基準ごとに開示しなければならない。

© IFRS Foundation

2.1　第三者の環境又は社会基準は、第三者によって開発された基準として定義され、優先原材料を確実に調達する企業の能力を脅かす可能性がある環境的又は社会的要因に対処する。

2.2　第三者の環境又は社会基準には次のものが含まれる場合がある。

2.2.1　「Textile Exchange」の「Recycled Claim Standard」（RCS）、「Global Recycled Standard」（GRS）、「Organic Content Standard」（OCS）、「Responsible Down Standard」（RDS）、「Responsible Wool Standard」（RWS）及び「Responsible Mohair Standard」（RMS）

2.2.2　「Global Organic Textile Standard」（GOTS）

2.2.3　「Cotton Made in Africa」（CmiA）

2.2.4　「Fair Trade Certified」

2.2.5　「Organic Fair Trade」

2.2.6　「Leather Working Group」（LWG）

2.2.7　「森林管理協議会（Forest Stewardship Council; FSC）認証」

2.2.8　「森林認証プログラム」（Programme for the Endorsement of Forest Certification; PEFC）

2.2.9　「Better Cotton Initiative」（BCI）

2.3　認証された優先原材料の範囲には、第三者の環境又は社会基準の認証を受けたプロセスに由来する原材料が含まれる。

2.4　企業は、第三者の環境又は社会基準の認証を受けていないものの、信頼できる調達を確保するという企業の戦略に寄与する優先原材料を開示する場合がある。

2.4.1　原材料には、再生された綿及び羊毛、機械的又は科学的にリサイクルされた天然繊維、合成繊維又は半合成繊維が含まれる場合がある。

2.4.2　原材料には、企業が作成した基準又は認証に対して認証されたものが含まれる場合がある。

3　それぞれの優先原材料について、企業は、次のことについて説明しなければならない。

3.1　特定の第三者の認証又は基準を選択した理由

3.2　認証された原材料が企業のビジネス・リスク及び機会の管理にどのように寄与するか

3.3　認証された優先原材料について設定した定量的な目標

4　企業は、開示を体系化するために次の表形式を使用する場合がある。

「気候関連開示」の適用に関する産業別ガイダンス

優先原材料（名称）	購入数量（メートル・トン）	認証を受けた数量（基準ごと）	
		認証又は基準及び関連する説明（技術プロトコル#3-3.3）	認証を受けた数量

第2巻－家電製造

産業の説明

「家電製造」産業の企業は、家電及び工具の設計及び製造を行っている。この産業の企業は世界中で製品を販売及び製造しており、主に小売業者を通じて消費者に製品を販売している。

サステナビリティ開示トピック及び指標

表1. サステナビリティ開示トピック及び指標

トピック	指標	カテゴリー	測定単位	コード
製品ライフサイクルにわたる環境インパクト	エネルギー効率認証に関する認証の対象となり得る（eligible）製品の売上高の割合	定量	売上高のパーセンテージ(%)	CG-AM-410a.1
	環境製品ライフサイクル基準の認証の対象となり得る（eligible）製品の売上高の割合	定量	売上高のパーセンテージ(%)	CG-AM-410a.2
	製品の使用終了（end-of-life）の際のインパクトを管理するための取組み（efforts）の記述	説明及び分析	該当なし	CG-AM-410a.3

表2. 活動指標

活動指標	カテゴリー	測定単位	コード
年間生産量[2]	定量	ユニット数	CG-AM-000.A

製品ライフサイクルにわたる環境インパクト

トピックサマリー

「家電製造」産業の企業は、自社の製品を競合他社の製品から差別化しようとしている。重要な（important）差別化要因の1つは、製品のライフサイクルにおける環境インパクト並びに製品の製造及び使用から廃棄までのライフサイクル全体に留意して製品を設計する企業の能力である。これには、家庭のエネルギー及び水の使用量の大部分を占める家電のエネルギー及び水の効率、並びに使用終了（end-of-

---

[2] CG-AM-000.Aに関する注記 － 生産量は、製品カテゴリーごとの生産ユニット数として開示しなければならない。その場合、関連する製品カテゴリーには小型家電及び大型家電を含める場合がある。

「気候関連開示」の適用に関する産業別ガイダンス

life）の際の安全な廃棄及びリサイクルのための設計とその促進を含む。ライフサイクルにおける環境インパクトを軽減するために製品の設計及び製造をする企業は、所有コストの低下により市場シェアを拡大する可能性が高く、拡大生産者責任（extended producer responsibility）などの課題に関する規制の拡大に対してよりよく管理できる場合がある。

指標

CG-AM-410a.1. エネルギー効率認証に関する認証の対象となり得る（eligible）製品の売上高の割合

1 企業は、エネルギー効率認証に関する認証の対象となり得る（eligible）製品から生じた売上高の割合を開示しなければならない。

    1.1 企業は、それぞれの認証ごとに、適用される認証の要件を満たす製品から生じた売上高を、認証の対象となり得る（eligible for certification）製品から生じた総売上高で除して、前述の割合を計算しなければならない。

        1.1.1 対象となり得る（eligible）製品は、認証が存在する製品カテゴリーにおける製品であり、空気清浄機、衣類乾燥機、洗濯機、除湿機、食器洗浄機、冷凍庫、冷蔵庫、空調、ボイラー、ダクトレス冷暖房、炉、ヒート・ポンプ及び換気扇などの冷暖房製品カテゴリーなどである。

2 開示の範囲には、適用可能な認証要件の最新バージョンの要件を満たす製品を含める。

    2.1 旧バージョンの認証要件の認証を受けた製品を有する場合、企業は、これに関する情報を開示しなければならない。その情報には、製品がどのバージョンの認証を受けているか、当該バージョンの認証を受けた製品数の内訳及び最新バージョンの認証要件の認証を達成するための時間軸を含める。

3 企業が製品を販売するそれぞれの法域について、企業は、適用される認証プログラムを開示しなければならない。

CG-AM-410a.2. 環境製品ライフサイクル基準の認証の対象となり得る（eligible）製品の売上高の割合

1 企業は、第三者の環境製品ライフサイクル基準の認証の対象となり得る（eligible）製品から生じた売上高の割合を開示しなければならない。

    1.1 環境製品ライフサイクル基準は、製品設計及び原材料、製造プロセス、使用段階での製品性能並びに製品の使用終了（end-of-life）に焦点を当てた認証プログラム又は基準と定義する。

    1.2 企業は、それぞれの認証ごとに、適用される認証の要件を満たした製品から生じた売上高を、認証の対象となり得る（eligible for certification）製品から生じた総売上高で除して、前述の割合を計算しなければならない。

        1.2.1 対象となり得る（eligible）製品は、認証が存在する製品カテゴリーにおける製品であり、冷蔵機器、洗濯機、乾燥機、調理機器、空調、電子レンジ機器、除湿機器及びフロア・ケア機器を含める。

© IFRS Foundation

191

2 開示の範囲には、適用可能な認証要件の最新バージョンの要件を満たす製品を含める。

    2.1 旧バージョンの認証要件の認証を受けた製品を有する場合、企業は、これに関する情報を開示しなければならない。その情報には、製品がどのバージョンの認証を受けているか、当該バージョンの認証を受けた製品数の内訳、及び最新バージョンの認証要件の認証を達成するための時間軸を含める。

3 企業が製品を販売するそれぞれの法域について、企業は、適用される認証プログラムを開示するか、又は適用される国際認証プログラムを開示しなければならない。

CG-AM-410a.3. 製品の使用終了（end-of-life）の際のインパクトを管理するための取組み（efforts）の記述

1 企業は、自社の製品の使用終了（end-of-life）の際のインパクトを管理するための自社の取組み（efforts）を記述しなければならない。これには、化学物質及びその他の製品コンポーネント（これには、毒性重金属（例えば、水銀及びカドミウム）、硬質ポリマー、冷媒及びその他の金属（例えば、鉄鋼及びアルミニウム）を含める場合がある。）の安全かつ適切な廃棄又はリサイクルに関連する取組み（efforts）を含める。

2 企業は、自社の取組み（efforts）の範囲を記述しなければならない。これには、どの製品カテゴリー、事業セグメント又は事業地域に関連するかを含める。

3 企業は、次のような、使用終了（end-of-life）の際の考慮事項を製品の設計にどのように含めるかについて説明しなければならない。

    3.1 既存のリサイクルのためのインフラにおいて容易かつ一般的にリサイクル可能な材料の使用

    3.2 有害物質又は廃棄の際に他の方法で環境被害をもたらす場合がある物質（例えば、オゾン破壊係数又は地球温暖化係数を有する冷媒）の使用をやめること又は最少化すること

    3.3 分解しやすい製品を設計すること（すなわち、一般的に入手可能な工具を用いて、製品を容易に、迅速に、かつコスト効率よく分解できるように製品を設計すること）

    3.4 分解及びリサイクルを促進するため、製品及びそのコンポーネントである材料を適切に表示すること

4 企業は、拡大生産者責任（extended producer responsibility; EPR）の取組みへの参加について説明しなければならない。これには、次のことを含める。

    4.1 企業自身が製品の引取り、回収及びリサイクルを直接実施しているか、又は共同支配企業を通じて、小売業者及びその他とのパートナーシップを通じて、若しくはリサイクル技術に関する研究に資金を提供することによって、製品の回収及びリサイクルのためのインフラを支援しているか

    4.2 当該取組みが自主的なものか強制的なものか

    4.3 回収した材料の総量及びリサイクルした材料の総量など、当該取組みにおける関連するパフォーマンスの測定値又は目標

「気候関連開示」の適用に関する産業別ガイダンス

第3巻－建築用製品及び家具

産業の説明

「建築用製品及び家具」産業の企業は、リフォーム用製品、住宅用及びオフィス用の家具、並びに構造用の木製建築資材の設計及び製造を行っている。この産業の製品には、フローリング、天井タイル、住宅用及びオフィス用の家具及び什器、木製トラス、合板、羽目板、並びに製材が含まれる。企業は、典型的には、小売店への流通チャネルを通じて又は独立の若しくは自社で所有する販売店を通じて、自社の製品を販売する。

サステナビリティ開示トピック及び指標

表1. サステナビリティ開示トピック及び指標

トピック	指標	カテゴリー	測定単位	コード
製造におけるエネルギー管理	(1)エネルギー総消費量、(2)電力系統からの電気の割合及び(3)再生可能エネルギーの割合	定量	ギガジュール（GJ）、パーセンテージ(%)	CG-BF-130a.1
製品のライフサイクルを通じた環境インパクト	製品のライフサイクルを通じたインパクトを管理し、持続可能な製品の需要を満たすための取組み（efforts）の記述	説明及び分析	該当なし	CG-BF-410a.1
	(1)回収した使用終了（end-of-life）材料の重量、(2)回収してリサイクルした材料の割合	定量	メートル・トン(t)、重量のパーセンテージ(%)	CG-BF-410a.2
木材サプライ・チェーン管理	(1)購入した木質繊維材料の総重量、(2)第三者認証を受けた森林からの割合、(3)基準ごとの割合、及び(4)他の木質繊維基準の認証を受けた割合、(5)基準ごとの割合[3]	定量	メートル・トン(t)、重量のパーセンテージ(%)	CG-BF-430a.1

---

[3] CG-BF-430a.1に関する注記 － 企業は、(1)第三者の森林管理基準の認証を受けていない森林からの木質繊維材料、及び(2)他の木質繊維認証基準の認証を受けていない木質繊維の調達についての実務を記述しなければならない。

© IFRS Foundation

193

表2. 活動指標

活動指標	カテゴリー	測定単位	コード
年間生産量[4]	定量	注記参照	CG-BF-000.A
製造施設の面積[5]	定量	平方メートル(m²)	CG-BF-000.B

製造におけるエネルギー管理

トピックサマリー

「建築用製品及び家具」産業は、エネルギー集約型の製造工程を通じて価値を生み出している。購入した電気は、産業全体にわたり、エネルギー消費の最大のシェアを占めるが、企業は化石燃料エネルギーをオンサイトで使用する場合もある。代替エネルギー源のコスト競争力が高まる一方で、とりわけ気候変動規制の進展や、エネルギー効率及び再生可能エネルギーに対する新たなインセンティブなどの要因により、従来の電力系統からの電気の価格及び化石燃料価格のボラティリティが上昇する場合がある。エネルギー調達及び種類に関する決定は、代替エネルギーの使用と同様に、事業におけるエネルギー供給のコスト及び信頼性（reliability）に関連したトレードオフを生み出す可能性がある。この産業は比較的低い利益率で事業を営んでいるため、エネルギー消費の削減は財務業績に重大な（significant）影響（influence）を与える場合がある。企業がエネルギー効率、さまざまな種類のエネルギーへの依存及び関連するサステナビリティのリスク並びに代替エネルギー源へのアクセスを管理する方法は、財務業績に影響を与える（impact）可能性がある。

指標

CG-BF-130a.1. (1)エネルギー総消費量、(2)電力系統からの電気の割合及び(3)再生可能エネルギーの割合

1 企業は、(1)消費したエネルギーの総量をギガジュール（GJ）単位で集計して開示しなければならない。

1.1 エネルギー消費の範囲には、外部の供給源から購入したエネルギー及び企業が自ら生産したエネルギー（自己生成）を含む、すべての供給源からのエネルギーを含める。例えば、直接的な燃料の使用、購入した電気、並びに温熱、冷熱及び蒸気エネルギーはすべてエネルギー消費の範囲内に含まれる。

1.2 エネルギー消費の範囲には、報告期間中に企業が直接消費したエネルギーのみを含める。

1.3 燃料及びバイオ燃料からのエネルギー消費量を計算するにあたり、企業は、直接測定したか、

---

[4] CG-BF-000.Aに関する注記 ― 生産量は、ユニット数、重量又は平方フィート（又はこれらの複数のもの）など、企業が追跡する一般的な単位で開示しなければならない。

[5] CG-BF-000.Bに関する注記 ― 範囲は、製造及び管理機能を含めた、屋根の下にある総面積に限定しなければならない。

「気候関連開示」の適用に関する産業別ガイダンス

又は「気候変動に関する政府間パネル」（IPCC）から取得した、総発熱量（GCV）とも呼ばれる高位発熱量（HHV）を使用しなければならない。

2　企業は、(2)自社が消費した、電力系統から供給されたエネルギーの割合を開示しなければならない。

2.1　この割合は、購入した電力系統からの電気の消費量を、エネルギー総消費量で除して計算しなければならない。

3　企業は、(3)自社が消費した再生可能エネルギーの割合を開示しなければならない。

3.1　再生可能エネルギーは、地熱、風力、太陽光、水力及びバイオマスなど、それらの枯渇率以上のペースで補充されるエネルギー源からのエネルギーと定義する。

3.2　この割合は、再生可能エネルギー消費量を、エネルギー総消費量で除して計算しなければならない。

3.3　再生可能エネルギーの範囲には、企業が消費した再生可能燃料、企業が直接生産した再生可能エネルギー、及び企業が購入した再生可能エネルギー（再生可能エネルギー証書（REC）若しくは「原産地保証」（GO）を明示的に含む再生可能電力購入契約（PPA）を通じて購入した場合、「Green-eエナジー認証」済みの電気事業者若しくはサプライヤー・プログラムを通じて購入した場合、又は、RECやGOを明示的に含むその他のグリーン電力製品、若しくは「Green-eエナジー認証」RECが電力系統からの電気と組み合わせられた他のグリーン電力製品を通じて購入した場合）を含める。

3.3.1　オンサイトで生成した再生可能な電気について、それが再生可能エネルギーであると企業が主張するためには、当該企業の名においてREC及びGOを保持（retained）し（売却せず）、取り消し（retired）又は無効化（cancelled）しなければならない。

3.3.2　再生可能PPA及びグリーン電力製品について、それが再生可能エネルギーであると企業が主張するためには、当該企業の名においてREC及びGOを保持（retained）又は交換（replaced）し、取り消し（retired）又は無効化（cancelled）する旨を、その契約に明示的に含めて伝えなければならない。

3.3.3　企業の支配又は影響（influence）の範囲外にある系統電力ミックスの再生可能部分は、再生可能エネルギーの範囲から除外する。

3.4　この開示の目的において、バイオマス源からの再生可能エネルギーの範囲は、第三者の基準（例えば、「森林管理協議会」（Forest Stewardship Council）、「持続可能な森林イニシアティブ」（Sustainable Forest Initiative）、「森林認証プログラム」（Programme for the Endorsement of Forest Certification）、又は「American Tree Farm System」）で認証された材料、「再生可能エネルギー認証のためのGreen-eフレームワークのバージョン1.0（2017年）」若しくは「Green-e」地域基準に従い対象となり得る（eligible）供給源とみなされる材料、又は適用される法域の再生可能エネルギー利用割合基準（renewable portfolio standard）において対象となり得る（eligible）材料に限定する。

4　企業は、燃料使用量（バイオ燃料を含む。）についてのHHVの使用及びキロワット時（kWh）のGJへの変換（太陽光又は風力エネルギーからの電気を含むエネルギー・データの場合）など、この開示で報告するすべてのデータに対して、変換係数を一貫して適用しなければならない。

© IFRS Foundation

製品のライフサイクルを通じた環境インパクト

トピックサマリー

特定の建築用製品又は家具によっては、原材料の調達、輸送、製造、使用段階又は使用終了（end-of-life）の際に、重大な（significant）環境インパクトが発生する可能性がある。インパクトの少ない製品に対する消費者及び規制の選好の高まりにより、「グリーン建築資材」と広く呼ばれる、より持続可能な製品の開発が引き起こされている。さらに、製品ライフサイクル認証は、企業及びその顧客が製品のライフサイクルへのインパクトを評価及び改善するためのツールとして登場した。認証プログラムは、通常、製品カテゴリーの特定の持続可能な特性を検査し、製品の使用終了（end-of-life）の際の環境インパクトを最小限に抑え、新しい材料の抽出又は製造の必要性を減らすのに役立つ、閉じた循環の中での材料の使用を含む。使用終了（end-of-life）製品の回収及びインパクトの少ない材料の使用を促進する製品のイノベーション及び設計、製品認証プログラムの採用及び顧客との連携を通じて、建築用製品の製造業者はライフサイクルを通じたインパクトを改善し、規制リスクを低減し、増大する顧客の需要に応え、コスト削減を実現することができる。

指標

CG-BF-410a.1. 製品のライフサイクルを通じたインパクトを管理し、持続可能な製品の需要を満たすための取組み（efforts）の記述

1 企業は、製品のライフサイクルを通じた環境インパクトを評価及び管理するための戦略について説明しなければならない。

    1.1 製品のライフサイクルを通じたインパクトを評価するための関連する戦略及び取組み（efforts）には、当該評価に使用される事業上のプロセスが含まれ、とりわけ、環境重視の設計原則の使用並びにサステナビリティ・パフォーマンス基準、スクリーニング・ツール及びサンプリング方法の使用を含める。

    1.2 製品のライフサイクルを通じたインパクトを管理するための関連する戦略及び取組み（efforts）には、とりわけ、原材料の選択の変更、上流の環境インパクトの評価、製造（資源を多用すること）の変更、リサイクル及び再生可能な原材料の使用、包装の最適化、混載便のための設計、低エネルギー消費製品の設計、製品回収のための設計並びにリサイクルのためのラベリングを含める。

2 企業は、グリーン・ビルディング認証プログラム、法域の調達要件、小売業者からの需要又は小売消費者の需要を含む、持続可能な建築用製品及び家具製品の需要を促進する要因について説明しなければならない。

3 企業は、自社の取組み（efforts）の範囲を記述しなければならない。これには、どの製品カテゴリー、事業セグメント又は事業地域に関連するかを含める。

4 企業は、環境インパクトを低減し、製品の資源効率を最大化するためのアプローチの文脈において、「ライフ・サイクル・アセスメント」（Life Cycle Assessment; LCA）及び「環境製品宣言」（Environmental Product Declarations; EPD）の使用について説明する場合がある。

    4.1 製品の環境効率の改善は、LCAの機能単位サービス・パラメータ（機能の時間、程度及び品

「気候関連開示」の適用に関する産業別ガイダンス

質）の観点から説明すべきである。

4.2 LCAはISO 14040及びISO 14044に基づくべきである。また、建築用製品については、EPDはISO 14025及びISO 21930:2017に基づくべきである。

5 企業は、第三者の多属性（multi-attribute）又は単一属性（single-attribute）のサステナビリティ基準の認証を受けた自社の製品の割合を開示する場合がある。

6 企業は、拡大生産者責任（extended producer responsibility; EPR）に関する取組み（efforts）を記述する場合がある。これには次のことを含める。

6.1 使用終了（end-of-life）の際の考慮事項が製品の設計にどのように組み込まれているか。これには、既存のリサイクルのためのインフラにおいて容易かつ一般的にリサイクル可能な材料の使用を含める。

6.2 分解しやすい製品を設計すること（一般的に入手可能な工具を用いて、製品を容易に、迅速に、かつコスト効率よく分解できるように製品を設計すること）

6.3 分解及びリサイクルを促進するため、製品及びそのコンポーネントである材料を適切に表示すること

CG-BF-410a.2. (1)回収した使用終了（end-of-life）材料の重量、(2)回収してリサイクルした材料の割合

1 企業は、回収した材料の重量をメートル・トン単位で開示しなければならない。これには、リサイクル・サービス、製品回収プログラム及び改修サービスを通じて回収されたものを含める。

1.1 開示の範囲には、使用終了（end of their useful life）時に廃棄物として処分される又はエネルギー回収に使用される代わりに収集された製品、材料及び部品を含めなければならない。

1.2 開示の範囲には、企業が物理的に管理している材料、及び企業が物理的に保有していないが再利用、リサイクル又は改修の目的を明示して第三者に収集業務を委託している材料の両方を含めなければならない。

1.3 開示の範囲から、保証対象であり修理のために収集された製品及び部品は除外する。

2 企業は、回収してリサイクル又は再製造した使用終了（end-of-life）材料の割合を開示しなければならない。

2.1 リサイクルし再製造した材料は、生産又は製造工程を通じて再処理（reprocessed）又は処理（treated）され、最終製品となったか又は製品に組み込むためのコンポーネントとなった廃棄物と定義する。

2.2 リサイクルした材料の範囲には、使用した材料、再利用した材料又は再生した材料を含める。

2.2.1 再利用した材料は、回収した製品又は製品のコンポーネントのうち、それらが考案された目的と同じ目的で使用されるものと定義する。

2.2.2 再生した（reclaimed）材料は、使用可能な製品を再生（recover）又は再生成（regenerate）するために処理されたものと定義する。

© IFRS Foundation

197

2.3 リサイクルした材料の範囲には、再利用、リサイクル又は改修の目的を明示して第三者に移送することを通じて、さらなるリサイクルのために送られた材料を含める。

2.4 リサイクルし再製造した製品の範囲には、主要なリサイクルした材料、連産品（主要なリサイクルした材料と同等の価値のアウトプット）及び副産物（主要なリサイクルした材料よりも価値の低いアウトプット）を含める。

2.5 企業は、リサイクル又は再製造した受入回収材料の重量を、受入回収材料の総重量で除して、その割合を計算しなければならない。

2.6 製品及び材料のうち埋立地に処分される部分は、リサイクルされたものとはみなさない。新たな製品、連産品又は副産物に直接組み込まれる製品の部分のみを、リサイクルした割合に含めなければならない。

2.7 エネルギー回収を含め、焼却した資材は、再利用された、リサイクルされた又は再生されたものとはみなさない。

　　2.7.1 エネルギー回収は、他の廃棄物と一緒に行うかどうかにかかわらず、熱の回収を伴う直接的な焼却を通じてエネルギーを生成するための可燃廃棄物の使用と定義する。

3 企業は、次のものを開示する場合がある。

3.1 企業自身が製品の引取り、回収及びリサイクルを直接実施しているか、又は、再利用、リサイクル又は改修の目的を明示して収集業務を第三者に委託しているか

3.2 共同支配企業を通じて、パートナーシップを通じて又はリサイクル技術に関する研究に資金を提供することによって、製品の回収及びリサイクルのためのインフラを支援しているか

3.3 製品の引取り、回収及びリサイクルの取組み（efforts）が、自主的なものか強制的なものか

3.4 回収した材料の総量及びリサイクルした材料の総量など、製品の引取り、回収及びリサイクルの取組み（efforts）に関連するパフォーマンスの測定値又は目標

木材サプライ・チェーン管理

トピックサマリー

「建築用製品及び家具」産業は、世界中の森林から調達した大量の木材を利用している。持続可能でない生産及び木材の収穫は、生物多様性の喪失や森林に依存するコミュニティの生活への弊害など、環境及び社会に負のインパクトをもたらす可能性がある。企業は、持続可能でない森林実務の影響を受けやすい（susceptible）地域から、誤って木材を調達する場合がある。違法伐採、環境汚染又はコミュニティへの負のインパクトに関する報告は、企業のブランド価値を損ない、製品の需要に影響を与える（affecting）可能性があるレピュテーションに関する反響をもたらすことがある。さらに、違法に生産された木材の輸入に対処する規制により、供給の制限、罰則及びブランド価値のさらなる毀損をもたらす可能性がある。これらのリスクを緩和するために、企業は木材が持続可能な方法で生育及び収穫されていることを確認する第三者認証をこれまで以上に採用している。木材調達の認証を取得すると、企業は認証された製品に対する顧客の需要を満たすことができるため、潜在的な成長チャネルを得る可能性がある。

「気候関連開示」の適用に関する産業別ガイダンス

指標

CG-BF-430a.1. (1)購入した木質繊維材料の総重量、(2)第三者認証を受けた森林からの割合、(3)基準ごとの割合、及び(4)他の木質繊維基準の認証を受けた割合、(5)基準ごとの割合

1 企業は、報告期間中に購入した木質繊維材料の総量（気乾メートル・トン単位）を開示しなければならない。

1.1 木質繊維材料には、木質繊維ベースの原材料、コンポーネント、並びに半製品及び最終製品を含める。

1.2 木質繊維ベースの材料の範囲には、リサイクルした原材料、未使用の原材料及び生産プロセスで直接消費するものを含め、最終製品として販売するために処理するすべてのインプットを含める。また、エネルギーのためのバイオマスは除外する。

1.3 木質繊維が材料、コンポーネント又は製品の一部を構成する場合、企業はその部分を総量に含めなければならない。

2 企業は、購入した木材繊維材料の総量のうち、第三者の森林管理基準の認証を受けた森林から調達したものの割合を開示しなければならない。

2.1 第三者の森林管理基準は、とりわけ、森林が持続可能な方法で収穫されていることを証明し、法令遵守、土地の権利、地域及び労働者との関係、環境インパクト及び生物多様性、森林管理の計画及び実務、土地利用、野生生物の生息地の保全並びに水の保全を含めた環境的及び社会的要件の遵守を確実にするものである。

2.2 第三者の森林管理基準には次のものを含む。

2.2.1 「American Tree Farm」（ATFS）

2.2.2 「森林管理協議会」（Forest Stewardship Council; FSC）（「Forest Management」及び「Chain of Custody」認証）

2.2.3 「PEFC森林認証プログラム」（Programme for the Endorsement of Forest Certification; PEFC）の「Chain of Custody」認証

2.2.4 PEFCが承認した森林認証制度

2.2.5 「持続可能な森林イニシアティブ」（Sustainable Forest Initiative; SFI）の「Forest Management」認証及び「Chain of Custody」認証

2.3 この割合は、報告期間中に購入した企業の木質繊維材料のうち、1つ以上の第三者の森林管理基準の認証を受けた森林から調達したものの重量（気乾メートル・トン単位）を、報告期間中に購入した木質繊維材料の総重量（気乾メートル・トン単位）で除して計算しなければならない。

2.3.1 複数の第三者の森林管理基準の認証を受けた木質繊維材料は、一度だけしか計算に含めてはならない。

3 企業は、木質繊維材料の総重量のうち、適用される第三者の森林管理基準それぞれの認証を受けた

© IFRS Foundation

199

森林に由来するものの割合を、基準ごとに別個に開示しなければならない。

3.1 この割合は、報告期間中に購入した企業の木質繊維材料のうち、適用される第三者の森林管理基準それぞれの認証を受けた森林に由来するものの重量（気乾メートル・トン単位）を、報告期間中に購入した木質繊維材料の総重量（気乾メートル・トン単位）で除して計算しなければならない。

3.1.1 複数の第三者の森林管理基準の認証を受けた木質繊維材料は、適用される基準それぞれの計算に含めなければならない。

4 企業は、購入した木材繊維材料の総重量のうち、木質繊維基準の認証を受けているものの割合を開示しなければならない。

4.1 木質繊維基準からは、第三者の森林管理基準を除外する。

4.2 木質繊維基準には次のものを含める。

4.2.1 「SFI Certified Fibre Sourcing Standard」

4.2.2 「FSC Controlled Wood Standard」

4.2.3 「PEFC Controlled Wood Standard」

4.2.4 ポストコンシューマ回収材及びプレコンシューマ回収材を含む、リサイクル木質繊維基準（例えば、「PEFCリサイクル・ラベル」及び「FSCリサイクル・ラベル」）

4.2.5 認証を受けていない森林からの木質繊維に対する木質繊維調達要件に関連する、その他のデュー・デリジェンス基準

4.3 この割合は、報告期間中に購入した企業の木質繊維材料のうち、木質繊維基準の認証を受けたものの重量（気乾メートル・トン単位）を、報告期間中に購入した木質繊維材料の総重量（気乾メートル・トン単位）で除して計算しなければならない。

4.3.1 複数の木質繊維基準の認証を受けた木質繊維は、一度だけしか計算に含めてはならない。

5 企業は、購入した木質繊維材料のうち、木質繊維基準の認証を受けたものの割合を、基準ごとに別個に開示しなければならない。

5.1 この割合は、報告期間中に購入した企業の木質繊維材料のうち、適用される木質繊維基準それぞれの認証を受けたものの重量（気乾メートル・トン単位）を、報告期間中に購入した木質繊維材料の総重量（気乾メートル・トン単位）で除して計算しなければならない。

5.1.1 複数の第三者の木質繊維基準の認証を受けた木質繊維は、適用される基準それぞれについての計算に含めなければならない。

CG-BF-430a.1に関する注記

1 企業は、第三者の森林管理基準の認証を受けていない森林から木質繊維材料を調達する場合の実務及び他の木質繊維認証基準の認証を受けていない木質繊維材料を調達する場合の実務を記述しなければならない。

「気候関連開示」の適用に関する産業別ガイダンス

2　企業は、サプライヤーの林業及び収穫の実務を検証するための方針を記述しなければならない。これには行動規範、監査又は契約を含める。

3　開示の範囲には、企業の調達の実務及び方針が次の要件をどのように考慮しているかを含めなければならない。

3.1　木材の合法性及び適用される法域の法令への準拠

3.2　保護管理状態にある又は生物多様性の価値が高い地域から調達した木材

3.3　絶滅危惧種（endangered species）の生息地又はその周辺での伐採

3.4　先住民族の土地又はその周辺での伐採

3.5　環境インパクト評価又は林業計画を含む、サプライヤーの林業及び収穫の実務

3.6　森林での遺伝子組換生物（GMO）、殺虫剤又はその他の化学物質の使用

3.7　SFIの「問題のある供給源（controversial sources）」の定義、FSCの「管理木材（controlled wood）」の定義又は同等の定義で概説されている要件

4　企業は、木質繊維の供給源（例えば、企業、民間又は政府が所有する森林から、及び繊維が国内又は海外のいずれで栽培されているか）及びこれらの供給源からの繊維調達に関連する潜在的なリスクも開示する場合がある。

© IFRS Foundation

第4巻－電子商取引

産業の説明

「電子商取引」産業の企業には、他の企業又は個人が自身の財又はサービスを販売するためのオンラインの市場を提供するだけでなく、消費者が財又はサービスを購入するためのウェブ限定のプラットフォームを提供する小売業者及び卸売業者も含まれる。この産業に属する企業は消費者だけでなく他のビジネスにも販売する。電子商取引サイトのアクセス可能性により、この産業は売手と買手のためのグローバルな市場となっている。

注記：この産業の範囲は、「純粋な」電子商取引事業についてのみ適用され、企業の製造事業又は実店舗の小売事業は扱っていない。多くの消費財の製造業者及び小売業者は、ビジネスに電子商取引の要素を組み込み済みであるか、組み込む過程にある。「複合型及び専門型小売及び流通（CG-MR）」産業、「衣服、装飾品及び履物（CG-AA）」産業及び「おもちゃ・スポーツ用品（CG-TS）」産業には別途基準が存在する。これらの産業に属する企業の具体的な活動及び事業によっては、「電子商取引」産業に関連する開示トピック及び指標も関連性がある場合がある。

サステナビリティ開示トピック及び指標

表1. サステナビリティ開示トピック及び指標

トピック	指標	カテゴリー	測定単位	コード
ハードウェア・インフラのエネルギー及び水管理	(1)エネルギー総消費量、(2)電力系統からの電気の割合及び(3)再生可能エネルギーの割合	定量	ギガジュール(GJ)、パーセンテージ(%)	CG-EC-130a.1
	(1)総取水量、(2)総消費水量、及びそれらの「ベースライン水ストレス」が「高い」又は「極めて高い」地域の割合	定量	千立方メートル(m^3)、パーセンテージ(%)	CG-EC-130a.2
	データ・センターのニーズに対する戦略的計画への環境上の考慮事項の組込みについての説明	説明及び分析	該当なし	CG-EC-130a.3
製品包装及び流通	製品出荷の温室効果ガス(GHG)総排出量（footprint）	定量	CO_2相当メートル・トン(t)	CG-EC-410a.1
	製品配送による環境インパクトを低減する戦略についての説明	説明及び分析	該当なし	CG-EC-410a.2

「気候関連開示」の適用に関する産業別ガイダンス

表2. 活動指標

活動指標	カテゴリー	測定単位	コード
企業が定義した利用者行動の測定値[6]	定量	数	CG-EC-000.A
データ処理能力、外部委託の割合[7]	定量	注記参照	CG-EC-000.B
出荷件数	定量	数	CG-EC-000.C

ハードウェア・インフラのエネルギー及び水管理

トピックサマリー

「電子商取引」産業は、消費するエネルギーの大部分を、データ・センター内の重要な（critical）ハードウェアやITインフラに電気を供給するために使用している。データ・センターには継続的に電気を供給しなければならず、エネルギー供給の中断は、中断の規模及びタイミングによっては、事業に重要性がある（material）影響を与える（impact）可能性がある。また、企業は、データ・センターの冷却ニーズについて、エネルギー消費と水消費のトレードオフに直面している。冷却装置の代わりに水でデータ・センターを冷却することは、エネルギー効率を向上させるが、この方法は潜在的に希少な地域の水資源の依存へとつながる可能性がある。エネルギー及び水の使用に対する懸念が高まっていることから、この問題を効果的に管理する企業は、コスト削減の恩恵を受け、レピュテーション・リスクを最小限に抑えることができる場合がある。

指標

CG-EC-130a.1. (1)エネルギー総消費量、(2)電力系統からの電気の割合及び(3)再生可能エネルギーの割合

1   企業は、(1)消費したエネルギーの総量をギガジュール（GJ）単位で集計して開示しなければならない。

    1.1   エネルギー消費の範囲には、外部の供給源から購入したエネルギー及び企業が自ら生産したエネルギー（自己生成）を含む、すべての供給源からのエネルギーを含める。例えば、直接

---

[6]　CG-EC-000.Aに関する注記 ─ 企業は、事業活動に適した利用者行動の基本的な測定値を定義し、開示しなければならない。この測定値は、販売取引、購買取引、検索数、月間アクティブ利用者数、ページ・ビュー又は固有のURL（又はこれらの複数のもの）とする場合がある。

[7]　CG-EC-000Bに関する注記 ─ データ処理能力は、百万サービス単位（MSU）、百万命令毎秒（MIPS）、メガ浮動小数点演算数毎秒（MFLOPS）、計算サイクル、又はその他の測定値の単位といった、企業が一般的に追跡しているか、ITサービスのニーズを契約するための基礎として使用されている測定値の単位で報告しなければならない。あるいは、企業は、所有及び外部委託したデータ処理のニーズを、ラック・スペース又はデータ・センターの平方フィートなどの他の測定値の単位で開示する場合もある。外部委託する割合には、コロケーション施設及びクラウド・サービス（例えば、Platform as a Service及びInfrastructure as a Service）を含めなければならない。

© IFRS Foundation

的な燃料の使用、購入した電気、並びに温熱、冷熱及び蒸気エネルギーはすべてエネルギー消費の範囲内に含まれる。

1.2 エネルギー消費の範囲には、報告期間中に企業が直接消費したエネルギーのみを含める。

1.3 燃料及びバイオ燃料からのエネルギー消費量を計算するにあたり、企業は、直接測定したか、又は「気候変動に関する政府間パネル」（IPCC）から取得した、総発熱量（GCV）とも呼ばれる高位発熱量（HHV）を使用しなければならない。

2 企業は、(2)自社が消費した、電力系統から供給されたエネルギーの割合を開示しなければならない。

2.1 この割合は、購入した電力系統からの電気の消費量を、エネルギー総消費量で除して計算しなければならない。

3 企業は、(3)自社が消費した再生可能エネルギーの割合を開示しなければならない。

3.1 再生可能エネルギーは、地熱、風力、太陽光、水力及びバイオマスなど、それらの枯渇率以上のペースで補充されるエネルギー源からのエネルギーと定義する。

3.2 この割合は、再生可能エネルギー消費量を、エネルギー総消費量で除して計算しなければならない。

3.3 再生可能エネルギーの範囲には、企業が消費した再生可能燃料、企業が直接生産した再生可能エネルギー、及び企業が購入した再生可能エネルギー（再生可能エネルギー証書（REC）若しくは「原産地保証」（GO）を明示的に含む再生可能電力購入契約（PPA）を通じて購入した場合、「Green-eエナジー認証」済みの電気事業者若しくはサプライヤー・プログラムを通じて購入した場合、又は、RECやGOを明示的に含むその他のグリーン電力製品、若しくは「Green-eエナジー認証」RECが電力系統からの電気と組み合わせられた他のグリーン電力製品を通じて購入した場合）を含める。

3.3.1 オンサイトで生成した再生可能な電気について、それが再生可能エネルギーであると企業が主張するためには、当該企業の名においてREC及びGOを保持（retained）し（売却せず）、取り消し（retired）又は無効化（cancelled）しなければならない。

3.3.2 再生可能PPA及びグリーン電力製品について、それが再生可能エネルギーであると企業が主張するためには、当該企業の名においてREC及びGOを保持（retained）又は交換（replaced）し、取り消し（retired）又は無効化（cancelled）する旨を、その契約に明示的に含めて伝えなければならない。

3.3.3 企業の支配又は影響（influence）の範囲外にある系統電力ミックスの再生可能部分は、再生可能エネルギーの範囲から除外する。

3.4 この開示の目的において、バイオマス源からの再生可能エネルギーの範囲は、第三者の基準（例えば、「森林管理協議会」（Forest Stewardship Council）、「持続可能な森林イニシアティブ」（Sustainable Forest Initiative）、「森林認証プログラム」（Programme for the Endorsement of Forest Certification）、又は「American Tree Farm System」）で認証された材料、「再生可能エネルギー認証のためのGreen-eフレームワークのバージョン1.0（2017年）」若しくは「Green-e」地域基準に従い対象となり得る（eligible）供給源とみなされる材料、又は適用される法域の再生可能エネルギー利用割合基準（renewable portfolio standard）において対象となり得る（eligible）材料に限定する。

4 　企業は、燃料使用量（バイオ燃料を含む。）についてのHHVの使用及びキロワット時（kWh）のGJへの変換（太陽光又は風力エネルギーからの電気を含むエネルギー・データの場合）など、この開示で報告するすべてのデータに対して、変換係数を一貫して適用しなければならない。

5 　企業は、データ・センターの直近12か月（TTM）の加重平均電力使用効率（PUE）を開示する場合がある。

　　5.1 　PUEは、コンピュータ・データ・センター施設が使用する総電力量と、コンピューティング機器に供給する電力量との比率と定義する。

　　5.2 　PUEを開示する場合、企業は「米国暖房冷凍空調学会」（ASHRAE）及び「Green Grid Association」が発行した「PUE™: A Comprehensive Examination of the Metric（2014年）」に記述されているガイダンス及び計算方法に従わなければならない。

CG-EC-130a.2. (1)総取水量、(2)総消費水量、及びそれらの「ベースライン水ストレス」が「高い」又は「極めて高い」地域の割合

1 　企業は、すべての水源から引き出された水の量を、千立方メートル単位で開示しなければならない。

　　1.1 　水資源には、地表水（湿地、河川、湖及び海からの水を含む。）、地下水、企業が直接収集し貯留した雨水、並びに地方自治体の水道供給者、水道事業者又はその他の企業から取得した水及び廃水を含める。

2 　企業は、例えば、取水量の大部分（significant portions）が非淡水源からのものである場合、その供給を水源別に開示することがある。

　　2.1 　淡水は、企業が事業を営む地域の法令に従い定義する場合がある。法令による定義が存在しない場合、淡水は、1,000ppm未満の溶解固形物を含む水とみなさなければならない。

　　2.2 　法域の飲料水規制に準拠して水道事業者から取得した水は、淡水の定義を満たすとみなすことができる。

3 　企業は、自社の事業で消費した水の量を、千立方メートル単位で開示しなければならない。

　　3.1 　水消費は次のように定義する。

　　　　3.1.1 　取水、使用及び排水中に蒸発する水

　　　　3.1.2 　企業の製品又はサービスに、直接的又は間接的に組み込まれる水

　　　　3.1.3 　その他、取水源と同じ集水域に戻らない水（別の集水域又は海に戻る水など）

4 　企業は、すべての事業における水リスクを分析し、「世界資源研究所」（WRI）の「水リスク・アトラス」（Water Risk Atlas）ツールである「Aqueduct」によって、「ベースライン水ストレス」が「高い（40〜80%）」又は「極めて高い（>80%）」と分類された場所で取水し水消費する活動を識別しなければならない。

5 　企業は、「ベースライン水ストレス」が「高い」又は「極めて高い」場所で取水した水について、総取水量に対する割合で開示しなければならない。

© IFRS Foundation

6   企業は、「ベースライン水ストレス」が「高い」又は「極めて高い」場所で消費した水について、総消費水量に対する割合で開示しなければならない。

CG-EC-130a.3. データ・センターのニーズに対する戦略的計画への環境上の考慮事項の組込みについての説明

1   企業は、データ・センターの立地、設計、建設、改装及び仕様に組み込む環境上の考慮事項について説明しなければならない。これには、エネルギー及び水の消費に関連する要因を含める。

 1.1   環境的要因には、エネルギー効率基準を含める場合がある。これには、「ホット・アイル又はコールド・アイル」レイアウトなどのレイアウト設計、並びに、地域の湿度、平均気温、水の入手可能性及び地下水ストレスに関する説明、水利許可、法域の炭素法制又は価格設定並びに地域電力系統からの電気の炭素排出原単位などの、所在地ベースの要因を含める場合がある。

2   開示の範囲には、現在企業が所有し運営しているデータ・センター、計画中又は建設中のデータ・センター、及び外部委託しているデータ・センター・サービスを含めなければならない。

3   企業は、報告期間中に行われたデータ・センターに関する意思決定に、環境上の考慮事項をどのように組み込んでいるかについて説明しなければならない。これには、データ・センター・サービスを請け負うか若しくは外部委託するか、既存のデータ・センターの効率を改善するか又は新たなデータ・センターを建設するかに関する意思決定に環境上の考慮事項が影響を与えた（influenced）かどうかを含める。

製品包装及び流通

トピックサマリー

「電子商取引」産業の付加価値の重大な（significant）部分は、企業が多種多様な商品を効率的に消費者の元へ届けることができることにあるが、そうでなければ消費者は自ら実店舗から商品を取りに行く必要がある。容器包装出荷量が増加すると、当該産業は炭素価格及び燃料費の上昇などの環境外部性にさらされるようになる場合があり、商品の出荷に関連したリスクが発生する。出荷及び物流を外部委託する企業は、出荷業務の具体的なプロセスをコントロールできないが、よりエネルギー効率の高いビジネス実務があるサプライヤーを選択することは可能である。競争が非常に激しく利益率の低い産業であるため、燃料の削減とより効率的なルート設定によって輸送コストを削減することができれば、企業はその節約分を顧客に還元できる場合がある。電子商取引企業には、梱包材の使用を最小限に抑えるインセンティブがある。効率的な容器包装は、購入する包装資材の量を減らすことでコスト削減につながるだけでなく、より多くの製品を一度の出荷に収めることができる場合があるため、コストを削減することができる。

指標

CG-EC-410a.1. 製品出荷の温室効果ガス（GHG）総排出量（footprint）

1   企業は、企業の製品の外部出荷に伴う、完全な（complete）タンクトゥホイールの温室効果ガス（GHG）総排出量（footprint）をCO_2相当メートル・トン単位で開示しなければならない。

 1.1   タンクトゥホイールの排出は車両の駆動に関連しており、1次エネルギー生産に関連する上

© IFRS Foundation

「気候関連開示」の適用に関する産業別ガイダンス

流の排出（ウェルトゥタンクの排出）を除外する。

1.2 企業は、EN 16258:2012「Methodology for calculation and declaration of energy consumption and GHG emissions of transport services (freight and passengers)」に従い、その開示情報を計算しなければならない。

1.2.1 計算は、EN 16258:2012に記述されている「タンクトゥホイールのGHG排出（Gt）」を計算するために用いる方法と整合していなければならない。

1.2.2 輸送システムの範囲、境界及び必要な按分計算の決定は、EN 16258:2012に記述されている方法と整合していなければならない。

2 開示の範囲には、企業の製品の外部出荷に関連するすべての貨物輸送及び物流活動からの排出を含める。これには、企業の資産からの排出（「スコープ1」）だけでなく、契約運送業者及び委託運送業者並びに物流業者からの排出（「スコープ3」）を含める。

3 開示の範囲には、道路輸送、航空輸送、バージ輸送、海上輸送及び鉄道輸送など、すべての輸送手段からの排出を含める。

4 EN 16258:2012と整合的に、開示は、排出値のカテゴリー（特定の測定値、輸送業者の車両タイプ又はルートタイプ特有の値、輸送業者のフリート値及び既定値）の組み合わせからの計算に基づく場合がある。

5 関連性があり、開示情報の理解に必要な場合、企業は、その按分方法、排出値、境界、使用する輸送サービスの組み合わせ及びその他の情報を記述しなければならない。

CG-EC-410a.2. 製品配送による環境インパクトを低減する戦略についての説明

1 企業は、フルフィルメント及び製品配送による環境インパクトを低減するための戦略について説明しなければならない。これには、包装資材に関連するインパクト及び製品輸送に関連するインパクトを含める。

2 説明すべき関連する戦略には、次のものを含める場合がある。

2.1 物流の選択、モードの選択及び管理（例えば、鉄道輸送か航空輸送か）又は経路効率化の運営（operation）についての説明

2.2 包装の選択についての説明。これには、リサイクルした又は再生可能な包装資材（例えば、バイオベースのプラスチック）を利用する意思決定、使用する包装資材の量を最適化する意思決定（例えば、調達削減）、詰替可能又は再利用可能な包装の使用、並びに効率的な出荷及び輸送のための設計を含める場合がある。

2.3 再生可能かつ低排出の燃料及び低排出車の使用の意思決定など、企業が所有又は運用するフリートについての、燃料選択及び車両選択についての説明

2.4 企業が所有又は運用する車両のアイドリング削減の取組み（efforts）、「ラストマイル」配送の効率を向上させるイノベーション及び交通渋滞を減らすための配送時間の最適化戦略など、その他の関連する戦略

© IFRS Foundation

第5巻－家庭用及び個人用製品

産業の説明

「家庭用及び個人用製品」産業の企業は、個人用及び商業用の消費のためのさまざまな財を製造している。これには、化粧品、家庭用及び工業用の清掃用品、石鹸及び洗剤、衛生用紙製品、家庭用電池、剃刀並びに台所用品が含まれる。家庭用及び個人用製品企業はグローバルに事業を営み、典型的には、量販店、食料品店、会員制の店舗、ドラッグ・ストア、訪問頻度が高い店（high-frequency stores）、流通業者及び電子商取引の小売業者に自社の製品を販売する。一部の企業は、第三者の小売拠点ではなく、独立の販売員を通じて製品を販売する。

サステナビリティ開示トピック及び指標

表1. サステナビリティ開示トピック及び指標

トピック	指標	カテゴリー	測定単位	コード
水管理	(1)総取水量、(2)総消費水量、及びそれらの「ベースライン水ストレス」が「高い」又は「極めて高い」地域の割合	定量	千立方メートル(m³)、パーセンテージ(%)	CG-HP-140a.1
	水管理リスクの記述並びに当該リスクを緩和するための戦略及び実務の説明	説明及び分析	該当なし	CG-HP-140a.2
パーム油サプライ・チェーンの環境及び社会へのインパクト	パーム油調達量、「持続可能なパーム油のための円卓会議」（Roundtable on Sustainable Palm Oil; RSPO）のサプライ・チェーンにわたり認証された次の割合：(a)「アイデンティティ・プリザーブド」、(b)「セグリゲーション」、(c)「マス・バランス」又は(d)「ブック・アンド・クレーム」	定量	メートル・トン(t)、パーセンテージ(%)	CG-HP-430a.1

表2. 活動指標

活動指標	カテゴリー	測定単位	コード
販売した製品の単位、販売した製品の総重量	定量	数、メートル・トン(t)	CG-HP-000.A
製造施設数	定量	数	CG-HP-000.B

「気候関連開示」の適用に関する産業別ガイダンス

水管理

トピックサマリー

「家庭用及び個人用製品」産業にとって、水は、製造プロセスの冷却剤として及び産業の多くの製品の主要なインプットとして不可欠なものである。人口増加及び消費量の増加、急速な都市化並びに地下帯水層の枯渇、干ばつ及び気候変動による供給量の減少により、水は世界中で希少資源になりつつある。この産業の多くの企業は、水不足に直面している地域に事業がある。綿密な計画を立てなければ、企業は、これらの地域でコストの増加に直面したり水へのアクセスを失うことで、生産にリスクをもたらす場合がある。すべての工場への水の安定供給を確保するための厳格なチェックを実施し、水利用の効率を高めるための技術に投資することは、水不足がこれまで以上に世界的な問題になる中で、企業が水関連のリスクを軽減するのに役立つ。

指標

CG-HP-140a.1. (1)総取水量、(2)総消費水量、及びそれらの「ベースライン水ストレス」が「高い」又は「極めて高い」地域の割合

1 企業は、すべての水源から引き出された水の量を、千立方メートル単位で開示しなければならない。

    1.1 水資源には、地表水（湿地、河川、湖及び海からの水を含む。）、地下水、企業が直接収集し貯留した雨水、並びに地方自治体の水道供給者、水道事業者又はその他の企業から取得した水及び廃水を含める。

2 企業は、例えば、取水量の大部分（significant portions）が非淡水源からのものである場合、その供給を水源別に開示することがある。

    2.1 淡水は、企業が事業を営む地域の法令に従い定義する場合がある。法令による定義が存在しない場合、淡水は、1,000ppm未満の溶解固形物を含む水とみなさなければならない。

    2.2 法域の飲料水規制に準拠して水道事業者から取得した水は、淡水の定義を満たすとみなすことができる。

3 企業は、自社の事業で消費した水の量を、千立方メートル単位で開示しなければならない。

    3.1 水消費は次のように定義する。

        3.1.1 取水、使用及び排水中に蒸発する水

        3.1.2 企業の製品又はサービスに、直接的又は間接的に組み込まれる水

        3.1.3 その他、取水源と同じ集水域に戻らない水（別の集水域又は海に戻る水など）

4 企業は、すべての事業における水リスクを分析し、「世界資源研究所」（WRI）の「水リスク・アトラス」（Water Risk Atlas）ツールである「Aqueduct」によって、「ベースライン水ストレス」が「高い（40～80%）」又は「極めて高い（>80%）」と分類された場所で取水し水消費する活動を識別しなければならない。

5 企業は、「ベースライン水ストレス」が「高い」又は「極めて高い」場所で取水した水について、総

© IFRS Foundation

209

取水量に対する割合で開示しなければならない。

6   企業は、「ベースライン水ストレス」が「高い」又は「極めて高い」場所で消費した水について、総消費水量に対する割合で開示しなければならない。

CG-HP-140a.2. 水管理リスクの記述並びに当該リスクを緩和するための戦略及び実務の説明

1   企業は、取水、水消費並びに水又は廃水の排出に関連する水管理リスクを記述しなければならない。

　　1.1   取水及び水消費に関連するリスクには、十分で清潔な水資源の入手可能性に対するリスクを含める。これには次のものを含める。

　　　　1.1.1   環境上の制約 ― 水ストレス地域での事業、干ばつ、水生生物の閉込み又は巻込みの懸念、経年変動又は季節変動、及び気候変動のインパクトからのリスクなど

　　　　1.1.2   規制及び財務上の制約 ― 水コストの変動、取水に関連する利害関係者の認識及び懸念（例えば、地域社会、非政府組織及び規制当局からのもの）、他の水利用者との直接的な競合及びその行為からのインパクト（例えば、企業及び地方自治体の水利用者）、規制による取水制限、並びに水利権又は許認可を取得し保持する企業の能力に対する制約など

　　1.2   水又は廃水の排出に関連するリスクには、排出に関連する権利又は許認可を取得する能力、排出に関連する規制への準拠、排出に対する制約、排水の温度管理を維持する能力、義務、レピュテーション・リスク、並びに、排水に関連する規制、利害関係者の認識及び懸念（例えば、地域社会、非政府組織及び規制当局からのもの）による事業コストの増加を含める。

2   企業は、次の文脈において水管理リスクを記述する場合がある。

　　2.1   地表水（湿地、河川、湖及び海からの水を含む。）、地下水、企業が直接収集し貯留した雨水、並びに地方自治体の水道供給者、水道事業者又はその他の企業から取得した水及び廃水を含む取水源によって、リスクがどのように異なる場合があるか

　　2.2   地表水、地下水又は廃水処理施設を含む排出先によって、リスクがどのように異なる場合があるか

3   企業は、水管理リスクが自社の事業に対して有する場合がある潜在的な影響（effects）及びそのようなリスクが顕在化すると見込まれる時間軸について説明する場合がある。

　　3.1   影響（effects）には、コスト、売上、負債、事業の継続性及びレピュテーションに関連するものを含める。

4   企業は、水管理リスクを緩和するための短期的及び長期的な戦略又は計画について説明しなければならない。これには次のものを含める。

　　4.1   戦略、計画、ゴール又は目標の範囲（さまざまな事業単位、地域又は水を消費する事業プロセスとどのように関連しているかなど）

　　4.2   優先する水管理のゴール又は目標、及び、それらのゴール又は目標に対するパフォーマンスの分析

　　　　4.2.1   ゴール及び目標には、取水量の削減、水消費量の削減、排水量の削減、水生生物の

「気候関連開示」の適用に関する産業別ガイダンス

閉込みの軽減、排水の質の改善及び規制遵守の維持に関連するものを含める。

4.3 計画、ゴール又は目標を達成するために必要な活動及び投資、並びに計画又は目標の達成に影響を与える（affect）場合があるリスク又は制限要因

4.4 戦略、計画、ゴール又は目標の開示は、報告期間中に進行中（アクティブ）であったか、又は完了した活動に限定しなければならない。

5 水管理の目標について、企業は追加で次のものを開示しなければならない。

5.1 目標が絶対量ベース又は原単位ベースのいずれであるか、及び目標が原単位ベースである場合は指標の分母

5.2 水管理活動の時間軸（開始年、目標年及び基準年を含める。）

5.3 次のものを含む、目標を達成するためのメカニズム

5.3.1 水のリサイクル又は循環システムの使用などの、効率化に関する取組み（efforts）

5.3.2 必要な水の量を減らすための製品又はサービスの再設計などの、製品のイノベーション

5.3.3 水生生物の閉込み又は巻込みの軽減を可能にするような、プロセス及び機器のイノベーション

5.3.4 水の使用、リスク及び機会を分析するためのツール及び技術の使用（例えば、「世界自然保護基金」の「Water Risk Filter」、「Global Water Tool」及び「Water Footprint Network Footprint Assessment Tool」）

5.3.5 地域又は他の組織との実施されているコラボレーション又はプログラム

5.4 基準年からの削減率又は改善率。基準年は、目標の達成に向けて、水管理の目標が評価される最初の年である。

6 企業は、水管理の実務が、組織内で追加的なライフサイクルへのインパクト又はトレードオフをもたらすかどうかについて説明しなければならない。これには、土地利用、エネルギー生産及び温室効果ガス（GHG）排出のトレードオフを含める。また、ライフサイクルのトレードオフにもかかわらず、企業がこれらの実務を選択した理由についても説明しなければならない。

パーム油サプライ・チェーンの環境及び社会へのインパクト

トピックサマリー

パーム油は、「家庭用及び個人用製品」産業で、幅広い商品の安価な原料として需要が高まっている。これには、クリーニング製品、キャンドル、化粧品などが含まれる。世界の特定の地域でのパーム油の収穫は、森林破壊、GHG排出並びにその他の環境及び社会問題の原因となる場合がある。責任を持って調達しなければ、パーム油は環境外部性及び社会外部性に寄与し、企業のレピュテーション及び規制上のリスクをもたらす可能性がある。さらに、この産業の企業は、サプライ・チェーンの断絶、投入価格の上昇並びにパーム油の調達による環境外部性及び社会外部性に関連するレピュテーション・リスクにさらされている。したがって、企業は、パーム油を追跡し、責任を持って調達するとともに、パーム油の生産は労働

© IFRS Foundation

211

問題と関連していることが多いため、サプライ・チェーンにおける労働条件の最低基準を確保するプレッシャーに直面している。調達基準を適用することは、パーム油のような論争の的となる材料への依存を減らすための製品設計段階での革新と同様に、リスクを軽減することができる。

指標

CG-HP-430a.1. パーム油調達量、「持続可能なパーム油のための円卓会議」（Roundtable on Sustainable Palm Oil; RSPO）のサプライ・チェーンにわたり認証された次の割合：(a)「アイデンティティ・プリザーブド」、(b)「セグリゲーション」、(c)「マス・バランス」又は(d)「ブック・アンド・クレーム」

1　企業は、報告期間中に調達したパーム油の量をメートル・トン単位で開示しなければならない。

 1.1　パーム油の範囲には、パーム核油及びパーム核圧搾を含める。

2　企業は、次のそれぞれの「持続可能なパーム油のための円卓会議」（Roundtable on Sustainable Palm Oil; RSPO）のサプライ・チェーン・モデルについて、RSPOに準拠しているとして第三者認証を受けたパーム油調達の割合を、重量ベースで開示しなければならない。すなわち、(a)「アイデンティティ・プリザーブド」（IP）、(b)「セグリゲーション」（SG）、(c)「マス・バランス」（MB）又は(d)「ブック・アンド・クレーム」（B&C）である。

 2.1　B&Cの取引は、「RSPO PalmTrace」プラットフォームで購入した「RSPO Credits」で表される。

 2.2　その割合は、企業が調達したRSPO認証のパーム油のそれぞれのRSPOサプライ・チェーン・モデル（IP、SG、MB又はB&C）における重量を、企業が調達したパーム油の総重量（メートル・トン単位）で除して計算しなければならない。

3　企業は、パーム油調達の環境及び社会へのインパクトに関連するリスク及び機会を管理するために用いる他の戦略、アプローチ及びメカニズムについて説明する場合がある。

「気候関連開示」の適用に関する産業別ガイダンス

第6巻－複合型及び専門型小売及び流通

産業の説明

「複合型及び専門型小売及び流通」産業は、百貨店、量販店、ホームセンター及び会員制の倉庫店などのさまざまな小売のカテゴリーだけでなく、電子機器の卸売業者及び自動車の卸売業者のような相対的に小規模のセグメントの流通業者も含む。これらの企業は（流通セグメントを除く。）、一般的に、消費者の需要を予測し、コストを抑え、実店舗の店頭に商品を陳列し続けるために、グローバルなサプライ・チェーンを管理している。競争が非常に激しい産業であり、通常、それぞれのカテゴリーには、一般に、低いマージンによって特徴付けられる（characterised）少数の重要なプレーヤーが存在する。小売という相対的に代替可能な性質のため、この産業に属する企業は特にレピュテーション・リスクの影響を受けやすい（susceptible）。

注記：「食品小売及び流通（FB-FR）」産業、「医薬品小売（HC-DR）」産業、「電子商取引（CG-EC）」産業及び「衣類、装飾品及び履物（CG-AA）」産業には別途基準が存在する。食品小売、医薬品小売、電子商取引又は衣服、装飾品及び履物の製造に関わる小売企業は、これら他の基準に示されている開示トピック及び指標も考慮すべきである。

サステナビリティ開示トピック及び指標

表1. サステナビリティ開示トピック及び指標

トピック	指標	カテゴリー	測定単位	コード
小売及び流通におけるエネルギー管理	(1)エネルギー総消費量、(2)電力系統からの電気の割合及び(3)再生可能エネルギーの割合	定量	ギガジュール(GJ)、パーセンテージ(%)	CG-MR-130a.1

表2. 活動指標

活動指標	カテゴリー	測定単位	コード
(1)小売拠点及び(2)流通センターの数	定量	数	CG-MR-000.A
(1)小売スペース及び(2)流通センターの総面積	定量	平方メートル(m²)	CG-MR-000.B

© IFRS Foundation

小売及び流通におけるエネルギー管理

トピックサマリー

この産業の企業は、小売施設及び倉庫に大量の（significant）エネルギーを必要とする。温室効果ガス（GHG）排出規制の強化並びにエネルギー効率化及び再生可能エネルギーへのインセンティブの増加により、従来型の電気の調達源の価格上昇につながる一方で、代替エネルギー源のコスト競争力が高まる場合がある。化石燃料をベースとしたエネルギーの生産及び消費は、気候変動及び汚染を含む環境への重大な（significant）インパクトをもたらす。エネルギーの調達の決定は、エネルギー供給のコスト及び事業の信頼性（reliability）に関連したトレードオフを生み出す可能性がある。全体的なエネルギー効率及び代替エネルギー源へのアクセスは、企業にとって管理することがこれまで以上に重要（important）になってきている。この分野での効率化は、直接的なコスト削減を通じて財務的な影響（implications）を与える可能性があり、この低利益率産業では特に有益である。

指標

CG-MR-130a.1. (1)エネルギー総消費量、(2)電力系統からの電気の割合及び(3)再生可能エネルギーの割合

1　企業は、(1)消費したエネルギーの総量をギガジュール（GJ）単位で集計して開示しなければならない。

　　1.1　エネルギー消費の範囲には、外部の供給源から購入したエネルギー及び企業が自ら生産したエネルギー（自己生成）を含む、すべての供給源からのエネルギーを含める。例えば、直接的な燃料の使用、購入した電気、並びに温熱、冷熱及び蒸気エネルギーはすべてエネルギー消費の範囲内に含まれる。

　　1.2　エネルギー消費の範囲には、報告期間中に企業が直接消費したエネルギーのみを含める。

　　1.3　燃料及びバイオ燃料からのエネルギー消費量を計算するにあたり、企業は、直接測定したか、又は「気候変動に関する政府間パネル」（IPCC）から取得した、総発熱量（GCV）とも呼ばれる高位発熱量（HHV）を使用しなければならない。

2　企業は、(2)自社が消費した、電力系統から供給されたエネルギーの割合を開示しなければならない。

　　2.1　この割合は、購入した電力系統からの電気の消費量を、エネルギー総消費量で除して計算しなければならない。

3　企業は、(3)自社が消費した再生可能エネルギーの割合を開示しなければならない。

　　3.1　再生可能エネルギーは、地熱、風力、太陽光、水力及びバイオマスなど、それらの枯渇率以上のペースで補充されるエネルギー源からのエネルギーと定義する。

　　3.2　この割合は、再生可能エネルギー消費量を、エネルギー総消費量で除して計算しなければならない。

　　3.3　再生可能エネルギーの範囲には、企業が消費した再生可能燃料、企業が直接生産した再生可能エネルギー、及び企業が購入した再生可能エネルギー（再生可能エネルギー証書（REC）

214

© IFRS Foundation

「気候関連開示」の適用に関する産業別ガイダンス

若しくは「原産地保証」（GO）を明示的に含む再生可能電力購入契約（PPA）を通じて購入した場合、「Green-eエナジー認証」済みの電気事業者若しくはサプライヤー・プログラムを通じて購入した場合、又は、RECやGOを明示的に含むその他のグリーン電力製品、若しくは「Green-eエナジー認証」RECが電力系統からの電気と組み合わせられた他のグリーン電力製品を通じて購入した場合）を含める。

3.3.1　オンサイトで生成した再生可能な電気について、それが再生可能エネルギーであると企業が主張するためには、当該企業の名においてREC及びGOを保持（retained）し（売却せず）、取り消し（retired）又は無効化（cancelled）しなければならない。

3.3.2　再生可能PPA及びグリーン電力製品について、それが再生可能エネルギーであると企業が主張するためには、当該企業の名においてREC及びGOを保持（retained）又は交換（replaced）し、取り消し（retired）又は無効化（cancelled）する旨を、その契約に明示的に含めて伝えなければならない。

3.3.3　企業の支配又は影響（influence）の範囲外にある系統電力ミックスの再生可能部分は、再生可能エネルギーの範囲から除外する。

3.4　この開示の目的において、バイオマス源からの再生可能エネルギーの範囲は、第三者の基準（例えば、「森林管理協議会」（Forest Stewardship Council）、「持続可能な森林イニシアティブ」（Sustainable Forest Initiative）、「森林認証プログラム」（Programme for the Endorsement of Forest Certification）、又は「American Tree Farm System」）で認証された材料、「再生可能エネルギー認証のためのGreen-eフレームワークのバージョン1.0（2017年）」若しくは「Green-e」地域基準に従い対象となり得る（eligible）供給源とみなされる材料、又は適用される法域の再生可能エネルギー利用割合基準（renewable portfolio standard）において対象となり得る（eligible）材料に限定する。

4　企業は、燃料使用量（バイオ燃料を含む。）についてのHHVの使用及びキロワット時（kWh）のGJへの変換（太陽光又は風力エネルギーからの電気を含むエネルギー・データの場合）など、この開示で報告するすべてのデータに対して、変換係数を一貫して適用しなければならない。

© IFRS Foundation

採掘及び鉱物加工セクター

第7巻－石炭事業

産業の説明

「石炭事業」産業には、石炭を採掘する企業及び石炭製品を製造する企業が含まれる。採掘活動は、坑内掘り及び露天掘りの両方、並びに一般炭及び原料炭の両方を対象とする。

サステナビリティ開示トピック及び指標

表1. サステナビリティ開示トピック及び指標

トピック	指標	カテゴリー	測定単位	コード
温室効果ガス排出	グローバルでの「スコープ1」の総排出、排出制限規制の対象割合	定量	CO_2相当メートル・トン(t)、パーセンテージ(%)	EM-CO-110a.1
	「スコープ1」の排出を管理するための長期的及び短期的な戦略又は計画、排出削減目標並びにそれらの目標に対するパフォーマンスの分析についての説明	説明及び分析	該当なし	EM-CO-110a.2
水管理	(1)総取水量、(2)総消費水量、及びそれらの「ベースライン水ストレス」が「高い」又は「極めて高い」地域の割合	定量	千立方メートル(m^3)、パーセンテージ(%)	EM-CO-140a.1
	水質の許認可、基準及び規制に関連する違反事案（incidents of non-compliance）の件数	定量	数	EM-CO-140a.2
埋蔵量の評価及び資本的支出	炭素排出の価格について説明する将来の価格予測シナリオに対する石炭埋蔵量の水準の感応度	定量	百万メートル・トン(Mt)	EM-CO-420a.1
	確認（proven）石炭埋蔵量に含まれる見積二酸化炭素排出	定量	CO_2相当メートル・トン(t)	EM-CO-420a.2
	石炭の価格及び需要又は気候に関する規制が、資産の探査、取得及び開発のための資本的支出戦略にどのように影響を与える（influence）かについての説明	説明及び分析	該当なし	EM-CO-420a.3

「気候関連開示」の適用に関する産業別ガイダンス

表2. 活動指標

活動指標	カテゴリー	測定単位	コード
一般炭の生産	定量	百万メートル・トン(Mt)	EM-CO-000.A
原料炭の生産	定量	百万メートル・トン(Mt)	EM-CO-000.B

温室効果ガス排出

トピックサマリー

石炭事業はエネルギー集約型であり、重大な（significant）温室効果ガス（GHG）を直接的に発生させる。これには、燃料使用からの二酸化炭素並びに採掘及び採掘後の活動中に炭層から放出されたメタンを含める。気候変動によってもたらされるリスクに対応するための、GHG排出を削減する規制上の取組み（efforts）は、直接的な排出の規模に基づき、事業の支出及び資本的支出を増加させる場合がある。GHG排出の費用対効果の高い削減を通じ、事業の効率化を達成することが可能となる。このような効率化は、GHG排出を制限する、又は価格を設定する規制による燃料コストの増加の潜在的な財務的影響（impact）を軽減することができる。

指標

EM-CO-110a.1. グローバルでの「スコープ1」の総排出、排出制限規制の対象割合

1 　企業は、「京都議定書」において対象とされる7種類の温室効果ガス（GHG）－二酸化炭素（CO_2）、メタン（CH_4）、一酸化二窒素（N_2O）、ハイドロフルオロカーボン類（HFCs）、パーフルオロカーボン類（PFCs）、六フッ化硫黄（SF_6）及び三フッ化窒素（NF_3）－のグローバルでの「スコープ1」のGHGの大気への総排出を開示しなければならない。

　　1.1　すべてのGHG排出は、二酸化炭素相当（CO_2相当）メートル・トン単位で合算し、開示しなければならず、公開されている100年の時間軸に基づく地球温暖化係数（GWP）の数値に従い計算しなければならない。現時点でのGWP数値の推奨される情報源は、「気候変動に関する政府間パネル（IPCC）第5次評価報告書（2014年）」である。

　　1.2　総排出は、オフセット、クレジット又はその他の類似した排出削減若しくは排出相殺のメカニズムを考慮する前の、大気中に排出されたGHGである。

2 　「スコープ1」の排出は、「世界資源研究所」（WRI）及び「持続可能な開発のための世界経済人会議」（WBCSD）によって公表された「温室効果ガスプロトコルの企業算定及び報告基準（GHGプロトコル）（2004年3月改訂版）」において定義されており、ここに記載されている方法に従って計算しなければならない。

　　2.1　これらの排出には、定置式又は移動式の排出源からのGHGの直接排出を含める。これらの排出源には、鉱山サイト、坑口発電施設、炭層メタンの排出、生産及び加工施設、貯蔵施設、

© IFRS Foundation

217

オフィス・ビル、並びに輸送（海上、道路、及び鉄道）を含める。

2.2 認められる計算方法には、基礎的な参考文献としてGHGプロトコルに従いつつ、産業固有又は地域固有のガイダンスなど追加的なガイダンスを提供するものを含める。例には次のものを含める。

2.2.1 「GHG Reporting Guidance for the Aerospace Industry」（「国際航空宇宙環境グループ」（IAEG）発行）

2.2.2 「Greenhouse Gas Inventory Guidance：定置式燃焼源からの直接排出」（「米国環境保護庁」（EPA）発行）

2.2.3 「India GHG Inventory Program」

2.2.4 ISO 14064-1

2.2.5 「Petroleum Industry Guidelines for reporting GHG emissions」（IPIECA発行　第2版（2011年））

2.2.6 「Protocol for the quantification of greenhouse gas emissions from waste management activities」（「Entreprises pour l'Environnement」（EpE）発行）

2.3 GHG排出データは、企業が財務報告データを連結する方法に従って合算しなければならない。その方法は、次に示す方法と同様に、一般的に、「GHGプロトコル」で定義する「財務支配」アプローチと整合している。

2.3.1 「Petroleum Industry Guidelines for Reporting Greenhouse Gas Emissions（IPIECA/API/OGP発行　第2版（2011年））」（以下「IPIECA GHGガイドライン」という。）の第3章に詳述されている財務的アプローチ

2.3.2 「気候開示基準委員会」（CDSB）によって提供された「環境及び社会情報の報告のためのCDSBフレームワーク」のREQ-07「組織の境界」に記述されているアプローチ

3 企業は、キャップアンドトレード・スキーム、炭素税又はカーボン・プライシング・システム並びにその他の排出統制（例えば、コマンドアンドコントロール・アプローチ）、及び許認可ベースのメカニズムなど、排出を直接制限又は削減することを目的とした排出制限規制又はプログラムの対象となる、グローバルでの「スコープ1」のGHG総排出の割合を開示しなければならない。

3.1 排出制限規制の例には、次のものを含める。

3.1.1 「カリフォルニア州キャップアンドトレード」（「カリフォルニア州地球温暖化対策法」）

3.1.2 「欧州連合排出量取引スキーム」（EU ETS）

3.1.3 「ケベック州キャップアンドトレード」（「ケベック州環境品質法」）

3.2 この割合は、排出制限規制の対象となるグローバルでの「スコープ1」のGHG排出（CO_2相当）の総量を、グローバルでの「スコープ1」のGHG排出の総量（CO_2相当）で除して計算しなければならない。

「気候関連開示」の適用に関する産業別ガイダンス

> 3.2.1 複数の排出制限規制の対象となる排出について、企業は、これらの排出を一度だけしか計算に含めてはならない。

> 3.3 排出制限規制の範囲からは、自主的な排出制限規制（例えば、自主的な取引システム）及び報告ベースの規制の対象となる排出は除外する。

4 企業は、過去の報告期間からの排出の変化について説明する場合がある。これには、変化が排出削減、ダイベストメント、買収、合併、アウトプットの変化又は計算方法の変更によるものかどうかを含める。

5 現在のCDP又は他の企業へのGHG排出の報告（例えば、国の規制上の開示プログラム）が、範囲及び使用した合算アプローチの点で異なる場合、企業はそれらの排出を開示することがある。ただし、主要な開示は前述のガイドラインに従わなければならない。

6 企業は、データが連続排出監視システム（CEMS）、エンジニアリング計算又は物質収支計算からのものであるかどうかなど、排出開示の計算方法について説明する場合がある。

EM-CO-110a.2. 「スコープ1」の排出を管理するための長期的及び短期的な戦略又は計画、排出削減目標並びにそれらの目標に対するパフォーマンスの分析についての説明

1 企業は、「スコープ1」の温室効果ガス（GHG）排出を管理するための長期的及び短期的な戦略又は計画について説明しなければならない。

> 1.1 「スコープ1」の排出は、「世界資源研究所」（WRI）及び「持続可能な開発のための世界経済人会議」（WBCSD）によって公表された「温室効果ガスプロトコルの企業算定及び報告基準（GHGプロトコル）（2004年3月改訂版）」において定義されている。

> 1.2 GHG排出の範囲には、「京都議定書」において対象とされる7種類の温室効果ガス（GHG）－二酸化炭素（CO_2）、メタン（CH_4）、一酸化二窒素（N_2O）、ハイドロフルオロカーボン類（HFCs）、パーフルオロカーボン類（PFCs）、六フッ化硫黄（SF_6）及び三フッ化窒素（NF_3）－を含める。

2 企業は、排出削減目標について説明し、目標に対するパフォーマンスを分析しなければならない。関連する場合は、次のものを含める。

> 2.1 排出削減目標の範囲（例えば、目標が適用される総排出の割合）

> 2.2 目標が絶対量ベース又は原単位ベースのいずれであるか、及び目標が原単位ベースの目標である場合は指標の分母

> 2.3 基準年に対する削減率。この基準年とは、目標の達成に向けて排出について評価する最初の年を表す。

> 2.4 削減活動の時間軸。これには開始年、目標年及び基準年を含める。

> 2.5 目標を達成するためのメカニズム

> 2.6 目標年の排出若しくは基準年の排出が遡及的に再計算された（若しくは再計算される場合がある）、又は目標年若しくは基準年が再設定された、すべての状況

3 企業は、計画又は目標を達成するために必要な活動及び投資、並びに計画又は目標の達成に影響を

© IFRS Foundation

219

与える（affect）場合があるリスク又は制限要因について説明しなければならない。

4　企業は、さまざまな事業単位、地域又は排出源に対して異なるように関係しているかどうかなど、その戦略、計画又は削減目標の範囲について説明しなければならない。

5　企業は、その戦略、計画又は削減目標が、地域、国、国際又はセクター別プログラムを含む、排出制限又は排出報告ベースのプログラム又は規制（例えば、「EU域内排出量取引制度」、「ケベック州キャップアンドトレード制度」、「カリフォルニア州キャップアンドトレード・プログラム」）に関連している（related to）か又は関係している（associated with）かどうかについて説明しなければならない。

6　戦略、計画又は削減目標の開示は、報告期間中に進行中（アクティブ）であったか又は完了した活動に限定しなければならない。

水管理

トピックサマリー

石炭事業は、地域の水資源の質及び量の両方にインパクトを与える。石炭事業は水集約型である。硫黄を除去するための石炭の洗浄、掘削装置の冷却及びスラリー・パイプラインでの石炭の輸送に水を使用すると、資源にインパクトを与える可能性がある。これらのリスクの深刻さ（severity）は、地域の水の利用可能性及び規制環境によって異なる可能性がある。水の使用及び汚染を減らすことはまた、企業の事業効率を高め、事業コストを削減する可能性がある。廃水処理及び排水（discharge）は、多くの場合、法域の当局によって規制されている。セレン、硫酸塩、及び溶解固形物の制限に違反すると、重大な（significant）罰金、規制遵守コスト、生産の遅延、又は鉱山の閉鎖に関連するコストの増加により、石炭事業の企業に影響を与える（affect）可能性がある。

指標

EM-CO-140a.1. (1)総取水量、(2)総消費水量、及びそれらの「ベースライン水ストレス」が「高い」又は「極めて高い」地域の割合

1　企業は、すべての水源から引き出された水の量を、千立方メートル単位で開示しなければならない。

　　1.1　水資源には、地表水（湿地、河川、湖及び海からの水を含む。）、地下水、企業が直接収集し貯留した雨水、並びに地方自治体の水道供給者、水道事業者又はその他の企業から取得した水及び廃水を含める。

2　企業は、例えば、取水量の大部分（significant portions）が非淡水源からのものである場合、その供給を水源別に開示することがある。

　　2.1　淡水は、企業が事業を営む地域の法令に従い定義する場合がある。法令による定義が存在しない場合、淡水は、1,000ppm未満の溶解固形物を含む水とみなさなければならない。

　　2.2　法域の飲料水規制に準拠して水道事業者から取得した水は、淡水の定義を満たすとみなすことができる。

3　企業は、自社の事業で消費した水の量を、千立方メートル単位で開示しなければならない。

「気候関連開示」の適用に関する産業別ガイダンス

3.1 水消費は次のように定義する。

3.1.1 取水、使用及び排水中に蒸発する水

3.1.2 企業の製品又はサービスに、直接的又は間接的に組み込まれる水

3.1.3 その他、取水源と同じ集水域に戻らない水（別の集水域又は海に戻る水など）

4 企業は、すべての事業における水リスクを分析し、「世界資源研究所」（WRI）の「水リスク・アトラス」（Water Risk Atlas）ツールである「Aqueduct」によって、「ベースライン水ストレス」が「高い（40〜80%）」又は「極めて高い（>80%）」と分類された場所で取水し水消費する活動を識別しなければならない。

5 企業は、自社の「ベースライン水ストレス」が「高い」又は「極めて高い」場所で取水した水について、総取水量に対する割合で開示しなければならない。

6 企業は、自社の「ベースライン水ストレス」が「高い」又は「極めて高い」場所で消費した水について、総消費水量に対する割合で開示しなければならない。

EM-CO-140a.2. 水質の許認可、基準及び規制に関連する違反事案（incidents of non-compliance）の件数

1 企業は、技術ベースの基準への違反（violations）並びに水量ベース又は水質ベースの基準の超過を含め、違反事案（incidents of non-compliance）の総数を開示しなければならない。

2 開示の範囲には、適用される法域の法的許認可及び規制が適用される事案（incidents）を含める。これには、危険物質の排出（discharge）、前処理要件への違反（violation）又は1日当たりの総最大負荷量（TMDL）の超過を含める。

2.1 典型的な考慮すべきパラメータには、セレン、総溶解固形分（TDS）、硫酸塩、総懸濁固体（TSS）及びpHを含める。

3 開示の範囲には、正式な執行措置をもたらした違反事案（incidents of non-compliance）のみを含めなければならない。

3.1 正式な執行措置は、水量又は水質に関する法令、政策又は命令への違反（violation）又は違反のおそれ（threatened violation）に対処する政府の措置と定義し、とりわけ、行政罰命令、行政命令及び司法措置をもたらす可能性がある。

4 違反（violations）は、測定方法又は頻度にかかわらず、開示しなければならない。これには、次の違反（violations）を含める。

4.1 継続的な排出（discharges）、制限、基準及び禁止事項で、一般的に1日平均、週平均又は月平均の最大値で表されるもの

4.2 非継続的な排出（discharges）又は制限で、一般的に頻度、総質量、最大排出率及び特定の汚染物質の質量又は濃度の観点で表されるもの

© IFRS Foundation

221

埋蔵量の評価及び資本的支出

トピックサマリー

地球の気温上昇を抑えるように温室効果ガス（GHG）排出が抑制される場合、石炭企業は石炭埋蔵量の重大な（significant）部分を採掘できない場合がある。特に気候変動を緩和させる行為に関連する中長期的な傾向を考慮しながら資金の管理を実施することは、資産の減損を防ぎ、収益性及び信用力を維持するために重要（critical）である。グローバルでは、石炭火力発電所（石炭企業の顧客）からのGHG排出を制限するための規制及び政策が実施され、引き続き実施される場合があるため、それに伴い石炭の需要が低下し、石炭の価格が低下する可能性がある。石炭の需要は、石炭火力発電所に適用される他の有害な大気排出を管理する規制の影響も受け（affected）ている。GHG緩和規制の拡大は、中長期的に潜在的な財務的影響（impacts）の規模を増大させる場合がある。代替エネルギー技術の競争力の向上とともに、これの法域の規制及び政策は、石炭事業の企業の埋蔵量及び資本の投資に長期的なリスクをもたらす。

指標

EM-CO-420a.1. 炭素排出の価格について説明する将来の価格予測シナリオに対する石炭埋蔵量の水準の感応度

1　企業は、埋蔵量が確認（proven）埋蔵量か推定（probable）埋蔵量かの決定に対して、複数の将来シナリオがどのように影響を与える（affect）場合があるかを判断するために、埋蔵量の感応度分析を実施しなければならない。

2　企業は、「国際エネルギー機関」（IEA）が発行した「世界エネルギー見通し」（WEO）で公表されている価格推移を使用して、現在の確認（proven）及び推定（probable）埋蔵量の感応度を分析しなければならない。これには次のものを含める。

　　2.1　「現行政策シナリオ」：WEOの発行年の中間点から政策に変更がないことを前提とする。

　　2.2　「新政策シナリオ」：公約を実行するための措置がまだ特定又は発表されていない場合でも、温室効果ガス排出を削減する国の誓約及び化石エネルギー補助金の段階的廃止計画を含む、幅広い政策公約（policy commitments）及び計画が複数の国から発表されることを前提とする。これは、幅広くIEAのベースライン・シナリオとして機能する。

　　2.3　「持続可能な開発シナリオ」：大気中の温室効果ガスの濃度を制限することにより、気温の世界的な上昇を1.5℃に制限するというゴールと整合するエネルギー経路が発生することを前提とする。

　　2.4　企業は、WEOシナリオを規範的な参照先とみなさなければならない。したがって、毎年行われるWEOの更新はすべて、本ガイダンスの更新とみなさなければならない。

　　2.5　埋蔵量は、埋蔵量の判断の時点で経済的かつ合法的に抽出又は生産可能な鉱床と定義する。

　　2.6　確認（proven）埋蔵量は、(a)露頭、トレンチ、坑井又はドリル・ホールで明らかになった寸法から量が計算され、その等級又は品質が詳細なサンプリングの結果から計算される埋蔵量、並びに(b)検査、サンプリング及び測定のための現場が非常に密接に配置され、地理的特性が非常に明確であるため、その大きさ、形状、深さ及び鉱物の含有量が十分に確立されている

「気候関連開示」の適用に関する産業別ガイダンス

埋蔵量である。

2.7 推定（probable）埋蔵量は、量及び等級又は品質が確認（proven）（測定された）埋蔵量に使用されるような情報から計算される埋蔵量であるが、検査、サンプリング及び測定のための現場が離れているか、又はそうでなければ適切に配置されていないものである。信頼度は確認（proven）（測定された）埋蔵量に比べて低いが、観測ポイント間の連続性を推定するには十分である。

3 企業は、埋蔵量の感応度分析を行い、標準的な先物価格又は経営者自身の予測を含む、合理的に達成される場合がある価格及びコストの範囲など、さまざまな価格及びコストの要件に基づいて、それぞれの製品タイプについて見積った埋蔵量の見積りを集計して開示しなければならない。

4 企業は、開示された数値の根拠となる価格及びコストの明細並びに仮定についても開示しなければならない

5 企業は、次の表形式で調査結果をまとめる場合がある。

表3. 主要製品タイプ及び価格シナリオ別の価格に対する埋蔵量の感応度

価格ケース	確認（proven）埋蔵量		推定（probable）埋蔵量	
（シナリオ）	石炭	製品A	石炭	製品A
	（トン）	（測定値）	（トン）	（測定値）
現行政策シナリオ（基礎（base））				
新政策シナリオ				
持続可能な開発シナリオ				

6 企業は、これらのシナリオが、特に、石炭埋蔵量のタイプ、採掘を行う国若しくは地域の規制環境、企業の製品の最終使用、又はその他の要因によって異なる場合に、前述のものに加えて他の価格及び需要シナリオにおける埋蔵量の水準の感応度を開示する場合がある。

7 追加の感応度分析について、「気候関連財務開示に関するタスクフォース（TCFD）による提言の適用」のセクションEと同様に、TCFD提言の図8に従って、企業は次の開示を検討すべきである。

7.1 他の2℃以下シナリオを含む、使用された代替シナリオ

7.2 使用した気候関連のシナリオの重要な（critical）インプット・パラメータ、仮定及び分析上の選択。特に、政策仮定（policy assumptions）、エネルギー開発動向（energy deployment pathways）、技術動向（technology pathways）、及び関連する時期の仮定などの主要な（key）領域に関連するもの

© IFRS Foundation

7.3 短期、中期及び長期のマイルストーンを含む、シナリオに使用した時間軸（例えば、使用したシナリオのもとで将来の潜在的な影響（implications）のタイミングを組織がどのように考慮するか）

EM-CO-420a.2. 確認（proven）石炭埋蔵量に含まれる見積二酸化炭素排出

1 企業は、確認（proven）石炭埋蔵量に含まれる見積二酸化炭素排出を計算して開示しなければならない。

1.1 この見積りは潜在的なCO_2のみに係数を適用するものであり、ここにはすべての潜在的な温室効果ガス排出の見積りを含めているというわけではない。温室効果ガス排出の見積りは、下流における使用（例えば、電気事業者による発電、産業用温熱及び発電、セメント生産又は鉄鋼生産）に依存するためである。

2 確認（proven）石炭埋蔵量からの見積潜在二酸化炭素排出は、Meinshausenらが導出した次の式に従って計算しなければならない。

2.1 $E=R×V×C$、ここでは次のとおりとする。

2.1.1 Eは、二酸化炭素のキログラム単位の潜在的な排出（kg CO_2）

2.1.2 Rは、ギガグラム（Gg）単位の確認（proven）埋蔵量

2.1.3 Vは、ギガグラム当たりのテラジュール（TJ/Gg）単位の正味発熱量

2.1.4 Cは、テラジュール当たりのCO_2キログラム単位（kg/TJ）の有効二酸化炭素排出係数（the effective carbon dioxide emission factor）

3 企業の石炭埋蔵量にかかる具体的なデータが存在しない場合、炭素含有量は、「気候変動に関する政府間パネル」（IPCC）によって発行された「2006年IPCC国家温室効果ガスインベントリに関するガイドライン」における石炭資源のそれぞれの主要なタイプについてのデフォルト・データを使用して計算しなければならない。

3.1 企業は、IPCCの「Table 1.3 Default Values of Carbon Content, Volume 2: Energy, Chapter 1」に記載されているエネルギー単位当たりのデフォルトの炭素含有量の値を使用しなければならない。

3.2 企業は、IPCCの「Table 1.2 Default Net Calorific Values (NCVs) and Lower and Upper Limit of the 95% Confidence Intervals, Volume 2: Energy, Chapter 1」に含まれている、石炭資源重量当たりの熱量値を使用しなければならない。

4 企業は、石炭埋蔵量の重量をギガグラム単位で決定するために、工学的見積り（engineering estimates）を使用しなければならない。

5 石炭埋蔵量の炭素含有量を見積るために必要な他の仮定について、企業は、IPCC、「温室効果ガスプロトコル」、「米国エネルギー情報局」（EIA）又は「国際エネルギー機関」（IEA）からのガイダンスに依拠しなければならない。

「気候関連開示」の適用に関する産業別ガイダンス

EM-CO-420a.3. 石炭の価格及び需要又は気候に関する規制が、資産の探査、取得及び開発のための資本的支出戦略にどのように影響を与える（influence）かについての説明

1　企業は、石炭の価格及び需要の予測、並びに大気質及び気候に関する規制の動向が企業の資本的支出（CAPEX）戦略にどのように影響を与える（influence）かについて説明しなければならない。

　1.1　この説明には、将来の石炭価格に関する企業の予測及び仮定、並びに特定の価格及び需要のシナリオが発生する可能性を含めるべきである。

2　企業は、価格及び需要のシナリオ計画（EM-CO-420a.1）の影響（implications）並びにそれらが新たな埋蔵量の探査、取得及び開発の意思決定にどのように影響を与える（affect）場合があるかについて説明しなければならない。

3　企業は、CAPEXの意思決定に重要性がある（materially）影響を与える（influence）要因について説明する場合がある。これには次のものを含める場合がある。

　3.1　大気質及び気候変動規制の範囲（どの国、地域又は産業に影響を与える（impacted）可能性があるかなど）が、企業が探査及び開発に注力する場所にどのように影響を与える（influence）場合があるか

　3.2　気候に関する規制が石炭の価格及び需要に影響を与える（affected）場合がある時間軸と、埋蔵量に対する資本的支出のリターンの時間軸との整合性についての企業の見解

　3.3　気候に関する規制の構造（炭素税か、キャップアンドトレードか）が、価格及び需要、ひいては企業の資本的支出の意思決定にどのように異なる影響を与える（affect）場合があるか

4　企業は、資産の開発、確認（proven）埋蔵量のある不動産の取得、未確認の（unproven）資源のある不動産の取得、及び探査活動を含む、さまざまなタイプの埋蔵量に対するさまざまな種類の支出の文脈において、これらの傾向が意思決定にどのように影響を与える（affect）かについて説明する場合がある。

© IFRS Foundation

225

第8巻－工事用資材

産業の説明

「工事用資材」産業の企業はグローバルに事業を営んでおり、建設会社又は卸売業者に販売するために工事用資材を生産する。工事用資材には主としてセメント及び骨材が含まれるが、ガラス、プラスチック素材、絶縁材、煉瓦、及び屋根材も含まれる。資材の生産業者は自ら採石場を運営し、砕石又は砕砂及び砂利を採掘する。資材の生産業者はまた、採掘及び石油産業から原材料を購入する場合がある。

注記：木製の建築用製品を生産する企業は、「持続可能な産業分類システム（SICS）」のもとで「建築用製品及び家具（CG-BF）」産業、「森林管理（RR-FM）」産業及び「パルプ及び紙製品（RR-PP）」産業に含まれ、「工事用資材」基準には含まれない。

サステナビリティ開示トピック及び指標

表1. サステナビリティ開示トピック及び指標

トピック	指標	カテゴリー	測定単位	コード
温室効果ガス排出	グローバルでの「スコープ1」の総排出、排出制限規制の対象割合	定量	CO_2相当メートル・トン(t)、パーセンテージ(%)	EM-CM-110a.1
	「スコープ1」の排出を管理するための長期的及び短期的な戦略又は計画、排出削減目標並びにそれらの目標に対するパフォーマンスの分析についての説明	説明及び分析	該当なし	EM-CM-110a.2
大気質	次の汚染物質の大気排出：(1)NOx（N_2Oを除く。）、(2)SOx、(3)粒子状物質（PM_{10}）、(4)ダイオキシン類又はフラン類、(5)揮発性有機化合物（VOC）、(6)多環式芳香族炭化水素（PAH）、及び(7)重金属	定量	メートル・トン(t)	EM-CM-120a.1
エネルギー管理	(1)エネルギー総消費量、(2)電力系統からの電気の割合、(3)代替エネルギーの割合及び(4)再生可能エネルギーの割合	定量	ギガジュール(GJ)、パーセンテージ(%)	EM-CM-130a.1

「気候関連開示」の適用に関する産業別ガイダンス

トピック	指標	カテゴリー	測定単位	コード
水管理	(1)総取水量、(2)総消費水量、及びそれらの「ベースライン水ストレス」が「高い」又は「極めて高い」地域の割合	定量	千立方メートル(m³)、パーセンテージ(%)	EM-CM-140a.1
廃棄物管理	発生した廃棄物の量、有害廃棄物の割合及びリサイクルした割合	定量	メートル・トン(t)、パーセンテージ(%)	EM-CM-150a.1
製品イノベーション	持続可能な建物の設計及び建設に関する認証のクレジットに適切である製品の割合	定量	年間売上高のパーセンテージ(%)	EM-CM-410a.1
	使用時又は生産時におけるエネルギー、水又は重要性がある（material）インパクトを低減する製品のための獲得可能な最大市場規模及び市場シェア	定量	表示通貨、パーセンテージ(%)	EM-CM-410a.2

表2. 活動指標

活動指標	カテゴリー	測定単位	コード
主要な製品ライン別の生産量[8]	定量	メートル・トン(t)	EM-CM-000.A

温室効果ガス排出

トピックサマリー

工事用資材、特にセメントの生産は、オンサイトでの燃料燃焼及び化学反応（chemical processes）から重大な（significant）直接的な温室効果ガス（GHG）排出を生成する。この産業では、生産される資材1トン当たりの排出量削減のために、効率性の向上を達成してきた。同時に、生産量の増加は、セメント生産からの絶対的な排出増加と関連する。工事用資材の生産は、他の産業と比較して依然として炭素集約的であり、排出規制による事業の支出及び資本的支出の増加にさらされている。GHG排出を削減するための戦略としては、エネルギー効率化、代替燃料及び再生可能燃料の使用、炭素隔離並びにクリンカー代替

---

[8] EM-CM-000.Aに関する注記 — 主要な製品群（例えば、セメント及び骨材、複合材、屋根材、ガラス繊維、煉瓦並びに瓦又はその他）の決定は、売上の創出を基礎とすべきであり、複数のより小規模な収益源を組み合わせた「その他」の工事用資材製品のカテゴリーを含む場合がある。

© IFRS Foundation

を含む。GHG排出の費用対効果の高い削減を通じ、事業の効率化を達成することが可能となる。このような効率化は、GHG排出を制限する、又は価格を設定する規制による燃料コストの増加及び直接の排出の潜在的な財務的影響（impact）を軽減することができる。

指標

EM-CM-110a.1. グローバルでの「スコープ1」の総排出、排出制限規制の対象割合

1　企業は、「京都議定書」において対象とされる7種類の温室効果ガス（GHG）－二酸化炭素（CO_2）、メタン（CH_4）、一酸化二窒素（N_2O）、ハイドロフルオロカーボン類（HFCs）、パーフルオロカーボン類（PFCs）、六フッ化硫黄（SF_6）及び三フッ化窒素（NF_3）－のグローバルでの「スコープ1」のGHGの大気への総排出を開示しなければならない。

1.1　すべてのGHG排出は、二酸化炭素相当（CO_2相当）メートル・トン単位で合算し、開示しなければならず、公開されている100年の時間軸に基づく地球温暖化係数（GWP）の数値に従い計算しなければならない。現時点でのGWP数値の推奨される情報源は、「気候変動に関する政府間パネル（IPCC）第5次評価報告書（2014年）」である。

1.2　総排出は、オフセット、クレジット又はその他の類似した排出削減若しくは排出相殺のメカニズムを考慮する前の、大気中に排出されたGHGである。

2　「スコープ1」の排出は、「世界資源研究所」（WRI）及び「持続可能な開発のための世界経済人会議」（WBCSD）によって公表された「温室効果ガスプロトコルの企業算定及び報告基準（GHGプロトコル）（2004年3月改訂版）」において定義されており、ここに記載されている方法に従って計算しなければならない。

2.1　これらの排出には、生産施設、オフィス・ビル及び製品輸送（海上、道路、及び鉄道）などを含む定置式又は移動式の排出源からのGHGの直接排出を含める。

2.2　認められる計算方法には、基礎的な参考文献として「GHGプロトコル」に従いつつ、産業固有又は地域固有のガイダンスなど追加的なガイダンスを提供するものを含める。例には次のものを含める。

2.2.1　「GHG Reporting Guidance for the Aerospace Industry」（「国際航空宇宙環境グループ」（IAEG）発行）

2.2.2　「Greenhouse Gas Inventory Guidance：定置式燃焼源からの直接排出」（「米国環境保護庁」（EPA）発行）

2.2.3　「India GHG Inventory Program」

2.2.4　ISO 14064-1

2.2.5　「Petroleum Industry Guidelines for reporting GHG emissions」（IPIECA発行　第2版（2011年））

2.2.6　「Protocol for the quantification of greenhouse gas emissions from waste management activities」（「Entreprises pour l'Environnement」（EpE）発行）

2.3　GHG排出データは、企業が財務報告データを連結する方法に従って合算しなければならない。

228　　　　　© IFRS Foundation

その方法は、一般的に、「GHGプロトコル」で定義する「財務支配」アプローチ及び「気候開示基準委員会」（CDSB）によって提供された「環境及び社会情報の報告のためのCDSBフレームワーク」のREQ-07「組織の境界」に記述されているアプローチと整合している。

3 企業は、キャップアンドトレード・スキーム、炭素税又はカーボン・プライシング・システム並びにその他の排出統制（例えば、コマンドアンドコントロール・アプローチ）、及び許認可ベースのメカニズムなど、排出を直接制限又は削減することを目的とした排出制限規制又はプログラムの対象となる、グローバルでの「スコープ1」のGHG総排出の割合を開示しなければならない。

　　3.1　排出制限規制の例には、次のものを含める。

　　　　3.1.1　「カリフォルニア州キャップアンドトレード」（「カリフォルニア州地球温暖化対策法」）

　　　　3.1.2　「欧州連合排出量取引スキーム」（EU ETS）

　　　　3.1.3　「ケベック州キャップアンドトレード」（「ケベック州環境品質法」）

　　3.2　この割合は、排出制限規制の対象となるグローバルでの「スコープ1」のGHG排出（CO_2相当）の総量を、グローバルでの「スコープ1」のGHG排出の総量（CO_2相当）で除して計算しなければならない。

　　　　3.2.1　複数の排出制限規制の対象となる排出について、企業は、これらの排出を一度だけしか計算に含めてはならない。

　　3.3　排出制限規制の範囲からは、自主的な排出制限規制（例えば、自主的な取引システム）及び報告ベースの規制の対象となる排出は除外する。

4 企業は、過去の報告期間からの排出の変化について説明する場合がある。これには、変化が排出削減、ダイベストメント、買収、合併、アウトプットの変化又は計算方法の変更によるものかどうかを含める。

5 現在のCDP又は他の企業へのGHG排出の報告（例えば、国の規制上の開示プログラム）が、範囲及び使用した合算アプローチの点で異なる場合、企業はそれらの排出を開示することがある。ただし、主要な開示は前述のガイドラインに従わなければならない。

6 企業は、データが連続排出監視システム（CEMS）、エンジニアリング計算又は物質収支計算からのものであるかどうかなど、排出開示の計算方法について説明する場合がある。

EM-CM-110a.2.　「スコープ1」の排出を管理するための長期的及び短期的な戦略又は計画、排出削減目標並びにそれらの目標に対するパフォーマンスの分析についての説明

1 企業は、「スコープ1」の温室効果ガス（GHG）排出を管理するための長期的及び短期的な戦略又は計画について説明しなければならない。

　　1.1　「スコープ1」の排出は、「世界資源研究所」（WRI）及び「持続可能な開発のための世界経済人会議」（WBCSD）によって公表された「温室効果ガスプロトコルの企業算定及び報告基準（GHGプロトコル）（2004年3月改訂版）」において定義されており、ここに記載されている方法に従って計算しなければならない。

1.2 GHG排出の範囲には、「京都議定書」において対象とされる7種類の温室効果ガス（GHG）－二酸化炭素（CO_2）、メタン（CH_4）、一酸化二窒素（N_2O）、ハイドロフルオロカーボン類（HFCs）、パーフルオロカーボン類（PFCs）、六フッ化硫黄（SF_6）及び三フッ化窒素（NF_3）－を含める。

2 企業は、排出削減目標について説明し、目標に対するパフォーマンスを分析しなければならない。関連する場合は、次のものを含める。

2.1 排出削減目標の範囲（例えば、目標が適用される総排出の割合）

2.2 目標が絶対量ベース又は原単位ベースのいずれであるか、及び目標が原単位ベースの目標である場合は指標の分母

2.3 基準年に対する削減率。この基準年とは、目標の達成に向けて排出について評価する最初の年を表す。

2.4 削減活動の時間軸。これには開始年、目標年及び基準年を含める。

2.5 目標を達成するためのメカニズム

2.6 目標年の排出若しくは基準年の排出が遡及的に再計算された（若しくは再計算される場合がある）、又は目標年若しくは基準年が再設定された、すべての状況

3 企業は、計画又は目標を達成するために必要な活動及び投資、並びに計画又は目標の達成に影響を与える（affect）場合があるリスク又は制限要因について説明しなければならない。

4 企業は、さまざまな事業単位、地域又は排出源に対して異なるように関係しているかどうかなど、その戦略、計画又は削減目標の範囲について説明しなければならない。

5 企業は、その戦略、計画又は削減目標が、地域、国、国際又はセクター別プログラムを含む、排出制限又は排出報告ベースのプログラム又は規制（例えば、「EU域内排出量取引制度」、「ケベック州キャップアンドトレード制度」、「カリフォルニア州キャップアンドトレード・プログラム」）に関連している（related to）か又は関係している（associated with）かどうかについて説明しなければならない。

6 戦略、計画又は削減目標の開示は、報告期間中に進行中（アクティブ）であったか又は完了した活動に限定しなければならない。

大気質

トピックサマリー

「工事用資材」産業におけるオンサイトでの燃料燃焼及び生産プロセスは、規準大気汚染物質（criteria air pollutants）及び有害化学物質を排出する。これには、少量の有機化合物及び重金属を含む。特に懸念される排出物には、とりわけ、窒素酸化物、二酸化硫黄、粒子状物質、重金属（例えば、水銀）、ダイオキシン及び揮発性有機化合物などがある。これらの大気への排出は、人間の健康及び環境に重大（significant）かつ局所的なインパクトを与える可能性がある。大気への排出がもたらす財務的影響（impacts）は、事業が営まれる具体的な場所、及び、適用される大気排出規制によって異なるものの、より高い事業の支出又は資本的支出及び法令上の罰則を含む可能性がある。技術及びプロセスの改善を通

_230_

© IFRS Foundation

「気候関連開示」の適用に関する産業別ガイダンス

じた問題の積極的な管理により、企業は規制の影響（impact）を限定し、事業の効率を高める場合があり、長期的にはコスト構造の低下につながる可能性がある。

指標

EM-CM-120a.1. 次の汚染物質の大気排出：(1)NOx（N_2Oを除く。）、(2)SOx、(3)粒子状物質（PM_{10}）、(4)ダイオキシン類又はフラン類、(5)揮発性有機化合物（VOC）、(6)多環式芳香族炭化水素（PAH）、及び(7)重金属

1 企業は、大気に放出される大気汚染物質の排出を、汚染物質ごとにメートル・トン単位で開示しなければならない。

    1.1 開示の範囲には、企業のすべての活動及び排出源に起因する、企業の直接的な大気排出に関連する大気汚染物質を含める。この排出源には、定置式及び移動式の排出源、生産施設、オフィス・ビル並びに輸送フリートを含める場合がある。

2 企業は、NOxとして報告される(1)窒素酸化物（NOx）の排出を開示しなければならない。

    2.1 NOxの範囲には、NO及びNO_2を含めるが、N_2Oは除外する。

3 企業は、SOxとして報告される(2)硫黄酸化物（SOx）の排出を開示しなければならない。

    3.1 SOxの範囲には、SO_2及びSO_3を含める。

4 企業は、PM_{10}として報告される、(3)直径10マイクロメートル以下の粒子状物質（PM_{10}）の排出を開示しなければならない。

    4.1 PM_{10}は、空気動力学径が名目上10マイクロメートル以下の、空中を浮遊する微細分割された固体又は液体物質と定義する。

5 企業は、(4)ダイオキシン類又はフラン類の排出を開示しなければならない。

    5.1 ダイオキシン類又はフラン類には、塩素を含むポリ塩化ジベンゾダイオキシン（PCDD）及びポリ塩化ジベンゾフラン（PCDF）の17同族体（congeners）の合計を含むが、これらに限定されない。

6 企業は、(5)非メタン系揮発性有機化合物（VOC）の排出を開示しなければならない。

    6.1 VOCは、一酸化炭素、二酸化炭素、炭酸、金属炭化物又は炭酸塩、炭酸アンモニウム及びメタンを除く、大気中の光化学反応に関与するあらゆる炭素化合物と定義する。ただし、適用される法域の法令でごくわずかな光化学的反応性しか有しないと指定するものを除く。

        6.1.1 適用される規制上のVOCの定義がこの定義と矛盾する場合があるとき、企業は適用される規制上の定義に従いVOCを定義する場合がある。

7 企業は、(6)多環式芳香族炭化水素（PAH）の排出を開示しなければならない。

    7.1 PAHは、2つ以上の縮合芳香族（ベンゼン）環を含む有機化合物の大分類である。主要な排出源は、有機物質の不完全燃焼又は熱分解である。

    7.2 PAHには「世界保健機関」の「2021 Human health effects of polycyclic aromatic

© IFRS Foundation

231

hydrocarbons as ambient air pollutants: report of the Working Group on Polycyclic Aromatic Hydrocarbons of the Joint Task Force on the Health Aspects of Air Pollution」に記載されているものを含める。

8 　企業は、(7)重金属の排出を開示しなければならない。

　　8.1 　重金属の範囲には、鉛（Pb）、水銀（Hg）及びカドミウム（Cd）を含める。

9 　企業は、データが、連続排出監視システム（CEMS）、エンジニアリング計算又は物質収支計算からのものかどうかなど、排出開示の計算方法について説明する場合がある。

エネルギー管理

トピックサマリー

工事用資材の生産には、主に化石燃料の直接燃焼及び購入した電気に由来する重大な（significant）エネルギーが必要である。大量にエネルギーを消費する生産は、気候変動への影響（implications）を有するとともに、電力系統からの電気の購入は間接的な「スコープ2」の排出につながる可能性がある。工事用資材企業もまた、他の産業からしばしば廃棄物として発生する廃タイヤ及び廃油などを代替燃料として炉に使用している。これが適切に管理される場合、エネルギー・コスト及び温室効果ガス（GHG）排出を削減することができる。しかし、代替燃料利用には、有害な大気汚染物質の排出など、潜在的なネガティブなインパクトが存在し、代替燃料を使用することによる利益を最終的に得るためには、こうしたネガティブなインパクトを最小限に抑える必要がある。（電力系統からの購入に対して）代替燃料、再生可能エネルギー及びオンサイト発電の使用に関する意思決定は、エネルギー供給のコスト及び信頼性の両方に影響を与える（influencing）重要な（important）要素である可能性がある。手ごろな価格で、簡単にアクセスでき、信頼できるエネルギーは、この産業では重要な（important）競争要因であり、購入した燃料及び電気は、総製造コストの重大な（significant）部分を占めている。工事用資材企業が、エネルギー効率、さまざまなタイプのエネルギーへの依存及び関連するサステナビリティ・リスク並びに代替エネルギー源へのアクセスを管理する方法は、収益性に影響を与える（influence）場合がある。

指標

EM-CM-130a.1. (1)エネルギー総消費量、(2)電力系統からの電気の割合、(3)代替エネルギーの割合及び(4)再生可能エネルギーの割合

1 　企業は、(1)消費したエネルギーの総量をギガジュール（GJ）単位で集計して開示しなければならない。

　　1.1 　エネルギー消費の範囲には、外部の供給源から購入したエネルギー及び企業が自ら生産したエネルギー（自己生成）を含む、すべての供給源からのエネルギーを含める。例えば、直接的な燃料の使用、購入した電気、並びに温熱、冷熱及び蒸気エネルギーはすべてエネルギー消費の範囲内に含まれる。

　　1.2 　エネルギー消費の範囲には、報告期間中に企業が直接消費したエネルギーのみを含める。

　　1.3 　燃料及びバイオ燃料からのエネルギー消費量を計算するにあたり、企業は、直接測定したか、又は「気候変動に関する政府間パネル」（IPCC）から取得した、総発熱量（GCV）とも呼ば

232 　　　　　　　　　　© IFRS Foundation

「気候関連開示」の適用に関する産業別ガイダンス

れる高位発熱量（HHV）を使用しなければならない。

2 企業は、(2)自社が消費した、電力系統から供給されたエネルギーの割合を開示しなければならない。

2.1 この割合は、購入した電力系統からの電気の消費量を、エネルギー総消費量で除して計算しなければならない。

3 企業は、(3)自社が消費したエネルギーのうち、エネルギーの内訳の観点から、代替エネルギーによるものの割合を開示しなければならない。

3.1 代替エネルギー源には、中古タイヤ、使用済溶剤及び廃油、処理済みの都市ゴミ（municipal solid waste）、家庭廃棄物、農業廃棄物（米、落花生の殻及びコーヒーの殻など）、動物の餌並びに下水汚泥などを含める。

4 企業は、(4)自社が消費した再生可能エネルギーの割合を開示しなければならない。

4.1 再生可能エネルギーは、地熱、風力、太陽光、水力及びバイオマスなど、それらの枯渇率以上のペースで補充されるエネルギー源からのエネルギーと定義する。

4.2 この割合は、再生可能エネルギー消費量を、エネルギー総消費量で除して計算しなければならない。

4.3 再生可能エネルギーの範囲には、企業が消費した再生可能燃料、企業が直接生産した再生可能エネルギー、及び企業が購入した再生可能エネルギー（再生可能エネルギー証書（REC）若しくは「原産地保証」（GO）を明示的に含む再生可能電力購入契約（PPA）を通じて購入した場合、「Green-eエナジー認証」済みの電気事業者若しくはサプライヤー・プログラムを通じて購入した場合、又は、RECやGOを明示的に含むその他のグリーン電力製品、若しくは「Green-eエナジー認証」RECが電力系統からの電気と組み合わせられた他のグリーン電力製品を通じて購入した場合）を含める。

4.3.1 オンサイトで生成した再生可能な電気について、それが再生可能エネルギーであると企業が主張するためには、当該企業の名においてREC及びGOを保持（retained）し（売却せず）、取り消し（retired）又は無効化（cancelled）しなければならない。

4.3.2 再生可能PPA及びグリーン電力製品について、それが再生可能エネルギーであると企業が主張するためには、当該企業の名においてREC及びGOを保持（retained）又は交換（replaced）し、取り消し（retired）又は無効化（cancelled）する旨を、その契約に明示的に含めて伝えなければならない。

4.3.3 企業の支配又は影響（influence）の範囲外にある系統電力ミックスの再生可能部分は、再生可能エネルギーの範囲から除外する。

4.4 この開示の目的において、バイオマス源からの再生可能エネルギーの範囲は、第三者の基準（例えば、「森林管理協議会」（Forest Stewardship Council）、「持続可能な森林イニシアティブ」（Sustainable Forest Initiative）、「森林認証プログラム」（Programme for the Endorsement of Forest Certification）、又は「American Tree Farm System」）で認証された材料、「再生可能エネルギー認証のためのGreen-eフレームワークのバージョン1.0（2017年）」若しくは「Green-e」地域基準に従い対象となり得る（eligible）供給源とみなされる材料、又は適用される法域の再生可能エネルギー利用割合基準（renewable portfolio

© IFRS Foundation

233

standard) において対象となり得る（eligible）材料に限定する。

5　企業は、燃料使用量（バイオ燃料を含む。）についてのHHVの使用及びキロワット時（kWh）のGJへの変換（太陽光又は風力エネルギーからの電気を含むエネルギー・データの場合）など、この開示で報告するすべてのデータに対して、変換係数を一貫して適用しなければならない。

水管理

トピックサマリー

工事用資材の生産は、生産プロセスのために相当な（substantial）量の水を必要とする。企業は、水不足、水の取得コスト、排水又は水使用量に関する規制、並びに限られた水資源をめぐる地域社会及び他の産業との競争に関連する、事業、規制及びレピュテーション・リスクに直面している。水不足の地域では、潜在的な水の入手可能性の制約及び価格の変動があるため、リスクがより高くなる可能性がある。安定した水の供給が確保できない企業は、生産の中断をきたす可能性がある一方、水価格の上昇は製造コストを直接的に上昇させる可能性がある。したがって、水の消費を削減する技術及びプロセスを採用することで、規制、水供給不足、及びコミュニティ関連の混乱が企業の事業に与える影響（impact）を最小限に抑え、企業の事業リスク及びコストを低減できる可能性がある。

指標

EM-CM-140a.1. (1)総取水量、(2)総消費水量、及びそれらの「ベースライン水ストレス」が「高い」又は「極めて高い」地域の割合

1　企業は、すべての水源から引き出された水の量を、千立方メートル単位で開示しなければならない。

　　1.1　水資源には、地表水（湿地、河川、湖及び海からの水を含む。）、地下水、企業が直接収集し貯留した雨水、並びに地方自治体の水道供給者、水道事業者又はその他の企業から取得した水及び廃水を含める。

2　企業は、例えば、取水量の大部分（significant portions）が非淡水源からのものである場合、その供給を水源別に開示することがある。

　　2.1　淡水は、企業が事業を営む地域の法令に従い定義する場合がある。法令による定義が存在しない場合、淡水は、1,000ppm未満の溶解固形物を含む水とみなさなければならない。

　　2.2　法域の飲料水規制に準拠して水道事業者から取得した水は、淡水の定義を満たすとみなすことができる。

3　企業は、自社の事業で消費した水の量を、千立方メートル単位で開示しなければならない。

　　3.1　水消費は次のように定義する。

　　　　3.1.1　取水、使用及び排水中に蒸発する水

　　　　3.1.2　企業の製品又はサービスに、直接的又は間接的に組み込まれる水

　　　　3.1.3　その他、取水源と同じ集水域に戻らない水（別の集水域又は海に戻る水など）

4　企業は、すべての事業における水リスクを分析し、「世界資源研究所」（WRI）の「水リスク・アト

ラス」（Water Risk Atlas）ツールである「Aqueduct」によって、「ベースライン水ストレス」が「高い（40～80%）」又は「極めて高い（>80%）」と分類された場所で取水し水消費する活動を識別しなければならない。

5　企業は、「ベースライン水ストレス」が「高い」又は「極めて高い」場所で取水した水について、総取水量に対する割合で開示しなければならない。

6　企業は、「ベースライン水ストレス」が「高い」又は「極めて高い」場所で消費した水について、総消費水量に対する割合で開示しなければならない。

廃棄物管理

トピックサマリー

工事用資材の生産のリサイクル率は高い。しかし、生産工程、汚染防止装置及び有害廃棄物管理活動から発生する廃棄物は、規制上のリスクがあり、事業コストを増加させる可能性がある。セメント・キルン・ダスト（CKD）は、大気汚染防止装置によってセメント・キルンの排ガスから除去された微細な粒子状の固形強アルカリ性廃棄物で構成されており、この産業において最も重大な（significant）廃棄物のカテゴリーである。発展を続けている環境上の法令からの規制リスクは依然として高い。したがって、廃棄物の流れ（stream）（特に有害廃棄物の流れ（stream））を削減し、副産物をリサイクルする企業は、規制及び訴訟のリスク及びコストを削減することができる。

指標

EM-CM-150a.1. 発生した廃棄物の量、有害廃棄物の割合及びリサイクルした割合

1　企業は、発生した廃棄物の量をメートル・トン単位で開示しなければならない。

　　1.1　廃棄物は、企業においてそれ以上の使途が存在せず、廃棄されるか又は環境に放出されるものと定義する。

　　1.2　この範囲には、前述の定義を満たす鉱滓、くず、汚泥（sludges）、使用済油及びその他の固形廃棄物を含める。

　　1.3　この範囲からは、ガス状の廃棄物は除外する。

2　企業は、発生した有害廃棄物の割合を開示しなければならない。

　　2.1　有害廃棄物の割合は、廃棄物が発生した法域で適用される法令上の枠組みに従い定義した有害廃棄物の重量を、廃棄物の総重量で除して計算しなければならない。

　　2.2　有害廃棄物は、一般的に、発火性、腐食性、反応性又は毒性の特性を示す。

　　2.3　企業は、適用される法令上の定義がない法域に所在する事業の有害廃棄物を定義する目的で、「国際連合環境計画」（UNEP）の「有害廃棄物の国境を越える移動及びその処分の規制に関するバーゼル条約」を用いる場合がある。

3　企業は、発生した廃棄物のうち、リサイクルした割合を開示しなければならない。

　　3.1　リサイクルした割合は、再利用した廃棄物の重量に、企業がリサイクル又は再製造（処理又

は加工により）した重量を加え、さらなるリサイクルのために外部に移送された重量を加えた値を、廃棄物の総重量で除して計算しなければならない。

3.1.1 再利用した材料は、回収した製品又は製品のコンポーネントのうち、それらが考案された目的と同じ目的で使用されるものと定義する。

3.1.2 リサイクルし再製造した材料は、生産又は製造工程を通じて再処理（reprocessed）又は処理（treated）され、最終製品となったか又は製品に組み込むためのコンポーネントとなった廃棄物と定義する。

3.1.3 リサイクルし再製造した製品の範囲には、主要なリサイクルした材料、連産品（主要なリサイクルした材料と同等の価値のアウトプット）及び副産物（主要なリサイクルした材料よりも価値の低いアウトプット）を含める。

3.1.4 製品及び材料のうち埋立地に処分される部分は、リサイクルされたものとはみなさない。新たな製品、連産品又は副産物に直接組み込まれる製品の部分のみをリサイクルした割合に含めなければならない。

3.1.5 さらなるリサイクルのために移送された材料には、再利用、リサイクル又は改修の目的を明示して第三者に移送された材料を含める。

3.2 エネルギー回収を含め、焼却した資材は、リサイクルされた材料の範囲とみなしてはならない。

3.2.1 エネルギー回収は、他の廃棄物と一緒に行うかどうかにかかわらず、熱の回収を伴う直接的な焼却を通じてエネルギーを生成するための可燃廃棄物の使用と定義する。

3.2.2 企業は、発生した有害廃棄物のうち焼却したものの割合を別個に開示する場合がある。

4 企業は、廃棄物、有害廃棄物及びリサイクルした有害廃棄物を定義するために用いる、法令上の枠組みを開示しなければならない。

製品イノベーション

トピックサマリー

建築資材のイノベーションは、持続可能な工事の成長における不可欠な要素である。消費者及び規制の動向は、資源効率がより高く、建物がライフサイクルを通してもたらす健康へのインパクトを低減できる持続可能な建築資材及びプロセスの採用を後押ししている。これは、工事用資材企業にとって新たなビジネスの推進力を生み出しており、売上増加の機会をもたらしている。さらに、新製品の中には、生産に必要なエネルギーが少ないもの、又はリサイクルしたインプットを大部分に使用しているものもあり、製造コストを削減している。したがって、持続可能な建築資材は、企業の長期的な成長及び競争力に寄与することができる。

指標

EM-CM-410a.1. 持続可能な建物の設計及び建設に関する認証のクレジットに適切である製品の割合

1　企業は、認識されている持続可能な設計及び建設に関する認証のクレジットに適切である製品から生じた報告期間中の売上高を、建築用製品の総売上高で除した割合を計算しなければならない。

> 1.1　製品の範囲からは、建物に組み込まれる前に追加の製造が必要になる原材料又は中間材は除外する。企業はこれらの製品をその計算の分子及び分母から除外しなければならない。

2　認識されている持続可能な建物の設計及び建設に関する認証及びガイドラインには、「BREEAM®」（「BRE Global」）、「Green Globes®」（「Green Building Initiative」）、「LEED®」（「米国グリーンビルディング協会」）、及び「ICC-700 National Green Building Standard®」（「全米住宅建設業者協会」）を含める[9]。

> 2.1　企業の製品を使用して、前述以外の認証の枠組みで認証のクレジットを取得できる場合、企業は、その認証の名称、及びその認証がここに記載されている基準と同等又はより厳格であるという理由の根拠を提供しなければならない。

3　企業は、どの具体的な製品が持続可能な建物の実務に寄与しているか、及びこれらのタイプの製品に対する市場の需要に対処する計画について開示し説明する場合がある。

EM-CM-410a.2. 使用時又は生産時におけるエネルギー、水又は重要性がある（material）インパクトを低減する製品のための獲得可能な最大市場規模及び市場シェア

1　企業は、材料の調達、製造及び製品の使用を含む、さまざまなライフサイクル段階において、より少ない環境インパクトを示す製品（以下「環境インパクト低減製品」という。）についての獲得可能な最大市場規模（total addressable market）の見積りを提供しなければならない。

> 1.1　獲得可能な最大市場規模は、当該企業が当該製品カテゴリーの市場シェアを100％獲得した場合の潜在的な売上高と定義する（例えば、環境インパクト低減製品の世界市場）。

2　製品の範囲には、次のものを含める。

> 2.1　従来の製品と比較して断熱性を改善しているなど、利用者のエネルギー消費量の削減又はエネルギー効率の向上に資する製品属性を有するもの

> 2.2　製造時、製品の組立時又は製品の使用時に必要な水の量を削減するプロセス又は製品属性を有するもの

> 2.3　上流のインパクトが低減されるように、未使用材料の代わりに2次材料又はリサイクル材料を使用するもの

> 2.4　再生可能燃料の使用、エネルギー効率の改善、又は処理の必要が少ない材料の使用など、製

---

[9]　ISSBは、リストアップされている基準又は組織のいずれとも提携しておらず、リストを基準又は組織のエンドースメントととらえるべきではない。基準のリストは、基準の範囲、基本的な要求事項若しくは要件が同一であること又は基準が互換性を有することを意味するものではない。

© IFRS Foundation

造時の炭素排出を削減する設計イノベーションを用いて作られたもの

3 獲得可能な最大市場規模と、企業の既存又は計画中の実行能力、販売チャネル、又は製品を通じて供給できる市場規模（供給可能かつ利用可能な市場規模（serviceable available market））との間に重大な（significant）差異が存在する場合、企業はこの情報を開示すべきである。

4 企業は、環境インパクト低減製品について、現在自社の製品が捕捉している獲得可能な最大市場規模に占めるシェアを開示しなければならない。

    4.1 市場シェアは、これらの製品から生じる売上高を、獲得可能な最大市場規模で除して計算しなければならない。

5 企業は、この市場の成長予測を提供する場合がある。ここでは、獲得可能な最大市場規模の予測は、市場状況の変化に関する一連の合理的な仮定に基づいて、年度ごとの成長率として、又は一定期間後の市場規模（10年後の市場規模）の見積りとして表現する。

    5.1 企業は、成長目標の測定値として、3年間の市場シェア目標を開示する場合がある。この場合の目標とは、企業が3年間の時間軸で対処することを計画する獲得可能な最大市場規模の割合である。

「気候関連開示」の適用に関する産業別ガイダンス

第9巻－鉄鋼製造業者

産業の説明

「鉄鋼製造業者」産業は、主に製鉄所及び鋳造所で鉄鋼を生産する企業により構成される。鉄鋼製造業者セグメントは、自社の製鉄所で鉄鋼製品を生産する。鉄鋼製品には、鋼板、ブリキ、パイプ、チューブ、並びにステンレス・スチール、チタン及び高合金鋼でできた製品が含まれる。さまざまな製品を鋳造する鉄鋼の鋳造所は、典型的には他の企業から鉄鋼を購入する。この産業はまた、鉄製品を流通、輸入又は輸出する、金属サービス・センター及びその他の金属の卸売業者も含む。企業は代替プロセスを開発しているが、製鋼生産は2つの主要な方法に依拠している。すなわち、鉄鉱石をインプットとしている塩基性酸素転炉（BOF）と鉄のスクラップを用いる電気アーク炉（EAF）である。この産業に属する企業の多くは国際規模で事業を営んでいる。

注記：一部の例外を除き、ほとんどの企業は鉄鋼製品を製造するために自ら鉄鉱石を採掘していない。「金属及び鉱業（EM-MM）」産業には別途基準が存在する。

サステナビリティ開示トピック及び指標

表1. サステナビリティ開示トピック及び指標

トピック	指標	カテゴリー	測定単位	コード
温室効果ガス排出	グローバルでの「スコープ1」の総排出、排出制限規制の対象割合	定量	CO_2相当メートル・トン(t)、パーセンテージ(%)	EM-IS-110a.1
	「スコープ1」の排出を管理するための長期的及び短期的な戦略又は計画、排出削減目標並びにそれらの目標に対するパフォーマンスの分析についての説明	説明及び分析	該当なし	EM-IS-110a.2
エネルギー管理	(1)エネルギー総消費量、(2)電力系統からの電気の割合及び(3)再生可能エネルギーの割合	定量	ギガジュール(GJ)、パーセンテージ(%)	EM-IS-130a.1
	(1)燃料の総消費量、(2)石炭の割合、(3)天然ガスの割合及び(4)再生可能燃料の割合	定量	ギガジュール(GJ)、パーセンテージ(%)	EM-IS-130a.2
水管理	(1)総取水量、(2)総消費水量、及びそれらの「ベースライン水ストレス」が「高い」又は「極めて高い」地域の割合	定量	千立方メートル(m^3)、パーセンテージ(%)	EM-IS-140a.1

© IFRS Foundation

239

トピック	指標	カテゴリー	測定単位	コード
サプライ・チェーン管理	環境及び社会課題に起因する鉄鉱石又は原料炭調達リスクの管理プロセスについての説明	説明及び分析	該当なし	EM-IS-430a.1

表2. 活動指標

活動指標	カテゴリー	測定単位	コード
粗鋼生産量、及び次の工程からの割合：(1)塩基性酸素転炉工程、(2)電気アーク炉工程	定量	メートル・トン(t)、パーセンテージ(%)	EM-IS-000.A
鉄鉱石の総生産量[10]	定量	メートル・トン(t)	EM-IS-000.B
原料炭の総生産量[11]	定量	メートル・トン(t)	EM-IS-000.C

温室効果ガス排出

トピックサマリー

鉄鋼生産は、生産工程及びオンサイトでの燃料の燃焼により、主に二酸化炭素及びメタンの重大な（significant）直接的な温室効果ガス（GHG）を生成する。技術的な改善により鋼生産量1トン当たりのGHG排出は減少しているが、製鋼は他の産業に比べ依然として炭素集約的である。気候変動がもたらすリスクに対応するための、GHG排出削減のための規制上の取組み（efforts）は、鉄鋼企業に気候変動の緩和政策のための追加的な規制遵守のためのコスト及びリスクをもたらす場合がある。企業は、GHG排出の費用対効果の高い削減を通じ、事業の効率化を達成することが可能となる。このような効率化を確保することで、GHG排出を制限する、又は価格を設定する規制による燃料コスト増加の潜在的な財務的影響（effects）を軽減することができる。

指標

EM-IS-110a.1. グローバルでの「スコープ1」の総排出、排出制限規制の対象割合

1　企業は、「京都議定書」において対象とされる7種類の温室効果ガス（GHG）－二酸化炭素（CO_2）、メタン（CH_4）、一酸化二窒素（N_2O）、ハイドロフルオロカーボン類（HFCs）、パーフルオロカーボン類（PFCs）、六フッ化硫黄（SF_6）及び三フッ化窒素（NF_3）－のグローバルでの「スコープ1」

---

[10]　EM-IS-000.Bに関する注記 － 生産の範囲には、企業内部で消費する鉄鉱石及び販売に供するものを含める。
[11]　EM-IS-000.Cに関する注記 － 生産の範囲には、企業内部で消費する原料炭及び販売に供するものを含める。

「気候関連開示」の適用に関する産業別ガイダンス

のGHGの大気への総排出を開示しなければならない。

1.1 すべてのGHG排出は、二酸化炭素相当（CO_2相当）メートル・トン単位で合算し、開示しなければならず、公開されている100年の時間軸に基づく地球温暖化係数（GWP）の数値に従い計算しなければならない。現時点でのGWP数値の推奨される情報源は、「気候変動に関する政府間パネル（IPCC）第5次評価報告書（2014年）」である。

1.2 総排出は、オフセット、クレジット又はその他の類似した排出削減若しくは排出相殺のメカニズムを考慮する前の、大気中に排出されたGHGである。

2 「スコープ1」の排出は、「世界資源研究所」（WRI）及び「持続可能な開発のための世界経済人会議」（WBCSD）によって公表された「温室効果ガスプロトコルの企業算定及び報告基準（GHGプロトコル）（2004年3月改訂版）」において定義されており、ここに記載されている方法に従って計算しなければならない。

2.1 これらの排出には、生産施設、オフィス・ビル、及び製品の輸送（海上、道路、及び鉄道）などを含む定置式又は移動式の排出源からのGHGの直接排出を含める。

2.2 認められる計算方法には、基礎的な参考文献として「GHGプロトコル」に従いつつ、産業固有又は地域固有のガイダンスなど追加的なガイダンスを提供するものを含める。例には次のものを含める。

2.2.1 「GHG Reporting Guidance for the Aerospace Industry」（「国際航空宇宙環境グループ」（IAEG）発行）

2.2.2 「Greenhouse Gas Inventory Guidance：定置式燃焼源からの直接排出」（「米国環境保護庁」（EPA）発行）

2.2.3 「India GHG Inventory Program」

2.2.4 ISO 14064-1

2.2.5 「Petroleum Industry Guidelines for reporting GHG emissions」（IPIECA発行 第2版（2011年））

2.2.6 「Protocol for the quantification of greenhouse gas emissions from waste management activities」（「Entreprises pour l'Environnement」（EpE）発行）

2.3 GHG排出データは、企業が財務報告データを連結する方法に従って合算しなければならない。その方法は、一般的に、「GHGプロトコル」で定義する「財務支配」アプローチ、及び「気候開示基準委員会」（CDSB）によって提供された「環境及び社会情報の報告のためのCDSBフレームワーク」のREQ-07「組織の境界」に記述されているアプローチと整合している。

3 企業は、キャップアンドトレード・スキーム、炭素税又はカーボン・プライシング・システム並びにその他の排出統制（例えば、コマンドアンドコントロール・アプローチ）、及び許認可ベースのメカニズムなど、排出を直接制限又は削減することを目的とした排出制限規制又はプログラムの対象となる、グローバルでの「スコープ1」のGHG総排出の割合を開示しなければならない。

3.1 排出制限規制の例には、次のものを含める。

© IFRS Foundation

241

3.1.1 「カリフォルニア州キャップアンドトレード」（「カリフォルニア州地球温暖化対策法」）

3.1.2 「欧州連合排出量取引スキーム」（EU ETS）

3.1.3 「ケベック州キャップアンドトレード」（「ケベック州環境品質法」）

3.2 この割合は、排出制限規制の対象となるグローバルでの「スコープ1」のGHG排出（CO_2相当）の総量を、グローバルでの「スコープ1」のGHG排出の総量（CO_2相当）で除して計算しなければならない。

3.2.1 複数の排出制限規制の対象となる排出について、企業は、これらの排出を一度だけしか計算に含めてはならない。

3.3 排出制限規制の範囲からは、自主的な排出制限規制（例えば、自主的な取引システム）及び報告ベースの規制の対象となる排出は除外する。

4 企業は、過去の報告期間からの排出の変化について説明する場合がある。これには、変化が排出削減、ダイベストメント、買収、合併、アウトプットの変化又は計算方法の変更によるものかどうかを含める。

5 現在のCDP又は他の企業へのGHG排出の報告（例えば、国の規制上の開示プログラム）が、範囲及び使用した合算アプローチの点で異なる場合、企業はそれらの排出を開示することがある。ただし、主要な開示は前述のガイドラインに従わなければならない。

6 企業は、データが連続排出監視システム（CEMS）、エンジニアリング計算又は物質収支計算からのものであるかどうかなど、排出開示の計算方法について説明する場合がある。

EM-IS-110a.2. 「スコープ1」の排出を管理するための長期的及び短期的な戦略又は計画、排出削減目標並びにそれらの目標に対するパフォーマンスの分析についての説明

1 企業は、「スコープ1」の温室効果ガス（GHG）排出を管理するための長期的及び短期的な戦略又は計画について説明しなければならない。

1.1 「スコープ1」の排出は、「世界資源研究所」（WRI）及び「持続可能な開発のための世界経済人会議」（WBCSD）によって公表された「温室効果ガスプロトコルの企業算定及び報告基準（GHGプロトコル）（2004年3月改訂版）」において定義されており、ここに記載されている方法に従って計算しなければならない。

1.2 GHG排出の範囲には、「京都議定書」において対象とされる7種類の温室効果ガス（GHG）－二酸化炭素（CO_2）、メタン（CH_4）、一酸化二窒素（N_2O）、ハイドロフルオロカーボン類（HFCs）、パーフルオロカーボン類（PFCs）、六フッ化硫黄（SF_6）及び三フッ化窒素（NF_3）－を含める。

2 企業は、排出削減目標について説明し、目標に対するパフォーマンスを分析しなければならない。関連する場合は、次のものを含める。

2.1 排出削減目標の範囲（例えば、目標が適用される総排出の割合）

2.2 目標が絶対量ベース又は原単位ベースのいずれであるか、及び目標が原単位ベースの目標で

_242_

© IFRS Foundation

「気候関連開示」の適用に関する産業別ガイダンス

ある場合は指標の分母

2.3 基準年に対する削減率。この基準年とは、目標の達成に向けて排出について評価する最初の年を表す。

2.4 削減活動の時間軸。これには開始年、目標年及び基準年を含める。

2.5 目標を達成するためのメカニズム

2.6 目標年の排出若しくは基準年の排出が遡及的に再計算された（若しくは再計算される場合がある）、又は目標年若しくは基準年が再設定された、すべての状況

3 企業は、計画又は目標を達成するために必要な活動及び投資、並びに計画又は目標の達成に影響を与える（affect）場合があるリスク又は制限要因について説明しなければならない。

4 企業は、さまざまな事業単位、地域又は排出源に対して異なるように関係しているかどうかなど、その戦略、計画又は削減目標の範囲について説明しなければならない。

5 企業は、その戦略、計画又は削減目標が、地域、国、国際又はセクター別プログラムを含む、排出制限又は排出報告ベースのプログラム又は規制（例えば、「EU域内排出量取引制度」、「ケベック州キャップアンドトレード制度」、「カリフォルニア州キャップアンドトレード・プログラム」）に関連している（related to）か又は関係している（associated with）かどうかについて説明しなければならない。

6 戦略、計画又は削減目標の開示は、報告期間中に進行中（アクティブ）であったか又は完了した活動に限定しなければならない。

エネルギー管理

トピックサマリー

鋼の生産には、主に化石燃料の直接燃焼及び電力系統から購入したエネルギーに由来する重大な（significant）エネルギーが必要である。大量にエネルギーを消費する生産は、気候変動への影響（implications）を有するとともに、電力系統からの電気の購入は間接的な「スコープ2」の排出につながる可能性がある。さまざまな生産プロセス間の選択（電気アーク炉と、統合された塩基性酸素転炉との選択）は、企業が化石燃料を使用するか、電気を購入するかに影響を与える（influence）可能性がある。この意思決定は、石炭と天然ガスのどちらを使用するか、又はオンサイトと電力系統からの電気のどちらを使用するかの選択とともに、エネルギー供給のコスト及び信頼性の両方に影響を与える（influence）場合がある。手ごろな価格で、簡単にアクセスでき、信頼できるエネルギーは、この産業では重要な（important）産業の競争要因である。エネルギー・コストは鉄鋼製造コストの相当な（substantial）部分を占めている。鉄鋼企業がエネルギー効率、さまざまなタイプのエネルギーへの依存及び関連するサステナビリティのリスクを管理する方法、並びに代替エネルギー源へのアクセス能力は、収益性に影響を与える（influence）可能性がある。

© IFRS Foundation

243

指標

EM-IS-130a.1. (1)エネルギー総消費量、(2)電力系統からの電気の割合及び(3)再生可能エネルギーの割合

1   企業は、(1)消費したエネルギーの総量をギガジュール（GJ）単位で集計して開示しなければならない。

    1.1   エネルギー消費の範囲には、外部の供給源から購入したエネルギー及び企業が自ら生産したエネルギー（自己生成）を含む、すべての供給源からのエネルギーを含める。例えば、直接的な燃料の使用、購入した電気、並びに温熱、冷熱及び蒸気エネルギーはすべてエネルギー消費の範囲内に含まれる。

    1.2   エネルギー消費の範囲には、報告期間中に企業が直接消費したエネルギーのみを含める。

    1.3   燃料及びバイオ燃料からのエネルギー消費量を計算するにあたり、企業は、直接測定したか、又は「気候変動に関する政府間パネル」（IPCC）から取得した、総発熱量（GCV）とも呼ばれる高位発熱量（HHV）を使用しなければならない。

2   企業は、(2)自社が消費した、電力系統から供給されたエネルギーの割合を開示しなければならない。

    2.1   この割合は、購入した電力系統からの電気の消費量を、エネルギー総消費量で除して計算しなければならない。

3   企業は、(3)自社が消費した再生可能エネルギーの割合を開示しなければならない。

    3.1   再生可能エネルギーは、地熱、風力、太陽光、水力及びバイオマスなど、それらの枯渇率以上のペースで補充されるエネルギー源からのエネルギーと定義する。

    3.2   この割合は、再生可能エネルギー消費量を、エネルギー総消費量で除して計算しなければならない。

    3.3   再生可能エネルギーの範囲には、企業が消費した再生可能燃料、企業が直接生産した再生可能エネルギー、及び企業が購入した再生可能エネルギー（再生可能エネルギー証書（REC）若しくは「原産地保証」（GO）を明示的に含む再生可能電力購入契約（PPA）を通じて購入した場合、「Green-eエナジー認証」済みの電気事業者若しくはサプライヤー・プログラムを通じて購入した場合、又は、RECやGOを明示的に含むその他のグリーン電力製品、若しくは「Green-e エナジー認証」RECが電力系統からの電気と組み合わせられた他のグリーン電力製品を通じて購入した場合）を含める。

        3.3.1   オンサイトで生成した再生可能な電気について、それが再生可能エネルギーであると企業が主張するためには、当該企業の名においてREC及びGOを保持（retained）し（売却せず）、取り消し（retired）又は無効化（cancelled）しなければならない。

        3.3.2   再生可能PPA及びグリーン電力製品について、それが再生可能エネルギーであると企業が主張するためには、当該企業の名においてREC及びGOを保持（retained）又は交換（replaced）し、取り消し（retired）又は無効化（cancelled）する旨を、その契約に明示的に含めて伝えなければならない。

244

© IFRS Foundation

「気候関連開示」の適用に関する産業別ガイダンス

3.3.3 企業の支配又は影響（influence）の範囲外にある系統電力ミックスの再生可能部分は、再生可能エネルギーの範囲から除外する。

3.4 この開示の目的において、バイオマス源からの再生可能エネルギーの範囲は、第三者の基準（例えば、「森林管理協議会」（Forest Stewardship Council）、「持続可能な森林イニシアティブ」（Sustainable Forest Initiative）、「森林認証プログラム」（Programme for the Endorsement of Forest Certification）、又は「American Tree Farm System」）で認証された材料、「再生可能エネルギー認証のためのGreen-eフレームワークのバージョン1.0（2017年）」若しくは「Green-e」地域基準に従い対象となり得る（eligible）供給源とみなされる材料、又は適用される州の再生可能エネルギー利用割合基準（renewable portfolio standard）において対象となり得る（eligible）材料に限定する。

4 企業は、燃料使用量（バイオ燃料を含む。）についてのHHVの使用及びキロワット時（kWh）のGJへの変換（太陽光又は風力エネルギーからの電気を含むエネルギー・データの場合）など、この開示で報告するすべてのデータに対して、変換係数を一貫して適用しなければならない。

EM-IS-130a.2. (1)燃料の総消費量、(2)石炭の割合、(3)天然ガスの割合及び(4)再生可能燃料の割合

1 企業は、(1)消費したエネルギーの総量をギガジュール（GJ）単位で集計して開示しなければならない。

1.1 消費された燃料の計算方法は、設計上のパラメータではなく、実際に消費された燃料に基づかなければならない。

1.2 消費された燃料の許容可能な計算方法には、次に基づく方法を含める場合がある。

1.2.1 報告期間中に購入した燃料を報告期間の期首の在庫に加算し、報告期間の末日の燃料の在庫を差し引いたもの

1.2.2 車両によって消費された燃料を追跡すること

1.2.3 燃料費を追跡すること

2 企業は、(2)消費された燃料のうち、石炭の割合を開示しなければならない。

2.1 この割合は、消費された石炭の量（GJ単位）を、消費された燃料の総量（GJ単位）で除して計算しなければならない。

2.2 消費した石炭の範囲には、一般炭、原料炭、コークス、及びコークス・ブリーズを含む場合がある。

3 企業は、(3)消費された燃料のうち、天然ガスの割合を開示しなければならない。

3.1 この割合は、消費された天然ガスの量（GJ単位）を、消費された燃料の総量（GJ単位）で除して計算しなければならない。

4 企業は、(4)消費された燃料のうち、再生可能燃料の割合を開示しなければならない。

4.1 再生可能燃料は、一般的に次の要件のすべてを満たす燃料と定義する。

© IFRS Foundation

245

4.1.1 再生可能なバイオマスから生産されたもの

4.1.2 輸送用燃料、暖房用燃料油、又はジェット燃料に含まれる化石燃料の代替又は削減のために使用されるもの

4.1.3 ライフサイクル・ベースでの温室効果ガス（GHG）排出の純減を達成したもの

4.2 企業は、燃料が再生可能かどうかを判断するために使用した基準又は規制を開示しなければならない。

4.3 この割合は、消費された再生可能燃料の量（GJ単位）を、消費された燃料の総量（GJ単位）で除して計算しなければならない。

5 燃料からのエネルギー消費量を計算するにあたり、企業は、直接測定したか、又は「気候変動に関する政府間パネル」から取得した、総発熱量（GCV）とも呼ばれる高位発熱量（HHV）を使用しなければならない。

6 企業は、燃料使用量に対するHHVの使用など、この開示で報告するすべてのデータに対して、変換係数を一貫して適用しなければならない。

水管理

トピックサマリー

鋼の生産には相当な（substantial）量の水が必要となる。企業は、水不足、水の取得コスト、排水又は水使用量に関する規制、並びに限られた水資源をめぐる地域社会及び他の産業との競争に関連する、事業、規制及びレピュテーション・リスクの増加に直面している。これらのリスクは特に水不足の地域に影響を与える（affect）可能性が高く、水の入手可能性の制約及び価格の変動をもたらす。安定した水の供給が確保できない企業は、生産の中断をきたす可能性がある一方、水価格の上昇は製造コストを直接的に上昇させる可能性がある。したがって、水の消費を削減する技術及びプロセスを採用することで、規制の変更、水供給不足及びコミュニティ関連の混乱が企業の事業に与える影響（impacts）を緩和することで、企業の事業リスク及びコストを削減できる場合がある。

指標

EM-IS-140a.1. (1)総取水量、(2)総消費水量、及びそれらの「ベースライン水ストレス」が「高い」又は「極めて高い」地域の割合

1 企業は、すべての水源から引き出された水の量を、千立方メートル単位で開示しなければならない。

1.1 水資源には、地表水（湿地、河川、湖及び海からの水を含む。）、地下水、企業が直接収集し貯留した雨水、並びに地方自治体の水道供給者、水道事業者又はその他の企業から取得した水及び廃水を含める。

2 企業は、例えば、取水量の大部分（significant portions）が非淡水源からのものである場合、その供給を水源別に開示することがある。

2.1 淡水は、企業が事業を営む地域の法令に従い定義する場合がある。法令による定義が存在しない場合、淡水は、1,000ppm未満の溶解固形物を含む水とみなさなければならない。

246 © IFRS Foundation

2.2 法域の飲料水規制に準拠して水道事業者から取得した水は、淡水の定義を満たすとみなすことができる。

3 企業は、自社の事業で消費した水の量を、千立方メートル単位で開示しなければならない。

   3.1 水消費は次のように定義する。

      3.1.1 取水、使用及び排水中に蒸発する水

      3.1.2 企業の製品又はサービスに、直接的又は間接的に組み込まれる水

      3.1.3 その他、取水源と同じ集水域に戻らない水（別の集水域又は海に戻る水など）

4 企業は、すべての事業における水リスクを分析し、「世界資源研究所」（WRI）の「水リスク・アトラス」（Water Risk Atlas）ツールである「Aqueduct」によって、「ベースライン水ストレス」が「高い（40〜80%）」又は「極めて高い（>80%）」と分類された場所で取水し水消費する活動を識別しなければならない。

5 企業は、「ベースライン水ストレス」が「高い」又は「極めて高い」場所で取水した水について、総取水量に対する割合で開示しなければならない。

6 企業は、「ベースライン水ストレス」が「高い」又は「極めて高い」場所で消費した水について、総消費水量に対する割合で開示しなければならない。

サプライ・チェーン管理

トピックサマリー

鉄鉱石及び石炭は、鋼生産プロセスへの重要な（critical）原材料インプットである。鉄鉱石の採掘及び石炭の生産は、資源集約的なプロセスである。鉱物採掘は、しばしば、地域社会、労働者及び生態系に悪影響を与える（adversely affecting）、相当な（substantial）環境的及び社会的インパクトを与える。地域社会からの抗議、法令上の措置、若しくは規制遵守のコスト又は罰則の増加により、採鉱事業に混乱をもたらす可能性がある。その結果、鉄鋼企業は供給断絶に直面する可能性があり、場合によっては、鉱業企業のサプライヤーにかかる環境的又は社会的インパクトに関連する規制上の罰則の対象となる場合がある。このようなリスクを最小限に抑えるために、鉄鋼製造業者は重要な（critical）原材料にかかる直接的なサプライヤーを積極的に管理し、適切なサプライヤーのスクリーニング、監視、及び関与を通じて、違法又はそうでなくとも環境的若しくは社会的に損害を与える実務に関与していないことを確かめる場合がある。

指標

EM-IS-430a.1. 環境及び社会課題に起因する鉄鉱石又は原料炭調達リスクの管理プロセスについての説明

1 企業は、鉄鉱石又は原料炭のサプライ・チェーンに存在する、調達に影響を与える（affect）場合がある環境及び社会リスクを管理するための方針及び手続について説明しなければならない。

   1.1 説明には、サプライ・チェーン内の原材料（例えば、鉄鉱石又は原料炭）の入手における既存の又は予測されるリスク又は制約を含めなければならない。これには、入手可能性の制限

又は制約、政治情勢、現地の労働条件、自然災害、気候変動又は規制に関連するものを含める。

1.2　開示の範囲には、スクリーニング、行動規範、監査及び認証の利用の記述を含める場合がある。

2　監査について説明する場合、企業は、監査が内部監査（当事者）なのか、独立監査（第三者）なのか又は同業者（例えば、業界団体）が実施しているのかを開示する場合がある。

「気候関連開示」の適用に関する産業別ガイダンス

第10巻－金属及び鉱業

産業の説明

「金属及び鉱業」産業は、金属及び鉱物の採掘、鉱石の生産、採石、金属の製錬及び製造、金属の精錬、並びに採掘支援活動の提供に関わっている。この産業はまた、鉄鉱石、レア・アース金属、貴金属及び貴石を生産する。この産業に属する相対的に大きな企業は、グローバルな事業における採掘から顧客への金属の卸売りまで、垂直的に統合されている。

注記：「鉄鋼製造業者（EM-IS）」産業について別途基準が存在する。

サステナビリティ開示トピック及び指標

表1. サステナビリティ開示トピック及び指標

トピック	指標	カテゴリー	測定単位	コード
温室効果ガス排出	グローバルでの「スコープ1」の総排出、排出制限規制の対象割合	定量	CO_2相当メートル・トン(t)、パーセンテージ(%)	EM-MM-110a.1
	「スコープ1」の排出を管理するための長期的及び短期的な戦略又は計画、排出削減目標並びにそれらの目標に対するパフォーマンスの分析についての説明	説明及分析	該当なし	EM-MM-110a.2
エネルギー管理	(1)エネルギー総消費量、(2)電力系統からの電気の割合及び(3)再生可能エネルギーの割合	定量	ギガジュール(GJ)、パーセンテージ(%)	EM-MM-130a.1
水管理	(1)総取水量、(2)総消費水量、及びそれらの「ベースライン水ストレス」が「高い」又は「極めて高い」地域の割合	定量	千立方メートル(m³)、パーセンテージ(%)	EM-MM-140a.1
	水質の許認可、基準及び規制に関連する違反事案（incidents of non-compliance）の件数	定量	数	EM-MM-140a.2

© IFRS Foundation

249

表2. 活動指標

活動指標	カテゴリー	測定単位	コード
(1)金属鉱石及び(2)金属製品の生産	定量	販売可能なメートル・トン(t)	EM-MM-000.A
総従業員数、契約社員（contractors）の割合	定量	数、パーセンテージ(%)	EM-MM-000.B

温室効果ガス排出

トピックサマリー

採掘作業はエネルギー集約的であり、重大な（significant）直接的な温室効果ガス（GHG）排出を生成する。これには、採掘、鉱石処理及び製錬活動中の燃料使用からの二酸化炭素を含む。GHG排出の程度及びタイプは、採掘及び処理される金属によって異なる。気候変動がもたらすリスクに対応するための、GHG排出削減のための規制上の取組み（efforts）は、金属及び鉱業企業に追加的な規制遵守のためのコスト及びリスクをもたらす場合がある。企業は、GHG排出の費用対効果の高い削減を通じ、事業の効率化を達成することが可能となる。このような効率化は、GHG排出を制限する、又は価格を設定する規制による燃料コストの増加の潜在的な財務的影響（effect）を軽減することができる。

指標

EM-MM-110a.1. グローバルでの「スコープ1」の総排出、排出制限規制の対象割合

1　企業は、「京都議定書」において対象とされる7種類の温室効果ガス（GHG）－二酸化炭素（CO_2）、メタン（CH_4）、一酸化二窒素（N_2O）、ハイドロフルオロカーボン類（HFCs）、パーフルオロカーボン類（PFCs）、六フッ化硫黄（SF_6）及び三フッ化窒素（NF_3）－のグローバルでの「スコープ1」のGHGの大気への総排出を開示しなければならない。

　　1.1　すべてのGHG排出は、二酸化炭素相当（CO_2相当）メートル・トン単位で合算し、開示しなければならず、公開されている100年の時間軸に基づく地球温暖化係数（GWP）の数値に従い計算しなければならない。現時点でのGWP数値の推奨される情報源は、「気候変動に関する政府間パネル（IPCC）第5次評価報告書（2014年）」である。

　　1.2　総排出は、オフセット、クレジット又はその他の類似した排出削減若しくは排出相殺のメカニズムを考慮する前の、大気中に排出されたGHGである。

2　「スコープ1」の排出は、「世界資源研究所」（WRI）及び「持続可能な開発のための世界経済人会議」（WBCSD）によって公表された「温室効果ガスプロトコルの企業算定及び報告基準（GHGプロトコル）（2004年3月改訂版）」において定義されており、ここに記載されている方法に従って計算しなければならない。

　　2.1　これらの排出には、定置式又は移動式の排出源からのGHGの直接排出を含める場合がある。

「気候関連開示」の適用に関する産業別ガイダンス

これには、鉱山サイトの機器、精錬及び製錬施設並びにオフィス・ビルにおける機器を含める場合があり、また金属輸送に用いる機器を含める場合がある。

2.2 認められる計算方法には、基礎的な参考文献として「GHGプロトコル」に従いつつ、産業固有又は地域固有のガイダンスなど追加的なガイダンスを提供するものを含める。例には次のものを含める。

2.2.1 「GHG Reporting Guidance for the Aerospace Industry」（「国際航空宇宙環境グループ」（IAEG）発行）

2.2.2 「Greenhouse Gas Inventory Guidance：定置式燃焼源からの直接排出」（「米国環境保護庁」（EPA）発行）

2.2.3 「India GHG Inventory Program」

2.2.4 ISO 14064-1

2.2.5 「Petroleum Industry Guidelines for reporting GHG emissions」（IPIECA発行　第2版（2011年））

2.2.6 「Protocol for the quantification of greenhouse gas emissions from waste management activities」（「Entreprises pour l'Environnement」（EpE）発行）

2.3 GHG排出データは、企業が財務報告データを連結する方法に従って合算しなければならない。その方法は、一般的に、「GHGプロトコル」で定義する「財務支配」アプローチ及び「気候開示基準委員会」（CDSB）によって提供された「環境及び社会情報の報告のためのCDSBフレームワーク」のREQ-07「組織の境界」に記述されているアプローチと整合している。

3 企業は、キャップアンドトレード・スキーム、炭素税又はカーボン・プライシング・システム並びにその他の排出統制（例えば、コマンドアンドコントロール・アプローチ）、及び許認可ベースのメカニズムなど、排出を直接制限又は削減することを目的とした排出制限規制又はプログラムの対象となる、グローバルでの「スコープ1」のGHG総排出の割合を開示しなければならない。

3.1 排出制限規制の例には、次のものを含める。

3.1.1 「カリフォルニア州キャップアンドトレード」（「カリフォルニア州地球温暖化対策法」）

3.1.2 「欧州連合排出量取引スキーム」（EU ETS）

3.1.3 「ケベック州キャップアンドトレード」（「ケベック州環境品質法」）

3.2 この割合は、排出制限規制の対象となるグローバルでの「スコープ1」のGHG排出（CO_2相当）の総量を、グローバルでの「スコープ1」のGHG排出の総量（CO_2相当）で除して計算しなければならない。

3.2.1 複数の排出制限規制の対象となる排出について、企業は、これらの排出を一度だけしか計算に含めてはならない。

3.3 排出制限規制の範囲からは、自主的な排出制限規制（例えば、自主的な取引システム）及び報告ベースの規制の対象となる排出は除外する。

© IFRS Foundation

4 企業は、過去の報告期間からの排出の変化について説明する場合がある。これには、変化が排出削減、ダイベストメント、買収、合併、アウトプットの変化又は計算方法の変更によるものかどうかを含める。

5 現在のCDP又は他の企業へのGHG排出の報告（例えば、国の規制上の開示プログラム）が、範囲及び使用した合算アプローチの点で異なる場合、企業はそれらの排出を開示することがある。ただし、主要な開示は前述のガイドラインに従わなければならない。

6 企業は、データが連続排出監視システム（CEMS）、エンジニアリング計算又は物質収支計算からのものであるかどうかなど、排出開示の計算方法について説明する場合がある。

7 企業は、関連する場合、鉱物別又は事業単位別の排出の内訳を提供する場合がある。

    7.1 鉱物又は事業単位には、アルミニウム、銅、亜鉛、鉄鉱石、貴金属又はダイヤモンドを含める場合がある。

EM-MM-110a.2. 「スコープ1」の排出を管理するための長期的及び短期的な戦略又は計画、排出削減目標並びにそれらの目標に対するパフォーマンスの分析についての説明

1 企業は、「スコープ1」の温室効果ガス（GHG）排出を管理するための長期的及び短期的な戦略又は計画について説明しなければならない。

    1.1 「スコープ1」の排出は、「世界資源研究所」（WRI）及び「持続可能な開発のための世界経済人会議」（WBCSD）によって公表された「温室効果ガスプロトコルの企業算定及び報告基準（GHGプロトコル）（2004年3月改訂版）」において定義されており、ここに記載されている方法に従って計算しなければならない。

    1.2 GHG排出の範囲には、「京都議定書」において対象とされる7種類の温室効果ガス（GHG）－二酸化炭素（CO_2）、メタン（CH_4）、一酸化二窒素（N_2O）、ハイドロフルオロカーボン類（HFCs）、パーフルオロカーボン類（PFCs）、六フッ化硫黄（SF_6）及び三フッ化窒素（NF_3）－を含める。

2 企業は、排出削減目標について説明し、目標に対するパフォーマンスを分析しなければならない。関連する場合は、次のものを含める。

    2.1 排出削減目標の範囲（例えば、目標が適用される総排出の割合）

    2.2 目標が絶対量ベース又は原単位ベースのいずれであるか、及び目標が原単位ベースの目標である場合は指標の分母

    2.3 基準年に対する削減率。この基準年とは、目標の達成に向けて排出について評価する最初の年を表す。

    2.4 削減活動の時間軸。これには開始年、目標年及び基準年を含める。

    2.5 目標を達成するためのメカニズム

    2.6 目標年の排出若しくは基準年の排出が遡及的に再計算された（若しくは再計算される場合がある）、又は目標年若しくは基準年が再設定された、すべての状況

3 企業は、計画又は目標を達成するために必要な活動及び投資、並びに計画又は目標の達成に影響を

「気候関連開示」の適用に関する産業別ガイダンス

与える（affect）場合があるリスク又は制限要因について説明しなければならない。

4 企業は、さまざまな事業単位、地域又は排出源に対して異なるように関係しているかどうかなど、その戦略、計画又は削減目標の範囲について説明しなければならない。

5 企業は、その戦略、計画又は削減目標が、地域、国、国際又はセクター別プログラムを含む、排出制限又は排出報告ベースのプログラム又は規制（例えば、「EU域内排出量取引制度」、「ケベック州キャップアンドトレード制度」、「カリフォルニア州キャップアンドトレード・プログラム」）に関連している（related to）か又は関係している（associated with）かどうかについて説明しなければならない。

6 戦略、計画又は削減目標の開示は、報告期間中に進行中（アクティブ）であったか又は完了した活動に限定しなければならない。

エネルギー管理

トピックサマリー

鉱業及び金属の生産は、多くの場合エネルギー集約型であり、この産業のエネルギー消費の重大な（significant）部分が購入した電気によって占められている。オンサイトでの燃料の燃焼はこの産業の直接的な（「スコープ1」）GHG排出に寄与するが、電力系統からの電気の購入は間接的な、つまり「スコープ2」排出につながる可能性がある。鉱床のグレードの低下、並びに採掘作業の深度及び規模の増加により、事業のエネルギー集約度が増加する場合がある。オンサイトと電力系統からの電気のどちらを選択するか、及び代替エネルギーの使用は、エネルギー供給のコスト及び信頼性の両方に影響を与える（influencing）重要な（important）要素となる可能性がある。手ごろな価格で簡単にアクセスできるエネルギーは、世界的な競争に牽引されたコモディティ市場における重要な（important）競争要因であり、購入した燃料及び電気は、総製造コストの重大な（significant）部分を占める可能性がある。したがって、企業が全体的なエネルギー効率及び集約度を管理する方法、さまざまなタイプのエネルギーへの依存、並びに代替エネルギー源へのアクセス能力は、重要性がある（material）要因となる可能性がある。

指標

EM-MM-130a.1. (1)エネルギー総消費量、(2)電力系統からの電気の割合及び(3)再生可能エネルギーの割合

1 企業は、(1)消費したエネルギーの総量をギガジュール（GJ）単位で集計して開示しなければならない。

1.1 エネルギー消費の範囲には、外部の供給源から購入したエネルギー及び企業が自ら生産したエネルギー（自己生成）を含む、すべての供給源からのエネルギーを含める。例えば、直接的な燃料の使用、購入した電気、並びに温熱、冷熱及び蒸気エネルギーはすべてエネルギー消費の範囲内に含まれる。

1.2 エネルギー消費の範囲には、報告期間中に企業が直接消費したエネルギーのみを含める。

1.3 燃料及びバイオ燃料からのエネルギー消費量を計算するにあたり、企業は、直接測定したか、又は「気候変動に関する政府間パネル」（IPCC）から取得した、総発熱量（GCV）とも呼ば

© IFRS Foundation

253

れる高位発熱量（HHV）を使用しなければならない。

2 企業は、(2)自社が消費した、電力系統から供給されたエネルギーの割合を開示しなければならない。

　2.1 この割合は、購入した電力系統からの電気の消費量を、エネルギー総消費量で除して計算しなければならない。

3 企業は、(3)自社が消費した再生可能エネルギーの割合を開示しなければならない。

　3.1 再生可能エネルギーは、地熱、風力、太陽光、水力及びバイオマスなど、それらの枯渇率以上のペースで補充されるエネルギー源からのエネルギーと定義する。

　3.2 この割合は、再生可能エネルギー消費量を、エネルギー総消費量で除して計算しなければならない。

　3.3 再生可能エネルギーの範囲には、企業が消費した再生可能燃料、企業が直接生産した再生可能エネルギー、及び企業が購入した再生可能エネルギー（再生可能エネルギー証書（REC）若しくは「原産地保証」（GO）を明示的に含む再生可能電力購入契約（PPA）を通じて購入した場合、「Green-eエナジー認証」済みの電気事業者若しくはサプライヤー・プログラムを通じて購入した場合、又は、RECやGOを明示的に含むその他のグリーン電力製品、若しくは「Green-eエナジー認証」RECが電力系統からの電気と組み合わせられた他のグリーン電力製品を通じて購入した場合）を含める。

　　3.3.1 オンサイトで生成した再生可能な電気について、それが再生可能エネルギーであると企業が主張するためには、当該企業の名においてREC及びGOを保持（retained）し（売却せず）、取り消し（retired）又は無効化（cancelled）しなければならない。

　　3.3.2 再生可能PPA及びグリーン電力製品について、それが再生可能エネルギーであると企業が主張するためには、当該企業の名においてREC及びGOを保持（retained）又は交換（replaced）し、取り消し（retired）又は無効化（cancelled）する旨を、その契約に明示的に含めて伝えなければならない。

　　3.3.3 企業の支配又は影響（influence）の範囲外にある系統電力ミックスの再生可能部分は、再生可能エネルギーの範囲から除外する。

　3.4 この開示の目的において、バイオマス源からの再生可能エネルギーの範囲は、「再生可能エネルギー認証のためのGreen-eフレームワークのバージョン1.0（2017年）」若しくは「Green-e」地域基準に従い対象となり得る（eligible）供給源とみなされる材料、又は適用される法域の再生可能エネルギー利用割合基準（renewable portfolio standard）において対象となり得る（eligible）材料に限定する。

4 企業は、燃料使用量（バイオ燃料を含む。）についてのHHVの使用及びキロワット時（kWh）のGJへの変換（太陽光又は風力エネルギーからの電気を含むエネルギー・データの場合）など、この開示で報告するすべてのデータに対して、変換係数を一貫して適用しなければならない。

254　　　　　　　　　　　　　　　© IFRS Foundation

「気候関連開示」の適用に関する産業別ガイダンス

水管理

トピックサマリー

鉱業及び金属の生産は、地域の水資源の入手可能性及び水質の両方に影響を与える（affect）可能性がある。金属及び鉱業企業は、水不足、水の取得コスト、排水又は水使用量に関する規制、並びに限られた水資源をめぐる地域社会及び他の産業との競争により、事業、規制及びレピュテーション・リスクに直面している。水管理に関連する影響（effects）には、コストの増加、負債、及び事業の縮小又は停止による売上高の喪失が含まれる場合がある。これらのリスクの深刻さ（severity）は、地域の水の入手可能性及び規制環境によって異なる場合がある。この産業の企業は、淡水化、水の再循環及び革新的な廃棄物処理の解決策など、水リスクに関連するリスクを管理するための新しい技術を開発する場合がある。水の使用及び汚染を削減することで、企業は事業効率の向上及び事業コストの削減が可能となる。

指標

EM-MM-140a.1. (1)総取水量、(2)総消費水量、及びそれらの「ベースライン水ストレス」が「高い」又は「極めて高い」地域の割合

1　企業は、すべての水源から引き出された水の量を、千立方メートル単位で開示しなければならない。

　1.1　水資源には、地表水（湿地、河川、湖及び海からの水を含む。）、地下水、企業が直接収集し貯留した雨水、並びに地方自治体の水道供給者、水道事業者又はその他の企業から取得した水及び廃水を含める。

2　企業は、例えば、取水量の大部分（significant portions）が非淡水源からのものである場合、その供給を水源別に開示することがある。

　2.1　淡水は、企業が事業を営む地域の法令に従い定義する場合がある。法令による定義が存在しない場合、淡水は、1,000ppm未満の溶解固形物を含む水とみなさなければならない。

　2.2　法域の飲料水規制に準拠して水道事業者から取得した水は、淡水の定義を満たすとみなすことができる。

3　企業は、事業で消費した水の量を、千立方メートル単位で開示しなければならない。

　3.1　水消費は次のように定義する。

　　3.1.1　取水、使用及び排水中に蒸発する水

　　3.1.2　企業の製品又はサービスに、直接的又は間接的に組み込まれる水

　　3.1.3　その他、取水源と同じ集水域に戻らない水（別の集水域又は海に戻る水など）

4　企業は、すべての事業における水リスクを分析し、「世界資源研究所」（WRI）の「水リスク・アトラス」（Water Risk Atlas）ツールである「Aqueduct」によって、「ベースライン水ストレス」が「高い（40〜80%）」又は「極めて高い（>80%）」と分類された場所で取水し水消費する活動を識別しなければならない。

　4.1　企業は、「ベースライン水ストレス」が「高い」又は「極めて高い」場所にある施設又は事

© IFRS Foundation

255

業をリスト化しなければならない。

5 企業は、「ベースライン水ストレス」が「高い」又は「極めて高い」場所で取水した水について、総取水量に対する割合で開示しなければならない。

6 企業は、「ベースライン水ストレス」が「高い」又は「極めて高い」場所で消費した水について、総消費水量に対する割合で開示しなければならない。

EM-MM-140a.2. 水質の許認可、基準及び規制に関連する違反事案（incidents of non-compliance）の件数

1 企業は、技術ベースの基準への違反（violations）並びに水量ベース又は水質ベースの基準の超過を含め、違反事案（incidents of non-compliance）の総数を開示しなければならない。

2 開示の範囲には、適用される法域の法的許認可及び規制が適用される事案（incidents）を含める。これには、危険物質の排出（discharge）、前処理要件への違反（violation）又は1日当たりの総最大負荷量（TMDL）の超過を含める。

 2.1 懸念される典型的なパラメータには、ヒ素、銅、鉛、ニッケル、亜鉛、シアン化物、ラジウム226、全浮遊物質、pH及び毒性を含める。

3 開示の範囲には、正式な執行措置をもたらした違反事案（incidents of non-compliance）のみを含めなければならない。

 3.1 正式な執行措置は、水量又は水質に関する法令、政策又は命令への違反（violation）又は違反のおそれ（threatened violation）に対処する政府の措置と定義し、とりわけ、行政罰命令、行政命令及び司法措置をもたらす可能性がある。

4 違反（violations）は、測定方法又は頻度にかかわらず、開示しなければならない。これには、次の違反（violations）を含める。

 4.1 継続的な排出（discharges）、制限、基準及び禁止事項で、一般的に1日平均、週平均及び月平均の最大値で表されるもの

 4.2 非継続的な排出（discharges）又は制限で、一般的に頻度、総質量、最大排出率及び特定の汚染物質の質量又は濃度の観点で表されるもの

「気候関連開示」の適用に関する産業別ガイダンス

第11巻－石油及びガス―探査及び生産

産業の説明

「石油及びガス―探査及び生産（E&P）」産業の企業は、原油及び天然ガスといったエネルギー製品の探鉱、採掘又は生産を行い、石油及びガスのバリュー・チェーンの上流の事業を構成する。この産業に属する企業は在来型及び非在来型の石油及びガス埋蔵量を開発する。これらには、シェール・オイル又はシェール・ガスの埋蔵量、オイル・サンド及びガス・ハイドレートが含まれる。この基準が対象とする活動には、陸上及び洋上の埋蔵量の両方の開発が含まれる。E&P産業はいくつかのE&P活動を行い、設備及び油田サービスを得るために「石油及びガス―サービス」産業と契約を締結する。

注記：これらの開示トピックは「純粋な」E&P活動又は独立のE&P企業のためのものである。統合された石油及びガス企業は、上流の事業を遂行するだけでなく、原油、天然ガス又は精製製品の流通、精製又はマーケティングを行う場合がある。「石油及びガス―中流（EM-MD）」産業及び「石油及びガス―精製及びマーケティング（EM-RM）」産業について別途基準が存在する。したがって、統合された企業はこれらの基準における開示トピック及び指標も検討すべきである。また、「石油及びガス―サービス（EM-SV）」産業についても別途基準が存在する。

サステナビリティ開示トピック及び指標

表1. サステナビリティ開示トピック及び指標

トピック	指標	カテゴリー	測定単位	コード
温室効果ガス排出	グローバルでの「スコープ1」の総排出、メタンの割合、排出制限規制の対象割合	定量	CO_2相当メートル・トン(t)、パーセンテージ(%)	EM-EP-110a.1
	(1)フレア炭化水素、(2)その他の燃焼、(3)プロセス排出、(4)その他のベント排出、及び(5)漏洩排出からのグローバルでの「スコープ1」の総排出	定量	CO_2相当メートル・トン	EM-EP-110a.2
	「スコープ1」の排出を管理するための長期的及び短期的な戦略又は計画、排出削減目標並びにそれらの目標に対するパフォーマンスの分析についての説明	説明及び分析	該当なし	EM-EP-110a.3
水管理	(1)総取水量、(2)総消費水量、及びそれらの「ベースライン水ストレス」が「高い」又は「極めて高い」地域の割合	定量	千立方メートル(m^3)、パーセンテージ(%)	EM-EP-140a.1

© IFRS Foundation

257

トピック	指標	カテゴリー	測定単位	コード
	発生した随伴水及び逆流（flowback）水の量、(1)排出の割合、(2)圧入の割合、(3)リサイクルの割合、排水中の炭化水素含有量	定量	千立方メートル(m³)、パーセンテージ(%)、メートル・トン(t)	EM-EP-140a.2
	使用されているすべての破砕流体化学物質が公開されている水圧破砕井の割合	定量	パーセンテージ(%)	EM-EP-140a.3
	ベースラインと比較して、地下水又は表層水の水質が悪化した水圧破砕サイトの割合[12]	定量	パーセンテージ(%)	EM-EP-140a.4
	炭素排出の価格について説明する将来の価格予測シナリオに対する炭化水素埋蔵量の水準の感応度	定量	百万バレル(MMbbls)、百万標準立方フィート(MMscf)	EM-EP-420a.1
埋蔵量の評価及び資本的支出	確認（proved）炭化水素埋蔵量に含まれる見積二酸化炭素排出	定量	CO_2相当メートル・トン(t)	EM-EP-420a.2
	再生可能エネルギーへの投資額、再生可能エネルギー販売によって生じた売上高	定量	表示通貨	EM-EP-420a.3
	炭化水素の価格及び需要又は気候に関する規制が、資産の探査、取得及び開発のための資本的支出戦略にどのように影響を与える（influence）かの説明	説明及び分析	該当なし	EM-EP-420a.4

表2. 活動指標

活動指標	カテゴリー	測定単位	コード
(1)石油、(2)天然ガス、(3)合成油及び(4)合成ガスの生産	定量	千バレル/日(Mbbl/日)、百万標準立方フィート/日(MMscf/日)	EM-EP-000.A
洋上サイトの数	定量	数	EM-EP-000.B

[12] EM-EP-140a.4に関する注記 ― 企業は、地下水及び表層水の水質管理に関連する方針及び実務を開示しなければならない。

© IFRS Foundation

「気候関連開示」の適用に関する産業別ガイダンス

活動指標	カテゴリー	測定単位	コード
陸上サイトの数	定量	数	EM-EP-000.C

温室効果ガス排出

トピックサマリー

「探査及び生産（E&P）」活動は、さまざまな発生源から重大な（significant）直接的な温室効果ガス（GHG）排出を生成する。排出は、フレアリング又は発電装置から発生するものを含める燃焼型であるか、又はガス処理装置、ベント、フレアリング及び漏洩メタンから発生する非燃焼型である場合がある。気候変動に関連するリスクに対応してGHG排出を削減するための規制の取組み（efforts）は、E&P企業に追加の規制遵守のためのコスト及びリスクをもたらす場合がある。シェール資源からの天然ガスの生産拡大により、石油及びガスのE&Pシステムから排出される強い温室効果を持つGHGであるメタンの排出管理は、企業の主要な事業上、レピュテーション上及び規制上のリスクとして生じている。さらに、非在来型の炭化水素資源（unconventional hydrocarbon resources）の開発は、規制上のリスクへの関連する影響（effects）も相まって、多かれ少なかれ在来型の石油及びガス開発よりもGHG集約的である場合がある。エネルギー効率化、炭素集約度がより低い燃料の使用、又は漏洩排出、ベンティング及びフレアリングを減らすプロセス改善が、E&P企業にコスト削減又は売上の増加という形で直接的に利益をもたらす可能性がある。

指標

EM-EP-110a.1. グローバルでの「スコープ1」の総排出、メタンの割合、排出制限規制の対象割合

1　企業は、「京都議定書」において対象とされる7種類の温室効果ガス（GHG）－二酸化炭素（CO_2）、メタン（CH_4）、一酸化二窒素（N_2O）、ハイドロフルオロカーボン類（HFCs）、パーフルオロカーボン類（PFCs）、六フッ化硫黄（SF_6）及び三フッ化窒素（NF_3）－のグローバルでの「スコープ1」のGHGの大気への総排出を開示しなければならない。

　1.1　すべてのGHG排出は、二酸化炭素相当（CO_2相当）メートル・トン単位で合算し、開示しなければならず、公開されている100年の時間軸に基づく地球温暖化係数（GWP）の数値に従い計算しなければならない。現時点でのGWP数値の推奨される情報源は、「気候変動に関する政府間パネル（IPCC）第5次評価報告書（2014年）」である。

　1.2　総排出は、オフセット、クレジット又はその他の類似した排出削減若しくは排出相殺のメカニズムを考慮する前の、大気中に排出されたGHGである。

2　「スコープ1」の排出は、「世界資源研究所」（WRI）及び「持続可能な開発のための世界経済人会議」（WBCSD）によって公表された「温室効果ガスプロトコルの企業算定及び報告基準（GHGプロトコル）（2004年3月改訂版）」において定義されており、ここに記載されている方法に従って計算しなければならない。

　2.1　これらの排出には、定置式又は移動式の排出源からのGHGの直接排出を含める。これらの排

© IFRS Foundation

259

出源には、坑井現場の機器、生産施設、製油所、化学プラント、ターミナル、定置式掘削リグ、オフィス・ビル、製品を輸送する船舶、タンク・トラック・フリート、移動式掘削リグ、並びに掘削及び生産施設での可動式機器を含める場合がある。

2.2 認められる計算方法には、基礎的な参考文献として「GHGプロトコル」に従いつつ、産業固有又は地域固有のガイダンスなど追加的なガイダンスを提供するものを含める。例には次のものを含める。

2.2.1 「GHG Reporting Guidance for the Aerospace Industry」（「国際航空宇宙環境グループ」（IAEG）発行）

2.2.2 「Greenhouse Gas Inventory Guidance：定置式燃焼源からの直接排出」（「米国環境保護庁」（EPA）発行）

2.2.3 「India GHG Inventory Program」

2.2.4 ISO 14064-1

2.2.5 「Petroleum Industry Guidelines for reporting GHG emissions」（IPIECA発行 第2版（2011年））

2.2.6 「Protocol for the quantification of greenhouse gas emissions from waste management activities」（「Entreprises pour l'Environnement」（EpE）発行）

2.3 GHG排出データは、企業が財務報告データを連結する方法に従って合算しなければならない。その方法は、一般的に、「GHGプロトコル」で定義する「財務支配」アプローチだけではなく、次のものとも整合している。

2.3.1 「Petroleum Industry Guidelines for Reporting Greenhouse Gas Emissions（IPIECA/API/OGP発行 第2版（2011年））」（以下「IPIECA GHGガイドライン」という。）の第3章に詳述されている財務的アプローチ

2.3.2 「気候開示基準委員会」（CDSB）によって提供された「環境及び社会情報の報告のためのCDSBフレームワーク」のREQ-07「組織の境界」に記述されているアプローチ

3 企業は、メタン排出に由来するグローバルでの「スコープ1」の総排出の割合を開示しなければならない。

3.1 メタン排出に由来するグローバルでの「スコープ1」のGHG総排出の割合は、二酸化炭素相当（CO_2相当）メートル・トン単位のメタン排出を、二酸化炭素相当（CO_2相当）メートル・トン単位のグローバルでの「スコープ1」のGHG総排出で除して計算しなければならない。

4 企業は、キャップアンドトレード・スキーム、炭素税又はカーボン・プライシング・システム並びにその他の排出統制（例えば、コマンドアンドコントロール・アプローチ）、及び許認可ベースのメカニズムなど、排出を直接制限又は削減することを目的とした排出制限規制又はプログラムの対象となる、グローバルでの「スコープ1」のGHG総排出の割合を開示しなければならない。

4.1 排出制限規制の例には、次のものを含める。

「気候関連開示」の適用に関する産業別ガイダンス

> 4.1.1 「カリフォルニア州キャップアンドトレード」（「カリフォルニア州地球温暖化対策法」）
>
> 4.1.2 「欧州連合排出量取引スキーム」（EU ETS）
>
> 4.1.3 「ケベック州キャップアンドトレード」（「ケベック州環境品質法」）

4.2 この割合は、排出制限規制の対象となるグローバルでの「スコープ1」のGHG排出（CO_2相当）の総量を、グローバルでの「スコープ1」のGHG排出の総量（CO_2相当）で除して計算しなければならない。

> 4.2.1 複数の排出制限規制の対象となる排出について、企業は、これらの排出を一度だけしか計算に含めてはならない。

4.3 排出制限規制の範囲からは、自主的な排出制限規制（例えば、自主的な取引システム）及び報告ベースの規制の対象となる排出は除外する。

5 企業は、過去の報告期間からの排出の変化について説明する場合がある。これには、変化が排出削減、ダイベストメント、買収、合併、アウトプットの変化又は計算方法の変更によるものかどうかを含める。

6 現在のCDP又は他の企業へのGHG排出の報告（例えば、国の規制上の開示プログラム）が、範囲及び使用した合算アプローチの点で異なる場合、企業はそれらの排出を開示することがある。ただし、主要な開示は前述のガイドラインに従わなければならない。

7 企業は、データが連続排出監視システム（CEMS）、エンジニアリング計算又は物質収支計算からのものであるかどうかなど、排出開示の計算方法について説明する場合がある。

EM-EP-110a.2. (1)フレア炭化水素、(2)その他の燃焼、(3)プロセス排出、(4)その他のベント排出、及び(5)漏洩排出からのグローバルでの「スコープ1」の総排出

1 企業は、(1)フレア炭化水素、(2)その他の燃焼、(3)プロセス排出、(4)その他のベント排出、及び(5)事業による漏洩排出からの温室効果ガス（GHG）の直接排出をCO_2相当単位で開示しなければならない。

1.1 フレア炭化水素には、フレアから放出され、定常的な事業、異常事態又は緊急事態における、炭化水素製品の燃焼による回収不可能な天然ガスの管理及び処分に関連するすべての排出を含めなければならない。

1.2 その他の燃焼排出には、次のものを含めなければならない。

> 1.2.1 定置式装置からの排出。これには、ボイラー、ヒーター、炉、レシプロ式内燃機関及びタービン、焼却炉、並びに熱式又は触媒式酸化装置などを含める場合がある。
>
> 1.2.2 移動式の排出源からの排出。これには、材料輸送用のはしけ、船舶、鉄道車両及びトラック、人員輸送用の航空機、ヘリコプター及びその他の社用車、フォークリフト、全地形対応車両、建設機器並びにその他のオフロード移動式機器などを含める場合がある。

1.3 その他の燃焼排出からは、フレア炭化水素として開示された排出を除外しなければならない。

© IFRS Foundation

261

1.4 プロセス排出には、燃焼されず、定常の事業において発生するように意図して又はプロセス若しくは技術に組み込まれる形で設計された排出を含めなければならず、これらは何らかの化学変化又は処理ステップの結果である。このような排出には、水素プラント、アミン・ユニット、グリコール脱水機（glycol dehydrators）、流動接触分解ユニット（fluid catalytic cracking unit）及び改質装置（reformer generation）、並びに熱分解装置（flexi-coker）のコークス燃焼からの排出を含める場合がある。

1.5 ベント排出には、燃焼されず、定常の事業において発生するように意図して又はプロセス若しくは技術に組み込まれる形で設計された排出を含めなければならず、これには次のものを含める。

    1.5.1 原油、コンデンセート又は天然ガス製品の備蓄タンク、ガス駆動空気圧装置、ガス・サンプラー、化学物質圧入ポンプ、探鉱掘削、積込み、バラスト又は輸送及び積荷棚からのベント排出

    1.5.2 メンテナンス又は定期修理（turn-arounds）に起因するベント排出。これには、炉心管（furnace tubes）の脱炭、坑井のアンロード、ベッセル及びガス・コンプレッサーの減圧、コンプレッサーの起動、ガス・サンプリング、並びにパイプラインの排出（blowdowns）を含める場合がある。

    1.5.3 非定常的な活動からのベント排出。これには、圧力リリーフ・バルブ、圧力制御バルブ、燃料供給アンロード・バルブ、及び緊急停止装置を含める場合がある。

1.6 ベント排出からは、プロセス排出として開示された排出を除外しなければならない。

1.7 漏洩排出には、個別に検出し、排出量をゼロに近い値に修正できる排出を含めなければならない。これには、バルブ、フランジ、コネクター、ポンプ、コンプレッサー・シール・リーク、「カタダイン®」ヒーター、並びに廃水処理及び地表貯水からの排出を含む場合がある。

EM-EP-110a.3. 「スコープ1」の排出を管理するための長期的及び短期的な戦略又は計画、排出削減目標並びにそれらの目標に対するパフォーマンスの分析についての説明

1 企業は、「スコープ1」の温室効果ガス（GHG）排出を管理するための長期的及び短期的な戦略又は計画について説明しなければならない。

1.1 「スコープ1」の排出は、「世界資源研究所」（WRI）及び「持続可能な開発のための世界経済人会議」（WBCSD）によって公表された「温室効果ガスプロトコルの企業算定及び報告基準（GHGプロトコル）（2004年3月改訂版）」において定義されており、ここに記載されている方法に従って計算しなければならない。

1.2 GHG排出の範囲には、「京都議定書」において対象とされる7種類の温室効果ガス（GHG）－二酸化炭素（CO_2）、メタン（CH_4）、一酸化二窒素（N_2O）、ハイドロフルオロカーボン類（HFCs）、パーフルオロカーボン類（PFCs）、六フッ化硫黄（SF_6）及び三フッ化窒素（NF_3）－を含める。

2 企業は、排出削減目標について説明し、目標に対するパフォーマンスを分析しなければならない。関連する場合は、次のものを含める。

2.1 排出削減目標の範囲（例えば、目標が適用される総排出の割合）

「気候関連開示」の適用に関する産業別ガイダンス

2.2 目標が絶対量ベース又は原単位ベースのいずれであるか、及び目標が原単位ベースの目標である場合は指標の分母

2.3 基準年に対する削減率。この基準年とは、目標の達成に向けて排出について評価する最初の年を表す。

2.4 削減活動の時間軸。これには開始年、目標年及び基準年を含める。

2.5 目標を達成するためのメカニズム

2.6 目標年の排出若しくは基準年の排出が遡及的に再計算された（若しくは再計算される場合がある）、又は目標年若しくは基準年が再設定された、すべての状況。これには、エネルギー効率化の取組み（efforts）、エネルギー源の多様化、炭素回収及び貯留、又は漏出防止及び修理プロセスの実施を含める場合がある。

3 企業は、計画又は目標を達成するために必要な活動及び投資、並びに計画又は目標の達成に影響を与える（affect）場合があるリスク又は制限要因について説明しなければならない。

4 企業は、さまざまな事業単位、地域又は排出源に対して異なるように関係しているかどうかなど、その戦略、計画又は削減目標の範囲について説明しなければならない。

4.1 排出源のカテゴリーには次のものを含める。

4.1.1 フレア炭化水素。これには、定常的な事業、異常事態又は緊急事態における炭化水素製品の燃焼による回収不可能な天然ガスの管理及び処分と関連する、フレアから排出されるすべての排出物を含める。

4.1.2 その他の燃焼排出。これには、次のものを含める場合がある。(1)ボイラー、ヒーター、炉、レシプロ式内燃機関及びタービン、焼却炉、並びに熱式又は触媒式酸化装置などを含める場合がある定置式装置からの排出、(2)材料輸送用のはしけ、船舶鉄道車両及びトラック、人員輸送用の航空機、ヘリコプター及びその他の社用車、フォークリフト、全地形対応車両、建設機器、並びにその他のオフロード移動式機器を含める場合がある移動式の排出源からの排出、及び(3)その他の燃焼排出。ただしフレア炭化水素として開示される排出は除外しなければならない。

4.1.3 プロセス排出。これには、燃焼されず、定常の事業において発生するように意図して又はプロセス若しくは技術に組み込まれる形で設計された排出を含め、これらは何らかの化学変化又は処理ステップの結果である。このような排出には、水素プラント、アミン・ユニット、グリコール脱水機（glycol dehydrators）、流動接触分解ユニット（fluid catalytic cracking unit）及び改質装置（reformer generation）、並びに熱分解装置（flexi-coker）のコークス燃焼からの排出を含める場合がある。

4.1.4 ベント排出。これには、燃焼されず、定常的な事業において発生するように意図して又はプロセス若しくは技術に組み込まれる形で設計された排出を含める。また、これには次のものを含める場合がある。(1)原油、コンデンセート又は天然ガス製品の備蓄タンク、ガス駆動空気圧機器、ガス・サンプラー、化学物質圧入ポンプ、探鉱掘削、積込み、バラスト又は輸送、及び積荷棚からのベント排出、(2)メンテナンス又は定期修理（turn-arounds）に起因するベント排出。これには、炉心管

© IFRS Foundation

263

（furnace tubes）の脱炭、坑井のアンロード、ベッセル及びガス・コンプレッサーの減圧、コンプレッサーの起動、ガス・サンプリング、並びにパイプラインのブローダウンを含める場合がある。(3)非定常的な活動からのベント排出。圧力リリーフ・バルブ、圧力制御バルブ、燃料供給アンロード・バルブ、及び緊急停止装置などを含める場合がある。

4.1.5 漏洩排出。これには、個別に検出し、排出量を「ゼロに近い値」に「修正」できる排出を含む場合がある。また、バルブ、フランジ、コネクター、ポンプ、コンプレッサー・シール・リーク、「カタダイン®」ヒーター、並びに廃水処理及び地表貯水からの排出を含める場合がある。

5 企業は、その戦略、計画又は削減目標が、地域、国、国際、又は、セクター別プログラムを含む、排出制限又は排出報告ベースのプログラム又は規制（例えば、「EU域内排出量取引制度」、「ケベック州キャップアンドトレード制度」、「カリフォルニア州キャップアンドトレード・プログラム」）に関連している（related to）か又は関係している（associated with）かどうかについて説明しなければならない。

6 戦略、計画又は削減目標の開示は、報告期間中に進行中（アクティブ）であったか又は完了した活動に限定しなければならない。

水管理

トピックサマリー

抽出技術によっては、探査及び生産事業で重大な（significant）量の水が消費される場合があり、特に水ストレス地域では、企業は、水の利用可能性の低下、使用制限の規制、又は関連コストの増加のリスクにさらされる場合がある。地域の水資源の汚染は、随伴水、逆流（flowback）水、水圧破砕流体及びその他の坑井による流体が関与する事象から生じる可能性がある。歴史的に、水圧破砕の事業によるインパクトの可能性及び地下水資源の汚染リスクが懸念されてきた。リサイクル、その他の水管理戦略、及び無毒性の破砕流体の使用により、水の使用及び汚染を削減すると、事業の効率化及び事業コストの削減ができる。このような戦略は、規制、給水不足及びコミュニティ関連の混乱が事業に与える影響（effects）を最小限に抑えることもできる。

指標

EM-EP-140a.1. (1)総取水量、(2)総消費水量、及びそれらの「ベースライン水ストレス」が「高い」又は「極めて高い」地域の割合

1 企業は、すべての水源から引き出された水の量を、千立方メートル単位で開示しなければならない。

1.1 水資源には、地表水（湿地、河川、湖及び海からの水を含む。）、地下水、企業が直接収集し貯留した雨水、並びに地方自治体の水道供給者、水道事業者又はその他の企業から取得した水及び廃水を含める。

2 企業は、例えば、取水量の大部分（significant portions）が非淡水源からのものである場合、その供給を水源別に開示することがある。

264

© IFRS Foundation

「気候関連開示」の適用に関する産業別ガイダンス

2.1 淡水は、企業が事業を営む地域の法令に従い定義する場合がある。法令による定義が存在しない場合、淡水は、1,000ppm未満の溶解固形物を含む水とみなさなければならない。

2.2 法域の飲料水規制に準拠して水道事業者から取得した水は、淡水の定義を満たすとみなすことができる。

3 企業は、自社の事業で消費した水の量を、千立方メートル単位で開示しなければならない。

3.1 水消費は次のように定義する。

3.1.1 取水、使用及び排水中に蒸発する水

3.1.2 企業の製品又はサービスに、直接的又は間接的に組み込まれる水

3.1.3 その他、取水源と同じ集水域に戻らない水（別の集水域又は海に戻る水など）

4 企業は、すべての事業における水リスクを分析し、「世界資源研究所」（WRI）の「水リスク・アトラス」（Water Risk Atlas）ツールである「Aqueduct」によって、「ベースライン水ストレス」が「高い（40～80％）」又は「極めて高い（>80％）」と分類された場所で取水し水消費する活動を識別しなければならない。

5 企業は、「ベースライン水ストレス」が「高い」又は「極めて高い」場所で取水した水について、総取水量に対する割合で開示しなければならない。

6 企業は、「ベースライン水ストレス」が「高い」又は「極めて高い」場所で消費した水について、総消費水量に対する割合で開示しなければならない。

EM-EP-140a.2. 発生した随伴水及び逆流（flowback）水の量、(1)排出の割合、(2)圧入の割合、(3)リサイクルの割合、排水中の炭化水素含有量

1 企業は、活動中に発生した随伴水及び逆流（flowback）水の量を千立方メートル単位で開示しなければならない。

2 随伴水は、石油及びガスの抽出中に炭化水素を含む地層から得られた水（海水）と定義する。随伴水は、地層水、圧入水及びダウンホール又は油水分離プロセス中に追加された化学物質を含んでいる可能性がある。

3 逆流（flowback）水は、しばしば随伴水と混合する場合がある、水圧破砕の作業中に地表に戻ってくる、水圧破砕流体を回収したものと定義する。

4 企業は、次の随伴水及び逆流（flowback）水の割合を計算しなければならない。

4.1 環境に直接排出されたもの、又は地域の廃水処理プラントなどの第三者を通じて間接的に排出されたもの

4.2 圧入されたもの

4.3 他の坑井における水圧破砕用の流体として、又は他の掘削及び生産プロセスで使用するためにリサイクルされたもの

5 企業は、環境に排出された（discharged）炭化水素水の量をメートル・トン単位で開示しなければならない。

© IFRS Foundation

265

5.1 開示の範囲には、環境に排出された随伴水、逆流（flowback）水、プロセス水、雨水、又はその他の水を含める。

5.2 炭化水素含有量の測定は、適用される法令上の当局が要求するか若しくは承認する試験方法（又は同等の適用される基準）を使用して行うべきである。

EM-EP-140a.3. 使用されているすべての破砕流体化学物質が公開されている水圧破砕井の割合

1 企業は、使用されているすべての破砕流体化学物質が公開されている水圧破砕井の割合を開示しなければならない。

1.1 この割合は、破砕流体のすべての化学物質の内容が公開されている水圧破砕井の数を、水圧破砕井の総数で除して計算しなければならない。

1.2 企業は、すべての流体化学物質が公開されている坑井のみを割合に含めなければならない。これには、企業秘密（trade secret）の定義を満たす化学物質を含める。

2 公開には、一般にアクセス可能な企業のウェブサイトへの掲載を含める場合がある。

EM-EP-140a.4. ベースラインと比較して、地下水又は表層水の水質が悪化した水圧破砕サイトの割合

1 企業は、ベースライン測定値と比較して坑井サイト周辺の地下水又は地表水の劣化（deterioration）を検出した水圧破砕井サイトの総数を、水圧破砕井サイトの総数で除した値として、割合を計算しなければならない。

2 水質の悪化（deterioration）は、少なくとも、テストで次のことが示された場合に発生するものと定義する。

2.1 ベースライン・テストでは存在しなかった、サーモジェニック・ガス又はサーモジェニック・ガスとバイオジェニック・ガスの混合ガスが存在すること

2.2 サンプリング期間の間にメタン濃度が5.0mg/L超増加したこと

2.3 ベンゼン、トルエン、エチルベンゼン、キシレン（BTEX化合物）又は全石油系炭化水素（TPH）が、ベースラインと比較して高濃度で存在すること

3 企業は、水圧破砕井サイト周辺の地下水及び表層水のモニタリングを通じて、水質がベースラインに対して悪化したかどうかを決定しなければならない。

3.1 決定は、「ワイオミング州石油ガス保全委員会（WOGCC）規則及び規制 第3章」、「コロラド州石油ガス保全委員会（COGCC）規則609－州全体の地下水ベースラインのサンプリング及びモニタリング」（Statewide Groundwater Baseline Sampling and Monitoring）、又は法域の同等のものと整合していなければならない。

3.2 企業は、その計算に使用した法域の基準、ガイドライン又は規制を開示しなければならない。

4 最初の（initial）ベースライン・サンプルは、次のように行わなければならない。

4.1 掘削前、又は当該場所への地上の石油及びガス施設の設置前に行わなければならない。

「気候関連開示」の適用に関する産業別ガイダンス

4.2 最初の（initial）掘削前サンプリング事象又は直近の再刺激（re-stimulation）サンプリング事象から12か月超経過している場合、坑井の再刺激（re-stimulation）前に行わなければならない。

5 継続的なモニタリングは、少なくとも次の頻度で行われなければならない。

5.1 坑井の完成又は施設の設置後12か月から18か月の間に1回目の後続のサンプリング

5.2 前回のサンプリング事象後60か月から78か月の間に2回目の後続のサンプリング。ドライ・ホール（dry holes）はこの要求事項の例外である。

6 企業は、計画中の坑井、複数の坑井が存在するサイト、又は専用の圧入井から半径0.5マイル以内にあるすべての利用可能な水源から、最初の（initial）ベースライン・サンプル及び後続のモニタリング・サンプルを収集しなければならない。

6.1 企業は、サンプルの収集について、WOGCC及びCOGCC又は法域の同等のものによるサンプリングのガイダンスに従わなければならない。これには、例えば、存在する又はアクセス可能なサンプリング地点がほとんどない、又は全くない場合を含める。

7 企業が、ベースラインの水質評価及び自社の坑井現場の継続的なモニタリングを行わない場合、ベースライン又は継続的なモニタリングがない坑井の割合を開示しなければならない。

8 企業は、ベースライン地下水水質検査及び継続的なモニタリングの結果が、適用される法域の法令上の当局（地域の法律で要求されていない場合）、又は水圧破砕サイト近辺の住民及び事業主に対して伝達されているかどうかを開示する場合がある。

EM-EP-140a.4に関する注記

1 企業は、地下水及び表層水の水質管理に関連する方針及び実務を記述しなければならない。

2 適用される方針及び実務には次のものを含める場合がある。

2.1 坑井の設計及び坑井の完全性（integrity）の管理

2.2 水圧破砕手続

2.3 逆流防止装置の使用、備蓄タンクの設計及び貯水池の設計を含む、地上の設備設計

2.4 表層水及び地下水の水質及びテスト

2.5 化学物質管理

2.6 水の再利用、処理及び廃棄

埋蔵量の評価及び資本的支出

トピックサマリー

地球の気温上昇を抑えるように温室効果ガス（GHG）排出を抑制する場合、「探査及び生産（E&P）」企業は、石油及びガスの確認（proved）埋蔵量及び推定（probable）埋蔵量の重大な（significant）部分を採取できなくなる場合がある。炭素集約型の埋蔵量及び生産量が多く、資本コストが高い企業は、より大

© IFRS Foundation

きなリスクに直面する場合がある。GHG排出に対する規制による制限は、代替エネルギー技術の競争力の向上と相まって、世界的な需要の成長を減少させ、それにより石油及びガス製品の価格を低下させる可能性がある。GHG排出に価格を課す規制により、採掘コストは増加する可能性がある。これらの要因は、石油及びガス埋蔵量の経済的な実行可能性（viability）に影響を与える（affect）可能性がある。予想よりも唐突な規制措置、又は排出の多い産業に焦点を当てた規制措置は、短期間で資産価値を損なう可能性がある。気候変動に関連する短期及び長期の傾向を考慮した資金の管理の実施及び生産の意思決定は、潜在的な資産の減損を軽減し、収益性及び信用力を維持する場合がある。

指標

EM-EP-420a.1. 炭素排出の価格について説明する将来の価格予測シナリオに対する炭化水素埋蔵量の水準の感応度

1　企業は、埋蔵量が確認（proved）埋蔵量か推定（probable）埋蔵量かの決定に対して、複数の将来シナリオがどのように影響を与える（affect）場合があるかを判断するために、埋蔵量の感応度分析を実施しなければならない。

2　企業は、「国際エネルギー機関」（IEA）が発行した「世界エネルギー見通し」（WEO）で公表されている価格推移を使用して、現在の確認（proven）及び推定（probable）埋蔵量の感応度を分析しなければならない。これには次のものを含める。

　2.1　「現行政策シナリオ」：WEOの発行年の中間点から政策に変更がないことを前提とする。

　2.2　「新政策シナリオ」：公約を実行するための措置がまだ特定又は発表されていない場合でも、温室効果ガス排出を削減する国の誓約及び化石エネルギー補助金の段階的廃止計画を含む、幅広い政策公約（policy commitments）及び計画が複数の国から発表されることを前提とする。これは、幅広くIEAのベースライン・シナリオとして機能する。

　2.3　「持続可能な開発シナリオ」：大気中の温室効果ガスの濃度を制限することにより、気温の世界的な上昇を1.5°Cに制限するというゴールと整合するエネルギー経路が発生することを前提とする。

　2.4　企業は、WEOシナリオを規範的な参照先とみなさなければならない。したがって、毎年行われるWEOの更新はすべて、本ガイダンスの更新とみなさなければならない。

3　企業は、次の事項について、適用される法域のガイダンスに従わなければならない。

　3.1　埋蔵量を確認（proved）埋蔵量及び推定（probable）埋蔵量に分類すること。

　3.2　埋蔵量の感応度分析を行い、標準的な先物価格又は経営者自身の予測を含む、合理的に達成される場合がある価格及びコストの範囲など、さまざまな価格及びコストの要件に基づいて、それぞれの製品タイプについて見積った埋蔵量の見積りを集計して開示すること。

　　3.2.1　企業は、開示された数値の根拠となる価格及びコストの明細並びに仮定を開示しなければならない。

　3.3　埋蔵量の水準の現在（又は基礎（base））ケースの決定

4　企業は、次の表形式を使用して、調査結果をまとめる場合がある。

268

© IFRS Foundation

「気候関連開示」の適用に関する産業別ガイダンス

表3. 主要製品タイプ及び価格シナリオ別の価格に対する埋蔵量の感応度

価格ケース	確認（proved）埋蔵量			推定（probable）埋蔵量		
（シナリオ）	石油 （MMbbls）	ガス （MSm³）	製品A （測定値）	石油 （MMbbls）	ガス （MSm³）	製品A （測定値）
現行政策 シナリオ （基礎（base））						
新政策 シナリオ						
持続可能な開発 シナリオ						

5　企業は、これらのシナリオが、特に、炭化水素埋蔵量のタイプ、探査を行う国若しくは地域の規制環境、企業の製品の最終使用、又はその他の要因によって異なる場合に、前述のものに加えて他の価格及び需要シナリオにおける埋蔵量の水準の感応度を開示する場合がある。

6　追加の感応度分析について、「気候関連財務開示に関するタスクフォース（TCFD）による提言の適用」のセクションEと同様に、TCFD提言の図8に従って、企業は次の開示を検討すべきである。

6.1　他の2℃以下シナリオを含む、使用された代替シナリオ

6.2　使用した気候関連のシナリオの重要な（critical）インプット・パラメータ、仮定及び分析上の選択。特に、政策仮定（policy assumptions）、エネルギー開発動向（energy deployment pathways）、技術動向（technology pathways）、及び関連する時期の仮定などの主要な（key）領域に関連するもの

6.3　短期、中期及び長期のマイルストーンを含む、シナリオに使用した時間軸（例えば、使用したシナリオのもとで将来の潜在的な影響（implications）のタイミングを組織がどのように考慮するか）

EM-EP-420a.2. 確認（proved）炭化水素埋蔵量に含まれる見積二酸化炭素排出

1　企業は、確認（proved）炭化水素埋蔵量に含まれる見積二酸化炭素排出を計算して開示しなければならない。

1.1　注意事項－この見積りは潜在的なCO_2のみに係数を適用するものであり、ここにはすべての潜在的な温室効果ガス排出の見積りを含めているというわけではない。温室効果ガス排出の見積りは、下流における使用（例えば、電気事業者による発電、産業用暖房及び発電、住宅用冷暖房、輸送、又は、石油化学製品、農業用化学製品、アスファルト及び潤滑油などにおける使用）に依存するためである。

© IFRS Foundation

2　確認（proved）炭化水素埋蔵量からの見積潜在二酸化炭素排出は、Meinshausenらが導出した次の式に従って計算しなければならない。

    2.1　$E = R \times V \times C$、ここでは次のとおりとする。

        2.1.1　Eは、二酸化炭素のキログラム単位の潜在的な排出（kg CO_2）

        2.1.2　Rは、ギガグラム（Gg）単位の確認（proved）埋蔵量

        2.1.3　Vは、ギガグラム当たりのテラジュール（TJ/Gg）単位の正味発熱量

        2.1.4　Cは、テラジュール当たりのCO_2キログラム単位（kg/TJ）の有効二酸化炭素排出係数（the effective carbon dioxide emission factor）

3　企業の炭化水素埋蔵量にかかる具体的なデータが存在しない場合、炭素含有量は、「気候変動に関する政府間パネル」（IPCC）によって発行された「2006年IPCC国家温室効果ガスインベントリに関するガイドライン」における主要な炭化水素資源ごとのデフォルト・データを使用して計算しなければならない。

    3.1　企業は、IPCCの「Table 1.3 Default Values of Carbon Content, Volume 2: Energy, Chapter 1」に記載されているエネルギー単位当たりのデフォルトの炭素含有量の値を使用しなければならない。

    3.2　企業は、IPCCの「Table 1.2 Default Net Calorific Values (NCVs) and Lower and Upper Limit of the 95% Confidence Intervals, Volume 2: Energy, Chapter 1」に含まれている、炭化水素重量当たりの熱量値を使用しなければならない。

4　企業は、炭化水素埋蔵量の重量をギガグラム単位で決定するために、工学的見積り（engineering estimates）を使用しなければならない。

5　炭化水素埋蔵量の炭素含有量を見積るために必要な他の仮定について、企業は、IPCC、「温室効果ガスプロトコル」又は「国際エネルギー機関」（IEA）からのガイダンスに依拠しなければならない。

EM-EP-420a.3. 再生可能エネルギーへの投資額、再生可能エネルギー販売によって生じた売上高

1　企業は、再生可能エネルギー源又は代替エネルギー源に費やされた、設備投資及び研究開発支出を含めた総額を開示しなければならない。

    1.1　そのような開示は、一般的に、CDPの「気候変動質問票」のC-OG 9.6による再生可能エネルギー技術分野に対応している。

2　企業は、再生可能エネルギー源から生じた売上高を開示しなければならない。

    2.1　そのような開示は、一般的に、CDPの「気候変動質問票」のセクションC4.5aの再生可能エネルギー戦略開発分野に対応している。

3　再生可能エネルギーは、地熱、風力、太陽光、水力及びバイオマスなどの生態系サイクルを通じて迅速に補充できる供給源からのエネルギーと定義する。

    3.1　この開示の目的において、バイオマス源からの再生可能エネルギーの範囲は、第三者の基準

270

© IFRS Foundation

「気候関連開示」の適用に関する産業別ガイダンス

（例えば、「森林管理協議会」（Forest Stewardship Council）、「持続可能な森林イニシアティブ」（Sustainable Forest Initiative）、「森林認証プログラム」（Programme for the Endorsement of Forest Certification）、又は「American Tree Farm System」）で認証された材料、及び「Green-e Energy National Standard」で「適格再生可能」とみなされる材料に限定する。

3.1.1　企業は「Green-e Energy National Standard」を規範的な参照先とみなさなければならない。したがって、毎年行われる当該基準の更新はすべて、本ガイダンスの更新とみなさなければならない。

4　企業は、CDPの「気候変動質問票」を規範的な参照先とみなさなければならない。したがって、毎年行われる更新はすべて、本ガイダンスの更新とみなさなければならない。

EM-EP-420a.4. 炭化水素の価格及び需要又は気候に関する規制が、資産の探査、取得及び開発のための資本的支出戦略にどのように影響を与える（influence）かの説明

1　企業は、炭化水素の価格及び需要の予測、並びに気候に関する規制の動向が企業の資本的支出（CAPEX）投資戦略にどのように影響を与える（influence）かについて説明しなければならない。

1.1　この説明には、将来の炭化水素価格に関する企業の予測及び仮定、並びにさまざまな価格及び需要のシナリオが発生する可能性を含めるべきである。

2　企業は、価格及び需要のシナリオ計画（EM-EP-420a.1）が新たな埋蔵量の探査、取得及び開発の意思決定にどのように影響を与える（affect）場合があるかという影響（implications）について説明しなければならない。

3　企業は、CAPEXの意思決定に重要性がある（materially）影響を与える（influence）要因について説明する場合がある。これには次のものを含める場合がある。

3.1　気候変動規制の範囲（どの国、地域、又は産業に影響を与える（affected）可能性があるかなど）が、企業が探査及び開発に注力する炭化水素のタイプにどのように影響を与える（influence）場合があるか

3.2　気候に関する規制が炭化水素の価格及び需要に影響を与える（affected）場合がある時間軸と、埋蔵量に対する資本的支出のリターンの時間軸との整合性についての企業の見解

3.3　気候に関する規制の構造（炭素税か、キャップアンドトレードか）が、価格及び需要、ひいては企業の資本的支出の意思決定にどのように異なる影響を与える（affect）場合があるか

4　企業は、資産の開発、確認（proved）埋蔵量のある不動産の取得、未確認（unproved）埋蔵量のある不動産の取得、及び探査活動を含む、さまざまなタイプの埋蔵量に対するさまざまな種類の支出の文脈において、これらの傾向が意思決定にどのように影響を与える（affect）かについて説明する場合がある。

4.1　企業は、用いる会計処理方法（全部原価（full cost）又は成功支出（successful efforts））にかかわらず、資本的支出について説明しなければならない。

© IFRS Foundation

271

第12巻－石油及びガス―中流

産業の説明

「石油及びガス―中流」産業の企業は、天然ガス、原油及び精製された石油製品を輸送又は備蓄する。中流の天然ガスの活動には、坑口からの天然ガスの回収、輸送及び処理だけでなく、不純物の除去、天然ガス液の生産、備蓄、パイプライン輸送、並びに液化天然ガスの配送、液化又は再ガス化も含まれる。中流の石油の活動には、主として原油及び精製品の輸送が関わっており、パイプラインのネットワーク、トラック及び鉄道車両並びにタンカー又ははしけによる海上輸送が用いられる。備蓄及び配送ターミナルを運営する企業だけでなく、備蓄タンク及びパイプラインの製造及び設置を行う企業もまた、この産業の一部である。

注記：次に記述される基準は「純粋な」中流の活動又は独立の中流事業を営む企業のためのものである。統合された石油及びガス企業は中流の事業を所有又は運営する場合があるが、石油及びガスのバリュー・チェーンの上流の事業及び製品の精製又はマーケティングにも関わっている。「石油及びガス―探査及び生産（EM-EP）」産業及び「石油及びガス―精製及びマーケティング（EM-RM）」産業について別途基準が存在する。したがって、統合された企業はこれらの基準における開示トピック及び指標も考慮すべきである。

サステナビリティ開示トピック及び指標

表1. サステナビリティ開示トピック及び指標

トピック	指標	カテゴリー	測定単位	コード
温室効果ガス排出	グローバルでの「スコープ1」の総排出、メタンの割合、排出制限規制の対象割合	定量	CO_2相当メートル・トン(t)、パーセンテージ(%)	EM-MD-110a.1
	「スコープ1」の排出を管理するための長期的及び短期的な戦略又は計画、排出削減目標並びにそれらの目標に対するパフォーマンスの分析についての説明	説明及び分析	該当なし	EM-MD-110a.2

272　　　　　© IFRS Foundation

「気候関連開示」の適用に関する産業別ガイダンス

表2. 活動指標

活動指標	カテゴリー	測定単位	コード
輸送手段ごとの、(1)天然ガス、(2)原油及び(3)精製石油製品の輸送総メートル・トンキロメートル[13]	定量	メートル・トン (t)キロメートル	EM-MD-000.A

温室効果ガス排出

トピックサマリー

中流産業は、移動式の排出源からの排出に加えて、圧縮機エンジンの排気、石油及びコンデンセート・タンクの排気、天然ガス処理、及び漏洩排出から、重大な（significant）量の温室効果ガス及びその他の大気排出を生成している。GHG排出は気候変動に寄与し、中流企業にさらなる規制遵守にかかるコスト及びリスクをもたらす。同時に、メタンの漏洩排出の管理は、事業、レピュテーション及び規制上の重大な（significant）リスクとして発現している。企業への財務的影響（effects）は、事業の具体的な場所及び現行の排出規制によって異なり、事業の支出又は資本的支出の増加及び規制又は法令による罰則が含まれる。排出を回収及び収益化する、又は革新的なモニタリング及び緩和の取組み（efforts）並びに燃料効率対策を導入することにより費用対効果の高い方法で削減する企業は、相当な財務的便益を享受できる場合がある。企業は、大気質及び気候変動に関する規制及び公衆の懸念が高まる中で、規制リスクを軽減し、事業の効率化を実現する可能性がある。

指標

EM-MD-110a.1. グローバルでの「スコープ1」の総排出、メタンの割合、排出制限規制の対象割合

1   企業は、「京都議定書」において対象とされる7種類の温室効果ガス（GHG）－二酸化炭素（CO_2）、メタン（CH_4）、一酸化二窒素（N_2O）、ハイドロフルオロカーボン類（HFCs）、パーフルオロカーボン類（PFCs）、六フッ化硫黄（SF_6）及び三フッ化窒素（NF_3）－のグローバルでの「スコープ1」のGHGの大気への総排出を開示しなければならない。

　　1.1   すべてのGHG排出は、二酸化炭素相当（CO_2相当）メートル・トン単位で合算し、開示しなければならず、公開されている100年の時間軸に基づく地球温暖化係数（GWP）の数値に従い計算しなければならない。現時点でのGWP数値の推奨される情報源は、「気候変動に関する政府間パネル（IPCC）第5次評価報告書（2014年）」である。

　　1.2   総排出は、オフセット、クレジット又はその他の類似した排出削減若しくは排出相殺のメカニズムを考慮する前の、大気中に排出されたGHGである。

2   「スコープ1」の排出は、「世界資源研究所」（WRI）及び「持続可能な開発のための世界経済人会議」（WBCSD）によって公表された「温室効果ガスプロトコルの企業算定及び報告基準（GHGプロト

---

[13]   EM-MD-000.Aに関する注記 － 関連する輸送手段には、パイプライン、タンカー、トラックなどが含まれる。

© IFRS Foundation

コル）（2004年3月改訂版）」において定義されており、ここに記載されている方法に従って計算しなければならない。

2.1 これらの排出には、定置式又は移動式の排出源からのGHGの直接排出を含める。これらの排出源には、坑井現場の機器、生産施設、製油所、化学プラント、ターミナル、定置式掘削リグ、オフィス・ビル、製品を輸送する船舶、タンク・トラック・フリート、移動式掘削リグ、並びに掘削及び生産施設での可動式機器を含める。

2.2 認められる計算方法には、基礎的な参考文献として「GHGプロトコル」に従いつつ、産業固有又は地域固有のガイダンスなど追加的なガイダンスを提供するものを含める。例には次のものを含める。

 2.2.1 「GHG Reporting Guidance for the Aerospace Industry」（「国際航空宇宙環境グループ」（IAEG）提供）

 2.2.2 「Greenhouse Gas Inventory Guidance：定置式燃焼源からの直接排出」（「米国環境保護庁」（EPA）発行）

 2.2.3 「India GHG Inventory Program」

 2.2.4 ISO 14064-1

 2.2.5 「Petroleum Industry Guidelines for reporting GHG emissions」（IPIECA発行 第2版（2011年））

 2.2.6 「Protocol for the quantification of greenhouse gas emissions from waste management activities」（「Entreprises pour l'Environnement」（EpE）提供）

2.3 GHG排出データは、企業が財務報告データを連結する方法に従って合算しなければならない。その方法は、一般的に、「GHGプロトコル」で定義する「財務支配」アプローチだけではなく、次のものとも整合している。

 2.3.1 「Petroleum Industry Guidelines for Reporting Greenhouse Gas Emissions（IPIECA/API/OGP発行 第2版（2011年））」（以下「IPIECA GHGガイドライン」という。）の第3章に詳述されている財務的アプローチ

 2.3.2 「気候開示基準委員会」（CDSB）によって提供された「環境及び社会情報の報告のためのCDSBフレームワーク（2018年4月）」のREQ-07「組織の境界」に記述されているアプローチ

3 企業は、メタン排出に由来するグローバルでの「スコープ1」の総排出の割合を開示しなければならない。

3.1 メタン排出に由来するグローバルでの「スコープ1」のGHG総排出の割合は、二酸化炭素相当（CO_2相当）メートル・トン単位のメタン排出量を、二酸化炭素相当（CO_2相当）メートル・トン単位のグローバルでの「スコープ1」のGHG総排出で除して計算しなければならない。

4 企業は、キャップアンドトレード・スキーム、炭素税又はカーボン・プライシング・システム並びにその他の排出統制（例えば、コマンドアンドコントロール・アプローチ）、及び許認可ベースのメ

「気候関連開示」の適用に関する産業別ガイダンス

カニズムなど、排出を直接制限又は削減することを目的とした排出制限規制又はプログラムの対象となる、グローバルでの「スコープ1」のGHG総排出の割合を開示しなければならない。

4.1 排出制限規制の例には、次のものを含める。

4.1.1 「カリフォルニア州キャップアンドトレード」（「カリフォルニア州地球温暖化対策法」）

4.1.2 「欧州連合排出量取引スキーム」（EU ETS）

4.1.3 「ケベック州キャップアンドトレード」（「ケベック州環境品質法」）

4.2 この割合は、排出制限規制の対象となるグローバルでの「スコープ1」のGHG排出（CO_2相当）の総量を、グローバルでの「スコープ1」のGHG排出の総量（CO_2相当）で除して計算しなければならない。

4.2.1 複数の排出制限規制の対象となる排出について、企業は、これらの排出を一度だけしか計算に含めてはならない。

4.3 排出制限規制の範囲からは、自主的な排出制限規制（例えば、自主的な取引システム）及び報告ベースの規制の対象となる排出は除外する。

5 企業は、過去の報告期間からの排出の変化について説明する場合がある。これには、変化が排出削減、ダイベストメント、買収、合併、アウトプットの変化又は計算方法の変更によるものかどうかを含める。

6 現在のCDP又は他の企業へのGHG排出の報告（例えば、国の規制上の開示プログラム）が、範囲及び使用した合算アプローチの点で異なる場合、企業はそれらの排出を開示することがある。ただし、主要な開示は前述のガイドラインに従わなければならない。

7 企業は、データが連続排出監視システム（CEMS）、エンジニアリング計算又は物質収支計算からのものであるかどうかなど、排出開示の計算方法について説明する場合がある。

EM-MD-110a.2. 「スコープ1」の排出を管理するための長期的及び短期的な戦略又は計画、排出削減目標並びにそれらの目標に対するパフォーマンスの分析についての説明

1 企業は、「スコープ1」の温室効果ガス（GHG）排出を管理するための長期的及び短期的な戦略又は計画について説明しなければならない。

1.1 「スコープ1」の排出は、「世界資源研究所」（WRI）及び「持続可能な開発のための世界経済人会議」（WBCSD）によって公表された「温室効果ガスプロトコルの企業算定及び報告基準（GHGプロトコル）（2004年3月改訂版）」において定義されており、ここに記載されている方法に従って計算しなければならない。

1.2 GHG排出の範囲には、「京都議定書」において対象とされる7種類の温室効果ガス（GHG）－二酸化炭素（CO_2）、メタン（CH_4）、一酸化二窒素（N_2O）、ハイドロフルオロカーボン類（HFCs）、パーフルオロカーボン類（PFCs）、六フッ化硫黄（SF_6）及び三フッ化窒素（NF_3）－を含める。

2 企業は、排出削減目標について説明し、目標に対するパフォーマンスを分析しなければならない。

© IFRS Foundation

275

関連する場合は、次のものを含める。

2.1 排出削減目標の範囲（例えば、目標が適用される総排出の割合）

2.2 目標が絶対量ベース又は原単位ベースのいずれであるか、及び目標が原単位ベースの目標である場合は指標の分母

2.3 基準年に対する削減率。この基準年とは、目標の達成に向けて排出について評価する最初の年を表す。

2.4 削減活動の時間軸。これには開始年、目標年及び基準年を含める。

2.5 目標を達成するためのメカニズム

2.6 目標年の排出若しくは基準年の排出が遡及的に再計算された（若しくは再計算される場合がある）、又は目標年若しくは基準年が再設定された、すべての状況。これには、エネルギー効率化の取組み（efforts）、エネルギー源の多様化、炭素回収及び貯留、又は漏出防止及び修理プロセスの実施を含める場合がある。

3 企業は、計画又は目標を達成するために必要な活動及び投資、並びに計画又は目標の達成に影響を与える（affect）場合があるリスク又は制限要因について説明しなければならない。

4 企業は、さまざまな事業単位、地域又は排出源に対して異なるように関係しているかどうかなど、その戦略、計画又は削減目標の範囲について説明しなければならない。

4.1 排出源のカテゴリーには次のものを含める場合がある。

4.1.1 フレア炭化水素。これには、定常的な事業、異常事態又は緊急事態における炭化水素製品の燃焼による回収不可能な天然ガスの運用及び処分と関連する、フレアから排出されるすべての排出物を含める。

4.1.2 その他の燃焼排出。これには、次のものを含める場合がある。(1)ボイラー、ヒーター、炉、レシプロ式内燃機関及びタービン、焼却炉、並びに熱式又は触媒式酸化装置などを含める場合がある定置式装置からの排出、(2)材料輸送用のはしけ、船舶鉄道車両及びトラック、人員輸送用の航空機、ヘリコプター及びその他の社用車、フォークリフト、全地形対応車両、建設機器、並びにその他のオフロード移動式機器を含める場合がある移動式の排出源からの排出、及び(3)その他の燃焼排出。ただしフレア炭化水素として開示される排出は除外しなければならない。

4.1.3 プロセス排出。これには、燃焼されず、定常の事業において発生するように意図して又はプロセス若しくは技術に組み込まれる形で設計され、何らかの化学変化又は処理ステップの結果である排出を含める。このような排出には、水素プラント、アミン・ユニット、グリコール脱水機（glycol dehydrators）、流動接触分解ユニット（fluid catalytic cracking unit）及び改質装置（reformer generation）、並びに熱分解装置（flexi-coker）のコークス燃焼からの排出を含める場合がある。

4.1.4 ベント排出。これには、燃焼されず、定常的な事業において発生するように意図して又はプロセス若しくは技術に組み込まれる形で設計された排出を含める。また、これには次のものを含める場合がある。(1)原油、コンデンセート又は天然ガス製品

「気候関連開示」の適用に関する産業別ガイダンス

の備蓄タンク、ガス駆動空気圧機器、ガス・サンプラー、化学物質圧入ポンプ、探鉱掘削、積込み、バラスト又は輸送、及び積荷棚からのベント排出、(2)メンテナンス又は定期修理（turn-arounds）に起因するベント排出。これには、炉心管（furnace tubes）の脱炭、坑井のアンロード、ベッセル及びガス・コンプレッサーの減圧、コンプレッサーの起動、ガス・サンプリング、並びにパイプラインのブローダウンを含める場合がある。(3)非定常的な活動からのベント排出。圧力リリーフ・バルブ、圧力制御バルブ、燃料供給アンロード・バルブ、及び緊急停止装置などを含める場合がある。

4.1.5 漏洩排出。これには、個別に検出し、排出量を「ゼロに近い値」に「修正」できる排出を含む。また、バルブ、フランジ、コネクター、ポンプ、コンプレッサー・シール・リーク、「カタダイン®」ヒーター、並びに廃水処理及び地表貯水からの排出を含める場合がある。

5 企業は、その戦略、計画又は削減目標が、地域、国、国際又はセクター別プログラムを含む、排出制限又は排出報告ベースのプログラム又は規制（例えば、「EU域内排出量取引制度」、「ケベック州キャップアンドトレード制度」、「カリフォルニア州キャップアンドトレード・プログラム」）に関連している（related to）か又は関係している（associated with）かどうかについて説明しなければならない。

6 戦略、計画又は削減目標の開示は、報告期間中に進行中（アクティブ）であったか又は完了した活動に限定しなければならない。

© IFRS Foundation

277

第13巻－石油及びガス―精製及びマーケティング

産業の説明

「石油及びガス―精製及びマーケティング（R&M）」の企業は、石油製品の精製、石油及びガス製品のマーケティング、又はガソリンスタンドの運営を行うが、これらはすべて、石油及びガスのバリュー・チェーンの下流の事業を構成する。精製品の種類及びインプットとなる原油の種類は、さまざまな必要となる支出並びに環境及び社会へのインパクトの強さとともに、用いられる精製過程の複雑性に影響する（influence）。

注記：次に記述されるトピック及び指標は「純粋な」R&M活動又は独立のR&M企業のためのものである。統合された石油及びガス企業は上流の事業を遂行するが、製品の流通、精製又はマーケティングにも関わっている。「石油及びガス―探査及び生産（EM-EP）」産業及び「石油及びガス―中流（EM-MD）」産業について別途基準が存在する。したがって、統合された企業はこれらの産業における開示トピック及び指標も検討すべきである。

サステナビリティ開示トピック及び指標

表1. サステナビリティ開示トピック及び指標

トピック	指標	カテゴリー	測定単位	コード
温室効果ガス排出	グローバルでの「スコープ1」の総排出、排出制限規制の対象割合	定量	CO_2相当メートル・トン(t)、パーセンテージ(%)	EM-RM-110a.1
	「スコープ1」の排出を管理するための長期的及び短期的な戦略又は計画、排出削減目標並びにそれらの目標に対するパフォーマンスの分析についての説明	説明及び分析	該当なし	EM-RM-110a.2
水管理	(1)総取水量、(2)総消費水量、及びそれらの「ベースライン水ストレス」が「高い」又は「極めて高い」地域の割合	定量	千立方メートル(m^3)、パーセンテージ(%)	EM-RM-140a.1
製品仕様及びクリーン燃料の混合	先進的バイオ燃料及び関連インフラのための獲得可能な最大市場規模及び市場シェア	定量	表示通貨、パーセンテージ(%)	EM-RM-410a.2
	燃料混合用の再生可能燃料の量(1)純生産量、(2)純購入量	定量	石油換算バレル(BOE)	EM-RM-410a.3

「気候関連開示」の適用に関する産業別ガイダンス

表2. 活動指標

活動指標	カテゴリー	測定単位	コード
原油及びその他の原料油の通油量（throughput）[14]	定量	石油換算バレル(BOE)	EM-RM-000.A
精製稼働能力[15]	定量	暦日当たり百万バレル(MBPD)	EM-RM-000.B

温室効果ガス排出

トピックサマリー

「石油及びガス―R&M」事業は、さまざまな発生源から重大な（significant）直接的な温室効果ガス（GHG）排出を生成する。排出は主に、エネルギー供給を目的とした化石燃料の定常燃焼からの二酸化炭素及びメタンから構成される。エネルギー・コストは、精製の事業コストの重大な（significant）部分を占めている。また、GHGは、プロセスからの排出、漏れから生じる漏洩排出、ベンティング及びフレアリングからの排出、並びに機器のメンテナンスなどの非定常的な事象からも放出される。生産におけるエネルギー消費の程度、すなわちGHG排出の程度は、使用する原料油のタイプ、及び精製された製品の仕様に応じて著しく（significantly）異なる可能性がある。事業からのGHG排出を費用対効果の高い方法で削減する企業は、事業効率を向上できる場合がある。このような削減はまた、GHG排出を制限する、又は価格を設定する規制による燃料コストの増加の影響（effects）を軽減することができる場合がある。

指標

EM-RM-110a.1. グローバルでの「スコープ1」の総排出、排出制限規制の対象割合

1   企業は、「京都議定書」において対象とされる7種類の温室効果ガス（GHG）－二酸化炭素（CO_2）、メタン（CH_4）、一酸化二窒素（N_2O）、ハイドロフルオロカーボン類（HFCs）、パーフルオロカーボン類（PFCs）、六フッ化硫黄（SF_6）及び三フッ化窒素（NF_3）－のグローバルでの「スコープ1」のGHGの大気への総排出を開示しなければならない。

　　1.1   すべてのGHG排出は、二酸化炭素相当（CO_2相当）メートル・トン単位で合算し、開示しなければならず、公開されている100年の時間軸に基づく地球温暖化係数（GWP）の数値に従い計算しなければならない。現時点でのGWP数値の推奨される情報源は、「気候変動に関する政府間パネル（IPCC）第5次評価報告書（2014年）」である。

---

[14] EM-RM-000.Aに関する注記 － 報告期間中に精製システムで処理された原油及びその他の原料油の総量

[15] EM-RM-000.Bに関する注記 － 稼働（又は稼働可能）能力とは、期首時点で稼働中の能力の量であるか、稼働しておらず修理中でもないが30日以内に稼働させることができる能力の量であるか、又は稼働していないが90日以内に完了できる修理中の能力の量のことをいう。稼働可能能力は、稼働中及び休止中の能力の合計であり、暦日当たりのバレル数で測定する。

© IFRS Foundation

279

1.2 総排出は、オフセット、クレジット又はその他の類似した排出削減若しくは排出相殺のメカニズムを考慮する前の、大気中に排出されたGHGである。

2 「スコープ1」の排出は、「世界資源研究所」（WRI）及び「持続可能な開発のための世界経済人会議」（WBCSD）によって公表された「温室効果ガスプロトコルの企業算定及び報告基準（GHGプロトコル）（2004年3月改訂版）」において定義されており、ここに記載されている方法に従って計算しなければならない。

2.1 これらの排出には、定置式又は移動式の排出源からのGHGの直接排出を含める。これらの排出源には、坑井現場の機器、生産施設、製油所、化学プラント、ターミナル、定置式掘削リグ、オフィス・ビル、製品を輸送する船舶、タンク・トラック・フリート、移動式掘削リグ、並びに掘削及び生産施設での可動式機器を含める。

2.2 認められる計算方法には、基礎的な参考文献として「GHGプロトコル」に従いつつ、産業固有又は地域固有のガイダンスなど追加的なガイダンスを提供するものを含める。例には次のものを含める。

2.2.1 「GHG Reporting Guidance for the Aerospace Industry」（「国際航空宇宙環境グループ」（IAEG）発行）

2.2.2 「Greenhouse Gas Inventory Guidance：定置式燃焼源からの直接排出」（「米国環境保護庁」（EPA）発行）

2.2.3 「India GHG Inventory Program」

2.2.4 ISO 14064-1

2.2.5 「Petroleum Industry Guidelines for reporting GHG emissions」（IPIECA発行　第2版（2011年））

2.2.6 「Protocol for the quantification of greenhouse gas emissions from waste management activities」（「Entreprises pour l'Environnement」（EpE）発行）

2.3 GHG排出データは、企業が財務報告データを連結する方法に従って合算しなければならない。その方法は、一般的に、「GHGプロトコル」で定義する「財務支配」アプローチだけではなく、次のものとも整合している。

2.3.1 「Petroleum Industry Guidelines for Reporting Greenhouse Gas Emissions（IPIECA/API/OGP発行　第2版（2011年））」（以下「IPIECA GHGガイドライン」という。）の第3章に詳述されている財務的アプローチ

2.3.2 「気候開示基準委員会」（CDSB）によって提供された「環境及び社会情報の報告のためのCDSBフレームワーク」のREQ-07「組織の境界」に記述されているアプローチ

3 企業は、キャップアンドトレード・スキーム、炭素税又はカーボン・プライシング・システム並びにその他の排出統制（例えば、コマンドアンドコントロール・アプローチ）、及び許認可ベースのメカニズムなど、排出を直接制限又は削減することを目的とした排出制限規制又はプログラムの対象となる、グローバルでの「スコープ1」のGHG総排出の割合を開示しなければならない。

280　　　　　　　　　　　　　　　© IFRS Foundation

「気候関連開示」の適用に関する産業別ガイダンス

3.1 排出制限規制の例には、次のものを含める。

3.1.1 「カリフォルニア州キャップアンドトレード」（「カリフォルニア州地球温暖化対策法」）

3.1.2 「欧州連合排出量取引スキーム」（EU ETS）

3.1.3 「ケベック州キャップアンドトレード」（「ケベック州環境品質法」）

3.2 この割合は、排出制限規制の対象となるグローバルでの「スコープ1」のGHG排出（CO_2相当）の総量を、グローバルでの「スコープ1」のGHG排出の総量（CO_2相当）で除して計算しなければならない。

3.2.1 複数の排出制限規制の対象となる排出について、企業は、これらの排出を一度だけしか計算に含めてはならない。

3.3 排出制限規制の範囲からは、自主的な排出制限規制（例えば、自主的な取引システム）及び報告ベースの規制の対象となる排出は除外する。

4 企業は、過去の報告期間からの排出の変化について説明する場合がある。これには、変化が排出削減、ダイベストメント、買収、合併、アウトプットの変化又は計算方法の変更によるものかどうかを含める。

5 現在のCDP又は他の企業へのGHG排出の報告（例えば、国の規制上の開示プログラム）が、範囲及び使用した合算アプローチの点で異なる場合、企業はそれらの排出を開示することがある。ただし、主要な開示は前述のガイドラインに従わなければならない。

6 企業は、データが連続排出監視システム（CEMS）、エンジニアリング計算又は物質収支計算からのものであるかどうかなど、排出開示の計算方法について説明する場合がある。

EM-RM-110a.2. 「スコープ1」の排出を管理するための長期的及び短期的な戦略又は計画、排出削減目標並びにそれらの目標に対するパフォーマンスの分析についての説明

1 企業は、「スコープ1」の温室効果ガス（GHG）排出を管理するための長期的及び短期的な戦略又は計画について説明しなければならない。

1.1 「スコープ1」の排出は、「世界資源研究所」（WRI）及び「持続可能な開発のための世界経済人会議」（WBCSD）によって公表された「温室効果ガスプロトコルの企業算定及び報告基準（GHGプロトコル）（2004年3月改訂版）」において定義されており、ここに記載されている方法に従って計算しなければならない。

1.2 GHG排出の範囲には、「京都議定書」において対象とされる7種類の温室効果ガス（GHG）－二酸化炭素（CO_2）、メタン（CH_4）、一酸化二窒素（N_2O）、ハイドロフルオロカーボン類（HFCs）、パーフルオロカーボン類（PFCs）、六フッ化硫黄（SF_6）及び三フッ化窒素（NF_3）－を含める。

2 企業は、排出削減目標について説明し、目標に対するパフォーマンスを分析しなければならない。関連する場合は、次のものを含める。

2.1 排出削減目標の範囲（例えば、目標が適用される総排出の割合）

© IFRS Foundation

281

2.2 目標が絶対量ベース又は原単位ベースのいずれであるか、及び目標が原単位ベースの目標である場合は指標の分母

2.3 基準年に対する削減率。この基準年とは、目標の達成に向けて排出について評価する最初の年を表す。

2.4 削減活動の時間軸。これには開始年、目標年及び基準年を含める。

2.5 目標を達成するためのメカニズム

2.6 目標年の排出若しくは基準年の排出が遡及的に再計算された（若しくは再計算される場合がある）、又は目標年若しくは基準年が再設定された、すべての状況。これには、エネルギー効率化の取組み（efforts）、エネルギー源の多様化、炭素回収及び貯留、又は漏出防止及び修理プロセスの実施を含める場合がある。

3 企業は、計画又は目標を達成するために必要な活動及び投資、並びに計画又は目標の達成に影響を与える（affect）場合があるリスク又は制限要因について説明しなければならない。

4 企業は、さまざまな事業単位、地域又は排出源に対して異なるように関係しているかどうかなど、その戦略、計画又は削減目標の範囲について説明しなければならない。

4.1 排出源のカテゴリーには次のものを含める場合がある。

4.1.1 フレア炭化水素。これには、定常的な事業、異常事態又は緊急事態における炭化水素製品の燃焼による回収不可能な天然ガスの運用及び処分と関連する、フレアから排出されるすべての排出物を含める。

4.1.2 その他の燃焼排出。これには、次のものを含めるが、これらに限定されない。(1)ボイラー、ヒーター、炉、レシプロ式内燃機関及びタービン、焼却炉、並びに熱式又は触媒式酸化装置などを含めるが、これらに限定されない定置式装置からの排出、(2)材料輸送用のはしけ、船舶鉄道車両及びトラック、人員輸送用の航空機、ヘリコプター及びその他の社用車、フォークリフト、全地形対応車両、建設機器、並びにその他のオフロード移動式機器を含めるが、これらに限定されない移動式の排出源からの排出、及び(3)その他の燃焼排出。ただしフレア炭化水素として開示される排出は除外しなければならない。

4.1.3 プロセス排出。これには、燃焼されず、定常の事業において発生するように意図して又はプロセス若しくは技術に組み込まれる形で設計され、何らかの化学変化又は処理ステップの結果である排出を含めるが、これらに限定されない。このような排出には、水素プラント、アミン・ユニット、グリコール脱水機（glycol dehydrators）、流動接触分解ユニット（fluid catalytic cracking unit）及び改質装置（reformer generation）、並びに熱分解装置（flexi-coker）のコークス燃焼からの排出を含めるが、これらに限定されない。

4.1.4 ベント排出。これには、燃焼されず、定常の事業において発生するように意図して又はプロセス若しくは技術に組み込まれる形で設計された排出を含める。また、これには次のものを含めるが、これらに限定されない。(1)原油、コンデンセート又は天然ガス製品の備蓄タンク、ガス駆動空気圧機器、ガス・サンプラー、化学物質圧

_282_

© IFRS Foundation

「気候関連開示」の適用に関する産業別ガイダンス

入ポンプ、探鉱掘削、積込み、バラスト又は輸送、及び積荷棚からのベント排出、(2)メンテナンス又は定期修理（turn-arounds）に起因するベント排出。これには、炉心管（furnace tubes）の脱炭、坑井のアンロード、ベッセル及びガス・コンプレッサーの減圧、コンプレッサーの起動、ガス・サンプリング、並びにパイプラインのブローダウンを含めるが、これらに限定されない。(3)非定常的な活動からのベント排出。圧力リリーフ・バルブ、圧力制御バルブ、燃料供給アンロード・バルブ、及び緊急停止装置などを含めるが、これらに限定されない。

4.1.5 漏洩排出。これには、個別に検出し、排出量を「ゼロに近い値」に「修正」できる排出を含む。また、バルブ、フランジ、コネクター、ポンプ、コンプレッサー・シール・リーク、「カタダイン®」ヒーター、並びに廃水処理及び地表貯水からの排出を含めるが、これらに限定されない。

5 企業は、その戦略、計画又は削減目標が、地域、国、国際又はセクター別プログラムを含む、排出制限又は排出報告ベースのプログラム又は規制（例えば、「EU域内排出量取引制度」、「ケベック州キャップアンドトレード制度」、「カリフォルニア州キャップアンドトレード・プログラム」）に関連している（related to）か又は関係している（associated with）かどうかについて説明しなければならない。

6 戦略、計画又は削減目標の開示は、報告期間中に進行中（アクティブ）であったか又は完了した活動に限定しなければならない。

水管理

トピックサマリー

製油所は、その規模及び精製プロセスの複雑さに応じて、大量の水を使用する可能性がある。この水の使用により、場所によっては水不足のリスク、及び関連するコストにさらされる。水ストレス地域からの水の抽出又は水質汚染は、地域社会との緊張関係も生み出す場合がある。精製事業では、廃水処理及び廃棄が必要であり、多くの場合、排出（discharge）前にオンサイトの廃水処理プラントを経由する。リサイクル及びその他の水管理戦略を通じて水の使用及び汚染を削減することにより、企業の事業効率の向上、及び事業コストの削減につながる場合がある。また、事業についての規制、水供給の不足及びコミュニティ関連の混乱を最小限に抑えることもできる。

指標

EM-RM-140a.1. (1)総取水量、(2)総消費水量、及びそれらの「ベースライン水ストレス」が「高い」又は「極めて高い」地域の割合

1 企業は、すべての水源から引き出された水の量を、千立方メートル単位で開示しなければならない。

1.1 水資源には、地表水（湿地、河川、湖及び海からの水を含む。）、地下水、企業が直接収集し貯留した雨水、並びに地方自治体の水道供給者、水道事業者又はその他の企業から取得した水及び廃水を含める。

2 企業は、例えば、取水量の大部分（significant portions）が非淡水源からのものである場合、その供給を水源別に開示することがある。

© IFRS Foundation

283

2.1 淡水は、企業が事業を営む地域の法令に従い定義する場合がある。法令による定義が存在しない場合、淡水は、1,000ppm未満の溶解固形物を含む水とみなさなければならない。

2.2 法域の飲料水規制に準拠して水道事業者から取得した水は、淡水の定義を満たすとみなすことができる。

3 企業は、自社の事業で消費した水の量を、千立方メートル単位で開示しなければならない。

3.1 水消費は次のように定義する。

3.1.1 取水、使用及び排水中に蒸発する水

3.1.2 企業の製品又はサービスに、直接的又は間接的に組み込まれる水

3.1.3 その他、取水源と同じ集水域に戻らない水（別の集水域又は海に戻る水など）

4 企業は、すべての事業における水リスクを分析し、「世界資源研究所」（WRI）の「水リスク・アトラス」（Water Risk Atlas）ツールである「Aqueduct」によって、「ベースライン水ストレス」が「高い（40〜80％）」又は「極めて高い（>80％）」と分類された場所で取水し水消費する活動を識別しなければならない。

5 企業は、「ベースライン水ストレス」が「高い」又は「極めて高い」場所で取水した水について、総取水量に対する割合で開示しなければならない。

6 企業は、「ベースライン水ストレス」が「高い」又は「極めて高い」場所で消費した水について、総消費水量に対する割合で開示しなければならない。

製品仕様及びクリーン燃料の混合

トピックサマリー

一部の規制上の法域は、製品の使用規定及び再生可能燃料の混合を適用しており、これは「精製及びマーケティング」企業に重大な（significant）コンプライアンス・リスク及び事業リスクをもたらす。企業は、再生可能燃料に関する義務又は基準などのGHG緩和政策、及び非化石燃料製品から生じる競争により、化石燃料を基礎とする製品及びサービスからの売上の長期的な減少に直面する場合がある。規制を遵守していることを確認し、長期的な競争力を確保するために、一部の企業はクリーン燃料の生産に投資したり、エタノール及びその他の再生可能なバイオ燃料を購入したりしている。先進的なバイオ燃料及び燃料技術は、従来のバイオ燃料よりもライフサイクルでのインパクトが少なく、将来の規制に関するリスク及び社会的な圧力を最小限に抑えるために使用することができる。商業的に実現可能な技術を発見するまでの短期的なコストは重大な（significant）金額になる可能性があるが、このような技術の研究開発への投資は、R&M企業の長期的な収益性を支援するのに役立つ可能性がある。

指標

EM-RM-410a.2. 先進的バイオ燃料及び関連インフラのための獲得可能な最大市場規模及び市場シェア

1 企業は、先進的バイオ燃料及び関連インフラについての獲得可能な最大市場規模（total addressable market）の見積りを提供しなければならない。

「気候関連開示」の適用に関する産業別ガイダンス

    1.1   獲得可能な最大市場規模は、当該企業が当該製品カテゴリーの市場シェアを100%獲得した場合の潜在的な売上高と定義する（例えば、先進バイオ燃料及び先進バイオ燃料インフラのグローバル市場）。

2   企業は、先進的バイオ燃料又は関連インフラについて、現在自社の製品が獲得可能な最大市場規模におけるシェアを開示しなければならない。

    2.1   市場シェアは、これらの製品から生じる売上高を、獲得可能な最大市場規模で除して計算しなければならない。

3   先進的バイオ燃料は、コーン・スターチ（穀粒）を原料とするエタノール以外のバイオ燃料で、ライフ・サイクルでの温室効果ガス排出がガソリンと比較して50%低いものと定義する。

4   先進的バイオ燃料インフラからの売上高には、企業の小売事業（給油所）、1次生産者との合弁事業、又は先進的バイオ燃料の生産を可能にする技術からの売上高を含める。

5   獲得可能な最大市場規模と、企業の既存又は計画中の実行能力、販売チャネル、又は製品を通じて供給できる市場規模（供給可能かつ利用可能な市場規模（serviceable available market）との間に重大な（significant）差異が存在する場合、企業はこの情報を開示する場合がある。

6   企業は、この市場の成長予測を提供する場合がある。ここでは、獲得可能な最大市場規模の予測は、市場状況の変化に関する一連の合理的な仮定に基づいて、年度ごとの成長率として、又は一定期間後の市場規模（10年後の市場規模）の見積りとして表現する。

    6.1   企業は、成長目標の測定値として、3年間の市場シェア目標を開示する場合がある。この場合の目標とは、企業が3年間の時間軸で対処することを計画する獲得可能な最大市場規模の割合である。

7   企業は、フリート・オペレーター（航空、陸上又は海上輸送）、航空、車両製造業者及び政府機関とのパートナーシップ（例えば、パイロット・プロジェクト、研究開発プロジェクト）など、バイオ燃料の商業化のために実施した、売上に結びつかない取組みについて説明する場合がある。

EM-RM-410a.3. 燃料混合用の再生可能燃料の量(1)純生産量、(2)純購入量

1   企業は、生産した再生可能燃料の正味量を、石油換算バレル単位で開示しなければならない。これには、燃料混合に使用される、バイオ燃料、セルロース系バイオ燃料、エタノール、先進的バイオ燃料及びその他の再生可能燃料を含める。

2   企業は、購入した再生可能燃料の正味量を開示しなければならない。

3   正味量は、燃料混合に使用するために生産したか又は購入した量から、報告期間中に、独立した第三者に対して、独立第三者間取引（arms-length transactions）で直接的又は間接的に販売した量を差し引いたものと定義する。

4   一部の法域は、使用する先進的な再生可能燃料の種類又は代替的な生産方法に基づいて、数量の「二重カウント」を容認している。この開示の目的において、企業は再生可能燃料の量を二重にカウントしてはならない。

5   企業は、再生可能燃料の量を石油換算バレル（BOE）に変換するために使用する変換係数及び仮定を開示しなければならない。

© IFRS Foundation

6 企業は、石油換算バレル（BOE）単位で、(1)再生可能燃料、(2)先進的バイオ燃料、(3)バイオマスベースのディーゼル及び(4)セルロース系バイオ燃料について、バイオ燃料生産能力及び再生可能燃料生産総量の分析を含める場合がある。

「気候関連開示」の適用に関する産業別ガイダンス

第14巻－石油及びガス－サービス

産業の説明

「石油及びガス－サービス」の企業は、契約に基づいて掘削し、設備を製造し、又は支援サービスを提供する。採掘及び採掘支援企業は、石油及び天然ガスの探査及び生産（E&P）企業との契約に基づき、陸上又は洋上で石油及び天然ガスの採掘を行う。陸上の探査及び生産では、油田サービスセグメントに属する企業は、石油及び天然ガスの採掘、備蓄及び輸送に用いられる設備を製造する。洋上では、当該セグメントに属する企業は、ジャッキアップ式のリグ、半潜水型リグ、採掘船及びその他のさまざまな探査設備を製造する場合がある。これらの企業は、地震探査、設備のレンタル、坑井のセメンチング及び坑井のモニタリングといった支援サービスも提供する。これらのサービスは通常、契約に基づいて提供され、顧客はサービス提供者から材料及び設備を購入又はリースする。また、サービス企業は、サービスの一環として、人員又はその分野の専門家を提供する場合もある。石油及びガス－サービスの企業及びその顧客との間の契約上の関係が、サステナビリティに関するパフォーマンスの重要性がある（material）インパクトを決定するうえで重大な（significant）役割を果たす。請求する金額のほか、企業は、事業上及び安全上のパフォーマンス、技術及びプロセスの提供、プロジェクト管理のパフォーマンス、並びにレピュテーションに基づいて競争している。

サステナビリティ開示トピック及び指標

表1. サステナビリティ開示トピック及び指標

トピック	指標	カテゴリー	測定単位	コード
排出削減サービス及び燃料管理	燃料の総消費量、再生可能燃料の割合、(1)路上移動用機器及び車両並びに(2)オフロード機器の使用割合	定量	ギガジュール(GJ)、パーセンテージ(%)	EM-SV-110a.1
	大気排出関連のリスク、機会及びインパクトに対処するための戦略又は計画についての説明	説明及び分析	該当なし	EM-SV-110a.2
	ノンロード・ディーゼル・エンジンについての排出基準の最高レベルに準拠している稼働中のエンジンの割合	定量	パーセンテージ(%)	EM-SV-110a.3
水管理サービス	(1)事業で取り扱う水の総量、(2)リサイクルの割合	定量	千立方メートル(m³)、パーセンテージ(%)	EM-SV-140a.1

© IFRS Foundation

トピック	指標	カテゴリー	測定単位	コード
	水の消費及び処分関連のリスク、機会及びインパクトに対処するための戦略又は計画についての説明	説明及び分析	該当なし	EM-SV-140a.2

表2. 活動指標

活動指標	カテゴリー	測定単位	コード
稼働中のリグ現場の数[16]	定量	数	EM-SV-000.A
稼働中の坑井現場の数[17]	定量	数	EM-SV-000.B
総掘削量	定量	メートル(m)	EM-SV-000.C
全従業員の総労働時間	定量	時間	EM-SV-000.D

排出削減サービス及び燃料管理

トピックサマリー

温室効果ガス（GHG）の直接排出及び関連する規制リスクは、石油及びガス—サービス提供者にとっては他の産業に比べて比較的低いが、顧客である石油及びガスの探査及び生産（E&P）企業の事業からの排出は重大である（significant）可能性がある。排出には、気候変動に寄与する可能性があるGHGのほか、局所的な人間の健康及び環境に重大な（significant）インパクトを与える可能性があるその他の大気汚染物質が含まれる。これらの排出に関連する規制の強化及び燃料コストの高騰は、E&P企業にとって相当な（substantial）リスクとなっている。企業は、ポンプ及びエンジンをディーゼル燃料の代わりに天然ガス及び電気で稼働するように改造するなど、排出を削減する方法を模索している。石油及びガス—サービス企業は、E&P企業の事業コストの削減及びプロセス効率の改善に役立ちうる革新的で効率的な技術を提供することで、契約を競い合っている。サービス企業は、GHG、漏洩及びフレア排出物並びに燃料消費を削減するサービス及び機器を顧客に提供することで、競争上の優位性を獲得し、売上高を拡大し、市場シェアを確保することができる。

---

[16] EM-SV-000.Aに関する注記 — 現場にあり、かつ掘削、仕上げ、セメンチング、破砕、廃坑などに関与しているリグは、稼働中とみなされる。ある場所から別の場所への移動中、又は休止中のリグは、稼働中ではない。

[17] EM-SV-000.Bに関する注記 — 掘削、仕上げ、破砕、又は廃坑のサービス（又はこれらの複数のもの）を提供した、あるいは（継続的に）提供している坑井現場の数

「気候関連開示」の適用に関する産業別ガイダンス

指標

EM-SV-110a.1. 燃料の総消費量、再生可能燃料の割合、(1)路上移動用機器及び車両並びに(2)オフロード機器の使用割合

1　企業は、すべての源泉からの燃料の総消費量をギガジュール（GJ）単位で集計して開示しなければならない。

   1.1　消費された燃料の計算方法は、設計上のパラメータではなく、実際に消費された燃料に基づかなければならない。

   1.2　消費された燃料の許容可能な計算方法には、次に基づく方法を含める場合がある。

      1.2.1　報告期間中に購入した燃料を報告期間の期首の在庫に加算し、報告期間の末日の燃料の在庫を差し引いたもの

      1.2.2　車両によって消費された燃料を追跡すること

      1.2.3　燃料費を追跡すること

2　企業は、すべての源泉からの消費した燃料の総量のうち、再生可能燃料の総量の割合を開示しなければならない。

   2.1　再生可能燃料は、一般的に次の要件のすべてを満たす燃料と定義する。

      2.1.1　再生可能なバイオマスから生産されたもの

      2.1.2　輸送用燃料、暖房用燃料油、又はジェット燃料に含まれる化石燃料の代替又は削減のために使用されるもの

      2.1.3　ライフサイクル・ベースでの温室効果ガス（GHG）排出の純減を達成したもの

   2.2　企業は、燃料が再生可能かどうかを判断するために使用した基準又は規制を開示しなければならない。

   2.3　この割合は、企業のフリート車両により消費された再生可能燃料の量（GJ単位）を、企業のフリート車両により消費された燃料の総量（GJ単位）で除して計算しなければならない。

3　企業は、(1)路上移動式機器及び車両、並びに(2)定置式リグ、発電機及び搭載機器を含むオフロード機器の燃料の総消費量の割合を開示しなければならない。

4　開示の範囲には、企業が所有又は支配する企業が消費した燃料のみを含める。

   4.1　この範囲から、購入した電気及び購入した蒸気などの非燃料エネルギー源は除外する。

   4.2　開示の範囲には、どの企業が燃料費を負担するか又はこれらの燃焼源からの温室効果ガス（GHG）排出を「スコープ1」のインベントリの一部とみなすかは問わず、企業が所有又は運営する燃焼源を含める。

5　燃料及びバイオ燃料からのエネルギー消費量を計算するにあたり、企業は、直接測定したか、又は「気候変動に関する政府間パネル」（IPCC）から取得した、総発熱量（GCV）とも呼ばれる高位発熱量（HHV）を使用しなければならない。

© IFRS Foundation

289

6   企業は、燃料使用量（バイオ燃料を含む。）に対するHHVの使用など、この開示で報告するすべてのデータに対して、変換係数を一貫して適用しなければならない。

EM-SV-110a.2. 大気排出関連のリスク、機会及びインパクトに対処するための戦略又は計画についての説明

1   企業は、大気排出関連のリスク、機会及びインパクトに対処するための戦略又は計画について説明しなければならない。

　1.1   開示の範囲には、さまざまな事業単位、地域又は排出源とどのように関連しているかなど、企業の戦略、計画又は排出削減活動を含める。

　1.2   開示の範囲には、計画を達成するために必要な活動及び投資、並びに計画又は目標の達成に影響を与える（affect）場合があるリスク又は制限要因を含める。

　1.3   開示の範囲には、坑井及び鉱区オペレーターの燃料消費量の削減、排出の削減、又はその他の効率化を実現する特定の製品、サービス及び技術に対する需要、並びに当該需要を満たす能力についての説明を含める。

2   企業は、大気質管理に関連する短期的及び長期的計画を説明しなければならない。ここでは、次のようにする。

　2.1   短期的戦略には、燃料の代替（例えば、ドロップイン・バイオディーゼル）、デュアル燃料機器の使用又はエンジンのメンテナンスを含める場合がある。

　2.2   長期的戦略には、代替燃料機器、プロセス又は機器の再設計及びイノベーション、並びに炭素回収及び貯留を含める場合がある。

3   開示の範囲には、少なくとも次の特定の排出源からの排出を含めなければならない。

　3.1   燃焼排出（例えば、ガス圧縮、発電での燃料使用）

　3.2   炭化水素のフレアリング（例えば、減圧、起動又は停止、坑井テスト及び坑井改修におけるもの）

　3.3   プロセス排出（例えば、船積み、タンク貯蔵及び洗浄）

　3.4   炭化水素のベント。これは、通常の事業中に意図的に（又は設計された）コントロールされたガスの大気への放出と定義する。

　3.5   温室効果ガスの漏洩排出（機器からの漏洩を含む。）

　3.6   その他の非定常的な事象（例えば、ガスの放出又は機器のメンテナンス）

4   企業は、エネルギー効率を向上させ、温室効果ガスを含む大気排出を削減するサービス、技術又は解決策を顧客に提供する能力に関連するリスク及び機会について説明しなければならない。

EM-SV-110a.3. ノンロード・ディーゼル・エンジンについての排出基準の最高レベルに準拠している稼働中のエンジンの割合

1   企業は、法域の排出基準の最高レベルに準拠しているノンロード・ディーゼル・エンジンの割合を開示しなければならない。

「気候関連開示」の適用に関する産業別ガイダンス

    1.1   開示の範囲には、新規及び使用中のノンロード・ディーゼル・エンジンを含めなければならない。これには機器、ポンプ、コンプレッサー及び発電機に使用されるものを含める場合がある。

2   企業は、報告期間中に法域の排出基準の最高レベルに完全に準拠している新規及び使用中のノンロード・ディーゼル・エンジンの数を、報告期間中に稼働しているノンロード・ディーゼル・エンジンの総数で除した割合を計算しなければならない。ここでは次のようにする。

    2.1   (1)正式な排出結果を示す試験結果を有しており、排出レベルがこの基準値以下に収まっているエンジン群に属しており、かつ、(2)そのエンジン群が、使用する基準との整合性を示す関連する認証機関又は規制機関からの確認を受けている場合、そのエンジンは排出基準に準拠しているとみなす。

    2.2   エンジン群は、類似の排出特性を有すると見込まれるエンジン製品群と定義する。

    2.3   法域の排出基準の最高レベルは、ノンロード・ディーゼル・エンジンが稼働する法域に適用される最も厳格な排出要件を表している。

3   一部の船舶用エンジンなど、法域の基準を免除されているエンジンは、この開示の目的から除外しなければならない。

4   開示の範囲には、法域にかかわらず、すべての事業を含める。

5   開示の範囲には、どの企業が準拠義務を負っているかにかかわらず、企業が製造、所有又は運用するノンロード・ディーゼル・エンジンを含める。

6   企業は、当該ノンロード・ディーゼル・エンジンが稼働している法域に基づき、開示に使用した法域の排出基準を開示しなければならない。

水管理サービス

トピックサマリー

石油及びガスの開発には大量の水が必要とされることが多く、生産者は特に水ストレス地域において、水不足、水使用の規制及び関連するコストの増加リスクにさらされている。生産者は廃水処理のリスク及びコストも管理しなければならない。そのため、顧客の水の消費量及び廃棄コストを削減するために、クローズドループ水リサイクル・システムなどの優れた技術とプロセスを開発するサービス企業は、市場シェアを獲得し、売上高を増加させる場合がある。これは、掘削及び廃水の管理は顧客にとって重大な（significant）競争要因となる可能性があるためである。

指標

EM-SV-140a.1. (1)事業で取り扱う水の総量、(2)リサイクルの割合

1   企業は、事業で取り扱うすべての水源からの水の量を、千立方メートル単位で開示しなければならない。

    1.1   水資源には、地表水（湿地、河川、湖及び海からの水を含む。）、地下水、企業が直接収集し貯留した雨水、並びに地方自治体の水道供給者、水道事業者又はその他の企業から取得した

© IFRS Foundation

水及び廃水を含める。

1.2 取り扱う水には、企業が契約した範囲のサービスの一部として第三者から企業に移送されたものか、又は企業が直接入手して事業に使用するものである。

2 企業は、例えば、取水量の大部分（significant portions）が非淡水源からのものである場合、その供給を水源別に開示することがある。

2.1 淡水は、企業が事業を営む地域の法令及び規制に従い定義する場合がある。規制による定義が存在しない場合、淡水は、1,000ppm未満の溶解固形物を含む水とみなさなければならない。

2.2 法域の飲料水規制に準拠して水道事業者から取得した水は、淡水の定義を満たすとみなすことができる。

3 企業は、リサイクルした水の割合について、リサイクルした水の量を、取り扱う水の量で除して計算しなければならない。

4 リサイクルした水には、リサイクルした随伴水又は逆流（flowback）水とともに、クローズドループ及びオープンループ・システムでリサイクルした量を含めなければならない。

4.1 複数回利用された水の量は、リサイクルし再利用するたびに、リサイクルした水の量として数えなければならない。

5 随伴水は、石油及びガスの抽出中に炭化水素を含む地層から取り込まれた水（海水）と定義する。随伴水は、地層水、圧入水及びダウンホール又は油水分離プロセス中に追加された化学物質を含んでいる可能性がある。

6 逆流（flowback）は、次の段階の処理に備えるためか、又は坑井を浄化して生産に戻すための準備において、処理後の坑井から流体（水を含む。）及び巻き込まれた固形物を流すプロセスと定義する。

6.1 逆流（flowback）という用語は、逆流（flowback）プロセス中に坑井から出てくる流体及び巻込み固形物も意味する。逆流（flowback）期間は、処理中に坑井に流入した物質が、水圧破砕又は再破砕の後に地表に戻る際に始まる。

6.2 逆流（flowback）期間は、坑井が閉鎖され、逆流（flowback）機器から恒久的に切り離されるか、又は生産が開始される時点で終了する。

6.3 逆流（flowback）期間には、初期逆流（flowback）段階及び分離逆流（flowback）段階を含める。

7 その範囲は、企業が水圧破砕、仕上げ、掘削又は水管理サービス（例えば、掘削又は水圧破砕における再利用のための水処理、及び地下区域における不要水の削減）を提供する事業に限定する。

7.1 その範囲には、水圧破砕流体、掘削流体、塵埃制御及び掘削セメント生産に使用される水を含める場合がある。

EM-SV-140a.2. 水の消費及び処分関連のリスク、機会及びインパクトに対処するための戦略又は計画についての説明

1 企業は、水の消費及び処分関連のリスク、機会及びインパクトに対処するための戦略又は計画につ

_292_

© IFRS Foundation

いて説明しなければならない。

1.1 開示の範囲には、さまざまな事業単位、地域又は水源と異なるように関連しているかを含め、企業の戦略、計画又は削減活動を含めなければならない。

1.2 開示の範囲には、計画を達成するために必要な企業の活動及び投資、並びに計画又は目標の達成に影響を与える（affect）場合があるリスク又は制限要因を含める。

2 企業は、坑井及び鉱区オペレーターに対して、水消費量の削減、水のリサイクル、又はその他の水のインパクトの低減を提供する特定の製品、サービス及び技術に対する需要、並びに当該需要を満たす能力について説明しなければならない。

3 企業は、水管理に関連する短期的及び長期的計画について説明しなければならない。ここでは、次のようにする。

3.1 短期的戦略には、水のリサイクル又は水効率化の取組みにおけるベスト・プラクティスの採用を含める場合がある。

3.2 長期的戦略には、水制約のある地域における新鮮な水（fresh water）の取水量の削減、坑井からの過剰な水の随伴の削減、及び水処理システム又はリサイクル・システムの提供を行うプロセスの再設計又は技術的イノベーションを含める場合がある。

4 インパクト削減の範囲は、水の消費又は処分に関する次の特定の分野に関連する場合がある。

4.1 水圧破砕流体

4.2 掘削流体

4.3 塵埃制御

4.4 セメント生産

4.5 随伴水又は逆流（flowback）水

5 企業は、水の利用効率、処理及び再利用を向上させ、水消費又は廃水生産を削減するサービス、技術又は解決策を顧客に提供する能力に関連するリスク及び機会について説明しなければならない。

© IFRS Foundation

金融セクター

第15巻－資産運用及び管理業務

産業の説明

「資産運用及び管理業務」産業の企業は、機関投資家、個人投資家及び富裕層の投資家のために手数料又は報酬と引き換えに投資ポートフォリオを運用している。この産業に属する企業はまた、ウェルス・マネジメント、プライベート・バンキング、ファイナンシャル・プランニング並びに投資顧問及び個人向けの証券の売買の仲介のサービスを提供する。投資のポートフォリオ及び戦略は複数の資産のクラスに分散化する場合があり、これらには株式、債券及びヘッジ・ファンド投資が含まれる場合がある。一部の企業はベンチャー・キャピタル及びプライベート・エクイティ投資に従事している。この産業は、個々の個人投資家から大規模な機関的なアセット・オーナーまでのさまざまな顧客に対して特定の投資目標を達成するために、不可欠なサービスを提供する。この産業に属する企業には、幅広い投資可能な商品、戦略及び資産のクラスを有する大規模な複数の法域にわたる資産運用企業から、特定の市場のニッチにサービスを提供する小規模なブティック企業までが含まれる。大規模な企業が通常、サービスについて請求する運用報酬及び優れた投資パフォーマンスを生む潜在能力に基づいて競争するのに対し、相対的に規模が小さい企業は通常、個々の顧客の分散化のニーズを満たすためにカスタマイズされた製品及びサービスを提供する能力について競争する。2008年のグローバル金融危機とその後の規制制度上の展開は、顧客に公平なアドバイスを提供し、企業、ポートフォリオ及びマクロ経済のレベルでリスクを管理するにあたり、この産業の重要性（importance）を強調した。

サステナビリティ開示トピック及び指標

表1. サステナビリティ開示トピック及び指標

トピック	指標	カテゴリー	測定単位	コード
投資管理及びアドバイザリー業務における環境、社会及びガバナンス要因の組込み	次を採用する資産クラスごとの運用資産残高の金額；(1)環境、社会及びガバナンス（ESG）課題の統合、(2)サステナビリティのテーマ投資、並びに(3)スクリーニング	定量	表示通貨	FN-AC-410a.1
	投資又はウェルス・マネジメントのプロセス及び戦略に環境、社会及びガバナンス（ESG）要因を組み込むためのアプローチの記述	説明及び分析	該当なし	FN-AC-410a.2
	議決権行使及び投資先への関与方針及び手続の記述	説明及び分析	該当なし	FN-AC-410a.3

「気候関連開示」の適用に関する産業別ガイダンス

表2. 活動指標

活動指標	カテゴリー	測定単位	コード
運用資産残高（AUM）総額	定量	表示通貨	FN-AC-000.A
管理及び監督下の総資産	定量	表示通貨	FN-AC-000.B

投資管理及びアドバイザリー業務における環境、社会及びガバナンス要因の組込み

トピックサマリー

「資産運用及び管理業務」企業は、顧客に対する受託者責任を有している。これらの企業は、環境、社会及びガバナンス（ESG）要因を含む、すべての重要性がある（material）情報の分析を考慮し、投資の意思決定に組み込まなければならない。ESG投資のプロセスには、評価、モデリング、ポートフォリオ構築、議決権行使及び投資先とのエンゲージメントにおいて、ESG要因を考慮することを伴い、その結果、アセット・マネージャー及びウェルス・マネージャーによる投資の意思決定が行われる。財務以外の形をとる資本の管理及び利用がこれまで以上に市場価値に寄与するようになるにつれ、投資先の分析へのESG要因の組込みがより関連するものとなっている。企業がいくつかのESG要因を管理することは、会計上の利益のみならず、マーケットからのリターンにも重要性がある（materially）影響を与える（impact）場合があることが調査により判明している。したがって、サステナビリティ課題に関する投資先とのエンゲージメントと同様に、投資先のESGパフォーマンスについての深い理解、並びに評価及びモデリングにおけるESG要因の統合によって、アセット・マネージャーは優れたリターンを獲得することができる。一方、これらのリスク及び機会を投資管理において考慮していない資産運用及び管理業務産業の企業は、投資ポートフォリオの収益率が低下し、パフォーマンス報酬の低下をもたらす場合がある。長期的には、これらを行わないことで運用資産残高（AUM）が流出し、市場シェアが失われ、管理手数料が減少する可能性がある。

指標

FN-AC-410a.1. 次を採用する資産クラスごとの運用資産残高の金額；(1)環境、社会及びガバナンス（ESG）課題の統合、(2)サステナビリティのテーマ投資、並びに(3)スクリーニング

1　企業は、(1)環境、社会及びガバナンス（ESG）課題の統合、(2)サステナビリティをテーマとした投資並びに(3)スクリーニングを実施する運用資産残高（AUM）の金額を開示しなければならない。

    1.1　AUMは、顧客の名において金融機関が管理する資産の市場価値の総額と幅広く定義し、企業の表示通貨で表さなければならない。

    1.2　ESG課題の統合は、「PRI報告フレームワーク－主な定義」（2018年版）と整合し、重要性がある（material）ESG要因を、投資分析及び投資意思決定に体系的かつ明示的に含めることと定義する。

© IFRS Foundation

1.3 サステナビリティをテーマにした投資は、「PRI報告フレームワーク―主な定義」（2018年版）と整合し、サステナビリティに具体的に関連するテーマ又は資産（例えば、クリーン・エネルギー、グリーン・テクノロジー又は持続可能な農業）への投資と定義する。

1.4 スクリーニングは、「PRI報告フレームワーク―主な定義」（2018年版）によって定義される。これには(a)ネガティブ又は排他的スクリーニング、(b)ポジティブ又はベスト・イン・クラスのスクリーニング及び(c)規範に基づくスクリーニング（norms-based）を含める。

1.5 開示の範囲には、パッシブ及びアクティブ戦略の両方を含める。

2 企業は、開示を次の資産クラスごとに分解しなければならない：(a)株式、(b)債券、(c)現金同等物又は短期金融市場商品及び(d)その他（例えば、不動産及びコモディティ）。

3 企業は、複数のESG統合戦略（例えば、スクリーニング及び統合）を利用して管理されるAUMの金額を識別し開示しなければならない。

FN-AC-410a.2. 投資又はウェルス・マネジメントのプロセス及び戦略に環境、社会及びガバナンス（ESG）要因を組み込むためのアプローチの記述

1 企業は、投資又はウェルス・マネジメントのプロセス及び戦略に環境、社会及びガバナンス（ESG）要因を組み込むためのアプローチを記述しなければならない。

1.1 ESG要因の組込みの定義は、「Global Sustainable Investment Alliance」（GSIA）の定義と整合し、投資の意思決定プロセスにおけるESG情報の利用を含める。

1.2 ESG要因及び課題の例は、「PRI報告フレームワーク―主な定義」（2018年版）のセクション「ESGの課題」に提供されている。

1.3 ESG要因の組込みには、「PRI報告フレームワーク―主な定義」（2018年版）と整合した、次のアプローチを含める。

1.3.1 スクリーニング（これには、(a)ネガティブ又は排他的スクリーニング、(b)ポジティブ又はベスト・イン・クラスのスクリーニング及び(c)規範に基づくスクリーニング（norms-based）を含める。）

1.3.2 サステナビリティをテーマにした投資（サステナビリティに具体的に関連するテーマ又は資産（例えば、クリーン・エネルギー、グリーン・テクノロジー又は持続可能な農業）への投資と定義する。）

1.3.3 ESGの統合（重要性がある（material）ESG要因を、投資分析及び投資意思決定に体系的かつ明示的に含めることと定義する。）

1.3.4 上述の組み合わせ

2 企業は、投資又はウェルス・マネジメントのプロセス及び戦略にESG要因を組み込むための企業のアプローチを決定する方針を記述しなければならない。

3 開示の範囲は、企業の議決権行使及び投資先への関与方針及び手続を除外しなければならない。これは、指標FN-AC-410a.3「議決権行使及び投資先への関与方針及び手続の記述」に含まれる。

4 企業は、企業のESG要因の組込みの実務の諸側面を適用するためのアプローチを記述しなければな

らない。

4.1 説明には次のものを含めなければならないが、これらに限定されない。

4.1.1 通常業務の中でESG要因の組込みを担当する当事者

4.1.2 関与する従業員の役割及び責任

4.1.3 ESG関連調査を実施するためのアプローチ

4.1.4 投資戦略にESG要因を組み込むためのアプローチ

5 企業は、ESG要因の組込みに対する監督及び説明責任のアプローチを記述しなければならない。

5.1 説明には次のものを含めなければならない。

5.1.1 正式な（formal）監督に関与する個人又は機関

5.1.2 関与する従業員の役割及び責任

5.1.3 ESG組込みの品質を評価するにあたり使用される規準

6 企業は、ポートフォリオ・レベルで、将来のESG動向のリスク・プロファイルを計算するシナリオ分析又はモデリングを実施しているかどうかについて説明しなければならない。

6.1 ESG動向には、気候変動、天然資源の制約、人的資本のリスク及び機会並びにサイバーセキュリティ・リスクを含める場合がある。

6.2 企業は、シナリオ分析又はモデリングを実行するポートフォリオ又は戦略のタイプを記述しなければならない。

6.2.1 企業は、個々のポートフォリオ又は戦略レベルでそのような開示を提供することは要求されない。

7 企業は、セクター又は産業固有と考えられるESG動向と同様に、セクター及び産業への影響（effect）の観点から、セクター及び産業全体に幅広く適用されるとみなすESG動向について説明しなければならない。

8 企業は、戦略的資産配分、又はセクター間若しくは地理上の市場間の資産配分にESG要因を組み込んでいるかどうかを記述しなければならない。

8.1 企業は、戦略的資産配分、又はセクター間若しくは地理上の市場間の資産配分にESG要因を組み込んでいるポートフォリオ又は戦略のタイプを記述しなければならない。

8.1.1 企業は、個々のポートフォリオ又は戦略レベルでそのような開示を提供することは要求されない。

9 企業は、ESG要因が次のものの評価にどのように組み込まれ、次のものに対する企業の見解にどのように影響を与えるか（influences）を記述しなければならない。

9.1 投資の時間軸

9.2 投資のリスク及びリターン・プロファイル

© IFRS Foundation

9.3 経済状況、中央銀行の政策、産業動向及び地政学的リスクなどの伝統的なファンダメンタル要因

10 関連性がある場合、企業は、外部ファンド・マネージャー及び受託者マネージャー（fiduciary managers）の選択において、ESG要因を組み込むアプローチについて説明しなければならない。

    10.1 企業は、外部ファンド・マネージャー及び受託者マネージャー（fiduciary managers）によるESG要因の組込みの質を評価するための企業の監督及び説明責任のアプローチを記述しなければならない。これには次のものを含める場合がある。

        10.1.1 正式な（formal）監督に関与する個人又は機関

        10.1.2 関与する従業員の役割及び責任

        10.1.3 ESG組込みの品質を評価するにあたり使用される規準

11 開示の範囲には、戦略及び資産クラスに関係なく、企業が意思決定権を維持する投資又はウェルス・マネジメントのサービスを含めなければならない。

12 開示の範囲は、投資の意思決定権が顧客に残っている場合の投資（execution）又はアドバイザリーのサービスを除外しなければならない。

13 関連性がある場合、投資又はウェルス・マネジメントの活動へのESG要因の組込みに対する企業のアプローチの記述は、資産クラス又は採用された方式ごとに区分されなければならない。

    13.1 説明には、次のものにおけるESG要因の組込みに対する企業のアプローチの違いを含めなければならない。

        13.1.1 上場株式、債券、非上場株式又はオルタナティブ資産クラス

        13.1.2 パッシブ対アクティブ投資戦略

        13.1.3 投資のファンダメンタル、クオンツ及びテクニカル分析

FN-AC-410a.3. 議決権行使及び投資先への関与方針及び手続の記述

1 企業は、議決権行使に対するアプローチを記述しなければならない。これには、議決権行使の決定を行うためのプロセスを含める場合がある。議決権行使の決定を行うためのプロセスには、重要性（materiality）を定義するためのアプローチを含める。

    1.1 説明には「PRI報告フレームワーク2019年自己運用－上場株式のアクティブ・オーナーシップ」で強調されている次の要素を含めなければならないが、これらに限定されない。

        1.1.1 企業の投票活動の範囲

        1.1.2 企業の投票活動の目的

        1.1.3 企業の投票アプローチが市場において異なる場合には、どのように異なるか

        1.1.4 企業が特定の市場又は特定の課題について経営陣に賛成の投票をする既定の立場（position）を有しているか

        1.1.5 地域の規制又はその他の要求事項が、企業の投票アプローチに影響を与えるか

「気候関連開示」の適用に関する産業別ガイダンス

(influence) どうか、また影響を与える (influence) 場合には、どのように影響を与える (influence) か

1.1.6 企業が代理投票するか、又は年次総会 (AGM) に出席して直接投票するか（又はこの両方の組み合わせ）

1.2 企業は、重要性 (materiality) を定義するためのアプローチを含む、提案への支持を決定するためのアプローチを記述しなければならない。

1.2.1 開示の範囲には、環境及び社会 (ES) 課題に対処する提案を含める。

1.3 企業は、議決権行使方針を顧客向け及び一般向けにどのように伝えるかを記述しなければならない。

1.3.1 企業は、公式の議決権行使方針へのリンク (link) を提供する場合がある。

2 企業は、議決権行使の決定を行うプロセスを記述しなければならない。

2.1 説明には「PRI報告フレームワーク2019年自己運用－上場株式のアクティブ・オーナーシップ」で強調されている次の要素を含めなければならない。

2.1.1 内部調査チーム又は第三者サービス・プロバイダーの使用

2.1.2 サービス・プロバイダーの推奨事項をレビューしモニタリングするプロセス

3 企業は、経営陣の提案に対して賛成又は反対して投票した根拠を含め、投票の決定を企業の経営陣に伝えるためのアプローチを記述しなければならない。

4 企業は、ES課題に関するエンゲージメントに対するアプローチを記述しなければならない。

4.1 説明には、次のものを含めなければならない。

4.1.1 エンゲージメント活動を実施するための企業の目的

4.1.2 ES課題に関連する企業のエンゲージメントが、概ね積極的でES課題が防止的な観点から適切に管理されていることを確保しているか、又は既に発生した場合がある課題に対して問題が発生してから対処している (reactive) か

4.1.3 企業がES課題に関する企業とのエンゲージメントから求める結果（例えば、企業実務への影響 (influencing)、ES開示の質の向上）

4.1.4 エンゲージメントを実施する企業のスタッフ（例えば、専門の社内エンゲージメント・チーム、ファンド・マネージャー又は株式若しくは債券アナリスト、より上級レベルの役割）

4.1.5 企業がエンゲージメントをしようとするポートフォリオ企業における個人の役割（例えば、取締役、取締役会議長、CEO、企業秘書、IR担当マネージャー）

4.2 企業は、関与方針を顧客向け及び一般向けにどのように伝えるかを記述しなければならない。

4.2.1 企業は、正式な関与方針へのリンク (link) を提供する場合がある。

4.3 開示の範囲には、企業がES課題に関してエンゲージメントを実施しているすべての資産クラ

© IFRS Foundation

299

ス、ポートフォリオ又は戦略を含める。

5 企業は、議決権行使及びエンゲージメント活動の結果が投資意思決定プロセスにどのように情報を
もたらすかを記述しなければならない。

> 5.1 説明には、次のものを含めなければならない。
>
>> 5.1.1 企業がどの情報を投資意思決定者に提供するかをどのように決定するか
>>
>> 5.1.2 企業が投資の意思決定のために提供した情報の使用をどのようにモニタリングする
>> か

6 企業は、企業との対話が失敗した場合における、エンゲージメントに関するエスカレーション・プ
ロセスを記述しなければならない。

> 6.1 エスカレーション・プロセスには、「International Corporate Governance Network」
> (ICGN) の「グローバル・スチュワードシップ原則」で強調されている次の戦略（tactics）
> を含める場合がある。
>
>> 6.1.1 企業の代表者又は非業務執行取締役に対する懸念を、直接又は株主総会で表明する
>> こと
>>
>> 6.1.2 企業の懸念を他の投資家と共同で表明すること
>>
>> 6.1.3 パブリック・ステートメントを公表すること
>>
>> 6.1.4 株主提案を提出すること
>>
>> 6.1.5 株主総会で発言すること
>>
>> 6.1.6 必要に応じて取締役に選任するための候補者を1名以上指名し、株主総会を招集す
>> ること
>>
>> 6.1.7 法的措置又は調停を通じてガバナンスの改善又は損害賠償を求めること
>>
>> 6.1.8 投資から撤退する、又は撤退するおそれがあること

7 企業は、ESエンゲージメント戦略が企業の全体的なエンゲージメント戦略にどのように適合されて
いるかを記述しなければならない。

8 企業は、次のような議決権行使及びエンゲージメント活動に関連する追加的な定量的測定値を開示
する場合がある。

> 8.1 エンゲージメントの件数及びそのうち対面で実施した割合
>
> 8.2 議決権行使及びエンゲージメント活動に関与したスタッフの数

© IFRS Foundation

「気候関連開示」の適用に関する産業別ガイダンス

第16巻－商業銀行

産業の説明

商業銀行は、預金を受け入れ、個人及び企業に融資を実行するとともに、インフラ、不動産及びその他のプロジェクトに対して融資を行う。これらのサービスを提供することにより、この産業は、グローバル経済が機能し、金融資源を最も生産性の高いキャパシティに移転することを促進するうえで不可欠な役割を果たす。この産業は、預金の規模、実行した融資の質、経済環境及び金利に左右される。また、資産と負債のミスマッチから生じるリスクも、この産業を特徴付ける（characterises）。商業銀行産業に適用される規制環境は2008年のグローバル金融危機の発生により重大な（significant）変化が見られ、今日でも継続して進化している。これらの傾向及びその他の規制上の傾向は、パフォーマンスに影響を与える（affect）場合がある。グローバルに事業を営む商業銀行は、規制上の不確実性、特に新規則の首尾一貫した適用に関する不確実性を生じさせている新しい規制に、多くの法域において対応しなければならない。

注記：この基準は、「純粋な」商業銀行のサービスを扱っており、投資銀行及び仲介サービス、不動産金融、消費者金融、資産運用及び管理業務並びに保険といった、統合された金融機関が行うすべての活動を含むというわけではない場合がある。別個の基準が、これらの産業におけるサステナビリティの論点を扱っている。

サステナビリティ開示トピック及び指標

表1. サステナビリティ開示トピック及び指標

トピック	指標	カテゴリー	測定単位	コード
信用分析における環境、社会及びガバナンス要因の組込み	信用分析に環境、社会及びガバナンス（ESG）要因を組み込むためのアプローチの記述	説明及び分析	該当なし	FN-CB-410a.2

表2. 活動指標

活動指標	カテゴリー	測定単位	コード
セグメントごと（(a)個人及び(b)中小企業）の当座並びに普通預金口座の(1)件数及び(2)価額	定量	数、表示通貨	FN-CB-000.A
セグメントごと（(a)個人、(b)中小企業及び(c)法人）の融資の(1)件数及び(2)価額[18]	定量	数、表示通貨	FN-CB-000.B

---

[18] FN-CB-000.Bに関する注記 － 不動産ローン及びリボルビング・クレジット・ローンは開示の範囲から除外しなければならない。

© IFRS Foundation

301

信用分析における環境、社会及びガバナンス要因の組込み

トピックサマリー

商業銀行は金融仲介者として、その融資実務を通じて、重大な（significant）正及び負の環境外部性及び社会外部性に寄与する。環境、社会及びガバナンス（ESG）要因は、商業銀行が融資先とするさまざまな産業に属する企業、資産及びプロジェクトに重要性がある（material）影響（implications）を与える可能性がある。したがって、企業は担保の質を判断する際にESG要因をこれまで以上に検討しなければならない。商業銀行はまた、その融資実務を通じて、正の環境外部性及び社会外部性を実現し、重大な（significant）収益源（revenue streams）を生み出すことができる場合もある。これらのリスク及び機会に対処できない商業銀行は、リターンの低下及び株主価値の減少に直面する可能性がある。商業銀行は、融資プロセスにESG要因がどのように統合されているか、及び特定のサステナビリティ動向に関連するポートフォリオ・リスクの現在の程度を開示すべきである。特に、投資家及び規制当局から、銀行が気候変動関連のリスクにどのように対処しているかを開示することを求める圧力が高まっている。

指標

FN-CB-410a.2. 信用分析に環境、社会及びガバナンス（ESG）要因を組み込むためのアプローチの記述

1   企業は、信用分析に環境、社会及びガバナンス（ESG）要因を組み込むためのアプローチを記述しなければならない。

    1.1   ESG要因の組込みの定義は、「Global Sustainable Investment Alliance」（GSIA）の定義と整合し、投資の意思決定プロセスにおけるESG情報の利用を含める。

    1.2   ESG要因及び課題の例は、「PRI報告フレームワーク—主な定義」（2018年版）のセクション「ESGの課題」に提供されている。

    1.3   信用分析は、ビジネス又は組織が債務を履行する信用力を計算する方法と定義する。この方法は、そのようなビジネス、組織又はプロジェクトの資金調達に関連するデフォルト・リスクの適切なレベルを識別しようとするものである。

2   開示の範囲には、プロジェクト・ファイナンスのみでなく、商工業融資も含めなければならない。

3   企業は、信用分析にESG要因を組み込むための企業のアプローチを決定する方針を記述しなければならない。

4   企業は、企業の金融資産の契約期間にわたる信用損失を見積る際に、ESG要因をどのように組み入れているかについて説明しなければならない。

5   企業は、企業のESG要因の組込みの実務の諸側面を適用するためのアプローチを記述しなければならない。

    5.1   記述には次のものを含めなければならない。

        5.1.1   通常業務の中でESG要因の組込みを担当する当事者

        5.1.2   関与する従業員の役割及び責任

「気候関連開示」の適用に関する産業別ガイダンス

    5.1.3   ESG関連調査のためのアプローチ

    5.1.4   借手の信用力評価にESG要因を組み込むためのアプローチ

6   企業は、ESG要因の組込みに対する監督及び説明責任のアプローチを記述しなければならない。

    6.1   記述には次のものを含めなければならない。

        6.1.1   正式な（formal）監督に関与する個人又は機関

        6.1.2   関与する従業員の役割及び責任

        6.1.3   ESG組込みの品質を評価するにあたり使用される規準

7   企業は、商工業融資のクレジット・エクスポージャー（credit exposure）のポートフォリオ・レベルで、将来のESG動向のリスク・プロファイルを計算するシナリオ分析又はモデリングを実施しているかどうかについて説明しなければならない。

    7.1   ESG動向には、気候変動、天然資源の制約、人的資本のリスク及び機会並びにサイバーセキュリティ・リスクを含める場合がある。

8   企業は、セクター又は産業固有と考えられるESG動向と同様に、セクター及び産業への影響（effect）の観点から、セクター及び産業全体に幅広く適用されるとみなすESG動向について説明しなければならない。

    8.1   企業はさらに、商工業融資の信用ポートフォリオについて、地理的なエクスポージャーの文脈から説明を提供する場合がある。

9   企業は、ESG要因に対するクレジット・エクスポージャー（credit exposure）の重大な（significant）集中を記述しなければならない。これには、炭素関連資産、水ストレス地域及びサイバーセキュリティ・リスクを含める場合がある。

10   企業は、ESG要因がどのように、次のものの評価に組み込まれ、次のものに対する企業の見解に影響を与えるか（influence）を記述しなければならない。

    10.1   借手の信用力に影響を与える（affect）経済状況、中央銀行の金融政策、産業動向及び地政学的リスクなどの伝統的なマクロ経済要因

    10.2   借手の信用力に加え、借手の財政状態及び経営成績（operating results）に影響を与える（affect）製品又はサービスの供給及び需要などの伝統的なミクロ経済要因

    10.3   借手の全体的な信用力

    10.4   融資の満期又は期間

    10.5   デフォルト確率、デフォルト時エクスポージャー及びデフォルト時損失率を含む、予想損失

    10.6   差入れ担保の価値

11   企業は、次のような信用分析にESG要因を組み込むためのアプローチに関連する追加的な定量的測定値を開示する場合がある。

    11.1   「エクエーター原則」（EP III）（又は同等のもの）に従って審査された商工業融資及びプロジ

© IFRS Foundation

ェクト・ファイナンスに関する「EPカテゴリー」ごとの件数

11.2 環境又は社会リスクの審査を実施した融資の件数（例えば、企業の「Environmental and Social Risk Management」（ESRM）グループによるもの）

「気候関連開示」の適用に関する産業別ガイダンス

第17巻－保険

産業の説明

「保険」産業は、伝統的な保険関連の商品及び非伝統的な保険関連の商品の両方を提供する。伝統的な契約ラインには財産保険、生命保険、損害保険及び再保険が含まれる。非伝統的な商品には、年金、代替的リスク移転及び金融保証が含まれる。保険産業に属する企業はまた、自己のために投資を行う。保険会社は通常、産業内の単一のセグメント（例えば、損害保険）で事業を営むが、いくつかの大規模な保険会社は事業を多角化している。同様に、企業は地理的なセグメンテーションの程度に基づいてさまざまであることがある。大規模な企業が多くの国において保険を引き受けることがあるのに対し、相対的に規模が小さい企業は通常、単一の国又は法域で事業を営む。保険料、保険引受収益及び投資収益が産業の成長を左右するのに対し、保険金の支払は最も重大な（significant）コストであり、利益の不確実性の源泉を表している。保険会社は良く機能する経済に必要な、リスクの移転、プーリング及び共同負担を可能にする商品及びサービスを提供する。保険会社はまた、その商品を通じ、ある種のモラル・ハザードを生み出す可能性があり、現状の行動及びパフォーマンスを改善するインセンティブを減じることにより、サステナビリティ関連のインパクトに寄与することがある。他の金融機関と同様に、保険会社は信用及び金融市場に関連するリスクに直面している。この産業において、規制当局は、クレジット・デフォルト・スワップ（CDS）によるプロテクション及び債券保険を含む、非伝統的な活動又は保険以外の活動に従事する企業は、金融市場の変化の影響を受けやすく（vulnerable）、したがって、システミック・リスクを増幅させるかこれに寄与する可能性が高いと識別している。この結果、いくつかの保険会社は「システム上重要な金融機関」（SIFI）に指定され、増大する規制及び監督の対象となる場合がある。

注記：健康保険の提供に関連するサステナビリティ事項に関連するトピック及び指標は、「管理型医療（HC-MC）」産業に示されている。

サステナビリティ開示トピック及び指標

表1. サステナビリティ開示トピック及び指標

トピック	指標	カテゴリー	測定単位	コード
投資管理における環境、社会及びガバナンス要因の組込み	投資管理プロセス及び戦略に環境、社会及びガバナンス（ESG）要因を組み込むためのアプローチの記述	説明及び分析	該当なし	FN-IN-410a.2
責任ある行動を動機付けるように設計された保険契約	エネルギー効率及び低炭素技術に関連する正味収入保険料	定量	表示通貨	FN-IN-410b.1
	健康、安全又は環境に責任ある行為若しくは行動を動機付ける商品又は商品の特徴（features）についての説明	説明及び分析	該当なし	FN-IN-410b.2

© IFRS Foundation

305

トピック	指標	カテゴリー	測定単位	コード
物理的リスクに対するエクスポージャー	天候関連の大規模自然災害から生じる保険商品の「予想最大損失額」（Probable Maximum Loss－PML）[19]	定量	表示通貨	FN-IN-450a.1
	事象のタイプ及び地理的なセグメントごとに示した(1)モデル化された大規模自然災害及び(2)モデル化されていない大規模自然災害から生じた保険金支払に起因する金銭的損失の総額（再保険考慮前及び考慮後）[20]	定量	表示通貨	FN-IN-450a.2
	(1)個々の契約の引受プロセス並びに(2)企業レベルのリスク及び自己資本充実度の管理への環境リスクの組込みに関するアプローチの記述	説明及び分析	該当なし	FN-IN-450a.3

表2. 活動指標

活動指標	カテゴリー	測定単位	コード
セグメントごとの保険契約数：(1)損害保険、(2)生命保険、(3)受再保険[21]	定量	数	FN-IN-000.A

投資管理における環境、社会及びガバナンス要因の組込み

トピックサマリー

保険会社は、予想される保険金支払額と同等の累積保険料収入を維持するために資本を投入し、長期的な資産・負債のバランスを維持しなければならない。環境、社会及びガバナンス（ESG）要因が企業のパフォーマンス及び他の資産にこれまで以上に重要性がある（material）影響を与える（impact）ため、保険会社は、これらの要因を投資管理にこれまで以上に組み入れなければならない。これらの課題への対処ができない場合、リスク調整後のポートフォリオのリターンが低下し、企業の保険金支払能力が制限される場合がある。したがって、企業は、気候変動及び天然資源の制約を含むESG要因を保険料の運用に

---

[19] FN-IN-450a.1に関する注記 － 企業は、PMLの計算に用いた気候関連のシナリオを、重要な（critical）インプット・パラメータ、仮定及び考慮事項、分析に用いた選択並びに時間軸を含めて記述しなければならない。

[20] FN-IN-450a.2に関する注記 － 企業は、気候変動関連のインパクト及び天候関連の損失の変動性が、再保険コスト及び企業の再保険を通じたリスク移転のアプローチにどのように影響を与える（impact）かについて説明しなければならない。

[21] FN-IN-000.Aに関する注記 － 企業は、保険契約数をさらに商品ラインごとに分解する場合がある。

「気候関連開示」の適用に関する産業別ガイダンス

どのように組み込み、それらの要因がポートフォリオのリスクにどのように影響を与えているか（affect）についての開示を拡充すべきである。

指標

FN-IN-410a.2. 投資管理プロセス及び戦略に環境、社会及びガバナンス（ESG）要因を組み込むためのアプローチの記述

1 企業は、投資管理プロセス及び戦略に環境、社会及びガバナンス（ESG）要因を組み込むためのアプローチを記述しなければならない。

    1.1 ESG要因の組込みの定義は、「Global Sustainable Investment Alliance」（GSIA）の定義と整合し、投資の意思決定プロセスにおけるESG情報の利用を含める。

    1.2 「PRI報告フレームワーク—主な定義」（2018年版）のセクション「ESGの課題」は、ESG要因及び課題の例を提供している。

    1.3 ESG要因の組込みには、「PRI報告フレームワーク—主な定義」（2018年版）と整合した、次のアプローチを含める。

        1.3.1 スクリーニング（これには、(a)ネガティブ又は排他的スクリーニング、(b)ポジティブ又はベスト・イン・クラスのスクリーニング及び(c)規範に基づくスクリーニング（norms-based）を含める。）

        1.3.2 サステナビリティをテーマにした投資（サステナビリティに具体的に関連するテーマ又は資産（例えば、クリーン・エネルギー、グリーン・テクノロジー又は持続可能な農業）への投資と定義する。）

        1.3.3 ESGの統合（重要性がある（material）ESG要因を投資分析及び投資意思決定に体系的かつ明示的に含めることと定義する。）

        1.3.4 前述のアプローチの組み合わせ

2 企業は、企業が行う場合がある許容可能な投資の種類を制限する規制上の要求事項、及び企業がさらされる場合がある許容可能な信用リスク及び株式リスクを記述しなければならない。

    2.1 投資管理プロセス及び戦略にESG要因を組み込むための企業のアプローチの記述は、企業が対象となる規制環境の文脈において提供しなければならない。

3 企業は、投資管理プロセス及び戦略にESG要因を組み込むための企業のアプローチを決定する方針を記述しなければならない。

4 企業は、ESG要因の組込みの実務をどのように適用しているかを記述しなければならない。

    4.1 説明には次のものを含めなければならない。

        4.1.1 通常業務の中でESG要因の組込みを担当する当事者

        4.1.2 関与する従業員の役割及び責任

        4.1.3 ESG関連調査を実施するためのアプローチ

© IFRS Foundation

4.1.4 投資戦略にESG要因を組み込むためのアプローチ

5 企業は、ESG要因の組込みに対する監督及び説明責任のアプローチを記述しなければならない。

5.1 説明には次のものを含めなければならない。

5.1.1 正式な（formal）監督に関与する個人又は機関

5.1.2 関与する従業員の役割及び責任

5.1.3 ESG組込みの品質を評価するにあたり使用される規準

6 企業は、ポートフォリオ・レベルで、将来のESG要因のリスク・プロファイルを計算するシナリオ分析又はモデリングを実施しているかどうかについて説明しなければならない。

6.1 ESG要因には、気候変動、天然資源の制約、人的資本のリスク及び機会並びにサイバーセキュリティ・リスクを含める場合がある。

7 企業は、セクター又は産業固有と考えられるESG要因と同様に、セクター及び産業へのインパクトの観点から、セクター及び産業全体に幅広く適用されるとみなすESG要因について説明しなければならない。

8 企業は、戦略的資産配分、又はセクター間若しくは地理上の市場間の資産配分にESG要因を組み込んでいるかどうかを記述しなければならない。

9 企業は、ESG要因をどのように、次のものの評価に組み込み、次のものに対する企業の見解に影響を与えるか（influence）を記述しなければならない。

9.1 投資の時間軸

9.2 投資のリスク及びリターン・プロファイル

9.3 経済状況、中央銀行の政策、産業要因及び地政学的リスクなどの伝統的なファンダメンタル要因

10 関連性がある場合、企業は、外部ファンド・マネージャー及び受託者マネージャー（fiduciary managers）の選択において、ESG要因をどのように組み込んでいるかについて説明しなければならない。

10.1 企業は、外部ファンド・マネージャー及び受託者マネージャー（fiduciary managers）によるESG要因の組込みの質を評価することに対する監督及び説明責任のアプローチを記述しなければならない。これには次のものを含める。

10.1.1 正式な（formal）監督に関与する個人又は機関

10.1.2 関与する従業員の役割及び責任

10.1.3 ESG組込みの品質を評価するにあたり使用される規準

11 関連性がある場合、投資管理活動へのESG要因の組込みに対する企業のアプローチの記述は、資産クラス又は採用された方式ごとに分解されなければならない。

11.1 説明には、次のものにおけるESG要因の組込みに対する企業のアプローチの違いを含めなけ

ればならないが、これらに限定されない。

11.1.1 上場株式、債券、非上場株式又はオルタナティブ資産クラス

11.1.2 パッシブ対アクティブ投資戦略

11.1.3 投資のファンダメンタル、クオンツ及びテクニカル分析

責任ある行動を動機付けるように設計された保険契約

トピックサマリー

技術の進歩及び新しい保険商品の開発により、保険会社は責任ある行動を促しながら、保険金の支払を制限することができるようになった。その結果、保険産業は正の社会外部性及び環境外部性を生み出すことができるユニークな地位にある。保険会社は、健康的なライフスタイル及び安全な行動を動機付けるのみでなく、再生可能エネルギー、エネルギー効率及び炭素回収などに焦点を当てたサステナビリティ関連のプロジェクト及び技術を開発することができる。再生可能エネルギー産業が成長を続ける中、保険会社は、この分野の保険を引き受けることで、関連する成長機会を求める場合がある。さらに、引受ポートフォリオ全体のリスクを緩和するため、契約条項で、顧客に環境、社会及びガバナンス（ESG）要因を組み込むよう推奨する場合があり、これによって長期的に保険金の支払が減少する場合がある。したがって、エネルギー効率及び低炭素技術に関連する商品の開示、並びに企業が健康、安全又は環境に責任ある行為若しくは行動をどのように動機付けるかについての説明によって、投資家は、保険会社が責任ある行動をどのように動機付けしているかを評価できる場合がある。

指標

FN-IN-410b.1. エネルギー効率及び低炭素技術に関連する正味収入保険料

1 企業は、再生可能エネルギー保険（renewable energy insurance）、省エネルギー保証（energy savings warranties）並びに炭素回収及び貯留保険（carbon capture and storage insurance）を含む、エネルギー効率及び低炭素技術に関連する保険契約の正味収入保険料を開示しなければならない。

1.1 開示の範囲には、環境リスクを吸収するように示されており、サステナビリティ関連のプロジェクト、技術及び活動を可能にするような保険契約を含める。

1.2 再生可能エネルギー保険（renewable energy insurance）は、自然災害（natural hazards）又は機械的故障に対する特定項目に関する保護から、風力又は太陽光の利用可能性の変動に対する保険まで、多岐にわたる場合がある。

1.3 省エネルギー保証（energy savings warranties）は、「Energy Service Entities」（ESCO）が建物の改修及びその他のエネルギー効率プロジェクトを保証する（guaranteed）省エネルギーに対して保険をかけている。

2 開示の範囲には、保険者が価格設定し、顧客への請求書において当該正味収入保険料を別個に識別した保険契約を含めなければならない。

© IFRS Foundation

309

FN-IN-410b.2. 健康、安全又は環境に責任ある行為若しくは行動を動機付ける商品又は商品の特徴（features）についての説明

1 企業は、顧客に販売する保険契約に条項を組み込むこと、及び、保険契約の価格体系を通じて、健康、安全又は環境に責任ある行為若しくは行動をどのように動機付けているかについて説明しなければならない。

    1.1 開示の範囲には、「損害保険」（P&C）及び「生命保険」セグメントの引受保険契約を含めるが、「健康保険」契約は除外する。

    1.2 開示の範囲には、消費者保険セグメント及び商業保険セグメントを含める。

        1.2.1 消費者セグメントには、ホームオーナーズ保険、自動車保険、補完的な健康保険及び傷害保険並びにその他の個人保険を含める。

        1.2.2 商業セグメントには、損害保険（例えば、賠償責任保険、労災保険）、財産保険、スペシャルティ保険（例えば、農産物保険、海上保険、ポリティカル・リスク保険）及び金融保険（例えば、エラーズ・アンド・オミッション保険、受託者賠償責任保険）を含める。

2 開示には、伝統的な商品における健康、安全又は環境に責任ある行為若しくは行動を動機付ける諸側面の記述を含めなければならない。そのような諸側面には、次のものを含める場合がある。

    2.1 グリーン・ビルディングに対する保険料割引

    2.2 不動産の資源効率向上に対する保険料割引

    2.3 低排出車、低燃費非ハイブリッド車又は代替燃料車の使用に対して保険数理的に調整された保険料

    2.4 安全運転及び自家用車の使用の減少に対する保険料割引

    2.5 健康的な行動（健康的な食事、定常的な運動、減量、禁煙又は禁酒）に対する保険料割引

3 企業は、健康、安全又は環境に責任ある行為若しくは行動を動機付ける条項を付した商品の引受パフォーマンスに関連する、次の定量的な測定値を開示する場合がある。

    3.1 そのような条項を組み込んだ契約数

    3.2 関連する商品から生じた保険料の金額

    3.3 商品を通じて影響を与える（influenced）関連する社会及び環境要因の定量的な測定値（保険契約者が関与する自動車事故件数の減少、1週間当たりの運動時間、保険契約者による減量の平均量）

物理的リスクに対するエクスポージャー

トピックサマリー

異常気象に関連した大規模災害による損失は、「保険」産業に重要性がある（material）悪影響（adverse effect）を与え続けている。気候変動により、モデル化された及びモデル化されていない大規模

「気候関連開示」の適用に関する産業別ガイダンス

自然災害（ハリケーン、洪水及び干ばつを含む。）の両方の頻度及び深刻さ（severity）が増加しているため、この影響（effect）の程度は進展する場合がある。環境リスクを適切に理解し、それらを引受保険商品の価格設定に考慮しない場合、予想以上の保険金請求が発生する場合がある。したがって、企業レベルのリスク及び自己資本充実度の管理と同様に、個々の契約の引受プロセスにも気候変動への考慮を組み込む保険会社は、長期にわたる価値創造において有利な立場に立つ場合がある。保険金の支払に起因する予想最大損失額及び総損失額などの定量的なデータに加え、これらの要因を組み込む企業のアプローチに関する開示を拡充することで、投資家はこの問題に関する現在及び将来のパフォーマンスを評価するために必要な情報を得る場合がある。

指標

FN-IN-450a.1. 天候関連の大規模自然災害から生じる保険商品の「予想最大損失額」（Probable Maximum Loss－PML）

1　企業は、大規模危険自然災害から生じる保険商品の「予想最大損失額」（Probable Maximum Loss－PML）を開示しなければならない。

　1.1　PMLは、天候関連の大規模自然災害の結果として起こる可能性がある、企業の保険ポートフォリオに影響を与える（affecting）、予想される（anticipated）最大の金銭的損失額と定義し、大規模災害モデリング及び超過確率（exceedance probability（EP））に基づく。

　1.2　大規模危険自然災害の開示の範囲には、ハリケーン（台風）、竜巻、津波、洪水、干ばつ、猛暑及び寒波を含める。

2　企業は、少なくとも次の3つの超過シナリオの発生可能性を用いてPMLを開示しなければならない：(1)2%（50分の1）、(2)1%（100分の1）、(3)0.4%（250分の1）

　2.1　企業は、追加的な超過シナリオの発生可能性を開示する場合がある。

3　企業は、地理的な地域ごとにPMLを分解しなければならない。

4　企業は、PMLの金額を、大規模災害再保険考慮前の総額及び考慮後の純額を報告しなければならない。

　4.1　グロスPMLは、すべてのリスクに対する年間の総エクスポージャーについての、大規模危険自然災害の予想最大損失額の総額（gross）（再保険前）である。これには、企業の大規模災害モデルに基づく関連する年の翌年度の復元保険料（reinstatement premiums）を含める。

　4.2　ネットPMLは、すべてのリスクに対する年間の総エクスポージャーについての、大規模危険自然災害の予想最大損失額の純額（net）（再保険後）である。これには、企業の大規模災害モデルに基づく関連する年の翌年度の復元保険料（reinstatement premiums）を含める。

5　開示は、関連する地理上の地域について提供しなければならない。

6　企業は、PMLの分解を次の表に要約する場合がある。

© IFRS Foundation

311

表3. グロスPML

	50分の1	100分の1	250分の1
ハリケーン（台風）			
竜巻			
津波			
洪水			
干ばつ			
猛暑			
寒波			

表4. ネットPML

	50分の1	100分の1	250分の1
ハリケーン（台風）			
竜巻			
津波			
洪水			
干ばつ			
猛暑			
寒波			

「気候関連開示」の適用に関する産業別ガイダンス

FN-IN-450a.1に関する注記

1　企業は、「気候関連財務開示に関するタスクフォース（TCFD）保険会社のための補足ガイダンス」と整合して、PMLの計算に用いた気候関連のシナリオを、重要な（critical）インプット・パラメータ、仮定及び考慮事項、分析に用いた選択並びに時間軸を含めて記述しなければならない。

FN-IN-450a.2. 事象のタイプ及び地理的なセグメントごとに示した(1)モデル化された大規模自然災害及び(2)モデル化されていない大規模自然災害から生じた保険金支払に起因する金銭的損失の総額（再保険考慮前及び考慮後）

1　企業は、モデル化された及びモデル化されていない大規模危険自然災害に関連した保険契約損失（policy losses）及び給付費用（benefits expenses）が生じた結果、報告期間中に支払った保険契約者給付金及び発生した保険金の金額を開示しなければならない。

    1.1　大規模危険自然災害の開示の範囲には、ハリケーン（台風）、竜巻、津波、洪水、干ばつ、猛暑及び寒波を含める。

2　発生した給付金及び保険金は、IFRS第17号「保険契約」に従って開示しなければならない。

3　企業は、モデル化された及びモデル化されていない大規模危険自然災害についての保険契約損失（policy losses）及び給付費用（benefits expenses）を分解しなければならない。

    3.1　モデル化された大規模自然災害とは、通常、ハリケーン及び地震などの大規模な事象で、企業が大規模災害リスク・モデルを用いて分析したものである。

    3.2　モデル化されていない事象とは、通常、洪水、干ばつ、吹雪及び竜巻などの比較的小規模な事象で、企業が大規模災害モデル（CATモデル）を用いて分析していないものである。

        3.2.1　CATモデルは、危険な事象をシミュレーションし、関連する潜在的な損害及び被保険損害を見積る確率論的数学モデルである。CATモデルは、企業が実施する場合もあれば、当該企業の名において第三者が実施する場合もある。

4　企業は、保険契約損失（policy losses）及び給付費用（benefits expenses）を、地理的なセグメントごとに分解しなければならない。

5　企業は、保険契約損失（policy losses）及び給付費用（benefits expenses）を、大規模危険自然災害ごとに分解しなければならない。

    5.1　関連する場合には、大規模危険自然災害には、ハリケーン（台風）、竜巻、津波、洪水、干ばつ、猛暑及び寒波を含める。

6　企業は、保険契約損失（policy losses）及び給付費用（benefits expenses）を、大規模災害再保険考慮前の総額及び考慮後の純額の金額で報告しなければならない。

    6.1　当該純額は、大規模危険自然災害から生じる保険契約損失（policy losses）及び給付費用（benefits expenses）の総額から出再保険（ceded reinsurance）からの回収可能額を控除した額として計算しなければならない。

7　企業は、IFRS第17号「保険契約」を規範的な参照先とみなさなければならない。したがって、これに関する今後の更新はすべて、本ガイダンスの更新とみなさなければならない。

© IFRS Foundation

FN-IN-450a.2に関する注記

1   企業は、大規模災害のモデリングの強化に関する戦略について説明しなければならない。

2   企業は、気候変動関連のインパクト及び天候関連の損失の変動性が、再保険コスト及び再保険を通じたリスク移転の企業のアプローチにどのように影響を与える（effect）かについて説明しなければならない。

FN-IN-450a.3. (1)個々の契約の引受プロセス並びに(2)企業レベルのリスク及び自己資本充実度の管理への環境リスクの組込みに関するアプローチの記述

1   企業は、個々の保険契約及び企業全体のリスク評価の両方に、環境リスクを組み込むためのアプローチを記述しなければならない。

2   企業は、保険及び再保険ポートフォリオ上の気候関連のリスクを識別し評価するためのプロセスを、地域ごと、事業部門ごと又は商品セグメントごとに記述しなければならない。

   2.1   気候関連のリスクは、「気候関連財務開示に関するタスクフォース」（TCFD）によって次のとおり定義する。

      2.1.1   天候関連の危険事故（perils）の発生頻度及び規模の変動による物理的リスク

      2.1.2   価値の低下、エネルギー・コストの変動又は炭素規制の適用による、被保険利益の減少に起因する移行リスク

      2.1.3   訴訟の増加に伴い増大する可能性がある損害賠償責任リスク

3   企業は、企業レベルのリスク及び自己資本充実度の管理、並びに個々の契約の引受プロセスの文脈において、何を関連する短期、中期及び長期の時間軸とみなすかを記述しなければならない。

4   企業は、企業レベルのリスク及び自己資本充実度の管理、並びに個々の契約の引受プロセスにおいて企業が考慮している、それぞれの時間軸（短期、中期及び長期）についての特定の気候関連のリスクを記述しなければならない。

5   企業は、気候関連のリスクを確率論的数理モデル（大規模災害モデル）に統合するプロセスを記述しなければならない。

   5.1   説明には次のものを含めなければならない。

      5.1.1   新規及び新興のデータセットの利用（例えば、ダム決壊リスクについて）

      5.1.2   重要な（critical）インプット・パラメータ、仮定及び考慮事項の使用、並びに分析に用いた選択

   5.2   説明は、関連する短期、中期及び長期の時間軸の文脈において提供しなければならない。

6   企業は、大規模災害モデルから得たアウトプットが、引受けの意思決定にどのように情報をもたらすかを記述しなければならない。

   6.1   説明には次のものを含めなければならない。

      6.1.1   気候関連のリスクに対応する保険及び再保険商品の開発

「気候関連開示」の適用に関する産業別ガイダンス

6.1.2 保険及び再保険契約の価格設定

6.1.3 顧客の選択（例えば、企業が引受対象とする若しくはしないことを選択する事象のタイプ、又は企業が保険契約を引き受けないことを選択する地理上の市場）

6.1.4 出再の選択（例えば、再保険を通じて移転することを選択するリスク量の決定）

6.2 説明は、関連する短期、中期及び長期の時間軸の文脈において提供しなければならない。

7 企業は、顧客に販売する保険契約に、契約の価格体系を通じて、被保険資産の気候関連のリスクに対するエクスポージャーの低減を動機付ける条項を組み込むプロセスを記述しなければならない。

7.1 説明には次のようなインセンティブを含めなければならない。

7.1.1 持続可能な建築資材の使用

7.1.2 不動産の耐候性の向上

7.1.3 気候リスクへの適応を必要とする建築規定が存在する地域の不動産のカバレッジ

8 企業は、環境リスクを企業全体の評価に統合するためのプロセスについて説明しなければならない。

8.1 説明には次のものを含めなければならない。

8.1.1 セグメントごとのリスクの考慮（例えば、生命保険か損害保険か）

8.1.2 自己資本充実度

8.1.3 市場の失敗に備えたコンティンジェンシー・プランニング（多数の災害（disaster）関連の保険金請求）

8.1.4 代替的なリスク移転の利用（例えば、カタストロフィ・ボンド、天候デリバティブ）

8.2 説明は、関連する短期、中期及び長期の時間軸の文脈において提供しなければならない。

9 企業は、「トレッドウェイ委員会組織委員会」（COSO）の「Enterprise Risk Management-Integrated Framework」などの企業リスク管理（ERM）フレームワークを使用する際に、サステナビリティ・リスクをどのように統合しているかについて説明する場合がある。

© IFRS Foundation

315

第18巻－投資銀行及び仲介

産業の説明

「投資銀行及び仲介」産業の企業は、資本市場においてさまざまな機能を担う。これには、資本の調達及び配分、並びに会社、金融機関、政府及び富裕層の個人のためのマーケット・メイキング及びアドバイザリー・サービスの提供を含める。具体的な活動には、報酬に基づく金融アドバイザリー・サービス及び証券引受サービス、手数料又は報酬に基づき証券又はコモディティの契約及びオプションを売買することを含む、証券及びコモディティの仲介活動、並びに株式、債券、通貨、コモディティ及び他の証券を顧客又は自己のために売買することを含む、トレーディング及び自己資金投資活動（principal investment activities）を含める。投資銀行はまた、インフラ及びその他のプロジェクトのために融資を新規実行したり、証券化したりする。この産業に属する企業は、グローバルな市場から収益（revenues）を生み出しており、したがって、さまざまな規制制度にさらされている。この産業は、継続して、システミック・リスクをもたらす事業の諸側面を改革し開示するよう規制上の圧力に直面している。具体的には、企業は新しい資本規制、ストレス・テスト、自己取引の制限及び報酬実務に対する強化された監督に直面している。

注記：この基準は、「純粋な」投資銀行及び仲介サービスを扱っている。「不動産金融（FN-MF）」、「商業銀行（FN-CB）」、「消費者金融（FN-CF）」、「資産運用及び管理業務（FN-AM）」並びに「保険（FN-IN）」産業には、別個の基準が存在する。

サステナビリティ開示トピック及び指標

表1. サステナビリティ開示トピック及び指標

トピック	指標	カテゴリー	測定単位	コード
投資銀行及び仲介活動における環境、社会及びガバナンス要因の組込み	環境、社会及びガバナンス（ESG）要因の統合を組み込んだ、(1)引受け、(2)アドバイザリー及び(3)証券化取引から生じた産業ごとの収益（revenue）	定量	表示通貨	FN-IB-410a.1
	環境、社会及びガバナンス（ESG）要因の統合を組み込んだ投資及び融資の産業ごとの(1)件数及び(2)合計額	定量	数、表示通貨	FN-IB-410a.2
	投資銀行及び仲介活動に環境、社会及びガバナンス（ESG）要因を組み込むためのアプローチの記述	説明及び分析	該当なし	FN-IB-410a.3

316

© IFRS Foundation

「気候関連開示」の適用に関する産業別ガイダンス

表2. 活動指標

活動指標	カテゴリー	測定単位	コード
(a)引受け、(b)アドバイザリー及び(c)証券化取引の(1)件数及び(2)金額[22]	定量	数、表示通貨	FN-IB-000.A
セクターごとの自己勘定投資及び融資の(1)件数及び(2)金額[23]	定量	数、表示通貨	FN-IB-000.B
(a)債券、(b)株式、(c)通貨、(d)デリバティブ及び(e)コモディティ商品に関するマーケット・メイキング取引の(1)件数及び(2)金額	定量	数、表示通貨	FN-IB-000.C

投資銀行及び仲介活動における環境、社会及びガバナンス要因の組込み

トピックサマリー

環境、社会及びガバナンス（ESG）要因は、投資銀行がサービスを提供又は投資する、さまざまな産業に属する企業の資産及びプロジェクトに重要性がある（material）インパクトを有する場合がある。したがって、投資銀行は、引受け、アドバイザリー、並びに投資及び融資活動において、これらの要因を考慮することにより、重大な（significant）正及び負の環境外部性及び社会外部性を効果的に管理する場合がある。ESG要因に関連する価値の創造及び損失の両者の可能性は、投資銀行及び仲介企業が、セルサイド・リサーチ、アドバイザリー・サービス、オリジネーション、引受け、及び自己勘定取引（principal transactions）を含むコア商品を分析し、評価する際に、これらのESG要因を考慮する責任を、株主及び顧客に対して有することを示唆している。これらのリスク及び機会を効果的に管理できない投資銀行及び仲介企業は、レピュテーション及び財務上のリスクの増大にさらされる場合がある。ESGリスクを適切に反映する（pricing）ことによって、投資銀行の財務リスクに対するエクスポージャーを削減、追加収益（revenue）を生成、又は新しい市場機会を創出する場合がある。この産業の企業が、これらの課題をどのように管理しているかを投資家がより良く理解できるように、投資銀行はESG要因をコア商品及びサービスにどのように組み込んでいるかを開示すべきである。

指標

FN-IB-410a.1. 環境、社会及びガバナンス（ESG）要因の統合を組み込んだ、(1)引受け、(2)アドバイザリー及び(3)証券化取引から生じた産業ごとの収益（revenue）

1 　企業は、企業が環境、社会及びガバナンス（ESG）要因の統合を組み込んだ取引から得られた総収

---

[22] FN-IB-000.Aに関する注記 ― シンジケート取引については、企業が説明責任を負う価値のみを含めなければならない。

[23] FN-IB-000.Bに関する注記 ― 企業は、投資先及び借手の分類に「世界産業分類基準」（GICS）を用いなければならない。

© IFRS Foundation

益 (revenue) を報告しなければならない。

1.1 ESG要因の統合は、重要性がある (material) ESG要因を引受け、アドバイザリー及び証券化活動に体系的かつ明示的に含めること、と定義し、企業の「Environmental and Social Risk Management」 (ESRM) グループによる取引のレビュー、又はスクリーニング (除外、インクルージョン又はベンチマーク) を含める場合がある。

1.1.1 企業は、ESG要因が前述の活動にどのように統合されているかを記述しなければならない。

2 企業は、(a)引受け、(b)アドバイザリー及び(c)証券化を含む重要な (important) ビジネス活動からの収益 (revenue) を分解しなければならない。

2.1 引受けは、株式又は負債証券のいずれかを発行する会社及び政府の名において、企業が投資家から投資資本を調達する活動と定義する。これには、公募及び私募を含み、国内及びクロスボーダー取引、並びに融資を含むさまざまな証券及びその他の金融商品の買収資金調達を含める。引受けには、企業の引受活動に関連して、公的及び民間部門の顧客と締結されたデリバティブ取引も含める。

2.2 アドバイザリーは、企業が機関投資家の顧客に報酬に基づく金融アドバイスを提供する活動と定義する。ウェルス・マネジメント及び資産管理活動は除外する。

2.3 証券化は、企業が他の金融資産を組み合わせて金融商品を組成し、再パッケージ化された金融商品のさまざまな層 (tiers) を、投資家にマーケティングするプロセスと定義する。これには、住宅及び商業用不動産ローン、社債、融資、並びにその他のタイプの金融資産を証券化媒体 (例えば、信託、企業体及び有限責任会社) に売却すること、又は再証券化することによる証券化を含める場合がある。

3 企業は、取引からの収益 (revenue) を産業ごとに分解しなければならない。

3.1 企業は、取引の分類に、「世界産業分類基準」 (GICS) の6桁の産業レベルのコードを使用しなければならない。

3.1.1 企業は、報告日時点で入手可能な最新版の分類システムを使用しなければならない。

3.1.2 企業は、GICSと異なる分類基準を使用する場合は、使用した分類基準を開示しなければならない。

4 企業は、エクスポージャーの金額ベースで少なくとも上位10の産業について、又はエクスポージャー全体の金額の少なくとも2%を占める産業について、開示を提供しなければならない。

FN-IB-410a.2. 環境、社会及びガバナンス (ESG) 要因の統合を組み込んだ投資及び融資の産業ごとの(1)件数及び(2)合計額

1 企業は、環境、社会及びガバナンス (ESG) 要因の統合を組み込んだ自己勘定投資及び融資の件数を報告しなければならない。

2 企業は、ESG要因の統合を組み込んだ自己勘定投資及び融資の金額を報告しなければならない。

3 開示の範囲には、負債証券及び融資、上場及び非上場株式、インフラ、並びに不動産を含む、資産

「気候関連開示」の適用に関する産業別ガイダンス

クラスにわたる企業の投資及びリレーションシップ・レンディング活動を含める。これらの活動には、上場及び非上場取引証券並びに融資への直接投資を含め、また企業が管理する一部の投資ファンド及び外部者が管理するファンドを通じた投資を含める。

    3.1   開示の範囲からは、企業向け、個人向け及び不動産ローンの融資活動を除外する。

4   ESG要因の統合は、自己勘定投資及び融資に関わる企業の意思決定プロセスに情報をもたらすために、定性的なリスク及び機会、定量的な指標、並びにESG変数のモデルへの組込みを通じて、重要性がある（material）ESG要因を伝統的なファンダメンタル財務分析に体系的かつ明示的に含めることと定義する。

5   企業は、投資及び融資の件数並びに金額を産業ごとに区分しなければならない。

    5.1   企業は、投資先及び借手の分類に、「世界産業分類基準」（GICS）の6桁の産業レベルのコードを使用しなければならない。

        5.1.1   企業は、報告日時点で入手可能な最新版の分類システムを使用しなければならない。

        5.1.2   企業は、GICSと異なる分類基準を使用する場合は、使用した分類基準を開示しなければならない。

    5.2   企業は、エクスポージャーの金額ベースで少なくとも上位10の産業について、又はエクスポージャー全体の金額の少なくとも2%を占める産業について、企業のエクスポージャーを開示しなければならない。

FN-IB-410a.3. 投資銀行及び仲介活動に環境、社会及びガバナンス（ESG）要因を組み込むためのアプローチの記述

1   企業は、投資銀行及び仲介活動に環境、社会及びガバナンス（ESG）要因を組み込むためのアプローチを記述しなければならない。

    1.1   ESG要因の組込みの定義は、「Global Sustainable Investment Alliance」（GSIA）の定義と整合し、投資の意思決定プロセスにおけるESG情報の利用を含める。

    1.2   ESG要因及び課題の例は、「PRI報告フレームワーク－主な定義」（2018年版）のセクション「ESGの課題」に提供されている。

    1.3   投資銀行及び仲介活動の範囲には、(a)引受け、(b)アドバイザリー、(c)証券化、(d)投資及び融資、並びに(e)証券サービスを含める場合がある。

        1.3.1   引受けは、株式又は負債証券のいずれかを発行する企業の名において、企業が投資家から投資資本を調達する活動と定義する。これには、公募及び私募を含み、国内及びクロスボーダー取引、並びに融資を含むさまざまな証券及びその他の金融商品の買収資金調達を含める。引受けには、企業の引受活動に関連して、公的及び民間部門の顧客と締結されたデリバティブ取引も含める。

        1.3.2   アドバイザリーは、企業が機関投資家の顧客に報酬に基づく金融アドバイスを提供する活動と定義する。

        1.3.3   証券化は、企業が他の金融資産を組み合わせて金融商品を組成し、再パッケージ化

© IFRS Foundation

319

された金融商品のさまざまな層（tiers）を、投資家にマーケティングするプロセスと定義する。これには、住宅及び商業用不動産ローン、社債、融資、並びにその他のタイプの金融資産を証券化媒体（例えば、信託、企業体及び有限責任会社）に売却すること、又は再証券化することによる証券化を含める場合がある。

    1.3.4 投資及び融資には、負債証券及び融資、上場及び非上場株式、インフラ、並びに不動産などの資産クラスにわたる短期的及び長期的な投資及びリレーションシップ・レンディング活動を含める。

    1.3.5 証券サービスには、(i)資金調達サービス（証券で担保されたマージン・ローンによる企業の顧客の証券取引活動）、(ii)証券貸付サービス（機関投資家の顧客の空売りをカバーする証券の借入及び貸付、企業の空売りをカバーする証券の借入又は市場への引渡し、ブローカー間の証券貸付、並びに第三者機関の貸付活動）、並びに(iii)その他のプライム・ブローカレッジ・サービス（清算及び決済サービス）を含める。

2 企業は、企業のESG要因の組込みの実務の諸側面を適用するためのアプローチを記述しなければならない。

    2.1 説明には次のものを含めなければならない。

        2.1.1 通常業務の中でESG要因の組込みを担当する当事者

        2.1.2 関与する従業員の役割及び責任

        2.1.3 ESG関連調査を実施するためのアプローチ

        2.1.4 製品及びサービスにESG要因を組み込むためのアプローチ

3 企業は、ESG要因の組込みに対する監督及び説明責任のアプローチを記述しなければならない。

    3.1 説明には次のものを含めなければならない。

        3.1.1 正式な（formal）監督に関与する個人又は機関

        3.1.2 関与する従業員の役割及び責任

        3.1.3 ESG組込みの品質を評価するにあたり使用される規準

4 企業は、その投資銀行及び仲介活動にわたって、将来のESG動向のリスク・プロファイルを計算するシナリオ分析又はモデリングを実施しているかどうかについて説明しなければならない。

    4.1 関連する場合には、企業は、(a)引受け、(b)アドバイザリー、(c)証券化、(d)投資及び融資並びに(e)証券サービスのビジネスラインを含む、具体的なビジネス活動において、シナリオ分析が実施されているかどうかについて開示しなければならない。

    4.2 ESG動向には、気候変動、天然資源の制約、人的資本のリスク及び機会並びにサイバーセキュリティ・リスクを含める場合がある。

5 企業は、セクター又は産業固有と考えられるESG動向と同様に、セクター及び産業への影響（effect）の観点から、セクター及び産業全体に幅広く適用されるとみなすESG動向について説明しなければならない。

「気候関連開示」の適用に関する産業別ガイダンス

5.1 企業はさらに、ビジネスライン別に、企業のポートフォリオについて、地理的なエクスポージャーの文脈において説明を提供する場合がある。

6 企業は、ESG要因に対するリスクの重大な（significant）集中を記述しなければならない。これには、炭素関連資産、水ストレス地域、サイバーセキュリティ・リスクを含める場合がある。

7 企業は、ESG要因を、次のものの評価及び次のものに対する企業の見解にどのように組み込んでいるかを記述しなければならない。

7.1 顧客又は個別取引のリスク・プロファイルに影響を与える（affect）経済状況、中央銀行の金融政策、産業動向及び地政学的リスクなどの伝統的なマクロ経済要因

7.2 顧客の信用力に加え、顧客の財政状態及び経営成績（operational results）に影響を与える（affect）製品又はサービスの供給及び需要などの伝統的なミクロ経済要因

7.3 投資及び融資の時間軸

7.4 投資並びに融資のリスク及びリターン・プロファイル

7.5 (a)引受負債及び株式証券、(b)アドバイザリー取引（例えば、合併及び買収）及び(c)証券化資産に関するリスク・プロファイル

8 企業は、次のような投資銀行及び仲介取引にESG要因の組込みに関する追加的な定量的測定値を開示する場合がある。

8.1 「エクエーター原則」（EP III）（又は同等のもの）に従って審査された投資銀行及び仲介取引に関する「EPカテゴリー」ごとの件数

8.2 環境又は社会リスクの審査を実施した投資銀行及び仲介取引の件数（例えば、企業の「Environmental and Social Risk Management」（ESRM）グループによるもの）

© IFRS Foundation

第19巻－不動産金融

産業の説明

「不動産金融」産業は、消費者が自宅を購入することを可能にし、全体の自宅所有率に寄与することで不可欠な公共財を提供する。この産業に属する企業は、個人及び商業用顧客に対し、不動産を担保として資本を貸し付ける。主要な商品は住宅用及び商業用の不動産金融であるが、提供される他のサービスには、不動産金融の管理業務、権原保険、クロージング及び決済サービス、並びに鑑定が含まれる。また、不動産金融企業は、モーゲージ・パス・スルー証券及び抵当証券担保債権証券といった、不動産関連の投資を保有し、管理し、資金調達を行う。最近の規制環境における傾向は、消費者保護、開示、及び説明責任に向かって著しくシフトしていることを示している。2008年のグローバル金融危機に対応するために行われた規制変更は、社会の利益と長期投資家の利益をさらに整合させるポテンシャルがあることを示している。

サステナビリティ開示トピック及び指標

表1. サステナビリティ開示トピック及び指標

トピック	指標	カテゴリー	測定単位	コード
抵当不動産に対する環境上のリスク	100年確率洪水地帯への不動産ローンの(1)件数及び(2)価値	定量	数、表示通貨	FN-MF-450a.1
	天候関連の大規模自然災害による不動産ローンのデフォルト及び支払延滞に起因する、地理上の地域ごとの(1)予想損失合計及び(2)「デフォルト時損失率」（LGD）	定量	表示通貨、パーセンテージ(%)	FN-MF-450a.2
	気候変動及びその他の環境リスクを不動産ローンのオリジネーション及び引受けにどのように組み込むかの記述	説明及び分析	該当なし	FN-MF-450a.3

表2. 活動指標

活動指標	カテゴリー	測定単位	コード
オリジネーションした不動産ローンのカテゴリーごと（(a)住宅用及び(b)商業用）の(1)件数及び(2)価値	定量	数、表示通貨	FN-MF-000.A
購入した不動産ローンのカテゴリーごと（(a)住宅用及び(b)商業用）の(1)件数及び(2)価値	定量	数、表示通貨	FN-MF-000.B

「気候関連開示」の適用に関する産業別ガイダンス

抵当不動産に対する環境上のリスク

トピックサマリー

気候変動に伴う異常気象の頻度の増加は、「不動産金融」産業に負の影響（impact）を与える場合がある。具体的には、ハリケーン、洪水及びその他の気候変動に関連する事象は、未払及びローンのデフォルトをもたらすと同時に、担保不動産の価値の下落をもたらす可能性がある。気候関連リスクを融資分析に組み込む企業は、長期にわたる価値創造において有利な立場に立つ場合がある。

指標

FN-MF-450a.1. 100年確率洪水地帯への不動産ローンの(1)件数及び(2)価値

1　企業は、100年確率洪水地帯に位置する不動産を担保として引き受けた、企業のポートフォリオに含まれる不動産ローンの(1)件数及び(2)価値を開示しなければならない。

　　1.1　100年確率洪水地帯は、任意の年に1%以上の確率で洪水が生じる土地区域と定義する。そのような区域は、1%年確率洪水、1%年超過確率洪水、又は100年確率洪水の対象とも呼ぶ場合がある。

　　　　1.1.1　100年確率洪水地帯の例には、沿岸氾濫原、主要河川沿い氾濫原及び低地の浸水による洪水の対象となる区域を含める場合がある。

2　開示の範囲には、所在する国に関係なく、100年確率洪水地帯に担保不動産が所在する、企業の不動産ローンの引受けをすべて含めなければならない。

　　2.1　不動産ローンの範囲には、企業がローン資産として保有する第一抵当不動産ローン（1から4家族）及び後順位抵当不動産ローン（1から4家族の第二抵当不動産ローン又は住宅担保与信枠）を含めなければならない。

　　2.2　不動産ローンの範囲からは、売却目的で保有する不動産ローン、不動産ローン担保証券、及び企業が不動産サービスを提供している不動産を除外しなければならない。

FN-MF-450a.2. 天候関連の大規模自然災害による不動産ローンのデフォルト及び支払延滞に起因する、地理上の地域ごとの(1)予想損失合計及び(2)「デフォルト時損失率」（LGD）

1　企業は、天候関連の大規模自然災害による不動産ローンのデフォルト及び支払延滞に起因する、(1)予想損失合計及び(2)「デフォルト時損失率」（LGD）をパーセンテージで開示しなければならない。

　　1.1　予想損失は、企業の不動産ローンのすべてのあり得る損失に、それぞれの損失発生率を乗じた価値の合計と定義し計算する。

　　1.2　LGDは、デフォルト時において失われる資産の割合と定義する。

　　1.3　天候関連の大規模自然災害には、次のものを含める。

　　　　1.3.1　気象学的事象（例えば、ハリケーン及び嵐）

　　　　1.3.2　水文学的事象（洪水）

© IFRS Foundation

323

1.3.3　　気候学的事象（例えば、熱波、寒波、干ばつ及び山火事）

　1.4　　天候関連の大規模自然災害からは、地球物理学的事象（例えば、地震及び火山噴火）を除外する。

2　企業は、開示を地理上の地域ごとに区分しなければならない。

　2.1　　該当する地域は企業が決定する。

FN-MF-450a.3. 気候変動及びその他の環境リスクを不動産ローンのオリジネーション及び引受けにどのように組み込むかの記述

1　企業は、気候変動及びその他の環境リスクを不動産ローンのオリジネーション及び引受けプロセスにどのように組み込んだかを記述しなければならない。

　1.1　　不動産ローンのオリジネーション・プロセスは、貸手と借手との間の不動産ローン取引のすべてのステップとして幅広く定義する。これには、申請、処理及び引受けを含める場合がある。

　1.2　　気候変動及びその他の環境リスクの範囲には、次のものを含める場合がある。

　　　1.2.1　　気象学的事象（例えば、ハリケーン及び嵐）、水文学的事象（洪水）、気候学的事象（例えば、熱波、寒波、干ばつ及び山火事）を含む、天候関連の大規模自然災害の頻度及び深刻さ（severity）の増加

　　　1.2.2　　地球物理学的事象の発生（例えば、地震及び火山噴火）

2　企業は、これらのリスクが、その不動産ローンのオリジネーション・モデル及び意思決定に影響を与える（affect）かどうか、また影響を与える（affect）場合にはどのように影響を与える（affect）かを開示しなければならない。

　2.1　　開示の範囲には次のものを含める場合がある。

　　　2.1.1　　そのリスクが担保不動産の評価にどのように影響を与える（impacts）か。これは、所在地に起因する固有リスクを考慮すること、又は基本的な適応手法（例えば、補強又はハリケーン・シャッター）の適用を評価することなどである。

　　　2.1.2　　自然災害（natural disaster）のリスクが信用リスク（credit risk）の分析にどのように影響を与える（affect）か。これには、自然災害（natural disaster）の頻度及び深刻さ（severity）の増加により、無保険又は保険不足の不動産に起因する債務不履行の可能性が高まると、企業が想定しているかどうかを含める。

食品及び飲料セクター

第20巻－農産物

産業の説明

「農産物」産業は、野菜及び果物の加工、売買及び流通、並びに、穀物、砂糖、食用油、トウモロコシ、大豆、及び動物用飼料などの農業製品の生産及び製粉に従事している。企業は、消費者用及び工業用製品に使用する製品を消費者及びビジネスに直接販売する。この産業に属する企業は典型的には、その後に価値を付加する活動（例えば、加工、売買、流通及び製粉）を行うために、これらの製品を育てる企業から農産物を（直接的又は間接的に）購入する。農産物企業はまた、卸売り及び流通に関わっている。この産業に属する企業は、農業製品の相当程度について、さまざまな国の第三者である生産者から調達する場合がある。したがって、サプライ・チェーン内のサステナビリティ・リスクを管理することは、信頼できる原材料供給を確保し、長期にわたり価格の上昇リスクやボラティリティを軽減するうえで重要（critical）である。

サステナビリティ開示トピック及び指標

表1. サステナビリティ開示トピック及び指標

トピック	指標	カテゴリー	測定単位	コード
温室効果ガス排出	グローバルでの「スコープ1」の総排出	定量	CO_2相当メートル・トン(t)	FB-AG-110a.1
	「スコープ1」の排出を管理するための長期的及び短期的な戦略又は計画、排出削減目標並びにそれらの目標に対するパフォーマンスの分析についての説明	説明及び分析	該当なし	FB-AG-110a.2
	フリートの燃料消費量、再生可能燃料の割合	定量	ギガジュール(GJ)、パーセンテージ(%)	FB-AG-110a.3
エネルギー管理	(1)事業によるエネルギー総消費量、(2)電力系統からの電気の割合及び(3)再生可能エネルギーの割合	定量	ギガジュール(GJ)、パーセンテージ(%)	FB-AG-130a.1

© IFRS Foundation

トピック	指標	カテゴリー	測定単位	コード
水管理	(1)総取水量、(2)総消費水量、及びそれらの「ベースライン水ストレス」が「高い」又は「極めて高い」地域の割合	定量	千立方メートル(m³)、パーセンテージ(%)	FB-AG-140a.1
	水管理リスクの記述並びに当該リスクを緩和するための戦略及び実務の説明	説明及び分析	該当なし	FB-AG-140a.2
	水質の許認可、基準及び規制に関連する違反事案（incidents of non-compliance）の件数	定量	数	FB-AG-140a.3
原材料調達	主要作物の識別及び気候変動によってもたらされるリスク及び機会の記述	説明及び分析	該当なし	FB-AG-440a.1
	「ベースライン水ストレス」が「高い」又は「極めて高い」地域から調達した農産物の割合	定量	コストのパーセンテージ(%)	FB-AG-440a.2

表2. 活動指標

活動指標	カテゴリー	測定単位	コード
主要作物別生産量[24]	定量	メートル・トン(t)	FB-AG-000.A
加工施設数[25]	定量	数	FB-AG-000.B
現在生産中の土地総面積	定量	ヘクタール	FB-AG-000.C
外部から調達した農産物のコスト[26]	定量	表示通貨	FB-AG-000.D

---

[24] FB-AG-000.Aに関する注記 ― 主要作物は、過去3会計年度のいずれかにおいて連結売上高の10%以上を占めたものである。

[25] FB-AG-000.Bに関する注記 ― 加工施設には、農産物の製造、加工、梱包、又は保管に関係する施設を含み、間接部門のオフィスは除外する。

[26] FB-AG-000.Dに関する注記 ― 農産物は、企業の事業で使用するために調達された食品、飼料及びバイオ燃料の原材料と定義する。外部から調達した農産物の範囲からは、企業が所有又は運営する土地で栽培された農産物は除外する。

「気候関連開示」の適用に関する産業別ガイダンス

温室効果ガス排出

トピックサマリー

「農産物」産業の企業は、商品の処理及び陸上及び海上貨物による輸送から直接温室効果ガス（GHG）を排出する。排出規制は、資本コスト及び事業コストを増加させ、GHG排出を管理するための戦略を策定していない企業の事業効率に影響を与える（affect）場合がある。代替燃料及びエネルギー・インプット（内部プロセスから発生するバイオマス廃棄物を含む。）を使用する革新的な技術を採用し、燃料効率を向上させることは、企業が不安定な燃料価格、供給断絶、将来の規制コスト、及びGHG排出のその他の潜在的な結果へのエクスポージャーを低減できる方法である。

指標

FB-AG-110a.1. グローバルでの「スコープ1」の総排出

1　企業は、「京都議定書」において対象とされる7種類の温室効果ガス（GHG）－二酸化炭素（CO_2）、メタン（CH_4）、一酸化二窒素（N_2O）、ハイドロフルオロカーボン類（HFCs）、パーフルオロカーボン類（PFCs）、六フッ化硫黄（SF_6）及び三フッ化窒素（NF_3）－のグローバルでの「スコープ1」のGHGの大気への総排出を開示しなければならない。

  1.1　すべてのGHG排出は、二酸化炭素相当（CO_2相当）メートル・トン単位で合算し、開示しなければならず、公開されている100年の時間軸に基づく地球温暖化係数（GWP）の数値に従い計算しなければならない。現時点でのGWP数値の推奨される情報源は、「気候変動に関する政府間パネル（IPCC）第5次評価報告書（2014年）」である。

  1.2　総排出は、オフセット、クレジット又はその他の類似した排出削減若しくは排出相殺のメカニズムを考慮する前の、大気中に排出されたGHGである。

2　「スコープ1」の排出は、「世界資源研究所」（WRI）及び「持続可能な開発のための世界経済人会議」（WBCSD）によって公表された「温室効果ガスプロトコルの企業算定及び報告基準（GHGプロトコル）（2004年3月改訂版）」において定義されており、ここに記載されている方法に従って計算しなければならない。

  2.1　認められる計算方法には、基礎的な参考文献として「GHGプロトコル」に従いつつ、産業固有又は地域固有のガイダンスなど追加的なガイダンスを提供するものを含める。例には次のものを含める場合がある。

    2.1.1　「GHG Reporting Guidance for the Aerospace Industry」（「国際航空宇宙環境グループ」（IAEG）発行）

    2.1.2　「Greenhouse Gas Inventory Guidance：定置式燃焼源からの直接排出」（「米国環境保護庁」（EPA）発行）

    2.1.3　「India GHG Inventory Program」

    2.1.4　ISO 14064-1

    2.1.5　「Petroleum Industry Guidelines for reporting GHG emissions」（IPIECA発行　第2版（2011年））

© IFRS Foundation

2.1.6 「Protocol for the quantification of greenhouse gas emissions from waste management activities」（「Entreprises pour l'Environnement」（EpE）発行）

2.2 GHG排出データは、企業が財務報告データを連結する方法に従って合算し、開示しなければならない。その方法は、一般的に、「GHGプロトコル」で定義する「財務支配」アプローチ及び「気候開示基準委員会」（CDSB）によって公表された「環境及び社会情報の報告のためのCDSBフレームワーク」のREQ-07「組織の境界」に記述されているアプローチと整合している。

3 企業は、過去の報告期間からの排出の変化について説明する場合がある。これには、変化が排出削減、ダイベストメント、買収、合併、アウトプットの変化又は計算方法の変更によるものかどうかを含める。

4 現在のCDP又は他の企業へのGHG排出の報告（例えば、国の規制上の開示プログラム）が、範囲及び使用した合算アプローチの点で異なる場合、企業はそれらの排出を開示することがある。ただし、主要な開示は前述のガイドラインに従わなければならない。

5 企業は、データが連続排出監視システム（CEMS）、エンジニアリング計算又は物質収支計算からのものであるかどうかなど、排出開示の計算方法について説明する場合がある。

FB-AG-110a.2. 「スコープ1」の排出を管理するための長期的及び短期的な戦略又は計画、排出削減目標並びにそれらの目標に対するパフォーマンスの分析についての説明

1 企業は、「スコープ1」の温室効果ガス（GHG）排出を管理するための長期的及び短期的な戦略又は計画について説明しなければならない。

1.1 「スコープ1」の排出は、「世界資源研究所」（WRI）及び「持続可能な開発のための世界経済人会議」（WBCSD）によって公表された「温室効果ガスプロトコルの企業算定及び報告基準（GHGプロトコル）（2004年3月改訂版）」において定義されている。

1.2 GHG排出の範囲には、「京都議定書」において対象とされる7種類の温室効果ガス（GHG）－二酸化炭素（CO_2）、メタン（CH_4）、一酸化二窒素（N_2O）、ハイドロフルオロカーボン類（HFCs）、パーフルオロカーボン類（PFCs）、六フッ化硫黄（SF_6）及び三フッ化窒素（NF_3）－を含める。

2 企業は、排出削減目標について説明し、目標に対するパフォーマンスを分析しなければならない。関連する場合は、次のものを含める。

2.1 排出削減目標の範囲（例えば、目標が適用される総排出の割合）

2.2 目標が絶対量ベース又は原単位ベースのいずれであるか、及び目標が原単位ベースの目標である場合は指標の分母

2.3 基準年に対する削減率。この基準年とは、目標の達成に向けて排出について評価する最初の年を表す。

2.4 削減活動の時間軸。これには開始年、目標年及び基準年を含める。

2.5 目標を達成するためのメカニズム

328

© IFRS Foundation

「気候関連開示」の適用に関する産業別ガイダンス

2.6 目標年の排出若しくは基準年の排出が遡及的に再計算された（若しくは再計算される場合がある）、又は目標年若しくは基準年が再設定された、すべての状況

3 企業は、計画又は目標を達成するために必要な活動及び投資、並びに計画又は目標の達成に影響を与える（affect）場合があるリスク又は制限要因について説明しなければならない。

4 企業は、さまざまな事業単位、地域又は排出源に対して異なるように関係しているかどうかなど、その戦略、計画又は削減目標の範囲について説明しなければならない。

5 企業は、その戦略、計画又は削減目標が、地域、国、国際又はセクター別プログラムを含む、排出制限又は排出報告ベースのプログラム又は規制（例えば、「EU域内排出量取引制度」、「ケベック州キャップアンドトレード制度」、「カリフォルニア州キャップアンドトレード・プログラム」）に関連している（related to）か又は関係している（associated with）かどうかについて説明しなければならない。

6 戦略、計画又は削減目標の開示は、報告期間中に進行中（アクティブ）であったか又は完了した活動に限定しなければならない。

FB-AG-110a.3. フリートの燃料消費量、再生可能燃料の割合

1 企業は、自社のフリート車両によって消費された燃料の総量を、ギガジュール（GJ）単位で集計して開示しなければならない。

1.1 消費された燃料の計算方法は、設計上のパラメータではなく、実際に消費された燃料に基づかなければならない。

1.2 消費された燃料の許容可能な計算方法には、次に基づく方法を含める場合がある。

1.2.1 報告期間中に購入した燃料を報告期間の期首の在庫に加算し、報告期間の末日の燃料の在庫を差し引いたもの

1.2.2 車両によって消費された燃料を追跡すること

1.2.3 燃料費を追跡すること

2 企業は、フリート車両によって消費された、再生可能燃料の総量の割合を開示しなければならない。

2.1 再生可能燃料は、一般的に次の要件のすべてを満たす燃料と定義する。

2.1.1 再生可能なバイオマスから生産されたもの

2.1.2 輸送用燃料、暖房用燃料油、又はジェット燃料に含まれる化石燃料の代替又は削減のために使用されるもの

2.1.3 ライフ・サイクル・ベースでの温室効果ガス（GHG）排出の純減を達成したもの

2.2 企業は、燃料が再生可能かどうかを判断するために使用した基準又は規制を開示しなければならない。

3 開示の範囲には、企業が所有又は運用する車両が消費する燃料を含める。

4 開示の範囲からは、第三者が企業の製品を輸送する際に消費する燃料を除外する。

© IFRS Foundation

エネルギー管理

トピックサマリー

農産物の加工及び製粉には、相当のエネルギー投入が必要である。一部の農産物企業は、化石燃料又はバイオマスの直接燃焼を通じてオンサイトでエネルギーを生成するが、ほとんどのエネルギーは電力系統から調達される。エネルギー消費は、気候変動及び汚染を含む環境へのインパクトを与えている。エネルギー管理は、現在及び将来の事業コストに影響を与える（affects）。気候規制及びその他のサステナビリティ要因により、電気及び燃料の価格がより高くなり又はより変動しやすくなり、農産物企業の事業コストが増加する可能性がある。したがって、プロセスの改善を通じて達成されるエネルギー効率により、事業コストを削減できる。オンサイトで生成する電気と電力系統からの電気の間のトレードオフは、代替エネルギーの使用と同様に、企業のエネルギー供給の長期的なコスト及び信頼性（reliability）、並びに、直接排出及び間接排出による規制へのインパクトの範囲の両方に影響を与える（influencing）重要な（important）役割を果たす可能性がある。

指標

FB-AG-130a.1. (1)事業によるエネルギー総消費量、(2)電力系統からの電気の割合及び(3)再生可能エネルギーの割合

1　企業は、(1)消費したエネルギーの総量（フリート車両を除く。）をギガジュール（GJ）単位で集計して開示しなければならない。

 1.1　エネルギー消費の範囲には、フリート車両が消費した燃料を除外するものの、外部の供給源から購入したエネルギー及び企業が自ら生産したエネルギー（自己生成）を含む、その他すべての供給源からのエネルギーを含める。例えば、購入した電気、温熱、冷熱及び蒸気エネルギーはすべてエネルギー消費の範囲内に含まれる。

 1.2　エネルギー消費の範囲には、報告期間中に企業が直接消費したエネルギーのみを含める。

 1.3　燃料及びバイオ燃料からのエネルギー消費量を計算するにあたり、企業は、直接測定したか、又は「気候変動に関する政府間パネル」（IPCC）から取得した、総発熱量（GCV）とも呼ばれる高位発熱量（HHV）を使用しなければならない。

2　企業は、(2)自社が消費した、電力系統から供給されたエネルギー（フリート車両を除く。）の割合を開示しなければならない。

 2.1　この割合は、購入した電力系統からの電気の消費量を、エネルギー総消費量で除して計算しなければならない。

3　企業は、(3)自社が消費した再生可能エネルギー（フリート車両を除く。）の割合を開示しなければならない。

 3.1　再生可能エネルギーは、地熱、風力、太陽光、水力及びバイオマスなど、それらの枯渇率以上のペースで補充されるエネルギー源からのエネルギーと定義する。

 3.2　この割合は、再生可能エネルギー消費量を、エネルギー総消費量で除して計算しなければならない。

330　　　　© IFRS Foundation

3.3 再生可能エネルギーの範囲には、企業が消費した再生可能燃料、企業が直接生産した再生可能エネルギー、及び企業が購入した再生可能エネルギー（再生可能エネルギー証書（REC）若しくは「原産地保証」（GO）を明示的に含む再生可能電力購入契約（PPA）を通じて購入した場合、「Green-eエナジー認証」済みの電気事業者若しくはサプライヤー・プログラムを通じて購入した場合、又は、RECやGOを明示的に含むその他のグリーン電力製品、若しくは「Green-eエナジー認証」RECが電力系統からの電気と組み合わせられた他のグリーン電力製品を通じて購入した場合）を含める。

3.3.1 オンサイトで生成した再生可能な電気について、それが再生可能エネルギーであると企業が主張するためには、当該企業の名においてREC及びGOを保持（retained）し（売却せず）、取り消し（retired）又は無効化（cancelled）しなければならない。

3.3.2 再生可能PPA及びグリーン電力製品について、それが再生可能エネルギーであると企業が主張するためには、当該企業の名においてREC及びGOを保持（retained）又は交換（replaced）し、取り消し（retired）又は無効化（cancelled）する旨を、その契約に明示的に含めて伝えなければならない。

3.3.3 企業の支配又は影響（influence）の範囲外にある系統電力ミックスの再生可能部分は、再生可能エネルギーの範囲から除外する。

3.4 この開示の目的において、バイオマス源からの再生可能エネルギーの範囲は、第三者の基準（例えば、「森林管理協議会」（Forest Stewardship Council）、「持続可能な森林イニシアティブ」（Sustainable Forest Initiative）、「森林認証プログラム」（Programme for the Endorsement of Forest Certification）、又は「American Tree Farm System」）で認証された材料、「再生可能エネルギー認証のためのGreen-eフレームワークのバージョン1.0（2017年）」若しくは「Green-e」地域基準に従い対象となり得る（eligible）供給源とみなされる材料、又は適用される法域の再生可能エネルギー利用割合基準（renewable portfolio standard）において対象となり得る（eligible）材料に限定する。

4 企業は、燃料使用量（バイオ燃料を含む。）についてのHHVの使用及びキロワット時（kWh）のGJへの変換（太陽光又は風力エネルギーからの電気を含むエネルギー・データの場合）など、この開示で報告するすべてのデータに対して、変換係数を一貫して適用しなければならない。

水管理

トピックサマリー

「農産物」産業は、加工工程を水に依存しており、この産業の企業は通常、廃水又は排水を発生させる。物理的な入手可能性又は規制上のアクセスによる水の入手可能性は、処理施設を効率的に運用する産業の能力に直接影響を与える（impacts）。この産業の企業は、これまで以上に水関連のリスク及び規制にさらされており、資本支出コスト、事業コスト、修復コスト又は潜在的な罰金が増える場合がある。企業は、水関連のリスク及び機会を管理し、設備投資及び水不足リスクに関連する施設の場所の評価、業務効率の改善、並びに水へのアクセス及び排水に関連する問題についての規制当局及びコミュニティとの協力を通じて長期コストを軽減できる。別のサプライ・チェーン由来のトピックである「原材料調達」では、水の利用可能性及びアクセスによってもたらされる作物生産に関連するリスクについて取り扱う。

© IFRS Foundation

指標

FB-AG-140a.1. (1)総取水量、(2)総消費水量、及びそれらの「ベースライン水ストレス」が「高い」又は「極めて高い」地域の割合

1　企業は、すべての水源から引き出された水の量を、千立方メートル単位で開示しなければならない。

   1.1　水資源には、地表水（湿地、河川、湖及び海からの水を含む。）、地下水、企業が直接収集し貯留した雨水、並びに地方自治体の水道供給者、水道事業者又はその他の企業から取得した水及び廃水を含める。

2　企業は、例えば、取水量の大部分（significant portions）が非淡水源からのものである場合、その供給を水源別に開示することがある。

   2.1　淡水は、企業が事業を営む地域の法令に従い定義する場合がある。法令による定義が存在しない場合、淡水は、1,000ppm未満の溶解固形物を含む水とみなさなければならない。

   2.2　法域の飲料水規制に準拠して水道事業者から取得した水は、淡水の定義を満たすとみなすことができる。

3　企業は、自社の事業で消費した水の量を、千立方メートル単位で開示しなければならない。

   3.1　水消費は次のように定義する。

      3.1.1　取水、使用及び排水中に蒸発する水

      3.1.2　企業の製品又はサービスに、直接的又は間接的に組み込まれる水

      3.1.3　その他、取水源と同じ集水域に戻らない水（別の集水域又は海に戻る水など）

4　企業は、すべての事業における水リスクを分析し、「世界資源研究所」（WRI）の「水リスク・アトラス」（Water Risk Atlas）ツールである「Aqueduct」によって、「ベースライン水ストレス」が「高い（40～80%）」又は「極めて高い（>80%）」と分類された場所で取水し水消費する活動を識別しなければならない。

5　企業は、「ベースライン水ストレス」が「高い」又は「極めて高い」場所で取水した水について、総取水量に対する割合で開示しなければならない。

6　企業は、「ベースライン水ストレス」が「高い」又は「極めて高い」場所で消費した水について、総消費水量に対する割合で開示しなければならない。

FB-AG-140a.2. 水管理リスクの記述並びに当該リスクを緩和するための戦略及び実務の説明

1　企業は、取水、水消費並びに水又は廃水の排出に関連する水管理リスクを記述しなければならない。

   1.1　取水及び水消費に関連するリスクには、十分で清潔な水資源の入手可能性に対するリスクを含める。これには次のものを含める。

      1.1.1　環境上の制約 − 水ストレス地域での事業、干ばつ、水生生物の閉込み又は巻込みの懸念、経年変動又は季節変動、及び気候変動のインパクトからのリスクなど

      1.1.2　規制及び財務上の制約 − 水コストの変動、取水に関連する利害関係者の認識及び懸

「気候関連開示」の適用に関する産業別ガイダンス

　　　念（例えば、地域社会、非政府組織及び規制当局からのもの）、他の水利用者との直接的な競合及びその行為からのインパクト（例えば、企業及び地方自治体の水利用者）、規制による取水制限、並びに水利権又は許認可を取得し保持する企業の能力に対する制約など

1.2　水又は廃水の排出に関連するリスクには、排出に関連する権利又は許認可を取得する能力、排出に関連する規制への準拠、排出に対する制約、排水の温度管理を維持する能力、義務、レピュテーション・リスク、並びに、排水に関連する規制、利害関係者の認識及び懸念（例えば、地域社会、非政府組織及び規制当局からのもの）による事業コストの増加を含める。

2　企業は、次の文脈において水管理リスクを記述する場合がある。

2.1　地表水（湿地、河川、湖及び海からの水を含む。）、地下水、企業が直接収集し貯留した雨水、並びに地方自治体の水道供給者、水道事業者又はその他の企業から取得した水及び廃水を含む取水源によって、リスクがどのように異なる場合があるか

2.2　地表水、地下水又は廃水処理施設を含む排出先によって、リスクがどのように異なる場合があるか

3　企業は、水管理リスクが自社の事業に対して有する場合がある潜在的な影響（effects）及びそのようなリスクが顕在化すると見込まれる時間軸について説明する場合がある。

3.1　影響（effects）には、コスト、売上、負債、事業の継続性及びレピュテーションに関連するものを含める。

4　企業は、水管理リスクを緩和するための短期的及び長期的な戦略又は計画について説明しなければならない。これには次のものを含める。

4.1　戦略、計画、ゴール又は目標の範囲（さまざまな事業単位、地域又は水を消費する事業プロセスとどのように関連しているかなど）

4.2　優先する水管理のゴール又は目標、及び、それらのゴール又は目標に対するパフォーマンスの分析

　　4.2.1　ゴール及び目標には、取水量の削減、水消費量の削減、排水量の削減、水生生物の閉込みの軽減、排水の質の改善及び規制遵守の維持に関連するものを含める場合がある。

4.3　計画、ゴール又は目標を達成するために必要な活動及び投資、並びに計画又は目標の達成に影響を与える（affect）場合があるリスク又は制限要因

4.4　戦略、計画、ゴール又は目標の開示は、報告期間中に進行中（アクティブ）であったか、又は完了した活動に限定しなければならない。

5　水管理の目標について、企業は追加で次のものを開示しなければならない。

5.1　目標が絶対量ベース又は原単位ベースのいずれであるか、及び目標が原単位ベースである場合は指標の分母

5.2　水管理計画の時間軸（開始年、目標年及び基準年を含める。）

© IFRS Foundation

333

5.3 次のものを含む、目標を達成するためのメカニズム

5.3.1 水のリサイクル又は循環システムの使用などの、効率化に関する取組み（efforts）

5.3.2 必要な水の量を減らすための製品又はサービスの再設計などの、製品のイノベーション

5.3.3 水生生物の閉込み又は巻込みの軽減を可能にするような、プロセス及び機器のイノベーション

5.3.4 水の使用、リスク及び機会を分析するためのツール及び技術の使用（例えば、「世界自然保護基金」の「Water Risk Filter」、「Global Water Tool」及び「Water Footprint Network Footprint Assessment Tool」）

5.3.5 地域又は他の組織との実施されているコラボレーション又はプログラム

5.4 基準年からの削減率又は改善率。基準年は、目標の達成に向けて、水管理の目標が評価される最初の年である。

6 企業は、水管理の実務が、組織内で追加的なライフ・サイクルへの影響（effects）又はトレードオフをもたらすかどうかについて説明しなければならない。これには、土地利用、エネルギー生産及び温室効果ガス（GHG）排出のトレードオフを含める。また、ライフ・サイクルのトレードオフにもかかわらず、企業がこれらの実務を選択した理由についても説明しなければならない。

FB-AG-140a.3. 水質の許認可、基準及び規制に関連する違反事案（incidents of non-compliance）の件数

1 企業は、技術ベースの基準への違反（violations）並びに水量ベース又は水質ベースの基準の超過を含め、違反事案（incidents of non-compliance）の総数を開示しなければならない。

2 開示の範囲には、適用される法域の法的許認可及び規制が適用される事案（incidents）を含める。これには、危険物質の排出（discharge）、前処理要件への違反（violation）又は1日当たりの総最大負荷量（TMDL）の超過を含める。

3 開示の範囲には、正式な執行措置をもたらした違反事案（incidents of non-compliance）のみを含めなければならない。

3.1 正式な執行措置は、水量又は水質に関する法令、政策又は命令への違反（violation）又は違反のおそれ（threatened violation）に対処する政府の措置と定義し、とりわけ、行政罰命令、行政命令及び司法措置をもたらす可能性がある。

4 違反（violations）は、測定方法又は頻度にかかわらず、開示しなければならない。これには、次の違反（violations）を含める。

4.1 継続的な排出（discharges）、制限、基準及び禁止事項で、一般的に1日平均、週平均及び月平均の最大値で表されるもの

4.2 非継続的な排出（discharges）又は制限で、一般的に頻度、総質量、最大排出率及び特定の汚染物質の質量又は濃度の観点で表されるもの

「気候関連開示」の適用に関する産業別ガイダンス

原材料調達

トピックサマリー

農産物企業は、農家又は仲介業者から多種多様な商品及び原材料を調達している。この産業が原材料を望ましい価格で確実に調達する能力は、作物の収穫量によって変動する。つまり、気候変動、水不足、土地管理、及びその他の資源不足の考慮事項によって影響を受ける（affected）場合がある。生産性が高く、比較的資源集約的でない作物を調達する企業、又はサプライヤーと緊密に協力して気候変動及びその他の資源不足リスクへの適応性を高める企業は、作物価格の変動及び作物の供給断絶を軽減できる場合がある。さらに、企業はブランドのレピュテーションを高め、新しい市場機会を開拓する場合がある。調達リスクを効果的に管理しないことにより、資本コストが高くなり、マージンが減少し、売上成長率が抑制されることにつながる可能性がある。

指標

FB-AG-440a.1. 主要作物の識別及び気候変動によってもたらされるリスク及び機会の記述

1   企業は、企業のビジネスにとって優先事項である主要作物を識別しなければならない。

    1.1   FB-AG-000.Aで開示するように、主要作物は、過去の3報告期間のいずれかにおいて連結売上高の10%以上を占めたものである。

2   開示の範囲には、企業が直接栽培する作物、契約に基づいて栽培された作物、又は商品として調達した作物を含めなければならない。

    2.1   企業が直接栽培する作物には、企業が所有又は運営する農場で栽培する作物を含める。

    2.2   契約に基づいて栽培された作物には、「国連食糧農業機関」（FAO）の「Contract Farming Resource Centre」と整合的に、企業が作物の生産条件及び作物の品質を農業者と直接契約したものを含める。

    2.3   商品として調達した作物には、スポット・マーケット、先物入札（to-arrive bids）、穀物エレベーター（grain elevators）、又は企業が生産プロセスを制御できないその他の手段により購入したものを含める。

3   企業は、気候変動シナリオによって、主要作物にもたらされるリスク又は機会を記述しなければならない。また、関連性がある場合には次のものを含める。

    3.1   気候変動によって生じるリスクの識別。これには水の利用可能性、作物地域の変化、害虫の移動及び異常気象を含める場合がある。

    3.2   気候変動によって生じるリスク及び機会を決定するために用いるシナリオについての説明

    3.3   そのようなシナリオがどのように顕在化するか（例えば、企業又は企業のサプライ・チェーンへの直接的な影響（effects））及びこれらがその優先作物に対して有する潜在的な影響（implications）についての説明

    3.4   そのようなリスク及び機会が顕在化すると見込まれる時間軸

© IFRS Foundation

4 企業は、これらのシナリオを開発するために用いる方法又はモデルについて説明する場合がある。これには、グローバル・グリッド・クロップ・モデル（global gridded crop models）又は政府及び非政府組織によって提供される科学的研究（例えば、「気候変動に関する政府間パネル　気候シナリオ・プロセス」）の使用を含める。

5 企業は、気候変動のインパクトを評価しモニタリングするための取組み（efforts）、及びリスクを軽減するか若しくはリスクに適応するための関連する戦略、並びに機会を認識するための取組み（efforts）（例えば、FAOの「Climate-Smart Agriculture」アプローチ）について説明しなければならない。

 5.1 軽減戦略には、作物保険の利用、ヘッジ手段への投資及びサプライ・チェーンの多様化を含める場合がある。

 5.2 適応戦略には、生態系管理及び生物多様性の改善、耐性作物品種の開発、並びに植え付けて収穫するタイミングの最適化を含める場合がある。

FB-AG-440a.2. 「ベースライン水ストレス」が「高い」又は「極めて高い」地域から調達した農産物の割合

1 企業は、「ベースライン水ストレス」が「高い」又は「極めて高い」地域から調達した農産物の割合を開示しなければならない。

 1.1 農産物は、企業の事業が使用するために調達する食品、飼料及びバイオ燃料原料などの原材料と定義する。

2 この割合は、農産物を生産するために「ベースライン水ストレス」が「高い」又は「極めて高い」地域で取水し水消費しているTier 1サプライヤーから購入した農産物のコストを、Tier 1サプライヤーから購入した農産物の総コストで除して計算しなければならない。

 2.1 企業は、「世界資源研究所」（WRI）の「水リスク・アトラス」（Water Risk Atlas）ツールである「Aqueduct」によって、「ベースライン水ストレス」が「高い（40〜80％）」又は「極めて高い（>80％）」と分類された場所で取水し水消費するTier 1サプライヤーを識別しなければならない。

3 開示の範囲は、契約に基づいて栽培された農産物又は商品として調達した農産物を含む、Tier 1サプライヤーから購入した農産物である。

 3.1 Tier 1サプライヤーは、農産物について企業と直接取引するサプライヤーと定義する。

 3.2 契約に基づいて栽培された農産物には、「国連食糧農業機関」（FAO）の「Contract Farming Resource Centre」と整合して、企業が作物の生産条件及び作物の品質を農業者と直接契約したものを含める。

 3.3 商品として調達した農産物には、スポット・マーケット、先物入札（to-arrive bids）、穀物エレベーター（grain elevators）、又は企業が生産プロセスを支配できないその他の手段により購入したものを含める。

4 すべてのTier 1サプライヤーに関するデータを識別又は収集できない場合、企業は、原産地及び水リスクが不明である農産物の割合を開示しなければならない。

「気候関連開示」の適用に関する産業別ガイダンス

第21巻－酒類

産業の説明

「酒類」産業の企業は、ビール、ワイン及び蒸留酒を含む、さまざまな酒類を醸造、蒸留及び製造する。この産業に属する企業は、砂糖、大麦及びトウモロコシを含む農産物を完成品である酒類に変換する。最も大規模な企業はグローバルに事業を営んでおり、多数のブランド化された製品のポートフォリオを有している。産業内の垂直統合の水準は、市場ごとの規制によりさまざまである。ビール醸造業者は通常、異なる市場へのアクセスを提供するために複数の製造施設を有しているが、ワイン醸造業者や蒸留業者は典型的には生産の歴史を有している場所に所在している。

サステナビリティ開示トピック及び指標

表1. サステナビリティ開示トピック及び指標

トピック	指標	カテゴリー	測定単位	コード
エネルギー管理	(1)エネルギー総消費量、(2)電力系統からの電気の割合及び(3)再生可能エネルギーの割合	定量	ギガジュール(GJ)、パーセンテージ(%)	FB-AB-130a.1
水管理	(1)総取水量、(2)総消費水量、及びそれらの「ベースライン水ストレス」が「高い」又は「極めて高い」地域の割合	定量	千立方メートル(m³)、パーセンテージ(%)	FB-AB-140a.1
	水管理リスクの記述並びに当該リスクを緩和するための戦略及び実務の説明	説明及び分析	該当なし	FB-AB-140a.2
原材料のサプライ・チェーンが環境及び社会に与えるインパクト	サプライヤーの社会及び環境責任監査(1)不適合率並びに(2)(a)主要な不適合及び(b)軽微な不適合の関連する是正措置率	定量	比率	FB-AB-430a.1
原材料調達	「ベースライン水ストレス」が「高い」又は「極めて高い」地域から調達した飲料原材料の割合	定量	コストのパーセンテージ(%)	FB-AB-440a.1
	優先飲料原材料の一覧、並びに、環境及び社会配慮に関連する調達リスクについての説明	説明及び分析	該当なし	FB-AB-440a.2

© IFRS Foundation

表2. 活動指標

活動指標	カテゴリー	測定単位	コード
製品の販売量	定量	百万ヘクトリットル(Mhl)	FB-AB-000.A
生産拠点数	定量	数	FB-AB-000.B
フリート総輸送距離	定量	キロメートル(km)	FB-AB-000.C

エネルギー管理

トピックサマリー

「酒類」産業の企業は、重要な（critical）インプットとして、燃料及び購入した電気の両方に依存している。化石燃料及び電気エネルギーの消費は、気候変動及び汚染を含むネガティブな環境インパクトに寄与する可能性がある。これらのインパクトは、温室効果ガス（GHG）排出の規制並びにエネルギー効率及び再生可能エネルギーに対する新たなインセンティブにより、化石燃料及び従来の電気の価格変動が大きくなる一方で、代替資源のコスト競争力がより高まることから、この産業の企業の価値に影響を与える（affect）可能性がある。エネルギー効率性の向上を管理し、代替エネルギー源を利用する企業は、経費及びリスクの両方を低減することで収益性を高める場合がある。

指標

FB-AB-130a.1. (1)エネルギー総消費量、(2)電力系統からの電気の割合及び(3)再生可能エネルギーの割合

1 企業は、(1)消費したエネルギーの総量をギガジュール（GJ）単位で集計して開示しなければならない。

1.1 エネルギー消費の範囲には、外部の供給源から購入したエネルギー及び企業が自ら生産したエネルギー（自己生成）を含む、すべての供給源からのエネルギーが含まれる。例えば、直接的な燃料の使用、購入した電気、並びに温熱、冷熱及び蒸気エネルギーはすべてエネルギー消費の範囲内に含まれる。

1.2 エネルギー消費の範囲には、報告期間中に企業が直接消費したエネルギーのみを含める。

1.3 燃料及びバイオ燃料からのエネルギー消費量を計算するにあたり、企業は、直接測定したか、又は「気候変動に関する政府間パネル」（IPCC）から取得した、総発熱量（GCV）とも呼ばれる高位発熱量（HHV）を使用しなければならない。

2 企業は、(2)自社が消費した、電力系統から供給されたエネルギーの割合を開示しなければならない。

2.1 この割合は、購入した電力系統からの電気の消費量を、エネルギー総消費量で除して計算しなければならない。

「気候関連開示」の適用に関する産業別ガイダンス

3　企業は、(3)自社が消費した再生可能エネルギーの割合を開示しなければならない。

3.1　再生可能エネルギーは、地熱、風力、太陽光、水力及びバイオマスなど、それらの枯渇率以上のペースで補充されるエネルギー源からのエネルギーと定義する。

3.2　この割合は、再生可能エネルギー消費量を、エネルギー総消費量で除して計算しなければならない。

3.3　再生可能エネルギーの範囲には、企業が消費した再生可能燃料、企業が直接生産した再生可能エネルギー、及び企業が購入した再生可能エネルギー（再生可能エネルギー証書（REC）若しくは「原産地保証」（GO）を明示的に含む再生可能電力購入契約（PPA）を通じて購入した場合、「Green-eエナジー認証」済みの電気事業者若しくはサプライヤー・プログラムを通じて購入した場合、又は、RECやGOを明示的に含むその他のグリーン電力製品、若しくは「Green-eエナジー認証」RECが電力系統からの電気と組み合わせられた他のグリーン電力製品を通じて購入した場合）を含める。

3.3.1　オンサイトで生成した再生可能な電気について、それが再生可能エネルギーであると企業が主張するためには、当該企業の名においてREC及びGOを保持（retained）し（売却せず）、取り消し（retired）又は無効化（cancelled）しなければならない。

3.3.2　再生可能PPA及びグリーン電力製品について、それが再生可能エネルギーであると企業が主張するためには、当該企業の名においてREC及びGOを保持（retained）又は交換（replaced）し、取り消し（retired）又は無効化（cancelled）する旨を、その契約に明示的に含めて伝えなければならない。

3.3.3　企業の支配又は影響（influence）の範囲外にある系統電力ミックスの再生可能部分は、再生可能エネルギーの範囲から除外する。

3.4　この開示の目的において、バイオマス源からの再生可能エネルギーの範囲は、第三者の基準（例えば、「森林管理協議会」（Forest Stewardship Council）、「持続可能な森林イニシアティブ」（Sustainable Forest Initiative）、「森林認証プログラム」（Programme for the Endorsement of Forest Certification）、又は「American Tree Farm System」）で認証された材料、「再生可能エネルギー認証のためのGreen-eフレームワークのバージョン1.0（2017年）」若しくは「Green-e」地域基準に従い対象となり得る（eligible）供給源とみなされる材料又は適用される法域の再生可能エネルギー利用割合基準（renewable portfolio standard）において対象となり得る（eligible）材料に限定する。

4　企業は、燃料使用量（バイオ燃料を含む。）についてのHHVの使用及びキロワット時（kWh）のGJへの変換（太陽光又は風力エネルギーからの電気を含むエネルギー・データの場合）など、この開示で報告するすべてのデータに対して、変換係数を一貫して適用しなければならない。

水管理

トピックサマリー

水管理は、企業の直接の水使用、水不足へのエクスポージャー及び廃水の管理に関連している。「酒類」産業の企業は、水が最終製品の主要なインプットであるため、事業で大量の水を使用している。酒類企業

© IFRS Foundation

339

は大量の浄水への依存度が高く、世界各地で水不足が増加していることから、企業は供給断絶にさらされる場合があり、事業に重大な（significantly）影響を与え（impact）、コストが増加する可能性がある。水ストレス地域で事業を営むものの、地域の水問題に対処しない企業は、事業を営むための社会的ライセンスを失うリスクがある場合がある。特にベースライン水ストレスがある地域では、効率性の向上及びリサイクルを通じて水管理を改善することは、事業コストの削減、リスクの軽減及び無形資産価値の向上につながる可能性がある。

指標

FB-AB-140a.1. (1)総取水量、(2)総消費水量、及びそれらの「ベースライン水ストレス」が「高い」又は「極めて高い」地域の割合

1 企業は、すべての水源から引き出された水の量を、千立方メートル単位で開示しなければならない。

1.1 水資源には、地表水（湿地、河川、湖及び海からの水を含む。）、地下水、企業が直接収集し貯留した雨水、並びに地方自治体の水道供給者、水道事業者又はその他の企業から取得した水及び廃水を含める。

2 企業は、例えば、取水量の大部分（significant portions）が非淡水源からのものである場合、その供給を水源別に開示することがある。

2.1 淡水は、企業が事業を営む地域の法令に従い定義する場合がある。法令による定義が存在しない場合、淡水は、1,000ppm未満の溶解固形物を含む水とみなさなければならない。

2.2 法域の飲料水規制に準拠して水道事業者から取得した水は、淡水の定義を満たすとみなすことができる。

3 企業は、自社の事業で消費した水の量を、千立方メートル単位で開示しなければならない。

3.1 水消費は次のように定義する。

3.1.1 取水、使用及び排水中に蒸発する水

3.1.2 企業の製品又はサービスに、直接的又は間接的に組み込まれる水

3.1.3 その他、取水源と同じ集水域に戻らない水（別の集水域又は海に戻る水など）

4 企業は、すべての事業における水リスクを分析し、「世界資源研究所」（WRI）の「水リスク・アトラス」（Water Risk Atlas）ツールである「Aqueduct」によって、「ベースライン水ストレス」が「高い（40〜80%）」又は「極めて高い（>80%）」と分類された場所で取水し水消費する活動を識別しなければならない。

5 企業は、「ベースライン水ストレス」が「高い」又は「極めて高い」場所で取水した水について、総取水量に対する割合で開示しなければならない。

6 企業は、「ベースライン水ストレス」が「高い」又は「極めて高い」場所で消費した水について、総消費水量に対する割合で開示しなければならない。

FB-AB-140a.2. 水管理リスクの記述並びに当該リスクを緩和するための戦略及び実務の説明

1 企業は、取水、水消費並びに水又は廃水の排出に関連する水管理リスクを記述しなければならない。

340 © IFRS Foundation

「気候関連開示」の適用に関する産業別ガイダンス

1.1　取水及び水消費に関連するリスクには、十分で清潔な水資源の入手可能性に対するリスクを含める。これには次のものを含める。

1.1.1　環境上の制約 － 水ストレス地域での事業、干ばつ、水生生物の閉込み又は巻込みの懸念、経年変動又は季節変動、及び気候変動のインパクトからのリスクなど

1.1.2　規制及び財務上の制約 － 水コストの変動、取水に関連する利害関係者の認識及び懸念（例えば、地域社会、非政府組織及び規制当局からのもの）、他の水利用者との直接的な競合及びその行為からのインパクト（例えば、企業及び地方自治体の水利用者）、規制による取水制限、並びに水利権又は許認可を取得し保持する企業の能力に対する制約など

1.2　水又は廃水の排出に関連するリスクには、排出に関連する権利又は許認可を取得する能力、排出に関連する規制への準拠、排出に対する制約、排水の温度管理を維持する能力、義務、レピュテーション・リスク、並びに、排水に関連する規制、利害関係者の認識及び懸念（例えば、地域社会、非政府組織及び規制当局からのもの）による事業コストの増加を含める。

2　企業は、次の文脈において水管理リスクを記述する場合がある。

2.1　地表水（湿地、河川、湖及び海からの水を含む。）、地下水、企業が直接収集し貯留した雨水、並びに地方自治体の水道供給者、水道事業者又はその他の企業から取得した水及び廃水を含む取水源によって、リスクがどのように異なる場合があるか

2.2　地表水、地下水又は廃水処理施設を含む排出先によって、リスクがどのように異なる場合があるか

3　企業は、水管理リスクが自社の事業に対して有する場合がある潜在的な影響（effects）及びそのようなリスクが顕在化すると見込まれる時間軸について説明する場合がある。

3.1　影響（effects）には、コスト、売上、負債、事業の継続性及びレピュテーションに関連するものを含める。

4　企業は、水管理リスクを緩和するための短期的及び長期的な戦略又は計画について説明しなければならない。これには次のものを含める。

4.1　戦略、計画、ゴール又は目標の範囲（さまざまな事業単位、地域又は水を消費する事業プロセスとどのように関連しているかなど）

4.2　優先する水管理のゴール又は目標、及び、それらのゴール又は目標に対するパフォーマンスの分析

4.2.1　ゴール及び目標には、取水量の削減、水消費量の削減、排水量の削減、水生生物の閉込みの軽減、排水の質の改善及び規制遵守の維持に関連するものを含める。

4.3　計画、ゴール又は目標を達成するために必要な活動及び投資、並びに計画又は目標の達成に影響を与える（affect）場合があるリスク又は制限要因

4.4　戦略、計画、ゴール又は目標の開示は、報告期間中に進行中（アクティブ）であったか、又は完了した活動に限定しなければならない。

© IFRS Foundation

341

5 水管理の目標について、企業は追加で次のものを開示しなければならない。

5.1 目標が絶対量ベース又は原単位ベースのいずれであるか、及び目標が原単位ベースである場合は指標の分母

5.2 水管理活動の時間軸（開始年、目標年及び基準年を含める。）

5.3 次のものを含む、目標を達成するためのメカニズム

5.3.1 水のリサイクル又は循環システムの使用などの、効率化に関する取組み（efforts）

5.3.2 必要な水の量を減らすための製品又はサービスの再設計などの、製品のイノベーション

5.3.3 水生生物の閉込み又は巻込みの軽減を可能にするような、プロセス及び機器のイノベーション

5.3.4 水の使用、リスク及び機会を分析するためのツール及び技術の使用（例えば、「世界自然保護基金」の「Water Risk Filter」、「Global Water Tool」及び「Water Footprint Network Footprint Assessment Tool」）

5.3.5 地域又は他の組織との実施されているコラボレーション又はプログラム

5.4 企業は、水管理の実務が、組織内で追加的なライフ・サイクルへのインパクト又はトレードオフをもたらしたかどうかを説明しなければならない。これには、土地利用、エネルギー生産、温室効果ガス（GHG）排出におけるトレードオフを含む。また、ライフ・サイクルのトレードオフにもかかわらず、企業がこれらの実務を選択した理由についても説明しなければならない。

6 企業は、水管理の実務が、組織内で追加的なライフサイクルへのインパクト又はトレードオフをもたらすかどうかについて説明しなければならない。これには、土地利用、エネルギー生産及び温室効果ガス（GHG）排出のトレードオフを含める。また、ライフサイクルのトレードオフにもかかわらず、企業がこれらの実務を選択した理由についても説明しなければならない。

原材料のサプライ・チェーンが環境及び社会に与えるインパクト

トピックサマリー

「酒類」産業の企業は、グローバル・サプライ・チェーンを管理して、さまざまな原材料を調達している。企業が環境及び社会のテーマについてサプライヤーを選別、監視及び関与する方法は、企業が供給を確保し、価格変動を管理する能力に影響を与える（affects）。サプライ・チェーンの中断は、企業が主要なサプライヤーについての代替品を見つけられない場合又はより高いコストで原材料を調達しなければならない場合に、売上を減少させ、市場シェアにネガティブな影響を与える（impact）可能性がある。労働慣行、環境責任、倫理又は汚職に関連するサプライ・チェーン管理の問題も、規制上の罰金又は長期的な事業コストの増加につながる場合がある。この産業の消費者との接点が多いという性質により、サプライヤーの行為に関連するレピュテーション・リスクが高まる。環境リスク及び社会リスクへの企業のエクスポージャーを管理することで、サプライ・チェーンのレジリエンスが向上し、企業のレピュテーションが高まる場合がある。企業は主要なサプライヤーと協力して環境リスク及び社会リスクを管理することで、サ

342 © IFRS Foundation

「気候関連開示」の適用に関する産業別ガイダンス

プライ・チェーンのレジリエンス強化、レピュテーション・リスクの緩和、潜在的な消費者需要の増加、又は新しい市場機会の獲得につながる可能性がある。

指標

FB-AB-430a.1. サプライヤーの社会及び環境責任監査(1)不適合率並びに(2)(a)主要な不適合及び(b)軽微な不適合の関連する是正措置率

1 企業は、サプライヤー施設の(1)外部の社会及び環境監査基準又は内部で開発されたサプライヤーの行動規範の不適合率を、(a)主要な不適合、及び別個に(b)軽微な不適合について、開示しなければならない。

    1.1 主要な不適合は、最も深刻さ（severity）が高い不適合と定義し、監査人によるエスカレーションが要求される。主要な不適合には、未成年の児童労働者（労働又は見習いの法定年齢を下回る。）、強制労働、生命の危険又は重傷を直ちに引き起こす可能性がある健康上及び安全上の問題、又は地域社会に深刻（serious）かつ即時の危害を引き起こす可能性がある環境慣行の存在を含める。主要な不適合には、コードの要求事項若しくは法令の重要性がある（material）違反又はシステム上の違反も含める。主要な不適合は、重大（critical）又は優先不適合と呼ばれる場合もある。

    1.2 軽微な不適合は、それ自体では管理システム上の全体的な問題を示すものではない不適合と定義する。軽微な不適合は通常、独立した又はランダムな不適合であり、労働者又は環境へのリスクは最小限であることを表している。

    1.3 企業は、サプライヤー施設間で識別された不適合の総数（それぞれのカテゴリー内）を、監査されたサプライヤー施設の数で除して不適合率を計算しなければならない。

2 企業は、(2)サプライヤー施設の(a)主要な不適合及び別個に(b)軽微な不適合に関連する是正措置率を開示しなければならない。

    2.1 是正措置は、主要な不適合については90日以内に、軽微な不適合については60日以内に措置（通常、是正措置計画で特定される。）を完了することと定義する。これは、検出された不適合の原因を除去するように設計されている。これには、あらゆる不適合を排除し、不適合の再発防止を確実にするための実務又はシステムの導入及びその措置が行われたことの検証を含む。

    2.2 企業は、（それぞれのカテゴリーの）不適合に対処する是正措置の数を、識別された（それぞれのカテゴリーの）不適合の総数で除して、是正措置率を計算しなければならない。

3 企業は、社会及び環境責任の監査コンプライアンスを測定した基準又は行動規範を開示しなければならない。

    3.1 内部で開発されたサプライヤーの行動規範について、企業はそのような規範を閲覧することができる公開の場所を開示しなければならない。

© IFRS Foundation

343

原材料調達

トピックサマリー

「酒類」産業の企業は、世界中のサプライヤーから、主に農産物のインプットを中心に、さまざまな原材料を調達している。当該産業が原材料を調達する能力は供給能力によって変動するが、これは気候変動、水不足、土地管理及びその他資源不足の考慮事項の影響を受ける（affected）場合がある。このエクスポージャーは価格の変動をもたらし、企業の収益性に影響を与える（affect）可能性がある。最終的に、気候変動、水不足及び土地利用の制限は、主要な材料及び原材料を調達する企業の長期的な能力にリスクをもたらす。より生産性が高く、効果的に栽培され、比較的資源集約的でない原材料を調達する企業、又はサプライヤーと緊密に連携して気候変動への適応性を高め、その他の資源不足リスクへのエクスポージャーを管理する企業は、価格変動又は供給断絶を軽減できる場合がある。

指標

FB-AB-440a.1. 「ベースライン水ストレス」が「高い」又は「極めて高い」地域から調達した飲料原材料の割合

1 企業は、「ベースライン水ストレス」が「高い」又は「極めて高い」地域から調達した飲料原材料の割合を開示しなければならない。

2 この割合は、飲料原材料を生産するために「ベースライン水ストレス」が「高い」又は「極めて高い」地域で取水し水消費しているTier 1サプライヤーから購入した飲料原材料のコストを、Tier 1サプライヤーから購入した飲料原材料の総コストで除して計算しなければならない。

    2.1 Tier 1サプライヤーは、農産物について企業と直接取引するサプライヤーと定義する。

    2.2 企業は、「世界資源研究所」（WRI）の「水リスク・アトラス」（Water Risk Atlas）ツールである「Aqueduct」によって、「ベースライン水ストレス」が「高い（40〜80%）」又は「極めて高い（>80%）」と分類された場所で取水し水消費するTier 1サプライヤーを識別しなければならない。

3 すべてのTier 1サプライヤーに関するデータを識別又は収集できない場合、企業は、原産地及び水リスクが不明である農産物の割合を開示しなければならない。

FB-AB-440a.2. 優先飲料原材料の一覧、並びに、環境及び社会配慮に関連する調達リスクについての説明

1 企業は、企業のビジネスにおける最優先飲料原材料を識別しなければならない。

    1.1 優先飲料原材料は、飲料原材料費用の中で最大の費用を占める原材料（水を除外する。）、又はそうでなくても製品に不可欠であると企業が識別した原材料や環境若しくは社会リスクが重大（significant）であると企業が識別した原材料と定義する。

    1.2 開示の範囲には、企業が調達した優先飲料原材料を含める。これには、契約栽培者及び供給契約による生産者から直接調達されたものを含める。

2 企業は、最優先飲料原材料から生じる環境及び社会リスクを管理するための戦略的アプローチにつ

「気候関連開示」の適用に関する産業別ガイダンス

いて説明しなければならない。

2.1 環境リスクには、干ばつ及び気候変動による原材料価格への影響（effects）、森林破壊による風評被害、並びに企業のサプライ・チェーンに関連する環境インパクトに起因するその他のリスクを含める。

2.2 社会リスクには、生産性に対する労働者の権利の影響（effects）、人権問題による風評被害、及び企業のサプライ・チェーンに関連する社会インパクトに起因するその他のリスクを含める。

3 企業は、どの飲料原材料が事業にリスクをもたらすか、その生じるリスク、及び企業がそのようなリスクを緩和するために用いる戦略を識別する場合がある。

3.1 環境リスクについて、説明すべき関連戦略には、サプライヤーの多様化、環境管理のベスト・プラクティスに関するサプライヤー研修プログラム、代替作物及び置換作物の研究開発費並びにサプライヤーの環境実務の監査又は認証を含める場合がある。

3.2 社会リスクについて、説明すべき関連戦略には、農薬適用に関するサプライヤー研修プログラム、労働及び人権問題に関するサプライヤーとの関わり並びにサプライ・チェーン行動規範の維持を含める。

© IFRS Foundation

345

第22巻－食品小売及び流通

産業の説明

「食品小売及び流通」産業は、食品、飲料及び農産物の卸売販売及び小売販売に従事する企業により構成される。店舗の形態には、小売のスーパーマーケット、コンビニエンス・ストア、倉庫型のスーパーマーケット、酒店、ベーカリー、自然食品店、専門食品店、鮮魚店及び流通センターが含まれる。企業は、1種類の店舗の形態に特化している場合もあれば、多くの形態からなる施設を有している場合もある。製品は、典型的には、世界中から調達され、生鮮肉及び農産物、調理済食品、加工食品、パン類、冷凍食品及び缶詰食品、清涼飲料及び酒類、並びに幅広い品揃えの家庭用用品及び個人用ケア用品が含まれる。食品小売業者は、プライベートブランド商品を製造又は販売する場合もある。

注記：次に記述される基準は「純粋な」食品小売及び流通企業に対するものである。主要な食品小売業者の多くは薬局事業及びその他の小売事業を有している。「医薬品小売（HC-DR）」産業及び「複合型及び専門型小売及び流通（CG-MR）」産業には別途基準が存在する。複数の事業に関わる企業はこれらの基準に示されている開示トピック及び指標も考慮すべきである。

サステナビリティ開示トピック及び指標

表1. サステナビリティ開示トピック及び指標

トピック	指標	カテゴリー	測定単位	コード
フリート燃料管理	フリートの燃料消費量、再生可能燃料の割合	定量	ギガジュール (GJ)、パーセンテージ(%)	FB-FR-110a.1
冷媒からの大気排出	冷媒からのグローバルでの「スコープ1」の総排出	定量	CO_2相当メートル・トン(t)	FB-FR-110b.1
	消費する冷媒のうち、オゾン破壊係数ゼロのものの割合	定量	重量のパーセンテージ(%)	FB-FR-110b.2
	平均冷媒排出率	定量	パーセンテージ(%)	FB-FR-110b.3
エネルギー管理	(1)事業によるエネルギー総消費量、(2)電力系統からの電気の割合及び(3)再生可能エネルギーの割合	定量	ギガジュール (GJ)、パーセンテージ(%)	FB-FR-130a.1

346 © IFRS Foundation

「気候関連開示」の適用に関する産業別ガイダンス

トピック	指標	カテゴリー	測定単位	コード
サプライ・チェーンにおける環境及び社会に与えるインパクトの管理	第三者の環境又は社会サステナビリティ基準の認証を受けた製品から生じた売上高	定量	表示通貨	FB-FR-430a.1
	動物福祉を含む、サプライ・チェーンにおける環境及び社会リスクを管理する戦略についての説明	説明及び分析	該当なし	FB-FR-430a.3
	包装の環境インパクトを低減する戦略についての説明	説明及び分析	該当なし	FB-FR-430a.4

表2. 活動指標

活動指標	カテゴリー	測定単位	コード
(1)小売拠点及び(2)流通センターの数	定量	数	FB-FR-000.A
(1)小売スペース及び(2)流通センターの総面積	定量	平方メートル(m²)	FB-FR-000.B
商用フリートの車両数	定量	数	FB-FR-000.C
輸送トンキロメートル	定量	トンキロメートル	FB-FR-000.D

フリート燃料管理

トピックサマリー

「食品小売及び流通」産業の企業は、フリート車両を所有及び運用して、その流通拠点と小売拠点との間で製品を配達している。フリート車両の燃料消費は、事業コスト及び関連する資本的支出の両方の観点から、重大な（significant）産業費用である。化石燃料の消費は、気候変動及び汚染を含み、環境インパクトを与える可能性がある。これらの環境インパクトは、規制上のエクスポージャーにより食品小売業者及び流通企業に影響を与える（affect）場合がある。燃料使用において得られる効率性は、コストを削減し、化石燃料の価格変動のエクスポージャーを緩和し、保管及び輸送に関連するカーボン・フットプリントを制限することができる。燃料効率の高いフリート及びよりエネルギー効率の高い技術への短期的な資本的支出よりも、長期的な事業コストの節約及び規制リスクによるエクスポージャーの軽減が上回る場合がある。

指標

FB-FR-110a.1. フリートの燃料消費量、再生可能燃料の割合

1 企業は、自社のフリート車両によって消費された燃料の総量を、ギガジュール（GJ）単位で集計し

© IFRS Foundation

347

て開示しなければならない。

1.1 消費された燃料の計算方法は、設計上のパラメータではなく、実際に消費された燃料に基づかなければならない。

1.2 消費された燃料の許容可能な計算方法には、次に基づく方法を含める場合がある。

　　1.2.1 報告期間中に購入した燃料を報告期間の期首の在庫に加算し、報告期間の末日の燃料の在庫を差し引いたもの

　　1.2.2 車両によって消費された燃料を追跡すること

　　1.2.3 燃料費を追跡すること

2 企業は、フリート車両によって消費された、再生可能燃料の総量の割合を開示しなければならない。

2.1 再生可能燃料は、一般的に次の要件のすべてを満たす燃料と定義する。

　　2.1.1 再生可能なバイオマスから生産されたもの

　　2.1.2 輸送用燃料、暖房用燃料油、又はジェット燃料に含まれる化石燃料の代替又は削減のために使用されるもの

　　2.1.3 ライフ・サイクル・ベースでの温室効果ガス（GHG）排出の純減を達成したもの

2.2 企業は、燃料が再生可能かどうかを判断するために使用した基準又は規制を開示しなければならない。

2.3 この割合は、企業のフリート車両により消費された再生可能燃料の量（GJ単位）を、企業のフリート車両により消費された燃料の総量（GJ単位）で除して計算しなければならない。

3 開示の範囲には、企業が所有又は運用する車両が消費する燃料を含める。

4 開示の範囲からは、第三者が企業の製品を輸送する際に消費する燃料を除外する。

5 燃料及びバイオ燃料からのエネルギー消費量を計算するにあたり、企業は、直接測定したか、又は「気候変動に関する政府間パネル」（IPCC）から取得した、総発熱量（GCV）とも呼ばれる高位発熱量（HHV）を使用しなければならない。

6 企業は、燃料使用量（バイオ燃料を含む。）に対するHHVの使用など、この開示で報告するすべてのデータに対して、変換係数を一貫して適用しなければならない。

冷媒からの大気排出

トピックサマリー

生鮮食品の保管及び陳列に使用される設備からの冷媒化学物質の排出は、「食品小売及び流通」産業に特有の規制リスクをもたらす。ハイドロクロロフルオロカーボン類（HCFCs）に関する国際規制は、HCFCsによる地球のオゾン層への被害を緩和することを目的としている。さらに、多くの一般的なHCFCs及びハイドロフルオロカーボン類（HFCs）は非常に強力な温室効果ガス（GHG）であり、気候変動関連の規制に対するこの産業のエクスポージャーを高めている。規制当局は排出基準に違反する企業

348　　　　　　　　　　　　　　© IFRS Foundation

「気候関連開示」の適用に関する産業別ガイダンス

への罰則を科すことができる。企業は設備の性能向上（upgrade）又は取替えを求められ、排出量を削減するため、又は既存の冷媒をよりコストがかかる可能性はあるが環境破壊の可能性が低い代替冷媒に取り替えるための、資本的支出を行う場合がある。

指標

FB-FR-110b.1. 冷媒からのグローバルでの「スコープ1」の総排出

1　企業は、「京都議定書」において対象とされる7種類の温室効果ガス（GHG）－二酸化炭素（CO$_2$）、メタン（CH$_4$）、一酸化二窒素（N$_2$O）、ハイドロフルオロカーボン類（HFCs）、パーフルオロカーボン類（PFCs）、六フッ化硫黄（SF$_6$）及び三フッ化窒素（NF$_3$）－のグローバルでの「スコープ1」のGHGの大気への総排出のうち、冷媒の使用に起因するものを開示しなければならない。

1.1　すべてのGHG排出は、二酸化炭素相当（CO$_2$相当）メートル・トン単位で合算し、開示しなければならず、公開されている100年の時間軸に基づく地球温暖化係数（GWP）の数値に従い計算しなければならない。現時点でのGWP数値の推奨される情報源は、「気候変動に関する政府間パネル（IPCC）第5次評価報告書（2014年）」である。

1.2　総排出は、オフセット、クレジット又はその他の類似した排出削減若しくは排出相殺のメカニズムを考慮する前の、大気中に排出されたGHGである。

1.3　冷媒は、熱を吸収及び放出する目的でヒート・ポンプ又は冷却サイクルで使用される物質又は混合物と定義する。

2　「スコープ1」の排出は、「世界資源研究所」（WRI）及び「持続可能な開発のための世界経済人会議」（WBCSD）によって公表された「温室効果ガスプロトコルの企業算定及び報告基準（GHGプロトコル）（2004年3月改訂版）」において定義されており、ここに記載されている方法に従って計算しなければならない。

2.1　排出の範囲には、小売拠点、流通センター及び輸送フリートにおける商用の定置式及び移動式の冷媒の企業の使用に起因するGHGのすべての直接排出を含める。

2.2　この開示の目的のためには、排出の範囲からは、化石燃料の燃焼から生じるGHGの直接排出、非冷媒プロセス排出及び冷媒に関係のない他の発生源を除外する。

2.3　認められる計算方法には、基礎的な参考文献として「GHGプロトコル」に従いつつ、産業固有又は地域固有のガイダンスなど追加的なガイダンスを提供するものを含める。例には次のものを含める。

2.3.1　「GHG Reporting Guidance for the Aerospace Industry」（「国際航空宇宙環境グループ」（IAEG）発行）

2.3.2　「Greenhouse Gas Inventory Guidance：定置式燃焼源からの直接排出」（「米国環境保護庁」（EPA）発行）

2.3.3　「India GHG Inventory Program」

2.3.4　ISO 14064-1

2.3.5　「Petroleum Industry Guidelines for reporting GHG emissions」（IPIECA発行　第

© IFRS Foundation

349

2版（2011年））

    2.3.6   「Protocol for the quantification of greenhouse gas emissions from waste management activities」（「Entreprises pour l'Environnement」（EpE）発行）

2.4   GHG排出データは、企業が財務報告データを連結する方法に従って合算し、開示しなければならない。その方法は、一般的に、「GHGプロトコル」で定義する「財務支配」アプローチ及び「気候開示基準委員会」（CDSB）によって公表された「環境及び社会情報の報告のためのCDSBフレームワーク」のREQ-07「組織の境界」に記述されているアプローチと整合している。

3   企業は、過去の報告期間からの排出の変化について説明する場合がある。これには、変化が排出削減、ダイベストメント、買収、合併、アウトプットの変化又は計算方法の変更によるものかどうかを含める。

4   現在のCDP又は他の企業へのGHG排出の報告（例えば、国の規制上の開示プログラム）が、範囲及び使用した合算アプローチの点で異なる場合、企業はそれらの排出を開示することがある。ただし、主要な開示は前述のガイドラインに従わなければならない。

5   企業は、データが連続排出監視システム（CEMS）、エンジニアリング計算又は物質収支計算からのものであるかどうかなど、排出開示の計算方法について説明する場合がある。

FB-FR-110b.2. 消費する冷媒のうち、オゾン破壊係数ゼロのものの割合

1   企業は、事業で消費する冷媒のうち、オゾン破壊係数（ODP）がゼロのものの割合を開示しなければならない。

    1.1   ODPは、物質によって引き起こされるオゾン層破壊の量と定義する。オゾン破壊は、自然反応を超えた成層圏オゾン層の化学的破壊と定義する。

    1.2   ODPがゼロの冷媒は、公表されたODP値がゼロで、自然反応を超えて成層圏オゾン層にインパクトを与えず、クロロフルオロカーボン類（CFCs）、ハイドロクロロフルオロカーボン類（HCFCs）、ハロン、臭化メチル、四塩化炭素、ハイドロブロモフルオロカーボン類、クロロブロモメタン又はメチルクロロホルムを含まない物質と定義する。

2   「モントリオール議定書」に基づいて、オゾン破壊物質（ODS）として認識されている化合物のリスト及びそれぞれのODPは、「国際連合」のウェブサイトから入手できる。

    2.1   冷媒の消費量は、報告期間中に企業の商用冷却装置に充填した冷媒の量と定義する。

    2.2   この割合は、企業の事業で消費するODPがゼロの冷媒の量（重量ベース）を、企業の事業で消費する冷媒の総量（重量ベース）で除して計算しなければならない。

3   開示の範囲には、企業が小売拠点、流通センター及びその輸送フリートで使用するすべての商用の定置式及び移動式の冷媒を含める。

FB-FR-110b.3. 平均冷媒排出率

1   企業は、平均冷媒排出率をパーセンテージで開示しなければならない。

    1.1   冷媒排出率は、商用冷却装置又はシステムからの冷媒損失率と定義する。

350

© IFRS Foundation

「気候関連開示」の適用に関する産業別ガイダンス

    1.2   企業は、報告期間中に排出された冷媒の総量（ポンド単位）を、報告期間中に商用冷却装置に充填された冷媒の総重量（ポンド単位）で除して、平均冷媒排出率を計算しなければならない。

2   開示の範囲には、企業が小売拠点、流通センター及びその輸送フリートで使用するすべての商用の定置式及び移動式の冷媒を含める。

エネルギー管理

トピックサマリー

食品小売及び流通施設は、通常、他のタイプの商業スペースよりもエネルギー集約型である。これらの施設では、主に、冷蔵、暖房、換気及び空調（HVAC）並びに照明にエネルギーを使用する。この産業の企業は、通常、消費する電気の大部分を購入するが、一部の企業はオンサイトでエネルギーを生成し始めたり、再生可能エネルギーをエネルギー・ミックスに追加し始めたりしている。エネルギーの生産と消費は、気候変動及び汚染を含め、環境インパクトを与える。これらは、間接的ではあるが、食品小売業者及び流通業者の事業に重要な（materially）影響を与える（impact）可能性がある。エネルギー効率性を向上させ、代替エネルギー源を使用する企業は、経費を削減し、リスクを軽減することで収益性を高める場合がある。

指標

FB-FR-130a.1. (1)事業によるエネルギー総消費量、(2)電力系統からの電気の割合及び(3)再生可能エネルギーの割合

1   企業は、(1)消費したエネルギーの総量（フリート車両を除く。）をギガジュール（GJ）単位で集計して開示しなければならない。

    1.1   エネルギー消費の範囲には、フリート車両が消費した燃料を除外するものの、外部の供給源から購入したエネルギー及び企業が自ら生産したエネルギー（自己生成）を含む、その他すべての供給源からのエネルギーを含める。例えば、購入した電気、温熱、冷熱及び蒸気エネルギーはすべてエネルギー消費の範囲内に含まれる。

    1.2   エネルギー消費の範囲には、報告期間中に企業が直接消費したエネルギーのみを含める。

    1.3   燃料及びバイオ燃料からのエネルギー消費量を計算するにあたり、企業は、直接測定したか、又は「気候変動に関する政府間パネル」（IPCC）から取得した、総発熱量（GCV）とも呼ばれる高位発熱量（HHV）を使用しなければならない。

2   企業は、(2)自社が消費した、電力系統から供給されたエネルギー（フリート車両を除く。）の割合を開示しなければならない。

    2.1   この割合は、購入した電力系統からの電気の消費量を、エネルギー総消費量で除して計算しなければならない。

3   企業は、(3)自社が消費した再生可能エネルギー（フリート車両を除く。）の割合を開示しなければならない。

© IFRS Foundation

351

3.1 再生可能エネルギーは、地熱、風力、太陽光、水力及びバイオマスなど、それらの枯渇率以上のペースで補充されるエネルギー源からのエネルギーと定義する。

3.2 この割合は、再生可能エネルギー消費量を、エネルギー総消費量で除して計算しなければならない。

3.3 再生可能エネルギーの範囲には、企業が消費した再生可能燃料、企業が直接生産した再生可能エネルギー、及び企業が購入した再生可能エネルギー（再生可能エネルギー証書（REC）若しくは「原産地保証」（GO）を明示的に含む再生可能電力購入契約（PPA）を通じて購入した場合、「Green-eエナジー認証」済みの電気事業者若しくはサプライヤー・プログラムを通じて購入した場合、又は、RECやGOを明示的に含むその他のグリーン電力製品、若しくは「Green-e エナジー認証」RECが電力系統からの電気と組み合わせられた他のグリーン電力製品を通じて購入した場合）を含める。

3.3.1 オンサイトで生成した再生可能な電気について、それが再生可能エネルギーであると企業が主張するためには、当該企業の名においてREC及びGOを保持（retained）し（売却せず）、取り消し（retired）又は無効化（cancelled）しなければならない。

3.3.2 再生可能PPA及びグリーン電力製品について、それが再生可能エネルギーであると企業が主張するためには、当該企業の名においてREC及びGOを保持（retained）又は交換（replaced）し、取り消し（retired）又は無効化（cancelled）する旨を、その契約に明示的に含めて伝えなければならない。

3.3.3 企業の支配又は影響（influence）の範囲外にある系統電力ミックスの再生可能部分は、再生可能エネルギーの範囲から除外する。

3.4 この開示の目的において、バイオマス源からの再生可能エネルギーの範囲は、第三者の基準（例えば、「森林管理協議会」（Forest Stewardship Council）、「持続可能な森林イニシアティブ」（Sustainable Forest Initiative）、「森林認証プログラム」（Programme for the Endorsement of Forest Certification）、又は「American Tree Farm System」）で認証された材料、「再生可能エネルギー認証のためのGreen-eフレームワークのバージョン1.0（2017年）」若しくは「Green-e」地域基準に従い対象となり得る（eligible）供給源とみなされる材料、又は適用される法域の再生可能エネルギー利用割合基準（renewable portfolio standard）において対象となり得る（eligible）材料に限定する。

4 企業は、燃料使用量（バイオ燃料を含む。）についてのHHVの使用及びキロワット時（kWh）のGJへの変換（太陽光又は風力エネルギーからの電気を含むエネルギー・データの場合）など、この開示で報告するすべてのデータに対して、変換係数を一貫して適用しなければならない。

サプライ・チェーンにおける環境及び社会に与えるインパクトの管理

トピックサマリー

食品小売業者及び流通業者は、さまざまな製造業者から商品を調達している。これらのサプライヤーは、資源保護、水不足、動物福祉、公正な労働慣行及び気候変動を含む、サステナビリティ関連の無数の課題に直面している。管理が不十分な場合、これらの問題は食品の価格及び入手可能性に影響を与える

「気候関連開示」の適用に関する産業別ガイダンス

（affect）可能性がある。さらに消費者は、購入する食品に関連する製造方法、原産地及び外部性への関心をこれまで以上に高めており、このことは企業のレピュテーションに影響を与える（affect）場合がある。食品小売業者及び流通業者は、輸送コストを削減し、ブランドのレピュテーションを向上させ、環境へのインパクトを減らすために、包装のデザインについてサプライヤーと協力することもできる。サプライヤーを評価及び関与し、持続可能な調達ガイドラインを導入し、サプライ・チェーンの透明性を高めることにより、製品供給リスクを効率的に管理できる企業は、サプライ・チェーンのレジリエンスを改善し、レピュテーション・リスクを緩和し、潜在的な消費者需要の増加又は新しい市場機会を獲得するうえで、より有利な立場にある。

指標

FB-FR-430a.1. 第三者の環境又は社会サステナビリティ基準の認証を受けた製品から生じた売上高

1　企業は、第三者の環境又は社会サステナビリティ基準の認証を受けた製品の販売により生じた売上高を開示しなければならない。

1.1　環境基準は、原生林の保護、地表水及び地下水の水質の維持、並びに総合的病害虫管理（IPM）による解決又は「Organic System Plan」の適用など、農産物の生産に関連する環境インパクトに対処する基準と定義する。

1.2　社会基準は、労働力（workforce）への報酬、農薬の使用に伴う健康及び安全のリスクに対する研修及び継続的なモニタリング、並びに児童労働慣行など、農産物の生産に関連する社会インパクトに対処する基準と定義する。

1.3　第三者の環境及び社会基準の認証の例には、次のものを含める場合がある。

1.3.1　「Bonsucro」

1.3.2　「Fairtrade International」

1.3.3　「Fair Trade USA」

1.3.4　「持続可能なパーム油のための円卓会議」（Roundtable on Sustainable Palm Oil; RSPO）

1.3.5　「責任ある大豆に関する円卓会議」（RTRS）

1.3.6　「Rainforest Alliance」

1.3.7　SA8000

1.3.8　「U.S. Department of Agriculture (USDA) Organic」

1.3.9　「UTZ Certified」

2　企業は、開示を追加的に製品カテゴリー及び認証タイプ別に区分する場合がある。

2.1　製品カテゴリーは、同様の一般的な機能を提供する関連製品のグループと定義する（例えば、肉、農産物、包装材）。

© IFRS Foundation

2.2 認証タイプは、基準のトピック又は範囲に基づいてグループ化される場合があり、動物福祉、労働条件、有機化学、持続可能な漁業又は収穫を含めることができる。

FB-FR-430a.3. 動物福祉を含む、サプライ・チェーンにおける環境及び社会リスクを管理する戦略についての説明

1 企業は、食品及び食品製品のサプライ・チェーン内に存在するか、又は食品及び食品製品のサプライ・チェーンから生じる場合がある、環境及び社会リスクを管理するための戦略的アプローチについて説明しなければならない。

1.1 環境及び社会リスクには次のものを含める。

1.1.1 気候変動（例えば、平均気温及び水ストレスの変化）による作物及び家畜の生産へのインパクトのうち、農産物、肉、家禽、乳製品及び加工食品のコスト及び入手可能性に影響を与える（affect）場合があるもの

1.1.2 環境的及び社会的要因又は環境規制の強化に起因する、飼料価格の上昇のうち、肉、家禽及び乳製品に対して価格インパクトを有する場合があるもの

1.1.3 輸送コストに影響を与える（affect）燃費規制

1.1.4 食品の価格及び入手可能性に影響を与える（affect）労働者の権利及び移民改革

1.1.5 国際市場における国際貿易障壁又はさまざまなレベルの食品安全監視

1.1.6 水産物の供給に影響を与える（affect）可能性がある商業漁獲制限

1.1.7 風評被害をもたらす場合がある動物福祉、人権又は関連するサプライ・チェーンの事案（incidents）

1.2 説明すべき関連する戦略には、サプライヤーのスクリーニング、サプライヤーの多様化、環境管理のベスト・プラクティスに関するサプライヤー研修プログラム、労働及び人権問題に関するサプライヤーとの関わり、サプライ・チェーン行動規範の維持、サプライ・チェーン監査及び認証を含める場合がある。

2 企業は、どの製品又は製品ラインが事業にリスクをもたらすか、その生じるリスク、及び企業がそのようなリスクを緩和するために用いる戦略を識別しなければならない。

3 企業は、サプライ・チェーンに適用される動物福祉基準について説明しなければならない。

3.1 動物福祉基準は、牛肉、豚肉、家禽又は乳製品の生産条件の方針と定義する。これには次のものを含める。

3.1.1 動物の処理及び取扱い

3.1.2 収容及び輸送条件

3.1.3 屠殺施設及び手順

3.1.4 抗生物質及びホルモンの使用

3.2 説明には次のものを含めなければならないが、これらに限定されない。

354 © IFRS Foundation

「気候関連開示」の適用に関する産業別ガイダンス

3.2.1 動物福祉基準に関連付けたすべての目標及びこれらの目標に向けた進捗

3.2.2 動物福祉基準に関連する、サプライヤーについての要件

3.2.3 何らかの方法で対処されるのであれば、動物福祉基準がサプライヤー契約でどのように対処されるか

4 企業は、動物福祉の認証の使用を記述しなければならない。認証には「Animal Welfare Approved」、「Certified Humane Program」、「Food Alliance Certified」及び「Global Animal Partnership 5-Step Animal Welfare Rating Program」を含める場合がある。

5 企業は、販売した動物性タンパク質のうち、医学的に重要な（important）抗生物質を使用せずに生産した動物性タンパク質の割合を、動物性タンパク質の種類別に開示する場合がある。

5.1 この割合は、生まれてから一度も医学的に重要な（important）抗生物質を受けなかった購入した動物性タンパク質の枝肉（又は下ごしらえした肉）の重量を、購入した動物性タンパク質の枝肉（又は下ごしらえした肉）の総重量で除して計算する。

FB-FR-430a.4. 包装の環境インパクトを低減する戦略についての説明

1 企業は、特定の用途に対する包装の重量及び体積の最適化、又は再生可能な、リサイクルされた、リサイクル可能な若しくは堆肥化可能なものを含む代替材料の使用など、包装の環境インパクトを減らすための戦略について説明しなければならない。

2 関連する開示には次のものを含める場合がある。

2.1 設計のイノベーション。これには使用する材料の量の最適化、包装の重量、形状及びサイズ、製品と包装の比率、キューブ利用（cube utilisation）並びにボイド・フィル（void fill）などの戦略を含める。

2.2 「包装及び包装廃棄物に関するEU指令（94/62/EC）第9条、付属書II」の「必須要求事項」の導入。これには包装された製品の安全性、衛生及び消費者の受入れに必要な量まで包装の重量及び体積を最小化すること、有毒又は有害な成分を最少化すること、並びに再利用、材料リサイクル、エネルギー回収又は堆肥化に適していることを含める。

2.3 「パッケージング・サステナビリティに関するグローバル・プロトコル（Global Protocol on Packaging Sustainability）2.0」の指標における、「パッケージ重量と最適化（Packaging Weight and Optimization）」又は「環境有害物質のアセスメントと最少化（Assessment and Minimization of Substances Hazardous to the Environment）」についてのパフォーマンス

3 企業は、プライベートブランド商品の1次包装、2次包装及び3次包装並びにベンダーからの製品の包装に関連する戦略について説明する場合がある。

3.1 1次包装は、製品と直接接触するように設計されている。

3.2 2次包装は、必要に応じて緩衝材とともに、1つ以上の1次包装を包むように設計されている。

3.3 3次包装は、輸送、取扱い又は流通の目的で、1つ以上の物品若しくは包装又はバルク材料（bulk material）を包むように設計されている。3次包装は、「流通」又は「輸送」包装としても知られている。

© IFRS Foundation

355

3.4 プライベートブランド商品とは、小売業者によって製造されたか別の製造業者によって製造されたかにかかわらず、小売業者のブランド名で販売するために包装されたストアブランドの製品である。

4 企業は、重量削減及び輸送効率を含む、環境インパクトの低減及び製品効率の最大化へのアプローチの文脈で、「ライフ・サイクル・アセスメント」（Life Cycle Assessment; LCA）分析の使用について説明する場合がある。

4.1 包装製品の環境効率の改善について説明する場合、LCA機能単位サービス・パラメータ（時間、範囲及び機能の品質）の観点から、改善について説明する場合がある。

「気候関連開示」の適用に関する産業別ガイダンス

第23巻－食肉、家禽及び乳製品

産業の説明

「食肉、家禽及び乳製品」産業は、生の又は加工された動物製品を生産する。これには人及び動物が消費するための肉、卵及び乳製品を含む。重要な（important）活動には、動物の飼育、屠殺、加工及び梱包が含まれる。この産業の最も大規模な企業は国際的に事業を営んでおり、生産する動物の種類によって程度はさまざまであるが垂直統合されている。産業の大規模な事業者は、典型的には、動物の仕入れを契約農家又は独立の農家に依存しており、これらの農家の事業に対する統制の程度はさまざまである場合がある。この産業は、主として製品を、「加工食品」産業のほかに、飲食店、家畜及びペットの餌の消費者並びに食料品の小売業者を含む主要な最終市場に完成品を流通させる小売の流通業者に販売している。

サステナビリティ開示トピック及び指標

表1. サステナビリティ開示トピック及び指標

トピック	指標	カテゴリー	測定単位	コード
温室効果ガス排出	グローバルでの「スコープ1」の総排出	定量	CO_2相当メートル・トン(t)	FB-MP-110a.1
	「スコープ1」の排出を管理するための長期的及び短期的な戦略又は計画、排出削減目標並びにそれらの目標に対するパフォーマンスの分析についての説明	説明及び分析	該当なし	FB-MP-110a.2
エネルギー管理	(1)エネルギー総消費量、(2)電力系統からの電気の割合及び(3)再生可能エネルギーの割合	定量	ギガジュール（GJ）、パーセンテージ(%)	FB-MP-130a.1
水管理	(1)総取水量、(2)総消費水量、及びそれらの「ベースライン水ストレス」が「高い」又は「極めて高い」地域の割合	定量	千立方メートル(m^3)、パーセンテージ(%)	FB-MP-140a.1
	水管理リスクの記述並びに当該リスクを緩和するための戦略及び実務の説明	説明及び分析	該当なし	FB-MP-140a.2
	水質の許認可、基準及び規制に関連する違反事案（incidents of non-compliance）の件数	定量	数	FB-MP-140a.3

© IFRS Foundation

357

トピック	指標	カテゴリー	測定単位	コード
土地利用及び生態系へのインパクト	発生した動物の排泄物及び堆肥の量、養分管理計画により管理した割合	定量	メートル・トン(t)、パーセンテージ(%)	FB-MP-160a.1
	保全計画要件により管理している牧草地及び放牧地の割合	定量	ヘクタールのパーセンテージ(%)	FB-MP-160a.2
	集中家畜飼養事業からの動物性タンパク質生産	定量	メートル・トン(t)	FB-MP-160a.3
動物及び飼料の調達	「ベースライン水ストレス」が「高い」又は「極めて高い」地域から調達した動物飼料の割合	定量	重量のパーセンテージ(%)	FB-MP-440a.1
	「ベースライン水ストレス」が「高い」又は「極めて高い」地域にいる生産者との契約の割合	定量	契約のパーセンテージ(%)	FB-MP-440a.2
	気候変動によって飼料調達及び家畜供給にもたらされる機会及びリスクを管理する戦略についての説明	説明及び分析	該当なし	FB-MP-440a.3

表2. 活動指標

活動指標	カテゴリー	測定単位	コード
加工及び製造設備の数	定量	数	FB-MP-000.A
カテゴリー別の動物性タンパク質生産、外部委託の割合[27]	定量	種々、パーセンテージ(%)	FB-MP-000.B

温室効果ガス排出

トピックサマリー

「食肉、家禽及び乳製品」産業は、家畜及びエネルギー集約型産業プロセスの両方から、重大な（significant）「スコープ1」の温室効果ガス（GHG）排出を生成している。GHG排出は気候変動の一因

---

[27] FB-MP-000.Bに関する注記 － 動物性タンパク質生産のカテゴリーは、動物（例えば、鶏肉、豚肉、牛肉）又は製品タイプ（例えば、牛乳、殻付き卵）（又はこの両方）に基づく場合がある。測定単位は、動物又は製品のカテゴリー（例えば、メートル・トン、数又は頭、ガロン）に適合していなければならない。

であり、気候変動の緩和政策により、食肉、家禽及び乳製品企業に対して、追加の規制遵守コスト及びリスクをもたらす。この産業の排出の大部分は、動物自身の腸内発酵中のメタンの放出、並びに堆肥の貯蔵及び処理から、直接発生する。家畜の飼育及び生産からの直接排出は、すべての発生源から放出されるGHG総排出の重大な（significant）部分を占める。現在、これらの排出源は広く規制されているわけではないため、この産業のGHG規制の将来については不確実性がある。この産業の企業はまた、エネルギー需要を満たすために大量の化石燃料を使用し、直接的なGHG排出を生成し、規制リスクからのエクスポージャーを高めている。将来の排出規制は、追加の事業コスト又は規制遵守コストをもたらす可能性がある。動物の排出を回収する新しい技術を導入し、エネルギー効率に焦点を当てることで、企業はGHG排出を制限しながら、規制リスク及び変動しやすいエネルギー・コストを緩和する場合がある。

指標

FB-MP-110a.1. グローバルでの「スコープ1」の総排出

1 企業は、「京都議定書」において対象とされる7種類の温室効果ガス（GHG）－二酸化炭素（CO_2）、メタン（CH_4）、一酸化二窒素（N_2O）、ハイドロフルオロカーボン類（HFCs）、パーフルオロカーボン類（PFCs）、六フッ化硫黄（SF_6）及び三フッ化窒素（NF_3）－のグローバルでの「スコープ1」のGHGの大気への総排出を開示しなければならない。

  1.1 すべてのGHG排出は、二酸化炭素相当（CO_2相当）メートル・トン単位で合算し、開示しなければならず、公開されている100年の時間軸に基づく地球温暖化係数（GWP）の数値に従い計算しなければならない。現時点でのGWP数値の推奨される情報源は、「気候変動に関する政府間パネル（IPCC）第5次評価報告書（2014年）」である。

  1.2 総排出は、オフセット、クレジット又はその他の類似した排出削減若しくは排出相殺のメカニズムを考慮する前の、大気中に排出されたGHGである。

2 「スコープ1」の排出は、「世界資源研究所」（WRI）及び「持続可能な開発のための世界経済人会議」（WBCSD）によって公表された「温室効果ガスプロトコルの企業算定及び報告基準（GHGプロトコル）（2004年3月改訂版）」において定義されており、ここに記載されている方法に従って計算しなければならない。

  2.1 認められる計算方法には、基礎的な参考文献として「GHGプロトコル」に従いつつ、産業固有又は地域固有のガイダンスなど追加的なガイダンスを提供するものを含める。例には次のものを含める場合がある。

    2.1.1 「GHG Reporting Guidance for the Aerospace Industry」（「国際航空宇宙環境グループ」（IAEG）発行）

    2.1.2 「Greenhouse Gas Inventory Guidance：定置式燃焼源からの直接排出」（「米国環境保護庁」（EPA）発行）

    2.1.3 「India GHG Inventory Program」

    2.1.4 ISO 14064-1

    2.1.5 「Petroleum Industry Guidelines for reporting GHG emissions」（IPIECA発行　第2版（2011年））

© IFRS Foundation

2.1.6 「Protocol for the quantification of greenhouse gas emissions from waste management activities」（「Entreprises pour l'Environnement」（EpE）発行）

2.2 GHG排出データは、企業が財務報告データを連結する方法に従って合算し、開示しなければならない。その方法は、一般的に、「GHGプロトコル」で定義する「財務支配」アプローチ及び「気候開示基準委員会」（CDSB）によって公表された「環境及び社会情報の報告のためのCDSBフレームワーク」のREQ-07「組織の境界」に記述されているアプローチと整合している。

3 企業は、過去の報告期間からの排出の変化について説明する場合がある。これには、変化が排出削減、ダイベストメント、買収、合併、アウトプットの変化又は計算方法の変更によるものかどうかを含める。

4 現在のCDP又は他の企業へのGHG排出の報告（例えば、国の規制上の開示プログラム）が、範囲及び使用した合算アプローチの点で異なる場合、企業はそれらの排出を開示することがある。ただし、主要な開示は前述のガイドラインに従わなければならない。

5 企業は、データが連続排出監視システム（CEMS）、エンジニアリング計算又は物質収支計算からのものであるかどうかなど、排出開示の計算方法について説明する場合がある。

FB-MP-110a.2. 「スコープ1」の排出を管理するための長期的及び短期的な戦略又は計画、排出削減目標並びにそれらの目標に対するパフォーマンスの分析についての説明

1 企業は、「スコープ1」の温室効果ガス（GHG）排出を管理するための長期的及び短期的な戦略又は計画について説明しなければならない。

1.1 「スコープ1」の排出は、「世界資源研究所」（WRI）及び「持続可能な開発のための世界経済人会議」（WBCSD）によって公表された「温室効果ガスプロトコルの企業算定及び報告基準（GHGプロトコル）（2004年3月改訂版)」において定義されている。

1.2 GHG排出の範囲には、「京都議定書」において対象とされる7種類の温室効果ガス（GHG）－二酸化炭素（CO_2）、メタン（CH_4）、一酸化二窒素（N_2O）、ハイドロフルオロカーボン類（HFCs）、パーフルオロカーボン類（PFCs）、六フッ化硫黄（SF_6）及び三フッ化窒素（NF_3）－を含める。

2 企業は、排出削減目標について説明し、目標に対するパフォーマンスを分析しなければならない。関連する場合は、次のものを含める。

2.1 排出削減目標の範囲（例えば、目標が適用される総排出の割合）

2.2 目標が絶対量ベース又は原単位ベースのいずれであるか、及び目標が原単位ベースの目標である場合は指標の分母

2.3 基準年に対する削減率。この基準年とは、目標の達成に向けて排出について評価する最初の年を表す。

2.4 削減活動の時間軸。これには開始年、目標年及び基準年を含める。

2.5 目標を達成するためのメカニズム

「気候関連開示」の適用に関する産業別ガイダンス

2.6　目標年の排出若しくは基準年の排出が遡及的に再計算された（若しくは再計算される場合がある）、又は目標年若しくは基準年が再設定された、すべての状況

3　企業は、計画又は目標を達成するために必要な活動及び投資、並びに計画又は目標の達成に影響を与える（affect）場合があるリスク又は制限要因について説明しなければならない。

4　企業は、さまざまな事業単位、地域又は排出源に対して異なるように関係しているかどうかなど、その戦略、計画又は削減目標の範囲について説明しなければならない。

5　企業は、その戦略、計画又は削減目標が、地域、国、国際又はセクター別プログラムを含む、排出制限又は排出報告ベースのプログラム又は規制（例えば、「EU域内排出量取引制度」、「ケベック州キャップアンドトレード制度」、「カリフォルニア州キャップアンドトレード・プログラム」）に関連している（related to）か又は関係している（associated with）かどうかについて説明しなければならない。

6　戦略、計画又は削減目標の開示は、報告期間中に進行中（アクティブ）であったか又は完了した活動に限定しなければならない。

エネルギー管理

トピックサマリー

「食肉、家禽及び乳製品」産業は、価値創造のための重要な（critical）インプットとして、購入した電気及び燃料に大きく依存している。企業の事業における電気及び化石燃料の使用は、間接的及び直接的な温室効果ガス（GHG）の排出をもたらし、気候変動及び汚染など環境にインパクトを与えている。購入した電気は、食肉、家禽及び乳製品企業にとって重大な（significant）事業コストである。購入した燃料及び電気は総製造コストの重大な（significant）部分を占めるため、この産業において競争上の優位性を維持するには、効率的なエネルギー使用が不可欠である。代替燃料の使用、再生可能エネルギー及びオンサイト発電若しくは電力系統からの電気の購入に関する意思決定は、エネルギー供給のコスト及び信頼性の両方に影響を与える（influence）可能性がある。

指標

FB-MP-130a.1. (1)エネルギー総消費量、(2)電力系統からの電気の割合及び(3)再生可能エネルギーの割合

1　企業は、(1)消費したエネルギーの総量をギガジュール（GJ）単位で集計して開示しなければならない。

1.1　エネルギー消費の範囲には、外部の供給源から購入したエネルギー及び企業が自ら生産したエネルギー（自己生成）を含む、すべての供給源からのエネルギーを含める。例えば、直接的な燃料の使用、購入した電気、並びに温熱、冷熱及び蒸気エネルギーはすべてエネルギー消費の範囲内に含まれる。

1.2　エネルギー消費の範囲には、報告期間中に企業が直接消費したエネルギーのみを含める。

1.3　燃料及びバイオ燃料からのエネルギー消費量を計算するにあたり、企業は、直接測定したか、又は「気候変動に関する政府間パネル」（IPCC）から取得した、総発熱量（GCV）とも呼ば

© IFRS Foundation

361

れる高位発熱量（HHV）を使用しなければならない。

2 企業は、(2)自社が消費した、電力系統から供給されたエネルギーの割合を開示しなければならない。

2.1 この割合は、購入した電力系統からの電気の消費量を、エネルギー総消費量で除して計算しなければならない。

3 企業は、(3)自社が消費した再生可能エネルギーの割合を開示しなければならない。

3.1 再生可能エネルギーは、地熱、風力、太陽光、水力及びバイオマスなど、それらの枯渇率以上のペースで補充されるエネルギー源からのエネルギーと定義する。

3.2 この割合は、再生可能エネルギー消費量を、エネルギー総消費量で除して計算しなければならない。

3.3 再生可能エネルギーの範囲には、企業が消費した再生可能燃料、企業が直接生産した再生可能エネルギー、及び企業が購入した再生可能エネルギー（再生可能エネルギー証書（REC）若しくは「原産地保証」（GO）を明示的に含む再生可能電力購入契約（PPA）を通じて購入した場合、「Green-eエナジー認証」済みの電気事業者若しくはサプライヤー・プログラムを通じて購入した場合、又は、RECやGOを明示的に含むその他のグリーン電力製品、若しくは「Green-eエナジー認証」RECが電力系統からの電気と組み合わせられた他のグリーン電力製品を通じて購入した場合）を含める。

3.3.1 オンサイトで生成した再生可能な電気について、それが再生可能エネルギーであると企業が主張するためには、当該企業の名においてREC及びGOを保持（retained）し（売却せず）、取り消し（retired）又は無効化（cancelled）しなければならない。

3.3.2 再生可能PPA及びグリーン電力製品について、それが再生可能エネルギーであると企業が主張するためには、当該企業の名においてREC及びGOを保持（retained）又は交換（replaced）し、取り消し（retired）又は無効化（cancelled）する旨を、その契約に明示的に含めて伝えなければならない。

3.3.3 企業の支配又は影響（influence）の範囲外にある系統電力ミックスの再生可能部分は、再生可能エネルギーの範囲から除外する。

3.4 この開示の目的において、バイオマス源からの再生可能エネルギーの範囲は、第三者の基準（例えば、「森林管理協議会」（Forest Stewardship Council）、「持続可能な森林イニシアティブ」（Sustainable Forest Initiative）、「森林認証プログラム」（Programme for the Endorsement of Forest Certification）、又は「American Tree Farm System」）で認証された材料、「再生可能エネルギー認証のためのGreen-eフレームワークのバージョン1.0（2017年）」若しくは「Green-e」地域基準に従い対象となり得る（eligible）供給源とみなされる材料、又は適用される法域の再生可能エネルギー利用割合基準（renewable portfolio standard）において対象となり得る（eligible）材料に限定する。

4 企業は、燃料使用量（バイオ燃料を含む。）についてのHHVの使用及びキロワット時（kWh）のGJへの変換（太陽光又は風力エネルギーからの電気を含むエネルギー・データの場合）など、この開示で報告するすべてのデータに対して、変換係数を一貫して適用しなければならない。

水管理

トピックサマリー

「食肉、家禽及び乳製品」産業は、家畜の飼育及び産業加工の両方で水を大量に消費する。さらに、この産業の企業は通常、動物の生産活動及び加工工程の両方から廃水又は排水を生み出す。人口増加、1人当たりの消費量の増加、水管理の不備及び気候変動により、水不足が重要な（importance）問題となっているため、この産業の企業は、生産減少につながる水不足又は規制により事業コストの増加又は売上の喪失に直面する場合がある。企業は、水不足リスクに関連する設備投資及び施設の場所の評価、事業効率の改善、並びに水へのアクセス及び排水に関連する規制当局及び地域社会とのパートナーシップを通じて、水関連のリスク及び機会を管理することができる。

指標

FB-MP-140a.1. (1)総取水量、(2)総消費水量、及びそれらの「ベースライン水ストレス」が「高い」又は「極めて高い」地域の割合

1　企業は、すべての水源から引き出された水の量を、千立方メートル単位で開示しなければならない。

　　1.1　水資源には、地表水（湿地、河川、湖及び海からの水を含む。）、地下水、企業が直接収集し貯留した雨水、並びに地方自治体の水道供給者、水道事業者又はその他の企業から取得した水及び廃水を含める。

2　企業は、例えば、取水量の大部分（significant portions）が非淡水源からのものである場合、その供給を水源別に開示することがある。

　　2.1　淡水は、企業が事業を営む地域の法令に従い定義する場合がある。法令による定義が存在しない場合、淡水は、1,000ppm未満の溶解固形物を含む水とみなさなければならない。

　　2.2　法域の飲料水規制に準拠して水道事業者から取得した水は、淡水の定義を満たすとみなすことができる。

3　企業は、自社の事業で消費した水の量を、千立方メートル単位で開示しなければならない。

　　3.1　水消費は次のように定義する。

　　　　3.1.1　取水、使用及び排水中に蒸発する水

　　　　3.1.2　企業の製品又はサービスに、直接的又は間接的に組み込まれる水

　　　　3.1.3　その他、取水源と同じ集水域に戻らない水（別の集水域又は海に戻る水など）

4　企業は、すべての事業における水リスクを分析し、「世界資源研究所」（WRI）の「水リスク・アトラス」（Water Risk Atlas）ツールである「Aqueduct」によって、「ベースライン水ストレス」が「高い（40〜80％）」又は「極めて高い（>80％）」と分類された場所で取水し水消費する活動を識別しなければならない。

5　企業は、「ベースライン水ストレス」が「高い」又は「極めて高い」場所で取水した水について、総取水量に対する割合で開示しなければならない。

6　企業は、「ベースライン水ストレス」が「高い」又は「極めて高い」場所で消費した水について、総消費水量に対する割合で開示しなければならない。

FB-MP-140a.2. 水管理リスクの記述並びに当該リスクを緩和するための戦略及び実務の説明

1　企業は、取水、水消費並びに水又は廃水の排出に関連する水管理リスクを記述しなければならない。

　　1.1　取水及び水消費に関連するリスクには、十分で清潔な水資源の入手可能性に対するリスクを含める。これには次のものを含める。

　　　　1.1.1　環境上の制約 － 水ストレス地域での事業、干ばつ、水生生物の閉込み又は巻込みの懸念、経年変動又は季節変動、及び気候変動のインパクトからのリスクなど

　　　　1.1.2　規制及び財務上の制約 － 水コストの変動、取水に関連する利害関係者の認識及び懸念（例えば、地域社会、非政府組織及び規制当局からのもの）、他の水利用者との直接的な競合及びその行為からのインパクト（例えば、企業及び地方自治体の水利用者）、規制による取水制限、並びに水利権又は許認可を取得し保持する企業の能力に対する制約など

　　1.2　水又は廃水の排出に関連するリスクには、排出に関連する権利又は許認可を取得する能力、排出に関連する規制への準拠、排出に対する制約、排水の温度管理を維持する能力、義務、レピュテーション・リスク、並びに、排水に関連する規制、利害関係者の認識及び懸念（例えば、地域社会、非政府組織及び規制当局からのもの）による事業コストの増加を含める。

2　企業は、次の文脈において水管理リスクを記述する場合がある。

　　2.1　地表水（湿地、河川、湖及び海からの水を含む。）、地下水、企業が直接収集し貯留した雨水、並びに地方自治体の水道供給者、水道事業者又はその他の企業から取得した水及び廃水を含む取水源によって、リスクがどのように異なる場合があるか

　　2.2　地表水、地下水又は廃水処理施設を含む排出先によって、リスクがどのように異なる場合があるか

3　企業は、水管理リスクが自社の事業に対して有する場合がある潜在的な影響（effects）及びそのようなリスクが顕在化すると見込まれる時間軸について説明する場合がある。

　　3.1　影響（effects）には、コスト、売上、負債、事業の継続性及びレピュテーションに関連するものを含める。

4　企業は、水管理リスクを緩和するための短期的及び長期的な戦略又は計画について説明しなければならない。これには次のものを含める場合がある。

　　4.1　戦略、計画、ゴール又は目標の範囲（さまざまな事業単位、地域又は水を消費する事業プロセスとどのように関連しているかなど）

　　4.2　優先する水管理のゴール又は目標、及び、それらのゴール又は目標に対するパフォーマンスの分析

　　　　4.2.1　ゴール及び目標には、取水量の削減、水消費量の削減、排水量の削減、水生生物の閉込みの軽減、排水の質の改善及び規制遵守の維持に関連するものを含める。

364　　　　　　　　　　　　　　　© IFRS Foundation

「気候関連開示」の適用に関する産業別ガイダンス

4.3 計画、ゴール又は目標を達成するために必要な活動及び投資、並びに計画又は目標の達成に影響を与える（affect）場合があるリスク又は制限要因

4.4 戦略、計画、ゴール又は目標の開示は、報告期間中に進行中（アクティブ）であったか、又は完了した活動に限定しなければならない。

5 水管理の目標について、企業は追加で次のものを開示しなければならない。

5.1 目標が絶対量ベース又は原単位ベースのいずれであるか、及び目標が原単位ベースである場合は指標の分母

5.2 水管理計画の時間軸（開始年、目標年及び基準年を含める。）

5.3 次のものを含む、目標を達成するためのメカニズム

5.3.1 水のリサイクル又は循環システムの使用などの、効率化に関する取組み（efforts）

5.3.2 必要な水の量を減らすための製品又はサービスの再設計などの、製品のイノベーション

5.3.3 水生生物の閉込み又は巻込みの軽減を可能にするような、プロセス及び機器のイノベーション

5.3.4 水の使用、リスク及び機会を分析するためのツール及び技術の使用（例えば、「世界自然保護基金」の「Water Risk Filter」、「Global Water Tool」及び「Water Footprint Network Footprint Assessment Tool」）

5.3.5 地域又は他の組織との実施されているコラボレーション又はプログラム

5.4 基準年からの削減率又は改善率。基準年は、目標の達成に向けて、水管理の目標が評価される最初の年である。

6 企業は、水管理の実務が、組織内で追加的なライフ・サイクルへの影響（effects）又はトレードオフをもたらすかどうかについて説明しなければならない。これには、土地利用、エネルギー生産及び温室効果ガス（GHG）排出のトレードオフを含める。また、ライフ・サイクルのトレードオフにもかかわらず、企業がこれらの実務を選択した理由についても説明しなければならない。

FB-MP-140a.3. 水質の許認可、基準及び規制に関連する違反事案（incidents of non-compliance）の件数

1 企業は、技術ベースの基準への違反（violations）並びに水量ベース又は水質ベースの基準の超過を含め、違反事案（incidents of non-compliance）の総数を開示しなければならない。

2 開示の範囲には、適用される法域の法的許認可及び規制が適用される事案（incidents）を含める。これには、危険物質の排出（discharge）、前処理要件への違反（violation）又は1日当たりの総最大負荷量（TMDL）の超過を含める。

3 開示の範囲には、正式な執行措置をもたらした違反事案（incidents of non-compliance）のみを含めなければならない。

3.1 正式な執行措置は、水量又は水質に関する法令、政策又は命令への違反（violation）又は違

© IFRS Foundation

365

反のおそれ（threatened violation）に対処する政府の措置と定義し、とりわけ、行政罰命令、行政命令及び司法措置をもたらす可能性がある。

4　違反（violations）は、測定方法又は頻度にかかわらず、開示しなければならない。これには、次の違反（violations）を含める。

4.1　継続的な排出（discharges）、制限、基準及び禁止事項で、一般的に1日平均、週平均及び月平均の最大値で表されるもの

4.2　非継続的な排出（discharges）又は制限で、一般的に頻度、総質量、最大排出率及び特定の汚染物質の質量又は濃度の観点で表されるもの

土地利用及び生態系へのインパクト

トピックサマリー

「食肉、家禽及び乳製品」産業の事業は、主に家畜を飼育するための重大な（significant）土地利用のニーズ、並びに動物の排泄物による空気、土地及び地下水の汚染により、さまざまな生態学的インパクトをもたらす。そのインパクトはさまざまであるが、伝統的な家畜飼養施設及び集中家畜飼養施設のいずれも重大な（significant）生態学的インパクトをもたらす場合がある。集中家畜飼養施設及び畜産物処理施設の主な懸念は、大量かつ集中的な廃棄物及び汚染物質の生成である。施設からの排水及び廃棄物の処理には、重大な（significant）コストがかかる。非集中家畜飼養施設は広い牧草地が必要であり、土地資源の物理的な劣化につながる場合がある。土地利用及び生態学的インパクトは、罰金、訴訟及び施設の拡張又は廃棄物排出の許可を得ることの困難さという形で法令上のリスクをもたらす。

指標

FB-MP-160a.1. 発生した動物の排泄物及び堆肥の量、養分管理計画により管理した割合

1　企業は、施設で発生した動物の排泄物及び堆肥の総量をメートル・トン単位で開示しなければならない。

1.1　動物の排泄物及び堆肥の範囲には、固体及び液体の両方の排泄物及び堆肥を含める。

2　企業は、養分管理計画を導入する施設から発生した動物の排泄物及び堆肥の割合を、発生した動物の排泄物及び堆肥の総量で除して開示しなければならない。

2.1　養分管理計画は、すべての堆肥の生成、収集、処理、保管及び農業利用に対処する文書化された管理実務と定義する。

2.2　養分管理計画は、少なくとも次の最低限の具体的な要素を満たしていなければならない。

2.2.1　背景及び現場情報

2.2.2　堆肥及び廃水の取扱い及び保管

2.2.3　農場の安全及びセキュリティ

2.2.4　土地処理の実務

「気候関連開示」の適用に関する産業別ガイダンス

2.2.5 　土壌及びリスク評価分析

2.2.6 　養分管理

2.2.7 　記録管理

2.2.8 　参照先

3 　開示の範囲には、企業が所有し運営する施設、動物生産を委託している施設（例えば、独立した生産者）、及びその他の方法で企業に動物性タンパク質を供給する施設（例えば、企業による処理のため）を含める。

4 　開示の範囲には、生産区域及び土地処理区域を含める。

4.1 　生産区域には、動物の閉込区域、飼料及びその他の原材料の保管区域、動物死骸処理施設並びに堆肥処理の収容区域又は保管区域を含める。

4.2 　土地処理区域には、所有しているか、レンタルしているか又はリースしているかに関係なく、堆肥又は処理廃水が、作物、干し草若しくは牧草の生産又はその他の用途に利用される、又は利用される場合がある、企業又はその契約サプライヤー（例えば、独立した生産者）の支配下にある土地を含める。

FB-MP-160a.2. 保全計画要件により管理している牧草地及び放牧地の割合

1 　企業は、適用される法域の保全計画要件により管理している牧草地及び放牧地の割合を開示しなければならない。

1.1 　この割合は、適用される保全計画要件により管理している牧草地及び放牧地の面積を、牧草地及び放牧地の総面積で除して計算しなければならない。

1.2 　保全計画は、天然資源の持続可能な管理を促進することを目的とした法域の基準又は規制である。これには、土壌、水、大気、及び関連する動植物資源を含む場合がある。

2 　開示の範囲には、放牧地として定義される土地を含める。放牧地は、歴史的な極相植物群落が主に草、草のような植物、草本又は低木である土地であり、その植生の日常的な管理が主に放牧の操作によって達成される場合、自然に又は人工的に再緑化される土地を含み、また放牧された森林、環境に対応した牧草地、放牧地、干し草地及び放牧されて干し草がかけられた農地を含める。

2.1 　開示の範囲には、企業が所有し営む事業、企業が動物生産を契約する事業（例えば、独立した生産者）、及びその他の方法で企業に動物性タンパク質を供給する事業（例えば、企業による処理のため）からの土地を含める。

3 　企業は、計算に用いた法域の基準又は規制を開示しなければならない。

FB-MP-160a.3. 集中家畜飼養事業からの動物性タンパク質生産

1 　企業は、集中家畜飼養事業からの動物タンパク質の生産量をメートル・トンで開示しなければならない。

1.1 　集中家畜飼養事業は、密集した個体又は限られた場所における家畜飼養実務と定義する。家畜を最大限に生産するために、化学物質などの大量の資源インプットが必要であり、汚染及

© IFRS Foundation

367

び廃棄物などの環境インパクトにつながる可能性がある。

    1.1.1   集中家畜飼養事業は、集約畜産（intensive farming）、資源集約的畜産（resource-intensive animal production）又は高密度家畜飼養事業（concentrated animal feeding operations）と呼ばれることもある。

1.2   数量は、動物性タンパク質の枝肉（又は下ごしらえした肉）の重量として計算しなければならない。

    1.2.1   枝肉は、屠殺された家畜の内臓を含むすべての部位と定義する。

1.3   企業は、集中家畜飼養事業について、適用される法域の定義を用いる場合がある。

    1.3.1   企業が集中家畜飼養事業について法域の定義を用いる場合、企業は用いる定義を開示しなければならない。

2   この範囲には、企業が所有し営む事業、企業が動物生産を契約する事業（例えば、独立した生産者）、及びその他の方法で企業にタンパク質を供給する事業（例えば、企業による処理のため）からの動物性タンパク質を含める。

動物及び飼料の調達

トピックサマリー

食肉、家禽及び乳製品企業は、動物種に応じて、さまざまなサプライヤーから動物及び動物飼料を調達している。この産業が望ましい価格で動物及び動物飼料を確実に調達できる能力は、気候変動、水不足、土地管理及びその他の資源不足の考慮事項によって影響を受ける（affected）場合がある。資源集約度が低く、気候変動及びその他の資源不足リスクへの適応を積極的に管理するサプライヤーを選択して協力する企業は、価格変動及び供給断絶を軽減できる場合がある。さらに、企業はブランドのレピュテーションを高め、新しい市場機会を開拓する場合がある。調達リスクを効果的に管理できなければ、資本コストが高くなり、マージンが減少し、売上成長率が抑制されることにつながる場合がある。

指標

FB-MP-440a.1. 「ベースライン水ストレス」が「高い」又は「極めて高い」地域から調達した動物飼料の割合

1   企業は、「ベースライン水ストレス」が「高い」又は「極めて高い」地域から調達した動物飼料の割合を開示しなければならない。

1.1   動物飼料には、大豆ミール、コーンミール及びその他の穀物、並びに家畜に提供するその他の飼料を含めるが、飼い葉は除外する。

2   開示の範囲には、企業が栽培した飼料又は製造した飼料及び企業が購入した飼料を含めなければならない。

3   この割合は、「ベースライン水ストレス」が「高い」又は「極めて高い」地域から調達した動物飼料の重量を、企業が調達した動物飼料の総重量で除して計算しなければならない。

3.1 企業は、「世界資源研究所」（WRI）の「水リスク・アトラス」（Water Risk Atlas）ツールである「Aqueduct」によって、「ベースライン水ストレス」が「高い（40〜80％）」又は「極めて高い（>80％）」と分類された場所から調達した動物飼料を識別しなければならない。

FB-MP-440a.2. 「ベースライン水ストレス」が「高い」又は「極めて高い」地域にいる生産者との契約の割合

1 企業は、「ベースライン水ストレス」が「高い」又は「極めて高い」地域にいる生産者との契約の割合を開示しなければならない。

1.1 契約生産者（又は栽培者）は、企業が契約を締結している当事者であり、これに基づいて、当該当事者は通常、支払の見返りとして、企業が所有する家畜のための施設、労働力、設備及び世話を提供することに同意する。

2 この割合は、水ストレス地域にいる企業に関連する契約金額を、動物性タンパク質の契約生産に関連する契約総額で除して計算しなければならない。

2.1 企業は、「世界資源研究所」（WRI）「水リスク・アトラス」（Water Risk Atlas）ツールである「Aqueduct」によって、「ベースライン水ストレス」が「高い（40〜80％）」又は「極めて高い（>80％）」と分類された場所で取水し水消費する契約生産者を識別しなければならない。

FB-MP-440a.3. 気候変動によって飼料調達及び家畜供給にもたらされる機会及びリスクを管理する戦略についての説明

1 企業は、気候変動シナリオによって飼料調達及び家畜供給にもたらされるリスク又は機会について説明しなければならない。

1.1 飼料調達のリスク及び機会には、動物飼料生産の栽培、製粉及びその他の処理、並びに輸送段階におけるものを含める。

1.2 家畜生産のリスク及び機会には、生きた動物及び処理された動物性タンパク質製品の繁殖、放牧、肥育場、屠殺、処理並びに流通及び輸送を含む、動物性タンパク質を市場に投入するすべてのライフ・サイクル段階に影響を与える（affecting）ものを含める。

2 企業は、気候変動によって生じるリスクを識別する場合がある。これには、水の入手可能性、放牧地の質の変化、病気の移動及びより頻繁に起こる異常気象を含める場合がある。

3 企業は、気候変動シナリオがどのように顕在化するか（例えば、それらが企業のサプライ・チェーンに影響を与える（affect）時点で）、それぞれの種類の飼料（例えば、大豆ミール、コーンミール及びその他の穀物、又は干し草）又は家畜（例えば、肉用牛、乳用牛、豚又は家禽）にどのように影響を与える（affected）場合があるか、及びその他の事業の状況（例えば、輸送及び物流又は物理的インフラ）にどのように影響を与える（affected）かについて説明する場合がある。

4 企業は、気候変動のインパクトを評価しモニタリングする取組み（efforts）、及びリスクに適応するか又は機会を認識するための関連戦略について説明しなければならない。

4.1 飼料について、戦略には、保険の利用、ヘッジ手段への投資、サプライ・チェーンの多様化、並びに生態系及び生物多様性の管理を含める場合がある。

© IFRS Foundation

4.2 家畜について、戦略には、保険の利用、ヘッジ手段への投資、サプライ・チェーンの多様化、生態系及び生物多様性の管理、並びに耐性のある家畜品種の開発を含める場合がある。

5 企業は、リスク及び機会が実現する蓋然性、財務的結果及び事業状況への影響（effect）の可能性がある規模、及びそのようなリスク及び機会が顕在化すると見込まれる時間軸について説明する場合がある。

6 企業は、気候変動シナリオを開発するために用いる方法又はモデルについての説明を含める場合がある。これには、グローバル・グリッド・クロップ・モデル（global gridded crop model）又は政府及び非政府組織によって提供される科学的研究（例えば、「気候変動に関する政府間パネル　気候シナリオ・プロセス」）の使用を含める。

7 開示の範囲には、企業の事業に対する気候変動の影響（impact）を含めるが、企業の戦略並びに事業を通じて発生する温室効果ガス（GHG）排出の緩和に関連するリスク及び機会は除外する（FB-MP.110a.2で対処されている。）。

370

「気候関連開示」の適用に関する産業別ガイダンス

第24巻－清涼飲料

産業の説明

「清涼飲料」産業は、さまざまな炭酸飲料、濃縮シロップ、ジュース、エネルギー飲料及びスポーツ飲料、茶、コーヒー並びに水製品を含む、幅広い範囲の飲料製品を生産する。この産業は、大規模な、国際的な企業が支配的である。企業は、シロップ製造、マーケティング、瓶詰事業及び流通を行っており、相対的に大規模な企業は典型的にはより垂直的に統合しており、完成品を瓶詰めし、販売し、流通させる事業を営んでいる。

サステナビリティ開示トピック及び指標

表1. サステナビリティ開示トピック及び指標

トピック	指標	カテゴリー	測定単位	コード
フリート燃料管理	フリートの燃料消費量、再生可能燃料の割合	定量	ギガジュール(GJ)、パーセンテージ(%)	FB-NB-110a.1
エネルギー管理	(1)事業によるエネルギー総消費量、(2)電力系統からの電気の割合及び(3)再生可能エネルギーの割合	定量	ギガジュール(GJ)、パーセンテージ(%)	FB-NB-130a.1
水管理	(1)総取水量、(2)総消費水量、及びそれらの「ベースライン水ストレス」が「高い」又は「極めて高い」地域の割合	定量	千立方メートル(m³)、パーセンテージ(%)	FB-NB-140a.1
	水管理リスクの記述並びに当該リスクを緩和するための戦略及び実務の説明	説明及び分析	該当なし	FB-NB-140a.2
原材料のサプライ・チェーンが環境及び社会に与えるインパクト	サプライヤーの社会及び環境責任監査(1)不適合率並びに(2)(a)主要な不適合及び(b)軽微な不適合の関連する是正措置率	定量	比率	FB-NB-430a.1
原材料調達	「ベースライン水ストレス」が「高い」又は「極めて高い」地域から調達した飲料原材料の割合	定量	コストのパーセンテージ(%)	FB-NB-440a.1

© IFRS Foundation

トピック	指標	カテゴリー	測定単位	コード
	優先飲料原材料の一覧並びに環境及び社会配慮に関連する調達リスクについての説明	説明及び分析	該当なし	FB-NB-440a.2

表2. 活動指標

活動指標	カテゴリー	測定単位	コード
製品の販売量	定量	百万ヘクトリットル(Mhl)	FB-NB-000.A
生産拠点数	定量	数	FB-NB-000.B
フリート総輸送距離	定量	キロメートル(km)	FB-NB-000.C

フリート燃料管理

トピックサマリー

清涼飲料企業は、流通に使用される大型車両フリート及び製造施設から、「スコープ1」の温室効果ガス（GHG）を直接排出する。特に、製造施設及び輸送車両で使用される冷媒は、産業全体の排出量の重大な（significant）部分を占めている。燃料使用において得られる効率化は、コストを削減し、化石燃料価格の変動へのエクスポージャーを緩和し、製品の生産、保管及び輸送からの排出を限定することができる。長期的な事業上の節約及び規制リスクの緩和は、燃料効率の高いフリート及びよりエネルギー効率の高い技術への短期的な資本支出を上回る場合がある。

指標

FB-NB-110a.1.フリートの燃料消費量、再生可能燃料の割合

1 企業は、自社のフリート車両によって消費された燃料の総量を、ギガジュール（GJ）単位で集計して開示しなければならない。

    1.1 消費された燃料の計算方法は、設計上のパラメータではなく、実際に消費された燃料に基づかなければならない。

    1.2 消費された燃料の許容可能な計算方法には、次に基づく方法を含める場合がある。

        1.2.1 報告期間中に購入した燃料を報告期間の期首の在庫に加算し、報告期間の末日の燃料の在庫を差し引いたもの

        1.2.2 車両によって消費された燃料を追跡すること

「気候関連開示」の適用に関する産業別ガイダンス

       1.2.3   燃料費を追跡すること

2   企業は、フリート車両によって消費された、再生可能燃料の総量の割合を開示しなければならない。

    2.1   再生可能燃料は、一般的に次の要件のすべてを満たす燃料と定義する。

       2.1.1   再生可能なバイオマスから生産されたもの

       2.1.2   輸送用燃料、暖房用燃料油、又はジェット燃料に含まれる化石燃料の代替又は削減のために使用されるもの

       2.1.3   ライフ・サイクル・ベースでの温室効果ガス（GHG）排出の純減を達成したもの

    2.2   企業は、燃料が再生可能かどうかを判断するために使用した基準又は規制を開示しなければならない。

    2.3   この割合は、企業のフリート車両により消費された再生可能燃料の量（GJ単位）を、企業のフリート車両により消費された燃料の総量（GJ単位）で除して計算しなければならない。

3   開示の範囲には、企業が所有又は運用する車両が消費する燃料を含める。

4   開示の範囲からは、第三者が企業の製品を輸送する際に消費する燃料を除外する。

5   燃料及びバイオ燃料からのエネルギー消費量を計算するにあたり、企業は、直接測定したか、又は「気候変動に関する政府間パネル」（IPCC）から取得した、総発熱量（GCV）とも呼ばれる高位発熱量（HHV）を使用しなければならない。

6   企業は、燃料使用量（バイオ燃料を含む。）に対するHHVの使用など、この開示で報告するすべてのデータに対して、変換係数を一貫して適用しなければならない。

エネルギー管理

トピックサマリー

「清涼飲料」産業の企業は、製造施設、流通センター及び倉庫の運営に重大な（significant）エネルギーを使用している。この産業の企業は通常、電力系統から電気を購入する。エネルギー生成は、気候変動及び汚染を含む環境へのインパクトを与えている。これらのインパクトは、清涼飲料企業の事業に、間接的であるものの重要性がある（materially）影響を与える（affect）可能性がある。企業は、より効率的な技術及びプロセスを導入することにより、事業からのエネルギー消費及び関連する温室効果ガス（GHG）排出を削減できる。代替燃料の使用、再生可能エネルギー及びオンサイト発電か電力系統から電気を購入するかに関する意思決定は、エネルギー供給のコスト及び信頼性の両方に影響を与える（influencing）重要な（important）要素である可能性がある。

指標

FB-NB-130a.1. (1)事業によるエネルギー総消費量、(2)電力系統からの電気の割合及び(3)再生可能エネルギーの割合

1   企業は、(1)消費したエネルギーの総量（フリート車両を除く。）をギガジュール（GJ）単位で集計して開示しなければならない。

© IFRS Foundation

373

1.1 エネルギー消費の範囲には、フリート車両が消費した燃料を除外するものの、外部の供給源から購入したエネルギー及び企業が自ら生産したエネルギー（自己生成）を含め、すべての供給源からのエネルギーを含める。例えば、購入した電気、並びに温熱、冷熱及び蒸気エネルギーはすべてエネルギー消費の範囲内に含まれる。

1.2 エネルギー消費の範囲には、報告期間中に企業が直接消費したエネルギーのみを含める。

1.3 燃料及びバイオ燃料からのエネルギー消費量を計算するにあたり、企業は、直接測定したか、又は「気候変動に関する政府間パネル」（IPCC）から取得した、総発熱量（GCV）とも呼ばれる高位発熱量（HHV）を使用しなければならない。

2 企業は、(2)自社が消費した、電力系統から供給されたエネルギー（フリート車両を除く。）の割合を開示しなければならない。

2.1 この割合は、購入した電力系統からの電気の消費量を、エネルギー総消費量で除して計算しなければならない。

3 企業は、(3)自社が消費した再生可能エネルギー（フリート車両を除く。）の割合を開示しなければならない。

3.1 再生可能エネルギーは、地熱、風力、太陽光、水力及びバイオマスなど、それらの枯渇率以上のペースで補充されるエネルギー源からのエネルギーと定義する。

3.2 この割合は、再生可能エネルギー消費量を、エネルギー総消費量で除して計算しなければならない。

3.3 再生可能エネルギーの範囲には、企業が消費した再生可能燃料、企業が直接生産した再生可能エネルギー、及び企業が購入した再生可能エネルギー（再生可能エネルギー証書（REC）若しくは「原産地保証」（GO）を明示的に含む再生可能電力購入契約（PPA）を通じて購入した場合、「Green-eエナジー認証」済みの電気事業者若しくはサプライヤー・プログラムを通じて購入した場合、又は、RECやGOを明示的に含むその他のグリーン電力製品、若しくは「Green-eエナジー認証」RECが電力系統からの電気と組み合わせられた他のグリーン電力製品を通じて購入した場合）を含める。

3.3.1 オンサイトで生成した再生可能な電気について、それが再生可能エネルギーであると企業が主張するためには、当該企業の名においてREC及びGOを保持（retained）し（売却せず）、取り消し（retired）又は無効化（cancelled）しなければならない。

3.3.2 再生可能PPA及びグリーン電力製品について、それが再生可能エネルギーであると企業が主張するためには、当該企業の名においてREC及びGOを保持（retained）又は交換（replaced）し、取り消し（retired）又は無効化（cancelled）する旨を、その契約に明示的に含めて伝えなければならない。

3.3.3 企業の支配又は影響（influence）の範囲外にある系統電力ミックスの再生可能部分は、再生可能エネルギーの範囲から除外する。

3.4 この開示の目的において、バイオマス源からの再生可能エネルギーの範囲は、第三者の基準（例えば、「森林管理協議会」（Forest Stewardship Council）、「持続可能な森林イニシアティブ」（Sustainable Forest Initiative）、「森林認証プログラム」（Programme for the

Endorsement of Forest Certification）、又は「American Tree Farm System」）で認証された材料、「再生可能エネルギー認証のためのGreen-eフレームワークのバージョン1.0（2017年）」若しくは「Green-e」地域基準に従い対象となり得る（eligible）供給源とみなされる材料、又は適用される法域の再生可能エネルギー利用割合基準（renewable portfolio standard）において対象となり得る（eligible）材料に限定する。

4   企業は、燃料使用量（バイオ燃料を含む。）についてのHHVの使用及びキロワット時（kWh）のGJへの変換（太陽光又は風力エネルギーからの電気を含むエネルギー・データの場合）など、この開示で報告するすべてのデータに対して、変換係数を一貫して適用しなければならない。

水管理

トピックサマリー

水管理は、企業の直接的な水の使用、水ストレス地域での事業運営、及び廃水の管理に関連している。「清涼飲料」産業の企業は、水が最終製品に不可欠なインプットであるため、事業で大量の水を使用している。清涼飲料企業は大量の浄水への依存度が高く、グローバルな水不足が増加していることから、企業は供給断絶にさらされる場合があり、事業に重大な（significantly）影響を与え（affect）、コストが増加する可能性がある。水ストレス地域で事業を営むものの、地域の水問題に対処しない企業は、事業を営むための社会的ライセンスを失うリスクにますます直面する場合がある。さらに、瓶詰め工場は大量の排水を排出するため、適切な廃水処理は事業上、水の問題を管理する重要な（important）要素である。特にベースライン水ストレスがある地域では、効率性の向上、リサイクル及び適切な廃棄を通じて水管理を改善することは、事業コストの削減、リスクの軽減及び無形資産価値の向上につながる場合がある。

指標

FB-NB-140a.1. (1)総取水量、(2)総消費水量、及びそれらの「ベースライン水ストレス」が「高い」又は「極めて高い」地域の割合

1   企業は、すべての水源から引き出された水の量を、千立方メートル単位で開示しなければならない。

    1.1   水資源には、地表水（湿地、河川、湖及び海からの水を含む。）、地下水、企業が直接収集し貯留した雨水、並びに地方自治体の水道供給者、水道事業者又はその他の企業から取得した水及び廃水を含める。

2   企業は、例えば、取水量の大部分（significant portions）が非淡水源からのものである場合、その供給を水源別に開示することがある。

    2.1   淡水は、企業が事業を営む地域の法令に従い定義する場合がある。法令による定義が存在しない場合、淡水は、1,000ppm未満の溶解固形物を含む水とみなさなければならない。

    2.2   法域の飲料水規制に準拠して水道事業者から取得した水は、淡水の定義を満たすとみなすことができる。

3   企業は、自社の事業で消費した水の量を、千立方メートル単位で開示しなければならない。

    3.1   水消費は次のように定義する。

© IFRS Foundation

3.1.1 取水、使用及び排水中に蒸発する水

3.1.2 企業の製品又はサービスに、直接的又は間接的に組み込まれる水

3.1.3 その他、取水源と同じ集水域に戻らない水（別の集水域又は海に戻る水など）

4 企業は、すべての事業における水リスクを分析し、「世界資源研究所」（WRI）の「水リスク・アトラス」（Water Risk Atlas）ツールである「Aqueduct」によって、「ベースライン水ストレス」が「高い（40〜80%）」又は「極めて高い（>80%）」と分類された場所で取水し水消費する活動を識別しなければならない。

5 企業は、「ベースライン水ストレス」が「高い」又は「極めて高い」場所で取水した水について、総取水量に対する割合で開示しなければならない。

6 企業は、「ベースライン水ストレス」が「高い」又は「極めて高い」場所で消費した水について、総消費水量に対する割合で開示しなければならない。

FB-NB-140a.2. 水管理リスクの記述並びに当該リスクを緩和するための戦略及び実務の説明

1 企業は、取水、水消費並びに水又は廃水の排出に関連する水管理リスクを記述しなければならない。

1.1 取水及び水消費に関連するリスクには、十分で清潔な水資源の入手可能性に対するリスクを含める。これには次のものを含める。

1.1.1 環境上の制約 － 水ストレス地域での事業、干ばつ、水生生物の閉込み又は巻込みの懸念、経年変動又は季節変動、及び気候変動のインパクトからのリスクなど

1.1.2 規制及び財務上の制約 － 水コストの変動、取水に関連する利害関係者の認識及び懸念（例えば、地域社会、非政府組織及び規制当局からのもの）、他の水利用者との直接的な競合及びその行為からのインパクト（例えば、企業及び地方自治体の水利用者）、規制による取水制限、並びに水利権又は許認可を取得し保持する企業の能力に対する制約など

1.2 水又は廃水の排出に関連するリスクには、排出に関連する権利又は許認可を取得する能力、排出に関連する規制への準拠、排出に対する制約、排水の温度管理を維持する能力、義務、レピュテーション・リスク、並びに、排水に関連する規制、利害関係者の認識及び懸念（例えば、地域社会、非政府組織及び規制当局からのもの）による事業コストの増加を含める。

2 企業は、次の文脈において水管理リスクを記述する場合がある。

2.1 地表水（湿地、河川、湖及び海からの水を含む。）、地下水、企業が直接収集し貯留した雨水、並びに地方自治体の水道供給者、水道事業者又はその他の企業から取得した水及び廃水を含む取水源によって、リスクがどのように異なる場合があるか

2.2 地表水、地下水又は廃水処理施設を含む排出先によって、リスクがどのように異なる場合があるか

3 企業は、水管理リスクが自社の事業に対して有する場合がある潜在的な影響（effects）及びそのようなリスクが顕在化すると見込まれる時間軸について説明する場合がある。

3.1 影響（effects）には、コスト、売上、負債、事業の継続性及びレピュテーションに関連する

376 © IFRS Foundation

「気候関連開示」の適用に関する産業別ガイダンス

ものを含める。

4 企業は、水管理リスクを緩和するための短期的及び長期的な戦略又は計画について説明しなければ
ならない。これには次のものを含める。

4.1 戦略、計画、ゴール又は目標の範囲（さまざまな事業単位、地域又は水を消費する事業プロ
セスとどのように関連しているかなど）

4.2 優先する水管理のゴール又は目標、及び、それらのゴール又は目標に対するパフォーマンス
の分析

4.2.1 ゴール及び目標には、取水量の削減、水消費量の削減、排水量の削減、水生生物の
閉込みの軽減、排水の質の改善及び規制遵守に関連するものを含める。

4.3 計画、ゴール又は目標を達成するために必要な活動及び投資、並びに計画又は目標の達成に
影響を与える（affect）場合があるリスク又は制限要因

4.4 戦略、計画、ゴール又は目標の開示は、報告期間中に進行中（アクティブ）であったか、又
は完了した活動に限定しなければならない。

5 水管理の目標について、企業は追加で次のものを開示しなければならない。

5.1 目標が絶対量ベース又は原単位ベースのいずれであるか、及び目標が原単位ベースである場
合は指標の分母

5.2 水管理活動の時間軸（開始年、目標年及び基準年を含める。）

5.3 次のものを含む、目標を達成するためのメカニズム

5.3.1 水のリサイクル又は循環システムの使用などの、効率化に関する取組み（efforts）

5.3.2 必要な水の量を減らすための製品又はサービスの再設計などの、製品のイノベーシ
ョン

5.3.3 水生生物の閉込み又は巻込みの軽減を可能にするような、プロセス及び機器のイノ
ベーション

5.3.4 水の使用、リスク及び機会を分析するためのツール及び技術の使用（例えば、「世
界自然保護基金」の「Water Risk Filter」、「Global Water Tool」及び「Water
Footprint Network Footprint Assessment Tool」）

5.3.5 地域又は他の組織との実施されているコラボレーション又はプログラム

5.4 基準年からの削減率又は改善率。基準年は、目標の達成に向けて、水管理の目標が評価され
る最初の年である。

6 企業は、水管理の実務が、組織内で追加的なライフサイクルへのインパクト又はトレードオフをも
たらすかどうかについて説明しなければならない。これには、土地利用、エネルギー生産及び温室
効果ガス（GHG）排出のトレードオフを含める。また、ライフサイクルのトレードオフにもかかわ
らず、企業がこれらの実務を選択した理由についても説明しなければならない。

© IFRS Foundation

377

原材料のサプライ・チェーンが環境及び社会に与えるインパクト

トピックサマリー

「清涼飲料」産業の企業は、グローバル・サプライ・チェーンを管理して、さまざまな原材料を調達している。企業が環境及び社会のテーマについてサプライヤーを選別、監視及び関与する方法は、企業が供給を確保し、価格変動を管理する能力に影響を与える（affects）。サプライ・チェーンの断絶は、企業が主要なサプライヤーについての代替品を見つけられない場合又はより高いコストで原材料を調達しなければならない場合に、売上を減少させ、市場シェアにネガティブな影響を与える（negatively affect）可能性がある。労働慣行、環境責任、倫理、又は汚職に関連するサプライ・チェーン管理の問題も、規制上の罰金又は企業の長期的な事業コストの増加につながる場合がある。この産業の消費者との接点が多いという性質により、サプライヤーの行為に関連するレピュテーション・リスクが高まる。環境リスク及び社会リスクへの企業のエクスポージャーを管理することで、サプライ・チェーンのレジリエンスが向上し、レピュテーションが高まり、株主に価値がもたらされる場合がある。企業は重要な（important）サプライヤーと協力して環境リスク及び社会リスクを管理することで、サプライ・チェーンのレジリエンス強化、レピュテーション・リスクの緩和、潜在的な消費者需要の増加、又は新しい市場機会の獲得につながる可能性がある。

指標

FB-NB-430a.1. サプライヤーの社会及び環境責任監査(1)不適合率並びに(2)(a)主要な不適合及び(b)軽微な不適合の関連する是正措置率

1　企業は、サプライヤー施設の(1)外部の社会及び環境監査基準又は内部で開発されたサプライヤーの行動規範の不適合率を、(a)主要な不適合、及び別個に(b)軽微な不適合について、開示しなければならない。

    1.1　主要な不適合は、最も深刻さ（severity）が高い不適合と定義し、監査人によるエスカレーションが要求される。主要な不適合には、未成年の児童労働者（労働又は見習いの法定年齢を下回る。）、強制労働、生命の危険又は重傷を直ちに引き起こす可能性がある健康上及び安全上の問題、又は地域社会に深刻（serious）かつ即時の危害を引き起こす可能性がある環境慣行の存在を確認するものである。主要な不適合には、コードの要求事項若しくは法令の重要性がある（material）違反又はシステム上の違反も含める。主要な不適合は、重大（critical）又は優先不適合と呼ばれる場合もある。

    1.2　軽微な不適合は、それ自体では管理システム上の全体的な問題を示すものではない不適合と定義する。軽微な不適合は通常、独立した又はランダムな不適合であり、労働者又は環境へのリスクが低いことを表している。

    1.3　企業は、サプライヤー施設間で識別された不適合の総数（それぞれのカテゴリー内）を、監査されたサプライヤー施設の数で除して不適合率を計算しなければならない。

2　企業は、(2)サプライヤー施設の(a)主要な不適合及び別個に(b)軽微な不適合に関連する是正措置率を開示しなければならない。

    2.1　是正措置は、主要な不適合については90日以内に、軽微な不適合については60日以内に措置

_378_　　　　　　　　© IFRS Foundation

「気候関連開示」の適用に関する産業別ガイダンス

（通常、是正措置計画で特定される。）を完了することと定義する。これは、検出された不適合の原因を除去するように設計されている。これには、あらゆる不適合を排除し、不適合の再発防止を確実にするための実務又はシステムの導入及びその措置が行われたことの検証を含む。

2.2 企業は、（それぞれのカテゴリーの）不適合に対処する是正措置の数を、識別された（それぞれのカテゴリーの）不適合の総数で除して、是正措置率を計算しなければならない。

3 企業は、社会及び環境責任の監査コンプライアンスを測定した基準又は行動規範を開示しなければならない。

3.1 内部で開発されたサプライヤーの行動規範について、企業はそのような規範を閲覧することができる公開の場所を開示しなければならない。

原材料調達

トピックサマリー

「清涼飲料」産業の企業は、世界中のサプライヤーからさまざまな原材料を調達している。当該産業が原材料を調達する能力は、供給能力によって変動するが、これは気候変動、水不足、土地管理及びその他資源不足の考慮事項の影響を受ける（affected）場合がある。このエクスポージャーは価格の変動をもたらす場合があり、企業の収益性に影響を与える（affect）場合がある。最終的に、気候変動、水不足及び土地利用の制限は、不可欠な原料及び原材料を調達する企業の長期的な能力にリスクをもたらす。より生産性が高く、比較的資源集約的でない原材料を調達する企業、又は、サプライヤーと緊密に連携して気候変動及びその他の資源不足リスクへの適応性を高める企業は、価格変動又は供給断絶を軽減する場合がある。

指標

FB-NB-440a.1.「ベースライン水ストレス」が「高い」又は「極めて高い」地域から調達した飲料原材料の割合

1 企業は、「ベースライン水ストレス」が「高い」又は「極めて高い」地域から調達した飲料原材料の割合を開示しなければならない。

2 この割合は、飲料原材料を生産するために「ベースライン水ストレス」が「高い」又は「極めて高い」地域で取水し水消費しているTier 1サプライヤーから購入した飲料原材料のコストを、Tier 1サプライヤーから購入した農産物の総コストで除して計算しなければならない。

2.1 Tier 1サプライヤーは、農産物について企業と直接取引するサプライヤーと定義する。

2.2 企業は、「世界資源研究所」（WRI）の「水リスク・アトラス」（Water Risk Atlas）ツールである「Aqueduct」によって、「ベースライン水ストレス」が「高い（40〜80％）」又は「極めて高い（>80％）」と分類された場所で取水し水消費するTier 1サプライヤーを識別しなければならない。

3 すべてのTier 1サプライヤーに関するデータを識別又は収集できない場合、企業は、原産地及び水リスクが不明である農産物の割合を開示しなければならない。

© IFRS Foundation

379

FB-NB-440a.2. 優先飲料原材料の一覧並びに環境及び社会配慮に関連する調達リスクについての説明

1   企業は、企業のビジネスにおける最優先飲料原材料を識別しなければならない。

 1.1   優先飲料原材料は、飲料原材料費用の中で最大の費用を占める原材料（水を除外する。）、又は、そうでなくても製品に不可欠であると企業が識別した原材料や環境若しくは社会リスクが重大（significant）であると企業が識別した原材料と定義する。

 1.2   開示の範囲には、企業が調達した優先飲料原材料を含める。これには、契約栽培者及び供給契約による生産者から直接調達されたものを含める場合がある。

2   企業は、最優先飲料原材料から生じる環境及び社会リスクを管理するための戦略的アプローチについて説明しなければならない。

 2.1   環境リスクには、干ばつ及び気候変動による原材料価格への影響（effects）、森林破壊による風評被害、並びに企業のサプライ・チェーンに関連する環境インパクトに起因するその他のリスクを含める。

 2.2   社会リスクには、生産性に対する労働者の権利の影響（effects）、人権問題による風評被害、及び企業のサプライ・チェーンに関連する社会インパクトに起因するその他のリスクを含める場合がある。

3   企業は、どの飲料原材料が事業にリスクをもたらすか、その生じるリスク、及び企業がそのようなリスクを緩和するために用いる戦略を識別する場合がある。

 3.1   環境リスクについて、説明すべき関連戦略には、サプライヤーの多様化、環境管理のベスト・プラクティスに関するサプライヤー研修プログラム、代替作物及び置換作物の研究開発費並びにサプライヤーの環境実務の監査又は認証を含める場合がある。

 3.2   社会リスクについて、説明すべき関連戦略には、農薬適用に関するサプライヤー研修プログラム、労働及び人権問題に関するサプライヤーとの関わり並びにサプライ・チェーン行動規範の維持を含める。

「気候関連開示」の適用に関する産業別ガイダンス

第25巻－加工食品

産業の説明

「加工食品」産業の企業は、小売消費者が消費するために、パン、冷凍食品、スナック菓子、ペット・フード及び調味料といった食品を加工し包装する。典型的には、これらの製品は直ちに消費できるように作られており、小売消費者向けにマーケティングされており、食品の小売業者の棚で見つけることができる。この産業は、多くの企業が材料を世界中から調達していることから、巨大かつ複雑な材料のサプライ・チェーンによって特徴付けられる（characterised）。大規模な企業はグローバルに事業を営んでおり、国際的な機会が成長をもたらしている。

サステナビリティ開示トピック及び指標

表1. サステナビリティ開示トピック及び指標

トピック	指標	カテゴリー	測定単位	コード
エネルギー管理	(1)エネルギー総消費量、(2)電力系統からの電気の割合及び(3)再生可能エネルギーの割合	定量	ギガジュール(GJ)、パーセンテージ(%)	FB-PF-130a.1
水管理	(1)総取水量、(2)総消費水量、及びそれらの「ベースライン水ストレス」が「高い」又は「極めて高い」地域の割合	定量	千立方メートル(m³)、パーセンテージ(%)	FB-PF-140a.1
	水質の許認可、基準及び規制に関連する違反事案（incidents of non-compliance）の件数	定量	数	FB-PF-140a.2
	水管理リスクの記述並びに当該リスクを緩和するための戦略及び実務の説明	説明及び分析	該当なし	FB-PF-140a.3
原材料のサプライ・チェーンが環境及び社会に与えるインパクト	第三者の環境又は社会基準の認証を受けた、調達した食品原材料の割合、及び基準ごとの割合	定量	コストのパーセンテージ(%)	FB-PF-430a.1
	サプライヤーの社会及び環境責任監査(1)不適合率並びに(2)(a)主要な不適合及び(b)軽微な不適合の関連する是正措置率	定量	比率	FB-PF-430a.2

© IFRS Foundation

381

トピック	指標	カテゴリー	測定単位	コード
原材料調達	「ベースライン水ストレス」が「高い」又は「極めて高い」地域から調達した食品原材料の割合	定量	コストのパーセンテージ(%)	FB-PF-440a.1
	優先食品原材料の一覧、並びに、環境及び社会配慮に関連する調達リスクについての説明	説明及び分析	該当なし	FB-PF-440a.2

表2. 活動指標

活動指標	カテゴリー	測定単位	コード
販売製品の重量	定量	メートル・トン(t)	FB-PF-000.A
生産拠点数	定量	数	FB-PF-000.B

エネルギー管理

トピックサマリー

「加工食品」産業は、食品製品製造における価値創造の主要なインプットとしてエネルギー及び燃料に依存している。調理、冷却及び包装用の大規模な製造施設を稼働させるには、エネルギーが必要である。エネルギーの生産及び消費は、気候変動及び汚染を含め、重大な（significant）環境インパクトを与える。これらのインパクトは、加工食品企業の事業に、間接的であるものの重要性がある（materially）影響を与える（affect）可能性がある。生産及び流通におけるエネルギー効率は、変動するエネルギー・コストへのエクスポージャーを緩和し、直接的及び間接的な温室効果ガス（GHG）排出に対する企業の寄与を限定することができる。生産者は、さまざまなソースにわたってエネルギー・ポートフォリオを分散させることにより、変動する化石燃料エネルギー・コスト、特に産業が大量に使用する天然ガスによってもたらされるリスクを軽減できる場合がある。代替燃料の使用、再生可能エネルギー及びオンサイト発電か電力系統から電気を購入するかに関する意思決定は、エネルギー供給のコスト及び信頼性の両方に影響を与える（influence）場合がある。

指標

FB-PF-130a.1. (1)エネルギー総消費量、(2)電力系統からの電気の割合及び(3)再生可能エネルギーの割合

1 企業は、(1)消費したエネルギーの総量をギガジュール（GJ）単位で集計して開示しなければならない。

    1.1 エネルギー消費の範囲には、外部の供給源から購入したエネルギー及び企業が自ら生産した

エネルギー（自己生成）を含む、すべての供給源からのエネルギーを含める。例えば、直接的な燃料の使用、購入した電気、並びに温熱、冷熱及び蒸気エネルギーはすべてエネルギー消費の範囲内に含まれる。

1.2 エネルギー消費の範囲には、報告期間中に企業が直接消費したエネルギーのみを含める。

1.3 燃料及びバイオ燃料からのエネルギー消費量を計算するにあたり、企業は、直接測定したか、又は「気候変動に関する政府間パネル」（IPCC）から取得した、総発熱量（GCV）とも呼ばれる高位発熱量（HHV）を使用しなければならない。

2 企業は、(2)自社が消費した、電力系統から供給されたエネルギーの割合を開示しなければならない。

2.1 この割合は、購入した電力系統からの電気の消費量を、エネルギー総消費量で除して計算しなければならない。

3 企業は、(3)自社が消費した再生可能エネルギーの割合を開示しなければならない。

3.1 再生可能エネルギーは、地熱、風力、太陽光、水力及びバイオマスなど、それらの枯渇率以上のペースで補充されるエネルギー源からのエネルギーと定義する。

3.2 この割合は、再生可能エネルギー消費量を、エネルギー総消費量で除して計算しなければならない。

3.3 再生可能エネルギーの範囲には、企業が消費した再生可能燃料、企業が直接生産した再生可能エネルギー、及び企業が購入した再生可能エネルギー（再生可能エネルギー証書（REC）若しくは「原産地保証」（GO）を明示的に含む再生可能電力購入契約（PPA）を通じて購入した場合、「Green-eエナジー認証」済みの電気事業者若しくはサプライヤー・プログラムを通じて購入した場合、又は、RECやGOを明示的に含むその他のグリーン電力製品、若しくは「Green-e エナジー認証」RECが電力系統からの電気と組み合わせられた他のグリーン電力製品を通じて購入した場合）を含める。

3.3.1 オンサイトで生成した再生可能な電気について、それが再生可能エネルギーであると企業が主張するためには、当該企業の名においてREC及びGOを保持（retained）し（売却せず）、取り消し（retired）又は無効化（cancelled）しなければならない。

3.3.2 再生可能PPA及びグリーン電力製品について、それが再生可能エネルギーであると企業が主張するためには、当該企業の名においてREC及びGOを保持（retained）又は交換（replaced）し、取り消し（retired）又は無効化（cancelled）する旨を、その契約に明示的に含めて伝えなければならない。

3.3.3 企業の支配又は影響（influence）の範囲外にある系統電力ミックスの再生可能部分は、再生可能エネルギーの範囲から除外する。

3.4 この開示の目的において、バイオマス源からの再生可能エネルギーの範囲は、第三者の基準（例えば、「森林管理協議会」（Forest Stewardship Council）、「持続可能な森林イニシアティブ」（Sustainable Forest Initiative）、「森林認証プログラム」（Programme for the Endorsement of Forest Certification）、又は「American Tree Farm System」）で認証された材料、「再生可能エネルギー認証のためのGreen-eフレームワークのバージョン1.0（2017年）」若しくは「Green-e」地域基準に従い対象となり得る（eligible）供給源とみなされる

© IFRS Foundation

383

材料又は適用される法域の再生可能エネルギー利用割合基準（renewable portfolio standard）において対象となり得る（eligible）材料に限定する。

4　企業は、燃料使用量（バイオ燃料を含む。）についてのHHVの使用及びキロワット時（kWh）のGJへの変換（太陽光又は風力エネルギーからの電気を含むエネルギー・データの場合）など、この開示で報告するすべてのデータに対して、変換係数を一貫して適用しなければならない。

水管理

トピックサマリー

「加工食品」企業は、調理、加工及び最終製品の洗浄のために信頼できる水の供給に依存している。また、加工工程から発生する廃水を当該産業の企業は生み出し、そして管理しなければならない。水不足がますます重要性（importance）を増しているため、水ストレスのある地域で事業を営む加工食品企業は、事業リスクの増大に直面する場合がある。この産業の企業は、物理的な利用可能性又は規制の強化による水不足だけでなく、事業コストの増加にも直面する場合がある。企業は、水不足リスクに関連した設備投資及び施設立地の評価、事業効率の改善、並びに水のアクセス及び排水に関連する問題に関する規制当局及び地域社会とのパートナーシップを通じて、水に関連するリスク及び機会を管理することができる。

指標

FB-PF-140a.1. (1)総取水量、(2)総消費水量、及びそれらの「ベースライン水ストレス」が「高い」又は「極めて高い」地域の割合

1　企業は、すべての水源から引き出された水の量を、千立方メートル単位で開示しなければならない。

　　1.1　水資源には、地表水（湿地、河川、湖及び海からの水を含む。）、地下水、企業が直接収集し貯留した雨水、並びに地方自治体の水道供給者、水道事業者又はその他の企業から取得した水及び廃水を含める。

2　企業は、例えば、取水量の大部分（significant portions）が非淡水源からのものである場合、その供給を水源別に開示することがある。

　　2.1　淡水は、企業が事業を営む地域の法令に従い定義する場合がある。法令による定義が存在しない場合、淡水は、1,000ppm未満の溶解固形物を含む水とみなさなければならない。

　　2.2　法域の飲料水規制に準拠して水道事業者から取得した水は、淡水の定義を満たすとみなすことができる。

3　企業は、自社の事業で消費した水の量を、千立方メートル単位で開示しなければならない。

　　3.1　水消費は次のように定義する。

　　　　3.1.1　取水、使用及び排水中に蒸発する水

　　　　3.1.2　企業の製品又はサービスに、直接的又は間接的に組み込まれる水

　　　　3.1.3　その他、取水源と同じ集水域に戻らない水（別の集水域又は海に戻る水など）

4　企業は、すべての事業における水リスクを分析し、「世界資源研究所」（WRI）の「水リスク・アト

「気候関連開示」の適用に関する産業別ガイダンス

ラス」（Water Risk Atlas）ツールである「Aqueduct」によって、「ベースライン水ストレス」が「高い（40〜80％）」又は「極めて高い（>80％）」と分類された場所で取水し水消費する活動を識別しなければならない。

5 企業は、自社の「ベースライン水ストレス」が「高い」又は「極めて高い」場所で取水した水について、総取水量に対する割合で開示しなければならない。

6 企業は、「ベースライン水ストレス」が「高い」又は「極めて高い」場所で消費した水について、総消費水量に対する割合で開示しなければならない。

FB-PF-140a.2. 水質の許認可、基準及び規制に関連する違反事案（incidents of non-compliance）の件数

1 企業は、技術ベースの基準への違反（violations）並びに水量ベース又は水質ベースの基準の超過を含め、違反事案（incidents of non-compliance）の総数を開示しなければならない。

2 開示の範囲には、適用される法域の法的許認可及び規制が適用される事案（incidents）を含める。これには、危険物質の排出（discharge）、前処理要件への違反（violation）又は1日当たりの総最大負荷量（TMDL）の超過を含める。

3 開示の範囲には、正式な執行措置をもたらした違反事案（incidents of non-compliance）のみを含めなければならない。

   3.1 正式な執行措置は、水量又は水質に関する法令、政策又は命令への違反（violation）又は違反のおそれ（threatened violation）に対処する政府の措置と定義し、とりわけ、行政罰命令、行政命令及び司法措置をもたらす可能性がある。

4 違反（violations）は、測定方法又は頻度にかかわらず、開示しなければならない。これには、次の違反（violations）を含める。

   4.1 継続的な排出（discharges）、制限、基準及び禁止事項で、一般的に1日平均、週平均及び月平均の最大値で表されるもの

   4.2 非継続的な排出（discharges）又は制限で、一般的に頻度、総質量、最大排出率及び特定の汚染物質の質量又は濃度の観点で表されるもの

FB-PF-140a.3. 水管理リスクの記述並びに当該リスクを緩和するための戦略及び実務の説明

1 企業は、取水、水消費並びに水又は廃水の排出に関連する水管理リスクを記述しなければならない。

   1.1 取水及び水消費に関連するリスクには、十分で清潔な水資源の入手可能性に対するリスクを含める。これには次のものを含める。

      1.1.1 環境上の制約 ― 水ストレス地域での事業、干ばつ、水生生物の閉込み又は巻込みの懸念、経年変動又は季節変動、及び気候変動のインパクトからのリスクなど

      1.1.2 規制及び財務上の制約 ― 水コストの変動、取水に関連する利害関係者の認識及び懸念（例えば、地域社会、非政府組織及び規制当局からのもの）、他の水利用者との直接的な競合及びその行為からのインパクト（例えば、企業及び地方自治体の水利用者）、規制による取水制限、並びに水利権又は許認可を取得し保持する企業の能力に対する制約な

© IFRS Foundation

385

ど

1.2 水又は廃水の排出に関連するリスクには、排出に関連する権利又は許認可を取得する能力、排出に関連する規制への準拠、排出に対する制約、排水の温度管理を維持する能力、義務、レピュテーション・リスク、並びに、排水に関連する規制、利害関係者の認識及び懸念（例えば、地域社会、非政府組織及び規制当局からのもの）による事業コストの増加を含める。

2 企業は、次の文脈において水管理リスクを記述する場合がある。

2.1 地表水（湿地、河川、湖及び海からの水を含む。）、地下水、企業が直接収集し貯留した雨水、並びに地方自治体の水道供給者、水道事業者又はその他の企業から取得した水及び廃水を含む取水源によって、リスクがどのように異なる場合があるか

2.2 地表水、地下水又は廃水処理施設を含む排出先によって、リスクがどのように異なる場合があるか

3 企業は、水管理リスクが自社の事業に対して有する場合がある潜在的な影響（effects）及びそのようなリスクが顕在化すると見込まれる時間軸について説明する場合がある。

3.1 影響（effects）には、コスト、売上、負債、事業の継続性及びレピュテーションに関連するものを含める。

4 企業は、水管理リスクを緩和するための短期的及び長期的な戦略又は計画について説明しなければならない。これには次のものを含める。

4.1 戦略、計画、ゴール又は目標の範囲（さまざまな事業単位、地域又は水を消費する事業プロセスとどのように関連しているかなど）

4.2 優先する水管理のゴール又は目標、及び、それらのゴール又は目標に対するパフォーマンスの分析

4.2.1 ゴール及び目標には、取水量の削減、水消費量の削減、排水量の削減、水生生物の閉込みの軽減、排水の質の改善及び規制遵守に関連するものを含める。

4.3 計画、ゴール又は目標を達成するために必要な活動及び投資、並びに計画又は目標の達成に影響を与える（affect）場合があるリスク又は制限要因

4.4 戦略、計画、ゴール又は目標の開示は、報告期間中に進行中（アクティブ）であったか、又は完了した活動に限定しなければならない。

5 水管理の目標について、企業は追加で次のものを開示しなければならない。

5.1 目標が絶対量ベース又は原単位ベースのいずれであるか、及び目標が原単位ベースである場合は指標の分母

5.2 水管理活動の時間軸（開始年、目標年及び基準年を含める。）

5.3 次のものを含む、目標を達成するためのメカニズム

5.3.1 水のリサイクル又は循環システムの使用などの、効率化に関する取組み（efforts）

5.3.2 必要な水の量を減らすための製品又はサービスの再設計などの、製品のイノベーション

386   © IFRS Foundation

「気候関連開示」の適用に関する産業別ガイダンス

5.3.3 水生生物の閉込み又は巻込みの軽減を可能にするような、プロセス及び機器のイノベーション

5.3.4 水の使用、リスク及び機会を分析するためのツール及び技術の使用（例えば、「世界自然保護基金」の「Water Risk Filter」、「Global Water Tool」及び「Water Footprint Network Footprint Assessment Tool」）

5.3.5 地域又は他の組織との実施されているコラボレーション又はプログラム

5.4 基準年からの削減率又は改善率。基準年は、目標の達成に向けて、水管理の目標が評価される最初の年である。

6 企業は、水管理の実務が、組織内で追加的なライフサイクルへのインパクト又はトレードオフをもたらすかどうかについて説明しなければならない。これには、土地利用、エネルギー生産及び温室効果ガス（GHG）排出のトレードオフを含める。また、ライフサイクルのトレードオフにもかかわらず、企業がこれらの実務を選択した理由についても説明しなければならない。

原材料のサプライ・チェーンが環境及び社会に与えるインパクト

トピックサマリー

「加工食品」産業の企業は、グローバル・サプライ・チェーンを管理して、さまざまな原材料を調達している。企業が環境及び社会のテーマについてサプライヤーを選別、監視及び関与する方法は、企業が安定した供給を維持し、価格変動を管理する能力に影響を与える（affects）。労働慣行及び環境慣行、倫理又は汚職に関連するサプライ・チェーン管理の問題も、規制上の罰金又は企業の長期的な事業コストの増加につながる場合がある。この産業の消費者との接点が多いという性質により、サプライヤーのパフォーマンスに関連するレピュテーション・リスクが高まる。企業は重要な（important）サプライヤーと協力して環境リスク及び社会リスクを管理することで、サプライ・チェーンのレジリエンス強化、レピュテーション・リスクの緩和、潜在的な消費者需要の増加、又は新しい市場機会の獲得につながる可能性がある。

指標

FB-PF-430a.1. 第三者の環境又は社会基準の認証を受けた、調達した食品原材料の割合、及び基準ごとの割合

1 企業は、第三者の環境又は社会基準の認証を受けた、調達した食品原材料の割合を開示しなければならない。

1.1 環境基準は、原生林の保護、地表水及び地下水の水質の維持、並びに総合的病害虫管理による解決又は「Organic System Plan」の適用など、食品原材料の生産に関連する環境インパクトに対処する基準と定義する。

1.2 社会基準は、労働力（workforce）への報酬、農薬の使用に伴う健康及び安全のリスクに対する研修及び継続的なモニタリング、並びに児童労働慣行など、食品原材料の生産に関連する社会インパクトに対処する基準と定義する。

1.3 この割合は、第三者の環境基準又は社会基準の認証を受けたTier 1サプライヤーから購入した食品原材料のコストを、Tier 1サプライヤーから購入した食品原材料の総コストで除して

© IFRS Foundation

387

計算しなければならない。

1.4 第三者の環境及び社会基準の認証の例には、次のものを含める。

    1.4.1 「Bonsucro」

    1.4.2 「Fairtrade International」

    1.4.3 「Fair Trade USA」

    1.4.4 「持続可能なパーム油のための円卓会議」（Roundtable on Sustainable Palm Oil; RSPO）

    1.4.5 「責任ある大豆に関する円卓会議」（RTRS）

    1.4.6 「Rainforest Alliance」

    1.4.7 SA8000

    1.4.8 「U.S. Department of Agriculture (USDA) Organic」

    1.4.9 「UTZ Certified」

2 企業は、第三者の環境又は社会基準の認証を受けた、調達した食品原材料の割合を基準ごとに開示しなければならない。

2.1 企業は、それぞれの第三者の環境又は社会基準の認証を受けたTier 1サプライヤーから購入した食品原材料のコストを、Tier 1サプライヤーから購入した農産物の総コストで除してパーセンテージを計算しなければならない。

    2.1.1 「Bonsucro」認証について、企業は、食品原材料が「Bonsucro Production Standard」又は「Bonsucro Chain of Custody Standard」の認証を受けているかどうかを開示しなければならない。

    2.1.2 「Fairtrade International」及び「Fair Trade USA」について、企業は、食品原材料が小規模生産者組織、雇用労働、契約生産、貿易業者、独立小規模生産者又は漁獲漁民についての基準の認証を受けているかどうかを開示しなければならない。

    2.1.3 RSPO認証について、企業は、食品原材料が次のどのRSPOサプライ・チェーン・モデルの認証を受けているかを開示しなければならない：「アイデンティティ・プリザーブド」（IP）、「セグリゲーション」（SG）、「マス・バランス」（MB）又は「ブック・アンド・クレーム」（B&C）。

    2.1.4 RTRS認証について、企業は、食品原材料が「RTRS Production」基準又は「RTRS Chain of Custody Standard」の認証を受けているかどうか、及びチェーン管理（chain of custody）基準におけるトレーサビリティがセグリゲーション又はマス・バランスを通じて維持されているかどうかを開示しなければならない。

    2.1.5 他の第三者認証について、複数の種類がある場合、企業は認証の種類を特定する場合がある。

2.2 認証が同じ食品原材料に対するものであり、同様の環境又は社会要件を提供する場合、企業

© IFRS Foundation

は、多数の第三者認証の割合を1つの合計割合に集計する場合がある。

3　開示の範囲には、Tier 1サプライヤーから購入した食品原材料を含める。

    3.1　Tier 1サプライヤーは、食品原材料について企業と直接取引するサプライヤーと定義する。

FB-PF-430a.2. サプライヤーの社会及び環境責任監査(1)不適合率並びに(2)(a)主要な不適合及び(b)軽微な不適合の関連する是正措置率

1　企業は、サプライヤー施設の(1)外部の社会及び環境監査基準又は内部で開発されたサプライヤーの行動規範の不適合率を、(a)主要な不適合、及び別個に(b)軽微な不適合について、開示しなければならない。

    1.1　主要な不適合は、最も深刻さ（severity）が高い不適合と定義し、監査人によるエスカレーションが要求される。主要な不適合には、未成年の児童労働者（労働又は見習いの法定年齢を下回る。）、強制労働、生命の危険又は重傷を直ちに引き起こす可能性がある健康上及び安全上の問題、又は地域社会に深刻（serious）かつ即時の危害を引き起こす可能性がある環境慣行の存在を確認するものである。主要な不適合には、コードの要求事項若しくは法令の重要性がある（material）違反又はシステム上の違反も含める。主要な不適合は、重大（critical）又は優先不適合と呼ばれる場合もある。

    1.2　軽微な不適合は、それ自体では管理システム上の全体的な問題を示すものではない不適合と定義する。軽微な不適合は通常、独立した又はランダムな不適合であり、労働者又は環境へのリスクが低いことを表している。

    1.3　企業は、サプライヤー施設間で識別された不適合の総数（それぞれのカテゴリー内）を、監査されたサプライヤー施設の数で除して不適合率を計算しなければならない。

2　企業は、(2)サプライヤー施設の(a)主要な不適合及び別個に(b)軽微な不適合に関連する是正措置率を開示しなければならない。

    2.1　是正措置は、90日以内に措置（通常、是正措置計画で特定される。）を完了することと定義する。これは、検出された不適合の原因を除去するように設計されている。これには、あらゆる不適合を排除し、不適合の再発防止を確実にするための実務又はシステムの導入及びその措置が行われたことの検証を含む。

    2.2　企業は、（それぞれのカテゴリーの）不適合に対処する是正措置の数を、識別された（それぞれのカテゴリーの）不適合の総数で除して、是正措置率を計算しなければならない。

3　企業は、社会及び環境責任の監査コンプライアンスを測定した基準又は行動規範を開示しなければならない。

    3.1　内部で開発されたサプライヤーの行動規範について、企業はそのような規範を閲覧することができる公開の場所を開示しなければならない。

© IFRS Foundation

原材料調達

トピックサマリー

「加工食品」産業の企業は、主に農業資材を中心としたさまざまな原材料を世界のサプライヤーから調達している。当該産業が原材料を一定の価格で調達する能力は、供給能力によって変動するが、これは気候変動、水不足、土地管理及びその他資源不足の考慮事項の影響を受ける（affected）場合がある。このエクスポージャーは価格の変動を引き起こす場合があり、企業の収益性に影響を与える（affect）場合がある。気候変動、水不足、及び土地の利用制限は、主要な材料及び原材料を調達する企業の長期的な能力にリスクをもたらす。より生産性が高く、比較的資源集約的でない原材料を調達する企業、又はサプライヤーと連携して気候変動及びその他の資源不足リスクへの適応性を高める企業は、価格変動及び供給断絶を軽減できる場合がある。

指標

FB-PF-440a.1. 「ベースライン水ストレス」が「高い」又は「極めて高い」地域から調達した食品原材料の割合

1　企業は、「ベースライン水ストレス」が「高い」又は「極めて高い」地域から調達した食品原材料の割合を開示しなければならない。

2　この割合は、食品原材料を生産するために「ベースライン水ストレス」が「高い」又は「極めて高い」地域で取水し水消費しているTier 1サプライヤーから購入した農産物のコストを、Tier 1サプライヤーから購入した食品原材料の総コストで除して計算しなければならない。

 2.1　Tier 1サプライヤーは、食品原材料について企業と直接取引するサプライヤーと定義する。

 2.2　企業は、「世界資源研究所」（WRI）の「水リスク・アトラス」（Water Risk Atlas）ツールである「Aqueduct」によって、「ベースライン水ストレス」が「高い（40〜80％）」又は「極めて高い（>80％）」と分類された場所で取水し水消費するTier 1サプライヤーを識別しなければならない。

3　すべてのTier 1サプライヤーに関するデータを識別又は収集できない場合、企業は、原産地及び水リスクが不明である農産物の割合を開示しなければならない。

FB-PF-440a.2. 優先食品原材料の一覧、並びに、環境及び社会配慮に関連する調達リスクについての説明

1　企業は、企業のビジネスにおける最優先食品原材料を識別しなければならない。

 1.1　優先食品原材料は、食品原材料費用の中で最大の費用を占める原材料（水を除外する。）、又はそうでなくても製品に不可欠であると企業が識別した原材料や環境若しくは社会リスクが重大（significant）であると企業が識別した原材料と定義する。

 1.2　開示の範囲には、企業が調達した優先食品原材料を含める。これには、契約栽培者及び供給契約による生産者から直接調達されたものを含める場合がある。

2　企業は、最優先食品原材料から生じる環境及び社会リスクを管理するための戦略的アプローチにつ

「気候関連開示」の適用に関する産業別ガイダンス

いて説明しなければならない。

2.1　環境リスクには、干ばつ及び気候変動による原材料価格への影響（effects）、森林破壊による風評被害、並びに企業のサプライ・チェーンに関連する環境インパクトに起因するその他のリスクを含める場合がある。

2.2　社会リスクには、生産性に対する労働者の権利の影響（effects）、人権問題による風評被害、及び企業のサプライ・チェーンに関連する社会インパクトに起因するその他のリスクを含める場合がある。

3　企業は、どの食品原材料が事業にリスクをもたらすか、その生じるリスク、及び企業がそのようなリスクを緩和するために用いる戦略を識別する場合がある。

3.1　環境リスクについて、説明すべき関連戦略には、サプライヤーの多様化、環境管理のベスト・プラクティスに関するサプライヤー研修プログラム、代替作物及び置換作物の研究開発費並びにサプライヤーの環境実務の監査又は認証を含める場合がある。

3.2　社会リスクについて、説明すべき関連戦略には、農薬適用に関するサプライヤー研修プログラム、労働及び人権問題に関するサプライヤーとの関わり並びにサプライ・チェーン行動規範の維持を含める場合がある。

© IFRS Foundation

第26巻－飲食店

産業の説明

「飲食店」産業の企業は、施設内外での即時の飲食のために顧客の注文に合わせて食事、軽食及び飲料を調理する。大きく3つのサブカテゴリーに分類され、飲食店産業には、サービスが限定された食事処、カジュアルなフルサービスの食事処及び高級なフルサービスの食事処がある。サービスが限定された飲食店は食べる前に注文し、支払を行う顧客にサービスを提供する。ファストフードの飲食店はサービスが限定された飲食店セグメントの最も大きなシェアを占めている。フルサービスの飲食店はより多くのサービスを提供し、食品は主として施設内で飲食するために提供し、典型的には相対的に高い食品の品質及び価格を反映する。

サステナビリティ開示トピック及び指標

表1. サステナビリティ開示トピック及び指標

トピック	指標	カテゴリー	測定単位	コード
エネルギー管理	(1)エネルギー総消費量、(2)電力系統からの電気の割合及び(3)再生可能エネルギーの割合	定量	ギガジュール(GJ)、パーセンテージ(%)	FB-RN-130a.1
水管理	(1)総取水量、(2)総消費水量、及びそれらの「ベースライン水ストレス」が「高い」又は「極めて高い」地域の割合	定量	千立方メートル(m³)、パーセンテージ(%)	FB-RN-140a.1
サプライ・チェーン管理及び食品調達	(1)環境及び社会調達基準を満たす、及び(2)第三者の環境又は社会基準の認証を受けた、購入した食品の割合	定量	コストのパーセンテージ(%)	FB-RN-430a.1
	動物福祉を含む、サプライ・チェーンにおける環境及び社会リスクを管理する戦略の説明	説明及び分析	該当なし	FB-RN-430a.3

表2. 活動指標

活動指標	カテゴリー	測定単位	コード
(1)企業所有及び(2)フランチャイズ飲食店の数	定量	数	FB-RN-000.A

「気候関連開示」の適用に関する産業別ガイダンス

活動指標	カテゴリー	測定単位	コード
(1)企業所有及び(2)フランチャイズの場所における従業員数	定量	数	FB-RN-000.B

エネルギー管理

トピックサマリー

「飲食店」の事業は、他の商業ビルの事業に比べてエネルギー集約度が高い。業務用厨房機器はエネルギー集約型であり、ダイニング・エリアは通常、顧客のために温度管理されている。化石燃料ベースのエネルギー生産及び消費は、気候変動及び汚染を含め、飲食店の事業の結果に、間接的であるものの重要性がある（materially）影響を与える（affect）可能性がある、重大な（significant）環境インパクトの一因となる。温室効果ガス（GHG）排出価格設定の規制又はエネルギー効率の改善及び再生可能エネルギーに対する規制のインセンティブは、従来型及び再生可能エネルギーの価格に影響を与える（affect）。企業所有及びフランチャイズの場所でエネルギー消費を管理する企業は、エネルギー効率の性能向上（upgrades）を通じて事業コストを削減し、再生可能エネルギー資源の使用を通じてGHG排出規制から受けるエクスポージャーを低減できる。

指標

FB-RN-130a.1. (1)エネルギー総消費量、(2)電力系統からの電気の割合及び(3)再生可能エネルギーの割合

1 企業は、(1)消費したエネルギーの総量をギガジュール（GJ）単位で集計して開示しなければならない。

    1.1 エネルギー消費の範囲には、外部の供給源から購入したエネルギー及び企業が自ら生産したエネルギー（自己生成）を含む、すべての供給源からのエネルギーを含める。例えば、直接的な燃料の使用、購入した電気並びに温熱、冷熱及び蒸気エネルギーはすべてエネルギー消費の範囲内に含まれる。

    1.2 エネルギー消費の範囲には、報告期間中に企業が直接消費したエネルギーのみを含める。

    1.3 燃料及びバイオ燃料からのエネルギー消費量を計算するにあたり、企業は、直接測定したか、又は「気候変動に関する政府間パネル」（IPCC）から取得した、総発熱量（GCV）とも呼ばれる高位発熱量（HHV）を使用しなければならない。

2 企業は、(2)自社が消費した、電力系統から供給されたエネルギーの割合を開示しなければならない。

    2.1 この割合は、購入した電力系統からの電気の消費量を、エネルギー総消費量で除して計算しなければならない。

3 企業は、(3)自社が消費した再生可能エネルギーの割合を開示しなければならない。

    3.1 再生可能エネルギーは、地熱、風力、太陽光、水力及びバイオマスなど、それらの枯渇率以

© IFRS Foundation

393

上のペースで補充されるエネルギー源からのエネルギーと定義する。

3.2 この割合は、再生可能エネルギー消費量を、エネルギー総消費量で除して計算しなければならない。

3.3 再生可能エネルギーの範囲には、企業が消費した再生可能燃料、企業が直接生産した再生可能エネルギー、及び企業が購入した再生可能エネルギー（再生可能エネルギー証書（REC）若しくは「原産地保証」（GO）を明示的に含む再生可能電力購入契約（PPA）を通じて購入した場合、「Green-eエナジー認証」済みの電気事業者若しくはサプライヤー・プログラムを通じて購入した場合、又は、RECやGOを明示的に含むその他のグリーン電力製品、若しくは「Green-eエナジー認証」RECが電力系統からの電気と組み合わせられた他のグリーン電力製品を通じて購入した場合）を含める。

3.3.1 オンサイトで生成した再生可能な電気について、それが再生可能エネルギーであると企業が主張するためには、当該企業の名においてREC及びGOを保持（retained）し（売却せず）、取り消し（retired）又は無効化（cancelled）しなければならない。

3.3.2 再生可能PPA及びグリーン電力製品について、それが再生可能エネルギーであると企業が主張するためには、当該企業の名においてREC及びGOを保持（retained）又は交換（replaced）し、取り消し（retired）又は無効化（cancelled）する旨を、その契約に明示的に含めて伝えなければならない。

3.3.3 企業の支配又は影響（influence）の範囲外にある系統電力ミックスの再生可能部分は、再生可能エネルギーの範囲から除外する。

3.4 この開示の目的において、バイオマス源からの再生可能エネルギーの範囲は、第三者の基準（例えば、「森林管理協議会」（Forest Stewardship Council）、「持続可能な森林イニシアティブ」（Sustainable Forest Initiative）、「森林認証プログラム」（Programme for the Endorsement of Forest Certification）、又は「American Tree Farm System」）で認証された材料、「再生可能エネルギー認証のためのGreen-eフレームワークのバージョン1.0（2017年）」若しくは「Green-e」地域基準に従い対象となり得る（eligible）供給源とみなされる材料、又は適用される法域の再生可能エネルギー利用割合基準（renewable portfolio standard）において対象となり得る（eligible）材料に限定する。

4 企業は、燃料使用量（バイオ燃料を含む。）についてのHHVの使用及びキロワット時（kWh）のGJへの変換（太陽光又は風力エネルギーからの電気を含むエネルギー・データの場合）など、この開示で報告するすべてのデータに対して、変換係数を一貫して適用しなければならない。

水管理

トピックサマリー

水は、調理及び食器洗浄から清掃まで、飲食店の事業全体で使用される。飲食店の種類、サイズ及び設備はすべて水の使用に影響を与える（affect）。水ストレス地域にある飲食店は、水の使用制限にさらされる又は高額な水道料金に直面する場合がある。歴史的な水のコストの長期的な増加、及び人口増加、汚染並びに気候変動に起因する過剰消費及び制約された供給によって継続的に増加するという予測は、効果的

「気候関連開示」の適用に関する産業別ガイダンス

な水管理の重要性（importance）の増加を示している。企業は、水効率の良い方法を実装し、水効率の高い業務用厨房機器を使用することにより、水の使用及び関連する事業コストを削減できる。

指標

FB-RN-140a.1. (1)総取水量、(2)総消費水量、及びそれらの「ベースライン水ストレス」が「高い」又は「極めて高い」地域の割合

1　企業は、すべての水源から引き出された水の量を、千立方メートル単位で開示しなければならない。

    1.1　水資源には、地表水（湿地、河川、湖及び海からの水を含む。）、地下水、企業が直接収集し貯留した雨水、並びに地方自治体の水道供給者、水道事業者又はその他の企業から取得した水及び廃水を含める。

2　企業は、例えば、取水量の大部分（significant portions）が非淡水源からのものである場合、その供給を水源別に開示することがある。

    2.1　淡水は、企業が事業を営む地域の法令に従い定義する場合がある。法令による定義が存在しない場合、淡水は、1,000ppm未満の溶解固形物を含む水とみなさなければならない。

    2.2　法域の飲料水規制に準拠して水道事業者から取得した水は、淡水の定義を満たすとみなすことができる。

3　企業は、自社の事業で消費した水の量を、千立方メートル単位で開示しなければならない。

    3.1　水消費は次のように定義する。

        3.1.1　取水、使用及び排水中に蒸発する水

        3.1.2　企業の製品又はサービスに、直接的又は間接的に含められる水

        3.1.3　その他、取水源と同じ集水域に戻らない水（別の集水域又は海に戻る水など）

4　企業は、すべての事業における水リスクを分析し、「世界資源研究所」（WRI）の「水リスク・アトラス」（Water Risk Atlas）ツールである「Aqueduct」によって、「ベースライン水ストレス」が「高い（40〜80%）」又は「極めて高い（>80%）」と分類された場所で取水し水消費する活動を識別しなければならない。

5　企業は、「ベースライン水ストレス」が「高い」又は「極めて高い」場所で取水した水について、総取水量に対する割合で開示しなければならない。

6　企業は、「ベースライン水ストレス」が「高い」又は「極めて高い」場所で消費した水について、総消費水量に対する割合で開示しなければならない。

サプライ・チェーン管理及び食品調達

トピックサマリー

「飲食店」は、さまざまなサプライヤーから原材料及び製品を調達している。飲食店が食品の安全性を確保し、レピュテーションを守り、収益を増加させるためには、サプライ・チェーン管理が不可欠である。

© IFRS Foundation

異なる場所で一貫したレベルの品質を維持するために高品質の原材料を調達することは、事業上困難となる可能性があり、また、この産業のグローバルな性質によって悪化する可能性がある。飲食店を含む食品及び飲料産業からの需要は、農業生産を促進及び形成し、この産業の当事者による行為が社会により大きなインパクトを与えることを示している。したがって、将来の供給を確保し、企業の事業によるライフサイクルへのインパクトを最小限に抑えるには、この産業の当事者による持続可能かつ倫理的な調達が必要となる場合がある。品質基準が高く、環境的に持続可能な農法を採用し、労働者の権利を尊重するサプライヤーから調達することにより、長期的により良い価値を生み出す場合がある。環境及び社会基準、並びに動物福祉の基準及びベスト・プラクティスに準拠して供給される食品供給の量を増やすことによって、飲食店の運営者は、食品の品質を維持し、食品安全の問題を管理し、レピュテーションを高め、市場シェアを拡大する場合がある。

指標

FB-RN-430a.1. (1)環境及び社会調達基準を満たす、及び(2)第三者の環境又は社会基準の認証を受けた、購入した食品の割合

1   企業は、(1)環境及び社会調達基準の両方を満たす、購入した食品の割合を開示しなければならない。

    1.1   環境基準は、天然資源の保護及び資源効率の向上など、食品生産に関連する環境インパクトに対処する基準と定義する。

    1.2   社会基準は、労働者及びコミュニティの取扱い、動物の健康及び福祉、並びに食品の品質及び安全性など、食品生産に関連する社会インパクトに対処する基準と定義する。

    1.3   この割合は、環境及び社会基準を満たす購入した食品（及び食品製品）のコストを、購入した食品（及び食品製品）の総コストで除して計算しなければならない。

    1.4   環境又は社会基準の範囲には、社内で、産業の取組みを通じて、又は第三者によって策定されたプログラム、ガイドライン、ベスト・プラクティス、要件、行動規範及び認証を含める。

    1.5   環境及び社会調達基準の例には、次のものを含める。

        1.5.1   「Global Roundtable for Sustainable Beef Principles & Criteria for Defining Global Sustainable Beef」

        1.5.2   「IDH Sustainability Initiative Fruits and Vegetables」（SIFAV）

        1.5.3   「Sustainable Agriculture Initiative (SAI) Platform」、「Principles & Practices for Dairy Farming」、「Sustainable Fruit Production」、「Sustainable Green Coffee Production」及び「Sustainable Production of Arable & Vegetable Crops」

2   企業は、(2)第三者の環境又は社会基準の認証を受けた、購入した食品の割合を開示しなければならない。

    2.1   この割合は、第三者の環境又は社会基準の認証を受けた購入した食品（及び食品製品）のコストを、食品（及び食品製品）の総コストで除して計算しなければならない。

    2.2   第三者の環境及び社会基準の認証の例には、次のものを含める。

        2.2.1   「Fairtrade International」

「気候関連開示」の適用に関する産業別ガイダンス

   2.2.2 「Fair Trade USA」

   2.2.3 「Marine Stewardship Council」

   2.2.4 「Rainforest Alliance Certified」

   2.2.5 「責任ある大豆に関する円卓会議」（RTRS）

   2.2.6 「持続可能なパーム油のための円卓会議」（Roundtable on Sustainable Palm Oil; RSPO）

3 企業は通常、使用する第三者の環境又は社会基準を示さなければならない。

FB-RN-430a.3. 動物福祉を含む、サプライ・チェーンにおける環境及び社会リスクを管理する戦略の説明

1 企業は、食品及び食品製品のサプライ・チェーン内に存在するか、又は食品及び食品製品のサプライ・チェーンから生じる場合がある、環境及び社会リスクを管理するための戦略的アプローチについて説明しなければならない。

  1.1 環境及び社会リスクには次のものを含める場合がある。

   1.1.1 気候変動（例えば、平均気温及び水ストレスの変化）による作物及び家畜の生産へのインパクトのうち、農産物、肉、家禽、乳製品及び加工食品のコスト及び入手可能性に影響を与える（affect）場合があるもの

   1.1.2 環境的及び社会的要因又は環境規制の強化に起因する、飼料価格の上昇のうち、肉、家禽及び乳製品に対して価格インパクトを有する場合があるもの

   1.1.3 輸送コストに影響を与える（affect）燃費規制

   1.1.4 食品の価格及び入手可能性に影響を与える（affect）労働者の権利及び移民改革

   1.1.5 国際市場における国際貿易障壁又はさまざまなレベルの食品安全監視（又はこの両方）

   1.1.6 水産物の供給に影響を与える（affect）可能性がある商業漁獲制限

   1.1.7 風評被害をもたらす場合がある動物福祉、人権又は関連するサプライ・チェーンの事案（incidents）

  1.2 説明すべき関連する戦略には、サプライヤーのスクリーニング、サプライヤーの多様化、環境管理のベスト・プラクティスに関するサプライヤー研修プログラム、労働及び人権問題に関するサプライヤーとの関わり、サプライ・チェーン行動規範の維持、サプライ・チェーン監査及び認証を含める場合がある。

2 企業は、どの製品又は製品ラインが事業にリスクをもたらすか、その生じるリスク、及び企業がそのようなリスクを緩和するために用いる戦略を識別する場合がある。

3 企業は、サプライ・チェーンに適用される動物福祉基準について説明しなければならない。

  3.1 動物福祉基準は、牛肉、豚肉、家禽又は乳製品の生産条件の方針と定義する。これには次の

© IFRS Foundation

ものを含める。

    3.1.1   動物の処理及び取扱い

    3.1.2   収容及び輸送条件

    3.1.3   屠殺施設及び手順

    3.1.4   抗生物質及びホルモンの使用

3.2   説明には次のものを含めなければならないが、これらに限定されない。

    3.2.1   動物福祉基準に関連付けたすべての目標及びこれらの目標に向けた進捗

    3.2.2   動物福祉基準に関連する、サプライヤーについての要件

    3.2.3   何らかの方法で対処されるのであれば、動物福祉基準がサプライヤー契約でどのように対処されるか

4   企業は、動物福祉の認証の使用を記述しなければならない。認証には「Animal Welfare Approved」、「Certified Humane Program」、「Food Alliance Certified」及び「Global Animal Partnership 5-Step Animal Welfare Rating Program」を含める場合がある。

5   企業は、販売した動物性タンパク質のうち、医学的に重要な（important）抗生物質を使用せずに生産した動物性タンパク質の割合について、動物性タンパク質の種類別に開示する場合がある。

5.1   この割合は、生まれてから一度も医学的に重要な（important）抗生物質を受けなかった購入した動物性タンパク質の枝肉（又は下ごしらえした肉）の重量を、購入した動物性タンパク質の枝肉（又は下ごしらえした肉）の総重量で除して計算しなければならない。

医療セクター

第27巻－医薬品小売

産業の説明

「医薬品小売」産業の企業は、小売薬局及び小売店に供給を行う流通センターを運営する。店舗は、自社所有又はフランチャイズである場合がある。大規模な企業は、医薬品及びその他の商品を卸売業者及び流通業者から調達する。処方箋医薬品及びOTC医薬品の消費者向け販売が産業の売上の大半を占めている。その他に販売される財には、家庭用用品、個人用ケア用品及び限定的な品揃えの食料品が含まれる。また、医薬品小売セグメントは、さまざまな小売拠点に診療所を開設することで健康に焦点を当てたサービスの提供を拡大しており、この産業のサステナビリティの風景をさらに変化させる場合がある。

サステナビリティ開示トピック及び指標

表1. サステナビリティ開示トピック及び指標

トピック	指標	カテゴリー	測定単位	コード
小売におけるエネルギー管理	(1)エネルギー総消費量、(2)電力系統からの電気の割合及び(3)再生可能エネルギーの割合	定量	ギガジュール(GJ)、パーセンテージ(%)	HC-DR-130a.1

表2. 活動指標

活動指標	カテゴリー	測定単位	コード
薬局の店舗数	定量	数	HC-DR-000.A
小売スペースの総面積	定量	平方メートル(m²)	HC-DR-000.B
処方箋枚数、規制薬物の割合	定量	枚、パーセンテージ(%)	HC-DR-000.C
薬剤師数[28]	定量	数	HC-DR-000.D

---

28 薬剤師は、医師及びその他の医療従事者から処方された医薬品を調剤し、患者に医薬品及びその使用方法に関する情報を提供する従業員である。薬剤師は、薬の選択、投与量、相互作用及び副作用について、医師及びその他の医療従事者に助言する場合がある。

© IFRS Foundation

小売におけるエネルギー管理

トピックサマリー

チェーンの医薬品小売業者は、数千の拠点を運営し、大量のエネルギーを消費している。電気は主に照明及び冷蔵のために使用される。多くの小売拠点は24時間営業している場合があることから、エネルギー需要が増加している。事業におけるエネルギー効率及びさまざまなエネルギー供給源の多様化によって、エネルギー・コストが上昇するエクスポージャーを緩和し、企業の間接的な温室効果ガス排出を抑える場合がある。

指標

HC-DR-130a.1. (1)エネルギー総消費量、(2)電力系統からの電気の割合及び(3)再生可能エネルギーの割合

1　企業は、(1)消費したエネルギーの総量をギガジュール（GJ）単位で集計して開示しなければならない。

    1.1　エネルギー消費の範囲には、外部の供給源から購入したエネルギー及び企業が自ら生産したエネルギー（自己生成）を含む、すべての供給源からのエネルギーを含める。例えば、直接的な燃料の使用、購入した電気、並びに温熱、冷熱及び蒸気エネルギーはすべてエネルギー消費の範囲内に含まれる。

    1.2　エネルギー消費の範囲には、報告期間中に企業が直接消費したエネルギーのみを含める。

    1.3　燃料及びバイオ燃料からのエネルギー消費量を計算するにあたり、企業は、直接測定したか、又は「気候変動に関する政府間パネル」（IPCC）から取得した、総発熱量（GCV）とも呼ばれる高位発熱量（HHV）を使用しなければならない。

2　企業は、(2)自社が消費した、電力系統から供給されたエネルギーの割合を開示しなければならない。

    2.1　この割合は、購入した電力系統からの電気の消費量を、エネルギー総消費量で除して計算しなければならない。

3　企業は、(3)自社が消費した再生可能エネルギーの割合を開示しなければならない。

    3.1　再生可能エネルギーは、地熱、風力、太陽光、水力及びバイオマスなど、それらの枯渇率以上のペースで補充されるエネルギー源からのエネルギーと定義する。

    3.2　この割合は、再生可能エネルギー消費量を、エネルギー総消費量で除して計算しなければならない。

    3.3　再生可能エネルギーの範囲には、企業が消費した再生可能燃料、企業が直接生産した再生可能エネルギー、及び企業が購入した再生可能エネルギー（再生可能エネルギー証書（REC）若しくは「原産地保証」（GO）を明示的に含む再生可能電力購入契約（PPA）を通じて購入した場合、「Green-eエナジー認証」済みの電気事業者若しくはサプライヤー・プログラムを通じて購入した場合、又は、RECやGOを明示的に含むその他のグリーン電力製品、若しくは「Green-eエナジー認証」RECが電力系統からの電気と組み合わせられた他のグリーン電

「気候関連開示」の適用に関する産業別ガイダンス

力製品を通じて購入した場合）を含める。

3.3.1 オンサイトで生成した再生可能な電気について、それが再生可能エネルギーであると企業が主張するためには、当該企業の名においてREC及びGOを保持（retained）し（売却せず）、取り消し（retired）又は無効化（cancelled）しなければならない。

3.3.2 再生可能PPA及びグリーン電力製品について、それが再生可能エネルギーであると企業が主張するためには、当該企業の名においてREC及びGOを保持（retained）又は交換（replaced）し、取り消し（retired）又は無効化（cancelled）する旨を、その契約に明示的に含めて伝えなければならない。

3.3.3 企業の支配又は影響（influence）の範囲外にある系統電力ミックスの再生可能部分は、再生可能エネルギーの範囲から除外する。

3.4 この開示の目的において、バイオマス源からの再生可能エネルギーの範囲は、第三者の基準（例えば、「森林管理協議会」（Forest Stewardship Council）、「持続可能な森林イニシアティブ」（Sustainable Forest Initiative）、「森林認証プログラム」（Programme for the Endorsement of Forest Certification）、又は「American Tree Farm System」）で認証された材料、「再生可能エネルギー認証のためのGreen-eフレームワークのバージョン1.0（2017年）」若しくは「Green-e」地域基準に従い対象となり得る（eligible）供給源とみなされる材料、又は適用される州の再生可能エネルギー利用割合基準（renewable portfolio standard）において対象となり得る（eligible）材料に限定する。

4 企業は、燃料使用量（バイオ燃料を含む。）についてのHHVの使用及びキロワット時（kWh）のGJへの変換（太陽光又は風力エネルギーからの電気を含むエネルギー・データの場合）など、この開示で報告するすべてのデータに対して、変換係数を一貫して適用しなければならない。

© IFRS Foundation

第28巻－医療提供

産業の説明

「医療提供」産業は、病院、診療所及びその他の医療関連の施設を所有し管理している。企業は、入院及び外来診療、手術、精神衛生、リハビリ並びに臨床検査サービスを含む、さまざまなサービスを提供する。医療提供サービスに対する需要は、保険カバレッジ率、人口構成、病気及び怪我の確率に大きく左右される。この産業は、労務費及び施設費の固定費が高く、医療費の削減及び結果（outcomes）の改善にますます規制の焦点が当てられていることに特徴付けられる（characterised）。医療提供企業は、民間企業、非営利企業及び宗教団体が運営する医療システムとの患者及び資源をめぐる激しい競争にも直面している。

サステナビリティ開示トピック及び指標

表1. サステナビリティ開示トピック及び指標

トピック	指標	カテゴリー	測定単位	コード
エネルギー管理	(1)エネルギー総消費量、(2)電力系統からの電気の割合、及び(3)再生可能エネルギーの割合	定量	ギガジュール (GJ)、パーセンテージ(%)	HC-DY-130a.1
廃棄物管理	医療廃棄物の総量、(a)焼却したもの、(b)リサイクル又は加工処理したもの、及び(c)埋め立てたものの割合	定量	メートル・トン(t)	HC-DY-150a.1
	(1)有害医薬品廃棄物及び(2)非有害医薬品廃棄物の総量、(a)焼却したもの、(b)リサイクル又は加工処理したもの、及び(c)埋め立てたものの割合	定量	メートル・トン(t)、パーセンテージ(%)	HC-DY-150a.2
気候変動による健康及びインフラへのインパクト	次のものに対処するための方針及び実務の記述：(1)異常気象の頻度及び強度の増大に起因する物理的リスク、(2)気候変動に関連する病気及び疾病の罹患率及び死亡率の変化、並びに(3)緊急事態への準備及び対応	説明及び分析	該当なし	HC-DY-450a.1

「気候関連開示」の適用に関する産業別ガイダンス

表2. 活動指標

活動指標	カテゴリー	測定単位	コード
種類ごとの(1)施設数及び(2)病床数	定量	数	HC-DY-000.A
(1)入院患者数及び(2)外来患者来院数	定量	数	HC-DY-000.B

エネルギー管理

トピックサマリー

「医療提供」企業は、エネルギー集約型の施設を運営しており、購入した電気及び燃料の両方に依存している。この両方の消費は、気候変動や汚染などの環境インパクトをもたらす可能性がある。これらのインパクトを制限し、エネルギー効率及び再生可能エネルギーを奨励しようとする立法上の意図により、化石燃料及び従来型の電気の価格が変動する場合がある。エネルギー効率を改善する企業は、コストを削減し、エネルギー価格設定が変動するエクスポージャーを制限する場合がある。

指標

HC-DY-130a.1. (1)エネルギー総消費量、(2)電力系統からの電気の割合、及び(3)再生可能エネルギーの割合

1　企業は、(1)消費したエネルギーの総量をギガジュール（**GJ**）単位で集計して開示しなければならない。

　　1.1　エネルギー消費の範囲には、外部の供給源から購入したエネルギー及び企業が自ら生産したエネルギー（自己生成）を含む、すべての供給源からのエネルギーを含める。例えば、直接的な燃料の使用、購入した電気、並びに温熱、冷熱及び蒸気エネルギーはすべてエネルギー消費の範囲内に含まれる。

　　1.2　エネルギー消費の範囲には、報告期間中に企業が直接消費したエネルギーのみを含める。

　　1.3　燃料及びバイオ燃料からのエネルギー消費量を計算するにあたり、企業は、直接測定したか、又は「気候変動に関する政府間パネル」（IPCC）から取得した、総発熱量（GCV）とも呼ばれる高位発熱量（HHV）を使用しなければならない。

2　企業は、(2)自社が消費した、電力系統から供給されたエネルギーの割合を開示しなければならない。

　　2.1　この割合は、購入した電力系統からの電気の消費量を、エネルギー総消費量で除して計算しなければならない。

3　企業は、(3)自社が消費した再生可能エネルギーの割合を開示しなければならない。

　　3.1　再生可能エネルギーは、地熱、風力、太陽光、水力及びバイオマスなど、それらの枯渇率以上のペースで補充されるエネルギー源からのエネルギーと定義する。

© IFRS Foundation

403

3.2 この割合は、再生可能エネルギー消費量を、エネルギー総消費量で除して計算しなければならない。

3.3 再生可能エネルギーの範囲には、企業が消費した再生可能燃料、企業が直接生産した再生可能エネルギー、及び企業が購入した再生可能エネルギー（再生可能エネルギー証書（REC）若しくは「原産地保証」（GO）を明示的に含む再生可能電力購入契約（PPA）を通じて購入した場合、「Green-eエナジー認証」済みの電気事業者若しくはサプライヤー・プログラムを通じて購入した場合、又は、RECやGOを明示的に含むその他のグリーン電力製品、若しくは「Green-eエナジー認証」RECが電力系統からの電気と組み合わせられた他のグリーン電力製品を通じて購入した場合）を含める。

3.3.1 オンサイトで生成した再生可能な電気について、それが再生可能エネルギーであると企業が主張するためには、当該企業の名においてREC及びGOを保持（retained）し（売却せず）、取り消し（retired）又は無効化（cancelled）しなければならない。

3.3.2 再生可能PPA及びグリーン電力製品について、それが再生可能エネルギーであると企業が主張するためには、当該企業の名においてREC及びGOを保持（retained）又は交換（replaced）し、取り消し（retired）又は無効化（cancelled）する旨を、その契約に明示的に含めて伝えなければならない。

3.3.3 企業の支配又は影響（influence）の範囲外にある系統電力ミックスの再生可能部分は、再生可能エネルギーの範囲から除外する。

3.4 この開示の目的において、バイオマス源からの再生可能エネルギーの範囲は、第三者の基準（例えば、「森林管理協議会」（Forest Stewardship Council）、「持続可能な森林イニシアティブ」（Sustainable Forest Initiative）、「森林認証プログラム」（Programme for the Endorsement of Forest Certification）、又は「American Tree Farm System」）で認証された材料、「再生可能エネルギー認証のためのGreen-eフレームワークのバージョン1.0（2017年）」若しくは「Green-e」地域基準に従い対象となり得る（eligible）供給源とみなされる材料、又は適用される州の再生可能エネルギー利用割合基準（renewable portfolio standard）において対象となり得る（eligible）材料（又はこれらの複数のもの）に限定する。

4 企業は、燃料使用量（バイオ燃料を含む。）についてのHHVの使用及びキロワット時（kWh）のGJへの変換（太陽光又は風力エネルギーからの電気を含むエネルギー・データの場合）など、この開示で報告するすべてのデータに対して、変換係数を一貫して適用しなければならない。

廃棄物管理

トピックサマリー

「医療提供」企業は、規制対象の医療廃棄物及び医薬品廃棄物を大量に発生させている。この種の廃棄物にかかる処理料金は、通常、従来の廃棄物よりも高く、この産業にとって重大な（significant）コストとなる場合がある。廃棄物の分別戦略の強化、リサイクル及び再利用によって発生した廃棄物の量を減らす企業は、これらのコストのエクスポージャーを制限する場合がある。

404 © IFRS Foundation

「気候関連開示」の適用に関する産業別ガイダンス

指標

HC-DY-150a.1. 医療廃棄物の総量、(a)焼却したもの、(b)リサイクル又は加工処理したもの、及び(c)埋め立てたものの割合

1　企業は、自社が所有し運営するすべての施設で発生した医療廃棄物の総量をメートル・トン単位で集計し開示するとともに、(a)焼却したもの、(b)リサイクル又は加工処理したもの、及び(c)埋め立てたものの割合を開示しなければならない。

2　適用される法域の法令の対象となる場合がある医療廃棄物（規制医療廃棄物、感染性廃棄物、生物医学廃棄物又はバイオハザード廃棄物とも呼ばれる。）には、次のものを含める。

　　2.1　培養物及び株。これは、感染病原体及び関連する生物学的培養物の培養物及び株である。これには、医療及び病理学検査室からの培養物、研究及び工業検査室からの感染病原体の株、生物学的製剤であり廃棄された弱毒化生ワクチン生産からの廃棄物、並びに培養物の移送、接種及び混合に使用される培養皿及び装置を含める。

　　2.2　病理廃棄物。これは、手術及び解剖又はその他の医療処置の際に除去された組織、臓器、体の一部及び体液、並びに体液の検体及びその容器を含む、ヒトの病理廃棄物である。

　　2.3　ヒトの血液及び血液製剤。これは、(1)ヒトの血液の液状廃棄物、(2)血液製剤、(3)ヒトの血液で飽和若しくは滴下したもの、又は(4)ヒトの血液で飽和若しくは滴下したものであって、血清、血漿（けっしょう）及びその他の血液構成要素を含む乾燥したヒトの血液が付着したもの、並びに患者の治療、検査及び実験室での分析又は医薬品開発に使用された若しくは使用を意図したそれらの容器である。また、静注バッグもこのカテゴリーに含まれる。

　　2.4　鋭利なもの。これは、動物若しくはヒトの患者の介護若しくは治療、又は医学研究若しくは工業検査室で使用された鋭利なものである。これには、皮下注射針、シリンジ（付属の針の有無を問わない。）、「パスツール」ピペット、手術用メスの刃、血液バイアル、付属のチューブ付き針及び培養皿（感染病原体の有無を問わない。）を含める。また、使用済スライド及びカバー・スリップなど、感染病原体と接触した、破損した又は破損していないその他の種類のガラス製品も含まれる。

　　2.5　動物性廃棄物。これは、研究（動物病院での研究を含む。）、生物学的製剤の生産又は医薬品の試験中に感染性病原体にさらされたことが明らかな、汚染された動物の死骸、体の一部及び床敷である。

　　2.6　隔離性廃棄物。これは、特定の高い伝染性をもつ疾患から他人を守るために隔離されたヒトからの、又は高い伝染性をもつ疾患に感染していることが明らかな隔離された動物からの、血液、排泄物、滲出物又は分泌物で汚染された生物学的廃棄物及び廃棄物である。

　　2.7　未使用の鋭利なもの。これは、皮下注射針、縫合針、注射器及び手術用メスの刃を含む、廃棄される未使用の鋭利なものである。

3　企業は、発生した医療廃棄物のうち、(a)焼却したもの、(b)リサイクル又は加工処理したもの及び(c)埋め立てたものの総重量を、発生した医療廃棄物の総重量で除して、最終廃棄方法ごとの医療廃棄物の割合を計算しなければならない。

© IFRS Foundation

3.1 リサイクル又は加工処理には、リサイクル施設、加工処理施設又はその他（例えば、サプライヤーへの返却又は商業的な堆肥化）を経由した廃棄を含めなければならない。

4 企業が医療廃棄物の処理に廃棄物輸送サービス、斡旋業者又は仲介業者を利用する場合、企業は最終廃棄方法を決定するために誠意を持って努力しなければならない。

HC-DY-150a.2. (1)有害医薬品廃棄物及び(2)非有害医薬品廃棄物の総量、(a)焼却したもの、(b)リサイクル又は加工処理したもの、及び(c)埋め立てたものの割合

1 企業は、(1)自社が所有し運営するすべての施設で発生した有害医薬品廃棄物の総量をメートル・トン単位で集計し開示するとともに、(a)焼却したもの、(b)リサイクル又は加工処理したもの、及び(c)埋め立てたものの割合を開示しなければならない。

1.1 有害医薬品廃棄物は、廃棄物が発生した法域で適用される法令上の枠組みに従い定義する。

1.2 有害医薬品廃棄物は、一般的に、発火性、腐食性、反応性又は毒性の特性を示す。

1.3 企業は、発生した有害医薬品廃棄物のうち、(a)焼却したもの、(b)リサイクル又は加工処理したもの、及び(c)埋め立てたものの総重量を、発生した有害医薬品廃棄物の総重量で除して、最終廃棄方法ごとの有害医薬品廃棄物の割合を計算しなければならない。

1.3.1 リサイクル又は加工処理には、リサイクル施設、加工処理施設又はその他（例えば、サプライヤーへの返却又は商業的な堆肥化）を経由した廃棄を含めなければならない。

1.4 企業は、適用される法令上の定義がない法域に所在する事業の有害医薬品廃棄物を定義する目的で、「国際連合環境計画」（UNEP）の「有害廃棄物の国境を越える移動及びその処分の規制に関するバーゼル条約」を用いる場合がある。

1.5 企業は、有害医薬品廃棄物を定義するために用いる、適用される法域の基準又は規制を開示しなければならない。

2 企業は、(2)自社が所有し運営するすべての施設で発生した非有害医薬品廃棄物の総量をメートル・トン単位で集計し開示するとともに、(a)焼却したもの、(b)リサイクル又は加工処理したもの、及び(c)埋め立てたものの割合を開示しなければならない。

2.1 非有害（固形）廃棄物は、ごみ又は塵芥、廃水処理場、水道処理場又は大気汚染防止施設からの汚泥、及びその他の廃棄物と定義する。これには、工業、商業、鉱業及び農業の事業並びに地域社会の活動から生じる固体、液体、半固体又は含有ガス状物質を含める。それは規制物質であるか、又は環境若しくは人の健康への脅威をもたらすため、特別な取扱いが必要な場合がある。

2.2 企業は、発生した非有害医薬品廃棄物のうち、(a)焼却したもの、(b)リサイクル又は加工処理したもの、及び(c)埋め立てたものの総重量を、発生した非有害医薬品廃棄物の総重量で除して、最終廃棄方法ごとの非有害医薬品廃棄物の割合を計算しなければならない。

2.2.1 リサイクル又は加工処理には、リサイクル施設、加工処理施設又はその他（例えば、サプライヤーへの返却又は商業的な堆肥化）を経由した廃棄を含めなければならない。

「気候関連開示」の適用に関する産業別ガイダンス

3　有害又は非有害医薬品廃棄物について他の廃棄方法（例えば、堆肥化又は永久長期保管）が存在する場合は、企業はそれらを開示すべきである。

4　企業が医薬品廃棄物の処理に廃棄物輸送サービス、斡旋業者又は仲介業者を利用する場合、企業は最終廃棄方法を決定するために誠意を持って努力しなければならない。

気候変動による健康及びインフラへのインパクト

トピックサマリー

気候変動に関連した異常気象の増加は、医療提供施設に物理的な脅威を与え、影響を受ける（affected）人々へのサービス提供に課題を生み出す場合がある。潜在的な感染症の蔓延、食糧不足及び水不足と相まって、これらの事象は「医療提供」産業に重要性がある（material）影響（implications）を与える場合がある。

指標

HC-DY-450a.1. 次のものに対処するための方針及び実務の記述：(1)異常気象の頻度及び強度の増大に起因する物理的リスク、(2)気候変動に関連する病気及び疾病の罹患率及び死亡率の変化、並びに(3)緊急事態への準備及び対応

1　企業は、次のような異常気象の頻度、深刻さ（severity）、種類及び地理的な場所の変化によって生じる物理インフラ及び資産へのリスクに対処することに関連する方針及び実務の性質、範囲及び実施状況を記述しなければならない。

　　1.1　洪水の発生しやすい低平地又はハリケーンの発生しやすい地域に位置する物理インフラへのリスク

　　1.2　重要な（important）医療機器が地下に存在する又はバックアップ電源が利用可能であるなど、設備設計に基づく物理インフラへのリスク

2　企業は、気候変動の影響を受ける（impacted）可能性がある一部の疾患の有病率、地域及び重症度の変化によってもたらされるリスクに対処することに関連する、次のような方針及び実務の性質、範囲及び実施状況を記述しなければならない。

　　2.1　熱中症に苦しむ患者の流入に伴う追加又は柔軟な能力の必要性

　　2.2　患者の変化する疾患プロファイルを識別し治療するために必要な施設及び専門知識の獲得。これには次のものを含める。

　　　　2.2.1　熱帯地域の住民に影響を与える（affect）が、気候変動により将来的には非熱帯地域がその標的となる場合があるマラリア、デング熱及びその他の病原媒介生物による疾患

　　　　2.2.2　熱に関連した疾患（例えば、地表面オゾンの増加による喘息などの肺疾患）

　　　　2.2.3　水を媒介とする疾患（例えば、洪水発生の増加によるコレラ）

　　　　2.2.4　人の発達障害（例えば、食糧の入手可能性の低下による栄養失調）

© IFRS Foundation

407

3　企業は、緊急事態への準備及び対応に関連する方針及び実務の性質、範囲及び実施状況を記述しなければならない。

3.1　説明には、企業が事業を営む規制環境並びに具体的な緊急事態への準備及び対応計画を必要とするかどうかを含めなければならない。

3.2　企業は、「世界保健機関」の「病院緊急対応チェックリスト（Hospital Emergency Response Checklist）」に概説されているものなど、外部の方針又はベスト・プラクティスを自主的に導入したかどうかを開示する場合がある。

「気候関連開示」の適用に関する産業別ガイダンス

第29巻－医療品流通

産業の説明

「医療品流通」の企業は、医薬品及び医療機器を購入し、保管し、病院、薬局及び医師に販売する。この産業のサービスに対する需要は、保険加入率、医療に関する支出、病気及び人口構成に大きく左右される。医療セクターは、コストの削減及び効率性の改善の強調に直面し続けており、そのことが「医療品流通」産業にも影響を与える（affect）。この産業に属する企業は、薬局、保険者及び製造業者の間の統合及びパートナーシップによる課題に直面している。

サステナビリティ開示トピック及び指標

表1. サステナビリティ開示トピック及び指標

トピック	指標	カテゴリー	測定単位	コード
フリート燃料管理	輸送重量燃費	定量	リットル又はRTK	HC-DI-110a.1
	物流による環境インパクトを低減する取組み（efforts）の記述	説明及び分析	該当なし	HC-DI-110a.2

表2. 活動指標

活動指標	カテゴリー	測定単位	コード
製品カテゴリー別医薬品販売ユニット数	定量	数	HC-DI-000.A
医療機器の製品カテゴリー別販売数	定量	数	HC-DI-000.B

フリート燃料管理

トピックサマリー

医薬品及び医薬機器の流通には、広大な輸送ネットワークが必要である。気候変動及び天然資源の枯渇に対する懸念は、燃料の価格設定に影響を与え（affect）、医療品流通企業をコストの変動にさらす場合がある。輸送効率を向上する企業は、長期的に価値を生み出すのに有利な立場にある場合がある。

© IFRS Foundation

409

指標

HC-DI-110a.1. 輸送重量燃費

1 企業は、自社の運送用フリートに係る輸送重量燃費合計を開示しなければならない。

2 企業は、製品の運送に使用される車両に限定して（主に乗客の輸送に使用される車両は除外する。）、運送用フリート全体の輸送重量燃費を計算しなければならない。

    2.1 企業は、自社が運用する車両（例えば、自社が所有するか又は長期リースしている車両）に係る輸送重量燃費を開示するとともに、自社の物流事業の全部又は一部が外部委託されているかどうかを明記しなければならない。

3 輸送重量燃費は、消費した燃料の総リットル数又は有償貨物トンキロメートル（RTK）として計算しなければならない。

    3.1 輸送重量には有償貨物の総重量を含めるが、車両本体の重量は除外する。

    3.2 有償貨物トンキロメートル（RTK）は、それぞれの区間を輸送する車両のキロメートル（商品を輸送した距離）数に、その区間での有償輸送のメートル・トン（輸送重量）数を乗じて計算する。

4 企業は、輸送の種類に係る輸送重量燃費を集計しなければならない。これには次のものを含める。

    4.1 航空輸送

    4.2 海上輸送

    4.3 鉄道輸送

    4.4 道路輸送

HC-DI-110a.2. 物流による環境インパクトを低減する取組み（efforts）の記述

1 企業は、自社の物流事業が環境に与えるインパクトを低減するためのプログラム及び取組みの性質、範囲及び実施状況を記述しなければならない。

2 記述すべき関連する取組み（efforts）には、フリートの（燃料効率の）性能向上（upgrades）、代替燃料又は再生可能燃料の使用、物流ルートの最適化、及びアイドリング低減プログラムを含める場合がある。

「気候関連開示」の適用に関する産業別ガイダンス

第30巻－管理型医療

産業の説明

「管理型医療」産業は、個人、企業、「メディケア」及び「メディケイド」加入者のために健康保険商品を提供する。企業はまた、自己積立型の保険制度に対して管理サービス及びネットワークへのアクセスを提供し、薬剤給付を管理する。管理型医療の加入者は伝統的には就業率と相関があるが、売上は医療費の増加に左右されてきた。立法上の不確実性及び医療費の削減に焦点を当てることは、価格を引き下げる圧力を生み出す場合があり、引き続き、この産業の統合を促す可能性がある。また、患者アウトカム及び制度のパフォーマンスに焦点を当てることが、この産業のサステナビリティに関するリスク及び機会を形成しつづける。

サステナビリティ開示トピック及び指標

表1. サステナビリティ開示トピック及び指標

トピック	指標	カテゴリー	測定単位	コード
気候変動が人の健康に与えるインパクト	気候変動がビジネス運営に与える影響（effects）に対処する戦略、並びに病気及び疾病の地理的発生率、罹患率及び致死率の変化により生じる特定のリスクをリスク・モデルにどのように組み込むかについての説明	説明及び分析	該当なし	HC-MC-450a.1

表2. 活動指標

活動指標	カテゴリー	測定単位	コード
プラン・タイプ別の加入者数	定量	数	HC-MC-000.A

気候変動が人の健康に与えるインパクト

トピックサマリー

気候変動に伴う異常気象の増加は、健康に重大な（significant）影響を与える（impacts）可能性がある。これらの事象は、潜在的な感染症の蔓延並びに食料及び水不足と相まって、保健医療制度の利用増加を通じて、「管理型医療」産業に重要性がある（material）影響（implications）を与える場合がある。異常気象並びに病気及び疾患の発生率、罹患率及び致死率の潜在的な変化がもたらすリスクを管理する企業は、株主価値をよりよく守る場合がある。

© IFRS Foundation

指標

HC-MC-450a.1. 気候変動がビジネス運営に与える影響（effects）に対処する戦略、並びに病気及び疾病の地理的発生率、罹患率及び致死率の変化により生じる特定のリスクをリスク・モデルにどのように組み込むかについての説明

1 企業は、気候変動の影響（effects）に関連する重大な（significant）リスクに対処するための戦略的ビジネス・アプローチについて説明しなければならない。これには、病気及び疾患の次の側面の変化を含める場合がある。

　　1.1　地理的発生率

　　1.2　罹患率

　　1.3　致死率

2 関連する開示には、次のものについての説明を含める場合がある。

　　2.1　アレルギー反応、喘息率及び発熱性（heat-induced）の病気の増加

　　2.2　マラリア、デング熱及びその他の媒介生物による熱帯病などの熱帯病の非熱帯地域への移動

　　2.3　自然災害の増加による、コレラなどの水を媒介とする疾患の増加

　　2.4　食糧の入手可能性の低下による、栄養失調などの人の発達障害の発生率の増加

3 企業は、売上、コスト又は計画の妥当性（affordability）に対する、予測されるインパクトについて説明しなければならない。

4 企業は、気候変動の影響（effects）をリスク評価及びリスク調整活動にどのように組み込んでいるかについて説明する場合がある。

「気候関連開示」の適用に関する産業別ガイダンス

第31巻－医療機器及び消耗品

産業の説明

「医療機器及び消耗品」産業は、内科、外科、歯科、眼科及び獣医用の機器及び器具を研究、開発及び生産する。病院、診療所及び研究所は、消耗品から高度に特殊仕様となっている機器まで、これらの製品を使用する。不健康な生活様式及び人口の高齢化に伴う有病率の上昇は、この産業の成長を促進する場合がある重要な（important）要因である。新興市場及び健康保険の拡大はさらなる成長に寄与する場合がある。しかし、政府の保険プログラムの拡大、医療施設及び保険者の統合、及びすべての市場におけるコスト削減についての規制上の強調は、価格設定を引き下げる圧力をもたらす場合がある。

サステナビリティ開示トピック及び指標

表1. サステナビリティ開示トピック及び指標

トピック	指標	カテゴリー	測定単位	コード
製品設計及びライフサイクル管理	製品に含まれる化学物質に関連する環境及び人の健康面への考慮事項を評価して管理し、持続可能な製品に対する需要に応えるプロセスについての説明	説明及び分析	該当なし	HC-MS-410a.1
	(1)器具及び機器並びに(2)消耗品に区分した、回収して再利用、リサイクル又は寄付された製品の総量	定量	メートル・トン(t)	HC-MS-410a.2

表2. 活動指標

活動指標	カテゴリー	測定単位	コード
製品カテゴリー別販売数	定量	数	HC-MS-000.A

製品設計及びライフサイクル管理

トピックサマリー

医療機器及び消耗品企業は、この産業の製品の人体及び環境に与えるインパクトに関連する課題の増加に直面している。企業は、エネルギー効率及び特定の製品の使用終了（end-of-life）の廃棄などの問題にも対処しながら、健康面に懸念のある物質の使用を制限するという消費者及び規制上の圧力に直面する場合がある。製品回収の強化の取組み（efforts）を行いながらこれらの懸念に対処する企業は、消費者の要求を満たし、将来の負債をより適切に削減できる場合がある。

© IFRS Foundation

指標

HC-MS-410a.1. 製品に含まれる化学物質に関連する環境及び人の健康面への考慮事項を評価して管理し、持続可能な製品に対する需要に応えるプロセスについての説明

1　企業は、具体的な環境及び人の健康面への自社製品のインパクトに対処するための戦略的アプローチを記述しなければならない。これには次のものを含める。

　　1.1　製品使用時のエネルギー効率

　　1.2　製品の廃棄

　　1.3　材料効率

　　1.4　製品包装

　　1.5　材料の毒性

2　企業は、具体的で実証可能な環境上の便益をもたらすと判断できる設計上の考慮事項のみを記述しなければならない。

　　2.1　環境上の便益とは、次に関連するものを意味すると捉えなければならない。

　　　　2.1.1　エネルギー消費

　　　　2.1.2　環境衛生

　　　　2.1.3　人の健康

　　　　2.1.4　廃棄物発生

　　　　2.1.5　水使用

3　企業は、付与された環境上の便益が、製品の機能に対してどの程度中核的（central）であるかを示さなければならない。

4　企業は、環境上の便益の一般的な記述を避け、適用される法令からの指針に従い、誠実に環境上の便益を判断し、便益が製品、パッケージ又はサービスに関連するかどうかを明確にしなければならない。

5　企業は、ライフサイクルのどの段階において製品に関連する環境インパクトを評価するかを特定しなければならない。

6　企業は、取組み（efforts）を実施するメカニズムについて言及しなければならない。これには次のものを含める。

　　6.1　設計プロトコルの使用

　　6.2　調達方針

　　6.3　制限物質リスト（RSL）

　　6.4　認証

414

© IFRS Foundation

「気候関連開示」の適用に関する産業別ガイダンス

6.5 製品回収プログラム

6.6 包装回収

7 使用終了（end-of-life）製品管理に関連する取組み（efforts）について、企業は、設計関連の考慮事項のみについて説明しなければならない。

8 企業は、環境配慮を設計に組み込んだ製品の売上高の割合を開示しなければならない。

HC-MS-410a.2. (1)器具及び機器並びに(2)消耗品に区分した、回収して再利用、リサイクル又は寄付された製品の総量

1 企業は、回収して再利用（再生）、リサイクル又は寄付した製品の量をメートル・トン単位で開示しなければならない。

1.1 この数値は、(1)器具及び機器並びに(2)消耗品に区分しなければならない。

1.1.1 器具及び機器には、高価値な機械及び高度な器具を含める。

1.1.2 消耗品には、単純な消耗品及び低コストの機器（例えば、メス、手袋及び体温計）を含める。

1.2 この数値からは、回収のために受け入れたものの、最終的に廃棄物として廃棄した製品は除外しなければならない。

1.2.1 企業は、適切で安全な廃棄が必要なために再利用又はリサイクルできなかった製品を回収したかどうかを開示する場合がある。

2 企業は、製品の使用終了（end-of-life）管理のための製品の回収に関連する、自社が導入、資金提供又は参加するプログラム及び取組みを記述しなければならない。

© IFRS Foundation

415

インフラセクター

第32巻－電気事業者及び発電事業者

産業の説明

「電気事業者及び発電事業者」産業の企業は、発電、送配電（T&D）設備の建設、所有及び運営、並びに電気の販売を行っている。電気事業者は多くの異なる源泉から発電し、そのような源泉には、石炭、天然ガス、原子力、水力、太陽光、風力並びにその他の再生可能エネルギー源及び化石燃料のエネルギー源が含まれることが多い。この産業は、規制されたビジネス構造と規制されていないビジネス構造の両方で事業を営む企業により構成される。規制された電気事業者は、独占企業として事業を営むためのライセンスを維持するために、その他の種類の規制の中でもとりわけ、価格設定メカニズム及び許容される株主資本利益率について、規制当局からの包括的な監督に直面している。規制されていない企業又はマーチャント電力企業は、卸売市場（規制された電気購入者及びその他のエンド・ユーザーを含む。）に販売するために発電する独立系発電事業者（IPP）であることが多い。また、この産業の企業は、事業上のスパンによって、規制された電力市場と規制緩和された電力市場の両方で事業を営む場合がある。規制された市場は、典型的には、発電から小売配電までのすべてを所有及び運営する垂直統合型の電気事業者を含む。規制緩和された市場は、卸電力の発電競争を奨励するために、発電と配電とを分けることが多い。全体的に、人命と環境保護とのバランスをとりながら、信頼性があり、アクセス可能で、低コストの電気を提供するという複雑なタスクが依然として課題である。

注記：「電気事業者及び発電事業者」産業は、電気の供給のみに関連する（天然ガスの供給に関連しない。）事業を対象とする。一部の電気事業者は、電力市場及び天然ガス市場の両方で事業を営む場合がある。天然ガスの調達及び流通に関連する活動を行う事業者は、「ガス事業者及び流通業者（IF-GU）」産業におけるトピック及び指標も考慮すべきである。

サステナビリティ開示トピック及び指標

表1. サステナビリティ開示トピック及び指標

トピック	指標	カテゴリー	測定単位	コード
温室効果ガス排出及びエネルギー資源の計画	(1)グローバルでの「スコープ1」の総排出、(2)排出制限規制下における「スコープ1」の総排出の割合及び(3)排出報告規制下における「スコープ1」の総排出の割合	定量	CO_2相当のメートル・トン、パーセンテージ(%)	IF-EU-110a.1
	電気供給に関連する温室効果ガス（GHG）排出	定量	CO_2相当のメートル・トン	IF-EU-110a.2
	「スコープ1」の排出を管理するための長期的及び短期的な戦略又は計画、排	説明及び分析	該当なし	IF-EU-110a.3

416
© IFRS Foundation

「気候関連開示」の適用に関する産業別ガイダンス

トピック	指標	カテゴリー	測定単位	コード
	出削減目標並びにそれらの目標に対するパフォーマンスの分析についての説明			
水管理	(1)総取水量、(2)総消費水量、及びそれらの「ベースライン水ストレス」が「高い」又は「極めて高い」地域の割合	定量	千立方メートル(m³)、パーセンテージ(%)	IF-EU-140a.1
	水質の許認可、基準及び規制に関連する違反事案（incidents of non-compliance）の件数	定量	数	IF-EU-140a.2
	水管理リスクの記述並びに当該リスクを緩和するための戦略及び実務の説明	説明及び分析	該当なし	IF-EU-140a.3
最終用途効率及び需要	スマート・グリッド技術により供給する電力量の割合[29]	定量	メガワット時(MWh)のパーセンテージ(%)	IF-EU-420a.2
	市場ごとの効率化の取組み（measures）による、顧客の節電量[30]	定量	メガワット時(MWh)	IF-EU-420a.3
原子力安全及び危機管理	直近の独立した安全審査の結果ごとに区分した、原子力発電ユニットの総数	定量	数	IF-EU-540a.1
	原子力安全及び緊急事態への準備を管理する取組み（efforts）の記述	説明及び分析	該当なし	IF-EU-540a.2
グリッドのレジリエンス	物理的な又はサイバーセキュリティの基準又は規制の違反事案（incidents of non-compliance）の件数	定量	数	IF-EU-550a.1
	(1)「システム平均停電継続時間指標」（SAIDI）、(2)「システム平均停電回数指標」（SAIFI）及び(3)「顧客平均停電継続時間指標」（CAIDI）（いずれも重大事象日数（major event days）を含む[31]。）	定量	分、数	IF-EU-550a.2

[29] IF-EU-420a.2に関する注記 － 企業は、スマート・グリッドの開発及び運営に関連する機会及び課題について説明しなければならない。

[30] IF-EU-420a.3に関する注記 － 企業は、自社が事業を営むそれぞれの市場に関連する、顧客におけるエネルギー効率規制について説明しなければならない。

[31] IF-EU-550a.2に関する注記 － 企業は、著しい（notable）サービスの中断（相当数（a significant number）の顧客に影響を与える（affected）中断や長時間の中断など）について説明しなければならない。

© IFRS Foundation

表2. 活動指標

活動指標	カテゴリー	測定単位	コード
サービスを提供する(1)家庭用顧客、(2)商業用顧客及び(3)工業用顧客の数[32]	定量	数	IF-EU-000.A
(1)家庭用顧客、(2)商業用顧客、(3)工業用顧客、(4)その他すべての小売顧客及び(5)卸売顧客に供給された総電力	定量	メガワット時(MWh)	IF-EU-000.B
送配電線の長さ[33]	定量	キロメートル(km)	IF-EU-000.C
総発電量、主要なエネルギー源ごとの割合、規制対象市場における割合[34]	定量	メガワット時(MWh)、パーセンテージ(%)	IF-EU-000.D
購入した卸電力の合計[35]	定量	メガワット時(MWh)	IF-EU-000.E

温室効果ガス排出及びエネルギー資源の計画

トピックサマリー

発電は、世界最大の温室効果ガス（GHG）排出源である。これらの排出（主に、二酸化炭素、メタン及び一酸化二窒素）の大部分が、化石燃料の燃焼の副産物である。この産業の送電又は配電（T&D）セグメントの排出量はごくわずかである。電気事業者は、環境規制がこれまで以上に厳しくなりつつあることから、GHG排出を緩和するために多額の（significant）事業コスト及び資本的支出に直面する可能性がある。これらのコストの多くは電気事業者の顧客に転嫁する場合があるが、一部の発電事業者は、特に規制緩和された市場において、これらのコストを回収できない場合がある。企業は、規制が定める排出要件を充足できるようなエネルギー・ミックスの配給を確保することによって、及び産業をリードする技術及びプロセスを導入することによって、慎重なインフラ投資計画を通じて、発電事業からのGHG排出を削減する場合がある。費用対効果の高いGHG排出削減に積極的に取り組むことは、企業に競争上の優位性をもたらすとともに、予期しない規制遵守コストを軽減させる場合がある。資本的支出の必要性及び許認可コストを適切に見積ることができないこと、又はGHG排出削減におけるその他の困難があることが、資産評価損、カーボン・クレジットの取得コスト、又は事業上の支出及び資本的支出の予期しない増加という形で、利益に重大な（significant）ネガティブな影響（effects）を与える場合がある。この問題に対

---

[32] IF-EU-000.Aに関する注記 － それぞれのカテゴリーでサービスを提供する顧客の数は、家庭用顧客、商業用顧客及び工業用顧客を対象に請求されるメーターの数とみなされなければならない。

[33] IF-EU-000.Cに関する注記 － 送配電線の長さは、回線キロメートル単位で計算しなければならない。ここでは、回線キロメートルは、回線に使用される導体を問わず、回線の全長と定義する。

[34] IF-EU-000.Dに関する注記 － 発電量は、次の主要エネルギー源ごとに開示しなければならない。すなわち、石炭、天然ガス、原子力、石油、水力、太陽光、風力、その他の再生可能エネルギー、及びその他のガスである。この範囲には、所有又は運用する（又はこの両方の）資産を含む。発電施設で消費される電気は、この範囲から除外する。

[35] IF-EU-000.Eに関する注記 － 発電施設で消費される電気は、この範囲から除外する。

「気候関連開示」の適用に関する産業別ガイダンス

する規制上の強調は、2015年に開催された「第21回国連気候変動枠組条約締約国会議」で合意された国際的な排出削減に関する協定に例示されるように、今後数十年の間に拡大する場合がある。

指標

IF-EU-110a.1. (1)グローバルでの「スコープ1」の総排出、(2)排出制限規制下における「スコープ1」の総排出の割合及び(3)排出報告規制下における「スコープ1」の総排出の割合

1 企業は、(1)「京都議定書」において対象とされる7種類の温室効果ガス（GHG）—二酸化炭素（CO_2）、メタン（CH_4）、一酸化二窒素（N_2O）、ハイドロフルオロカーボン類（HFCs）、パーフルオロカーボン類（PFCs）、六フッ化硫黄（SF_6）及び三フッ化窒素（NF_3）—のグローバルでの「スコープ1」のGHGの大気への総排出を開示しなければならない。

1.1 すべてのGHG排出は、二酸化炭素相当（CO_2相当）メートル・トン単位で合算し、開示しなければならず、公開されている100年の時間軸に基づく地球温暖化係数（GWP）の数値に従い計算しなければならない。現時点でのGWP数値の推奨される情報源は、「気候変動に関する政府間パネル（IPCC）第5次評価報告書（2014年）」である。

1.2 総排出は、オフセット、クレジット又はその他の類似した排出削減若しくは排出相殺のメカニズムを考慮する前の、大気中に排出されたGHGである。

2 「スコープ1」の排出は、「世界資源研究所」（WRI）及び「持続可能な開発のための世界経済人会議」（WBCSD）によって公表された「温室効果ガスプロトコルの企業算定及び報告基準（GHGプロトコル）（2004年3月改訂版）」において定義されており、ここに記載されている方法に従って計算しなければならない。

2.1 これらの排出には、定置式又は移動式の排出源からのGHGの直接排出が含まれる（製造設備、オフィス・ビル、製品輸送（海上、道路及び鉄道）を含む。）。

2.2 認められる計算方法には、基礎的な参考文献として「GHGプロトコル」に従いつつ、産業固有又は地域固有のガイダンスなど追加的なガイダンスを提供するものを含める。例には次のものを含める。

2.2.1 「GHG Reporting Guidance for the Aerospace Industry」（「国際航空宇宙環境グループ」（IAEG）発行）

2.2.2 「Greenhouse Gas Inventory Guidance：定置式燃焼源からの直接排出」（「米国環境保護庁」（EPA）発行）

2.2.3 「India GHG Inventory Program」

2.2.4 ISO 14064-1

2.2.5 「Petroleum Industry Guidelines for reporting GHG emissions」（IPIECA発行　第2版（2011年））

2.2.6 「Protocol for the quantification of greenhouse gas emissions from waste management activities」（「Entreprises pour l'Environnement」（EpE）発行）

2.3 GHG排出データは、企業が財務報告データを連結する方法に従って合算し、開示しなければ

© IFRS Foundation

ならない。その方法は、一般的に、「GHGプロトコル」で定義する「財務支配」アプローチ及び「気候開示基準委員会」（CDSB）によって公表された「環境及び社会情報の報告のためのCDSBフレームワーク」のREQ-07「組織の境界」に記述されているアプローチと整合している。

3　企業は、(2)キャップアンドトレード・スキーム、炭素税又はカーボン・プライシング・システム並びにその他の排出統制（例えば、コマンドアンドコントロール・アプローチ）、及び許認可ベースのメカニズムなど、排出を直接制限又は削減することを目的とした排出制限規制又はプログラムの対象となる、グローバルでの「スコープ1」のGHG総排出の割合を開示しなければならない。

3.1　排出制限規制の例には、次のものを含める。

3.1.1　「カリフォルニア州キャップアンドトレード」（「カリフォルニア州地球温暖化対策法」）

3.1.2　「欧州連合排出量取引スキーム」（EU ETS）

3.1.3　「ケベック州キャップアンドトレード」（「ケベック州環境品質法」）

3.2　この割合は、排出制限規制の対象となるグローバルでの「スコープ1」のGHG排出（CO_2相当）の総量を、グローバルでの「スコープ1」のGHG排出の総量（CO_2相当）で除して計算しなければならない。

3.2.1　複数の排出制限規制の対象となる排出について、企業は、これらの排出を一度だけしか計算に含めてはならない。

3.3　排出制限規制の範囲からは、自主的な排出制限規制（例えば、自主的な取引システム）及び報告ベースの規制の対象となる排出は除外する。

4　企業は、(3)排出報告に基づく規制の対象となる、グローバルでの「スコープ1」のGHG総排出の割合を開示しなければならない。

4.1　排出報告に基づく規制は、GHG排出データの規制当局又は一般市民（又はこの両方）への開示を要求するものの、生成される排出に係る制限、コスト、目標又は統制がない規制と定義する。

4.2　この割合は、排出報告に基づく規制の対象となるグローバルでの「スコープ1」のGHG総排出（CO_2相当）を、グローバルでの「スコープ1」のGHG総排出（CO_2相当）で除して計算しなければならない。

4.2.1　複数の排出報告に基づく規制の対象となる排出について、企業は、これらの排出を一度しか計算に含めてはならない。

4.3　排出報告に基づく規制の範囲からは、排出制限規制の対象となる排出を除外しない。

5　企業は、過去の報告期間からの排出の変化について説明する場合がある。これには、変化が排出削減、ダイベストメント、買収、合併、アウトプットの変化又は計算方法の変更によるものかどうかを含める。

6　現在のCDP又は他の企業へのGHG排出の報告（例えば、国の規制上の開示プログラム）が、範囲及

「気候関連開示」の適用に関する産業別ガイダンス

び使用した合算アプローチの点で異なる場合、企業はそれらの排出を開示することがある。ただし、主要な開示は前述のガイドラインに従わなければならない。

7 企業は、データが連続排出監視システム（CEMS）、エンジニアリング計算又は物質収支計算からのものであるかどうかなど、排出開示の計算方法について説明する場合がある。

IF-EU-110a.2. 電気供給に関連する温室効果ガス（GHG）排出

1 企業は、自家発電及び購入する電気から生じる、小売顧客への電気供給に関連するグローバルでの温室効果ガス（GHG）総排出を開示しなければならない。

 1.1 GHG排出は、「京都議定書」において対象とされる7種類の温室効果ガス（GHG）－二酸化炭素（CO_2）、メタン（CH_4）、一酸化二窒素（N_2O）、ハイドロフルオロカーボン類（HFCs）、パーフルオロカーボン類（PFCs）、六フッ化硫黄（SF_6）及び三フッ化窒素（NF_3）－の大気への排出と定義する。

  1.1.1 すべてのGHG排出は、二酸化炭素相当（CO_2相当）メートル・トン単位で合算し、開示しなければならず、公開されている100年の時間軸に基づく地球温暖化係数（GWP）の数値に従い計算しなければならない。現時点でのGWP数値の推奨される情報源は、「気候変動に関する政府間パネル（IPCC）第5次評価報告書（2014年）」である。

  1.1.2 総排出は、オフセット又はクレジットを考慮する前の、大気中に排出されたGHGである。

2 小売顧客に供給する電気に関連するGHG排出は、「Climate Registry」が提供する「Electric Power Sector Protocol for the Voluntary Reporting Program　2009年6月　バージョン1.0」（2010 Updates及びClarifications（バージョン1.0において、「EPS Metric D-3: Retail Electric Deliveries」が誤って「EPS Metric D-1」と表記されていたことを明確化したもの）を含む。）に収載されている「EPS Metric D-3: Retail Electric Deliveries」の分子により設定された方法によって定義されており、これに従い計算しなければならない。

 2.1 これらの排出は、一般的に、企業が所有する発電施設からの排出及び第三者から購入した電気からの排出の和から、卸売段階で再販売された電気からの排出を差し引いて計算する。

 2.2 GHG排出の範囲には、小売顧客に供給する電気に関連するすべての排出を含めなければならない。これには、送配電時の電気の損失に関連する排出を含める。

 2.3 第三者から購入する電気に係る排出係数は、最も関連しており正確な方法に基づくが、購入する電気の種類に依存する。「Electric Power Sector Protocol for the Voluntary Reporting Program」では、潜在的な方法を設定している。

3 開示は、「電力研究所（Electric Power Research Institute）」の「2018年 Metrics to Benchmark Electric Power Company Sustainability Performance」における「電力供給におけるCO_2総排出率」に収載されている指標の分子に対応する。ただし、「京都議定書」において対象とされる7種類のすべてのGHGを含めた排出の範囲は除く。

© IFRS Foundation

IF-EU-110a.3. 「スコープ1」の排出を管理するための長期的及び短期的な戦略又は計画、排出削減目標並びにそれらの目標に対するパフォーマンスの分析についての説明

1 企業は、「スコープ1」の温室効果ガス（GHG）排出を管理するための長期的及び短期的な戦略又は計画について説明しなければならない。

    1.1 「スコープ1」の排出は、「世界資源研究所」（WRI）及び「持続可能な開発のための世界経済人会議」（WBCSD）によって公表された「温室効果ガスプロトコルの企業算定及び報告基準（GHGプロトコル）（2004年3月改訂版）」において定義されており、ここに記載されている方法に従って計算しなければならない。

    1.2 GHG排出の範囲には、「京都議定書」において対象とされる7種類の温室効果ガス（GHG）－二酸化炭素（CO_2）、メタン（CH_4）、一酸化二窒素（N_2O）、ハイドロフルオロカーボン類（HFCs）、パーフルオロカーボン類（PFCs）、六フッ化硫黄（SF_6）及び三フッ化窒素（NF_3）－を含める。

2 企業は、排出削減目標について説明し、目標に対するパフォーマンスを分析しなければならない。関連する場合は、次のものを含める。

    2.1 排出削減目標の範囲（例えば、目標が適用される総排出の割合）

    2.2 目標が絶対量ベース又は原単位ベースのいずれであるか、及び目標が原単位ベースの目標である場合は指標の分母

    2.3 基準年に対する削減率。この基準年とは、目標の達成に向けて排出について評価する最初の年を表す。

    2.4 削減活動の時間軸。これには開始年、目標年及び基準年を含める。

    2.5 目標を達成するためのメカニズム

    2.6 目標年の排出若しくは基準年の排出が遡及的に再計算された（若しくは再計算される場合がある）、又は目標年若しくは基準年が再設定された、すべての状況

3 企業は、GHG排出規制環境に関連するリスク及び機会を管理するための戦略について説明しなければならない。その説明には、次のものを含める場合がある。

    3.1 自社の事業構造又はビジネス・モデルに対して行った、又は行う予定の変更内容

    3.2 新たな技術又はサービスの開発

    3.3 企業の事業上のプロセス、統制又は組織構造に加えた又は予定している変更内容

    3.4 規制上又は立法上のプロセスとその結果に対する影響（influencing）（規制当局、規制機関、公益事業委員会、立法者及び政策立案者との協力を含める場合がある。）

4 企業は、サービス提供の対象となる顧客の数（顧客カテゴリーごと）及び該当する発電量を含めて、自社のグリーン電力市場への関与を説明する場合がある。

    4.1 グリーン電力市場は、電気事業者による再生可能エネルギー技術への投資促進を支援する機会を顧客に与えるような、選択可能な電気事業サービスと定義する。

「気候関連開示」の適用に関する産業別ガイダンス

4.2 企業は、グリーン電力市場の提供が、州の再生可能エネルギー利用割合基準（renewable portfolio standard）によって義務付けられている事例を開示する場合がある。

5 企業は、計画又は目標を達成するために必要な活動及び投資、並びに計画又は目標の達成に影響を与える（affect）場合があるリスク又は制限要因について説明しなければならない。

6 企業は、さまざまな事業単位、地域又は排出源に対して異なるように関係しているかどうかなど、その戦略、計画又は削減目標の範囲について説明しなければならない。

7 企業は、その戦略、計画又は削減目標が、地域、国、国際又はセクター別プログラムを含む、排出制限又は排出報告ベースのプログラム又は規制（例えば、「EU域内排出量取引制度」、「ケベック州キャップアンドトレード制度」、「カリフォルニア州キャップアンドトレード・プログラム」）に関連している（related to）か又は関係している（associated with）かどうかについて説明しなければならない。

8 戦略、計画又は削減目標の開示は、報告期間中に進行中（アクティブ）であったか又は完了した活動に限定しなければならない。

水管理

トピックサマリー

発電は、取水に関して、世界で最も水集約型の産業の1つである。サーマル発電プラント（典型的には、石炭、原子力及び天然ガス）は、冷却用に大量の水を使用している。この産業は、水に関する供給及び規制上のリスクの増大に直面しており、技術への資本投資が必要になる可能性があり、座礁資産を生み出す可能性さえある。多くの地域で水の供給が逼迫し、発電、農業及び地域社会での水供給の利用に係る競合が生じる中で、地域固有の水の制約により、発電所がフル稼働できない可能性、又は全く稼働できない可能性がこれまで以上に高まっている。水の入手可能性は、多くの発電用の資産の将来価値を計算するにあたって、及び新しい発電源の提案を評価するためにも、考慮すべき重要な（important）要素である。特にベースラインの水ストレスが高い地域では、気候変動による消費量の増加や供給量の減少といった要因によってより頻繁で厳しい干ばつが生じるなど、水不足が深刻化することにより、企業が必要な量の水を取水する能力を規制当局により制限される可能性がある。さらに、企業は、このような大量の取水によって生じる場合がある、重大な（significant）生物多様性に関するインパクトに関連する規制の拡大に対処しなければならない。これらのリスクを緩和するために、企業は、発電所のより効率的な水利用システムに投資し、新たな発電所を建設するにあたっては、長期的な水の入手可能性を評価するとともに水関連の生物多様性リスクの評価に戦略的重点（priority）を置く可能性がある。

指標

IF-EU-140a.1. (1)総取水量、(2)総消費水量、及びそれらの「ベースライン水ストレス」が「高い」又は「極めて高い」地域の割合

1 企業は、すべての水源から引き出された水の量を、千立方メートル単位で開示しなければならない。

1.1 水資源には、地表水（湿地、河川、湖及び海からの水を含む。）、地下水、企業が直接収集し貯留した雨水、並びに地方自治体の水道供給者、水道事業者又はその他の企業から取得した水及び廃水を含める。

© IFRS Foundation

423

2 企業は、例えば、取水量の大部分（significant portions）が非淡水源からのものである場合、その供給を水源別に開示することがある。

    2.1 淡水は、企業が事業を営む地域の法令に従い定義する場合がある。法令による定義が存在しない場合、淡水は、1,000ppm未満の溶解固形物を含む水とみなさなければならない。

    2.2 法域の飲料水規制に準拠して水道事業者から取得した水は、淡水の定義を満たすとみなすことができる。

3 企業は、自社の事業で消費した水の量を、千立方メートル単位で開示しなければならない。

    3.1 水消費は次のように定義する。

        3.1.1 取水、使用及び排水中に蒸発する水

        3.1.2 企業の製品又はサービスに、直接的又は間接的に組み込まれる水

        3.1.3 その他、取水源と同じ集水域に戻らない水（別の集水域又は海に戻る水など）

4 企業は、すべての事業における水リスクを分析し、「世界資源研究所」（WRI）の「水リスク・アトラス」（Water Risk Atlas）ツールである「Aqueduct」によって、「ベースライン水ストレス」が「高い（40～80％）」又は「極めて高い（>80％）」と分類された場所で取水し水消費する活動を識別しなければならない。

5 企業は、「ベースライン水ストレス」が「高い」又は「極めて高い」場所で取水した水について、総取水量に対する割合で開示しなければならない。

6 企業は、「ベースライン水ストレス」が「高い」又は「極めて高い」場所で消費した水について、総消費水量に対する割合で開示しなければならない。

IF-EU-140a.2. 水質の許認可、基準及び規制に関連する違反事案（incidents of non-compliance）の件数

1 企業は、技術ベースの基準への違反（violations）並びに水量ベース又は水質ベースの基準の超過を含め、違反事案（incidents of non-compliance）の総数を開示しなければならない。

2 開示の範囲には、適用される法域の法的許認可及び規制が適用される事案（incidents）を含める。これには、危険物質の排出（discharge）、前処理要件への違反（violation）又は1日当たりの総最大負荷量（TMDL）の超過を含める。

3 開示の範囲には、正式な執行措置をもたらした違反事案（incidents of non-compliance）のみを含めなければならない。

    3.1 正式な執行措置は、水量又は水質に関する法令、政策又は命令への違反（violation）又は違反のおそれ（threatened violation）に対処する政府の措置と定義し、とりわけ、行政罰命令、行政命令及び司法措置をもたらす可能性がある。

4 違反（violations）は、測定方法又は頻度にかかわらず、開示しなければならない。これには、次の違反（violations）を含める。

    4.1 継続的な排出（discharges）、制限、基準及び禁止事項で、一般的に1日平均、週平均及び月

「気候関連開示」の適用に関する産業別ガイダンス

平均の最大値で表されるもの

4.2 非継続的な排出（discharges）又は制限で、一般的に頻度、総質量、最大排出率及び特定の汚染物質の質量又は濃度の観点で表されるもの

IF-EU-140a.3. 水管理リスクの記述並びに当該リスクを緩和するための戦略及び実務の説明

1 企業は、取水、水消費並びに水又は廃水の排出に関連する水管理リスクを記述しなければならない。

1.1 取水及び水消費に関連するリスクには、十分で清潔な水資源の入手可能性に対するリスクを含める。これには次のものを含める。

1.1.1 環境上の制約 ― 水ストレス地域での事業、干ばつ、水生生物の閉込み又は巻込みの懸念、経年変動又は季節変動、及び気候変動のインパクトからのリスクなど

1.1.2 規制及び財務上の制約 ― 水コストの変動、取水に関連する利害関係者の認識及び懸念（例えば、地域社会、非政府組織及び規制当局からのもの）、他の水利用者との直接的な競合及びその行為からのインパクト（例えば、企業及び地方自治体の水利用者）、規制による取水制限、並びに水利権又は許認可を取得し保持する企業の能力に対する制約など

1.2 水又は廃水の排出に関連するリスクには、排出に関連する権利又は許認可を取得する能力、排出に関連する規制への準拠、排出に対する制約、排水の温度管理を維持する能力、義務、レピュテーション・リスク、並びに、排水に関連する規制、利害関係者の認識及び懸念（例えば、地域社会、非政府組織及び規制当局からのもの）による事業コストの増加を含める。

2 企業は、次の文脈において水管理リスクを記述する場合がある。

2.1 地表水（湿地、河川、湖及び海からの水を含む。）、地下水、企業が直接収集し貯留した雨水、並びに地方自治体の水道供給者、水道事業者又はその他の企業から取得した水及び廃水を含む取水源によって、リスクがどのように異なる場合があるか

2.2 地表水、地下水又は廃水処理施設を含む排出先によって、リスクがどのように異なる場合があるか

3 企業は、水管理リスクが自社の事業に対して有する場合がある潜在的な影響（effects）及びそのようなリスクが顕在化すると見込まれる時間軸について説明する場合がある。

3.1 影響（effects）には、コスト、売上、負債、事業の継続性及びレピュテーションに関連するものを含める。

4 企業は、水管理リスクを緩和するための短期的及び長期的な戦略又は計画について説明しなければならない。これには次のものを含める。

4.1 戦略、計画、ゴール又は目標の範囲（さまざまな事業単位、地域又は水を消費する事業プロセスとどのように関連しているかなど）

4.2 優先する水管理のゴール又は目標、及び、それらのゴール又は目標に対するパフォーマンスの分析

4.2.1 ゴール及び目標には、取水量の削減、水消費量の削減、排水量の削減、水生生物の

© IFRS Foundation

425

閉込みの軽減、排水の質の改善及び規制遵守に関連するものを含める。

4.3 計画、ゴール又は目標を達成するために必要な活動及び投資、並びに計画又は目標の達成に影響を与える（affect）場合があるリスク又は制限要因

4.4 戦略、計画、ゴール又は目標の開示は、報告期間中に進行中（アクティブ）であったか、又は完了した活動に限定しなければならない。

5 水管理の目標について、企業は追加で次のものを開示しなければならない。

5.1 目標が絶対量ベース又は原単位ベースのいずれであるか、及び目標が原単位ベースである場合は指標の分母

5.2 水管理活動の時間軸（開始年、目標年及び基準年を含める。）

5.3 次のものを含む、目標を達成するためのメカニズム

5.3.1 水のリサイクル又は循環システムの使用などの、効率化に関する取組み（efforts）

5.3.2 必要な水の量を減らすための製品又はサービスの再設計などの、製品のイノベーション

5.3.3 水生生物の閉込み又は巻込みの軽減を可能にするような、プロセス及び機器のイノベーション

5.3.4 水の使用、リスク及び機会を分析するためのツール及び技術の使用（例えば、「世界自然保護基金」の「Water Risk Filter」、「Global Water Tool」及び「Water Footprint Network Footprint Assessment Tool」）

5.3.5 地域又は他の組織との実施されているコラボレーション又はプログラム

5.4 基準年からの削減率又は改善率。基準年は、目標の達成に向けて、水管理の目標が評価される最初の年である。

6 企業は、水管理の実務が、組織内で追加的なライフサイクルへのインパクト又はトレードオフをもたらすかどうかについて説明しなければならない。これには、土地利用、エネルギー生産及び温室効果ガス（GHG）排出のトレードオフを含める。また、ライフサイクルのトレードオフにもかかわらず、企業がこれらの実務を選択した理由についても説明しなければならない。

最終用途効率及び需要

トピックサマリー

エネルギー効率は、同じ最終用途のエネルギー・サービスを提供するために生成する必要がある電気が少なくて済むことから、温室効果ガス（GHG）排出を削減するためのライフサイクルコストが低い方法といえる。電気事業者は、その顧客におけるエネルギーの効率化及び節約を促進することができる。そのような戦略には、エネルギー効率が高い機器に対するリベートの提供、顧客住宅の耐気候構造化、顧客への省エネルギーの方法に関する教育、ピーク需要の時間帯の電気使用を抑制する（「デマンド・レスポンス」）ための顧客へのインセンティブの提供、又は顧客がエネルギー使用量を追跡できるスマート・メーターなどの技術への投資が含まれる場合がある。これらの取組み（efforts）は、消費者の出費を節約する一方で、

「気候関連開示」の適用に関する産業別ガイダンス

ピーク需要を低減することによって電気事業者の事業コストを減少させる場合もある。さらに、電気事業者に対する規制上の枠組みによっては、現地の法域で新規建設を許可する前に、企業に対してエネルギー効率計画の策定を義務付ける場合がある。需要変動によるダウンサイド・リスクの軽減に対し有効な戦略を有する企業は、必要な投資から十分かつ適時のリターンを得る場合がある。さらに、効率化の取組みを通じたコスト削減は、より高い長期的なリスク調整後リターンを得る場合がある。

指標

IF-EU-420a.2. スマート・グリッド技術により供給する電力量の割合

1   企業は、スマート・グリッド技術により供給する電力量（メガワット時単位）の割合を開示しなければならない。

    1.1   スマート・グリッド技術により供給する電力量は、消費者の電気の需要を満たすためにスマート・グリッド技術の使用を組み込んだ、企業の顧客に供給された電気の量と定義する。

    1.2   スマート・グリッドは、「国際エネルギー機関」（IEA）の定義と整合的に、デジタル技術及びその他の高度な技術を用いて、すべての発電源からの電気輸送をモニタリングして管理し、エンド・ユーザーのさまざまな電気需要を満たす電気ネットワークと定義する。スマート・グリッドは、すべての発電事業者、電力系統事業者、エンド・ユーザー及び電力市場の利害関係者のニーズ及び能力を調整し、システムの信頼性（reliability）、レジリエンス及び安定性を最大化しながら、コスト及び環境インパクトを最小限に抑え、システムのすべての部分を可能な限り効率的に運営している。

    1.3   電力量は、当該技術が、IEAが定義する特徴的な特性のうち1つ以上を可能にする場合、スマート・グリッド技術により供給されているとみなされる。

        1.3.1   顧客からの情報提供を可能にする。

        1.3.2   すべての発電及び蓄電方法に対応する。

        1.3.3   新たな製品、サービス及び市場を実現する。

        1.3.4   さまざまなニーズに対応する電気の品質を提供する。

        1.3.5   資産の活用及び事業効率を最適化する。

        1.3.6   障害、攻撃及び自然災害に対するレジリエンスを提供する。

    1.4   スマート・グリッド技術の例には、広域モニタリング及び制御、情報通信技術の統合、再生可能及び分散型発電の統合、送電強化、配電網管理、高度計測インフラ、電気自動車充電インフラ、並びに顧客側のシステムを含める場合がある。

2   スマート・グリッド技術により供給した電力量の割合は、スマート・グリッド技術により供給したエネルギー量（メガワット時単位）を、エネルギー量の総量（メガワット時単位）で除して計算しなければならない。

3   企業は、電力量を供給するスマート・グリッド技術の種類、当該技術を使用している顧客の種類（例えば、家庭用、商業用又は工業用）、当該技術が電気事業者又は顧客のいずれによって所有されているか、及びスマート・グリッド機能のさらなる統合のための計画について説明する場合がある。

© IFRS Foundation

IF-EU-420a.2に関する注記

1 企業は、スマート・グリッドの開発及び事業に関連する機会及び課題について説明しなければならない。これには、関連する場合、次のものを含める。

1.1 デマンドレスポンス及びエンドユーザーの効率化の機会（例えば、需要曲線の平準化、費用対効果の高い発電の拡大、分散型発電の導入の改善、並びに発電効率及び送電効率の向上）

1.2 政策上及び展開上の課題（例えば、スマート・グリッド開発への反対、技術開発の程度の違い、及び経済的阻害要因（disincentives））

IF-EU-420a.3. 市場ごとの効率化の取組み（measures）による、顧客の節電量

1 企業は、自社のそれぞれの市場について、報告期間中にエネルギー効率化の取組み（measures）から顧客にもたらされた節電量の総量を、メガワット時単位で開示しなければならない。

1.1 市場は、明確な公共事業の規制監督の対象となる事業と定義する。

1.2 節電量は、総量削減アプローチに従い、参加の理由にかかわらず、効率化プログラムの参加者が行ったプログラム関連の行為の結果として生じた、エネルギーの消費又は需要の変化と定義する。

1.2.1 企業は、純節電量ベースで節電量を報告する市場をリスト化する場合があるため、ここで開示する数値と異なる場合がある。純節電量は、具体的にエネルギー効率化プログラムに貢献でき、かつ当該プログラムが存在していなければ生じなかったであろう消費量の変化と定義する。

2 節電量は、総量ベースで計算しなければならないが、そのような節電が生じる適用される法域の評価、測定及び検証（EM&V）規制において定める方法と整合していなければならない。

3 効率化の取組み（measures）からの節電量の範囲には、企業が直接提供する節電量、及び規制が提供する場合は、効率節約クレジット（efficiency savings credits）の購入を通じて裏付けられた節電量を含める。

3.1 企業が直接提供する効率化の取組み（measures）からの節電量について、企業が提供した節電量であると主張するためには、当該企業の名において効率節約クレジット（efficiency savings credits）を保持（retained）し（売却せず）、取り消し（retired）又は無効化（cancelled）しなければならない。

3.2 購入した効率節約クレジット（efficiency savings credits）について、企業がそれらを主張するためには、当該企業の名においてクレジットを保持（retained）し取り消す（retired）旨を、その契約に明示的に含めて伝えなければならない。

IF-EU-420a.3に関する注記

1 企業は、自社が関連するそれぞれの市場について、顧客効率化の取組み（measures）に関連する規制について説明しなければならない。これには、次のものを含める。

1.1 それぞれの市場について、規制が要求する効率化の取組み（measures）からの節電量又は節電率

428 © IFRS Foundation

「気候関連開示」の適用に関する産業別ガイダンス

 1.2 節電義務違反の事例

 1.3 そのような事例において、企業は、提供した節電量と規制が要求する量との差異を開示しなければならない。

 1.4 提供する節電量のうち、規制が要求する節電量を上回り、その結果、企業がエネルギー効率パフォーマンス・インセンティブを受け取ることになったもの（そのようなインセンティブの額を含む。）

2 企業は、エネルギーの効率化を可能にするか又は動機付けする方針について、それぞれの市場ごとに説明しなければならない。これには、そのような規制に関連する便益、課題及び財務的影響（effects）についての説明を含める。

3 説明すべき関連する方針のメカニズムには、次のものを含める場合がある。

 3.1 繰延デカップリング（deferral decoupling）

 3.2 当期のデカップリング（current period decoupling）

 3.3 単一の固定変動料金

 3.4 逸失売上調整

 3.5 エネルギー効率フィーベート（feebates）

4 エネルギー効率化を可能にするか又は動機付けする規制がない市場について、企業は、そのような規制に関連するリスク及び機会に対する自社の姿勢、並びに当該リスク及び機会を管理するための自社の取組み（efforts）について説明しなければならない。

5 企業は、顧客が最終利用効率を改善するように企業が開発したインセンティブを通じて規制を満たすための取組み（efforts）について説明する場合がある。これには、顧客のエネルギー効率化を助成するための動的価格設定、エネルギー効率リベート及びその他の取組み（measures）を含める。

原子力安全及び危機管理

トピックサマリー

原子力事故は稀なことではあるが、その深刻さ（severity）ゆえに、人の健康と環境に重大な（significant）結果を招く可能性がある。多くの地域の原子力発電所の所有者は公共の安全に関わる重大な（major）事案を発生させることなく数十年間運営してきたが、稀ではあるものの大規模な事案が世界のどこかで発生した場合、原子力産業全体に重大な（major）影響（effects）を与える可能性がある。原子力発電所を所有し運営する企業は、保険に加入しており、特定の賠償責任に対する法的保護を有する場合もあるが、事故が発生した場合、運営に係るライセンスの喪失のみならず、その他多数の財務上の影響（consequences）に直面する場合がある。安全規制違反は、原子力事業者にとって高コストになる可能性があり、極端な状況では、当該違反により、プラントのオペレーションの継続が経済的ではなくなる場合がある。継続的な安全遵守とテール・リスク事案の両方に起因する重大な（significant）財務的影響（repercussions）の可能性に直面するため、原子力発電所を所有し運転する企業は、自社の施設の安全遵守、ベスト・プラクティス及び性能向上（upgrades）において注意深くなければならない。さらに、自社の職員を対象とする緊急事態への強固な備えに関する訓練及び強力な安全文化も維持しなければならな

© IFRS Foundation

429

い。これらの取組み（measures）は、事故が発生する確率を低減し、企業がそのような事案を効果的に検出し対応することを可能にする。

指標

IF-EU-540a.1. 直近の独立した安全審査の結果ごとに区分した、原子力発電ユニットの総数

1　企業は、自社が所有するか又は運転する原子力発電ユニットの総数を開示しなければならない。

　1.1　原子力発電ユニットは、発電のために必要な原子炉及び関連設備と定義する。これには、公衆の健康及び安全に対する過大なリスクなしで当該施設を運転できることの合理的な保証を提供するために必要な構造、システム及びコンポーネントを含める。

2　企業は、所有するか又は運転する原子力発電ユニットの内訳について、直近の独立した安全審査の結果ごとに提供しなければならない。

　2.1　審査は、原子力発電ユニットの設計又は運転に直接関与しておらず、かつ直接関与したことのない第三者が行う場合、独立したものとみなす。

　2.2　適用される法域について、企業は、規制当局による審査及びピア・レビューの両方について、直近の独立した安全審査の結果を開示しなければならない。

　2.3　企業は、安全審査が実施された際の、適用される法域の規制、ガイドライン又は基準を開示しなければならない。

IF-EU-540a.2. 原子力安全及び緊急事態への準備を管理する取組み（efforts）の記述

1　企業は、原子力安全及び緊急事態への準備を管理するための自社の取組み（efforts）を記述しなければならない。これには、原子力安全及び緊急事態への準備に関連する起因事象及び事象結果を識別し報告し評価するための自社の取組み（efforts）を含める。

　1.1　起因事象は、事象結果を引き起こす、自然の又は人為的な事象と定義する。

　1.2　事象結果は、個人の放射線曝露に潜在的につながる可能性がある、地層処分場作業区域の天然及び人工のコンポーネント内における一連の行為又は出来事と定義する。事象結果には、1つ以上の起因事象及びそれに伴う貯蔵施設のシステム・コンポーネントの不具合の組み合わせ（運転要員の作為又は不作為によって生じるものを含む。）を含める。

　1.3　開示は、原子力安全及び緊急事態管理システムに広く焦点を当てる場合があるが、人の健康、地域社会及び環境に対する壊滅的なインパクトを有する可能性がある起因事象、事故、緊急事態及び災害を回避し管理するために実施されているシステムを具体的に扱わなければならない。

2　企業は、訓練、規則及びガイドライン（及びその執行）、緊急時計画の適用並びに技術の使用を通じたものなど、原子力安全及び緊急事態への準備をどのように管理しているかについて説明しなければならない。

3　企業は、原子力安全及び緊急事態への準備の文化を醸成し維持するための取組み（efforts）について、ポジティブな安全文化の特徴を制定するための取組み（efforts）を含め、説明しなければならない。ポジティブな安全文化の特徴には、次のものを含める。

「気候関連開示」の適用に関する産業別ガイダンス

3.1 リーダーシップの安全に関する価値観及び行為

3.2 問題の識別及び解決

3.3 個人の説明責任

3.4 作業プロセス

3.5 継続的な学習

3.6 懸念を表明できる環境

3.7 効果的な安全コミュニケーション

3.8 相互を尊重する労働環境

3.9 疑問を投げかけることができる姿勢

4 企業は、「原子力発電運転協会」(INPO) の「Principles for a Strong Nuclear Safety Culture」又は「国際原子力機関」(IAEA) の「Best Practices in the Utilization and Dissemination of Operating Experience at Nuclear Power Plants」の適用について説明する場合がある。

グリッドのレジリエンス

トピックサマリー

電気は、医療から金融まで、現代生活の多くの要素の機能を継続させるために不可欠 (critical) であり、継続的なサービスに対する社会的依存を生み出している。電気インフラに大規模な中断が生じた場合、社会的コストは高くなる場合がある。中断は、異常気象、自然災害及びサイバー攻撃によって引き起こされる可能性がある。気候変動に関連する異常気象の頻度及び深刻さ (severity) が継続的に高まるにつれて、電気事業者のすべてのセグメント (特に主要な送配電 (T&D) の運営) が、自社のインフラに対する物理的脅威の増大に直面するであろう。異常気象によって、頻繁又は重大な (significant) サービスの中断、停電、及び損傷した又は欠陥のある機器の性能向上 (upgrade) 又は修理の必要性が生じる可能性がある。これらはすべて、多大なコストを追加する場合があり、また規制当局及び顧客からのブランドのレピュテーションを損なう場合がある。スマート・グリッド技術の利用拡大には、異常気象に対するグリッドのレジリエンス強化を含む、いくつかの利点がある。ただし、この技術は、ハッカーがインフラ・システムに侵入する経路を増やすため、グリッドがサイバー攻撃に対してより脆弱に (vulnerable) なる場合がある。企業は、異常気象及びサイバー攻撃によるインパクトの可能性及び程度を最小化する戦略を実施しなければならない。増大し続ける外部との競争に直面しながらも競争力を維持するために、企業は、自社のインフラの信頼性 (reliability)、レジリエンス及び品質を改善しなければならない。

指標

IF-EU-550a.1. 物理的な又はサイバーセキュリティの基準又は規制の違反事案 (incidents of non-compliance) の件数

1 企業は、自社が所有するか又は運用する電気インフラに適用される物理的な又はサイバーセキュリティの基準又は規制の違反事案 (incidents of non-compliance) の総数を開示しなければならない。

© IFRS Foundation

1.1 物理的な又はサイバーセキュリティの基準又は規制の範囲には、電力系統を含む電気インフラの信頼性又はレジリエンスに関連する物理的なリスク又はサイバーセキュリティのリスクを緩和することを意図した、義務付けられた法的強制力のある基準及び規制を含める。

1.1.1 企業は、物理的な又はサイバーセキュリティの任意の（voluntary）基準又は規制の違反事案（incidents of non-compliance）を開示する場合がある。

IF-EU-550a.2. (1)「システム平均停電継続時間指標」（SAIDI）、(2)「システム平均停電回数指標」（SAIFI）及び(3)「顧客平均停電継続時間指標」（CAIDI）（いずれも重大事象日数（major event days）を含む。）

1 企業は、自社の(1)「システム平均停電継続時間指標」（SAIDI）を分単位で開示しなければならない。

1.1 SAIDIは、報告対象期間中の平均的な顧客についての停電の総継続時間と定義する。

1.2 企業は、自社のSAIDIについて、停電の対象となった顧客の数に停電の継続時間（復旧時間）を乗じた値の総和を、サービス対象顧客の総数で除して計算しなければならない。この計算は次の式で表される。$\sum(r_i \times N_i)/N_T$

1.2.1 $\sum$＝総和関数

1.2.2 r_i＝復旧時間（分単位）

1.2.3 N_i＝停電の対象となった顧客の総数

1.2.4 N_T＝サービス対象顧客の総数

2 企業は、自社の(2)「システム平均停電回数指標」（SAIFI）を開示しなければならない。

2.1 SAIFIは、あるシステム顧客が報告期間中に停電を経験する回数の平均値と定義する。

2.2 企業は、自社のSAIFIについて、停電の対象となった顧客の総数を、サービス対象顧客の総数で除して計算しなければならない。この計算は次の式で表される。$\sum(N_i)/N_T$

2.2.1 $\sum$＝総和関数

2.2.2 N_i＝停電の対象となった顧客の総数

2.2.3 N_T＝サービス対象顧客の総数

3 企業は、自社の(3)「顧客平均停電継続時間指標」（CAIDI）を開示しなければならない。

3.1 CAIDIは、停電が発生した後の、サービス復旧に要する平均時間と定義する。

3.2 企業は、自社のCAIDIについて、停電の対象となった顧客の数に停電の継続時間（復旧時間（分単位））を乗じた値の総和を、停電の対象となった顧客の総数で除して計算しなければならない。この計算は次の式で表される。$\sum(N_i \times r_i)/\sum(N_i)$

3.2.1 $\sum$＝総和関数

3.2.2 r_i＝復旧時間（分単位）

「気候関連開示」の適用に関する産業別ガイダンス

    3.2.3 N_i=停電の対象となった顧客の総数

4   企業は、重大事象日数を含めた、自社のSAIDI、SAIFI及びCAIDIを開示しなければならない。

4.1   重大事象日数は、IEEE Std 1366に従い、1日のSAIDIが閾値T_{MED}を超える日数と定義する。ここで、T_{MED}は、次のように計算する。

    4.1.1   企業は、直近の完全な報告期間の最終日に終了する連続した5年間における、日々のSAIDIの値を収集すべきである。入手可能な過去のデータの期間が5年未満の場合、入手可能なすべての過去のデータを使用する。

    4.1.2   データ・セットにおけるいずれかの日のSAIDI値がゼロの場合、それをゼロ以外の最小のSAIDI値に置き換える。これにより、毎日の対数を得ることができる。

    4.1.3   データ・セットにおける日々のSAIDI値の自然対数（ln）を得る。

    4.1.4   データ・セットの対数（log-averageともいう。）の平均であるα（アルファ）を求める。

    4.1.5   データ・セットの対数（log-averageともいう。）の標準偏差であるβ（ベータ）を求める。

    4.1.6   次の式を用いて、重大事象日の閾値、T_{MED}を計算する。$T_{MED} = e^{(\alpha+\beta)}$

    4.1.7   その後の報告期間中に生じる、日々のSAIDI値が閾値T_{MED}を超えるすべての日が重大事象日である。

IF-EU-550a.2に関する注記

1   企業は、相当数（a significant number）の顧客に影響を与えた（affected）中断又は長時間の中断など、重大な（notable）サービスの中断について説明しなければならない。

2   そのような中断について、企業は次のことを提供すべきである。

    2.1   サービスの中断の記述及び原因

    2.2   総発電容量又は総送電容量（メガワット単位）及び当該中断の影響を受けた（affected）人口

    2.3   サービスの中断に関連するコスト

    2.4   将来のサービス中断の可能性を軽減するために講じられた措置

    2.5   その他の重大な（significant）結果（例えば、法的手続又は関連する死亡事故）

© IFRS Foundation

第33巻－エンジニアリング及び工事サービス

産業の説明

「エンジニアリング及び工事サービス」産業は、さまざまな建築及びインフラ・プロジェクトを支援する、エンジニアリング、工事、設計、コンサルティング、請負及びその他の関連するサービスを提供する。この産業は4つの主要なセグメントから成る。エンジニアリング・サービス、インフラ工事、非居住用建物の工事、並びに建築の下請け及び工事関連の専門的なサービスである。インフラ工事セグメントには、発電所、ダム、石油及びガスのパイプライン、製油所、高速道路、橋、トンネル、鉄道、港、空港、廃棄物処理場、水道網並びにスタジアムといったインフラ・プロジェクトの設計又は建築を行う企業が含まれる。非居住用建物の工事セグメントには、工場、倉庫、データ・センター、オフィス、ホテル、病院、大学及びショッピング・センターなどの小売スペースといった工業及び商業施設の設計又は建築を行う企業が含まれる。エンジニアリング・サービス・セグメントには、前述の多くのプロジェクトの種類に関する実行可能性調査の設計及び実施といった特定の建築及びエンジニアリング・サービスを提供する企業が含まれる。最後に、建築の下請け及びその他の工事関連の専門的なサービスのセグメントには、大工工事、電気工事、配管工事、塗装工事、防水工事、造園工事、内装工事及び建物検査といった付帯サービスを提供する、小規模な企業が含まれる。この産業の顧客には、公的セクターと民間セクターのインフラの所有者及びデベロッパーが含まれる。この産業に属する大規模な企業はグローバルに事業を営み、収益を生み出し、典型的には複数のセグメントで事業を営んでいる。

サステナビリティ開示トピック及び指標

表1. サステナビリティ開示トピック及び指標

トピック	指標	カテゴリー	測定単位	コード
プロジェクト開発の環境インパクト	環境の許認可、基準及び規制の違反事案（incidents of non-compliance）の件数	定量	数	IF-EN-160a.1
	プロジェクトの設計、立上げ及び建設に関連する環境リスクを評価し管理するプロセスについての説明	説明及び分析	該当なし	IF-EN-160a.2
構造上の完全性（integrity）及び安全性	欠陥及び安全関連の再施工コストの金額	定量	表示通貨	IF-EN-250a.1
	欠陥及び安全関連の事案（incidents）に関連する法的手続の結果としての金銭的損失の総額[36]	定量	表示通貨	IF-EN-250a.2

---

[36] IF-EN-250a.2に関する注記 － 企業は、金銭的損失の性質、背景及び結果として講じられた是正措置を簡潔に記述しなければならない。

「気候関連開示」の適用に関する産業別ガイダンス

トピック	指標	カテゴリー	測定単位	コード
建物及びインフラのライフサイクルにわたるインパクト	(1)第三者による多属性（multi-attribute）サステナビリティ基準の認証を受けた受注プロジェクト、及び(2)そのような認証取得を目指す進行中のプロジェクトの件数	定量	数	IF-EN-410a.1
	プロジェクトの計画及び設計に、運用段階のエネルギー及び水効率の考慮事項を組み込むためのプロセスについての説明	説明及び分析	該当なし	IF-EN-410a.2
事業構成に対する気候インパクト	(1)炭化水素関連プロジェクト及び(2)再生可能エネルギー・プロジェクトの受注残高の金額	定量	表示通貨	IF-EN-410b.1
	炭化水素関連プロジェクトに関連する受注残高のキャンセル金額	定量	表示通貨	IF-EN-410b.2
	気候変動の緩和に関連する非エネルギー・プロジェクトの受注残高の金額	定量	表示通貨	IF-EN-410b.3

表2. 活動指標

活動指標	カテゴリー	測定単位	コード
進行中のプロジェクトの数[37]	定量	数	IF-EN-000.A
受注プロジェクトの数[38]	定量	数	IF-EN-000.B
受注残高の合計[39]	定量	表示通貨	IF-EN-000.C

---

[37] IF-EN-000.Aに関する注記 － 進行中のプロジェクトは、開発中の建物及びインフラ・プロジェクトで、設計段階及び建設段階の両方を含むが、これらに限定されず、報告期間末日時点において企業が能動的にサービスを提供していたプロジェクトと定義する。進行中のプロジェクトからは、報告期間中に受注したプロジェクトを除外する。

[38] IF-EN-000.Bに関する注記 － 受注プロジェクトは、報告期間中に完了し、サービスを提供できる状態にあると判断されたプロジェクトと定義する。受注プロジェクトの範囲には、企業が建設サービスを提供したプロジェクトのみを含まなければならない。

[39] IF-EN-000.Cに関する注記 － 受注残高は、報告期間末日時点で完了していないプロジェクトの価値（すなわち、契約上将来的に予測されるが、認識されていない売上）として定義するか又は企業による受注残高の既存の開示と整合するものとして企業により定義する。受注残高は、売上高の受注残高又は未充足の履行義務と呼ばれる場合もある。開示の範囲は、企業がエンジニアリング、工事、建築、設計、据付、計画、コンサルティング、修繕若しくは保守サービス（若しくはこれらの複数のもの）又はその他の類似サービスを提供する建物及びインフラ・プロジェクトに限定される。

© IFRS Foundation

プロジェクト開発の環境インパクト

トピックサマリー

インフラ建設プロジェクトは、経済的及び社会的発展を向上させるものの、地域の環境及び周辺地域にリスクをもたらす場合もある。この産業の活動は、生物多様性へのインパクト、大気の排出、排水、天然資源の消費、廃棄物の発生及び有害化学物質の使用を通じて、地域の生態系を破壊する場合がある。建設企業は、開拓、整地及び掘削活動を行い、プロジェクトの建設中に有害な廃棄物を発生させる場合がある。建設前に環境インパクトを効果的に評価することで、事業費用及び資本コストを増加させる場合がある不測の問題を軽減させる場合がある。場合によっては、環境への懸念又は地域の反発が、プロジェクトを遅延し、極端な場合にはプロジェクトを中止させることもあり、企業の収益性及び成長機会に影響を与える（affect）場合がある。建設中に環境規制に従わなかった場合、高額な罰金及び修復コストが生じ、企業のレピュテーションを落とす可能性がある。環境インパクト評価により、プロジェクトの開始前に、プロジェクトの潜在的な環境インパクト及び必要な緩和活動を理解することができる。同様に、プロジェクトの建設中に環境リスクを適切に管理することで、規制当局の監督又は地域社会の反発を軽減する場合がある。プロジェクトの開始前に環境への配慮を評価し、プロジェクトの開発中に当該評価を継続することで、エンジニアリング及び工事企業は、潜在的な環境問題及び関連して発生する場合がある財務リスクを軽減する準備を行い、見込み顧客との新規契約を獲得するための競争上の優位性も確立する場合がある。

指標

IF-EN-160a.1. 環境の許認可、基準及び規制の違反事案（incidents of non-compliance）の件数

1 企業は、環境に関連する違反事案（incidents of non-compliance）の総数を開示しなければならない。これには、廃棄物、大気質若しくは排出、排水、取水量の超過、排水制限の超過（廃棄物負荷配分など）、廃水前処理要件の違反（violation）、石油若しくは有害物質の流出、土地利用及び絶滅危惧種（endangered species）に関連する許認可、基準又は規制への違反（violations）を含める。

2 開示の範囲には、適用される法域の法的許認可及び規制が適用される事案（incidents）を含める。

3 開示の範囲には、企業による違反事案（incidents of non-compliance）及び企業の直接監督下にある下請業者による違反事案を含める。

4 違反事案（incident of non-compliance）は、それが執行措置（例えば、罰金又は警告状）をもたらしたかどうかにかかわらず、開示しなければならない。

5 違反事案（incident of non-compliance）は、測定方法又は頻度にかかわらず、開示しなければならない。これには、1回限りの違反（violations）、継続的な執行（discharges）及び非継続的な執行（discharges）が含まれる。

IF-EN-160a.2. プロジェクトの設計、立上げ及び建設に関連する環境リスクを評価し管理するプロセスについての説明

1 企業は、プロジェクトの立上げ、設計及び建設に関連する環境リスクを評価し管理するために採用されているプロセスについて説明しなければならない。

「気候関連開示」の適用に関する産業別ガイダンス

1.1 環境リスクには、生態系へのインパクト、生物多様性へのインパクト、大気への排出、排水、斜面の崩壊、土壌の攪乱及び浸食、豪雨水管理、廃棄物管理、天然資源の消費並びに有害化学物質の使用を含める場合がある。

2 企業は、プロジェクトの環境リスクを評価するために採用されるデュー・デリジェンスの実務について説明しなければならない。関連するデュー・デリジェンスの実務には、環境インパクト評価及び利害関係者のエンゲージメントの実務を含める。

2.1 説明すべき関連する項目には、プロジェクト現場の環境考慮事項のベースラインを評価するための実務、プロジェクトについての実行可能で環境的に望ましい代替案、現地の法令上の要求事項、生物多様性の保全、再生可能な天然資源の使用、有害物質の使用、並びに効率的なエネルギーの生産、供給及び使用を含める。

3 企業は、プロジェクトの立上げ、設計及び建設中における環境へのインパクトを最小化するために採用されている事業上の実務を説明しなければならない。これには、廃棄物管理、生物多様性へのインパクトの低減、大気への排出、排水、天然資源の消費及び有害化学物質の使用を含める場合がある。

4 企業は、適用されるすべての環境規制及び許可に準拠してどのように事業を営んでいるかについて記述しなければならない。

4.1 含めるべき関連する項目は、関連する規制及び清浄手続に関する従業員研修、プロジェクト現場での品質管理プロセス、環境事案の報告及びフォローアップのための内部メカニズム、並びに正確なデータの維持及び報告である。

5 企業は、該当ある場合には、プロジェクトの立上げ、設計及び建設に伴う環境インパクトを評価し最小化するためのコード、ガイドライン及び基準の使用について説明しなければならない。関連するコード、ガイドライン及び基準には、次のものを含める場合がある。

5.1 BREEAM®

5.2 「エクエーター原則」

5.3 「国際金融公社」の「Environmental and Social Performance Standards and Guidance Notes」

5.4 「Institute for Sustainable Infrastructure」（ISI）の「Envision®評価システム」

5.5 「国際標準化機構」（ISO）の環境基準

5.6 「国連開発計画」の「Performance Standards on Environmental and Social Sustainability」

5.7 「国連グローバル・コンパクト」の「環境原則」

5.8 「米国グリーン・ビルディング協会」のLEED®認証

6 企業は、環境又は社会に関するデュー・デリジェンスの要求事項が増加しているプロジェクト、又は重大な（significant）環境又は社会への負のインパクトが予想されるプロジェクトを管理する方法を、自社が採用している追加的な措置又は方針を含めて記述しなければならない。

6.1 環境又は社会へのインパクトが増加しているプロジェクトの種類の例には、「国際金融公社」

© IFRS Foundation

437

(IFC) が分類する「カテゴリーA」プロジェクトがある。

6.2 企業は、あるプロジェクトが環境リスクを増加させているかどうかをどのように判断するのかを含め、自社のプロジェクトの環境リスクの深刻さ（severity）を分類する方法を記述する場合がある。

7 該当あり、関連性がある場合には、企業は、さまざまな事業地域、プロジェクトの種類及びビジネス・セグメントについての方針及び実務の違いを記述しなければならない。

8 開示の範囲には、企業が契約上の責任をもって関与する、立上げ、設計及び建設に関連するプロジェクトの段階が含まれる。これには、実行可能性調査、提案、設計及び計画、下請業者の調達並びに建設を含める場合がある。

構造上の完全性（integrity）及び安全性

トピックサマリー

エンジニアリング、設計、建築、コンサルティング、検査、建設又は保守サービスのいずれを提供しているかにかかわらず、この産業の企業は、業務の安全性及び完全性（integrity）を確保する専門的な責任がある。プロジェクトの設計段階及び建物又はインフラの建設段階におけるエラー又は品質の不備は、重大な（significant）人身傷害、資産価値の喪失及び経済的な損害をもたらす場合がある。そのため、構造上の完全性（integrity）及び安全性の管理が不十分な企業は、再設計又は補修工事、法的責任、さらには成長の見通しを損ないかねないレピュテーションの低下により、追加コストが発生する場合がある。さらに、建物又はインフラを設計し建設する際には、この産業の企業は、プロジェクトの構造上の完全性（integrity）及び公共の安全性に影響を与える（affect）場合がある、潜在的な気候変動のインパクトをこれまで以上に考慮しなければならない。特に、気候変動に関連する事象の頻度や深刻さ（severity）が予想どおりに増加した場合には、適用される最低限のコード及び基準を遵守するだけでは、一部の状況下で風評価値を維持し向上するためには（又は法的責任を軽減するためでさえ）十分ではない場合がある。新たな産業品質基準を満たすかそれを上回ること及び気候リスクに起因するものも含めて、潜在的な設計上の問題を識別し修正するための内部統制手続を設定することは、企業がこれらのリスクを軽減するのに役立つ場合がある実務である。

指標

IF-EN-250a.1. 欠陥及び安全関連の再施工コストの金額

1 企業は、発生した欠陥及び安全関連の再施工コストの総額を開示しなければならない。

1.1 再施工は、現場において複数回行わなければならない活動又はプロジェクトの一部として以前に設置された作業を取り除く活動と定義する。

1.2 この開示の目的において、再施工コストの範囲から、顧客又はプロジェクト・オーナー主導の修正に起因するコストは除外される。除外されるコストには、注文変更、範囲修正又は設計修正を含める。

1.3 再施工コストの範囲には、人件費、材料費、設計費、設備費及び下請業者に関連するコストを含める。

「気候関連開示」の適用に関する産業別ガイダンス

2　企業は、実際の又は予測されたプロジェクトの総コストと比較して、重大な（significant）再施工コストを伴うプロジェクトについて説明する場合がある。提供すべき関連する文脈には次のものを含める場合がある。

 2.1　再施工の根本的な原因

 2.2　適用された是正措置

 2.3　企業への財務的影響（impacts）

IF-EN-250a.2. 欠陥及び安全関連の事案（incidents）に関連する法的手続の結果としての金銭的損失の総額

1　企業は、欠陥及び安全関連の事案（incidents）及び申立てに関連する法的手続により、報告期間中に発生した金銭的損失の総額を開示しなければならない。

2　法的手続には、裁判官、規制当局、仲裁人又はその他の誰を相手にしたものかにかかわらず、企業が関与する審判手続を含めなければならない。

3　損失には、あらゆるエンティティ（例えば、政府、民間企業又は個人）が提起した民事訴訟（例えば、民事判決又は和解）、規制手続（例えば、処罰、不正利得の返還又は損害賠償）及び刑事訴訟（例えば、刑事判決、処罰又は損害賠償）の結果として、報告期間中に発生した罰金及びその他の金銭的債務を含む、相手方又は他者に対するすべての金銭的債務（和解又は裁判後の評決に起因するかその他に起因するかを問わない。）を含めなければならない。

4　金銭的損失の範囲からは、企業がその抗弁において負担した法的及びその他の手数料及び費用は除外しなければならない。

IF-EN-250a.2に関する注記

1　企業は、法的手続によるすべての金銭的損失の性質（例えば、裁判後に出される判決若しくは命令、和解、有罪答弁、起訴猶予の合意又は不起訴の合意）及び背景（例えば、過失）を簡潔に記述しなければならない。

2　企業は、法的手続に対応して適用した是正措置を記述しなければならない。これらの是正措置には、事業、管理、プロセス、製品、ビジネス・パートナー、研修又は技術における特定の変更を含める場合がある。

建物及びインフラのライフサイクルにわたるインパクト

トピックサマリー

建物や主要なインフラ・プロジェクトは、経済における天然資源の最大の利用形態の1つである。建設中におけるこれらの材料には、とりわけ、鉄及び鋼材、セメント、コンクリート、煉瓦、乾式壁、壁板、ガラス、断熱材、備品、ドア並びにキャビネットが含まれる。一度完成し、日常的に使用されている間、これらのプロジェクトは、大量のエネルギーと水を消費する場合が多い（プロジェクト建設による直接的な環境インパクトの説明については、「プロジェクト開発の環境インパクト」のトピックを参照）。したがって、建築資材の調達並びに建物及びインフラの日常的な使用は、直接的及び間接的な温室効果ガス（GHG）の排出、グローバル又は地域の資源制約、水ストレス及び人間の健康にネガティブな結果をもた

© IFRS Foundation

439

らす場合がある。持続可能な建築環境を開発するための顧客及び規制上の圧力は、建物及びインフラ・プロジェクトのライフサイクルへのインパクトを軽減することを目的とした市場の成長に寄与している。これに対応して、さまざまな国際的に持続可能な建物及びインフラ認証制度が、とりわけ、プロジェクトの使用段階でのエネルギー及び水の効率、人間の健康へのインパクト、並びに持続可能な建設及び建築資材の使用などを評価している。その結果、そのような資材を提供できるサプライヤーから、持続可能性を重視したプロジェクトの設計、コンサルティング及び建設サービスを提供できる「エンジニアリング及び工事サービス」産業の企業に至るまで、バリュー・チェーン内の産業にとってさまざまな機会が生まれている。このようなサービスは、経済的な利点のある持続可能なプロジェクトに対する顧客の需要が増加し、関連する規制が進化するにつれて、競争上の優位性と売上高成長の機会を提供することができる。このような考慮事項をサービスに効果的に組み込むことができない企業は、長期的には市場シェアを失う場合がある。

指標

IF-EN-410a.1. (1)第三者による多属性（multi-attribute）サステナビリティ基準の認証を受けた受注プロジェクト、及び(2)そのような認証取得を目指す進行中のプロジェクトの件数

1   企業は、(1)第三者による多属性（multi-attribute）サステナビリティ基準の認証を受けた、報告期間中に受注したプロジェクト件数を開示しなければならない。

    1.1   第三者による多属性（multi-attribute）サステナビリティ基準の範囲は、建物又はインフラの設計及び建設の、少なくとも次の側面に対処する基準又は認証に限定する。

        1.1.1   エネルギー効率

        1.1.2   節水

        1.1.3   材料及び資源効率

        1.1.4   屋内環境品質

    1.2   第三者による多属性（multi-attribute）サステナビリティ基準の例には、次のものを含める。

        1.2.1   BREEAM®

        1.2.2   「Green Globes®」

        1.2.3   「Institute for Sustainable Infrastructure」（ISI）の「Envision®」

        1.2.4   LEED®

2   企業は、(2)報告期間中に第三者による多属性（multi-attribute）サステナビリティ基準の認証取得を目指す進行中のプロジェクトの件数を開示しなければならない。

    2.1   進行中のプロジェクトの範囲には、報告期間の終了時点で開発中のすべての建物及びインフラ・プロジェクトを含める。これには、設計及び建設段階のプロジェクトを含める場合がある。

    2.2   進行中のプロジェクトの範囲から、報告期間中に受注したプロジェクトは除外する。

3   企業は、プロジェクトが認証を受けているか、又は認証を目指している第三者による多属性（multi-attribute）サステナビリティ基準を開示しなければならない。

「気候関連開示」の適用に関する産業別ガイダンス

4 開示の範囲は、企業が建物又はインフラ・プロジェクトの設計、エンジニアリング、調達又は建設に直接の役割を果たしたプロジェクトに限定する。

5 開示の範囲には、建物（住宅、商業及び小売、政府機関、ヘルスケア並びにオフィスなど）及びその他のインフラ・プロジェクト（交通、石油及びガス、電力系統、再生可能エネルギー、水道供給並びに水処理など）を含める。

6 企業は、第三者の検証を受けていない建物又はインフラの設計及び建設プロジェクトに適用するサステナビリティ基準又はガイドラインについて説明する場合がある。

IF-EN-410a.2. プロジェクトの計画及び設計に、運用段階のエネルギー及び水効率の考慮事項を組み込むためのプロセスについての説明

1 企業は、プロジェクトの計画及び設計に、運用段階のエネルギー及び水効率に関する考慮事項を組み込むために用いるプロセスについての説明を提供しなければならない。

1.1 エネルギー及び水の事業上の使用を削減し最適化するための、運用段階のエネルギー及び水効率に関する考慮事項には、集水及び再利用の設計、修理及び改修、断熱材及び材料の使用の改善、遮光装置、エネルギー調達、並びにエネルギー効率及び水効率の良い機器及び照明装置の使用を含める場合がある。

1.2 開示すべき関連情報には、次のものを含める場合がある。

1.2.1 設計ソリューション、技術的ソリューション、材料の使用、エネルギーのモデル化及び水利用など、そのような考慮事項を組み込むために取られた行為

1.2.2 現在の及び見込まれる将来のエネルギー及び水効率規制、水若しくはエネルギー資源に対する潜在的な制約、及びそれらの市場における利害関係者の需要を含む、企業が事業を営む地理的市場

1.2.3 これらのエネルギー及び水効率のソリューションが、プロジェクトの入札及び提案において競争上の優位性として機能するかどうか、及び、企業がパフォーマンス（認識された競争上の優位性を含む。）をプロジェクトのオーナーにどのように伝えるか

1.2.4 企業が、過去のエネルギー効率化プロジェクトのパフォーマンスに基づくエネルギー効率化プロジェクトからの潜在的な節約を含め、長期的な費用対効果分析をプロジェクトのオーナー又は開発者にどのように伝達するか

2 企業は、内部方針、実務及び手続を含め、運用段階のエネルギー及び水効率の考慮事項に関連するリスクをどのように評価するかを記述しなければならない。

3 企業は、該当ある場合には、運用段階のエネルギー及び水効率に対処するコード、ガイドライン及び基準の使用を記述しなければならない。

3.1 企業は、自社のエネルギー及び水の効率化への取組み（efforts）が建築コードの要求事項をどのように上回るかについて説明する場合がある。

4 開示の範囲からは、プロジェクト建設に関連する環境インパクト、並びに、プロジェクト建設に関連するコード、ガイドライン及び基準は除外するが、これらはいずれも**IF-EN-160a.2**の範囲に含ま

© IFRS Foundation

441

れる。

事業構成に対する気候インパクト

トピックサマリー

「エンジニアリング及び工事サービス」産業の顧客は、気候変動を緩和する規制だけでなく、破壊的な気候規制にさらされる場合がある。一部の種類の建設プロジェクトには、使用段階で排出される温室効果ガス（GHG）により、気候変動に著しく（significant）寄与するものがある。グローバルのGHGの排出の一因となる場合があるプロジェクトには、採掘産業並びに大型建物におけるプロジェクトが含まれる。再生可能エネルギー・プロジェクトなどのインフラ・プロジェクトの中には、GHG排出の削減を目的としたものもあるが、多くの種類のプロジェクトでは、トレードオフの関係にある。例えば、大量輸送システムは、GHG排出の増加要因となる一方で、システムが提供する便益を考慮すると、排出量の純量は削減する場合がある。この産業の一部の企業は、売上及び利益の相当の割合を炭素集約型産業の顧客から得ており、それらの企業の将来の設備投資は、進化する気候規制によりリスクを負う場合がある。ダウンサイド・リスクは、プロジェクトの遅延、キャンセル及び長期的な収益成長機会の減少を通じて顕在化する場合がある。一方で、GHGの緩和に寄与するインフラ・プロジェクトに特化した企業は、これらの成長市場に注力し続けることで、競争上の優位性を獲得する可能性がある。この産業とその顧客が不確実な事業環境の中で事業を継続し、環境や規制の要求事項の増加に直面する中、企業の受注残高及び将来の事業見通しに組み込まれている気候変動に起因するリスク及び機会を評価し伝達することは、気候変動の事業への全体的な影響（impact）を投資家が評価する際に役立つ場合がある。

指標

IF-EN-410b.1. (1)炭化水素関連プロジェクト及び(2)再生可能エネルギー・プロジェクトの受注残高の金額

1   企業は、(1)炭化水素関連プロジェクトに関連する受注残高の金額を開示しなければならない。

    1.1   受注残高は、報告期間末日の時点で完了していないプロジェクトの値（契約上将来的に予測されるが、認識されていない売上高）と定義するか、又は企業の既存の受注残高の開示と整合するように企業が定義する。受注残高は、売上高の受注残高又は未充足の履行義務と呼ばれる場合もある。

    1.2   炭化水素関連プロジェクトは、炭化水素のバリュー・チェーンに直接関連するあらゆる種類のプロジェクトと定義する。これには、炭化水素の探査、抽出、開発、生産又は輸送、炭化水素インフラ・サービス及びメンテナンス、炭化水素発電並びに炭化水素関連の川下サービスを含める場合がある。

        1.2.1   炭化水素関連プロジェクトの例には、石油、ガス又は石炭の生産、輸送、精製及び化石燃料を使用した発電に直接関連するプロジェクトを含める。

2   企業の炭化水素関連プロジェクトの受注残高の相当（significant）部分が天然ガス発電プロジェクトに関連している場合、企業は、当該受注残高の割合（proportion）及び代替案又はベースライン・シナリオと比較した場合の当該プロジェクトのサステナビリティ・インパクトを説明する、補足的な開示を提供する場合がある。

442

© IFRS Foundation

3 企業は、炭化水素関連プロジェクトのサステナビリティ影響（implications）についての記述を提供する場合がある。これには、プロジェクトの説明、資源の種類別の分類、見込まれるサステナビリティ・インパクト及びプロジェクトの完了又は収益への転換に関連するリスクを含める場合がある。

4 企業は、(2)再生可能エネルギー・プロジェクトに関連する受注残高の金額を開示しなければならない。

    4.1 再生可能エネルギーは、地熱、風力、太陽光、水力及びバイオマスなど、それらの枯渇率以上のペースで補充されるエネルギー源からのエネルギーと定義する。

5 企業は、プロジェクト・オーナーがプロジェクトの再計画を成功させたことにより、同一報告期間中に再計上した受注残高のキャンセル金額を、受注残高の計算及び開示から除外しなければならない。

6 開示の範囲は、企業がエンジニアリング、建築、設計、建設、据付、計画、コンサルティング、修理若しくは保守サービス又はその他の同様のサービスを提供したプロジェクトに限定される。

IF-EN-410b.2. 炭化水素関連プロジェクトに関連する受注残高のキャンセル金額

1 企業は、理由の如何を問わず、報告期間中にキャンセルされたあらゆる種類の炭化水素関連プロジェクトに関連する受注残高の総額を開示しなければならない。

    1.1 受注残高は、報告期間末日の時点で完了していないプロジェクトの値（契約上将来的に予測されるが、認識されていない売上高）と定義するか、又は企業の既存の受注残高の開示と整合するように企業が定義する。受注残高は、売上高の受注残高又は未充足の履行義務と呼ばれる場合もある。

    1.2 受注残高のキャンセルは、キャンセル、縮小、終了又は延期により受注残高の定義を満たさなくなった受注残高の金額、又は売上への転換若しくは為替レートの変動以外の理由で受注残高から削除された受注残高の金額と定義する。

        1.2.1 受注残高のキャンセルは、キャンセルの理由を問わない。これには、顧客が必要なプロジェクトの許認可又は融資を得られなかった場合、顧客が自主的にプロジェクトをキャンセルした場合及び財務上の制約によりプロジェクトの範囲が縮小された場合を含めることがある。

        1.2.2 受注残高のキャンセルの範囲から、廃炉プロジェクトに関連するキャンセルは除外する。

    1.3 炭化水素関連プロジェクトは、炭化水素のバリュー・チェーンに直接関連するあらゆる種類のプロジェクトと定義する。これには、炭化水素の探査、抽出、開発、生産又は輸送、炭化水素インフラ・サービス及びメンテナンス、炭化水素発電及び炭化水素関連の川下サービスを含める場合がある。

        1.3.1 炭化水素関連プロジェクトの例には、石油、ガス又は石炭の生産、輸送、精製及び化石燃料ベースの発電に直接関連するプロジェクトを含める。

2 開示の範囲は、企業がエンジニアリング、建築、設計、建設、据付、計画、コンサルティング、修理若しくは保守サービス又はその他の同様のサービスを提供したプロジェクトに限定される。

3 企業は、根本的な原因及び将来の受注残高のキャンセルを防止するために講じられた是正措置を含

© IFRS Foundation

443

めて、具体的な受注残高のキャンセルについて説明する場合がある。

IF-EN-410b.3. 気候変動の緩和に関連する非エネルギー・プロジェクトの受注残高の金額

1　企業は、気候変動の緩和に関連する自社の非エネルギー・プロジェクトの受注残高の金額を開示しなければならない。

    1.1　受注残高は、報告期間末日の時点で完了していないプロジェクトの値（契約上将来的に予測されるが、認識されていない売上高）と定義するか、又は企業の既存の受注残高の開示と整合するように企業が定義する。受注残高は、売上高の受注残高又は未充足の履行義務と呼ばれる場合もある。

    1.2　非エネルギー・プロジェクトは、エネルギーのバリュー・チェーンに直接関連しないプロジェクトと定義する。エネルギーのバリュー・チェーンには、炭化水素の探査、抽出、開発、生産及び輸送、発電プロジェクト（炭化水素及び再生可能エネルギー）、並びにエネルギー・インフラ・サービス及びメンテナンスを含める場合がある。

    1.3　気候変動の緩和は、「気候変動に関する政府間パネル」（IPCC）により、温室効果ガス（GHG）の発生源を減少させるか、又は吸収源を強化するための人為的な介入と定義する。

2　開示の範囲には、気候変動の緩和により著しく（significantly）動機付けられた、又は気候変動の緩和に対応して適用されたプロジェクトのみを含めなければならない。このような気候変動の緩和が、プロジェクトの主要な動機となる必要はないが、プロジェクトの開発及び実施の重大な（significant）動機付けの要因でなければならない。

    2.1　気候変動の緩和に関連する場合があるプロジェクトの例には、大量輸送システム、代替的な低炭素輸送システム、炭素回収及び貯蔵、炭化水素関連の廃炉プロジェクト、並びにエネルギー効率化インフラのレトロコミッショニングを含める。

3　開示の範囲には、ベースライン・シナリオ又はベースライン排出（プロジェクトを実行せずとも発生する場合があるGHG排出と定義する。）に関連する重大な（significant）気候変動の緩和をもたらすプロジェクトのみを含めなければならない。

    3.1　企業は、ベースライン・シナリオ又はベースライン排出に関連する気候変動の緩和を評価するために、法域における方法又は独自の方法を使用する場合がある。

4　開示の範囲からは、IF-EN-410b.1に含まれる受注残高と同等である場合がある、エネルギーのバリュー・チェーンに直接関連するすべての受注残高（炭化水素関連の廃炉プロジェクトを除く。）を除外しなければならない。

5　企業は、廃炉プロジェクトに関連する受注残高を除外する場合がある。

6　開示の範囲は、企業がエンジニアリング、建築、設計、建設、据付、計画、コンサルティング、修理若しくは保守サービス又はその他の同様のサービスを提供した建物及びインフラ・プロジェクトに限定される。

「気候関連開示」の適用に関する産業別ガイダンス

第34巻－ガス事業者及び流通業者

産業の説明

「ガス事業者及び流通業者」産業は、ガスの配送及びマーケティングを行う企業により構成される。ガスの配送には、大きな輸送管からエンド・ユーザーに天然ガスを輸送するために地域の低圧パイプを運営することが含まれる。ガスのマーケティング企業は、さまざまな顧客のニーズに合う量に天然ガスを集約し配送したうえで、通常は他社の輸送管を通じてこれを届けるガスのブローカーである。この産業の相対的に小さな部分はプロパンガスの流通に関わっているため、この基準は天然ガスの配送に焦点を当てている。両方の種類のガスが、暖房及び調理のために、家庭用、商業用及び工業用の顧客に使われている。規制市場では、ガス事業会社は天然ガスの配送及び販売について完全な独占を与えられている。規制当局はガス事業会社が独占的地位を濫用するのを防ぐため、そのガス事業会社が請求する料金を承認しなければならない。規制緩和された市場では、配送及びマーケティングは法律上、分離されており、顧客はどの企業からガスを購入するのか選択することができる。この場合、一般輸送業者は配送についてのみ独占を保証されており、法律上、固定の報酬と引き換えに自社のパイプを通じてすべてのガスを配送することが要求されている。全体的に総じて、企業は安全で信頼性のある低コストのガスを提供しながら、地域の安全やメタンの排出といった社会及び環境へのインパクトを効率的に管理しなければならない。

注記：「ガス事業者及び流通業者」産業には、坑口から長距離にわたり高圧の天然ガスを輸送するガス輸送会社を含まない。ガス輸送会社は「石油及びガス―中流（**EM-MD**）」産業に含まれる。また、「ガス事業者及び流通業者」産業は、ガスの提供に関する活動のみを対象とし、電気の提供を対象としていない。企業によっては、ガスと電力の両方の市場において事業を営むことがある。発電又は配電に関連する活動を行っている企業は「電気事業者及び発電事業者（**IF-EU**）」産業トピック及び指標についても検討すべきである。

サステナビリティ開示トピック及び指標

表1. サステナビリティ開示トピック及び指標

トピック	指標	カテゴリー	測定単位	コード
最終用途効率	市場ごとの効率化の取組み（measures）による、顧客のガス節約量[40]	定量	百万英国熱量単位（MMBtu）	IF-GU-420a.2
ガス供給インフラの完全性（integrity）	(1)報告対象のパイプライン事故、(2)受けた是正措置、及び(3)パイプラインの安全性に関する法規制の違反件数[41]	定量	数	IF-GU-540a.1

---

[40] IF-GU-420a.2に関する注記 － 企業は、自社が関連するそれぞれの市場ごとに規制で義務付けられている顧客効率化措置について説明しなければならない。

[41] IF-GU-540a.1に関する注記 － 企業は、相当数（a significant number）の顧客に影響を与えた（affected）事故、サービスの長期的な中断を生じさせた事故、又は重傷や死亡事故など、重大な（notable）事故について説明しなければならない。

© IFRS Foundation

トピック	指標	カテゴリー	測定単位	コード
	(1)鋳鉄製又は錬鉄製及び(2)無被覆鋼材製である供給パイプラインの割合	定量	長さのパーセンテージ(%)	IF-GU-540a.2
	検査を行った(1)ガス輸送パイプライン及び(2)ガス供給パイプラインの割合	定量	長さのパーセンテージ(%)	IF-GU-540a.3
	安全性及び排出に関連するリスクを含む、ガス供給インフラの完全性（integrity）を管理するための取組み（efforts）の記述	説明及び分析	該当なし	IF-GU-540a.4

表2. 活動指標

活動指標	カテゴリー	測定単位	コード
サービスを提供する(1)家庭用顧客、(2)商業用顧客及び(3)工業用顧客の数[42]	定量	数	IF-GU-000.A
天然ガスの(1)家庭用顧客、(2)商業用顧客、(3)工業用顧客への供給量及び(4)第三者への移送量[43]	定量	百万英国熱量単位(MMBtu)	IF-GU-000.B
(1)ガス輸送パイプライン及び(2)ガス供給パイプラインの長さ[44]	定量	キロメートル(km)	IF-GU-000.C

最終用途効率

トピックサマリー

天然ガスは、他の化石燃料に比べて温室効果ガス（GHG）の排出が少ない。経済における天然ガスの利用拡大は、GHG排出の削減を目指す多くの政府及び規制当局にとって重要（important）となる場合がある。しかし、相対的に排出が少ないにもかかわらず、天然ガスのバリュー・チェーンは、全体的に相当

---

[42] IF-GU-000.Aに関する注記 − それぞれのカテゴリーにかかるサービスの対象となる顧客の数は、家庭用顧客、商業用顧客及び工業用顧客を対象に課金されるメーターの数とみなされなければならない。

[43] IF-GU-000.Bに関する注記 − 家庭用顧客、商業用顧客及び工業用顧客に供給される天然ガスの量はバンドルガス及び託送サービスによるもののみを開示しなければならない。

[44] IF-GU-000.Cに関する注記 − 輸送パイプラインは、収集ライン以外のパイプラインとして定義され、(1)収集ライン又は貯蔵施設から供給センター、貯蔵施設、又は供給センターの下流ではない大口顧客にガスを輸送する、(2)SMYSの20%以上のフープ応力で運転する、又は(3)貯蔵場内でガスを配送するパイプラインである。供給パイプラインは、収集ライン又は輸送ライン以外のパイプラインとして定義する。

446

© IFRS Foundation

「気候関連開示」の適用に関する産業別ガイダンス

の水準のGHG排出を生み出している。政策立案者及び規制当局が気候変動の緩和を目指すなかで、天然ガスの効率的な消費が長期的に重要な（important）テーマとなる。エネルギー効率は、温室効果ガス（GHG）排出を削減するためのライフサイクルコストの低い方法である。事業者は、エネルギー効率を促進するために、エネルギー効率の高い家電へのリベートの提供、顧客の住宅の耐気候構造化、及び顧客に対する省エネルギー方法の教育など、さまざまな方法を顧客に提案する。全体的に、効率化の取組みに出資する企業は、需要変動によるダウンサイド・リスクを低減し、必要とされる投資のリターンを得て、事業コストを削減し、長期的に高いリスク調整後リターンを獲得する場合がある。

指標

IF-GU-420a.2. 市場ごとの効率化の取組み（measures）による、顧客のガス節約量

1   企業は、自社のそれぞれの市場について、報告期間中にエネルギー効率化の取組み（measures）から顧客にもたらされたガス節約量の総量を、百万英国熱量単位（MMBtu）で開示しなければならない。

  1.1   市場は、明確な公共事業の規制監督の対象となる事業と定義する。

  1.2   ガス節約量は、総量削減アプローチに従い、参加の理由にかかわらず、効率化プログラムの参加者が行ったプログラム関連の行為の結果として生じた、エネルギーの消費又は需要の変化と定義する。

    1.2.1   企業は、純節約量ベースでガス節約量を報告する市場をリスト化する場合があるため、ここで開示する数値と異なる場合がある。

    1.2.2   純ガス節約量は、具体的にエネルギー効率化プログラムに貢献でき、かつ当該プログラムが存在していなければ生じなかったであろう消費量の変化と定義する。

2   ガス節約量は、総量ベースで計算しなければならないが、そのような節約が生じる法域の評価、測定及び検証（EM&V）規制において定める方法と整合していなければならない。

3   効率化の取組み（measures）からのガス節約量の範囲には、企業が直接提供するガス節約量、及び規制が提供する場合は、効率節約クレジット（efficiency savings credits）の購入により裏付けられた節約量を含める。

  3.1   企業が直接提供する効率化の取組み（measures）からの節約量について、企業が提供したガス節約量であると主張するためには、当該企業の名において効率節約クレジット（efficiency savings credits）を保持（retained）し（売却せず）、取り消（retired）さなければならない。

  3.2   購入した効率節約クレジット（efficiency savings credits）について、企業がそれらを主張するためには、当該企業の名においてクレジットを保持（retained）し取り消す（retired）旨を、その契約に明示的に含めて伝えなければならない。

4   企業は、規制に関するガイダンスを規範的な参照先とみなさなければならない。したがって、毎年行われる更新はすべて、本ガイダンスの更新とみなさなければならない。

IF-GU-420a.2に関する注記

1   企業は、自社が関連するそれぞれの市場について、規制が要求する顧客効率化の取組み（measures）

© IFRS Foundation

447

について説明しなければならない。これには、次のものについての説明を含める。

1.1 それぞれの市場について、規制が要求する効率化の取組み（measures）からのガス節約量又はガス節約率

1.2 ガス節約義務違反の事例

1.2.1 そのような事例において、企業は、提供したガス節約量と規制が要求する量との差異を開示しなければならない。

1.3 提供するガス節約量のうち、規制が要求するガス節約量を上回り、その結果、企業がエネルギー効率パフォーマンス・インセンティブを受け取ることになったもの（そのようなインセンティブの額を含む。）

2 企業は、エネルギーの効率化を可能にするか又は動機付けする方針のメカニズムについて、それぞれの市場ごとに説明しなければならない。これには、そのようなメカニズムに関連する便益、課題及び財務的影響（effects）についての説明を含める。

3 説明すべき関連する方針のメカニズムには、次のものを含める場合がある。

3.1 繰延デカップリング（deferral decoupling）

3.2 当期のデカップリング（current period decoupling）

3.3 単一の固定変動料金

3.4 逸失売上調整

3.5 エネルギー効率フィーベート（feebates）

4 企業は、顧客が最終利用効率を改善するように企業が開発したインセンティブについて説明する場合がある。これには、顧客のエネルギー効率化を助成するためのエネルギー効率リベート及びその他の取組み（measures）を含める場合がある。

ガス供給インフラの完全性（integrity）

トピックサマリー

膨大なガスのパイプライン、設備及び貯蔵設備のネットワークを運営するためには、これらのインフラの完全性（integrity）を確保するための多面的かつ長期的なアプローチ及び関連するリスクの管理が必要となる。顧客が信頼性のあるガス供給に依存している一方で、企業は、ガス流通ネットワークや関連インフラの運営に起因する、人の健康、資産及び温室効果ガス（GHG）排出に関連するものを含む、相当なリスクを管理している。インフラの老朽化、監視及び保守の不備、並びにその他の運営上の要因は、ガス漏れを生じさせる場合がある。密閉状態の喪失など、ガス漏れの安全性に関連するリスクは、火災又は爆発をもたらす場合があり、特に企業が多く事業を営む都市部では危険となり得る。さらに、ガス漏れは漏洩排出（メタン）を発生させ、環境への負のインパクトを引き起こす。規制されているガス事業者は、一般的にガスのコストが顧客に転嫁されるため、ガス漏れによる直接的なコストは負わない（これは地域によって異なる場合がある。）。しかし、安全性に関連するリスク又は漏洩排出をもたらすガス漏れは、規制、法律及び製品需要のさまざまなチャネルを通じて、企業に財務的な影響を与える（affect）場合がある。

_448_

© IFRS Foundation

「気候関連開示」の適用に関する産業別ガイダンス

事故、特に死亡事故は、企業に対する過失請求をもたらし、高額な法廷闘争及び罰金につながる場合がある。GHG排出は、規制関係の重要性（importance）を考えると、財務業績に直結する重要な（critical）要素である規制上の監督の強化、並びに、潜在的な罰金及び罰則をもたらす場合がある。重要なことは（importantly）、規制されたガス会社は、パフォーマンスを改善し、安全性及び排出に関連するリスクを緩和するために資本投資の機会から財務的に利益を得ることができ、それを料金ベースに織り込むことができるということである。企業は、パイプラインの交換、定期的な検査及び監視、従業員の訓練及び緊急事態への準備、技術への投資、並びに規制当局との緊密な連携などのその他の戦略を通じて、こうしたリスクを管理している。インフラの老朽化に対する懸念に対応するため、多くの企業は、特にパイプラインが人口密集地の近くに位置する場合には、交換の許認可プロセスを迅速化する方法を模索している。

指標

IF-GU-540a.1. (1)報告対象のパイプライン事故、(2)受けた是正措置、及び(3)パイプラインの安全性に関する法規制の違反件数

1   企業は、報告対象のパイプライン事故の件数を開示しなければならない。ここでは次のようにする。

    1.1   報告対象の事故とは、パイプラインからのガス流出を伴う事象で、次の結果のうち1つ以上をもたらすものと定義する。死亡又は入院を必要とする人身傷害、50,000米ドル又はそれと企業の表示通貨において同等以上の見積物的損害（オペレーターへの損失、他者への損失、又はこの両方を含めるが、失われたガスのコストは除く。）、300万立方フィート以上の意図しない見積ガス損失、及びオペレーターの判断による重大な（significant）な事象である。

2   企業は、パイプラインの安全性に関する法規制の違反件数を開示しなければならない。ここでは次のようにする。

    2.1   是正措置は、特定のパイプライン施設が生命、財産又は環境にとって危険であることが判明した場合に発せられる。是正措置には、施設使用の一時停止又は制限、実地検査、試験、修理、交換又はその他の適切な措置を含める場合がある。

    2.2   企業が適用される法令上の当局から是正措置が発せられていない場合、企業は、企業が違反したと申し立てられている法律、規制又は命令の条項の記述、及び、申立ての根拠となる証拠の記述を含めて、当該件数を開示しなければならない。

3   企業は、パイプラインの安全性に関する法規制の違反件数を開示しなければならない。ここでは次のようにする。

    3.1   パイプラインの安全性に関する法規制の違反は、生命、財産又は環境にとって危険であるとみなされる法域のパイプライン安全規約の違反で、通知又は警告を受けることになるものと定義する。

4   企業は、報告対象のパイプライン事故、是正措置及びパイプラインの安全性違反を定義するために用いる、適用される法域の法令を開示しなければならない。

IF-GU-540a.1に関する注記

1   企業は、相当数（a significant number）の顧客に影響を与えた（affected）もの、サービスの長期

© IFRS Foundation

的な中断を生じさせたもの、又は「深刻な（serious）事故」をもたらしたものなど、重大な（notable）事故について説明しなければならない。

1.1 深刻な（serious）事故は、死亡又は入院を必要とする傷害に至った事故と定義する。

2 そのような事故について、企業は次のことを提供する場合がある。

2.1 事故の記述及び原因

2.2 事故の影響を受けた（affected）総人口

2.3 事故に関連するコスト

2.4 将来のサービス中断の可能性を軽減するために講じられた措置

2.5 その他の重大な（significant）結果（例えば、法的手続、重傷又は死亡）

IF-GU-540a.2. (1)鋳鉄製又は錬鉄製及び(2)無被覆鋼材製である供給パイプラインの割合

1 企業は、天然ガスのパイプラインのうち、(1)鋳鉄製又は錬鉄製のもの及び別個に(2)無被覆鋼材製のものについて、長さごと（キロメートル単位）の割合を開示しなければならない。

1.1 供給パイプラインは、収集ライン又は輸送ライン以外のパイプラインと定義する。ここでは次のようにする。

1.1.1 収集ラインは、生産施設から輸送ライン又は主管ラインにガスを配送するパイプラインと定義する。

1.1.2 輸送ラインは、収集ライン以外のパイプラインであり、(1)収集ライン又は貯蔵施設から供給センター、貯蔵施設又は供給センターの下流ではない大口顧客にガスを輸送するパイプライン、(2)指定最小降伏強度（SMYS）の20%以上のフープ応力で運転するパイプライン、又は(3)貯蔵場内でガスを配送するパイプラインと定義する。

1.2 鋳鉄又は錬鉄は、その融点まで加熱されて金型に注がれ、それ以上成形又はひねることができない鉄と定義する。

1.3 無被覆鋼材は、腐食保護のない鋼材と定義する。

2 (1)鋳鉄製又は錬鉄製の供給パイプラインの割合は、企業が所有するか又は運営する鋳鉄製又は錬鉄製の供給パイプラインの総延長を、企業が所有するか又は運営する供給パイプラインの総延長で除して計算しなければならない。

3 (2)無被覆鋼材製の供給パイプラインの割合は、企業が所有するか又は運営する無被覆鋼材製の供給パイプラインの総延長を、企業が所有するか又は運営する供給パイプラインの総延長で除して計算しなければならない。

4 企業は、自社のパイプラインの交換率、ポリエチレン管の使用、又は漏洩排出及び漏出を削減し、供給パイプラインの安全性を向上させるためのその他の取組み（efforts）について説明する場合がある。

「気候関連開示」の適用に関する産業別ガイダンス

IF-GU-540a.3. 検査を行った(1)ガス輸送パイプライン及び(2)ガス供給パイプラインの割合

1   企業は、報告期間中に検査を行った(1)ガス輸送パイプライン及び別個に(2)ガス供給パイプラインについて、長さごとの割合を開示しなければならない。

    1.1   輸送パイプラインは、収集ライン以外のパイプラインであり、(1)収集ライン又は貯蔵施設から供給センター、貯蔵施設又は供給センターの下流ではない大口顧客にガスを輸送するパイプライン、(2)指定最小降伏強度（SMYS）の20%以上のフープ応力で運転するパイプライン、又は(3)貯蔵場内でガスを配送するパイプラインと定義する。

    1.2   供給パイプラインは、収集ライン又は輸送ライン以外のパイプラインと定義する。

2   検査活動には、次のものを含める。

    2.1   対象となったセグメントが影響を受けやすい（susceptible）腐食及びその他の危険を検出することができる内部検査ツール

    2.2   加圧テスト

    2.3   外部腐食、内部腐食又は圧力腐食割れ（stress corrosion cracking）のおそれに対処するための直接的な評価

    2.4   パイプラインの状態について同等の理解が提供できるとオペレーターが実証する、その他の技術

        2.4.1   企業が検査を行うためにその他の技術を用いた場合、どのような技術を用いたかを開示しなければならない。

3   この割合は、検査を行ったガスのパイプラインの長さを、ガスのパイプラインの総延長で除して計算する。

IF-GU-540a.4. 安全性及び排出に関連するリスクを含む、ガス供給インフラの完全性（integrity）を管理するための取組み（efforts）の記述

1   企業は、ガス供給インフラの完全性（integrity）を管理するための自社の取組み（efforts）を記述しなければならない。

    1.1   ガス供給インフラには、輸送パイプライン、供給パイプライン、貯蔵施設、圧縮機ステーション、計量及び調整ステーション、並びに液化天然ガス施設を含める場合がある。

    1.2   取組み（efforts）には、従業員の訓練、緊急事態への準備、プロセスの安全性及び資産の完全性（integrity）管理に関連するものを含める場合がある。

    1.3   提供すべき関連する情報には、基準の使用、産業のベスト・プラクティス、ベンチマーク及び第三者のイニシアティブへの参加を含める場合がある。

2   企業は、訓練、従業員（workforce）の監督、リスク伝達のための規則及びガイドライン、並びに技術の利用など、プロジェクトのライフサイクルにわたり、安全性及び緊急事態への準備に係る文化をどのように統合しているかを記述しなければならない。

    2.1   プロジェクトのライフサイクルには、少なくともパイプラインの設計、建設、試運転、運転、

© IFRS Foundation

451

保守及び廃止を含める。

3　企業は、対象作業を実施する際にパイプラインのオペレーターが適格であること又は監督されていることを確保するためのアプローチについて記述しなければならない。これには、オペレーター資格の継続的なレビュー、無資格の労働者が適切に監督されていることの保証及び資格があるパイプラインのオペレーターを十分に維持するための取組み（efforts）を含める。

3.1　パイプラインのオペレーターは、ガスの配送に従事する者と定義する。

3.2　パイプラインのオペレーターは、個人が評価され、割り当てられた対象作業を実施でき、かつ異常な運転状態を認識してそれに対応することができる場合、対象作業を実施する資格があるとみなされる。

3.2.1　対象作業は、オペレーターによって識別され、パイプライン施設で実施され、運転又は保守作業であり、規制遵守を維持するための要件として実施され、かつパイプラインの運転又は完全性（integrity）に影響を与える（affects）活動と定義する。

4　企業は、第三者（例えば、下水管及び埋設電力線デベロッパー）との調整、パイプライン検査の適時な実施、老朽化したインフラの修理及び現在のパイプラインのオペレーターの認証の維持など、リスクを緩和し、緊急事態への準備を促進するための取組み（efforts）を記述しなければならない。

5　企業は、ガス供給インフラの完全性（integrity）から生じる、人の健康及び安全に関連するリスク、並びに漏洩排出及びプロセス排出を含む排出を管理するための自社の取組み（efforts）について記述しなければならない。

5.1　漏洩排出は、漏出又はその他の意図しない若しくは不規則な放出に起因する天然ガス（主にメタン）の排出と定義する。

5.2　プロセス排出は、意図的な放出に起因する天然ガスの排出と定義する。

5.3　開示には、漏洩排出及びプロセス排出の削減に関連する戦略、計画又は目標、そのような排出を測定する企業の能力、計画を達成するために必要な活動及び投資、並びに計画又は目標の達成に影響を与える（affect）場合があるリスク又は制約要因を含めなければならない。

6　開示は、安全管理及び緊急事態管理システムに広く焦点を当てる場合があるが、重大な被害をもたらす地域での事業、並びに、人の健康、地域社会及び環境に対する壊滅的なインパクトを有する可能性がある緊急事態、事故及び災害を回避し管理するためのシステムに具体的に対処しなければならない。

7　企業は、ガス供給インフラの完全性（integrity）に関連する直接的又は間接的な財務上の機会について説明しなければならない。これには、利害関係者との関係改善、資本投資の機会、事業効率の改善による顧客料金の引下げ及び規制上又は民事上の罰金又は和解のリスクの低減を含める場合がある。

8　企業は次の事項を開示する場合がある。

8.1　パイプライン交換率

8.2　ガス緊急時の平均応答時間

「気候関連開示」の適用に関する産業別ガイダンス

8.3　Grade 2及びGrade 2+の漏出

8.4　漏洩排出。これには、漏出量の測定のために自社が使用した技術、自社が使用したそれぞれの技術により計算された漏出量及び当該ガス漏出が対象となる規制を含める。

8.5　プロセス排出

8.6　排出削減又は自社のガス供給インフラの安全性向上のためのその他の取組み（efforts）

第35巻－住宅建築業

産業の説明

「住宅建築業」産業の企業は、新しい住宅の建築や居住区の開発を行う。開発手順（efforts）には通常、土地の取得、整地、住宅の工事及び住宅の販売が含まれる。当該産業の大半は、典型的には、企業設計による居住区の一部である単世帯住宅の開発及び販売に焦点が当てられている。相対的に小さいセグメントでは、タウン・ホーム、コンドミニアム、多世帯住宅及び複合用途開発を開発している。この産業に属する企業の多くは、個人の住宅購入者に金融サービスを提供している。企業の構造や地理的な重点地域が異なる、さまざまな規模の多数のデベロッパーが存在するため、この産業は細分化されている。上場企業は規模が著しく（significantly）大きい傾向があり、無数の非公開の住宅建築会社と比べてより統合されている傾向がある。

サステナビリティ開示トピック及び指標

表1. サステナビリティ開示トピック及び指標

トピック	指標	カテゴリー	測定単位	コード
土地利用及び生態系へのインパクト	再開発地で引き渡された(1)区画数及び(2)住宅の数	定量	数	IF-HB-160a.1
	「ベースライン水ストレス」が「高い」又は「極めて高い」地域における(1)区画数及び(2)そこで引き渡された住宅の数	定量	数	IF-HB-160a.2
	環境規制に関連する法的手続の結果としての金銭的損失の総額[45]	定量	表示通貨	IF-HB-160a.3
	環境上の考慮事項を、用地選定、用地設計並びに用地開発及び建設に統合するためのプロセスについての説明	説明及び分析	該当なし	IF-HB-160a.4
資源効率的な設計	(1)認証された住宅エネルギー効率格付を取得した住宅の数及び(2)平均格付	定量	数、格付	IF-HB-410a.1
	水効率基準の認証を受けた水道設備の設置割合	定量	パーセンテージ(%)	IF-HB-410a.2

---

[45] IF-HB-160a.3に関する注記 － 企業は、金銭的損失の性質、背景及び結果として講じられた是正措置を簡潔に説明しなければならない。

「気候関連開示」の適用に関する産業別ガイダンス

トピック	指標	カテゴリー	測定単位	コード
	第三者の多属性（multi-attribute）グリーン・ビルディング基準の認証を受けた、引き渡された住宅の数	定量	数	IF-HB-410a.3
	住宅の設計に資源効率を組み込むことに関連するリスク及び機会、並びに便益を顧客にどのように伝えるかの記述	説明及び分析	該当なし	IF-HB-410a.4
	100年確率洪水地帯にある区画数	定量	数	IF-HB-420a.1
気候変動への適応	気候変動リスク・エクスポージャー分析、システマティックなポートフォリオ・エクスポージャーの程度、及びリスクを緩和するための戦略の記述	説明及び分析	該当なし	IF-HB-420a.2

表2. 活動指標

活動指標	カテゴリー	測定単位	コード
管理区画数[46]	定量	数	IF-HB-000.A
引き渡された住宅の数[47]	定量	数	IF-HB-000.B
稼働している販売地域の数[48]	定量	数	IF-HB-000.C

土地利用及び生態系へのインパクト

トピックサマリー

住宅建設業者は、開発活動による生態学的なインパクトに関連するリスクに直面している。開発はしばしば未開発の土地で行われ、企業は、「グリーンフィールド」の土地開発に伴う規制及び許認可プロセスの管理に加え、建設活動による生態系の断絶を管理しなければならない。企業が行う用地決定にかかわらず、

---

[46] IF-HB-000.Aに関する注記 ― 管理区画の範囲には、報告期間末日時点で所有されている、又はオプション契約若しくはその他の同等の種類の契約を通じて契約上所有可能なすべての区画を含む。

[47] IF-HB-000.Bに関する注記 ― 住宅の範囲には、戸建住宅、集合住宅又は多世帯住宅の一部であるかどうかにかかわらず、単世帯の住戸を含めなければならない。

[48] IF-HB-000.Cに関する注記 ― 稼働している販売地域の範囲には、報告期間末日の時点で、残り5棟以上の住宅又は区画が販売中の地域又は開発を含む。

© IFRS Foundation

産業の開発活動は一般的に、土地及び水の汚染、廃棄物の不適切な管理、並びに建設及び使用段階での水資源への過度の負担に関連するリスクをもたらす。環境規制の違反は、ブランド価値を毀損する一方で、財務的リターンを減少させる、高額な罰金及び遅延の原因となる可能性がある。違反を繰り返したり、ネガティブな生態学的なインパクトを与えたりした過去がある企業は、新規開発のために地域社会からの許認可を得ることが難しく、それにより、将来の売上及び市場シェアが減少する場合がある。水ストレスのある地域に開発努力を集中させている企業は、水不足の懸念から、許認可の課題及び土地又は住宅の価値下落の拡大に直面する場合がある。環境品質管理手順、「スマート・グロース」戦略（再開発地に注力することを含む。）及び保全戦略は、環境に関連する法令の遵守を確実にし、それゆえに、財務リスクを軽減し、将来の成長機会を向上させるのに役立つ場合がある。

指標

IF-HB-160a.1. 再開発地で引き渡された(1)区画数及び(2)住宅の数

1   企業は、(1)再開発地にある管理区画の数を開示しなければならない。

    1.1   管理区画の範囲には、所有している区画、又はオプション契約若しくはその他の同等の種類の契約を通じて所有権が契約上利用可能な区画のすべてを含める。

    1.2   再開発地の範囲には、ブラウンフィールド用地及びグレイフィールド用地を含めなければならず、またその条件について法域の指定を満たす用地を含めなければならない。法域の定義が存在しない場合、次の定義を用いなければならない。

        1.2.1   再開発地は、新たな開発に対応するために、既存の構築物を取替え、改造又は再利用することを含む、過去に開発された用地と定義する。

        1.2.2   ブラウンフィールド用地は、有害物質、汚染物質又は異物の存在又は潜在的な存在によって、拡張、再開発又は再利用が複雑になる場合がある不動産と定義する。

        1.2.3   グレイフィールド用地は、地表面積の少なくとも50%が不浸透性物質で覆われている、過去に開発された用地と定義する。

    1.3   再開発地の範囲からは、未開発のインフィル用地は除外するが、前述の再開発地、ブラウンフィールド用地又はグレイフィールド用地の定義を満たす限りは、当該インフィル用地を含める。

2   企業は、(2)再開発地で建設され、引き渡された住宅の数を開示しなければならない。

    2.1   住宅の範囲には、戸建住宅、集合住宅又は多世帯住宅の一部であるかどうかにかかわらず、単世帯の住宅を含めなければならない。

IF-HB-160a.2. 「ベースライン水ストレス」が「高い」又は「極めて高い」地域における(1)区画数及び(2)そこで引き渡された住宅の数

1   企業は、(1)「ベースライン水ストレス」が「高い」又は「極めて高い」地域における管理区画の数を開示しなければならない。

    1.1   管理区画の範囲には、所有している区画、又はオプション契約若しくはその他の同等の種類の契約を通じて所有権が契約上利用可能な区画のすべてを含める。

1.2 企業は、「世界資源研究所」（WRI）の「水リスク・アトラス」（Water Risk Atlas）ツールである「Aqueduct」によって、「ベースライン水ストレス」が「高い（40〜80％）」又は「極めて高い（>80％）」場所にある管理区画を識別しなければならない。

2 企業は、(2)「ベースライン水ストレス」が「高い」又は「極めて高い」地域で引き渡された住宅の数を開示しなければならない。

2.1 住宅の範囲には、戸建住宅、集合住宅又は多世帯住宅の一部であるかどうかにかかわらず、単世帯の住宅を含めなければならない。

IF-HB-160a.3. 環境規制に関連する法的手続の結果としての金銭的損失の総額

1 企業は、環境規制に関連する法的手続により、報告期間中に発生した金銭的損失の総額を開示しなければならない。この環境規制は、地下水及び表層水の汚染、有害廃棄物の輸送、封込め又は廃棄、大気排出並びに汚染事象の公開に関する法令の執行に関連するものなどである。

2 法的手続には、裁判官、規制当局、仲裁人又はその他の誰を相手にしたものかにかかわらず、企業が関与する審判手続を含めなければならない。

3 損失には、あらゆるエンティティ（例えば、政府、民間企業又は個人）が提起した民事訴訟（例えば、民事判決又は和解）、規制手続（例えば、処罰、不正利得の返還又は損害賠償）及び刑事訴訟（例えば、刑事判決、処罰又は損害賠償）の結果として、報告期間中に発生した罰金及びその他の金銭的債務を含む、相手方又は他者に対するすべての金銭的債務（和解又は裁判後の評決に起因するかその他に起因するかを問わない。）を含めなければならない。

4 金銭的損失の範囲からは、企業がその抗弁において負担した法的及びその他の手数料及び費用は除外しなければならない。

5 開示の範囲には、住宅建築業産業よりも広い執行権限を持つ適用される法域の法令上の当局によって裁定された活動に関連する執行を含めなければならない。

IF-HB-160a.3に関する注記

1 企業は、法的手続によるすべての金銭的損失の性質（例えば、裁判後に出される判決若しくは命令、和解、有罪答弁、起訴猶予の合意、不起訴の合意）及び背景（例えば、許可違反）を簡潔に記述しなければならない。

2 企業は、法的手続に対応して適用した是正措置を記述しなければならない。これには、事業、プロセス、製品、ビジネス・パートナー、研修又は技術における特定の変更を含める場合がある。

IF-HB-160a.4. 環境上の考慮事項を、用地選定、用地設計並びに用地開発及び建設に統合するためのプロセスについての説明

1 企業は、環境上の考慮事項を、用地選定、用地設計並びに用地開発及び建設に統合するために用いるプロセスについての説明を提供しなければならない。

1.1 環境上の考慮事項には、生態系へのインパクト、生物多様性へのインパクト、大気への排出、排水、斜面の崩壊、土壌の擾乱及び浸食、豪雨水管理、廃棄物管理、天然資源の消費並びに有害化学物質の使用を含める場合がある。

2 企業は、用地選定に関する次の側面をどのように管理しているかを記述しなければならない。

    2.1 取得又は開発を検討している用地の生態系に対する感応度のレベルを評価するために用いるプロセス及びそのような評価が取得及び開発の意思決定にどのように組み込まれているか

    2.2 意思決定プロセスにおける用地分類（例えば、グリーンフィールド用地、グレイフィールド用地、ブラウンフィールド用地又はインフィル用地）の使用

3 企業は、用地設計に関する次の側面をどのように管理しているかを記述しなければならない。

    3.1 生態系へのインパクトを最小限に抑えるための用地設計に用いるプロセス。これには、斜面の崩壊、土壌の攪乱及び浸食、豪雨水、廃棄物並びに野生生物の生息地へのインパクトの管理を含める。

4 企業は、用地開発及び建設に関する次の側面をどのように管理しているかを記述しなければならない。

    4.1 建設及び解体廃棄物、排水、土壌の攪乱及び侵食、並びに有害物質の管理を含む、建設中の生態系へのインパクトを最小限に抑えるために使用されるプロセス

5 企業は、環境上の考慮事項に関連するリスクを評価する方法、及びこれらのリスクを管理するための関連する内部の方針、実務及び手続を記述しなければならない。

6 企業は、該当ある場合、用地選定、用地設計並びに開発及び建設に対処するコード、ガイドライン及び基準の使用について記述しなければならない。

資源効率的な設計

トピックサマリー

住宅用建物は、居住時に大量の（significant）エネルギー及び水を消費する。「住宅建設業」産業の企業は、持続可能な設計の実務及び材料の選択を通じて、住宅資源効率を向上させることができる。省エネルギー製品及び効率的な冷暖房のための住宅を設計することなどの省エネルギー技術は、電力系統又はオンサイトでの燃料燃焼によるものであるかどうかにかかわらず、エネルギー依存を減らす場合がある。住宅の資源効率を向上させることを目的としたこれらの対策は、光熱費の減少を通じて住宅所有コストを削減する場合がある。低流量の蛇口などの節水機能は、水不足の地域社会におけるストレスを軽減すると同時に、住宅所有者のコストも削減する可能性が高い。エネルギー及び水効率に対する住宅購入者の認識は、企業がターゲット市場での需要を増加させ、それにより、売上又はマージンを増大させる機会をもたらす。特に企業がこれらの住宅の長期的な便益について顧客を体系的に教育することに成功した場合、費用対効果の高い方法で資源効率設計の原則を効果的に適用することは、競争上の優位性となる場合がある。

指標

IF-HB-410a.1. (1)認証された住宅エネルギー効率格付を取得した住宅の数及び(2)平均格付

1 企業は、報告期間中に、(1)関連する業界団体又は法域の法令上の当局が認めている、認証された標準化住宅エネルギー効率格付を取得した住宅の数を開示しなければならない。

    1.1 住宅の範囲には、戸建住宅、集合住宅又は多世帯住宅の一部であるかどうかにかかわらず、

「気候関連開示」の適用に関する産業別ガイダンス

単世帯の住宅を含めなければならない。

1.2 企業は、この指標を計算するために用いたエネルギー効率格付システムを開示しなければならない。

2 企業は、(2)認証された標準化住宅エネルギー効率格付を報告期間中に取得したすべての住宅についての単純平均格付を開示しなければならない。

2.1 単純平均は、格付を報告期間中に取得した住宅に関連するすべての格付の合計を、格付を報告期間中に取得した住宅の数で除して計算しなければならない。

3 複数の法域で事業を営む企業は、事業を営む個々の法域ごとに、住宅の数及び平均格付を別個に開示しなければならない。

4 開示の範囲には、建設の段階及び販売サイクルの段階にかかわらず、企業が管理しているか又は管理していたすべての住宅を含める。

IF-HB-410a.2. 水効率基準の認証を受けた水道設備の設置割合

1 企業は、法域の水効率基準の認証を受けた水道設備の設置割合を開示しなければならない。

1.1 水道設備は、水を配水するために使用する装置、又は水を消費する装置と定義する。

1.2 この割合は、報告期間中に設置した適用される法域の水効率基準の認証を受けた水道設備の数を、設置した水道設備の総数で除して計算しなければならない。

1.2.1 水道設備の範囲には、対象となり得る（eligible）法域の水効率基準による製品カテゴリー内のものを含める。製品カテゴリーの例には、バスルームのシンクの蛇口及び付属品、シャワーヘッド、トイレ、小便器、洗浄用コントローラー並びにプレリンス・スプレー・バルブを含める場合がある。

2 開示の範囲には、建設の段階、販売サイクルの段階又はそのような設置を行った企業にかかわらず、企業が管理しているか、又は管理していた住宅に設置したすべての水道設備を含める。

3 企業は、その計算に用いた法域の基準、ガイドライン又は規制を開示しなければならない。

IF-HB-410a.3. 第三者の多属性（multi-attribute）グリーン・ビルディング基準の認証を受けた、引き渡された住宅の数

1 企業は、住宅向けに設計された第三者の多属性（multi-attribute）グリーン・ビルディング基準の認証を受けた、引き渡された住宅の数を開示しなければならない。

1.1 第三者の多属性（multi-attribute）グリーン・ビルディング基準の範囲は、新たな住宅の設計及び建設の、少なくとも次の重要な（important）側面を審査する住宅基準又は認証に限定される。

1.1.1 エネルギー効率

1.1.2 節水

1.1.3 材料及び資源効率

© IFRS Foundation

459

  1.1.4 屋内環境品質

  1.1.5 所有者教育

1.2 第三者の多属性（multi-attribute）グリーン・ビルディング基準の例には次のものを含める。

  1.2.1 「Environments For Living Certified Green®」

  1.2.2 「ICC 700 National Green Building Standard」

  1.2.3 「LEED® for Homes」

2 企業は、自社の住宅が認証を受けている第三者の多属性（multi-attribute）グリーン・ビルディング基準を開示しなければならない。

3 開示の範囲には、報告期間中に引き渡されたすべての住宅を含める。

4 企業は、第三者による検証を受けていない住宅の設計及び建設プロセスで適用する、その他のグリーン・ビルディング又はサステナビリティの基準又はガイドラインについて説明する場合がある。

IF-HB-410a.4. 住宅の設計に資源効率を組み込むことに関連するリスク及び機会、並びに便益を顧客にどのように伝えるかの記述

1 企業は、環境に関する考慮事項を住宅の設計に統合する自社のアプローチに関連するリスク又は機会を記述しなければならない。これには、関連性がある場合、次のものを含める。

1.1 技術に対する投資について十分なリターンを達成できないリスク、及び、住宅のサステナビリティ・パフォーマンスを向上させるか又はサステナビリティ認証を取得することへの十分な市場需要

1.2 企業が、同業他社と同じペースで自社の設計アプローチを高度化することに失敗する可能性により、持続可能性が乏しくエネルギー効率及び水効率の低い住宅が生産されることに関連する市場需要へのリスク

1.3 発展する建築コードを満たす住宅を費用対効果の高い方法で建設することに関連するリスク

1.4 市場をリードするエネルギー効率及び水効率を備えた住宅を生産することにより、販売価格のプレミアムを達成し、ターゲット市場の需要を獲得し、競争上の優位性を生み出す機会

2 企業は、住宅のエネルギー効率及び水効率のパフォーマンス改善を測定し伝達するための自社の戦略について説明しなければならない。これには次のものを含める。

2.1 エネルギー及び水効率に関連する住宅所有者の便益の測定値。これには、パフォーマンスの監査、認証、基準、ガイドライン、並びに予測されるエネルギー及び水のコスト及び基準値に対する節約量の利用を含める。

2.2 見込まれる住宅購入者への資源効率の便益の伝達。これには、資源効率のパフォーマンス及び認証の便益、予測されるエネルギー及び水のコスト及び節約量、並びに販売及びマーケティングへの資源効率の統合を含める。

3 企業は、エネルギー効率、水効率及び屋内環境品質の改善及び第三者認証のコストに関連するそのような価格上昇の分析を提供する場合がある。分析には、追加的に改善した実績収益率と比較した

460

© IFRS Foundation

「気候関連開示」の適用に関する産業別ガイダンス

目標収益率を含める場合がある。

気候変動への適応

トピックサマリー

異常気象及び気候パターンの変化を含む気候変動のインパクトは、企業が住宅及び住宅地域を開発するために選択する市場に影響を与える（affect）場合がある。気候変動リスクの継続的な評価を取り入れ、そのようなリスクに適応したビジネス・モデルを有する企業は、部分的にはリスクの軽減を通じて長期にわたって企業の価値（entity value）をより効果的に成長させることができる可能性が高い。さらにいえば、洪水などの異常気象にさらされる氾濫原及び沿岸地域での住宅開発活動に焦点を当てた戦略では、洪水保険料、政府補助による洪水保険プログラムの財務的安定性、許認可及び融資条件などの長期的な課題を特に考慮し、気候変動に適応するための必要性が高まっている。気候リスクの上昇が、長期的な需要の減少、地価の下落、住宅所有にかかる長期的なコストの過小評価に対する懸念につながる場合がある。さらに、水ストレスにさらされている地域で開発を行う企業は、土地の価値を失うリスクがあり、許認可を得る際に問題を有する場合がある。気候変動リスクを積極的に評価し、長期的な住宅購入者の需要を全体的に見ることで、企業はそのようなリスクにうまく適応することができる場合がある。

指標

IF-HB-420a.1. 100年確率洪水地帯にある区画数

1　企業は、100年確率洪水地帯における管理区画の数を開示しなければならない。

    1.1　100年確率洪水地帯は、任意の年に1%以上の確率で洪水が生じる土地区域と定義する。そのような区域は、1%年確率洪水、1%年超過確率洪水、又は100年確率洪水の対象とも呼ぶ場合がある。

        1.1.1　100年確率洪水地帯の例には、沿岸氾濫原、主要河川沿い氾濫原及び低地の浸水による洪水の対象となる区域を含める場合がある。

    1.2　管理区画の範囲には、所有している区画、又はオプション契約若しくはその他の同等の種類の契約を通じて所有権が契約上利用可能な区画のすべてを含める。

2　開示の範囲には、これらが所在する法域にかかわらず、100年確率洪水地帯にある企業のすべての管理区画を含めなければならない。

3　企業は、100年確率洪水地帯の再分類から生じる自社のリスク、機会及び潜在的なインパクトを開示する場合がある。これには、そのような領域の拡大が、企業が管理する区画又は企業が稼働中の販売地域に及ぶリスクを含める。

IF-HB-420a.2. 気候変動リスク・エクスポージャー分析、システマティックなポートフォリオ・エクスポージャーの程度、及びリスクを緩和するための戦略の記述

1　企業は、気候変動のシナリオが自社のビジネスにもたらす重大な（significant）リスク及び機会を記述しなければならない。

    1.1　企業は、それぞれの重大な（significant）リスク及び機会を識別しなければならない。

© IFRS Foundation

461

1.1.1 リスク及び機会には、水の入手可能性、異常気象、進化する規制及び法規制、住宅許認可プロセス、時間軸及び承認、並びに地域経済及びインフラへのインパクトを含める場合がある。

1.2 企業は、そのようなリスク及び機会が顕在化すると見込まれる時間軸について説明しなければならない。

1.3 企業は、気候変動がもたらすリスク及び機会を決定するために用いた気候変動シナリオを開示しなければならない。ここで、シナリオには、「国際エネルギー機関」の年次の「世界エネルギー見通し」で設定されたように、「新政策シナリオ」、「持続可能な開発シナリオ」及び「現行政策シナリオ」を含める場合がある。

2 企業は、あらゆるリスクを軽減するか若しくはこれらへ適応するために、又はあらゆる機会を利用するために、気候変動のインパクト及び関連する戦略をどのように評価しモニタリングするかを記述しなければならない。

2.1 軽減戦略には、用地選定及び気候モデル又は気象モデルのそのような分析への組入れ、水不足に関連するような用地選定、区画買収、許認可、建設及び販売の戦略及びタイミング、企業へのリスクに対処するための売買契約条項の使用、並びに保険を含める場合がある。

2.2 適応戦略には、区画設計、物理的なレジリエンスのための住宅の設計、緊急時対応計画、並びに住宅のエネルギー及び水効率の最大化を含める場合がある。

3 企業は、気候変動リスクを管理するための物理的な取組み（measures）（例えば、氾濫原の回避又は物理的なレジリエンスのための住宅の設計）又はこれらのリスクを管理するための財務的メカニズム（例えば、区画に対する保険又はオプション契約の利用）を利用することに関連する戦略について説明しなければならない。

「気候関連開示」の適用に関する産業別ガイダンス

第36巻－不動産

産業の説明

「不動産」産業の企業は、収益を生む不動産を所有し、開発し、運営する。この産業に属する企業は一般に不動産投資信託（REIT）として組成され、居住用、小売用、オフィス用、医療用、工業用及びホテル用の資産を含む、幅広い不動産産業セグメントにおいて事業を営んでいる。REITは、典型的には、不動産の直接保有に参加することにより、投資家に対し、直接に不動産を所有及び管理することなく、不動産に対するエクスポージャーを得る機会を提供する。REITは単一の「不動産」産業セグメントに集中することが多いものの、多くのREITは複数の種類の資産に投資を分散している。

サステナビリティ開示トピック及び指標

表1. サステナビリティ開示トピック及び指標

トピック	指標	カテゴリー	測定単位	コード
エネルギー管理	不動産物件セクター別の、延床面積の割合としてのエネルギー消費データ・カバレッジ	定量	床面積のパーセンテージ(%)	IF-RE-130a.1
	不動産物件セクター別の、(1)データ・カバレッジを有するポートフォリオ・エリアによるエネルギー総消費量、(2)電力系統からの電気の割合及び(3)再生可能エネルギーの割合	定量	ギガジュール(GJ)、パーセンテージ(%)	IF-RE-130a.2
	不動産物件セクター別の、データ・カバレッジを有するポートフォリオ・エリアにかかるエネルギー消費量の前年同期比の変動割合	定量	パーセンテージ(%)	IF-RE-130a.3
	不動産物件セクター別の、(1)エネルギー格付を有する適格ポートフォリオの割合及び(2)ENERGY STARの認証を受けた適格ポートフォリオの割合	定量	床面積のパーセンテージ(%)	IF-RE-130a.4
	建物のエネルギー管理に関する考慮事項を、不動産物件投資分析及び事業戦略に統合する方法の記述	説明及び分析	該当なし	IF-RE-130a.5

© IFRS Foundation

463

トピック	指標	カテゴリー	測定単位	コード
水管理	不動産物件セクター別の、(1)延床面積の割合としての取水データ・カバレッジ及び(2)「ベースライン水ストレス」が「高い」又は「極めて高い」地域における床面積の割合としての取水データ・カバレッジ	定量	床面積のパーセンテージ(%)	IF-RE-140a.1
	不動産物件セクター別の、(1)データ・カバレッジを有するポートフォリオ・エリアによる総取水量及び(2)「ベースライン水ストレス」が「高い」又は「極めて高い」地域の割合	定量	千立方メートル(m³)、パーセンテージ(%)	IF-RE-140a.2
	不動産物件セクター別の、データ・カバレッジを有するポートフォリオ・エリアにかかる取水量の前年同期比の変動割合	定量	パーセンテージ(%)	IF-RE-140a.3
	水管理リスクの記述並びに当該リスクを緩和するための戦略及び実務の説明	説明及び分析	該当なし	IF-RE-140a.4
テナントのサステナビリティ・インパクトの管理	不動産物件セクター別の、(1)資源効率関連の資本整備にかかるコスト回収条項を含む新規リースの割合及び(2)関連するリース床面積	定量	床面積のパーセンテージ(%)、平方メートル(m²)	IF-RE-410a.1
	不動産物件セクター別の、(1)電力系統からの電気消費量及び(2)取水量について、別個にメーター又はサブメーターで計測されているテナントの割合	定量	床面積のパーセンテージ(%)	IF-RE-410a.2
	テナントのサステナビリティ・インパクトを測定し動機付けし改善するためのアプローチについての説明	説明及び分析	該当なし	IF-RE-410a.3
気候変動への適応	不動産物件セクター別の、100年確率洪水地帯に所在する不動産物件の面積	定量	平方メートル(m²)	IF-RE-450a.1
	気候変動リスク・エクスポージャー分析、システマティックなポー	説明及び分析	該当なし	IF-RE-450a.2

「気候関連開示」の適用に関する産業別ガイダンス

トピック	指標	カテゴリー	測定単位	コード
	トフォリオ・エクスポージャーの程度、及びリスクを緩和するための戦略の記述			

表2. 活動指標

活動指標	カテゴリー	測定単位	コード
不動産物件セクター別の資産数[49]	定量	数	IF-RE-000.A
不動産物件セクター別のリース可能床面積[50]	定量	平方メートル(m²)	IF-RE-000.B
不動産物件セクター別の間接管理資産の割合[51]	定量	床面積のパーセンテージ(%)	IF-RE-000.C
不動産物件セクター別の平均稼働率[52]	定量	パーセンテージ(%)	IF-RE-000.D

エネルギー管理

トピックサマリー

不動産は、暖房、換気、空調、給湯、照明並びに設備及び家電の使用に関連する大量の（significant）エネルギーを消費する。使用されるエネルギーの種類及び規模並びにエネルギー管理のための戦略は、とりわけ、不動産の種類に依存する。オンサイトでの燃料燃焼及び再生可能エネルギーの生産も重要な

---

[49] IF-RE-000.Aに関する注記 ─ 資産数は、区別された不動産物件又は建物資産の件数を含めなければならず、「2018年GRESB Real Estate Assessment Reference Guide」と整合している。資産数は、不動産物件が「FTSE Nareit分類体系」と整合したセクターに分類される企業のポートフォリオのそれぞれの部分ごとに別個に開示しなければならない。複合用途資産が複数のサブセクターにおいて報告される可能性があるため、すべてのセクターにわたって報告された資産の総数は、実際の資産数よりも多くなる可能性がある。

[50] IF-RE-000.Bに関する注記 ─ リース可能床面積は、不動産物件が「FTSE Nareit分類体系」と整合したサブセクターに分類される企業のポートフォリオのそれぞれの部分ごとに別個に開示しなければならない。「アパート」及び「宿泊/リゾート」物件セクターでは、床面積が入手できない場合、床面積の代わりにユニット数を用いることがある。

[51] IF-RE-000.Cに関する注記 ─ 「間接管理資産」の定義は、専ら貸主/テナント関係に基づいており、「2018年GRESB Real Estate Assessment Reference Guide」と整合している：「ある単独のテナントが、運用又は環境（又はこの両方）に関する方針及び対策を導入及び実施する唯一の権限を有する場合、そのテナントが運用上の支配を有すると想定すべきであり、したがって、当該資産は『間接管理資産』とみなされるべきである。」間接管理資産の割合は、不動産物件が「FTSE Nareit分類体系」と整合したセクターに分類される企業のポートフォリオのそれぞれの部分ごとに別個に開示しなければならない。

[52] IF-RE-000.Dに関する注記 ─ 平均稼働率は、不動産物件を「FTSE Nareit分類体系」と整合したセクターに分類される企業のポートフォリオのそれぞれの部分ごとに別個に開示しなければならない。

© IFRS Foundation

（important）役割を果たすが、一般的に、電力系統からの電気がエネルギー消費の主たる形態である。エネルギー・コストは、企業又は不動産物件の占有者によって負担される場合があるが、いずれにせよ、エネルギー管理は、この産業の重大な（significant）課題である。不動産所有者がエネルギー・コストについて直接の責任を負う限りにおいて、そのようなコストは重大な（significant）事業コストに相当することが多く、エネルギー管理の重要性（importance）を示唆する。エネルギー価格設定の変動性及び一般的な電気の価格上昇の傾向、エネルギー関連規制、既存の建物群（building stock）におけるエネルギー・パフォーマンスの潜在的な大きなばらつき、並びに経済的に魅力的な資本投資を通じた効率改善の機会はすべて、エネルギー管理の重要性（importance）を示すものである。占有者によって負担されるエネルギー・コストは、全部であろうと一部であろうと、さまざまなチャネルを通じて、それでも企業に影響を与える（affect）可能性が高い。建物のエネルギー・パフォーマンスは、テナントが事業コストを統制し、潜在的な環境インパクトを緩和し、さらには、同様に重要である（importantly）ことが多いが、資源保護のレピュテーションを維持することを可能にすることから、注目すべきテナント需要の原動力である。さらに、不動産所有者は、たとえエネルギー・コストが占有者の責任であったとしても、エネルギー関連規制にさらされる場合がある。全体的に、資産のエネルギー・パフォーマンスを効果的に管理する企業は、事業コスト及び規制リスクの削減並びにテナント需要、賃貸料及び稼働率の増加を実現する場合があり、これらのすべてが売上及び資産価値上昇の原動力となる。エネルギー・パフォーマンスの改善は、とりわけ、不動産物件の種類及び所在地、ターゲットとするテナント市場、現地の建築コード、分散型再生可能エネルギーを展開する物理的及び法的機会、消費量を測定する能力、並びに既存の建物群（building stock）に依存する。

指標

IF-RE-130a.1. 不動産物件セクター別の、延床面積の割合としてのエネルギー消費データ・カバレッジ

1 企業は、完全なエネルギー消費データ・カバレッジを有する自社のポートフォリオの割合を、延床面積に基づいて開示しなければならない。

    1.1 延床面積は、建物の固定壁で囲われている主たる外面の間で測定される総物件面積（平方メートル単位）と定義する。

        1.1.1 延床面積が当該ポートフォリオの関連する面積について入手できない場合、延床面積の代わりにリース可能床面積を用いることがある（例えば、総床面積は不明であるが、リース可能床面積は分かっている建物）。

        1.1.2 「アパート」及び「宿泊/リゾート」物件セクターでは、床面積の代わりにユニット数を用いる場合がある。

    1.2 関連する床面積において消費したすべての種類のエネルギーについて、企業が報告期間中にエネルギー消費データ（例えば、エネルギーの種類及び消費量）を入手した場合、そのようなデータをいつ入手したかにかかわらず、当該床面積は完全なエネルギー消費データ・カバレッジを有するとみなす。

        1.2.1 1種類以上の消費エネルギーについて、そのようなデータを利用できない場合、関連する床面積は不完全なエネルギー消費データ・カバレッジを有するとみなさなければならない。

「気候関連開示」の適用に関する産業別ガイダンス

1.3 この割合は、完全なエネルギー消費データ・カバレッジを有するポートフォリオ延床面積を、エネルギーを使用するポートフォリオ延床面積の合計で除して計算しなければならない。

1.4 エネルギー消費の範囲には、企業及びそのテナントの外部の供給源から購入したエネルギー、並びに、企業及びそのテナントが自ら生産したエネルギー（自己生成）を含む、すべての供給源からのエネルギーを含める。例えば、直接的な燃料の使用、購入した電気、並びに温熱、冷熱及び蒸気エネルギーはすべてエネルギー消費の範囲内に含まれる。

2 企業は、ポートフォリオにおけるそれぞれの不動産の種類について、物件が「FTSE EPRA Nareit Global Real Estate Index」の不動産セクター分類システムと整合するセクターに分類されているように、エネルギー消費データ・カバレッジを別個に開示しなければならない。

3 エネルギーの種類によりカバレッジの相違がある場合、企業はデータ・カバレッジの包括性について説明する場合がある。例えば、床面積の一部分で電気及び天然ガスを消費しており、企業が電気についてはエネルギー消費データ・カバレッジを有するが、天然ガスについては有しない場合、企業は、不完全なエネルギー消費データ・カバレッジを有する。しかしながら、企業は、ポートフォリオ延床面積の合計のうち、部分的なエネルギー消費データ・カバレッジを有する部分を開示する場合がある。

4 企業は、エネルギー消費データ・カバレッジの相違を、それに影響を与える（influence）要因を含めて記述する場合がある。

4.1 エネルギー消費データ・カバレッジの相違は、区分（distinctions）に基づいて生じる場合がある。これには、次のものを含める場合がある。

4.1.1 「ベース・ビルディング」、「テナント専有部」及び「建物全体」

4.1.2 「貸主購入部分の」エネルギー及び「テナント購入部分の」エネルギー

4.1.3 「管理資産」及び「間接管理資産」

4.1.4 地理的な市場

4.2 エネルギー消費データ・カバレッジに影響を与える（influence）関連する要因には、次のものを含める場合がある。

4.2.1 地理的な市場及びそのような市場で適用される授権（enabling）又は禁止（inhibiting）法令及び政策（公益事業政策を含む。）

4.2.2 エネルギー消費データの入手に対する管理上又は物流上の障壁（例えば、電気事業者のデータ報告システムの統合の欠如）

4.2.3 エネルギー消費データのプライバシー又は専有性をめぐるテナントの要求

4.2.4 不動産物件セクター又はその他のより詳細な（nuanced）不動産物件の種類の分類

4.2.5 リース構造。これにはリース期間の長さ、企業によるエネルギー消費データへのアクセス及び「テナント専有部」のエネルギー管理パフォーマンスに影響を与える（influence）企業の能力を含める。

4.2.6 企業が「テナント専有部」のエネルギー消費データを入手することが、テナントの

© IFRS Foundation

467

要求にネガティブなインパクトを与える場合があるという企業の考え

5　次の用語は、「2018年GRESB Real Estate Assessment Reference Guide」に従って定義する。

5.1　「ベース・ビルディング」は、賃貸可能又はリース可能なエリア及び共用エリアへのセントラル・ビルディング・サービスの提供にあたり消費するエネルギーと定義する。

5.2　「テナント専有部」は、テナントが占有しているか、又はテナントが占有することができる賃貸可能な床面積（空いているエリア及び賃貸又はリースしているエリアの両方）と定義する。

5.3　「建物全体」は、テナント並びに賃貸可能又はリース可能なスペース及び共用スペースへの「ベース・ビルディング」サービスが使用するエネルギーと定義する。これには、建物及びテナント専有部の運営のために建物に供給されるすべてのエネルギーを含めるべきである。

5.4　「貸主購入部分」は、貸主が購入したがテナントが消費したエネルギーと定義する。これには、貸主が購入したが、空きスペースのために使用されたエネルギーを含める可能性がある。

5.5　「テナント購入部分」は、テナントが購入したエネルギーと定義する。通常、これは企業の直接のコントロールの範囲を超えたデータである。

5.6　「管理資産」及び「間接管理資産」は次のように定義する。「この『管理』資産の定義及び『間接管理』資産の定義は、専ら貸主とテナントとの関係に基づく。『管理資産』及び『間接管理資産』は、貸主が『運営上の管理権』を有すると判断される資産又は建物である。ここで、運営上の管理権は、運営又は環境（又はこの両方）に関する方針及び対策を導入し適用する能力を有することと定義する。貸主及びテナントの両方が前述の方針の一部又はすべてを導入し適用する権限を有する場合、当該資産又は建物は『管理』資産として報告すべきである。ある単一のテナントが、運営又は環境（又はこの両方）に関する方針及び対策を導入し適用する唯一の権限を有する場合、そのテナントが運営上の管理権を有すると想定すべきであり、したがって、当該資産又は建物は、『間接管理』資産とみなすべきである。」

6　企業は、「2018年GRESB Real Estate Assessment Reference Guide」を規範的な参照先とみなさなければならない。したがって、毎年行われる更新はすべて、このガイダンスの更新とみなされなければならない。

IF-RE-130a.2. 不動産物件セクター別の、(1)データ・カバレッジを有するポートフォリオ・エリアによるエネルギー総消費量、(2)電力系統からの電気の割合及び(3)再生可能エネルギーの割合

1　企業は、(1)エネルギー消費データ・カバレッジが入手可能なポートフォリオ・エリア別のエネルギー総消費量について、集計値として、ギガジュール（GJ）単位又はその倍数単位で開示しなければならない。ここでは次のようにする。

1.1　開示の範囲には、エネルギーを消費するのが「テナント専有部」か「ベース・ビルディング」（屋外エリア、エクステリア及び駐車エリアを含む。）のいずれかにかかわらず、またどの当事者がエネルギー費用を支払うかにかかわらず、エネルギー消費データ・カバレッジが入手可能な企業のポートフォリオにおけるすべての不動産物件エリアを含める。

1.2　エネルギー消費データが入手可能でないポートフォリオ・エリアによるエネルギー消費部分

は、開示の範囲から除外する。

    1.2.1   ある不動産物件について、「テナント専有部」又は「建物全体」にかかるエネルギー消費データが入手可能でないが、「ベース・ビルディング」にかかるエネルギー消費データは入手可能である場合、企業はこのエネルギー消費データを開示しなければならない。

1.3   エネルギー消費の範囲には、企業及びそのテナントの外部の供給源から購入したエネルギー、並びに企業及びそのテナントが自ら生産したエネルギー（自己生成）を含む、すべての供給源からのエネルギーを含める。例えば、直接的な燃料の使用、購入した電気、並びに温熱、冷熱及び蒸気エネルギーはすべてエネルギー消費の範囲内に含まれる。

1.4   燃料及びバイオ燃料からのエネルギー消費量を計算するにあたり、企業は、直接測定したか、又は「気候変動に関する政府間パネル」（IPCC）から取得した、総発熱量（GCV）とも呼ばれる高位発熱量（HHV）を使用しなければならない。

2   企業は、(2)自社が消費した、電力系統から供給されたエネルギー消費量の割合を開示しなければならない。

2.1   この割合は、購入した電力系統からの電気の消費量を、エネルギー総消費量で除して計算しなければならない。

3   企業は、(3)自社が消費した再生可能エネルギーの割合を開示しなければならない。

3.1   再生可能エネルギーは、地熱、風力、太陽光、水力及びバイオマスなど、それらの枯渇率以上のペースで補充されるエネルギー源からのエネルギーと定義する。

3.2   この割合は、再生可能エネルギー消費量を、エネルギー総消費量で除して計算しなければならない。

3.3   再生可能エネルギーの範囲には、企業が消費した再生可能燃料、企業が直接生産した再生可能エネルギー、及び企業が購入した再生可能エネルギー（再生可能エネルギー証書（REC）若しくは「原産地保証」（GO）を明示的に含む再生可能電力購入契約（PPA）を通じて購入した場合、「Green-eエナジー認証」済みの電気事業者若しくはサプライヤー・プログラムを通じて購入した場合、又は、RECやGOを明示的に含むその他のグリーン電力製品、若しくは「Green-e エナジー認証」RECが電力系統からの電気と組み合わせられた他のグリーン電力製品を通じて購入した場合）を含める。

    3.3.1   オンサイトで生成した再生可能な電気について、それが再生可能エネルギーであると企業が主張するためには、当該企業の名においてREC及びGOを保持（retained）し（売却せず）、取り消し（retired）又は無効化（cancelled）しなければならない。

    3.3.2   再生可能PPA及びグリーン電力製品について、それが再生可能エネルギーであると企業が主張するためには、当該企業の名においてREC及びGOを保持（retained）又は交換（replaced）し、取り消し（retired）又は無効化（cancelled）する旨を、その契約に明示的に含めて伝えなければならない。

    3.3.3   企業の支配又は影響（influence）の範囲外にある系統電力ミックスの再生可能部分は、再生可能エネルギーの範囲から除外する。

3.4 この開示の目的において、バイオマス源からの再生可能エネルギーの範囲は、第三者の基準（例えば、「森林管理協議会」（Forest Stewardship Council）、「持続可能な森林イニシアティブ」（Sustainable Forest Initiative）、「森林認証プログラム」（Programme for the Endorsement of Forest Certification）、又は「American Tree Farm System」）で認証された材料、「再生可能エネルギー認証のためのGreen-eフレームワークのバージョン1.0（2017年）」若しくは「Green-e」地域基準に従い対象となり得る（eligible）供給源とみなされる材料、又は適用される法域の再生可能エネルギー利用割合基準（renewable portfolio standard）において対象となり得る（eligible）材料に限定する。

4 企業は、燃料使用量（バイオ燃料を含む。）についてのHHVの使用及びキロワット時（kWh）のGJへの変換（太陽光又は風力エネルギーからの電気を含むエネルギー・データの場合）など、この開示で報告するすべてのデータに対して、変換係数を一貫して適用しなければならない。

5 エネルギー消費データは、(a)「ベース・ビルディング」及び(b)「テナント専有部」ごと、若しくは(c)「建物全体」ごと、又はこれらの組み合わせにより開示しなければならない。

6 物件が「FTSE EPRA Nareit Global Real Estate Index」の不動産セクター分類と整合するセクターに分類されている場合、企業は、(1)エネルギー総消費量、(2)電力系統からの電気の割合及び(3)再生可能エネルギーの割合を、ポートフォリオにおけるそれぞれの不動産の種類について、別個に開示しなければならない。

7 企業は、エネルギー消費量の相違を記述する場合がある。

7.1 エネルギー消費データ・カバレッジの相違は、区分（distinctions）に基づいて生じる場合がある。これには、次のものを含める場合がある。

7.1.1 「ベース・ビルディング」、「テナント専有部」及び「建物全体」

7.1.2 「貸主購入部分の」エネルギー及び「テナント購入部分の」エネルギー

7.1.3 「管理資産」及び「間接管理資産」

7.1.4 地理的な市場

8 次の用語は、「2018年 GRESB Real Estate Assessment Reference Guide」に従って定義する。

8.1 「ベース・ビルディング」は、賃貸可能又はリース可能なエリア及び共用エリアへのセントラル・ビルディング・サービスの提供にあたり消費するエネルギーと定義する。

8.2 「テナント専有部」は、テナントが占有しているか、又はテナントが占有することができる賃貸可能な床面積（空いているエリア及び賃貸又はリースしているエリアの両方）と定義する。

8.3 「建物全体」は、テナント並びに賃貸可能又はリース可能なスペース及び共用スペースへの「ベース・ビルディング」サービスが使用するエネルギーと定義する。これには、建物及びテナント専有部の運営のために建物に供給されるすべてのエネルギーを含めるべきである。

8.4 「貸主購入部分」は、貸主が購入したがテナントが消費したエネルギーと定義する。これには、貸主が購入したが、空きスペースのために使用されたエネルギーを含める可能性がある。

「気候関連開示」の適用に関する産業別ガイダンス

8.5 「テナント購入部分」とは、テナントが購入したエネルギーと定義する。通常、これは企業の直接のコントロールの範囲を超えたデータである。

8.6 「管理資産」及び「間接管理資産」は次のように定義する。「この『管理』資産の定義及び『間接管理』資産の定義は、専ら貸主とテナントとの関係に基づく。『管理資産』及び『間接管理資産』は、貸主が『運営上の管理権』を有すると判断される資産又は建物である。ここで、運営上の管理権は、運営又は環境（又はこの両方）に関する方針及び対策を導入し適用する能力を有することと定義する。貸主及びテナントの両方が前述の方針の一部又はすべてを導入し適用する権限を有する場合、当該資産又は建物は『管理』資産として報告すべきである。ある単一のテナントが、運営又は環境（又はこの両方）に関する方針及び対策を導入し適用する唯一の権限を有する場合、そのテナントが運営上の管理権を有すると想定すべきであり、したがって、当該資産又は建物は、『間接管理』資産とみなすべきである。」

9 企業は、「2018年 GRESB Real Estate Assessment Reference Guide」を規範的な参照先とみなさなければならない。したがって、毎年行われる更新はすべて、このガイダンスの更新とみなされなければならない。

IF-RE-130a.3. 不動産物件セクター別の、データ・カバレッジを有するポートフォリオ・エリアにかかるエネルギー消費量の前年同期比の変動割合

1 企業は、データ・カバレッジを有するポートフォリオ・エリアにかかるエネルギー消費量の前年同期比の変動割合を開示しなければならない。

1.1 この割合は、報告期間中のエネルギー消費量を、直前の報告期間中のエネルギー消費量で除したうえで、1を差し引いて計算しなければならない。

1.2 この計算に含まれるエネルギー消費量の範囲は、報告期間全体及び直前の報告期間全体の両方について、企業のポートフォリオにおける不動産物件が消費したすべてのエネルギーを含むように、「2018年 GRESB Real Estate Assessment Reference Guide（「Like-for-like Comparison」）」と整合していなければならない。

1.2.1 報告期間中又は直前の報告期間中において、取得されたか、売却されたか、開発中であったか、又は大規模改修中であった不動産物件が消費したエネルギーは除外しなければならない。

1.2.2 稼働率の変化の補正は不要である。また、空室率の変動が大きい不動産物件は含めなければならない。

1.2.3 報告期間又は直前の報告期間のいずれか（又は両方）にかかるエネルギー消費データ・カバレッジが入手可能でない場合、その関連するポートフォリオ床面積が消費したエネルギーは、計算式の分子及び分母から除外する。

2 エネルギー消費の範囲、方法及び計算は、IF-RE-130a.2と整合していなければならない。

3 エネルギー消費量の前年同期比の変動は、(a)「ベース・ビルディング」及び(b)「テナント専有部」ごと、若しくは(c)「建物全体」ごと、又はこれらの組み合わせにより開示しなければならない。

3.1 ある不動産物件について、「テナント専有部」又は「建物全体」にかかるエネルギー消費データの前年同期比の変動が入手できないものの、「ベース・ビルディング」にかかるエネル

© IFRS Foundation

471

ギー消費データの前年同期比の変動は入手可能である場合、企業はこのエネルギー消費データの前年同期比の変動を開示しなければならない。

4 物件が「FTSE EPRA Nareit Global Real Estate Index」の不動産セクター分類と整合するセクターに分類されている場合、企業はエネルギー消費量の前年同期比の変動を、ポートフォリオにおけるそれぞれの不動産の種類について、別個に開示しなければならない。

5 企業は、エネルギー消費量の前年同期比の変動割合の範囲に含まれる床面積がエネルギー消費データ・カバレッジの床面積から著しく（significantly）乖離している場合、当該床面積（平方メートル単位）を開示することがある。

6 前年同期比データの収集、分析及び開示は、企業が自社の財務報告データを開示するアプローチと整合している場合がある。

    6.1 企業が、「前年同期比較」と類似する概念及び方法を用いて自社の財務報告データを開示している場合、財務報告において用いる資産又は床面積の範囲とエネルギー消費量の前年同期比の変動におけるものとの乖離を記述しなければならない。例えば、データ・カバレッジの制限のため、取得した資産について、財務報告の前年同期比と対照的に、エネルギー消費量の前年同期比の変動から除外する場合、そのような不整合を記述しなければならない。

7 企業は、正規化された（normalised）ベースで、エネルギー消費量の前年同期比の変動割合を追加的に示す場合がある。

    7.1 正規化（normalisation）係数及び方法は、「2018年 GRESB Real Estate Assessment Reference Guide」に示されている、次のものを含める場合がある。

        7.1.1 空調又は自然換気

        7.1.2 建物の築年数

        7.1.3 度日数（degree days）

        7.1.4 来訪者数

        7.1.5 稼働率

        7.1.6 稼働時間

        7.1.7 気象条件

        7.1.8 その他

    7.2 企業は、正規化された（normalised）エネルギー消費量の前年同期比の変動割合を追加的に開示することを選択した場合、正規化（normalisation）係数及び方法、又は第三者の方法の利用の簡潔な記述を提供しなければならない。

8 企業は、エネルギー消費量の前年同期比の変動割合の相違について記述する場合がある。

    8.1 エネルギー消費量の相違は、区分に基づいて生じる場合があり、次のものを含める場合がある。

        8.1.1 「ベース・ビルディング」、「テナント専有部」及び「建物全体」

「気候関連開示」の適用に関する産業別ガイダンス

8.1.2 「貸主購入部分の」エネルギー及び「テナント購入部分の」エネルギー

8.1.3 「管理資産」及び「間接管理資産」

8.1.4 地理的な市場

9 次の用語は、「2018年GRESB Real Estate Assessment Reference Guide」に従って定義する。

9.1 「ベース・ビルディング」は、賃貸可能又はリース可能なエリア及び共用エリアへのセントラル・ビルディング・サービスの提供にあたり消費するエネルギーと定義する。

9.2 「テナント専有部」は、テナントが占有しているか、又はテナントが占有することができる賃貸可能な床面積（空いているエリア及び賃貸又はリースしているエリアの両方）と定義する。

9.3 「建物全体」は、テナント並びに賃貸可能又はリース可能なスペース及び共用スペースへのベース・ビルディング・サービスが使用するエネルギーと定義する。これには、建物及びテナント専有部の運営のために建物に供給されるすべてのエネルギーを含めるべきである。

9.4 「貸主購入部分」は、貸主が購入したがテナントが消費したエネルギーと定義する。これには、貸主が購入したが、空きスペースのために使用されたエネルギーを含める場合がある。

9.5 「テナント購入部分」とは、テナントが購入したエネルギーと定義する。通常、これは企業の直接のコントロールの範囲を超えたデータである。

9.6 「管理資産」及び「間接管理資産」は次のように定義する。「この『管理』資産の定義及び『間接管理』資産の定義は、専ら貸主とテナントとの関係に基づく。『管理資産』及び『間接管理資産』は、貸主が『運営上の管理権』を有すると判断される資産又は建物である。ここで、運営上の管理権は、運営又は環境（又はこの両方）に関する方針及び対策を導入し適用する能力を有することと定義する。貸主及びテナントの両方が前述の方針の一部又はすべてを導入し適用する権限を有する場合、当該資産又は建物は『管理』資産として報告すべきである。ある単一のテナントが、運営又は環境（又はこの両方）に関する方針及び対策を導入し適用する唯一の権限を有する場合、そのテナントが運営上の管理権を有すると想定すべきであり、したがって、当該資産又は建物は、『間接管理』資産とみなすべきである。」

10 企業は、「2018年GRESB Real Estate Assessment Reference Guide」を規範的な参照先とみなさなければならない。したがって、毎年行われる更新はすべて、このガイダンスの更新とみなされなければならない。

IF-RE-130a.4. 不動産物件セクター別の、(1)エネルギー格付を有する適格ポートフォリオの割合及び(2)ENERGY STARの認証を受けた適格ポートフォリオの割合

1 企業は、延床面積別の、有効な又は現行のエネルギー格付を有するポートフォリオの割合を開示しなければならない。

1.1 延床面積は、建物の固定壁で囲われている主たる外面の間で測定される物件の総平方フィートと定義する。

1.2 エネルギー格付は、「2018年GRESB Real Estate Assessment Reference Guide」に従い、建物のエネルギー・パフォーマンスを測定するスキームと定義する。これには、専らエネルギ

© IFRS Foundation

473

ー効率パフォーマンスの測定に関するスキーム、及びエネルギー格付が環境パフォーマンスを測定するより広範なスキームの要素である場合を含める。

1.3 この割合は、エネルギー格付を有するポートフォリオ延床面積を、ポートフォリオ延床面積の合計で除して計算しなければならない。

    1.3.1 企業は、不動産物件セクター、所在地（例えば、エネルギー格付が入手可能でない地域に所在する。）又は当該不動産物件を対象となり得なく（ineligible）するその他の具体的な使用特性に基づき、エネルギー格付を得る対象となり得ない（ineligible）ポートフォリオ延床面積を分母から除外する場合がある。

1.4 エネルギー格付スキームの範囲には、次のものを含める。

    1.4.1 米国及びカナダでの事業についてのENERGY STAR®

    1.4.2 「欧州連合」での事業についての「EU Energy Performance Certificates」（EPC）

    1.4.3 オーストラリアでの事業についての「National Australian Built Environment Rating System（NABERS）Energy」

    1.4.4 ニュージーランドでの事業についてのNABERSNZ

    1.4.5 前述のスキームと実質的に同等の要件、方法及び結果の表明を有することを示すことができる、その他のエネルギー格付スキーム

1.5 エネルギー格付スキームの範囲には、「報告期間前又は報告期間中に付与されたエネルギー格付のみを含める（事前評価又はその他の非公式の格付スキームは有効ではない。）。いくつかのエネルギー格付は限られた期間においてのみ有効である。報告期間中、当該格付は正式に有効とすべきである。」という点で、「2018年GRESB Real Estate Assessment Reference Guide」と整合している。

2 企業は、エネルギー格付スキームごとの割合を追加的に開示する場合がある。

3 企業は、(2)ENERGY STAR®の認証を受けた自社のポートフォリオの割合を開示しなければならない。

3.1 この割合は、米国でENERGY STAR®の認証を受けたポートフォリオの延床面積を、米国におけるポートフォリオ延床面積の合計で除して計算しなければならない。

    3.1.1 ENERGY STAR®の認証を受けたものとして認定すべき不動産物件について、当該認証は、（「2018年GRESB Real Estate Assessment Reference Guide」と整合するように）報告期間中、正式に有効でなければならない。

    3.1.2 企業は、不動産物件セクター又は当該不動産物件を対象となり得なく（ineligible）するその他の具体的な使用特性に基づき、ENERGY STAR®の認証を受ける対象となり得ない（ineligible）ポートフォリオ延床面積を分母から除外する場合がある。

3.2 不動産物件がカナダにある場合、企業は、ENERGY STAR®の認証を受けたカナダのポートフォリオの割合を別個に開示することがある。

    3.2.1 この割合は、カナダでENERGY STAR®の認証を受けたポートフォリオ延床面積を、

「気候関連開示」の適用に関する産業別ガイダンス

カナダにおけるポートフォリオ延床面積の合計で除して計算しなければならない。

4 物件が「FTSE EPRA Nareit Global Real Estate Index」の不動産セクター分類と整合するセクターに分類されている場合、企業は(1)エネルギー格付を有するポートフォリオの割合及び(2)ENERGY STAR®認証を受けたポートフォリオの割合を、ポートフォリオにおけるそれぞれの不動産の種類について、別個に開示しなければならない。

5 企業は、「2018年GRESB Real Estate Assessment Reference Guide」を規範的な参照先とみなさなければならない。したがって、毎年行われる更新はすべて、このガイダンスの更新とみなされなければならない。

IF-RE-130a.5. 建物のエネルギー管理に関する考慮事項を、不動産物件投資分析及び事業戦略に統合する方法の記述

1 企業は、エネルギー関連の考慮事項を自社の現在及び将来の不動産物件投資の分析に統合するために用いた、自社の戦略的アプローチ及び事業プロセスを記述しなければならない。

2 企業は、関連する場合、自社の戦略的アプローチの次の要素を記述しなければならない。

2.1 エネルギー削減目標の利用及びこれらの目標に対するパフォーマンス

2.2 不動産物件エネルギー・パフォーマンスの、不動産物件取得デュー・デリジェンス・プロセスへの統合。例えば、これらの測定値が定性的であるか（例えば、建物がエネルギー格付を有するかどうか）又は定量的であるか（例えば、企業がエネルギー・パフォーマンス・データに基づいて稼働率予測を調整する。）

2.3 企業のポートフォリオ全体に適用される、企業レベルのエネルギー消費及び管理方針（「2018年GRESB Real Estate Assessment Q8」と整合している。）

3 企業は、用いた事業プロセスについて説明しなければならない。これには、次のものを含める場合がある。

3.1 企業のポートフォリオの技術的エネルギー・パフォーマンスの管理

3.2 企業のポートフォリオへの再生可能エネルギーの統合

4 企業の技術的アプローチの関連する要素には、次のものを含める場合がある。

4.1 エネルギー効率化の機会を識別するための技術的な建物評価の利用。これには、そのような評価が社内評価又は外部評価のいずれであるか及び直近4年間におけるそのような評価の全般的なポートフォリオ・カバレッジを含める（「2018年GRESB Real Estate Assessment Q16」と整合している。）。

4.2 ポートフォリオのエネルギー効率を改善するために実施した措置。これには、講じられた具体的な措置、そのような措置の全般的なポートフォリオ・カバレッジ及び見積られるエネルギーの節約を含める（「2018年 GRESB Real Estate Assessment Q17」と整合している。）。

4.3 レトロコミッショニングに対するアプローチ。これには、企業のポートフォリオへの適用可能性、実施したレトロコミッショニングの包括性、一般的なポートフォリオ・カバレッジ及び見積られるエネルギーの節約を含める。

© IFRS Foundation

4.4 建物のエネルギー・パフォーマンスを測定し管理し改善するための環境管理システム（EMS）の利用、及び、そのようなシステムの第三者の基準又は検証との整合性（「2018年GRESB Real Estate Assessment Q21,『Environmental Management Systems』」と整合している。）

4.5 個々の建物のエネルギー・パフォーマンスをモニタリングし分析しベンチマーキングするためのデータ管理システムの利用、及び、そのようなシステムの第三者の基準又は検証との整合性（「2018年GRESB Real Estate Assessment Q22,『Data Management Systems』」と整合している。）

5 企業は、エネルギー格付、ベンチマーキング及び認証に関連する自社の戦略について説明しなければならない。これには、次のものを含める。

5.1 企業のターゲット市場におけるテナント需要に与えるインパクト

5.2 セクター、所在地及び建築（新築か既存か）など、企業のポートフォリオにおける不動産物件タイプとの関連性

5.3 エネルギー格付、ベンチマーク及び認証の取得及び維持に関連するコスト及び便益

5.4 該当ある場合、企業は、継続中のパフォーマンスに基づく認証、又はパフォーマンスがモデル化された設計目的に基づく認証のいずれを選好するか

6 企業は、再生可能エネルギー生成のための自社のアプローチを記述しなければならない。これには、次のものを含める場合がある。

6.1 オンサイト及びオフサイトの再生可能エネルギーの生成の、ポートフォリオ及びエネルギー管理戦略との関連性

6.2 再生可能エネルギーを企業のポートフォリオ及びエネルギー管理戦略に組み込む能力に対する、技術的又は法的制限

6.3 敷地内及び敷地外の再生可能エネルギーから生成されるエネルギー（「2018年GRESB Real Estate Assessment Q25.3」と整合している。）

7 新たな建築又は大規模改修に参加する場合、企業はエネルギー効率化戦略を設計及び開発に組み込むかどうか、また組み込む場合、どのように組み込むかについて説明しなければならない。

8 企業は、「2018年GRESB Real Estate Assessment」を規範的な参照先とみなさなければならない。したがって、毎年行われる更新はすべて、このガイダンスの更新とみなされなければならない。

水管理

トピックサマリー

建物は、その運営において、配管設備、建物設備、電気器具及び洗浄を通じて大量の（significant）水を消費する。水の消費の事業コストは、不動産物件の種類、テナントの事業、地理的な所在置及びその他の要因によって、多大な（significant）ものとなる場合がある。企業は、一般的に、コストの全部又は一部を占有者に割り当てるが、建物の水コスト又は共用エリアの水コストに責任を有する場合がある。これらの取決めにおいて、水管理は、テナント需要及び規制上のエクスポージャーのもとで引き続き重要である

（important）。テナントは、事業コストをコントロールし、事業における環境インパクトを緩和し、さらには、同様に重要な（importantly）ことが多いが、資源保護のレピュテーションを高めるために、不動産の水効率を評価する場合がある。さらに、不動産所有者は、たとえ水コストが占有者の責任であったとしても、水関連の規制に準拠する場合がある。全体的に、資産の水効率を効果的に管理する企業は、たとえ直接に水コストを負担しなくても、事業コスト及び規制上のエクスポージャーの低減、並びにテナント需要、賃貸料及び稼働率の増加を実現する場合があり、これらのすべてが売上及び資産価値上昇の原動力となる。過去の長期的な水コストの上昇並びに人口増加及び移動、汚染、並びに気候変動に起因する過剰消費及び供給制約による継続的な上昇の予測は、水管理の重要性（importance）を示すものである。資産の水効率の改善は、とりわけ、不動産物件の種類、水の入手可能性、ターゲットとするテナント市場、現地の建築コード、消費量を測定する能力及び既存の建物群（building stock）に依存する。

指標

IF-RE-140a.1. 不動産物件セクター別の、(1)延床面積の割合としての取水データ・カバレッジ及び(2)「ベースライン水ストレス」が「高い」又は「極めて高い」地域における床面積の割合としての取水データ・カバレッジ

1 企業は、(1)完全な取水データ・カバレッジを有する自社のポートフォリオの割合を、延床面積に基づいて開示しなければならない。

    1.1 延床面積は、建物の固定壁で囲われている主たる外面の間で測定される総物件面積（平方メートル単位）と定義する。

        1.1.1 延床面積が当該ポートフォリオの関連する面積について入手できない場合、延床面積の代わりにリース可能床面積を用いることがある（例えば、延床面積は不明であるが、リース可能床面積は分かっている建物）。

        1.1.2 「アパート」及び「宿泊/リゾート」物件セクターでは、床面積の代わりにユニット数を用いる場合がある。

    1.2 企業が報告期間中に関連する床面積について、企業が報告期間中に取水データ（取水量）を入手した場合、そのようなデータをいつ入手したかにかかわらず、当該床面積は完全な取水データ・カバレッジを有するとみなす。

    1.3 この割合は、完全な取水データ・カバレッジを有するポートフォリオ延床面積を、水を使用するポートフォリオ延床面積の合計で除して計算しなければならない。

    1.4 取水の範囲は、「2018年GRESB Real Estate Assessment Reference Guide」と整合するように、すべての水源から取水された水を含む。

        1.4.1 水資源には、地表水（湿地、河川、湖及び海からの水を含む。）、地下水、企業が直接収集し貯留した雨水、並びに地方自治体の水道供給者、水道事業者又はその他の企業から取得した水及び廃水を含める。

2 企業は、(2)完全な取水データ・カバレッジを有する、「ベースライン水ストレス」が「高い（40～80%）」又は「極めて高い（>80%）」と分類された地域に所在する延床面積に基づく自社のポートフォリオの割合を開示しなければならない。

© IFRS Foundation

2.1 「ベースライン水ストレス」が「高い」又は「極めて高い」とは、「世界資源研究所」(WRI)の「水リスク・アトラス」(Water Risk Atlas)ツールである「Aqueduct」によって決定しなければならない。

2.2 この割合は、「ベースライン水ストレス」が「高い」又は「極めて高い」と分類された地域に所在し、かつ完全な取水データ・カバレッジを有するポートフォリオ延床面積を、「ベースライン水ストレス」が「高い」又は「極めて高い」地域において水を使用するポートフォリオ延床面積の合計で除して計算しなければならない。

3 物件が「FTSE EPRA Nareit Global Real Estate Index」の不動産セクター分類と整合するセクターに分類されている場合、企業は(1)取水データ・カバレッジ及び(2)「ベースライン水ストレス」が「高い」又は「極めて高い」地域における取水データ・カバレッジの割合を、ポートフォリオにおけるそれぞれの不動産の種類について、別個に開示しなければならない。

4 企業は、取水データ・カバレッジの相違を、それに影響を与える (influence) 要因を含めて記述する場合がある。

4.1 取水データ・カバレッジの相違は、区分 (distinctions) に基づいて生じる場合がある。これには、次のものを含める場合がある。

4.1.1 「ベース・ビルディング」、「テナント専有部」及び「建物全体」

4.1.2 「貸主購入部分の」水及び「テナント購入部分の」水

4.1.3 「管理資産」及び「間接管理資産」

4.1.4 地理的な市場

4.2 取水データ・カバレッジに影響を与える (influence) 関連する要因には、次のものを含める場合がある。

4.2.1 地理的な市場及びそのような市場で適用される授権 (enabling) 又は禁止 (inhibiting) 法令及び政策（公益事業政策を含む。）

4.2.2 地域別な市場、並びに水不足（及び関連する現在又は将来の規制）に関連するリスクの適用可能性

4.2.3 取水データの入手に対する管理上又は物流上の障壁（例えば、公益事業のデータ報告システムの統合の欠如）

4.2.4 取水データのプライバシー又は専有性をめぐるテナントの要求

4.2.5 不動産物件セクター又はその他のより詳細な (nuanced) 不動産物件の種類の分類

4.2.6 リース構造。これには、リース期間の長さ、企業による取水データへのアクセス及び「テナント専有部」の水管理パフォーマンスに影響を与える (influence) 企業の能力を含む。

4.2.7 企業が「テナント専有部」の取水データを入手することが、テナントの要求にネガティブなインパクトを与える場合があるという企業の考え

478

© IFRS Foundation

「気候関連開示」の適用に関する産業別ガイダンス

5　次の用語は、「2018年GRESB Real Estate Assessment Reference Guide」に従って定義する。

5.1　「ベース・ビルディング」は、賃貸可能又はリース可能なエリア及び共用エリアへのセントラル・ビルディング・サービスの提供にあたり消費する水と定義する。

5.2　「テナント専有部」は、テナントが占有しているか、又はテナントが占有することができる賃貸可能な床面積（空いているエリア及び賃貸又はリースしているエリアの両方）と定義する。

5.3　「建物全体」は、テナント並びに賃貸可能又はリース可能なスペース及び共用スペースへのベース・ビルディング・サービスが使用する水と定義する。これには、建物及びテナント専有部の運営のために建物に供給されるすべての水を含めるべきである。

5.4　「貸主購入部分」は、貸主が購入したがテナントが消費した水と定義する。これには、貸主が購入したが、空きスペースのために使用された水を含める場合がある。

5.5　「テナント購入部分」は、テナントが購入した水と定義する。通常、これは企業の直接のコントロールの範囲を超えたデータである。

5.6　「管理資産」及び「間接管理資産」は次のように定義する。「この『管理』資産の定義及び『間接管理』資産の定義は、専ら貸主とテナントとの関係に基づく。『管理資産』及び『間接管理資産』は、貸主が『運営上の管理権』を有すると判断される資産又は建物である。ここで、運営上の管理権は、運営又は環境（又はこの両方）に関する方針及び対策を導入し適用する能力を有することと定義する。貸主及びテナントの両方が前述の方針の一部又はすべてを導入し適用する権限を有する場合、当該資産又は建物は『管理』資産として報告すべきである。ある単一のテナントが、運営又は環境（又はこの両方）に関する方針及び対策を導入し適用する唯一の権限を有する場合、そのテナントが運営上の管理権を有すると想定すべきであり、したがって、当該資産又は建物は、『間接管理』資産とみなすべきである。」

6　企業は、「2018年GRESB Real Estate Assessment Reference Guide」を規範的な参照先とみなさなければならない。したがって、毎年行われる更新はすべて、このガイダンスの更新とみなされなければならない。

IF-RE-140a.2. 不動産物件セクター別の、(1)データ・カバレッジを有するポートフォリオ・エリアによる総取水量及び(2)「ベースライン水ストレス」が「高い」又は「極めて高い」地域の割合

1　企業は、(1)取水データ・カバレッジを利用できるポートフォリオ・エリアにより取水された水の総量（千立方メートル単位）を開示しなければならない。

1.1　開示の範囲には、水が「テナント専有部」又は「ベース・ビルディング」（屋外エリア、エクステリア及び駐車エリアを含む。）のいずれによって消費されるか又はどの当事者が水の費用を支払うかにかかわらず、取水データ・カバレッジが利用できる企業のポートフォリオにおけるすべての不動産物件エリアが含まれる。

1.2　取水データが利用できないポートフォリオ・エリアによる水の消費部分は開示の範囲から除外する。

1.2.1　ある不動産物件について「テナント専有部」又は「建物全体」にかかる取水データ

© IFRS Foundation

479

は利用できないが「ベース・ビルディング」にかかる取水データは入手可能な場合、企業はこの取水データを開示しなければならない。

1.3 取水の範囲は、「2018年GRESB Real Estate Assessment Reference Guide」と整合するように、すべての水源から取水された水を含む。

  1.3.1 水資源には、地表水（湿地、河川、湖、海からの水を含む。）、地下水、企業が直接収集し貯留した雨水、並びに地方自治体の水道供給者、水道事業者又はその他の企業から取得した水及び廃水を含める。

2 企業は、(2)「ベースライン水ストレス」が「高い（40〜80％）」又は「極めて高い（>80％）」地域の取水量の割合を開示しなければならない。

  2.1 「ベースライン水ストレス」が「高い」又は「極めて高い」とは、「世界資源研究所」（WRI）の「水リスク・アトラス」（Water Risk Atlas）ツールである「Aqueduct」によって決定されなければならない。

  2.2 この割合は、「ベースライン水ストレス」が「高い」又は「極めて高い」地域の取水量（体積）を、総取水量（体積）で除して計算しなければならない。

3 取水データは、(a)「ベース・ビルディング」及び(b)「テナント専有部」ごと、若しくは(c)「建物全体」ごと、又はこれらの組み合わせにより開示されなければならない。

4 物件が「FTSE EPRA Nareit Global Real Estate Index」の不動産セクター分類と整合するセクターに分類されている場合、企業は(1)総取水量及び(2)「ベースライン水ストレス」が「高い」又は「極めて高い」地域における割合を、ポートフォリオにおけるそれぞれの不動産の種類について、別個に開示しなければならない。

5 企業は、取水量の違いを記述する場合がある。

  5.1 取水量の違いは、区分に基づいて生じる場合があり、次を含む場合がある。

    5.1.1 「ベース・ビルディング」、「テナント専有部」及び「建物全体」

    5.1.2 「貸主購入部分の」水及び「テナント購入部分の」水

    5.1.3 「管理資産」及び「間接管理資産」

    5.1.4 地域の市場

6 次の用語は、「2018年GRESB Real Estate Assessment Reference Guide」に従って定義する。

  6.1 「ベース・ビルディング」は、賃貸可能又はリース可能なエリア及び共用エリアへのセントラル・ビルディング・サービスの提供にあたり消費される水と定義する。

  6.2 「テナント専有部」は、テナントが占有しているか、又はテナントが占有することができる賃貸可能床面積（空いているエリア及び賃貸・リースしているエリアの両方）と定義する。

  6.3 「建物全体」は、テナント並びに賃貸可能又はリース可能スペース及び共用スペースへのベース・ビルディング・サービスが使用する水と定義する。これには、建物及びテナント専有部の運営のために建物に供給されるすべての水を含めるべきである。

「気候関連開示」の適用に関する産業別ガイダンス

6.4 「貸主購入部分」は、貸主が購入したテナントが消費した水と定義する。これには、貸主が購入したが空きスペースのために使用された水が含まれる場合がある。

6.5 「テナント購入部分」は、テナントが購入した水と定義する。通常、これは企業の直接のコントロールの範囲を超えたデータである。

6.6 「管理資産」及び「間接管理資産」は次のように定義する。「この『管理』資産の定義及び『間接管理』資産の定義は、専ら貸主とテナントとの関係に基づく。『管理資産』及び『間接管理資産』は、貸主が『運営上の管理権』を有すると判断される資産又は建物である。ここで、運営上の管理権は、運営又は環境（又はこの両方）に関する方針及び対策を導入し適用する能力を有することと定義する。貸主及びテナントの両方が前述の方針の一部又はすべてを導入し適用する権限を有する場合、当該資産又は建物は『管理』資産として報告すべきである。ある単一のテナントが、運営又は環境（又はこの両方）に関する方針及び対策を導入し適用する唯一の権限を有する場合、そのテナントが運営上の管理権を有すると想定すべきであり、したがって、当該資産又は建物は、『間接管理』資産とみなすべきである。」

7 企業は、「2018年GRESB Real Estate Assessment Reference Guide」を規範的な参照先とみなさなければならない。したがって、毎年行われる更新はすべて、このガイダンスの更新とみなされなければならない。

IF-RE-140a.3. 不動産物件セクター別の、データ・カバレッジを有するポートフォリオ・エリアにかかる取水量の前年同期比の変動割合

1 企業は、データ・カバレッジを有するポートフォリオ・エリアにかかる取水量の前年同期比の変動割合を開示しなければならない。

1.1 この割合は、報告期間中の取水量（体積ごと）を、直前の報告期間中の取水量（体積ごと）で除したうえで、1を差し引いて計算しなければならない。

1.2 この計算に含まれる取水量の範囲は、報告期間全体及び直前の報告期間全体の両方について、企業のポートフォリオにおける不動産物件が取水したすべての水を含むように、「2018年GRESB Real Estate Assessment Reference Guide（「Like-for-like Comparison」）」と整合していなければならない。

1.2.1 報告期間中又は直前の報告期間中において、取得されたか、売却されたか、開発中であったか、又は大規模改修中であった不動産物件が取水した水は除外しなければならない。

1.2.2 稼働率の変化の補正は不要である。また、空室率の変動が大きい不動産物件は補正を含めなければならない。

1.2.3 報告期間又は直前の報告期間のいずれか（又は両方）にかかる取水データ・カバレッジが入手可能でない場合、その関連するポートフォリオ床面積が取水した水は、計算式の分子及び分母から除外する。

2 取水した水の範囲、方法及び計算は、IF-RE-140a.2と整合していなければならない。

3 取水量の前年同期比の変動は、(a)「ベース・ビルディング」及び(b)「テナント専有部」ごと、若しくは(c)「建物全体」ごと、又はこれらの組み合わせにより開示しなければならない。

© IFRS Foundation

3.1 ある不動産物件について、「テナント専有部」又は「建物全体」にかかる取水データの前年同期比の変動が入手できないが、「ベース・ビルティング」にかかる取水データの前年同期比の変動は入手可能である場合、企業はこの前年同期比の取水データを開示しなければならない。

4 物件が「FTSE EPRA Nareit Global Real Estate Index」の不動産セクター分類と整合するセクターに分類されている場合、企業は取水量の前年同期比の変動割合を、ポートフォリオにおけるそれぞれの不動産の種類について、別個に開示しなければならない。

5 企業は、取水量の前年同期比の変動割合の範囲に含まれる床面積が取水データ・カバレッジの床面積から著しく（significantly）乖離している場合、当該床面積（平方メートル単位）を開示することがある。

6 前年同期比データの収集、分析及び開示は、企業が自社の財務報告データを開示するアプローチと整合している場合がある。

6.1 企業が、「前年同期比較」と類似する概念及び方法を用いて自社の財務報告データを開示している場合、財務報告において用いる資産又は床面積の範囲と自社取水量の前年同期比の変動におけるものとの乖離を記述しなければならない。例えば、データ・カバレッジの制限のため、取得した資産について、財務報告の前年同期比と対照的に、取水量の前年同期比の変動から除外する場合、そのような不整合を記述しなければならない。

7 企業は、正規化された（normalised）ベースで、取水量の前年同期比の変動割合を追加的に示す場合がある。

7.1 正規化（normalisation）係数及び方法は、「2018年 GRESB Real Estate Assessment Reference Guide」に示されている、次のものを含める場合がある。

7.1.1 空調又は自然換気

7.1.2 建物の築年数

7.1.3 度日数（degree days）

7.1.4 来訪者数

7.1.5 稼働率

7.1.6 稼働時間

7.1.7 気象条件

7.1.8 その他

7.2 企業は、正規化された（normalised）取水量の前年同期比の変動割合を追加的に開示することを選択した場合、正規化（normalisation）係数及び方法、又は第三者の方法の利用の簡潔な記述を提供しなければならない。

8 企業は、取水量の前年同期比の変動割合の相違について記述する場合がある。

8.1 取水量の違いは、区分に基づいて生じる場合があり、次のものを含める場合がある。

「気候関連開示」の適用に関する産業別ガイダンス

8.1.1 「ベース・ビルディング」、「テナント専有部」及び「建物全体」

8.1.2 「貸主購入部分の」水及び「テナント購入部分の」水

8.1.3 「管理資産」及び「間接管理資産」

8.1.4 地理的な市場

9 次の用語は、「2018年GRESB Real Estate Assessment Reference Guide」に従って定義する。

9.1 「ベース・ビルディング」は、賃貸可能又はリース可能なエリア及び共用エリアへのセントラル・ビルディング・サービスの提供にあたり消費する水と定義する。

9.2 「テナント専有部」は、賃貸可能な床面積（空いているエリア及び賃貸又はリースしているエリアの両方）と定義する。

9.3 「建物全体」は、テナント並びに賃貸可能又はリース可能なスペース及び共用スペースへのベース・ビルディング・サービスが使用する水と定義する。これには、建物及びテナント専有部の運営のために建物に供給されるすべての水を含めるべきである。

9.4 「貸主購入部分」は、貸主が購入したがテナントが消費した水と定義する。これには、貸主が購入したが、空きスペースのために使用された水を含める場合がある。

9.5 「テナント購入部分」は、テナントが購入した水と定義する。通常、これは企業の直接のコントロールの範囲を超えたデータである。

9.6 「管理資産」及び「間接管理資産」は次のように定義する。「この『管理』資産の定義及び『間接管理』資産の定義は、専ら貸主とテナントとの関係に基づく。『管理資産』及び『間接管理資産』は、貸主が『運営上の管理権』を有すると判断される資産又は建物である。ここで、運営上の管理権は、運営又は環境（又はこの両方）に関する方針及び対策を導入し適用する能力を有することと定義する。貸主及びテナントの両方が前述の方針の一部又はすべてを導入し適用する権限を有する場合、当該資産又は建物は『管理』資産として報告すべきである。ある単一のテナントが、運営又は環境（又はこの両方）に関する方針及び対策を導入し適用する唯一の権限を有する場合、そのテナントが運営上の管理権を有すると想定すべきであり、したがって、当該資産又は建物は、『間接管理』資産とみなすべきである。」

10 企業は、「2018年GRESB Real Estate Assessment Reference Guide」を規範的な参照先とみなさなければならない。したがって、毎年行われる更新はすべて、このガイダンスの更新とみなされなければならない。

IF-RE-140a.4. 水管理リスクの記述並びに当該リスクを緩和するための戦略及び実務の説明

1 企業は、取水、水消費並びに水又は廃水の排出に関連する水管理リスクを記述しなければならない。

1.1 取水及び水消費に関連するリスクには、十分で清潔な水資源の入手可能性に対するリスクを含める。これには次のものを含める。

1.1.1 環境上の制約 － 水ストレス地域での事業、干ばつ、水生生物の閉込み又は巻込みの懸念、経年変動又は季節変動、及び気候変動のインパクトからのリスクなど

1.1.2 規制及び財務上の制約 － 水コストの変動、取水に関連する利害関係者の認識及び懸

© IFRS Foundation

念（例えば、地域社会、非政府組織及び規制当局からのもの）、他の水利用者との直接的な競合及びその行為からのインパクト（例えば、企業及び地方自治体の水利用者）、規制による取水制限、並びに水利権又は許認可を取得し保持する企業の能力に対する制約など

1.2 水又は廃水の排出に関連するリスクには、排出に関連する権利又は許認可を取得する能力、排出に関連する規制への準拠、排出に対する制約、排水の温度管理を維持する能力、義務、レピュテーション・リスク、並びに、排水に関連する規制、利害関係者の認識及び懸念（例えば、地域社会、非政府組織及び規制当局からのもの）による事業コストの増加を含める。

2 企業は、次の文脈において水管理リスクを記述する場合がある。

2.1 地表水（湿地、河川、湖及び海からの水を含む。）、地下水、企業が直接収集し貯留した雨水、並びに地方自治体の水道供給者、水道事業者又はその他の企業から取得した水及び廃水を含む取水源によって、リスクがどのように異なる場合があるか

2.2 地表水、地下水又は廃水処理施設を含む排出先によって、リスクがどのように異なる場合があるか

3 企業は、水管理リスクが自社の事業に対して有する場合がある潜在的な影響（effects）及びそのようなリスクが顕在化すると見込まれる時間軸について説明する場合がある。

3.1 影響（effects）には、コスト、売上、負債、事業の継続性及びレピュテーションに関連するものを含める。

4 企業は、水管理リスクを緩和するための短期的及び長期的な戦略又は計画について説明しなければならない。これには次のものを含める。

4.1 戦略、計画、ゴール又は目標の範囲（さまざまな事業単位、地域又は水を消費する事業プロセスとどのように関連しているかなど）

4.2 優先する水管理のゴール又は目標、及び、それらのゴール又は目標に対するパフォーマンスの分析

4.2.1 ゴール及び目標には、取水量の削減、水消費量の削減、排水量の削減、水生生物の閉込みの軽減、排水の質の改善及び規制遵守の維持に関連するものを含める。

4.3 計画、ゴール又は目標を達成するために必要な活動及び投資、並びに計画又は目標の達成に影響を与える（affect）場合があるリスク又は制限要因

4.4 戦略、計画、ゴール又は目標の開示は、報告期間中に進行中（アクティブ）であったか、又は完了した活動に限定しなければならない。

5 水管理の目標について、企業は追加で次のものを開示しなければならない。

5.1 目標が絶対量ベース又は原単位ベースのいずれであるか、及び目標が原単位ベースである場合は指標の分母

5.2 水管理活動の時間軸（開始年、目標年及び基準年を含める。）

5.3 次のものを含む、目標を達成するためのメカニズム

© IFRS Foundation

5.3.1 水のリサイクル又は循環システムの使用などの、効率化に関する取組み（efforts）

5.3.2 必要な水の量を減らすための製品又はサービスの再設計などの、製品のイノベーション

5.3.3 水生生物の閉込み又は巻込みの軽減を可能にするような、プロセス及び機器のイノベーション

5.3.4 水の使用、リスク及び機会を分析するためのツール及び技術の使用（例えば、「世界自然保護基金」の「Water Risk Filter」、「Global Water Tool」及び「Water Footprint Network Footprint Assessment Tool」）

5.3.5 地域又は他の組織との実施されているコラボレーション又はプログラム

5.4 基準年からの削減率又は改善率。基準年は、目標の達成に向けて、水管理の目標が評価される最初の年である。

6 企業は、水管理の実務が、組織内で追加的なライフサイクルへのインパクト又はトレードオフをもたらすかどうかについて説明しなければならない。これには、土地利用、エネルギー生産及び温室効果ガス（GHG）排出のトレードオフを含める。また、ライフサイクルのトレードオフにもかかわらず、企業がこれらの実務を選択した理由についても説明しなければならない。

テナントのサステナビリティ・インパクトの管理

トピックサマリー

不動産は、重大な（significant）サステナビリティ・インパクトを発生させ、これには、資源（エネルギー及び水）の消費、廃棄物の発生、並びに屋内環境の質を通じた占有者の健康へのインパクトが含まれる。企業は不動産を所有する一方で、そのような資産のテナント運営は、建築環境から生じるサステナビリティ・インパクトの大半を占める。テナントは、それぞれの事業上の必要性に従って、リースした空間を設計及び構築する場合がある。そして、テナントによる事業は、大量の（significant）エネルギー及び水を消費し、廃棄物を発生させ、不動産物件で生活し、仕事をし、買い物をし、又はそこを訪れる人々の健康にインパクトを与える。これらのサステナビリティ・インパクトはテナントの事業及び活動によって生じることが多いが、不動産所有者はテナントのサステナビリティ・インパクトに影響を与える（influencing）うえで重要な（important）役割を果たす。この産業の企業がテナントとの合意、契約及び関係を構築する方法は、当該企業のテナントのサステナビリティ・インパクト及び結果的には当該企業の資産のインパクトを効果的に管理するうえで助けとなる場合がある。テナントのサステナビリティ・インパクトの管理は、とりわけ、両当事者の金銭的利害をサステナビリティの成果と整合させることによりインセンティブの分割の問題を軽減すること、資源消費データのシステマティックな測定及び伝達を確立すること、共有のパフォーマンスのゴールを設定すること及び最低限のサステナビリティ・パフォーマンス又は設計上の要件を義務付けることを含む場合がある。特にエネルギー、水及び屋内環境の質に関連する、テナントのサステナビリティ・インパクトの効果的な管理は、資産価値上昇の原動力となり、テナントの需要及び満足を高め、直接運営コストを低減、又は建築コード及び規制に関連するリスクを低減する場合がある。

© IFRS Foundation

指標

IF-RE-410a.1. 不動産物件セクター別の、(1)資源効率関連の資本整備にかかるコスト回収条項を含む新規リースの割合及び(2)関連するリース床面積

1   企業は、(1)資源効率関連の資本整備にかかるコスト回収条項を含む新規リースの割合を開示しなければならない。

   1.1   資源効率関連の資本整備にかかるコスト回収条項は、企業が不動産物件のエネルギー又は水効率の資本整備に投資しながら、コスト回収のメカニズムにかかわらず、関連する支出の全部又は一部をテナントから回収することを可能にする、リース契約中の条項と定義する。この定義は、一般的に次のものと整合している。

      1.1.1   「Green Lease Leaders」申請：「エネルギー効率関連の資本整備のために使用できるテナントのコスト回収条項。これは通常、事業費用のリストを拡大し、エネルギーを節約することを意図する資本経費を含めることを意味し、年間の転嫁額は償却スケジュール（amortisation schedule）又は予測節約額（projected savings）によって決定することが最も多い。」

      1.1.2   「2018年GRESB Real Estate Assessment Reference Guide」：「エネルギー効率関連の資本整備にかかるコスト回収条項：貸主がリース期間中にエネルギー効率化対策を適用し、当該コストの一部又は全部をテナントから回収することができるようにする。」

   1.2   この割合は、資源効率関連の資本整備にかかるコスト回収条項を含むリースに関連する、ポートフォリオの新たにリースされた床面積を、ポートフォリオの新たにリースされた総床面積で除して計算しなければならない。

      1.2.1   「アパート」及び「宿泊/リゾート」物件セクターでは、床面積の代わりにユニット数を用いる場合がある。

2   企業は、(2)資源効率関連の資本整備にかかるコスト回収条項を含む新規リースに関連する、リース床面積（平方メートル単位）を開示しなければならない。

3   開示の範囲には、報告期間中の任意の時期に新たにリースされた企業のポートフォリオ中の不動産物件であって、企業及びテナントが関連するリースを締結したすべての不動産物件を含める。

   3.1   企業が報告期間中に資源効率関連の資本整備にかかるコスト回収条項を含むリース契約の修正又は文書での合意（letter agreements）の締結を行った場合、関連するリース床面積は開示の範囲に含めなければならない。

4   物件が「FTSE EPRA Nareit Global Real Estate Index」の不動産セクター分類と整合するセクターに分類されている場合、企業は(1)資源効率関連の資本整備にかかるコスト回収条項を含む新規リースの割合及び(2)関連するリース床面積を、ポートフォリオにおけるそれぞれの不動産の種類について、別個に開示しなければならない。

5   企業は、自社の標準リース契約が資源効率関連の資本整備にかかるコスト回収条項を含んでいるかどうかを記述する場合がある（「2018年GRESB Real Estate Assessment Q39」と整合している。）。

「気候関連開示」の適用に関する産業別ガイダンス

6　企業は、報告期間の末日時点で有効な、資源効率関連の資本整備にかかるコスト回収条項を含むすべてのリース（新規リースのみとは異なり）について、前述の計算と整合する方法で計算された割合を追加的に開示する場合がある。

7　企業は、資源効率関連の資本整備にかかるコスト回収条項を行使した場合、ポートフォリオ全体における程度及び財務的な影響（implications）を含め、事例の簡潔な記述を提供することがある。

8　企業は、リースにおけるコスト回収条項を用いて報告期間中にテナントから回収した資源効率関連の資本整備に関連する実際の資本的支出の金額を追加的に開示する場合がある。

9　企業は、「2018年GRESB Real Estate Assessment Reference Guide」を規範的な参照先とみなさなければならない。したがって、毎年行われる更新はすべて、このガイダンスの更新とみなされなければならない。

IF-RE-410a.2. 不動産物件セクター別の、(1)電力系統からの電気消費量及び(2)取水量について、別個にメーター又はサブメーターで計測されているテナントの割合

1　企業は、(1)専用の（exclusive）電気消費に起因する電力系統からの電気使用量について、別個にメーター又はサブメーターで計測されているテナントの割合を開示しなければならない。

　　1.1　この割合は、専用の消費に起因する電気消費量について、別個にメーター又はサブメーターで計測されているテナントにリースされたリース可能床面積を、ポートフォリオの総リース可能床面積で除して計算しなければならない。

2　企業は、(2)専用の取水に起因する水使用量について、別個にメーター又はサブメーターで計測されているテナントの割合を開示しなければならない。

　　2.1　この割合は、専用の取水に起因する水使用量について、別個にメーター又はサブメーターで計測されているテナントにリースされたリース可能床面積を、ポートフォリオの総リース可能床面積で除して計算しなければならない。

3　「アパート」及び「宿泊/リゾート」物件セクターでは、床面積の代わりにユニット数を用いる場合がある。

4　物件が「FTSE EPRA Nareit Global Real Estate Index」の不動産セクター分類と整合するセクターに分類されている場合、企業は(1)電力系統からの電気消費量及び(2)取水量を別個にメーター又はサブメーターで計測されているテナントの割合を、ポートフォリオにおけるそれぞれの不動産の種類について、別個に開示しなければならない。

IF-RE-410a.3. テナントのサステナビリティ・インパクトを測定し動機付けし改善するためのアプローチについての説明

1　企業は、インパクトを測定し動機付けし改善するために、サステナビリティの考慮事項を自社のリース及びテナントとの関係（例えば、テナントとのコミュニケーション、自主的な取組み及び第三者の不動産物件管理者の選定（該当ある場合）に統合するための自社の戦略及びプロセスについて説明しなければならない。

2　この開示の目的において、サステナビリティ・トピックの範囲には、エネルギー管理、水管理及び不動産物件がテナントの健康に与えるインパクト（屋内環境の質を含む。）を含める。

© IFRS Foundation

487

3   説明すべき関連する戦略には、次のものを含める場合がある。

3.1   「2018年GRESB Real Estate Assessment Q39.1」と一般的に整合する次の要素

3.1.1   企業が、テナントと、エネルギー消費データ又は取水データを相互に共有すること
を合意しているかどうか

3.1.2   企業が、エネルギー消費量の目標及び取水量の目標を共有しているかどうか

3.1.3   企業が、テナントのいかなる活動も、エネルギー消費、水効率及び屋内環境の質に
関連する企業が提供する基準を満たすべきである旨の要求事項を定めているかどう
か

3.1.4   企業が、テナントに対し、企業に義務付けられたエネルギー格付制度のために必要
な、正確な情報を提供する旨の要求事項を設定しているかどうか

3.1.5   企業が、改善及び調整のコストを最少化することよりもサステナビリティの要求事
項を優先することができるかどうか

3.2   企業が、テナントのエネルギー消費量及び取水量を別個にメーター又はサブメーターで計測
することを優先するかどうか。また、優先する場合、企業がテナントのエネルギー消費量及
び取水量を計測する自社の能力も優先するかどうか

3.3   企業が、そのような資源の実際の専用消費に基づいて、電力系統からの電気の費用及び水道
の費用を支払うことをテナントに要求するリース構造を優先するかどうか

4   企業は、グリーン・リースに関する第三者の取組みの支援、参加及び利用についての説明を含めな
ければならない。

4.1   グリーン・リースに関する第三者の取組みには、組織が提供するグリーン・リースのテンプ
レート、原則、要求事項、戦略及び教育プログラムを含める場合がある。

4.2   グリーン・リースに関する第三者の取組みの例には、次のものを含める場合がある。

4.2.1   「Building Owners and Managers Association International」の「Commercial
Lease: Guide to Sustainable and Energy Efficient Leasing for High-Performance
Buildings」

4.2.2   「California Sustainability Alliance」の「Green Leases Toolkit」

4.2.3   CMSの「Green Lease Clauses in Europe - A practical approach」

4.2.4   「Corporate Realty, Design & Management Institute」の「Model Green Lease」

4.2.5   「Green Lease Leaders」及び「Green Lease Library」(「Institute for Market
Transformation」及び米国の「Department of Energy's Better Building Alliance」
により共同運営されているプログラム)

4.2.6   「Natural Resources Defence Council」の「Energy Efficiency Lease Guidance」

4.2.7   「Real Property Association of Canada」の「Green Office Leases」

488

© IFRS Foundation

「気候関連開示」の適用に関する産業別ガイダンス

4.2.8 「U.S. General Services Administration」の「Green Lease Policies and Procedures」

4.2.9 「U.S. Green Building Council」の「Green Office Guide: Integrating LEED into Your Leasing Process and Greening Your Lease」

4.3 企業は、グリーン・リースに関する第三者の取組みが標準リース契約に統合されているかどうかを記述しなければならない（「GRESB Real Estate Assessment Q39.1」と概ね整合している。）。

5 企業は、用いるリースの種類（例えば、トリプルネット又はフルサービス）及びその規定（例えば、コスト回収条項、テナント備品設置の指針、ユーティリティ情報の共有、エネルギー格付への強制的参加）がサステナビリティ・インパクトに関連するテナントの行動にどのように影響を与え（influence）、又はかかる行動をどのように動機付けする場合があるかを記述しなければならない。

5.1 企業は、そのようなリース構造が長期間にわたって不動産物件の価値にどのようにインパクトを与える場合があるかについての説明を提供する場合がある。これには、テナントの要求並びに関連する賃貸料及び稼働率を含める。

気候変動への適応

トピックサマリー

気候変動は、頻繁な又は影響力の大きい（high-impact）異常気象及び気候パターンの変化を通じて、この産業の企業に影響を与える（affects）。気候変動リスクの評価及びそのようなリスクへの適応を組み込むために、企業がどのようにビジネス・モデルを構築するかは、長期にわたる企業価値（entity value）にますます関連する場合がある。より具体的には、氾濫原や厳しい気候にさらされている海岸地域に所在する資産を利用した投資戦略は、長期的な気候変動に対して、一層のリスクの緩和及びビジネス・モデルの適応を要求する場合がある。これらの戦略は、洪水保険の料率に関連する長期的な課題、政府助成の洪水保険プログラムの財政上の安定性、及び融資規定又はその他の債権者の懸念の観点から特に重要（important）である。保険以外のリスク緩和の対策には、物理的資産のレジリエンシー改善及びリスクをテナントに移転するリース条項が含まれるが、これらの対策は、不動産企業が負担すべき独自のコストとリスクを生み出す可能性がある。長期的な成長を確保するために、企業は、包括的な気候変動適応戦略を実施し、さまざまなリスク緩和の戦略間のトレードオフについて説明責任を負い、すべての長期的に予測されるコストと便益についての考慮事項を統合しなければならない。

指標

IF-RE-450a.1. 不動産物件セクター別の、100年確率洪水地帯に所在する不動産物件の面積

1 企業は、100年確率洪水地帯に所在する、企業のポートフォリオに含まれる不動産物件の総リース可能床面積（平方メートル単位）を開示しなければならない。

1.1 100年確率洪水地帯は、任意の年に1%以上の確率で洪水が生じる土地区域と定義する。そのような区域は、1%年確率洪水、1%年超過確率洪水、又は100年確率洪水の対象とも呼ぶ場合がある。

1.1.1 100年確率洪水地帯の例には、沿岸氾濫原、主要河川沿い氾濫原、低地の浸水によ

© IFRS Foundation

489

る洪水の対象となる区域を含める場合がある。

1.2 「アパート」及び「宿泊/リゾート」物件セクターでは、床面積が入手できない場合、床面積の代わりにユニット数を用いることがある。

2 開示の範囲には、所在する法域にかかわらず、100年確率洪水地帯に所在する企業のすべての不動産物件を含めなければならない。

3 物件が「FTSE EPRA Nareit Global Real Estate Index」の不動産セクター分類と整合するセクターに分類されている場合、企業は、100年確率洪水地帯にある物件の賃貸可能な床面積の合計を、ポートフォリオにおけるそれぞれの不動産の種類について、別個に開示しなければならない。

4 企業は、100年確率洪水地帯に所在する、開発中又は建設中の不動産物件の計画リース可能床面積を別個に提供する場合がある。

5 企業は、100年確率洪水地帯の再分類から生じる自社のリスク認識及び潜在的なインパクトを開示する場合がある。これには、そのような領域の拡大が、企業が所有する不動産物件に及ぶリスクを含める。

IF-RE-450a.2. 気候変動リスク・エクスポージャー分析、システマティックなポートフォリオ・エクスポージャーの程度、及びリスクを緩和するための戦略の記述

1 企業は、気候変動のシナリオが自社のビジネスにもたらす重大な（significant）リスク及び機会を記述しなければならない。

1.1 企業は、それぞれの重大な（significant）リスク及び機会を識別しなければならない。

1.1.1 リスク及び機会には、企業のポートフォリオにもたらされる物理的リスクのインパクトにかかわらず、水の入手可能性、異常気象、進化する規制及び法規制、地域のインフラへのインパクト、テナント需要へのインパクト、並びに地域経済及び人口へのインパクトを含める場合がある。

1.2 企業は、次の事項について説明しなければならない。

1.2.1 そのようなリスク及び機会が顕在化すると見込まれる時間軸

1.2.2 そのような気候変動のシナリオがどのように顕在化する場合があるか（例えば、企業への直接的な影響（effects）又は企業のテナントへの影響（effects））

1.2.3 リスク及び機会が、不動産物件セクターごとにどのように異なる場合があるか

1.2.4 リスク及び機会が、地域ごとにどのように異なる場合があるか。

1.3 企業は、「国際エネルギー機関」の年次の「世界エネルギー見通し」で定義されているように、気候変動がもたらすリスク及び機会を決定するために用いた気候変動シナリオを開示しなければならない。

2 企業は、あらゆるリスクを軽減するか若しくはこれらへ適応するために、又はあらゆる機会を利用するために、気候変動のインパクト及び関連する戦略を評価しモニタリングする取組み（efforts）を記述しなければならない。

490 © IFRS Foundation

「気候関連開示」の適用に関する産業別ガイダンス

2.1 軽減戦略には、財産保険、洪水保険、リース構造及びリース期間の利用を含める場合がある。

2.2 適応戦略には、物理的資産のレジリエンス計画及び緊急時対応計画への投資を含める場合がある。

2.3 企業は、次の事項について説明しなければならない。

2.3.1 戦略が、不動産物件セクターごとにどのように異なる場合があるか

2.3.2 戦略が、地域ごとにどのように異なる場合があるか

3 説明は、財務的価値に影響を与える（impact）可能性が最も高いリスク、機会及び軽減戦略又は適応戦略に焦点を当てる、物理的資産リスクと財務リスクとを区別しなければならない。

© IFRS Foundation

第37巻－不動産サービス

産業の説明

「不動産サービス」産業の企業は、不動産の所有者、テナント、投資家及びデベロッパーに対してさまざまなサービスを提供する。主要なサービスには、不動産の所有者のための資産管理、仲介、鑑定及び情報サービスが含まれる。資産管理サービスには、リース、テナント管理、ビル管理及びビル警備が含まれる場合がある。多くの企業はまた、仲介サービスを提供し、販売取引及びリース取引を促進している。鑑定及びその他のアドバイザリー又は情報サービスは、一般的に顧客に提供されるその他の特化したサービスである。この産業に属する企業は、グローバル経済の重要な一部である不動産のバリュー・チェーンにおいて重要な（important）役割を果たしている。

サステナビリティ開示トピック及び指標

表1. サステナビリティ開示トピック及び指標

トピック	指標	カテゴリー	測定単位	コード
サステナビリティ・サービス	エネルギー及びサステナビリティ・サービスから生じた売上高[53]	定量	表示通貨	IF-RS-410a.1
	エネルギー及びサステナビリティ・サービスが提供された、管理下にある建物の(1)床面積及び(2)数	定量	平方メートル(m²)、数	IF-RS-410a.2
	エネルギー格付を取得した、管理下にある建物の(1)床面積及び(2)数	定量	平方メートル(m²)、数	IF-RS-410a.3

表2. 活動指標

活動指標	カテゴリー	測定単位	コード
(1)テナント及び(2)不動産所有者に分類された、不動産物件管理顧客の数	定量	数	IF-RS-000.A
所有者の運営上の管理権を伴う、管理下にある床面積[54]	定量	平方メートル(m²)	IF-RS-000.B

---

[53] IF-RS-410a.1に関する注記 ― 企業は、自身が提供するエネルギー及びサステナビリティ・サービスについて説明しなければならない。

[54] IF-RS-000.Bに関する注記 ― 所有者の運営上の管理権を伴う、管理下にある床面積の範囲は、賃貸可能床面積の総計のうち、不動産物件管理サービスが提供され、かつ不動産所有者が運営上の管理権を有する部分のみを含めなければならない。ここで、運営上の管理権は、「2018年GRESB® Real Estate Assessment Reference Guide」と整合するように、「運営方針、安全衛生方針又は環境方針（又はこれらの複数のもの）を導入及び実施する能力を有すること」と定義される。

活動指標	カテゴリー	測定単位	コード
所有者の運営上の管理権を伴う、管理下にある建物の数[55]	定量	数	IF-RS-000.C
(1)テナント及び(2)不動産所有者に分類された、実行済リースの件数[56]	定量	数	IF-RS-000.D
提供された鑑定評価の件数	定量	数	IF-RS-000.E

サステナビリティ・サービス

トピックサマリー

「不動産サービス」産業では、顧客が所有又は占有する建物が、一般的に、重大な（significant）サステナビリティ・インパクトを与える。建物及びその内部で実施される活動は、エネルギーの消費、直接的及び間接的な温室効果ガス（GHG）の排出、水の消費、廃棄物の発生及び占有者の健康にインパクトを与える可能性がある屋内環境の質に関する懸念をもたらす。企業は、サステナビリティ関連サービスを通じて、建物及びこれらの事業のサステナビリティ・インパクトを改善する機会を有する。これらのサービスには、ユーティリティ・データの管理、エネルギー調達、エネルギー及び水のベンチマーキング、資源効率の改善、サステナビリティ認証に関する活動、並びにサステナビリティ・コンサルティング及び研修を含む場合がある。企業は、所有者及びテナントの両者がサステナビリティ・パフォーマンスの改善を奨励するリースの手配を通じて、両者にとっての金銭的便益を生み出しつつ、建物のサステナビリティにさらなるインパクトを与える場合がある。これらのサービスを提供することで、新たな収益の成長を促し、顧客をより維持する場合がある。効果的なサステナビリティ・サービスは、資産価値の改善、テナント需要の拡大、事業コストの削減及びテナント経験の改善を通じて、所有者又はテナントに便益をもたらす場合がある。

指標

IF-RS-410a.1. エネルギー及びサステナビリティ・サービスから生じた売上高

1   企業は、エネルギー及びサステナビリティ・サービスから生じた自社の売上高を開示しなければならない。

    1.1   エネルギー及びサステナビリティ・サービスは、資源効率（エネルギー、水及び廃棄物を含む。）、ユーティリティ・データの管理、エネルギー調達、サステナビリティ及び資源関連の認証の取得（obtaining）及び保持（retaining）、環境に関する報告、並びに企業のサステナ

---

[55] IF-RS-000.Cに関する注記 ― 管理下にある建物の範囲には、不動産物件管理サービスが提供され、かつ不動産所有者が運営上の管理権を有する区分された建物又は不動産のみが含まれなければならない。ここで、運営上の管理権は、「2018年GRESB® Real Estate Assessment Reference Guide」と整合するように、「運営方針、安全衛生方針又は環境方針（又はこれらの複数のもの）を導入及び実施する能力を有すること」と定義される。

[56] IF-RS-000.Dに関する注記 ― 双方代理取引は、(1)テナント・カテゴリー及び(2)不動産所有者カテゴリーの両方に含めなければならない。サブリースは、(2)不動産所有者カテゴリーのみに含めなければならない。

© IFRS Foundation

ビリティ・コンサルティング及び研修に直接関連する、顧客に提供するサービスと定義する。

    1.1.1   エネルギー及びサステナビリティ・サービスの例には、次のものを含める。エネルギー管理及びパフォーマンス・モニタリング（例えば、サブメーターを通じた電気使用量の測定）、エネルギー、水及び廃棄物のベンチマーキング又は格付スキーム・サービス、再生可能エネルギーの調達に関連するアドバイザリー・サービス。LEED、ENERGY STAR®又はその他のサステナビリティ関連の建物認証に関連するサービス、エネルギー及びサステナビリティ関連の建物評価分析、並びにエネルギー及びサステナビリティ関連の顧客研修又はコンサルティング

    1.2   エネルギー及びサステナビリティ・サービスの範囲からは、補助的、間接的又は最小限の方法でエネルギー及びサステナビリティ・パフォーマンスを向上させるサービス、並びに建物の通常の運営及び維持管理の一部である環境サービス（例えば、設備メンテナンス又は清掃サービス）を除外する。

2   開示の範囲には、リース顧客、プロジェクト及び開発サービス顧客並びに資本市場及び投資管理顧客に提供されるサービスを含める。

IF-RS-410a.1に関する注記

1   企業は、自社が提供するエネルギー及びサステナビリティ・サービスの記述を提供しなければならない。ここで、関連する情報には次のものを含める。

    1.1   企業がエネルギー及びサステナビリティ・サービスを企業の基本的な不動産物件管理サービスに統合する程度、並びに、企業がこれらのサービスを企業の基本的な不動産物件管理サービスから区別しておく程度。不動産物件管理サービスには、そのようなサービスの販売プロセス、基本的な不動産物件管理サービスの顧客とエネルギー及びサステナビリティ・サービスの顧客の重複の量、並びに基本的な不動産物件管理サービスとエネルギー及びサステナビリティ・サービスとの間での契約期間及び契約条件の整合性の程度を含める場合がある。

    1.2   エネルギー及びサステナビリティ・サービスの市場力学。これには、競争、リスク及び機会、市場シェア、顧客の需要及び選好、市場の成長並びに法規制及び規制上のインパクトを含める。

    1.3   市場をリードするエネルギー及びサステナビリティ・サービスの提供に関連する機会。これは、将来においてエネルギー及びサステナビリティ関連でない追加的なサービスをもたらす場合があるような、エネルギー及びサステナビリティ・サービスのみに基づいて新たな顧客を獲得する可能性などである。

    1.4   不適切又は不十分なエネルギー及びサステナビリティ・サービスの提供に関連するリスク。これは、不適切又は不十分なエネルギー及びサステナビリティ・サービスにより顧客を失う可能性などである。

2   企業は、自社が雇用するエネルギー認定及びサステナビリティ認定を受けた専門職の人数を開示する場合がある。

3   企業は、自社が顧客に提供するエネルギー及びサステナビリティ・サービスに関連する、見積った省エネルギー量、温室効果ガス（GHG）排出の削減量、節水量、廃棄物の削減量又はその他のパフ

オーマンス測定値を開示する場合がある。

IF-RS-410a.2. エネルギー及びサステナビリティ・サービスが提供された、管理下にある建物の(1)床面積及び(2)数

1　企業は、(1)報告期間中に自社がエネルギー又はサステナビリティ関連のサービスを提供した、管理下にある床面積を開示しなければならない。

　　1.1　管理下にある床面積は、不動産物件管理サービスが提供され、かつ、不動産所有者が運営上の管理権を有する、賃貸可能な総床面積と定義する。

　　　　1.1.1　運営上の管理権は、「2018年GRESB® Real Estate Assessment Reference Guide」と整合するように、不動産所有者が運営方針、安全衛生方針又は環境方針を導入し適用できる場合と定義する。

　　1.2　エネルギー及びサステナビリティ・サービスは、資源効率（エネルギー、水及び廃棄物を含む。）、ユーティリティ・データの管理、エネルギー調達、サステナビリティ及び資源関連の認証の取得（obtaining）及び保持（retaining）、環境に関する報告、並びに企業のサステナビリティ・コンサルティング及び研修に直接関連する、顧客に提供するサービスと定義する。

　　1.3　エネルギー及びサステナビリティ・サービスの範囲からは、補助的、間接的又は最小限の方法でエネルギー及びサステナビリティ・パフォーマンスを向上させるサービス、並びに建物の通常の運営及び維持管理の一部である環境サービス（例えば、設備メンテナンス又は清掃サービス）を除外する。

2　企業は、(2)自社がエネルギー及びサステナビリティに関連するサービスを報告期間中に提供した、建物の数を開示しなければならない。

　　2.1　「管理下にある建物」は、不動産物件管理サービスが提供され、かつ、不動産所有者が運営上の管理権を有する、区分された建物又は不動産と定義する。

3　開示の範囲には、そのようなサービスの開始日にかかわらず、報告期間中にエネルギー及びサステナビリティ・サービスが提供された延床面積及びすべての建物を含める。

IF-RS-410a.3. エネルギー格付を取得した、管理下にある建物の(1)床面積及び(2)数

1　企業は、(1)報告期間中にエネルギー格付を取得した、管理下にある床面積を開示しなければならない。

　　1.1　管理下にある床面積は、不動産物件管理サービスが提供され、かつ、不動産所有者が運営上の管理権を有する、賃貸可能な総床面積と定義する。

　　　　1.1.1　運営上の管理権は、「2018年GRESB® Real Estate Assessment Reference Guide」と整合するように、不動産所有者が運営方針、安全衛生方針又は環境方針を導入し適用できる場合と定義する。

2　企業は、(2)報告期間中にエネルギー格付を取得した建物の数を開示しなければならない。

　　2.1　管理下にある建物の数は、不動産物件管理サービスが提供され、かつ、不動産所有者が運営上の管理権を有する、区分された建物又は不動産と定義する。

© IFRS Foundation

2.2 エネルギー格付は、「2018年GRESB® Real Estate Assessment Reference Guide」と整合するように、建物のエネルギー・パフォーマンスを測定するスキームと定義する。

2.3 エネルギー格付スキームの範囲は、次のものを含める。

2.3.1 米国及びカナダでの事業についてのENERGY STAR®

2.3.2 「欧州連合」での事業についての「EU Energy Performance Certificates」（EPC）

2.3.3 オーストラリアでの事業についての「National Australian Build Environment Rating System（NABERS）Energy」

2.3.4 ニュージーランドでの事業についてのNABERSNZ

2.3.5 政府のエネルギー効率ベンチマーキング

2.3.6 前述のスキームと実質的に同等の要件、方法及び結果の表明を有することを示すことができる、その他のエネルギー格付スキーム

3 開示の範囲には、「報告期間前又は報告期間中に付与されたエネルギー格付のみを含める（事前評価又はその他の非公式の格付スキームは有効ではない。）。いくつかのエネルギー格付は限られた期間において有効である。報告期間中、当該格付のみ有効かつ正式とすべきである。」という点で、「2018年GRESB® Real Estate Assessment Reference Guide」と整合している。

4 企業は、「GRESB® Real Estate Assessment Reference Guide」を規範的な参照先とみなさなければならない。したがって、毎年行われる更新はすべて、このガイダンスの更新とみなされなければならない。

「気候関連開示」の適用に関する産業別ガイダンス

第38巻－廃棄物処理

産業の説明

「廃棄物処理」産業の企業は、家庭用、商業用及び工業用の顧客からのさまざまな形態の廃棄物の回収、保管、処分、リサイクル又は処理を行う。廃棄物の種類には、都市廃棄物、有害廃棄物、リサイクル可能素材、及び堆肥化可能素材又はオーガニック素材が含まれる。主要な企業は垂直統合されていることが多く、廃棄物の回収から埋立て及びリサイクリングまでのさまざまなサービスを提供する一方で、他の企業は、医療廃棄物及び産業廃棄物の処理といった特化したサービスを提供する。廃棄物発電事業は、別個の産業セグメントである。産業の一部のプレーヤーはまた、専ら大規模な工業用の顧客に対して、環境に関するエンジニアリング及びコンサルティング・サービスを提供している。

サステナビリティ開示トピック及び指標

表1. サステナビリティ開示トピック及び指標

トピック	指標	カテゴリー	測定単位	コード
温室効果ガス排出	(1)グローバルでの「スコープ1」の総排出、(2)排出制限規制下における「スコープ1」の総排出の割合、及び(3)排出報告義務下における「スコープ1」の総排出の割合	定量	CO_2相当メートル・トン、パーセンテージ(%)	IF-WM-110a.1
	(1)発生した埋立地ガスの総量、(2)フレア処理した割合、及び(3)エネルギーに使用した割合	定量	百万英国熱量単位(MMBtu)、パーセンテージ(%)	IF-WM-110a.2
	「スコープ1」の排出を管理するための長期的及び短期的な戦略又は計画、排出削減目標並びにそれらの目標に対するパフォーマンスの分析についての説明	説明及び分析	該当なし	IF-WM-110a.3
フリート燃料管理	(1)フリートの燃料消費量、(2)天然ガスの割合、及び(3)再生可能燃料の割合	定量	ギガジュール(GJ)、パーセンテージ(%)	IF-WM-110b.1
	フリートのうち代替燃料車の割合	定量	パーセンテージ(%)	IF-WM-110b.2

© IFRS Foundation

497

表2. 活動指標

活動指標	カテゴリー	測定単位	コード
カテゴリー別の顧客数：(1)自治体、(2)商業用、(3)工業用、(4)家庭用及び(5)その他[57]	定量	数	IF-WM-000.A
車両フリートの数	定量	数	IF-WM-000.B
(1)埋立地、(2)ごみ処理場、(3)リサイクル・センター、(4)堆肥化センター、(5)焼却炉及び(6)その他のすべての施設の数[58]	定量	数	IF-WM-000.C
顧客カテゴリー別の、管理される材料の総量：(1)自治体、(2)商業用、(3)工業用、(4)家庭用、及び(5)その他[59]	定量	メートル・トン(t)	IF-WM-000.D

温室効果ガス排出

トピックサマリー

埋立地はメタンを発生させるため、グローバルでの温室効果ガス（GHG）排出の重大な（significant）人為的原因である。その結果、規制当局は、企業に対して埋立地ガス排出の制限をしばしば求める。企業は、これらの排出を、埋立地ガスの収集効率の向上、制御装置、メタンの酸化の増大など、多額の（significant）資本投資を必要とするさまざまな制御技術によって削減できる。企業は、フレア処理、エンジン又はタービンを使用してメタンを回収及び燃焼させ、もともとの排出物の全体的な毒性及び効力を劇的に低減できる。埋立地ガスの回収は、規制対象となっている大規模な埋立地の所有者及び事業者にとって特に重要（important）である。この廃棄物発電産業セグメントで事業を営む企業は、埋立地からの将来の排出の削減及び代替エネルギーの生成を通じて廃棄物のライフサイクルにおける排出を減らす場合があるが、廃棄物発電施設の事業による「スコープ1」の排出の増加に直面している。全体的に、GHG排出はこの産業に規制リスクをもたらし、事業コスト及び資本的支出に影響（effects）を与える可能性がある。企業は、天然ガス及び廃棄物発電設備からのエネルギーの販売を通じて収益を生み出す場合、及び、処理された埋立地ガスを使用して発電することにより燃料購入を削減する場合もある。この問題のパフォ

---

[57] IF-WM-000.Aに関する注記 ─ 「家庭用」の範囲には、企業と直接契約している家庭用顧客のみを含めなければならない。この開示の目的のためには、自治体との契約を通じてサービスを受ける家庭用顧客は、「自治体」カテゴリーとみなされなければならない。それぞれの顧客種別の範囲は、企業の財務報告と整合していなければならない。

[58] IF-WM-000.Cに関する注記 ─ 埋立地には、稼働中の埋立地及び会社が所有する閉鎖済みの埋立地を含める。「その他のすべての施設」の範囲には、企業のオフィスは除外する。それぞれの顧客種別の範囲は、企業の財務報告と整合していなければならない。

[59] IF-WM-000.Dに関する注記 ─ 「管理される」とは、廃棄された材料が処理されているかどうかに関係なく、これらに対処することと定義する。「家庭用」の範囲には、企業と直接契約している家庭用顧客のみを含めなければならない。この開示の目的のためには、自治体との契約を通じてサービスを受ける家庭用顧客は、「自治体」カテゴリーとみなされなければならない。それぞれの顧客種別の範囲は、企業の財務報告と整合していなければならない。

「気候関連開示」の適用に関する産業別ガイダンス

ーマンスは、新規の許可の確保又は既存の許可を更新する企業の能力に影響を与える（affect）場合があり、売上に影響を与える（affect）可能性がある。

指標

IF-WM-110a.1. (1)グローバルでの「スコープ1」の総排出、(2)排出制限規制下における「スコープ1」の総排出の割合、及び(3)排出報告義務下における「スコープ1」の総排出の割合

1 企業は、「京都議定書」において対象とされる7種類の温室効果ガス（GHG）－二酸化炭素（CO_2）、メタン（CH_4）、一酸化二窒素（N_2O）、ハイドロフルオロカーボン類（HFCs）、パーフルオロカーボン類（PFCs）、六フッ化硫黄（SF_6）及び三フッ化窒素（NF_3）－のグローバルでの「スコープ1」のGHGの大気への総排出を開示しなければならない。

1.1 すべてのGHG排出は、二酸化炭素相当（CO_2相当）メートル・トン単位で合算し、開示しなければならず、公開されている100年の時間軸に基づく地球温暖化係数（GWP）の数値に従い計算しなければならない。現時点でのGWP数値の推奨される情報源は、「気候変動に関する政府間パネル（IPCC）第5次評価報告書（2014年）」である。

1.2 総排出は、オフセット、クレジット又はその他の類似した排出削減若しくは排出相殺のメカニズムを考慮する前の、大気中に排出されたGHGである。

2 「スコープ1」の排出は、「世界資源研究所」（WRI）及び「持続可能な開発のための世界経済人会議」（WBCSD）によって公表された「温室効果ガスプロトコルの企業算定及び報告基準（GHGプロトコル）（2004年3月改訂版）」において定義されており、ここに記載されている方法に従って計算しなければならない。

2.1 認められる計算方法には、基礎的な参考文献として「GHGプロトコル」に従いつつ、産業固有又は地域固有のガイダンスなど追加的なガイダンスを提供するものを含める。例には次のものを含める。

2.1.1 「GHG Reporting Guidance for the Aerospace Industry」（「国際航空宇宙環境グループ」（IAEG）発行）

2.1.2 「Greenhouse Gas Inventory Guidance：定置式燃焼源からの直接排出」（「米国環境保護庁」（EPA）発行）

2.1.3 「India GHG Inventory Program」

2.1.4 ISO 14064-1

2.1.5 「Petroleum Industry Guidelines for reporting GHG emissions」（IPIECA発行　第2版（2011年））

2.1.6 「Protocol for the quantification of greenhouse gas emissions from waste management activities」（「Entreprises pour l'Environnement」（EpE）発行）

2.2 GHG排出データは、企業が財務報告データを連結する方法に従って合算し、開示しなければならない。その方法は、一般的に、「GHGプロトコル」で定義する「財務支配」アプローチ及び「気候開示基準委員会」（CDSB）によって公表された「環境及び社会情報の報告のため

© IFRS Foundation

499

のCDSBフレームワーク」のREQ-07「組織の境界」に記述されているアプローチと整合している。

3　企業は、(2)キャップアンドトレード・スキーム、炭素税又はカーボン・プライシング・システム並びにその他の排出統制（例えば、コマンドアンドコントロール・アプローチ）、及び許認可ベースのメカニズムなど、排出を直接制限又は削減することを目的とした排出制限規制又はプログラムの対象となる、グローバルでの「スコープ1」のGHG総排出の割合を開示しなければならない。

　3.1　排出制限規制の例には、次のものを含める。

　　3.1.1　「カリフォルニア州キャップアンドトレード」（「カリフォルニア州地球温暖化対策法」）

　　3.1.2　「欧州連合排出量取引スキーム」（EU ETS）

　　3.1.3　「ケベック州キャップアンドトレード」（「ケベック州環境品質法」）

　3.2　この割合は、排出制限規制の対象となるグローバルでの「スコープ1」のGHG排出（CO_2相当）の総量を、グローバルでの「スコープ1」のGHG排出の総量（CO_2相当）で除して計算しなければならない。

　　3.2.1　複数の排出制限規制の対象となる排出について、企業は、これらの排出を一度だけしか計算に含めてはならない。

　3.3　排出制限規制の範囲からは、自主的な排出制限規制（例えば、自主的な取引システム）及び報告ベースの規制の対象となる排出は除外する。

4　企業は、(3)排出報告に基づく規制の対象となる、グローバルでの「スコープ1」のGHG総排出の割合を開示しなければならない。

　4.1　排出報告に基づく規制は、GHG排出データの規制当局又は一般市民への開示を要求するものの、生成される排出に係る制限、コスト、目標又は統制が存在しない規制と定義する。

　4.2　この割合は、排出報告に基づく規制の対象となるグローバルでの「スコープ1」のGHG排出（CO_2相当）の総量を、グローバルでの「スコープ1」のGHG排出の総量（CO_2相当）で除して計算しなければならない。

　　4.2.1　企業は、複数の排出報告に基づく規制対象となる排出を一度しか計算に含めてはならない。

　4.3　排出報告に基づく規制の範囲は、排出制限規制の対象となる排出を除外するものではない。

5　企業は、過去の報告期間からの排出の変化について説明する場合がある。これには、変化が排出削減、ダイベストメント、買収、合併、アウトプットの変化又は計算方法の変更によるものかどうかを含める。

6　現在のCDP又は他の企業へのGHG排出の報告（例えば、国の規制上の開示プログラム）が、範囲及び使用した合算アプローチの点で異なる場合、企業はそれらの排出を開示することがある。ただし、主要な開示は前述のガイドラインに従わなければならない。

7　企業は、データが連続排出監視システム（CEMS）、エンジニアリング計算又は物質収支計算からの

「気候関連開示」の適用に関する産業別ガイダンス

ものであるかどうかなど、排出開示の計算方法について説明する場合がある。

IF-WM-110a.2. (1)発生した埋立地ガスの総量、(2)フレア処理した割合、及び(3)エネルギーに使用した割合

1 企業は、(1)自社が所有しているか又は運営している施設から発生した埋立地ガスの総量を、百万英国熱量単位（MMBtu）で開示しなければならない。

 1.1 埋立地ガスは、埋立地における廃棄物の嫌気性分解により生成されるガスと定義する。

2 企業は、(2)フレア処理した埋立地ガスの割合を開示しなければならない。

 2.1 この割合は、フレア処理した埋立地ガスの量（MMBtu単位）を、発生した埋立地ガスの総量（MMBtu単位）で除して計算しなければならない。

  2.1.1 フレア処理した埋立地ガスには、空気噴射によってフレア処理したガスを含める。これは、火の周りの制御されていない外気又は完全に燃焼させるためにフレアに吹き込まれる燃焼用空気とともに、直火を用いて燃焼したガスと定義する。

3 企業は、(3)エネルギーに使用した埋立地ガスの割合を開示しなければならない。

 3.1 この割合は、回収しエネルギーに使用した埋立地ガスの量（MMBtu単位）を、発生した埋立地ガスの総量（MMBtu単位）で除して計算しなければならない。

  3.1.1 エネルギーに使用した埋立地ガスには、オンサイトのエネルギー又は熱生産で使用するために燃焼するガス、オフサイト（off-site）燃焼のためにパイプラインを通じて運ぶガス、及び他のオンサイトあるいはオフサイト（off-site）での燃料としての使用を含める。

4 企業は、発生した埋立地ガスの量、フレア処理した割合及びエネルギーに使用した割合を計算するために用いた方法を開示しなければならない。

IF-WM-110a.3. 「スコープ1」の排出を管理するための長期的及び短期的な戦略又は計画、排出削減目標並びにそれらの目標に対するパフォーマンスの分析についての説明

1 企業は、「スコープ1」の温室効果ガス（GHG）排出を管理するための長期的及び短期的な戦略又は計画について説明しなければならない。

 1.1 「スコープ1」の排出は、「世界資源研究所」（WRI）及び「持続可能な開発のための世界経済人会議」（WBCSD）によって公表された「温室効果ガスプロトコルの企業算定及び報告基準（GHGプロトコル）（2004年3月改訂版）」において定義されており、ここに記載されている方法に従って計算しなければならない。

 1.2 GHG排出の範囲には、「京都議定書」において対象とされる7種類の温室効果ガス（GHG）－二酸化炭素（CO_2）、メタン（CH_4）、一酸化二窒素（N_2O）、ハイドロフルオロカーボン類（HFCs）、パーフルオロカーボン類（PFCs）、六フッ化硫黄（SF_6）及び三フッ化窒素（NF_3）－を含める。

2 企業は、ライフサイクルにわたるGHG排出を、「スコープ1」の排出の管理及び全体的な事業戦略にどのように組み込むかについて説明しなければならない。

© IFRS Foundation

2.1　説明すべき関連する側面には、次のものを含める。

2.1.1　ライフサイクルにわたる排出及び「スコープ1」の排出のトレードオフ

2.1.2　企業の事業戦略及び重点事業領域（例えば、埋立地ガスの管理、廃棄物発電、リサイクル、堆肥化）を踏まえ、そのようなトレードオフがどのように評価されているか

2.1.3　特定された成長機会のある領域及び自社の資本的支出戦略を含む、企業の事業戦略にトレードオフがどの程度組み込まれているか

2.1.4　「スコープ1」の排出の短期的な管理又はライフサイクルにわたる排出の長期的な管理のいずれが企業によって優先されるか

2.1.5　廃棄物発電（WTE）事業の、ライフサイクルにわたる排出及び「スコープ1」の排出への対比的なインパクト

2.2　企業は関連する定量的な測定値を開示する場合がある。これには次のものを含める場合がある。

2.2.1　回避された排出（例えば、「Protocol for the quantification of greenhouse gas emissions from waste management activities」（「Entreprises pour l'Environnement」発行））

2.2.2　埋立地からの将来の「スコープ1」の排出の見積り

3　企業は、ライフサイクルにわたる排出及び「スコープ1」の排出から生じるリスク及び機会について説明しなければならない。これには次のものを含める場合がある。

3.1　埋立地に起因する長期にわたる将来の「スコープ1」の排出から生じるリスク

3.2　WTE施設に起因する「スコープ1」の排出の短期的な増加から生じるリスク

3.3　WTE施設、リサイクル及び堆肥化に起因するライフサイクルにわたる排出の長期的な減少から生じる機会

4　企業は、排出削減目標について説明し、目標に対するパフォーマンスを分析しなければならない。関連する場合は、次のものを含める。

4.1　排出削減目標の範囲（例えば、目標が適用される総排出の割合）

4.2　目標が絶対量ベース又は原単位ベースのいずれであるか、及び目標が原単位ベースの目標である場合は指標の分母

4.3　基準年に対する削減率。この基準年とは、目標の達成に向けて排出について評価する最初の年を表す。

4.4　削減活動の時間軸。これには開始年、目標年及び基準年を含める。

4.5　目標を達成するためのメカニズム

4.6　目標年の排出若しくは基準年の排出が遡及的に再計算された（若しくは再計算される場合が

ある）、又は目標年若しくは基準年が再設定された、すべての状況

5　企業は、計画又は目標を達成するために必要な活動及び投資、並びに計画又は目標の達成に影響を与える（affect）場合があるリスク又は制限要因について説明しなければならない。

6　企業は、さまざまな事業単位、地域又は排出源に対して異なるように関係しているかどうかなど、その戦略、計画又は削減目標の範囲について説明しなければならない。

7　企業は、その戦略、計画又は削減目標が、地域、国、国際又はセクター別プログラムを含む、排出制限又は排出報告ベースのプログラム又は規制（例えば、「EU域内排出量取引制度」、「ケベック州キャップアンドトレード制度」、「カリフォルニア州キャップアンドトレード・プログラム」）に関連している（related to）か又は関係している（associated with）かどうかについて説明しなければならない。

8　戦略、計画又は削減目標の開示は、報告期間中に進行中（アクティブ）であったか又は完了した活動に限定しなければならない。

フリート燃料管理

トピックサマリー

「廃棄物処理」産業の多くの企業が、廃棄物の収集及び移送のために大規模な車両フリートを所有し事業を営んでいる。フリート車両の燃料消費は、事業費用及び関連する資本支出の両方の観点から、重大な（significant）産業コストである。化石燃料の消費は、気候変動及び汚染を含む環境へのインパクトを与える可能性がある。環境へのこれらのインパクトは、規制上のエクスポージャーの高まり及び新規契約提案の競争力の低下を通じて廃棄物処理企業に影響を与える（affect）場合がある。燃料購入のヘッジは、フリート燃料のリスクを管理するために使用される一般的なツールである。しかし、廃棄物処理企業は、次第に、より燃料効率の高いフリートに性能向上（upgrading）したり、天然ガス車に切り替えたりしている。燃焼による大気汚染の少ないフリートも、交通量の多い廃棄物処理施設の近くに住む地域に好意的に受け止められている場合がある。

指標

IF-WM-110b.1. (1)フリートの燃料消費量、(2)天然ガスの割合、及び(3)再生可能燃料の割合

1　企業は、(1)自社のフリート車両によって消費された燃料の総量を、ギガジュール（GJ）単位で集計して開示しなければならない。

 1.1　消費された燃料の計算方法は、設計上のパラメータではなく、実際に消費された燃料に基づかなければならない。

 1.2　消費された燃料の許容可能な計算方法には、次に基づく方法を含める場合がある。

  1.2.1　報告期間中に購入した燃料を報告期間の期首の在庫に加算し、報告期間の末日の燃料の在庫を差し引いたもの

  1.2.2　車両によって消費された燃料を追跡すること

  1.2.3　燃料費を追跡すること

© IFRS Foundation

2   企業は、(2)消費された燃料のうち、天然ガスの割合を開示しなければならない。

2.1   この割合は、消費された天然ガスの量（GJ単位）を、消費された燃料の総量（GJ単位）で除して計算しなければならない。

3   企業は、(3)消費された燃料のうち、再生可能燃料の割合を開示しなければならない。

3.1   再生可能燃料は、一般的に次の要件のすべてを満たす燃料と定義する。

3.1.1   再生可能なバイオマスから生産されたもの

3.1.2   輸送用燃料、暖房用燃料油、又はジェット燃料に含まれる化石燃料の代替又は削減のために使用されるもの

3.1.3   ライフ・サイクル・ベースでの温室効果ガス（GHG）排出の純減を達成したもの

3.2   企業は、燃料が再生可能かどうかを判断するために使用した基準又は規制を開示しなければならない。

3.3   この割合は、消費された再生可能燃料の量（GJ単位）を、消費された燃料の総量（GJ単位）で除して計算しなければならない。

4   開示の範囲は、企業が所有又は運用する車両が消費した燃料に限定する。

5   燃料からのエネルギー消費量を計算する際、企業は、直接測定したか、又は「気候変動に関する政府間パネル」から取得した、総発熱量（GCV）とも呼ばれる高位発熱量（HHV）を使用しなければならない。

6   企業は、燃料使用量に対するHHVの使用など、この開示で報告するすべてのデータに対して、変換係数を一貫して適用しなければならない。

IF-WM-110b.2. フリートのうち代替燃料車の割合

1   企業は、自社のフリート車両のうち代替燃料車の割合を開示しなければならない。

1.1   代替燃料車は、バイオディーゼル、変性アルコール、電気、水素、メタノール、最大85%のメタノール若しくは変性エタノールを含む混合物、天然ガス又はプロパン（液化石油ガス）を動力源とする車両と定義する。代替エネルギー車には、石油消費量の大幅な（significant）削減を達成する車両、高度なリーン・バーン技術車、燃料電池車及びハイブリッド電気自動車も含める。

1.2   この割合は、自社のフリートにおける代替エネルギー車の数を、フリートにおける車両の総数で除して計算しなければならない。

「気候関連開示」の適用に関する産業別ガイダンス

第39巻－水道事業及びサービス

産業の説明

「水道事業及びサービス」産業の企業は、水の供給及び廃水処理システムを所有及び運営（通常、規制された水道ビジネスとして組成）又はシステムの所有者に対して運営上及びその他の特化した水道サービスを提供する（通常、市場に基づく事業）。水供給システムには、家庭、ビジネス、及び政府といった他のエンティティに対して水を調達し、処理し、配水することが含まれる。廃水システムは、処理後の排水を環境に排出する前に、汚水、雑排水、液状産業廃棄物及び豪雨による流出水を含む廃水を回収し、処理する。

注記：「水道事業及びサービス（IF-WU）」産業の範囲には、インフラの設計及び開発に分類される水道サービスを除外する。これらの活動は、「エンジニアリング及び工事サービス（IF-EC）」産業に含める。

サステナビリティ開示トピック及び指標

表1. サステナビリティ開示トピック及び指標

トピック	指標	カテゴリー	測定単位	コード
エネルギー管理	(1)エネルギー総消費量、(2)電力系統からの電気の割合及び(3)再生可能エネルギーの割合	定量	ギガジュール（GJ）、パーセンテージ(%)	IF-WU-130a.1
配水網効率	水道本管の取替率[60]	定量	比率	IF-WU-140a.1
	無収水の実損失量	定量	千立方メートル(m³)	IF-WU-140a.2
最終用途効率	保全及び売上のレジリエンスを促進するように設計された料金体系による水道事業の売上高の割合	定量	パーセンテージ(%)	IF-WU-420a.1
	市場ごとの効率化の取組み（measures）による顧客の節水量[61]	定量	立方メートル(m³)	IF-WU-420a.2
水供給のレジリエンス	「ベースライン水ストレス」が「高い」又は「極めて高い」地	定量	千立方メートル(m³)、パーセンテージ(%)	IF-WU-440a.1

---

[60] IF-WU-140a.1に関する注記 － 企業は、自社の配水システムにおける計画保守及び改良保全の利用及び課題について説明しなければならない。

[61] IF-WU-420a.2に関する注記 － 企業は、それぞれの関連する市場ごとに規制で義務付けられている顧客の効率化の取組み（measures）について説明しなければならない。

© IFRS Foundation

トピック	指標	カテゴリー	測定単位	コード
	域から得られた水の総量、第三者から購入した割合			
	顧客へのリサイクルした水の供給量	定量	千立方メートル(m³)	IF-WU-440a.2
	水資源の質及び利用可能性に関連するリスクを管理するための戦略についての説明	説明及び分析	該当なし	IF-WU-440a.3
ネットワークのレジリエンス及び気候変動のインパクト	100年確率洪水地帯に所在する廃水処理能力	定量	1日当たりの立方メートル(m³)	IF-WU-450a.1
	衛生下水道のオーバーフロー(SSO)の(1)件数及び(2)量、並びに(3)回収した量の割合	定量	数、立方メートル(m³)、パーセンテージ(%)	IF-WU-450a.2
	(1)計画外のサービスの中断の件数、及び(2)影響を受けた(affected)顧客の数(それぞれの期間のカテゴリー別)[62]	定量	数	IF-WU-450a.3
	気候変動が配水及び廃水インフラに与える影響(impact)に関連するリスク及び機会を識別及び管理する取組み(efforts)の記述	説明及び分析	該当なし	IF-WU-450a.4

表2. 活動指標

活動指標	カテゴリー	測定単位	コード
サービスを提供する(1)家庭用顧客、(2)商業用顧客及び(3)工業用顧客の数[63]	定量	数	IF-WU-000.A

---

[62] IF-WU-450a.3に関する注記 ― 企業は、相当数に影響を与えた(affected)中断又は長時間の中断など、著しい(notable)サービスの中断について説明しなければならない。

[63] IF-WU-000.Aに関する注記 ― サービスを提供している顧客数は、単一物件の水及び廃水サービスのための個別のサービス契約数として定義しなければならず、個人が複数の物件を所有し顧客として複数回カウントする場合がある。企業は、上述の顧客の種類の他に顧客の種類が存在する場合には、そのような追加的な顧客の種類を開示する場合がある。顧客の種類別の顧客数の開示は、水サービスを提供する顧客数(顧客の種類別)及び廃水サービスを提供する顧客数(顧客の種類別)を別個に開示しなければならない。企業は、その他のサービス別の顧客数(顧客の種類別)について、追加で開示する場合がある。

「気候関連開示」の適用に関する産業別ガイダンス

活動指標	カテゴリー	測定単位	コード
総水源量、水源の種類別割合[64]	定量	立方メートル(m³)、パーセンテージ(%)	IF-WU-000.B
(1)家庭用顧客、(2)商業用顧客、(3)工業用顧客及び(4)その他のすべての顧客に供給された水の総量[65]	定量	千立方メートル(m³)	IF-WU-000.C
(1)衛生下水道、(2)豪雨水及び(3)合流式下水道ごとの、1日平均廃水処理量	定量	1日当たりの立方メートル(m³)	IF-WU-000.D
(1)水道本管及び(2)下水道管の長さ	定量	キロメートル(km)	IF-WU-000.E

エネルギー管理

トピックサマリー

「水道事業及びサービス」の企業は、飲用水及び廃水の取水、運搬、処理及び配水又は排水に重大な（significant）量のエネルギーを消費する。一般的に、購入した水、化学薬品、人件費及び水道事業の事業コストに次ぐ、企業の最大の事業コストはエネルギー使用である。購入した電力系統からの電気は、最も一般的なエネルギーのインプットである。より遠隔地では、企業は、オンサイトでの発電を機器に電気を供給するために使用する場合がある。購入した電力系統からの電気の非効率的な使用は、増加する「スコープ2」の温室効果ガス排出などの環境外部性を生み出す。環境規制は、将来の電力系統のエネルギー・ミックスに影響を与え（affect）、価格上昇をもたらす場合がある。さらに、気候変動は送電網の信頼性（reliability）に影響を与え（impact）、水資源の利用可能性に影響を与える（affect）と予想される。その結果、水資源へのアクセスがより困難になるため、将来的には水道事業者のエネルギー強度が増大する場合がある。リサイクル及び淡水化などの代替水処理も、より多くのエネルギーを必要とする可能性がある。代替燃料、再生可能エネルギー及びオンサイト発電の使用に関する決定とともに、エネルギー効率は、エネルギー供給のコスト及び信頼性（reliability）の双方に影響を与える（influence）ことができる。

指標

IF-WU-130a.1. (1)エネルギー総消費量、(2)電力系統からの電気の割合及び(3)再生可能エネルギーの割合

1　企業は、(1)消費したエネルギーの総量をギガジュール（GJ）単位で集計して開示しなければならない。

---

[64]　IF-WU-000.Bに関する注記 － 水源は、地下水、地表水、海からの水、再生水、第三者から購入した水及びその他の水源に分類し、企業が水を直接入手した水源を開示しなければならない。

[65]　IF-WU-000.Cに関する注記 － 供給水量には、飲用水、工業用プロセス水及び再生水を含める。

© IFRS Foundation

507

1.1 エネルギー消費の範囲には、外部の供給源から購入したエネルギー及び企業が自ら生産したエネルギー（自己生成）を含む、すべての供給源からのエネルギーを含める。例えば、直接的な燃料の使用、購入した電気、並びに温熱、冷熱及び蒸気エネルギーはすべてエネルギー消費の範囲内に含まれる。

1.2 エネルギー消費の範囲には、報告期間中に企業が直接消費したエネルギーのみを含める。

1.3 燃料及びバイオ燃料からのエネルギー消費量を計算するにあたり、企業は、直接測定したか、又は「気候変動に関する政府間パネル」（IPCC）から取得した、総発熱量（GCV）とも呼ばれる高位発熱量（HHV）を使用しなければならない。

2 企業は、(2)自社が消費した、電力系統から供給されたエネルギーの割合を開示しなければならない。

2.1 この割合は、購入した電力系統からの電気の消費量を、エネルギー総消費量で除して計算しなければならない。

3 企業は、(3)自社が消費した再生可能エネルギーの割合を開示しなければならない。

3.1 再生可能エネルギーは、地熱、風力、太陽光、水力及びバイオマスなど、それらの枯渇率以上のペースで補充されるエネルギー源からのエネルギーと定義する。

3.2 この割合は、再生可能エネルギー消費量を、エネルギー総消費量で除して計算しなければならない。

3.3 再生可能エネルギーの範囲には、企業が消費した再生可能燃料、企業が直接生産した再生可能エネルギー、及び企業が購入した再生可能エネルギー（再生可能エネルギー証書（REC）若しくは「原産地保証」（GO）を明示的に含む再生可能電力購入契約（PPA）を通じて購入した場合、「Green-eエナジー認証」済みの電気事業者若しくはサプライヤー・プログラムを通じて購入した場合、又は、RECやGOを明示的に含むその他のグリーン電力製品、若しくは「Green-eエナジー認証」RECが電力系統からの電気と組み合わせられた他のグリーン電力製品を通じて購入した場合）を含める。

3.3.1 オンサイトで生成した再生可能な電気について、それが再生可能エネルギーであると企業が主張するためには、当該企業の名においてREC及びGOを保持（retained）し（売却せず）、取り消し（retired）又は無効化（cancelled）しなければならない。

3.3.2 再生可能PPA及びグリーン電力製品について、それが再生可能エネルギーであると企業が主張するためには、当該企業の名においてREC及びGOを保持（retained）又は交換（replaced）し、取り消し（retired）又は無効化（cancelled）する旨を、その契約に明示的に含めて伝えなければならない。

3.3.3 企業の支配又は影響（influence）の範囲外にある系統電力ミックスの再生可能部分は、再生可能エネルギーの範囲から除外する。

3.4 この開示の目的において、バイオマス源からの再生可能エネルギーの範囲は、第三者の基準（例えば、「森林管理協議会」（Forest Stewardship Council）、「持続可能な森林イニシアティブ」（Sustainable Forest Initiative）、「森林認証プログラム」（Programme for the Endorsement of Forest Certification）、又は「American Tree Farm System」）で認証された材料、「再生可能エネルギー認証のためのGreen-eフレームワークのバージョン1.0（2017

508 © IFRS Foundation

「気候関連開示」の適用に関する産業別ガイダンス

年）」若しくは「Green-e」地域基準に従い対象となり得る（eligible）供給源とみなされる材料、又は適用される法域の再生可能エネルギー利用割合基準（renewable portfolio standard）において対象となり得る（eligible）材料に限定する。

4 企業は、燃料使用量（バイオ燃料を含む。）についてのHHVの使用及びキロワット時（kWh）のGJへの変換（太陽光又は風力エネルギーからの電気を含むエネルギー・データの場合）など、この開示で報告するすべてのデータに対して、変換係数を一貫して適用しなければならない。

5 開示の範囲には、すべての水道、廃水及び豪雨水の事業及びサービスを含む。

    5.1 企業は、水、廃水又は豪雨水サービスごとに開示を分類する場合がある。

配水網効率

トピックサマリー

水道事業者は、大規模なパイプライン、運河、貯水池及びポンプ場を含め、相互に接続された複雑なインフラ・ネットワークを開発し、維持し、運営している。配水網では重大な（significant）量の水が失われる（顧客の請求書に反映されない配水量であるため、無収水と呼ばれる。）場合がある。この水が失われる主な原因は、配管及び接続部（service connections）からの漏水など、インフラの欠陥及び非効率性である。無収水の実損失は、財務業績に影響を与え（impact）、顧客の料金を上昇させ、水及びエネルギー並びに処理薬品など他の資源を浪費する場合がある。反対に、インフラ及び運営プロセスの改善は、無収損失を限定し、売上高を増加させコストを削減させる場合がある。運営及び保守費用又は資本的支出を配水システム（主にパイプライン及び接続部（service connection）の修理、改修又は取替え）に効率的に向けることで、企業価値を向上させ、高い投資リターンを得る場合がある。

指標

IF-WU-140a.1. 水道本管の取替率

1 企業は、自社が所有しているか又は運営している配水システムの水道本管の取替率を開示しなければならない。

    1.1 配水システムには、顧客又はその他の利用者への浄水又は飲用水の配水に使用するすべての水道事業設備を含める。これには、消火用水を含む、飲料水以外の水の配水を含める。

2 この割合は、報告期間中に取り替えた水道管の総延長を、自社の配水システムにおける水道本管の総延長で除して計算しなければならない。

    2.1 水道本管の取替えの範囲には、本管の完全な取替え及び水道本管の寿命を大幅に延長する復旧又は刷新を含める。

    2.2 水道本管の取替えの範囲からは、水道本管の修繕は除外する。

3 開示の範囲は、水道事業及びサービスに限定する（廃水及び豪雨水サービスは除外する。）。

IF-WU-140a.1に関する注記

1 企業は、次の場合には、自社の配水システムの計画保守及び事後保守の利用及びこれらに関連する

© IFRS Foundation

509

課題を記述しなければならない。

1.1 事後保守は、資産に不具合が発生した後に実施するすべての保守と定義する。

1.2 計画保守は、資産の不具合に先立って実施するすべての定期保守活動と定義する。

2 記述すべき関連する課題には、腐食及び土壌の特性が管材（例えば、鋳鉄、ダクタイル鉄、ポリ塩化ビニル及び木材）に与えるインパクト、料金調整による維持及び取替えのための企業の資金調達能力、並びに現在の配水網の年齢を含める場合がある。

IF-WU-140a.2. 無収水の実損失量

1 企業は、配水システムからの無収水の実損失量を、立方メートル単位で開示しなければならない。

1.1 無収水の実損失は、加圧システム及び備蓄タンクから、顧客の消費点、つまり水道について顧客の使用量を計量する顧客メーターまでの間で、請求されず売上を生まない物理的な水の損失と定義する。メーター制以外のシステムでは、顧客が顧客の接続部（service connection）配管の保守及び修繕の責任を負うことになる地点が境界となる。実損失には、本管及び接続部（service connections）からの漏水、並びに備蓄タンクのオーバーフローを含める。

2 企業は、そのような損失が発生した場合、適用される法域の法令に従い、無収水の実損失量を計算しなければならない。

3 開示の範囲は、水道事業及びサービスに限定する（廃水及び豪雨水サービスは除外する。）。

4 適用される法域の法令が存在しない場合、企業は、自主的な取組みに従い実損失量を計算しなければならない。

5 企業は、実損失から無収水を測定するために採用した技法、及び採用したそれぞれの技法に従い計算した量を開示する場合がある。

最終用途効率

トピックサマリー

消費者レベルでの水の効率化及び保全は、政府の義務、環境意識又は人口統計学的傾向の産物であるかどうかにかかわらず、長期的な資源の利用可能性及び産業の水供給セグメントの財務業績にとってこれまで以上に重要に（important）なっている。水道事業者が規制当局と協働して、最終用途効率を高めながら売上の減少をどのように軽減させるかは、財務的に重要性がある（material）場合がある。料金のデカップリングを含む水効率メカニズムは、水道事業者の売上がその固定費を適切にカバーし、販売量に関係なく望ましいレベルのリターンを提供できるようにする一方で、顧客に節水へのインセンティブを与える場合がある。効率化メカニズムは、水道事業者の経済的インセンティブを、改善した資源効率化、料金の引下げ及びインフラへの資本投資の増加を含む環境的又は社会的関心と整合させることができる。水道事業者は、ポジティブな規制当局との関係、効率性を組み込んだ先進的な料金体系及び効率化戦略の強力な実行を通じて、料金メカニズムへのインパクトを管理する場合がある。

© IFRS Foundation

「気候関連開示」の適用に関する産業別ガイダンス

指標

IF-WU-420a.1. 保全及び売上のレジリエンスを促進するように設計された料金体系による水道事業の売上高の割合

1　企業は、保全及び売上のレジリエンスを促進するように設計された料金体系による水道事業の売上高の割合を開示しなければならない。

1.1　保全及び売上のレジリエンスを促進するように設計された料金体系の範囲は、次のような明示的かつ意図的に設計された料金体系に限定する。

1.1.1　水消費量を削減するか又は水効率を改善することを顧客に財務的に動機付けする。

1.1.2　主に平均的な顧客の水使用量が減少するか又は平均的な顧客の水効率が改善される状況において、水道事業者の売上のレジリエンスを向上させる。

1.2　保全及び売上のレジリエンスを促進するように設計された料金体系の範囲には、売上デカップリング料金体系を含める。

1.2.1　売上デカップリング料金体系は、企業の固定費回収を販売量から切り離し、企業の売上を、規制が決定する売上要件に基づいて徴収する、料金調整メカニズムと定義する。

1.2.2　売上デカップリング料金体系は、「売上規制」又は「売上キャップ規制」という場合もあり、規制当局は、許容される売上要件を設定し、実際の販売に関係なく、その許容される売上、又は「目標」売上を達成するように回収を調整する。

1.2.3　売上デカップリング料金体系の範囲に関する追加的なガイダンスは、「Alternative Regulation and Ratemaking Approaches for Water Companies」（「The Brattle Group」、2013年9月23日）に収載されている。

1.3　保全及び売上のレジリエンスを促進するように設計された料金体系の範囲には、逸失売上調整メカニズム（LRAM）を含む料金体系を含める場合がある。

1.3.1　LRAMを含む料金体系は、企業が直接管理しているか又は導入している水保全、水効率又は需要面の管理プログラムの直接的な結果として失われた売上を回収することを可能にするメカニズムを含む定量料金と定義する。

1.3.2　売上デカップリング料金体系の範囲に関する追加的なガイダンスは、「Alternative Regulation and Ratemaking Approaches for Water Companies」（「The Brattle Group」、2013年9月23日）に収載されている。

1.3.3　LRAMの範囲には、プログラムの実際のインパクトに基づく逸失売上の見積りを行うことができるメカニズムを含めるが、計画又は予想される（forecast）プログラムのインパクトは除外する（「Alternative Regulation and Ratemaking Approaches for Water Companies」（「The Brattle Group」、2013年9月23日）に記述されているとおりである。）。

1.4　保全及び売上のレジリエンスを促進するように設計された料金体系の範囲からは、保全を促

© IFRS Foundation

511

進するように明示的に設計されたその他の料金メカニズムが存在しない場合、直線的な固定
変動料金設計は除外する。

2　この割合は、保全及び売上のレジリエンスを促進するように設計された料金体系から生じる規制水
道事業の売上高を、規制水道事業の総売上高で除して計算しなければならない。

3　開示の範囲は、水道事業及びサービスに限定する（廃水及び豪雨水サービスは除外する。）。

IF-WU-420a.2. 市場ごとの効率化の取組み（measures）による顧客の節水量

1　企業は、自社のそれぞれの市場について、報告期間中に企業が導入するか又はその他の方法で支援
した水の効率化の取組み（measures）からの節水量の総量を、立方メートル単位で開示しなければ
ならない。

　1.1　市場は、明確な公共事業の規制監督の対象となる事業と定義する。

2　節水量は、総量削減アプローチに従い、参加の理由にかかわらず、効率化プログラムへの参加者が
行ったプログラム関連のアクションの結果として生じた、水消費量又は需要の変化と定義しなけれ
ばならない。

　2.1　企業は、純節約量ベースで節水量を報告する市場をリスト化すべきであり、ここで開示する
　　　　数値と異なる場合がある。

　　　2.1.1　純節水量は、具体的に水効率化プログラムに貢献でき、かつ当該プログラムが存在
　　　　　　していなければ生じなかったであろう消費量の変化と定義する。

3　そのような節約が生じる場合、節水量は総量ベースで計算しなければならないが、法域の評価、測
定及び検証（EM&V）規制において定められる方法と整合していなければならない。

4　法域の規制が存在しない場合、企業は、「効率性評価機構」（EVO）の「International Performance
Measurement and Verification Protocol: Concepts and Options for Determining Energy and Water
Savings, Volume 1（IPM&Vプロトコル）」に概説されている測定及び検証方法と整合する方法で節
水量を計算しなければならない。

5　企業は、「EVO IPM&Vプロトコル」及び法域の規制を規範的な参照先とみなさなければならない。
したがって、毎年行われる更新はすべて、本ガイダンスの更新とみなさなければならない。

6　開示の範囲は、水道事業及びサービスに限定する（廃水及び豪雨水サービスは除外する。）。

IF-WU-420a.2に関する注記

1　企業は、自社の関連するそれぞれの市場について、規制が要求する顧客効率化の取組み（measures）
を記述しなければならない。これには、次の事項を含める。

　1.1　それぞれの市場について、規制が要求する効率化の取組み（measures）からの節水量又は節
　　　　水率

　1.2　節水義務違反の事例

　　　1.2.1　そのような事例において、企業は、提供した節水量と規制が要求する量との差異を
　　　　　　開示しなければならない。

_512_　　　　　　　　　　　　　　© IFRS Foundation

「気候関連開示」の適用に関する産業別ガイダンス

 1.3 提供する節水量のうち、規制が要求する節水量を上回り、その結果、企業がエネルギー効率パフォーマンス・インセンティブを受け取ることになったもの（そのようなインセンティブの額を含む。）

2 企業は、水の効率化を可能にするか又は動機付けする、それぞれの市場における規制の形態を記述しなければならない。これには、そのような規制に関連する便益、課題及び財務的影響（effects）についての説明を含める。

3 説明すべき関連する方針のメカニズムには、次のものを含める場合がある。

 3.1 繰延デカップリング（deferral decoupling）

 3.2 当期のデカップリング（current period decoupling）

 3.3 単一の固定変動料金

 3.4 逸失売上調整

 3.5 水効率フィーベート（feebates）

4 企業は、顧客が最終利用効率を改善するように企業が開発したインセンティブを記述する場合がある。これには、顧客の水効率化を助成するための動的価格設定、水効率リベート及びその他の方法を含める場合がある。

5 企業は、エンドユーザーの水効率を管理するために参加した自主的な取組みを記述する場合がある。

水供給のレジリエンス

トピックサマリー

水供給システムは、地下水及び地表水源から取水する。水供給は、直接アクセスする場合、又は第三者（多くの場合は政府機関）から購入する場合がある。水不足、水源の汚染、インフラの障害、規制上の制限、利用者の競合及び顧客による過剰消費はすべて、十分な水供給へのアクセスを危うくする場合がある要因である。これらの問題は、気候変動による極度で頻繁な干ばつのリスクの増加と相まって、不十分な水の供給又は義務化された水の制限をもたらす場合がある。関連する財務的影響（impacts）は、料金体系に応じてさまざまな方法で現れる場合があるが、売上の減少を通じて企業価値に影響を与える（impact）可能性が最も高い。水供給の問題は、購入水の価格を上昇させる場合もあり、その結果、事業コストが上昇する可能性がある。地震などの事象によって生じる可能性がある送水路及び運河などの重要な（critical）インフラの障害は、水道供給システムの顧客に壊滅的なリスクをもたらす可能性があり、計り知れない財務上の影響（consequences）をもたらす可能性がある。企業は、水供給の多様化、持続可能な取水量、技術及びインフラの改善、緊急時の計画、規制当局及びその他の主要な利用者とのポジティブな関係、及び料金体系を通じて、水供給リスク（及びそれに伴う財務リスク）を緩和する場合がある。

指標

IF-WU-440a.1. 「ベースライン水ストレス」が「高い」又は「極めて高い」地域から得られた水の総量、第三者から購入した割合

1 企業は、「ベースライン水ストレス」が「高い（40~80%）」又は「極めて高い（＞80%）」地域のす

© IFRS Foundation

513

べての水源から調達した淡水の量を、千立方メートル単位で開示しなければならない。

1.1 水資源には、地表水（湿地、河川、湖及び海からの水を含む。）、地下水及び第三者から購入した卸売水を含める。

1.2 淡水は、企業が事業を営む地域の法令に従い定義する場合がある。法令による定義が存在しない場合、淡水は、1,000ppm未満の溶解固形物を含む水とみなさなければならない。

1.3 法域の飲料水規制に準拠して水道事業者から取得した水は、淡水の定義を満たすとみなすことができる。

1.4 「ベースライン水ストレス」が「高い」又は「極めて高い」とは、「世界資源研究所」（WRI）の「水リスク・アトラス」（Water Risk Atlas）ツールである「Aqueduct」によって分類しなければならない。

2 企業は、「ベースライン水ストレス」が「高い」又は「極めて高い」地域を源泉とする第三者から購入した淡水の割合を開示しなければならない。

2.1 この割合は、「ベースライン水ストレス」が「高い」又は「極めて高い」地域を源泉とする淡水で第三者から購入した量（千立方メートル単位）を、「ベースライン水ストレス」が「高い」又は「極めて高い」地域から得られた淡水の総量（千立方メートル単位）で除して計算しなければならない。

IF-WU-440a.2. 顧客へのリサイクルした水の供給量

1 企業は、リサイクルして顧客に供給した水の量を、立方メートル単位で開示しなければならない。

2 リサイクルした水は、さまざまな目的で使用することを意図しており、特定の水質要件を満たすように処理した廃水と定義しなければならない。これには、次のものを含める場合がある。

2.1 飲用での再利用。これは、飲用水処理の前に環境上の緩衝が存在する場合の、飲用水供給の直接的増加及び飲用水源の間接的増大などである。

2.2 非飲用での再利用。これは、レクリエーション用の景観灌漑、農業での再利用、工業プロセスでの再利用及び環境での再利用（例えば、湿地帯強化及び地下水涵養）などである。

3 供給されるリサイクルした水の量は、リサイクルが行われる法域で適用される法域の法令が定める、リサイクルした水の利用を承認することについての水質基準を満たす水の量として計算しなければならない。

IF-WU-440a.3. 水資源の質及び利用可能性に関連するリスクを管理するための戦略についての説明

1 企業は、水資源の質及び利用可能性並びに水資源へのアクセスに関連する重大な（significant）リスクを識別し記述しなければならない。これには、そのようなリスクを管理するための自社の戦略を含める。

1.1 提供すべき関連する情報には、次のものを含める場合がある。

1.1.1 環境上の制約－水ストレス地域の水資源、干ばつ、経年変動若しくは季節変動、深刻な気象事象、気候変動のインパクトからのリスク及び汚染された供給源に関連す

© IFRS Foundation

「気候関連開示」の適用に関する産業別ガイダンス

るインパクト又はリスクなど

1.1.2 規制、インフラ及び財務上の制約－水を入手するために不可欠なインフラへの依拠、十分な水を入手するための規制上の制限のリスク、又は企業が水利権、許可及び割当を取得し保持する能力、並びに水源に関連する利害関係者の認識及び懸念（例えば、地域社会、非政府組織及び規制機関の組織からのもの）など

1.1.3 水源ごとにリスクがどのように異なる場合があるか。これには、地表水（湿地、河川、湖及び海からの水を含む。）、地下水、雨水又は卸売水の供給を含める。

2 企業は、これらのリスクが自社の事業に対して有する場合がある潜在的な影響（impacts）及びそのようなリスクが顕在化すると見込まれる時間軸の記述を含めなければならない。

2.1 影響（impacts）は、コスト、売上、債務、事業の継続性、水へのアクセス及びレピュテーションに関連するものを含める場合がある。

3 企業は、関連する場合に次のものを含む、これらのリスクを管理するための短期的及び長期的な自社の戦略又は計画について説明しなければならない。

3.1 水源の多様化

3.2 重大な（critical）インフラ障害が発生した場合のコンティンジェンシー・プラン

3.3 全体的なインフラの意思決定を全体的な流域の目標に整合させるための、代替となる流域ベースのアプローチの利用

3.4 戦略、計画又は目標の範囲。これは、異なる事業単位（例えば、家庭用か工業用か）、地域又は規制の枠組み（例えば、料金体系又は強制的な水使用制限）に異なるように関係しているかどうかなどである。

3.5 水ストレス下の又は水不足の地域から調達する水を管理するために設定された活動及び投資、並びに水不足に対処する能力に影響を与える（affect）場合があるリスク又は制限要因

3.6 上位の水利権、許可又は割当を通じた信頼性の高い長期的な水供給を確保し維持するための取組み（efforts）。これには、十分な割当量が入手可能でない場合の、企業の水の確保（例えば、第三者からの購入による）能力を含める。

4 戦略、計画及びインフラ投資の開示は、報告期間中にアクティブ又は完了した活動に限定しなければならない。

5 企業は、水不足の管理が、土地利用（例えば、貯水池などの貯水施設の開発）、エネルギー消費及び温室効果ガス（GHG）排出のトレードオフを含む、追加的なライフサイクルへのインパクト又はトレードオフをもたらすかどうか、並びにライフサイクルのトレードオフにもかかわらず、企業がこれらの実務を選択した理由について説明しなければならない。

ネットワークのレジリエンス及び気候変動のインパクト

トピックサマリー

気候変動は、インフラ及び事業に潜在的なインパクトを与えるため、給水及び廃水システムに不確実性を

© IFRS Foundation

515

もたらす場合がある。気候変動は、水ストレスの増加、過酷な気象現象の頻発、水質の低下及び海面上昇をもたらす場合があり、事業者の資産及び事業を損なう可能性がある。水の供給及び廃水処理は、事業上の継続性を維持することが最も重要な（importance）基本的なサービスである。暴風雨の頻度及び深刻さ（severity）が増加することは、水及び廃水処理施設にとって課題となり、これらの要因がサービスの継続性に影響を与える（affect）可能性がある。激しい降雨は、処理施設の能力を超える下水量をもたらし、結果として未処理の排水が放出される場合がある。サービスの中断による現在及び将来のリスクを最小化し、サービスの品質を改善するためには、追加の資本的支出及び事業費用が必要となる場合がある。異常気象が発生する可能性が高くなるにつれて、リダンダンシー及び戦略的計画によってこれらのリスクに対処する企業は、顧客へのサービス向上及びパフォーマンス改善をより良く図る場合がある。

指標

IF-WU-450a.1. 100年確率洪水地帯に所在する廃水処理能力

1　企業は、100年確率洪水地帯に所在する自社の廃水処理施設の能力を、1日当たりの立方メートル単位で開示しなければならない。

    1.1　100年確率洪水地帯は、任意の年に1%以上の確率で洪水が生じる土地区域と定義する。そのような区域は、1%年確率洪水、1%年超過確率洪水、又は100年確率洪水の対象とも呼ぶ場合がある。

        1.1.1　100年確率洪水地帯の例には、沿岸氾濫原、主要河川沿い氾濫原、低地の浸水による洪水の対象となる区域を含める場合がある。

2　開示の範囲には、100年確率洪水地帯に所在する、企業のすべての廃水処理施設を含めなければならない。

IF-WU-450a.2. 衛生下水道のオーバーフロー（SSO）の(1)件数及び(2)量、並びに(3)回収した量の割合

1　企業は、(1)企業の運営上の管理権の下にある下水道システムから発生した衛生下水道のオーバーフロー（SSO）の件数を開示しなければならない。

    1.1　SSOは、衛生下水道システムからの廃水のオーバーフロー、流出、放出又は流用と定義する。

    1.2　規制がSSOの報告を要求していない場合、企業は、用いた計算方法又は方法の組み合わせを開示しなければならない。関連する方法には、次のものを含める場合がある。

        1.2.1　時間及び流量の比較方法

        1.2.2　上流の横方向接続法

        1.2.3　連続流量測定

2　企業は、(2)企業の運営上の管理権の下にある下水道システムから発生したSSOの量を、立方メートル単位で開示しなければならない。

    2.1　SSOの量は、対応する法域における規制上の報告に使用されている方法に従って計算しなければならない。

_516_　　　　　　　　　© IFRS Foundation

「気候関連開示」の適用に関する産業別ガイダンス

3 企業は、(3)回収したSSOの割合を、量ごとに報告しなければならない。

3.1 この割合は、SSOにより環境に排出された下水のうち回収した量（立方メートル単位）を、SSOにより環境に排出された下水の総量で除して計算しなければならない。

3.2 回収した量は、排出された下水量のうち、回収し、衛生下水道システム、民間の側溝又は収集システムに戻した下水量と定義する。

3.3 回収したSSOの量は、対応する法域における規制上の報告に用いる方法に従い計算しなければならない。

3.4 規制がSSOの回収量の報告を要求していない場合、企業は、用いた計算方法又は方法の組み合わせを開示しなければならない。関連する方法には、次のものを含める場合がある。

3.4.1 実測値による方法

3.4.2 目視による推定法

4 企業は、SSOの件数及び量を軽減し、そのような発生を低減するためのプログラム及び取組みを記述する場合がある。これには、適用される法域の法令上の当局が監督するプログラム及び企業が内部で開発したプログラムを含める。

IF-WU-450a.3. (1)計画外のサービスの中断の件数、及び(2)影響を受けた（affected）顧客の数（それぞれの期間のカテゴリー別）

1 企業は、(1)自社の飲用水供給サービスに対する計画外のサービスの中断の件数、及び(2)そのような中断によって影響を受けた（affected）顧客の総数を開示しなければならない。

1.1 計画外のサービスの中断は、中断が発生した法域において適用される法域の法令に従い定義しなければならない。

1.2 中断を定義する規制が存在しない場合、中断は、完全断水、低流量制限、水道水の煮沸勧告及び水道本管洗浄の事案とみなさなければならない。また、サービスの低下が発生したが通常の活動（例えば、食器洗浄、シャワー、洗濯及びトイレ洗浄）が維持されている事案は除外する。

1.3 計画外のサービスの中断の範囲は、計画外又は予定外の中断及び予定された中断期間を超える中断に限定しなければならない。

1.3.1 予定された中断は、中断が発生した地域の規制に従い定義しなければならない。そのような規制が存在しない場合、予定された中断は、企業が最低24時間前に事前通知を行った中断とみなされなければならない。

1.4 顧客は、単一の物件における水道サービスについての個々のサービス契約の数として定義する。ここでは、1人の個人が複数の物件を所有し、複数回にわたり顧客としてカウントされる場合がある。

2 企業は、計画外のサービスの中断の件数及び影響を受けた（affected）顧客の数を、期間の長さのカテゴリー別に開示しなければならない。

2.1 期間の長さのカテゴリーは、4時間未満、4時間以上12時間未満又は12時間以上である。

2.2 中断の期間は、計画外のサービスの中断が確認された後、すべての水道企業の従業員及び水道企業に従事する請負業者が、すべての計画外又は緊急の是正活動に要する時間と定義する。

3 開示の範囲は、水道事業及びサービスに限定する（廃水及び豪雨水サービスは除外する。）。

4 企業は、企業が意図的に計画するか又は予定した中断の件数、影響を受けた（affected）顧客の数及びそれらの中断期間を別個に開示する場合がある。

IF-WU-450a.3に関する注記

1 企業は、相当数（a significant number）の顧客に影響を与えた（affected）中断及び長時間の中断など、重大な（notable）サービスの中断について説明しなければならない。

2 そのような中断について、登録者は、次のことを提供すべきである。

2.1 サービスの中断の記述及び原因

2.2 サービスの中断に伴うコスト

2.3 将来のサービスの中断の可能性を軽減するために講じられた措置

2.4 その他の重大な（significant）結果（例えば、法的手続）

IF-WU-450a.4. 気候変動が配水及び廃水インフラに与える影響（impact）に関連するリスク及び機会を識別及び管理する取組み（efforts）の記述

1 企業は、自社の配水及び廃水インフラに与える気候変動関連の影響（impacts）に関連するリスク及び機会を識別し管理するための自社の取組み（efforts）を記述しなければならない。

1.1 リスクには、とりわけ、サービスの中断をもたらす可能性がある気候変動関連の事象（例えば、海面上昇、増大する暴風雨の強度及び干ばつのインパクト）から生じる、企業の物理的インフラに対する脅威を含める。

1.2 機会には、企業の現在のサービス領域内でのインフラ改善の必要性及び水インフラを通じて自社のサービスを拡大する機会を含める。

2 企業は、自社の配水及び廃水インフラに対するリスク及びその脆弱性の可能性をどのように識別し優先順位付けするかを記述しなければならない。

2.1 記述すべき関連するリスク及び脆弱性には、企業の配水インフラの築年数年齢、地理的な場所及び物理的品質に関連するものを含める場合がある。

2.2 説明すべき関連する取組み（efforts）には、気候変動への適応及び緩和プログラムへの関与を含める。

3 企業は、自社の配水及び廃水インフラに関連するリスク及び機会を管理するための取組み（efforts）を記述しなければならない。これには、インフラの開発、現在の暴風雨の追跡、グローバルなグリッド気候モデル、及びサービスの継続性を保証するためのリダンダントなシステムの使用を含めるが、これらに限定されない。

4 開示の範囲には、すべての水、廃水及び豪雨水の事業及びサービスを含める。

518   © IFRS Foundation

「気候関連開示」の適用に関する産業別ガイダンス

4.1 　企業は、開示を水、廃水又は豪雨水サービスごとにカテゴリー分けする場合がある。

5 　企業は、料金体系及び料金決定の政治的環境の文脈において、自社の配水網に関連するリスク及び機会を管理するための自社の取組み（efforts）を記述する場合がある。これには、自社の配水網のレジリエンスを拡大し維持し強化する企業の能力に対する影響（effects）を含める。

© IFRS Foundation

519

再生可能資源及び代替エネルギーセクター

第40巻－バイオ燃料

産業の説明

「バイオ燃料」産業の企業は、バイオ燃料を生産し、生産のために原材料を加工する。有機原料を使用して、企業は主として輸送に使われるバイオ燃料を製造する。企業は典型的には農産物の流通業者から、食品、油料穀物及び畜産物を含む原料を調達する。エタノールとバイオディーゼルは最も広く生産されているバイオ燃料であるが、他の種類としてはバイオガス、バイオ水素及び合成バイオ燃料があり、さまざまな有機原料を用いて生産される。バイオ燃料企業の顧客は、主として燃料混合を行う企業及び燃料供給を行う企業であり、これには大手総合石油企業も含まれる。再生可能燃料の使用に関連する政府の規制が、この産業の重大な（significant）需要を左右する要因である。

サステナビリティ開示トピック及び指標

表1. サステナビリティ開示トピック及び指標

トピック	指標	カテゴリー	測定単位	コード
製造における水管理	(1)総取水量、(2)総消費水量、及びそれらの「ベースライン水ストレス」が「高い」又は「極めて高い」地域の割合	定量	千立方メートル(m^3)、パーセンテージ(%)	RR-BI-140a.1
	水管理リスクの記述並びに当該リスクを緩和するための戦略及び実務の説明	説明及び分析	該当なし	RR-BI-140a.2
	水質の許認可、基準及び規制に関連する違反事案（incidents of non-compliance）の件数	定量	数	RR-BI-140a.3
ライフサイクル排出バランス	バイオ燃料のタイプ別のライフサイクル温室効果ガス（GHG）排出	定量	メガジュール(MJ)当たりのCO_2相当グラム数	RR-BI-410a.1
原料生産の調達及び環境インパクト	原料生産の環境インパクトに関連するリスクを管理するための戦略についての説明	説明及び分析	該当なし	RR-BI-430a.1

「気候関連開示」の適用に関する産業別ガイダンス

トピック	指標	カテゴリー	測定単位	コード
	環境サステナビリティ基準の第三者認証を受けたバイオ燃料生産の割合	定量	リットル数のパーセンテージ(%)	RR-BI-430a.2
	政府プログラムを通じて受け取った補助金額	定量	表示通貨	RR-BI-530a.1
法規制環境の管理	産業に影響を与える（affecting）環境的及び社会的要因に対処する政府規制又は政策提言に関連する企業のポジションについての説明	説明及び分析	該当なし	RR-BI-530a.2

表2. 活動指標

活動指標	カテゴリー	測定単位	コード
バイオ燃料生産能力	定量	百万リットル（ML）	RR-BI-000.A
(1)再生可能燃料、(2)先進バイオ燃料、(3)バイオディーゼル及び(4)セルロース系バイオ燃料の生産	定量	百万リットル（ML）	RR-BI-000.B
生産時に消費される原料の量[66]	定量	メートル・トン(t)	RR-BI-000.C

製造における水管理

トピックサマリー

バイオ燃料の精製は、水集約的である。バイオ精製所では、原料の処理、発酵、蒸留及び冷却に水が必要である。バイオ精製所での水の使用は、原料作物の生産中に消費される量に比べてあまり多くないが、集中的に使用されるため、地域の水資源に影響を与える（affect）場合がある。施設は、塩類、有機化合物、溶存固形物、リン及びその他の物質を含む廃水を生成する場合もあり、廃水処理が必要である。また、バイオ燃料精製所は、水の入手可能性の低下、関連するコストの増加又は事業の中断に直面する場合がある。精製の事業による水源の汚染と同様に、精製を目的とした特定の地域からの水の採取も、規制上のリスク及び地域コミュニティとの緊張を生み出す可能性がある。そのため、事業における水の効率性及び排水の適切な処理は、バイオ燃料企業にとって重要（important）である。

---

[66] RR-BI-000.Cに関する注記 ― 生産で消費される原料の量は、報告期間中の在庫の変化を調整した原料の購入量として定義される。

© IFRS Foundation

指標

RR-BI-140a.1. (1)総取水量、(2)総消費水量、及びそれらの「ベースライン水ストレス」が「高い」又は「極めて高い」地域の割合

1 企業は、すべての水源から引き出された水の量を、千立方メートル単位で開示しなければならない。

    1.1 水資源には、地表水（湿地、河川、湖及び海からの水を含む。）、地下水、企業が直接収集し貯留した雨水、並びに地方自治体の水道供給者、水道事業者又はその他の企業から取得した水及び廃水を含める。

2 企業は、例えば、取水量の大部分（significant portions）が非淡水源からのものである場合、その供給を水源別に開示することがある。

    2.1 淡水は、企業が事業を営む地域の法令に従い定義する場合がある。法令による定義が存在しない場合、淡水は、1,000ppm未満の溶解固形物を含む水とみなさなければならない。

    2.2 法域の飲料水規制に準拠して水道事業者から取得した水は、淡水の定義を満たすとみなすことができる。

3 企業は、自社の事業で消費した水の量を、千立方メートル単位で開示しなければならない。

    3.1 水消費は次のように定義する。

        3.1.1 取水、使用及び排水中に蒸発する水

        3.1.2 製品又はサービスに、直接的又は間接的に組み込まれる水

        3.1.3 その他、取水源と同じ集水域に戻らない水（別の集水域又は海に戻る水など）

4 企業は、すべての事業における水リスクを分析し、「世界資源研究所」（WRI）の「水リスク・アトラス」（Water Risk Atlas）ツールである「Aqueduct」によって、「ベースライン水ストレス」が「高い（40～80%）」又は「極めて高い（>80%）」と分類された場所で取水し水消費する活動を識別しなければならない。

5 企業は、「ベースライン水ストレス」が「高い」又は「極めて高い」場所で取水した水について、総取水量に対する割合で開示しなければならない。

6 企業は、「ベースライン水ストレス」が「高い」又は「極めて高い」場所で消費した水について、総消費水量に対する割合で開示しなければならない。

RR-BI-140a.2. 水管理リスクの記述並びに当該リスクを緩和するための戦略及び実務の説明

1 企業は、取水、水消費並びに水又は廃水の排出に関連する水管理リスクを記述しなければならない。

    1.1 取水及び水消費に関連するリスクには、十分で清潔な水資源の入手可能性に対するリスクを含める。これには次のものを含める。

        1.1.1 環境上の制約 ― 水ストレス地域での事業、干ばつ、水生生物の閉込み又は巻込みの懸念、経年変動又は季節変動、及び気候変動のインパクトからのリスクなど

        1.1.2 規制及び財務上の制約 ― 水コストの変動、取水に関連する利害関係者の認識及び懸

「気候関連開示」の適用に関する産業別ガイダンス

念（例えば、地域社会、非政府組織及び規制当局からのもの）、他の水利用者との直接的な競合及びその行為からのインパクト（例えば、企業及び地方自治体の水利用者）、規制による取水制限、並びに水利権又は許認可を取得し保持する企業の能力に対する制約など

1.2 水又は廃水の排出に関連するリスクには、排出に関連する権利又は許認可を取得する能力、排出に関連する規制への準拠、排出に対する制約、排水の温度管理を維持する能力、義務、レピュテーション・リスク、並びに、排水に関連する規制、利害関係者の認識及び懸念（例えば、地域社会、非政府組織及び規制当局からのもの）による事業コストの増加を含める。

2 企業は、次の文脈において水管理リスクを記述する場合がある。

2.1 地表水（湿地、河川、湖及び海からの水を含む。）、地下水、企業が直接収集し貯留した雨水、並びに地方自治体の水道供給者、水道事業者又はその他の企業から取得した水及び廃水を含む取水源によって、リスクがどのように異なる場合があるか

2.2 地表水、地下水又は廃水処理施設を含む排出先によって、リスクがどのように異なる場合があるか

3 企業は、水管理リスクが自社の事業に対して有する場合がある潜在的な影響（effects）及びそのようなリスクが顕在化すると見込まれる時間軸について説明する場合がある。

3.1 影響（effects）には、コスト、売上、負債、事業の継続性及びレピュテーションに関連するものを含める。

4 企業は、水管理リスクを緩和するための短期的及び長期的な戦略又は計画について説明しなければならない。これには次のものを含める。

4.1 戦略、計画、ゴール又は目標の範囲（さまざまな事業単位、地域又は水を消費する事業プロセスとどのように関連しているかなど）

4.2 優先する水管理のゴール又は目標、及び、それらのゴール又は目標に対するパフォーマンスの分析

4.2.1 ゴール及び目標には、取水量の削減、水消費量の削減、排水量の削減、水生生物の閉込みの軽減、排水の質の改善及び規制遵守に関連するものを含める。

4.3 計画、ゴール又は目標を達成するために必要な活動及び投資、並びに計画又は目標の達成に影響を与える（affect）場合があるリスク又は制限要因

4.4 戦略、計画、ゴール又は目標の開示は、報告期間中に進行中（アクティブ）であったか、又は完了した活動に限定しなければならない。

5 水管理の目標について、企業は追加で次のものを開示しなければならない。

5.1 目標が絶対量ベース又は原単位ベースのいずれであるか、及び目標が原単位ベースである場合は指標の分母

5.2 水管理活動の時間軸（開始年、目標年及び基準年を含める。）

5.3 次のものを含む、目標を達成するためのメカニズム

© IFRS Foundation

523

5.3.1 水のリサイクル又は循環システムの使用などの、効率化に関する取組み（efforts）

5.3.2 必要な水の量を減らすための製品又はサービスの再設計などの、製品のイノベーション

5.3.3 水生生物の閉込み又は巻込みの軽減を可能にするような、プロセス及び機器のイノベーション

5.3.4 水の使用、リスク及び機会を分析するためのツール及び技術の使用（例えば、「世界自然保護基金」の「Water Risk Filter」、「Global Water Tool」及び「Water Footprint Network Footprint Assessment Tool」）

5.3.5 地域又は他の組織との実施されているコラボレーション又はプログラム

5.4 基準年からの削減率又は改善率。基準年は、目標の達成に向けて、水管理の目標が評価される最初の年である。

6 企業は、水管理の実務が、組織内で追加的なライフサイクルへのインパクト又はトレードオフをもたらすかどうかについて説明しなければならない。これには、土地利用、エネルギー生産及び温室効果ガス（GHG）排出のトレードオフを含める。また、ライフサイクルのトレードオフにもかかわらず、企業がこれらの実務を選択した理由についても説明しなければならない。

RR-BI-140a.3. 水質の許認可、基準及び規制に関連する違反事案（incidents of non-compliance）の件数

1 企業は、技術ベースの基準への違反（violations）並びに水量ベース又は水質ベースの基準の超過を含め、違反事案（incidents of non-compliance）の総数を開示しなければならない。

2 開示の範囲には、適用される法域の法的許認可及び規制が適用される事案（incidents）を含める。これには、危険物質の排出（discharge）、前処理要件への違反（violation）又は1日当たりの総最大負荷量（TMDL）の超過を含める。

3 開示の範囲には、正式な執行措置をもたらした違反事案（incidents of non-compliance）のみを含めなければならない。

3.1 正式な執行措置は、水量又は水質に関する法令、政策又は命令への違反（violation）又は違反のおそれ（threatened violation）に対処する政府の措置と定義し、とりわけ、行政罰命令、行政命令及び司法措置をもたらす可能性がある。

4 違反（violations）は、測定方法又は頻度にかかわらず、開示しなければならない。これには、次の違反（violations）を含める。

4.1 継続的な排出（discharges）、制限、基準及び禁止事項で、一般的に1日平均、週平均及び月平均の最大値で表されるもの

4.2 非継続的な排出（discharges）又は制限で、一般的に頻度、総質量、最大排出率及び特定の汚染物質の質量又は濃度の観点で表されるもの

524 © IFRS Foundation

「気候関連開示」の適用に関する産業別ガイダンス

ライフサイクル排出バランス

トピックサマリー

世界のバイオ燃料生産の急速な成長は、輸送燃料からのネットGHG排出の削減及び化石燃料への依存度の低減を目指す政府のエネルギー政策により促進されてきた。世界中の主要な再生可能燃料政策のほとんどは、再生可能燃料の使用義務の閾値を満たすために、バイオ燃料が化石燃料のベースラインと比較してライフサイクルにわたるGHG排出の削減を達成することを要求している。バイオ燃料のライフサイクル排出の計算には、原料作物の生産及び土地利用、燃料精製、燃料及び原料の輸送、並びに車両から排出される間接排出及び直接排出を含める場合がある。バイオ燃料生産者は、エネルギー管理（燃料の使用）、プロセスのイノベーション、及び排出プロファイルの低い原料の使用を通じて、精製プロセス中におけるネット排出に直接影響を与える（influence）場合がある。ネット排出の削減を達成する燃料製品は高度なバイオ燃料として適切である場合があり、将来の需要が増加する可能性がある。製品のネット炭素排出を費用対効果の高い方法で削減するバイオ燃料企業は、競争力のある製品優位性を獲得し、売上の成長を促進し、市場シェアを拡大する場合がある。

指標

RR-BI-410a.1. バイオ燃料のタイプ別のライフサイクル温室効果ガス（GHG）排出

1 企業は、生産するバイオ燃料のそれぞれのカテゴリーについて、ライフサイクルGHG排出（メガジュール当たりのCO_2相当のグラム単位）を開示しなければならない。

    1.1 ライフサイクルGHG排出は、燃料ライフサイクル全体に関連するGHG排出（直接排出及び土地利用の変化による重大な（significant）排出などの重大な（significant）間接排出を含む。）の合計量と定義する。これには、原料の生成又は抽出から、完成燃料の流通及び提供を通じ、最終的な消費者及び燃料の使用に至るまで、燃料及び原料の生産及び流通のすべての段階を含める。ここにおいて、すべてのGHGの質量値は、相対的な地球温暖化係数を考慮するために調整する。

    1.2 企業は、生産する次のバイオ燃料のタイプのそれぞれについて、ライフサイクルGHG排出を開示しなければならない。(1)再生可能燃料、(2)先進バイオ燃料、(3)バイオディーゼル及び(4)セルロース系バイオ燃料。

        1.2.1 再生可能燃料は、バイオマスに由来する燃料と定義する。

        1.2.2 先進バイオ燃料は、藻類、家畜糞尿、トウモロコシの穂軸、ブドウの搾りかす及びワイン粕、ナッツの外殻、林業及び森林を基礎とした産業における外皮の廃棄物及び残余物、並びに使用済調理用油などに由来する燃料と定義する。

        1.2.3 バイオディーゼルは、菜種、ヒマワリ、大豆、パーム油及び廃棄済調理用油のような油に由来する燃料であり、ディーゼル燃料の代わりに用いるものと定義する。

        1.2.4 セルロース系バイオ燃料は、森林から調達するバイオマス、木質エネルギー作物、藁、ストーバー（訳者注：原文はstroveだがstoverの誤りと思われる。）、外皮、草及び被覆作物などのリグニン、セルロース及びヘミセルロースにより構成される物質に由来する燃料と定義する。

© IFRS Foundation

525

2 企業は、計算に用いた適用される法域の法令を開示しなければならない。

原料生産の調達及び環境インパクト

トピックサマリー

「バイオ燃料」産業は、生産にさまざまな植物ベースの原料を使用している。ほとんどの企業は、農業生産者及び流通業者から原料を購入している。現在、世界の耕地でバイオ燃料作物が占める割合が増えている。持続不可能な栽培実務は、森林破壊及び生物多様性の喪失、土壌の劣化及び水質汚染を含む負の環境外部性を持つ可能性がある。これらの要因は、短期的及び長期的に原料作物の収量に悪影響を与える（affect）場合がある。これは、バイオ燃料生産者向けの原料の価格及び入手可能性に影響を与える（influence）場合がある。したがって、認証又はサプライヤーとの対話などを通じて、サプライ・チェーンのサステナビリティを検証することは、バイオ燃料生産者にとって重要な（important）考慮事項である。

指標

RR-BI-430a.1. 原料生産の環境インパクトに関連するリスクを管理するための戦略についての説明

1 企業は、原料生産に関連する環境インパクト及び規制上のリスクを管理するための戦略について説明しなければならない。ここでは、リスクには次のものを含める場合がある。

    1.1 気候変動のインパクトにより生じる原料供給及び価格設定に対するリスク。これは、異常気象の発生可能性の増大、清浄な水資源の入手可能性の低下、耕地に対する競争激化、及び気温上昇による作物収穫量の減少などである。

    1.2 環境の健全性に対するサプライヤーのインパクトに関連する、長期的な原料供給に対するリスク。これには、単一栽培の実務又は肥料及び殺虫剤の使用による場合がある、生物多様性及び土壌健全性へのインパクトを含める。

    1.3 規制により生じる制約。これは、再生可能燃料の使用義務におけるサステナビリティ要件の遵守、原料を栽培できる土地のタイプに関する潜在的な規制上の制限、何が再生可能なバイオマスとして適切であるかについての潜在的な制限、原料生産の環境インパクトによるバイオ燃料の使用義務への公的又は政治的支援の減少又は喪失の可能性、及び遺伝子組換作物（GMO）の使用に対する抵抗などである。

2 開示の範囲からは、RR-BI-410a.1でそれぞれ対処されているライフサイクルGHG排出に関連するリスクを除外する。

3 企業は、清浄な水資源の入手可能性を、原料供給又は価格設定に対するリスクとして識別する場合、水ストレスを伴う原料栽培地域に対する脆弱性及びこれらの地域からの原料を調達することによる価格変動のリスクをどのように管理しているかについて説明しなければならない。

    3.1 企業は、「世界資源研究所」（WRI）の「水リスク・アトラス」（Water Risk Atlas）ツールである「Aqueduct」を用いて、「ベースライン水ストレス」が「高い（40〜80%）」又は「極めて高い（＞80%）」栽培地域からの既知の原料調達を識別すべきである。

_526_ © IFRS Foundation

「気候関連開示」の適用に関する産業別ガイダンス

4　企業は、原料生産に関連するリスク又は機会をどのように管理しているかを記述しなければならない。これには、規制によって生じる制約並びに入手可能性及び価格に対する制限を含める。

4.1　説明すべき関連する戦略には、環境サステナビリティ基準の第三者認証を受けた原料生産者からの調達、サプライヤーの多様化、原料調達要件を用いて環境インパクトが少ない又は環境外部性の影響（effects）への適応可能性が高いさまざまな原料（例えば、干ばつ耐性又は耐病性の原料）のサプライヤーを選定すること、サプライヤー監査、企業が原料調達源をより強くコントロールしている地域からの調達、並びに環境外部性の影響を比較的受けづらい（less susceptible）代替原料及び代用原料の研究開発（R&D）への支出を含める。

4.2　企業は、原料サプライヤーを評価するために用いるサステナビリティ要件を開示すべきである。

RR-BI-430a.2. 環境サステナビリティ基準の第三者認証を受けたバイオ燃料生産の割合

1　企業は、環境サステナビリティ基準の第三者認証を受けたバイオ燃料の生産量を、バイオ燃料の総生産量で除した割合を計算しなければならない。

2　環境サステナビリティ基準には、「Bonsucro」、「the Council on Sustainable Biomass Production」（CSBP）、「International Sustainability & Carbon Certification」、「Roundtable on Sustainable Biomaterials」（RSB）及び「Roundtable on Responsible Soy」（RTRS）だけでなく、同等の要件を有するその他の基準を含める。

2.1　少なくとも、基準には次の環境サステナビリティ・トピックを含めるべきである。

2.1.1　GHG及びその他の大気排出、水消費及び水質、土壌健全性、肥料及び殺虫剤の使用、土地利用の変化、生物多様性並びに廃棄物管理

3　企業は、バイオ燃料が認証を受けている認証スキーム及びそれぞれのスキームの認証を受けている生産の割合を開示すべきである。

法規制環境の管理

トピックサマリー

「バイオ燃料」産業は、政府の政策及び規制に依存している。政府の政策及び規制は、市場の需要を生み出し、税制優遇措置及びその他の原料生産への支援によって供給を動機付けている。「バイオ燃料」産業は、再生可能燃料政策、生産税額控除及び原料生産に関連するいくつかの規制及び政策を支援している。規制による支援は、バイオ燃料市場を支援することでポジティブかつ短期的な利益をもたらす可能性があるが、原料及びバイオ燃料の生産による潜在的かつ長期的な環境への負のインパクトは、有益な政策を覆し、規制環境をより不確実にする場合がある。したがって、バイオ燃料企業は、長期的に持続可能なビジネスの結果と整合し、環境外部性を考慮した、規制当局に関与するための明確な戦略を開発することで、便益を得る場合がある。

© IFRS Foundation

指標

RR-BI-530a.1. 政府プログラムを通じて受け取った補助金額

1   企業は、報告年度中に政府プログラムを通じて受け取った補助金の額を開示しなければならない。補助金には、混合及び生産税額控除などの税額控除、研究開発などのプロジェクトへの資金提供、輸入関税、直接支払、資本補助金、融資及び融資保証、並びに政府の省庁又はプログラムから受け取ったその他の金銭的支援を含める。

2   政府プログラムには、すべての法域レベルの世界中のプログラムを含める。

3   企業は、受け取ったバイオ燃料補助金のタイプ及びそれぞれの金額を開示する場合がある。バイオ燃料補助金のタイプには、混合及び生産税額控除、資本補助金、直接支払、融資及び融資保証、競合製品への追徴金又は関税、並びに研究開発などのプロジェクトへの資金提供を含める場合がある。

4   企業は、会計処理方法（例えば、繰延法、フロースルー法、又は投資税額控除についてのその他の会計基準の方法）にかかわらず、報告年度中に認識された合計金額として補助金の金額を開示しなければならない。

RR-BI-530a.2. 産業に影響を与える（affecting）環境的及び社会的要因に対処する政府規制又は政策提言に関連する企業のポジションについての説明

1   企業は、重大な（significant）財務的影響（impact）を有する場合がある環境的及び社会的要因に関連する、法令又はルール形成（以下あわせて「法規制環境」という。）に関連する、企業が直面するリスク及び機会を識別しなければならない。

　　1.1   この範囲には、既存、新規及び既知の将来のリスク及び機会を含めなければならない。

　　1.2   この範囲には、国内及びグローバルに存在する場合があるリスク及び機会を含めなければならない。

　　1.3   重要性がある（material）環境的及び社会的要因に関連する規制環境には、温室効果ガス以外の大気排出、温室効果ガス排出、取水及び排水、原料調達並びにプロセス及び従業員安全に関連するものを含める。

2   関連するリスクには、コンプライアンス・コストの増加、政策の転換（例えば、既存の環境規制の変更）、財務的インセンティブの喪失（例えば、税額控除の削減又は撤廃）、レピュテーション（例えば、法規制環境に関連する企業のスタンス及び行為）、法規制環境と長期的戦略との不整合、並びに顧客、投資家及びその他の利害関係者の期待との不整合を含める場合がある。

3   関連する機会には、財政状態の改善（例えば、バイオ燃料製造活動を動機付けする政策を通じて）、コミュニティとの関係改善（例えば、法規制環境に関連する企業のスタンス及び行為）、及び法規制環境と長期戦略の整合により企業が実現するその他の便益を含める場合がある。

4   企業は、本基準に含まれる、企業のビジネスに関連し、重大な（significant）財務的影響（impact）を有する場合があるトピックに関連する法規制環境のそれぞれの側面に関連するリスク及び機会を管理するための取組み（efforts）について説明しなければならない。

5   法規制環境に影響を与える（influence）取組み（efforts）に加えて、企業は、法規制環境のそれぞ

「気候関連開示」の適用に関する産業別ガイダンス

れの側面に関連する、識別されたリスク及び機会を管理するための全体的な戦略について説明しなければならない。

5.1　ビジネス構造又はビジネス・モデルに加えた又は加える予定の変更

5.2　新たな技術又はサービスの開発

5.3　事業プロセス、統制又は組織構造に加えた又は加える予定の変更

第41巻－森林管理

産業の説明

「森林管理」産業の企業は、天然林及び人工林並びに木材伐採地を所有又は管理するか、小売ではない苗畑及びゴムのプランテーションを運営する。この産業は、企業によって所有されるか又は公的な若しくは民間の地主からリースされる土地において事業を営む。企業は、典型的には、木製品の製造業者、パルプ及び紙の生産者、エネルギー生産者、及びさまざまな他の顧客に木材を販売する。一部の総合企業は、製材所、木製品施設又はパルプ及び紙施設も運営している場合があるが、これらの活動から生じるサステナビリティの論点は「建築用製品及び家具（CG-BP）」産業及び「パルプ及び紙製品（RR-PP）」産業において扱っている。

サステナビリティ開示トピック及び指標

表1. サステナビリティ開示トピック及び指標

トピック	指標	カテゴリー	測定単位	コード
生態系サービス及びインパクト	第三者の森林管理基準の認証を受けている森林の面積及びそれぞれの基準に認証された割合[67]	定量	ヘクタール、パーセンテージ（%）	RR-FM-160a.1
	保護された保全状態（protected conservation status）にある森林の面積	定量	ヘクタール	RR-FM-160a.2
	絶滅危惧種（endangered species）の生息地における森林の面積	定量	ヘクタール	RR-FM-160a.3
	森林が提供する生態系サービスからの機会を最適化するアプローチの記述	説明及び分析	該当なし	RR-FM-160a.4
気候変動への適応	気候変動によってもたらされる森林管理及び木材生産の機会及びリスクを管理する戦略の記述	説明及び分析	該当なし	RR-FM-450a.1

---

[67] RR-FM-160a.1に関する注記 － 企業は、認証されていない森林に関する森林管理の実務を記述しなければならず、一時停止又は終了した森林管理認証については、数、関連する面積及び一時停止又は終了の理由を開示しなければならない。

「気候関連開示」の適用に関する産業別ガイダンス

表2. 活動指標

活動指標	カテゴリー	測定単位	コード
企業が所有、賃貸又は管理（又はこれらの複数のもの）を行う森林の面積	定量	ヘクタール	RR-FM-000.A
総立木在庫[68]	定量	立方メートル(m^3)	RR-FM-000.B
木材伐採量[69]	定量	立方メートル(m^3)	RR-FM-000.C

生態系サービス及びインパクト

トピックサマリー

森林は、木材のアウトプットとともに、貴重な生態系サービスを提供する。これには、炭素隔離、野生生物の生息地、水の浄化及び貯留、土壌形成及びレクリエーションの機会を含める。一方、多くの地域では、環境保全を条件とする伐採権に加え、水質及び絶滅危惧種（endangered species）の保護に関連する規制は、企業に事業リスクを生み出す場合がある。そのため、管理された森林内の生態系サービスを保護又は強化することで、林業の潜在的な環境への負のインパクトに関連するレピュテーション・リスク、需要リスク及び事業リスクを緩和できる可能性がある。企業は、森林資産の価値及び生産性を高め、持続可能な方法で生産された林産物に対する消費者の需要の高まりに応える持続可能な森林管理の実務を示すために、これまで以上に第三者認証を使用している。

指標

RR-FM-160a.1. 第三者の森林管理基準の認証を受けている森林の面積及びそれぞれの基準に認証された割合

1   企業は、第三者の森林管理基準の認証を受けている森林の総面積を、エーカー単位で開示しなければならない。

　　1.1   この範囲には、企業が所有、賃貸又は管理している森林を含める。

　　1.2   第三者の森林管理基準は、企業が環境的及び社会的要件に基づいて持続可能な方法で森林を伐採していることを認証する。これには、とりわけ法令遵守、土地の権利、地域及び労働者との関係、環境インパクト及び生物多様性、森林管理の計画及び実務、土地利用、野生生物

---

[68]   RR-FM-000.Bに関する注記 ─ 企業は、立木在庫を定義するために他の測定単位を使用している場合は、その旨を追加で述べる場合があり、使用した変換係数をすべて開示しなければならない。

[69]   RR-FM-000.Cに関する注記 ─ 企業は、木材伐採量を定義するために他の測定単位を使用している場合は、その旨を追加で述べる場合があり、使用した変換係数をすべて開示しなければならない。

© IFRS Foundation

の生息地の保全、並びに水の保全を含める。

1.3 第三者の森林管理認証には、次の組織（又はこれらと同等のもの）が奨励するものを含める場合がある。

    1.3.1 「American Tree Farm System」（ATFS）

    1.3.2 「森林管理協議会」（Forest Stewardship Council; FSC）

    1.3.3 「森林認証プログラム」（Programme for the Endorsement of Forest Certification; PEFC）

    1.3.4 PEFCが承認した森林認証制度

    1.3.5 「持続可能な森林イニシアティブ」（Sustainable Forest Initiative; SFI）

2 ある森林の地域が複数の認証基準の認証を受けている場合、企業は第三者の森林管理基準の認証を受けた森林の総面積を計算する際に、その面積を複数回計算に含めてはならない。

3 企業は、それぞれの森林管理基準（例えば、FSC、SFI、PEFC及びATFS）の認証を受けた認証森林全体の割合を開示し、関連する認証（例えば、「FSC Forest Management Certification」、「SFI Forest Management Standard」、「PEFC Sustainable Forest Management」 certification、又は「ATFS Individual Third-Party」 certification）を示さなければならない。

3.1 企業は、それぞれの森林管理基準の認証を受けた森林の割合を、それぞれの基準の第三者認証を受けた面積を、企業が所有、賃貸又は管理している認証を受けた総面積で除して計算しなければならない。

4 企業は、複数の認証スキームの認証を受けている面積の割合を開示しなければならない。

RR-FM-160a.1に関する注記

1 企業は、自社が所有、賃貸又は管理している、認証を受けていない森林について適用する森林管理の実務の簡潔な記述を提供しなければならない。

2 企業は、次のものについて説明する場合がある。

2.1 次のような実務により対処するトピック及び要件。これはとりわけ、森林の生産性及び健全性、生態系及び生物多様性へのインパクトからの保護、水資源の保護、騒音のインパクト、水への排出、特別な地域の保護、プランテーション農業、伐採技法、単一栽培の使用、遺伝子組換作物（GMO）の使用、化学物質の使用、コミュニティの関与、先住民コミュニティ並びに美観及びレクリエーションなどである。

2.2 認証を受けていない森林における持続可能な森林管理計画を企業がどのように実施するのか。これには、検査のタイプ及び頻度を含める。

2.3 認証を受けていない森林についての森林管理計画の基礎となる参照先。これには、森林管理の実務が、第三者の持続可能な森林管理基準及びASTM D7480「Guide for Evaluating the Attributes of a Forest Management Plan」で概説されている要件と整合する度合い、これらの参照先がコード、ガイドライン、基準又は規制であるかどうか、並びにこれらが企業、産業、組織、第三者組織（例えば、非政府組織）、政府機関、又はこれらのグループのいく

_532_

© IFRS Foundation

「気候関連開示」の適用に関する産業別ガイダンス

つかの組み合わせによって作成されたかどうか。

3 持続可能な森林管理を確保するための方針及び実務が森林ごとに著しく（significantly）異なる場合、企業はそれぞれの認証を受けていない森林についての相違を記述し、それらが適用される面積の割合を開示しなければならない。

4 企業は、報告期間中に森林管理認証が意図せずに保留となったか又は終了したかどうかを開示しなければならない（基準を満たすことができないか、又は主要な不適合を解決できないことについて）。

5 企業は、どの認証が保留となったか又は終了したか、認証が保留となったか又は終了した土地の総面積、認証機関が述べた、なぜ認証が保留となったか又は終了したかについての理由、及び保留又は終了についてのその他の説明的情報を開示しなければならない。

6 企業は、認証が保留となったか又は終了したことに対応して実施した、関連するあらゆる是正措置について説明する場合がある。

RR-FM-160a.2. 保護された保全状態（protected conservation status）にある森林の面積

1 企業は、所有、賃貸又は管理している森林のうち、保護された保全状態（protected conservation status）を有する森林の面積（エーカー単位）を開示しなければならない。ここで、次の中に所在する場合、当該面積は保護された保全状態（protected conservation status）にあるとみなす。

    1.1 国立公園、国立野生生物保護区、原生自然地域、州有林、州立公園及び保全地役権の下にあるエリアを含む、政府の規制によって保護されていると法的に指定されているエリア。さらには、「NatureServe」及び「State Natural Resource Agencies」、並びに「Natural Heritage」若しくは「Conservation Data Centres」のネットワークに関連する機関、又は「Natura 2000」のサイトによってそのように分類されたサイト。

        1.1.1 これらのサイトは、「世界保護地域データベース」（WDPA）においてリスト化され、「ProtectedPlanet.net」にマッピングされている場合がある。

2 この範囲には、保全状態（conservation status）にあり、企業によって又は企業のために積極的に管理されているエリアを含め、保全状態（conservation status）にあるものの、保全のために排他的に確保され、積極的に管理されていないエリアは除外する。

    2.1 この範囲には、政府が所有し、企業が管理している保全状態（conservation status）を含める。

3 企業は、第三者の森林管理基準の認証を受けた、保護された保全状態（protected conservation status）にある森林の面積の割合を開示する場合がある。

4 企業は、所有、賃貸又は管理している森林のうち、保護された保全状態（protected conservation status）にあるとみなされる森林の面積に対する変化の発生可能性について説明する場合がある。

5 企業は、「国際連合環境計画の世界自然保全モニタリング・センター」（UNEP-WCMC）が作成する「A−Z Guide of Areas of Biodiversity Importance」にリスト化されているものなど、生態学上、生物多様性上又は保全上の追加的な指定のある森林の地域を別個に識別する場合がある。

© IFRS Foundation

533

RR-FM-160a.3. 絶滅危惧種（endangered species）の生息地における森林の面積

1 企業は、所有、賃貸又は管理している森林のうち、絶滅危惧種（endangered species）の生息地に所在する森林の面積（エーカー単位）を開示しなければならない。

2 森林は、適用される法域の法令により絶滅危機又は絶滅危惧（endangered or threatened）に分類されている種（species）が企業の森林に生息している場合、絶滅危惧種（endangered species）の生息地とみなされる。

3 開示の範囲には、企業が所有、賃貸又は管理している森林を含める。

4 絶滅危惧種（endangered species）は、その生息範囲のすべて又は重大な（significant）部分にわたって、絶滅の危機に瀕している種（species）と定義する。

5 絶滅危機種（threatened species）は、その範囲のすべて又は重大な（significant）部分にわたって、予見可能な将来のうちに絶滅危惧種（endangered species）になる可能性がある種（species）と定義する。

6 絶滅危惧種（endangered species）の生息地には、企業が所有、賃貸又は管理している地域における絶滅危惧種（endangered species）のリストを提供する、適用される法域の法令により正式に指定された森林を所有、賃貸又は管理している重要な（critical）生息地を含める。

7 企業は、自社の森林における絶滅危惧種又は絶滅危機種（endangered or threatened species）のタイプを開示する場合がある。

8 企業は、RR-FM-160a.2及びRR-FM-160a.3において識別された地域の間に重複が存在するかどうかを開示しなければならない。

9 企業は、絶滅危惧種（endangered species）の生息地に所在するが、生物多様性又は生態系サービスにもたらすリスクが低い森林についての説明を提供する場合がある。

10 企業は、所有、賃貸又は管理している森林のうち、絶滅危惧種（endangered species）の生息地とみなされる面積に対する、変化の発生可能性について説明する場合がある。

    10.1 説明には、次のものを含める場合がある。

        10.1.1 絶滅危惧種又は絶滅危機種（endangered or threatened species）の生息地が現在の企業の森林の近くにあるが、現在はその中ではないかどうか、及びその生息地が企業の森林と重なる可能性があるかどうか

        10.1.2 企業の森林内又はその近くにいる種（species）が、非政府の規制リストにおいて絶滅危惧種又は絶滅危機種（endangered or threatened species）に分類されているが、現在の政府の規制リストでは分類されていないかどうか、及びこれらの種（species）は絶滅危惧種（endangered species）の規制リストにより、絶滅危惧種又は絶滅危機種（endangered or threatened species）に分類される場合があるかどうか

        10.1.3 企業の森林における現在の絶滅危惧種又は絶滅危機種（endangered or threatened species）の生息地が将来変化するか又は拡大することが見込まれるかどうか

    10.2 企業は、これらの変化が起こる可能性及び影響を受ける（affected）可能性がある企業の森林の面積を開示する場合がある。

「気候関連開示」の適用に関する産業別ガイダンス

RR-FM-160a.4. 森林が提供する生態系サービスからの機会を最適化するアプローチの記述

1   企業は、自社の森林が提供する生態系サービスにより生み出される機会をどのように最適化するかについて説明しなければならない。

1.1   生態系サービスは、「ミレニアム生態系評価」(Millennium Ecosystem Assessment) により、生態系から得られる便益と定義する。これには次のものを含む。食品、新鮮な水 (fresh water)、木材及び繊維などの供給サービス (生態系から得られる商品又は製品)、気候、浸食及び受粉などの調整サービス (生態系が自然プロセスを統制することから得られる便益)、レクリエーション及び精神的便益などの文化的サービス (生態系から得られる非物質的便益)、並びに栄養循環、1次生産及び水循環などの基盤サービス (他の生態系サービスを維持するサービス)

1.2   効果的な生態系サービス管理からの機会には、地価の上昇、生産性及び木材生産量の増加、木材及び非木材林産物への直接支払、並びに利害関係者との関係改善を含める場合がある。

2   企業が直接支払を受け取っていない生態系サービスについて、企業は、これらの生態系サービスをどのように管理しているかを記述しなければならない。この説明には次のものを含めなければならない。

2.1   企業が管理している生態系サービスのタイプ。ここでは、生態系サービスのタイプに、大気質、土壌の安定化及び侵食の制御並びに文化的価値を含める場合がある。

2.2   企業の管理活動。これには、伐採、保全地域若しくは生物多様性の高い地域の管理又は森林に覆われた流域の保全に関する意思決定を含める。

3   企業が直接支払を受け取っている生態系サービスについて、企業は、非木材生態系の商品及びサービスについて企業が受け取る金額並びに受け取る報酬のタイプを開示する場合がある。これには、次のものを含める場合がある。

3.1   土地所有者への公的支払 (政府から)

3.2   土地所有者への自主的な支払 (企業、個人及び非政府組織から)

3.3   コンプライアンス主導の支払 (政府の規制に準拠するために行う支払)

4   企業は、これらの非木材又は木材生態系サービスから受け取る売上が将来変化する場合があるかどうか、及びこれらのシナリオを開発するために使用する方法又はモデルを開示する場合がある。これには、政府及び非政府組織により提供されるグローバル・モデル又は科学研究の使用を含める。

5   企業は、非木材生態系サービスの管理が、木の成長及び木材生産にどのように影響を与える (affect) と見込まれるかについて説明する場合がある。

気候変動への適応

トピックサマリー

グローバルの気候変動は、一部の森林管理企業に長期的なビジネスの不確実性を生み出す場合がある。降水パターン及び気温の変化、より頻繁な異常気象及び森林火災、並びに樹病及び害虫の増加は、死亡率の

© IFRS Foundation

535

増加又は生産性の低下を通じて森林（timberlands）に負の影響を与える（impact）場合がある。逆に、森林の生産性にポジティブに影響を与える（impacting）気候変動は、大気中の二酸化炭素の増加、生育可能期間の長期化、高緯度における気温の緩和、降水量の増加及び一部の種（species）の地理的範囲の拡大を通じて森林の生産性を促進する場合がある。このような変動性を考慮すると、企業は気候変動が森林の生産性に与える潜在的な長期的影響（impact）を識別及び理解し、森林の資産の生産性を最適化するために森林管理戦略を調整することで、便益を得る場合がある。

指標

RR-FM-450a.1. 気候変動によってもたらされる森林管理及び木材生産の機会及びリスクを管理する戦略の記述

1 企業は、所有、賃貸又は管理している森林に対し、気候シナリオがもたらすリスク又は機会について説明しなければならない。これには、関連する場合は次のものによりもたらされるものを含める。

  1.1 物理的インパクト。これには、気温の上昇、成長率の変化、季節性の変化、水の入手可能性、害虫の移動、火災の頻度の増加及び異常気象の頻度の増加を含める場合がある。

  1.2 気候変動に関連する既存の及び潜在的な法規制及び規制。これには、排出を制限し、排出に課税し、キャップアンドトレード制度を設定し、企業の製品の需要に影響を与え（affect）、又はその他の方法で企業に影響を与える（affect）ものを含める。

  1.3 気候変動に関連する国際的な同意

  1.4 気候変動に関連する法規制、技術又はその他の開発を含む、規制又はビジネスの動向の間接的な結果（consequences）

  1.5 伐採制限の増加又は利害関係者の認識若しくは懸念（例えば、地域社会、非政府組織及び規制当局からのもの）など、その他の政治的及び社会的リスク

2 識別したリスク又は機会のそれぞれについて、企業は次のものを提供しなければならない。

  2.1 リスク又は機会の記述。これには、現在の及び予想される（anticipated）（長期及び短期的な）気候変動に関連する重大な（significant）リスク又は機会についての説明及び定性的評価を含める。

    2.1.1 開示は、「環境及び社会情報の報告のためのCDSBフレームワーク」（CDSBフレームワーク）の要求事項03項に対応している。

  2.2 気候変動が企業の戦略上の目的に対して実際に及び潜在的に与える長期的及び短期的な影響（impact）の戦略的な分析

    2.2.1 開示は、「CDSBフレームワーク」の要求事項02項、05項及び06項に対応している。

  2.3 リスク又は機会が企業のビジネスに対して有する場合がある潜在的影響（effect）（直接的又は間接的）及び予測される影響（effect）の規模

    2.3.1 企業がリスク又は機会の潜在的な財務的影響（effects）を定量化した場合（開示は、「CDSBフレームワーク」の要求事項03項及び06項に対応している。）

「気候関連開示」の適用に関する産業別ガイダンス

2.4 リスク又は機会が顕在化すると見込まれる時間軸

    2.4.1 開示は、「CDSBフレームワーク」の要求事項03項に対応している。

2.5 リスク又は機会が顕在化する可能性

    2.5.1 開示は、CDPの「気候変動質問票」のCC5.1項及びCC6.1項に対応している。

3 企業は、潜在的な気候関連のリスク又は機会が次の中でどのように異なる場合があるか、並びに識別したリスク及び機会をどのように優先順位付けするかについて説明しなければならない（開示は、CDPの「気候変動質問票」のCC2.1c項に対応している。）。

3.1 企業が森林を所有、賃貸又は管理している地域

3.2 企業の製品、サービス又は市場

3.3 企業が伐採する樹種のタイプ

3.4 企業の植林による人工林及び天然林

4 企業は、気候変動によりもたらされるリスク及び機会を決定するために用いるシナリオについての説明を提供しなければならない。これには、次のものを含める。

4.1 これらのシナリオを開発するために用いる方法又はモデル。これには、政府組織及び非政府組織により提供されるグローバル・モデル又は科学的研究の使用を含める（例えば、「気候変動に関する政府間パネル　気候シナリオ・プロセス」）。

5 企業は、気候変動のリスク及び機会に関して、そのリスク管理手続について説明しなければならない。これには、次のものを含める。

5.1 将来のリスクをどれだけ考慮しているか

5.2 モニタリングの頻度

5.3 企業の軽減戦略。これには、保険の使用、樹種の多様化、森林の適応能力を強化するための行為、害虫、病気及び火災の発生のリスク及び強度を低減するための戦略、又は潜在的な損害のリスク及び強度を低減する計画を含める場合がある。

5.4 企業の適応戦略。これには、生態系管理及び生物多様性の改善、変化のモニタリング、耐性のある樹木品種の開発、並びに植栽及び伐採時期の最適化を含める場合がある。

5.5 これらの行為に関連するコスト

5.6 開示は、CDPの「気候変動質問票」のCC2.1項に対応している。

© IFRS Foundation

第42巻－燃料電池及び産業用電池

産業の説明

「燃料電池及び産業用電池」産業の企業は、エネルギー生産のための燃料電池及び電池のようなエネルギーを貯蔵する機器を製造する。この産業の製造業者は、主に、商業的なビジネス用途から、電気事業者のための大規模エネルギー・プロジェクトまで、さまざまなエネルギー生産及びエネルギー貯蔵の用途及び強度に関する製品を企業に販売する。この産業に属する企業は、典型的にはグローバルに事業を営んでおり、製品をグローバルな市場において販売している。

注記：この産業には軽自動車用途に用いられる燃料電池又は産業用電池は含まれない。このビジネス・セグメントの報告については、「自動車部品（TR-AP）」産業を参照されたい。また、この産業には、個人消費者が使用するための非産業用電池は含まれず、これは「家庭用及び個人用製品（CG-HP）」産業に分類される。

サステナビリティ開示トピック及び指標

表1. サステナビリティ開示トピック及び指標

トピック	指標	カテゴリー	測定単位	コード
エネルギー管理	(1)エネルギー総消費量、(2)電力系統からの電気の割合及び(3)再生可能エネルギーの割合	定量	ギガジュール(GJ)、パーセンテージ(%)	RR-FC-130a.1
製品の効率	製品用途及び技術タイプ別の電池平均貯蔵容量	定量	特定のエネルギー量(Wh/kg)	RR-FC-410a.1
	(1)電気効率及び(2)熱効率で表した、製品用途及び技術タイプ別の燃料電池の平均エネルギー効率	定量	パーセンテージ(%)	RR-FC-410a.2
	クーロン効率で表した製品用途及び技術タイプ別の平均電池効率	定量	パーセンテージ(%)	RR-FC-410a.3
	製品用途及び技術タイプ別の燃料電池の平均動作寿命	定量	時間(h)	RR-FC-410a.4
	製品用途及び技術タイプ別の電池の平均動作寿命	定量	サイクル数	RR-FC-410a.5

「気候関連開示」の適用に関する産業別ガイダンス

表2. 活動指標

活動指標	カテゴリー	測定単位	コード
販売単位数	定量	数	RR-FC-000.A
販売した電池の総貯蔵容量	定量	メガワット時(MWh)	RR-FC-000.B
販売した燃料電池のエネルギー総生産能力	定量	メガワット時(MWh)	RR-FC-000.C

エネルギー管理

トピックサマリー

「燃料電池及び産業用電池」産業での製造には、機械、並びに冷却システム、換気システム、照明システム及び製品テストシステムに動力を供給するためのエネルギーが必要である。購入した電気は、この産業で使用されるエネルギー源の主要なシェアを占め、材料費及び付加価値の総コストに占める割合も顕著である。さまざまなサステナビリティの要因によって、従来型の電気コストが増加する一方で、代替電源がコスト競争力のあるものになりつつある。エネルギー効率化の取組み（efforts）は、特に多くの企業が比較的低い又はネガティブなマージンで事業を営んでいることを考えると、事業効率及び収益性に重大な（significant）ポジティブな影響（impact）を与える場合がある。製造プロセスの効率を改善し、代替エネルギー源を模索することにより、燃料電池及び産業用電池の企業は、間接的な環境インパクト及び事業コストの両方を削減する場合がある。

指標

RR-FC-130a.1. (1)エネルギー総消費量、(2)電力系統からの電気の割合及び(3)再生可能エネルギーの割合

1　企業は、(1)消費したエネルギーの総量をギガジュール（GJ）単位で集計して開示しなければならない。

    1.1　エネルギー消費の範囲には、外部の供給源から購入したエネルギー及び企業が自ら生産したエネルギー（自己生成）を含む、すべての供給源からのエネルギーを含める。例えば、直接的な燃料の使用、購入した電気、並びに温熱、冷熱及び蒸気エネルギーはすべてエネルギー消費の範囲内に含まれる。

    1.2　エネルギー消費の範囲には、報告期間中に企業が直接消費したエネルギーのみを含める。

    1.3　燃料及びバイオ燃料からのエネルギー消費量を計算するにあたり、企業は、直接測定したか、又は「気候変動に関する政府間パネル」（IPCC）から取得した、総発熱量（GCV）とも呼ばれる高位発熱量（HHV）を使用しなければならない。

2　企業は、(2)自社が消費した、電力系統から供給されたエネルギーの割合を開示しなければならない。

© IFRS Foundation

539

2.1 この割合は、購入した電力系統からの電気の消費量を、エネルギー総消費量で除して計算しなければならない。

3 企業は、(3)自社が消費した再生可能エネルギーの割合を開示しなければならない。

3.1 再生可能エネルギーは、地熱、風力、太陽光、水力及びバイオマスなど、それらの枯渇率以上のペースで補充されるエネルギー源からのエネルギーと定義する。

3.2 この割合は、再生可能エネルギー消費量を、エネルギー総消費量で除して計算しなければならない。

3.3 再生可能エネルギーの範囲には、企業が消費した再生可能燃料、企業が直接生産した再生可能エネルギー、及び企業が購入した再生可能エネルギー（再生可能エネルギー証書（REC）若しくは「原産地保証」（GO）を明示的に含む再生可能電力購入契約（PPA）を通じて購入した場合、「Green-eエナジー認証」済みの電気事業者若しくはサプライヤー・プログラムを通じて購入した場合、又は、RECやGOを明示的に含むその他のグリーン電力製品、若しくは「Green-eエナジー認証」RECが電力系統からの電気と組み合わせられた他のグリーン電力製品を通じて購入した場合）を含める。

3.3.1 オンサイトで生成した再生可能な電気について、それが再生可能エネルギーであると企業が主張するためには、当該企業の名においてREC及びGOを保持（retained）し（売却せず）、取り消し（retired）又は無効化（cancelled）しなければならない。

3.3.2 再生可能PPA及びグリーン電力製品について、それが再生可能エネルギーであると企業が主張するためには、当該企業の名においてREC及びGOを保持（retained）又は交換（replaced）し、取り消し（retired）又は無効化（cancelled）する旨を、その契約に明示的に含めて伝えなければならない。

3.3.3 企業の支配又は影響（influence）の範囲外にある系統電力ミックスの再生可能部分は、再生可能エネルギーの範囲から除外する。

3.4 この開示の目的において、バイオマス源からの再生可能エネルギーの範囲は、第三者の基準（例えば、「森林管理協議会」（Forest Stewardship Council）、「持続可能な森林イニシアティブ」（Sustainable Forest Initiative）、「森林認証プログラム」（Programme for the Endorsement of Forest Certification）、又は「American Tree Farm System」）で認証された材料、「再生可能エネルギー認証のためのGreen-eフレームワークのバージョン1.0（2017年）」若しくは「Green-e」地域基準に従い対象となり得る（eligible）供給源とみなされる材料、又は適用される法域の再生可能エネルギー利用割合基準（renewable portfolio standard）において対象となり得る（eligible）材料に限定する。

4 企業は、燃料使用量（バイオ燃料を含む。）についてのHHVの使用及びキロワット時（kWh）のGJへの変換（太陽光又は風力エネルギーからの電気を含むエネルギー・データの場合）など、この開示で報告するすべてのデータに対して、変換係数を一貫して適用しなければならない。

_540_ © IFRS Foundation

「気候関連開示」の適用に関する産業別ガイダンス

製品の効率

トピックサマリー

顧客の需要及び規制要件の両方によって、環境インパクトが少なく、総所有コストが低いエネルギー効率の高い製品のイノベーションが推進されている。したがって、エネルギー効率及び熱効率を高め、貯蔵容量を向上させる「燃料電池及び産業用電池」産業での研究開発は、採用への障壁を下げる場合がある。顧客のコストを削減する一方で、貯蔵能力を高め、充電効率を改善する電池技術の進歩は、再生可能エネルギー技術を電力系統に統合するために重要（critical）である。より厳しい環境規制、高いエネルギー・コスト及び顧客の選好からのプレッシャーを受けながら、使用段階での効率を改善できる燃料電池及び産業用電池製造業者は、売上及び市場シェアを拡大する場合がある。

指標

RR-FC-410a.1. 製品用途及び技術タイプ別の電池平均貯蔵容量

1　企業は、製品用途及び技術タイプ別の販売単位量で加重平均して、製品用途及び技術タイプ別の電池平均貯蔵容量を開示しなければならない。

 1.1　貯蔵容量は、電池の特定のエネルギー比又は重量エネルギー密度として測定し、名目エネルギーのワット時数と製品の質量（キログラム単位）との比率、すなわちキログラム当たりのワット時数（Wh/kg）として計算しなければならない。

2　企業は、適用される製品用途又は技術タイプの規格に従い、パフォーマンスを測定し開示しなければならず、また企業はパフォーマンスの測定に用いた規格を開示しなければならない。

 2.1　適用される規格には、「SAE J240—Automotive storage batteries」及び「SAE J2185—Heavy-duty storage batteries」を含める。

3　企業は、該当ある場合、携帯用、動力用、定置式及び「その他のすべて」の用途タイプ別に、パフォーマンスを開示しなければならない。また、それぞれの項目は、該当ある場合、鉛ベース、ニッケルベース、リチウムベース、ナトリウムベース及び「その他のすべて」のタイプの技術タイプ別にさらに分類して開示しなければならない。

 3.1　企業は、適切な場合、用途タイプ又は技術タイプの追加的なカテゴリーを含める場合がある。これには、販売量は少ないが、製品の効率又はその他の属性の観点から戦略的に重要な（strategic importance）新製品のカテゴリーを含める。

RR-FC-410a.2. (1)電気効率及び(2)熱効率で表した、製品用途及び技術タイプ別の燃料電池の平均エネルギー効率

1　企業は、製品用途及び技術タイプ別の販売単位量で加重平均して、(1)電気効率及び(2)熱効率で表した燃料電池の平均エネルギー効率を開示しなければならない。

 1.1　電気効率は、生成した電気の純量（net electricity produced）を、総燃料エネルギー・インプットで除して計算する。

 1.2　熱効率は、正味有効パワー出力（net useful power output）を、総燃料エネルギー・インプ

© IFRS Foundation

541

ットで除して計算する。

    1.3   企業は、電気効率及び熱効率の計算には低位発熱量（LHV）を用いなければならず、また企業は用いた発熱量を開示しなければならない。

2   企業は、製品用途又は技術タイプに適用される規格に従い、電気効率及び熱効率を測定し、開示しなければならない。

    2.1   適用される規格には、「IEC 62282-3-200—Stationary fuel cell power systems」及び「SAE J2615—Testing Performance of Fuel Cell Systems for Automotive Applications」を含める場合がある。

    2.2   企業は、エネルギー効率の測定に用いた規格を開示しなければならない。

3   企業は、該当ある場合、携帯用、動力用、定置式及び「その他のすべて」の用途タイプ別に、電気効率及び熱効率を開示しなければならない。また、それぞれの項目は、該当ある場合、直接メタノール形燃料電池（DMFC）、固体高分子形燃料電池（PEM）、アルカリ形燃料電池（AFC）、リン酸形燃料電池（PAFC）、溶融炭酸塩形燃料電池（MCFC）、固体酸化物形燃料電池（SOFC）及びその他のすべてのタイプの技術タイプ別にさらに分類して開示しなければならない。

    3.1   企業は、適切な場合、用途タイプ又は技術タイプの追加的なカテゴリーを含める場合がある。これには、販売量は少ないが、製品の効率又はその他の属性の観点から戦略的に重要な（strategic importance）新製品のカテゴリーを含める。

4   企業は、経済的価値を有するその他の燃料電池の出力（例えば、水素）を開示する場合がある。これには、製品用途及び技術タイプ別の販売量加重平均値の適切な測定値を含める。

RR-FC-410a.3. クーロン効率で表した製品用途及び技術タイプ別の平均電池効率

1   企業は、製品用途及び技術タイプ別の販売単位量で加重平均して、クーロン効率で表した電池の平均エネルギー効率を開示しなければならない。

    1.1   クーロン効率は、放電中に電池から失われたエネルギーを、元の容量に戻すための充電中に用いたエネルギーで除して計算する。

2   企業は、製品用途又は技術タイプに適用される規格に従い、クーロン効率を測定し、開示しなければならない。

    2.1   適用される規格には、「SAE J240—Automotive storage batteries」及び「SAE J2185—Heavy-duty storage batteries」を含める。

3   企業は、該当ある場合、携帯用、動力用、定置式及び「その他のすべて」の用途タイプ別にクーロン効率を開示しなければならない。また、それぞれの項目は、該当ある場合、鉛ベース、ニッケルベース、リチウムベース、ナトリウムベース及びその他のすべてのタイプの技術タイプ別にさらに分類して開示しなければならない。

    3.1   企業は、適切な場合、用途タイプ又は技術タイプの追加的なカテゴリーを含める場合がある。これには、販売量は少ないが、製品の効率又はその他の属性の観点から戦略的に重要な（strategic importance）新製品のカテゴリーを含める。

「気候関連開示」の適用に関する産業別ガイダンス

RR-FC-410a.4. 製品用途及び技術タイプ別の燃料電池の平均動作寿命

1　企業は、製品用途及び技術タイプ別の販売単位量で加重平均して、燃料電池の平均動作寿命を開示しなければならない。

    1.1　燃料電池の動作寿命は、純電力が20%に低下するまでの動作時間として計算する。

2　企業は、製品用途又は技術タイプに適用される規格に従い、動作寿命を測定し開示しなければならない。

    2.1　適用される規格には、「IEC 62282-3-200—Stationary fuel cell power systems」及び「SAE J2615—Testing Performance of Fuel Cell Systems for Automotive Applications」を含める場合がある。

3　企業は、該当ある場合、携帯用、動力用、定置式及び「その他のすべて」の用途タイプ別に動作寿命を開示しなければならない。また、それぞれの項目は、該当ある場合、直接メタノール形燃料電池（DMFC）、固体高分子形燃料電池（PEM）、アルカリ形燃料電池（AFC）、リン酸形燃料電池（PAFC）、溶融炭酸塩形燃料電池（MCFC）、固体酸化物形燃料電池（SOFC）の燃料電池、及びその他のすべてのタイプの技術タイプ別にさらに分類して開示しなければならない。

    3.1　企業は、適切な場合、用途タイプ又は技術タイプの追加的なカテゴリーを含める場合がある。これには、販売量は少ないが、製品の効率又はその他の属性の観点から戦略的に重要な（strategic importance）新製品のカテゴリーを含める。

RR-FC-410a.5. 製品用途及び技術タイプ別の電池の平均動作寿命

1　企業は、製品用途及び技術タイプ別の販売単位量で加重平均して、電池の平均動作寿命を開示しなければならない。

    1.1　電池の動作寿命は、容量が20%に低下するまで、電池を完全に充電し放電することができる回数、つまり「サイクル」の数として計算する。

2　企業は、製品用途又は技術タイプに適用される規格に従い、動作寿命を測定し開示しなければならない。

    2.1　適用される規格には、「SAE J240—Automotive storage batteries」及び「SAE J2185—Heavy-duty storage batteries」を含める。

3　企業は、該当ある場合、携帯用、動力用、定置式及び「その他のすべて」の用途タイプ別にパフォーマンスを開示しなければならない。また、それぞれの項目は、該当ある場合、鉛ベース、ニッケルベース、リチウムベース、ナトリウムベース及びその他のすべてのタイプの技術タイプ別にさらに分類して開示しなければならない。

    3.1　企業は、適切な場合、用途タイプ又は技術タイプの追加的なカテゴリーを含める場合がある。これには、販売量は少ないが、製品の効率又はその他の属性の観点から戦略的に重要な（strategic importance）新製品のカテゴリーを含める。

© IFRS Foundation

543

第43巻－パルプ及び紙製品

産業の説明

「パルプ及び紙製品」産業の企業は、さまざまな木材パルプ及び紙製品を製造する。これには、パルプ繊維、包装紙及び衛生用紙、オフィス用紙、新聞印刷用紙並びに工業用途のための紙を含む。この産業に属する企業は、典型的にはビジネス間取引の企業として機能し、複数の国で事業を営んでいる場合がある。一部の総合企業は木材伐採用地を所有又は管理し、森林管理に従事しているが、これらの活動から生じるサステナビリティの論点は「森林管理（RR-FM）」産業で扱っている。

サステナビリティ開示トピック及び指標

表1. サステナビリティ開示トピック及び指標

トピック	指標	カテゴリー	測定単位	コード
温室効果ガス排出	グローバルでの「スコープ1」の総排出	定量	CO_2相当メートル・トン(t)	RR-PP-110a.1
	「スコープ1」の排出を管理するための長期的及び短期的な戦略又は計画、排出削減目標並びにそれらの目標に対するパフォーマンスの分析についての説明	説明及び分析	該当なし	RR-PP-110a.2
エネルギー管理	(1)エネルギー総消費量、(2)電力系統からの電気の割合、(3)バイオマス由来のエネルギーの割合、(4)その他の再生可能エネルギーの割合及び(5)自己生成エネルギーの総量[70]	定量	ギガジュール(GJ)、パーセンテージ(%)	RR-PP-130a.1
水管理	(1)総取水量、(2)総消費水量、及びそれらの「ベースライン水ストレス」が「高い」又は「極めて高い」地域の割合	定量	千立方メートル(m^3)、パーセンテージ(%)	RR-PP-140a.1
	水管理リスクの記述並びに当該リスクを緩和するための戦略及び実務の説明	説明及び分析	該当なし	RR-PP-140a.2

---

[70] RR-PP-130a.1に関する注記 － 企業は、エネルギーのためのバイオマス利用に伴うリスク及び不確実性について説明しなければならない。

「気候関連開示」の適用に関する産業別ガイダンス

トピック	指標	カテゴリー	測定単位	コード
サプライ・チェーン管理	(1)第三者認証を受けた森林からの木質繊維の調達割合及びそれぞれの基準に対する割合並びに(2)他の繊維調達基準を満たした木質繊維の調達割合及びそれぞれの基準に対する割合[71]	定量	重量ごとのパーセンテージ(%)	RR-PP-430a.1
	リサイクルし回収した繊維の調達量[72]	定量	メートル・トン(t)	RR-PP-430a.2

表2. 活動指標

活動指標	カテゴリー	測定単位	コード
パルプ生産	定量	気乾メートル・トン(t)	RR-PP-000.A
紙生産	定量	気乾メートル・トン(t)	RR-PP-000.B
木質繊維の総調達量[73]	定量	メートル・トン(t)	RR-PP-000.C

温室効果ガス排出

トピックサマリー

パルプ及び紙製品の製造では、定置式及び移動式エンジン、コージェネレーション・ボイラー並びにその他の処理装置での化石燃料及びバイオマスの燃焼に伴う温室効果ガス（GHG）の直接排出が発生する。この産業の企業は通常、自社のエネルギー需要のためにカーボンニュートラルなバイオマスを大量に（significant）使用しており、これを使用することで、化石燃料の購入に関連するコストを削減できるのみでなく、炭素排出に関連する規制リスクを緩和する場合がある。排出の規模及び現行の排出規制によっては、化石燃料源に関連した排出により規制対応コストが追加される場合がある。エネルギー効率の向上、代替燃料の使用又は製造プロセスの改善を通じてGHG排出を費用対効果の高い方法で管理する企業は、業務効率の向上及び規制遵守コストの削減の恩恵を受ける場合がある。

---

[71] RR-PP-430a.1に関する注記 ─ 企業は、認証された森林から採取されたものではない繊維、又は他の繊維調達基準の認証を受けたものではない繊維について、デュー・デリジェンスの実務について説明しなければならない。

[72] RR-PP-430a.2に関する注記 ─ 企業は、リサイクル及び回収繊維と未使用の繊維のどちらを調達するかの意思決定に環境ライフサイクル分析を組み入れるための戦略について説明しなければならない。

[73] RR-PP-000.Cに関する注記 ─ 木質繊維ベースの原材料の範囲には、リサイクルした原材料、未使用の原材料及び生産工程で直接消費されるものを含め、最終製品として販売するために処理するすべてのインプットを含める。また、エネルギーのためのバイオマスは含まない。

© IFRS Foundation

指標

RR-PP-110a.1. グローバルでの「スコープ1」の総排出

1　企業は、「京都議定書」において対象とされる7種類の温室効果ガス（GHG）－二酸化炭素（CO_2）、メタン（CH_4）、一酸化二窒素（N_2O）、ハイドロフルオロカーボン類（HFCs）、パーフルオロカーボン類（PFCs）、六フッ化硫黄（SF_6）及び三フッ化窒素（NF_3）－のグローバルでの「スコープ1」のGHGの大気への総排出を開示しなければならない。

1.1　すべてのGHG排出は、二酸化炭素相当（CO_2相当）メートル・トン単位で合算し、開示しなければならず、公開されている100年の時間軸に基づく地球温暖化係数（GWP）の数値に従い計算しなければならない。現時点でのGWP数値の推奨される情報源は、「気候変動に関する政府間パネル（IPCC）第5次評価報告書（2014年）」である。

1.2　総排出は、オフセット、クレジット又はその他の類似した排出削減若しくは排出相殺のメカニズムを考慮する前の、大気中に排出されたGHGである。

2　「スコープ1」の排出は、「世界資源研究所」（WRI）及び「持続可能な開発のための世界経済人会議」（WBCSD）によって公表された「温室効果ガスプロトコルの企業算定及び報告基準（GHGプロトコル）（2004年3月改訂版）」において定義されており、ここに記載されている方法に従って計算しなければならない。

2.1　認められる計算方法には、基礎的な参考文献として「GHGプロトコル」に従いつつ、産業固有又は地域固有のガイダンスなど追加的なガイダンスを提供するものを含める。例には次のものを含める。

2.1.1　「GHG Reporting Guidance for the Aerospace Industry」（「国際航空宇宙環境グループ」（IAEG）発行）

2.1.2　「Greenhouse Gas Inventory Guidance：定置式燃焼源からの直接排出」（「米国環境保護庁」（EPA）発行）

2.1.3　「India GHG Inventory Program」

2.1.4　ISO 14064-1

2.1.5　「Petroleum Industry Guidelines for reporting GHG emissions」（IPIECA発行　第2版（2011年））

2.1.6　「Protocol for the quantification of greenhouse gas emissions from waste management activities」（「Entreprises pour l'Environnement」（EpE）発行）

2.2　GHG排出データは、企業が財務報告データを連結する方法に従って合算し、開示しなければならない。その方法は、一般的に、「GHGプロトコル」で定義する「財務支配」アプローチ及び「気候開示基準委員会」（CDSB）によって公表された「環境及び社会情報の報告のためのCDSBフレームワーク」のREQ-07「組織の境界」に記述されているアプローチと整合している。

3　企業は、過去の報告期間からの排出の変化について説明する場合がある。これには、変化が排出削

_546_

© IFRS Foundation

「気候関連開示」の適用に関する産業別ガイダンス

減、ダイベストメント、買収、合併、アウトプットの変化又は計算方法の変更によるものかどうかを含める。

4　現在のCDP又は他の企業へのGHG排出の報告（例えば、国の規制上の開示プログラム）が、範囲及び使用した合算アプローチの点で異なる場合、企業はそれらの排出を開示することがある。ただし、主要な開示は前述のガイドラインに従わなければならない。

5　企業は、データが連続排出監視システム（CEMS）、エンジニアリング計算又は物質収支計算からのものであるかどうかなど、排出開示の計算方法について説明する場合がある。

RR-PP-110a.2.　「スコープ1」の排出を管理するための長期的及び短期的な戦略又は計画、排出削減目標並びにそれらの目標に対するパフォーマンスの分析についての説明

1　企業は、「スコープ1」の温室効果ガス（GHG）排出を管理するための長期的及び短期的な戦略又は計画について説明しなければならない。

    1.1　「スコープ1」の排出は、「世界資源研究所」（WRI）及び「持続可能な開発のための世界経済人会議」（WBCSD）によって公表された「温室効果ガスプロトコルの企業算定及び報告基準（GHGプロトコル）（2004年3月改訂版）」において定義されており、ここに記載されている方法に従って計算しなければならない。

    1.2　GHG排出の範囲には、「京都議定書」において対象とされる7種類の温室効果ガス（GHG）－二酸化炭素（CO_2）、メタン（CH_4）、一酸化二窒素（N_2O）、ハイドロフルオロカーボン類（HFCs）、パーフルオロカーボン類（PFCs）、六フッ化硫黄（SF_6）及び三フッ化窒素（NF_3）－を含める。

2　企業は、排出削減目標について説明し、目標に対するパフォーマンスを分析しなければならない。関連する場合は、次のものを含める。

    2.1　排出削減目標の範囲（例えば、目標が適用される総排出の割合）

    2.2　目標が絶対量ベース又は原単位ベースのいずれであるか、及び目標が原単位ベースの目標である場合は指標の分母

    2.3　基準年に対する削減率。この基準年とは、目標の達成に向けて排出について評価する最初の年を表す。

    2.4　削減活動の時間軸。これには開始年、目標年及び基準年を含める。

    2.5　目標を達成するためのメカニズム

    2.6　目標年の排出若しくは基準年の排出が遡及的に再計算された（若しくは再計算される場合がある）、又は目標年若しくは基準年が再設定された、すべての状況

3　企業は、計画又は目標を達成するために必要な活動及び投資、並びに計画又は目標の達成に影響を与える（affect）場合があるリスク又は制限要因について説明しなければならない。

4　企業は、さまざまな事業単位、地域又は排出源に対して異なるように関係しているかどうかなど、その戦略、計画又は削減目標の範囲について説明しなければならない。

5　企業は、その戦略、計画又は削減目標が、地域、国、国際又はセクター別プログラムを含む、排出

© IFRS Foundation

制限又は排出報告ベースのプログラム又は規制（例えば、「EU域内排出量取引制度」、「ケベック州キャップアンドトレード制度」、「カリフォルニア州キャップアンドトレード・プログラム」）に関連している（related to）か又は関係している（associated with）かどうかについて説明しなければならない。

6 戦略、計画又は削減目標の開示は、報告期間中に進行中（アクティブ）であったか又は完了した活動に限定しなければならない。

エネルギー管理

トピックサマリー

パルプ及び紙製品の製造は、エネルギー集約的である。ほとんどの施設では、エネルギーを主にバイオマス及び化石燃料の燃焼から生成しているが、一部の施設では購入した電気を使用する場合がある。バイオマス及びその他の再生可能エネルギーを使用するかと同様に、オンサイト発電と電力系統から電気を調達するかの意思決定は、事業に必要なエネルギー供給のコスト及び信頼性、並びに「スコープ1」又はその他の大気排出物からの規制リスクの程度に関連するトレードオフを生み出す場合がある。企業がエネルギー効率、さまざまなタイプのエネルギーへの依存度及び関連するサステナビリティ・リスク、並びに代替エネルギー源へのアクセスを管理する方法は、エネルギー・コストの変動による影響（effects）を緩和する場合がある。

指標

RR-PP-130a.1. (1)エネルギー総消費量、(2)電力系統からの電気の割合、(3)バイオマス由来のエネルギーの割合、(4)その他の再生可能エネルギーの割合及び(5)自己生成エネルギーの総量

1 企業は、(1)消費したエネルギーの総量をギガジュール（GJ）単位で集計して開示しなければならない。

    1.1 エネルギー消費の範囲には、外部の供給源から購入したエネルギー及び企業が自ら生産したエネルギー（自己生成）を含む、すべての供給源からのエネルギーを含める。例えば、直接的な燃料の使用、購入した電気、並びに温熱、冷熱及び蒸気エネルギーはすべてエネルギー消費の範囲内に含まれる。

    1.2 エネルギー消費の範囲には、報告期間中に企業が直接消費したエネルギーのみを含める。

    1.3 燃料及びバイオ燃料からのエネルギー消費量を計算するにあたり、企業は、直接測定したか、又は「気候変動に関する政府間パネル」（IPCC）から取得した、総発熱量（GCV）とも呼ばれる高位発熱量（HHV）を使用しなければならない。

2 企業は、(2)自社が消費した、電力系統から供給されたエネルギーの割合を開示しなければならない。

    2.1 この割合は、購入した電力系統からの電気の消費量を、エネルギー総消費量で除して計算しなければならない。

3 企業は、(3)自社が消費した、バイオマスから供給されたエネルギーの割合を開示しなければならない。

548 © IFRS Foundation

「気候関連開示」の適用に関する産業別ガイダンス

3.1 この割合は、バイオマス・エネルギー消費量を、エネルギー総消費量で除して計算しなければならない。

4 この開示の目的において、バイオマス資源からの再生可能エネルギーの範囲は、次のものに限定する。

4.1 次の条件のうち少なくとも1つを満たすバイオマス資源からのエネルギー：

4.1.1 第三者基準による認証（例えば、「森林管理協議会」（Forest Stewardship Council）、「持続可能な森林イニシアティブ」（Sustainable Forest Initiative）、「森林認証プログラム」（Programme for the Endorsement of Forest Certification）、又は「American Tree Farm System」）

4.1.2 「Green-e Energy National Standard Version 2.5（2014）」に基づく「適格な再生可能エネルギー（eligible renewable）」としての分類

4.1.3 法域の「再生可能エネルギー利用割合基準」（Renewable Portfolio Standard）への適合

5 企業は、(4)バイオマス・エネルギーを除く再生可能エネルギーの消費量の割合を開示しなければならない。

5.1 再生可能エネルギーは、地熱、風力、太陽光、水力及びバイオマスなど、それらの枯渇率以上のペースで補充されるエネルギー源からのエネルギーと定義する。

5.2 この割合は、再生可能エネルギー消費量を、エネルギー総消費量で除して計算しなければならない。

5.3 再生可能エネルギーの範囲には、企業が消費した再生可能燃料、企業が直接生産した再生可能エネルギー、及び企業が購入した再生可能エネルギー（再生可能エネルギー証書（REC）若しくは「原産地保証」（GO）を明示的に含む再生可能電力購入契約（PPA）を通じて購入した場合、「Green-eエナジー認証」済みの電気事業者若しくはサプライヤー・プログラムを通じて購入した場合、又は、RECやGOを明示的に含むその他のグリーン電力製品、若しくは「Green-eエナジー認証」RECが電力系統からの電気と組み合わせられた他のグリーン電力製品を通じて購入した場合）を含める。

5.3.1 オンサイトで生成した再生可能な電気について、それが再生可能エネルギーであると企業が主張するためには、当該企業の名においてREC及びGOを保持（retained）し（売却せず）、取り消し（retired）又は無効化（cancelled）しなければならない。

5.3.2 再生可能PPA及びグリーン電力製品について、それが再生可能エネルギーであると企業が主張するためには、当該企業の名においてREC及びGOを保持（retained）又は交換（replaced）し、取り消し（retired）又は無効化（cancelled）する旨を、その契約に明示的に含めて伝えなければならない。

5.3.3 企業の支配又は影響（influence）の範囲外にある系統電力ミックスの再生可能部分は、再生可能エネルギーの範囲から除外する。

6 企業は、(5)自社が自己生成したエネルギー量をギガジュール（GJ）単位で集計して開示しなければ

© IFRS Foundation

549

ならない。

6.1 企業は、電気事業者又は最終顧客に販売した自己生成エネルギーの量を開示する場合がある。

6.2 企業は、前述で定義する再生可能エネルギーである自己生成エネルギーの量を開示する場合がある。

7 企業は、燃料使用量（バイオ燃料を含む。）についてのHHVの使用及びキロワット時（kWh）のGJへの変換（太陽光又は風力エネルギーからの電気を含むエネルギー・データの場合）など、この開示で報告するすべてのデータに対して、変換係数を一貫して適用しなければならない。

RR-PP-130a.1に関する注記

1 企業は、エネルギー源としてのバイオマスの利用に関連するリスク及び不確実性を記述し、それらのリスクをどのように管理しているかを記述しなければならない。

2 エネルギー源としてのバイオマスの使用に関連するリスク及び不確実性には、次のものを含む場合がある。

2.1 大気排出物（窒素酸化物及び硫黄酸化物など）に起因するリスク。これには、排出規制を遵守するためのコスト及び違反による風評被害を含む。

2.2 規制上のリスク。これには、潜在的な生物起源の二酸化炭素規制への準拠に伴う財務的影響（effects）、又はバイオマスが法域の「再生可能エネルギー利用割合基準」（Renewable Portfolio Standard）の対象となり得る再生可能エネルギー（eligible renewable energy）の定義を満たしていない場合のレピュテーション上の影響（impacts）を含む。

2.3 調達リスク。これには、購入したバイオマスが持続可能な方法で収穫されているかどうかに関する透明性の欠如に関連したレピュテーション・リスクを含める。

水管理

トピックサマリー

パルプ及び紙製品の製造は、典型的に、材料加工、プロセス冷却及びオンサイトのエネルギー・プラントでの蒸気生成において水集約的である。企業は豊富で安定した水の供給を必要とし、大量の廃水が生じる場合があるが、その大部分は処理されて環境に戻される。プロセス水には通常、溶存有機化合物及びその他の固形物が含まれており、これは水処理の重要性（importance）を強調している。水不足は、供給コストの上昇、供給断絶又は地域の水利用者との緊張を招く場合があるため、排水に加えて、水の入手可能性は産業にとって重要な（important）考慮事項である。企業は、水の供給及び処理の論点に対処するために、プロセス水のリサイクルの費用対効果のある方法での強化、水使用原単位を減少させるための生産技術の改善、排水規制の遵守の確保など、さまざまな戦略を採用する場合がある。

指標

RR-PP-140a.1. (1)総取水量、(2)総消費水量、及びそれらの「ベースライン水ストレス」が「高い」又は「極めて高い」地域の割合

1 企業は、すべての水源から引き出された水の量を、千立方メートル単位で開示しなければならない。

1.1 水資源には、地表水（湿地、河川、湖及び海からの水を含む。）、地下水、企業が直接収集し貯留した雨水、並びに地方自治体の水道供給者、水道事業者又はその他の企業から取得した水及び廃水を含める。

2 企業は、例えば、取水量の大部分（significant portions）が非淡水源からのものである場合、その供給を水源別に開示することがある。

   2.1 淡水は、企業が事業を営む地域の法令に従い定義する場合がある。法令による定義が存在しない場合、淡水は、1,000ppm未満の溶解固形物を含む水とみなさなければならない。

   2.2 法域の飲料水規制に準拠して水道事業者から取得した水は、淡水の定義を満たすとみなすことができる。

3 企業は、自社の事業で消費した水の量を、千立方メートル単位で開示しなければならない。

   3.1 水消費は次のように定義する。

      3.1.1 取水、使用及び排水中に蒸発する水

      3.1.2 企業の製品又はサービスに、直接的又は間接的に組み込まれる水

      3.1.3 その他、取水源と同じ集水域に戻らない水（別の集水域又は海に戻る水など）

4 企業は、すべての事業における水リスクを分析し、「世界資源研究所」（WRI）の「水リスク・アトラス」（Water Risk Atlas）ツールである「Aqueduct」によって、「ベースライン水ストレス」が「高い（40～80％）」又は「極めて高い（>80％）」と分類された場所で取水し水消費する活動を識別しなければならない。

5 企業は、「ベースライン水ストレス」が「高い」又は「極めて高い」場所で取水した水について、総取水量に対する割合で開示しなければならない。

6 企業は、「ベースライン水ストレス」が「高い」又は「極めて高い」場所で消費した水について、総消費水量に対する割合で開示しなければならない。

RR-PP-140a.2. 水管理リスクの記述並びに当該リスクを緩和するための戦略及び実務の説明

1 企業は、取水、水消費並びに水又は廃水の排出に関連する水管理リスクを記述しなければならない。

   1.1 取水及び水消費に関連するリスクには、十分で清潔な水資源の入手可能性に対するリスクを含める。これには次のものを含める。

      1.1.1 環境上の制約 － 水ストレス地域での事業、干ばつ、水生生物の閉込み又は巻込みの懸念、経年変動又は季節変動、及び気候変動のインパクトからのリスクなど

      1.1.2 規制及び財務上の制約 － 水コストの変動、取水に関連する利害関係者の認識及び懸念（例えば、地域社会、非政府組織及び規制当局からのもの）、他の水利用者との直接的な競合及びその行為からのインパクト（例えば、企業及び地方自治体の水利用者）、規制による取水制限、並びに水利権又は許認可を取得し保持する企業の能力に対する制約など

   1.2 水又は廃水の排出に関連するリスクには、排出に関連する権利又は許認可を取得する能力、

排出に関連する規制への準拠、排出に対する制約、排水の温度管理を維持する能力、義務、レピュテーション・リスク、並びに、排水に関連する規制、利害関係者の認識及び懸念（例えば、地域社会、非政府組織及び規制当局からのもの）による事業コストの増加を含める。

2 企業は、次の文脈において水管理リスクを記述する場合がある。

2.1 地表水（湿地、河川、湖及び海からの水を含む。）、地下水、企業が直接収集し貯留した雨水、並びに地方自治体の水道供給者、水道事業者又はその他の企業から取得した水及び廃水を含む取水源によって、リスクがどのように異なる場合があるか

2.2 地表水、地下水又は廃水処理施設を含む排出先によって、リスクがどのように異なる場合があるか

3 企業は、水管理リスクが自社の事業に対して有する場合がある潜在的な影響（effects）及びそのようなリスクが顕在化すると見込まれる時間軸について説明する場合がある。

3.1 影響（effects）には、コスト、売上、負債、事業の継続性及びレピュテーションに関連するものを含める。

4 企業は、水管理リスクを緩和するための短期的及び長期的な戦略又は計画について説明しなければならない。これには次のものを含める。

4.1 戦略、計画、ゴール又は目標の範囲（さまざまな事業単位、地域又は水を消費する事業プロセスとどのように関連しているかなど）

4.2 優先する水管理のゴール又は目標、及び、それらのゴール又は目標に対するパフォーマンスの分析

4.2.1 ゴール及び目標には、取水量の削減、水消費量の削減、排水量の削減、水生生物の閉込みの軽減、排水の質の改善及び規制遵守に関連するものを含める。

4.3 計画、ゴール又は目標を達成するために必要な活動及び投資、並びに計画又は目標の達成に影響を与える（affect）場合があるリスク又は制限要因

4.4 戦略、計画、ゴール又は目標の開示は、報告期間中に進行中（アクティブ）であったか、又は完了した活動に限定しなければならない。

5 水管理の目標について、企業は追加で次のものを開示しなければならない。

5.1 目標が絶対量ベース又は原単位ベースのいずれであるか、及び目標が原単位ベースである場合は指標の分母

5.2 水管理活動の時間軸（開始年、目標年及び基準年を含める。）

5.3 次のものを含む、目標を達成するためのメカニズム

5.3.1 水のリサイクル又は循環システムの使用などの、効率化に関する取組み（efforts）

5.3.2 必要な水の量を減らすための製品又はサービスの再設計などの、製品のイノベーション

5.3.3 水生生物の閉込み又は巻込みの軽減を可能にするような、プロセス及び機器のイノ

552　　　　　　　　　　　　　© IFRS Foundation

「気候関連開示」の適用に関する産業別ガイダンス

ベーション

5.3.4 水の使用、リスク及び機会を分析するためのツール及び技術の使用（例えば、「世界自然保護基金」の「Water Risk Filter」、「Global Water Tool」及び「Water Footprint Network Footprint Assessment Tool」）

5.3.5 地域又は他の組織との実施されているコラボレーション又はプログラム

5.4 基準年からの削減率又は改善率。基準年は、目標の達成に向けて、水管理の目標が評価される最初の年である。

6 企業は、水管理の実務が、組織内で追加的なライフサイクルへのインパクト又はトレードオフをもたらすかどうかについて説明しなければならない。これには、土地利用、エネルギー生産及び温室効果ガス（GHG）排出のトレードオフを含める。また、ライフサイクルのトレードオフにもかかわらず、企業がこれらの実務を選択した理由についても説明しなければならない。

サプライ・チェーン管理

トピックサマリー

「パルプ及び紙製品」企業は、森林管理企業、紙繊維リサイクル企業及び自社で管理する森林から、木材及び木質繊維を調達する。サプライ・チェーンのリスクには、管理実務又は気候変動による森林の生産性の低下、持続可能な森林管理に対処する規制及びレピュテーション上の影響（effects）を含める。このようなリスクを緩和し、持続可能な方法で調達された繊維及び紙製品に対する顧客の需要の高まりに応えるために、製造業者は森林認証及び繊維加工流通過程（chain-of-custody）基準を適用し、未使用の繊維及びリサイクル繊維が持続可能な方法で管理された森林からのものであることを確認している。さらに、パルプ及び紙の製造業者は、回収した繊維の使用において、トレードオフの問題に直面する場合がある。リサイクル材料を使用した製品の需要がこれまで以上に高まっており、リサイクル繊維を使用することで未使用の繊維の必要性を最小限に抑えることができる一方で、潜在的な製品の差別化への手段が提供されている。逆に、リサイクル材料を多く含む製品を製造すると、廃棄物の発生及びエネルギー消費量が増加する場合があり、需要と供給のギャップを考慮すると、リサイクル繊維のコストが高くなる可能性がある。したがって、企業は、リサイクル繊維の使用を最適化して、環境と経済のトレードオフのバランスをとることで便益を得る場合がある。

指標

RR-PP-430a.1. (1)第三者認証を受けた森林からの木質繊維の調達割合及びそれぞれの基準に対する割合並びに(2)他の繊維調達基準を満たした木質繊維の調達割合及びそれぞれの基準に対する割合

1 企業は、森林管理基準の認証を受けた森林から調達した木質繊維ベースの材料の総量の割合を開示しなければならない。

1.1 第三者の森林管理基準は、とりわけ、森林が持続可能な方法で収穫されていることを証明し、法令遵守、土地の権利、地域及び労働者との関係、環境インパクト及び生物多様性、森林管理の計画及び実務、土地利用、野生生物の生息地の保全並びに水の保全を含めた環境的及び社会的要件の遵守を確実にするものである。

© IFRS Foundation

1.2 第三者機関の森林管理認証には、次の組織（又はこれらと同等のもの）が奨励するものを含める場合がある。

1.2.1 「American Tree Farm System」（ATFS）（「ATFS認証」）

1.2.2 「森林管理協議会」（Forest Stewardship Council; FSC）（「FSC Forest Management」及び「Chain of Custody」認証）

1.2.3 「森林認証プログラム」（Programme for the Endorsement of Forest Certification; PEFC）（「PEFC Chain of Custody」認証）

1.2.4 PEFCが承認した森林認証制度

1.2.5 「持続可能な森林イニシアティブ」（Sustainable Forest Initiative; SFI）（「SFI Forest Management」及び「Chain of Custody」認証）

1.3 木質繊維ベースの材料の範囲には、リサイクルした原材料、未使用の原材料及び生産プロセスで直接消費されるものを含め、最終製品として販売するために処理するすべてのインプットを含める。また、エネルギーのためのバイオマスは除外する。

2 第三者の認証を受けた森林からの木質繊維ベースの材料の割合は、企業の木質繊維ベースの材料のうち、第三者の認証を受けた森林から調達したものの総重量（気乾メートル・トン単位）を、調達した木質繊維ベースの材料の総重量（気乾メートル・トン単位）で除して計算しなければならない。

3 企業は、それぞれの基準（例えば、「FSC Chain of Custody」、「PEFC Chain of Custody」及び「SFI Chain of Custody」）の認証を受けた、第三者認証を受けた森林からの木質繊維ベースの材料の割合を開示しなければならない。

3.1 企業は、それぞれの基準の認証を受けた木質繊維ベースの材料の割合を、それぞれの基準の第三者の認証を受けた木質繊維ベースの材料の量を、企業が調達した木質繊維の総量で除して計算しなければならない。

3.2 木質繊維が複数の第三者の認証を受けている場合、企業はそれぞれの関連する認証についての計算にそのような繊維の量を含めなければならない。

4 企業は、木質繊維ベースの材料の総量のうち、第三者の森林認証を受けていない森林から調達しているが、他の繊維調達基準を満たしている木質繊維ベースの材料の割合を開示しなければならない。これには次のものを含む。

4.1 責任ある繊維調達基準（例えば、「SFI Fibre Sourcing Standard」）

4.2 管理木材基準（例えば、「FSC Controlled Wood Certification」及び「PEFC Controlled Wood」）

4.3 ポストコンシューマ回収材及びプレコンシューマ回収材を含む、リサイクル繊維基準（例えば、「PEFC Controlled Sources」、「FSC Recycled Label」及び「SFI Recycled Label」）

4.4 認証を受けていない森林からの繊維に対する調達要件を対象とする、その他のデュー・デリジェンス基準

5 複数の繊維調達基準を満たす認証を受けていない森林からの繊維について、企業は、他の繊維調達

「気候関連開示」の適用に関する産業別ガイダンス

基準を満たす認証を受けていない森林からの繊維の合計割合を計算する際に、その重量を複数回計算に含めてはならない。

6　企業は、それぞれの調達基準（例えば、「FSC Controlled Wood」、「SFI Fibre Sourcing Standard」及び「PEFC Controlled Sources」）を満たす木質繊維の割合を開示しなければならない。

6.1　木質繊維が複数の調達基準を満たしている場合、企業は、それぞれの関連する調達基準についての計算にそのような繊維の量を含めなければならない。

RR-PP-430a.1に関する注記

1　企業は、認証を受けた森林からのものではない繊維、又は他の繊維調達基準の認証を受けたものではない繊維についてのデュー・デリジェンスの実務、並びにサプライヤーの森林管理及び伐採の実務を検証するための方針について説明しなければならない。これには、とりわけ、行動規範、監査又は契約を含める場合がある。

2　企業は、認証を受けていない繊維が次の要件を含むことをどのように検証しているか開示しなければならない。

2.1　木材の合法性

2.2　保護管理状況にある又は生物多様性の価値が高い地域から調達した木材

2.3　絶滅危惧種（endangered species）の生息地又はその周辺での伐採

2.4　先住民族の土地又はその周辺での伐採

2.5　環境インパクト評価又は森林管理計画のレビューを含む、サプライヤーの森林管理及び伐採の実務

2.6　森林での遺伝子組換作物（GMO）、殺虫剤又はその他の化学物質の使用

2.7　SFIの「問題のある供給源（controversial sources）」の定義、FSCの「管理木材（controlled wood）」の定義又は同等のものにおいて概説されている要件

3　企業は、木質繊維の供給源（例えば、企業、民間又は連邦政府が所有する森林から、及び繊維が国内又は海外のいずれで栽培されているか）及びこれらの供給源からの繊維調達に関連する潜在的なリスクも開示する場合がある。

RR-PP-430a.2. リサイクルし回収した繊維の調達量

1　企業は、サプライヤーから調達したリサイクルし回収した繊維の量をメートル・トン単位で開示するとともに、収集プログラムを通じて直接入手したリサイクルし回収した繊維の量を開示しなければならない。

2　リサイクル材料含有率（recycled content）は、「ISO 14021：1999 環境ラベル及び宣言 — 自己宣言による環境主張 — （タイプII環境ラベル表示）」における定義と整合的に、製品又は包装におけるリサイクル又は回収した材料の質量の比率と定義する。ここでは、プレコンシューマ材料及びポストコンシューマ材料のみをリサイクル材料とみなさなければならず、また次のようにする。

2.1　リサイクルした材料は、製造プロセスにおいて、回収した（recovered）（又は再生した

© IFRS Foundation

555

（reclaimed））材料から再処理され、最終製品又は製品に組み込まれるコンポーネントとなる材料と定義する。

2.2 回収した（recovered）材料は、廃棄物として処分されるか又はエネルギー回収（recovery）の目的に用いるはずの材料が、リサイクル又は製造プロセスにおいて、材料インプットとして新たな主要原材料に代わり、収集し回収する（recovered）（又は再生する（reclaimed））材料と定義する。

2.3 プレコンシューマ材料は、製造プロセス中の廃棄物の流れ（stream）から転用した材料と定義する。あるプロセスで発生し、その発生したプロセスと同じプロセスで再生する（reclaimed）ことができる、再加工品、再研磨品又はスクラップなどの材料の再利用を除外する。

2.4 ポストコンシューマ材料は、家庭又は商業施設、工業施設及び機関の施設から発生し、それらが製品のエンドユーザーとしての役割において、意図した目的のためにはもはや使用できなくなった材料と定義する。これには、流通経路からの材料の返品を含める。

2.5 繊維は、SFIのリサイクル材料の定義、FSCの再生材料（reclaimed material）の定義、又はPEFCのリサイクル木材及び繊維（recycled wood and fibres）の定義を満たす場合、リサイクルされた又は回収されたとみなさなければならない。

RR-PP-430a.2に関する注記

1 企業は、リサイクルし回収した繊維を調達するか未使用の繊維を調達するかの意思決定に、環境ライフサイクル分析をどのように組み入れるかについて説明しなければならない。

1.1 環境ライフサイクルのトレードオフは、別のタイプの繊維と比較して、あるタイプの繊維を調達することを選択したことの環境上の便益又は結果（consequence）と定義する。

1.1.1 リサイクルし回収した繊維を使用することからの環境ライフサイクルの便益には、森林破壊の必要性の低減、埋立地における紙からのGHG排出の削減、及び埋立廃棄物の削減を含める場合がある。

1.1.2 リサイクルし回収した繊維を使用することによる環境ライフサイクルの結果（consequences）には、資源消費量の増加並びに繊維の輸送及び処理中の大気排出の発生を含める。

2 企業は、ライフサイクルのトレードオフ評価が繊維調達の意思決定にどのように組み入れられているかを説明しなければならない。これには、次のリスク及び機会をどのように管理しているかを含める。

2.1 リサイクルし回収した材料のコスト

2.2 リサイクルし回収した繊維の必要な供給源へのアクセスに関連する制約

2.3 企業又は外部の紙回収施設が必要とするリサイクル・インフラ

2.4 リサイクルのために紙の回収率を改善する消費者行動

2.5 未使用の木質繊維の調達リスク

2.6 紙の回収率の改善

「気候関連開示」の適用に関する産業別ガイダンス

2.7 消費者のリサイクル又はリサイクル材料の最低使用量に関連する規制

2.8 製品に必要な繊維の品質、及び製品セグメントにおける繊維の意図する使用

2.9 製品イノベーションの機会

2.10 リサイクルしたか又は回収した含有物を有する製品に関連する、売上及びレピュテーション上の便益の向上

3 企業は、製品セグメント別のリサイクルし回収した繊維使用量の内訳を開示する場合がある。

第44巻－太陽光技術及びプロジェクト開発業者

産業の説明

「太陽光技術及びプロジェクト開発業者」産業の企業は、太陽光発電（PV）モジュール、ポリシリコン原料、太陽熱発電システム、ソーラー・インバータ及び関連するコンポーネントを含む、太陽エネルギー機器を製造する。企業はまた、顧客に対して、太陽エネルギー・プロジェクトの開発、構築及び管理をしたり、ファイナンスやメンテナンス・サービスを提供したりする場合がある。この産業は2つの主要な技術を使用している。すなわち、PVと集光型太陽熱発電（CSP）である。PVにおいて、2つの主要な技術が存在する。すなわち、結晶シリコンに基づくソーラー並びにセレン化銅インジウム・ガリウム及びテルル化カドミウムを用いて作られるパネルを含む薄膜ソーラーである。ソーラー・パネルの主要な市場は、家庭用、家庭用以外（商業用及び工業用）及び発電所規模のプロジェクトである。この産業に属する企業は、グローバルに事業を営んでいる。

サステナビリティ開示トピック及び指標

表1. サステナビリティ開示トピック及び指標

トピック	指標	カテゴリー	測定単位	コード
製造におけるエネルギー管理	(1)エネルギー総消費量、(2)電力系統からの電気の割合及び(3)再生可能エネルギーの割合	定量	ギガジュール(GJ)、パーセンテージ(%)	RR-ST-130a.1
製造における水管理	(1)総取水量、(2)総消費水量、及びそれらの「ベースライン水ストレス」が「高い」又は「極めて高い」地域の割合	定量	千立方メートル(m³)、パーセンテージ(%)	RR-ST-140a.1
	水管理リスクの記述並びに当該リスクを緩和するための戦略及び実務の説明	説明及び分析	該当なし	RR-ST-140a.2
エネルギー・インフラの統合及び関連規制の管理	太陽エネルギーの既存のエネルギー・インフラへの統合に関連するリスクの記述、及びそれらのリスクを管理するための取組み（efforts）についての説明	説明及び分析	該当なし	RR-ST-410a.1
	エネルギー政策に関連するリスク及び機会、並びに太陽エネルギーの既存のエネルギー・インフラへの統合に与える影響（effect）の記述	説明及び分析	該当なし	RR-ST-410a.2

「気候関連開示」の適用に関する産業別ガイダンス

表2. 活動指標

活動指標	カテゴリー	測定単位	コード
生産された太陽光発電（PV）モジュールの総容量	定量	メガワット（MW）	RR-ST-000.A
完成した太陽エネルギー・システムの総容量[74]	定量	メガワット（MW）	RR-ST-000.B
プロジェクト開発資産の合計[75]	定量	表示通貨	RR-ST-000.C

製造におけるエネルギー管理

トピックサマリー

ソーラー・パネルの製造では、典型的に、電力系統から購入した電気エネルギーを使用する。エネルギーは、総製造コストのかなりの部分を占めることがある。エネルギー・コストの上昇及び化石ベースのエネルギーの将来を取り巻く規制の不確実性を考慮すると、エネルギー源を多様化する企業は、より効果的に、関連するリスクを管理し、信頼性のあるエネルギー供給を維持する場合がある。効果的なエネルギー管理によってエネルギー使用を最小限に抑える企業は、コストを削減し、事業の効率化及び競争力のある製品価格設定を通じて競争上の優位性を得る場合がある。競争力のある価格の製品は、太陽光技術産業内での激しい価格競争を考えると、特に重要（important）である。

指標

RR-ST-130a.1. (1)エネルギー総消費量、(2)電力系統からの電気の割合及び(3)再生可能エネルギーの割合

1　企業は、(1)消費したエネルギーの総量をギガジュール（GJ）単位で集計して開示しなければならない。

1.1　エネルギー消費の範囲には、外部の供給源から購入したエネルギー及び企業が自ら生産したエネルギー（自己生成）を含む、すべての供給源からのエネルギーを含める。例えば、直接的な燃料の使用、購入した電気、並びに温熱、冷熱及び蒸気エネルギーはすべてエネルギー

---

[74] RR-ST-000.Bに関する注記 － 太陽エネルギー・システムは、太陽光を電気エネルギーに変換するシステムと定義する。これには、太陽光発電（PV）システム及び太陽熱電気システムを含む。完成したシステムは企業によって定義され、完成したシステムの既存の公開情報と一貫する。

[75] RR-ST-000.Cに関する注記 － プロジェクト開発資産は、企業が用いる用語（例えば、「プロジェクト資産」、「プロジェクト資産－工場及び土地」、「開発及び販売のために保有する太陽エネルギー・システム」など）にかかわらず、プロジェクト開発資産の既存の公開情報と一貫して、企業によって定義される。プロジェクト開発資産には、少なくとも、開発中又は完全に開発され、企業が所有し、正式な販売契約の締結前に販売目的で保有する又は第三者への販売を意図している太陽エネルギー・システムに伴う資産、及び主に太陽エネルギー・システムの開発に関連して発生した資産化されたコストから構成される資産を含む。

© IFRS Foundation

559

消費の範囲内に含まれる。

1.2 エネルギー消費の範囲には、報告期間中に企業が直接消費したエネルギーのみを含める。

1.3 燃料及びバイオ燃料からのエネルギー消費量を計算するにあたり、企業は、直接測定したか、又は「気候変動に関する政府間パネル」（IPCC）から取得した、総発熱量（GCV）とも呼ばれる高位発熱量（HHV）を使用しなければならない。

2 企業は、(2)自社が消費した、電力系統から供給されたエネルギーの割合を開示しなければならない。

2.1 この割合は、購入した電力系統からの電気の消費量を、エネルギー総消費量で除して計算しなければならない。

3 企業は、(3)自社が消費した再生可能エネルギーの割合を開示しなければならない。

3.1 再生可能エネルギーは、地熱、風力、太陽光、水力及びバイオマスなど、それらの枯渇率以上のペースで補充されるエネルギー源からのエネルギーと定義する。

3.2 この割合は、再生可能エネルギー消費量を、エネルギー総消費量で除して計算しなければならない。

3.3 再生可能エネルギーの範囲には、企業が消費した再生可能燃料、企業が直接生産した再生可能エネルギー、及び企業が購入した再生可能エネルギー（再生可能エネルギー証書（REC）若しくは「原産地保証」（GO）を明示的に含む再生可能電力購入契約（PPA）を通じて購入した場合、「Green-eエナジー認証」済みの電気事業者若しくはサプライヤー・プログラムを通じて購入した場合、又は、RECやGOを明示的に含むその他のグリーン電力製品、若しくは「Green-e エナジー認証」RECが電力系統からの電気と組み合わせられた他のグリーン電力製品を通じて購入した場合）を含める。

3.3.1 オンサイトで生成した再生可能な電気について、それが再生可能エネルギーであると企業が主張するためには、当該企業の名においてREC及びGOを保持（retained）し（売却せず）、取り消し（retired）又は無効化（cancelled）しなければならない。

3.3.2 再生可能PPA及びグリーン電力製品について、それが再生可能エネルギーであると企業が主張するためには、当該企業の名においてREC及びGOを保持（retained）又は交換（replaced）し、取り消し（retired）又は無効化（cancelled）する旨を、その契約に明示的に含めて伝えなければならない。

3.3.3 企業の支配又は影響（influence）の範囲外にある系統電力ミックスの再生可能部分は、再生可能エネルギーの範囲から除外する。

3.4 この開示の目的において、バイオマス源からの再生可能エネルギーの範囲は、第三者の基準（例えば、「森林管理協議会」（Forest Stewardship Council）、「持続可能な森林イニシアティブ」（Sustainable Forest Initiative）、「森林認証プログラム」（Programme for the Endorsement of Forest Certification）、又は「American Tree Farm System」）で認証された材料、「再生可能エネルギー認証のためのGreen-eフレームワークのバージョン1.0（2017年）」若しくは「Green-e」地域基準に従い対象となり得る（eligible）供給源とみなされる材料、又は適用される法域の再生可能エネルギー利用割合基準（renewable portfolio standard）において対象となり得る（eligible）材料に限定する。

© IFRS Foundation

「気候関連開示」の適用に関する産業別ガイダンス

4　企業は、燃料使用量（バイオ燃料を含む。）についてのHHVの使用及びキロワット時（kWh）のGJへの変換（太陽光又は風力エネルギーからの電気を含むエネルギー・データの場合）など、この開示で報告するすべてのデータに対して、変換係数を一貫して適用しなければならない。

製造における水管理

トピックサマリー

太陽光発電パネルの製造は水集約的である可能性があり、超純水はいくつかのプロセスで重要な（critical）インプットである。製造プロセスでは廃水も発生する場合があり、これを廃棄又は再利用する前に処理しなければならないため、事業コスト及び資本支出が増加する場合がある。さらに、場所によっては、太陽光発電機器の製造施設は、水不足及び関連するコストの増加又は事業の中断に直面する場合がある。水資源の使用は、その地域の水利用者との間に緊張関係及びそれに伴うリスクを発生させる場合があり、潜在的に製造事業を中断させ、ブランド価値に負の影響を与える（adversely affecting）可能性がある。水の供給及び処理のリスクを緩和するために、企業は、プロセス水の再利用、水使用原単位を低下させる生産技術の改善、水処理システムの改善などさまざまな戦略を採用する場合がある。

指標

RR-ST-140a.1. (1)総取水量、(2)総消費水量、及びそれらの「ベースライン水ストレス」が「高い」又は「極めて高い」地域の割合

1　企業は、すべての水源から引き出された水の量を、千立方メートル単位で開示しなければならない。

　　1.1　水資源には、地表水（湿地、河川、湖及び海からの水を含む。）、地下水、企業が直接収集し貯留した雨水、並びに地方自治体の水道供給者、水道事業者又はその他の企業から取得した水及び廃水を含める。

2　企業は、例えば、取水量の大部分（significant portions）が非淡水源からのものである場合、その供給を水源別に開示することがある。

　　2.1　淡水は、企業が事業を営む地域の法令に従い定義する場合がある。法令による定義が存在しない場合、淡水は、1,000ppm未満の溶解固形物を含む水とみなさなければならない。

　　2.2　法域の飲料水規制に準拠して水道事業者から取得した水は、淡水の定義を満たすとみなすことができる。

3　企業は、自社の事業で消費した水の量を、千立方メートル単位で開示しなければならない。

　　3.1　水消費は次のように定義する。

　　　　3.1.1　取水、使用及び排水中に蒸発する水

　　　　3.1.2　企業の製品又はサービスに、直接的又は間接的に組み込まれる水

　　　　3.1.3　その他、取水源と同じ集水域に戻らない水（別の集水域又は海に戻る水など）

4　企業は、すべての事業における水リスクを分析し、「世界資源研究所」（WRI）の「水リスク・アトラス」（Water Risk Atlas）ツールである「Aqueduct」によって、「ベースライン水ストレス」が

© IFRS Foundation

561

「高い（40～80%）」又は「極めて高い（>80%）」と分類された場所で取水し水消費する活動を識別しなければならない。

5　企業は、自社の「ベースライン水ストレス」が「高い」又は「極めて高い」場所で取水した水について、総取水量に対する割合で開示しなければならない。

6　企業は、自社の「ベースライン水ストレス」が「高い」又は「極めて高い」場所で消費した水について、総消費水量に対する割合で開示しなければならない。

RR-ST-140a.2. 水管理リスクの記述並びに当該リスクを緩和するための戦略及び実務の説明

1　企業は、取水、水消費並びに水又は廃水の排出に関連する水管理リスクを記述しなければならない。

   1.1　取水及び水消費に関連するリスクには、十分で清潔な水資源の入手可能性に対するリスクを含める。これには次のものを含める。

      1.1.1　環境上の制約 － 水ストレス地域での事業、干ばつ、水生生物の閉込み又は巻込みの懸念、経年変動又は季節変動、及び気候変動のインパクトからのリスクなど

      1.1.2　規制及び財務上の制約 － 水コストの変動、取水に関連する利害関係者の認識及び懸念（例えば、地域社会、非政府組織及び規制当局からのもの）、他の水利用者との直接的な競合及びその行為からのインパクト（例えば、企業及び地方自治体の水利用者）、規制による取水制限、並びに水利権又は許認可を取得し保持する企業の能力に対する制約など

   1.2　水又は廃水の排出に関連するリスクには、排出に関連する権利又は許認可を取得する能力、排出に関連する規制への準拠、排出に対する制約、排水の温度管理を維持する能力、義務、レピュテーション・リスク、並びに、排水に関連する規制、利害関係者の認識及び懸念（例えば、地域社会、非政府組織及び規制当局からのもの）による事業コストの増加を含める。

2　企業は、次の文脈において水管理リスクを記述する場合がある。

   2.1　地表水（湿地、河川、湖及び海からの水を含む。）、地下水、企業が直接収集し貯留した雨水、並びに地方自治体の水道供給者、水道事業者又はその他の企業から取得した水及び廃水を含む取水源によって、リスクがどのように異なる場合があるか

   2.2　地表水、地下水又は廃水処理施設を含む排出先によって、リスクがどのように異なる場合があるか

3　企業は、水管理リスクが自社の事業に対して有する場合がある潜在的な影響（effects）及びそのようなリスクが顕在化すると見込まれる時間軸について説明する場合がある。

   3.1　影響（effects）には、コスト、売上、負債、事業の継続性及びレピュテーションに関連するものを含める。

4　企業は、水管理リスクを緩和するための短期的及び長期的な戦略又は計画について説明しなければならない。これには次のものを含める。

   4.1　戦略、計画、ゴール又は目標の範囲（さまざまな事業単位、地域又は水を消費する事業プロセスとどのように関連しているかなど）

「気候関連開示」の適用に関する産業別ガイダンス

4.2　優先する水管理のゴール又は目標、及び、それらのゴール又は目標に対するパフォーマンスの分析

4.2.1　ゴール及び目標には、取水量の削減、水消費量の削減、排水量の削減、水生生物の閉込みの軽減、排水の質の改善及び規制遵守に関連するものを含める。

4.3　計画、ゴール又は目標を達成するために必要な活動及び投資、並びに計画又は目標の達成に影響を与える（affect）場合があるリスク又は制限要因

4.4　戦略、計画、ゴール又は目標の開示は、報告期間中に進行中（アクティブ）であったか、又は完了した活動に限定しなければならない。

5　水管理の目標について、企業は追加で次のものを開示しなければならない。

5.1　目標が絶対量ベース又は原単位ベースのいずれであるか、及び目標が原単位ベースである場合は指標の分母

5.2　水管理活動の時間軸（開始年、目標年及び基準年を含める。）

5.3　次のものを含む、目標を達成するためのメカニズム

5.3.1　水のリサイクル又は循環システムの使用などの、効率化に関する取組み（efforts）

5.3.2　必要な水の量を減らすための製品又はサービスの再設計などの、製品のイノベーション

5.3.3　水生生物の閉込み又は巻込みの軽減を可能にするような、プロセス及び機器のイノベーション

5.3.4　水の使用、リスク及び機会を分析するためのツール及び技術の使用（例えば、「世界自然保護基金」の「Water Risk Filter」、「Global Water Tool」及び「Water Footprint Network Footprint Assessment Tool」）

5.3.5　地域又は他の組織との実施されているコラボレーション又はプログラム

5.4　基準年からの削減率又は改善率。基準年は、目標の達成に向けて、水管理の目標が評価される最初の年である。

6　企業は、水管理の実務が、組織内で追加的なライフサイクルへのインパクト又はトレードオフをもたらすかどうかについて説明しなければならない。これには、土地利用、エネルギー生産及び温室効果ガス（GHG）排出のトレードオフを含める。また、ライフサイクルのトレードオフにもかかわらず、企業がこれらの実務を選択した理由についても説明しなければならない。

エネルギー・インフラの統合及び関連規制の管理

トピックサマリー

この産業の企業は、エネルギー生産及びGHG削減のためのコスト競争力のある手段として太陽エネルギーを確立するという課題に直面しており、グローバルのエネルギー生成量におけるより大きな市場シェアを獲得することの困難さに遭遇している。この産業は、太陽光発電の適用拡大を促進するために、既存の

© IFRS Foundation

エネルギー・インフラ及び不可欠なエネルギー・サービスにおけるシステミックな中断を防ぐことによって便益を得る場合がある。企業は、太陽光発電を電力系統に統合することを進めるという技術的課題を克服するために革新を続けている。また、太陽エネルギーの導入に対する規制の障壁を軽減するために、規制当局及び政策立案者に関与している。その障壁の多くは、電力系統全体の電気コストの上昇及び電力系統の中断に関する懸念のために生じている。太陽光発電企業は、ハードウェア及び設置コスト削減のための革新的な技術に投資しており、資本コストの削減及び太陽エネルギー・システムの購入促進のためのビジネスモデルのイノベーションを追求している。太陽光技術企業は、これらの戦略を1つ以上うまく展開することで競争力を向上させ、長期的な規模拡大を確実にする場合がある。

指標

RR-ST-410a.1. 太陽エネルギーの既存のエネルギー・インフラへの統合に関連するリスクの記述、及びそれらのリスクを管理するための取組み（efforts）についての説明

1 企業は、その製品及びサービスの観点から、太陽エネルギーを既存のエネルギー・インフラに統合することに関するリスク、課題及び障壁を記述しなければならない。

1.1 提供すべき関連する情報には次のものを含める場合がある。

1.1.1 太陽エネルギーの統合の拡大に対する技術的障壁。これは、送電網（transmission network）の限定的な接続（connectivity）、大容量送電網（high-capacity transmission networks）へのアクセス不足、系統連系に関する基準（interconnection standards）の変わりやすさ（variability）、及び系統連系インバータの要件（inverter interconnection requirements）などである。

1.1.2 太陽エネルギーの統合の拡大に対する事業上の障壁。これは、太陽エネルギーのさまざまな性質に関連する出力制御（curtailment）及び課題などである。

1.1.3 太陽エネルギーの統合の拡大を求める顧客の動機。これは、経済優位性、規制の遵守、リスクの緩和及び世間の認識又はレピュテーション・リスクなどである。

2 企業は、太陽エネルギーを既存のエネルギー・インフラに統合するための設計、開発及び販売に対する戦略及びアプローチについて説明しなければならない。

2.1 関連する戦略及びアプローチには次のものを含める場合がある。

2.1.1 技術的な製品設計

2.1.2 新たな製品又は製品コンポーネントの開発（例えば、スマート・インバータ）

2.1.3 太陽エネルギー・モジュール又はシステムのコストを削減するための技術イノベーション

2.1.4 第三者との提携及び製品の統合

2.1.5 プロジェクトの設計（例えば、出力制御のリスクが低い地域にプロジェクトを配置すること）

2.1.6 プロジェクト・リスクの移転（例えば、出力制御キャップ付きの電力購入契約（PPA））

564 © IFRS Foundation

「気候関連開示」の適用に関する産業別ガイダンス

2.1.7 マーケティング及び販売（例えば、電力系統の統合リスクが比較的低い地域及び顧客セグメントに焦点を当てること）

2.1.8 独自の技術開発か第三者とのコラボレーションかにかかわらず、エネルギー貯蔵技術又は「スマート・グリッド」技術の太陽エネルギー・システムへの組込み

2.1.9 「オフグリッド」又は「マイクログリッド」を運転するように設計された製品

2.1.10 「ソフト・コスト」を削減することにより、太陽エネルギーの均等化発電原価（LCOE）を削減するイノベーション。これには、資金調達、リース、顧客獲得及び開発コストを含める。

2.1.11 獲得可能な最大太陽エネルギー市場規模（total addressable solar energy market）を拡大するイノベーション

2.2 提供すべき関連する情報には次のものを含める。

2.2.1 企業が複数のアプローチを追求しているかどうか

2.2.2 企業のアプローチが市場によって異なるかどうか

2.2.3 企業のアプローチ及び戦略についての研究開発要件の強度（intensity）

2.2.4 企業のアプローチ及び戦略に関連する競争のレベル

2.2.5 企業がアプローチの成功をどのように評価するか

3 開示の範囲には、企業が事業を営む市場における、企業のすべての太陽エネルギー関連の製品、製品コンポーネント、プロジェクト、プロジェクト開発の取組み（efforts）及びサービスだけでなく、関連するマーケティング及び販売戦略を含めなければならない。

4 企業は、エネルギー・インフラが、販売目標の設定、特定の製品カテゴリーの戦略、特定の地域における技術又はマーケティングの実務、研究開発（R&D）の目的、及びパートナーシップにどのように影響を与える（influences）かを記述する場合がある。

RR-ST-410a.2. エネルギー政策に関連するリスク及び機会、並びに太陽エネルギーの既存のエネルギー・インフラへの統合に与える影響（effect）の記述

1 企業は、エネルギー政策に関連するリスク及び機会、並びにエネルギー政策が太陽エネルギーの既存のエネルギー・インフラへの統合に与える影響（effect）について説明しなければならない。

1.1 関連するリスク及び機会には、次のものを含める場合がある。

1.1.1 太陽エネルギーの直接的又は間接的な政府補助金

1.1.2 国際貿易政策紛争及び協定

1.1.3 再生可能エネルギー生成のための最低要件を示す公共政策（例えば、再生可能エネルギー利用割合基準（renewable portfolio standard））

1.1.4 太陽エネルギー生成の収益化に影響を与える（affect）公共政策。これには、正味測定（net metering）、使用時間料金、固定価格買取制度、公共固定料金及び再生可

© IFRS Foundation

565

能エネルギーの優先給電を含める場合がある。

1.1.5 太陽エネルギーの資金調達及び税構造に影響を与える（affect）公共政策。これには、投資税額控除、不動産評価のクリーン・エネルギー（property-assessed clean energy）、融資保証及び減価償却スケジュールを含める場合がある。

1.1.6 分散型太陽エネルギー生成により生み出されるすべての外部の社会的コストに関する公共政策

1.1.7 送電に関する政策。これには、地域の送電計画、連系された送電網、系統連系に関する基準（interconnection standards）及び大容量送電網（high-capacity transmission networks）を含める場合がある。

1.1.8 老朽化したエネルギー生成及び送電インフラの取替え

2 企業は、エネルギー政策及び太陽エネルギーのエネルギー・インフラへの統合について、法令、ルール作成及び全体的な政治環境（以下あわせて「規制及び政治環境」という。）に関連するリスク及び機会を識別しなければならない。

2.1 この範囲には、既存、新規及び既知の将来のリスク及び機会を含めなければならない。

2.2 この範囲には、それぞれの法域レベル、国際政府組織及び規制組織に存在する場合があるリスク及び機会を含めなければならない。

2.2.1 この範囲には、公益事業者、ルール作成者及び規制当局の関連する政策を含まなければならない。

3 提供すべき関連する情報には、企業の太陽エネルギー製品及びサービスに対する需要へのインパクト、並びに、エネルギー政策及びエネルギー政策が太陽エネルギーの既存のエネルギー・インフラへの統合に与えるインパクトに関連するリスク及び機会に関連する事業の実行可能性へのインパクトを含めるが、これらに限定されない。

566

© IFRS Foundation

「気候関連開示」の適用に関する産業別ガイダンス

第45巻－風力技術及びプロジェクト開発業者

産業の説明

「風力技術及びプロジェクト開発業者」は、風力タービン、ブレード、タワー並びに風力発電システムのその他のコンポーネントを製造する。風力エネルギー・プロジェクトの開発、建設及び管理をする企業もまた、この産業の範囲に含める。製造業者はまた、販売後のメンテナンス及びサポートサービスを提供する場合がある。タービンは陸上又は洋上に設置することができ、風力発電の能力に違いを生み出したり、それぞれの種類の設置についてプロジェクト開発に困難を生じさせたりする場合がある。ほとんどの主要な風力技術企業はグローバルに事業を営んでいる。

サステナビリティ開示トピック及び指標

表1. サステナビリティ開示トピック及び指標

トピック	指標	カテゴリー	測定単位	コード
原材料効率	上位5つの消費原材料（重量ごと）	定量	メートル・トン (t)	RR-WT-440b.1
	タービン容量当たりの平均トップ・ヘッド質量（風力タービン・クラスごと）	定量	メガワット (t/MW) 当たりのメートル・トン	RR-WT-440b.2
	風力タービン設計の原材料効率を最適化するアプローチの記述	説明及び分析	該当なし	RR-WT-440b.3

表2. 活動指標

活動指標	カテゴリー	測定単位	コード
風力タービンの納入数（風力タービン・クラスごと）[76]	定量	数	RR-WT-000.A
納入された風力タービンの総容量（風力タービン・クラスごと）[77]	定量	メガワット (MW)	RR-WT-000.B

---

[76] RR-WT-000.Aに関する注記 ― 風力タービンのクラスは、「国際電気標準会議」の「IEC 61400-1、Edition 3.0—Design requirements」によって定義される。風力タービンのクラスは、タービンの格付によって決定しなければならない。

[77] RR-WT-000.Bに関する注記 ― 風力タービンのクラスは、「国際電気標準会議」の「IEC 61400-1、Edition 3.0—Design requirements」によって定義される。風力タービンのクラスは、タービンの格付によって決定しなければならない。

© IFRS Foundation

活動指標	カテゴリー	測定単位	コード
タービン受注残高の金額[78]	定量	表示通貨	RR-WT-000.C
タービン受注残高の総容量[79]	定量	メガワット (MW)	RR-WT-000.D

原材料効率

トピックサマリー

「風力技術及びプロジェクト開発者」産業の長期的な成功は、他のエネルギー源と比較して低コストでエネルギーを生産するかどうかに依存する。鉄鋼及びその他の原材料の購入は、タービンの最大のコストの1つであり、また鉄鋼などのインプットは過去に大きな価格変動があった。近年、風力タービンは、タワーの高さ及びローターの掃引面積の両者の点でサイズを大きくして、エネルギー出力を改善し、より多くの地域で風力エネルギーを生産する可能性を高めている。この拡張を費用対効果の高い方法で達成するために、企業は革新的な方法を採用して、原材料をより効率的に使用しながらタービン出力を増やす場合がある。出力及び効率の向上は、企業の規模拡大に加え、企業の競争力及び市場シェア、製造コスト並びに原材料の供給及び価格の変動に関連するオペレーショナル・リスクに影響を与える（influence）可能性がある。

指標

RR-WT-440b.1. 上位5つの消費原材料（重量ごと）

1　次のそれぞれの風力タービン・クラスについて、企業は、報告期間中に納入された風力タービンで最も多くの量（重量ごと）を消費した5つの原材料の重量を、メートル・トン単位で開示しなければならない。

2　開示の範囲には、ナセル、ブレード及びタワーを含む、最終的に納入されたタービンの原材料の重量を含める。また、生産（例えば、廃棄物）、貨物、保管及び設置（例えば、基礎）において消費する原材料の重量は除外する。

3　原材料には、アルミニウム、炭素繊維、銅、ガラス繊維、鉄、又は鋼を含む場合がある。

4　企業は、風力タービン・クラス別に、最も多くの量を消費した5つの原材料の重量を開示する場合がある。

　　4.1　風力タービン・クラスは、「国際電気標準会議」（IEC）の「IEC 61400-1、Edition 3.0—Design requirements」により定義する。

---

[78] RR-WT-000.Cに関する注記 － タービンの受注残高は、受注残高の既存の公開開示と一貫するように、企業によって定義される。タービンの受注残高からは、運転及び保守契約、又はその他のサービス契約に起因する残額は除外する。

[79] RR-WT-000.Dに関する注記 － タービンの受注残高は、受注残高の既存の公開開示と一貫するように、企業によって定義される。タービンの受注残高からは、運転及び保守契約、又はその他のサービス契約に起因する残額は除外する。

568　　　　　© IFRS Foundation

「気候関連開示」の適用に関する産業別ガイダンス

4.1.1 「IEC 風力タービン・クラス I」

4.1.2 「IEC 風力タービン・クラス II」

4.1.3 「IEC 風力タービン・クラス III」

4.1.4 「IEC 風力タービン・クラス IV」

4.1.5 「IEC 風力タービン・クラス S」

4.1.6 乱流特性

4.1.7 混合クラス（例えば、「IEC 風力タービン・クラス I /II」）

4.1.8 陸上

4.1.9 洋上

5 企業は、重大な（significant）原材料コスト、サプライ・チェーンのリスク又は価格変動に対するエクスポージャーをもたらす場合がある、追加的な原材料の重量を開示する場合がある。

RR-WT-440b.2. タービン容量当たりの平均トップ・ヘッド質量（風力タービン・クラスごと）

1 次のそれぞれの風力タービン・クラスについて、企業は、報告期間中に納入されたタービンのタービン容量当たりの平均トップ・ヘッド質量について、風力タービン・クラスごとのタービンの納入数で加重平均して開示しなければならない。

1.1 風力タービン・クラスは、「国際電気標準会議」（IEC）の「IEC 61400-1、Edition 3.0—Design requirements」により定義する。

1.1.1 「IEC 風力タービン・クラス I」

1.1.2 「IEC 風力タービン・クラス II」

1.1.3 「IEC 風力タービン・クラス III」

1.1.4 「IEC 風力タービン・クラス IV」

1.1.5 「IEC 風力タービン・クラス S」

2 風力タービン・クラスは、タービンの格付ごとに決定しなければならない。

3 タービン容量当たりの平均トップ・ヘッド質量は、メートル・トン単位のトップ・ヘッドの質量を、メガワット（MW）単位のタービン容量で除して計算しなければならない。

3.1 トップ・ヘッドには、タービンのナセル及びタービンのローターを含めなければならない。

3.2 トップ・ヘッドからは、ブレードを除外しなければならない。

3.3 タービン容量は、定格タービン容量であり、風力タービンの最大出力（生成）と定義しメガワット（MW）単位で表され、「銘板容量（nameplate capacity）」ともいわれる。

4 企業は、追加的な風力タービン・クラスのパフォーマンスを開示する場合がある。これには、次のものを含める。

© IFRS Foundation

569

4.1 乱流特性

4.2 混合クラス（例えば、「IEC 風力タービン・クラスⅠ/Ⅱ」）

4.3 陸上

4.4 洋上

RR-WT-440b.3. 風力タービン設計の原材料効率を最適化するアプローチの記述

1 企業は、風力タービンの原材料効率をどのように改善するかを記述しなければならない。これには、次のものを最適化するための設計上の考慮事項及び原材料の選択を含める。

1.1 消費する原材料の量

1.2 消費する原材料ごとの容量及び容量係数

1.3 寿命

2 開示の範囲には、原材料の選択及び風力タービン設計の変更、並びに風力タービンの原材料効率を向上させる場合がある運転統制ソフトウェア（例えば、SCADAシステム）を含めなければならない。

2.1 原材料の選択には、原材料の選択における優先順位、原材料のイノベーション及び開発の強調、原材料のリスク評価、並びに原材料の消費に関する目的を含める場合がある。

2.2 風力タービン設計の変更には、タービンの重量又はタワーの重量の削減による原材料消費を削減するための設計上のイノベーション、原材料消費に対してタービンの容量又は容量係数（capacity factor）を向上させる設計上のイノベーション、タービン製造時に生み出す廃棄物を削減する戦略、及び風力タービンの設置時に消費する原材料（例えば、基礎）を削減するための設計を含める場合がある。

「気候関連開示」の適用に関する産業別ガイダンス

資源加工セクター

第46巻－航空宇宙及び防衛

産業の説明

「航空宇宙及び防衛」産業の企業は、商業用航空機、航空機部品、航空宇宙及び防衛製品の製造業者、並びに防衛元請業者を含める。商業用航空機の製造業者は産業の売上高のおよそ4分の1を占め、主として商業用航空企業及び政府に販売している。航空宇宙及び防衛部品の製造業者は、総売上高が産業最大のセグメントとなっており、主に政府に販売している。航空宇宙及び防衛の製造業者はいずれもグローバルに事業を営み、グローバルな顧客基盤にサービスを提供している。防衛元請は産業の総売上高のおよそ4分の1を占め、軍事用航空機、宇宙船、ミサイル・システム、弾薬、小型武器、海軍船舶及びその他の商業用及び軍事用の車両を製造している。これらの顧客は、さまざまな政府機関、及びグローバルに事業を営む関連する企業である。防衛元請カテゴリーには、法執行機関、企業、流通業者、小売業者及び消費者に販売する銃器の製造業者も含まれる。この産業における重要な（important）サステナビリティのトピックには、製品のエネルギー効率及び排出プロファイル、並びに製造のためのエネルギー及び廃棄物の管理を含める。

サステナビリティ開示トピック及び指標

表1. サステナビリティ開示トピック及び指標

トピック	指標	カテゴリー	測定単位	コード
エネルギー管理	(1)エネルギー総消費量、(2)電力系統からの電気の割合及び(3)再生可能エネルギーの割合	定量	ギガジュール (GJ) 、パーセンテージ(%)	RT-AE-130a.1
使用段階における燃費及び排出	代替エネルギー関連製品から生じた売上高	定量	表示通貨	RT-AE-410a.1
	製品の燃費及び温室効果ガス（GHG）排出に対処するためのアプローチの記述及び戦略の説明	説明及び分析	該当なし	RT-AE-410a.2

© IFRS Foundation

571

表2. 活動指標

活動指標	カテゴリー	測定単位	コード
報告セグメント別生産量[80]	定量	数	RT-AE-000.A
従業員数	定量	数	RT-AE-000.B

エネルギー管理

トピックサマリー

エネルギーは、航空宇宙及び防衛企業の製造プロセスにとって重要な（critical）インプットである。購入した電気は、当産業のエネルギー支出の最も大きな部分を占め、購入した燃料がこれに続く。使用されるエネルギーの種類、消費量及びエネルギー管理戦略は、製造する製品の種類によって異なる。オンサイト発電、電力系統からの電気及び代替エネルギーを含む、企業のエネルギー・ミックスは、エネルギー供給のコスト及び信頼性（reliability）に影響を与え（influence）、最終的に企業のコスト構造及び規制リスクに影響を与える（affect）場合がある。

指標

RT-AE-130a.1. (1)エネルギー総消費量、(2)電力系統からの電気の割合及び(3)再生可能エネルギーの割合

1　企業は、(1)消費したエネルギーの総量をギガジュール（GJ）単位で集計して開示しなければならない。

　　1.1　エネルギー消費の範囲には、外部の供給源から購入したエネルギー及び企業が自ら生産したエネルギー（自己生成）を含む、すべての供給源からのエネルギーを含める。例えば、直接的な燃料の使用、購入した電気、並びに温熱、冷熱及び蒸気エネルギーはすべてエネルギー消費の範囲内に含まれる。

　　1.2　エネルギー消費の範囲には、報告期間中に企業が直接消費したエネルギーのみを含める。

　　1.3　燃料及びバイオ燃料からのエネルギー消費量を計算するにあたり、企業は、直接測定したか、又は「気候変動に関する政府間パネル」（IPCC）から取得した、総発熱量（GCV）とも呼ばれる高位発熱量（HHV）を使用しなければならない。

2　企業は、(2)自社が消費した、電力系統から供給されたエネルギーの割合を開示しなければならない。

　　2.1　この割合は、購入した電力系統からの電気の消費量を、エネルギー総消費量で除して計算し

---

[80]　RT-AE-000.Aに関する注記 − 生産量は製品カテゴリー別の生産ユニット数を開示すべきである。この関連する製品カテゴリーには、(1)陸上車両、(2)航空機、(3)海上船舶、(4)車両及び航空機のコンポーネント並びに(5)宇宙及び兵器システムを含める。

「気候関連開示」の適用に関する産業別ガイダンス

なければならない。

3　企業は、(3)自社が消費した再生可能エネルギーの割合を開示しなければならない。

3.1　再生可能エネルギーは、地熱、風力、太陽光、水力及びバイオマスなど、それらの枯渇率以上のペースで補充されるエネルギー源からのエネルギーと定義する。

3.2　この割合は、再生可能エネルギー消費量を、エネルギー総消費量で除して計算しなければならない。

3.3　再生可能エネルギーの範囲には、企業が消費した再生可能燃料、企業が直接生産した再生可能エネルギー、及び企業が購入した再生可能エネルギー（再生可能エネルギー証書（REC）若しくは「原産地保証」（GO）を明示的に含む再生可能電力購入契約（PPA）を通じて購入した場合、「Green-eエナジー認証」済みの電気事業者若しくはサプライヤー・プログラムを通じて購入した場合、又は、RECやGOを明示的に含むその他のグリーン電力製品、若しくは「Green-eエナジー認証」RECが電力系統からの電気と組み合わせられた他のグリーン電力製品を通じて購入した場合）を含める。

3.3.1　オンサイトで生成した再生可能な電気について、それが再生可能エネルギーであると企業が主張するためには、当該企業の名においてREC及びGOを保持（retained）し（売却せず）、取り消し（retired）又は無効化（cancelled）しなければならない。

3.3.2　再生可能PPA及びグリーン電力製品について、それが再生可能エネルギーであると企業が主張するためには、当該企業の名においてREC及びGOを保持（retained）又は交換（replaced）し、取り消し（retired）又は無効化（cancelled）する旨を、その契約に明示的に含めて伝えなければならない。

3.3.3　企業の支配又は影響（influence）の範囲外にある系統電力ミックスの再生可能部分は、再生可能エネルギーの範囲から除外する。

3.4　この開示の目的において、バイオマス源からの再生可能エネルギーの範囲は、第三者の基準（例えば、「森林管理協議会」（Forest Stewardship Council）、「持続可能な森林イニシアティブ」（Sustainable Forest Initiative）、「森林認証プログラム」（Programme for the Endorsement of Forest Certification）、又は「American Tree Farm System」）で認証された材料、「再生可能エネルギー認証のためのGreen-eフレームワークのバージョン1.0（2017年）」若しくは「Green-e」地域基準に従い対象となり得る（eligible）供給源とみなされる材料、又は適用される法域の再生可能エネルギー利用割合基準（renewable portfolio standard）において対象となり得る（eligible）材料に限定する。

4　企業は、燃料使用量（バイオ燃料を含む。）についてのHHVの使用及びキロワット時（kWh）のGJへの変換（太陽光又は風力エネルギーからの電気を含むエネルギー・データの場合）など、この開示で報告するすべてのデータに対して、変換係数を一貫して適用しなければならない。

© IFRS Foundation

573

使用段階における燃費及び排出

トピックサマリー

「航空宇宙及び防衛」産業では、顧客の選好及び規制のインセンティブにより、エネルギー効率が高く、排出が削減された製品の需要が高まっている。この産業の製品の多くは化石燃料を使用しており、使用中に温室効果ガス（GHG）及びその他の大気排出を放出する。グローバルでの航空宇宙及び防衛輸送フリートのほとんどを設計及び製造する、この産業の企業は、GHG排出及び燃料管理の目標及び義務の達成に努めている多くの産業及び政府機関を支援する独自の機会を有している。燃費が良く、使用段階の排出が少ない製品は、拡大する市場シェアを獲得し、顧客の選好の変化並びに燃費及び排出に関する規制により効果的に適応する場合がある。

指標

RT-AE-410a.1. 代替エネルギー関連製品から生じた売上高

1　企業は、代替エネルギー関連の製品の販売から生じた総売上高を開示しなければならない。ここでは、次のようにする。

　　1.1　代替エネルギー関連の製品には、推進又はエネルギー生成の主要な手段として、代替燃料又は代替エネルギーに依拠する車両、車両コンポーネント及び定置式発電装置などの製品を含める。

　　1.2　代替エネルギー及び代替燃料には、次のものを含める。

　　　　1.2.1　再生可能燃料及び再生可能エネルギー。これは、地熱、風力、太陽光、水力発電及びバイオマス（エタノール、第1世代のバイオ燃料及び先進的なバイオ燃料を含む。）などの、生態系サイクルを通じて迅速に補充できる供給源に由来するエネルギーと定義する。

　　　　1.2.2　水素燃料及び燃料電池。これには天然ガス、プロパン及びメタノールを使用して作動するものを含む。

　　1.3　燃料源の1つが代替燃料である電気製品、ハイブリッド電気製品及びデュアル燃料製品は、開示の範囲内とみなさなければならない。

RT-AE-410a.2. 製品の燃費及び温室効果ガス（GHG）排出に対処するためのアプローチの記述及び戦略の説明

1　企業は、燃費を改善し、製品の使用段階の温室効果ガス（GHG）排出を削減するためのアプローチを記述し、またその戦略について説明しなければならない。

2　アプローチ及び戦略の関連する側面には、既存の製品及び技術の改善、新たな技術の導入、先進的な技術への研究開発の取組み（efforts）、並びに同業者、学術機関又は顧客（政府機関の顧客を含む。）との連携を含める。

3　記述すべき関連する技術には、材料設計及びエンジニアリング、先進的なパワートレイン、再生可能燃料、エネルギー貯蔵及びバッテリー、流線形設計並びにGHG排出の減少をもたらす製品及び燃

料に関連するものを含める場合がある。ここでは、次のようにする。

3.1 先進的なパワートレイン技術には、電気自動車、ハイブリッド電気自動車、プラグイン・ハイブリッド車、デュアル燃料車及びゼロエミッション車（例えば、燃料電池車）の車両及び車両コンポーネントを含める。

3.2 再生可能燃料及びエネルギー技術は、地熱、風力、太陽光、水力発電及びバイオマス（エタノール、第1世代のバイオ燃料及び先進的なバイオ燃料を含む。）を含め、生態系サイクルを通じて迅速に補充できる供給源で動作するものである。

3.3 GHG排出の削減をもたらす製品には、石油消費量の大幅な（significant）削減を達成する車両又は技術、並びに先進的なリーン・バーン技術を採用した車両及び技術を含める。

3.4 GHG排出の削減をもたらす燃料には、さらに、変性アルコール、メタノール、最大85%のメタノール又は変性エタノールを含む混合物、天然ガス及びプロパン（液化石油ガス）を含める。

3.5 関連する場合、企業は、開発中の特定の種類の燃料システム（例えば、ハイブリッド、電気又は燃料電池）など、燃費を改善して自社製品のGHG排出を削減するために優先している技術について説明しなければならない。

4 企業は、これらの取組み（efforts）に影響を与える（influencing）要因を記述しなければならない。これは、一般顧客の需要を満たすこと、産業の取組みと整合させること、又は連邦の調達プログラム及び取組みの要件を満たすことへの対応などである。ここでは、次のようにする。

4.1 記述すべき関連するプログラム及び取組みには、「国際民間航空機関の決議A38-18」を含める。

5 企業は、関連する車両又は車両システム・セグメントについての製品燃費の改善を測定するために用いるベンチマークを記述する場合がある。これには、燃費改善の目標の記述を含める。

6 企業は、関連する車両又は車両システム・セグメントについての、燃費及び燃費改善の測定値を提供する場合がある。

6.1 燃費及び燃費改善の測定値には、次のものを含める場合がある。

6.1.1 車両及び船舶のガロン当たりのマイル数、並びに航空宇宙航行体の「航続率」などの、固有の燃費測定値

6.1.2 前年比での燃費改善

7 関連する場合、企業は、顧客の需要及び要求が燃費測定及び改善にどのように影響を与える（affect）かについて説明する場合がある。

© IFRS Foundation

第47巻－化学製品

産業の説明

「化学製品」産業の企業は、有機化学原料及び無機化学原料を、工業、医薬品、農業、住宅、自動車並びに消費者向けに、70,000を超える多様な製品に加工する。この産業は、基礎（コモディティ）化学製品、農業用化学製品及び特殊化学製品にセグメント分けされることが多い。基礎化学製品は、生産量が最大のセグメントであり、バルクポリマー、石油化学製品、無機化学製品及びその他の工業用化学製品を含める。農業用化学製品は、肥料、作物用化学製品及び農業バイオテクノロジーを含める。特殊化学製品は、塗料及びコーティング剤、農薬、シーラント、接着剤、染料、工業用ガス、樹脂及び触媒を含める。相対的に大規模な企業は、基礎化学製品、農業用化学製品及び特殊化学製品を生産する場合があるが、ほとんどの企業は特化している。化学製品企業は、典型的にはグローバルに製品を製造し販売している。

サステナビリティ開示トピック及び指標

表1. サステナビリティ開示トピック及び指標

トピック	指標	カテゴリー	測定単位	コード
温室効果ガス排出	グローバルでの「スコープ1」の総排出、排出制限規制の対象割合	定量	CO_2相当メートル・トン(t)、パーセンテージ(%)	RT-CH-110a.1
	「スコープ1」の排出を管理するための長期的及び短期的な戦略又は計画、排出削減目標並びにそれらの目標に対するパフォーマンスの分析についての説明	説明及び分析	該当なし	RT-CH-110a.2
エネルギー管理	(1)エネルギー総消費量、(2)電力系統からの電気の割合、(3)再生可能エネルギーの割合及び(4)自己生成エネルギーの総量[81]	定量	ギガジュール(GJ)、パーセンテージ(%)	RT-CH-130a.1
水管理	(1)総取水量、(2)総消費水量、及びそれらの「ベースライン水ストレス」が「高い」又は「極めて高い」地域の割合	定量	千立方メートル(m^3)、パーセンテージ(%)	RT-CH-140a.1

---

[81] RT-CH-130a.1に関する注記 ― 企業は、製造及び生産プロセス全体を通じて、エネルギー消費を削減する又はエネルギー効率を改善する（又はこの両方を行う）ための取組み（efforts）について説明しなければならない。

「気候関連開示」の適用に関する産業別ガイダンス

トピック	指標	カテゴリー	測定単位	コード
	水質の許認可、基準及び規制に関連する違反事案（incidents of non-compliance）の件数	定量	数	RT-CH-140a.2
	水管理リスクの記述並びに当該リスクを緩和するための戦略及び実務の説明	説明及び分析	該当なし	RT-CH-140a.3
使用段階の効率を考慮した製品設計	使用段階での資源効率を考慮して設計された製品から生じる売上高	定量	表示通貨	RT-CH-410a.1

表2. 活動指標

活動指標	カテゴリー	測定単位	コード
報告セグメント別生産量[82]	定量	立方メートル(m^3)又はメートル・トン(t)	RT-CH-000.A

温室効果ガス排出

トピックサマリー

化学製品の製造では、製造プロセス及びコージェネレーション・プロセスにおける化石燃料の燃焼による直接（「スコープ1」）の温室効果ガス（GHG）排出、並びに原料の化学変化によるプロセス排出が生じる。GHG排出は、化学製品企業に対して、規制準拠コスト又は罰則並びに事業リスクをもたらす場合がある。ただし、財務的影響（effects）は、排出の規模及び実施されている排出規制によって異なる場合がある。国が排出を制限又は削減しようとするにつれて、この産業はこれまで以上に厳格な規制を受ける場合がある。より高いエネルギー効率、代替燃料の使用又は製造プロセスの発展を通じてGHG排出を費用対効果の高い方法で管理する企業は、財務的便益の中でもとりわけ、事業効率の向上及び規制リスクの低減により便益を得る場合がある。

指標

RT-CH-110a.1. グローバルでの「スコープ1」の総排出、排出制限規制の対象割合

1   企業は、「京都議定書」において対象とされる7種類の温室効果ガス（GHG）－二酸化炭素（CO_2）、メタン（CH_4）、一酸化二窒素（N_2O）、ハイドロフルオロカーボン類（HFCs）、パーフルオロカーボン類（PFCs）、六フッ化硫黄（SF_6）及び三フッ化窒素（NF_3）－のグローバルでの「スコープ1」

---

[82] RT-CH-000.Aに関する注記 － 生産量は企業の報告セグメント別に開示すべきであり、生産量は、固体の製品については重量で、液体及び気体の製品については体積で報告される。

© IFRS Foundation

577

のGHGの大気への総排出を開示しなければならない。

1.1　すべてのGHG排出は、二酸化炭素相当（CO_2相当）メートル・トン単位で合算し、開示しなければならず、公開されている100年の時間軸に基づく地球温暖化係数（GWP）の数値に従い計算しなければならない。現時点でのGWP数値の推奨される情報源は、「気候変動に関する政府間パネル（IPCC）第5次評価報告書（2014年）」である。

1.2　総排出は、オフセット、クレジット又はその他の類似した排出削減若しくは排出相殺のメカニズムを考慮する前の、大気中に排出されたGHGである。

2　「スコープ1」の排出は、「世界資源研究所」（WRI）及び「持続可能な開発のための世界経済人会議」（WBCSD）によって公表された「温室効果ガスプロトコルの企業算定及び報告基準（GHGプロトコル）（2004年3月改訂版）」において定義されており、ここに記載されている方法に従って計算しなければならない。

2.1　認められる計算方法には、基礎的な参考文献として「GHGプロトコル」に従いつつ、産業固有又は地域固有のガイダンスなど追加的なガイダンスを提供するものを含める。例には次のものを含める。

2.1.1　「Greenhouse Gas Inventory Guidance：定置式燃焼源からの直接排出」（「米国環境保護庁」（EPA）発行）

2.1.2　「India GHG Inventory Program」

2.1.3　ISO 14064-1

2.1.4　「Petroleum Industry Guidelines for Reporting GHG Emissions」（IPIECA発行第2版（2011年））

2.1.5　「Protocol for the quantification of greenhouse gas emissions from waste management activities」（「Entreprises pour l'Environnement」（EpE）発行）

2.1.6　「Chemical Sector Value Chain」における「WBCSD Guidance for Accounting & Reporting Corporate GHG Emissions」

2.2　GHG排出データは、企業が財務報告データを連結する方法に従って合算し、開示しなければならない。その方法は、一般的に、「GHGプロトコル」で定義する「財務支配」アプローチ及び「気候開示基準委員会」（CDSB）によって公表された「環境及び社会情報の報告のためのCDSBフレームワーク」のREQ-07「組織の境界」に記述されているアプローチと整合している。

3　企業は、キャップアンドトレード・スキーム、炭素税又はカーボン・プライシング・システム並びにその他の排出統制（例えば、コマンドアンドコントロール・アプローチ）、及び許認可ベースのメカニズムなど、排出を直接制限又は削減することを目的とした排出制限規制又はプログラムの対象となる、グローバルでの「スコープ1」のGHG総排出の割合を開示しなければならない。

3.1　排出制限規制の例には、次のものを含める場合がある。

3.1.1　「カリフォルニア州キャップアンドトレード」（「カリフォルニア州地球温暖化対策法」）

578　　　　　　　　　© IFRS Foundation

「気候関連開示」の適用に関する産業別ガイダンス

    3.1.2　「欧州連合排出量取引スキーム」（EU ETS）

    3.1.3　「ケベック州キャップアンドトレード」（「ケベック州環境品質法」）

3.2　この割合は、排出制限規制の対象となるグローバルでの「スコープ1」のGHG排出（CO_2相当）の総量を、グローバルでの「スコープ1」のGHG排出の総量（CO_2相当）で除して計算しなければならない。

    3.2.1　複数の排出制限規制の対象となる排出について、企業は、これらの排出を一度だけしか計算に含めてはならない。

3.3　排出制限規制の範囲からは、自主的な排出制限規制（例えば、自主的な取引システム）及び報告ベースの規制の対象となる排出は除外する。

4　企業は、過去の報告期間からの排出の変化について説明する場合がある。これには、変化が排出削減、ダイベストメント、買収、合併、アウトプットの変化又は計算方法の変更によるものかどうかを含める。

5　現在のCDP又は他の企業へのGHG排出の報告（例えば、国の規制上の開示プログラム）が、範囲及び使用した合算アプローチの点で異なる場合、企業はそれらの排出を開示することがある。ただし、主要な開示は前述のガイドラインに従わなければならない。

6　企業は、データが連続排出監視システム（CEMS）、エンジニアリング計算又は物質収支計算からのものであるかどうかなど、排出開示の計算方法について説明する場合がある。

RT-CH-110a.2. 「スコープ1」の排出を管理するための長期的及び短期的な戦略又は計画、排出削減目標並びにそれらの目標に対するパフォーマンスの分析についての説明

1　企業は、「スコープ1」の温室効果ガス（GHG）排出を管理するための長期的及び短期的な戦略又は計画について説明しなければならない。

    1.1　「スコープ1」の排出は、「世界資源研究所」（WRI）及び「持続可能な開発のための世界経済人会議」（WBCSD）によって公表された「温室効果ガスプロトコルの企業算定及び報告基準（GHGプロトコル）（2004年3月改訂版）」において定義されており、ここに記載されている方法に従って計算しなければならない。

    1.2　GHG排出の範囲には、「京都議定書」において対象とされる7種類の温室効果ガス（GHG）－二酸化炭素（CO_2）、メタン（CH_4）、一酸化二窒素（N_2O）、ハイドロフルオロカーボン類（HFCs）、パーフルオロカーボン類（PFCs）、六フッ化硫黄（SF_6）及び三フッ化窒素（NF_3）－を含める。

2　企業は、排出削減目標について説明し、目標に対するパフォーマンスを分析しなければならない。関連する場合は、次のものを含める。

    2.1　排出削減目標の範囲（例えば、目標が適用される総排出の割合）

    2.2　目標が絶対量ベース又は原単位ベースのいずれであるか、及び目標が原単位ベースの目標である場合は指標の分母

    2.3　基準年に対する削減率。この基準年とは、目標の達成に向けて排出について評価する最初の

© IFRS Foundation

579

年を表す。

2.4 削減活動の時間軸。これには開始年、目標年及び基準年を含める。

2.5 目標を達成するためのメカニズム

2.6 目標年の排出若しくは基準年の排出が遡及的に再計算された（若しくは再計算される場合がある）、又は目標年若しくは基準年が再設定された、すべての状況

3 企業は、計画又は目標を達成するために必要な活動及び投資、並びに計画又は目標の達成に影響を与える（affect）場合があるリスク又は制限要因について説明しなければならない。

4 企業は、さまざまな事業単位、地域又は排出源に対して異なるように関係しているかどうかなど、その戦略、計画又は削減目標の範囲について説明しなければならない。

5 企業は、その戦略、計画又は削減目標が、地域、国、国際又はセクター別プログラムを含む、排出制限又は排出報告ベースのプログラム又は規制（例えば、「EU域内排出量取引制度」、「ケベック州キャップアンドトレード制度」、「カリフォルニア州キャップアンドトレード・プログラム」）に関連している（related to）か又は関係している（associated with）かどうかについて説明しなければならない。

6 戦略、計画又は削減目標の開示は、報告期間中に進行中（アクティブ）であったか又は完了した活動に限定しなければならない。

エネルギー管理

トピックサマリー

化学製品の製造は、典型的にはエネルギー集約型であり、エネルギーは電動処理装置、コージェネレーション・プラント、機械及び非製造施設に使用する。使用するエネルギーの種類、消費量及びエネルギー管理戦略は、製造する製品の種類によって異なる。通常、天然ガス及び液化天然ガスなどの化石燃料は、使用する非原料エネルギーの主な形態であるが、購入した電気も重大な（significant）割合を占める場合がある。したがって、エネルギー購入は、製造コストの重大な（significant）割合を占める場合がある。企業のエネルギー・ミックスには、オンサイトで生成するエネルギー、購入した電力系統から電気及び化石燃料、並びに再生可能エネルギー及び代替エネルギーが含まれる場合がある。エネルギー源の使用におけるトレードオフには、コスト、供給の信頼性（reliability）、関連する水の使用及び大気排出、並びに規制の準拠及びリスクが含まれる。そのため、企業のエネルギー集約度及びエネルギー調達の意思決定は、時間の経過とともに事業効率及びリスク・プロファイルに影響を与える（affect）場合がある。

指標

RT-CH-130a.1. (1)エネルギー総消費量、(2)電力系統からの電気の割合、(3)再生可能エネルギーの割合及び(4)自己生成エネルギーの総量

1 企業は、(1)消費したエネルギーの総量をギガジュール（GJ）単位で集計して開示しなければならない。

1.1 エネルギー消費の範囲には、外部の供給源から購入したエネルギー及び企業が自ら生産した

580 © IFRS Foundation

エネルギー（自己生成）を含む、すべての供給源からのエネルギーを含める。例えば、直接的な燃料の使用、購入した電気、並びに温熱、冷熱及び蒸気エネルギーはすべてエネルギー消費の範囲内に含まれる。

1.2 エネルギー消費の範囲には、報告期間中に企業が直接消費したエネルギーのみを含める。

1.3 燃料及びバイオ燃料からのエネルギー消費量を計算するにあたり、企業は、直接測定したか、又は「気候変動に関する政府間パネル」（IPCC）から取得した、総発熱量（GCV）とも呼ばれる高位発熱量（HHV）を使用しなければならない。

2 企業は、(2)自社が消費した、電力系統から供給されたエネルギーの割合を開示しなければならない。

2.1 この割合は、購入した電力系統からの電気の消費量を、エネルギー総消費量で除して計算しなければならない。

3 企業は、(3)自社が消費した再生可能エネルギーの割合を開示しなければならない。

3.1 再生可能エネルギーは、地熱、風力、太陽光、水力及びバイオマスなど、それらの枯渇率以上のペースで補充されるエネルギー源からのエネルギーと定義する。

3.2 この割合は、再生可能エネルギー消費量を、エネルギー総消費量で除して計算しなければならない。

3.3 再生可能エネルギーの範囲には、企業が消費した再生可能燃料、企業が直接生産した再生可能エネルギー、及び企業が購入した再生可能エネルギー（再生可能エネルギー証書（REC）若しくは「原産地保証」（GO）を明示的に含む再生可能電力購入契約（PPA）を通じて購入した場合、「Green-eエナジー認証」済みの電気事業者若しくはサプライヤー・プログラムを通じて購入した場合、又は、RECやGOを明示的に含むその他のグリーン電力製品、若しくは「Green-eエナジー認証」RECが電力系統からの電気と組み合わせられた他のグリーン電力製品を通じて購入した場合）を含める。

3.3.1 オンサイトで生成した再生可能な電気について、それが再生可能エネルギーであると企業が主張するためには、当該企業の名においてREC及びGOを保持（retained）し（売却せず）、取り消し（retired）又は無効化（cancelled）しなければならない。

3.3.2 再生可能PPA及びグリーン電力製品について、それが再生可能エネルギーであると企業が主張するためには、当該企業の名においてREC及びGOを保持（retained）又は交換（replaced）し、取り消し（retired）又は無効化（cancelled）する旨を、その契約に明示的に含めて伝えなければならない。

3.3.3 企業の支配又は影響（influence）の範囲外にある系統電力ミックスの再生可能部分は、再生可能エネルギーの範囲から除外する。

3.4 この開示の目的において、バイオマス源からの再生可能エネルギーの範囲は、第三者の基準（例えば、「森林管理協議会」（Forest Stewardship Council）、「持続可能な森林イニシアティブ」（Sustainable Forest Initiative）、「森林認証プログラム」（Programme for the Endorsement of Forest Certification）、又は「American Tree Farm System」）で認証された材料、「再生可能エネルギー認証のためのGreen-eフレームワークのバージョン1.0（2017年）」若しくは「Green-e」地域基準に従い対象となり得る（eligible）供給源とみなされる

材料、又は適用される法域の再生可能エネルギー利用割合基準（renewable portfolio standard）において対象となり得る（eligible）材料に限定する。

4　企業は、(4)企業が自己生成したエネルギー量を、ギガジュール（GJ）単位で集計して開示しなければならない。

　　4.1　企業は、電気事業者又は最終顧客に販売した自己生成エネルギーの量を開示する場合がある。

　　4.2　企業は、前述で定義する再生可能エネルギーである自己生成エネルギーの量を開示する場合がある。

5　企業は、燃料使用量（バイオ燃料を含む。）についてのHHVの使用及びキロワット時（kWh）のGJへの変換（太陽光又は風力エネルギーからの電気を含むエネルギー・データの場合）など、この開示で報告するすべてのデータに対して、変換係数を一貫して適用しなければならない。

RT-CH-130a.1に関する注記

1　企業は、製造及び生産プロセスを通じて、エネルギー消費を削減する又はエネルギー効率を改善するための取組み（efforts）について説明しなければならない。

2　企業は、「グリーン・ケミストリー原則6」の「エネルギー効率のための設計」の導入について説明しなければならない。これには、関連する場合、周囲温度及び周囲圧力での化学反応の実施、エネルギー集約的な処理（例えば、蒸留及び乾燥）を必要とする主要な材料の削減、余った蒸気及び熱を使用したエネルギー生成、触媒過程の改善、並びにエネルギー効率の向上につながる他のプロセス改善の取組み（efforts）を含める。

　　2.1　説明すべき関連する戦略には、「国際化学工業協会協議会」（ICCA）の技術ロードマップと整合する、段階的な改善の使用、ベスト・プラクティス技術の導入、新技術の使用、及び「ゲーム・チェンジャー」の開発を含める。

3　企業は、そのような取組み（efforts）及びプロセスを通じて達成されたエネルギー節約量（ギガジュール単位）の合算を開示する場合がある。

水管理

トピックサマリー

化学製品の生産において、主に冷却、蒸気発生及び原料処理に使用する水は、重要な（critical）インプットである。人口増加及びシフト、汚染並びに気候変動に起因する、過剰消費及び供給の減少による、長期的な過去の水不足及びコストの増大、及び今後も継続すると予想されるそれらの増大は、水管理の重要性（importance）を示している。水不足は、水を多用する事業を営む企業の事業中断のリスクの高まりをもたらす場合があり、水の調達コスト及び資本的支出を増加させる可能性がある。一方、化学製品の製造では、廃棄前に処理しなければならないプロセス廃水が発生する場合がある。水質規制に準拠しないことにより、規制の準拠及び緩和コスト又は訴訟の結果として法的費用が発生する場合がある。効率の向上及びその他の水管理戦略を通じて水の使用及び消費を削減することで、時間の経過とともに事業コストの低減をもたらす場合があり、事業の規制、水供給不足及びコミュニティ関連の混乱による財務的影響（effects）を軽減する場合がある。

_582_　　　　　© IFRS Foundation

「気候関連開示」の適用に関する産業別ガイダンス

指標

RT-CH-140a.1. (1)総取水量、(2)総消費水量、及びそれらの「ベースライン水ストレス」が「高い」又は「極めて高い」地域の割合

1　企業は、すべての水源から引き出された水の量を、千立方メートル単位で開示しなければならない。

　　1.1　水資源には、地表水（湿地、河川、湖及び海からの水を含む。）、地下水、企業が直接収集し貯留した雨水、並びに地方自治体の水道供給者、水道事業者又はその他の企業から取得した水及び廃水を含める。

2　企業は、例えば、取水量の大部分（significant portions）が非淡水源からのものである場合、その供給を水源別に開示することがある。

　　2.1　淡水は、企業が事業を営む地域の法令に従い定義する場合がある。法令による定義が存在しない場合、淡水は、1,000ppm未満の溶解固形物を含む水とみなさなければならない。

　　2.2　法域の飲料水規制に準拠して水道事業者から取得した水は、淡水の定義を満たすとみなすことができる。

3　企業は、自社の事業で消費した水の量を、千立方メートル単位で開示しなければならない。

　　3.1　水消費は次のように定義する。

　　　　3.1.1　取水、使用及び排水中に蒸発する水

　　　　3.1.2　企業の製品又はサービスに、直接的又は間接的に含められる水

　　　　3.1.3　その他、取水源と同じ集水域に戻らない水（別の集水域又は海に戻る水など）

4　企業は、すべての事業における水リスクを分析し、「世界資源研究所」（WRI）の「水リスク・アトラス」（Water Risk Atlas）ツールである「Aqueduct」によって、「ベースライン水ストレス」が「高い（40～80%）」又は「極めて高い（>80%）」と分類された場所で取水し水消費する活動を識別しなければならない。

5　企業は、「ベースライン水ストレス」が「高い」又は「極めて高い」場所で取水した水について、総取水量に対する割合で開示しなければならない。

6　企業は、「ベースライン水ストレス」が「高い」又は「極めて高い」場所で消費した水について、総消費水量に対する割合で開示しなければならない。

RT-CH-140a.2. 水質の許認可、基準及び規制に関連する違反事案（incidents of non-compliance）の件数

1　企業は、技術ベースの基準への違反（violations）並びに水量ベース又は水質ベースの基準の超過を含め、違反事案（incidents of non-compliance）の総数を開示しなければならない。

2　開示の範囲には、適用される法域の法的許認可及び規制が適用される事案（incidents）を含める。これには、危険物質の排出（discharge）、前処理要件への違反（violation）又は1日当たりの総最大負荷量（TMDL）の超過を含める。

© IFRS Foundation

583

3　開示の範囲には、正式な執行措置をもたらした違反事案（incidents of non-compliance）のみを含めなければならない。

    3.1　正式な執行措置は、水量又は水質に関する法令、政策又は命令への違反（violation）又は違反のおそれ（threatened violation）に対処する政府の措置と定義し、とりわけ、行政罰命令、行政命令及び司法措置をもたらす可能性がある。

4　違反（violations）は、測定方法又は頻度にかかわらず、開示しなければならない。これには、次の違反（violations）を含める。

    4.1　継続的な排出（discharges）、制限、基準及び禁止事項で、一般的に1日平均、週平均及び月平均の最大値で表されるもの

    4.2　非継続的な排出（discharges）又は制限で、一般的に頻度、総質量、最大排出率及び特定の汚染物質の質量又は濃度の観点で表されるもの

RT-CH-140a.3. 水管理リスクの記述並びに当該リスクを緩和するための戦略及び実務の説明

1　企業は、取水、水消費並びに水又は廃水の排出に関連する水管理リスクを記述しなければならない。

    1.1　取水及び水消費に関連するリスクには、十分で清潔な水資源の入手可能性に対するリスクを含める。これには次のものを含める。

        1.1.1　環境上の制約 － 水ストレス地域での事業、干ばつ、水生生物の閉込み又は巻込みの懸念、経年変動又は季節変動、及び気候変動のインパクトからのリスクなど

        1.1.2　規制及び財務上の制約 － 水コストの変動、取水に関連する利害関係者の認識及び懸念（例えば、地域社会、非政府組織及び規制当局からのもの）、他の水利用者との直接的な競合及びその行為からのインパクト（例えば、企業及び地方自治体の水利用者）、規制による取水制限、並びに水利権又は許認可を取得し保持する企業の能力に対する制約など

    1.2　水又は廃水の排出に関連するリスクには、排出に関連する権利又は許認可を取得する能力、排出に関連する規制への準拠、排出に対する制約、排水の温度管理を維持する能力、義務、レピュテーション・リスク、並びに、排水に関連する規制、利害関係者の認識及び懸念（例えば、地域社会、非政府組織及び規制当局からのもの）による事業コストの増加を含める。

2　企業は、次の文脈において水管理リスクを記述する場合がある。

    2.1　地表水（湿地、河川、湖及び海からの水を含む。）、地下水、企業が直接収集し貯留した雨水、並びに地方自治体の水道供給者、水道事業者又はその他の企業から取得した水及び廃水を含む取水源によって、リスクがどのように異なる場合があるか

    2.2　地表水、地下水又は廃水処理施設を含む排出先によって、リスクがどのように異なる場合があるか

3　企業は、水管理リスクが自社の事業に対して有する場合がある潜在的な影響（effects）及びそのようなリスクが顕在化すると見込まれる時間軸について説明する場合がある。

    3.1　影響（effects）には、コスト、売上、負債、事業の継続性及びレピュテーションに関連する

584　　　　　　　　　© IFRS Foundation

「気候関連開示」の適用に関する産業別ガイダンス

ものを含める。

4 企業は、水管理リスクを緩和するための短期的及び長期的な戦略又は計画について説明しなければならない。これには次のものを含める。

4.1 戦略、計画、ゴール又は目標の範囲（さまざまな事業単位、地域又は水を消費する事業プロセスとどのように関連しているかなど）

4.2 優先する水管理のゴール又は目標、及び、それらのゴール又は目標に対するパフォーマンスの分析

4.2.1 ゴール及び目標には、取水量の削減、水消費量の削減、排水量の削減、水生生物の閉込みの軽減、排水の質の改善及び規制遵守に関連するものを含める。

4.3 計画、ゴール又は目標を達成するために必要な活動及び投資、並びに計画又は目標の達成に影響を与える（affect）場合があるリスク又は制限要因

4.4 戦略、計画、ゴール又は目標の開示は、報告期間中に進行中（アクティブ）であったか、又は完了した活動に限定しなければならない。

5 水管理の目標について、企業は追加で次のものを開示しなければならない。

5.1 目標が絶対量ベース又は原単位ベースのいずれであるか、及び目標が原単位ベースである場合は指標の分母

5.2 水管理活動の時間軸（開始年、目標年及び基準年を含める。）

5.3 次のものを含む、目標を達成するためのメカニズム

5.3.1 水のリサイクル又は循環システムの使用などの、効率化に関する取組み（efforts）

5.3.2 必要な水の量を減らすための製品又はサービスの再設計などの、製品のイノベーション

5.3.3 水生生物の閉込み又は巻込みの軽減を可能にするような、プロセス及び機器のイノベーション

5.3.4 水の使用、リスク及び機会を分析するためのツール及び技術の使用（例えば、「世界自然保護基金」の「Water Risk Filter」、「Global Water Tool」及び「Water Footprint Network Footprint Assessment Tool」）

5.3.5 地域又は他の組織との実施されているコラボレーション又はプログラム

5.4 基準年からの削減率又は改善率。基準年は、目標の達成に向けて、水管理の目標が評価される最初の年である。

6 企業は、水管理の実務が、組織内で追加的なライフサイクルへのインパクト又はトレードオフをもたらすかどうかについて説明しなければならない。これには、土地利用、エネルギー生産及び温室効果ガス（GHG）排出のトレードオフを含める。また、ライフサイクルのトレードオフにもかかわらず、企業がこれらの実務を選択した理由についても説明しなければならない。

© IFRS Foundation

585

使用段階の効率を考慮した製品設計

トピックサマリー

「化学製品」産業では、資源不足及び規制の強化により、材料効率の向上及びエネルギーの消費及び排出の低減が奨励されているため、顧客の効率を高める製品の開発により便益を得る場合がある。「化学製品」産業の製品は、材料の最適化による自動車の排出の削減から建物の断熱材の性能の向上まで、さまざまな方法で効率を高めることができる。したがって、効率を改善したいという顧客の需要を満たす費用対効果の高い解決策を開発する企業は、売上及び市場シェアの拡大、競争力の強化並びにブランド価値の向上により便益を得る場合がある。

指標

RT-CH-410a.1. 使用段階での資源効率を考慮して設計された製品から生じる売上高

1 企業は、使用段階での資源効率を高めるように設計された製品から生じる総売上高を開示しなければならない。

    1.1 資源効率を高めるように設計された製品は、その使用を通じて、エネルギー効率を改善し、温室効果ガス（GHG）排出を除去するか若しくは削減し、原材料消費を削減し、製品寿命を延長し、又は水消費量を削減することができる製品と定義する。

    1.2 使用段階は、顧客若しくは消費者が最終製品として企業の製品を使用する過程、又は顧客若しくは消費者が最終製品を生成するために企業の製品を使用する過程（例えば、製造工程又は生産工程において）と定義する。

2 使用段階で製品が提供する資源効率の向上を企業が試験し、モデル化し、又は他の方法で確立したことが文書で示されている場合、当該製品は使用段階での資源効率を高めるように設計されたとみなさなければならない。

    2.1 開示の範囲には、使用段階での排出、原材料の必要性、又は水などのプロセス・コンポーネントの必要性をなくす製品を含める。

    2.2 開示の範囲には、改善が有意であることを企業が説明できる限りにおいて、資源効率に追加的な改善を加える製品を含める。

    2.3 開示の範囲からは、副次的、間接的又は最小限の方法で資源効率の改善を加える製品を除外する（例えば、前世代の製品よりわずかに軽い従来製品）。

3 資源効率を高める製品の例には、断熱材、高アルベドの塗料及びコーティング、より効率的な燃焼をもたらす燃料添加剤、エネルギー効率の高い照明機材、使用段階の製品の耐用年数を延ばす添加剤又は材料、車両の軽量化を可能にする材料（例えば、金属を代替するポリマー）、バイオ燃料、太陽光フィルム、ソーラー・シングル、並びにその他の再生可能エネルギー材料を含める場合がある。

586　　　　　　　　　© IFRS Foundation

「気候関連開示」の適用に関する産業別ガイダンス

第48巻－容器及び包装

産業の説明

「容器及び包装」産業の企業は、金属、プラスチック、紙及びガラスを含む原材料を、完成品又は半製品の包装製品に変換する。企業は、段ボール包装、食品及び飲料の容器、家庭用製品のための瓶、アルミ缶、ドラム缶並びにその他の包装の形態を含む幅広い製品を生産する。この産業に属する企業は典型的にはビジネス間取引の企業として機能し、多くはグローバルに事業を営んでいる。

サステナビリティ開示トピック及び指標

表1. サステナビリティ開示トピック及び指標

トピック	指標	カテゴリー	測定単位	コード
温室効果ガス排出	グローバルでの「スコープ1」の総排出、排出制限規制の対象割合	定量	CO_2相当メートル・トン(t)、パーセンテージ(%)	RT-CP-110a.1
	「スコープ1」の排出を管理するための長期的及び短期的な戦略又は計画、排出削減目標並びにそれらの目標に対するパフォーマンスの分析についての説明	説明及び分析	該当なし	RT-CP-110a.2
エネルギー管理	(1)エネルギー総消費量、(2)電力系統からの電気の割合、(3)再生可能エネルギーの割合及び(4)自己生成エネルギーの総量	定量	ギガジュール(GJ)、パーセンテージ(%)	RT-CP-130a.1
水管理	(1)総取水量、(2)総消費水量、及びそれらの「ベースライン水ストレス」が「高い」又は「極めて高い」地域の割合	定量	千立方メートル(m^3)、パーセンテージ(%)	RT-CP-140a.1
	水管理リスクの記述並びに当該リスクを緩和するための戦略及び実務の説明	説明及び分析	該当なし	RT-CP-140a.2
	水質の許認可、基準及び規制に関連する違反事案（incidents of non-compliance）の件数	定量	数	RT-CP-140a.3

© IFRS Foundation

587

トピック	指標	カテゴリー	測定単位	コード
廃棄物管理	発生した廃棄物の量、有害廃棄物の割合及びリサイクルした割合	定量	メートル・トン(t)、パーセンテージ(%)	RT-CP-150a.1
サプライ・チェーン管理	木質繊維の総調達量、認証を受けた調達源からの割合	定量	メートル・トン(t)、パーセンテージ(%)	RT-CP-430a.1
	アルミニウムの総購入量、認証を受けた調達源からの割合	定量	メートル・トン(t)、パーセンテージ(%)	RT-CP-430a.2

表2. 活動指標

活動指標	カテゴリー	測定単位	コード
基材別生産量[83]	定量	メートル・トン(t)	RT-CP-000.A
(1)紙/木材、(2)ガラス、(3)金属、及び(4)プラスチックの生産割合	定量	売上高のパーセンテージ(%)	RT-CP-000.B
従業員数	定量	数	RT-CP-000.C

温室効果ガス排出

トピックサマリー

「容器及び包装」産業は、製造プロセス及びコージェネレーション・プロセスにおける化石燃料の燃焼による直接（「スコープ1」）温室効果ガス（GHG）を排出する。GHG排出は、この産業の企業に対して、規制準拠コスト又は罰則並びに事業リスクをもたらす場合がある。ただし、財務的影響（effects）は、排出の規模及び実施されている排出規制によって異なる場合がある。国が排出を制限又は削減しようとするにつれて、この産業はこれまで以上に厳格な規制を受ける場合がある。より高いエネルギー効率、代替燃料の使用又は製造プロセスの発展を通じてGHG排出を費用対効果の高い方法で管理する企業は、財務的便益の中でもとりわけ、事業効率の向上及び規制リスクの低減により便益を得る可能性がある。

---

[83] RT-CP-000.Aに関する注記 ― 関連する基材には、紙又は木質繊維（又はこの両方）、ガラス、金属及び石油ベースの基材（ポリマー）を含む。

「気候関連開示」の適用に関する産業別ガイダンス

指標

RT-CP-110a.1. グローバルでの「スコープ1」の総排出、排出制限規制の対象割合

1　企業は、「京都議定書」において対象とされる7種類の温室効果ガス（GHG）－二酸化炭素（CO_2）、メタン（CH_4）、一酸化二窒素（N_2O）、ハイドロフルオロカーボン類（HFCs）、パーフルオロカーボン類（PFCs）、六フッ化硫黄（SF_6）及び三フッ化窒素（NF_3）－のグローバルでの「スコープ1」のGHGの大気への総排出を開示しなければならない。

  1.1　すべてのGHG排出は、二酸化炭素相当（CO_2相当）メートル・トン単位で合算し、開示しなければならず、公開されている100年の時間軸に基づく地球温暖化係数（GWP）の数値に従い計算しなければならない。現時点でのGWP数値の推奨される情報源は、「気候変動に関する政府間パネル（IPCC）第5次評価報告書（2014年）」である。

  1.2　総排出は、オフセット、クレジット又はその他の類似した排出削減若しくは排出相殺のメカニズムを考慮する前の、大気中に排出されたGHGである。

2　「スコープ1」の排出は、「世界資源研究所」（WRI）及び「持続可能な開発のための世界経済人会議」（WBCSD）によって公表された「温室効果ガスプロトコルの企業算定及び報告基準（GHGプロトコル）（2004年3月改訂版）」において定義されており、ここに記載されている方法に従って計算しなければならない。

  2.1　認められる計算方法には、基礎的な参考文献として「GHGプロトコル」に従いつつ、産業固有又は地域固有のガイダンスなど追加的なガイダンスを提供するものを含める。例には次のものを含める場合がある。

    2.1.1　「GHG Reporting Guidance for the Aerospace Industry」（「国際航空宇宙環境グループ」（IAEG）発行）

    2.1.2　「Greenhouse Gas Inventory Guidance：定置式燃焼源からの直接排出」（「米国環境保護庁」（EPA）発行）

    2.1.3　「India GHG Inventory Program」

    2.1.4　ISO 14064-1

    2.1.5　「Petroleum Industry Guidelines for Reporting GHG Emissions」（IPIECA発行第2版（2011年））

    2.1.6　「Protocol for the Quantification of Greenhouse Gas Emissions from Waste Management Activities」（「Entreprises pour l'Environnement」（EpE）発行）

  2.2　GHG排出データは、企業が財務報告データを連結する方法に従って合算し、開示しなければならない。その方法は、一般的に、「GHGプロトコル」で定義する「財務支配」アプローチ及び「気候開示基準委員会」（CDSB）によって公表された「環境及び社会情報の報告のためのCDSBフレームワーク」のREQ-07「組織の境界」に記述されているアプローチと整合している。

3　企業は、キャップアンドトレード・スキーム、炭素税又はカーボン・プライシング・システム並び

にその他の排出統制（例えば、コマンドアンドコントロール・アプローチ）、及び許認可ベースのメカニズムなど、排出を直接制限又は削減することを目的とした排出制限規制又はプログラムの対象となる、グローバルでの「スコープ1」のGHG総排出の割合を開示しなければならない。

3.1 排出制限規制の例には、次のものを含める。

    3.1.1 「カリフォルニア州キャップアンドトレード」（「カリフォルニア州地球温暖化対策法」）

    3.1.2 「欧州連合排出量取引スキーム」（EU ETS）

    3.1.3 「ケベック州キャップアンドトレード」（「ケベック州環境品質法」）

3.2 この割合は、排出制限規制の対象となるグローバルでの「スコープ1」のGHG排出（CO_2相当）の総量を、グローバルでの「スコープ1」のGHG排出の総量（CO_2相当）で除して計算しなければならない。

    3.2.1 複数の排出制限規制の対象となる排出について、企業は、これらの排出を一度だけしか計算に含めてはならない。

3.3 排出制限規制の範囲からは、自主的な排出制限規制（例えば、自主的な取引システム）及び報告ベースの規制の対象となる排出は除外する。

4 企業は、過去の報告期間からの排出の変化について説明する場合がある。これには、変化が排出削減、ダイベストメント、買収、合併、アウトプットの変化又は計算方法の変更によるものかどうかを含める。

5 現在のCDP又は他の企業へのGHG排出の報告（例えば、国の規制上の開示プログラム）が、範囲及び使用した合算アプローチの点で異なる場合、企業はそれらの排出を開示することがある。ただし、主要な開示は前述のガイドラインに従わなければならない。

6 企業は、データが連続排出監視システム（CEMS）、エンジニアリング計算又は物質収支計算からのものであるかどうかなど、排出開示の計算方法について説明する場合がある。

RT-CP-110a.2. 「スコープ1」の排出を管理するための長期的及び短期的な戦略又は計画、排出削減目標並びにそれらの目標に対するパフォーマンスの分析についての説明

1 企業は、「スコープ1」の温室効果ガス（GHG）排出を管理するための長期的及び短期的な戦略又は計画について説明しなければならない。

1.1 「スコープ1」の排出は、「世界資源研究所」（WRI）及び「持続可能な開発のための世界経済人会議」（WBCSD）によって公表された「温室効果ガスプロトコルの企業算定及び報告基準（GHGプロトコル）（2004年3月改訂版）」において定義されており、ここに記載されている方法に従って計算しなければならない。

1.2 GHG排出の範囲には、「京都議定書」において対象とされる7種類の温室効果ガス（GHG）－二酸化炭素（CO_2）、メタン（CH_4）、一酸化二窒素（N_2O）、ハイドロフルオロカーボン類（HFCs）、パーフルオロカーボン類（PFCs）、六フッ化硫黄（SF_6）及び三フッ化窒素（NF_3）－を含める。

2　企業は、排出削減目標について説明し、目標に対するパフォーマンスを分析しなければならない。関連する場合は、次のものを含める。

2.1　排出削減目標の範囲（例えば、目標が適用される総排出の割合）

2.2　目標が絶対量ベース又は原単位ベースのいずれであるか、及び目標が原単位ベースの目標である場合は指標の分母

2.3　基準年に対する削減率。この基準年とは、目標の達成に向けて排出について評価する最初の年を表す。

2.4　削減活動の時間軸。これには開始年、目標年及び基準年を含める。

2.5　目標を達成するためのメカニズム

2.6　目標年の排出若しくは基準年の排出が遡及的に再計算された（若しくは再計算される場合がある）、又は目標年若しくは基準年が再設定された、すべての状況

3　企業は、計画又は目標を達成するために必要な活動及び投資、並びに計画又は目標の達成に影響を与える（affect）場合があるリスク又は制限要因について説明しなければならない。

4　企業は、さまざまな事業単位、地域又は排出源に対して異なるように関係しているかどうかなど、その戦略、計画又は削減目標の範囲について説明しなければならない。

5　企業は、その戦略、計画又は削減目標が、地域、国、国際又はセクター別プログラムを含む、排出制限又は排出報告ベースのプログラム又は規制（例えば、「EU域内排出量取引制度」、「ケベック州キャップアンドトレード制度」、「カリフォルニア州キャップアンドトレード・プログラム」）に関連している（related to）か又は関係している（associated with）かどうかについて説明しなければならない。

6　戦略、計画又は削減目標の開示は、報告期間中に進行中（アクティブ）であったか又は完了した活動に限定しなければならない。

エネルギー管理

トピックサマリー

容器及び包装の製造は、エネルギー集約型であり、エネルギーは電動処理装置、コージェネレーション・プラント、機械及び非製造施設に使用する。使用するエネルギーの種類、消費量及びエネルギー管理戦略は、製造する製品の種類によって異なる。通常、天然ガス及びバイオマスなどの化石燃料は、使用するエネルギーの主な形態であるが、購入した電気も重大な（significant）割合を占める場合がある。したがって、エネルギー購入は、製造コストの重大な（significant）割合を占める場合がある。企業のエネルギー・ミックスには、オンサイトで生成するエネルギー、購入した電力系統からの電気及び化石燃料、並びに再生可能エネルギー及び代替エネルギーが含まれる場合がある。このようなエネルギー源の使用におけるトレードオフには、コスト、供給の信頼性（reliability）、関連する水の使用及び大気排出、並びに規制の準拠及びリスクが含まれる。そのため、企業のエネルギー集約度及びエネルギー調達の意思決定は、時間の経過とともに事業効率及びリスク・プロファイルに影響を与える（affect）場合がある。

© IFRS Foundation

指標

RT-CP-130a.1. (1)エネルギー総消費量、(2)電力系統からの電気の割合、(3)再生可能エネルギーの割合及び(4)自己生成エネルギーの総量

1 企業は、(1)消費したエネルギーの総量をギガジュール（GJ）単位で集計して開示しなければならない。

1.1 エネルギー消費の範囲には、外部の供給源から購入したエネルギー及び企業が自ら生産したエネルギー（自己生成）を含む、すべての供給源からのエネルギーを含める。例えば、直接的な燃料の使用、購入した電気、並びに温熱、冷熱及び蒸気エネルギーはすべてエネルギー消費の範囲内に含まれる。

1.2 エネルギー消費の範囲には、報告期間中に企業が直接消費したエネルギーのみを含める。

1.3 燃料及びバイオ燃料からのエネルギー消費量を計算するにあたり、企業は、直接測定したか、又は「気候変動に関する政府間パネル」（IPCC）から取得した、総発熱量（GCV）とも呼ばれる高位発熱量（HHV）を使用しなければならない。

2 企業は、(2)自社が消費した、電力系統から供給されたエネルギーの割合を開示しなければならない。

2.1 この割合は、購入した電力系統からの電気の消費量を、エネルギー総消費量で除して計算しなければならない。

3 企業は、(3)自社が消費した再生可能エネルギーの割合を開示しなければならない。

3.1 再生可能エネルギーは、地熱、風力、太陽光、水力及びバイオマスなど、それらの枯渇率以上のペースで補充されるエネルギー源からのエネルギーと定義する。

3.2 この割合は、再生可能エネルギー消費量を、エネルギー総消費量で除して計算しなければならない。

3.3 再生可能エネルギーの範囲には、企業が消費した再生可能燃料、企業が直接生産した再生可能エネルギー、及び企業が購入した再生可能エネルギー（再生可能エネルギー証書（REC）若しくは「原産地保証」（GO）を明示的に含む再生可能電力購入契約（PPA）を通じて購入した場合、「Green-eエナジー認証」済みの電気事業者若しくはサプライヤー・プログラムを通じて購入した場合、又は、RECやGOを明示的に含むその他のグリーン電力製品、若しくは「Green-eエナジー認証」RECが電力系統からの電気と組み合わせられた他のグリーン電力製品を通じて購入した場合）を含める。

3.3.1 オンサイトで生成した再生可能な電気について、それが再生可能エネルギーであると企業が主張するためには、当該企業の名においてREC及びGOを保持（retained）し（売却せず）、取り消し（retired）又は無効化（cancelled）しなければならない。

3.3.2 再生可能PPA及びグリーン電力製品について、それが再生可能エネルギーであると企業が主張するためには、当該企業の名においてREC及びGOを保持（retained）又は交換（replaced）し、取り消し（retired）又は無効化（cancelled）する旨を、その契約に明示的に含めて伝えなければならない。

「気候関連開示」の適用に関する産業別ガイダンス

3.3.3　企業の支配又は影響（influence）の範囲外にある系統電力ミックスの再生可能部分は、再生可能エネルギーの範囲から除外する。

3.4　この開示の目的において、バイオマス源からの再生可能エネルギーの範囲は、第三者の基準（例えば、「森林管理協議会」（Forest Stewardship Council）、「持続可能な森林イニシアティブ」（Sustainable Forest Initiative）、「森林認証プログラム」（Programme for the Endorsement of Forest Certification）、又は「American Tree Farm System」）で認証された材料、「再生可能エネルギー認証のためのGreen-eフレームワークのバージョン1.0（2017年）」若しくは「Green-e」地域基準に従い対象となり得る（eligible）供給源とみなされる材料、又は適用される法域の再生可能エネルギー利用割合基準（renewable portfolio standard）において対象となり得る（eligible）材料に限定する。

4　企業は、(4)企業が自己生成したエネルギー量をギガジュール（GJ）単位で集計して開示しなければならない。

4.1　企業は、電気事業者又は最終顧客に販売した自己生成エネルギーの量を開示する場合がある。

5　企業は、燃料使用量（バイオ燃料を含む。）についてのHHVの使用及びキロワット時（kWh）のGJへの変換（太陽光又は風力エネルギーからの電気を含むエネルギー・データの場合）など、この開示で報告するすべてのデータに対して、変換係数を一貫して適用しなければならない。

水管理

トピックサマリー

容器及び包装の製造では、原材料処理、冷却プロセス及びオンサイトのコージェネレーション・プラントでの蒸気発生を含む、さまざまな生産段階で水を必要とする。人口増加及びシフト、汚染及び気候変動に起因する、過剰消費及び供給の減少による、長期的な過去の水不足及びコストの増大、及び今後も継続すると予想されるそれらの増大は、水管理の重要性（importance）を示している。水不足は、水を多用する事業を営む企業の事業中断のリスクの高まりをもたらす場合があり、水の調達コスト及び資本的支出を増加させる可能性がある。一方、容器及び包装の製造では、廃棄前に処理しなければならないプロセス廃水が発生する場合がある。水質規制に準拠しないことにより、規制の準拠及び緩和コスト又は訴訟の結果として法的費用が発生する場合がある。効率の向上及びその他の水管理戦略を通じて水の使用及び消費を削減することで、時間の経過とともに事業コストの低減をもたらす場合があり、事業の規制、水供給不足及びコミュニティ関連の混乱による財務的影響（effects）を軽減する場合がある。

指標

RT-CP-140a.1. (1)総取水量、(2)総消費水量、及びそれらの「ベースライン水ストレス」が「高い」又は「極めて高い」地域の割合

1　企業は、すべての水源から引き出された水の量を、千立方メートル単位で開示しなければならない。

1.1　水資源には、地表水（湿地、河川、湖及び海からの水を含む。）、地下水、企業が直接収集し貯留した雨水、並びに地方自治体の水道供給者、水道事業者又はその他の企業から取得した水及び廃水を含める。

© IFRS Foundation

593

2　企業は、例えば、取水量の大部分（significant portions）が非淡水源からのものである場合、その供給を水源別に開示することがある。

   2.1　淡水は、企業が事業を営む地域の法令に従い定義する場合がある。法令による定義が存在しない場合、淡水は、1,000ppm未満の溶解固形物を含む水とみなさなければならない。

   2.2　法域の飲料水規制に準拠して水道事業者から取得した水は、淡水の定義を満たすとみなすことができる。

3　企業は、事業で消費した水の量を、千立方メートル単位で開示しなければならない。

   3.1　水消費は次のように定義する。

      3.1.1　取水、使用及び排水中に蒸発する水

      3.1.2　企業の製品又はサービスに、直接的又は間接的に含められる水

      3.1.3　その他、取水源と同じ集水域に戻らない水（別の集水域又は海に戻る水など）

4　企業は、すべての事業における水リスクを分析し、「世界資源研究所」（WRI）の「水リスク・アトラス」（Water Risk Atlas）ツールである「Aqueduct」によって、「ベースライン水ストレス」が「高い（40～80％）」又は「極めて高い（>80％）」と分類された場所で取水し水消費する活動を識別しなければならない。

5　企業は、「ベースライン水ストレス」が「高い」又は「極めて高い」場所で取水した水について、総取水量に対する割合で開示しなければならない。

6　企業は、「ベースライン水ストレス」が「高い」又は「極めて高い」場所で消費した水について、総消費水量に対する割合で開示しなければならない。

RT-CP-140a.2. 水管理リスクの記述並びに当該リスクを緩和するための戦略及び実務の説明

1　企業は、取水、水消費並びに水又は廃水の排出に関連する水管理リスクを記述しなければならない。

   1.1　取水及び水消費に関連するリスクには、十分で清潔な水資源の入手可能性に対するリスクを含める。これには次のものを含める。

      1.1.1　環境上の制約 － 水ストレス地域での事業、干ばつ、水生生物の閉込み又は巻込みの懸念、経年変動又は季節変動、及び気候変動のインパクトからのリスクなど

      1.1.2　規制及び財務上の制約 － 水コストの変動、取水に関連する利害関係者の認識及び懸念（例えば、地域社会、非政府組織及び規制当局からのもの）、他の水利用者との直接的な競合及びその行為からのインパクト（例えば、企業及び地方自治体の水利用者）、規制による取水制限、並びに水利権又は許認可を取得し保持する企業の能力に対する制約など

   1.2　水又は廃水の排出に関連するリスクには、排出に関連する権利又は許認可を取得する能力、排出に関連する規制への準拠、排出に対する制約、排水の温度管理を維持する能力、義務、レピュテーション・リスク、並びに、排水に関連する規制、利害関係者の認識及び懸念（例えば、地域社会、非政府組織及び規制当局からのもの）による事業コストの増加を含める。

「気候関連開示」の適用に関する産業別ガイダンス

2 企業は、次の文脈において水管理リスクを記述する場合がある。

2.1 地表水（湿地、河川、湖及び海からの水を含む。）、地下水、企業が直接収集し貯留した雨水、並びに地方自治体の水道供給者、水道事業者又はその他の企業から取得した水及び廃水を含む取水源によって、リスクがどのように異なる場合があるか

2.2 地表水、地下水又は廃水処理施設を含む排出先によって、リスクがどのように異なる場合があるか

3 企業は、水管理リスクが自社の事業に対して有する場合がある潜在的な影響（effects）及びそのようなリスクが顕在化すると見込まれる時間軸について説明する場合がある。

3.1 影響（effects）には、コスト、売上、負債、事業の継続性及びレピュテーションに関連するものを含める。

4 企業は、水管理リスクを緩和するための短期的及び長期的な戦略又は計画について説明しなければならない。これには次のものを含める。

4.1 戦略、計画、ゴール又は目標の範囲（さまざまな事業単位、地域又は水を消費する事業プロセスとどのように関連しているかなど）

4.2 優先する水管理のゴール又は目標、及び、それらのゴール又は目標に対するパフォーマンスの分析

4.2.1 ゴール及び目標には、取水量の削減、水消費量の削減、排水量の削減、水生生物の閉込みの軽減、排水の質の改善及び規制遵守の維持に関連するものを含める。

4.3 計画、ゴール又は目標を達成するために必要な活動及び投資、並びに計画又は目標の達成に影響を与える（affect）場合があるリスク又は制限要因

4.4 戦略、計画、ゴール又は目標の開示は、報告期間中に進行中（アクティブ）であったか、又は完了した活動に限定しなければならない。

5 水管理の目標について、企業は追加で次のものを開示しなければならない。

5.1 目標が絶対量ベース又は原単位ベースのいずれであるか、及び目標が原単位ベースである場合は指標の分母

5.2 水管理活動の時間軸（開始年、目標年及び基準年を含める。）

5.3 次のものを含む、目標を達成するためのメカニズム

5.3.1 水のリサイクル又は循環システムの使用などの、効率化に関する取組み（efforts）

5.3.2 必要な水の量を減らすための製品又はサービスの再設計などの、製品のイノベーション

5.3.3 水生生物の閉込み又は巻込みの軽減を可能にするような、プロセス及び機器のイノベーション

5.3.4 水の使用、リスク及び機会を分析するためのツール及び技術の使用（例えば、「世界自然保護基金」の「Water Risk Filter」、「Global Water Tool」及び「Water

© IFRS Foundation

595

Footprint Network Footprint Assessment Tool」）

- 5.3.5 地域又は他の組織との実施されているコラボレーション又はプログラム

5.4 基準年からの削減率又は改善率。基準年は、目標の達成に向けて、水管理の目標が評価される最初の年である。

6 企業は、水管理の実務が、組織内で追加的なライフサイクルへのインパクト又はトレードオフをもたらすかどうかについて説明しなければならない。これには、土地利用、エネルギー生産及び温室効果ガス（GHG）排出のトレードオフを含める。また、ライフサイクルのトレードオフにもかかわらず、企業がこれらの実務を選択した理由についても説明しなければならない。

RT-CP-140a.3. 水質の許認可、基準及び規制に関連する違反事案（incidents of non-compliance）の件数

1 企業は、技術ベースの基準への違反（violations）並びに水量ベース又は水質ベースの基準の超過を含め、違反事案（incidents of non-compliance）の総数を開示しなければならない。

2 開示の範囲には、適用される法域の法的許認可及び規制が適用される事案（incidents）を含める。これには、危険物質の排出（discharge）、前処理要件への違反（violation）又は1日当たりの総最大負荷量（TMDL）の超過を含める。

3 開示の範囲には、正式な執行措置をもたらした違反事案（incidents of non-compliance）のみを含めなければならない。

- 3.1 正式な執行措置は、水量又は水質に関する法令、政策又は命令への違反（violation）又は違反のおそれ（threatened violation）に対処する政府の措置と定義し、とりわけ、行政罰命令、行政命令及び司法措置をもたらす可能性がある。

4 違反（violations）は、測定方法又は頻度にかかわらず、開示しなければならない。これには、次の違反（violations）を含める。

- 4.1 継続的な排出（discharges）、制限、基準及び禁止事項で、一般的に1日平均、週平均及び月平均の最大値で表されるもの

- 4.2 非継続的な排出（discharges）又は制限で、一般的に頻度、総質量、最大排出率及び特定の汚染物質の質量又は濃度の観点で表されるもの

廃棄物管理

トピックサマリー

容器及び包装の製造は、有害なプロセス廃棄物を生成する場合があり、これには重金属、使用済酸、触媒及び廃水処理スラッジを含める場合がある。一部の廃棄物は、輸送、処理、保管及び廃棄に関する規制の対象となっているため、企業は廃棄物の管理において規制上及び事業上の課題に直面する。廃棄物管理戦略には、発生量の削減、効果的な処理及び処分、並びに、可能な場合には、リサイクル及び回収が含まれる。このような活動は、初期投資又は事業コストを必要とするが、企業の長期的なコスト構造を軽減させ、修復責任又は規制上の罰則のリスクを軽減する場合がある。

596 © IFRS Foundation

「気候関連開示」の適用に関する産業別ガイダンス

指標

RT-CP-150a.1. 発生した廃棄物の量、有害廃棄物の割合及びリサイクルした割合

1 企業は、発生した有害廃棄物の総量をメートル・トン単位で計算し、開示しなければならない。

    1.1 有害廃棄物は、廃棄物が発生した法域で適用される法令上の枠組みに従って定義する。

2 企業は、発生した有害廃棄物のうちリサイクルしたものの総重量を、発生した有害廃棄物の総重量で除して、リサイクルした有害廃棄物の割合を計算し、開示しなければならない。

    2.1 再利用、再生又は再製造された有害廃棄物は、リサイクルの範囲内であるとみなさなければならない。

    2.2 リサイクル、再利用、再生及び再製造された有害廃棄物は、廃棄物が発生した法域で適用される法令上の枠組みに従って定義する。

    2.3 エネルギー回収を含め、焼却した資材は、リサイクルの範囲内であるとみなしてはならない。

        2.3.1 エネルギー回収は、他の廃棄物と一緒に行うかどうかにかかわらず、熱の回収を伴う直接的な焼却を通じてエネルギーを生成するための可燃廃棄物の使用と定義する。

        2.3.2 企業は、発生した有害廃棄物のうち焼却したものの割合を別個に開示する場合がある。

3 企業は、適用される法令上の定義がない法域に所在する事業の有害廃棄物又はリサイクルした有害廃棄物を定義する目的で、「国際連合環境計画」（UNEP）の「有害廃棄物の国境を越える移動及びその処分の規制に関するバーゼル条約」を用いる場合がある。

4 企業は、有害廃棄物及びリサイクル有害廃棄物を定義するために用いる、法令上の枠組み、及び適用される枠組みそれぞれに従って定義された量を開示しなければならない。

サプライ・チェーン管理

トピックサマリー

容器及び包装の製造では、木質繊維及びアルミニウムなどの大量の原材料を用いる。環境への負のインパクトにより、原材料コストが増加し、企業のブランド価値に影響を与える（affect）可能性があるため、これらの材料の持続可能な生産は、この産業の企業にとってサプライ・チェーンに関する重要な（important）考慮事項である。このようなリスクを緩和するために、企業はサプライ・チェーンの審査実務を導入し、材料が持続可能な方法で生産されたことを認証する第三者の基準を社内業務及びサプライヤーに導入する場合がある。さらに、そのような行為はブランド価値を高め、持続可能な方法で生産された包装製品に対する顧客の需要を満たし、新しい市場と成長機会へのアクセスを提供する場合がある。

指標

RT-CP-430a.1. 木質繊維の総調達量、認証を受けた調達源からの割合

1 企業は、報告期間中に調達した木質繊維ベースの原材料の総重量（メートル・トン単位）を開示し

© IFRS Foundation

597

なければならない。

1.1 原材料の範囲には、リサイクルした原材料、未使用の原材料及び生産プロセスで直接費消するものを含め、最終製品として販売するために処理するすべてのインプットを含める。

2 責任ある調達の認証が、次の組織が公表したもの（又はこれらと同等のもの）を含む場合、責任ある調達基準の認証を受けている木質繊維ベースの原材料の総重量（メートル・トン単位）を、木質繊維ベースの原材料の総重量（メートル・トン単位）で除して、その割合を計算しなければならない。

2.1 「American Tree Farm System」（ATFS）

2.2 「森林管理協議会」（Forest Stewardship Council; FSC）（FSC100％ラベル、並びに「FSCミックス・ソース」及び「FSCリサイクル」ラベル）

2.3 「森林認証プログラム」（Programme for the Endorsement of Forest Certification; PEFC）（「PEFC認証」及び「PEFCリサイクル」ラベル）

2.4 「持続可能な森林イニシアティブ」（Sustainable Forest Initiative; SFI）（「SFI Chain of Custody」及び「SFI Certified Sourcing」ラベル）

3 企業は、それぞれの関連する責任ある調達基準（例えば、FSC、SFI、PEFC及びATFS）及び関連する基準（例えば、FSC100％ラベル、「FSCミックス・ソース」及び「FSCリサイクル」ラベル、「SFI Chain of Custody」及び「SFI Certified Sourcing」ラベル、並びに「PEFC認証」及び「PEFCリサイクル」ラベル）の認証を受けた繊維の割合を別個に開示する場合がある。

4 複数の基準の認証を受けている木質繊維について、企業は、当該木質繊維の重量を一度だけしか計算に含めてはならない。

RT-CP-430a.2. アルミニウムの総購入量、認証を受けた調達源からの割合

1 企業は、報告期間中に購入したアルミニウム・ベースの原材料の総重量（メートル・トン単位）を開示しなければならない。

1.1 原材料の範囲には、リサイクルした原材料、未使用の原材料及び生産プロセスで直接費消するものを含め、最終製品として販売するために処理するすべてのインプットを含める。

2 この割合は、責任ある調達基準の認証を受けているアルミニウム・ベースの原材料の総重量（メートル・トン単位）を、アルミニウム・ベースの原材料の総重量（メートル・トン単位）で除して計算しなければならない。

3 責任ある調達の認証には、「Aluminium Stewardship Initiative」（ASI）が公表したもの（「Performance Standard Version 1」及び「Chain of Custody Standard Draft 2」）又は同等の基準の認証を含める。

4 複数の基準の認証を受けているアルミニウムについて、企業は、当該アルミニウムの重量を一度だけしか計算に含めてはならない。

「気候関連開示」の適用に関する産業別ガイダンス

第49巻－電気及び電子機器

産業の説明

「電気及び電子機器」産業の企業は、発電機器、変圧器、電気モーター、配電盤、自動化機器、暖房及び冷房機器、照明、並びに伝送ケーブルを含む、幅広い電気コンポーネントを開発し製造する。これらには、「暖房、換気及び空調」（HVAC）システム、照明器具、セキュリティー・デバイス並びにエレベーターといった構造に関係しない商業用及び居住用の建物設備、電力設備、伝統的な発電及び送電設備、再生可能エネルギー設備、産業オートメーション制御、計測装置、並びにコイル、ワイヤー及びケーブルといった工業目的で用いられる電気コンポーネントが含まれる。この成熟した競争が激しい産業に属する企業は、グローバルに事業を営んでおり、典型的には売上の大部分を企業の所在する国以外の国で生み出している。

サステナビリティ開示トピック及び指標

表1. サステナビリティ開示トピック及び指標

トピック	指標	カテゴリー	測定単位	コード
エネルギー管理	(1)エネルギー総消費量、(2)電力系統からの電気の割合及び(3)再生可能エネルギーの割合	定量	ギガジュール(GJ)、パーセンテージ(%)	RT-EE-130a.1
製品ライフサイクル管理	IEC 62474の申告対象物質を含む製品から生じた売上高の割合[84]	定量	売上高のパーセンテージ(%)	RT-EE-410a.1
	エネルギー効率認証に関する認証の対象となり得る（eligible）製品の売上高の割合	定量	売上高のパーセンテージ(%)	RT-EE-410a.2
	再生可能エネルギー関連製品及びエネルギー効率関連製品から生じた売上高	定量	表示通貨	RT-EE-410a.3

---

[84] RT-EE-410a.1に関する注記 － 開示には、IEC 62474の申告対象物質の使用を管理するためのアプローチについての説明を含めなければならない。

© IFRS Foundation

599

表2. 活動指標

活動指標	カテゴリー	測定単位	コード
製品カテゴリーごとの生産ユニット数[85]	定量	数	RT-EE-000.A
従業員数	定量	数	RT-EE-000.B

エネルギー管理

トピックサマリー

電気及び電子機器企業は、相当量のエネルギーを使用している場合がある。購入した電気は、当産業のエネルギー支出の最も大きな部分を占め、購入した燃料がこれに続く。使用されるエネルギーの種類、消費量及びエネルギー管理戦略は、製造する製品の種類によって異なる。オンサイトで生成した電気、電力系統からの電気及び代替エネルギーの使用といった企業のエネルギー・ミックスは、エネルギー供給のコストを削減し、信頼性（reliability）を高めるうえで、重要な（important）要素である場合があり、最終的には企業のコスト構造及び規制の変化へのエクスポージャーに影響を与える（affecting）場合がある。

指標

RT-EE-130a.1. (1)エネルギー総消費量、(2)電力系統からの電気の割合及び(3)再生可能エネルギーの割合

1   企業は、(1)消費したエネルギーの総量をギガジュール（GJ）単位で集計して開示しなければならない。

    1.1   エネルギー消費の範囲には、外部の供給源から購入したエネルギー及び企業が自ら生産したエネルギー（自己生成）を含む、すべての供給源からのエネルギーを含める。例えば、直接的な燃料の使用、購入した電気、並びに温熱、冷熱及び蒸気エネルギーはすべてエネルギー消費の範囲内に含まれる。

    1.2   エネルギー消費の範囲には、報告期間中に企業が直接消費したエネルギーのみを含める。

    1.3   燃料及びバイオ燃料からのエネルギー消費量を計算するにあたり、企業は、直接測定したか、又は「気候変動に関する政府間パネル」（IPCC）から取得した、総発熱量（GCV）とも呼ばれる高位発熱量（HHV）を使用しなければならない。

2   企業は、(2)自社が消費した、電力系統から供給されたエネルギーの割合を開示しなければならない。

    2.1   この割合は、購入した電力系統からの電気の消費量を、エネルギー総消費量で除して計算しなければならない。

---

[85] RT-EE-000.Aに関する注記 − 生産量は、製品カテゴリーごとの生産ユニット数として開示すべきである。関連する製品カテゴリーには、エネルギー生成、エネルギー回収並びに照明及び室内空調制御電子機器を含める。

600   © IFRS Foundation

「気候関連開示」の適用に関する産業別ガイダンス

3　企業は、(3)自社が消費した再生可能エネルギーの割合を開示しなければならない。

3.1　再生可能エネルギーは、地熱、風力、太陽光、水力及びバイオマスなど、それらの枯渇率以上のペースで補充されるエネルギー源からのエネルギーと定義する。

3.2　この割合は、再生可能エネルギー消費量を、エネルギー総消費量で除して計算しなければならない。

3.3　再生可能エネルギーの範囲には、企業が消費した再生可能燃料、企業が直接生産した再生可能エネルギー、及び企業が購入した再生可能エネルギー（再生可能エネルギー証書（REC）若しくは「原産地保証」（GO）を明示的に含む再生可能電力購入契約（PPA）を通じて購入した場合、「Green-eエナジー認証」済みの電気事業者若しくはサプライヤー・プログラムを通じて購入した場合、又は、RECやGOを明示的に含むその他のグリーン電力製品、若しくは「Green-eエナジー認証」RECが電力系統からの電気と組み合わせられた他のグリーン電力製品を通じて購入した場合）を含める。

3.3.1　オンサイトで生成した再生可能な電気について、それが再生可能エネルギーであると企業が主張するためには、当該企業の名においてREC及びGOを保持（retained）し（売却せず）、取り消し（retired）又は無効化（cancelled）しなければならない。

3.3.2　再生可能PPA及びグリーン電力製品について、それが再生可能エネルギーであると企業が主張するためには、当該企業の名においてREC及びGOを保持（retained）又は交換（replaced）し、取り消し（retired）又は無効化（cancelled）する旨を、その契約に明示的に含めて伝えなければならない。

3.3.3　企業の支配又は影響（influence）の範囲外にある系統電力ミックスの再生可能部分は、再生可能エネルギーの範囲から除外する。

3.4　この開示の目的において、バイオマス源からの再生可能エネルギーの範囲は、第三者の基準（例えば、「森林管理協議会」（Forest Stewardship Council)、「持続可能な森林イニシアティブ」（Sustainable Forest Initiative)、「森林認証プログラム」（Programme for the Endorsement of Forest Certification)、又は「American Tree Farm System」）で認証された材料、「再生可能エネルギー認証のためのGreen-eフレームワークのバージョン1.0（2017年)」若しくは「Green-e」地域基準に従い対象となり得る（eligible）供給源とみなされる材料、又は適用される法域の再生可能エネルギー利用割合基準（renewable portfolio standard）において対象となり得る（eligible）材料に限定する。

4　企業は、燃料使用量（バイオ燃料を含む。）についてのHHVの使用及びキロワット時（kWh）のGJへの変換（太陽光又は風力エネルギーからの電気を含むエネルギー・データの場合）など、この開示で報告するすべてのデータに対して、変換係数を一貫して適用しなければならない。

製品ライフサイクル管理

トピックサマリー

電気及び電子機器企業は、自社製品の使用に起因する場合がある環境外部性及び社会外部性に関連した課題及び機会に直面している。規制は、製品に含まれる有害化学物質の使用を削減又は除去するように企業

© IFRS Foundation

に動機付けを行っている。比較的規模は小さいが、規制及び顧客は、主にエネルギー集約の観点から、使用段階での製品の環境フットプリントを低減するように企業に奨励している。費用対効果の高い製品及びエネルギー効率の高い解決策を開発している電気及び電子機器企業は、売上及び市場シェアの拡大、競争力の強化並びにブランド価値の向上などの恩恵を受ける場合がある。同様に、化学物質の安全性に関する懸念を低減した製品は、市場シェアの拡大の機会を得る場合がある。

指標

RT-EE-410a.1. IEC 62474の申告対象物質を含む製品から生じた売上高の割合

1　企業は、報告期間中に販売した、「国際電気標準会議」（IEC）62474の申告対象物質を含む製品の割合を開示しなければならない。

　　1.1　IEC 62474「電気・電子製品及び電気・電子業界のためのマテリアルデクラレーション」に従い、当該製品が「報告閾値」を超える量の物質を含み、識別された「報告アプリケーション（reporting application）」の範囲に含まれ、それに対して必須の「報告要件」に含まれる場合、その製品は申告対象物質を含んでいる。

　　1.2　企業は、申告対象物質を含んでいる製品販売から生じた売上高を、製品販売から生じた総売上高で除して、その割合を計算しなければならない。

2　開示の範囲には、IEC 62474に従い、企業の申告不要の製品又は申告を行っている製品を含む、すべての製品を含める。

RT-EE-410a.1に関する注記

1　企業は、申告対象物質群又は申告対象物質としてIEC 62474に記載されている物質の使用をどのように管理しているかについて説明しなければならない。その説明には、これらの物質の使用を検討する具体的な事業プロセスについての説明、及びこれらの物質の使用を管理するために企業が取った行為についての説明を含める。

2　記述すべき関連する管理アプローチ及び行為には、次のものを含める場合がある。

　　2.1　物質を含めないための製品設計要件（例えば、禁止物質リスト）

　　2.2　材料代替評価、材料及び部品調達ガイドライン、製品安全試験、製品宣言（例えば、材料安全性データ・シート）、並びに製品表示の使用

3　企業が他の規制、産業標準又は受け入れられた化学物質リストを参照して、既知又は潜在的に有毒な物質のインパクトを評価し管理する場合、企業はそれらの実務を識別する場合があり、また企業はIEC 62474との重複の度合を記述しなければならない。

RT-EE-410a.2. エネルギー効率認証に関する認証の対象となり得る（eligible）製品の売上高の割合

1　企業は、エネルギー効率認証に関する認証の対象となり得る（eligible）製品から生じた売上高の割合を開示しなければならない。

　　1.1　企業は、それぞれの認証ごとに、適用される認証の要件を満たす製品から生じた売上高を、認証の対象となり得る（eligible for certification）製品から生じた総売上高で除して、前述

602　　　　　　　　　　　　　　© IFRS Foundation

「気候関連開示」の適用に関する産業別ガイダンス

の割合を計算しなければならない。

  1.1.1 対象となり得る（eligible）製品は、認証が存在する製品カテゴリーにおける製品であり、無停電電源装置、冷暖房装置及び換気装置、並びに照明器具及び送風機を含める場合がある。

2 企業は、エネルギー効率認証ごとに、その製品の売上高の割合を開示しなければならない。

 2.1 エネルギー効率認証の旧バージョンの認証を受けた製品を有する場合、企業はこれに関する情報を開示しなければならない。その情報には、製品がどのバージョンの認証要件の認証を受けているか、当該バージョンに準拠して認証を受けた製品数の内訳、及び最新バージョンの認証要件に準拠した認証を達成するための時間軸を含める。

3 企業が製品を販売するそれぞれの法域について、企業は、適用される認証プログラムを開示しなければならない。

RT-EE-410a.3. 再生可能エネルギー関連製品及びエネルギー効率関連製品から生じた売上高

1 企業は、再生可能エネルギー関連製品及びエネルギー効率関連製品から生じた総売上高を開示しなければならない。

2 再生可能エネルギー関連製品は、再生可能エネルギーを確立されたエネルギー・インフラに含めることを可能にする製品又はシステムと定義する。

 2.1 再生可能エネルギーは、地熱、風力、太陽光、水力発電及びバイオマス（エタノール、第1世代のバイオ燃料及び先進的なバイオ燃料を含む。）などの、生態系のサイクルを通じて迅速に補充できる供給源に由来するエネルギーと定義する。

 2.2 製品及びシステムの例には、タービン制御装置、リレー、スイッチギア、太陽光発電用ヒューズ、SCADAシステム、相互接続技術及び再生可能エネルギー用途に設計されたその他のプラント機器のバランスを含める場合がある。

 2.3 製品及びシステムの範囲は、再生可能エネルギーを確立されたエネルギー・インフラ及び電力系統に統合することを可能にするものに限定する。また、風力タービン、太陽光発電モジュール及び太陽熱発電装置などの再生可能エネルギー生成ハードウェアの販売又は設置から生じる売上高は除外する。

3 使用段階で製品が提供するエネルギー効率の向上を企業が試験し、モデル化し、又は他の方法で確立したことが文書で示されている場合、当該製品はエネルギー効率を向上させるように設計されたとみなさなければならない。

 3.1 エネルギー効率を向上させる製品の例には、スマート・グリッド・テクノロジー及びインフラ（例えば、デマンド・レスポンス・システム、配電オートメーション、スマート・インバータ又は先進的な計測機器）、スマート・ホーム及びインテリジェント・ビル制御製品、柔軟な交流送電システム、並びに低損失の変圧器を含める場合がある。

  3.1.1 スマート・グリッドは、中央及び分散型発電から、送電網及び配電システムを経由して、企業利用者及びビル・オートメーション・システム並びにエネルギー貯蔵設備及び最終消費者に至るまで、相互接続された要素の稼働を監視し保護し自動的に

© IFRS Foundation

603

最適化するための配電システムの近代化と定義する。

3.2　開示の範囲には、改善が有意であることを企業が実証できる限りにおいて、エネルギー効率に追加的な改善を加える製品を含める。これは、「欧州委員会」による「資源効率の高いヨーロッパ（Resource Efficient Europe）へのロードマップ」の第5セクション「Key Sectors」に示すマイルストーンとの整合性若しくは「EU指令2012/27/EU」との整合性を通じて、又は、「国際電気標準会議」（IEC）の「IE2高効率」、「IE3プレミアム効率」及び「IE4スーパー・プレミアム効率」などのエネルギー効率基準への適合性を通じてのものなどである。

3.3　開示の範囲からは、副次的、間接的又は最小限の方法で資源効率の改善を加える製品を除外する（例えば、前世代の製品よりわずかに軽い従来製品）。

「気候関連開示」の適用に関する産業別ガイダンス

第50巻－工業用機械及び製品

産業の説明

「工業用機械及び製品」産業の企業は、建設、農業、エネルギー、電気・ガス・水道、採掘、製造、自動車及び輸送を含む、さまざまな産業のために機器を製造する。製品には、エンジン、土工機械、トラック、トラクター、船舶、工業用ポンプ、機関車及びタービンが含まれる。機械の製造業者は生産のために、鉄鋼、プラスチック、ゴム、塗料及びガラスを含む、大量の原材料を使用する。製造業者は、最終組立ての前に機械加工及び鋳造を行う場合もある。この産業における需要は工業生産と密接につながっているが、政府の排出基準及び顧客からの要請が、製品使用時のエネルギー効率を改善し大気排出を制限するためのイノベーションを奨励している。

サステナビリティ開示トピック及び指標

表1. サステナビリティ開示トピック及び指標

トピック	指標	カテゴリー	測定単位	コード
エネルギー管理	(1)エネルギー総消費量、(2)電力系統からの電気の割合及び(3)再生可能エネルギーの割合	定量	ギガジュール(GJ)、パーセンテージ(%)	RT-IG-130a.1
使用段階における燃費及び排出	中型及び大型車両に係る売上加重平均フリート燃費	定量	百トンキロメートル当たりのリットル数	RT-IG-410a.1
	ノンロード機器に係る売上加重燃費	定量	時間当たりのリットル数	RT-IG-410a.2
	定置式発電機に係る売上加重燃費	定量	リットル当たりのキロジュール数	RT-IG-410a.3
	次に係る売上加重排出：(1)窒素酸化物（NOx）及び(2)粒子状物質（PM）のうち次に係るもの(a)船舶用ディーゼル・エンジン、(b)機関車用ディーゼル・エンジン、(c)オンロード中型及び大型エンジン、並びに(d)その他のノンロード・ディーゼル・エンジン[86]	定量	キロジュール時当たりのグラム数	RT-IG-410a.4

---

[86] RT-IG-410a.4に関する注記 － 企業は、フリート燃費並びに排出に係るリスク及び機会をどのように管理するかについて説明しなければならない。

© IFRS Foundation

605

表2. 活動指標

活動指標	カテゴリー	測定単位	コード
製品カテゴリーごとの生産ユニット数[87]	定量	数	RT-IG-000.A
従業員数	定量	数	RT-IG-000.B

エネルギー管理

トピックサマリー

工業用機械及び製品の製造において、エネルギーは、重要な（critical）インプットである。購入した電気は、当産業のエネルギー支出の最も大きな部分を占め、購入した燃料がこれに続く。使用されるエネルギーの種類、消費量及びエネルギー管理戦略は、製造する製品の種類によって異なる。オンサイト生成する電気、電力系統からの電気及び代替エネルギーの使用といった企業のエネルギー・ミックスは、エネルギー供給のコスト及び信頼性（reliability）に影響を与え（influence）、最終的に企業のコスト構造及び規制リスクに影響を与える（affect）可能性がある。

指標

RT-IG-130a.1. (1)エネルギー総消費量、(2)電力系統からの電気の割合及び(3)再生可能エネルギーの割合

1　企業は、(1)消費したエネルギーの総量をギガジュール（GJ）単位で集計して開示しなければならない。

　　1.1　エネルギー消費の範囲には、外部の供給源から購入したエネルギー及び企業が自ら生産したエネルギー（自己生成）を含む、すべての供給源からのエネルギーを含める。例えば、直接的な燃料の使用、購入した電気、温熱、冷熱及び蒸気エネルギーはすべてエネルギー消費の範囲内に含まれる。

　　1.2　エネルギー消費の範囲には、報告期間中に企業が直接消費したエネルギーのみを含める。

　　1.3　燃料及びバイオ燃料からのエネルギー消費量を計算するにあたり、企業は、直接測定したか、又は「気候変動に関する政府間パネル」（IPCC）から取得した、総発熱量（GCV）とも呼ばれる高位発熱量（HHV）を使用しなければならない。

2　企業は、(2)自社が消費した、電力系統から供給されたエネルギーの割合を開示しなければならない。

　　2.1　この割合は、購入した電力系統からの電気の消費量を、エネルギー総消費量で除して計算しなければならない。

3　企業は、(3)自社が消費した再生可能エネルギーの割合を開示しなければならない。

---

[87] RT-IG-000.Aに関する注記 － 少なくとも、企業は次の製品カテゴリーごとの生産ユニット数を示すべきである：(1)車両並びに農業及び建設用機器、(2)エンジン及び発電装置並びに(3)部品及びコンポーネント

606　　　　　　　　　　　© IFRS Foundation

「気候関連開示」の適用に関する産業別ガイダンス

3.1 再生可能エネルギーは、地熱、風力、太陽光、水力及びバイオマスなど、それらの枯渇率以上のペースで補充されるエネルギー源からのエネルギーと定義する。

3.2 この割合は、再生可能エネルギー消費量を、エネルギー総消費量で除して計算しなければならない。

3.3 再生可能エネルギーの範囲には、企業が消費した再生可能燃料、企業が直接生産した再生可能エネルギー、及び企業が購入した再生可能エネルギー（再生可能エネルギー証書（REC）若しくは「原産地保証」（GO）を明示的に含む再生可能電力購入契約（PPA）を通じて購入した場合、「Green-eエナジー認証」済みの電気事業者若しくはサプライヤー・プログラムを通じて購入した場合、又は、RECやGOを明示的に含むその他のグリーン電力製品、若しくは「Green-eエナジー認証」RECが電力系統からの電気と組み合わせられた他のグリーン電力製品を通じて購入した場合）を含める。

3.3.1 オンサイトで生成した再生可能な電気について、それが再生可能エネルギーであると企業が主張するためには、当該企業の名においてREC及びGOを保持（retained）し（売却せず）、取り消し（retired）又は無効化（cancelled）しなければならない。

3.3.2 再生可能PPA及びグリーン電力製品について、それが再生可能エネルギーであると企業が主張するためには、当該企業の名においてREC及びGOを保持（retained）又は交換（replaced）し、取り消し（retired）又は無効化（cancelled）する旨を、その契約に明示的に含めて伝えなければならない。

3.3.3 企業の支配又は影響（influence）の範囲外にある系統電力ミックスの再生可能部分は、再生可能エネルギーの範囲から除外する。

3.4 この開示の目的において、バイオマス源からの再生可能エネルギーの範囲は、第三者の基準（例えば、「森林管理協議会」（Forest Stewardship Council）、「持続可能な森林イニシアティブ」（Sustainable Forest Initiative）、「森林認証プログラム」（Programme for the Endorsement of Forest Certification）、又は「American Tree Farm System」）で認証された材料、「再生可能エネルギー認証のためのGreen-eフレームワークのバージョン1.0（2017年）」若しくは「Green-e」地域基準に従い対象となり得る（eligible）供給源とみなされる材料、又は適用される法域の再生可能エネルギー利用割合基準（renewable portfolio standard）において対象となり得る（eligible）材料に限定する。

4 企業は、燃料使用量（バイオ燃料を含む。）についてのHHVの使用及びキロワット時（kWh）のGJへの変換（太陽光又は風力エネルギーからの電気を含むエネルギー・データの場合）など、この開示で報告するすべてのデータに対して、変換係数を一貫して適用しなければならない。

使用段階における燃費及び排出

トピックサマリー

「工業用機械及び製品」産業の製品の多くは化石燃料を使用しており、使用時に温室効果ガス（GHG）及びその他の大気排出を放出する。顧客の燃費改善に対する選好が、排出を制限する規制と相まって、当産業におけるエネルギー効率が良く低排出の製品に対する需要を増大させている。したがって、これらの特

© IFRS Foundation

607

性を備えた製品を開発する企業は、高い市場シェアを獲得し、規制リスクを削減してブランド価値を高める場合がある。

指標

RT-IG-410a.1. 中型及び大型車両に係る売上加重平均フリート燃費

1　企業は、自社の中型及び大型車両に係る売上加重平均フリート燃費を開示しなければならない。

　　1.1　フリート燃費は、企業の中型及び大型商用車両の平均燃費であり、報告期間中のそれぞれの販売台数で重み付けされ、100トンキロメートル当たりのリットル単位で測定したものと定義する。

　　1.2　開示の範囲には、コンビネーション・トラクター（一般的に、セミトラック又はローリーとして知られている。）、大型商用ピックアップ・トラック及びバン、並びに商用車を含める。

　　1.3　開示の範囲には、フリートにおける車両のうち、重量が3.5メートル・トン又は8,500ポンド以上の車両を含める。

　　1.4　規制上の目的においてフリート平均値をモデル年ごとに計算する場合、企業はこれらのパフォーマンス・データを用いなければならない。

　　1.5　フリート平均値の計算に関する規制上のガイダンスが存在しない場合、企業は、販売量で重み付けされた、報告期間中に販売した車両の燃費に基づいてパフォーマンスを計算しなければならない。

2　企業は、企業の適用される法域における大型車両の燃料排出基準又は規制に従い、自社の中型及び大型車両に係る売上加重平均燃費の要件を開示しなければならない。

3　企業が複数の法域で事業を営む場合、企業は、燃料が再生可能かどうかを判断するために使用した基準又は規制を開示しなければならない。

RT-IG-410a.2. ノンロード機器に係る売上加重燃費

1　企業は、自社のノンロード機器及び車両に係る売上加重平均燃費を開示しなければならない。

　　1.1　燃費は、企業のノンロード機器の平均燃費であり、報告期間中のそれぞれのユニットの販売台数で重み付けされ、運転時間当たりの消費燃料のリットル数（時間当たりのリットル数）単位で測定したものと定義する。

　　　　1.1.1　時間当たりのリットル数を計算するにあたり、企業は、入手可能な場合、モデル定格燃費値をそれぞれの機器に使用しなければならない。

　　　　1.1.2　モデル定格燃費値が入手できない場合、企業は、当該機器についての時間当たりのリットル数の運転効率を、平常の合理的な運転条件（例えば、荷重係数、速度及び環境条件）を想定して計算しなければならない。

　　1.2　ノンロード機器には、掘削機及びその他の建設機器、農業用トラクター及びその他の農業用機器、ヘビー・フォークリフト、空港の地上サービス機器、並びにユーティリティ機器（発電機、ポンプ及び圧縮機など）を含める場合がある。

© IFRS Foundation

「気候関連開示」の適用に関する産業別ガイダンス

RT-IG-410a.3. 定置式発電機に係る売上加重燃費

1　企業は、自社の定置式発電機に係る売上加重平均燃費を開示しなければならない。

1.1　売上加重燃費は、報告期間中に販売された定置式発電機の平均燃費であり、リットル当たりキロジュール単位で測定する。

2　売上加重燃費は、リットル当たりキロジュール単位の設計燃費の調和平均として計算する。

2.1　調和平均は、それぞれの発電機が所与の電力量を発生させるのに必要とする燃料の平均量を表現するものである。

2.2　調和平均は、逆数値の平均値の逆数である。

RT-IG-410a.4. 次に係る売上加重排出：(1)窒素酸化物（NOₓ）及び(2)粒子状物質（PM）のうち次に係るもの(a)船舶用ディーゼル・エンジン、(b)機関車用ディーゼル・エンジン、(c)オンロード中型及び大型エンジン、並びに(d)その他のノンロード・ディーゼル・エンジン

1　企業は、次の製品カテゴリーのそれぞれに係る、(1)窒素酸化物（NOₓ）及び(2)粒子状物質（PM）の売上加重平均排出を開示しなければならない：(a)船舶用ディーゼル・エンジン、(b)機関車用ディーゼル・エンジン、(c)オンロード中型及び大型エンジン、並びに(d)その他のノンロード・ディーゼル・エンジン

1.1　排出は、エンジンに係る(1)NOₓ及び(2)PMの平均排出であり、報告期間中のそれぞれの販売数で重み付けされ、キロジュール当たりグラム単位で測定したものとして計算する。

1.2　船舶用ディーゼル・エンジン、機関車用ディーゼル・エンジン、オンロード中型及び大型エンジン、並びにその他のノンロード・ディーゼル・エンジンは、適用される法域の法令に基づいて定義しなければならない。

1.2.1　その他のノンロード・ディーゼル・エンジンには、掘削機及びその他の建設機器、農業用トラクター及びその他の農業用機器、ヘビー・フォークリフト、空港の地上サービス機器、並びにユーティリティ機器（発電機、ポンプ及び圧縮機など）を含める場合がある。

1.3　企業は、排出を計算するために用いた計算方法を記述しなければならない。

1.4　企業は、いずれかの製品が適用される法域の法令において設定された現行の基準を満たしていないかどうかを開示する場合がある。

2　企業は、自社の製品に影響を与える（affect）可能性がある将来の法域における排出基準に向けた進捗及び準備について説明する場合がある。

RT-IG-410a.4に関する注記

1　企業は、フリート燃費及び排出に係るリスク及び機会をどのように管理しているかについて説明しなければならない。

2　説明すべきアプローチ及び戦略の関連する側面には、既存の製品及び技術の改善、新たな技術の導入、先進的な技術への研究開発の取組み（efforts）、並びに同業他社、学術機関又は顧客（政府機関の顧客を含む。）との連携を含める。

© IFRS Foundation

サービスセクター

第51巻－カジノ及びゲーム

産業の説明

株式が公開されているカジノ及びゲーム企業は、実店舗のカジノ、リバーボート・カジノ、オンライン賭博サイト、及び競走場を含む、賭博施設又は賭博プラットフォームを運営している。この産業は、厳しい規制上の監督により特徴付けられ（characterised）、これは新規の運営業者の主要な参入障壁となっている。産業の規制は、世界的に著しく（significantly）異なっている。

注記：「カジノ及びゲーム」産業の一部の企業はまた、「ホテル及び宿泊施設」産業又は「飲食店」産業の活動にも従事している。このような活動のための開示トピックは、「ホテル及び宿泊施設（SV-HL）」産業及び「飲食店（FB-RN）」産業に示されている。本基準の目的において、カジノ及びゲーム企業は、賭博施設の運営及びオンライン・ゲーム・サービスの提供のみに従事すると想定しているため、水管理や食品安全など、ホテル及び飲食店の運営が重大な（significant）企業にとって重要性がある（material）場合がある論点は、この産業においては対象としていない。

サステナビリティ開示トピック及び指標

表1. サステナビリティ開示トピック及び指標

トピック	指標	カテゴリー	測定単位	コード
エネルギー管理	(1)エネルギー総消費量、(2)電力系統からの電気の割合及び(3)再生可能エネルギーの割合	定量	ギガジュール(GJ)、パーセンテージ(%)	SV-CA-130a.1

表2. 活動指標

活動指標	カテゴリー	測定単位	コード
テーブル台数	定量	数	SV-CA-000.A
スロット台数	定量	数	SV-CA-000.B
アクティブなオンライン・ゲーム顧客の数[88]	定量	数	SV-CA-000.C
ゲームフロアの総面積	定量	平方メートル(m²)	SV-CA-000.D

---

[88] SV-CA-000.Cに関する注記 － アクティブな顧客の数は、報告期間中に現実の通貨で少なくとも1回の金融取引（賭け、入金、出金）があった数とみなさなければならない。ここで、現実の通貨は、「米国金融犯罪取締ネットワーク（FinCEN）」によって定義されている。

「気候関連開示」の適用に関する産業別ガイダンス

エネルギー管理

トピックサマリー

多くの施設が1日24時間営業しているため、「カジノ及びゲーム」産業は運営に大量のエネルギーを必要とする。カジノ施設には窓がほとんどないことが多いため、暖房、換気、空調（HVAC）及び照明は、建物の機械的なシステムに依存している。化石燃料ベースのエネルギー生産及び消費は、気候変動や汚染を含む、重大な（significant）環境インパクトを与え、カジノ企業の事業の結果に影響を与える（impact）可能性がある。事業にあたり電気消費に依存している企業は、化石燃料又は再生可能エネルギー源及び代替的エネルギー源からのエネルギー調達に関連するリスク及び機会を含め、エネルギー効率及びエネルギー利用可能性をこれまで以上に管理しなければならない。

指標

SV-CA-130a.1. (1)エネルギー総消費量、(2)電力系統からの電気の割合及び(3)再生可能エネルギーの割合

1　企業は、(1)消費したエネルギーの総量をギガジュール（GJ）単位で集計して開示しなければならない。

　　1.1　エネルギー消費の範囲には、外部の供給源から購入したエネルギー及び企業が自ら生産したエネルギー（自己生成）を含む、すべての供給源からのエネルギーを含める。例えば、直接的な燃料の使用、購入した電気、並びに温熱、冷熱及び蒸気エネルギーはすべてエネルギー消費の範囲内に含まれる。

　　1.2　エネルギー消費の範囲には、報告期間中に企業が直接消費したエネルギーのみを含める。

　　1.3　燃料及びバイオ燃料からのエネルギー消費量を計算するにあたり、企業は、直接測定したか、又は「気候変動に関する政府間パネル」（IPCC）から取得した、総発熱量（GCV）とも呼ばれる高位発熱量（HHV）を使用しなければならない。

2　企業は、(2)自社が消費した、電力系統から供給されたエネルギーの割合を開示しなければならない。

　　2.1　この割合は、購入した電力系統からの電気の消費量を、エネルギー総消費量で除して計算しなければならない。

3　企業は、(3)自社が消費した再生可能エネルギーの割合を開示しなければならない。

　　3.1　再生可能エネルギーは、地熱、風力、太陽光、水力及びバイオマスなど、それらの枯渇率以上のペースで補充されるエネルギー源からのエネルギーと定義する。

　　3.2　この割合は、再生可能エネルギー消費量を、エネルギー総消費量で除して計算しなければならない。

　　3.3　再生可能エネルギーの範囲には、企業が消費した再生可能燃料、企業が直接生産した再生可能エネルギー、及び企業が購入した再生可能エネルギー（再生可能エネルギー証書（REC）若しくは「原産地保証」（GO）を明示的に含む再生可能電力購入契約（PPA）を通じて購入した場合、「Green-eエナジー認証」済みの電気事業者若しくはサプライヤー・プログラムを

© IFRS Foundation

611

通じて購入した場合、又は、RECやGOを明示的に含むその他のグリーン電力製品、若しくは「Green-eエナジー認証」RECが電力系統からの電気と組み合わせられた他のグリーン電力製品を通じて購入した場合）を含める。

3.3.1 オンサイトで生成した再生可能な電気について、それが再生可能エネルギーであると企業が主張するためには、当該企業の名においてREC及びGOを保持（retained）し（売却せず）、取り消し（retired）又は無効化（cancelled）しなければならない。

3.3.2 再生可能PPA及びグリーン電力製品について、それが再生可能エネルギーであると企業が主張するためには、当該企業の名においてREC及びGOを保持（retained）又は交換（replaced）し、取り消し（retired）又は無効化（cancelled）する旨を、その契約に明示的に含めて伝えなければならない。

3.3.3 企業の支配又は影響（influence）の範囲外にある系統電力ミックスの再生可能部分は、再生可能エネルギーの範囲から除外する。

3.4 この開示の目的において、バイオマス源からの再生可能エネルギーの範囲は、第三者の基準（例えば、「森林管理協議会」（Forest Stewardship Council）、「持続可能な森林イニシアティブ」（Sustainable Forest Initiative）、「森林認証プログラム」（Programme for the Endorsement of Forest Certification）、又は「American Tree Farm System」）で認証された材料、「再生可能エネルギー認証のためのGreen-eフレームワークのバージョン1.0（2017年）」若しくは「Green-e」地域基準に従い対象となり得る（eligible）供給源とみなされる材料、又は適用される法域の再生可能エネルギー利用割合基準（renewable portfolio standard）において対象となり得る（eligible）材料に限定する。

4 企業は、燃料使用量（バイオ燃料を含む。）についてのHHVの使用及びキロワット時（kWh）のGJへの変換（太陽光又は風力エネルギーからの電気を含むエネルギー・データの場合）など、この開示で報告するすべてのデータに対して、変換係数を一貫して適用しなければならない。

「気候関連開示」の適用に関する産業別ガイダンス

第52巻－ホテル及び宿泊施設

産業の説明

「ホテル及び宿泊施設」産業の企業は、ホテル、モーテル及び旅館（inns）を含む、夜を通しての宿泊施設を提供している。競争が激しいこの産業には、主として大規模なホテル・チェーンが含まれ、顧客は、サービスの品質及び一貫性、場所の利用可能性、価格及びロイヤルティ・プログラム特典を含む、幅広い要因に基づいて購入の意思決定を行う。企業は次の1以上の方法により組成されることが多い。すなわち、客室賃貸及び料飲販売を含むホテル・サービスから生じる直接的な売上、資産管理から生じる報酬売上を伴う管理及びフランチャイズ・サービス、並びに住居区画の販売から生じる売上を伴う休暇用住居の所有である。

注記：「ホテル及び宿泊施設」産業の一部の企業はまた、「飲食店（FB-RN）」産業の活動にも従事している。本基準は、「ホテル及び宿泊施設」の企業が料飲サービスを提供しないと想定している。したがって、食品安全、廃棄及び調達といった、料飲も提供する企業にとって重要性がある（material）場合がある開示は、この産業においては対象としていない。

サステナビリティ開示トピック及び指標

表1. サステナビリティ開示トピック及び指標

トピック	指標	カテゴリー	測定単位	コード
エネルギー管理	(1)エネルギー総消費量、(2)電力系統からの電気の割合及び(3)再生可能エネルギーの割合	定量	ギガジュール(GJ)、パーセンテージ(%)	SV-HL-130a.1
水管理	(1)総取水量、(2)総消費水量、及びそれらの「ベースライン水ストレス」が「高い」又は「極めて高い」地域の割合	定量	千立方メートル(m³)、パーセンテージ(%)	SV-HL-140a.1
気候変動への適応	100年確率洪水地帯に所在する宿泊施設の数	定量	数	SV-HL-450a.1

表2. 活動指標

活動指標	カテゴリー	測定単位	コード
利用可能な宿泊室（room-nights）数	定量	数	SV-HL-000.A

© IFRS Foundation

活動指標	カテゴリー	測定単位	コード
平均稼働率[89]	定量	比率	SV-HL-000.B
宿泊施設の総面積[90]	定量	平方メートル (m²)	SV-HL-000.C
次の宿泊施設の数及び割合(1)管理されたもの、(2)所有及びリースによるもの、(3)フランチャイズによるもの	定量	数、パーセンテージ(%)	SV-HL-000.D

エネルギー管理

トピックサマリー

ホテルの建物を運営するには、著しい（significant）量のエネルギーを必要とし、これはホテルの営業費用の大部分を占めている。この産業では、電気の大部分を商業用に購入している。購入した電気は、間接的に温室効果ガス（GHG）排出をもたらし、気候変動の重大な（significant）要因となっている。この産業の企業は、営業費用と環境インパクトを削減し、これまで以上に環境上のサステナビリティに懸念を持つゲストからのブランド価値を向上させるために、エネルギー管理のベスト・プラクティスを導入している。

指標

SV-HL-130a.1. (1)エネルギー総消費量、(2)電力系統からの電気の割合及び(3)再生可能エネルギーの割合

1　企業は、(1)消費したエネルギーの総量をギガジュール（GJ）単位で集計して開示しなければならない。

　　1.1　エネルギー消費の範囲には、外部の供給源から購入したエネルギー及び企業が自ら生産したエネルギー（自己生成）を含む、すべての供給源からのエネルギーを含める。例えば、直接的な燃料の使用、購入した電気、並びに温熱、冷熱及び蒸気エネルギーはすべてエネルギー消費の範囲内に含まれる。

　　1.2　エネルギー消費の範囲には、報告期間中に企業が直接消費したエネルギーのみを含める。

　　1.3　燃料及びバイオ燃料からのエネルギー消費量を計算するにあたり、企業は、直接測定したか、又は「気候変動に関する政府間パネル」（IPCC）から取得した、総発熱量（GCV）とも呼ばれる高位発熱量（HHV）を使用しなければならない。

---

[89] SV-HL-000.Bに関する注記 ─ (1)稼働宿泊室（room-nights）数を(2)すべての施設における利用可能な宿泊室（room-nights）数で除した数として測定される。

[90] SV-HL-000.Cに関する注記 ─ 報告期間内の一部でも所有、運営、リース、又はフランチャイズされた施設が範囲に含まれる。

「気候関連開示」の適用に関する産業別ガイダンス

2　企業は、(2)自社が消費した、電力系統から供給されたエネルギーの割合を開示しなければならない。

2.1　この割合は、購入した電力系統からの電気の消費量を、エネルギー総消費量で除して計算しなければならない。

3　企業は、(3)自社が消費した再生可能エネルギーの割合を開示しなければならない。

3.1　再生可能エネルギーは、地熱、風力、太陽光、水力及びバイオマスなど、それらの枯渇率以上のペースで補充されるエネルギー源からのエネルギーと定義する。

3.2　この割合は、再生可能エネルギー消費量を、エネルギー総消費量で除して計算しなければならない。

3.3　再生可能エネルギーの範囲には、企業が消費した再生可能燃料、企業が直接生産した再生可能エネルギー、及び企業が購入した再生可能エネルギー（再生可能エネルギー証書（REC）若しくは「原産地保証」（GO）を明示的に含む再生可能電力購入契約（PPA）を通じて購入した場合、「Green-eエナジー認証」済みの電気事業者若しくはサプライヤー・プログラムを通じて購入した場合、又は、RECやGOを明示的に含むその他のグリーン電力製品、若しくは「Green-eエナジー認証」RECが電力系統からの電気と組み合わせられた他のグリーン電力製品を通じて購入した場合）を含める。

3.3.1　オンサイトで生成した再生可能な電気について、それが再生可能エネルギーであると企業が主張するためには、当該企業の名においてREC及びGOを保持（retained）し（売却せず）、取り消し（retired）又は無効化（cancelled）しなければならない。

3.3.2　再生可能PPA及びグリーン電力製品について、それが再生可能エネルギーであると企業が主張するためには、当該企業の名においてREC及びGOを保持（retained）又は交換（replaced）し、取り消し（retired）又は無効化（cancelled）する旨を、その契約に明示的に含めて伝えなければならない。

3.3.3　企業の支配又は影響（influence）の範囲外にある系統電力ミックスの再生可能部分は、再生可能エネルギーの範囲から除外する。

3.4　この開示の目的において、バイオマス源からの再生可能エネルギーの範囲は、第三者の基準（例えば、「森林管理協議会」（Forest Stewardship Council）、「持続可能な森林イニシアティブ」（Sustainable Forest Initiative）、「森林認証プログラム」（Programme for the Endorsement of Forest Certification）、又は「American Tree Farm System」）で認証された材料、「再生可能エネルギー認証のためのGreen-eフレームワークのバージョン1.0（2017年）」若しくは「Green-e」地域基準に従い対象となり得る（eligible）供給源とみなされる材料、又は適用される法域の再生可能エネルギー利用割合基準（renewable portfolio standard）において対象となり得る（eligible）材料に限定する。

4　企業は、燃料使用量（バイオ燃料を含む。）についてのHHVの使用及びキロワット時（kWh）のGJへの変換（太陽光又は風力エネルギーからの電気を含むエネルギー・データの場合）など、この開示で報告するすべてのデータに対して、変換係数を一貫して適用しなければならない。

© IFRS Foundation

水管理

トピックサマリー

ホテルの建物を運営するには、相対的に大量の水資源が必要である。水はこの産業で最大の営業上のコストではないが、水の利用可能性の低下や著しい（significant）価格上昇は、財務上の結果に影響を与える（affect）可能性がある。この影響（effect）は、供給の制約により水ストレス地域で特に深刻になる場合がある。この産業の企業は、営業費用と環境インパクトを削減し、これまで以上に環境上のサステナビリティに懸念を持つゲストからのブランド価値を向上させるために、水管理のベスト・プラクティスを導入している。

指標

SV-HL-140a.1. (1)総取水量、(2)総消費水量、及びそれらの「ベースライン水ストレス」が「高い」又は「極めて高い」地域の割合

1 企業は、すべての水源から引き出された水の量を、千立方メートル単位で開示しなければならない。

    1.1 水資源には、地表水（湿地、河川、湖及び海からの水を含む。）、地下水、企業が直接収集し貯留した雨水、並びに地方自治体の水道供給者、水道事業者又はその他の企業から取得した水及び廃水を含める。

2 企業は、例えば、取水量の大部分（significant portions）が非淡水源からのものである場合、その供給を水源別に開示することがある。

    2.1 淡水は、企業が事業を営む地域の法令に従い定義する場合がある。法令による定義が存在しない場合、淡水は、1,000ppm未満の溶解固形物を含む水とみなさなければならない。

    2.2 法域の飲料水規制に準拠して水道事業者から取得した水は、淡水の定義を満たすとみなすことができる。

3 企業は、事業で消費した水の総量を、千立方メートル単位で開示しなければならない。

    3.1 水消費は次のように定義する。

        3.1.1 取水、使用及び排水中に蒸発する水

        3.1.2 企業の製品又はサービスに、直接的又は間接的に組み込まれる水

        3.1.3 その他、取水源と同じ集水域に戻らない水（別の集水域又は海に戻る水など）

4 企業は、すべての事業における水リスクを分析し、「世界資源研究所」（WRI）の「水リスク・アトラス」（Water Risk Atlas）ツールである「Aqueduct」によって、「ベースライン水ストレス」が「高い（40～80％）」又は「極めて高い（>80％）」と分類された場所で取水し水消費する活動を識別しなければならない。

5 企業は、「ベースライン水ストレス」が「高い」又は「極めて高い」場所で取水した水について、総取水量に対する割合で開示しなければならない。

6 企業は、「ベースライン水ストレス」が「高い」又は「極めて高い」場所で消費した水について、総

「気候関連開示」の適用に関する産業別ガイダンス

消費水量に対する割合で開示しなければならない。

気候変動への適応

トピックサマリー

気候変動にさらされた地域で営業しているホテルは、悪天候や洪水を含む物理的な気候リスクのインパクトがある場合がある。悪天候は施設に損害を与え、事業を中断させ、それにより資産価値及び売上高を減少させる場合がある。さらに、ホテルは、沿岸地域にある建物の保険料の値上りに直面する場合、又は当該施設に保険を掛けることができない場合がある。ホテルの運営業者は、気候にさらされた（exposed）、売上を生み出す施設を維持するために、海面の上昇、ハリケーン、及び洪水などの気候トレンドの変化に適応する必要がある可能性が高い。

指標

SV-HL-450a.1. 100年確率洪水地帯に所在する宿泊施設の数

1   企業は、100年確率洪水地帯に所在する宿泊施設の数を開示しなければならない。

    1.1   100年確率洪水地帯は、任意の年に1%以上の確率で洪水が生じる土地区域と定義する。このような区域は、1%年確率洪水、1%年超過確率洪水、又は100年確率洪水の対象とも呼ぶ場合がある。

        1.1.1   100年確率洪水地帯の例には、沿岸氾濫原、主要河川沿い氾濫原、低地の浸水による洪水の対象となる区域を含める場合があるが、これらに限定されない。

2   開示の範囲には、所在する国にかかわらず、100年確率洪水地帯にある企業の宿泊施設のすべてを含めなければならない。

© IFRS Foundation

617

第53巻－レジャー施設

産業の説明

「レジャー施設」産業の企業は、娯楽、旅行及びレクリエーションの施設及びサービスを運営する。この産業に属する企業は、遊園地、映画館、スキー・リゾート、スポーツ・スタジアム、並びにスポーツ・クラブ及びその他の施設を運営する。レジャー施設企業は主として、さまざまな場所で、年間何百万人ものゲスト及び顧客に対してライブの娯楽、デジタルの娯楽又はインタラクティブな娯楽を提供することで売上を生み出す。

サステナビリティ開示トピック及び指標

表1. サステナビリティ開示トピック及び指標

トピック	指標	カテゴリー	測定単位	コード
エネルギー管理	(1)エネルギー総消費量、(2)電力系統からの電気の割合及び(3)再生可能エネルギーの割合	定量	ギガジュール(GJ)、パーセンテージ(%)	SV-LF-130a.1

表2. 活動指標

活動指標	カテゴリー	測定単位	コード
入場者数（attendance）[91]	定量	数	SV-LF-000.A
顧客日（customer-days）数[92]	定量	数	SV-LF-000.B

エネルギー管理

トピックサマリー

「レジャー施設」の企業は大規模な屋外及び屋内の施設を運営しており、これらの施設は著しい

---

[91] SV-LF-000.Aに関する注記 － 入場者数（attendance）は、企業のポートフォリオに含まれるレジャー施設のうち、運営業者が商標を付けた（すなわち、使用権が許諾されている。）又は支配的所有権を有する施設を顧客が訪れた回数の合計である。

[92] SV-LF-000.Bに関する注記 － 顧客日（customer-days）数は、顧客が企業のポートフォリオに含まれるレジャー施設での滞在に費やした累積総時間数であり、それぞれの顧客の滞在時間の和として計算する。1日パスを販売する施設（例えば、遊園地）のうち、入退場の時刻を追跡しないものについては、ゲストが滞在できる開園時間数を用いて見積ることができる。1単位の入場券を販売する施設（例えば、映画館）については、平均滞在時間を用いて見積ることができる。

「気候関連開示」の適用に関する産業別ガイダンス

（significant）量のエネルギーを消費する場合がある。この産業の電気のほとんどは商業用に購入されており、間接的に気候変動の重大な（significant）要因となっている温室効果ガス（GHG）排出をもたらす。この産業の企業は、営業経費と環境インパクトを削減し、これまで以上に環境上のサステナビリティに懸念を持つゲストからのブランド価値を向上させるために、エネルギー管理のベスト・プラクティスを導入している。

指標

SV-LF-130a.1. (1)エネルギー総消費量、(2)電力系統からの電気の割合及び(3)再生可能エネルギーの割合

1　企業は、(1)消費したエネルギーの総量をギガジュール（GJ）単位で集計して開示しなければならない。

  1.1　エネルギー消費の範囲には、外部の供給源から購入したエネルギー及び企業が自ら生産したエネルギー（自己生成）を含む、すべての供給源からのエネルギーを含める。例えば、直接的な燃料の使用、購入した電気、並びに温熱、冷熱及び蒸気エネルギーはすべてエネルギー消費の範囲内に含まれる。

  1.2　エネルギー消費の範囲には、報告期間中に企業が直接消費したエネルギーのみを含める。

  1.3　燃料及びバイオ燃料からのエネルギー消費量を計算するにあたり、企業は、直接測定したか、又は「気候変動に関する政府間パネル」（IPCC）から取得した、総発熱量（GCV）とも呼ばれる高位発熱量（HHV）を使用しなければならない。

2　企業は、(2)自社が消費した、電力系統から供給されたエネルギーの割合を開示しなければならない。

  2.1　この割合は、購入した電力系統からの電気の消費量を、エネルギー総消費量で除して計算しなければならない。

3　企業は、(3)自社が消費した再生可能エネルギーの割合を開示しなければならない。

  3.1　再生可能エネルギーは、地熱、風力、太陽光、水力及びバイオマスなど、それらの枯渇率以上のペースで補充されるエネルギー源からのエネルギーと定義する。

  3.2　この割合は、再生可能エネルギー消費量を、エネルギー総消費量で除して計算しなければならない。

  3.3　再生可能エネルギーの範囲には、企業が消費した再生可能燃料、企業が直接生産した再生可能エネルギー、及び企業が購入した再生可能エネルギー（再生可能エネルギー証書（REC）若しくは「原産地保証」（GO）を明示的に含む再生可能電力購入契約（PPA）を通じて購入した場合、「Green-eエナジー認証」済みの電気事業者若しくはサプライヤー・プログラムを通じて購入した場合、又は、RECやGOを明示的に含むその他のグリーン電力製品、若しくは「Green-eエナジー認証」RECが電力系統からの電気と組み合わせられた他のグリーン電力製品を通じて購入した場合）を含める。

    3.3.1　オンサイトで生成した再生可能な電気について、それが再生可能エネルギーであると企業が主張するためには、当該企業の名においてREC及びGOを保持（retained）し（売却せず）、取り消し（retired）又は無効化（cancelled）しなければならない。

© IFRS Foundation

619

3.3.2 再生可能PPA及びグリーン電力製品について、それが再生可能エネルギーであると企業が主張するためには、当該企業の名においてREC及びGOを保持（retained）又は交換（replaced）し、取り消し（retired）又は無効化（cancelled）する旨を、その契約に明示的に含めて伝えなければならない。

3.3.3 企業の支配又は影響（influence）の範囲外にある系統電力ミックスの再生可能部分は、再生可能エネルギーの範囲から除外する。

3.4 この開示の目的において、バイオマス源からの再生可能エネルギーの範囲は、第三者の基準（例えば、「森林管理協議会」（Forest Stewardship Council）、「持続可能な森林イニシアティブ」（Sustainable Forest Initiative）、「森林認証プログラム」（Programme for the Endorsement of Forest Certification）、又は「American Tree Farm System」）で認証された材料、「再生可能エネルギー認証のためのGreen-eフレームワークのバージョン1.0（2017年）」若しくは「Green-e」地域基準に従い対象となり得る（eligible）供給源とみなされる材料、又は適用される法域の再生可能エネルギー利用割合基準（renewable portfolio standard）において対象となり得る（eligible）材料に限定する。

4 企業は、燃料使用量（バイオ燃料を含む。）についてのHHVの使用及びキロワット時（kWh）のGJへの変換（太陽光又は風力エネルギーからの電気を含むエネルギー・データの場合）など、この開示で報告するすべてのデータに対して、変換係数を一貫して適用しなければならない。

620

© IFRS Foundation

「気候関連開示」の適用に関する産業別ガイダンス

技術及び通信セクター

第54巻－電子機器の製造受託サービス（EMS）及び設計を含む製品の製造受託（ODM）

産業の説明

「電子機器の製造受託サービス（EMS）及び設計を含む製品の製造受託（ODM）」産業は、2つの主要なセグメントにより構成される。EMS企業は、オリジナル機器の製造業者のために組立て、ロジスティクス及びアフター・サービスを提供する。ODM企業は、オリジナル機器の製造業者のためにエンジニアリング及び設計サービスを提供し、重大な（significant）知的財産を保有している場合がある。EMS及びODM企業はさまざまなセクターの機器を生産しているが、この産業は、個人消費者及び企業の両方のためのパソコン、家電及びストレージ・デバイスといったテクノロジー・ハードウェア製品を設計する企業により構成される「ハードウェア」産業と密接に関連している。

注記：「電子機器の製造受託サービス（EMS）及び設計を含む製品の製造受託（ODM）」産業には、テクノロジー・ハードウェア製品の設計が含まれない。テクノロジー・ハードウェア製品の設計及び製造を行う企業は、「ハードウェア（TC-HW）」産業の開示トピック及び指標を検討すべきである。

サステナビリティ開示トピック及び指標

表1. サステナビリティ開示トピック及び指標

トピック	指標	カテゴリー	測定単位	コード
水管理	(1)総取水量、(2)総消費水量、及びそれらの「ベースライン水ストレス」が「高い」又は「極めて高い」地域の割合	定量	千立方メートル(m³)、パーセンテージ(%)	TC-ES-140a.1
製品ライフサイクル管理	回収した使用終了（end-of-life）製品及び電気電子機器廃棄物（e-waste）の重量、リサイクルした割合	定量	メートル・トン(t)、パーセンテージ(%)	TC-ES-410a.1

表2. 活動指標

活動指標	カテゴリー	測定単位	コード
製造施設数	定量	数	TC-ES-000.A

© IFRS Foundation

活動指標	カテゴリー	測定単位	コード
製造施設の面積	定量	平方メートル(m²)	TC-ES-000.B
従業員数	定量	数	TC-ES-000.C

水管理

トピックサマリー

コンピュータ、コンピュータ・コンポーネント及びその他の電子機器の製造には、大量の（significant）水を必要とする。人口増加、急速な都市化及び気候変動による消費の増加により、水は世界中で希少な資源になりつつある。慎重な計画がなければ、水不足は、供給コストの増加、地域及び政府との社会的緊張又は水不足地域における水へのアクセスの喪失をもたらし、それにより生産及び売上に重要な（critical）リスクをもたらす場合がある。水の使用効率を向上させる「電子機器の製造受託サービス（EMS）及び設計を含む製品の製造受託（ODM）」企業は、事業コストを削減し、より低いリスク・プロファイルを維持し、究極的には資本コスト及び市場評価に影響を与える（affecting）場合がある。さらに、水使用の効率性の向上を優先する企業は、適用される法域の環境法令が資源保護に対しさらに重点を置いているため、規制リスクを低減する場合がある。

指標

TC-ES-140a.1. (1)総取水量、(2)総消費水量、及びそれらの「ベースライン水ストレス」が「高い」又は「極めて高い」地域の割合

1 企業は、すべての水源から引き出された水の量を、千立方メートル単位で開示しなければならない。

    1.1 水資源には、地表水（湿地、河川、湖及び海からの水を含む。）、地下水、企業が直接収集し貯留した雨水、並びに地方自治体の水道供給者、水道事業者又はその他の企業から取得した水及び廃水を含める。

2 企業は、例えば、取水量の大部分（significant portions）が非淡水源からのものである場合、その供給を水源別に開示することがある。

    2.1 淡水は、企業が事業を営む地域の法令に従い定義する場合がある。法令による定義が存在しない場合、淡水は、1,000ppm未満の溶解固形物を含む水とみなさなければならない。

    2.2 法域の飲料水規制に準拠して水道事業者から取得した水は、淡水の定義を満たすとみなすことができる。

3 企業は、事業で消費した水の量を、千立方メートル単位で開示しなければならない。

    3.1 水消費は次のように定義する。

        3.1.1 取水、使用及び排水中に蒸発する水

        3.1.2 企業の製品又はサービスに、直接的又は間接的に含められる水

「気候関連開示」の適用に関する産業別ガイダンス

3.1.3　その他、取水源と同じ集水域に戻らない水（別の集水域又は海に戻る水など）

4　企業は、すべての事業における水リスクを分析し、「世界資源研究所」（WRI）の「水リスク・アトラス」（Water Risk Atlas）ツールである「Aqueduct」によって、「ベースライン水ストレス」が「高い（40〜80％）」又は「極めて高い（>80％）」と分類された場所で取水し水消費する活動を識別しなければならない。

5　企業は、「ベースライン水ストレス」が「高い」又は「極めて高い」場所で取水した水について、総取水量に対する割合で開示しなければならない。

6　企業は、「ベースライン水ストレス」が「高い」又は「極めて高い」場所で消費した水について、総消費水量に対する割合で開示しなければならない。

製品ライフサイクル管理

トピックサマリー

「電子機器の製造受託サービス（EMS）及び設計を含む製品の製造受託（ODM）」産業の企業は、ハードウェア企業などの当該産業の顧客とともに、製品の製造、輸送、使用及び廃棄に起因する環境外部性に関連する課題の増加に直面している。ハードウェア製品の急速な陳腐化は、そのような外部性を悪化させる場合がある。当該産業の製品には、通常、有害物質が含まれているため、使用終了（end-of-life）製品の安全な廃棄は、管理すべき重要な（critical）側面である。製品の環境外部性を最小限にできない企業は、法域の環境法令が資源保護及び廃棄物管理にさらに重点を置いているため、規制コストの増加に直面する場合がある。使用終了（end-of-life）製品の回収及びインパクトの少ない材料の使用を促進する製品イノベーションを通じて、EMS及びODMの製造業者は、ライフサイクルへのインパクトの改善を達成し、規制リスクを低減し、コスト削減を実現できる。

指標

TC-ES-410a.1. 回収した使用終了（end-of-life）製品及び電気電子機器廃棄物（e-waste）の重量、リサイクルした割合

1　企業は、回収した使用終了（end-of-life）材料の重量を、メートル・トン単位で開示しなければならない。これには、リバース・ロジスティクス・サービス、リサイクル・サービス、製品回収プログラム及び改修サービスを通じて回収されたものを含める。

1.1　回収した使用終了（end-of-life）材料は、電気電子機器廃棄物（e-waste）を含め、使用終了（end of their useful life）時に廃棄物として処分される又はエネルギー回収に使用される代わりに収集された製品、材料及び部品と定義する。

1.2　回収した使用終了（end-of-life）材料の範囲には、企業が物理的に管理している材料を含める。

1.3　回収した使用終了（end-of-life）材料の範囲には、企業が物理的に保有していないが、再利用、リサイクル又は改修の目的を明示して第三者が収集した材料を含める。

1.4　回収した使用終了（end-of-life）材料の範囲からは、修理のために収集したもの又は保証対象でリコールの対象である材料は除外する。

© IFRS Foundation

623

2 企業は、回収した後にリサイクルした使用終了（end-of-life）材料の割合を開示しなければならない。

2.1 この割合は、回収した後にリサイクルした使用終了（end-of-life）材料の重量を、回収した使用終了（end-of-life）材料の総重量で除して計算しなければならない。

2.2 リサイクルした材料（再製造した材料を含む。）は、生産又は製造工程を通じて再処理（reprocessed）又は処理（treated）され、最終製品となったか又は製品に組み込むためのコンポーネントとなった廃棄物と定義する。

2.3 リサイクルした材料の範囲には、再利用した材料又は再生した材料を含める。

2.3.1 再利用した材料は、企業又は第三者が寄付又は改修した製品を含め、回収した製品又は製品コンポーネントのうち、それらが考案された目的と同じ目的で使用されるものと定義する。

2.3.2 再生した（reclaimed）材料は、使用可能な製品を再生（recover）又は再生成（regenerate）するために処理されたものと定義する。

2.4 リサイクルした材料の範囲には、主要なリサイクルした材料、連産品（主要なリサイクルした材料と同等の価値のアウトプット）、副産物（主要なリサイクルした材料よりも価値の低いアウトプット）、及びさらなるリサイクルのために外部に送られる材料を含める。

2.5 リサイクルした材料の範囲からは、埋立地に廃棄される製品及び材料の部分を除外する。

3 電気電子機器廃棄物（e-waste）は、「e-Stewards® Standard for Responsible Recycling and Reuse of Electronic Equipment」又は「Responsible Recycling Practices (R2) Standard for Electronic Recyclers」など、この材料を電気電子機器廃棄物（e-waste）リサイクルの基準に対する第三者認証を受けた企業に移転したことを企業が証明できる場合のみ、リサイクルしたとみなされなければならない。

3.1 企業は、電気電子機器廃棄物（e-waste）を移転した先の企業が準拠する基準を開示しなければならない。

「気候関連開示」の適用に関する産業別ガイダンス

第55巻－ハードウェア

産業の説明

「ハードウェア」産業の企業は、コンピュータ、家電、通信機器、ストレージ・デバイス、コンポーネント及び周辺機器を含む、テクノロジー・ハードウェア製品を設計及び販売する。この産業に属する多くの企業が、製造サービスについて「電子機器の製造受託サービス（EMS）及び設計を含む製品の製造受託（ODM）」産業に大きく依存している。この産業は、特に新興市場の消費者において、テクノロジーの使用が急速に増加することに伴い、引き続き、成長することが見込まれている。

注記：「ソフトウェア及びITサービス（TC-SI）」産業、「インターネット・メディア及びサービス（TC-IM）」産業又は「EMS及びODM（TC-ES）」産業の活動に従事する企業は、これらの産業の開示トピック及び指標を検討すべきである。

サステナビリティ開示トピック及び指標

表1. サステナビリティ開示トピック及び指標

トピック	指標	カテゴリー	測定単位	コード
製品ライフサイクル管理	IEC 62474の申告対象物質を含む製品から生じた売上高の割合[93]	定量	パーセンテージ(%)	TC-HW-410a.1
	EPEAT登録又は同等のものの要件を満たす、対象となり得る（eligible）製品から生じた売上高の割合[94]	定量	パーセンテージ(%)	TC-HW-410a.2
	エネルギー効率認証に関する認証の対象となり得る（eligible）製品の売上高の割合	定量	パーセンテージ(%)	TC-HW-410a.3
	回収した使用終了（end-of-life）製品及び電気電子機器廃棄物（e-waste）の重量、リサイクルした割合	定量	メートル・トン(t)、パーセンテージ(%)	TC-HW-410a.4

---

[93] TC-HW-410a.1に関する注記 － 開示には、IEC 62474の申告対象物質の使用を管理するための自社のアプローチの説明を含めなければならない。

[94] TC-HW-410a.2に関する注記 － 開示には、環境に焦点を当てた原則を製品設計に取り込むための取組み（efforts）についての説明を含めなければならない。

© IFRS Foundation

625

表2. 活動指標

活動指標	カテゴリー	測定単位	コード
製品カテゴリーごとの生産ユニット数[95]	定量	数	TC-HW-000.A
製造施設の面積	定量	平方メートル(m²)	TC-HW-000.B
自社施設からの生産の割合	定量	パーセンテージ(%)	TC-HW-000.C

製品ライフサイクル管理

トピックサマリー

「ハードウェア」産業の企業は、製品の製造、輸送、使用及び廃棄に起因する環境外部性及び社会外部性に関連する課題の増加に直面している。ハードウェア製品の急速な陳腐化は、そのような外部性を悪化させる場合がある。企業は、ライフサイクル全体を考慮した、より多くの製品の設計を行っている。具体的な考慮事項としては、製品のエネルギー効率、有害物質のインプット、並びに使用終了（end-of-life）時の安全な廃棄及びリサイクルに関する設計及びその促進を含む。環境及び社会へのインパクトを改善した製品を設計及び製造することを優先する企業は、外部性に関連するコストを回避し、潜在的に有害な物質を排除しながら、消費者の需要及び市場シェアを拡大する可能性が高い場合がある。さらに、製品の環境外部性及び社会外部性を最小限に抑える企業は、拡大生産者責任（extended producer responsibility）に関連したものなど、規制及びコストの増加のエクスポージャーが少なくなる場合がある。

指標

TC-HW-410a.1. IEC 62474の申告対象物質を含む製品から生じた売上高の割合

1　企業は、報告期間中に販売した、申告対象物質を含む製品の割合を開示しなければならない。

    1.1　「国際電気標準会議」のIEC 62474「電気・電子製品及び電気・電子業界のためのマテリアルデクラレーション」に従い、製品に次の量の申告対象物質が含まれている場合、その製品は申告対象物質を含んでいる。

        1.1.1　「報告閾値」を超える。

        1.1.2　識別された「報告アプリケーション（reporting application）」の範囲に含まれる。

        1.1.3　必須の「報告要件」に含まれる。

    1.2　企業は、申告対象物質を含んでいる電気、電子及び関連技術製品の販売から生じた売上高を、

---

[95] TC-HW-000.Aに関する注記 ─ 企業は、報告期間中に生産したユニット数及び自社施設で製造したか、若しくは委託製造業者又はサプライヤーが生産したかどうかを示さなければならない。カテゴリーは、通信機器、コンポーネント、コンピュータ機器、コンピュータ周辺機器、コンピュータ・ストレージ、家電、その他のハードウェア、印刷及び画像処理、並びに取引管理システムを含む場合がある。

「気候関連開示」の適用に関する産業別ガイダンス

電気、電子及び関連技術製品の販売から生じた総売上高で除して、その割合を計算しなければならない。

2　開示の範囲には、IEC 62474に従い、企業の申告不要の製品又は申告を行っている製品を含む、すべての電気、電子及び関連技術製品を含める。

TC-HW-410a.1に関する注記

1　企業は、申告対象物質群又は申告対象物質としてIEC 62474に列挙されている物質の使用をどのように管理しているかを記述しなければならない。その記述には、これらの物質の使用を検討する具体的な事業プロセスについての説明、及びこれらの物質の使用を管理するために企業が取った行為についての説明を含める。

1.1　記述すべき関連する管理アプローチ及び行為には、次のものを含める場合がある。

1.1.1　物質を含めないための製品設計要件（例えば、禁止物質リスト）

1.1.2　材料代替評価、材料及び部品調達ガイドライン、製品安全試験、製品宣言（例えば、材料安全性データ・シート）、並びに製品表示の使用

2　企業が他の規制、産業標準又は受け入れられた化学物質リストを参照して、既知又は潜在的に有毒な物質のインパクトを評価し管理する場合、企業はそれらの実務を識別することがあり、また企業はIEC 62474との重複の度合を記述しなければならない。

TC-HW-410a.2. EPEAT登録又は同等のものの要件を満たす、対象となり得る（eligible）製品から生じた売上高の割合

1　企業は、報告期間中に販売された製品のうち、「電子製品環境評価ツール」（EPEAT）登録又は同等の基準の要件を満たしている製品の割合を開示しなければならない。

1.1　製品が「EPEAT Registry」に掲載されている場合、又は製品がこれらの要件を満たしていることを企業が証明できる場合には、当該製品はEPEAT登録の要件を満たす。

1.2　EPEATと同等の基準には、次のような実質的に類似する項目に関連している要件及び要求事項を有するものを含める。

1.2.1　環境に敏感な物質の削減又は除去

1.2.2　物質の選定及び申告

1.2.3　使用終了（end-of-life）後を考慮した設計

1.2.4　製品寿命又はライフサイクルの延長

1.2.5　省エネルギー

1.2.6　使用終了（end-of-life）後の管理

1.2.7　企業のパフォーマンス

1.2.8　梱包

1.3　EPEATと同等の基準の例には、「Total Cost of Ownership（TCO）Development」の第4世

© IFRS Foundation

627

代基準（fourth generation family of standards）を含める場合がある。

2　企業は、報告期間中に販売されたEPEAT登録又は同等の基準の要件を満たす製品の販売により生じた売上高を、EPEAT登録の対象となり得る（eligible for EPEAT registration）製品から生じた総売上高で除した割合を計算しなければならない。

2.1　対象となり得る（eligible）製品は、EPEAT登録が存在するカテゴリーの製品であり、デスクトップ・コンピュータ、ノートブック・コンピュータ、コンピュータ・ディスプレイ及び携帯電話を含める。

2.2　現在、EPEAT登録の範囲外だが、同等の基準が存在する製品カテゴリーは、対象となり得る（eligible）製品とみなす場合がある。

TC-HW-410a.2に関する注記

1　企業は、環境に焦点を当てた原則を製品設計にどのように含めるかを記述しなければならない。

1.1　環境に焦点を当てた原則又は要件には、「国際電気標準会議」（IEC）の「環境に配慮した設計」（IEC-62430又はIEC-62075）に概説されているものを含める。

1.2　説明には次のものを含めなければならない。

1.2.1　有毒物質の除去

1.2.2　リサイクルした材料の使用

1.2.3　包装の削減

1.2.4　混載出荷のための設計

1.2.5　省エネルギー製品の設計

1.2.6　製品回収の設計

1.2.7　リサイクルのラベル表示

1.2.8　希少資源の対象である材料（例えば、コバルト及びレア・アース元素）の除去又は取替え

TC-HW-410a.3. エネルギー効率認証に関する認証の対象となり得る（eligible）製品の売上高の割合

1　企業は、エネルギー効率認証に関する認証の対象となり得る（eligible）製品から生じた売上高の割合を開示しなければならない。

1.1　企業は、それぞれの認証ごとに、適用される認証の要件を満たす製品から生じた売上高を、認証の対象となり得る（eligible for certification）製品から生じた総売上高で除して、前述の割合を計算しなければならない。

1.1.1　対象となり得る（eligible）製品は、認証が存在する製品カテゴリーにおける製品であり、これにはオーディオ及びビデオ機器、バッテリー充電システム、コンピュータ、データ・センター・ストレージ、ディスプレイ、企業用サーバー、画像機器、

「気候関連開示」の適用に関する産業別ガイダンス

> セットトップ・ボックス及びケーブル・ボックス、大型ネットワーク機器、小型ネットワーク機器、電話、テレビ、並びに無停電電源装置を含める場合がある。

2 企業は、エネルギー効率認証ごとに、その製品の売上高の割合を開示しなければならない。

2.1 エネルギー効率認証の旧バージョンの認証を受けた製品を有する場合、企業はこれに関する情報を開示しなければならない。その情報には、製品がどのバージョンの認証要件の認証を受けているか、当該バージョンに準拠して認証を受けた製品数の内訳、及び最新バージョンの認証要件に準拠した認証を達成するための時間軸を含める。

3 企業が製品を販売するそれぞれの法域について、企業は、適用される認証プログラムを開示しなければならない。

TC-HW-410a.4. 回収した使用終了（end-of-life）製品及び電気電子機器廃棄物（e-waste）の重量、リサイクルした割合

1 企業は、回収した使用終了（end-of-life）材料の重量を、メートル・トン単位で開示しなければならない。これには、リバース・ロジスティクス・サービス、リサイクル・サービス、製品回収プログラム及び改修サービスを通じて回収されたものを含める。

1.1 回収した使用終了（end-of-life）材料は、電気電子機器廃棄物（e-waste）を含め、使用終了（end of their useful life）時に廃棄物として処分される又はエネルギー回収に使用される代わりに収集された製品、材料及び部品と定義する。

1.2 回収した使用終了（end-of-life）材料の範囲には、企業が物理的に管理している材料を含める。

1.3 回収した使用終了（end-of-life）材料の範囲には、企業が物理的に保有していないが、再利用、リサイクル又は改修の目的を明示して第三者が収集した材料を含める。

1.4 回収した使用終了（end-of-life）材料の範囲からは、修理のために収集したもの又は保証対象でリコールの対象である材料は除外する。

2 企業は、回収した後にリサイクルした使用終了（end-of-life）材料の割合を開示しなければならない。

2.1 この割合は、回収した後にリサイクルした使用終了（end-of-life）材料の重量を、回収した使用終了（end-of-life）材料の総重量で除して計算しなければならない。

2.2 リサイクルした材料（再製造した材料を含む。）は、生産又は製造工程を通じて再処理（reprocessed）又は処理（treated）され、最終製品となったか又は製品に組み込むためのコンポーネントとなった廃棄物と定義する。

2.3 リサイクルした材料の範囲には、再利用した材料又は再生した材料を含める。

2.3.1 再利用した材料は、企業又は第三者が寄付又は改修した製品を含め、回収した製品又は製品コンポーネントのうち、それらが考案された目的と同じ目的で使用されるものと定義する。

2.3.2 再生した（reclaimed）材料は、使用可能な製品を再生（recover）又は再生成

© IFRS Foundation

629

（regenerate）するために処理されたものと定義する。

2.4 リサイクルした材料の範囲には、主要なリサイクルした材料、連産品（主要なリサイクルした材料と同等の価値のアウトプット）、副産物（主要なリサイクルした材料よりも価値の低いアウトプット）、及びさらなるリサイクルのために外部に送られる材料を含める。

2.5 リサイクルした材料の範囲からは、埋立地に廃棄される製品及び材料の部分を除外する。

2.6 電気電子機器廃棄物（e-waste）は、「e-Stewards® Standard for Responsible Recycling and Reuse of Electronic Equipment」又は「Responsible Recycling Practices (R2) Standard for Electronic Recyclers」など、この材料を電気電子機器廃棄物（e-waste）リサイクルの基準に対する第三者認証を受けた企業に移転したことを企業が証明できる場合のみ、リサイクルしたとみなされなければならない。

2.6.1 企業は、電気電子機器廃棄物（e-waste）を移転した先の企業が準拠する基準を開示しなければならない。

「気候関連開示」の適用に関する産業別ガイダンス

第56巻－インターネット・メディア及びサービス

産業の説明

「インターネット・メディア及びサービス」産業は2つの主要なセグメントにより構成される。「インターネット・メディア」セグメントの企業は、検索エンジン及びインターネット広告チャネル、オンライン・ゲーム、及びソーシャル・ネットワークといったオンライン・コミュニティを提供するだけでなく、通常は容易に検索可能な、教育、医療、健康、スポーツ又はニュースといったコンテンツを提供する。「インターネットに基づくサービス」セグメントの企業は、主としてインターネットを通じてサービスを販売する。この産業は、主として、通常は無料のコンテンツに掲載するオンライン広告から収益を生み出すが、他の収益源としてはサブスクリプション手数料、コンテンツ販売、又は利用者情報の第三者への販売がある。

サステナビリティ開示トピック及び指標

表1. サステナビリティ開示トピック及び指標

トピック	指標	カテゴリー	測定単位	コード
ハードウェア・インフラの環境フットプリント	(1)エネルギー総消費量、(2)電力系統からの電気の割合及び(3)再生可能エネルギーの割合	定量	ギガジュール(GJ)、パーセンテージ(%)	TC-IM-130a.1
	(1)総取水量、(2)総消費水量、及びそれらの「ベースライン水ストレス」が「高い」又は「極めて高い」地域の割合	定量	千立方メートル(m³)、パーセンテージ(%)	TC-IM-130a.2
	データ・センターのニーズに対する戦略的計画への環境上の考慮事項の組込みについての説明	説明及び分析	該当なし	TC-IM-130a.3

表2. 活動指標

活動指標	カテゴリー	測定単位	コード
企業が定義した利用者行動の測定値[96]	定量	注記参照	TC-IM-000.A

---

[96] TC-IM-000.Aに関する注記 － 企業は、その事業活動に適した顧客行動の基本的な指標を定義し、開示しなければならない。これには、販売取引、購買取引、検索数、月間アクティブ利用者数又はページ・ビューを含む場合があるが、これらに限定されない。

© IFRS Foundation

活動指標	カテゴリー	測定単位	コード
(1)データ処理能力、(2)外部委託の割合[97]	定量	注記参照	TC-IM-000.B
(1)データ・ストレージ量、(2)外部委託の割合[98]	定量	ペタバイト、パーセンテージ(%)	TC-IM-000.C

ハードウェア・インフラの環境フットプリント

トピックサマリー

「インターネット・メディア及びサービス」産業が提供するコンテンツ及びサービスの量が増加するにつれ、この産業の企業はこれまで以上により多くのデータ・センター及びその他のハードウェアを所有、運用又はレンタルすることになる。したがって、ITハードウェア・インフラに関連するエネルギー及び水の使用の管理は、価値創造に関連する。データ・センターには継続的に電気を供給しなければならない。エネルギー供給断絶は、断絶の規模及びタイミングによっては、事業に重要性がある（material）影響（impact）を与える場合がある。企業は、データ・センターの冷却の必要性により、エネルギー消費及び水消費との間のトレードオフに直面している。冷却装置の代わりに水でデータ・センターを冷却することは、エネルギー効率を向上させるが、この方法は地域の重大な（significant）水資源への依存を生み出す場合がある。特に、世界的な規制がこれまで以上に気候変動に重点を置いており、エネルギー効率及び再生可能エネルギーの技術革新から機会も生まれているため、コストを管理し、エネルギー及び水の供給の安定性を確保し、レピュテーション・リスクを低減させるためにデータ・センターの仕様の決定は重要（important）である。

指標

TC-IM-130a.1. (1)エネルギー総消費量、(2)電力系統からの電気の割合及び(3)再生可能エネルギーの割合

1　企業は、(1)消費したエネルギーの総量をギガジュール（GJ）単位で集計して開示しなければならない。

    1.1　エネルギー消費の範囲には、外部の供給源から購入したエネルギー及び企業が自ら生産したエネルギー（自己生成）を含む、すべての供給源からのエネルギーを含める。例えば、直接的な燃料の使用、購入した電気、並びに温熱、冷熱及び蒸気エネルギーはすべてエネルギー

---

[97] TC-IM-000.Bに関する注記 － データ処理能力は、通常企業が追跡している測定単位、又はソフトウェア及びITサービスの契約の基礎として使用される測定単位（Million Service Units（MSU）、Million Instructions per Second（MIPS）、Mega FloatingPoint Operations per Second（MFLOPS）、演算サイクルなど）で報告しなければならない。あるいは、企業は、所有及び外部委託したデータ処理のニーズを、ラック・スペース又はデータ・センターの平方フィートなどの他の測定単位で開示する場合もある。外部委託の割合には、オンプレミス・クラウド・サービス、パブリック・クラウドでホストされているサービス、及びコロケーション・データ・センターにあるサービスを含めなければならない。

[98] TC-IM-000.Cに関する注記 － 外部委託の割合には、オンプレミス・クラウド・サービス、パブリック・クラウドでホストされているサービス、及びコロケーション・データ・センターにあるサービスを含めなければならない。

消費の範囲内に含まれる。

1.2 エネルギー消費の範囲には、報告期間中に企業が直接消費したエネルギーのみを含める。

1.3 燃料及びバイオ燃料からのエネルギー消費量を計算するにあたり、企業は、直接測定したか、又は「気候変動に関する政府間パネル」（IPCC）から取得した、総発熱量（GCV）とも呼ばれる高位発熱量（HHV）を使用しなければならない。

2 企業は、(2)自社が消費した、電力系統から供給されたエネルギーの割合を開示しなければならない。

2.1 この割合は、購入した電力系統からの電気の消費量を、エネルギー総消費量で除して計算しなければならない。

3 企業は、(3)自社が消費した再生可能エネルギーの割合を開示しなければならない。

3.1 再生可能エネルギーは、地熱、風力、太陽光、水力及びバイオマスなど、それらの枯渇率以上のペースで補充されるエネルギー源からのエネルギーと定義する。

3.2 この割合は、再生可能エネルギー消費量を、エネルギー総消費量で除して計算しなければならない。

3.3 再生可能エネルギーの範囲には、企業が消費した再生可能燃料、企業が直接生産した再生可能エネルギー、及び企業が購入した再生可能エネルギー（再生可能エネルギー証書（REC）若しくは「原産地保証」（GO）を明示的に含む再生可能電力購入契約（PPA）を通じて購入した場合、「Green-eエナジー認証」済みの電気事業者若しくはサプライヤー・プログラムを通じて購入した場合、又は、RECやGOを明示的に含むその他のグリーン電力製品、若しくは「Green-eエナジー認証」RECが電力系統からの電気と組み合わせられた他のグリーン電力製品を通じて購入した場合）を含める。

3.3.1 オンサイトで生成した再生可能な電気について、それが再生可能エネルギーであると企業が主張するためには、当該企業の名においてREC及びGOを保持（retained）し（売却せず）、取り消し（retired）又は無効化（cancelled）しなければならない。

3.3.2 再生可能PPA及びグリーン電力製品について、それが再生可能エネルギーであると企業が主張するためには、当該企業の名においてREC及びGOを保持（retained）又は交換（replaced）し、取り消し（retired）又は無効化（cancelled）する旨を、その契約に明示的に含めて伝えなければならない。

3.3.3 企業の支配又は影響（influence）の範囲外にある系統電力ミックスの再生可能部分は、再生可能エネルギーの範囲から除外する。

3.4 この開示の目的において、バイオマス源からの再生可能エネルギーの範囲は、第三者の基準（例えば、「森林管理協議会」（Forest Stewardship Council）、「持続可能な森林イニシアティブ」（Sustainable Forest Initiative）、「森林認証プログラム」（Programme for the Endorsement of Forest Certification）、又は「American Tree Farm System」）で認証された材料、「再生可能エネルギー認証のためのGreen-eフレームワークのバージョン1.0（2017年）」若しくは「Green-e」地域基準に従い対象となり得る（eligible）供給源とみなされる材料、又は適用される法域の再生可能エネルギー利用割合基準（renewable portfolio standard）において対象となり得る（eligible）材料に限定する。

© IFRS Foundation

4 　企業は、燃料使用量（バイオ燃料を含む。）についてのHHVの使用及びキロワット時（kWh）のGJ への変換（太陽光又は風力エネルギーからの電気を含むエネルギー・データの場合）など、この開示で報告するすべてのデータに対して、変換係数を一貫して適用しなければならない。

5 　企業は、データ・センターの直近12か月（TTM）の加重平均電力使用効率（PUE）を開示する場合がある。

　　5.1 　PUEは、コンピュータ・データ・センター施設が使用する総電力量と、コンピューティング機器に供給する電力量との比率と定義する。

　　5.2 　PUEを開示する場合、企業は「米国暖房冷凍空調学会」（ASHRAE）及び「Green Grid Association」が発行した「PUE™: A Comprehensive Examination of the Metric （2014年）」に記述されているガイダンス及び計算方法に従わなければならない。

TC-IM-130a.2. (1)総取水量、(2)総消費水量、及びそれらの「ベースライン水ストレス」が「高い」又は「極めて高い」地域の割合

1 　企業は、すべての水源から引き出された水の量を、千立方メートル単位で開示しなければならない。

　　1.1 　水資源には、地表水（湿地、河川、湖及び海からの水を含む。）、地下水、企業が直接収集し貯留した雨水、並びに地方自治体の水道供給者、水道事業者又はその他の企業から取得した水及び廃水を含める。

2 　企業は、例えば、取水量の大部分（significant portions）が非淡水源からのものである場合、その供給を水源別に開示することがある。

　　2.1 　淡水は、企業が事業を営む地域の法令に従い定義する場合がある。法令による定義が存在しない場合、淡水は、1,000ppm未満の溶解固形物を含む水とみなさなければならない。

　　2.2 　法域の飲料水規制に準拠して水道事業者から取得した水は、淡水の定義を満たすとみなすことができる。

3 　企業は、事業で消費した水の量を、千立方メートル単位で開示しなければならない。

　　3.1 　水消費は次のように定義する。

　　　　3.1.1 　取水、使用及び排水中に蒸発する水

　　　　3.1.2 　企業の製品又はサービスに、直接的又は間接的に含められる水

　　　　3.1.3 　その他、取水源と同じ集水域に戻らない水（別の集水域又は海に戻る水など）

4 　企業は、すべての事業における水リスクを分析し、「世界資源研究所」（WRI）の「水リスク・アトラス」（Water Risk Atlas）ツールである「Aqueduct」によって、「ベースライン水ストレス」が「高い（40〜80％）」又は「極めて高い（>80％）」と分類された場所で取水し水消費する活動を識別しなければならない。

5 　企業は、「ベースライン水ストレス」が「高い」又は「極めて高い」場所で取水した水について、総取水量に対する割合で開示しなければならない。

6 　企業は、「ベースライン水ストレス」が「高い」又は「極めて高い」場所で消費した水について、総

「気候関連開示」の適用に関する産業別ガイダンス

消費水量に対する割合で開示しなければならない。

TC-IM-130a.3. データ・センターのニーズに対する戦略的計画への環境上の考慮事項の組込みについての説明

1 企業は、エネルギー及び水の使用を含む環境上の考慮事項をデータ・センターの戦略的計画にどのように組み込むかを記述しなければならない。

2 説明には環境的要因がデータ・センターの立地、設計、建設、改装及び運営に関する企業の意思決定にどのような影響を与える（impact）かを含めなければならないが、これらに限定されない。

    2.1 環境的要因及び要件には次のものを含める場合がある。

        2.1.1 地域の湿度、平均気温及び水供給力などの地域ベースの環境的要因

        2.1.2 エネルギー効率基準並びに国又は州レベルの炭素価格設定及び系統電力の炭素排出原単位に係る法制度などの環境規制

3 開示の範囲には、関連する場合、既存の所有データ・センター、新しいデータ・センターの開発、及びデータ・センター・サービスの外部委託に関する考慮事項を含める。

© IFRS Foundation

635

第57巻－半導体

産業の説明

「半導体」産業の企業は、半導体機器、集積回路、それらの原材料及びコンポーネント、又は半導体設備の設計又は製造を行う。この産業に属する企業の一部は、半導体機器の設計者のために外注製造、組立て又はその他のサービスを提供する。

サステナビリティ開示トピック及び指標

表1. サステナビリティ開示トピック及び指標

トピック	指標	カテゴリー	測定単位	コード
温室効果ガス排出	(1)グローバルでの「スコープ1」の総排出、及び(2)パーフルオロ化合物からの総排出	定量	CO_2相当メートル・トン(t)	TC-SC-110a.1
	「スコープ1」の排出を管理するための長期的及び短期的な戦略又は計画、排出削減目標並びにそれらの目標に対するパフォーマンスの分析についての説明	説明及び分析	該当なし	TC-SC-110a.2
製造におけるエネルギー管理	(1)エネルギー総消費量、(2)電力系統からの電気の割合及び(3)再生可能エネルギーの割合	定量	ギガジュール(GJ)、パーセンテージ(%)	TC-SC-130a.1
水管理	(1)総取水量、(2)総消費水量、及びそれらの「ベースライン水ストレス」が「高い」又は「極めて高い」地域の割合	定量	千立方メートル(m^3)、パーセンテージ(%)	TC-SC-140a.1
製品ライフサイクル管理	IEC 62474の申告対象物質を含む製品から生じた売上高の割合[99]	定量	パーセンテージ(%)	TC-SC-410a.1
	(1)サーバー、(2)デスクトップ及び(3)ラップトップのシステムレベルにおけるプロセッサのエネルギー効率[100]	定量	種々、製品カテゴリー別	TC-SC-410a.2

---

[99] TC-SC-410a.1に関する注記 － 開示には、これらの物質の使用を最小限に抑えるための取組み（efforts）についての説明を含めなければならない。

[100] TC-SC-410a.2に関する注記 － 開示には、すべての製品カテゴリー（サーバー、デスクトップ、ラップトップ、ワークステーション、ネットブック、タブレット、携帯電話及びストレージ用のアプリケーション）におけるエネルギー効率に関して、新規及び新たな使用パターンに対応した設計に対する取組み（efforts）の説明を含めなければならない。

「気候関連開示」の適用に関する産業別ガイダンス

表2. 活動指標

活動指標	カテゴリー	測定単位	コード
総生産量[101]	定量	注記参照	TC-SC-000.A
自社施設からの生産の割合	定量	パーセンテージ(%)	TC-SC-000.B

温室効果ガス排出

トピックサマリー

「半導体」産業の企業は、半導体製造工程から、特にパーフルオロ化合物による温室効果ガス（GHG）排出を生成している。GHG排出は、その結果として生じる財務的影響（effects）が排出の規模及び現行の排出規制によって異なる場合があるものの、半導体企業にとっての規制準拠コスト及び事業リスクを生み出す場合がある。エネルギー効率の向上、代替化学物質の使用又は製造プロセスの高度化を通じて、費用対効果が高いようにGHG排出を管理する企業は、事業効率の向上及び規制リスクの低減により利益を得られる場合がある。

指標

TC-SC-110a.1. (1)グローバルでの「スコープ1」の総排出、及び(2)パーフルオロ化合物からの総排出

1 企業は、(1)「京都議定書」において対象とされる7種類の温室効果ガス（GHG）－二酸化炭素（CO_2）、メタン（CH_4）、一酸化二窒素（N_2O）、ハイドロフルオロカーボン類（HFCs）、パーフルオロカーボン類（PFCs）、六フッ化硫黄（SF_6）及び三フッ化窒素（NF_3）－のグローバルでの「スコープ1」のGHGの大気への総排出を開示しなければならない。

　1.1 すべてのGHG排出は、二酸化炭素相当（CO_2相当）メートル・トン単位で合算し、開示しなければならず、公開されている100年の時間軸に基づく地球温暖化係数（GWP）の数値に従い計算しなければならない。現時点でのGWP数値の推奨される情報源は、「気候変動に関する政府間パネル（IPCC）第5次評価報告書（2014年）」である。

　1.2 総排出は、オフセット、クレジット又はその他の類似した排出削減若しくは排出相殺のメカニズムを考慮する前の、大気中に排出されたGHGである。

2 企業は、自社の(2)パーフルオロ化合物に由来するグローバルでの「スコープ1」のGHG総排出を、

---

[101] TC-SC-000.Aに関する注記 － 企業は、自社所有の製造施設及び製造サービスについて契約している製造施設による総生産量を開示しなければならない。半導体装置の製造業者の場合、総生産量を単位ベースで報告しなければならない。半導体機器の製造業者の場合、総生産量は、「International SEMATECH Manufacturing Initiative」の Semiconductor Key Environment Performance Indicators Guidance（Technology Transfer #09125069A-ENG）と整合して報告しなければならない。

© IFRS Foundation

CO_2相当メートル・トン単位で開示しなければならない。

3 「スコープ1」の排出は、「世界資源研究所」（WRI）及び「持続可能な開発のための世界経済人会議」（WBCSD）によって公表された「温室効果ガスプロトコルの企業算定及び報告基準（GHGプロトコル）（2004年3月改訂版）」において定義されており、ここに記載されている方法に従って計算しなければならない。

3.1 認められる計算方法には、基礎的な参考文献として「GHGプロトコル」に従いつつ、産業固有又は地域固有のガイダンスなど追加的なガイダンスを提供するものを含める。例には次のものを含める場合がある。

3.1.1 「GHG Reporting Guidance for the Aerospace Industry」（「国際航空宇宙環境グループ」（IAEG）発行）

3.1.2 「Greenhouse Gas Inventory Guidance：定置式燃焼源からの直接排出」（「米国環境保護庁」（EPA）発行）

3.1.3 「India GHG Inventory Program」

3.1.4 ISO 14064-1

3.1.5 「Petroleum Industry Guidelines for reporting GHG emissions」（IPIECA発行 第2版（2011年））

3.1.6 「Protocol for the quantification of greenhouse gas emissions from waste management activities」（「Entreprises pour l'Environnement」（EpE）発行）

3.2 GHG排出データは、企業が財務報告データを連結する方法に従って合算し、開示しなければならない。その方法は、一般的に、「GHGプロトコル」で定義する「財務支配」アプローチ及び「気候開示基準委員会」（CDSB）によって公表された「環境及び社会情報の報告のためのCDSBフレームワーク」のREQ-07「組織の境界」に記述されているアプローチと整合している。

4 企業は、過去の報告期間からの排出の変化について説明する場合がある。これには、変化が排出削減、ダイベストメント、買収、合併、アウトプットの変化又は計算方法の変更によるものかどうかを含める。

5 現在のCDP又は他の企業へのGHG排出の報告（例えば、国の規制上の開示プログラム）が、範囲及び使用した合算アプローチの点で異なる場合、企業はそれらの排出を開示することがある。ただし、主要な開示は前述のガイドラインに従わなければならない。

6 企業は、データが連続排出監視システム（CEMS）、エンジニアリング計算又は物質収支計算からのものであるかどうかなど、排出開示の計算方法について説明する場合がある。

TC-SC-110a.2. 「スコープ1」の排出を管理するための長期的及び短期的な戦略又は計画、排出削減目標並びにそれらの目標に対するパフォーマンスの分析についての説明

1 企業は、「スコープ1」の温室効果ガス（GHG）排出を管理するための長期的及び短期的な戦略又は計画について説明しなければならない。

「気候関連開示」の適用に関する産業別ガイダンス

1.1 「スコープ1」の排出は、「世界資源研究所」（WRI）及び「持続可能な開発のための世界経済人会議」（WBCSD）によって公表された「温室効果ガスプロトコルの企業算定及び報告基準（GHGプロトコル）（2004年3月改訂版）」において定義されている。

1.2 GHG排出の範囲には、「京都議定書」において対象とされる7種類の温室効果ガス（GHG）－二酸化炭素（CO_2）、メタン（CH_4）、一酸化二窒素（N_2O）、ハイドロフルオロカーボン類（HFCs）、パーフルオロカーボン類（PFCs）、六フッ化硫黄（SF_6）及び三フッ化窒素（NF_3）－を含める。

1.3 企業は、パーフルオロ化合物に由来する「スコープ1」のGHG排出を管理するための自社の戦略又は計画について具体的に説明しなければならない。

2 企業は、排出削減目標について説明し、目標に対するパフォーマンスを分析しなければならない。関連する場合は、次のものを含める。

2.1 排出削減目標の範囲（例えば、目標が適用される総排出の割合）

2.2 目標が絶対量ベース又は原単位ベースのいずれであるか、及び目標が原単位ベースの目標である場合は指標の分母

2.3 基準年に対する削減率。この基準年とは、目標の達成に向けて排出について評価する最初の年を表す。

2.4 削減活動の時間軸。これには開始年、目標年及び基準年を含める。

2.5 目標を達成するためのメカニズム

2.6 目標年の排出若しくは基準年の排出が遡及的に再計算された（若しくは再計算される場合がある）、又は目標年若しくは基準年が再設定された、すべての状況

3 企業は、計画又は目標を達成するために必要な活動及び投資、並びに計画又は目標の達成に影響を与える（affect）場合があるリスク又は制限要因について説明しなければならない。

3.1 関連する活動及び投資には、IPCC第5次評価報告書「気候変動2014：気候変動の緩和」（第3作業部会報告書）と整合したエネルギー効率化の取組み（efforts）、需要対応プログラム及び再生可能エネルギー・ポートフォリオの開発を含む場合がある。

4 企業は、さまざまな事業単位、地域又は排出源に対して異なるように関係しているかどうかなど、その戦略、計画又は削減目標の範囲について説明しなければならない。

5 企業は、その戦略、計画又は削減目標が、地域、国、国際又はセクター別プログラムを含む、排出制限又は排出報告ベースのプログラム又は規制（例えば、「EU域内排出量取引制度」、「ケベック州キャップアンドトレード制度」、「カリフォルニア州キャップアンドトレード・プログラム」）に関連している（related to）か又は関係している（associated with）かどうかについて説明しなければならない。

6 戦略、計画又は削減目標の開示は、報告期間中に進行中（アクティブ）であったか又は完了した活動に限定しなければならない。

© IFRS Foundation

製造におけるエネルギー管理

トピックサマリー

エネルギーは、半導体機器を製造するための重要な（critical）インプットである。代替的なエネルギー源がよりコスト競争力のあるものとなる一方で、従来型の系統電力の価格及び化石燃料価格のボラティリティは、とりわけ、気候変動規制の進展並びにエネルギー効率及び再生可能エネルギーに対する新たなインセンティブなどによって、上昇する場合がある。エネルギーの調達及び種類、並びに代替エネルギーの使用に関する決定は、エネルギー供給のコスト及び事業の信頼性（reliability）に関連したトレードオフを生み出す場合がある。産業イノベーションにより製造プロセスが複雑化する中、半導体を製造するための新しい技術は、企業が事業のエネルギー効率化へ投資しない限り、より多くのエネルギーを消費する場合がある。企業がエネルギー効率、さまざまな種類のエネルギーへの依存及び関連するサステナビリティのリスク、並びに代替エネルギーへのアクセスを管理する方法は、財務業績に影響を与える（affect）場合がある。

指標

TC-SC-130a.1. (1)エネルギー総消費量、(2)電力系統からの電気の割合及び(3)再生可能エネルギーの割合

1　企業は、(1)消費したエネルギーの総量をギガジュール（GJ）単位で集計して開示しなければならない。

 1.1　エネルギー消費の範囲には、外部の供給源から購入したエネルギー及び企業が自ら生産したエネルギー（自己生成）を含む、すべての供給源からのエネルギーを含める。例えば、直接的な燃料の使用、購入した電気、並びに温熱、冷熱及び蒸気エネルギーはすべてエネルギー消費の範囲内に含まれる。

 1.2　エネルギー消費の範囲には、報告期間中に企業が直接消費したエネルギーのみを含める。

 1.3　燃料及びバイオ燃料からのエネルギー消費量を計算するにあたり、企業は、直接測定したか、又は「気候変動に関する政府間パネル」（IPCC）から取得した、総発熱量（GCV）とも呼ばれる高位発熱量（HHV）を使用しなければならない。

2　企業は、(2)自社が消費した、電力系統から供給されたエネルギーの割合を開示しなければならない。

 2.1　この割合は、購入した電力系統からの電気の消費量を、エネルギー総消費量で除して計算しなければならない。

3　企業は、(3)自社が消費した再生可能エネルギーの割合を開示しなければならない。

 3.1　再生可能エネルギーは、地熱、風力、太陽光、水力及びバイオマスなど、それらの枯渇率以上のペースで補充されるエネルギー源からのエネルギーと定義する。

 3.2　この割合は、再生可能エネルギー消費量を、エネルギー総消費量で除して計算しなければならない。

 3.3　再生可能エネルギーの範囲には、企業が消費した再生可能燃料、企業が直接生産した再生可

能エネルギー、及び企業が購入した再生可能エネルギー（再生可能エネルギー証書（REC）若しくは「原産地保証」（GO）を明示的に含む再生可能電力購入契約（PPA）を通じて購入した場合、「Green-eエナジー認証」済みの電気事業者若しくはサプライヤー・プログラムを通じて購入した場合、又は、RECやGOを明示的に含むその他のグリーン電力製品、若しくは「Green-eエナジー認証」RECが電力系統からの電気と組み合わせられた他のグリーン電力製品を通じて購入した場合）を含める。

3.3.1 オンサイトで生成した再生可能な電気について、それが再生可能エネルギーであると企業が主張するためには、当該企業の名においてREC及びGOを保持（retained）し（売却せず）、取り消し（retired）又は無効化（cancelled）しなければならない。

3.3.2 再生可能PPA及びグリーン電力製品について、それが再生可能エネルギーであると企業が主張するためには、当該企業の名においてREC及びGOを保持（retained）又は交換（replaced）し、取り消し（retired）又は無効化（cancelled）する旨を、その契約に明示的に含めて伝えなければならない。

3.3.3 企業の支配又は影響（influence）の範囲外にある系統電力ミックスの再生可能部分は、再生可能エネルギーの範囲から除外する。

3.4 この開示の目的において、バイオマス源からの再生可能エネルギーの範囲は、第三者の基準（例えば、「森林管理協議会」（Forest Stewardship Council）、「持続可能な森林イニシアティブ」（Sustainable Forest Initiative）、「森林認証プログラム」（Programme for the Endorsement of Forest Certification）、又は「American Tree Farm System」）で認証された材料、「再生可能エネルギー認証のためのGreen-eフレームワークのバージョン1.0（2017年）」若しくは「Green-e」地域基準に従い対象となり得る（eligible）供給源とみなされる材料、又は適用される法域の再生可能エネルギー利用割合基準（renewable portfolio standard）において対象となり得る（eligible）材料に限定する。

4 企業は、燃料使用量（バイオ燃料を含む。）についてのHHVの使用及びキロワット時（kWh）のGJへの変換（太陽光又は風力エネルギーからの電気を含むエネルギー・データの場合）など、この開示で報告するすべてのデータに対して、変換係数を一貫して適用しなければならない。

水管理

トピックサマリー

半導体製造プロセスでは、微量分子が製品品質に影響を与え（affecting）ないようにするため、洗浄目的で大量（significant volumes）の「超純水」が必要とされ、水資源は非常に重要（critical）である。製造が複雑化するにつれ、この産業の企業は超純水の使用量を減らすことの重要さ（importance）に気づきつつある。人口増加及び急速な都市化による消費量の増加、並びに気候変動による供給量の減少により、水は世界中で希少な資源となりつつある。さらに、開発途上国での水汚染により、入手可能な水の供給が利用できない又は処理に費用がかかるようになっている。慎重な計画がなければ、水不足は、供給コストの増加、地域及び政府との社会的緊張、又は水不足地域における水資源へのアクセスの喪失を招き、生産に重要な（critical）リスクをもたらす場合がある。製造時の水使用の効率を高める半導体企業は、地方、地域及び国の環境法令がこれまで以上に資源保護を重視している中で、より低いリスク・プロファイルを維持し、規制リスクを低減する場合がある。

© IFRS Foundation

指標

TC-SC-140a.1. (1)総取水量、(2)総消費水量、及びそれらの「ベースライン水ストレス」が「高い」又は「極めて高い」地域の割合

1 企業は、すべての水源から引き出された水の量を、千立方メートル単位で開示しなければならない。

    1.1 水資源には、地表水（湿地、河川、湖及び海からの水を含む。）、地下水、企業が直接収集し貯留した雨水、並びに地方自治体の水道供給者、水道事業者又はその他の企業から取得した水及び廃水を含める。

2 企業は、例えば、取水量の大部分（significant portions）が非淡水源からのものである場合、その供給を水源別に開示することがある。

    2.1 淡水は、企業が事業を営む地域の法令に従い定義する場合がある。法令による定義が存在しない場合、淡水は、1,000ppm未満の溶解固形物を含む水とみなさなければならない。

    2.2 法域の飲料水規制に準拠して水道事業者から取得した水は、淡水の定義を満たすとみなすことができる。

3 企業は、自社の事業で消費した水の量を、千立方メートル単位で開示しなければならない。

    3.1 水消費は次のように定義する。

        3.1.1 取水、使用及び排水中に蒸発する水

        3.1.2 企業の製品又はサービスに、直接的又は間接的に組み込まれる水

        3.1.3 その他、取水源と同じ集水域に戻らない水（別の集水域又は海に戻る水など）

4 企業は、すべての事業における水リスクを分析し、「世界資源研究所」（WRI）の「水リスク・アトラス」（Water Risk Atlas）ツールである「Aqueduct」によって、「ベースライン水ストレス」が「高い（40〜80％）」又は「極めて高い（>80％）」と分類された場所で取水し水消費する活動を識別しなければならない。

5 企業は、「ベースライン水ストレス」が「高い」又は「極めて高い」場所で取水した水について、総取水量に対する割合で開示しなければならない。

6 企業は、「ベースライン水ストレス」が「高い」又は「極めて高い」場所で消費した水について、総消費水量に対する割合で開示しなければならない。

製品ライフサイクル管理

トピックサマリー

デバイス同士の接続及びインターネットに接続されるデバイス数の増加に伴い、半導体企業は、より高い演算能力及びより低いエネルギー・コストを可能にする製品に対する需要の高まりに直面している。半導体製造装置及びデバイス製造業者は、装置及びチップのエネルギー効率を高め、製品への有害物質の使用を削減することで、製品が環境及び人の健康に与えるインパクトを低減させる場合がある。バッテリーの長寿命化、熱発生の低減及びエネルギー消費の低減を可能にするエネルギー効率の高いデバイスに対する

642 © IFRS Foundation

「気候関連開示」の適用に関する産業別ガイダンス

消費者の需要が高まる中、このニーズを満たす半導体製造業者は、競争上の優位性を獲得し、売上高及び市場シェアの拡大を進める場合がある。また企業は、一般消費者向け機器のチップの有毒物質の使用を削減することでも利益を得る場合がある。これは、多くの国で法的な重要性（importance）が高まっている課題である、電子廃棄物の使用終了（end-of-life）後の管理にも影響（implications）がある。

指標

TC-SC-410a.1. IEC 62474の申告対象物質を含む製品から生じた売上高の割合

1　企業は、報告期間中に販売した、申告対象物質を含む製品の割合を開示しなければならない。

1.1　「国際電気標準会議」のIEC 62474「電気・電子製品及び電気・電子業界のためのマテリアルデクラレーション」に従って、製品に次の量の申告対象物質が含まれている場合、その製品は申告対象物質を含んでいる。

1.1.1　「報告閾値」を超える。

1.1.2　識別された「報告アプリケーション（reporting application）」の範囲に含まれる。

1.1.3　必須の「報告要件」に含まれる。

1.2　企業は、申告対象物質を含んでいる電気、電子及び関連技術製品の販売から生じた売上高を、電気、電子及び関連技術製品の販売から生じた総売上高で除して、その割合を計算しなければならない。

2　開示の範囲には、IEC 62474に従い、企業の申告不要の製品又は申告を行っている製品を含む、すべての電気、電子及び関連技術製品を含める。

TC-SC-410a.1に関する注記

1　企業は、申告対象物質群又は申告対象物質としてIEC 62474に記載されている物質の使用をどのように管理しているかを記述しなければならない。その記述には、これらの物質の使用を検討する具体的な事業プロセスについての説明、及びこれらの物質の使用を管理するために企業が取った行為についての説明を含める。

1.1　記述すべき関連する管理アプローチ及び行為には、次のものを含める場合がある。

1.1.1　物質を含めないための製品設計要件（例えば、禁止物質リスト）

1.1.2　材料代替評価、材料及び部品調達ガイドライン、製品安全試験、製品宣言（例えば、材料安全性データ・シート）、並びに製品表示の使用

2　企業が他の規制、産業標準又は受け入れられた化学物質リストを参照して、既知又は潜在的に有毒な物質のインパクトを評価し管理する場合、企業はそれらの実務を識別することがあり、また企業はIEC 62474との重複の度合を記述しなければならない。

TC-SC-410a.2. (1)サーバー、(2)デスクトップ及び(3)ラップトップのシステムレベルにおけるプロセッサのエネルギー効率

1　企業は、(1)サーバー、(2)デスクトップ及び(3)ラップトップについて、次のパラメータを用いることにより、消費電力1ワット当たりのベンチマーク・パフォーマンスに基づいて、プロセッサのエネ

© IFRS Foundation

643

ルギー効率を開示しなければならない。

1.1 代表製品：企業は、それぞれの製品カテゴリー（サーバー、デスクトップ、ラップトップ）について、代表製品を使用してパフォーマンスを計算しなければならない。代表製品は、通常、その製品カテゴリーにおける企業のベストセラーとなっているプロセッサの仕様である。企業が自社の代表製品を異なるように決定する場合、その決定に用いた規準について説明しなければならない。

1.2 システムレベルの試験：試験は、コンポーネントレベルではなく、企業のプロセッサを統合したコンピュータのシステムレベルで実施し、開示されなければならない。企業は、企業のプロセッサを使用したベストセラーとなっているシステム又は広く市販されているシステムなど、代表的なコンピュータ・システム構造を用いて試験を実施しなければならない。

1.3 指定されたベンチマーク：企業は、最低限、それぞれの製品カテゴリーについて、後述で定義するベンチマークに対するパフォーマンスを開示しなければならない。なお、追加的なベンチマークに対するパフォーマンスを開示する場合がある。

2 後述するように、企業は、製品カテゴリーに応じて、次のものが提供するガイダンスに整合するように試験を実施し、パフォーマンスを開示しなければならない。

2.1 「The Standard Performance Evaluation Entity」（SPEC）

2.2 「MobileMark®」

3 (1)サーバーについて、企業は「SPEC Power SPECpower_sssj2008」に従い試験を実施し、その結果をoverall ssj_ops/watt単位で開示しなければならない。

4 (2)デスクトップ・コンピュータの場合、企業はSPEC CPU2006ベンチマークに従い試験を実施し、結果を次の両方により開示しなければならない。

4.1 SPECspeed2017_int_base score/watt

4.2 SPECspeed2017_fp_basescore/watt

5 (3)ラップトップについて、企業は「MobileMark®2014 v1.5」に従い試験を実施し、結果を次の両方により開示しなければならない。

5.1 パフォーマンス適格性スコア

5.2 バッテリー寿命スコア（分単位）

6 企業は、SPEC及び「MobileMark®」が提供するガイダンスの参照を規範的な参照先とみなさなければならない。したがって、これらの指針の今後の更新はすべて、本ガイダンスの更新とみなさなければならない。

7 企業は、ベンチマークが前述で特定されていないその他の製品カテゴリー（例えば、ワークステーション、ネットブック、タブレット、携帯電話及びストレージ）についても、関連するベンチマークを用いてエネルギー効率パフォーマンスを追加的に開示する場合がある。

7.1 企業は、適用されるベンチマークを選択し、それに対して試験を行うために用いたパラメータを記述しなければならない。

「気候関連開示」の適用に関する産業別ガイダンス

TC-SC-410a.2に関する注記

1　企業は、すべての関連する製品カテゴリーにおいて、新たな使用パターンのための設計に、製品のエネルギー効率に係る考慮事項をどのように組み入れているかについて説明しなければならない。

1.2　説明には、企業の見解において、プロセッサのエネルギー効率が、新製品カテゴリーの成長（例えば、マシン間通信）、新たな使用パターン（例えば、モバイル機器を介したデータ消費の増加）、購買仕様又は消費者需要（例えば、環境意識の高い消費者）などの要因によってどのように影響を受ける（influenced）かを含める場合がある。

© IFRS Foundation

第58巻－ソフトウェア及びITサービス

産業の説明

「ソフトウェア及び情報技術（IT）サービス」産業は、小売、ビジネス及び政府の顧客にグローバルに製品及びサービスを提供し、アプリケーション・ソフトウェア、基盤ソフトウェア及びミドルウェアの開発及び販売に関わる企業が含まれる。この産業は一般的に競争が激しいが、一部のセグメントでは支配的なプレーヤーがいる。相対的に未成熟であるが、この産業はイノベーションを強く強調し、人的資本及び知的資本に依存する高成長企業であることが特徴付けられる（characterised）。また、この産業には、コンサルティング・サービス及び外注サービスといった特化したIT機能を提供するITサービス企業も含まれる。この産業の新しいビジネス・モデルには、クラウド・コンピューティング、サービスとしてのソフトウェア、仮想化、機械間通信、ビッグデータ解析及び機械学習が含まれる。さらに、この産業に属する企業にとって、ブランド価値は、ネットワーク効果（effects）を拡大し実現するうえで重要（important）である。これにより、特定のソフトウェア製品が広く採用されることで、販売の自己永続的な成長につながる場合がある。

サステナビリティ開示トピック及び指標

表1. サステナビリティ開示トピック及び指標

トピック	指標	カテゴリー	測定単位	コード
ハードウェア・インフラの環境フットプリント	(1)エネルギー総消費量、(2)電力系統からの電気の割合及び(3)再生可能エネルギーの割合	定量	ギガジュール(GJ)、パーセンテージ(%)	TC-SI-130a.1
	(1)総取水量、(2)総消費水量、及びそれらの「ベースライン水ストレス」が「高い」又は「極めて高い」地域の割合	定量	千立方メートル(m³)、パーセンテージ(%)	TC-SI-130a.2
	データ・センターのニーズに対する戦略的計画への環境上の考慮事項の組込みについての説明	説明及び分析	該当なし	TC-SI-130a.3
テクノロジーの中断によるシステミック・リスクの管理	(1)パフォーマンスに関する問題（issues）の件数及び(2)サービスの中断（service disruptions）の件数、(3)顧客の総ダウンタイム[102]	定量	数、日	TC-SI-550a.1

---

[102] TC-SI-550a.1に関する注記 － 開示は、個々の重大な（significant）パフォーマンスの問題又はサービスの中断及び将来の中断を防ぐために講じた是正措置の記述を含めなければならない。

トピック	指標	カテゴリー	測定単位	コード
	事業の中断（disruptions）に関連する事業継続リスクの記述	説明及び分析	該当なし	TC-SI-550a.2

表2. 活動指標

活動指標	カテゴリー	測定単位	コード
(1)ライセンス又はサブスクリプションの数、(2)クラウドベースの割合	定量	数、パーセンテージ(%)	TC-SI-000.A
(1)データ処理能力、(2)外部委託の割合[103]	定量	注記参照	TC-SI-000.B
(1)データ・ストレージ量、(2)外部委託の割合[104]	定量	ペタバイト、パーセンテージ(%)	TC-SI-000.C

ハードウェア・インフラの環境フットプリント

トピックサマリー

クラウドベースのサービス提供の成長に伴い、この産業の企業はこれまで以上により多くのデータ・センター及びその他のハードウェアを所有、運営又はレンタルすることになる。したがって、ITハードウェア・インフラに関連するエネルギー及び水の使用の管理は、価値創造に関連する。データ・センターには継続的に電気を供給しなければならず、エネルギー供給断絶（disruptions）は、断絶（disruption）の規模及びタイミングによっては、事業に重要性がある（material）影響（effect）を与える可能性がある。企業は、データ・センターの冷却の必要性により、エネルギー消費と水消費との間のトレードオフに直面している。冷却装置の代わりに水でデータ・センターを冷却することは、エネルギー効率を向上させる手段であるが、地域の重大な（significant）水資源への依存を生み出す場合がある。特に、世界的な規制がこれまで以上に気候変動に重点を置いており、エネルギー効率及び再生可能エネルギーの技術革新から機会も生まれているため、コストを管理し、エネルギー及び水の供給の安定性を確保し、レピュテーション・リスクを低減させるためにデータ・センターの仕様に関する決定は重要（important）である。

---

[103] TC-SI-000.Bに関する注記 － データ処理能力は、通常企業が追跡している測定単位、又は、ソフトウェア及びITサービスの契約の基礎として使用される測定単位（Million Service Units（MSU）、Million Instructions per Second（MIPS）、Mega Floating- Point Operations per Second（MFLOPS）、演算サイクル、又はその他）で報告されなければならない。あるいは、企業は、所有及び外部委託したデータ処理のニーズを、ラック・スペース又はデータ・センターの平方フィートなどの他の測定単位で開示する場合もある。外部委託の割合には、オンプレミス・クラウド・サービス、パブリック・クラウドでホストされているサービス、及びコロケーション・データ・センターにあるサービスを含めなければならない。

[104] TC-SI-000.Cに関する注記 － 外部委託の割合には、オンプレミス・クラウド・サービス、パブリック・クラウドでホストされているサービス、及びコロケーション・データ・センターにあるサービスを含めなければならない。

© IFRS Foundation

指標

TC-SI-130a.1. (1)エネルギー総消費量、(2)電力系統からの電気の割合及び(3)再生可能エネルギーの割合

1　企業は、(1)消費したエネルギーの総量をギガジュール（GJ）単位で集計して開示しなければならない。

    1.1　エネルギー消費の範囲には、外部の供給源から購入したエネルギー及び企業が自ら生産したエネルギー（自己生成）を含む、すべての供給源からのエネルギーを含める。例えば、直接的な燃料の使用、購入した電気、並びに温熱、冷熱及び蒸気エネルギーはすべてエネルギー消費の範囲内に含まれる。

    1.2　エネルギー消費の範囲には、報告期間中に企業が直接消費したエネルギーのみを含める。

    1.3　燃料及びバイオ燃料からのエネルギー消費量を計算するにあたり、企業は、直接測定したか、又は「気候変動に関する政府間パネル」（IPCC）から取得した、総発熱量（GCV）とも呼ばれる高位発熱量（HHV）を使用しなければならない。

2　企業は、(2)自社が消費した、電力系統から供給されたエネルギーの割合を開示しなければならない。

    2.1　この割合は、購入した電力系統からの電気の消費量を、エネルギー総消費量で除して計算しなければならない。

3　企業は、(3)自社が消費した再生可能エネルギーの割合を開示しなければならない。

    3.1　再生可能エネルギーは、地熱、風力、太陽光、水力及びバイオマスなど、それらの枯渇率以上のペースで補充されるエネルギー源からのエネルギーと定義する。

    3.2　この割合は、再生可能エネルギー消費量を、エネルギー総消費量で除して計算しなければならない。

    3.3　再生可能エネルギーの範囲には、企業が消費した再生可能燃料、企業が直接生産した再生可能エネルギー、及び企業が購入した再生可能エネルギー（再生可能エネルギー証書（REC）若しくは「原産地保証」（GO）を明示的に含む再生可能電力購入契約（PPA）を通じて購入した場合、「Green-eエナジー認証」済みの電気事業者若しくはサプライヤー・プログラムを通じて購入した場合、又は、RECやGOを明示的に含むその他のグリーン電力製品、若しくは「Green-eエナジー認証」RECが電力系統からの電気と組み合わせられた他のグリーン電力製品を通じて購入した場合）を含める。

        3.3.1　オンサイトで生成した再生可能な電気について、それが再生可能エネルギーであると企業が主張するためには、当該企業の名においてREC及びGOを保持（retained）し（売却せず）、取り消し（retired）又は無効化（cancelled）しなければならない。

        3.3.2　再生可能PPA及びグリーン電力製品について、それが再生可能エネルギーであると企業が主張するためには、当該企業の名においてREC及びGOを保持（retained）又は交換（replaced）し、取り消し（retired）又は無効化（cancelled）する旨を、その契約に明示的に含めて伝えなければならない。

「気候関連開示」の適用に関する産業別ガイダンス

3.3.3 企業の支配又は影響（influence）の範囲外にある系統電力ミックスの再生可能部分は、再生可能エネルギーの範囲から除外する。

3.4 この開示の目的において、バイオマス源からの再生可能エネルギーの範囲は、第三者の基準（例えば、「森林管理協議会」（Forest Stewardship Council）、「持続可能な森林イニシアティブ」（Sustainable Forest Initiative）、「森林認証プログラム」（Programme for the Endorsement of Forest Certification）、又は「American Tree Farm System」）で認証された材料、「再生可能エネルギー認証のためのGreen-eフレームワークのバージョン1.0（2017年）」若しくは「Green-e」地域基準に従い対象となり得る（eligible）供給源とみなされる材料、又は適用される法域の再生可能エネルギー利用割合基準（renewable portfolio standard）において対象となり得る（eligible）材料に限定する。

4 企業は、燃料使用量（バイオ燃料を含む。）についてのHHVの使用及びキロワット時（kWh）のGJへの変換（太陽光又は風力エネルギーからの電気を含むエネルギー・データの場合）など、この開示で報告するすべてのデータに対して、変換係数を一貫して適用しなければならない。

5 企業は、データ・センターの直近12か月（TTM）の加重平均電力使用効率（PUE）を開示する場合がある。

5.1 PUEは、コンピュータ・データ・センター施設が使用する総電力量と、コンピューティング機器に供給する電力量との比率と定義する。

5.2 PUEを開示する場合、企業は「米国暖房冷凍空調学会」（ASHRAE）及び「Green Grid Association」が発行した「PUE™: A Comprehensive Examination of the Metric（2014年）」に記述されているガイダンス及び計算方法に従わなければならない。

TC-SI-130a.2. (1)総取水量、(2)総消費水量、及びそれらの「ベースライン水ストレス」が「高い」又は「極めて高い」地域の割合

1 企業は、すべての水源から引き出された水の量を、千立方メートル単位で開示しなければならない。

1.1 水資源には、地表水（湿地、河川、湖及び海からの水を含む。）、地下水、企業が直接収集し貯留した雨水、並びに地方自治体の水道供給者、水道事業者又はその他の企業から取得した水及び廃水を含める。

2 企業は、例えば、取水量の大部分（significant portions）が非淡水源からのものである場合、その供給を水源別に開示することがある。

2.1 淡水は、企業が事業を営む地域の法令に従い定義する場合がある。法令による定義が存在しない場合、淡水は、1,000ppm未満の溶解固形物を含む水とみなさなければならない。

2.2 法域の飲料水規制に準拠して水道事業者から取得した水は、淡水の定義を満たすとみなすことができる。

3 企業は、事業で消費した水の量を、千立方メートル単位で開示しなければならない。

3.1 水消費は次のように定義する。

3.1.1 取水、使用及び排水中に蒸発する水

© IFRS Foundation

649

3.1.2　企業の製品又はサービスに、直接的又は間接的に組み込まれる水

3.1.3　その他、取水源と同じ集水域に戻らない水（別の集水域又は海に戻る水など）

4　企業は、すべての事業における水リスクを分析し、「世界資源研究所」（WRI）の「水リスク・アトラス」（Water Risk Atlas）ツールである「Aqueduct」によって、「ベースライン水ストレス」が「高い（40〜80％）」又は「極めて高い（>80％）」と分類された場所で取水し水消費する活動を識別しなければならない。

5　企業は、「ベースライン水ストレス」が「高い」又は「極めて高い」場所で取水した水について、総取水量に対する割合で開示しなければならない。

6　企業は、「ベースライン水ストレス」が「高い」又は「極めて高い」場所で消費した水について、総消費水量に対する割合で開示しなければならない。

TC-SI-130a.3. データ・センターのニーズに対する戦略的計画への環境上の考慮事項の組込みについての説明

1　企業は、エネルギー及び水の使用を含む環境上の考慮事項をデータ・センターの戦略的計画にどのように組み込むかを記述しなければならない。

2　説明には環境的要因がデータ・センターの立地、設計、建設、改装及び運営に関する企業の意思決定にどのような影響を与える（impact）かを含めなければならないが、これらに限定されない。

2.1　環境的要因及び要件には次のものを含める場合がある。

2.1.1　地域の湿度、平均気温及び水供給力などの地域ベースの環境的要因

2.1.2　エネルギー効率基準並びに国又は州レベルの炭素価格設定及び系統電力の炭素排出原単位に係る法制度などの環境規制

3　開示の範囲には、関連する場合、既存の所有データ・センター、新しいデータ・センターの開発、及びデータ・センター・サービスの外部委託に関する考慮事項を含める。

テクノロジーの中断によるシステミック・リスクの管理

トピックサマリー

クラウド・コンピューティングやサービスとしてのソフトウェア（SaaS）が増加傾向にあることに伴い、ソフトウェア及びITサービスのプロバイダーは、サービスの中断（disruptions to their service）を最小限に抑えるために、堅牢なインフラ及び方針があることを確かめなければならない。演算機能及びデータ・ストレージ機能がさまざまな産業の個々の企業サーバーからクラウドコンピューティング・サービス・プロバイダーのデータ・センターに移行することにより、プログラミング・エラー又はサーバーのダウンタイムなどの中断（disruptions）は、システミック・リスクを生じさせる場合がある。特に、影響を受ける（affected）顧客が金融機関又は公益事業者など、重要な（critical）国家インフラとされる留意すべきセクターにいる場合、そのリスクは増加する。企業のITインフラ及びサービスの信頼性（reliability）及び品質を向上させるための投資は、顧客を惹きつけて保持し、それによって新しい市場での売上高及び機会を生み出す場合がある。

650

© IFRS Foundation

「気候関連開示」の適用に関する産業別ガイダンス

指標

TC-SI-550a.1. (1)パフォーマンスに関する問題（issues）の件数及び(2)サービスの中断（service disruptions）の件数、(3)顧客の総ダウンタイム

1 企業は、(1)顧客に提供するソフトウェア及び情報技術（IT）サービスにおける、パフォーマンスに関する問題（issues）の件数を開示しなければならない。

    1.1 パフォーマンスに関する問題（issues）は、顧客へのクラウドベースのサービス提供において、10分超30分以下の中断を引き起こす、計画的又は計画外のダウンタイムと定義する。

    1.2 パフォーマンスに関する問題（issues）には、ホスティング施設での技術的な障害、プログラミング・エラー、サイバー攻撃、気象事象又は自然災害が原因で発生するものを含める場合がある。

2 企業は、(2)顧客に提供するソフトウェア及びITサービスにおける、サービスの中断（service disruptions）の件数を開示しなければならない。

    2.1 サービスの中断（service disruptions）は、顧客へのクラウドベースのサービス提供において、30分超の中断を引き起こす、計画的又は計画外のダウンタイムと定義する。

    2.2 サービスの中断（service disruptions）には、ホスティング施設での技術的な障害、プログラミング・エラー、サイバー攻撃、気象事象又は自然災害が原因で発生するものを含める場合がある。

3 企業は、(3)顧客に提供するソフトウェア及びITサービスにおける、パフォーマンスに関する問題（issues）及びサービスの中断（service disruptions）に関連する顧客の総ダウンタイムを開示しなければならない。

    3.1 顧客の総ダウンタイムは、それぞれのサービスの中断（service disruption）の中断時間に、影響を受けた（affected）ソフトウェア及びITサービス・ライセンスの数を乗じたものと定義し、ライセンス日数で報告される。背景について、企業はライセンスの基礎（例えば、シート数、CPUコア数、クラウド・サブスクリプション数）及び、ライセンスが消費ベースか容量ベースかを示さなければならない。

TC-SI-550a.1に関する注記

1 それぞれの重大な（significant）サービスの中断（service disruption）について、企業は中断（disruption）の期間、中断（disruption）の程度、及び根本的な原因に加え、将来の中断（disruptions）を防ぐために講じた是正措置を開示しなければならない。重要性がある（material）場合、企業は、技術又はプロセスの問題（issues）を修正するための修復コスト及び賠償コストなど、発生した関連するコストを開示しなければならない。

2 是正するコストが重要性がある（material）場合、又は、市場投入までの時間、売上の獲得若しくはその他の重要性がある（material）パラメータに影響を与える（affects）ような形で、多数の顧客若しくは主要なビジネス運営に混乱をもたらすものである場合、サービスの中断（service disruption）は重大である（significant）とみなす。

© IFRS Foundation

651

TC-SI-550a.2. 事業の中断（disruptions）に関連する事業継続リスクの記述

1 　企業は、事業に影響を与える（affecting）テクノロジーの中断（disruptions）に関連する、潜在的な事業継続リスクを記述しなければならない。

　　1.1 　中断（disruptions）の例には、ホスティング施設での技術的な障害、プログラミング・エラー、サイバー攻撃、気象事象又は自然災害が原因で発生するものを含める場合がある。

2 　企業は、中断（disruptions）による影響（effects）を軽減し、システムのレジリエンスを強化し、損失に対して保険をかけ、又は重要な（critical）ビジネス運営にリダンダンシーを提供するテクノロジー又はプロセスなど、事業継続リスクを管理するために導入する方策について説明しなければならない。

3 　企業は、どの重要な（critical）ビジネス運営がクラウドベースのサービスをサポートしているかを識別しなければならず、また企業はさらに、それらの事業を自社で運営しているか外部委託しているかを説明しなければならない。

4 　企業は、潜在的な損失の見積額、その損失の蓋然性及び関連する時間軸について説明する場合がある。これらの見積りは、保険の補償額、又は、その他の第三者若しくは内部者の評価による潜在的な損失に基づく場合がある。

「気候関連開示」の適用に関する産業別ガイダンス

第59巻－通信サービス

産業の説明

「通信サービス」産業の企業は、無線及び有線の電気通信からケーブル及び人工衛星サービスまで、さまざまなサービスを提供する。無線サービスセグメントは、無線に基づくセルラー・ネットワークを通じて直接通信を提供し、関連するスイッチング及び伝送施設の運営及び維持をする。有線セグメントは、「公衆交換電話網」を通じて短距離及び長距離の音声通信を提供する。また、有線通信事業者は、拡大する光ファイバー・ケーブルのネットワーク上で、VoIP（voice over internet protocol）電話、テレビ、及びブロードバンド・インターネットのサービスも提供する。ケーブル通信プロバイダーは、テレビ放送をケーブル・ネットワークから加入者に配信する。ケーブル通信プロバイダーはまた、典型的にはビデオサービス、高速インターネット・サービス及びVoIPを消費者に提供する。伝統的に、これらのサービスはパッケージに束ねられ、加入者に1回で料金を請求する。人工衛星企業は、地球を周回する放送用の人工衛星又は地上局から、テレビ番組を配信する。企業は主として国内市場の顧客を対象にするが、一部の企業は複数の国で事業を営んでいる。

サステナビリティ開示トピック及び指標

表1. サステナビリティ開示トピック及び指標

トピック	指標	カテゴリー	測定単位	コード
事業の環境フットプリント	(1)エネルギー総消費量、(2)電力系統からの電気の割合及び(3)再生可能エネルギーの割合	定量	ギガジュール(GJ)、パーセンテージ(%)	TC-TL-130a.1
テクノロジーの中断によるシステミック・リスクの管理	(1)システムの平均中断時間、(2)システムの平均中断頻度、及び(3)顧客の平均中断時間[105]	定量	分、数	TC-TL-550a.1
	サービスの中断（service disruptions）時にスムーズなサービスを提供するシステムの説明	説明及び分析	該当なし	TC-TL-550a.2

---

[105] TC-TL-550a.1に関する注記 － 開示は、個々の重大な（significant）パフォーマンスの問題又はサービスの中断及び将来の中断を防ぐために講じた是正措置の記述を含めなければならない。

© IFRS Foundation

653

表2. 活動指標

活動指標	カテゴリー	測定単位	コード
無線サービス加入者の数[106]	定量	数	TC-TL-000.A
有線サービス加入者の数[107]	定量	数	TC-TL-000.B
ブロードバンド・サービス加入者の数[108]	定量	数	TC-TL-000.C
ネットワーク・トラフィック	定量	ペタバイト	TC-TL-000.D

事業の環境フットプリント

トピックサマリー

個々の通信サービス企業は、相当量のエネルギーを消費している。エネルギー源及びその生成効率に応じて、通信ネットワークのインフラによる電気消費は、気候変動などの環境外部性に著しく（significantly）寄与する可能性があり、この産業の持続可能性に対するリスクを生み出している。ネットワーク機器及びデータ・センターのエネルギー効率は向上しているが、電気通信インフラ及びデータ・トラフィックの拡大に伴い、ネットワーク全体のエネルギー消費量は増加している。エネルギー効率及び再生可能エネルギーへのインセンティブ並びに温室効果ガス（GHG）排出の価格設定を伴い、気候変動に焦点を当てるグローバルの規制が増加するにつれて、通信サービス企業が、どのように全体的なエネルギー効率又はエネルギー集約度、さまざまな種類のエネルギーへの依存、及びどのように代替エネルギー源を入手するかを管理するかは、これまで以上に重要に（material）なる場合がある。この産業ではエネルギーへの支出が重大（significant）になる場合があるため、事業のエネルギー効率を改善する企業は、コスト削減及び利益率が高まる場合がある。

指標

TC-TL-130a.1. (1)エネルギー総消費量、(2)電力系統からの電気の割合及び(3)再生可能エネルギーの割合

1　企業は、(1)消費したエネルギーの総量をギガジュール（GJ）単位で集計して開示しなければならない。

    1.1　エネルギー消費の範囲には、外部の供給源から購入したエネルギー及び企業が自ら生産した

---

[106] TC-TL-000.Aに関する注記 － 無線サービス加入者は、携帯電話サービス又は無線データ・サービス（又はこの両方）を含む、モバイル・サービスについて企業と契約している顧客と定義する。

[107] TC-TL-000.Bに関する注記 － 有線サービス加入者は、固定回線電話サービスについて企業と契約している顧客と定義する。

[108] TC-TL-000.Cに関する注記 － ブロードバンド・サービス加入者は、固定回線及びWi-Fi接続を含むインターネットのサービス契約について企業と契約している顧客と定義する。

エネルギー（自己生成）を含む、すべての供給源からのエネルギーを含める。例えば、直接的な燃料の使用、購入した電気、並びに温熱、冷熱及び蒸気エネルギーはすべてエネルギー消費の範囲内に含まれる。

1.2 エネルギー消費の範囲には、報告期間中に企業が直接消費したエネルギーのみを含める。

1.3 燃料及びバイオ燃料からのエネルギー消費量を計算するにあたり、企業は、直接測定したか、又は「気候変動に関する政府間パネル」（IPCC）から取得した、総発熱量（GCV）とも呼ばれる高位発熱量（HHV）を使用しなければならない。

2 企業は、(2)自社が消費した、電力系統から供給されたエネルギーの割合を開示しなければならない。

2.1 この割合は、購入した電力系統からの電気の消費量を、エネルギー総消費量で除して計算しなければならない。

3 企業は、(3)自社が消費した再生可能エネルギーの割合を開示しなければならない。

3.1 再生可能エネルギーは、地熱、風力、太陽光、水力及びバイオマスなど、それらの枯渇率以上のペースで補充されるエネルギー源からのエネルギーと定義する。

3.2 この割合は、再生可能エネルギー消費量を、エネルギー総消費量で除して計算しなければならない。

3.3 再生可能エネルギーの範囲には、企業が消費した再生可能燃料、企業が直接生産した再生可能エネルギー、及び企業が購入した再生可能エネルギー（再生可能エネルギー証書（REC）若しくは「原産地保証」（GO）を明示的に含む再生可能電力購入契約（PPA）を通じて購入した場合、「Green-eエナジー認証」済みの電気事業者若しくはサプライヤー・プログラムを通じて購入した場合、又は、RECやGOを明示的に含むその他のグリーン電力製品、若しくは「Green-eエナジー認証」RECが電力系統からの電気と組み合わせられた他のグリーン電力製品を通じて購入した場合）を含める。

3.3.1 オンサイトで生成した再生可能な電気について、それが再生可能エネルギーであると企業が主張するためには、当該企業の名においてREC及びGOを保持（retained）し（売却せず）、取り消し（retired）又は無効化（cancelled）しなければならない。

3.3.2 再生可能PPA及びグリーン電力製品について、それが再生可能エネルギーであると企業が主張するためには、当該企業の名においてREC及びGOを保持（retained）又は交換（replaced）し、取り消し（retired）又は無効化（cancelled）する旨を、その契約に明示的に含めて伝えなければならない。

3.3.3 企業の支配又は影響（influence）の範囲外にある系統電力ミックスの再生可能部分は、再生可能エネルギーの範囲から除外する。

3.4 この開示の目的において、バイオマス源からの再生可能エネルギーの範囲は、第三者の基準（例えば、「森林管理協議会」（Forest Stewardship Council）、「持続可能な森林イニシアティブ」（Sustainable Forest Initiative）、「森林認証プログラム」（Programme for the Endorsement of Forest Certification）、又は「American Tree Farm System」）で認証された材料、「再生可能エネルギー認証のためのGreen-eフレームワークのバージョン1.0（2017年）」若しくは「Green-e」地域基準に従い対象となり得る（eligible）供給源とみなされる

© IFRS Foundation

655

材料、又は適用される法域の再生可能エネルギー利用割合基準（renewable portfolio standard）において対象となり得る（eligible）材料に限定する。

4 企業は、燃料使用量（バイオ燃料を含む。）についてのHHVの使用及びキロワット時（kWh）のGJへの変換（太陽光又は風力エネルギーからの電気を含むエネルギー・データの場合）など、この開示で報告するすべてのデータに対して、変換係数を一貫して適用しなければならない。

5 企業は、データ・センターの直近12か月（TTM）の加重平均電力使用効率（PUE）を開示する場合がある。

    5.1 PUEは、コンピュータ・データ・センター施設が使用する総電力量と、コンピューティング機器に供給する電力量との比率と定義する。

    5.2 PUEを開示する場合、企業は「米国暖房冷凍空調学会」（ASHRAE）及び「Green Grid Association」が発行した「PUE™: A Comprehensive Examination of the Metric（2014）」に記述されているガイダンス及び計算方法に従わなければならない。

テクノロジーの中断によるシステミック・リスクの管理

トピックサマリー

通信ネットワークのシステム的な重要性（importance）を考えると、通信サービス企業のネットワーク・インフラ設備が不安定で、事業継続リスクが生じやすい場合、システム全体又は経済全体に混乱が生じる場合がある。気候変動に関連する異常気象の頻度が高まるにつれ、通信サービス企業は、潜在的に重大な（significant）社会的又はシステム的なインパクトを伴う、ネットワーク・インフラ設備の物理的な脅威の増大に直面する場合がある。強靭で安定的なインフラ設備がない場合、企業は、サービスの中断（service disruptions）に関連する売上高の喪失、又は、破損若しくは欠陥のある機器を修理するための想定外の投資に直面する場合がある。重要な（critical）ビジネス運営の識別を含めて事業継続リスクを管理し、システムのレジリエンスを強化することに成功した企業は、リスクへのエクスポージャーを大幅に削減し、資本コストを低減させる場合がある。このような対策の導入には初期コストがかかる場合があるが、影響の大きい（high-impact）中断（disruptions）が発生した場合の修復コストの低減によって、企業は長期的な利益を享受する場合がある。

指標

TC-TL-550a.1. (1)システムの平均中断時間、(2)システムの平均中断頻度、及び(3)顧客の平均中断時間

1 企業は、(1)システムの平均中断時間を分単位で開示しなければならない。

    1.1 システムの平均中断時間は、報告期間中の平均的な顧客についてのサービスの中断（service disruptions）の総継続時間と定義する。

    1.2 サービスの中断（service disruption）は、通信事業者のネットワークのパフォーマンスの不具合又は劣化により、企業が提供する特定のサービス（音声、SMS、ブロードバンド、モバイル・データなど）において、相当数（a significant number）のエンド・ユーザーが通信チャネルを確立し維持する能力における著しい（significant）劣化又は中断と定義される。

© IFRS Foundation

「気候関連開示」の適用に関する産業別ガイダンス

1.3 企業は、システム平均中断時間を、それぞれのサービスの中断（service disruption）における中断された顧客の数に、それぞれのサービスの中断（service disruption）の時間（復旧時間）を乗じた値の総和を、サービス対象顧客の総数で除して計算しなければならない。これは次の式で表される。$\sum(r_i \times N_i)/N_T$

    1.3.1 $\sum$＝総和関数

    1.3.2 r_i＝それぞれのサービスの中断（service disruption）の復旧時間（分単位）

    1.3.3 N_i＝それぞれのサービスの中断（service disruption）における中断された顧客の総数

    1.3.4 N_T＝報告期間中に実施中のサービスを受けた、特有の顧客アカウントの平均数

2 企業は、顧客1人当たりのサービスの中断（service disruptions）の数として、(2)システムの平均中断頻度を開示しなければならない。

2.1 システムの平均中断頻度は、ある顧客が報告期間中にサービスの中断（service disruption）を経験する回数の平均値と定義する。

2.2 企業は、システムの平均中断頻度を、中断された顧客の総数を、サービス対象顧客の総数で除して計算しなければならない。この計算は次の式で表される。$\sum(N_i)/N_T$

    2.2.1 $\sum$＝総和関数

    2.2.2 N_i＝それぞれのサービスの中断（service disruption）における中断された顧客の数

    2.2.3 N_T＝報告期間中に実施中のサービスを受けた、特有の顧客アカウントの平均数

3 企業は、(3) 顧客の平均中断時間を分単位で開示しなければならない。

3.1 顧客の平均中断時間は、サービスの中断（service disruption）が発生した後の、サービス復旧に要する平均時間と定義する。

3.2 企業は、顧客の平均中断時間を、それぞれの事案における中断された顧客の数にそれぞれのサービスの中断（service disruption）の時間（復旧時間）を乗じた値の総和を、中断された顧客の総数で除して計算しなければならない。この計算は次の式で表される。$\sum(N_i \times r_i)/\sum(N_i)$

    3.2.1 $\sum$＝総和関数

    3.2.2 r_i＝それぞれのサービスの中断（service disruption）の復旧時間（分単位）

    3.2.3 N_i＝それぞれのサービスの中断（service disruption）における中断された顧客の数

4 開示の範囲は、次のものに制限する。

4.1 有線通信サービス

4.2 無線通信サービス

4.3 インターネット・サービス・プロバイダー（ISP）サービス

© IFRS Foundation

TC-TL-550a.1に関する注記

1 システムの平均中断時間、システムの平均中断頻度及び顧客の平均中断時間は、関連する指標であり、1つの指標は他の2つの指標から導き出すことができる。例えば、システムの平均中断時間（サブ指標1）は、システムの平均中断頻度（サブ指標2）に顧客の平均中断時間（サブ指標3）を乗じることにより計算することができる。

2 それぞれの重大な（significant）サービス中断（service disruption）について、企業は中断（disruption）の期間、インパクトの程度、及び根本的な原因に加え、将来の中断（disruptions）を防ぐために講じた是正措置を開示しなければならない。

    2.1 関連性がある場合、企業は、修復に必要な組織変更、研修若しくは技術への支出によるコスト、売上の喪失、保証に関する支払又は契約違反に関連するコストなど、発生したコストを示さなければならない。

TC-TL-550a.2. サービスの中断（service disruptions）時にスムーズなサービスを提供するシステムの説明

1 企業は、事業に影響を与える（affecting）サービスの中断（disruptions）に関連する事業継続リスクについて説明しなければならない。

    1.1 中断（disruptions）の例には、ホスティング施設での技術的な障害、プログラミング・エラー、サイバー攻撃、気象事象又は自然災害が原因で発生するものを含める場合がある。

2 企業は、事業継続リスクをどのように管理しているかについて説明しなければならない。これには、重要な（critical）ビジネス運営の識別、及び、システムのレジリエンスを強化するか又は損失に対する保険を含むインパクトを軽減するために実施するリダンダンシー又はその他の措置を含める。

3 企業は、潜在的な損失の見積額、その損失の蓋然性及び関連する時間軸について説明する場合がある。これらの見積りは、保険の補償額、又は、その他の第三者若しくは内部者の評価による潜在的な損失に基づく場合がある。

_658_   © IFRS Foundation

「気候関連開示」の適用に関する産業別ガイダンス

輸送セクター

第60巻－航空貨物及びロジスティクス

産業の説明

「航空貨物及びロジスティクス」産業は、企業と個人の両方に貨物サービス及び輸送ロジスティクスを提供する。この産業は3つの主要なセグメントから構成される。すなわち、航空貨物輸送、郵便及びクーリエ・サービス並びに輸送ロジスティクス・サービスである。この産業に属する企業は1以上のセグメントから収益を得ており、無資産型（non-asset-based）の企業から資産集約型（asset-heavy）の企業までさまざまである。輸送ロジスティクス・サービスには、陸上、鉄道、海上及び航空貨物企業と契約し、適切な輸送を選択して利用することが含まれる。サービスにはまた、関税手続の代行、物流管理、ベンダーの集約、貨物保険、発注管理及びカスタマイズされたロジスティクス情報を含む場合がある。この産業はグローバルな貿易において重要（crucial）であり、そのためにある程度の需要の安定性が与えられている。

サステナビリティ開示トピック及び指標

表1. サステナビリティ開示トピック及び指標

トピック	指標	カテゴリー	測定単位	コード
温室効果ガス排出	グローバルでの「スコープ1」の総排出	定量	CO_2相当メートル・トン(t)	TR-AF-110a.1
	「スコープ1」の排出を管理するための長期的及び短期的な戦略又は計画、排出削減目標並びにそれらの目標に対するパフォーマンスの分析についての説明	説明及び分析	該当なし	TR-AF-110a.2
	(1)道路輸送により消費された燃料、(a)天然ガスの割合及び(b)再生可能燃料の割合、並びに(2)航空輸送により消費された燃料、(a)代替燃料の割合及び(b)サステナブルな燃料の割合	定量	ギガジュール(GJ)、パーセンテージ(%)	TR-AF-110a.3
サプライ・チェーン管理	輸送手段にわたる温室効果ガス（GHG）総排出量（footprint）	定量	1トンキロメートル当たりのCO_2相当メートル・トン(t)	TR-AF-430a.2

© IFRS Foundation

659

表2. 活動指標

活動指標	カテゴリー	測定単位	コード
有償トン・キロメートル（RTK）(1)道路輸送及び(2)航空輸送[109]	定量	RTK	TR-AF-000.A
ロード・ファクター：(1)道路輸送及び(2)航空輸送[110]	定量	比率	TR-AF-000.B
従業員数、トラック・ドライバー数	定量	数	TR-AF-000.C

温室効果ガス排出

トピックサマリー

「航空貨物及びロジスティクス」産業の企業は、気候変動の要因となる直接的な温室効果ガス（GHG）排出を生成する。排出は、航空貨物及び道路貨物の両方による燃料の燃焼から発生する。ジェット燃料からの排出の高度を考えると、航空貨物は気候変動に特に強力に寄与する。GHG排出の管理は、排出が燃料の使用に直接結びつき、そのため営業費用に直接結びつくため、時間の経過とともに航空貨物企業及びロジスティクス企業のコスト構造に影響を与える（affect）可能性が高い。燃料効率及び代替燃料の使用は、企業が燃料コストを削減したり、揮発性燃料の価格設定、将来の規制コスト、及びGHG排出のその他の結果へのエクスポージャーを制限したりする場合がある。新しい航空機及びトラックは一般に燃料効率が高くなる一方、既存のフリートが改良される場合がある。より燃料効率の高い飛行機又は車両及び新しい燃料管理技術への設備投資は、燃料費を削減し、収益性を向上させる場合がある。これらの投資は、企業が低炭素輸送の解決策を求める顧客の市場シェアを獲得する助けとなる場合もある。

指標

TR-AF-110a.1. グローバルでの「スコープ1」の総排出

1　企業は、「京都議定書」において対象とされる7種類の温室効果ガス（GHG）－二酸化炭素（CO_2）、メタン（CH_4）、一酸化二窒素（N_2O）、ハイドロフルオロカーボン類（HFCs）、パーフルオロカーボン類（PFCs）、六フッ化硫黄（SF_6）及び三フッ化窒素（NF_3）－のグローバルでの「スコープ1」のGHGの大気への総排出を開示しなければならない。

1.1　すべてのGHG排出は、二酸化炭素相当（CO_2相当）メートル・トン単位で合算し、開示しなければならず、公開されている100年の時間軸に基づく地球温暖化係数（GWP）の数値に従い計算しなければならない。現時点でのGWP数値の推奨される情報源は、「気候変動に関す

---

[109] TR-AF-000.Aに関する注記 － 有償トン・キロメートル（RTK）は、1キロメートル輸送された1メートル・トンの有償輸送と定義する。RTKは、それぞれの区間を輸送する車両のキロメートル数に、その区間での有償輸送のトン数を乗じて計算する。

[110] TR-AF-000.Bに関する注記 － ロード・ファクターは、輸送能力使用率の測定値であり、貨物が移動したキロメートル数を、移動した合計キロメートル数で除して計算する。

「気候関連開示」の適用に関する産業別ガイダンス

る政府間パネル（IPCC）第5次評価報告書（2014年）」である。

1.2 総排出は、オフセット、クレジット又はその他の類似した排出削減若しくは排出相殺のメカニズムを考慮する前の、大気中に排出されたGHGである。

2 「スコープ1」の排出は、「世界資源研究所」（WRI）及び「持続可能な開発のための世界経済人会議」（WBCSD）によって公表された「温室効果ガスプロトコルの企業算定及び報告基準（GHGプロトコル）（2004年3月改訂版）」において定義されており、ここに記載されている方法に従って計算しなければならない。

2.1 認められる計算方法には、基礎的な参考文献として「GHGプロトコル」に従いつつ、産業固有又は地域固有のガイダンスなど追加的なガイダンスを提供するものを含める。例には次のものを含める場合がある。

2.1.1 「GHG Reporting Guidance for the Aerospace Industry」（「国際航空宇宙環境グループ」（IAEG）発行）

2.1.2 「Greenhouse Gas Inventory Guidance：定置式燃焼源からの直接排出」（「米国環境保護庁」（EPA）発行）

2.1.3 「India GHG Inventory Program」

2.1.4 ISO 14064-1

2.1.5 「Petroleum Industry Guidelines for reporting GHG emissions」（IPIECA発行　第2版（2011年））

2.1.6 「Protocol for the quantification of greenhouse gas emissions from waste management activities」（「Entreprises pour l'Environnement」（EpE）発行）

2.2 GHG排出データは、企業が財務報告データを連結する方法に従って合算し、開示しなければならない。その方法は、一般的に、「GHGプロトコル」で定義する「財務支配」アプローチ及び「気候開示基準委員会」（CDSB）によって公表された「環境及び社会情報の報告のためのCDSBフレームワーク」のREQ-07「組織の境界」に記述されているアプローチと整合している。

3 企業は、過去の報告期間からの排出の変化について説明する場合がある。これには、変化が排出削減、ダイベストメント、買収、合併、アウトプットの変化又は計算方法の変更によるものかどうかを含める。

4 現在のCDP又は他の企業へのGHG排出の報告（例えば、国の規制上の開示プログラム）が、範囲及び使用した合算アプローチの点で異なる場合、企業はそれらの排出を開示することがある。ただし、主要な開示は前述のガイドラインに従わなければならない。

5 企業は、データが連続排出監視システム（CEMS）、エンジニアリング計算又は物質収支計算からのものであるかどうかなど、排出開示の計算方法について説明する場合がある。

© IFRS Foundation

TR-AF-110a.2. 「スコープ1」の排出を管理するための長期的及び短期的な戦略又は計画、排出削減目標並びにそれらの目標に対するパフォーマンスの分析についての説明

1　企業は、「スコープ1」の温室効果ガス（GHG）排出を管理するための長期的及び短期的な戦略又は計画について説明しなければならない。

　　1.1　「スコープ1」の排出は、「世界資源研究所」（WRI）及び「持続可能な開発のための世界経済人会議」（WBCSD）によって公表された「温室効果ガスプロトコルの企業算定及び報告基準（GHGプロトコル）（2004年3月改訂版）」において定義されており、ここに記載されている方法に従って計算しなければならない。

　　1.2　GHG排出の範囲には、「京都議定書」において対象とされる7種類の温室効果ガス（GHG）－二酸化炭素（CO_2）、メタン（CH_4）、一酸化二窒素（N_2O）、ハイドロフルオロカーボン類（HFCs）、パーフルオロカーボン類（PFCs）、六フッ化硫黄（SF_6）及び三フッ化窒素（NF_3）－を含める。

2　企業は、排出削減目標について説明し、目標に対するパフォーマンスを分析しなければならない。関連する場合は、次のものを含める。

　　2.1　排出削減目標の範囲（例えば、目標が適用される総排出の割合）

　　2.2　目標が絶対量ベース又は原単位ベースのいずれであるか、及び目標が原単位ベースの目標である場合は指標の分母

　　2.3　基準年に対する削減率。この基準年とは、目標の達成に向けて排出について評価する最初の年を表す。

　　2.4　削減活動の時間軸。これには開始年、目標年及び基準年を含める。

　　2.5　目標を達成するためのメカニズム

　　2.6　目標年の排出若しくは基準年の排出が遡及的に再計算された（若しくは再計算される場合がある）、又は目標年若しくは基準年が再設定された、すべての状況

3　企業は、計画又は目標を達成するために必要な活動及び投資、並びに計画又は目標の達成に影響を与える（affect）場合があるリスク又は制限要因について説明しなければならない。

　　3.1　航空輸送関連の活動及び投資には、ゲートに駐機する際の補助電源ユニット（APU）ではなく地上電力及びプレコンディショニング・エアの使用などの燃料最適化の取組み（efforts）、燃料効率を最適化するための飛行速度の調整、ルート設計（例えば、「NextGen」）、ウイングレットの使用、航空機重量の軽量化、新型航空機によるフリートの性能向上（upgrading）などを含める場合がある。

　　3.2　道路輸送関連の活動及び投資には、ルート及び負荷の最適化などの燃料最適化の取組み（efforts）、エンジン及びパワートレインの効率及び空力技術の向上などの技術の採用、電気自動車又は天然ガス自動車の利用、軽量化、タイヤの転がり抵抗の改善、ハイブリッド化、エンジンの自動停止などを含める場合がある。

4　企業は、さまざまな事業単位、地域又は排出源に対して異なるように関係しているかどうかなど、その戦略、計画又は削減目標の範囲について説明しなければならない。

「気候関連開示」の適用に関する産業別ガイダンス

5 企業は、その戦略、計画又は削減目標が、地域、国、国際又はセクター別プログラムを含む、排出制限又は排出報告ベースのプログラム又は規制（例えば、「EU域内排出量取引制度」、「ケベック州キャップアンドトレード制度」、「カリフォルニア州キャップアンドトレード・プログラム」）に関連している（related to）か又は関係している（associated with）かどうかについて説明しなければならない。

6 戦略、計画又は削減目標の開示は、報告期間中に進行中（アクティブ）であったか又は完了した活動に限定しなければならない。

TR-AF-110a.3. (1)道路輸送により消費された燃料、(a)天然ガスの割合及び(b)再生可能燃料の割合、並びに(2)航空輸送により消費された燃料、(a)代替燃料の割合及び(b)サステナブルな燃料の割合

1 企業は、燃料の消費量について、(1)道路輸送関連の事業と(2)航空輸送関連の事業を別個に、ギガジュール（GJ）単位で集計して開示しなければならない。

1.1 消費された燃料の計算方法は、設計上のパラメータではなく、実際に消費された燃料に基づかなければならない。

1.2 消費された燃料の許容可能な計算方法には、次に基づく方法を含める場合がある。

1.2.1 報告期間中に購入した燃料を報告期間の期首の在庫に加算し、報告期間の末日の燃料の在庫を差し引いたもの

1.2.2 車両によって消費された燃料を追跡すること

1.2.3 燃料費を追跡すること

2 (1)道路輸送関連の事業により消費された燃料を開示する場合、企業はさらに、消費された燃料のうち(a)天然ガスの割合を開示しなければならない。

2.1 この割合は、道路輸送関連の事業により消費された燃料のうち天然ガスの量（GJ単位）を、道路輸送関連の事業により消費された燃料の総量（GJ単位）で除して計算しなければならない。

3 (1)道路輸送関連の事業により消費された燃料を開示するにあたり、企業はさらに、消費された燃料のうち(b)再生可能燃料の割合を開示しなければならない。

3.1 再生可能燃料は、一般的に次の要件のすべてを満たす燃料と定義する。

3.1.1 再生可能なバイオマスから生産されたもの

3.1.2 輸送用燃料、暖房用燃料油、又はジェット燃料に含まれる化石燃料の代替又は削減のために使用されるもの

3.1.3 ライフ・サイクル・ベースでの温室効果ガス（GHG）排出の純減を達成したもの

3.2 企業は、燃料が再生可能かどうかを判断するために使用した基準又は規制を開示しなければならない。

3.3 この割合は、道路輸送関連の事業により消費された再生可能燃料の量（GJ単位）を、道路輸

© IFRS Foundation

663

送関連の事業により消費された燃料の総量（GJ単位）で除して計算しなければならない。

4 (2)航空輸送関連の事業により消費された燃料を開示する場合、企業はさらに、消費された燃料のうち(a)代替燃料の割合を開示しなければならない。

4.1 代替燃料は、「国際民間航空機関」（ICAO）により、ライフ・サイクル・ベースで、石油を原料とする燃料よりも低い炭素排出が発生する可能性がある、石油以外を原料とする燃料と定義する。

4.2 この割合は、航空輸送関連の事業により消費された代替燃料の量（GJ単位）を、航空輸送関連の事業により消費された燃料の総量（GJ単位）で除して計算しなければならない。

5 (2)航空輸送関連の事業により消費された燃料を開示する場合、企業はさらに、消費された燃料のうち(b)サステナブルな燃料の割合を開示しなければならない。

5.1 サステナブルな燃料は、ICAOが定めた次の要件のすべてを満たす代替燃料のサブセットと定義する。

5.1.1 ライフ・サイクル・ベースでの温室効果ガス（GHG）排出の純減の達成

5.1.2 耕作限界地又は発展が見込まれない土地の利用を通じた、食糧及び水の競争の回避

5.1.3 拡大された雇用及び活性化されたインフラなどを通じた、地域の社会的及び経済的発展への寄与

5.2 この割合は、航空輸送関連の事業により消費されたサステナブルな燃料の量（GJ単位）を、航空輸送関連の事業により消費された燃料の総量（GJ単位）で除して計算しなければならない。

6 開示の範囲は、企業により直接的に消費された燃料に限定される。

7 燃料からのエネルギー消費量を計算するにあたり、企業は、直接測定したか、又は「気候変動に関する政府間パネル」（IPCC）から取得した、総発熱量（GCV）とも呼ばれる高位発熱量（HHV）を使用しなければならない。

8 企業は、燃料使用量（バイオ燃料を含む。）に対するHHVの使用など、この開示で報告するすべてのデータに対して、変換係数を一貫して適用しなければならない。

サプライ・チェーン管理

トピックサマリー

「航空貨物及びロジスティクス」産業の多くの企業は、資産ベースのサード・パーティー・プロバイダーの大規模で複雑なネットワークと契約して、顧客に貨物輸送サービスを提供している。契約締結は、貨物輸送、物流、仲介及び一貫輸送サービスを提供する企業の間で一般的である。これらの請負業者は、自動車輸送、鉄道、航空輸送、海上輸送など、あらゆる輸送手段にまたがって事業を営んでいる。企業は、環境又は社会へのインパクトをもたらす場合がある請負業者の行為が、ブランド価値の低下など、自社の事業に重要性がある（material）負の影響（effects）を与えないようにするために、請負業者との関係を管

「気候関連開示」の適用に関する産業別ガイダンス

理しなければならない。同時に、低炭素物流の解決策を提供する企業は、貨物のカーボン・フットプリントを削減しようとする顧客から市場シェアを獲得する場合がある。

指標

TR-AF-430a.2. 輸送手段にわたる温室効果ガス（GHG）総排出量（footprint）

1　企業は、完全な（complete）タンクトゥホイールの温室効果ガス（GHG）総排出量をメートル・トンキロメートル当たりのCO_2相当メートル・トン単位で開示しなければならない。

2　タンクトゥホイールの排出は車両の駆動に関連しており、1次エネルギー生産に関連する上流の排出（ウェルトゥタンクの排出）を除外する。

2.1　企業は、EN 16258:2012「Methodology for calculation and declaration of energy consumption and GHG emissions of transport services (freight and passengers)」に従い、その開示情報を計算しなければならない。

2.1.1　計算は、EN 16258:2012に記述されている「タンクトゥホイールのGHG排出（Gt）」を計算するために用いる方法と整合していなければならない。

2.1.2　輸送システムの範囲、境界及び必要な按分計算の決定は、EN 16258:2012に記述されている方法と整合していなければならない。

3　開示の範囲には、企業自身の資産からの排出（「スコープ1」）だけでなく、契約運送業者及び委託運送業者からの排出を含む、貨物輸送及び物流活動のすべてからの排出が含まれる。

4　開示の範囲には、道路輸送、航空輸送、バージ輸送、海上輸送及び鉄道輸送など、すべての輸送手段からの排出を含める。

5　EN 16258:2012と整合的に、開示は、排出値のカテゴリー（特定の測定値、輸送業者の車両タイプ又はルートタイプ特有の値、輸送業者のフリート値及び既定値）の組み合わせからの計算に基づく場合がある。

6　関連性があり、開示情報の理解に必要な場合、企業は、その按分方法、排出値、境界、使用する輸送サービスの組み合わせ及びその他の情報を記述しなければならない。

© IFRS Foundation

665

第61巻－航空会社

産業の説明

「航空会社」産業の企業は、レジャーとビジネスの両方の目的で旅客向けにグローバルに航空輸送を提供する。これには、商業的なフルサービスの航空会社、低コストの航空会社及び地域の航空会社が含まれる。フル・サービス・キャリアは、典型的に、国内の路線及び国際的な路線を設計するうえでハブ・アンド・スポークモデルを用いる。ロー・コスト・キャリアは、通常、顧客に対し、相対的に少ない数の路線を提供し、余分なサービスを省いたサービスを提供する。地域キャリアは、典型的に、フル・サービス・キャリアと契約して事業を営み、相対的に大きなキャリアのネットワークを拡張している。多くの航空会社はまた、事業に貨物セグメントを有しており、追加的な売上を生み出している。この産業に属する企業は、一般的に、ネットワークを広げるため、パートナーシップを結んだり、アライアンスに参加したりする。アライアンスとして事業を営むことにより、航空会社は、1枚の航空券で1以上の航空会社の国際線又は十分にサービスが提供されていない路線へのアクセスを顧客に提供できる。同時に、航空会社は間接費を共同で負担し、自国外で事業を営むことなく、グローバル市場における競争上の地位を向上させる。

サステナビリティ開示トピック及び指標

表1. サステナビリティ開示トピック及び指標

トピック	指標	カテゴリー	測定単位	コード
温室効果ガス排出	グローバルでの「スコープ1」の総排出	定量	CO_2相当メートル・トン(t)	TR-AL-110a.1
	「スコープ1」の排出を管理するための長期的及び短期的な戦略又は計画、排出削減目標並びにそれらの目標に対するパフォーマンスの分析についての説明	説明及び分析	該当なし	TR-AL-110a.2
	(1)燃料の総消費量、(2)代替燃料の割合、及び(3)サステナブルな燃料の割合	定量	ギガジュール(GJ)、パーセンテージ(%)	TR-AL-110a.3

表2. 活動指標

活動指標	カテゴリー	測定単位	コード
有効座席キロメートル（ASK）[111]	定量	ASK	TR-AL-000.A

---

[111] TR-AL-000.Aに関する注記 － 有効座席キロメートル（ASK）とは、最大旅客輸送可能キロメートル（すなわち、占有席及び空席にかかわらず輸送できるキロ数）の累計数と定義する。

「気候関連開示」の適用に関する産業別ガイダンス

活動指標	カテゴリー	測定単位	コード
旅客ロード・ファクター[112]	定量	比率	TR-AL-000.B
有償旅客キロメートル（RPK）[113]	定量	RPK	TR-AL-000.C
有償トン・キロメートル（RTK）[114]	定量	RTK	TR-AL-000.D
出発数	定量	数	TR-AL-000.E
フリートの平均年数	定量	年	TR-AL-000.F

温室効果ガス排出

トピックサマリー

「航空会社」産業は、炭化水素燃料への依存度が高いため、著しい（significant）排出を生成しており、その99%超が二酸化炭素（CO_2）である。したがって、この産業は、気候変動の緩和政策に関連するコンプライアンス・コスト及びリスクを受けやすくなっている。航空会社の温室効果ガス（GHG）排出の主な源泉は、航空機燃料の使用及び排出、地上設備及び施設の電気である。航空機燃料の消費は、この産業からの総排出の最大要因であり、燃料管理は排出を削減するうえで重要な（critical）要素である。燃料に関連する環境インパクトの管理には、フリートの性能向上（upgrades）、改修、飛行速度及びルート設計の最適化による燃料効率の向上のみならず、代替燃料及びサステナブルな燃料の使用などが含まれる。これらの取組みには資本的支出が必要であるが、長期的には燃料コストを削減し、GHG排出プログラム及び規制リスクへのエクスポージャーを軽減する場合がある。

指標

TR-AL-110a.1. グローバルでの「スコープ1」の総排出

1　企業は、「京都議定書」において対象とされる7種類の温室効果ガス（GHG）－二酸化炭素（CO_2）、メタン（CH_4）、一酸化二窒素（N_2O）、ハイドロフルオロカーボン類（HFCs）、パーフルオロカーボン類（PFCs）、六フッ化硫黄（SF_6）及び三フッ化窒素（NF_3）－のグローバルでの「スコープ1」のGHGの大気への総排出を開示しなければならない。

1.1　すべてのGHG排出は、二酸化炭素相当（CO_2相当）メートル・トン単位で合算し、開示しなければならず、公開されている100年の時間軸に基づく地球温暖化係数（GWP）の数値に従

---

[112] TR-AL-000.Bに関する注記 － ロード・ファクターは、輸送能力使用率の測定値であり、旅客輸送キロメートルを、有効座席キロメートルで除して計算する。

[113] TR-AL-000.Cに関する注記 － 有償旅客キロメートル（RPK）とは、有償旅客の輸送キロメートルの累計数と定義する。有償旅客とは、航空会社が商業的報酬を受け取る旅客をいう。

[114] TR-AL-000.Dに関する注記 － 有償トン・キロメートル（RTK）は、1キロメートル輸送された1メートル・トンの有償輸送と定義する。RTKは、航空機のそれぞれのフライト・ステージにおける飛行キロメートル数に、そのフライト・ステージでの有償輸送（旅客、手荷物、貨物、郵便物など）のメートル・トン数を乗じて計算する。

© IFRS Foundation

い計算しなければならない。現時点でのGWP数値の推奨される情報源は、「気候変動に関する政府間パネル（IPCC）第5次評価報告書（2014年）」である。

1.2 総排出は、オフセット、クレジット又はその他の類似した排出削減若しくは排出相殺のメカニズムを考慮する前の、大気中に排出されたGHGである。

2 「スコープ1」の排出は、「世界資源研究所」（WRI）及び「持続可能な開発のための世界経済人会議」（WBCSD）によって公表された「温室効果ガスプロトコルの企業算定及び報告基準（GHGプロトコル）（2004年3月改訂版)」において定義されており、ここに記載されている方法に従って計算しなければならない。

2.1 認められる計算方法には、基礎的な参考文献として「GHGプロトコル」に従いつつ、産業固有又は地域固有のガイダンスなど追加的なガイダンスを提供するものを含める。例には次のものを含める場合がある。

2.1.1 「GHG Reporting Guidance for the Aerospace Industry」（「国際航空宇宙環境グループ」（IAEG）発行）

2.1.2 「Greenhouse Gas Inventory Guidance：定置式燃焼源からの直接排出」（「米国環境保護庁」（EPA）発行）

2.1.3 「India GHG Inventory Program」

2.1.4 ISO 14064-1

2.1.5 「Petroleum Industry Guidelines for reporting GHG emissions」（IPIECA発行　第2版（2011年））

2.1.6 「Protocol for the quantification of greenhouse gas emissions from waste management activities」（「Entreprises pour l'Environnement」（EpE）発行）

2.2 GHG排出データは、企業が財務報告データを連結する方法に従って合算し、開示しなければならない。その方法は、一般的に、「GHGプロトコル」で定義する「財務支配」アプローチ及び「気候開示基準委員会」（CDSB）によって公表された「環境及び社会情報の報告のためのCDSBフレームワーク」のREQ-07「組織の境界」に記述されているアプローチと整合している。

3 企業は、過去の報告期間からの排出の変化について説明する場合がある。これには、変化が排出削減、ダイベストメント、買収、合併、アウトプットの変化又は計算方法の変更によるものかどうかを含める。

4 現在のCDP又は他の企業へのGHG排出の報告（例えば、国の規制上の開示プログラム）が、範囲及び使用した合算アプローチの点で異なる場合、企業はそれらの排出を開示することがある。ただし、主要な開示は前述のガイドラインに従わなければならない。

5 企業は、データが連続排出監視システム（CEMS）、エンジニアリング計算又は物質収支計算からのものであるかどうかなど、排出開示の計算方法について説明する場合がある。

「気候関連開示」の適用に関する産業別ガイダンス

TR-AL-110a.2. 「スコープ1」の排出を管理するための長期的及び短期的な戦略又は計画、排出削減目標並びにそれらの目標に対するパフォーマンスの分析についての説明

1 企業は、「スコープ1」の温室効果ガス（GHG）排出を管理するための長期的及び短期的な戦略又は計画について説明しなければならない。

    1.1 「スコープ1」の排出は、「世界資源研究所」（WRI）及び「持続可能な開発のための世界経済人会議」（WBCSD）によって公表された「温室効果ガスプロトコルの企業算定及び報告基準（GHGプロトコル）（2004年3月改訂版）」において定義されている。

    1.2 GHG排出の範囲には、「京都議定書」において対象とされる7種類の温室効果ガス（GHG）－二酸化炭素（CO_2）、メタン（CH_4）、一酸化二窒素（N_2O）、ハイドロフルオロカーボン類（HFCs）、パーフルオロカーボン類（PFCs）、六フッ化硫黄（SF_6）及び三フッ化窒素（NF_3）－を含める。

2 企業は、排出削減目標について説明し、目標に対するパフォーマンスを分析しなければならない。関連する場合は、次のものを含める。

    2.1 排出削減目標の範囲（例えば、目標が適用される総排出の割合）

    2.2 目標が絶対量ベース又は原単位ベースのいずれであるか、及び目標が原単位ベースの目標である場合は指標の分母

    2.3 基準年に対する削減率。この基準年とは、目標の達成に向けて排出について評価する最初の年を表す。

    2.4 削減活動の時間軸。これには開始年、目標年及び基準年を含める。

    2.5 目標を達成するためのメカニズム

    2.6 目標年の排出若しくは基準年の排出が遡及的に再計算された（若しくは再計算される場合がある）、又は目標年若しくは基準年が再設定された、すべての状況

3 企業は、計画又は目標を達成するために必要な活動及び投資、並びに計画又は目標の達成に影響を与える（affect）場合があるリスク又は制限要因について説明しなければならない。

    3.1 関連する活動及び投資には、ゲートに駐機する際の補助電源ユニット（APU）ではなく地上電力及びプレコンディショニング・エアの使用などの燃料最適化の取組み（efforts）、燃料効率を最適化するための飛行速度の調整、ルート設計（例えば、「NextGen」）、ウイングレットの使用、航空機重量の軽量化、新型航空機によるフリートの性能向上（upgrading）などを含める場合がある。

4 企業は、さまざまな事業単位、地域又は排出源に対して異なるように関係しているかどうかなど、その戦略、計画又は削減目標の範囲について説明しなければならない。

5 企業は、その戦略、計画又は削減目標が、地域、国、国際又はセクター別プログラムを含む、排出制限又は排出報告ベースのプログラム又は規制（例えば、「EU域内排出量取引制度」、「ケベック州キャップアンドトレード制度」、「カリフォルニア州キャップアンドトレード・プログラム」）に関連している（related to）か又は関係している（associated with）かどうかについて説明しなければならない。

© IFRS Foundation

669

6 戦略、計画又は削減目標の開示は、報告期間中に進行中（アクティブ）であったか又は完了した活動に限定しなければならない。

TR-AL-110a.3. (1)燃料の総消費量、(2)代替燃料の割合、及び(3)サステナブルな燃料の割合

1 企業は、(1)すべての源泉からの燃料の総消費量をギガジュール（GJ）単位で集計して開示しなければならない。

    1.1 消費された燃料の計算方法は、設計上のパラメータではなく、実際に消費された燃料に基づかなければならない。

    1.2 消費された燃料の許容可能な計算方法には、次に基づく方法を含める場合がある。

        1.2.1 報告期間中に購入した燃料を報告期間の期首の在庫に加算し、報告期間の末日の燃料の在庫を差し引いたもの

        1.2.2 車両によって消費された燃料を追跡すること

        1.2.3 燃料費を追跡すること

2 企業は、(2)消費された燃料のうち、代替燃料の割合を開示しなければならない。

    2.1 代替燃料は、「国際民間航空機関」（ICAO）により、ライフ・サイクル・ベースで、石油を原料とする燃料よりも低い炭素排出が発生する可能性がある、石油以外を原料とする燃料と定義する。

    2.2 この割合は、消費された代替燃料の量（GJ単位）を、消費された燃料の総量（GJ単位）で除して計算しなければならない。

3 企業は、(3)消費された燃料のうち、サステナブルな燃料の割合を開示しなければならない。

    3.1 サステナブルな燃料は、ICAOが定めた次の要件のすべてを満たす代替燃料のサブセットと定義する。

        3.1.1 ライフ・サイクル・ベースでの温室効果ガス（GHG）排出の純減を達成したもの

        3.1.2 耕作限界地又は発展が見込まれない土地の利用を通じた、食糧及び水の競争の回避

        3.1.3 拡大された雇用及び活性化されたインフラなどを通じた、地域の社会的及び経済的発展への寄与

    3.2 この割合は、消費されたサステナブルな燃料の量（GJ単位）を、消費された燃料の総量（GJ単位）で除して計算しなければならない。

4 開示の範囲は、企業により直接的に消費された燃料に限定される。燃料からのエネルギー消費量を計算する際、企業は、直接測定したか、又は「気候変動に関する政府間パネル」、「米国エネルギー省」又は「米国エネルギー情報局」から取得した、総発熱量（GCV）とも呼ばれる高位発熱量（HHV）を使用しなければならない。

5 企業は、燃料使用量（バイオ燃料を含む。）に対するHHVの使用など、この開示で報告するすべてのデータに対して、変換係数を一貫して適用しなければならない。

_670_ © IFRS Foundation

「気候関連開示」の適用に関する産業別ガイダンス

第62巻－自動車部品

産業の説明

「自動車部品」産業の企業は、オリジナル製品の製造業者（OEM）に自動車部品及び付属品を供給する。自動車部品企業は、典型的に、エンジン排気システム、代替のドライブトレイン、ハイブリッド・システム、触媒コンバータ、アルミ・ホイール（リム）、タイヤ、バックミラー、並びに車内搭載の電気機器及び電子機器などの、部品又は付属品の製造及び組立てに特化している。より広義の自動車産業には、自動車の組立てに用いられる部品及び原材料を提供する複数の階層のサプライヤーが含まれるが、これらの「自動車部品」産業の開示の範囲には、OEMに直接的に部品を供給するTier 1サプライヤーのみが含まれる。この産業の範囲は、OEMが所有し運営するエンジン施設及びプレス加工施設などの自社専属サプライヤーを除外する。また、この範囲には「自動車部品」産業にインプットを提供するTier2サプライヤーも除外する。

サステナビリティ開示トピック及び指標

表1. サステナビリティ開示トピック及び指標

トピック	指標	カテゴリー	測定単位	コード
エネルギー管理	(1)エネルギー総消費量、(2)電力系統からの電気の割合及び(3)再生可能エネルギーの割合	定量	ギガジュール(GJ)、パーセンテージ(%)	TR-AP-130a.1
燃費設計	燃費の向上又は排出の削減のために設計された製品から生じる売上高	定量	表示通貨	TR-AP-410a.1

表2. 活動指標

活動指標	カテゴリー	測定単位	コード
生産した部品の数量	定量	数	TR-AP-000.A
生産した部品の重量	定量	メートル・トン(t)	TR-AP-000.B
製造工場の面積	定量	平方メートル(m²)	TR-AP-000.C

© IFRS Foundation

エネルギー管理

トピックサマリー

自動車の製造工程で消費されるエネルギーのほとんどは、サプライ・チェーンで発生する。自動車部品製造業者は、生産工程で電気及び化石燃料を使用し、結果として、温室効果ガス（GHG）が直接的及び間接的に排出される。購入した電気は、「自動車部品」産業で使用されるエネルギーの大部分を占めている。エネルギー効率及び再生可能エネルギーへのインセンティブ等のサステナビリティへの取組みにより、代替的なエネルギー源のコスト競争力は高まっている。規制当局及び消費者もまた、この産業にGHG排出の削減を奨励している。全体的なエネルギー効率に関連するコスト及びリスクを管理する一方で、異なる種類のエネルギーへの依存及び代替的なエネルギー源へのアクセスがこれまで以上に重要（important）になる場合がある。

指標

TR-AP-130a.1. (1)エネルギー総消費量、(2)電力系統からの電気の割合及び(3)再生可能エネルギーの割合

1　企業は、(1)消費したエネルギーの総量をギガジュール（GJ）単位で集計して開示しなければならない。

    1.1　エネルギー消費の範囲には、外部の供給源から購入したエネルギー及び企業が自ら生産したエネルギー（自己生成）を含む、すべての供給源からのエネルギーを含める。例えば、直接的な燃料の使用、購入した電気、並びに温熱、冷熱及び蒸気エネルギーはすべてエネルギー消費の範囲内に含まれる。

    1.2　エネルギー消費の範囲には、報告期間中に企業が直接消費したエネルギーのみを含める。

    1.3　燃料及びバイオ燃料からのエネルギー消費量を計算するにあたり、企業は、直接測定したか、又は「気候変動に関する政府間パネル」（IPCC）から取得した、総発熱量（GCV）とも呼ばれる高位発熱量（HHV）を使用しなければならない。

2　企業は、(2)自社が消費した、電力系統から供給されたエネルギーの割合を開示しなければならない。

    2.1　この割合は、購入した電力系統からの電気の消費量を、エネルギー総消費量で除して計算しなければならない。

3　企業は、(3)自社が消費した再生可能エネルギーの割合を開示しなければならない。

    3.1　再生可能エネルギーは、地熱、風力、太陽光、水力及びバイオマスなど、それらの枯渇率以上のペースで補充されるエネルギー源からのエネルギーと定義する。

    3.2　この割合は、再生可能エネルギー消費量を、エネルギー総消費量で除して計算しなければならない。

    3.3　再生可能エネルギーの範囲には、企業が消費した再生可能燃料、企業が直接生産した再生可能エネルギー、及び企業が購入した再生可能エネルギー（再生可能エネルギー証書（REC）若しくは「原産地保証」（GO）を明示的に含む再生可能電力購入契約（PPA）を通じて購入

672

© IFRS Foundation

「気候関連開示」の適用に関する産業別ガイダンス

した場合、「Green-eエナジー認証」済みの電気事業者若しくはサプライヤー・プログラムを通じて購入した場合、又は、RECやGOを明示的に含むその他のグリーン電力製品、若しくは「Green-e エナジー認証」RECが電力系統からの電気と組み合わせられた他のグリーン電力製品を通じて購入した場合）を含める。

3.3.1 オンサイトで生成した再生可能な電気について、それが再生可能エネルギーであると企業が主張するためには、当該企業の名においてREC及びGOを保持（retained）し（売却せず）、取り消し（retired）又は無効化（cancelled）しなければならない。

3.3.2 再生可能PPA及びグリーン電力製品について、それが再生可能エネルギーであると企業が主張するためには、当該企業の名においてREC及びGOを保持（retained）又は交換（replaced）し、取り消し（retired）又は無効化（cancelled）する旨を、その契約に明示的に含めて伝えなければならない。

3.3.3 企業の支配又は影響（influence）の範囲外にある系統電力ミックスの再生可能部分は、再生可能エネルギーの範囲から除外する。

3.4 この開示の目的において、バイオマス源からの再生可能エネルギーの範囲は、第三者の基準（例えば、「森林管理協議会」（Forest Stewardship Council）、「持続可能な森林イニシアティブ」（Sustainable Forest Initiative）、「森林認証プログラム」（Programme for the Endorsement of Forest Certification）、又は「American Tree Farm System」）で認証された材料、「再生可能エネルギー認証のためのGreen-eフレームワークのバージョン1.0（2017年）」若しくは「Green-e」地域基準に従い対象となり得る（eligible）供給源とみなされる材料、又は適用される州の再生可能エネルギー利用割合基準（renewable portfolio standard）において対象となり得る（eligible）材料に限定する。

4 企業は、燃料使用量（バイオ燃料を含む。）についてのHHVの使用及びキロワット時（kWh）のGJへの変換（太陽光又は風力エネルギーからの電気を含むエネルギー・データの場合）など、この開示で報告するすべてのデータに対して、変換係数を一貫して適用しなければならない。

燃費設計

トピックサマリー

自動車製造業者は、車両の燃料消費を削減するモーター部品及びコンポーネントをこれまで以上に要求している。燃費の良いコンポーネント及び部品は、とりわけ、エネルギー効率の向上、軽量化及び他の要因を通じて、自動車のテールパイプ排出を削減するうえで重要である（critical）。そのような部品の設計及び製造を行う自動車部品企業は、より厳しい環境規制及び環境にやさしい自動車を求める顧客の選好に、これまで以上に直面する自動車製造業者への販売を増加させる場合がある。

指標

TR-AP-410a.1. 燃費の向上又は排出の削減のために設計された製品から生じる売上高

1 企業は、使用段階における燃費の向上又は排出の削減のために設計された製品から生じる総売上高を開示しなければならない。

© IFRS Foundation

673

1.1 燃費の向上又は排出の削減のために設計された製品は、使用段階において燃費を向上させること、又は、温室効果ガス（GHG）、窒素酸化物（NOx）、粒子状物質（PM）、硫黄酸化物（SOx）及びその他の大気汚染物質の排出を除去するか若しくは低減することをテストし、モデル化し又はその他の方法で示した製品と定義する。

1.2 使用段階は、顧客又は消費者が最終製品として、又は最終製品を生成するために（例えば、製造工程又は生産工程において）、製品を使用する過程と定義する。

1.3 開示の範囲には、改善が有意であることを企業が実証できる限りにおいて、燃費又は排出削減に追加的な改善を加える製品を含める。これは、「欧州委員会」による「資源効率の高いヨーロッパ（Resource Efficient Europe）へのロードマップ」の第5セクション「Key Sectors /Ensuring efficient mobility」に示すマイルストーンとの整合性、又は、「EU指令 2012/27/EU（エネルギー効率に関する指令）」との整合性を通じてのものなどである。

1.4 開示の範囲は、副次的又は間接的な方法で燃費の向上又は排出の削減を実現する製品（例えば、前世代の製品よりわずかに軽い従来製品）は除外する。

2 燃費の向上又は排出の削減を高める場合がある製品の例には、次のものに関連するものを含める場合がある。オイル及びウォーター・ポンプなどの補助システムの電動化、廃熱回収、空力技術の向上、ハイブリッド及び先進的燃料技術、燃焼効率改善、アイドリング低減、代替冷却システム、電動パワー・ステアリング、ハイブリッド対応ブレーキ技術、低転がり抵抗（LRR）の新品及び再生タイヤ技術、並びにエンジン管理システム又は製品

3 燃費の向上及び排出の削減の両方のために設計された製品について、その製品の売上高を複数回計算に含めてはならない。

「気候関連開示」の適用に関する産業別ガイダンス

第63巻－自動車

産業の説明

「自動車」産業の企業は、乗用車、軽トラック及びオートバイを製造する。この産業のプレーヤーは、さまざまな伝統的及び代替的な燃料、及びパワートレインを用いる車両を設計、製造及び販売する。この産業のプレーヤーはこれらの車両を小売消費者に販売するためにディーラーに販売するだけでなく、自動車レンタル及びリース企業、商業用フリート並びに政府といったフリート顧客に直接、販売する。産業のグローバルな性質により、ほとんどすべての企業が世界中の複数の国に製造施設、組立工場及びサービス拠点を有している。「自動車」産業は、少数の大規模な製造業者と多様化したサプライ・チェーンからなり、集中している。この産業が天然資源に依存し、景気循環に敏感であることから、売上は典型的に景気に連動する。

サステナビリティ開示トピック及び指標

表1. サステナビリティ開示トピック及び指標

トピック	指標	カテゴリー	測定単位	コード
燃費及び使用段階の排出	販売量で加重平均された乗用フリートの燃費（地域別）	定量	Mpg、L/km、gCO_2/km、km/L	TR-AU-410a.1
	(1)ゼロ・エミッション車（ZEV）、(2)ハイブリッド車、及び(3)プラグイン・ハイブリッド車の販売台数	定量	数	TR-AU-410a.2
	フリート燃費並びに排出のリスク及び機会を管理するための戦略についての説明	説明及び分析	該当なし	TR-AU-410a.3

表2. 活動指標

活動指標	カテゴリー	測定単位	コード
車両製造台数	定量	数	TR-AU-000.A
車両販売台数	定量	数	TR-AU-000.B

© IFRS Foundation

675

燃費及び使用段階の排出

トピックサマリー

自動車による石油燃料の燃焼は、地球規模の気候変動に寄与する温室効果ガス（GHG）排出の重大な（significant）部分を占めている。またエンジンの排気ガスは、窒素酸化物（NOx）、揮発性有機化合物（VOC）、粒子状物質（PM）などの局所的な大気汚染物質を生成し、人の健康及び環境を脅かす可能性がある。この文脈において、世界中の消費者及び規制当局は、自動車による排出について、これまで以上に懸念を高めている。使用段階の排出は自動車製造業者より下流にあるものの、規制は多くの場合、燃費基準などを通じて、自動車製造業者がこれらの排出を削減することに焦点を当てている。より厳しい排出基準及び変化する消費者の要求は、電気自動車及びハイブリッド車、さらには高燃費の従来型自動車の市場拡大を推進している。さらに、製造業者は燃費改善のために、より軽量の材料で作られた革新的な車両の設計を行っている。現在の燃費及び排出の基準を満たし、さまざまな市場で将来の規制基準を満たすか又は上回るために革新を続ける企業は、従来型自動車の需要が減少するリスクを軽減しながら、競争力を強化し、市場シェアを拡大する場合がある。

指標

TR-AU-410a.1. 販売量で加重平均された乗用フリートの燃費（地域別）

1　企業は、販売した車両の量で加重した、乗用車及び軽自動車（light-duty vehicle）フリートの平均燃費を地理上の地域別に開示しなければならない。

    1.1　平均燃費は、規制上の目的で要求されるように、モデル年度ごとに計算しなければならない。

    1.2　フリート平均を計算するための規制上のガイダンスが存在しない場合、企業は、販売量で加重した、報告期間中に販売した車両の燃費に基づいて、パフォーマンスを計算しなければならない。

    1.3　規制が車両重量に基づいているかどうかにかかわらず、フリート平均に基づいて計算しなければならない。

2　企業は、地理上の地域別の割合を開示しなければならない。

    2.1　地理上の地域は、企業がセグメント別の財務報告を行う地域であり、フリート燃費、燃料消費又は排出基準の対象となる地域と定義する。

3　開示は、それぞれの地理上の地域について異なる単位で提供する場合がある。これには次のものを含める場合がある。

    3.1　「欧州連合」内で販売した(1)乗用車及び(2)軽商用車については、キロメートル当たりの二酸化炭素のグラム数（gCO_2/km）

    3.2　日本国内で販売した乗用車については、キロメートル当たりのガソリンのリットル数（L/km）

    3.3　米国内で販売した(1)国産乗用車、(2)輸入乗用車、及び(3)軽トラックであり、「企業平均燃費」（CAFE）基準の対象となるものについては、ガロン当たりのマイル数（mpg）（これらの車両のカテゴリーは、米国 49 CFR Part 523で定義されている。）

「気候関連開示」の適用に関する産業別ガイダンス

3.4 ニュージーランドで販売した乗用車については、リットル当たりのキロメートル数（km/L）

4 開示の範囲には、フリート燃費、燃料消費又は排出についての国の乗用車基準の対象となるすべての車両を含めなければならない。

5 企業は、次のような他の車両セグメントについて、フリートのパフォーマンスを開示する場合がある。

5.1 日本の貨物車両

5.2 米国の大型車両

5.3 EUの軽商用車

TR-AU-410a.2. (1)ゼロ・エミッション車（ZEV）、(2)ハイブリッド車、及び(3)プラグイン・ハイブリッド車の販売台数

1 企業は、報告期間中に販売した車両のうち、(1)ゼロ・エミッション車（ZEV）、(2)ハイブリッド車、及び(3)プラグイン・ハイブリッド電気自動車に分類される車両の台数を開示しなければならない。

1.1 ZEVは、先進的な技術のバッテリー又は水素燃料電池を動力源とする電気モーターのみで駆動し、ライフタイム全体にわたってすべての可能な運転モード及び条件下で排気ガスのない車両である。

1.2 ハイブリッド車（ハイブリッド電気自動車又はHEV）は、これらの搭載エネルギー源の両方から推進エネルギーを引き出すことができる車両である。すなわち、(a)消耗可能な燃料及び(b)バッテリー、コンデンサ、フライホイールなどのエネルギー貯蔵装置である。

1.3 プラグイン・ハイブリッド電気自動車は、電源に接続することで充電した大型バッテリー・パックを動力源とする電気モーターで電気走行を行う自動車である。

2 開示の範囲には、前述のガイダンスに従い分類する対象となり得る（eligible to be classified）、世界中で販売されるすべての車両を含める。

TR-AU-410a.3. フリート燃費並びに排出のリスク及び機会を管理するための戦略についての説明

1 企業は、自社のフリートの燃費向上及び使用段階の排出削減のための戦略について説明しなければならない。

1.1 使用段階の排出には、二酸化炭素、窒素酸化物、揮発性有機化合物、及び粒子状物質などの温室効果ガス並びに大気汚染物質を含める。

2 戦略の関連する側面には、既存の車両及び技術の改善、新たな技術の導入、先進的な技術への研究開発の取組み（efforts）、並びに同業者、学術機関又は顧客との連携を含める。

3 関連する技術には、材料設計及びエンジニアリング、先進的なパワートレイン、再生可能燃料、エネルギー貯蔵及びバッテリー、流線形設計、燃料噴射装置、粒子フィルター、並びにその他の方法で排出の削減をもたらす製品及び燃料に関連するものを含める場合がある。

3.1 先進的なパワートレイン技術には、電気自動車、ハイブリッド電気自動車、プラグイン・ハ

© IFRS Foundation

677

イブリッド車、デュアル燃料車及びゼロエミッション（例えば、燃料電池車）の車両及び車両コンポーネントを含める。

3.2 再生可能燃料及びエネルギー技術は、バイオマス（エタノール、第1世代バイオ燃料及び先進的なバイオ燃料を含む。）を含め、生態系サイクルを通じて短時間で補充できる供給源で動作するものである。

3.3 排出削減をもたらす製品には、燃料消費量の大幅な（significant）削減を達成する車両又は技術を含める。

3.4 排出削減につながる燃料には、バイオディーゼル、エタノール、天然ガス、プロパン及び水素を含む。

3.5 内燃機関には、窒素酸化物の排出を低減する技術（例えば、選択的触媒還元）を備えたものを含める。

3.6 粒子フィルター（例えば、ウォールフロー・フィルター又はパーシャルフロー・フィルター）には、排出（一酸化炭素、炭化水素及び粒子状物質を含む。）を削減するものを含める。

  3.6.1 関連する場合、開発中の特定の種類の燃料システム（例えば、ハイブリッド、電気又は燃料電池）など、燃費を改善して車両の排出を削減するために優先している技術について説明しなければならない。

4 企業は、顧客の需要を満たすこと、又は事業を営む市場若しくは事業を営む計画である市場の規制要件を満たすことなど、燃費及び排出に関する取組み（efforts）に影響を与える（influencing）要因について説明しなければならない。

 4.1 関連するプログラム及び取組みには、次のものを含める場合がある。

  4.1.1 「California Low-Emission Vehicle Program – LEV III」

  4.1.2 「China VI」排出基準

  4.1.3 「Euro 6」小型車（light duty vehicles）用基準

  4.1.4 「US Clean Air Act」

  4.1.5 「US Corporate Average Fuel Economy」（CAFE）基準

5 企業は、燃費及び使用段階の規制上の義務を遵守しているかどうか、そのような既存の規制により将来における改善が必要となるかどうか、そのような規制の遵守に向けた進捗状況、並びに新たな規制の遵守を維持するための戦略について説明しなければならない。

6 開示の範囲には、国及び地方の車両基準の対象となるすべての車両を含める。

7 企業は、燃費改善及び排出削減についての目標を含む、燃費改善及び排出削減を測定するために用いるベンチマークについて説明する場合がある。

「気候関連開示」の適用に関する産業別ガイダンス

第64巻－レンタカー及びカーリース

産業の説明

この産業に属する企業は、乗用車を顧客にレンタル又はリースする。消費者は典型的に1か月よりも短い期間で車両をレンタルするのに対し、カーリースは1年以上の期間で継続する場合がある。この産業には、レンタルが時間単位で測定され、典型的にサブスクリプション手数料を含む、カーシェアのビジネス・モデルも含まれる。自動車レンタル企業は、ビジネス及びレジャー目的の旅客を対象とする空港の拠点、及びほとんどが修理工場及び週末のレンタルを提供する住宅地の拠点で事業を営む。この産業は集中度が高く、複数の支配的なプレーヤーが、フランチャイズ・モデルを用いてグローバルに事業を営んでいる。主要な大都市圏において公共交通機関及びライドシェアリング・サービスが成長していることは、顧客が車両をレンタルするよりも、送迎を依頼したり公共交通機関を利用したりすることを選択する場合には、「レンタカー及びカーリース」産業の長期の収益性に対する脅威となる場合がある。

サステナビリティ開示トピック及び指標

表1. サステナビリティ開示トピック及び指標

トピック	指標	カテゴリー	測定単位	コード
フリート燃費及び使用	レンタル日数で加重平均されたレンタル・フリートの燃費（地域別）	定量	Mpg、L/km、gCO_2/km、km/L	TR-CR-410a.1
	フリートの使用率	定量	比率	TR-CR-410a.2

表2. 活動指標

活動指標	カテゴリー	測定単位	コード
平均車両年齢	定量	月	TR-CR-000.A
総レンタル可能日数[115]	定量	日	TR-CR-000.B
レンタル車両の平均フリート数[116]	定量	車両の数	TR-CR-000.C

---

[115] TR-CR-000.Bに関する注記 ― レンタル可能日数の合計は、報告期間中、企業が提供する車両がレンタル可能な状態にある24時間（又はその一部）単位の日数である。

[116] TR-CR-000.Cに関する注記 ― レンタル車両の平均フリート数は、報告期間中の各月におけるレンタル可能な最大車両数の単純平均である。

© IFRS Foundation

フリート燃費及び使用

トピックサマリー

レンタカー及びカーリース企業は、低燃費車及び代替燃料車を提供することにより、財務的な利益を獲得しながら、自社の事業の環境上のサステナビリティを改善する場合がある。より効率的な車両に対する消費者需要は、環境上のスチュワードシップ及び燃料効率に関連する事業コストの低下の両方に動機付けられて高まっている。この産業の企業は、低燃費及び低排出のフリートを提供するだけでなく、カーシェアリング・サービスを提供することで、車両ニーズの変化に対応している。都市部では、カーシェアリングは車両の所有に代わる魅力的な代替手段であり、渋滞及び車両の個人所有に伴う環境インパクトを軽減することができる。カーシェアリングを通じてフリートの利用率を最大化することで、企業は事業の効率性を改善する場合がある。

指標

TR-CR-410a.1. レンタル日数で加重平均されたレンタル・フリートの燃費（地域別）

1　企業は、報告期間中のそれぞれの車種のレンタル日数で加重した、自社のレンタル用乗用車の平均燃費を地理上の地域別に開示しなければならない。

    1.1　平均燃費は、車両の燃費のレンタル日数加重調和平均として計算しなければならない。

        1.1.1　調和平均は、逆数の平均についての逆数として計算する。

        1.1.2　レンタル日数による加重は、それぞれの車種が占める総レンタル日数の割合の要素を計算に組み込むことで行う。

2　企業は、自社のレンタル用乗用車の平均燃費を地理上の地域別に開示しなければならない。

    2.1　地理上の地域は、企業がセグメント別の財務報告を行う地域であり、フリート燃費、燃料消費又は排出基準の対象となる地域と定義する。

3　開示は、それぞれの地理上の地域について異なる単位で提供する場合がある。これには次のものを含める場合がある。

    3.1　「欧州連合」内で販売した(1)乗用車及び(2)軽商用車については、キロメートル当たりのCO_2のグラム数（gCO_2/km）

    3.2　日本国内で販売した乗用車については、キロメートル当たりのガソリンのリットル数（L/km）

    3.3　米国内で販売した(1)国産乗用車、(2)輸入乗用車、及び(3)軽トラックであり、「企業平均燃費」（CAFE）基準の対象となるものについては、ガロン当たりのマイル数（mpg）（これらの車両のカテゴリーは、米国 49 CFR Part 523で定義されている。）

    3.4　ニュージーランドで販売した乗用車については、リットル当たりのキロメートル数（km/L）

4　開示の範囲には、フリート燃費、燃料消費又は排出についての国の乗用車基準の対象となるすべての車両を含めなければならない。

5　企業は、次のような他の車両セグメントについて、フリート燃費を開示する場合がある。

「気候関連開示」の適用に関する産業別ガイダンス

5.1　日本の貨物車両

5.2　米国の大型車両

5.3　EUの軽商用車

TR-CR-410a.2. フリートの使用率

1　企業は、自社のフリート使用率を開示しなければならない。

1.1　使用率は、レンタル日数の合計を、レンタル可能日数の合計で除して計算しなければならない。

1.1.1　レンタル日数は、車両がレンタルされた24時間（又はその一部）の日数と定義する。

1.1.2　レンタル可能日数は、報告期間中に企業が車両をレンタル可能な状態にした24時間（又はその一部）の日数と定義する。車両が点検、清掃又は整備を受けていた時間及びリコールの対象となっていた時間は、ここから除外しなければならない。

2　開示の範囲には、空港拠点及び空港外の拠点を含む企業のレンタル拠点の車両並びに企業のカーシェアリング用フリートにおける車両のすべてを含める。

© IFRS Foundation

第65巻－クルーズ会社

産業の説明

「クルーズ会社」産業には、遠洋クルーズ及びリバー・クルーズを含む、旅客輸送及びレジャーの娯楽を提供する企業が含まれる。少数の大規模な企業がこの産業を支配している。クルーズは、贅沢なリゾート体験を何千もの旅客に同時に提供している。「クルーズ会社」産業は、旅行産業の中で最も成長しているセグメントであることが多いものの、景気と強く連動する。

サステナビリティ開示トピック及び指標

表1. サステナビリティ開示トピック及び指標

トピック	指標	カテゴリー	測定単位	コード
温室効果ガス排出	グローバルでの「スコープ1」の総排出	定量	CO_2相当メートル・トン(t)	TR-CL-110a.1
	「スコープ1」の排出を管理するための長期的及び短期的な戦略又は計画、排出削減目標並びにそれらの目標に対するパフォーマンスの分析についての説明	説明及び分析	該当なし	TR-CL-110a.2
	(1)エネルギー総消費量、(2)重油の割合、(3)陸上電力供給（OPS）の割合及び(4)再生可能エネルギーの割合	定量	ギガジュール(GJ)、パーセンテージ(%)	TR-CL-110a.3
	新船の平均「エネルギー効率設計指標」（EEDI）	定量	トン海里当たりのCO_2グラム数	TR-CL-110a.4

表2. 活動指標

活動指標	カテゴリー	測定単位	コード
利用可能な下寝台距離（ALB-KM）[117]	定量	ALB-KM	TR-CL-000.A

---

[117] TR-CL-000.Aに関する注記 － 利用可能な下寝台（ALB）とは、クルーズ船の定員を示す測定値であり、通常は利用可能なキャビン当たり2名を想定している。それはフリートのサイズ、旅程、乗客数の変化を考慮する。利用可能な下寝台距離（ALB-KM）は、それぞれの航路のALBにその航路の航行距離を乗じて計算する。

「気候関連開示」の適用に関する産業別ガイダンス

活動指標	カテゴリー	測定単位	コード
平均旅客クルーズ日数（APCD）[118]	定量	APCD	TR-CL-000.B
船員数[119]	定量	数	TR-CL-000.C
クルーズ船旅客[120]	定量	数	TR-CL-000.D
船舶寄港回数	定量	数	TR-CL-000.E

温室効果ガス排出

トピックサマリー

クルーズ会社は、主に船舶のエンジンでディーゼル燃料の燃焼から排出を生成する。燃料コストの上昇及び温室効果ガス（GHG）規制の強化により、この産業における重油（「バンカー燃料」）への依存は、重要性がある（material）懸念材料となっている。新しい環境規制は、より燃料効率の高いエンジンの採用、エンジン改修及びよりクリーンな燃焼燃料の使用を奨励している。燃料は、産業のプレーヤーにとって主な費用であり、燃料効率を向上させるための性能向上（upgrades）又は改修への投資にさらなるインセンティブを与えている。さらに、GHG規制の違反は、罰金及びコンプライアンス・コストをもたらす場合がある。

指標

TR-CL-110a.1. グローバルでの「スコープ1」の総排出

1 企業は、「京都議定書」において対象とされる7種類の温室効果ガス（GHG）－二酸化炭素（CO_2）、メタン（CH_4）、一酸化二窒素（N_2O）、ハイドロフルオロカーボン類（HFCs）、パーフルオロカーボン類（PFCs）、六フッ化硫黄（SF_6）及び三フッ化窒素（NF_3）－のグローバルでの「スコープ1」のGHGの大気への総排出を開示しなければならない。

　1.1 すべてのGHG排出は、二酸化炭素相当（CO_2相当）メートル・トン単位で合算し、開示しなければならず、公開されている100年の時間軸に基づく地球温暖化係数（GWP）の数値に従い計算しなければならない。現時点でのGWP数値の推奨される情報源は、「気候変動に関する政府間パネル（IPCC）第5次評価報告書（2014年）」である。

　1.2 総排出は、オフセット、クレジット又はその他の類似した排出削減若しくは排出相殺のメカニズムを考慮する前の、大気中に排出されたGHGである。

---

[118] TR-CL-000.Bに関する注記 － 平均旅客クルーズ日数（APCD）は、船上の利用可能な下寝台数に、報告期間中にそれらの下寝台が旅客に利用可能な日数を乗じて計算する。

[119] TR-CL-000.Cに関する注記 － 船員とは、報告期間中に企業の船舶で働く従業員（正社員及び契約社員を含む。）をいう。

[120] TR-CL-000.Dに関する注記 － クルーズ船旅客とは、企業の船舶に乗船している旅客をいい、船員は含まない。

© IFRS Foundation

2 「スコープ1」の排出は、「世界資源研究所」（WRI）及び「持続可能な開発のための世界経済人会議」
（WBCSD）によって公表された「温室効果ガスプロトコルの企業算定及び報告基準（GHGプロト
コル）（2004年3月改訂版）」において定義されており、ここに記載されている方法に従って計算し
なければならない。

 2.1 認められる計算方法には、基礎的な参考文献として「GHGプロトコル」に従いつつ、産業固
有又は地域固有のガイダンスなど追加的なガイダンスを提供するものを含める。例には次の
ものを含める場合がある。

  2.1.1 「GHG Reporting Guidance for the Aerospace Industry」（「国際航空宇宙環境グル
ープ」（IAEG）発行）

  2.1.2 「Greenhouse Gas Inventory Guidance：定置式燃焼源からの直接排出」（「米国環境
保護庁」（EPA）発行）

  2.1.3 「India GHG Inventory Program」

  2.1.4 ISO 14064-1

  2.1.5 「Petroleum Industry Guidelines for reporting GHG emissions」（IPIECA発行　第
2版（2011年））

  2.1.6 「Protocol for the quantification of greenhouse gas emissions from waste
management activities」（「Entreprises pour l'Environnement」（EpE）発行）

 2.2 GHG排出データは、企業が財務報告データを連結する方法に従って合算し、開示しなければ
ならない。その方法は、一般的に、「GHGプロトコル」で定義する「財務支配」アプローチ
及び「気候開示基準委員会」（CDSB）によって公表された「環境及び社会情報の報告のため
のCDSBフレームワーク」のREQ-07「組織の境界」に記述されているアプローチと整合し
ている。

3 企業は、過去の報告期間からの排出の変化について説明する場合がある。これには、変化が排出削
減、ダイベストメント、買収、合併、アウトプットの変化又は計算方法の変更によるものかどうか
を含める。

4 現在のCDP又は他の企業へのGHG排出の報告（例えば、国の規制上の開示プログラム）が、範囲及
び使用した合算アプローチの点で異なる場合、企業はそれらの排出を開示することがある。ただし、
主要な開示は前述のガイドラインに従わなければならない。

5 企業は、データが連続排出監視システム（CEMS）、エンジニアリング計算又は物質収支計算からの
ものであるかどうかなど、排出開示の計算方法について説明する場合がある。

TR-CL-110a.2. 「スコープ1」の排出を管理するための長期的及び短期的な戦略又は計画、排出削減目標並びにそれらの目標に対するパフォーマンスの分析についての説明

1 企業は、「スコープ1」の温室効果ガス（GHG）排出を管理するための長期的及び短期的な戦略又は
計画について説明しなければならない。

 1.1 「スコープ1」の排出は、「世界資源研究所」（WRI）及び「持続可能な開発のための世界経済
人会議」（WBCSD）によって公表された「温室効果ガスプロトコルの企業算定及び報告基準

684

© IFRS Foundation

「気候関連開示」の適用に関する産業別ガイダンス

（GHGプロトコル）（2004年3月改訂版）」において定義されている。

1.2 GHG排出の範囲には、「京都議定書」において対象とされる7種類の温室効果ガス（GHG）
－二酸化炭素（CO_2）、メタン（CH_4）、一酸化二窒素（N_2O）、ハイドロフルオロカーボン類
（HFCs）、パーフルオロカーボン類（PFCs）、六フッ化硫黄（SF_6）及び三フッ化窒素（NF_3）
－を含める。

2 企業は、排出削減目標について説明し、目標に対するパフォーマンスを分析しなければならない。
関連する場合は、次のものを含める。

2.1 排出削減目標の範囲（例えば、目標が適用される総排出の割合）

2.2 目標が絶対量ベース又は原単位ベースのいずれであるか、及び目標が原単位ベースの目標で
ある場合は指標の分母

2.3 基準年に対する削減率。この基準年とは、目標の達成に向けて排出について評価する最初の
年を表す。

2.4 削減活動の時間軸。これには開始年、目標年及び基準年を含める。

2.5 目標を達成するためのメカニズム

2.6 目標年の排出若しくは基準年の排出が遡及的に再計算された（若しくは再計算される場合が
ある）、又は目標年若しくは基準年が再設定された、すべての状況

3 企業は、計画又は目標を達成するために必要な活動及び投資、並びに計画又は目標の達成に影響を
与える（affect）場合があるリスク又は制限要因について説明しなければならない。

3.1 関連する活動及び投資には、航路の最適化、代替燃料及びエネルギー源の利用、システムの
改善、船舶事業の最適化、船舶設計及び推進システム（船体及びプロペラの改善など）によ
る効率改善、新船によるフリートの性能向上（upgrading）などを含める場合がある。

4 企業は、さまざまな事業単位、地域又は排出源に対して異なるように関係しているかどうかなど、
その戦略、計画又は削減目標の範囲について説明しなければならない。

5 企業は、その戦略、計画又は削減目標が、地域、国、国際又はセクター別プログラムを含む、排出
制限又は排出報告ベースのプログラム又は規制（例えば、「EU域内排出量取引制度」、「ケベック州
キャップアンドトレード制度」、「カリフォルニア州キャップアンドトレード・プログラム」）に関連
している（related to）か又は関係している（associated with）かどうかについて説明しなければな
らない。

6 戦略、計画又は削減目標の開示は、報告期間中に進行中（アクティブ）であったか又は完了した活
動に限定しなければならない。

TR-CL-110a.3. (1)エネルギー総消費量、(2)重油の割合、(3)陸上電力供給（OPS）の割合及び(4)再生可能エネルギーの割合

1 企業は、(1)消費したエネルギーの総量をギガジュール（GJ）単位で集計して開示しなければならな
い。

1.1 エネルギー消費の範囲には、外部の供給源から購入したエネルギー及び企業が自ら生産した

© IFRS Foundation

エネルギー（自己生成）を含む、すべての供給源からのエネルギーを含める。例えば、直接的な燃料の使用、購入した電気、並びに温熱、冷熱及び蒸気エネルギーはすべてエネルギー消費の範囲内に含まれる。

1.2 エネルギー消費の範囲には、報告期間中に企業が直接消費したエネルギーのみを含める。

1.3 燃料及びバイオ燃料からのエネルギー消費量を計算するにあたり、企業は、直接測定したか、又は「気候変動に関する政府間パネル」（IPCC）から取得した、総発熱量（GCV）とも呼ばれる高位発熱量（HHV）を使用しなければならない。

2 企業は、(2)自社が消費した重油から供給されたエネルギーの割合を開示しなければならない。

2.1 重油は、留出油及び軽質炭化水素が精製により留去された後に残る重質油と定義する。

2.2 この割合は、重油の消費量を、エネルギー総消費量で除して計算しなければならない。

3 企業は、(3)自社が消費した陸上電力供給（OPS）によるエネルギーの割合を開示しなければならない。

3.1 OPSには、主エンジンと補助エンジンを停止している間に停泊中の船舶が消費する陸上電力を含める。

3.2 この割合は、OPS消費量を、エネルギー総消費量で除して計算しなければならない。

4 企業は、(4)自社が消費した再生可能エネルギーの割合を開示しなければならない。

4.1 再生可能エネルギーは、地熱、風力、太陽光、水力及びバイオマスなど、それらの枯渇率以上のペースで補充されるエネルギー源からのエネルギーと定義する。

4.2 この割合は、再生可能エネルギー消費量を、エネルギー総消費量で除して計算しなければならない。

4.3 再生可能エネルギーの範囲には、企業が消費した再生可能燃料、企業が直接生産した再生可能エネルギー、及び企業が購入した再生可能エネルギー（再生可能エネルギー証書（REC）若しくは「原産地保証」（GO）を明示的に含む再生可能電力購入契約（PPA）を通じて購入した場合、「Green-eエナジー認証」済みの電気事業者若しくはサプライヤー・プログラムを通じて購入した場合、又は、RECやGOを明示的に含むその他のグリーン電力製品、若しくは「Green-eエナジー認証」RECが電力系統からの電気と組み合わせられた他のグリーン電力製品を通じて購入した場合）を含める。

4.3.1 オンサイトで生成した再生可能な電気について、それが再生可能エネルギーであると企業が主張するためには、当該企業の名においてREC及びGOを保持（retained）し（売却せず）、取り消し（retired）又は無効化（cancelled）しなければならない。

4.3.2 再生可能PPA及びグリーン電力製品について、それが再生可能エネルギーであると企業が主張するためには、当該企業の名においてREC及びGOを保持（retained）又は交換（replaced）し、取り消し（retired）又は無効化（cancelled）する旨を、その契約に明示的に含めて伝えなければならない。

4.3.3 企業の支配又は影響（influence）の範囲外にある系統電力ミックスの再生可能部分

「気候関連開示」の適用に関する産業別ガイダンス

は、再生可能エネルギーの範囲から除外する。

4.4 この開示の目的において、バイオマス源からの再生可能エネルギーの範囲は、第三者の基準（例えば、「森林管理協議会」（Forest Stewardship Council）、「持続可能な森林イニシアティブ」（Sustainable Forest Initiative）、「森林認証プログラム」（Programme for the Endorsement of Forest Certification）、又は「American Tree Farm System」）で認証された材料、「再生可能エネルギー認証のためのGreen-eフレームワークのバージョン1.0（2017年）」若しくは「Green-e」地域基準に従い対象となり得る（eligible）供給源とみなされる材料、又は適用される法域の再生可能エネルギー利用割合基準（renewable portfolio standard）において対象となり得る（eligible）材料に限定する。

5 企業は、燃料使用量（バイオ燃料を含む。）についてのHHVの使用及びキロワット時（kWh）のGJへの変換（太陽光又は風力エネルギーからの電気を含むエネルギー・データの場合）など、この開示で報告するすべてのデータに対して、変換係数を一貫して適用しなければならない。

TR-CL-110a.4. 新船の平均「エネルギー効率設計指標」（EEDI）

1 企業は、新船の平均「エネルギー効率設計指標」（EEDI）を、トン海里当たりの二酸化炭素のグラム単位で開示しなければならない。

1.1 EEDI値は、設置電力、特定の燃料消費量及び炭素変換の積を、利用可能な積載能力及び設計荷重での船速の積で除した値である。

1.2 企業は、報告期間中に企業のフリートに追加されたすべての新船のEEDI値の単純平均値として平均EEDIを計算しなければならない。

1.2.1 新船は2013年以降に建造され、「国際海事機関」（IMO）がEEDIを指標として採用している船に限る。

1.3 企業は、IMO MEPC 66/21 / Add.1、Annex 5、「2014 Guidelines on the Method of Calculation of the Attained Energy Efficiency Design Index (EEDI) For New Ships」に概説されている計算方法に従わなければならない。

© IFRS Foundation

第66巻－海上輸送

産業の説明

「海上輸送」産業の企業は、遠洋、近海又は河川における貨物の輸送サービスを提供する。この産業は国際貿易にとって戦略的に重要（importance）であり、その売上はマクロ経済の循環と結びついている。重要な（important）活動には、消費財及びさまざまなコモディティを含む、コンテナ化された貨物及びバルク貨物の輸送、並びにタンカーによる化学製品及び石油製品の輸送が含まれる。この産業のグローバルな範囲により、企業は、多くの多様な法域の法令上の枠組みのもとで事業を営んでいる場合がある。

サステナビリティ開示トピック及び指標

表1. サステナビリティ開示トピック及び指標

トピック	指標	カテゴリー	測定単位	コード
温室効果ガス排出	グローバルでの「スコープ1」の総排出	定量	CO_2相当メートル・トン(t)	TR-MT-110a.1
	「スコープ1」の排出を管理するための長期的及び短期的な戦略又は計画、排出削減目標並びにそれらの目標に対するパフォーマンスの分析についての説明	説明及び分析	該当なし	TR-MT-110a.2
	(1)エネルギー総消費量、(2)重油の割合及び(3)再生可能エネルギーの割合	定量	ギガジュール(GJ)、パーセンテージ(%)	TR-MT-110a.3
	新船の平均「エネルギー効率設計指標」（EEDI）	定量	トン海里当たりのCO_2グラム数	TR-MT-110a.4

表2. 活動指標

活動指標	カテゴリー	測定単位	コード
船員数[121]	定量	数	TR-MT-000.A
船舶フリートの総輸送距離	定量	海里(nm)	TR-MT-000.B

---

[121] TR-MT-000.Aに関する注記 － 船員とは、報告期間中に企業の船舶で働く従業員（正社員及び契約社員を含む。）をいう。

「気候関連開示」の適用に関する産業別ガイダンス

活動指標	カテゴリー	測定単位	コード
稼働日数[122]	定量	日	TR-MT-000.C
載貨重量トン数[123]	定量	千重量トン	TR-MT-000.D
総船舶数	定量	数	TR-MT-000.E
船舶寄港回数	定量	数	TR-MT-000.F
20フィート相当（TEU）積載能力	定量	TEU	TR-MT-000.G

温室効果ガス排出

トピックサマリー

海上輸送企業は、主に船舶のエンジンでディーゼル燃料の燃焼から排出を生成する。燃料コストの上昇及び温室効果ガス（GHG）規制の強化により、この産業における重油（「バンカー燃料」）への依存は、重要性がある（material）懸念材料となっている。この産業は、出荷トン当たりの燃料使用量の点では、主要な輸送手段の中で最も燃料効率が良い。しかし、産業規模の大きさゆえに、グローバルでのGHG排出への寄与は依然として重大（significant）である。新しい環境規制は、より燃料効率の高いエンジンの採用及び、よりクリーンな燃焼燃料の使用を推奨している。燃料は、産業のプレーヤーにとって主な費用であり、燃料効率を向上させるための性能向上（upgrades）又は改修への投資にさらなるインセンティブを与えている。

指標

TR-MT-110a.1. グローバルでの「スコープ1」の総排出

1 　企業は、「京都議定書」において対象とされる7種類の温室効果ガス（GHG）－二酸化炭素（CO_2）、メタン（CH_4）、一酸化二窒素（N_2O）、ハイドロフルオロカーボン類（HFCs）、パーフルオロカーボン類（PFCs）、六フッ化硫黄（SF_6）及び三フッ化窒素（NF_3）－のグローバルでの「スコープ1」のGHGの大気への総排出を開示しなければならない。

1.1 　すべてのGHG排出は、二酸化炭素相当（CO_2相当）メートル・トン単位で合算し、開示しなければならず、公開されている100年の時間軸に基づく地球温暖化係数（GWP）の数値に従い計算しなければならない。現時点でのGWP数値の推奨される情報源は、「気候変動に関する政府間パネル（IPCC）第5次評価報告書（2014年）」である。

---

[122] TR-MT-000.Cに関する注記 － 稼働日数は、報告期間内の利用可能な日数から、予期せぬ状況のために船舶がオフハイヤーとなった日数の合計を差し引いて計算する（つまり、報告期間中に船舶が実際に売上を生み出していた日数の測定）。

[123] TR-MT-000.Dに関する注記 － 載貨重量トン数とは、企業のすべての船舶の軽荷排水量と実際の満載排水量の差の合計を載貨重量トンで表したものをいう。

© IFRS Foundation

1.2 総排出は、オフセット、クレジット又はその他の類似した排出削減若しくは排出相殺のメカニズムを考慮する前の、大気中に排出されたGHGである。

2 「スコープ1」の排出は、「世界資源研究所」（WRI）及び「持続可能な開発のための世界経済人会議」（WBCSD）によって公表された「温室効果ガスプロトコルの企業算定及び報告基準（GHGプロトコル）（2004年3月改訂版）」において定義されており、ここに記載されている方法に従って計算しなければならない。

2.1 認められる計算方法には、基礎的な参考文献として「GHGプロトコル」に従いつつ、産業固有又は地域固有のガイダンスなど追加的なガイダンスを提供するものを含める。例には次のものを含める場合がある。

2.1.1 「GHG Reporting Guidance for the Aerospace Industry」（「国際航空宇宙環境グループ」（IAEG）発行）

2.1.2 「Greenhouse Gas Inventory Guidance：定置式燃焼源からの直接排出」（「米国環境保護庁」（EPA）発行）

2.1.3 「India GHG Inventory Program」

2.1.4 ISO 14064-1

2.1.5 「Petroleum Industry Guidelines for reporting GHG emissions」（IPIECA発行　第2版（2011年））

2.1.6 「Protocol for the quantification of greenhouse gas emissions from waste management activities」（「Entreprises pour l'Environnement」（EpE）発行）

2.2 GHG排出データは、企業が財務報告データを連結する方法に従って合算し、開示しなければならない。その方法は、一般的に、「GHGプロトコル」で定義する「財務支配」アプローチ及び「気候開示基準委員会」（CDSB）によって公表された「環境及び社会情報の報告のためのCDSBフレームワーク」のREQ-07「組織の境界」に記述されているアプローチと整合している。

3 企業は、過去の報告期間からの排出の変化について説明する場合がある。これには、変化が排出削減、ダイベストメント、買収、合併、アウトプットの変化又は計算方法の変更によるものかどうかを含める。

4 現在のCDP又は他の企業へのGHG排出の報告（例えば、国の規制上の開示プログラム）が、範囲及び使用した合算アプローチの点で異なる場合、企業はそれらの排出を開示することがある。ただし、主要な開示は前述のガイドラインに従わなければならない。

5 企業は、データが連続排出監視システム（CEMS）、エンジニアリング計算又は物質収支計算からのものであるかどうかなど、排出開示の計算方法について説明する場合がある。

TR-MT-110a.2.　「スコープ1」の排出を管理するための長期的及び短期的な戦略又は計画、排出削減目標並びにそれらの目標に対するパフォーマンスの分析についての説明

1 企業は、「スコープ1」の温室効果ガス（GHG）排出を管理するための長期的及び短期的な戦略又は計画について説明しなければならない。

690

© IFRS Foundation

「気候関連開示」の適用に関する産業別ガイダンス

  1.1 「スコープ1」の排出は、「世界資源研究所」（WRI）及び「持続可能な開発のための世界経済人会議」（WBCSD）によって公表された「温室効果ガスプロトコルの企業算定及び報告基準（GHGプロトコル）（2004年3月改訂版）」において定義されている。

  1.2 GHG排出の範囲には、「京都議定書」において対象とされる7種類の温室効果ガス（GHG）－二酸化炭素（CO_2）、メタン（CH_4）、一酸化二窒素（N_2O）、ハイドロフルオロカーボン類（HFCs）、パーフルオロカーボン類（PFCs）、六フッ化硫黄（SF_6）及び三フッ化窒素（NF_3）－を含める。

2 企業は、排出削減目標について説明し、目標に対するパフォーマンスを分析しなければならない。関連する場合は、次のものを含める。

  2.1 排出削減目標の範囲（例えば、目標が適用される総排出の割合）

  2.2 目標が絶対量ベース又は原単位ベースのいずれであるか、及び目標が原単位ベースの目標である場合は指標の分母

  2.3 基準年に対する削減率。この基準年とは、目標の達成に向けて排出について評価する最初の年を表す。

  2.4 削減活動の時間軸。これには開始年、目標年及び基準年を含める。

  2.5 目標を達成するためのメカニズム

  2.6 目標年の排出若しくは基準年の排出が遡及的に再計算された（若しくは再計算される場合がある）、又は目標年若しくは基準年が再設定された、すべての状況

3 企業は、計画又は目標を達成するために必要な活動及び投資、並びに計画又は目標の達成に影響を与える（affect）場合があるリスク又は制限要因について説明しなければならない。

  3.1 関連する活動及び投資には、航路の最適化、代替燃料及びエネルギー源の利用、システムの改善、船舶事業の最適化、船舶設計及び推進システム（船体及びプロペラの改善など）による効率改善、新船によるフリートの性能向上（upgrading）などを含める場合がある。

4 企業は、さまざまな事業単位、地域又は排出源に対して異なるように関係しているかどうかなど、その戦略、計画又は削減目標の範囲について説明しなければならない。

5 企業は、その戦略、計画又は削減目標が、地域、国、国際又はセクター別プログラムを含む、排出制限又は排出報告ベースのプログラム又は規制（例えば、「EU域内排出量取引制度」、「ケベック州キャップアンドトレード制度」、「カリフォルニア州キャップアンドトレード・プログラム」）に関連している（related to）か又は関係している（associated with）かどうかについて説明しなければならない。

6 戦略、計画又は削減目標の開示は、報告期間中に進行中（アクティブ）であったか又は完了した活動に限定しなければならない。

TR-MT-110a.3. (1)エネルギー総消費量、(2)重油の割合及び(3)再生可能エネルギーの割合

1 企業は、(1)消費したエネルギーの総量をギガジュール（GJ）単位で集計して開示しなければならない。

© IFRS Foundation

691

1.1 エネルギー消費の範囲には、外部の供給源から購入したエネルギー及び企業が自ら生産したエネルギー（自己生成）を含む、すべての供給源からのエネルギーを含める。例えば、直接的な燃料の使用、購入した電気、並びに温熱、冷熱及び蒸気エネルギーはすべてエネルギー消費の範囲内に含まれる。

1.2 エネルギー消費の範囲には、報告期間中に企業が直接消費したエネルギーのみを含める。

1.3 燃料及びバイオ燃料からのエネルギー消費量を計算するにあたり、企業は、直接測定したか、又は「気候変動に関する政府間パネル」（IPCC）から取得した、総発熱量（GCV）とも呼ばれる高位発熱量（HHV）を使用しなければならない。

2 企業は、(2)自社が消費した重油から供給されたエネルギーの割合を開示しなければならない。

2.1 重油は、留出油及び軽質炭化水素が精製により留去された後に残る重質油と定義する。

2.2 この割合は、重油の消費量を、エネルギー総消費量で除して計算しなければならない。

3 企業は、(3)自社が消費した再生可能エネルギーの割合を開示しなければならない。

3.1 再生可能エネルギーは、地熱、風力、太陽光、水力及びバイオマスなど、それらの枯渇率以上のペースで補充されるエネルギー源からのエネルギーと定義する。

3.2 この割合は、再生可能エネルギー消費量を、エネルギー総消費量で除して計算しなければならない。

3.3 再生可能エネルギーの範囲には、企業が消費した再生可能燃料、企業が直接生産した再生可能エネルギー、及び企業が購入した再生可能エネルギー（再生可能エネルギー証書（REC）若しくは「原産地保証」（GO）を明示的に含む再生可能電力購入契約（PPA）を通じて購入した場合、「Green-eエナジー認証」済みの電気事業者若しくはサプライヤー・プログラムを通じて購入した場合、又は、RECやGOを明示的に含むその他のグリーン電力製品、若しくは「Green-e エナジー認証」RECが系統電力からの電気と組み合わせられた他のグリーン電力製品を通じて購入した場合）を含める。

3.3.1 オンサイトで生成した再生可能な電気について、それが再生可能エネルギーであると企業が主張するためには、当該企業の名においてREC及びGOを保持（retained）し（売却せず）、取り消し（retired）又は無効化（cancelled）しなければならない。

3.3.2 再生可能PPA及びグリーン電力製品について、それが再生可能エネルギーであると企業が主張するためには、当該企業の名においてREC及びGOを保持（retained）又は交換（replaced）し、取り消し（retired）又は無効化（cancelled）する旨を、その契約に明示的に含めて伝えなければならない。

3.3.3 企業の支配又は影響（influence）の範囲外にある系統電力ミックスの再生可能部分は、再生可能エネルギーの範囲から除外する。

3.4 この開示の目的において、バイオマス源からの再生可能エネルギーの範囲は、第三者の基準（例えば、「森林管理協議会」（Forest Stewardship Council）、「持続可能な森林イニシアティブ」（Sustainable Forest Initiative）、「森林認証プログラム」（Programme for the Endorsement of Forest Certification）、又は「American Tree Farm System」）で認証され

た材料、「再生可能エネルギー認証のためのGreen-eフレームワークのバージョン1.0（2017年）」若しくは「Green-e」地域基準に従い対象となり得る（eligible）供給源とみなされる材料、又は適用される法域の再生可能エネルギー利用割合基準（renewable portfolio standard）において対象となり得る（eligible）材料に限定する。

4 企業は、燃料使用量（バイオ燃料を含む。）についてのHHVの使用及びキロワット時（kWh）のGJへの変換（太陽光又は風力エネルギーからの電気を含むエネルギー・データの場合）など、この開示で報告するすべてのデータに対して、変換係数を一貫して適用しなければならない。

TR-MT-110a.4. 新船の平均「エネルギー効率設計指標」（EEDI）

1 企業は、新船の平均「エネルギー効率設計指標」（EEDI）を、トン海里当たりの二酸化炭素のグラム単位で開示しなければならない。

1.1 EEDI値は、設置電力、特定の燃料消費量及び炭素変換の積を、利用可能な積載能力及び設計荷重での船速の積で除した値である。

1.2 企業は、報告期間中に企業のフリートに追加されたすべての新船のEEDI値の単純平均値として平均EEDIを計算しなければならない。

1.2.1 新船は2013年以降に建造され、「国際海事機関」（IMO）がEEDIを指標として採用している船に限る。

1.3 企業は、IMO MEPC 66/21 / Add.1、Annex 5、「2014 Guidelines on the Method of Calculation of the Attained Energy Efficiency Design Index (EEDI) For New Ships」に概説されている計算方法に従わなければならない。

© IFRS Foundation

第67巻－鉄道輸送

産業の説明

「鉄道輸送」産業の企業は、鉄道による貨物の輸送サービス及び支援サービスを提供する。重要な (important) 活動には、消費財及びコモディティを含む、コンテナ化された貨物及びバルク貨物の輸送が含まれる。鉄道企業は、典型的に、鉄道網を所有、維持及び運営しており、重大な (significant) 資本的支出を必要とすることがあるこの産業では、そのネットワーク効果から、密度の経済が働くため、潜在的に自然独占状態を助長する。鉄道インフラの巨額の埋没原価とあわせて、このことはこの産業にいる既存の企業にとって競争上の優位をもたらし、新規の企業の参入障壁となっている。

注記：「鉄道輸送」産業の範囲には、鉄道による旅客輸送は含まない。

サステナビリティ開示トピック及び指標

表1. サステナビリティ開示トピック及び指標

トピック	指標	カテゴリー	測定単位	コード
温室効果ガス排出	グローバルでの「スコープ1」の総排出	定量	CO_2相当メートル・トン(t)	TR-RA-110a.1
	「スコープ1」の排出を管理するための長期的及び短期的な戦略又は計画、排出削減目標並びにそれらの目標に対するパフォーマンスの分析についての説明	説明及び分析	該当なし	TR-RA-110a.2
	燃料の総消費量、再生可能燃料の割合	定量	ギガジュール(GJ)、パーセンテージ(%)	TR-RA-110a.3

表2. 活動指標

活動指標	カテゴリー	測定単位	コード
輸送貨車数[124]	定量	数	TR-RA-000.A
インターモーダル輸送ユニット数[125]	定量	数	TR-RA-000.B

---

[124] TR-RA-000.Aに関する注記 － 開示の範囲には、企業が顧客のための貨物（コンテナ化されていない貨物を含む。）の配送に伴って輸送したすべての貨車を含む。

[125] TR-RA-000.Bに関する注記 － インターモーダル・ユニットには、複数の輸送手段を組み合わせて輸送可能な輸送用コンテナ及びトラック・トレーラーを含む。

694

© IFRS Foundation

「気候関連開示」の適用に関する産業別ガイダンス

活動指標	カテゴリー	測定単位	コード
トラック・キロメートル[126]	定量	キロメートル(km)	TR-RA-000.C
有償トンキロメートル（RTK）[127]	定量	RTK	TR-RA-000.D
従業員数	定量	数	TR-RA-000.E

温室効果ガス排出

トピックサマリー

「鉄道輸送」産業は、主に機関車エンジンでディーゼルの燃焼から排出を生成する。他の輸送産業と比較して排出が比較的少ないにもかかわらず、燃料管理は、営業コスト及び規制遵守の点で、この産業の企業に影響（implications）を与える。二酸化炭素（CO_2）を含む温室効果ガス（GHG）は、気候変動を懸念する政府の規制当局にとって特に重要（importance）である。機関車の排気ガス規制の強化及び高い燃料費は、排出管理のために燃料効率の改善に投資することを鉄道企業に推奨する。これらの投資は、企業の業務効率及びコスト構造を改善する可能性があり、産業内及び他の輸送手段と比較し、価値及び競争上の地位に影響を与える（effects）。

指標

TR-RA-110a.1. グローバルでの「スコープ1」の総排出

1　企業は、「京都議定書」において対象とされる7種類の温室効果ガス（GHG）－二酸化炭素（CO_2）、メタン（CH_4）、一酸化二窒素（N_2O）、ハイドロフルオロカーボン類（HFCs）、パーフルオロカーボン類（PFCs）、六フッ化硫黄（SF_6）及び三フッ化窒素（NF_3）－のグローバルでの「スコープ1」のGHGの大気への総排出を開示しなければならない。

　　1.1　すべてのGHG排出は、二酸化炭素相当（CO_2相当）メートル・トン単位で合算し、開示しなければならず、公開されている100年の時間軸に基づく地球温暖化係数（GWP）の数値に従い計算しなければならない。現時点でのGWP数値の推奨される情報源は、「気候変動に関する政府間パネル（IPCC）第5次評価報告書（2014年）」である。

　　1.2　総排出は、オフセット、クレジット又はその他の類似した排出削減若しくは排出相殺のメカニズムを考慮する前の、大気中に排出されたGHGである。

2　「スコープ1」の排出は、「世界資源研究所」（WRI）及び「持続可能な開発のための世界経済人会議」

---

[126] TR-RA-000.Cに関する注記 － トラック・キロメートルには、ルート・キロメートル（列車が運行できるルートの範囲の合計）を含み、複数のトラック・ルートを考慮し、複線の1ルート・キロメートルは2トラック・キロメートルとみなす。

[127] TR-RA-000.Dに関する注記 － 有償トンキロメートル（RTK）は、1キロメートル輸送された1トンの有償輸送と定義する。有償トンキロメートルは、それぞれの区間を輸送するキロメートル数に、その区間での有償輸送のメートル・トン数を乗じて計算する。

© IFRS Foundation

（WBCSD）によって公表された「温室効果ガスプロトコルの企業算定及び報告基準（GHGプロトコル）（2004年3月改訂版）」において定義されており、ここに記載されている方法に従って計算しなければならない。

2.1 認められる計算方法には、基礎的な参考文献として「GHGプロトコル」に従いつつ、産業固有又は地域固有のガイダンスなど追加的なガイダンスを提供するものを含める。例には次のものを含める場合がある。

2.1.1 「GHG Reporting Guidance for the Aerospace Industry」（「国際航空宇宙環境グループ」（IAEG）発行）

2.1.2 「Greenhouse Gas Inventory Guidance：定置式燃焼源からの直接排出」（「米国環境保護庁」（EPA）発行）

2.1.3 「India GHG Inventory Program」

2.1.4 ISO 14064-1

2.1.5 「Petroleum Industry Guidelines for reporting GHG emissions」（IPIECA発行　第2版（2011年））

2.1.6 「Protocol for the quantification of greenhouse gas emissions from waste management activities」（「Entreprises pour l'Environnement」（EpE）発行）

2.2 GHG排出データは、企業が財務報告データを連結する方法に従って合算し、開示しなければならない。その方法は、一般的に、「GHGプロトコル」で定義する「財務支配」アプローチ及び「気候開示基準委員会」（CDSB）によって公表された「環境及び社会情報の報告のためのCDSBフレームワーク」のREQ-07「組織の境界」に記述されているアプローチと整合している。

3 企業は、過去の報告期間からの排出の変化について説明する場合がある。これには、変化が排出削減、ダイベストメント、買収、合併、アウトプットの変化又は計算方法の変更によるものかどうかを含める。

4 現在のCDP又は他の企業へのGHG排出の報告（例えば、国の規制上の開示プログラム）が、範囲及び使用した合算アプローチの点で異なる場合、企業はそれらの排出を開示することがある。ただし、主要開示は前述のガイドラインに従わなければならない。

5 企業は、データが連続排出監視システム（CEMS）、エンジニアリング計算又は物質収支計算からのものであるかどうかなど、排出開示の計算方法について説明する場合がある。

TR-RA-110a.2.「スコープ1」の排出を管理するための長期的及び短期的な戦略又は計画、排出削減目標並びにそれらの目標に対するパフォーマンスの分析についての説明

1 企業は、「スコープ1」の温室効果ガス（GHG）排出を管理するための長期的及び短期的な戦略又は計画について説明しなければならない。

1.1 「スコープ1」の排出は、「世界資源研究所」（WRI）及び「持続可能な開発のための世界経済人会議」（WBCSD）によって公表された「温室効果ガスプロトコルの企業算定及び報告基準（GHGプロトコル）（2004年3月改訂版)」において定義されている。

696 © IFRS Foundation

「気候関連開示」の適用に関する産業別ガイダンス

- 1.2　GHG排出の範囲には、「京都議定書」において対象とされる7種類の温室効果ガス（GHG）－二酸化炭素（CO_2）、メタン（CH_4）、一酸化二窒素（N_2O）、ハイドロフルオロカーボン類（HFCs）、パーフルオロカーボン類（PFCs）、六フッ化硫黄（SF_6）及び三フッ化窒素（NF_3）－を含める。

2　企業は、排出削減目標について説明し、目標に対するパフォーマンスを分析しなければならない。関連する場合は、次のものを含める。

- 2.1　排出削減目標の範囲（例えば、目標が適用される総排出の割合）

- 2.2　目標が絶対量ベース又は原単位ベースのいずれであるか、及び目標が原単位ベースの目標である場合は指標の分母

- 2.3　基準年に対する削減率。この基準年とは、目標の達成に向けて排出について評価する最初の年を表す。

- 2.4　削減活動の時間軸。これには開始年、目標年及び基準年を含める。

- 2.5　目標を達成するためのメカニズム

- 2.6　目標年の排出若しくは基準年の排出が遡及的に再計算された（若しくは再計算される場合がある）、又は目標年若しくは基準年が再設定された、すべての状況

3　企業は、計画又は目標を達成するために必要な活動及び投資、並びに計画又は目標の達成に影響を与える（affect）場合があるリスク又は制限要因について説明しなければならない。

- 3.1　関連する活動及び投資には、運転改善（アイドリングの減少、運行の最適化、負荷の最大化など）及びフリートの機能強化（新たなエンジン、燃料最適化技術、空気力学的なフリートの変改造、並びに新たな機関車によるフリートの性能向上（upgrading）など）を含める場合がある。

4　企業は、さまざまな事業単位、地域又は排出源に対して異なるように関係しているかどうかなど、その戦略、計画又は削減目標の範囲について説明しなければならない。

5　企業は、その戦略、計画又は削減目標が、地域、国、国際又はセクター別プログラムを含む、排出制限又は排出報告ベースのプログラム又は規制（例えば、「EU域内排出量取引制度」、「ケベック州キャップアンドトレード制度」、「カリフォルニア州キャップアンドトレード・プログラム」）に関連している（related to）か又は関係している（associated with）かどうかについて説明しなければならない。

6　戦略、計画又は削減目標の開示は、報告期間中に進行中（アクティブ）であったか又は完了した活動に限定しなければならない。

TR-RA-110a.3. 燃料の総消費量、再生可能燃料の割合

1　企業は、すべての源泉からの燃料の総消費量をギガジュール（GJ）単位で集計して開示しなければならない。

- 1.1　消費された燃料の計算方法は、設計上のパラメータではなく、実際に消費された燃料に基づかなければならない。

© IFRS Foundation

1.2 消費された燃料の許容可能な計算方法には、次に基づく方法を含める場合がある。

    1.2.1 報告期間中に購入した燃料を報告期間の期首の在庫に加算し、報告期間の末日の燃料の在庫を差し引いたもの

    1.2.2 車両によって消費された燃料を追跡すること

    1.2.3 燃料費を追跡すること

2 企業は、消費された燃料のうち、再生可能燃料の割合を開示しなければならない。

    2.1 再生可能燃料は、一般的に次の要件のすべてを満たす燃料と定義する。

        2.1.1 再生可能なバイオマスから生産されたもの

        2.1.2 輸送用燃料、暖房用燃料油、又はジェット燃料に含まれる化石燃料の代替又は削減のために使用されるもの

        2.1.3 ライフサイクル・ベースでの温室効果ガス（GHG）排出の純減を達成したもの

    2.2 企業は、燃料が再生可能かどうかを判断するために使用した基準又は規制を開示しなければならない。

    2.3 この割合は、消費された再生可能燃料の量（GJ単位）を、消費された燃料の総量（GJ単位）で除して計算しなければならない。

3 開示の範囲には、企業により直接的に消費された燃料のみを含める。

4 燃料からのエネルギー消費量を計算するにあたり、企業は、直接測定したか、又は「気候変動に関する政府間パネル」（IPCC）から取得した、総発熱量（GCV）とも呼ばれる高位発熱量（HHV）を使用しなければならない。

5 企業は、燃料使用量（バイオ燃料を含む。）に対するHHVの使用など、この開示で報告するすべてのデータに対して、変換係数を一貫して適用しなければならない。

「気候関連開示」の適用に関する産業別ガイダンス

第68巻－道路輸送

産業の説明

「道路輸送」産業の企業は、短距離及び長距離の貨物のトラック輸送を提供する。重要な（important）活動には、消費財及びさまざまなコモディティを含む、コンテナ貨物及びバルク貨物の輸送が含まれる。一般的に、この産業は、2つに分類される場合がある。すなわち、貸切輸送（車両が単一の顧客のみの財を搭載する。）と、小口混載輸送（車両が複数の顧客の財を搭載する。）である。相対的に参入しやすいことから、この産業の大半はオーナー経営者により構成される。少数の大規模な運送業者は主要な荷送人との契約を通じてマーケットシェアを維持している。大規模な会社は、自社の保有フリートを補完するため、オーナー経営者と下請契約を結ぶことが多い。

サステナビリティ開示トピック及び指標

表1. サステナビリティ開示トピック及び指標

トピック	指標	カテゴリー	測定単位	コード
温室効果ガス排出	グローバルでの「スコープ1」の総排出	定量	CO_2相当メートル・トン(t)	TR-RO-110a.1
	「スコープ1」の排出を管理するための長期的及び短期的な戦略又は計画、排出削減目標並びにそれらの目標に対するパフォーマンスの分析についての説明	説明及び分析	該当なし	TR-RO-110a.2
	(1)燃料の総消費量、(2)天然ガスの割合、及び(3)再生可能燃料の割合	定量	ギガジュール(GJ)、パーセンテージ(%)	TR-RO-110a.3

表2. 活動指標

活動指標	カテゴリー	測定単位	コード
有償トンキロメートル（RTK）[128]	定量	RTK	TR-RO-000.A

---

[128] TR-RO-000.Aに関する注記 － 有償トンキロメートル（RTK）は、1キロメートル輸送された1トンの有償輸送と定義する。RTKは、それぞれの区間を輸送する車両のキロメートル数に、その区間での有償輸送のメートル・トン数を乗じて計算する。

© IFRS Foundation

活動指標	カテゴリー	測定単位	コード
ロード・ファクター[129]	定量	数	TR-RO-000.B
従業員数、トラック・ドライバー数	定量	数	TR-RO-000.C

温室効果ガス排出

トピックサマリー

「道路輸送」産業では、主にトラックのエンジンでディーゼル及びその他の化石燃料の燃焼から排出を生成する。二酸化炭素（CO_2）を含む温室効果ガス（GHG）は、気候変動を懸念する政府規制当局及び低炭素又はカーボン・ニュートラルな輸送解決策を求める消費者にとって特に重要（importance）である。トラックからのGHG排出は輸送関連の排出の重大な（significant）部分を占めているため、この産業はGHG排出を制限する規制の焦点となっている。燃料効率を向上させる事業への変更は、企業が燃料コストを削減すると同時に、燃料価格の変動、規制コスト及びGHG排出の他の結果へのエクスポージャーを限定する場合がある。新型トラックはより燃料効率が高いものの、その他の対策もまた、既存のフリートの効率を改善し、排出を削減する場合がある。

指標

TR-RO-110a.1. グローバルでの「スコープ1」の総排出

1 企業は、「京都議定書」において対象とされる7種類の温室効果ガス（GHG）－二酸化炭素（CO_2）、メタン（CH_4）、一酸化二窒素（N_2O）、ハイドロフルオロカーボン類（HFCs）、パーフルオロカーボン類（PFCs）、六フッ化硫黄（SF_6）及び三フッ化窒素（NF_3）－のグローバルでの「スコープ1」のGHGの大気への総排出を開示しなければならない。

　1.1 すべてのGHG排出は、二酸化炭素相当（CO_2相当）メートル・トン単位で合算し、開示しなければならず、公開されている100年の時間軸に基づく地球温暖化係数（GWP）の数値に従い計算しなければならない。現時点でのGWP数値の推奨される情報源は、「気候変動に関する政府間パネル（IPCC）第5次評価報告書（2014年）」である。

　1.2 総排出は、オフセット、クレジット又はその他の類似した排出削減若しくは排出相殺のメカニズムを考慮する前の、大気中に排出されたGHGである。

2 「スコープ1」の排出は、「世界資源研究所」（WRI）及び「持続可能な開発のための世界経済人会議」（WBCSD）によって公表された「温室効果ガスプロトコルの企業算定及び報告基準（GHGプロトコル）（2004年3月改訂版）」において定義されており、ここに記載されている方法に従って計算しなければならない。

　2.1 認められる計算方法には、基礎的な参考文献として「GHGプロトコル」に従いつつ、産業固

---

[129] TR-RO-000.Bに関する注記 － ロード・ファクターは、輸送能力使用率の測定値であり、貨物が移動した距離を、輸送した合計距離で除して計算する。

700　　　　　　　　　　　　　© IFRS Foundation

有又は地域固有のガイダンスなど追加的なガイダンスを提供するものを含める。例には次のものを含める場合がある。

- 2.1.1 「GHG Reporting Guidance for the Aerospace Industry」(「国際航空宇宙環境グループ」(IAEG) 発行)

- 2.1.2 「Greenhouse Gas Inventory Guidance：定置式燃焼源からの直接排出」(「米国環境保護庁」(EPA) 発行)

- 2.1.3 「India GHG Inventory Program」

- 2.1.4 ISO 14064-1

- 2.1.5 「Petroleum Industry Guidelines for reporting GHG emissions」(IPIECA発行 第2版 (2011年))

- 2.1.6 「Protocol for the quantification of greenhouse gas emissions from waste management activities」(「Entreprises pour l'Environnement」(EpE) 発行)

- 2.2 GHG排出データは、企業が財務報告データを連結する方法に従って合算し、開示しなければならない。その方法は、一般的に、「GHGプロトコル」で定義する「財務支配」アプローチ及び「気候開示基準委員会」(CDSB) によって公表された「環境及び社会情報の報告のためのCDSBフレームワーク」のREQ-07「組織の境界」に記述されているアプローチと整合している。

3 企業は、過去の報告期間からの排出の変化について説明する場合がある。これには、変化が排出削減、ダイベストメント、買収、合併、アウトプットの変化又は計算方法の変更によるものかどうかを含める。

4 現在のCDP又は他の企業へのGHG排出の報告 (例えば、国の規制上の開示プログラム) が、範囲及び使用した合算アプローチの点で異なる場合、企業はそれらの排出を開示することがある。ただし、主要な開示は前述のガイドラインに従わなければならない。

5 企業は、データが連続排出監視システム (CEMS)、エンジニアリング計算又は物質収支計算からのものであるかどうかなど、排出開示の計算方法について説明する場合がある。

TR-RO-110a.2. 「スコープ1」の排出を管理するための長期的及び短期的な戦略又は計画、排出削減目標並びにそれらの目標に対するパフォーマンスの分析についての説明

1 企業は、「スコープ1」の温室効果ガス (GHG) 排出を管理するための長期的及び短期的な戦略又は計画について説明しなければならない。

- 1.1 「スコープ1」の排出は、「世界資源研究所」(WRI) 及び「持続可能な開発のための世界経済人会議」(WBCSD) によって公表された「温室効果ガスプロトコルの企業算定及び報告基準 (GHGプロトコル) (2004年3月改訂版)」において定義されている。

- 1.2 GHG排出の範囲には、「京都議定書」において対象とされる7種類の温室効果ガス (GHG) 一二酸化炭素 (CO_2)、メタン (CH_4)、一酸化二窒素 (N_2O)、ハイドロフルオロカーボン類 (HFCs)、パーフルオロカーボン類 (PFCs)、六フッ化硫黄 (SF_6) 及び三フッ化窒素 (NF_3) 一を含める。

© IFRS Foundation

2 企業は、排出削減目標について説明し、目標に対するパフォーマンスを分析しなければならない。関連する場合は、次のものを含める。

    2.1 排出削減目標の範囲（例えば、目標が適用される総排出の割合）

    2.2 目標が絶対量ベース又は原単位ベースのいずれであるか、及び目標が原単位ベースの目標である場合は指標の分母

    2.3 基準年に対する削減率。この基準年とは、目標の達成に向けて排出について評価する最初の年を表す。

    2.4 削減活動の時間軸。これには開始年、目標年及び基準年を含める。

    2.5 目標を達成するためのメカニズム

    2.6 目標年の排出若しくは基準年の排出が遡及的に再計算された（若しくは再計算される場合がある）、又は目標年若しくは基準年が再設定された、すべての状況

3 企業は、計画又は目標を達成するために必要な活動及び投資、並びに計画又は目標の達成に影響を与える（affect）場合があるリスク又は制限要因について説明しなければならない。

    3.1 関連する活動及び投資には、ルート及び負荷の最適化などの燃料最適化に関する取組み（efforts）、エンジン及びパワートレインの効率及び空力技術の向上などの技術の採用、電気又は天然ガスを動力源とする車両の使用、軽量化、タイヤの転がり抵抗の改善、ハイブリッド化及びエンジンの自動停止を含める場合がある。

4 企業は、さまざまな事業単位、地域又は排出源に対して異なるように関係しているかどうかなど、その戦略、計画又は削減目標の範囲について説明しなければならない。

5 企業は、その戦略、計画又は削減目標が、地域、国、国際又はセクター別プログラムを含む、排出制限又は排出報告ベースのプログラム又は規制（例えば、「EU域内排出量取引制度」、「ケベック州キャップアンドトレード制度」、「カリフォルニア州キャップアンドトレード・プログラム」）に関連している（related to）か又は関係している（associated with）かどうかについて説明しなければならない。

6 戦略、計画又は削減目標の開示は、報告期間中に進行中（アクティブ）であったか又は完了した活動に限定しなければならない。

TR-RO-110a.3. (1)燃料の総消費量、(2)天然ガスの割合、及び(3)再生可能燃料の割合

1 企業は、(1)すべての源泉からの燃料の総消費量をギガジュール（GJ）単位で集計して開示しなければならない。

    1.1 消費された燃料の計算方法は、設計上のパラメータではなく、実際に消費された燃料に基づかなければならない。

    1.2 消費された燃料の許容可能な計算方法には、次に基づく方法を含める場合がある。

        1.2.1 報告期間中に購入した燃料を報告期間の期首の在庫に加算し、報告期間の末日の燃料の在庫を差し引いたもの

702

© IFRS Foundation

「気候関連開示」の適用に関する産業別ガイダンス

  1.2.2 車両によって消費された燃料を追跡すること

  1.2.3 燃料費を追跡すること

2 企業は、**(2)**消費された燃料のうち、天然ガスの割合を開示しなければならない。

 2.1 この割合は、消費された天然ガスの量（GJ単位）を、消費された燃料の総量（GJ単位）で除して計算しなければならない。

3 企業は、**(3)**消費された燃料のうち、再生可能燃料の割合を開示しなければならない。

 3.1 再生可能燃料は、一般的に次の要件のすべてを満たす燃料と定義する。

  3.1.1 再生可能なバイオマスから生産されたもの

  3.1.2 輸送用燃料、暖房用燃料油、又はジェット燃料に含まれる化石燃料の代替又は削減のために使用されるもの

  3.1.3 ライフサイクル・ベースでの温室効果ガス（GHG）排出の純減を達成したもの

 3.2 企業は、燃料が再生可能かどうかを判断するために使用した基準又は規制を開示しなければならない。

 3.3 この割合は、消費された再生可能燃料の量（GJ単位）を、消費された燃料の総量（GJ単位）で除して計算しなければならない。

4 開示の範囲には、企業により直接的に消費された燃料のみを含める。

5 燃料からのエネルギー消費量を計算するにあたり、企業は、直接測定したか、又は「気候変動に関する政府間パネル」から取得した、総発熱量（GCV）とも呼ばれる高位発熱量（HHV）を使用しなければならない。

6 企業は、燃料使用量（バイオ燃料を含む。）に対するHHVの使用など、この開示で報告するすべてのデータに対して、変換係数を一貫して適用しなければならない。

© IFRS Foundation

PART C

IFRS S2号

「気候関連開示」
に関する結論の根拠

S2号
結論の根拠

© IFRS Foundation

This Basis for Conclusions accompanies IFRS S2 *Climate-related Disclosures* (published June 2023; see separate booklet) and is issued by the International Sustainability Standards Board (ISSB).

Disclaimer: To the extent permitted by applicable law, the ISSB and the IFRS Foundation (Foundation) expressly disclaim all liability howsoever arising from this publication or any translation thereof whether in contract, tort or otherwise to any person in respect of any claims or losses of any nature including direct, indirect, incidental or consequential loss, punitive damages, penalties or costs.

Information contained in this publication does not constitute advice and should not be substituted for the services of an appropriately qualified professional.

© IFRS Foundation 2023

Reproduction and use rights are strictly limited to personal non-commercial use, such as corporate disclosure.

Any other use, such as – but not limited to – reporting software, investment analysis, data services and product development is not permitted without written consent. Please contact the Foundation for further details at sustainability_licensing@ifrs.org.

All rights reserved.

This Japanese translation of the Basis of Conclusions on IFRS S2 *Climate-related Disclosures* has been prepared by the Financial Accounting Standards Foundation (FASF), the mother organisation of the Sustainability Standards Board of Japan (SSBJ) and approved by a Review Committee appointed by the IFRS Foundation. The Japanese translation is published by the FASF in Japan with the permission of the IFRS Foundation. The Japanese translation is the copyright of the IFRS Foundation.

The Foundation has trade marks registered around the world (Marks) including 'IAS®', 'IASB®', the IASB® logo, 'IFRIC®', 'IFRS®', the IFRS® logo, 'IFRS for SMEs®', the IFRS for SMEs® logo, 'International Accounting Standards®', 'International Financial Reporting Standards®', the 'Hexagon Device', 'NIIF®', 'SIC®' and 'SASB®'. Further details of the Foundation's Marks are available from the Foundation on request.

The Foundation is a not-for-profit corporation under the General Corporation Law of the State of Delaware, USA and operates in England and Wales as an overseas company (Company number: FC023235) with its principal office in the Columbus Building, 7 Westferry Circus, Canary Wharf, London, E14 4HD.

PART C

IFRS S2号

「気候関連開示」
に関する結論の根拠

© IFRS Foundation

この結論の根拠は、IFRS S2号「気候関連開示」（2023年6月公表、Part A参照）に付随するものであり、国際サステナビリティ基準審議会（ISSB）が公表している。

注意書き： 適用される法律が認める範囲で、ISSB及びIFRS財団（当財団）は、本出版物又はその翻訳から生じるすべての責任を、契約、不法行為、その他いかなる者に対するいかなる性質の請求若しくは損害（直接、間接、付随的又は結果的な損害、懲罰的賠償、罰金又はコストを含む。）に関するものであれ、拒絶する。

本出版物に含まれている情報は、助言を構成するものではなく、適切な資格を有する専門家のサービスの代用とすべきではない。

© IFRS財団 2023

複製及び使用の権利は、企業開示などの個人的な非商業的使用に厳しく制限されている。

報告用ソフトウェア、投資分析、データ・サービス、製品開発など（ただし、これらに限定されない。）その他の使用は、書面による同意がない限り認められない。詳細については当財団に連絡されたい（sustainability_licensing@ifrs.org）。

不許複製・禁無断転載

IFRS S2号「気候関連開示」に関する結論の根拠の日本語訳は、サステナビリティ基準委員会（SSBJ）を傘下に置く財務会計基準機構（FASF）により作成され、IFRS財団が指名したレビュー委員会が承認している。日本語訳は、IFRS財団の許可の下に日本において財務会計基準機構により出版される。日本語訳はIFRS財団の著作物である。

❀IFRS®

当財団は、世界中で登録された商標を有しており、これには'IAS®', 'IASB®', the IASB®ロゴ, 'IFRIC®', 'IFRS®', the IFRS®ロゴ, 'IFRS for SMEs®', the IFRS for SMEs®ロゴ, 'International Accounting Standards®', 'International Financial Reporting Standards®', 'Hexagon Device', 'NIIF®', 'SIC®' 及び 'SASB®' が含まれている。当財団の登録商標の詳細については、請求に応じて当財団から入手可能である。

当財団は、米国デラウェア州の一般会社法に基づく非営利法人であり、主たる事務所をColumbus Building, 7 Westferry Circus, Canary Wharf, London E14 4HDに置いて、イングランド及びウェールズで外国会社（会社番号：FC023235）として活動している。

IFRS S2号「気候関連開示」BC

目　　　次

開始する項

IFRS S2号
「気候関連開示」に関する結論の根拠

はじめに	BC1
概　要	BC2
他の「IFRSサステナビリティ開示基準」との関係	BC4
重要性（materiality）	BC7
背　景	BC9
プロポーショナリティ	BC14
相互運用可能性	BC16
目的及び範囲	BC17
気候関連のリスク及び機会	BC17
インパクト及び依存関係	BC26
コア・コンテンツ	BC30
ガバナンス	BC31
戦　略	BC33
リスク管理	BC70
指標及び目標（targets）	BC73
発効日	BC157
経過措置	BC165
比較情報	BC165
温室効果ガス排出の測定方法	BC166
「スコープ3」の温室効果ガス排出	BC170
経過措置に関するその他の考慮事項	BC174

S2号 結論の根拠

© IFRS Foundation

709

IFRS S2号「気候関連開示」に関する結論の根拠

この結論の根拠は、IFRS S2号「気候関連開示」に付属しているが、その一部を構成するものではない。IFRS S2号の開発にあたっての国際サステナビリティ基準審議会（ISSB）の考慮事項を要約している。個々のISSBメンバーにより議論での重点の置き方は異なっていた。ISSBは、IFRS S2号の可能性が高いコスト及び便益を記述した「影響分析（Effects Analysis）」も公表している。

はじめに

BC1 ISSBは、企業の気候関連のリスク及び機会に関する、より一貫性があり、完全で、比較可能で検証可能な情報を求める一般目的財務報告書の利用者（利用者）からの要望に対応して、IFRS S2号「気候関連開示」（IFRS S2号）を開発した。この需要を満たすため、IFRS S2号は、短期、中期又は長期にわたり、企業のキャッシュ・フロー、当該企業のファイナンスへのアクセス又は資本コストに影響を与える（affect）と合理的に見込み得る気候関連のリスク及び機会に関する情報を開示することを企業に要求している。IFRS S2号において、これらのリスク及び機会をあわせて「企業の見通しに影響を与える（affect）と合理的に見込み得る気候関連のリスク及び機会」と呼んでいる。

概　要

BC2 気候変動は、ほぼすべての企業及び経済セクターにとってリスクをもたらす可能性が高い。気候変動はまた、企業にとっての機会を生み出す場合があり、これには気候変動の緩和及びその影響（effects）への適応に焦点を当てた機会が含まれる（BC17項からBC25項参照）。企業は、これらのリスク及び機会に直接さらされる場合もあれば、サプライヤー及び顧客などの第三者を通じて間接的にさらされる場合もある。しかし、気候関連のリスク及び機会の影響（effects）に対する企業のエクスポージャーの程度及び種類は、企業のセクター、産業、所在地及び具体的な状況に応じて異なる可能性が高い。この異なるエクスポージャーが、一般目的財務報告書の利用者が行う企業の全体的なリスク・プロファイルの評価に影響を与える（affect）。

BC3 IFRS S2号は、企業の気候関連のリスク及び機会に関する情報の開示についての要求事項を示している。具体的には、IFRS S2号は、一般目的財務報告書の利用者が次の事項を理解できるようにする情報を開示することを企業に要求している。

(a) 気候関連のリスク及び機会をモニタリングし、管理し、監督するために企業が用いるガバナンスのプロセス、統制及び手続

(b) 気候関連のリスク及び機会を管理するための企業の戦略（次の事項を含む。）

(i) 企業の見通しに影響を与える（affect）と合理的に見込み得る気候関連のリスク及び機会

(ii) それらの気候関連のリスク及び機会が企業のビジネス・モデル及びバリュー・チェーンに与える現在の及び予想される（anticipated）影響（effects）

(iii) それらの気候関連のリスク及び機会が企業の戦略及び意思決定に与える影響（effects）（当該企業の気候関連の移行計画についての情報を含む。）

© IFRS Foundation

（iv）それらの気候関連のリスク及び機会が報告期間における企業の財政状態、財務業績及びキャッシュ・フローに与えた影響（effects）、並びに、短期、中期及び長期にわたり企業の財政状態、財務業績及びキャッシュ・フローに与えると予想される（anticipated）影響（effects）（それらの気候関連のリスク及び機会がどのように企業の財務計画に組み込まれているかを考慮する。）

（v）気候関連の物理的リスク並びに気候関連の変化、進展及び不確実性に対する企業の戦略及びビジネス・モデルの気候レジリエンス（識別された気候関連のリスク及び機会を考慮する。）

(c) 気候関連のリスク及び機会を識別し、評価し、優先順位付けし、モニタリングするために企業が用いるプロセス（それらのプロセスが企業の全体的なリスク管理プロセスと統合され、情報をもたらすかどうか、また、統合され、情報をもたらす場合、どのように統合され、情報をもたらすかを含む。）

(d) 気候関連のリスク及び機会に関連する企業のパフォーマンスを理解するために用いる指標及び目標（targets）（次の事項を含む。）

（i）企業が気候関連のリスク及び機会を測定し、モニタリングし、管理するために用いている指標（たとえ当該指標がIFRS S2号で要求されていない場合でも）

（ii）IFRS S2号で要求している産業横断的指標及び産業別の指標（たとえ企業が事業においてこれらの指標を用いていない場合でも）

（iii）企業が設定した気候関連の目標（target）及び法令により企業が満たすことが要求されている目標（targets）がある場合には、当該目標（targets）

他の「IFRSサステナビリティ開示基準」との関係

BC4 ISSBは、IFRS S2号をIFRS S1号「サステナビリティ関連財務情報の開示に関する全般的要求事項」（IFRS S1号）と同時に公表した。IFRS S2号における気候関連の開示要求は、IFRS S1号の要求事項と一貫性があり、それらを補完するものである。

BC5 IFRS S1号は、一般目的財務報告書の利用者が企業への資源の提供に関する意思決定を行うにあたり有用な、サステナビリティ関連のリスク及び機会に関する情報を企業が開示するという全般的な（overarching）要求事項を示している。IFRS S2号は、気候関連のリスク及び機会とより具体的に関連する補足的な要求事項を示している。ある気候関連のリスク又は機会が企業の見通しに影響を与える（affect）と合理的に見込み得ると企業が判断する場合、当該企業は、その気候関連のリスク又は機会に関する開示を作成するにあたり、IFRS S2号を適用することを要求される。

BC6 企業は、IFRS S1号における概念的基礎、全般的（general）要求事項並びに判断、不確実性及び誤謬に関連する要求事項に従ってIFRS S2号を適用することを要求される。ISSBは、「IFRSサステナビリティ開示基準」に従い作成される開示の間の一貫性を確保するために、これらの概念的基礎及び要求事項を開発している。

© IFRS Foundation

重要性（materiality）

BC7 IFRS S1号で設定されている概念的基礎の1つが重要性（materiality）の概念である。IFRS S1号は、次のように述べている。

> サステナビリティ関連財務開示の文脈において、情報は、それを省略したり、誤表示したり、不明瞭にしたりしたときに、一般目的財務報告書の主要な利用者が、財務諸表及びサステナビリティ関連財務開示を含む、特定の報告企業に関する情報を提供する当該報告書に基づいて行う意思決定に、当該情報が影響を与える（influence）と合理的に見込み得る場合には、重要性がある（material）。

BC8 企業のサステナビリティ関連のリスク及び機会に関する重要性がある（material）情報は、一般目的財務報告書の利用者が企業への資源の提供に関する意思決定を行うことを可能にする。「IFRSサステナビリティ開示基準」（IFRS S2号を含む。）を適用するにあたり、企業は重要性（materiality）の判断を行使し、サステナビリティ関連のリスク及び機会に関する重要性がある（material）情報（企業の見通しに影響を与える（affect）と合理的に見込み得る気候関連のリスク及び機会を含む。）を開示することを要求される。「IFRSサステナビリティ開示基準」（IFRS S2号を含む。）における要求事項は、それらの影響（effect）が企業の完全な1組の一般目的財務報告書に対して重要性がある（material）場合にのみ適用する必要がある。言い換えると、企業は、情報に重要性がない（not material）場合には、IFRS S2号によって要求されている情報を開示する必要はない。

背　景

BC9 IFRS S2号は、2022年3月に公表された公開草案IFRS S2号「気候関連開示」（公開草案）に示されていた提案の結果（result）である。ISSBは690通のコメント・レター及び提案に関するアンケートの回答を受け取った。コメント提出者は、さまざまな利害関係者グループ及び地域を代表していた。最も多数の回答があったのは作成者からであった。一般目的財務報告書の利用者（投資家団体及び個別の利用者を含む。）からも多数の回答が寄せられた。ISSBは、公開協議の期間が2022年7月に終了する前に、328回の個人及びグループとのイベントを実施した。さらに、2022年8月から12月にかけて、143回の個人及びグループの利害関係者との会合を行った。

BC10 コメント提出者のほとんどは、提案の過半数が、気候関連のリスク及び機会が企業のキャッシュ・フロー、当該企業のファイナンスへのアクセス及び資本コストに与える影響（effects）を一般目的財務報告書の利用者が評価できるようにする開示をもたらすこととなることに同意した。コメント提出者のほぼすべてが、ガバナンス、戦略、リスク管理、並びに産業横断的指標カテゴリー及び目標（targets）に関する提案に同意した。一部の提案（「スコープ3」の温室効果ガス排出、シナリオ分析の利用及び産業別の開示を含む。）については、見解が分かれた。多くのコメント提出者（特に利用者）がこれらの提案に概ね同意したものの、他の多くのコメント提出者（特に作成者）は、提案に関連する運用上の課題についてコメントした。

BC11 提案された目的及び具体的な提案に対するフィードバックを提供することに加え、コメント提出者は、気候変動が個別の企業、国際資本市場及びグローバル経済の金融安定性に生じさせる重大な（significant）リスクに言及し、気候関連財務開示の緊急性を指摘した。

BC12 ISSBは、当該公開草案に対するフィードバックを、公開草案IFRS S1号「サステナビリティ関

IFRS S2号「気候関連開示」BC

連財務情報の開示に関する全般的要求事項」に対するフィードバックとともに、再審議に対するアプローチ、再審議の日程及び再審議のための具体的なトピックを決定するために検討した。ISSBは、意見が分かれるようなフィードバック（要求事項案への追加、削除又は修正の提案を含む。）が寄せられた提案に再審議の焦点を当てた。ISSBはまた、利害関係者が新たな情報を提供したか又は公開草案の開発にあたり依拠した考慮事項とは異なる考慮事項を強調した提案について検討した。具体的には、ISSBはIFRS S2号に関する次の4つの提案を再審議することを決定した。

(a) 戦略及び意思決定（移行計画を含む。）並びに気候関連の目標（targets）

(b) 気候レジリエンス

(c) 温室効果ガス排出

(d) 産業別の要求事項

BC13 ISSBは、IFRS S1号と IFRS S2号の両方に関連する1件のトピック及び1件の提案を再審議することも決定した。

(a) 提案のプロポーショナリティ

(b) サステナビリティ関連及び気候関連のリスク及び機会が企業の財務業績、財政状態及びキャッシュ・フローに与える現在の及び予想される（anticipated）財務的影響（effects）

プロポーショナリティ

BC14 公開草案に対するコメント提出者のほとんどは、「IFRSサステナビリティ開示基準」を適用するにあたり、世界中の企業の能力（capabilities）及び準備状況がさまざまであることをISSBが考慮することを提案した。コメント提出者は、一部の企業においては、次のようなさまざまな理由で、準拠する能力が他の企業よりも低い可能性があると指摘した。

(a) 「資源の制約」 ― 一部の企業において、開示を可能にするために必要なシステム及びプロセスに投資し、それらを運用するコストは、比例的に高い。

(b) 「データの利用可能性」 ― 一部の市場、一部の産業及びバリュー・チェーンの一部分では、高品質の外部データの利用可能性が比較的低い。

(c) 「専門家の利用可能性」 ― 一部の企業及び一部の市場では、スキル又は専門知識の利用可能性が比較的低い。

BC15 ISSBは、これらの「プロポーショナリティ」の課題に対応するためのさまざまなメカニズムを開発し、さまざまな企業によるIFRS S2号の適用を支援することを意図した、いくつかの決定を行った。プロポーショナリティのメカニズムは、IFRS S1号とIFRS S2号の両方に含まれている要求事項において用いられた。これらの要求事項には、リスク及び機会の識別、バリュー・チェーンの範囲の決定、現在の及び予想される（anticipated）財務的影響（effects）の開示、並びに報告のタイミング及び適用初年度における比較情報の提供などの他の領域に関連するものが含まれる。また、プロポーショナリティのメカニズムは、IFRS S2号のみに含まれている特定の要求事項でも用いられた。これらの要求事項は、気候関連のシナリオ分析、「スコープ1」、「スコープ2」及び「スコープ3」の温室効果ガス排出並びに特定の産業横断的指標カテゴリーに

© IFRS Foundation

おける指標の計算に関連している。これらのプロポーショナリティのメカニズムは、表1に要約されており、本文書においてさらに詳細に記述されている。

表1―プロポーショナリティ又はIFRS S2号の適用の支援となるISSBの決定の要約

領　域	プロポーショナリティの課題に対処するためのメカニズム		経過的な救済措置	適用を促進するための追加的な明確化及びメカニズム	
	「過大なコストや労力をかけずに…合理的で裏付け可能な情報」の概念(a)	スキル、能力(capabilities)及び資源の考慮		「そうすることができない」の概念(i)	適用を促進するためのガイダンス、教育的資料及びその他の取組み
リスク及び機会の識別	X				X
バリュー・チェーンの範囲の決定	X				X
現在の財務的影響（effects）				X	X
予想される（anticipated）財務的影響（effects）	X	X		X	X
気候関連のシナリオ分析	X	X			X
「スコープ1」及び「スコープ2」の温室効果ガス排出の測定			X		X
「スコープ3」の温室効果ガス排出の測定	X		X		X
特定の産業横断的指標カテゴリーにおける指標の計算	X				X
その他の領域 ― 例えば、報告のタイミング及び最初の年次報告期間における比較情報の提供			X		X

© IFRS Foundation

IFRS S2号「気候関連開示」BC

> (a) 「合理的で裏付け可能な情報」の使用に関するさらに詳細な情報については、IFRS S1号に関する「結論の根拠」BC10項からBC17項参照。
>
> (b) 「そうすることができない」という用語は、公開草案では使用されていたが、IFRS S2号ではもはや使用されていない。しかし、この概念は、現在の若しくは予想される（anticipated）財務的影響（effects）が区分して識別できるかどうか、又は、それらの影響（effects）を見積るにあたり測定の不確実性の程度があまりにも高いために、もたらされる定量的情報が有用でないかどうかを通じて表現されている。

相互運用可能性

BC16 「IFRSサステナビリティ開示基準」は、サステナビリティ関連財務開示の包括的なグローバル・ベースラインを確立し、一般目的財務報告書の利用者（したがって、国際資本市場も）の情報ニーズを満たすことを意図している。ISSBは、このベースラインは、企業及び各法域によってより幅広い利害関係者グループのニーズを満たすことを目的として、又は特定の法域の情報ニーズに対処するために補足される可能性が高いと認識している。「IFRSサステナビリティ開示基準」が要求している情報に加えて、企業が法域別の規制上の要求事項及び公共政策目的を満たすための情報を開示する場合には、当該基準は、「IFRSサステナビリティ開示基準」が要求している情報が当該追加的な情報によって不明瞭にならないことを確保することを企業に要求している。公開草案に対するフィードバックは、法域の要求事項との相互運用可能性を追求し促進することへのコメント提出者の間での強い同意を示しており、したがって、ISSBは、IFRS S2号の再審議においてそうした相互運用可能性を考慮している。

目的及び範囲

気候関連のリスク及び機会

BC17 IFRS S2号の目的は、一般目的財務報告書の主要な利用者が企業への資源の提供に関する意思決定を行うにあたり有用な、当該企業の気候関連のリスク及び機会に関する情報を開示することを当該企業に要求することにある。IFRS S2号の要求事項は、企業の見通しに影響を与える（affect）と合理的に見込み得る気候関連のリスク及び機会に関する意思決定に有用な情報を企業から引き出すことを意図している。

BC18 IFRS S2号が適用される気候関連リスクは、気候変動による物理的リスク（気候関連の物理的リスク）及び低炭素経済への移行に関連した移行リスク（気候関連の移行リスク）である。これらの気候関連リスクのカテゴリーは、金融安定理事会の「気候関連財務開示に関するタスクフォース」（TCFD）の提言で用いられたものと整合的である。

BC19 気候関連の物理的リスクは、次のようなものである可能性がある。

(a) 「急性」 ― 嵐、降雨又は気温などの事象によって生じる。例えば、極端な気温又は激しい嵐は、企業の施設、事業、サプライ・チェーン、輸送ニーズ又は従業員の安全に影響を与え（affect）、結果として企業のキャッシュ・フロー、当該企業のファイナンスへのアクセス又は資本コストに影響（effects）を与える可能性がある。

(b) 「慢性」 ― 平均気温の上昇、降雨パターンの変化又は海面の上昇などのより長期的な要因

© IFRS Foundation

715

から生じる。慢性的なリスクは、企業にとってより長期的な財務的影響（consequences）も有する可能性がある。例えば、海面上昇は企業の施設又は事業に影響を与える（affect）場合がある。

BC20 移行リスクは、地球温暖化を抑制し、低炭素経済に移行するための取組みから生じる政策、法律、技術及び市場の変化に関連している。そうした変化には、温室効果ガス排出を最小化するための新たな規制又は低炭素の製品及びサービスに向けての市場の選好のシフトが含まれる可能性がある。例えば、低炭素経済への動きには、化石燃料エネルギー及び関連する物理的資産から離れる動きのほか、コストを低減し、よりクリーンでエネルギー効率の高い技術の活用を増加又は加速させる取組みが含まれる可能性がある。移行リスクは、発生する変化の性質、速度及び焦点に応じて、企業に影響を与える（affect）程度が異なる場合がある。

BC21 企業は、気候変動に関連する物理的リスク及び移行リスクを管理するため、さまざまな緩和及び適応の対応を追求する場合がある。緩和の取組み（温室効果ガス排出を削減することを意図したものなど）は、主として移行リスクに対する企業の対応に関連するものである。例えば、企業は、温室効果ガス排出を削減する新製品及び新サービスを導入するために、新技術を採用したり、ビジネス・モデルを変更したりする場合がある。適応の対応は、主に物理的リスクに関連するものであり、気候変動の現在の及び予想される（anticipated）影響（effects）の両方に対しての企業の準備を伴う。例えば、企業は物理的リスクへのレジリエンスを改善するために、インフラの変更に投資する場合がある。

BC22 企業は、例えば、消費者のニーズ又は選好の変化に対応して企業のブランドの評判を高める新製品及び新サービスの開発によって、気候関連の機会を利用する場合もある。気候関連のリスクと同様に、気候関連の機会は、企業が事業を営んでいる地域、市場及び産業によって異なるものとなる。

BC23 気候関連のリスク及び機会はそれぞれに識別される（distinct）ものであるが、必ずしも相互排他的ではない。例えば、より低炭素な製品に向かって消費者の選好が変化することは、企業の製品への需要に対するリスクを生じさせる場合があると同時に、企業が代替的な低炭素製品ラインを開発したり、そのような製品ラインを有したりしている場合に、市場シェアを獲得する機会となる場合がある。ISSBは、IFRS S2号における要求事項の一部（特に気候関連の移行計画及び気候レジリエンスの領域における、リスク管理及び戦略に関連する要求事項など）を再審議するにあたり、気候関連のリスク及び機会の間のこれらの関係の重要性（importance）を強調した。

BC24 気候変動のインパクトは、広範囲にわたり、相互に関連し、企業に異なる影響（effects）を与える。そのため、企業に影響を与える（affect）可能性のある気候関連のリスク及び機会の全範囲を正確に定義することは不可能である。したがって、IFRS S2号は何が「気候関連」であるのかを明示的に定めていない。IFRS S2号の要求事項は、TCFD提言と整合しており、「IFRS S2号の適用に関する産業別ガイダンス」（産業別ガイダンス）が付属している。「産業別ガイダンス」は、「SASBスタンダード」における産業別の要求事項に由来するものであり、企業がIFRS S2号を適用するにあたりリスク及び機会を識別するのに役立てるためのパラメータを提供するためのものである。「産業別ガイダンス」は、包括的であることやそのように解釈されることを意図していない。

BC25 IFRS S2号の要求事項は、淡水へのアクセスの低減、生物多様性の喪失、森林破壊及び気候関連

© IFRS Foundation

IFRS S2号「気候関連開示」BC

の社会的インパクトなどの一部の気候関連事項を明示的に参照していないが、これらの事項及び他のそのような事項に関する開示は、当該情報が一般目的財務報告書の利用者にとって重要性がある（material）と企業が判断する場合には要求される。例えば、飲料製造会社が、気候変動が水の利用可能性（特に水ストレスが高い地域において）に与える短期、中期又は長期の影響（effects）に自身がさらされていると判断する場合、当該企業は、水の利用可能性の低下が企業の戦略、事業、資本計画及び資産価値に与える影響（implications）に関する情報に重要性がある（material）と判断する場合がある。したがって、この情報はIFRS S2号によって要求されることとなる。

インパクト及び依存関係

BC26 気候関連のリスク及び機会は、天然資源に対する企業のインパクト及び依存関係並びに企業が利害関係者、社会、経済及び自然環境と維持している関係から生じる。

BC27 不可欠なインプットの利用可能性、品質又はコスト安定性（「依存関係」と呼ばれることがある。）の変化は、気候関連のリスクを生じさせる可能性がある。企業がさらされている気候関連の依存関係は、企業のビジネス・モデル及び活動に応じて大きく異なることとなる。例えば、飲料製造会社は、地域の水資源の利用可能性及び品質に依存する場合があり、それは気候変動による干ばつの状態が増えることの影響を受ける（affected）場合があり、それが今度は製造会社の事業及び製品生産能力（ability）に影響を与える（affect）ことがある（そうして気候関連の物理的リスクとなる。）。

BC28 企業の「インパクト」もまた、短期、中期及び長期にわたる企業のキャッシュ・フロー、当該企業のファイナンスへのアクセス又は資本コストにも影響を与える（affect）ことがある。気候変動への企業のインパクトは、これらのインパクトが企業の依存している資源及び関係に影響を与える（affect）場合には、気候関連のリスク及び機会を生じさせる。企業の温室効果ガス排出は、例えば、企業が事業を営んでいる主要な法域で炭素税が導入されると当該企業が見込んでいる場合又は当該企業の製品に対する需要の減少をもたらす低炭素の代替品に向けての消費者の選好のシフトを当該企業が見込んでいる場合には、気候関連のリスクを生じさせる場合がある。したがって、IFRS S2号は、そのインパクトに関する情報に重要性がある（material）場合には、当該情報を開示することを企業に要求している。

BC29 IFRS S2号の要求事項は、企業の具体的な事実及び状況に応じて、インパクトと依存関係の両方に関する情報が、一般目的財務報告書の利用者が企業のさらされているリスク及び機会を理解し、企業に資源を提供するかどうかに関する意思決定を行うにあたり有用となり得るという見解を反映している。

コア・コンテンツ

BC30 IFRS S2号の要求事項は、IFRS S1号で示された構成に従い、ガバナンス、戦略、リスク管理並びに指標及び目標（targets）に関連したコア・コンテンツを中心に構成されている。このコア・コンテンツは、幅広く受け入れられているTCFD提言の構造に整合しており、企業がサステナビリティ関連のリスク及び機会（気候変動に関連するものを含む。）をどのように監督し管理しているのかを反映している。ガバナンス、戦略、リスク管理並びに指標及び目標（targets）に関連する要求事項は、気候関連のリスク及び機会に対する企業のエクスポージャー及び管理

© IFRS Foundation

を一般目的財務報告書の利用者が理解できるようにする完全な1組の情報を企業が開示することになることを意図している。誤解を避けるために記すと、IFRS S2号は企業が企業自身の事業をどのように管理すべきかを定めていない。その代わり、これらの要求事項は、企業自身が設定する気候関連のプロセス及び方針に関して企業に透明性があることを確保し、利用者の情報ニーズを満たす開示を提供することを意図している。

ガバナンス

BC31 IFRS S2号第5項から第7項は、気候関連のリスク及び機会をモニタリングし、管理し、監督するために企業が用いるガバナンスのプロセス、統制及び手続を一般目的財務報告書の利用者が理解できるようにする情報を開示することを企業に要求している。この目的を達成するため、IFRS S2号は、気候関連のリスク及び機会の監督に責任を負うガバナンス機関（例えば、取締役会、委員会又はガバナンスの責任を負う同等の機関）又は個人に関する情報を開示し、当該監督を支援するにあたっての経営者の役割に関する情報を開示することを企業に要求している。

BC32 設計上、IFRS S2号におけるガバナンスの要求事項はIFRS S1号における要求事項と密接に整合している。整合的で比較可能である開示を確保するため、また、企業がIFRS S2号を適用することを支援するため、当該要求事項はIFRS S1号及びIFRS S2号の両方に全文が示されている。利害関係者からのフィードバックは、多くの企業が気候関連のリスク及び機会を他のサステナビリティ関連のリスク及び機会と統合するようにガバナンス及び管理を構築していることを示した。この結果、IFRS S2号は、企業がサステナビリティ関連のリスク及び機会をモニタリングし、管理し、監督するために統合的なアプローチを採用する場合、企業はサステナビリティ関連のリスク及び機会のそれぞれについてのガバナンスの開示の重複を避けることが要求されることを記述している。

戦　略

気候関連のリスク及び機会

BC33 IFRS S2号第10項は、短期、中期又は長期にわたり、企業のキャッシュ・フロー、当該企業のファイナンスへのアクセス又は資本コストに影響を与える（affect）と合理的に見込み得る気候関連のリスク及び機会に関する情報を開示することを企業に要求している。これは、1つ以上の時間軸にわたり発生すると合理的に見込み得る場合には、企業はそのようなリスク及び機会に関する情報を開示することを要求されることを意味している。

BC34 IFRS S2号は、気候関連のリスクの2つのカテゴリー、すなわち、物理的リスクと移行リスクとを区別している（BC17項からBC25項参照）。これらのカテゴリーは、TCFD提言に示されているカテゴリーと整合しており、幅広く用いられている。

BC35 企業がさらされている気候関連の物理的リスク及び移行リスクは、企業のビジネス・モデル、セクター、事業の所在地、バリュー・チェーンの性質及びその他の企業固有の状況に応じて異なる可能性が高い。したがって、IFRS S2号第10項から第12項に従って開示される具体的な情報も企業ごとに異なることとなる。企業の開示の具体的な詳細は企業自身の状況に合わせることができるものの、当該要求事項は、リスク又は機会の共通の要素並びに企業がそれぞれのリスク及び機会にどのように対応しようとしているのかに関する情報を一般目的財務報告書の利

© IFRS Foundation

718

IFRS S2号「気候関連開示」BC

用者に提供することによって、比較可能性をもたらす。

BC36　公開草案は、同業の企業間での開示をさらに比較可能なものとするために産業別の要求事項を提案した。公開草案に対するコメント提出者のほとんどは産業別の開示要求を含めることに同意したものの、産業別の提案のいくつかの側面（提案の一部について、国際的に適用する能力（ability）及び適切性を含む。）に関してのフィードバックは意見が分かれた。ISSBは産業別の開示トピック及び関連する指標をIFRS S2号に付属するガイダンスとして公表することを決定した。ISSBは、企業は当該ガイダンスを参照し、その適用可能性を考慮することが要求されることを決定した。

BC37　ISSBは、IFRS S2号第10項から第22項の要求事項の文脈において、産業別ガイダンスで識別され定義されている開示トピックは、企業が開示を作成する必要のある場合があるリスク及び機会を企業が考慮するにあたっての有用な出発点として機能し得ることに留意した。これらの開示トピックは、「SASBスタンダード」に由来するものであり、特定のビジネス・モデル、活動、又は産業への参加を特徴付ける（characterise）他の共通の特徴（features）に関連する可能性が最も高い気候関連のリスク及び機会を示している。企業は産業別ガイダンスを参照し、その適用可能性を考慮することを要求されるが、当該ガイダンスが適用されないと判断する場合がある。さらに、産業別ガイダンスに示されている開示トピック及び関連する指標は、網羅的となることを意図したものではない。したがって、企業は産業別ガイダンスに含まれていないトピックに関する情報に重要性がある（material）と判断する場合、当該情報を開示することを要求される。

BC38　企業が情報を作成し開示すべきリスク及び機会を記述するにあたり、公開草案は「重大な（significant）」気候関連のリスク及び機会に言及した。公開草案に対するコメント提出者の多くが「重大な（significant）」という用語の使用に関して、さまざまな方法で解釈される可能性があることを理由に懸念を示した。さらに、一部のコメント提出者は、「重大な（significant）」（リスク及び機会に適用される。）と「重要性がある（material）」（それらのリスク及び機会に関する情報に適用される。）との概念の間の区別及びつながりに関して混乱していた。ISSBが「重大な（significant）」という用語を用いて示すことを意図していたのは、開示を作成するにあたり、企業はすべての考えられる（possible）気候関連のリスク及び機会の網羅的なリストを考慮することは要求されないものの、企業の見通しに影響を与える（affect）と合理的に見込み得るもののみを考慮することを要求されるということであった。この意図は変わっていないものの、明瞭性のため、ISSBは、IFRS S2号が適用される気候関連のリスク及び機会に関連して「重大な（significant）」という用語を削除することに同意した。また、ISSBは、企業の見通しに影響を与える（affect）と合理的に見込み得るサステナビリティ関連のリスク及び機会の識別のプロセスと、それらのリスク及び機会に関して提供するための重要性がある（material）情報の識別のプロセスとの間の区別を明確化するためのガイダンスをIFRS S1号の一部として開発することにも同意した。

BC39　IFRS S2号第10項は、企業の見通しに影響を与える（affect）と合理的に見込み得る気候関連のリスク及び機会に関する情報を開示することを企業に要求している。ISSBに対するフィードバックにおいて、作成者はリスク及び機会の識別にあたっての困難を記述した。企業に影響を与える（affect）可能性のあるすべての気候関連のリスク及び機会をカバーするために必要となる評価が幅広いことなどである。これに対応して、ISSBは、気候関連のリスク及び機会を識別するにあたり、企業が「報告日時点で過大なコストや労力をかけずに利用可能な、すべての合理

© IFRS Foundation

719

的で裏付け可能な情報（過去の事象、現在の状況及び将来の状況の予想（forecasts）に関する情報を含む。）」を用いるという概念を導入した。ISSBは、この概念を導入することにより、次の事項が明確になると考えた。

(a) 企業は、裏付けがないか又は合理的でない情報を前提として機会（又はリスク）を過大に又は過小に記載することは禁じられる。

(b) 企業は、報告日時点で企業が利用可能なすべての情報（過去の事象、現在の状況及び将来の状況の予想（forecasts）に関する情報を含む。）を用いることを要求される。

(c) 企業は、報告日時点で利用可能ではない情報を用いることは要求されない。

(d) 企業は、あらゆるサステナビリティ関連のリスク又は機会を識別するために網羅的な探索を実施することは期待されていない（is not expected）。そのような網羅的な探索は「過大なコストや労力」を表すからである[1]。

BC40　IFRS S1号は、情報が商業上の機密に該当するものであり、既に一般に利用可能となっていないという限定的な状況において、企業がIFRS S1号に示された要件に従いサステナビリティ関連の機会に関する情報を省略することを容認している。IFRS S1号におけるこの免除は、サステナビリティ関連の機会に関する情報の開示に適用され、したがって、IFRS S2号における気候関連の機会に関する情報及び将来の「IFRSサステナビリティ開示基準」における情報にも適用される（別段の記載がある場合を除く。）。これらの要件は、商業上の機密に該当すると考えられるサステナビリティ関連の機会に関する情報を識別する手段としてISSBが同意したものである。企業がこの免除を適用する場合（気候関連の機会についての場合を含む。）、その免除に関連した追加の開示要求を適用することが要求される。ISSBは、企業がこの免除を適用する場合、このことがリスクに関する情報の開示と機会に関する情報の開示との間の非対称を生じさせる場合があることを承知している。しかし、ISSBは、この情報を報告するという要求事項がないにもかかわらず、多くの企業が既に気候関連の機会について自発的に報告していることを考えた。

時間軸

BC41　IFRS S2号は、発生すると合理的に見込み得る気候関連のリスク及び機会についての時間軸に関する情報を開示することを企業に要求している。公開草案に対する少数のコメント提出者が、適用される時間軸に関する追加のガイダンス又は明示的な定義を要望した。しかし、ISSBは、時間軸（短期、中期及び長期）は企業の具体的な状況に応じて異なると考えた。企業が短期、中期又は長期をどのように定義し、評価し、それについて計画するのかは、多くの要因（企業が事業を営む産業並びに関連するビジネス及び投資のサイクルを含む。）の結果（result）である。したがって、ISSBは、公開草案において用いたアプローチを確認し、IFRS S2号は時間軸を定義しなかった。その代わり、IFRS S2号は、企業がどのように「短期」、「中期」及び「長期」を定義し、これらの定義がどのように企業の戦略的計画とつながっているかを開示することを企業に要求している。ISSBは、このアプローチはTCFD提言に整合していることに留意した。

---

[1]　「合理的で裏付け可能な情報」の使用に関するさらなる情報については、IFRS S1号に関する「結論の根拠」のBC10項からBC17項参照。

© IFRS Foundation

IFRS S2号「気候関連開示」BC

企業のバリュー・チェーンを通じての気候関連のリスク及び機会

BC42 IFRS S2号第13項の要求事項は、気候関連のリスク及び機会が企業のビジネス・モデル及びバリュー・チェーンに与える現在の及び予想される（anticipated）影響（effects）を一般目的財務報告書の利用者が理解できるようにすることを意図している。IFRS S1号は、バリュー・チェーンを「報告企業のビジネス・モデル及び当該企業が事業を営む外部環境に関連する、相互作用、資源及び関係の全範囲」と定義している。IFRS S1号はさらに、企業のバリュー・チェーンには、企業の製品又はサービスの構想から提供、消費及び終了（end-of-life）まで、企業が使用し依存する活動、資源及び関係が含まれることを明確化している。この定義は意図的に幅広いものとしている。しかし、定義が幅広いことは、バリュー・チェーンのどこかの部分に影響を与えている（affecting）又は影響を与える（affect）可能性が高い、あらゆる気候関連のリスク又は機会に関する情報を開示することを企業が要求されることを意味しない。気候関連のリスク及び機会が企業のバリュー・チェーンに与える影響（effects）に関してIFRS S2号が要求している情報は、重要性がある（material）情報に限定される。例えば、ある製品の製造において必要不可欠な特定の資源の供給に影響を与える（affecting）特定の地理的な所在地における物理的リスクの集中を企業が識別する場合がある。

BC43 ISSBは、企業がバリュー・チェーンに関する開示を提供することに関連した潜在的な課題を認識した。バリュー・チェーンの潜在的な複雑性及びそれに伴う場合があるさまざまな相互のつながりがあるためである。これらの潜在的な課題に対処するため、ISSBは、それぞれの気候関連のリスク又は機会に関連して企業のバリュー・チェーンの範囲（その幅広さ及び構成を含む。）を決定するにあたり、企業は、報告日時点で企業が過大なコストや労力をかけずに利用可能な、すべての合理的で裏付け可能な情報を用いることを要求されることを決定した。ISSBは、このアプローチは、バリュー・チェーンに関する開示を作成するにあたり、企業が考慮する情報についてのパラメータ（そうした情報を入手するために要する労力を含む。）を設定することによって企業を支援することとなると判断した。この要求事項はIFRS S1号B6項(b)において記述されている。

気候関連のリスク及び機会が戦略及び意思決定に与える影響（effects）

BC44 IFRS S2号第14項は、気候関連のリスク及び機会が企業の戦略及び意思決定に与える影響（effects）を開示することを企業に要求している。具体的には、企業は次のような情報を開示することを要求されている。企業の戦略及び意思決定において気候関連のリスク及び機会にどのように対応してきたのか及び対応する計画であるのかに関する情報、企業が設定した気候関連の目標（targets）及び法令により企業が満たすことが要求されている目標（targets）を達成するための計画に関する情報、これらの活動にどのように資源を提供しているのか又は資源を提供する計画であるのかに関する情報、並びに過去に開示した計画の進捗に関する定量的情報及び定性的情報である。過去に開示した計画の進捗に関連する情報は、過去に開示した計画のうち依然として関連性があるものに関連するものである。進捗に関する情報は、現在の報告期間における進捗のほか、報告している最も古い期間の期首以降又は最後のマイルストーンへの到達以降の累積的な進捗が含まれる場合がある。

BC45 公開草案に対するコメント提出者の多くが、戦略及び意思決定に関連する提案は理解することが困難であり、したがって適用することが困難であると述べた。ISSBは、企業の全体的な戦略

© IFRS Foundation

721

及び意思決定に関連する要求事項と、低炭素経済への移行を管理するための企業の計画（気候関連の移行計画）に関連する具体的な要求事項とを区別することによって、要求事項を明確化することに同意した。ISSBは、明瞭性を高めるため、気候関連の目標（targets）に関連する要求事項をIFRS S2号第33項から第36項に移すことにも同意した。

気候関連の移行計画

BC46 ISSBは、企業が低炭素経済への期待される（expected）移行に対応する特定の計画又は計画のセットを有している場合、当該移行計画の開示は、気候関連のリスク及び機会が企業のキャッシュ・フロー、当該企業のファイナンスへのアクセス及び資本コストに与える影響（effects）を一般目的財務報告書の利用者が評価するのに役立つと判断した。

BC47 一部の企業にとって、気候関連の移行計画は気候関連のリスク及び機会に対応するために企業のビジネス・モデルを調整するものであり、全体的な事業戦略の一部を形成する。他の企業にとって、気候関連の移行計画はより狭く、特定の製品ライン、事業単位又は活動のセットに適用され、企業の全体的な事業戦略と並存する場合がある。IFRS S2号の要求事項は、企業の気候関連の移行計画についての当該企業の開示に含まれる詳細は、当該企業の個別の状況（関連する産業別の開示を含む。）を反映するという事実を反映することを意図している。

BC48 企業が気候関連の移行計画に関して開示することのできる最も有用な情報に関する市場の観点は異なるものの、一般目的財務報告書の利用者は、企業の気候関連の移行計画は温室効果ガス排出の削減目標（targets）を提示するのみならず、当該目標（targets）を達成し、気候関連の移行リスクに対応し、低炭素経済への予想される移行に貢献しそこから便益を得るために行うことを計画している具体的な行動に関する情報を提供すべきであると述べた。そうした情報には、企業のビジネス・モデル及び戦略に対する現在の又は予想される（anticipated）変更、並びに気候関連の移行リスクの主要な（key）発生要因に関する進捗を測定するために用いるパフォーマンス指標が含まれる場合がある。

BC49 ISSBは、企業が気候関連の移行計画に関する情報を開示するにあたり、IFRS S2号の他の要求事項に従い開示される情報を参照する場合があると考えた。例えば、企業は温室効果ガス排出の開示（IFRS S2号第29項(a)）と、温室効果ガス排出の削減目標（targets）の開示（IFRS S2号第36項）との間のつながりを強調することがある。企業は、レジリエンスの評価（IFRS S2号第22項）が、気候関連の移行計画又は関連する開示に情報をもたらす限りにおいて、当該評価を参照する場合もある。

BC50 公開草案に対するコメント提出者は、気候関連の移行計画に関連する提案と、気候関連の目標（targets）に関連する提案との間の重複についてコメントした。ISSBは、そうした開示を提供するという要求事項を確認したものの、それらの要求事項をより明確に構成することを決定した。IFRS S2号第33項は気候関連の目標（targets）（温室効果ガス排出目標（targets）を含む。）の特徴に関連する情報を開示することを企業に要求する一方、IFRS S2号第36項は温室効果ガス排出目標（targets）に具体的に関連する追加的な情報及び企業がどのようにして当該目標（targets）を達成する計画であるのかを開示することを企業に要求している。

BC51 IFRS S2号は、気候関連の目標（targets）と温室効果ガス排出目標（targets）とを区別している。気候関連の目標（targets）には、気候関連のリスク及び機会に対応するために企業が設定した目標（target）すべてが含まれる。これらの目標（targets）は、IFRS S2号第29項に概説

© IFRS Foundation

722

された産業横断的指標カテゴリー又は産業別の指標（「産業別ガイダンス」に含まれている指標など）を参照する場合がある。「温室効果ガス排出目標（targets）」は、気候関連の目標（target）の具体例であり、企業が設定しているか又は満たすことを要求されている温室効果ガス排出目標（targets）を具体的に参照している。企業の気候関連の移行計画に関連して、温室効果ガス排出目標（targets）は、低炭素経済を予想（anticipation）して排出を削減する企業の計画の時期及び道筋に関する情報を提供する。IFRS S2号は、温室効果ガス排出目標（targets）のうち企業が設定したもののほか、法令により企業が満たすことが要求されているものに関する情報を企業が提供することを要求している。誤解を避けるために記すと、IFRS S2号は温室効果ガス排出目標（target）（又は他の気候関連の目標（targets））を設定することを企業に要求していない。むしろ、企業がそのような目標（targets）を設定している（又は満たすことを要求されている）場合に、温室効果ガス排出目標（targets）に関する情報を開示することを企業に要求し、企業がネット温室効果ガス排出目標（target）を設定している場合には、グロス温室効果ガス排出目標（target）を開示することも要求している。

BC52 公開草案に対するコメント提出者は、気候関連の移行計画に関する企業の開示の比較可能性及び整合性を向上させるためにIFRS S2号においてさらなる要求事項が必要であると述べた。これらのコメントに対応して、ISSBは、気候関連の移行計画を作成するにあたり、企業が置いた仮定、及び当該計画の達成が依拠する依存関係を企業が開示するという要求事項を導入することを決定した。仮定とは、発生するであろうと企業が見込む（expects）信念、予想（expectation）、仮説又は前提条件であり、したがって企業の気候関連の移行計画に組み込まれる。このため、仮定は不確実である。依存関係は、企業の移行計画を実現するために必要となる不可欠な要因及び条件である。仮定の例には、規制上の要求事項又は企業が計画された変更を自身のバリュー・チェーンに適用する能力（ability）に関する予想（expectations）が含まれる。依存関係の例には、企業が温室効果ガス排出目標（targets）を達成するために必要な排出除去技術、又は企業が気候関連の移行計画を適用するために必要となる最低限のレベルの資源の利用可能性が含まれる。ISSBは、一般目的財務報告書の利用者は、計画の信頼性を評価し企業間の比較を行うことができるようにするために、企業の気候関連の移行計画を支える仮定及び依存関係を理解する必要があると結論付けた。

現在の及び予想される（anticipated）財務的影響（effects）

BC53 IFRS S2号は、自身の気候関連のリスク及び機会の「現在の」及び「予想される（anticipated）」財務的影響（effects）を開示することを企業に要求している。

(a) 「現在の財務的影響（effects）」— 企業の気候関連のリスク及び機会が、報告期間における企業自身の財政状態、財務業績及びキャッシュ・フローに与えた影響（effects）

(b) 「予想される（anticipated）財務的影響（effects）」— 企業の気候関連のリスク及び機会が、短期、中期及び長期にわたり、企業自身の財政状態、財務業績及びキャッシュ・フローに与える影響（effects）（気候関連のリスク及び機会が企業の財務計画にどのように含まれているかに関する情報を含む。）

BC54 IFRS S2号は、企業が定量的情報を提供することを要求されない状況を示している。「そうすることができない」という用語はIFRS S2号では使用されていないが、この用語はIFRS S2号第19項から第20項に示されている条件（criteria）を通じて実質的に再度明確化されている。

© IFRS Foundation

BC55 設計上、これらの要求事項は、サステナビリティ関連のリスク及び機会の現在の及び予想される（anticipated）財務的影響（effects）を開示することを企業に要求しているIFRS S1号の要求事項と密接に整合している。企業がIFRS S2号を適用するのに役立ち、整合的で比較可能である開示を確保するため、当該要求事項はIFRS S1号及びIFRS S2号の両方に全文が示されている。

BC56 ISSBは、気候レジリエンスに関する情報についての開示要求と、現在の及び予想される（anticipated）財務的影響（effects）に関する情報についての要求事項との関係を明確化することを決定した。ISSBは、この2セットの要求事項はそれぞれに識別される（distinct）ものであり、異なる情報ニーズに資することを意図したものであることに留意した。企業の戦略及びビジネス・モデルの気候レジリエンスに関連する要求事項は、異なるシナリオにおいて企業が気候関連のリスク及び不確実性の影響（effects）に対処し、耐える能力（ability）に関して一般目的財務報告書の利用者に情報をもたらすことを意図している。気候関連のリスク及び機会の現在の及び予想される（anticipated）財務的影響（effects）に関連する要求事項は、これらのリスク及び機会が企業の財務業績、財政状態及びキャッシュ・フローに与える影響（effects）に関する情報を提供することを意図している。これらの要求事項は独立して適用することができる。しかし、レジリエンスの評価は現在の及び予想される（anticipated）財務的影響（effects）の開示に情報をもたらすことがあり、その逆も成り立つ。

気候レジリエンス

BC57 企業に影響を与える（affecting）気候関連のリスク及び機会の発生可能性、規模及び時期は、複雑かつ不確実であることが多い。この結果、一般目的財務報告書の利用者は、気候変動に対する企業の戦略及びビジネス・モデルのレジリエンスを理解できるようにする情報を必要としている。したがって、IFRS S2号第22項は、この評価に関するそれぞれに識別される（distinct）2つの側面に関する情報（次の事項を含む。）を開示することを企業に要求している。

(a) 不確実性の主要な（key）領域、企業の戦略及びビジネス・モデルに対する影響（implication）、並びに企業の適応能力（capacity）を利用者が理解できるようにするための、当該企業の気候レジリエンスに関する情報

(b) 気候レジリエンスについての企業の評価に情報をもたらすために、当該企業が気候関連のシナリオ分析をどのように実施してきたかに関する情報

BC58 IFRS S2号第22項は、気候関連の変化、進展及び不確実性に対する企業の戦略及びビジネス・モデルのレジリエンスに関する情報を開示することを当該企業に要求している。気候関連の変化には、気候変動から直接生じる事象又は変化が含まれる場合がある（例えば、広範囲の山火事）。気候関連の進展には、規制上の対応及び人口動態の変化などの進化するマクロ経済要因が含まれる場合がある（例えば、特定の化石燃料の使用に対する規制上の制限）。気候関連の不確実性には、気候関連の変化及び気候関連の進展に関連する信頼区間（confidence intervals）の相違が含まれる場合がある（例えば、山火事の広範性又は規制の厳格性に関する仮定）。

BC59 IFRS S2号の要求事項は、「レジリエンスの評価」と「シナリオ分析」の概念の区別をしている。レジリエンスの評価は、さまざまなもっともらしい（plausible）ものの不確実性のある気候関連の結果（outcomes）、企業のビジネス・モデル及び戦略に対する影響（implications）、並びに企業の適応又は対応する能力（capacity）に関する経営者の評価をいう。シナリオ分析は、当該評価に情報をもたらすために用いられる分析上の作業をいう。IFRS S2号第22項(b)が要求

© IFRS Foundation

724

している開示は、企業がシナリオ分析を行うために用いるアプローチに関連するものである一方、IFRS S2号第22項(a)の要求事項は、当該シナリオ分析に基づくレジリエンスの評価に関する開示に具体的に言及している。この区別を行うにあたり、ISSBは、企業はシナリオ分析の結果（results）を開示することは要求されず、代わりに、それらの結果（results）の解釈を開示することを要求されることを強調した。

BC60　IFRS S2号第22項(a)は、気候レジリエンスについての企業の評価において考慮された重大な（significant）不確実性の領域に関連する開示を要求している。例えば、企業は、レジリエンスの評価が将来の気候を原因とする移住の影響（effects）から生じる重大な（significant）不確実性にさらされており、それが特定の地域における企業のサプライ・チェーンの安定性又は資産及び事業のレジリエンスに影響を与える（affect）可能性がある旨を開示する場合がある。シナリオ分析において考慮する時間軸が長くなればなるほど、その結果（results）を解釈するために要する判断の程度も大きくなる。

BC61　IFRS S2号第22項(b)(ii)は、企業が気候関連のシナリオ分析の実施にあたり置いた主要な（key）仮定に関連して特に要求される開示を列挙している。IFRS S2号はこれらの具体的な開示を要求しているものの、IFRS S2号第22項(b)(ii)に列挙された仮定は網羅的ではないため、ISSBは、企業が気候関連のシナリオ分析を実施するにあたり、重要性がある（material）場合に開示すべき仮定を置く場合があると考えた。これは第22項における開示の全般的な（overarching）目的に反映されている。

BC62　公開草案は、企業は「そうすることができない」場合を除き、気候レジリエンスを評価するために気候関連のシナリオ分析を用いることを要求されることを提案した。この要求事項の提案は、企業が気候関連のシナリオ分析を用いることができない場合に、気候レジリエンスを評価するための代替的な方法を用いることを容認するものであった。この提案は、気候関連のシナリオ分析が（特に、そうした分析を実施するためのスキル、能力（capabilities）及び資源が不足している企業にとって）あまりにも困難となる場合があるという懸念に対応するために設計された。公開草案に対するコメント提出者は、この提案に対して意見が分かれるようなフィードバック（「そうすることができない」という言葉遣いの有効性に関するものを含む。）を提供した。一部のコメント提出者は、この言葉遣いは企業が気候関連のシナリオ分析の使用を逃れることを容認することになることを懸念した。他の者は、企業が気候関連のシナリオ分析を実施「できる」のか「できない」のかを判断するにあたり、どのような規準を考慮すべきかが不明確であるとした。また、コメント提出者は、さまざまな方法が、気候関連のシナリオ分析を構成するのかしないのかについて、さまざまな見解を示した。

BC63　ISSBは、状況が異なる企業に対して、混乱を低減し、明瞭性を高め、適切な程度のプロポーショナリティを維持するために、いくつかの関連する決定を行った。ISSBは、IFRS S2号における気候レジリエンスに関する要求事項から「そうすることができない」という言葉遣いを削除し、企業が気候レジリエンスを評価するために気候関連のシナリオ分析を用いることを要求される旨を確認することを決定した。また、ISSBは、気候関連のシナリオ分析には、さまざまな実務（定性的なシナリオの説明から洗練された定量的モデリングまで）が含まれることを明確化することも決定した。ISSBは、企業の状況に見合った気候関連のシナリオ分析に対するアプローチを用いることを要求することも決定した。

BC64　ISSBは、シナリオ分析が（特に、スキル、能力（capabilities）又は資源が少ない企業にとっ

© IFRS Foundation

て）過大なコストや労力を生じさせる可能性があるという懸念に対応するために追加のガイダンスを提供する必要性を認識した。したがって、ISSBは、IFRS S2号に付属する適用ガイダンスを提供することに合意した。これは、状況に見合った気候関連のシナリオ分析に対するアプローチの決定において企業を支援するように設計されている。適用ガイダンス（IFRS S2号B1項からB18項）は、TCFDが公表した文書（「技術的補足文書：気候関連のリスク及び機会の開示におけるシナリオ分析の利用（2017年）」及び「非金融会社のためのシナリオ分析に関するガイダンス（2020年）」を含む。）に概説されている実務の範囲に基づいている。IFRS S2号における適用ガイダンスは、次を考慮に入れて、報告日時点で企業が過大なコストや労力をかけずに利用可能な、すべての合理的で裏付け可能な情報を企業が考慮できるようにする気候関連のシナリオ分析に対するアプローチを用いることを企業に要求している。

(a) 気候関連のリスク及び機会に対する企業のエクスポージャー

(b) 気候関連のシナリオ分析を実施できるようにするために企業が利用可能なスキル、能力（capabilities）及び資源

BC65 気候関連のリスク及び機会に対する企業のエクスポージャーが大きいほど、また、気候関連のシナリオ分析を実施するために利用可能なスキル、能力（capabilities）及び資源が多いほど、レジリエンスの評価を支えるためにより洗練された形の分析を用いることを企業は要求される。資源がより少なく、リスク・エクスポージャーが比較的低い企業は、主要な（key）製品、事業単位又は事業の所在地に焦点を当てたシナリオの記述を作成する場合がある。しかし、リスク・エクスポージャーが大きく、分析の経験がより豊富な大手企業は、企業自身の事業及びバリュー・チェーンを通じての複数のリスク伝達経路を取り込むためにさまざまなシナリオを用いた洗練された定量的モデリングを実施する場合がある。企業がより洗練された形の気候関連のシナリオ分析を実施するためのスキル及び能力（capabilities）を現時点では有していないものの、気候関連のリスクに対するエクスポージャーが大きい場合、企業は、最初は気候関連のシナリオ分析に対してより単純なアプローチを用いることがある。ISSBは、企業の気候関連のリスクに対するエクスポージャーがシナリオ分析に対するより洗練されたアプローチを正当化する場合に、企業がスキル又は能力（capabilities）を獲得又は開発するために利用可能な資源を有しているときは、スキル又は能力（capabilities）の不足を理由に洗練度合いの低いアプローチの使用を正当化することはできない旨を強調した。ISSBは、このガイダンスにより、企業がスキル及び能力（capabilities）を開発し、学習及び反復のプロセスを通じて開示を時間の経過とともに強化することが可能になると見込んでいる。例えば、企業の能力（capabilities）が進展するに従い、コストや労力に関して何が「過大」と考えられるのかの評価も進展する。

BC66 ISSBは、関連するシナリオは、企業の事実及び状況（事業の性質及び所在地、並びに企業がさらされている物理的リスク及び移行リスクを含む。）に依存するため、企業が気候関連のシナリオ分析において用いることを要求される特定のシナリオを定めないことを決定した。その代わり、ISSBは、企業はどの気候関連のシナリオを用いたのか（それらが移行リスク又は物理的リスクのどちらに関連するのかを含む。）を説明することを要求されることを確認した。IFRS S2号は、多様な範囲の気候関連のシナリオを分析において用いたかどうかの開示も要求している。このことは、用いたシナリオの数及び当該シナリオがさまざまな結果（outcomes）又は道筋を対象としているかどうかなどの情報の開示を企業が要求されることを意味している。例えば、企業が秩序ある移行シナリオと無秩序な移行シナリオの両方を検討した場合には、企業はその旨を開示する可能性がある。

© IFRS Foundation

IFRS S2号「気候関連開示」BC

BC67 ISSBは、どのシナリオを企業が用いるべきかを定めることは、実務的でなく、急速に時代遅れとなる場合があり、企業の具体的な状況又は何がもっともらしい（plausible）かについての経営者の見方を反映しない情報の開示につながる可能性があることに同意した。したがって、ISSBは、気候変動に関する最新の国際協定と整合するシナリオ又は特定の科学的根拠に基づくシナリオの使用を要求しないことを決定した。しかし、ISSBは、企業が選択するシナリオは、一般目的財務報告書の利用者に有用な情報を提供するために、自身の状況に関連するものでなければならないことにも同意した。また、ISSBは、IFRS S2号を適用する際の関連するシナリオの選択において企業を支援するための追加の教育的資料の開発を検討することにも同意した。

BC68 ISSBは、企業はシナリオ分析を報告日ごとにアップデートせずに、複数年の戦略計画サイクルと一致するようにシナリオ分析を実施することが容認されることを決定した。しかし、ISSBは、IFRS S2号第22項が要求している情報は毎年開示しなければならないことを確認した。企業は気候の不確実性が企業のビジネス・モデルに与える影響（implications）に関するアップデートされた洞察を反映するため、気候レジリエンスを年次ベースで評価することを要求される。これに関して、IFRS S2号第22項(a)が要求している情報は各報告期間にアップデートされる一方、IFRS S2号第22項(b)が要求している情報は、気候関連のシナリオ分析が実施されていない場合には、ある報告期間と翌報告期間とで変更されない場合がある。

BC69 ISSBは、気候関連のシナリオ分析が、IFRS S2号が要求している他のさまざまな開示に情報をもたらすために使用できることを承知した。これには、リスク及び機会の識別及び評価、当該リスク及び機会に関連した予想される（anticipated）財務的影響（effects）、並びに企業が低炭素経済に移行するために作成する可能性のある計画が含まれる。しかし、シナリオ分析の使用は、企業のレジリエンスの評価の文脈においてのみ要求される。

リスク管理

BC70 IFRS S2号第24項から第26項の適用から生じる情報は、企業が気候関連のリスク及び機会を識別し、評価し、優先順位付けし、モニタリングするために用いるプロセスを一般目的財務報告書の利用者が理解できるようにすることを意図している。

BC71 設計上、IFRS S2号におけるリスク管理の要求事項はIFRS S1号における要求事項と密接に整合している。企業がIFRS S2号を適用するのに役立ち、整合的で比較可能である開示を確保するため、当該要求事項はIFRS S1号及びIFRS S2号の両方に全文が示されている。IFRS S2号は、企業がリスク管理に関する開示において不必要な重複を避けることを要求している。例えば、企業がサステナビリティ関連のリスク及び機会についてのリスク管理に対する全体的なアプローチを記述して、気候関連のリスク及び機会について採用するアプローチに関しては具体的な追加的な詳細を含めることが適切である場合がある。

BC72 公開草案に対するコメント提出者の一部は、気候関連のシナリオ分析は気候関連のリスク及び機会の識別及び評価に有用なインプットを提供できると示唆した。ISSBは、IFRS S2号第24項から第26項に記述されているプロセスに情報をもたらすために、気候関連のシナリオ分析を用いているかどうか、また、用いている場合、どのように用いているかを企業が記述するという追加の要求事項を導入することを決定した。

© IFRS Foundation

指標及び目標（targets）

BC73 ISSBは、公開草案の「指標及び目標（targets）」セクションの目的の文案が、指標及び目標（targets）に関する開示の意図を十分には反映していないというフィードバックを受け取った。フィードバックは、一部のコメント提出者がこれらの開示の目的を企業が既に用いている指標及び目標（targets）の開示に限定されるものと解釈したことを示していた。ISSBは、この解釈によった場合、IFRSサステナビリティ開示基準が要求している指標のうち企業が使用していないものは、当該指標の開示によって提供される情報に重要性がある（material）としても、企業が除外する結果となる可能性があると判断した。ISSBは、当該目的は、次の事項に対しての企業のパフォーマンスに関する情報を企業が開示することを要求することである旨を明確化することを決定した。

(a) 企業が気候関連のリスク及び機会を測定し、モニタリングするために用いる指標（たとえ当該指標がIFRS S2号で要求されていない場合であっても）

(b) IFRS S2号が明示的に要求している指標（たとえ企業がこれらの指標を自身の事業において用いていない場合であっても）

BC74 ISSBは、当該決定を行うにあたっての意図は、企業が自身の事業をどのように管理すべきかを定めることではなく、代わりに、指標及び目標（targets）についての開示要求を明確化することである旨をさらに明確にした。企業の経営者は、IFRS S2号に示されている指標を用いて自身の事業を管理することを要求されない。むしろ、その意図は、短期、中期及び長期にわたり企業のキャッシュ・フロー、当該企業のファイナンスへのアクセス及び資本コストを評価するにあたって有用となる可能性が高いものとしてISSBが識別した情報を、一般目的財務報告書の利用者が入手できるようにすることを確保することである。

産業横断的指標カテゴリー

BC75 一般目的財務報告書の利用者が、気候関連のリスク及び機会に関連する企業のパフォーマンスを他の企業と比較するのに役立てるため、IFRS S2号（第29項）は、すべての企業が、TCFDの「指標、目標（targets）及び移行計画に関するガイダンス」（TCFDガイダンス）に由来する7つの産業横断的指標カテゴリーに沿って情報を開示することを要求している。

(a) 温室効果ガス排出

(b) 気候関連の移行リスク

(c) 気候関連の物理的リスク

(d) 気候関連の機会

(e) 資本投下

(f) 内部炭素価格

(g) 報酬

これらの産業横断的指標カテゴリーは、気候関連のリスク及び機会に対する企業のエクスポージャー及び管理を一般目的財務報告書の利用者が評価できるようにする共通の情報を提供する

© IFRS Foundation

ことを意図している。当該カテゴリーは、気候関連のリスク及び機会の主要な（key）側面及び決定要因の指標となること並びに気候変動が企業に与える可能性のある影響（effects）に対する洞察を提供することも意図している。

BC76 公開草案に対するコメント提出者のほとんどは、7つの産業横断的指標カテゴリー（特にTCFDガイダンスとの整合性）に概ね同意した。コメント提出者はまた、これらの産業横断的指標カテゴリーは、ほとんどの種類の企業に適用される気候関連開示の共通のセットを提供しており、したがって、産業間及びビジネス・モデル間での開示の比較可能性の向上を可能にするともコメントした。公開草案に対するコメント提出者の多くが、この7つのカテゴリーが適切な産業横断的指標を提供していることにも同意し、企業の報告負担を低減させるためにこれらの指標の数を限定することの重要性（importance）を強調した。

BC77 IFRS S2号における産業横断的指標カテゴリーの記述は、ほとんどの場合、企業が適切な指標を識別できるようにするために意図的に具体性のないものとしている。ISSBがこのアプローチを採用したのは、測定の方法論並びに基礎となるデータの利用可能性及び質が時間の経過とともに進化する可能性に備えるためである。

BC78 産業横断的指標の要求事項を適用するにあたり企業の指針とするため、IFRS S2号に付属する「例示的ガイダンス」は、産業横断的指標カテゴリーを満たすために用いることができる情報の例を示している。これらの例はTCFDガイダンスに基づいている。

「スコープ1」、「スコープ2」及び「スコープ3」の温室効果ガス排出

BC79 公開草案に対するコメント提出者のほとんどは、CO_2相当（CO_2e）で表される、報告期間中に企業が生成した「スコープ1」、「スコープ2」及び「スコープ3」の温室効果ガス排出の絶対総量（absolute gross）を企業が開示するという要求事項の提案に同意した。コメント提出者は、この情報は特定の気候関連のリスク及び機会（特に低炭素経済への見込まれる移行に関連したもの）に対する企業のエクスポージャーを一般目的財務報告書の利用者が評価するのに役立つことになると述べた。

BC80 IFRS S2号は、温室効果ガス排出に関して3つのスコープを報告企業の視点から定義している。これらのスコープは「温室効果ガスプロトコルの企業算定及び報告基準（2004年）」（「GHGプロトコルのコーポレート基準」）で用いられた定義を採用したものである。

(a) 「『スコープ1』の温室効果ガス排出」 — 企業が所有又は支配する排出源から発生する直接的な温室効果ガス排出（例えば、所有若しくは支配するボイラー、炉、自動車における燃焼、又は所有若しくは支配する加工設備における化学的生産からの温室効果ガス排出）

(b) 「『スコープ2』の温室効果ガス排出」 — 企業が消費する、購入又は取得した電気、蒸気、温熱又は冷熱の生成から発生する間接的な温室効果ガス排出（例えば、エネルギーのサプライヤーからの温室効果ガス排出）

(c) 「『スコープ3』温室効果ガス排出」 — 企業のバリュー・チェーンで発生する間接的な温室効果ガス排出（「スコープ2」の温室効果ガス排出に含まれないもの）であり、上流及び下流の両方の排出を含む。「スコープ3」の温室効果ガス排出は、さらに15のカテゴリーに区分され、そのうち8つは企業の上流、7つは企業の下流である。「スコープ3カテゴリー15」は「投資」であり、報告企業がファイナンスを提供した第三者が排出した温室効果ガスであ

る。この投資カテゴリーは、金融機関にとって重要な（important）報告カテゴリーである。これは、それらの温室効果ガス排出のインベントリーの最も重大な（significant）部分であることが多いためである（BC122項からBC129項参照）。

温室効果ガス排出の総量及び排出原単位

BC81　IFRS S2号は、温室効果ガスの総排出（gross greenhouse gas emissions）を開示することを企業に要求している。すなわち、除去の取組み（例えば、企業によるカーボン・クレジットの意図された使用からの）を考慮に入れる前の温室効果ガス排出である。温室効果ガスの総排出（gross greenhouse gas emissions）の開示は、企業が自身の温室効果ガス排出を削減しているか、又はバリュー・チェーン内の温室効果ガス排出を削減しているか、当該企業が温室効果ガス排出を削減している場合には削減している程度について、一般目的財務報告書の利用者が判断するのに役立つ。

BC82　公開草案は、「スコープ1」、「スコープ2」及び「スコープ3」に区分して排出原単位を開示することを企業が要求されることも提案した。排出原単位は、物理的又は経済的なアウトプットの単位当たりのCO_2相当のメートル・トンで表される。ISSBは、これらの指標は企業の温室効果ガス排出を標準化し、利用者が異なる企業間の温室効果ガス排出を比較できるようにするため、排出原単位の指標は一般目的財務報告書の利用者に有用であると承知した。温室効果ガス排出の絶対総量（absolute greenhouse gas emissions）とあわせて、排出原単位の指標は、時間の経過とともに企業の温室効果ガス排出プロファイルの完全な像を提供するのに役立つ。例えば、企業の温室効果ガス排出の絶対総量（absolute greenhouse gas emissions）は、企業が事業を拡張する場合に増大する可能性があるが、同時に、排出原単位は企業がより効率的になることにより低下する可能性がある。この例では、企業の温室効果ガス排出の絶対総量（absolute greenhouse gas emissions）の開示のみでは、企業が事業運営において達成した温室効果ガス排出の削減を伝えない場合がある。

BC83　排出原単位の指標は有用であるが、一般目的財務報告書の利用者が開示を企業間で比較できるのは、排出原単位を計算するにあたり企業が同じ分母を使用する場合のみである。ISSBは、原単位の指標の計算に対して単一の標準化されたアプローチを定めることは適切でないと考えた。関連する分母はいくつかの要因（企業の産業及びビジネス・モデル並びに利用者の選好を含む。）に依存することが多いためである。したがって、ISSBは、排出原単位の情報は有用であるが、IFRS S2号は排出原単位を開示することを企業に明示的に要求すべきではないと決定した。この決定は、企業の排出原単位を自ら計算するか、又は第三者である提供者から計算を入手するかのいずれかであるという利用者の現在の実務から情報がもたらされた。企業のIFRS S2号に従った温室効果ガス排出の絶対総量（absolute greenhouse gas emissions）の開示は、この開示を他の情報（企業の財務諸表において既に利用可能な財務データを含む。）と組み合わせた場合には、利用者が排出原単位を自ら計算することができるようになる。

BC84　ISSBは、排出原単位の指標の開示が、IFRS S1号第15項(b)に従い、これらの指標が一般目的財務報告書の利用者に有用であると判断される場合には、要求されることになることも確認した。この規定は、企業が「IFRSサステナビリティ開示基準」において「具体的に適用される要求事項に準拠するだけでは、『一般目的財務報告書の利用者』が、短期、中期又は長期にわたる企業のキャッシュ・フロー、当該企業のファイナンスへのアクセス及び資本コストにサステナビリティ関連のリスク及び機会が与える影響（effects）を理解するうえで不十分である場合には、追

© IFRS Foundation

IFRS S2号「気候関連開示」BC

加的な情報を開示する」ことを企業に要求している。IFRS S2号は、ガバナンス機関又は経営者が目標（targets）に向けての進捗状況を測定するために用いる指標を開示することも企業に要求している。したがって、その情報に重要性がある（material）（IFRS S1号第15項(b)に従って）又は企業のガバナンス機関若しくは経営者が企業の気候関連のリスク及び機会を管理するためにそうした指標を用いているか（IFRS S2号第28項(c)に従って）又はその両方である場合には、企業は排出原単位の指標を開示することを要求される。

BC85　ISSBはまた、IFRS S2号に付属する「産業別ガイダンス」が、一般目的財務報告書の利用者が排出原単位を計算するのに役立つ可能性のある産業別の活動指標を含んでいることにも留意した。例えば、クルーズ会社産業の企業が「第65巻『クルーズ会社』」に記述されている利用可能な下寝台距離（ALB-KM）又は平均旅客クルーズ日数（APCD）についての活動指標を含む場合がある。適切な産業固有の開示を決定するにあたり、IFRS S2号は企業にこのガイダンスを参照させている。

測定のアプローチ、インプット及び仮定

BC86　ISSBは、企業が、「GHGプロトコルのコーポレート基準」に従って企業の「スコープ1」、「スコープ2」及び「スコープ3」の温室効果ガス排出を測定することを要求されることを決定した。公開草案に対するコメント提出者のほとんどは、「GHGプロトコルのコーポレート基準」の使用の提案に同意した。しかし、一部のコメント提出者は、温室効果ガス排出を測定するための他の方法が一部の法域ではより一般的に用いられているとコメントした（BC88項参照）。ISSBは、測定の共通の基礎を提供するためにIFRS S2号において「GHGプロトコルのコーポレート基準」を参照することを決定した。さまざまな測定アプローチが「GHGプロトコルのコーポレート基準」において利用可能であるが、ISSBは、この単一の参照文書を用いて、認められる測定アプローチの範囲を狭めることによって、企業の開示の比較可能性を改善することになると結論付けた。この決定は、「GHGプロトコルのコーポレート基準」は世界中及びほとんどの法域の企業が用いている支配的な方法であるというISSBの理解からも情報がもたらされた。

BC87　IFRS S2号における温室効果ガス排出の測定に関する要求事項は、大部分は「GHGプロトコルのコーポレート基準」に基づいている。この温室効果ガス排出の測定方法を用いることにより、次の共通のアプローチ及び原則を提供するためである。

(a) 企業が、自身の温室効果ガス排出を忠実に表現する温室効果ガス排出インベントリーを作成することを可能にする。

(b) 温室効果ガス排出インベントリーの調製のための支配的な企業の実務に整合する。

(c) 温室効果ガス排出の算定及び開示におけるさまざまな企業間の一貫性及び透明性を促進する。

IFRS S2号は温室効果ガス排出の測定のための基礎として「GHGプロトコルのコーポレート基準」を参照しているが、IFRS S2号は企業が「スコープ3」の温室効果ガス排出の測定に含めることが要求されるカテゴリー及び当該排出を測定するために使用することが要求されるインプットなどの追加的な要求事項も示している。ISSBは、IFRS S2号における具体的な要求事項は「GHGプロトコルのコーポレート基準」との不整合がある場合においても適用しなければならないことに留意した。

BC88　「GHGプロトコルのコーポレート基準」は、温室効果ガス排出の測定について最も一般的に用

© IFRS Foundation

731

いられている基準であり、多くの法域（ブラジル、インド、メキシコ、フィリピン及び英国を含む。）で直接参照されている。しかし、一部の法域は、国内の測定スキームに従って、自身の排出を報告することを企業に要求している。こうした法域には、オーストラリア、中国、フランス、日本、韓国及び台湾が含まれる。これらの法域（及び温室効果ガス排出の測定について他のアプローチを使用することを企業に要求している他の法域）の企業は、IFRS S2号の要求事項を満たすにあたり追加のコストが生じる可能性がある。この問題に対応するため、ISSBは、企業が法域の当局又は当該企業が上場している取引所によって自身の温室効果ガス排出を測定するために「GHGプロトコルのコーポレート基準」とは異なる方法を用いることが要求される場合、企業は当該方法を用いることが容認されることを確認した。ISSBは重複した報告を避けるためにこの救済措置に同意し、企業がIFRS S2号を適用する結果（result）、自身の温室効果ガス排出を測定するために「GHGプロトコルのコーポレート基準」と別の方法の両方を用いることが要求されることとなる場合にのみ適用することに同意した。

BC89　企業によっては、温室効果ガス排出の測定について他の方法を用いることを選択している。公開草案に対するコメント提出者の一部は、これらの企業が現在用いている方法を変更し、代わりに「GHGプロトコルのコーポレート基準」を用いることを要求される場合のコストに関して懸念を示した。これらのコメント提出者は、そのような企業は、自身の温室効果ガス排出を測定する方法を、自身で選択することが認められるべきであると主張した。BC86項で述べたように、ISSBは、温室効果ガス排出の測定についての共通のフレームワークを参照することは、企業の開示間の比較可能性を改善することになると結論付けた。しかし、これらのコメント提出者の懸念を和らげるため、ISSBは限定的な期間について救済措置を提供した。この救済措置は、IFRS S2号の適用開始日の直前の年次報告期間において他の方法を用いた企業に対し、IFRS S2号の適用初年度に当該方法を引き続き用いることを容認している（BC166項からBC169項参照）。

BC90　公開草案に対するコメント提出者の一部は、第三者が定める方法を用いることを企業に求めるIFRS S2号の要求に関して懸念を示し、当該方法への変更はISSBの統制の範囲外となり、IFRS財団のデュー・プロセスに従わないことになると考えた。「GHGプロトコルのコーポレート基準」は2001年に最初に公表され、温室効果ガス排出の測定方法を明確化するために定期的に更新されることが期待されている（expected）。ISSBは、これらのコメント提出者の懸念を考慮し、IFRS S2号は2004年版の「GHGプロトコルのコーポレート基準」を参照することを決定した。これは公開草案の公表時（2022年3月31日）に利用可能な最新版であった。仮に「GHGプロトコルのコーポレート基準」が更新された場合、ISSBは当該更新を反映するための変更を提案する前に、当該変更によって起こり得る影響（effects）を評価する。ISSBはこの評価を行い、IFRS財団のデュー・プロセスに従って変更案に対するフィードバックを求めた後にのみ、「GHGプロトコルのコーポレート基準」の修正版への参照を含めるようにIFRS S2号を更新する。

BC91　公開草案は、企業が温室効果ガス排出を計算するために用いることが要求されるインプットを定めなかった。公開草案に対する数名のコメント提出者は、「GHGプロトコルのコーポレート基準」は温室効果ガス排出の測定のための共通の基礎であるものの、温室効果ガス排出を計算するにあたり、企業が具体的なインプットを選択し、具体的な仮定を置くことを認めているとコメントした。これらの変数には、地球温暖化係数（GWP）の数値及び排出係数が含まれる。企業が利用するGWPの数値及び排出係数の違い（variations）は、企業の開示の比較可能性を損なうことがある。

BC92　GWPの数値は、7種類の温室効果ガス（BC98項参照）を標準化された指標（CO_2相当）に変換

© IFRS Foundation

するために適用される乗数であり、企業がさまざまな温室効果ガスを温室効果ガス排出総量データに変換し集約することを可能にする。最も頻繁に使用されるGWPの数値は、「気候変動に関する政府間パネル」（IPCC）によって定義されている。これらの数値は、定期的に公表されるIPCC評価報告書において精緻化される。2023年6月現在、最新のGWPの数値は「IPCC第6次評価報告書[2]」において定義されている。ISSBは、企業が構成する温室効果ガスをCO_2相当に変換するにあたり、最新のIPCC評価報告書に基づくGWPの数値を用いるという要求事項を導入することを決定した。この要求事項は、企業間の温室効果ガス排出の開示の比較可能性を向上させ、温室効果ガス排出のデータが最新の科学的知見を反映することを確保することを意図している。このアプローチは、最新のGWPの数値の利用を推奨している「GHGプロトコルのコーポレート基準」と整合的である。

BC93　ISSBは、最新の更新されたGWPの数値を用いて温室効果ガスをCO_2相当に変換することを企業に要求しているが、場合によっては、企業が事業を営んでいる法域及び企業が温室効果ガス排出を測定するために用いるデータの情報源に応じて、企業が用いるGWPの数値が異なる可能性があることも認識している。例えば、排出係数（企業が活動データを温室効果ガス排出の情報に変換するために用いられる。）は既に、GWPの数値を用いてCO_2相当に変換されていることが多く、そのGWPの数値は、IPCCの直近に更新されたGWPの数値と整合している場合もあれば、整合していない場合もある。企業が、活動を最もよく表現する排出係数を識別しており、これらがCO_2相当でのみ利用可能で、最新のGWPの数値に基づいていない場合、企業は当該排出係数を用いることを要求される。さらに、企業は、自身の温室効果ガス排出を測定するために用いた測定アプローチ、インプット及び仮定、並びにこれらの測定アプローチ、インプット及び仮定が企業の温室効果ガス排出に関連性がある理由を一般目的財務報告書の利用者が理解できるようにする情報を開示することが要求される（BC95項参照）。この開示要求の一部として、企業はどのGWPの数値を用いているのか、また、必要な場合には、最新のIPCC報告書からの更新されたGWPの数値を用いなかった理由を説明することを要求される。

BC94　排出係数は、企業が定量的な活動データを当該活動から生じる温室効果ガス排出の測定に変換できるようにする係数である。例えば、企業が自社の配送フリートからの「スコープ1」の温室効果ガス排出を評価しようとしている場合、活動データとして燃料消費量又はフリートの移動距離を選択する場合がある。このデータは、排出係数を用いて温室効果ガス排出データに変換される。排出係数は、「国際エネルギー機関」又は温室効果ガス排出の開示が強制されている法域での国内の情報源などのいくつかの公表されている情報源から見積ることができる。企業が自身の温室効果ガス排出を測定するために用いる排出係数は、企業の状況に固有のものである。したがって、ISSBは、IFRS S2号は排出係数を定めず、標準化も図らないことを決定した。その代わりに、IFRS S2号は、温室効果ガス排出を生じさせている活動を最も具体的に表す最も適切な排出係数を選択して用いることを企業に要求している。企業が「スコープ3」の温室効果ガス排出の測定のために用いるべき適切な排出係数を選択するのに役立てるため、IFRS S2号は測定フレームワークを提供している。このフレームワークは、企業の温室効果ガス排出の測定の表現の忠実性を改善するように設計された特定の特徴を有するインプット及び仮定に優先順位を付けることを企業に要求している（IFRS S2号B38項からB54項）。

BC95　公開草案に対するコメント提出者は、差異を最小化するため、ISSBが企業に、標準化された測

2　気候変動に関する政府間パネル、「気候変動2022：影響（impacts）、適応及び脆弱性」、気候変動に関する政府間パネル第2作業部会第6次評価報告書、2022年

© IFRS Foundation

定アプローチ、インプット及び仮定の使用を要求することが考えられると述べた。あるいは、コメント提出者は、ISSBが企業に、温室効果ガス排出の測定に使用している測定アプローチ、インプット及び仮定を開示することを要求するよう提案した。ISSBは、企業が自身の温室効果ガス排出を計算するために使用したインプット及び仮定が一般目的財務報告書の利用者に開示されること（特に当該インプットがIFRS S2号において定められていない場合）を確保するための要求事項をIFRS S2号に導入することを決定した。企業は自身の温室効果ガス排出を測定するために用いた測定アプローチ、インプット及び仮定を利用者が理解できるようにする情報を開示することが要求される。企業はまた、自身の温室効果ガス排出を測定するために用いた測定アプローチ、インプット及び仮定を選択した理由を開示することも要求される。この情報の開示は、利用者が排出係数及び活動データ並びにこれらのインプットに関連した測定の不確実性を理解できるようにするために要求される。活動データについては、この開示には、当該データが経済的又は物理的なアウトプットに基づいているかどうか及び何を表しているか（例えば、「スコープ3」の温室効果ガス排出の「カテゴリー1」については、当該データは企業が購入した財又はサービスの量を表している場合がある。）などの情報が含まれる。排出係数については、この開示には、当該データの情報源（例えば、直接測定、サプライヤー固有のデータ又は産業平均のデータ）又は当該データのレベル（例えば、施設レベル又は全社レベル）などが含まれる。

BC96 企業が自身の温室効果ガス排出を測定するために用いた測定アプローチ、インプット及び仮定を開示するという要求は、非常に詳細な情報をもたらす可能性があり、その一部は重要性がない（immaterial）可能性があるため、重要性がある（material）情報を不明瞭にするリスクがある。しかし、ISSBは、この開示要求はIFRS S1号B29項からB30項（情報の集約及び分解に関する要求事項を設定している。）の対象となると考えた。あらゆるインプットに関する情報を開示するのではなく、企業は重要性がある（material）情報の開示をもたらすのに十分な詳細さ及び集約のレベルで情報を開示することを要求される。例えば、企業が「スコープ3」の温室効果ガス排出を測定するにあたり、バリュー・チェーンの異なる部分についての温室効果ガス排出を捕捉するために異なる排出係数及び活動データのインプットを使用する場合がある。この状況において、企業は、企業が自身の温室効果ガス排出をどのように測定したのかを一般目的財務報告書が理解するのに有用であるインプットに関する情報のみを開示することが要求される。

BC97 企業は、時間の経過とともに仮定及びインプットを変更する場合がある。ISSBは、企業が自身の温室効果ガス排出を測定するために用いる測定アプローチ、インプット又は仮定に対して当報告期間中に企業が行った変更に関する情報及び変更の理由を開示することを企業に要求することを決定した。この要求事項は、「スコープ3」の温室効果ガス排出の開示について特に重要（important）である。測定技法が急速に進展しており、したがって企業が使用するアプローチが時間の経過とともに変化する可能性が高いためである。

温室効果ガス排出の集約及び分解

BC98 IFRS S2号は、企業に、自身の「スコープ1」、「スコープ2」及び「スコープ3」の温室効果ガス排出を開示することを要求している。自身の温室効果ガス排出を開示するにあたり、企業は「国連気候変動枠組条約」（UNFCCC）において識別され「京都議定書」の一部として合意された7種類の温室効果ガスのすべて（二酸化炭素（CO_2）、メタン（CH_4）、一酸化二窒素（N_2O）、ハイドロフルオロカーボン類（HFCs）、パーフルオロカーボン類（PFCs）、六フッ化硫黄（SF_6）及び三フッ化窒素（NF_3））を含めることを要求されている。それぞれのガスは、異なる方法で

© IFRS Foundation

734

IFRS S2号「気候関連開示」BC

気候変動の原因となり、寿命がそれぞれ異なる。これらのガスについてのデータを提示するにあたり、比較を可能にし、地球温暖化に対するそれぞれのガスの個別の及び合計での寄与度を決定するために、それぞれのガスに関するデータを、標準化した指標であるCO_2相当に変換するのが一般的である。企業はGWPの数値を用いてこれらの変換を行い、これらのガスのすべてを単一の温室効果ガスのデータ・ポイントに集約する（BC92項参照）。

BC99　公開草案に対するコメント提出者の一部は、温室効果ガス排出を7種類の構成する温室効果ガスごとに分解することが、特に企業の二酸化炭素以外の排出（例えば、メタン排出）に関する情報が特定の気候関連のリスク又は機会に対する洞察を提供する場合に有用な情報を提供する場合があると示唆した。ISSBは、構成ガスごとの分解が重要である（important）可能性のある特定の状況はあり得るものの、分解はすべての状況で関連性があるわけではないと考えた。したがって、ISSBは、IFRS S2号は企業に自身の温室効果ガス排出の開示を構成ガスごとに分解することを明示的に要求しないことを確認した。ISSBは、IFRS S1号B30項は、分解に関する要求事項を含んでおり、集約された場合に不明瞭となる重要性がある（material）情報を提供することになるとき、それぞれの構成ガスを開示することになることに留意した。IFRS S2号に付属している「設例」は、温室効果ガス排出の開示を分解することが必要かどうかを決定するにあたってのいくつかの考慮事項を例示するいくつかの例を提供している。

BC100　ISSBは、IFRS S2号に付属する「産業別ガイダンス」が、温室効果ガス排出を構成ガスごとに分解すべきかどうかを企業が決定するのに役立つ場合があると考えた。例えば、石油及びガスの探査及び生産の産業における企業について、「産業別ガイダンス」はメタン排出に関する情報を定めており（「第11巻―石油及びガス－探査及び生産」）、「・・・シェール資源からの天然ガスの生産拡大により、・・・強い温室効果を持つ温室効果ガスであるメタンの排出管理は、この産業の企業の主要な事業上、レピュテーション上及び規制上のリスクとして生じている」と述べている。この場合、メタン排出の分解が、重要性がある（material）情報を提供する可能性が高いものとして強調されている。

BC101　公開草案は、「スコープ1」及び「スコープ2」の温室効果ガス排出について、連結会計グループに帰属するものと連結会計グループから除外されているその他の投資先に帰属するものとに分解することを企業に要求することを提案した。この開示が公開草案で提案されたのは比較可能性を促進するためであり、これは、「GHGプロトコルのコーポレート基準」が、どの排出が「スコープ1」、「スコープ2」及び「スコープ3」の温室効果ガス排出に含まれるかを決定するために異なる測定アプローチを企業が採用することを認めているためである。例えば、企業は非連結の投資先の排出を持分割合アプローチ又は支配アプローチを用いて含めることができる。これらの異なるアプローチは、企業の財務諸表において他の企業に対する投資に関して情報が提供される方法が、自身の温室効果ガス排出が計算される方法と整合しない場合があることを意味している。また、他の企業に対して同一の投資を有する2つの企業が、「GHGプロトコルのコーポレート基準」を適用するにあたり行う選択によって、それらの投資に関連して異なる温室効果ガス排出を報告する可能性があることも意味している。

BC102　公開草案に対するコメント提出者のほとんどがこの提案に同意した。しかし、コメント提出者の一部は、この提案された要求事項が、企業が「GHGプロトコルのコーポレート基準」に従い選択することが認められている選択肢に優先することになるのかどうかを質問した。ISSBは、企業は「GHGプロトコルのコーポレート基準」に従い測定した自身の温室効果ガス排出を開示することを要求されるものの、自身の温室効果ガス排出を測定するために特定のアプローチを

© IFRS Foundation

735

用いることは要求されないことを確認するために、要求事項の言葉遣いを明確化した（すなわち、IFRS S2号は、持分割合アプローチ又は支配アプローチのいずれかを用いることを企業に要求していない。）。むしろ、IFRS S2号は、測定した数値について企業が選択したアプローチを用いて分解することを企業に要求しているだけである。ISSBは、企業が自身の「スコープ1」及び「スコープ2」の温室効果ガス排出について、連結会計グループに帰属するものと連結会計グループから除外されたその他の投資先に帰属するものとに分解することを要求されることを確認した。ISSBはまた、企業が自身の温室効果ガス排出を測定するために用いたアプローチを開示することが要求されることを確認した。

BC103 ISSBは、「IFRS会計基準」を適用している企業においてこの要求事項が共同支配の取決めにどのように適用されるのかを検討した。IFRS第11号「共同支配の取決め」を適用して、企業は共同支配の取決めを共同支配企業又は共同支配事業のいずれかに分類する。企業は一般的に、共同支配企業をIAS第28号「関連会社及び共同支配企業に対する投資」に従い持分法を用いて会計処理する。ISSBは、「IFRS会計基準」に従えば、持分法の投資先は連結会計グループの一部ではないことに留意した。そのため、共同支配企業に関しては、IFRS S2号第29項(a)(iv)(2)が「スコープ1」又は「スコープ2」の温室効果ガス排出に適用される。これとは対照的に、共同支配事業においては、企業は当該取決めに関連する資産に対する権利及び負債についての義務を有している。IFRS第11号に従い、企業は共同支配事業に対する持分に関して、資産、負債、収益及び費用に対する持分を認識し、各項目を適用される「IFRS会計基準」に従い会計処理する。言い換えると、共同支配事業に対する持分に関連する資産、負債、収益及び費用は、連結会計グループの一部として会計処理される。したがって、ISSBは、IFRS S2号第29項(a)(iv)(1)が共同支配事業に関連する「スコープ1」又は「スコープ2」の温室効果ガス排出に適用されることに留意した。

BC104 さらに、ISSBは、他の一般に認められた会計基準に従い、企業は投資先に比例連結を適用して会計処理することが認められていると考えた。そのような投資先に関しては、IFRS S2号第29項(a)(iv)(1)が「スコープ1」又は「スコープ2」の温室効果ガス排出に適用される。

「スコープ2」の温室効果ガス排出

BC105 公開草案に対するコメント提出者は、ISSBに、企業は「スコープ2」の温室効果ガス排出を開示するにあたり、マーケット基準アプローチ、ロケーション基準アプローチ又は両方のアプローチのいずれかを用いることを要求されるのかを明確化するよう求めた。これらのコメント提出者は、企業が「スコープ2」の温室効果ガス排出を両方のアプローチを用いて開示することを選好した。

BC106 マーケット基準アプローチは、企業が購入した電気からの排出を排出源又はサプライヤーに固有の排出係数を用いて測定することを伴う。電力サプライヤー及び契約証書は、用いられるエネルギー源又は技術に応じて、生成する温室効果ガス排出が異なる。ロケーション基準アプローチを用いる企業は、エネルギー消費が発生するグリッドの平均排出原単位を測定する（最も一般的には、グリッド平均の排出係数データを用いて）。

BC107 ISSBは、それぞれのアプローチが有用な目的を果たすことに同意した。ロケーション基準アプローチは、一般目的財務報告書の利用者が、地域のグリッドの資源及び温室効果ガス排出に関連するリスク及び機会を理解できるようにする。マーケット基準アプローチは、契約上の関係及び企業の調達行動によって生じるリスク及び機会を利用者が理解できるようにする。状況に

© IFRS Foundation

IFRS S2号「気候関連開示」BC

よっては、この2つのアプローチによって提供される情報が大きく（significantly）異なる可能性がある。例えば、企業が電気を再生可能な排出源から調達するための契約上の関係を締結している場合である。

BC108　ISSBは、どのアプローチを用いるのかを企業が選択することを容認することは、比較可能性を低減させ、企業の温室効果ガス排出を忠実に表現しない場合がある、より前向きな（positive）データに重きを置いた開示をもたらす場合があることに同意した。この論点は、すべての企業にマーケット基準とロケーション基準の両方のアプローチを開示するよう要求することによって対処できた可能性がある。しかし、ISSBは、一部の企業及び法域にとって、そうした要求事項は現行の実務に著しい（significant）変更を導入することになり、また、両方の情報のセットが提供されることは必ずしも必要ではない場合があることに留意した。ISSBは、企業が「スコープ2」の温室効果ガス排出についてロケーション基準アプローチを用いて開示し、企業が締結した契約証書について、一般目的財務報告書の利用者が理解するのに役立つ開示を提供することが要求されることを決定した。

BC109　ISSBは、企業の契約証書に関するより詳細な情報が、「スコープ2」の温室効果ガス排出を削減するための企業の取組みを一般目的財務報告書の利用者がより良く理解するのに役立つ可能性があることに留意した。しかし、ISSBは、「スコープ2」の温室効果ガス排出の測定にマーケット基準アプローチを要求しないことを決定した。企業が用いる可能性のあるメカニズム及び企業が事業を営み所在している市場の成熟度に応じて著しい（significant）多様性があるためである。マーケット基準アプローチに関連する困難さを反映するため、ISSBは、企業はエネルギーの売買のために締結した契約証書を利用者が理解するのに役立てるための情報を開示することが要求されることを決定した。この要求事項を満たすにあたり、ISSBは、企業のマーケット基準の「スコープ2」の温室効果ガス排出に関する情報が、この開示の一部として含まれる場合があることに留意した。

「スコープ3」の温室効果ガス排出

BC110　ISSBは、IFRS S2号が「スコープ3」の温室効果ガス排出に関する情報を開示することをすべての企業に要求することを確認した。この開示には、企業の排出の測定に「GHGプロトコルのコーポレート・バリュー・チェーン（スコープ3）基準」（2011年）（GHGプロトコルのバリュー・チェーン基準）で定義されている15のカテゴリーのうちのどのカテゴリーが含まれているのかに関する情報が含まれる。「GHGプロトコルのバリュー・チェーン基準」は、「GHGプロトコルのコーポレート基準」を補完するものである。ISSBは、企業の「スコープ3」測定に含まれるカテゴリーは企業の事実及び状況によって異なることに留意した。企業は15のカテゴリーすべての関連性を考慮することが要求されるものの、すべてのカテゴリーが企業に適用されるわけではなく、したがってすべてのカテゴリーについて「スコープ3」の温室効果ガス排出の測定に含める必要がないと決定する場合がある。また、ISSBは、いくつかの産業に関連する金融活動に従事している企業については、ファイナンスド・エミッションに関する情報が重要（important）であることに同意した。「スコープ3」の温室効果ガス排出の測定及び開示に関連する特定の考慮事項に言及して、ISSBはIFRS S2号において関連する適用ガイダンスを提供することを決定した（BC122項からBC129項参照）。

BC111　公開草案に対するコメント提出者は、企業が「スコープ3」の温室効果ガス排出を開示するという提案された要求事項について見解が分かれた。公開草案に対して回答した一般目的財務報告

© IFRS Foundation

書の利用者のほとんどは、「スコープ3」の温室効果ガス排出の絶対総量（absolute gross）を開示することを企業に要求すべきであることに同意した。これらの利用者は、企業は温室効果ガス排出（当該企業のバリュー・チェーン内の温室効果ガス排出を含む。）に関連する移行リスクにさらされていると主張した。例えば、炭素価格の上昇又はより厳格な温室効果ガス排出規制の導入は、企業のバリュー・チェーンの中でのコストの上昇又は資源の利用可能性の低下を生じさせる可能性がある。利用者はまた、「スコープ3」の温室効果ガス排出の開示は企業の温室効果ガス排出に関するより完全で比較可能である情報を利用者に提供するともコメントした。例えば、これらの開示は、企業の「スコープ1」及び「スコープ2」の温室効果ガス排出が減少したのは、企業の事業の構造的変化の結果（result）としてなのか、温室効果ガス排出のアウトソーシング（それにより「スコープ3」の温室効果ガス排出が増大する。）の結果（result）としてなのかを利用者が理解できるようにすることになる。

BC112 公開草案に回答した多くの作成者は、「スコープ3」の温室効果ガス排出の絶対総量（absolute gross）についての提案された開示要求に同意した。しかし、これらの作成者は、要求事項の特定の側面（データの利用可能性に関連する課題、見積りの使用、計算の方法論及びその他の不確実性の源泉を含む。）に関する懸念も示した。温室効果ガス排出（「スコープ3」の温室効果ガス排出を含む。）は、「GHGプロトコルのコーポレート基準」で十分に定義されているが、「スコープ3」の温室効果ガス排出の計算は、データ及び方法論上の課題を伴うプロセスであり、依然として精緻化されつつある。「スコープ3」の温室効果ガス排出には、企業の直接の所有又は支配下にない活動から生じるものも含まれる。したがって、企業は、データの利用可能性及び品質に関連する課題のほか、関連するデータ収集のコストに直面する場合がある。これらの課題は「スコープ3」の温室効果ガス排出の測定における不確実性の原因となる。一部のコメント提出者は、そのような課題があるため、IFRS S2号は「スコープ3」の温室効果ガス排出の開示を要求すべきでないと主張した。

BC113 ISSBは、コメント提出者から指摘された「スコープ3」の温室効果ガス排出についての課題に対処することを意図した、いくつかの決定を行った。その決定には次のものが含まれる。

(a) 導入及び適用開始に関連する、即時の課題ではあるものの、一時的な課題に対処するための経過的な救済措置の導入（BC170項からBC173項）

(b) 企業の報告期間とは異なる報告期間を用いているバリュー・チェーン内の企業からのデータに関連した課題に対処するための、いくつかの制限付きの救済措置の導入（BC114項参照）

(c) 忠実な表現となる「スコープ3」の温室効果ガス排出の情報を企業が作成できるようにするための測定フレームワークの導入、及び企業が当該温室効果ガス排出の測定において優先した情報の特徴を一般目的財務報告書の利用者が理解するのに役立てるための関連する開示の導入（BC116項からBC121項参照）

BC114 ISSBは、報告企業のバリュー・チェーン上に報告期間が企業の報告期間と異なる企業がある場合には、企業の報告のタイミングに整合する温室効果ガス排出の情報を収集することが困難な場合があることを承知した。そうした状況での救済措置を提供するため、ISSBは、次の事項を満たす限り、企業と異なる報告期間に係るバリュー・チェーン上の企業からの温室効果ガス排出の情報を企業が利用できることに同意した。

(a) 企業が、自身の温室効果ガス排出を測定及び開示するために、過大なコストや労力をかけず

IFRS S2号「気候関連開示」BC

に利用可能な、バリュー・チェーン上の各企業の最も直近の（the most recent）データを使用する。

(b) 報告期間の長さが同じである。

(c) 企業が、バリュー・チェーン上の各企業の報告日と企業の一般目的財務報告の日付の間に発生した、（自身の温室効果ガスに関連する）重大な（significant）事象及び状況（circumstances）の変化による影響（effects）を開示する。

BC115 ISSBは当初、企業自身の報告期間と整合しない報告期間からの温室効果ガス排出の情報を用いることを容認する救済措置は、「スコープ3」の温室効果ガス排出の測定について利用可能になることに同意していた。しかし、ISSBは、最終的には、この救済措置を「スコープ1」及び「スコープ2」の温室効果ガス排出についても利用可能とすることになることを決定した。ISSBは、この救済措置が温室効果ガス排出の開示を超えた他の状況においても関連する場合があることに留意し、ISSBはこの救済措置を拡張する必要性があるかどうかをモニタリングする予定である。ISSBは、企業の投資先に帰属する温室効果ガス排出に関する情報は、企業が「GHGプロトコルのコーポレート基準」を適用するにあたって用いる測定アプローチによって、「スコープ1」、「スコープ2」又は「スコープ3」の温室効果ガス排出に区分される場合があると考えた。

BC116 ISSBは、「スコープ3」の温室効果ガス排出の測定に関してコメント提出者が指摘した懸念（BC112項参照）を承知し、これらの測定は不完全であり、見積りに依拠することが見込まれることを確認した。しかし、ISSBは、特定の特徴を有する測定アプローチ、インプット及び仮定の使用を優先することを企業に要求することで、企業が「スコープ3」の温室効果ガス排出を忠実に表現できるようになると考えた。したがって、ISSBは、「スコープ3」の温室効果ガス排出を測定するために用いるインプットを区分し、優先順位付けする「スコープ3」の測定フレームワークを導入した（IFRS S2号B38項からB54項）。このフレームワークはIFRS S2号に付属する適用ガイダンスの一部であり、「スコープ3」の温室効果ガス排出の測定において企業を支援することを意図している。当該ガイダンスは、「スコープ3」の温室効果ガス排出の開示の一貫性及び比較可能性を改善し、「スコープ3」の温室効果ガス排出の見積りにおける測定の不確実性を低減させることも意図している。

BC117 「GHGプロトコルのバリュー・チェーン基準」を基礎として、測定フレームワークは、「スコープ3」の温室効果ガス排出を測定するために用いる、次の特定のデータの種類を優先することを企業に要求している。

(a) 直接測定に基づくデータ

(b) 企業のバリュー・チェーン内の特定の活動からのデータ

(c) バリュー・チェーンの活動及びその温室効果ガス排出の法域並びにこれらに用いられる技術を忠実に表現する適時のデータ

(d) 検証されたデータ

測定フレームワークに加えて、ISSBは、企業は「スコープ3」の温室効果ガス排出を測定するために「報告日時点で企業が過大なコストや労力をかけずに利用可能な、すべての合理的で裏付け可能な情報」を用いることを要求されると決定した（IFRS S2号B39項参照）。ISSBは、この測定フレームワークにおいて、合理的で裏付け可能な情報には、「スコープ3」の温室効果ガス

© IFRS Foundation

739

排出源に応じて、過去の事象、現在の状況及び将来の状況の予想（forecasts）に関する情報が含まれる必要がある場合があることに留意している。

BC118 ISSBは、BC117項における特性は優先順に掲載されているわけではないことを確認した。むしろ、これらは、測定アプローチ、インプット及び仮定のどの組み合わせが企業のバリュー・チェーンの活動及び温室効果ガス排出を忠実に表現するために最も適切であるのかを企業が決定するにあたり、考慮することを要求される望ましい特性である。ISSBは、企業が温室効果ガス排出を直接測定の情報を用いずにこれを見積る場合、企業は、できるだけ具体的であり、またバリュー・チェーン内で発生する活動と整合する情報を優先することを要求されることを決定した。例えば、企業はバリュー・チェーン内の活動について用いられている技術及び関連する排出（associated emissions）を忠実に表現する情報の優先順位を高くすることを要求される。ISSBは、企業は測定フレームワークに示されている特性を考慮するにあたり、記述されている特性の間のトレードオフを考慮して、企業の「スコープ3」の温室効果ガス排出の測定に対する最善のアプローチを決定することを要求されることに留意した。例えば、2023年に終了する年度の温室効果ガス排出を見積ろうとする企業が、適時性のない排出係数を用いる場合がある（例えば、その排出係数が2017年の調査プロジェクトからのものである場合がある。）。しかし、この排出係数が、報告日時点で企業のバリュー・チェーンにおいて使用される技術に関連した温室効果ガス排出を最もよく表現している場合がある。

BC119 「スコープ3」の測定フレームワークの一部として、企業は検証された「スコープ3」の温室効果ガス排出データの優先順位を高くすることを要求される。ISSBは、「スコープ3」の温室効果ガス排出データについて検証に課題がある場合があることを認識したが、同時に検証は複数の方法で（例えば、内部で又は外部で）行われる場合があることも認識した。したがって、IFRS S2号は、情報がどのように検証されるのかは定めず、企業の「スコープ3」の温室効果ガス排出が検証されたインプットを使用して測定された程度を開示することを企業に要求している（IFRS S2号B53項からB54項参照）。

BC120 測定フレームワークにおける要求事項の適用に加えて、企業はIFRS S2号B56項で定めている付属する開示を提供することを要求される。これらの開示は、一般目的財務報告書の利用者が、企業が「スコープ3」の温室効果ガス排出の計算において優先したデータの特性を理解し、したがって企業が用いたデータの品質及びこれらの排出についての企業の測定の基礎を理解するのに役立つことを意図している。これらの開示はまた、さまざまなデータ・ソースが「スコープ3」の温室効果ガス排出を見積るためにどのように用いられているのかを、企業が利用者に伝えることにも役立つ。公開草案に対して回答した利用者は、見積りに依拠する測定は、「スコープ3」の温室効果ガス排出に関する情報が全くないことよりも好ましいと述べた。これらの利用者は、たとえ当該情報がかなりの測定の不確実性にさらされている場合であっても、開示されている数値に関連する、用いられたインプット及び測定の不確実性に関して企業が透明性を有している限り、見積りは好ましいと述べた。

BC121 企業が自身の「スコープ3」の温室効果ガス排出を見積り、開示することが実務上不可能であると決定する場合には、企業はIFRS S2号B57項によって、企業が自身の「スコープ3」の温室効果ガス排出をどのように管理しているかを一般目的財務報告書の利用者が理解できるようにする情報を開示することを要求される。IFRS S2号は「実務上不可能」について、IAS 第8号「会計方針、会計上の見積りの変更及び誤謬」と同じ定義を用いており、したがって、要求事項を満たすことが実務上不可能であるかどうかを企業がどのように決定するのかについて高い閾値

© IFRS Foundation

IFRS S2号「気候関連開示」BC

を定めている。IFRS S2号B57項で述べているように、ある要求事項が実務上不可能であるのは、企業がすべての合理的な労力をかけてもなお適用できない場合のみである。誤解を避けるために記すと、この閾値はコスト対便益の閾値よりも高い[3]。ISSBは、「SME適用グループ」が2012年4月に公表した「実務上不可能」に関する強制力のないガイダンスに留意した[4]。当該ガイダンスは「実務上不可能」はコストではなく労力に言及していることを明確化している。実務上不可能であることに基づく免除を含めることを合意するにあたり、ISSBは、実務において企業は当該免除を稀にしか適用しないことが期待される（expects）ことに留意した。「スコープ3」の温室効果ガス排出についての測定フレームワークは、さまざまな資源及び状況を有する企業によって適用されるように設計されているためである。当該フレームワークは見積りの使用も容認しており、その見積りは第三者の情報（例えば、産業平均の情報）に基づくことができる。

ファイナンスド・エミッション（金融セクター）

BC122　金融機関（商業銀行、資産運用会社及び保険会社を含む。）は、サステナビリティ関連のリスク又は機会に関連した投資及び融資活動の範囲を開示することがますます求められている。気候関連のリスク及び機会との関連では、こうした開示は企業が金融活動に関連する温室効果ガス排出を開示することを伴う。「ファイナンスド・エミッション」という用語は、銀行及び投資者が融資及び投資を通じてファイナンスしている温室効果ガス排出の絶対量を指すために用いられることが多い。IFRS S2号は、そうした活動に従事する企業がファイナンスド・エミッションに関する情報を開示することを、企業が自身の「スコープ3」の温室効果ガス排出（「カテゴリー15」（投資）を含む。）を開示するというIFRS S2号第29項(a)(vi)の要求事項の延長として要求している。

BC123　IFRS S2号B58項からB63項における適用ガイダンスは、資産運用、商業銀行及び保険に関連した金融活動に従事する企業によるファイナンスド・エミッションの開示についての要求事項を示している。当該ガイダンスは、公開草案の付録Bに含まれていたファイナンスド・エミッションについての提案に基づいている。

BC124　ISSBは、その他の産業別の資料をIFRS S2号に付属するガイダンスとして提供することを決定した（BC134項からBC138項参照）。しかし、ISSBは、資産運用、商業銀行及び保険における活動を有する企業にファイナンスド・エミッションに関する追加的な情報を開示することを要求することは適切であると決定した。

BC125　当該適用ガイダンスは、革新の余地を認めながら、ファイナンスド・エミッションの一貫性があり、比較可能な開示を強化することを意図している。また、当該適用ガイダンスは、さまざまな資産クラスについての測定の方法論が出現し、受け入れられるにつれ（「金融向け炭素算定パートナーシップ（Partnership for Carbon Accounting Financials）」が開発したものなど）、それらについて市場が収斂できるようにすることも意図している。当該要求事項はさまざまな測定アプローチの使用を認めているが、一般目的財務報告書の利用者に、企業のエクスポージャー及び企業がファイナンスド・エミッションを測定するために用いたアプローチを理解するために必要な情報も提供する。

3　「国際会計基準審議会」（IASB）は、「実務上不可能の閾値をコスト対便益の閾値まで引き下げること」をIAS第8号「会計方針、会計上の見積りの変更及び誤謬」の修正の一環として検討した。

4　「SME適用グループ」は、IFRS for SMEs会計基準の適用のサポートにおいてIASBを支援している。

© IFRS Foundation

BC126 ISSBは、ファイナンスド・エミッションに関して提案した要求事項について、明瞭性を改善するための的を絞った修正を行うことを決定した。特に、ISSBは、商業銀行及び保険における活動を有する企業が、当該企業がさらされている炭素関連産業に関する情報を開示するという提案を進めないことに同意した。提案された要求事項は、気候関連の移行リスクが企業のポートフォリオのどの部分に集中する可能性が高いのかを一般目的財務報告書の利用者が理解するのに役立つことを意図していた。公開草案に対するコメント提出者はこのアプローチに概ね同意したが、これらのコメント提出者からのフィードバックは、炭素関連であると考えられる産業（又は考えられない産業）をめぐり高度の主観性があることを示唆した。ISSBは、企業がさらされている産業に関して情報をより一般的に開示するという要求事項は、利用者が「炭素関連産業」に関して自己の決定を行うことを可能にすることとなることに合意し、そのように結論付けた。

BC127 ISSBは、商業銀行又は保険に関連する金融活動に従事する企業が未実行のローン・コミットメントに関する情報を開示するという提案された要求事項を確認し明確化することを決定した。すなわち、当該企業は財務エクスポージャーと未実行のローン・コミットメントに係る排出とを区分して開示することを要求されることになる。また、ISSBは、商業銀行に関連する金融活動に従事する企業が総額（gross）ベースで開示を提供するという提案された要求事項を確認し、明確化することも決定した。すなわち、当該企業は、それが融資に関連した温室効果ガス排出に影響を与えない（affect）リスク緩和を考慮せずにこれらの開示を提供することが要求されることにISSBは留意した。さらに、すべての金融活動について、ISSBは、当該資産クラスについての確立された方法論がないことに言及したうえで、企業がファイナンスド・エミッションを計算するにあたりデリバティブを含める提案を削除することを決定した。

BC128 資産運用に関連した金融活動に従事する企業について、ISSBは、運用資産残高（AUM）の総額レベルでの開示を要求することを決定した。ISSBがこの決定を行ったのは、こうした企業の収益及び評判が、すべての顧客のポートフォリオからの手数料及び運用成績の影響を受ける（affected）ためであり、また、ファイナンスド・エミッションは投資のパフォーマンス及び手数料に影響を与える（impact）可能性のある気候関連のリスクに対するエクスポージャーの指標であるためでもある。ISSBは、多くの場合、開示のより詳細な分解（戦略別又は製品別など）が一般目的財務報告書の利用者により意思決定有用性が高い情報を提供する可能性が高いことを承知した。ISSBは、そのような場合に、IFRS S1号B30項は「企業は、情報を集約することにより重要性がある（material）情報が不明瞭になる場合は、情報を集約してはならない」と要求していることに留意した。したがって、ISSBは、戦略別、資産クラス別又は他の特性別の分解が、重要性がある（material）情報が不明瞭にならないことを確保するために必要であると企業が決定する場合には、そうした分解が要求されることを強調した。ISSBは、そのような場合に、基礎となる投資又は投資ポートフォリオとの関連ではなく、報告企業との関連において重要性がある（material）情報が明らかになるのであれば、情報を分解すべきであることを強調した。最後に、ISSBは「スコープ1」、「スコープ2」及び「スコープ3」の温室効果ガス排出についてのAUMの開示を要求することを決定した。一部の企業は、あらゆる投資について温室効果ガス排出の3つのスコープのすべてに関する情報を入手することができない可能性が高いためである。

BC129 ISSBは、IFRS S2号がファイナンスド・エミッションの開示を要求するのは、保険会社の資産のうち、保険関連の金融活動についてのみとすることを確認した。言い換えると、IFRS S2号は、

742

© IFRS Foundation

IFRS S2号「気候関連開示」BC

保険及び再保険産業における引受ポートフォリオについて、「関連する排出（associated emissions）」の開示を要求していない。同様に、ISSBは、そうした排出に関連する確立された方法論がないことに言及したうえで、投資銀行に関連した金融活動に従事する企業が「ファシリテーションに係る排出（facilitated emissions）」に関する情報を開示するという提案された要求事項を進めないことを決定した。

内部炭素価格

BC130 IFRS S2号第29項(f)(ii)は、温室効果ガス排出のコストを測定するために企業が用いている温室効果ガス排出のメートル・トン当たりの価格がある場合、当該価格を開示することを企業に要求している。IFRS S2号は、当該メートル・トン当たりの価格が、現在の価格、シャドー・プライス又は他の何かを示唆することを意味するものかどうかを定めていない。ISSBは、企業はこの情報（例えば、企業がシャドー・プライスを用いている場合）について、当該価格が意思決定においてどのように用いられているかについての要求されている説明の一部として提供することになると考えた。さらに、ISSBは、企業が内部炭素価格を保持していない場合には、企業がその旨を開示することになると考えた。

気候関連の移行リスク、気候関連の物理的リスク及び気候関連の機会

BC131 IFRS S2号第29項(b)から(d)は、次の資産又は事業活動の数値及びパーセンテージを開示することを企業に要求する。

(a) 気候関連の移行リスクに対して脆弱な（vulnerable）もの

(b) 気候関連の物理的リスクに対して脆弱な（vulnerable）もの

(c) 気候関連の機会と整合しているもの

BC132 コメント提出者は、企業がこれらの指標カテゴリーを計算するにあたって、主に判断が必要となることと、測定の不確実性が伴うことにより、課題に直面する場合があると示唆した。これに対応して、ISSBは、企業は当該要求事項を満たすために、報告日時点で過大なコストや労力をかけずに利用可能な、すべての合理的で裏付け可能な情報を用いることを要求される旨を明確化した。ISSBは、この概念の導入により次のことが明確化されると考えた。

(a) 情報の入手又は開示の作成のために過大なコストや労力は要求されない。

(b) 企業は、気候関連の機会に整合した資産又は事業活動（又は、その逆に、気候関連の移行リスク若しくは気候関連の物理的リスクに対して脆弱な（vulnerable）資産若しくは事業活動）を裏付け可能でないか又は合理的でない情報に基づいて過大に又は過小に記載することが禁じられる。企業は、開示の裏付けとなる情報について、理にかなった基礎を有していることを要求されるためである。

(c) 考慮すべき適切な情報を決定するにあたり、企業は、過去、現在及び将来予測的な情報で、報告日時点で利用可能なものを含めることになる。例えば、極端な気象事象及びそれが資産に与えた影響（impact）などの過去の出来事の考慮は、そのような情報が報告日時点で過大なコストや労力をかけずに利用可能である限り、考慮される情報の一部として含める場合がある。

© IFRS Foundation

BC133 IFRS S2号第29項(b)から(d)で要求している開示を作成するにあたり、企業は、開示する数値と、関連する財務諸表において認識し、開示する金額との間の関連付けを考慮することを要求される。ISSBは、開示の間のつながりの説明は、重複なしに達成できると考えた。例えば、企業が、気候関連財務開示において、関連する財務諸表に既に含めている情報を相互参照することによって情報を提供することを検討する場合がある。

産業別の指標

BC134 IFRS S2号は、特定のビジネス・モデル、活動、又は産業への参加を特徴付ける（characterise）他の共通の特徴（features）に関連する気候関連のリスク及び機会に対する企業のエクスポージャー及びそれらの管理を一般目的財務報告書の利用者が理解できるようにする産業別の指標を開示することを企業に要求している。

BC135 公開草案は、企業に産業別の指標を開示することを要求することを提案した。これらの産業別の指標は、「SASBスタンダード」に由来し、特定の金融活動に従事する企業についてのファイナンスド・エミッション及びファシリテーションに係る排出（facilitated emissions）についての開示要求の導入の提案を含む、提案された的を絞った修正に従ったものである。この提案された修正は、「SASBスタンダード」の要求事項の一部の国際的な適用可能性の向上も含んでいる。ISSBは、ファイナンスド・エミッションに関する提案を確認して明確化し、ファシリテーションに係る排出（facilitated emissions）に関して提案された要求事項は進めないことを決定した（BC122項からBC129項参照）。

BC136 公開草案に対するコメント提出者は、産業別の指標を用いることに概ね同意したが、ISSBは、産業別の提案の一部についてコメント提出者から意見が分かれる見解を受け取った。公開草案に回答した一般目的財務報告書の利用者は、産業別の開示は企業間のより良い産業比較を可能にすると述べた。公開草案に回答した一部の作成者は、「SASBスタンダード」に従って作成される産業別の開示は費用対効果が高いと述べた。しかし、一部の作成者及び一部の規制当局は、提案された開示トピック及び指標の完全性を疑問視し、また、提案の一部が国際的に関連性があるか又は適用されるのかどうかを疑問視した。

BC137 この結果、ISSBは、公開草案において提案していた特定の産業別の開示トピック及び関連する指標を要求される開示としては進めないこと（ファイナンスド・エミッションについての要求事項を除く。BC122項からBC129項参照）を決定し、またその代わりにそれらの資料をIFRS S2号に付属する「産業別ガイダンス」として提供することを決定した。したがって、IFRS S2号は、企業が産業別の指標を開示することを要求するものの、当該企業は当該ガイダンスに含まれている特定の指標を適用することは要求されない。しかし、企業はこれらの産業別の資料を参照し、その適用可能性を考慮することを要求される。このアプローチは、IFRS S1号、並びに企業がサステナビリティ関連のリスク及び機会を識別するにあたり、「SASBスタンダード」を参照し、その適用可能性を考慮するというIFRS S1号の要求事項と整合している。このような考慮は、企業の見通しに影響を与える（affect）と合理的に見込み得るサステナビリティ関連のリスク及び機会並びに当該リスク及び機会に関する情報（指標を含む。）の開示に適用される。

BC138 ISSBは、「産業別ガイダンス」に基づく開示は、必要な修正を行い、IFRS財団のデュー・プロセスに従い公開協議を行うことを条件に、将来において要求される開示となるべきであるという意向も示した。

© IFRS Foundation

744

IFRS S2号「気候関連開示」BC

気候関連の目標（targets）

BC139 IFRS S2号第33項は、企業が設定した定量的又は定性的な気候関連の目標（targets）、及び法令によって満たすことが要求されている目標（target）がある場合には、当該目標（targets）を開示することを企業に要求している。これには、当該目標（targets）の特性に関する情報、企業が当該目標（targets）をどのように設定し、レビューするか、目標（targets）及びそれぞれの目標（target）に対するパフォーマンスをどのようにモニタリングするかに関する情報が含まれる。IFRS S2号第33項は、これらの目標（targets）の特性（目標（target）が企業全体に適用されるのか、企業の一部だけに適用されるのかを含む。）を開示することを企業に要求している。例えば、企業が、ある目標（target）が一部の法域における事業若しくはバリュー・チェーンのパートナーだけに関連するものである旨を開示する場合、又はある目標（target）が特定の製品若しくは製品カテゴリーだけに関連するものである旨を開示する場合がある。

BC140 BC51項で説明したように、IFRS S2号は気候関連の目標（targets）と温室効果ガス排出目標（targets）とを区別している。気候関連の目標（target）は、企業が気候関連のリスク及び機会に対応するために設定したどのような目標（target）であってもよい。温室効果ガス排出目標（target）は気候関連の目標（target）の一例である。IFRS S2号第33項から第35項はすべての気候関連の目標（targets）に関連する要求事項を概説している一方、IFRS S2号第36項は、温室効果ガス排出目標（targets）に具体的に関連する要求事項に焦点を当てている。

BC141 IFRS S2号は、企業が設定した又は法令によって満たすことが要求されている気候関連の目標（targets）に関する情報を開示することを企業に要求している。誤解を避けるために記すと、IFRS S2号は企業が気候関連の目標（targets）（温室効果ガス排出目標（targets）を含む。）を有することを要求していない。しかし、企業が気候関連の目標（targets）を有している場合に、IFRS S2号はこれらの目標（targets）に関する情報を開示することを企業に要求している。また、IFRS S2号は、企業がネット温室効果ガス排出目標（target）を開示する場合、関連するグロス温室効果ガス排出目標（target）を別個に開示することも要求している。特に、企業がネット温室効果ガス排出目標（target）を有する場合、企業の開示は、ネット温室効果ガス排出目標（targets）を達成するためにカーボン・クレジットを用いる程度及びどのように用いるかを明確に説明しなければならない。このアプローチは、当該情報に重要性がある（material）場合の、気候関連の目標（targets）（温室効果ガス排出目標（targets）を含む。）に関する透明性を確保するにあたってのISSBの役割を反映している。

気候変動に関する最新の国際協定

BC142 IFRS S2号第33項(h)は、気候変動に関する最新の国際協定（当該協定から生じる法域のコミットメントを含む。）が気候関連の目標（targets）にどのように情報をもたらしたかを説明することを企業に要求している。この要求事項は、企業が気候変動に関する最新の国際協定に関連するリスク及び機会に対するエクスポージャー（当該協定から生じる法域のコミットメントに関連するリスク及び機会に対するエクスポージャーを含む。）をどのように考慮しているのかを一般目的財務報告書の利用者が理解するのに役立つことを意図している。また、この要求事項は、企業の計画している活動が、最新の科学的なコンセンサスと整合しているかどうかを利用者が理解するのに役立つように設計されている。例えば、企業が「スコープ1」、「スコープ2」及び「スコープ3」の温室効果ガス排出を特定の日までに半減させる目標（target）を設定する場合がある。これは最近の気候科学が「パリ協定」の目標（goals）（企業が本拠を置く法域が示した国

© IFRS Foundation

745

内の法令に準拠するために企業が満たさなければならない目標（goals））を達成するために必要とみなしているものを反映しているためである。この例では、気候変動に関する最新の国際協定（当該協定から生じる法域のコミットメントを含む。）が情報をもたらすのは、企業が温室効果ガス排出を削減することを目指す数値、温室効果ガス排出目標（target）に含まれている排出スコープ及び当該目標（target）が適用される時間軸である。

BC143 公開草案は、企業の気候関連の目標（targets）が気候変動に関する最新の国際協定とどのように比較されるのかを企業が開示するという要求事項を提案した。「比較する」という言葉は、目標（target）が気候変動に関する最新の国際協定に整合するか整合しないかという単純な二元論的回答を避けることを意図していた。しかし、公開草案に対するコメント提出者の一部は、多くの企業は実際には二元論的回答を開示することによってこの言葉遣いに対応する可能性が高いことになると示唆した。また、コメント提出者は、目標（target）が気候変動に関する最新の国際協定とどのように「比較される」のかを判断するにあたり、どのような開示が要求されるのかに関しても不明確であるとした。最後に、一般目的財務報告書の利用者は、二元論的回答が、気候関連の目標（target）が気候変動に関する最新の国際協定とどのように比較されるのかに関する有用な情報をもたらすかどうかを疑問視した。したがって、ISSBは、この要求事項の言葉遣いを修正して、気候関連の目標（target）が気候変動に関する最新の国際協定（当該協定から生じる法域のコミットメントを含む。）からどのように情報をもたらされるかを記述することを企業が要求されることに同意した。

BC144 IFRS S2号は、気候関連の目標（targets）を気候変動に関する最新の国際協定（当該協定から生じる法域のコミットメントを含む。）と整合させることを企業に要求していない。むしろ、IFRS S2号は、当該目標（target）が気候変動に関する最新の国際協定（当該協定から生じる法域のコミットメントを含む。）からどのように情報をもたらされるのかに関する情報を開示することを企業に要求している。この情報は、企業の気候関連の目標（targets）が国際的な合意（international consensus）から乖離しているかどうか、また、乖離している場合、なぜ乖離しているかを一般目的財務報告書の利用者が理解するのに役立つ。例えば、特定のセクターにおける企業が、気候関連の目標（targets）を最新の国際協定と整合させることができない場合がある。この例では、気候関連の目標（targets）が気候変動に関する最新の国際協定から乖離している理由を利用者が理解するのに役立つことになる。これとは対照的に、企業が気候変動に関する最新の国際協定と整合する目標（targets）を設定している場合（例えば、企業の事業に適用される規制の結果（result）として）、提供される開示はその整合性を反映するものとなる。

BC145 「気候変動に関する最新の国際協定」は、UNFCCC（温室効果ガスの削減についての規範及び目標（targets）を設定している。）のメンバー間での直近の協定として定義されている。IFRS S2号が公表された時点では、最新のそのような協定は「パリ協定」（2016年4月）であり、それに従って署名国は世界全体の平均気温の上昇を産業革命前のレベルから摂氏2度高いレベルを十分に下回るように制限すること、及び平均気温の上昇を産業革命前のレベルから摂氏1.5度高いレベルまでに制限する取組みを追求することに同意した。

BC146 ISSBは、気候関連の目標（targets）が最新の国際協定からどのように情報をもたらされるのかを企業が開示する場合、当該記述には当該協定から生じる適用される法域のコミットメントを考慮することを含めることも要求されている旨を確認した。例えば、企業は、「パリ協定」の中心的な要素である、国が決定する貢献（NDCs）を考慮することになる。NDCsは、各国が国内の温室効果ガス排出を削減し、気候変動の影響（effects）に適応するための取組みを表している。

© IFRS Foundation

746

IFRS S2号「気候関連開示」BC

BC147 「パリ協定」が置き換えられるまで、企業は、企業自身の目標（targets）が、気候変動に関する最新の国際協定（当該協定から生じる法域のコミットメントを含む。）からどのように情報をもたらされるのかを開示するにあたり、「パリ協定」に示された目的を参照することを要求される。しかし、「パリ協定」が置き換えられた場合、企業は自身の目標（targets）がその新しい国際協定からどのように情報をもたらされるのかに関する情報を開示することを要求されることになる。

BC148 気候変動に関する最新の国際協定が気候関連の目標（targets）にどのように情報をもたらしたかを説明するという要求事項は、温室効果ガス排出目標（targets）のみならず、すべての関連する気候関連の目標（targets）に適用される。気候変動に関する最新の国際協定（「パリ協定」）は主に温室効果ガス排出の削減に焦点を当てているが、温室効果ガス排出目標（targets）を支える気候変動に関連するその他の目的も含んでいる。例えば、気候変動の悪影響（adverse impacts）への適応に関連する目標（goals）及び温室効果ガス排出の削減に向けての道筋と整合する資金の流れを増大させるという目標（goals）を含んでいる。企業が気候変動に関する国際協定のさまざまな側面から情報をもたらされる気候関連の目標（targets）を設定する場合があるが、これは企業の開示において記述すべきである。例えば、農業セクターの企業が、自身の法域の農業セクターについてのNDC測定値により情報をもたらされる特定の気候関連の目標（targets）（例えば、断続的な通気）を有している場合がある。

認証された（Validated）目標（targets）

BC149 IFRS S2号第34項(a)は、企業が設定したか又は法令によって満たすことが要求されている気候関連の目標（target）及び当該目標（target）を設定するための方法論を第三者が認証した（validated）かどうかを説明することを企業に要求している。ISSBは、「認証（validation）」は気候関連の目標（targets）を開示するにあたり（特に、気候関連の目標（target）が「科学的根拠に基づいている」かどうかに言及するにあたって）用いられる一般的な用語であることに留意した。言い換えると、気候関連の目標（target）が最新の気候科学が述べている内容に沿っているかどうかは、「パリ協定」の目標（goals）を達成するために必要である。例えば、「科学的根拠のある目標イニシアティブ」（SBTi）はSBTiの「近い将来の目標に関する認証（validation）プロトコル（バージョン3.0、2021年）」に記述されているように、温室効果ガス排出の削減目標（targets）を認証する（validate）ための「目標（target）認証（validation）サービス」を企業に提供している。しかし、ISSBは、「認証（validation）」はいくつかの産業においては専門用語であり、多くの異なる意味を有していることを認識した。例えば、銀行業では、認証（validation）はモデル及び具体的な手続又は応用（第三者が実施していることが多い。）に関するものである。誤解を避けるために記すと、ISSBは、IFRS S2号における「認証（validation）」という用語の使用は、気候関連の目標（target）が最新の気候科学に関連して（第三者によって）テストされ、確認されたかどうか、また、テストされ、確認された場合、どのようにテストされ、確認されたかを参照しているだけであることを確認した。さらに、IFRS S2号は、気候関連の目標（targets）について第三者の認証（validation）を入手することを企業に要求していない。その代わりに、IFRS S2号は、気候関連の目標（targets）が第三者によって認証（validation）されたかどうかを開示することを企業に要求している。

セクター別脱炭素アプローチ

BC150 IFRS S2号第36項(d)は、気候関連の目標（target）がセクター別脱炭素アプローチを用いて算定

© IFRS Foundation

されたどうかを開示することを企業に要求している。セクター別脱炭素アプローチは、SBTiなどの取組みで用いられており、異なるセクターにおける企業が低炭素経済への移行に関連した具体的な課題を抱えていることを認識している（例えば、バリュー・チェーンのどの部分に温室効果ガス排出が集中しているのかは、セクターにより異なることとなる。）。したがって、温室効果ガス排出目標（targets）の設定におけるセクター別脱炭素アプローチは、国際的なレベルで行われた温室効果ガス排出目標（targets）（例えば、気候変動に関する最新の国際協定を通じて設定されたもの）をセクター別のベンチマークに変換し、個別の企業のパフォーマンスを比較できるようにするセクターごとのアプローチを採用している。

カーボン・クレジット

BC151　利害関係者は、企業の移行計画及び温室効果ガス排出目標（targets）にこれまで以上に焦点を当てつつある。多くの企業は、ネット温室効果ガス排出目標（targets）を設定し、コミットメントを履行するためにカーボン・クレジットを用いている。IFRS S2号は、企業が温室効果ガス排出目標（targets）の設定にあたり、又は移行計画の一部として、企業がカーボン・クレジットを使用することが適切であるかどうかに関する見解を示すために設計されていない。IFRS S2号に示されている要求事項は、企業のカーボン・クレジットの計画された使用についての透明性及び当該カーボン・クレジットに関する情報を提供するように設計されている。

BC152　公開草案は「カーボン・オフセット」という用語を使用したが、これは「カーボン・クレジット」に修正された。ISSBは「カーボン・クレジット」という用語を、IFRS S2号において温室効果ガス排出をオフセットするという文脈で用いることを決定した。カーボン・クレジットは、企業が温室効果ガス排出をオフセットするために生成又は購入する証書である。ISSBは、この用語は（法域別の基準を含めて）他で用いられている言葉遣いとより整合的であることに留意し、したがってこの用語の変更が相互運用可能性を促進することに同意した。

BC153　公開草案に対するコメント提出者の多くは、カーボン・クレジットの意図された使用を開示することが、温室効果ガス排出を削減するための企業の計画された取組みに関する情報を不明瞭にしない場合、企業は当該開示を要求されるべきであることに同意した。したがって、多くのコメント提出者が、企業のカーボン・クレジットの計画された使用が、ネット温室効果ガス排出目標（target）を達成することの一部として、企業のグロス温室効果ガス排出目標（targets）を達成するための取組みと明確に区別されることを要望した。IFRS S2号第36項(e)における要求事項は、温室効果ガス排出の削減に対する企業のアプローチ及び企業のネット温室効果ガス排出目標（targets）におけるカーボン・クレジットの役割についての洞察を得るという利用者のニーズを反映している。

BC154　一般目的財務報告書の利用者は、カーボン・クレジットに対する企業の依存（reliance）、クレジットの生成に対する企業のアプローチ並びに企業がクレジットを獲得するスキームの信頼性（credibility）及び十全性（integrity）に関する情報を必要としていると述べた。いくつかのスキームの適合性、利用可能な技術及びカーボン・クレジットの将来の価格に関する不確実性から追加的な気候関連のリスク及び機会が生じるため、この情報は利用者にとって重要（important）である。例えば、炭素の回収及び貯蔵の技術が効果的でないと判明する場合、又は関連する食糧不足の課題、制度変更若しくは気候のアクティビズムの取組みに対応して、企業が特定のカーボン・クレジットのスキームを使用することを妨げるか若しくはこれを禁止するために規制が変更される場合がある。したがって、IFRS S2号は、温室効果ガス排出の削減の

© IFRS Foundation

IFRS S2号「気候関連開示」BC

ための企業の計画、企業がカーボン・クレジットを使用することを計画しているかどうか、また、カーボン・クレジットを使用することを計画している場合、どのようにカーボン・クレジットを使用することを計画しているか、及び当該クレジットの質を利用者が理解できるようにする要求事項を含んでいる。

BC155 企業がカーボン・クレジットの計画された使用に関する情報を開示する場合、IFRS S2号は、クレジットの種類（当該クレジットが自然に基づくものなのか技術的な炭素除去に基づくものなのかを含む。）に関する情報を提供することを企業に要求している。カーボン・クレジットにどの方法が関連しているのかに関する開示は、企業のリスク・プロファイルを一般目的財務報告書の利用者が理解するのに役立つ。例えば、多くの技術的解決策は、現時点では商業的規模での経済性がなく、将来において実行可能となるためには多大な投資を必要とする可能性がある。これとは対照的に、自然に基づくアプローチは、植林、土壌に基づく炭素隔離及びその他のバイオマス貯留の使用などを通じて、自然の炭素吸収（carbon sinks）を拡充させることを目指すものである。自然に基づくアプローチは、技術的解決策よりも費用対効果が高いことが多いものの、「永続性」及び「付加性」（これらの用語はBC156項で説明している。）に関する懸念並びに食糧生産などの他の社会問題及び環境問題に対する副次的な影響（effects）に関しての懸念を誘発する可能性がある。

BC156 利害関係者からのフィードバックは、「永続性」及び「付加性」がカーボン・オフセットのスキームの質を評価するために2つの不可欠な特徴として識別した。「永続性」は、どれだけ長く温室効果ガス排出が大気から安全に除去されるのかをいい、「付加性」は、それがなければ発生しなかったであろう新たな気候上の便益が特定の投資によってもたらされたかどうかをいう。これらの指標は有用となる可能性があるが、永続性及び付加性の評価は複雑である。したがって、永続性及び付加性に関する企業の評価を開示することを企業に要求する代わりに、IFRS S2号は、企業が使用することを計画するクレジットの信頼性（credibility）及び十全性（integrity）を一般目的財務報告書の利用者が理解するために必要なその他の要素に関する情報を開示することを企業に要求している。この要求事項は、付加性及び永続性を利用者が評価できるようにするための情報を引き出すために含められた。

発効日

BC157 IFRS S2号の発効日を決定するにあたり、ISSBは公開草案に対するフィードバックを考慮した。ほとんどのコメント提出者が、発効日に関する次の提案を示した。

(a) 一部のコメント提出者は、IFRS S2号はできるだけ早く又は公表後1年以内に発効とすべきであると提案した。

(b) 多くのコメント提出者は、公表の2年後又はそれ以降の発効日を提案した。

(c) 一部のコメント提出者は、公表の3年後又はそれ以降の発効日を提案した。

BC158 少数の一般目的財務報告書の利用者は、提案された要求事項が十分に確立された基準及びフレームワークを基礎としていることを指摘し、IFRS S1号及びIFRS S2号について公表後12か月以内の発効日を要望した。多数のコメント提出者が、「欧州財務報告諮問グループ（エフラグ）」及び「米国証券取引委員会（米国SEC）」が開発した同様の提案との相互運用可能性のニーズのみならず、サステナビリティ関連財務開示のグローバル・ベースラインを創出することの緊急

© IFRS Foundation

749

性についてコメントした。

BC159 公開草案に対するコメント提出者は、IFRS S2号の発効日との関連でのIFRS S1号の発効日についてもコメントした。ほとんどのコメント提出者は、IFRS S2号はIFRS S1号と同じ発効日とすべきであると述べた。ほとんどのコメント提出者は、IFRS S2号の要求事項を適用するためには、当該要求事項をIFRS S1号に示されている要求事項と同時に適用することが必要であると強調した。

BC160 「国際会計基準審議会」（IASB）は一般的に、新しい基準の公表とその発効日との間に、12か月から18か月の期間を設けることを慣行としてきた。ISSBは、IASBの初期の基準設定作業においては、新しい「IFRS会計基準」の公表と発効日との間の期間は6か月から12か月であったことに着目した。IASBの直近の「IFRS会計基準」は、基準の公表と発効日との間の期間が3年以内であった。

BC161 しかし、ISSBの状況はIASBとは異なっている。IASBが新しい「IFRS会計基準」の発効日を設定する場合、その日付は「IFRS会計基準」を既に適用している企業に関連性がある。関連性がある理由は、「IFRS会計基準」に準拠していることを引き続き主張するためには、企業はIASBが設定した発効日の要求事項に従って基準を適用することを要求されるためである。通常、「IFRS会計基準」を適用している法域は、IASBが設定した発効日と同じ発効日を使用する。しかし、ISSBは最初の基準を公表するところであるため、各法域が「IFRSサステナビリティ開示基準」を初めて導入し、規制当局がその後に当該基準の適用を企業に要求する日付は、さまざまになる。

BC162 ISSBは、IFRS S1号及びIFRS S2号についての発効日を設定するにあたり、企業の準備状況を考慮に入れることの重要さ（importance）に留意した。要求事項は新規のものとなり、企業は「IFRSサステナビリティ開示基準」で要求される開示を作成するために内部のシステム、プロセス及び統制を創出又は調整する時間が必要となる。この導入期間の長さは、とりわけ、サステナビリティ関連及び気候関連のリスク及び機会並びにこれらの報告に対する企業の現在のアプローチのほか、企業の状況（例えば、規模及び適用される要求事項又は規制）に左右されることになる。ISSBは多くの決定を行い、特に経過的な救済措置（IFRS S2号C3項からC5項参照）を導入することにより、それがなかった場合よりも早い日付で作成者が要求事項を適用し、IFRS S2号に準拠するのを支援することとした。さらに、IFRS S2号は、多くの企業になじみがあり、既に適用している、十分に確立された基準及びフレームワークを基礎としている。

BC163 ISSBは、発効日を2024年1月1日以後に開始する年次報告期間に設定することは、サステナビリティ関連財務開示及び気候関連財務開示に対する利用者の緊急のニーズを満たすうえでのISSBの現在のペースと整合的であると決定した。ISSBは、IFRS S2号の早期適用を容認することも決定したが、早期適用が認められるのはIFRS S1号及びIFRS S2号の両方を同時に適用する企業のみとすることを明確化した。ISSBは、企業が当該基準を早期適用する場合、その旨を開示することが要求されることを決定した。

BC164 ISSBは、IFRS S2号を初めて適用するにあたり、多くの企業にとって学習曲線があると見込んでいる。ISSBは、気候関連財務開示に対する緊急のニーズが存在するため、考量の結果、適用初年度における開示の質が低下する潜在的なリスクがあるとしても、企業が開示することを妨げるべきではないことに同意した。ISSBは、準拠の旨を主張するためには、企業は「IFRSサステナビリティ開示基準」のすべての要求事項に準拠しなければならないことに留意した。企業

© IFRS Foundation

IFRS S2号「気候関連開示」BC

が当該基準の一部の側面のみを適用している場合、「IFRSサステナビリティ開示基準」への限定付きの準拠に関する表明は禁じられる。企業が「IFRSサステナビリティ開示基準」のすべての要求事項に準拠するという要求事項は、企業がサステナビリティ関連財務情報の報告に対するアプローチにおいて選択的であったかどうか、又は企業は要求事項のすべてを適用したかどうかを一般目的財務報告書の利用者に伝えることの重要さ（importance）を反映している。しかし、ISSBは、当該基準に準拠していることを主張しない限り、企業はより限定的な開示を提供するためにIFRS S2号のいくつかの側面の適用を開始できることに留意した。

経過措置

比較情報

BC165 ISSBは、IFRS S2号を適用する最初の年次報告期間において比較情報を開示する要求事項からの救済措置を企業に提供することを決定した。当該期間についてのみ報告することを企業に容認することで、一般目的財務報告書の利用者に彼らが必要とする情報をより早期に提供できるようになる。したがって、この救済措置によって、比較情報が要求される場合よりも早く要求事項を発効させることができる。

温室効果ガス排出の測定方法

BC166 公開草案は、企業が「GHGプロトコルのコーポレート基準」に従い、報告期間中に企業が生成した温室効果ガス排出の絶対総量（absolute gross）を測定し、開示することを提案した。公開草案に対して、ほとんどのコメント提出者は提案された要求事項に同意した。一部のコメント提出者は、一部の企業が既に温室効果ガス排出の測定に他の方法を用いていることもあり、温室効果ガス排出を「GHGプロトコルのコーポレート基準」に従い測定することを要求することに関して懸念を示した。公開草案に対するコメント提出者は、これらの場合において、企業が「GHGプロトコルのコーポレート基準」と異なる方法を既に用いている場合、公開草案の提案を適用する企業にコスト負担が生じる可能性があると述べた。

BC167 したがって、ISSBは、IFRS S2号の適用開始日の直前の年次報告期間において、企業が「GHGプロトコルのコーポレート基準」と異なる温室効果ガス排出の測定方法を用いていた場合に、企業が利用できる救済措置を導入することを決定した。それらの場合、企業はIFRS S2号を適用する最初の年次報告期間では「GHGプロトコルのコーポレート基準」を用いる必要がない。この救済措置は、「GHGプロトコルのコーポレート基準」以外の方法を用いている企業に対して、たとえ企業が当該方法を用いることが法域の当局によって要求されていない場合であっても利用可能である。誤解を避けるために記すと、この救済措置は一時的なものであり、企業がIFRS S2号を適用する最初の年次報告期間においてのみ利用可能である。言い換えると、IFRS S2号の適用開始日の直前の年次報告期間において、企業が「GHGプロトコルのコーポレート基準」と異なる温室効果ガス排出の測定方法を用いている場合、企業がIFRS S2号を適用する最初の年次報告期間において、既存の方法を引き続き用いることが容認される。

BC168 企業がこの救済措置を利用する場合、企業は、その後の報告期間において当該情報を比較情報として表示するにあたり、当該救済措置を引き続き用いることが容認される。例えば、企業の適用開始日が2024年1月1日で、温室効果ガス排出を「GHGプロトコルのコーポレート基準」以外の方法を用いて測定している場合、企業はこの方法を2024年12月31日に終了する年次報告期

© IFRS Foundation

751

間において用いることが容認される。2025年12月31日に終了する期間（翌年度）については、次のようになる。

(a) 企業は2024年12月31日に終了する期間について、「GHGプロトコルのコーポレート基準」以外の当該方法を用いた温室効果ガス排出の測定を開示すべきである（企業が2024年の温室効果ガス排出について「GHGプロトコルのコーポレート基準」を用いて再計算する必要がないことを意味する。）。

(b) 誤解を避けるために記すと、企業は2025年12月31日に終了する期間について、温室効果ガス排出の測定について「GHGプロトコルのコーポレート基準」を用いて開示すべきである。

(c) IFRS S2号第29項(a)(iii)で要求されているように、企業は温室効果ガス排出を測定するために企業が用いたアプローチを開示すべきである（2024年と2025年とで異なるアプローチを用いていることに留意する。）。

BC169 誤解を避けるために記すと、BC166項からBC168項に記述した救済措置は、「GHGプロトコルのコーポレート基準」と異なる方法を用いることを法域の当局によって要求されている企業に提供される救済措置（BC88項参照）とは別個のものである。

「スコープ3」の温室効果ガス排出

BC170 公開草案に対するコメントの中で、一般目的財務報告書の利用者及び多国にまたがる組織からのコメント提出者のほとんどは、「スコープ3」の温室効果ガス排出の絶対総量（absolute gross）を開示することをすべての企業に要求する提案に同意した。多くの作成者も、この提案に概ね合意した。しかし、これらの作成者及びその他のコメント提出者は、提案された要求事項の特定の側面に関してさまざまな懸念を示した。フィードバックでは次のことが示された。

(a) データの利用可能性の課題（コメント提出者が示した懸念を含む。）。例えば、企業はバリュー・チェーン上の各企業を支配しておらず、したがって要求される温室効果ガス排出のデータを入手できないことにより、データが収集できない場合があるというものである。

(b) データの品質の課題（コメント提出者が示した懸念を含む。）。例えば、企業が意思決定に有用な情報を利用者に提供するための十分な品質の温室効果ガス排出のデータを報告することができない場合があるというものである。これは、企業が用いる測定方法が依然として発展途上にあるためであり、開示されるデータが正確でない場合又は企業間で整合していない場合があることを意味する。

BC171 ISSBは「スコープ3」の温室効果ガス排出の開示を要求することを進めることを決定したが、企業に一時的な救済措置を提供することを決定した。そうするにあたり、ISSBは、企業は「スコープ3」の温室効果ガス排出をIFRS S2号を適用する最初の年次報告期間のサステナビリティ関連財務開示の一部として開示する必要はないことを決定した。この一時的な救済措置は、コメント提出者が公開協議において強調した、データの利用可能性の課題に対応して与えられたものである。ISSBは、「スコープ1」及び「スコープ2」の温室効果ガス排出の開示を「スコープ3」の温室効果ガス排出よりも早く要求することによって、一時的なデータの利用可能性の課題は著しい（significant）程度に対処されることに留意した。ISSBがこの点に留意したのは、報告企業のサプライ・チェーンの中の一部の企業が、自身の「スコープ1」及び「スコープ2」の温室効果ガス排出を開示するという要求事項案の対象となることもあり、また、この救済措置が、

© IFRS Foundation

自身のバリュー・チェーン上の各企業と協力して企業の「スコープ3」の温室効果ガス排出を見積るためのより多くの時間を報告企業に与えることとなることもあるためである。

BC172 この情報について発効日を遅くすることは、「米国SEC」の気候に関する提案における気候関連開示に関する提案されたルールと整合している。当該提案では、ルールが「スコープ3」の温室効果ガス排出の報告を強制する前に1年、追加することを提案している。発効日を遅くすることは、「アオテアロア・ニュージーランド気候基準」とも整合している。当該基準では、企業の最初の報告期間において「スコープ3」の温室効果ガス排出の開示の免除を提供している（ただし、暫定期間における開示が推奨されている。）。

BC173 企業が「スコープ3」の温室効果ガス排出についての救済措置を利用する場合、企業は、その後の報告期間において当該情報を比較情報として表示するにあたり、当該救済措置を引き続き用いることが容認される。例えば、企業の適用開始日が2024年1月1日で、2024年12月31日に終了する年次報告期間において「スコープ3」の温室効果ガス排出を開示しない場合、企業は2025年12月31日に終了する年次報告期間において当該情報を比較情報として開示することを要求されない。

経過措置に関するその他の考慮事項

BC174 救済措置は、提供されている救済措置を企業が利用することを容認するが、要求はしない。言い換えると、企業がIFRS S2号を適用する最初の年次報告期間において、企業は次のことを妨げられない。

(a) 比較情報を開示すること

(b) 「GHGプロトコルのコーポレート基準」に従い企業の温室効果ガス排出を測定すること（たとえ企業がIFRS S2号の公表前に「GHGプロトコルのコーポレート基準」を温室効果ガス排出の測定のための方法として用いていなかった場合であっても）

(c) 「スコープ3」の温室効果ガス排出を開示すること

© IFRS Foundation

IFRS®サステナビリティ開示基準

2024年12月15日　第1版第1刷発行

編　者	Ｉ　Ｆ　Ｒ　Ｓ　財　団
監訳者	サステナビリティ基準委員会 公益財団法人 財　務　会　計　基　準　機　構
発行者	山　　本　　　　継
発行所	㈱中　央　経　済　社
発売元	㈱中　央　経　済　グ　ル　ー　プ パ　ブ　リ　ッ　シ　ン　グ

〒101-0051　東京都千代田区神田神保町1-35
電話03 (3293) 3371(編集代表)
03 (3293) 3381(営業代表)
https://www.chuokeizai.co.jp
印刷／昭和情報プロセス㈱
製本／誠　製　本　㈱

©2024
Printed in Japan

＊頁の「欠落」や「順序違い」などがありましたらお取り替えいたしますので
発売元までご送付ください。(送料小社負担)

ISBN978-4-502-51321-3 C3034

JCOPY〈出版者著作権管理機構委託出版物〉本書を無断で複写複製(コピー)
することは，著作権法上の例外を除き，禁じられています。本書をコピーされる
場合は事前に出版者著作権管理機構(JCOPY)の許諾を受けてください。
JCOPY〈https://www.jcopy.or.jp eメール:info@jcopy.or.jp〉